D1752841

Die Europäische Union, Russland und Eurasien

ISBN 978-3-8305-1466-4

Winfried Schneider-Deters / Peter W. Schulze /
Heinz Timmermann (Hrsg.)

Die Europäische Union, Russland und Eurasien

Die Rückkehr der Geopolitik

Mit einem Geleitwort
von Egon Bahr

BWV · BERLINER WISSENSCHAFTS-VERLAG

Bibliografische Information der Deutschen Nationalbibliothek

Die Deutsche Nationalbibliothek verzeichnet diese Publikation in der Deutschen Nationalbibliografie; detaillierte bibliografische Daten sind im Internet über http://dnb.d-nb.de abrufbar.

ISBN 978-3-8305-1466-4

Dieser Band ist die überarbeitete und erweiterte Fassung des Buches
„Die offene Flanke der Europäischen Union.
Russische Föderation, Belarus, Ukraine und Moldau"
von Ernst Piehl, Peter W. Schulze und Heinz Timmermann, erschienen 2005, ISBN 978-3-8305-0898-4.

Gedruckt mit freundlicher Unterstützung der Friedrich-Ebert-Stiftung

Umschlagentwurf und Textgestaltung: Michael Bank

© 2008 BWV • BERLINER WISSENSCHAFTS-VERLAG GmbH,
Axel-Springer-Str. 54 a, 10117 Berlin
E-Mail: bwv@bwv-verlag.de, Internet: http//www.bwv-verlag.de
Printed in Germany. Alle Rechte, auch die des Nachdrucks von Auszügen, der photomechanischen Wiedergabe und der Übersetzung, vorbehalten.

Inhaltsverzeichnis

Vorbemerkung der Autoren   15

Geleitworte: Egon Bahr, Bundesminister a.D.   19

Erster Teil: **Einleitung**
(Peter W. Schulze, Heinz Timmermann)   25

Zweiter Teil: **DIE RUSSISCHE FÖDERATION**
(Peter W. Schulze)   57

1. **Von der gelenkten zur souveränen Demokratie: Etappen der postsowjetischen Transformation**   61

   1.1 Geburtsfehler der Transformation: Oligarchie und regionale Elite, die beiden Säulen der Macht im System *Jelzin*   61

   1.2 Das *Putin*sche Modernisierungsprojekt: Autoritarismus und Marktwirtschaft   70

   1.3 Eurasische Wunschbilder und isolationistische Großmachtillusionen   83

   1.4 Von der gelenkten zur souveränen Demokratie: Die Kaderfrage und die Entfaltung der Demokratie   85

   1.5 Vorboten einer anti-westlichen Protestkultur und der Mythos Eurasien   88

   1.6 Der Kern der Kaderfrage: Zivilgesellschaft und nationale Bourgeoisie   91

   1.7 Partei und Macht: von der Kaderpartei zur Massenorganisation   93

   1.8 Die Perspektive nach 2008   102

2. **Eine multipolare Weltordnung im Werden: Russlands Rückkehr als Machtfigur der europäischen und internationalen Politik**   111

   2.1 Großmacht ohne Sendungsbewusstsein und ohne Sonderweg?   111

   2.2 Trianguläre Außenpolitik und souveräne Demokratie   124

   2.3 Die Debatte über die Raketenabwehr: Sicherheit für wen?   126

   2.4 Weder Kalter Krieg noch strategische Partnerschaft: das Werben um Europa   134

3.	**Interessenpartnerschaft und geopolitische Machtkonkurrenz – die Europäische Union und Russland**	138
	3.1 Der dornige Weg zur gleichberechtigten Partnerschaft	138
	3.2 Der ewige Streit: Interessen versus Werte	150
4.	**Russland und die GUS: Sicherheitskordon, Kooperationsraum oder Konfliktzone?**	158
	4.1 Phasen der russischen GUS-Politik	158
	4.2 Die formativen Jahre: Primat der Innenpolitik versus Eurasische Konföderation	161
	4.3 Akzente der russischen GUS-Politik nach 2000	167
	4.4 Versuche regionaler Gegenintegration	169
	4.5 Der Einheitliche Wirtschaftsraum und die Sonderstellung der Ukraine in der russischen Politik	170
	4.6 Zieloptionen der russischen GUS-Politik: Das Dilemma von Delegitimation und Regimewechsel	178
	4.7 Die geopolitische Neuordnung des Kaukasus: Irrglaube oder Perspektive?	185
	4.8 Die erweiterte Dimension der eurasischen Idee: Paradigmenwechsel oder Rückversicherung?	194
	4.9 Die Sonderstellung Kasachstans	198
	4.10 Von den Schanghai Fünf zur Shanghai Cooperation Organisation/SCO	203
	4.11 Die Fernperspektive: Der pazifische Raum und Indien	212
	4.12 Das russische Gegenmodell zur Eurasien-Strategie der EU: Die Verzahnung des Kaspischen Raumes und des Mittleren Ostens mit Südosteuropa	214
	4.13 Ein Gas-Kartell entsteht	223
Bibliographie		227
	Zeitschriften/Internet/Konferenzen	236

Dritter Teil: DIE UKRAINE
   (Winfried Schneider-Deters)   239

1. **Unabhängigkeit von Moskau – Verbundenheit mit Russland**   245

   1.1   Der ukrainische „Ost-West-Konflikt"   245
   1.2   Die „duale Ukraine"   251
   1.3   Das Gewicht der Geschichte   256
         Der „Holodomor": eine Identität stiftende nationale Tragödie   259

2. **Die politische Entwicklung nach der Orangenen Revolution**   261

   2.1   Das neofeudale „System *Kutschma*": Korrupte Symbiose
         des staatlichen Apparats mit dem oligarchischen Kapital   261
   2.2   Die *Orangene Revolution*: Faktoren ihres Erfolges   265
   2.3   Die „orangene Regierung" *Julija Tymoschenko*   268
   2.4   Test der ukrainischen Demokratie   271
         Die politischen Parteien und „Blöcke"   271
         Das Ergebnis der Parlamentswahlen vom März 2006   277
   2.5   Die schwierige Wiedergeburt der „orangenen Koalition"   280
   2.6   Die „politische Reform" – ein verfassungsrechtliches Chaos   281
   2.7   Machterhaltung des Regimes durch Entmachtung des Präsidenten   285
   2.8   Das „orangene" Debakel   287
   2.9   Die Machtübernahme des „Donezker Klans"   292
   2.10 Neuwahl der Werchowna Rada – keine Lösung
          des konstitutionellen Konflikts   299
         Der Wahlkampf – ein populistischer Exzess   299
         Das Wahlergebnis – eine neue Chance für „Orange"   303
         Nach der Wahl (des Parlaments) ist vor der Wahl (des Präsidenten)   308

3. **Die auswärtige Politik der Ukraine**   321

   3.1   Balance zwischen Ost und West: Die „multi-vektorale" Politik   321
   3.2   GU(U)AM – ein ukrainisches Emanzipationsprojekt   322
   3.3   Die „europäische Wahl" der Ukraine   325
   3.4   Die „eurasische Wahl" der Ukraine   327

3.5	„Orangener" Eurorealismus – Die Rückwendung der Ukraine nach Europa	333
3.6	Nach dem „orangenen" Debakel: Mit gedrosselter Fahrt weiter auf West-Kurs	335
3.7	Die Mitgliedschaft der Ukraine in der NATO: Das „euro-atlantische" Integrationsprojekt der USA	341
3.8	Konkurrierende auswärtige Politik: Der Kompetenzkonflikt	343

4. Die Ukraine-Politik der Europäischen Union: Annäherung – ohne Einlass   346

4.1	Die „Europäisierung" der ukrainischen Staatskrise im Jahre 2004	346
4.2	Die Teilung Europas auf dem „Erweiterungsgipfel" von Kopenhagen	349
	Artikel 49 EU-Vertrag	349
	Das „Partnerschafts- und Kooperationsabkommen"	350
4.3	Die Nachbarschaftspolitik der Europäischen Union: Äpfel und Datteln in einem Topf	352
4.4	Das „Enhanced Agreement": Ein neues Kapitel in den Beziehungen der Europäischen Union zur Ukraine?	358
4.5	Die Ausgrenzung der Ukraine aus dem europäischen Integrationsprozess – „enlargement fatigue" oder Anerkennung des hegemonialen Anspruchs Moskaus?	363
4.6	Deutschlands neue „Nachbarschaftspolitik plus"	365
4.7	Die Finalität des europäischen Integrationsprozesses: Die Mitgliedschaft „Zwischeneuropas" in der EU	368

5. Russlands Verhältnis zur unabhängigen Ukraine im Wandel   371

5.1	Die unabhängige Ukraine: für Russland nicht Ausland	371
5.2	Russisches Kapital in der Ukraine: Agent der ökonomischen „Re-Union"?	374
5.3	Der „Einheitliche Wirtschaftsraum" – ein Instrument zur „eurasischen" Integration der Ukraine	375
5.4	„Eurasien" – ein ideologisches Reintegrationskonzept?	377
5.5	Präsident *Putins* Einmischung in die ukrainischen Präsidentschaftswahlen	378
5.6	Der „Gaskrieg" gegen die Ukraine	379

6. **Die Ukraine – Katalysator in den Beziehungen zwischen der Europäischen Union und Russland**   386

   6.1   Die Ukraine – ein politisches Tiefdruckgebiet in „Zwischeneuropa"?   386

   6.2   Moskaus Paradigmen-Wechsel: Die Ukraine – ein unprivilegierter Staat im „benachbarten Ausland"   387

   6.3   Die Europäische Union: Ordnungsfaktor im postsowjetischen Raum?   389

   6.4   Das „Europäische Haus" – ein Zweifamilienhaus ohne Dach   394

           Russland – das andere Europa   394

           „Annäherung durch Verflechtung": Deutschlands neue Russland-Politik   397

   6.5   „Verankerung Russlands in Europa" – Die europäische Funktion der Ukraine   399

Bibliographie   401

Vierter Teil: DIE REPUBLIK BELARUS
                       (Heinz Timmermann)   407

1. **Wurzeln und Merkmale des *Lukaschenko*-Regimes**   411

   1.1   Konstituierung der präsidialen Machtvertikale   413

   1.2   Machtinstrumente des Regimes   417

2. **Akteure evolutionären Wandels**   423

3. **Belarus-Russland: Eine konfliktreiche Partnerschaft**   427

   3.1   Divergenzen über das Unionsstaatsprojekt   428

   3.2   Der Energiekrieg: Ursachen, Ergebnisse, Folgen   433

   3.3   Zerbricht die Freundschaft an der Freundschaftspipeline?   438

4. ***Lukaschenkos* Suche nach Auswegen**   441

   4.1   Nutzung von Atomenergie und alternativen Transportwegen   441

   4.2   Mehrvektorenpolitik in Richtung China und Blockfreienbewegung   443

5.	**Aufbrechen der Selbstisolierung nach Westen?**	445
	5.1 Geringes Interesse an europäischen Organisationen	445
	5.2 Neuakzentuierungen in Richtung Europa	447
6.	**Wechselseitige Bilder und Erwartungen in Deutschland und Belarus**	452
	6.1 Deutschland–Belarus	453
	6.2 Belarus–Deutschland	455
7.	**Konditionierte Einbindungsstrategie der EU**	457
	7.1 Personenbezogene Sanktionen	457
	7.2 Ein Aktionsplan für Belarus: Annäherung durch Verflechtung?	459
8.	**Asymmetrische doppelte Dialog- und Kooperationsstrategie**	461
	8.1 Die Regierung als notwendiger Gesprächspartner	462
	8.2 Förderung der Zivilgesellschaft	464
9.	**Labiles Beziehungsdreieck EU–Belarus–Russland**	469
10.	**Ausblick: Drei Szenarien**	472
	10.1 Kontinuität des aktuellen Regimes	472
	10.2 Demokratischer Regimewandel	474
	10.3 Gewaltsame Repression eines demokratischen Aufbruchs	475
Bibliographie		477
	Zeitschriften	479
	Internet-Adressen	479

Fünfter Teil: DIE REPUBLIK MOLDAU
                          (Ernst Piehl)   481

1. Basis-Informationen zu Geschichte, Geografie und Demografie sowie zum Kernproblem Transnistrien   485

    1.1   Historisch-geopolitischer Überblick   485
    1.2   Suche nach nationaler Identität   486

	1.3	Wichtigstes zu Geografie und Demografie	487
	1.4	Transnistrien als Kernproblem	488
2.	**Politisch-institutionelle Entwicklungen und gegenwärtige Lage**		490
	2.1	Wechselnde Präsidentschaften mit verschiedenen Orientierungen	490
		1990/91–1996: Ära *Snegur* als Präsidialregime	490
		1996/97–2001: Zwischenära *Lucinschi* als parlamentarisch-präsidiales Mischsystem	491
		2001–2005: Ein-Parteien-Regime der KP Moldaus in der Ära *Woronin*	492
		Neue Konsenssuche in der 2. Amtszeit von Präsident *Woronin* seit 2005	493
	2.2	Gegenwärtige innenpolitische Situation – vor allem hinsichtlich Transnistrien	494
	2.3	Politisch-institutionelles Fazit	495
3.	**Sozio-ökonomische Entwicklungen im postsowjetischen Moldau**		496
	3.1	Hauptetappen der Wirtschaftspolitik seit 1991	496
	3.2	Sozio-ökonomische Hauptprobleme	497
	3.3	Wirtschaftlich-soziales Fazit	499
4.	**Außenpolitische Orientierungen, bilaterale Präferenzen und die Beziehungen zu multilateralen Institutionen**		500
	4.1	Wechselnde Orientierungen in der Außenpolitik	500
	4.2	Bilaterale Beziehungen	502
	4.3	Multilaterale Beziehungen	504
	4.4	Außenpolitisches Fazit	506
5.	**Die Beziehungen der Republik Moldau zur Europäischen Gemeinschaft (EG) bzw. zur Europäischen Union (EU)**		506
	5.1	Geltender Rechtsrahmen/Hauptziele/Gemeinsame Institutionen	506
	5.2	Neue Förderpolitik durch Aktionsplan im Rahmen der Europäischen Nachbarschaftspolitik (ENP)	507
	5.3	Komplementäre Strategien der EU im Rahmen der ENP seit 2005	509
	5.4	Europapolitisches Fazit	511

6. Fazit und Ausblick   512

    6.1   Gesamt-Fazit   512

    6.2   Ausblick   514

Bibliographie   516

Sechster Teil: DER SÜDKAUKASUS
                      (Alexander Iskandaryan)   519

1. Der Aufbau staatlicher Strukturen und die Suche nach politischer Identität   523

    1.1   „Nation-Building"   523

    1.2   Strukturen   525

    1.3   Demokratie   526

    1.4   Politische Systeme   529

    1.5   Auswärtige Mächte im Südkaukasus   532

2. Die Rolle der ethno-politischen Kriege im Prozess des „Nation-Building"   537

    2.1   Die Entstehung der ethno-politischen Konflikte   538

    2.2   Gemeinsamkeiten und Besonderheiten der Konflikte   544

    2.3   Die heiße Phase   545

            Berg-Karabach   545

            Abchasien   550

            Südossetien   553

    2.4   Die Phase des „Einfrierens" und das Scheitern der Konfliktregelung   555

    2.5   Das Völkerrecht und die Konflikte im Südkaukasus   558

    2.6   Schlussfolgerung   564

Bibliographie   566

Siebenter Teil: ZENTRALASIEN IN DER WELTPOLITIK
Eine russische Sicht
(Ksenia Borischpoletz) 569

1. **Einleitung** 573

2. **Besonderheiten in den Entwicklungen der modernen zentralasiatischen Gesellschaften** 573

    2.1 Die demographische Dimension der postsowjetischen Entwicklung 573
    Bevölkerungsdynamik 574
    Urbanisierungsdynamik 575
    Die Dynamik der ethnischen Veränderungen 576

    2.2 Die wirtschaftliche Dimension der postsowjetischen Entwicklung 578
    Binnenwirtschaftliche Tendenzen 578
    Außenwirtschaftliche Orientierungen 579

    2.3 Innenpolitische Konsolidierung der zentralasiatischen Länder 581
    Die politischen Systeme Zentralasiens 581
    Traditionalismus und Modernität im politischen Leben 582
    Elektorale Probleme der zentralasiatischen Region 583

3. **Zentralasien im Kontext der internationalen Beziehungen** 584

    3.1 Internationale Problematik der zentralasiatischen Energieressourcen 585
    Wirtschaftliche Integration in Zentralasien: Die Energiewirtschaft 587
    Die Eurasische Wirtschaftsgemeinschaft 588
    Die Schanghai Organisation für Zusammenarbeit 588

    3.2 Multilaterale Zusammenarbeit im postsowjetischen Format 590
    Der Vertrag über Kollektive Sicherheit 590
    Die Eurasische Wirtschaftsgemeinschaft und die Entwicklungen in Zentralasien 593

    3.3 Zentralasien im „Ost"-„West"-Kontext 594

4. **Fazit: Zentralasien als Realität** 597

Achter Teil: ZENTRALASIEN
Kampf um Macht, Energie und Menschenrechte:
Eine deutsche Sicht
(Reinhard Krumm) 599

1. **Rahmenbedingungen – „Autoritäre Modernisierung"** 603

   1.1 Schicksalsgemeinschaft Zentralasien 603

   1.2 Kampf gegen den Terror 604

   1.3 Zwischen Öffnung und Isolation 604

   1.4 Suche nach der Identität 607

2. **Die Politik Deutschlands – „Stabilität an vorderster Stelle"** 608

3. **Handlungsoptionen – Die Attraktivität des „europäischen Modells"** 610

Anhang 615

Tagung des Rates
(allgemeine Angelegenheiten und Außenbeziehungen)
am 18./19. Juni 2007
Stärkung der Europäischen Nachbarschaftspolitik
Fortschrittsbericht des Vorsitzes 617

Die EU und Zentralasien:
Strategie für eine neue Partnerschaft 627

Regionale Hilfsstrategie der EG für Zentralasien (2007–2013) 644

Abkürzungsverzeichnis 645

Autoren 653

VORBEMERKUNGEN

Der Reiz, aber auch die Probleme einer Sicht auf die Entwicklungen in den von uns untersuchten Ländern des eurasischen Raums liegen in Folgendem: Sämtliche zentralen Akteure der Großregion – die EU, Russland und die übrigen Mitglieder der Gemeinschaft Unabhängiger Staaten (GUS) – befinden sich in einem fließenden Zustand mit offener Perspektive. Dieser Aspekt war beim Abschluss des Buches „Die offene Flanke der Europäischen Union: Russische Föderation, Belarus, Ukraine und Moldau" noch nicht in solcher Klarheit erkennbar. Insbesondere die Entwicklung der EU, aber auch Russlands und der Ukraine müssen im Lichte der letzten beiden Jahre neu bewertet werden. Zudem erfordert die räumliche Erweiterung des Forschungsgegenstandes, Eurasien, eine andere Sicht- und Vorgehensweise als im ersten Band. Für die Ukraine und die Russische Föderation, in beiden Ländern fanden Ende September und Anfang Dezember 2007 Wahlen zu den nationalen Parlamenten statt, kann nur eine vorläufige Deutung der Wirkung der Wahlergebnisse auf zukünftige Entwicklungen vorgenommen werden. So bleibt aufgrund der sehr unterschiedlichen Interessen in der ukrainischen Regierungskoalition die innenpolitische Stabilität der Regierung höchst fragil. In Russland hingegen ist mit der Entscheidung des amtierenden Präsidenten Putin, sich einer Partei zuzuwenden und für diese als Spitzenkandidat einzutreten, eine völlig neue Situation entstanden. Mit dieser Entscheidung, die erstmals in der postsowjetischen Geschichte von einem Präsidenten getroffen wurde, kann entweder eine Entwicklung zur Stärkung parlamentarischer Elemente im politischen System eingeleitet werden oder es kann sich, falls der Konsens unter den herrschenden Machteliten bei der Wahl des neuen Präsidenten im März 2008 zerbrechen sollte, eine Phase hochgradiger Konflikte und Auseinandersetzungen einstellen. Letzteres ist unserer Auffassung nach wenig wahrscheinlich, doch die Möglichkeit eines Abgleitens trotz wirtschaftlicher Prosperität und gesellschaftlicher Dynamik ist nicht völlig ausgeschlossen. Beide Entwicklungen würden ihre Wirkung auf die zukünftige Gestalt des politischen Systems in Russland nicht verfehlen. Eine vorsichtige Prognose, die eher von einer erfolgreichen Machtübergabe, und, was noch wichtiger ist, von einer dauerhaften stabilen politischen Entwicklung Russlands ausgeht, wird in diesem Band vorgetragen und begründet.

Für den Kaukasus haben wir einen der kreativsten und unkonventionellsten Analysten, *Alexander Iskandaryan*, aus Jerewan gewonnen. Zentralasien wird von *Ksenia Borischpoletz*, Professorin am renommierten Moskauer Institut für internationale Beziehungen/MGIMO behandelt. Gleichsam aus deutscher Sicht wird dieser Beitrag von *Reinhard Krumm*, dem früheren Leiter des Regionalbüros der Friedrich-Ebert-Stiftung in Taschkent (Usbekistan), ergänzt und durch die im Anhang aufgeführten Dokumente der Europäischen Union abgerundet. *Ernst Piehl* schließlich, der im Buch zuvor für die Ukraine und Moldau zuständig war, hat seinen Beitrag zur Republik Moldau für die Neufassung des vorliegenden Bandes aktualisiert.

Russland hat sich zwar insbesondere dank reicher Energieressourcen auf der weltpolitischen Bühne als Großmacht zurückgemeldet. Jedoch willentlich oder durch eine kaum rationalen Erwägungen verpflichtete Politik hat Moskau seine potentielle Führungsrolle innerhalb der GUS beschädigt und international an Ansehen verloren. Das neue Russland definiert sich als Großmacht ohne ideologisches Sendungsbewusstsein, aber mit handfesten Interessen, die zwar eine pragmatische Außenpolitik verlangen, aber schier rücksichtslos eingefordert werden. Die Auseinandersetzungen über die Preisgestaltung bei Energieträgern haben daher auch Besorgnisse um die Energiesicherheit in der Europäischen Union aufkommen lassen. Dies geschah ohne Not und externen Druck, so dass seit 2004 von einer konsistenten russischen Außenpolitik kaum mehr gesprochen werden kann. So werden Kooperationsangebote Moskaus etwa zur Abwehr des internationalen Terrorismus und möglicher Gefahren durch Raketenangriffe und Massenvernichtungswaffen zugleich von harten Signalen an den Westen begleitet (Beispiele: Aussetzen des KSE-Vertrags, Aktivierung strategischer Bomber). Dort werden sie teilweise und prompt als Rückgriffe auf Instrumente und Praktiken des Kalten Krieges interpretiert. Obwohl politische Stabilität, wirtschaftliches Wachstum und eine hohe Anerkennung der Bevölkerung für die Arbeit des russischen Präsidenten seit 2000 ungebrochen anhalten, ist Moskau weiterhin auf der Suche nach seiner Identität, die mit der Neudefinition der „Russischen Idee" unter *Jelzin* und dem jüngsten Schlagwort von der „Souveränen Demokratie" nach innen und außen nur vage umrissen ist. Auch weiterhin behalten die ewigen Fragen für Russland und seine Partner ihre Aktualität: „Kto my" (Wer sind wir?) und „Kuda idjot Rossija" (Wohin geht Russland?).

Die Ukraine, Belarus und Moldau bleiben auf unterschiedliche Weise innenpolitisch instabil, suchen ihre nach dem Zerfall der Sowjetunion erst 16 Jahre währende Unabhängigkeit zu festigen und ihre unsichere Positionierung im fragilen Beziehungsdreieck EU-Russland-Zwischeneuropa zu definieren. Fundamental revidiert wurde das Ukraine-Kapitel. Die südkaukasischen Staaten Armenien, Aserbaidschan und Georgien, auch sie im Innern instabil, kämpfen mit „eingefrorenen Konflikten" und haben noch nicht zu gefestigter inter-regionaler Kooperation gefunden. Die fünf zentralasiatischen Staaten Kasachstan, Kirgistan, Tadschikistan, Turkmenistan und Usbekistan schließlich, teilweise mit umfangreichen Energieressourcen ausgestattet, haben nie eine Eigenstaatlichkeit besessen. Im Innern mehr oder weniger autoritär ausgerichtet, suchen sie ihre Position im Verhältnis zu Russland, der EU und China.

Die vorliegende aktualisierte und erweiterte Auflage des Buches „Die offene Flanke der Europäischen Union: Russische Föderation, Belarus, Ukraine und Moldau" analysiert die innenpolitischen Konstellationen und Perspektiven der Nachfolgestaaten der Sowjetunion sowie ihr Verhältnis zu Russland und der EU. Die Politik der Vereinigten Staaten, sicherlich ein Akteur in diesem Raum und militärisch durch den Afghanistankrieg bereits in Zentralasien verankert, aber auch in Georgien präsent, wird nicht gesondert herausgearbeitet, jedoch als Projektionsfläche für Handlungen nationaler Herrschaftsgruppen sowie der EU, Russlands wie Chinas mitbedacht. Rätsel gibt vor allem die Politik Moskaus auf. Wir beobachten einerseits eine stringente Verfolgung geopolitischer Interessen, die Wirtschafts- und Sicherheitsbelange miteinander bündelt. Andererseits tauchen Momente auf, die den Eindruck vermitteln, dass Moskau bereits Ziele verfolgt, die nur mit wenigen GUS-Ländern realisiert werden können, da sie über den Raum hinausweisen. Ob daraus ein temporärer oder einkalkulierter Verlust an Einfluss resultiert, ist ebenso strittig wie die Einschätzung, ob das gewachsene Interesse und das Engagement der EU an den dortigen Entwicklungen sich einmal in konkrete Politik umsetzen lassen. Jedenfalls lassen die im Anhang abgedruckten jüngsten Dokumente zur europäischen Nachbarschaftspolitik und zur Zentralasien-Strategie darauf hoffen, dass eine aktive Beschäftigung mit dem eurasischen Raum geboten ist. Wird es im eurasischen Raum über das „Nahe Ausland" Moskaus und die „Neuen Nachbarn" Brüssels zu einvernehmlichen Regelungen kommen oder werden wir künftig Zeugen von Integrationskonkurrenz oder gar heftiger Integrationskonflikte zwischen der EU und Russland? Die Antwort auf diese Fragen wird die Beziehungen beider Partner und darüber hinaus die Gestaltung der eurasischen Großregion ganz wesentlich beeinflussen.

Besonderer Dank gilt dem Bundesminister a.D. *Egon Bahr*, mit dem uns eine langjährige Freundschaft und das gemeinsame Interesse am Schicksal des Raumes verbindet, dessen Einbeziehung eine conditio sine qua non von Frieden und Entwicklung in Europa schlechthin ist. Seinem aktuellen Geleitwort fügen wir noch einmal jenes aus dem Vorgängerband „Die offene Flanke der Europäischen Union ..." bei, da es die Perspektiven „Zwischeneuropas" kurz und treffend beschreibt.

Wir möchten an dieser Stelle auch den Mitarbeitern der Friedrich-Ebert-Stiftung danken, die uns mit Rat und Tat unterstützt und ermuntert haben, das schwierige Projekt ein zweites Mal zu schultern. Unser Dank gilt insbesondere *Reinhold Sohns*, der uns in höchst beweglicher Weise beim ersten wie zweiten Buch zur Seite stand. Dank soll aber auch jenen zuteil werden, die sich der Strapaze unterzogen, die sehr komplizierten russischsprachigen Texte zu übersetzen und zu redigieren.

Besonderer Dank gilt *Michael Bank*, der uns bereits zum zweiten Mal in geduldiger und aufopferungsvoller Weise in technischen und gestalterischen Fragen zur Seite stand.

Winfried Schneider-Deters (Heidelberg)
Peter W. Schulze (Göttingen)
Heinz Timmermann (Köln)   Berlin, Dezember 2007

GELEITWORT

Die geschichtliche Erfahrung lehrt, dass ein machtpolitisches Vakuum nur begrenzte Zeit ein Vakuum bleibt, bis es in die Anziehungskraft einer stärkeren Einheit gerät. Wenn die Beteiligten Glück haben, geschieht das friedlich. Wenn mehrere Kraftpole einwirken, kann es zu Teilungen führen. Das lehrt die abstrakte Politische Wissenschaft.

Für die Wirklichkeit der Ukraine gilt zunächst nur, dass dieses Land wie Weißrussland und Moldawien eine Region darstellt, die zwischen der EU und Russland liegt und weder zu dem einen noch zu dem anderen „gehört". Dieses Vakuum wird sich sehr wahrscheinlich innerhalb der nächsten 10–15 Jahre auflösen. Es bedarf keiner Begründung, dass die Ukraine dabei eine entscheidende, unabhängige Rolle spielen wird.

Auch in diesem Falle dürfte sich als wichtiger Faktor erweisen, dass die USA, die in der Geschichte erstmalige Supermacht, mit der zu leben die Welt noch am Anfang ihrer Erfahrungen steht, dabei eine gewichtige Rolle spielt. Es ist davon auszugehen, dass die Interessen aller Beteiligten darin übereinstimmen, in Europa eine Stabilität zu erhalten, die unausweichliche Prozesse jedenfalls kontrollierbar und friedlich wünscht. Das gilt für die EU wie für Russland und natürlich für die Ukraine selbst nicht weniger.

Die Erweiterung der EU auf 25 Mitglieder muss zunächst „verdaut" werden. Die Mechanismen müssen sich einspielen. Sie muss „regierbar" werden, zumal wohl 2007 Rumänien und Bulgarien und 2008 vielleicht Kroatien Mitglieder werden können. Die Möglichkeit, in 10–15 Jahren das Ergebnis der Verhandlungen mit der Türkei entscheiden zu müssen, kommt hinzu. Das bedeutet, dass die EU auf eine Mitgliedschaft der Ukraine gar nicht drängt. Die EU ist nicht nur saturiert, sie hat es mit Problemen der Überdehnung zu tun.

Das ergibt sich nicht nur aus der Perspektive für eine Mitgliedschaft aller Staaten, die aus dem ehemaligen Jugoslawien entstanden sind und die unbezweifelbar unter jedem Gesichtspunkt zu Europa gehören. Mit der geostrategischen Orientierung Amerikas auf den Nahen und Mittleren Osten ist das Interesse verbunden, dass die EU mindestens wirtschaftlich hilft, was die Macht Amerikas zur Neuordnung dieses Raumes erreicht.

An der Stabilisierung dieser gefährlichen und attraktiven Region sind Amerika und Europa gleichermaßen interessiert. Die Aufgabe, die islamische Türkei in die europäischen Strukturen zu integrieren, kann nur Europa leisten und nicht Amerika.

Kein Nachbar der riesigen EU bleibt von dieser Entwicklung unberührt. Jenseits des Schwarzen Meeres hat sich Georgien schon gemeldet, das die EU für wichtiger hält als eine NATO-Mitgliedschaft. Armenien und Aserbaidschan werden sich in dieses Kraftfeld hineinorientieren. Wenn es eine friedliche Regelung zwischen Israel und

Palästina gibt, wäre es ein Wunder, wenn beide nicht auf Mitgliedschaft in die EU drängen würden, wie der Libanon.

Das hätte Folgen, spätestens, wenn ein souveräner Irak seine Stabilität nicht ausschließlich auf die militärische Macht Amerikas stützen will. Die Anrainerstaaten am Südufer des Mittelmeeres werden nicht diskriminiert werden wollen, falls die Türkei in die EU eintreten kann.

Mit allen Nachbarstaaten entwickelt die EU maßgeschneiderte Vereinbarungen der wirtschaftlichen Zusammenarbeit. Je intensiver sie werden, umso mehr kann der Wunsch auf Mitgliedschaft wachsen. Je mehr sich die EU ausdehnt, umso eher wird sie den Charakter einer bloßen Wirtschaftsgemeinschaft annehmen. Je schwerer es wird, das Ziel einer politischen Gemeinschaft unter ihren 25–30 Nationalstaaten zu erreichen, umso leichter ist sie durch die USA zu dominieren. Je stärker der Druck Amerikas wird, umso stärker wird die Neigung einiger europäischer Staaten werden, sich außen- und sicherheitspolitisch zu einer handlungsfähigen Gruppe zusammenzufinden. Je positiver die Verhandlungen mit der Türkei verlaufen, umso größer werden diese Neigungen werden.

Die Präsidentenwahlen in der Ukraine bedeuten, dass der bedeutendste Staat den Zustand des eingangs erwähnten Vakuums als erster überwinden kann. Dass sowohl die EU wie Russland Einfluss nehmen wollen, ist selbstverständlich. Weder Vorwürfe noch Entrüstung, auf Gegenseitigkeit, sind da angebracht. Erst wenn die neue Führung sich stabilisiert hat, wird zu übersehen sein, ob sie in einem neuen Stadium des allseits dann akzeptierten Vakuums bleibt oder ob die Ukraine in die Sphäre der einen oder anderen Groß-Einheit gerät. Das würde die politischen Gewichte für Gesamteuropa ändern.

Egon Bahr
Bundesminister a.D.   Berlin, 30.11.2004

Noch einmal zum Geleit

Dieses vorzügliche Buch kann nicht vermeiden, dass Geschichte keine Pause einlegt. Das galt schon für die Originalausgabe; das wird sich bei der vorliegenden Fortschreibung wiederholen. Wenn ich es dennoch als „vorzüglich" bezeichne, so deshalb, weil die Grundproblematik für „die offene Flanke der EU" nicht anders geworden ist. Das erste Geleitwort kann stehen bleiben. Geografie und Interessen sind konstanter als kurzlebige Legislaturperioden und ihre Repräsentanten.

Es ist zu ergänzen durch vier Faktoren: eine krisenhafte Zuspitzung in der Ukraine, der Regierungswechsel in Polen, die amerikanischen Raketenabwehrprojekte und die russische Reaktion darauf.

Die geostrategische und politische Bedeutung der Ukraine ist zu groß, um eine sich selbsttragende Stabilität zu erreichen, solange sie nicht vom Westen wie vom Osten als befriedigend anerkannt wird. Die Auseinandersetzungen zwischen Präsident und Ministerpräsident spiegeln ein Ringen, das bisher vom Bemühen gekennzeichnet ist, ein Abgleiten von der Krise in den Bürgerkrieg zu verhindern. Auch falls das – hoffentlich – gelingt, sind Zweifel begründet, ob dieses „Unentschieden" von Dauer sein wird. Die Ukraine bleibt ein Unsicherheitsfaktor in einer insgesamt beunruhigenden Szenerie.

Die beiden Zwillinge, die Polen lenken, erinnern an das Wort: Alle Räder stehen still, wenn mein starker Arm es will. Sie haben in einer relativ unbedeutenden Frage von Fleischlieferungen nach Russland ihre Fähigkeit demonstriert, die Erneuerungsverhandlungen des Abkommens zwischen der EU und Russland bis auf weiteres zu blockieren. Sie benutzen das Einstimmigkeitsprinzip für die EU, solange es gilt, um ihre Interessen in dem Vertrag durchzusetzen, der anstelle der gescheiterten Verfassung die Handlungsfähigkeit der EU vorbereiten soll. Sie fühlen sich sogar für Amerika unentbehrlich genug, um ihre Bereitschaft zur Raketenstationierung mit exterritorialen Rechten auf polnischem Boden ohne Sorge vor Isolierung mit dem Wunsch zu einer bilateralen Schutzgarantie von Washington zu verbinden, als ob die NATO nicht hinlänglich sei.

Diese Raketen haben eine lange Vorgeschichte. Sie begann, als die Sowjetunion Ende der 50er Jahre im vorigen Jahrhundert interkontinentale Raketen in den Dienst stellte, durch die Amerika erstmals verwundbar wurde. Das war für die Eliten in den Staaten ein Schock, nur vergleichbar mit dem Schock, den die amerikanische Bevölkerung am 11. September 2001 verspürte. In der Folge änderten die Amerikaner ihre Strategie der massiven Vergeltung zu einer flexiblen Antwort, sahen sich genötigt, mit Moskau Verhandlungen zur Begrenzung strategischer Waffen aufzunehmen, aber beschlossen sofort, ihre Unverwundbarkeit wieder zu erreichen. Sie betrieben die Entwicklung von SDI, was populär Krieg der Sterne genannt wurde und sowjetische Raketen im Weltraum eliminieren sollte, bevor sie ihre Ziele in den Staaten treffen konnten. Nachdem sich dieses Projekt als undurchführbar erwiesen hatte, wurde es „verkleinert" in der Form von Raketenabwehr kürzerer Reichweite vorangetrieben. Der amerikanische Präsident kündigte an, es in England, Frankreich und Deutschland stationieren zu wollen. In der Analyse würde es Europa spalten, wenn England zustimmt, Frankreich ablehnt und Bonn die französische Position teilen würde, um den deutsch-französischen Europamotor nicht für lange Zeit zu blockieren. Die Bundesregierung unter Kanzler Kohl befand zu Recht, das Projekt sei nicht entscheidungsreif. Damals war völlig klar, dass es gegen Russland gerichtet wäre; denn der Iran stand nicht im politischen Fadenkreuz.

Heute brauchen die drei Erstadressaten gar nicht mehr gefragt zu werden; denn nun stehen Polen und Tschechien zur Verfügung, Vertreter des in Washington ohnehin beliebten „neuen" Europas. Heute gibt es für Moskau nicht mehr die vorgelagerten „Puffer" DDR, ČSSR und die Volksrepublik Polen, aber drei westlich garantierte baltische Staaten.

1990 gab Bush-Vater die Zusage an Gorbatschow, mit der Ausweitung der NATO bis zur Westgrenze Polens an Oder und Neiße im Ergebnis der deutschen Teilung würde der Westen der Sowjetunion „nicht auf den Pelz rücken". Das ist für Bush-Sohn Schall und Rauch geworden. Inzwischen sind Ungarn, Bulgarien und Rumänien Mitglieder der NATO geworden und Georgien, Aserbeidschan, vielleicht auch Armenien, die das amerikanisch dominierte Bündnis bis zum Kaspischen Meer ausdehnen wollen, sollen und würden. Außerdem darf nicht übersehen werden, dass die geostrategische Ausrichtung amerikanischer Interessen von Europa über den Nahen bis zum Mittleren Osten und Afghanistan eine Politik darstellt, die von den beiden Parteien in den USA getragen wird. Das gilt wohl auch für Überlegungen, die NATO institutionell mit asiatischen Staaten zu verbinden.

Angesichts dieser Entwicklung erscheinen zehn Raketen in Polen zur Abwehr noch nicht existierender iranischer oder nordkoreanischer Raketen als Kleinigkeit. Sie wären in der Tat ganz ungeeignet, für die strategischen Streitkräfte Russlands eine Bedrohung darzustellen. Allerdings ist in der gesamten Menschheitsgeschichte noch keine Waffe erfunden worden, die nur zur Verteidigung benutzt worden ist. Raketen können auch angreifen. Aus zehn könnten mehr werden, und auf einem nur Amerikanern zugänglichen Stützpunkt lässt sich schwer kontrollieren, mit welchen Sprengköpfen sie ausgerüstet werden. Russische Generale können gar nicht anders als Alarm zu schlagen, und Putin kann gar nicht anders als Gegenmaßnahmen nicht nur anzukündigen, sondern gegen potenzielle Bedrohungen auch einzuführen.

Bei aller Unterschiedlichkeit erinnert das an die Vergleichbarkeit, als amerikanische Mittelstreckenraketen in der Bundesrepublik und sowjetische in der DDR aufgestellt wurden. Dabei mussten sich beide Seiten im Spannungsfall auf eine Fast-Automatik der jeweiligen Technik verlassen, um möglichst einen Konflikt auf Europa zu begrenzen und einen großen Nuklearkrieg zu vermeiden. Als Reagan und Gorbatschow mit der doppelten Nulllösung die gegenseitige Bedrohung beseitigten, schufen sie nicht nur mehr reale Sicherheit und sprachen nicht nur, sondern handelten als

Partner. Muss nun die Welt einen solchen gefährlichen Umweg wiederholen, jetzt zwischen NATO und Russland?

Es wäre ein Rückfall in eine Politik der Konfrontation mit schwer überschaubaren Auswirkungen; denn Amerika, Russland und die EU brauchen den Ausbau von Zusammenarbeit für die Beherrschung vieler Probleme zwischen Kosovo und Iran, für Energiesicherung und gegen die Klimagefährdung. Wenn es nur um vorsorgliche Sicherheit gegen Angriffsraketen aus Asien ginge, wäre eine gemeinsame Raketenabwehr nahe liegend, um mit amerikanischer und russischer Technik, gemeinsam kontrollierbar, zu antworten.

Die zunächst harmlosen zehn amerikanischen Raketen, verbunden mit einem weit nach Russland reichenden Radarsystem in der Tschechischen Republik, schaffen einen neuen Krisenherd in Europa, der mit seinen möglichen Auswirkungen weit über Polen, Tschechien und den Raum der „offenen Flanke der EU" hinaus reicht. Wenn aus der offenen Flanke eine mit modernster Militärtechnologie bewaffnete wird, wäre nicht nur allgemeine Aufrüstung, auch konventioneller Streitkräfte, die mögliche Folge, sondern der Geist der gemeinsamen Sicherheit würde durch den Geist der Konfrontation ersetzt. Europa würde zu einem schutzbedürftigen Objekt oder zu einem Exerzierplatz im Ringen zwischen Washington und Moskau werden.

Es ist eine beunruhigende Szenerie, in der die Fortschreibung dieses vorzüglichen Buches stattfindet.

Egon Bahr   Berlin, Juli 2007

Erster Teil

Einleitung

1. Die spezifischen Interessen der EU

Mit den beiden Erweiterungsrunden 2004 und 2007 sind neue Grenzlinien in Europa gezogen worden, die vorerst Bestand haben werden. Ein weiteres Ausgreifen der Europäischen Union nach Osten, d.h. in den Raum östlich Polens, Bulgariens und Rumäniens, also auf die Mitglieder der Gemeinschaft Unabhängiger Staaten (GUS), die als Nachfolgestaaten der Sowjetunion dort entstanden, ist wenigstens mittelfristig unwahrscheinlich, wird aber auch nicht grundsätzlich ausgeschlossen. Dieser Raum, der Russland, Belarus, die Ukraine, die Republik Moldau, die Länder des Kaukasus und Zentralasien einschließt, bleibt außerhalb der Grenzen der Europäischen Union. Sollte sich die Haltung des frisch gewählten französischen Präsidenten *Sarkozy* durchsetzen, noch in diesem Jahr eine Konferenz einzuberufen, so dürfte endlich Klarheit darüber erreicht werden, wo die Mehrheitsmeinung die Grenzen Europas aus praktischen Gründen fixieren würde.

In diesem Buch benutzen wir für den behandelten Raum etwas unspezifisch den Terminus **Eurasien**, wobei je nach Gusto der eine oder andere Autor die Betonung auf den ersten oder zweiten Teil des Begriffs legen mag. Nehmen wir die Linie von der Ostsee bis zum Schwarzen Meer, so hat der europäische Teil Eurasiens, ohne den Kaukasus mitzuzählen, mit der EU eine gemeinsame Grenze von 5 100 km.

Obwohl diese Länder auf absehbare Zeit keine Beitrittsoption von der EU erhalten, einige wie Russland und die zentralasiatischen Staaten auch nicht in diese Richtung optieren, sind sie näher an die EU herangerückt. Die neuen Termini der EU heißen Partnerschaft und Nachbarschaft. Demgemäß spricht die EU nur noch von einer Nachbarschaftspolitik.

Die ENP, die Europäische Nachbarschaftspolitik, fungiert als Ersatz von Beitrittswünschen. Sie fixiert zwar schon jetzt die Grenzen, aber davor machen die Probleme nicht halt, die seit der Auflösung der Sowjetunion in den Regionen noch schwelen und die Entwicklung ihrer Gesellschaften behindern. Auch 16 Jahre nach dem Ende der Sowjetunion ist der Prozess politischer Neuordnung in Europa und im eurasischen Raum nicht abgeschlossen.

Die EU hat erst relativ spät auf die tiefgreifenden Neustrukturierungen im osteuropäischen Raum reagiert und nur zögernd in ihr Kalkül einbezogen, dass sich jenseits der vorgeschobenen EU-Grenzen neue Konstellationen abzeichnen. Immerhin heißt es im endgültigen Entwurf des Verfassungskonvents vom Juli 2003 (Art. 56): „Die Union entwickelt besondere Beziehungen zu den Staaten in ihrer Nachbarschaft, um einen Raum des Wohlstands und der guten Nachbarschaft zu schaffen, der auf den Werten der Union aufbaut und sich durch enge, friedliche Beziehungen auf der

Grundlage der Zusammenarbeit auszeichnet".[1] An dieser Position wird auch der künftige Reformvertrag der EU festhalten.

Das EU-Strategiepapier „Ein sicheres Europa in einer besseren Welt" vom Dezember 2003 nimmt ebenfalls Bezug auf die Neuen Nachbarn. Es ist die Sprache der EU vor den fatalen Niederlagen vom Frühjahr 2005, die hier zu hören ist. Die Erweiterung der EU dürfe keine neuen Trennlinien in Europa aufreißen, heißt es dort. Vielmehr gelte es, einen „Ring gut regierter Länder" zu schaffen sowie die Vorteile von wirtschaftlicher und politischer Zusammenarbeit auf die Neuen Nachbarn auszuweiten.[2] Abgrenzungseffekte sollen minimiert werden. Das alte Brüsseler Credo, niedergelegt in den Partnerschafts- und Kooperationsabkommen (PKA) mit Russland und der Ukraine, betont: Die partnerschaftlichen Beziehungen gelten in den Bereichen Demokratie, Wirtschaftsordnung und Rechtsstaatlichkeit, wobei sich die EU für die funktionale Zusammenarbeit auf Feldern gemeinsamen Interesses wie Wirtschaftskooperation, Justiz und Inneres, transeuropäische Netze, Sicherheit und Verteidigung einsetzt. Die USA verfolgen im postsowjetischen Raum eher strategische Ziele, teilen jedoch – zumindest für die Ukraine, Belarus und Moldau – im Blick auf demokratischen Wandel im Grundsatz die Linie der EU.

Folgerichtig hat die EU daher parallel zu den Beitrittsprozessen der ostmitteleuropäischen Länder – nicht zuletzt auf deren Drängen – seit 2003 eine „Europäische Nachbarschaftspolitik" (ENP) entwickelt[3] – aktuell für die Ukraine und Moldau sowie die Länder des Südkaukasus, potentiell auch für ein demokratisch gewandeltes Belarus. Im Fortschrittsbericht der deutschen Ratspräsidentschaft vom Juni 2007 wird die ENP als „eine zentrale Priorität der EU-Außenpolitik" charakterisiert.[4] In der Substanz bildet die Nachbarschaftspolitik eine Art *Dritten Weg* zwischen der – bereits existierenden – Partnerschaft und einer bis auf weiteres unrealistischen Mitgliedschaft. Ausschlaggebendes Ziel für die EU ist dabei ihr hohes Eigeninteresse an

---

[1] Der Verfassungsentwurf findet sich unter http://european-convention.eu.int/docs/Treaty/cv00850.en03.pdf.

[2] Das Dokument („Solana-Papier") unter http://ue.eu.int/cms3_fo/showPage.asp?lang=de81d =3918mode=goname=.

[3] Vgl. dazu die beiden Mitteilungen der Kommission: Wider Europe – Neighbourhood: A New Framework for Relations with our Eastern and Southern Neighbours, Brüssel, 11.3.2003, COM (2003) 104 final; sowie: Europäische Nachbarschaftspolitik. Strategiepapier, Brüssel, 12.5.2004, KOM (2004) 373 endgültig. Die Geltung des Kommissionspapiers von 2003 war ursprünglich auf die Neuen Nachbarn im Osten begrenzt und wurde später insbesondere auf Betreiben Italiens auf das südliche Mittelmeer ausgeweitet. In ihrer Substanz konzentriert sich die Initiative jedoch eindeutig auf die östliche Region.

[4] Der Fortschrittsbericht „Stärkung der Europäischen Nachbarschaftspolitik. Fortschrittsbericht des Vorsitzes" wurde auf der Tagung des Rats für Allgemeine Angelegenheiten und Außenbeziehungen vom 18./19.6.2007 verabschiedet, siehe unter www.auswaertiges-amt.de sowie im Dokumentenanhang.

stabilen Entwicklungen in der Region. Zu den Herausforderungen und Chancen zählen schwerpunktmäßig:

- Schaffung funktionierender Grenz- und Visaregime. Stichworte sind insbesondere: Abwehr illegaler Migration, organisierter Kriminalität, grenzüberschreitender Umweltzerstörung. Und umgekehrt: Stufenweise Verbesserungen bei der Freizügigkeit von Personen, deren Einschränkung von der Bevölkerung in Osteuropa als gravierendes Problem empfunden wird.
- Förderung der Wirtschaftsentwicklung bei den Neuen Nachbarn. Dennoch ist absehbar, dass wirtschaftliche und soziale Asymmetrien zwischen den neuen Beitrittsländern und den Nachbarländern, außer Russland und Kasachstan, voraussichtlich weiter zunehmen: Umfangreicher Strukturförderung für die Ostmitteleuropäer stehen in den Aktionsplänen relativ bescheidene Mittel für die Neuen Nachbarn gegenüber, so dass die EU unfreiwillig sogar zu einer Verschärfung der Asymmetrien beiträgt. Ein starkes und dauerhaftes Wohlstandsgefälle entlang der EU-Außengrenze birgt die Gefahr wachsenden Konfliktpotentials in sich.
- Einbeziehung der Neuen Nachbarn in die Politik von Konfliktprävention und Krisenmanagement sowie von Bekämpfung des Terrorismus und der Verbreitung von Massenvernichtungswaffen. Konflikte in der Region lassen sich nur schwer isolieren und könnten Stabilität und Sicherheit neuer EU-Mitglieder erheblich beeinträchtigen.

Ein Erfolg der Aufgabe, Erweiterung und Nachbarschaftspolitik zu zwei Formen künftiger Integrationspolitik zu machen, ist keineswegs gesichert. Zwar versteht sich die EU selbst mit ihren jetzt 493 Mio. Einwohnern als globaler Akteur mit eigenen Interessen, was bei einer Realisierung von 25 Prozent des weltweiten Sozialprodukts sowie rund 20 Prozent des Welthandels und 45 Prozent der globalen Direktinvestitionen wirtschaftlich sicher zutrifft. Zugleich sind ihre Kräfte jedoch nicht zuletzt als Folge der Erweiterung nach Osten begrenzt, so dass zunächst – auch auf Kosten von Aspirationen der Neuen Nachbarn – eine Phase der Konsolidierung und des internen Zusammenwachsens notwendig ist. Das gilt um so mehr, als die EU nach dem Scheitern des Verfassungsvertrags und der im Juni 2007 nur mühsam gefundenen Einigung auf einen abgespeckten Reformvertrag erst neue Dynamik gewinnen muss.

In der vorhersehbar beschränkten Handlungsfähigkeit liegt einer der zentralen Gründe dafür, dass die EU eine Mitgliedschaft der Neuen Nachbarn trotz ihres hohen Eigeninteresses an Stabilität und Steigerung des Lebensniveaus in dieser Region zumindest vorerst nicht ins Auge fasst. Allerdings schließt sie eine solche Option auch nicht grundsätzlich aus, so dass von einer *Strategie der halboffenen Tür* gesprochen werden kann. Nach Art.49 EU-Vertrag kann bekanntlich jedes europäische Land den Beitritt zur EU beantragen, sofern es die Grundsätze von Menschenrechten, Freiheit, Demokratie, Rechtssicherheit und guter Regierungsführung akzeptiert.

Hinzu kommt ein weiteres Problem, mit dem die EU in ihrer ENP konfrontiert war. Gemeint ist die Frage, ob die Union ein geschlossenes, für alle Neuen Nachbarn ähnlich geltendes Konzept entwickeln oder ob sie sich jeder seiner vier Komponenten einzeln widmen sollte. Gewiss sprach einiges dafür, gleiche oder ähnliche Maßstäbe anzulegen, wenn es um eine Annäherung von EU und Neuen Nachbarn geht. Das gilt für die Bereiche Demokratie, Wirtschaftsordnung und Rechtsstaatlichkeit ebenso wie für die funktionale Zusammenarbeit auf Feldern gemeinsamen Interesses wie Wirtschaftskooperation, Justiz und Inneres, Sicherheit und Verteidigung. Die Ähnlichkeit der gemeinsamen Probleme hätte es durchaus rechtfertigen können, in Analogie zu der auf den erweiterten Ostseeraum bezogenen „Nördlichen Dimension" der EU nunmehr eine entsprechende „Östliche Dimension" gegenüber den Neuen Nachbarn zu entwickeln, wie insbesondere von Polen vorgeschlagen wurde.

Gleichwohl wird der Begriff „Östliche Dimension" in den EU-Dokumenten vermieden, und das aus gutem Grund. Zum einen hat die „Nördliche Dimension" politisch und materiell ein nur schwaches Profil entwickelt und ist mit den weitergehenden Zielen der Europäischen Nachbarschaftspolitik nur schwer vergleichbar. Zum andern sind die Unterschiede zwischen den in der „Nördlichen Dimension" vereinten Ländern wie Schweden, Russland und Estland in Größe, politischem Gewicht, Wirtschaftskraft und Aspirationen so tiefgreifend, wie sie zwischen den Neumitgliedern Ostmitteleuropas zu keinem Zeitpunkt bestanden. Sie schließen eine für alle vier Länder Osteuropas geltende EU-Gesamtkonzeption im Rahmen einer „Östlichen Dimension" faktisch aus und verweisen auf die Notwendigkeit eines im Kern bilateralen Herangehens. „Differenzierung zwischen den Ländern bleibt die Grundlage der neuen Nachbarschaftspolitik", heißt es im EU-Papier „Größeres Europa" vom März 2003.

Die **Ukraine** und **Moldau** streben einen EU-Beitritt mit allen daraus erwachsenden Konsequenzen für den inneren Wandel an. **Belarus** dagegen mit seinem **scharf autoritären Regime** hat sich gegenüber der EU und deren Mitgliedsländern selbst isoliert und zielt zumindest verbal auf die Bildung eines Unionsstaats mit Russland. Vertragliche Beziehungen zu Belarus will die EU erst dann aufnehmen, wenn das Land in einer Zug-um-Zug-Strategie zu einer schrittweisen Übernahme europäischer Standards von Demokratie und Menschenrechten bereit ist, darunter zur Schaffung von Voraussetzungen für freie und faire Wahlen. Indem die ENP *potentiell* auch für Belarus gilt, vermittelt sie Eliten und Bevölkerung immerhin eindrucksvoll den potentiellen Nutzen und die Nachteile, die das Land als Folge des autoritären Regimes hinnehmen muss. So gesehen bildet die ENP einen wichtigen Anreiz für evolutionären Wandel in Belarus.

Russland seinerseits zeigt kein Interesse an einer EU-Mitgliedschaft: Aufgrund seines politischen Gewichts als Nuklear- und Energiemacht sowie als Mitglied des UN-Sicherheitsrats, seines Rohstoffreichtums und seines Wirtschaftspotentials nimmt das Land eine Sonderrolle ein.[5] Der Kreml hat sich strikt gegen die ENP ausgesprochen

---

[5] Vgl. hierzu unter dem Stichwort „Russlands Renaissance" einschlägige Beiträge in: Internationale Politik (Berlin) 7/2006; *Hans-Henning Schröder,* Russlands Stellung in einer sich wandelnden Welt, in: russlandanalysen (Bremen) 109/2006, S. 2–5; sowie *Gerhard*

und eine Anwendung für sich selbst ausgeschlossen. Moskau verfolgt primär einen bilateralen Vertragsansatz und will das Partnerschafts- und Kooperationsabkommen, allerdings auf einer neuen pragmatischen Basis, modifiziert sehen. Das PKA läuft im November 2007 aus. Das Abkommen verlängert sich aber jeweils um ein Jahr, wenn es von keiner Seite gekündigt wird.

Brüssel zufolge ist die strategische Partnerschaft der EU mit Russland bereits wesentlich weiterentwickelt als mit den drei übrigen Nachbarn im Osten, wie die Vereinbarung des St. Petersburger Gipfels vom Mai 2003 zur Bildung von vier gemeinsamen Räumen ausweist (Wirtschaft, innere Sicherheit, äußere Sicherheit sowie Forschung, Bildung und Kultur). In ihrer Substanz sollen diese Felder in die Neufassung des Ende 2007 auslaufenden Partnerschafts- und Kooperationsabkommen integriert werden. Laut Strategiepapier des Berliner Auswärtigen Amts wird Deutschland dabei auf ein „umfassendes, integrativ angelegtes und nach vorn weisendes Abkommen hinwirken", und dies „mit klaren Signalen, dass Russland in der EU willkommen ist".[6] Überraschend geriet der Neuverhandlungsprozess indes vorerst ins Stocken: Im Vorfeld des EU-Russland-Gipfels in Helsinki vom November 2006 machte Polen die Erteilung eines entsprechenden Mandats des EU-Rats an die EU-Kommission von der Aufhebung des Boykotts abhängig, den Russland über polnische Fleischexporte verhängt hatte. Auch das Drängen hochrangiger Politiker aus EU-Mitgliedsländern konnten Warschau bislang (Juli 2007) nicht zur Aufgabe seiner rigiden Position bewegen.

Zugleich wurden jedoch auch Divergenzen zwischen Brüssel und Moskau sichtbar. Im Kern geht es um die Frage: Sollen sich die EU-Russland-Beziehungen auf eine Partnerschaft von **Interessen** beschränken oder sind sie darüber hinaus darauf angelegt, auch eine Partnerschaft von **Werten** zu konstituieren? Im ersten Fall wird eine pragmatische, nicht bindende Zweckgemeinschaft angestrebt, wie sie Russland z.B. auch mit China und Indien verbindet. Im zweiten Fall handelt es sich um eine Gemeinschaft, die auf gemeinsamen Werten und Grundprinzipien beruht. Der jüngst von *Putins* Chefideologen *Surkow* geprägte Begriff „**Souveräne Demokratie**", bei dem die Interpretationshoheit über Charakter und Inhalt der russischen Demokratie allein Angelegenheit des russischen Volkes ist, verweist eher auf die erste Variante.[7] Die EU und ihre Mitgliedsländer gelten Russland vor allem als Quelle für **wirtschaftliche Modernisierung und technologische Innovation,** nicht aber als Impulsgeber für **politisch-gesellschaftliche Demokratisierung.** Darüber soll aber nicht vergessen werden, das hat letztlich auch das Vorgehen Washingtons im Irak-

---

Mangott/Dmitrij Trenin/Martin Senn/Heinz Timmermann, Russlands Rückkehr. Außenpolitik unter *Vladimir Putin,* Baden-Baden 2005.

[6] Zum Inhalt des nicht publizierten Papiers vgl.: Berlin schlägt in der EU-Russlandpolitik „Annäherung durch Verflechtung" vor, in: Frankfurter Allgemeine Zeitung, 4.9.2006.

[7] Hierzu *Peter W. Schulze,* Souveräne Demokratie: Kampfbegriff oder Hilfskonstruktion für einen eigenständigen Entwicklungsweg? Die ideologische Offensive des *Wladimir Surkow,* in: *Matthes Buhbe/Gabriele Gorzka* (Hrsg.), Russland heute, Wiesbaden 2006, S. 293–311.

krieg bestätigt: Moskau kann kein Interesse daran haben, sich auf eine einseitige Allianz mit dem einen oder anderen westlichen Partner einzulassen. Die russische Außenpolitik verfolgt weder Ziele, den Westen zu spalten, also einen Keil in die transatlantischen Beziehungen zu treiben, noch sich von Brüssel oder Washington eine Blaupause für die Gestaltung von politischer Ordnung und gesellschaftlicher Entwicklung vorzeichnen zu lassen. Diese Position ist vom russischen Präsidenten auf der letzten Sicherheitskonferenz in München 2007 deutlich ausgesprochen worden. Russland hat sich verändert, so die Einstellung seiner Machteliten. Für Moskau ist die „verlorene Dekade" der 90er Jahre, als das Land zum Spielball der westlichen Mächte wurde und innenpolitisch am Abgrund von Systemkrise und Auflösung balancierte, endgültig vorbei. Die scharfen Worte des russischen Präsidenten kamen nur für jene im Westen unvorbereitet, die die Zeichen der Veränderung nicht wahrhaben wollten. *Putin* gab aber deutlich zu erkennen, dass Russland keinen fundamentalen Paradigmenwechsel in seiner Außenpolitik anstrebt. Der Kreml will jedoch bei essentiellen Fragen, die die Gestaltung und Sicherheit Europas betreffen, in den Diskussionsprozess einbezogen und nicht, wie es Praxis der 90er Jahre war, vor vollendete Tatsachen gestellt werden. Die jüngste Debatte über Raketenabwehrsysteme weist präzis in diese Richtung. Der Kreml ist weder an einer Neuauflage des Kalten Krieges interessiert, wie Kalte Krieger im Westen sofort lauthals verkündeten, noch an einem Wettrüsten. Mit *Putins* Philippika hat es Moskau geschafft, über die Raketenabwehr eine öffentliche Debatte anzustoßen.

Während Interventions- und damit Einflussmöglichkeiten von außen auf die russische Entwicklung sehr begrenzt scheinen, zeichnen sich aufgrund innen- und außenpolitischer Tendenzen in der Ukraine, Belarus und Moldau im konfliktträchtigen Beziehungsdreieck Russland–Ukraine/Belarus/Moldau–EU neue Bewegungen ab. Beide Großregionen an ihren Flanken, die EU und Russland, haben im Hinblick auf die Ukraine, Belarus und Moldau unterschiedliche Perzeptionen und Positionen, die die Partnerschaft künftig auf die Probe stellen könnten. Während Russland offensiv an der geopolitischen Wahrung seines Einflusses und wirtschaftlichen Durchdringung dieser Region arbeitet, zielt die EU eher defensiv auf demokratisch fundierte Stabilität und wirtschaftliche Entwicklung. Es ist nicht auszuschließen, wie bereits die Ereignisse 2004 in den Präsidentschaftswahlen der Ukraine zeigten, dass beide geopolitischen Machtblöcke, die sich zudem auf unterschiedliche Weise in einem fließenden Zustand und einem schwierigen Prozess von Konsolidierung und Selbstidentifikation befinden, zukünftig in Konflikte hineingezogen werden oder diese auch auslösen können. Gemeint ist eine Verschärfung der innenpolitischen Gegensätze in der Ukraine, in Belarus und in Moldau über die Zuordnung ihrer Länder zu einem der beiden Flankenmächte. Sollte Russland aufgrund seiner wiedergewonnenen wirtschaftlichen Stärke Druck auf seine westlichen Nachbarn ausüben oder sollte umgekehrt die EU ihren Einfluss in dieser Region weiter ausdehnen, so würde sich dies voraussichtlich negativ auf das Verhältnis der Partner auswirken.

2. Russland als wichtiger Einflussfaktor: Das „Great Game" fand nicht statt

Nach Auflösung der Sowjetunion (Dezember 1991) war Moskau von folgenden Überlegungen und Erwartungen ausgegangen: Die Staaten der GUS sind auf sich gestellt nicht wirklich lebensfähig und werden sich daher früher oder später erneut eng um Russland scharen.[8] Zumindest verbal und in den Dokumenten Moskaus wird den Beziehungen zu den GUS-Staaten bis heute Priorität eingeräumt, obwohl das tatsächliche Interesse an ihnen unter den Führungseliten der *Jelzin*-Periode schwankte und bisweilen überhaupt in den Hintergrund trat. Gleichwohl bezeichnete Moskau bis Ende der 90er Jahre die Partner der Gemeinschaft als *„Nahes Ausland"*, um damit den besonderen Charakter der Beziehungen sowie seinen Anspruch auf spezifische Rechte und Interessen in diesem Raum hervorzuheben. In Abwehr verstärkter Aktivitäten der EU erhebt Russland in seiner „Mittelfristigen Strategie gegenüber der EU" vom Oktober 1999 ganz offen den Anspruch auf Sonderbeziehungen zu den Ländern der GUS. Die Entwicklung der Partnerschaft mit der EU müsse dazu beitragen, heißt es in dem bis 2010 geltenden Dokument, „Russlands Rolle als führende Kraft bei der Bildung eines neuen Systems politischer und wirtschaftlicher Beziehungen im GUS-Raum zu konsolidieren".[9]

Tatsächlich aber bildet die GUS seit ihrer Gründung ein für Moskau problematisches Feld. Nicht die Festigung der Gemeinschaft erwies sich als „natürlicher Prozess" (so Ex-Premierminister *Primakow*), sondern umgekehrt das Streben der meisten ihrer Mitglieder nach Eigenstaatlichkeit und Unabhängigkeit. So erfolgreich die GUS bei der friedlichen Abwicklung des sowjetischen Erbes war, so erfolglos erwies sie sich beim Aufbau neuer Strukturen. Das Scheitern der GUS als politische, wirtschaftliche Gemeinschaft und als Sicherheitsorganisation sowie ihre Verwandlung, ja Degeneration, in einen Diskussions- und Konsultationsklub der Staatsoberhäupter hat mehrere Gründe. Zu den wichtigsten zählen:

- Die GUS wurde als Auffangbecken für die aufgelöste Sowjetunion geschaffen. Sie beinhaltete kein neues Aufbruchskonzept, hatte keine tragende Idee als Werte- und Interessengemeinschaft und verfolgte auch keine Integrationsambitionen. Dementsprechend liefen mit der Konsolidierung der Eigenstaatlichkeit zwangs-

---

[8] Zu den Russland-GUS-Beziehungen vgl. *Christian Wipperfürth,* Russland und seine GUS-Nachbarn. Hintergründe, aktuelle Entwicklungen und Konflikte in einer ressourcenreichen Region, Stuttgart 2007; *Olga Alexandrova*, Russlands Außenpolitik gegenüber dem postsowjetischen Raum, in: *Olga Alexandrova/Roland Götz/Uwe Halbach*, Russland und der postsowjetische Raum, Baden-Baden 2003, S. 15–30. Siehe auch *Heinz Timmermann*, Desintegrationsprozesse in der GUS, Aktuelle Analysen des Bundesinstituts 20/20.5.1998, Köln 1998.

[9] Strategie der Entwicklung der Beziehungen der Russischen Föderation mit der Europäischen Union in mittelfristiger Perspektive (2000–2010), in: Diplomatičeskij Vestnik (Moskau) 11/1999, S. 20–28.

läufig auch die Interessen und Politiken der GUS-Mitgliedstaaten auseinander – in der Außen- und Sicherheitspolitik ebenso wie in der Außenwirtschaftspolitik und in den kulturellen Beziehungen.

- Die Idee einer schrittweisen GUS-Wirtschaftsintegration unter Marktbedingungen erwies sich rasch als Illusion, nicht zuletzt durch die Entscheidung Russlands von 1992, seinen Rubel als gemeinsames Zahlungsmittel aus dem Verkehr zu ziehen. Der objektive Zerfall des sowjetischen Planwirtschaftskomplexes konnte durch die Schaffung immer neuer, meist auf dem Papier verbliebener Institutionen (Freihandelszone, Zollunion, Zwischenstaatliche Bank, Währungskomitee etc.) weder rückgängig gemacht noch durch Überspringen der Desintegrationsphase in eine Neuintegration überführt werden. Symptomatisch für die Krise war der dramatische Rückgang des russischen Handels mit den GUS-Staaten von 55 Prozent (1991) auf heute rund 20 Prozent sowie der Handel der ehemaligen Sowjetrepubliken untereinander von 79 Prozent auf 26 Prozent. Mit der erweiterten EU dagegen wickelt Russland gegenwärtig über 50 Prozent seines Außenhandels ab. Umgekehrt stieg der Handel der Ukraine mit der EU 2006 auf 35 Prozent und derjenige von Belarus mit der Union sogar auf 50 Prozent. Entgegen allen Unkenrufen westlicher Analysten und Politiker nahmen trotz der Kampagne des Kreml gegen den Jukos-Konzern und gegen *Mikhail Chodorkowski* ab 2003 die westlichen Direktinvestitionen in Russland sprunghaft zu.

- Divergenzen über den Charakter von „Integration" regionaler oder subregionaler Zusammenschlüsse im Rahmen der GUS vertieften die Desintegration. Im Unterschied zur EU hat die GUS ein in jeder Hinsicht übermächtiges Mitglied in ihren Reihen. Die Folge: Von den kleineren Staaten wird Moskau unterstellt, immer noch an Ideen großrussischer Imperiumsbildung festzuhalten. Im Widerspruch zu globalen Trends von Interdependenz, Multilateralisierung und Integration wenden sich die meisten GUS-Staaten daher bis heute gegen eine Integration im Sinne einer Übertragung nationaler Souveränität an supranationale Institutionen auf postsowjetischem Territorium (so etwa die Ukraine, die seit Gründung überhaupt nur „Teilnehmer", nicht aber Mitglied der GUS ist). Einige unter ihnen wollen eine solche Integration nur dann akzeptieren, wenn auch Russland Souveränitätsverzicht leistet (so Belarus mit seiner Forderung nach Gleichberechtigung in dem bisher mehr virtuellen als realen Unionsstaat).

Moskau lehnt solch ein Ansinnen nicht nur ab, wahrscheinlich heute eindeutiger noch als in der *Jelzin-Ära*. Darüber hinaus weigerte sich Russland bisher, die Rolle eines Integrationsmotors für die GUS zu übernehmen. Angesichts der labilen Lage vieler GUS-Staaten scheint sich die russische Politik, vor allem nachdem sie Rückschläge bei regionalen Integrations- und Kooperationsprojekten erleiden musste, eher auf **selektive und gezielte Kooperationen** hin zu bewegen. Unter dem Eindruck der jüngsten Preiskriege im Energiebereich zwischen Moskau und kaukasischen Ländern, aber auch mit der Ukraine und Belarus scheinen sogar Zweifel angebracht, ob sich Moskau überhaupt noch für die GUS-Region interessiert. Angesichts der sehr ambivalenten GUS-Politik des Kreml könnte man auch schlicht eine zynisch motivierte Politik des Abwartens unterstellen, wie sie schon einmal zu Beginn der 90er Jahre von nationalistischen Kräften geäußert wurde: Da die EU offensichtlich an die Grenzen ihrer Osterweiterung gestoßen ist, ihre Märkte sich nur sehr zögerlich, wenn überhaupt, für die vorwiegend agrarischen Exporten aus den GUS-Ländern öffnen, werden sich diese Länder zwangsläufig über kurz oder lang auf Moskau rückbesinnen müssen. Die Ukraine könnte hier das Modell für die russische GUS-Politik abgeben.

So hatte die GUS 10 Jahre nach ihrer Gründung außer einer erfolgreichen Abwicklung des sowjetischen Erbes wenig greifbare Erfolge vorzuweisen. Offiziellen Angaben zufolge funktionierte 1998 nur jedes zehnte der 800 Abkommen, die im Rahmen der GUS geschlossen wurden. Eine Kooperation „à la carte" konterkarierte alle Bestrebungen nach verstärkter Integration. Dass in der GUS überhaupt noch Entscheidungen getroffen wurden, begründete Usbekistans Präsident *Karimow* mit bemerkenswertem Zynismus so: „Jeder weiß, dass sie niemals implementiert werden."

Unter *Putin* fand in seiner ersten Amtsperiode (2000–2004) ein bemerkenswerter Wandel in der russischen GUS-Politik statt – weg von vergangenheitsbezogenen, emotional geprägten Konzeptionen einer umfassenden Reintegration hin zu einer berechenbaren, pragmatisch ausgerichteten und nationalen Interessen folgenden Strategie **gezielter Einflussnahme** in der Region. Deutlicher denn je zeigte sich dies in *Putins* Rede vor den russischen Auslandsbotschaftern vom Juli 2004. Es mache keinen Sinn, ständig von Russlands Recht auf Führung im GUS-Bereich zu sprechen und andere Staaten aus der Region herauszuhalten, betonte der Präsident. Vielmehr müsse man die Realitäten anerkennen und die eigene Führungskraft durch zunehmende Konkurrenzfähigkeit und aktives Handeln untermauern. Nur so könnten die Beziehungen zu Russland für die GUS-Staaten einen hohen Attraktionsgrad erreichen, könne eine „energische Ausfüllung dieses politischen Raums durch andere, aktivere Staaten verhindert werden".[10] Der Strategiewandel wurzelte nicht zuletzt in der Erkenntnis: Eine vollständige Integration war auch aufgrund begrenzter Ressourcen Russlands unrealistisch. Der bisherige Kurs musste von einer gezielten Strategie bi- und multilateraler Beziehungen zu solchen früheren Sowjetrepubliken abgelöst werden, die für Moskau wirklich relevant waren. Zu ihnen zählen insbesondere die Ukraine, Belarus und Kasachstan, Russlands Partner in dem 2003 gegründeten „*Einheitlichen Wirtschaftsraum*" (EWR).

Geprägt wurde der Strategiewandel von einer Verlagerung des Schwergewichts auf bilaterale **Wirtschaftsbeziehungen** mit dem Ziel, die Partnerstaaten ökonomisch zu durchdringen und somit den eigenen politischen Einfluss zu steigern. Das ist in der Ukraine und in Moldau weitgehend gelungen, während sich der belarussische Autokrat *Lukaschenko* auch weiterhin weigert, Filetstücke der Wirtschaft seines Landes russischen Eigentümern zu übergeben und damit wesentliche Teile seiner ökonomi-

---

[10] RIA Novosti (Moskau) 13.7.2004.

sche Machtbasis in russische Hände zu legen. Instrumente der Durchdringung sind insbesondere die Verdichtung des Handels, die Kontrolle über strategisch wichtige Betriebe und über Infrastrukturkomplexe wie Gas- und Ölpipelines, verstärkter Einfluss auf das Bank- und Finanzwesen, Gründung gemeinsamer Unternehmen und Finanz-Industriegruppen. In der Ukraine beispielsweise kontrollieren die Russen bei der Erdölverarbeitung 80 Prozent der Aktiva, bei der Metallverhüttung 66 Prozent, in der Aluminiumproduktion 90 Prozent, im Maschinenbau und im Banksektor je 33 Prozent. So gesehen macht es Sinn, von einer „Ökonomisierung" der russischen Außenbeziehungen im postsowjetischen Raum zu sprechen. Nicht übersehen werden darf dabei freilich das Interesse Moskaus an verstärkter Zusammenarbeit auch in militärstrategischen und in sicherheitspolitischen Fragen, insbesondere auf den Feldern internationaler Terrorismus und religiös motivierter politischer Extremismus.

Insgesamt scheint die russische Politik von dem Ziel eines abgestuften „liberalen Imperiums" (*Anatolij Tschubais*) bestimmt, mit Russland als der überlegenen Führungsmacht im Kernbereich des postsowjetischen Raums. Spekuliert wird dabei nicht zuletzt mit der Ablehnung westlicher Kritik an den demokratischen Defiziten durch eine Reihe von Partnerländern. So schlossen sich im Juli 2004 acht GUS-Staaten, darunter die Ukraine, Belarus und Moldau, einer russischen Initiative an, in der die Organisation für Sicherheit und Zusammenarbeit in Europa (OSZE) beschuldigt wurde, ihre Aktivitäten einseitig und unter Verwendung doppelter Standards auf die Dimension Demokratie und Menschenrechte verlagert zu haben. Nötig sei daher eine Änderung des Mandats der OSZE, das die Balance zwischen ihrer humanitären, militärpolitischen, wirtschaftlichen und Umweltkomponenten wiederherstelle, ungerechtfertigte Kritik an innenpolitischen Entwicklungen vermeide und die Souveränität der Mitgliedsstaaten respektiere.[11]

In dieses Bild passt die Tatsache, dass sich Moskau bei den Präsidentschaftswahlen in der Ukraine vom Oktober/November 2004 massiv für den „prorussischen" Kandidaten *Janukowitsch* einsetzte. Bereits kurz zuvor, Mitte Oktober 2004, hatte Moskau die Inszenierung von Parlamentswahlen und verfassungsänderndem Referendum in Belarus zugunsten weiterer Amtszeiten für *Lukaschenko* als „frei, legitim und in vollem Einklang mit den Gesetzen" bezeichnet. In scharfem Gegensatz dazu hatten die europäischen Organisationen OSZE, Europarat und EU festgestellt, dass die Urnengänge sowohl in Belarus als auch in der Ukraine europäischen Standards **nicht** entsprachen. Hierdurch wollte Russland verhindern, dass im postsowjetischen Raum eine Opposition in demokratischen Wahlen an die Macht kommt und damit für die anderen Länder, Russland eingeschlossen, einen Präzedenzfall schafft.

---

[11] Vgl. dazu *Daniela Mussnig,* Russland und die OSZE: Gespannte Beziehungen, in: russlandanalysen 82/2005, S. 2 ff., sowie *Liz Fuller,* Analysis: Russia Coordinates New Broadside Against OSCE, http://www.rferl.org/featuresarticle/2004/7/031A1656-7Doc-4B74-8EA1-5B7B15F2.

Seine Ziele verfolgt Russland auf zwei Ebenen. Vorrang haben die **bilateralen Beziehungen** zu jedem einzelnen Staat und seinen regierenden Eliten, wobei wirtschaftliche Präferenzen den entscheidenden Hebel bilden. Die zweite Ebene bildet der Ausbau **subregionaler Organisationen**. Der erste Ansatz war die Bildung des Einheitlichen Wirtschaftsraumes zwischen Russland, Ukraine, Belarus und Kasachstan. Vermutlich erfolgte dieses Projekt auch als Reaktion auf die ENP der EU: Russland betrachtet den postsowjetischen Raum weiterhin als Region vitalen eigenen Interesses. Bereits Ende 2002 war in Moskau die Rede von einer sich abzeichnenden „qualitativen Veränderung des Kräfteverhältnisses im europäischen Teil der GUS". Daher müssten Gegenmaßnahmen ergriffen werden, um die Staaten dieser Region in der Sphäre russischen Einflusses zu halten, etwa durch „alternative, für diese Länder vorteilhafte Varianten der Zusammenarbeit".[12] Genau in diese Richtung zielte, so scheint es, das persönliche Engagement *Putins* für den Ausbau des EWR. Es zeugt von den Absichten Moskaus, im postsowjetischen Raum einen Integrationskern zu schaffen und somit die Position des Landes als Ordnungsmacht im östlichen Europa zu festigen. Offensichtlich laufen solche Vorstellungen auf ein Gesamteuropa hinaus, das sich auf zwei Integrationsgemeinschaften gründet: auf die erweiterte EU einerseits und eine um Russland gruppierte Organisation wirtschaftlich relativ entwickelter Staaten im postsowjetischen Raum andererseits. Moskau beansprucht ein Mitspracherecht bei der Gestaltung der künftigen Architektur Europas insbesondere in seiner östlichen Dimension.

Durch die „Orangene Revolution" hat die Ukraine, trotz der nachfolgenden politischen Entwicklung, die *Janukowitsch* und seiner *Partei der Regionen* zu einer Parlamentsmehrheit in Koalition mit anderen Parteien verhalf, den EWR kaum weiterverfolgt. Das Projekt liegt auf Eis und wird sich erst dann wieder beleben, wenn die für den 30. September 2007 anberaumten Neuwahlen zum ukrainischen Parlament eine entsprechende Mehrheit hervorbringen. Aber auch in Belarus stieß der EWR nicht auf große Gegenliebe. Der belarussische Präsident *Lukaschenko* jedenfalls prophezeite ihm bereits bei der Gründung das Schicksal der GUS und schlug vor, „eine ganz andere Integration anzustreben".[13]

Die Mischung von geostrategischen und machtpolitischen Überlegungen, die nahezu eine Dekade lang die russische GUS-Politik ideologisch überhöhten und Ängste in den GUS-Staaten aufkommen ließen, wieder vom mächtigen Russland eingesogen zu werden, ist heute von wirtschaftlichen Überlegungen abgelöst worden. Dadurch werden machtpolitische und imperiale Ambitionen in Schach gehalten, die ohnehin in der vergangenen Dekade keine Chancen auf Realisierung hatten. Die russische Politik scheint heute mehr als vordem ein Interesse an stabilen Umfeldbedingungen und an wirtschaftlicher Kooperation zu bekunden. Unzweifelhaft, die Ziele russi-

---

[12] *Igor Plugatarev*, Die EU zielt auf Kiew; Chisinau und Minsk, Nezavisimaja gazeta (Moskau), 20.11.2002.
[13] *Maksim Glikin*, Komplott in Jalta, Nezavisimaja Gazeta, 22.9.2003, sowie Itar-Tass (Moskau) 19.9.2003.

scher GUS-Politik haben sich an die Bedingungen der Welt nach dem September 2001 angepasst. Russlands exponierte Lage mit ungesicherten südlichen Regionen, die an instabile Räume und Staaten angrenzen, aber auch die wiedergewonnene starke wirtschaftliche und politische Position in den internationalen Beziehungen erforderten ein konzeptionelles Umdenken für den bislang vernachlässigten Raum. Mit den Staaten Zentralasiens, die wie Moskau das Übergreifen islamistischer Fundamentalisten befürchteten, wurden Übereinkünfte zur Abwehr grenzüberschreitender Bedrohungen wie Drogenhandel, islamischer Extremismus, Migration und Schmuggel angestrebt. Zu Kasachstan entwickelte sich eine Sonderbeziehung, die in erster Linie von Energieinteressen geprägt war. Eine besondere Rolle spielt in diesem Zusammenhang die *Shanghai Cooperation Organisation* (SCO). Diese Übereinkunft zwischen den zentralasiatischen Staaten, Russland und China, die aber auch mittlerweile Beobachter aus Indien, Iran und Pakistan wie Afghanistan anzieht, verfügt im Unterschied zur EU weder über eine stark ausgeprägte Bürokratie noch zielt sie auf Vertiefung von Integration durch Übertragung von Souveränitätsfunktionen an supranationale Institutionen. Jedoch erweitert sich ständig ihre Agenda, und ihre Relevanz als Clearingstelle, wie zwischenstaatliche Maßnahmen und Probleme koordiniert werden können, nimmt zu. Die SCO ist kein Gegenstück zur EU, lehnt auch diesen Ansatz strikt ab, dennoch verspricht sie Langlebigkeit aufgrund der Kongruenz von Interessen.

Wie für Zentralasien hielt auch für den Kaukasus jene beispiellose Interessenkongruenz zwischen den beteiligten Großmächten Russland, USA und EU von 2001 bis 2004. Aber externe Machtrivalitäten schlugen stärker auf die Innenpolitik der kaukasischen Länder durch und setzten dort eine Dynamik in Gang, die wiederum die Beziehungen der Großmächte untereinander tangierte.

Der Kaukasus barg für die russische GUS-Politik von Anbeginn eine besondere Herausforderung, weil dessen Konflikte zur Destabilisierung süd-russischer Regionen beitrugen und dort latente und offen separatistische Tendenzen, nicht nur wie im Falle Tschetscheniens, auslösen konnten. Jedoch ohne Ressourcen und gegen den Widerstand der nationalen Emanzipationsbewegungen des Südkaukasus war die russische Politik hilflos. Während der *Jelzin-Ära* wurde ein Minimum an Einflussnahme über wirtschaftliche Instrumente der subventionierten Energielieferungen und des offenen Marktzugangs erreicht. Russische Militärbasen und die heimliche Unterstützung der abgefallenen Regionen sorgten für einen unsicheren Status quo zwischen den Konfliktparteien. Der Kreml verfolgte daher in den 90er Jahren eine Politik der Nadelstiche und suchte ihre Konsolidierung und vor allem die mögliche Absetzbewegung der jungen Nationalstaaten von Moskau zu behindern. Konflikte zwischen Tbilissi und Moskau flackerten in der Vergangenheit immer wieder auf. Seit Beginn der georgischen Unabhängigkeit klagt Tbilissi Moskau an, die beiden abtrünnigen Provinzen **Süd-Ossetien** und mehr noch **Abchasien** zu unterstützen. Moskau streitet diese Vorwürfe auch nicht ab und hat durch die Ausgabe von russischen Pässen die Anschuldigungen des georgischen Präsidenten *Saakaschwili* indirekt bestätigt. Freilich, frühere Kontroversen erreichten niemals die Dramatik und Schärfe wie in der zweiten Hälfte 2006. Die aktuellen russischen Reaktionen sind unverhältnismäßig und können nur als Antwort auf die Bestrebungen des georgischen Präsidenten interpretiert werden, sein Land sowohl in die NATO zu führen als auch Komponenten des amerikanischen Raketenabwehrsystems im Land basieren zu lassen. Besonders brisant wird diese Entwicklung im Kontext der **Kosovo-Frage**. Seit 1999 ist das Kosovo faktisch ein Protektorat der Vereinten Nationen. Sollte die Loslösung des Kosovo gegen den Widerstand von Belgrad erfolgen, würde, so betont Moskau, ein Präzedenzfall geschaffen, der gravierende Konsequenzen auch für Georgien hätte. Bislang scheiterten aber alle Ansätze, die *„frozen conflicts"* zu lösen und die Länder des Kaukasus auf den Entwicklungspfad zu bringen, an der fehlenden Bereitschaft ihrer Machteliten, sich auf regionale Kooperation einzulassen.

Gegen Ende der zweiten Amtsperiode *Putins* schien sich die Grenzlinie zwischen einer Außenpolitik zum *„Nahen Ausland"*, das Moskaus Sonderbeziehungen zu den GUS-Staaten charakterisierte, und der internationalen Stoßrichtung der russischen Politik mehr und mehr zu verwischen. Im Zentrum dieser Entwicklungen stehen die Energiereserven und die Frage nach dem Verlauf der Pipelines aus der Region zwischen dem Schwarzen und dem Kaspischen Meer. In diesem Kontext erklärt sich das verstärkte Bemühen der russischen Politik um eine enge Energiepartnerschaft mit Kasachstan. Sie resultiert nicht zuletzt aus den Prognosen steigender Nachfrage sowohl Europas, vor allem aber der Länder aus der asiatisch-pazifischen Region einschließlich China und Indien. Die russische Zentralasienpolitik ist offensichtlich mit übergeordneten wirtschafts- und sicherheitspolitischen Zielen verknüpft. Im Brennpunkt stehen dabei zwei Länder: Kasachstan und Usbekistan. In den kasachisch-russischen Beziehungen waren Belastungen, wie sie mit der Ukraine oder Georgien auftraten, nie zu beklagen. Dennoch war die Zusammenarbeit im Energiebereich nicht unproblematisch. Streit gab es um die Aufstockung der Durchleitungskapazitäten bei Pipelines. Bislang exportiert Kasachstan die Hauptmenge seines Öls durch die Pipeline des *Caspian Pipeline Consortium/CPC* zum russischen Schwarzmeerhafen Noworossisk. Allerdings ging Astana im Juni 2006 einen Schritt weiter und diversifizierte seine Exportrouten. Öl wird nun auch über die an Russland vorbei führende *Pipeline BTC/Baku–Tbilissi–Ceyhan* exportiert. Kasachstan übte damit Druck auf die russische Weigerung aus, die CPC zu verlängern und die Durchleitungskapazitäten zu erhöhen[14]. Erst im Mai 2007 kam Russland den kasachischen Forderungen entgegen.

Zukunftweisend für die Energiekooperation beider Länder wird jedoch die gemeinsame Förderung und Vermarktung der riesigen kasachischen Gasvorkommen. Für Kasachstan ist derzeitig diese Zusammenarbeit unabdingbar, wenn es seine Energievorkommen an Märkte in Europa und Asien heranführen will. Denn solange keine direkten Gas-Pipelines nach China oder Pakistan gelegt sind und auch Überlegungen für eine Routenführung auf dem Boden des Kaspischen Meeres nach Georgien/ Aserbaidschan und dann weiter nach Europa nur in einer allerersten Planungsphase

---

[14] The Moscow Times, 05.10.2006, S. 6.

stecken, sind kasachische Gasexporte ausschließlich über die russischen Netze möglich. Unterdessen verzahnt Moskau den Kaspischen Raum mit dem russischen Durchleitungsnetz und sucht parallel dazu Gaslieferungen über die Türkei oder durch das Schwarze Meer nach Südosteuropa durch eigene Pipelines zu realisieren. Solche Pläne stehen in scharfer Konkurrenz zu Vorhaben der EU, die von Washington unterstützt werden. Der Wettlauf um Erschließung der zentralasiatischen und kaspischen Energievorräte hat längst begonnen und wird auf dem Feld der Pipelines ausgetragen. Es ist nicht ausgeschlossen, da eine weitere Gaspipeline unter dem Schwarzen Meer zur Türkei geplant ist, dass die Türkei in der Südeuropa- und Nahoststrategie vom russischen Energiekonzern *Gazprom* zu einer Energiedrehscheibe für den östlichen Mittelmeerraum aufgebaut werden soll[15]. Das würde allerdings Pläne der Europäischen Union, eine eigene Pipeline vom Mittleren Osten nach Südeuropa zu legen, nämlich das *Nabucco-Projekt*, empfindlich treffen. Zurzeit befindet sich das Projekt noch in der Planungsphase. Obwohl der Energiekommissar der EU, *Andris Piebalgs*, im März 2007 dem *Nabucco-Projekt* die höchste Dringlichkeitsstufe zugestand, erinnert die Rivalität um die Energiereserven des Raumes an das Hase- und-Igel-Spiel. Der russische Igel ist immer als erster da und hat schon langfristige Lieferverträge abgeschlossen, bevor die EU in Aktion tritt. Die 3300 km lange *Nabucco-Pipeline* soll ca. sechs Mrd. US Dollar kosten. Dass die USA von europäischen Überlegungen, auch den Iran einzubeziehen, nicht gerade begeistert sind, scheint offensichtlich. Aber was tun, wenn der **EU-Pipeline bislang noch die Gasquelle fehlt?** Gezielt festigt hingegen *Gazprom* auch seine Position in Europa, besonders in Südosteuropa. Seit geraumer Zeit strebt der Konzern den direkten Zugang zu Endabnehmern in Ländern der Europäischen Union an. Angesichts der Ungewissheit über die *Nabucco-Pipeline* und der jüngsten Einigung Russlands mit Turkmenistan und Kasachstan über die Einspeisung turkmenischen Gases in das russische Leitungsnetz führt für Europa und Deutschland kein Weg am russischen Gas vorbei.

Tatsächlich ist die Moskauer Strategie zur Wahrung ihres Einflusses in den Ländern der westlichen GUS nur schwer mit jenen Konzeptionen vereinbar, die die EU für

---

[15] *Michael Thumann*, in: ZEIT online-International - - - Türkei Schwarzmeerbrüder sollt ihr sein.htm; *Thumann* weist darauf hin, dass sich, vom Westen kaum wahrgenommen, Ankara und Moskau in den letzten Jahren angenähert haben. Die türkische Kritik und Unterstützung für die Tschetschenen wurde ausgesetzt. Moskau distanzierte sich im Gegenzug von der kurdischen PKK und blendete die Problematik Armeniens aus. „Die Türkei hat ihren Blick geöffnet. Nach Osten, Richtung Iran, auf das nach einer Umfrage des German Marshall Fund 43 Prozent der Türken mit Wohlgefallen schauen. Nach Süden, wo die arabische Welt immer freundlicher über die muslimischen Türken spricht. Nach Norden, nach Russland, das den Türken neuerdings sympathischer ist als der Nato-Verbündete USA. Unbemerkt von Europa, lösen sich östlich des Kontinents alte geopolitische Gewissheiten auf, entstehen die Umrisse neuer Allianzen. Die russisch-türkische Annäherung ist die wohl wichtigste Veränderung an Europas Grenzen."

ihre Neuen Nachbarn entwickelt.[16] Die EU möchte, wie sie mit Blick auf die Neuen Nachbarn wiederholt betone, nicht in eine Integrationskonkurrenz mit Russland treten: Russland sei ein „unverzichtbarer Teil der Region", und es sei problematisch, „eine verstärkte regionale Zusammenarbeit ohne Russland ins Auge zu fassen", heißt es in einem *Solana-Patten*-Papier vom August 2002.[17] Brüssel ist weder an einer Zuspitzung der Beziehungen der Neuen Nachbarn zu Moskau interessiert noch gar an deren Absorption in die eigenen Reihen. Die Zeiten des Nullsummenspiels in unserer Region seien vorüber, bemerkte der damalige Erweiterungskommissar *Verheugen* in Moskau. Heute sei kooperatives Herangehen angesagt. Denn ein „Größeres Europa ist keine einseitige Angelegenheit. Wir werden mit all unseren Partnern, darunter natürlich mit Russland, über die Felder gemeinsamen Interesses im Rahmen dieser Initiative reden".[18]

Die schwierige Aufgabe für die EU besteht darin, eine Linie zu verfolgen, die diesen Ländern eine unabhängige Politik einschließlich einer Annäherung an die EU ermöglicht, ohne dass darüber ihre vielfältigen politischen, wirtschaftlichen, kulturellen und menschlichen Verbindungen zu Russland in Frage gestellt werden. Sollte sich die manifeste Tendenz erhärten, dass sich Moskau weder in eine Konfliktsituation mit der EU über jenes Zwischeneuropa hineinziehen lassen will, womöglich sogar seine Interessen auf Zentralasien und darüber hinaus auf den asiatisch-pazifischen Raum unter Einschluss von China und Indien zu konzentrieren gedenkt, dann muss die Logik des Null-Summen-Spiels nicht zugunsten der EU aufgehen. Denn Russland als verantwortliche Macht im GUS-Raum aktiv einzubinden, ist eine Voraussetzung für die Stabilität des Raumes. Ein beängstigendes Szenario wäre, wenn sich Moskau aus der Region verabschieden und die EU, aufgrund ihrer fehlenden Homogenität und überfordert als globaler Akteur, keine Präsenz zeigen würde. Der Raum würde durch instabile Staaten gefüllt und möglicherweise durch terroristische Kräfte penetriert. **EU und Russland sind also zur Kooperation und zu verantwortlicher Gestaltung des eurasischen Raumes nicht nur aufgerufen: Sie sind dazu verdammt, die Aufgaben von Stabilitätssicherung und Entwicklung gemeinsam voranzubringen.** Die daraus erwachsenen Aufgaben umzusetzen wird angesichts der Kontroversen nicht leicht sein und wird zusätzlich durch die partikularen, oft irrationalen Eigeninteressen von Herrschaftscliquen in den GUS-Ländern beeinträchtigt. Aber von einem Kondominium ist man noch weit entfernt. Obendrein wäre es kaum eine wünschenswerte Lösung.

---

[16] Vgl. hierzu *Arkadij Mošes,* Priorität gesucht. Die EU, Russland und ihre Nachbarn, in: Osteuropa (Berlin) 2–3/2007, S. 21–33.
[17] Das Papier „Wider Europe" wurde nicht veröffentlicht.
[18] Rede vor dem Moskauer Staatlichen Institut für internationale Beziehungen am 17.10.2003, http://europa.eu.int/comm/world/enp/pdf/Verheugen-Russia-EU_Enlargement_and_the_Union_eu.pdf.

3. Die Neuen Nachbarn Ukraine, Belarus und Moldau und ihr Verhältnis zur EU

Wie bereits eingangs betont, sieht sich die EU politisch und wirtschaftlich sehr heterogenen Partnern gegenüber, die unterschiedliche Interessen und Konzeptionen entwickeln, darunter auch im Verhältnis zur Union. Gemeinsamkeiten bestehen vor allem in Folgendem: 16 Jahre nach Erlangung der Unabhängigkeit ist ein erfolgreicher Abschluss der Transformationsprozesse noch nicht in Sicht. Zugleich sind die Neuen Nachbarn in ihrem Außenhandel eng mit Russland verflochten und auf Energielieferungen aus diesem Land vital angewiesen. Das bedeutet: Die Neuen Nachbarn sind objektiv gezwungen, zweigleisig zu fahren und die angestrebte Verklammerung mit der EU mit engen Beziehungen zu Russland zu verbinden. Als Beispiel für diese auch von der EU vertretene Linie sei Außenminister *Steinmeier* zitiert. Im Kontext der verstärkten EU-Ukraine-Beziehungen betonte er, gewiss auch mit Blick auf Belarus: „Jede Regierung in der Ukraine hat die Verantwortung für möglichst konfliktfreie Beziehungen zwischen der Ukraine und Russland. Im Dreieck EU–Russland–Ukraine müssen die drei Seiten möglichst gleich lang sein. Gestörte Beziehungen zwischen zwei dieser drei Partner destabilisieren die Region".[19]

Darüber hinaus ist zu bedenken, dass die Verdichtung der Beziehungen der EU zu den Neuen Nachbarn an beide Seiten ihrem Charakter nach völlig unterschiedliche Anforderungen stellt. Während die EU in den Erweiterungsprozessen bestrebt sein muss, ihre innere Kohäsion und Integrationsfähigkeit zu wahren, stehen die Neuen Nachbarn vor der ungleich schwierigeren Aufgabe, ihr sowjetisch geprägtes inneres System an die europäischen Normen und Standards anzupassen.[20]

Der gewaltlose demokratische Aufbruch in der **Ukraine** hat zu einem qualitativen Wandel vom semi-autoritären ***Kutschma*-Regime** hin zur Demokratie geführt. Erstmals gelang im GUS-Raum die Umgestaltung einer Präsidialverfassung in eine parlamentarisch-präsidiale Verfassung. Ungeachtet der fortdauernden Machtkämpfe, die den politischen Prozess in der Ukraine in den vergangenen Monaten zeitweilig paralysierten, kann davon ausgegangen werden, dass die zentralen demokratischen Werte und die positive Kooperation mit europäischen Strukturen unter den politischen Eliten an Akzeptanz gewonnen haben. Auch nach dem Comeback *Janukowitschs* wird der pro-europäische Kurs von allen Lagern grundsätzlich akzeptiert. Die Wahlen zur Präsidentschaft vom Dezember 2004 sowie zum Parlament vom März 2006 und vom September 2007 waren nach OSZE-Befund im Allgemeinen frei und fair. Akzeptiert werden prinzipiell auch die Normen von Gewaltenteilung und Rechtsstaatlichkeit. Anders als in Russland kann man in der Ukraine von einer

---

[19] Die Europäische Union und Russland: Partnerschaft für die Zukunft, Rede auf der Jahresmitgliederversammlung des Deutsch-Russischen Forums vom 21.3.2006, Infobrief des Deutsch-Russischen Forums, Berlin 2006, S. 3–10, hier S. 6.

[20] Vgl. *Heinz Timmermann,* Internal Developments and Foreign Policy Perspectives of Ukraine and Belarus, in: The Federalist Debate (Turin) 1/2007, S. 34–38.

einflussreichen kritischen Öffentlichkeit in Form freier Massenmedien und zivilgesellschaftlichen Engagements sprechen. Gleichzeitig erhielt *Janukowitsch* als Chef der landesweit frei gewählten stärksten Koalition größeres Gewicht im Parlament und übernahm die Mitverantwortung für den *Gesamtstaat*. Damit streifte er das Image eines von Moskau gestützten Repräsentanten allein der östlichen Landesteile ab.

Gleichwohl ist es zu früh, die endgültige Konsolidierung einer auf europäischen Grundwerten basierenden Demokratie in der Ukraine zu konstatieren. Dagegen sprechen insbesondere: die geringe Verwurzelung dieser Werte in der Gesamtbevölkerung; die unterschiedlichen Interessen und Konzeptionen zur wirtschaftlich-sozialen Umstrukturierung und Modernisierung des Landes; die Kompetenzstreitigkeiten zwischen Präsident, Parlament und Premier sowie lähmende Verfassungskonflikte; die Divergenzen in der zentralen Frage eines möglichen NATO-Beitritts. Tatsächlich hat sich unter den ukrainischen Machtgruppen in den letzten Jahren ein Stimmungswechsel vollzogen. In ihrer großen Mehrheit räumen die politischen Eliten den Beziehungen zur EU Vorrang ein und unterstreichen ihre Ambitionen auf Vollmitgliedschaft in der Union – unter Fortführung ihrer auch von der EU begrüßten strategischen Partnerschaft mit Russland. Dies findet seine Logik nicht zuletzt darin, dass die EU mittlerweile der größte Handelspartner und Direktinvestor der Ukraine ist. Zugleich hoffen einflussreiche, *Janukowitsch* nahestehende Wirtschaftskreise auf profitable Geschäfte und Investitionen im EU-Raum mit Schwerpunkt Ostmitteleuropa und hier insbesondere in Polen. Damit wird die **symmetrische** Mehrvektorenpolitik der *Kutschma*-Ära in Form unberechenbarer Schaukelmanöver zwischen Brüssel und Moskau abgelöst von einer **asymmetrischen** Mehrvektorenpolitik mit dem zentralen Bezugspunkt EU.

Zugleich hat in Kiew die Euphorie über die Möglichkeit eines raschen Beitritts zur EU pragmatisch-realistischen Erwartungen und Konzeptionen, vielleicht sogar einer tiefgreifenden Ernüchterung, Platz gemacht. Sie wurzelt nicht zuletzt in der Erkenntnis: Zentrale Voraussetzung für Verflechtung und Integration mit der EU sind Bereitschaft und Vermögen, aus **eigener** Kraft die Voraussetzungen dafür zu schaffen. Damit soll die Fähigkeit zu sinnvoller Absorbierung von EU-Fördermitteln gesteigert sowie die schrittweise Übernahme des EU-Gemeinschaftsrechts gewährleistet werden, um den Zugang zum EU-Binnenmarkt weiter zu öffnen und längerfristig in den Genuss der berühmten vier Freiheiten zu kommen: Freiheit des Waren-, Dienstleistungs-, Kapital- und Personenverkehrs. Der Fahrplan der Kiewer Führung sieht vor, nach Erfüllung des Aktionsplans plus vom Februar 2005 das 2008 auslaufende Partnerschafts- und Kooperationsabkommen im gleichen Jahr durch ein Assoziationsabkommen zu ersetzen, das die Grundlage für die in 10 bis 15 Jahren zu erfolgende Mitgliedschaft legt. Mit diesem Ziel haben im März 2007 Verhandlungen über ein neues „Vertieftes Abkommen" EU-Ukraine begonnen. Impulse erhielten die ukrainischen Aspirationen für eine langfristige Annäherung nicht zuletzt durch gemeinsame Aktionen wie die Beteiligung der Ukraine an EU-geführtem Krisenmanagement im Rahmen der Gemeinsamen Außen- und Sicherheitspolitik/Europäische

Sicherheits- und Verteidigungspolitik (ESVP) sowie auch durch das gemeinsame Monitoring an der ukrainisch-transnistrischen Grenze.

Von außen wird die Ukraine heute nicht länger als westlicher Teil des postsowjetischen Raums wahrgenommen, sondern als eigenständiges Subjekt der internationalen Staatenwelt. Vor diesem Hintergrund sind die Beziehungen zur Ukraine mittlerweile in eine proaktiv-realistische Phase eingetreten. Zwar offerierte die EU auch *Janukowitsch* nicht die angestrebte Beitrittsperspektive, wohl aber eine Modernisierungspartnerschaft, die über das bisherige PKA hinausreicht.[21] Auf wirtschaftlichem Felde erkannte Brüssel die Ukraine als Marktwirtschaft an, setzt sich für die WTO-Mitgliedschaft des Landes ein und befürwortet die anschließende Bildung einer gemeinsamen Freihandelszone. Im anvisierten Energiedialog geht es über Abkommen zur Sicherung von Lieferungen und Transit hinaus insbesondere um Technologiekooperation bei der Modernisierung der ukrainischen Energieleitungsnetze. Dabei soll Russland zwar eingeschlossen werden, nicht aber – so mit überwältigender Mehrheit im Februar 2007 das Parlament der Ukraine – die Kontrolle über das ukrainische Gas-Pipelinesystem erhalten.

Problematisch bleiben die Divergenzen im Blick auf die Sicherheitspolitik, d.h. auf die dornige Frage nach einem Beitritt der Ukraine zur NATO. In dieser Frage stehen sich die Machtgruppen unversöhnlich gegenüber. Aus Sicht der USA böte ein NATO-Beitritt der Ukraine dem Westen bedeutende geostrategische Vorteile in Richtung Osten und Süden. Die große Mehrheit der EU-Mitglieder dagegen (Ausnahme: die „Neueuropäer" Ostmitteleuropas) sieht einen raschen NATO-Beitritt der Ukraine eher mit Skepsis, zumal sich die Zustimmung der ukrainischen Bevölkerung hierzu mit rund 20 Prozent in engen Grenzen hält (einen Beitritt des Landes zur EU befürworten mehr als 55 Prozent). Aus Moskauer Sicht wäre ein solcher Schritt die schwerwiegendste gegen Russland gewendete Richtungsentscheidung im postsowjetischen Raum überhaupt.

Folgerichtig reagierten die politischen Lager in der Ukraine mit gemischten Signalen auf die Absicht der USA, Komponenten eines Raketenabwehrsystems in Polen und Tschechien zu installieren und auch die Ukraine (und Georgien) in noch unbestimmter Form einzubeziehen. Ähnlich wie in der umstrittenen NATO-Frage könnte das ins Auge gefasste Projekt den sicherheitspolitischen Konflikt zwischen den Kiewer Kontrahenten eher zuspitzen – ein Szenario, die die EU und ihre Mitgliedsstaaten gerade vermeiden möchten.

Im Rahmen der Transformation im Osten Europas ist **Belarus** ein Sonderfall, bildet das *Lukaschenko*-Regime in seinem regionalen Umfeld gleichsam ein Antimodell, gekennzeichnet durch eine Restauration wichtiger Elemente des Sowjetsystems. Der

---

[21] Siehe hierzu *Ol'ga Šumylo*, Draußen vor der Tür. Die ENP aus Sicht der Ukraine, in: Osteuropa 2–3/2007, S. 173–184, sowie *Winfried Schneider-Deters,* Die palliative Ukrainepolitik der EU. Ein Plädoyer für ein neues Denken, in: Osteuropa 1/2005, S. 50–63.

ausschlaggebende Grund für die Machteroberung des Populisten *Lukaschenko* im Jahre 1994 lag darin, dass Belarus eine nur geringe nationale Identität entwickelt hatte und unter vielen Aspekten – beispielsweise der Herausbildung einer kompetenten Führungselite – auf die Unabhängigkeit nicht vorbereitet war. Der Verfassungsputsch von 1996 gab entscheidende Anstöße zur Errichtung der präsidialen Machtvertikale in einem scharf autoritären Regime. Alternatives Denken und Handeln wird nur solange geduldet, wie es für das Regime keine Gefahr darstellt.

Das 1999 mit Russland vereinbarte Projekt eines Unionsstaats wurde von *Lukaschenko* nur solange propagiert, wie es virtuell blieb und seinem Regime in Form äußerst preisgünstiger Energielieferungen starke materielle Vorteile brachte. De facto hat jedoch die Sicherung der Unabhängigkeit des Landes als Voraussetzung für die Verteidigung seiner persönlichen Macht für den Präsidenten höchste Priorität. Mit dem Übergang Russlands zu einer pragmatisch ausgerichteten Interessenpolitik reduzierte Moskau allerdings seine materielle Vorzugsbehandlung gegenüber Belarus und gefährdet so die wirtschaftlich-soziale und die damit verbundene politische Stabilität des *Lukaschenko*-Regimes. Die großenteils staatsdominierte Industrie, die nicht zuletzt im Vertrauen auf günstige Energiepreise aus Russland Innovationen vernachlässigt hatte, büßt gegenüber ausländischen und sogar gegenüber russischen Produkten stark an Konkurrenzfähigkeit ein. In diesem Kontext ist Russland zwar weder an einer Absorbierung von Belarus noch an einer Destabilisierung des dortigen politischen Systems mit der möglichen Folge eines demokratischen Aufbruchs interessiert. Genau besehen läuft die Moskauer Strategie auf eine faktische politische und wirtschaftliche **Dominanz** über ein formal weiterhin unabhängiges Belarus hinaus – eine Dominanz, die als wesentliches Anliegen die Kontrolle über die profitablen Anlagen der petrochemischen Industrie sowie über das belarussische Gasleitungs- und Verteilungssystem einschließt.

Als Ergebnis des „Energiekriegs" um die Jahreswende 2006/07 mit seiner wechselseitigen bissigen Polemik ergibt sich für *Lukaschenko* ein gemischtes Bild. Einerseits wird das Wirtschaftswachstum des „europäischen Tigers" mit seinem jährlichen Wachstum von 10 Prozent geschwächt und damit auch der bisherige Versorgungsstaat, das Ordnungssystem und die Machtbasis des Präsidenten. Die Tatsache jedoch, dass der Übergang bei Energielieferungen zu Marktpreisen in Etappen über vier Jahre erfolgt und durch die Einnahmen aus dem Verkauf von Anteilen des belarussischen Gasleitungssystems an Russland abgemildert wird – all dies bietet *Lukaschenko* die Chance, der belarussischen Wirtschaft auch mit westlicher Unterstützung innovative Impulse zu geben sowie in geringerem Umfang weiterhin soziale Stabilität für die Menschen und damit zugleich politische Stabilität für sein Regime zu gewährleisten.

Auswege aus dem Dilemma sieht *Lukaschenko* – neben einem massiven Aufbau von Atomkraftwerken – zum einen in der Intensivierung der Handelsbeziehungen zu China und Indien sowie vor allem zu energiereichen Staaten wie Venezuela, Algerien, Iran und den Vereinigten Arabischen Emiraten. Zentrales Ziel ist die Lockerung der politischen und wirtschaftlichen Abhängigkeiten von Moskau mit Schwerpunkt auf der Gewinnung alternativer Energielieferanten für Belarus. Zum andern ließ *Lukaschenko* Anfang 2007 sogar seine Bereitschaft erkennen, das Verhältnis des Landes zur EU zu entkrampfen, „einen offenen und ehrlichen Dialog zu beginnen" und „neue Kooperationsmöglichkeiten auszuloten". Diese Linie hat bisher jedoch nur verbalen Charakter. Denn die Einleitung von Demokratisierungsprozessen könnte zumindest mittelfristig die Grundlagen seines scharf autoritären Systems unterminieren. Gleichwohl testet die EU auf verschiedenen Ebenen das vage Angebot *Lukaschenkos*.

Insgesamt sind die Möglichkeiten der EU zur Einflussnahme auf die Entwicklungen in Belarus begrenzt. In ihrer asymmetrischen Dialog- und Kooperationsstrategie bildet die Staatsmacht auch weiterhin einen notwendigen Partner für zielgerichtete **selektive** Kontakte auf solchen Feldern wie gemeinsames Grenzmanagement, Abwehr „weicher" Sicherheitsrisiken, OSZE-Büro in Minsk, Arbeit ausländischer Stiftungen und NGOs. Der eigentliche Schwerpunkt der Aktivitäten von EU und einzelnen Mitgliedsländern liegt jedoch auf der Förderung zivilgesellschaftlicher Organisationen einschließlich der oppositionellen politischen Parteien. Der EU-„Aktionsplan für Belarus" vom November 2006, der für den Fall eines demokratischen Wandels greifen würde, zielt auf Annäherung durch Kooperation und ist darauf angelegt, beiden Seiten – Regierung und Opposition – eine europäische Perspektive aufzuzeigen.

Dennoch sind die **kurzfristigen** Aussichten auf einen demokratischen Aufbruch nach ukrainischem Beispiel gering: Russland als zentraler Einflussfaktor stützt auch weiterhin das *Lukaschenko*-Regime; der Repressionsapparat des Präsidenten ist gegenwärtig intakt; die Bevölkerung schätzt mehrheitlich die vorerst weiterhin bestehende Stabilität und die sozialen Grundsicherheiten. Gleichwohl gibt es **mittelfristig** durchaus Chancen für gewaltlosen Systemwandel: Die Angst unter der Bevölkerung vor Repressionen schwindet; die Nomenklatur ist in Teilen frustriert und zeigt Risse; die Opposition demonstrierte bei all ihren Schwächen und persönlichen Ambitionen ihre Fähigkeit zu landesweiter Artikulation; die systemstabilisierenden Grundsicherheiten und die Konkurrenzfähigkeit belarussischer Produkte sind bei weiterer Erhöhung russischer Energiepreise gefährdet. Die von der EU ausgehenden Impulse werden mit deren Erweiterung nach Osten intensiver, so dass die jüngeren Generationen zunehmend nach Europa blicken.

Moldau bildet zusammen mit Albanien das Armenhaus Europas und weist zugleich ein Demokratie- und Rechtsstaatsdefizit auf. Ähnlich wie die Ukraine ratifizierte seine Führung 1998 das PKA mit der EU und nannte in der Folgezeit die schrittweise Integration des Landes in die EU als außenpolitische Priorität. In breitem Konsens mit Eliten und Bevölkerung zielt Moldau über den 2008 zu realisierenden Zwischenschritt eines Assoziierungsabkommens auf einen Vertrag, der in seiner Substanz über die Partnerschaft hinausreicht und dem Land nach dem Beispiel der Ostmitteleuropäer längerfristig eine EU-Beitrittsperspektive bietet. Folglich begrüßte Chisinau das Neue-Nachbarschafts-Konzept der EU und die 2005 beschlossene gemeinsame Ausarbeitung eines konkreten Aktionsplans.

Zugleich äußerten sich seine Eliten erfreut über die Bereitschaft der Union, eine aktive Rolle bei der Lösung des Transnistrienproblems zu übernehmen. Dies geschah Ende 2005 in einem ersten Schritt in Form einer gemeinsamen vertraglichen Vereinbarung zwischen der Ukraine, Moldau und der EU, mit der die EU Border Assistance Mission damit beauftragt wurde, die Kontrolle über illegalen Handel und Schmuggel zwischen der Ukraine, Moldau und dem Separatistengebilde Transnistrien zu übernehmen, das hiervon in hohem Maße profitiert. Die im Rahmen der OSZE seit Jahren geführten Verhandlungen der fünf Akteure vor Ort: Moldau, Transnistrien, Russland, Ukraine und OSZE sind seit geraumer Zeit ins Stocken geraten. Dies geschah weniger aus institutionellen Gründen als deshalb, weil in dieser Runde konträre Interessen der Akteure aufeinanderprallen. Die Überwindung der faktischen Teilung des Landes gilt parteiübergreifend als vorrangige Aufgabe der moldauischen Politik.

Enttäuscht zeigte sich Moldau dagegen darüber, dass seine spezifischen Aspirationen als südosteuropäisches Land nicht gebührend berücksichtigt werden. Dabei verweist die Führung auf die Einbindung des Landes in die *Europäische Konferenz* sowie auf seine Mitgliedschaft im *Stabilitätspakt für den westlichen Balkan*. Die Hoffnungen und Erwartungen Moldaus richten sich darauf, als Mitglied des Stabilitätspakts auch in den Stabilisierungs- und Assoziierungsprozess für die Länder Südosteuropas einbezogen zu werden. Aber eine konkrete Beitrittszusage ist darin nicht enthalten. Die Teilnahme an diesem Prozess ist für Chisinau gleichwohl attraktiv, weil der Pakt seine Mitglieder durch verstärkte Förderprogramme und regelmäßiges Monitoring langfristig auf den Beitritt zur Union vorbereitet und somit in seiner Integrationsperspektive über das Neue-Nachbarschafts-Konzept hinausreicht.

Zugleich ließ die 2001 neugewählte KP-Führung unter Präsident *Woronin* jedoch wissen, dass sie im Gegensatz zu ihrer Vorgängerin den EU-Integrationskurs nicht als **Alternative** zur Zusammenarbeit mit Russland ansieht, sondern in Form einer strategischen Partnerschaft mit Moskau als deren **Ergänzung**. Das macht insofern Sinn, als Moldau in vielerlei Hinsicht stark von Russland abhängt: Über 45 Prozent seiner Exporte gehen nach Russland; Russland ist der bei weitem wichtigste Energielieferant und brachte strategische Wirtschaftsbereiche des Landes unter seine Kontrolle; Moskau bleibt auch weiterhin der entscheidende Faktor bei der Regelung des Transnistrienkonflikts. Allerdings hat sich die russische Position in diesem Konflikt während der vergangenen zwei Jahre eher verhärtet; die Boykottmaßnahmen gegen moldauische Agrarerzeugnisse und hier insbesondere Weinprodukte haben die Kontroversen vorübergehend sogar weiter zugespitzt.

So blickt die Republik Moldau in beide Richtungen – in Richtung EU **und** in Richtung Russland. Ihre Schaukelpolitik scheint vor allem Ausdruck von Ratlosigkeit im Blick auf den gegenwärtig unlösbar scheinenden Transnistrienkonflikt. Hierin drückt sich eher eine Strategie des nackten Überlebens aus als ein konsequentes Engagement für die programmatisch fixierte europäische Wahl.

4. Die Europäische Nachbarschaftspolitik: Form und Inhalt

Hatte die EU-Kommission im März 2003 mit dem Papier „Größeres Europa – Nachbarschaft" eine erste Leitlinie für die Politik gegenüber den vier östlichen Staaten entwickelt, so legte sie im Mai 2004 ein „Strategiepapier" zur „Europäischen Nachbarschaftspolitik" vor, in dem sie Methoden und inhaltliche Ziele ihrer Beziehungen zu den Neuen Nachbarn weiterentwickelt und präzisiert. Danach bleiben die Verträge über Partnerschaft und Kooperation, die sich auf die politischen und wirtschaftlichen Beziehungen konzentrieren, auch weiterhin in Kraft (Ausnahme: Belarus) und werden durch die ENP ergänzt und aktualisiert. Die ENP offeriert „alles außer Institutionen" (so Ex-EU-Kommissionspräsident *Prodi*) und ist ausgerichtet auf funktionale und sektorale Kooperation und Verflechtung. Falls es der Verdichtungsprozess erlaubt, können die PKAs, sofern die Prioritäten der Aktionspläne erfüllt sind, durch weiterreichende Europäische Nachbarschaftsverträge abgelöst werden und möglicherweise in die Bildung eines Freihandelsraums münden. Tatsächlich erscheint eine Erneuerung und Vertiefung der Vertragsbeziehungen zu den Ländern östlich der erweiterten Union nicht zuletzt deshalb sinnvoll, weil die wachsende Zusammenarbeit in zentralen Bereichen durch die Partnerschaftsverträge nur unzureichend oder überhaupt nicht abgedeckt ist. Dazu gehören beispielsweise Justiz und Inneres sowie Sicherheit und Verteidigung.[22]

Wichtigste institutionelle Innovation der ENP ist der Vorschlag der Kommission, im Rahmen des Vertragssystems flexible, auf drei bis fünf Jahre berechnete länderspezifische *Aktionspläne* auszuarbeiten. Sie beruhen auf von der EU-Kommission ausgearbeiteten Länderanalysen, schreiben die Reformagenda zwischen EU und Partnerstaat fest und sollen damit die europäischen Förderprogramme unterstützen. Diese Aufgabe übernahm eine Task Force „*Größeres Europa*" unter Leitung von Kommissar *Verheugen*. Die Aktionspläne sollen die ganze Breite der Kooperation erfassen und sektorspezifisch aufgegliedert werden. In den Aktionsplänen, vom Europäischen Rat zu Recht als „politische Schlüsselinstrumente" bezeichnet, werden Ziele

---

[22] Als Beispiele für die mittlerweile umfangreiche Literatur zur ENP seien genannt: Inklusion, Exklusion, Illusion. Konturen Europas: Die EU und ihre Nachbarn, Beiträge in der Zeitschrift Osteuropa 2–3/2007; *Barbara Lippert,* Assoziierung plus gesamteuropäische Aufgabenföderation: Plädoyer für eine selbstbewusste Nachbarschaftspolitik der EU, in: integration (Bonn) 2/2006, S. 149–157; *Alexander Rahr,* EU im postsowjetischen Raum. Konturen einer neuen Ostpolitik, in: GUSbarometer (Berlin) 41/2006, S. 1–6; *Eckart D. Stratenschulte,* Ade, Ambiguität! Die neue Nachbarschaftspolitik der EU, in: Osteuropa 7/2004, S. 65–75; *ders.*, Wandel durch Annäherung, in: integration 1–2/2004, S. 95–100; ders., Das Brüsseler Illusionstheater – zu Gast in Osteuropa, in: Osteuropa 6/2003, S. 764–776. Siehe ferner: *Heinz Timmermann,* Die EU und die „Neuen Nachbarn" Ukraine und Belarus, SWP-Studie 41, Berlin 2003; *Iris Kempe/Wim van Meurs,* Neues Denken für ein Großes Europa, in: Osteuropa 8/2003, S. 1149–1157.

und Maßstäbe, ein jeweils auszuhandelnder Zeitplan sowie ein Mechanismus zur laufenden Beobachtung (Monitoring) festgelegt.[23]

Neu ist ferner die Bereitschaft der EU, die Aktionspläne mit den Partnern **gemeinsam** auszuarbeiten und zu implementieren. Damit wird Abschied genommen von der früheren Praxis – so im Falle der „*Gemeinsamen Strategien*" gegenüber Russland und der Ukraine –, den Neuen Nachbarn einseitig verfasste Dokumente zu präsentieren.

Mit den Aktionsplänen hat die EU gewiss eine pragmatische Methode zur Gestaltung ihrer Beziehungen zu den Neuen Nachbarn gefunden. Allerdings bleibt die Frage, ob die inhaltliche Ausgestaltung des Nachbarschaftsverhältnisses gelingt, insbesondere hinsichtlich der gegenseitigen Verpflichtung auf *gemeinsame Werte*. Genannt werden dabei in der EU-"Strategie" die Bereiche „Rechtssicherheit, verantwortungsvolles Regieren, Achtung der Menschenrechte einschließlich der Minderheitsrechte, Förderung gutnachbarlicher Beziehungen und die Prinzipien der Marktwirtschaft und der nachhaltigen Entwicklung". Dies ist eine hohe Meßlatte und könnte die EU hier wie auch im Hinblick auf die „funktionale Kooperation" mit der Alternative konfrontieren, „unilateral zu handeln oder um der Kooperation willen ein Auge zuzudrücken".[24] Im Folgenden sollen unter Bezug auf die eingangs erwähnten spezifischen Interessen der EU kurz die anvisierten zentralen Felder der inhaltlichen Zusammenarbeit umrissen werden.

Der *politische Dialog* umfasst Fragen der Außen- und Sicherheitspolitik, Konfliktprävention, Krisenbewältigung und gemeinsame Sicherheitsbedrohungen. Besondere Aufmerksamkeit gilt der gemeinsamen Verantwortung für Sicherheit und Stabilität in den Nachbarregionen. Schließlich offeriert die EU den Neuen Nachbarn engere Zusammenarbeit im Rahmen der Gemeinsamen Außen- und Sicherheitspolitik und der Europäischen Sicherheits- und Verteidigungspolitik für den Fall, dass sie über gefestigte demokratische Institutionen verfügen.

Den Kern der ENP bilden Angebote zu engerer *wirtschaftlicher Zusammenarbeit*. Angestrebt wird die Anerkennung der Neuen Nachbarn als Marktwirtschaften sowie die Unterstützung des Beitritts der Ukraine und potentiell auch Weißrusslands zur WTO (der Moldau bereits angehört). Dieser wiederum bildet die Voraussetzung für ihre stufenweise Einbeziehung in den Gemeinsamen Europäischen Wirtschaftsraum nach dem Beispiel des Modells, das für die EU und Russland ins Auge gefasst wird.[25] Langfristig könnte dies zur Formierung eines einheitlichen Marktes führen,

---

[23] Zu den Aktionsplänen vgl. *Barbara Lippert*, Teilhabe statt Mitgliedschaft? Die EU und ihre Nachbarn im Osten, in: Osteuropa 2–3/2007, S. 69–94, hier S. 76 ff., sowie *Clara M. O'Donell/Richard Whitman*, Das Phantom-Zuckerbrot. Die Konstruktionsfehler der ENP, in: Osteuropa 2–3/2007, S. 95–104.
[24] *Stratenschulte*, Ade, Ambiguität, a.a.O., S. 69.
[25] Vgl. hierzu *Heinz Timmermann*, Russlands Außen- und Sicherheitspolitik: Die europäische Richtung, in: Aus Politik und Zeitgeschichte B 16–17, Bonn 2003, S. 22–30.

wie er im Zeichen des Europäischen Wirtschaftsraums zwischen der EU und der Rest-EFTA (Norwegen, Island, Liechtenstein) besteht. Seinen Kern bilden die berühmten vier Freiheiten: Freizügigkeit für Personen, freier Warenaustausch, Dienstleistungs- und Niederlassungsfreiheit sowie Freiheit des Kapitalverkehrs. Als Ziel definiert die EU die „Heranführung der Partnerländer an das Wirtschaftsmodell der EU".[26]

Hohen Rang hat für die EU der Bereich *Justiz und Inneres*. Zentrale Themen sind die Verbesserung des Grenzmanagements, die Ausbildung eines professionellen Grenzschutzcorps sowie die erhöhte Sicherheit von Reisedokumenten. In diesem Kontext plädiert die EU für Konzepte, die den Schutz der Grenzen mit deren größtmöglicher Durchlässigkeit verbinden. Dabei sind schrittweise Visaerleichterungen vorgesehen – vorausgesetzt, die Neuen Nachbarn erklären sich zum Abschluss eines Rücknahmeabkommens bereit. Schließlich stellt die EU-"Strategie" den Partnern eine verstärkte *Integration der Infrastrukturnetze* in Aussicht. Stichworte sind: Energie und Energieleitsysteme, Verkehr, Umwelt, Information und Kommunikation. Die Förderung regionaler Vernetzungen und gezielter Begegnungen der Menschen („people-to-people") sollen der funktionalen Kooperation in den verschiedenen Dimensionen kräftige Impulse geben.

Die Finanzierung der ENP war bis zum Jahr 2006 recht mager, da sich EU-Budgetmittel nur schwer umschichten ließen. Anschließend wurde die Summe aufgestockt und im Rahmen des Budgets 2007 bis 2013 ein neuer Förderfonds geschaffen: das Europäische Nachbarschafts- und Partnerschaftsinstrument (ENPI)[27]. Ausgestattet ist es für die insgesamt 17 neuen Nachbarstaaten in Osteuropa und im südlichen Mittelmeerraum für den Zeitraum 2007 bis 2013 mit insgesamt 11,18 Mrd. Euro, woran die Neuen Nachbarn mit rund einem Viertel partizipieren. Das ENPI tritt an die Stelle von Tacis und legt einen Schwerpunkt auf Förderung der grenzüberschreitenden und regionalen Zusammenarbeit. Mit der Europäischen Bank für Wiederaufbau und Entwicklung und anderen internationalen Finanzinstituten werden Konsultationen über ein stärkeres Engagement und eine bessere Koordinierung der ENP-Programme gepflegt. Im Hinblick auf die Europäische Investitionsbank, die Hausbank der EU, stimmte der Europäische Rat einer Ausweitung des Mandats auf die Neuen Nachbarn einschließlich Russlands zu.

Im Dezember 2006 schließlich entsprach die EU-Kommission den Bestrebungen Deutschlands und einer Reihe ostmitteleuropäischer Staaten, die ENP fortzuentwickeln, und verabschiedete im Dezember 2006 die „Mitteilung zur Stärkung der Europäischen Nachbarschaftspolitik". Darin schlägt sie vor, Handelsbeschränkungen weiter abzubauen, Personenverkehr und Zuwanderung zu erleichtern, den politischen Dialog zu intensivieren, regionale Kooperation umfassend zu verstärken und die

---

[26] So das „Strategie"-Dokument der EU, a.a.O.
[27] www.ec.europa.eu/world/enp/pdf/com04_628_de.pdf.

Mittel für die ENP aufzustocken.[28] Deutschland selbst legte am Ende seiner Ratspräsidentschaft im Juni 2007 einen Fortschrittsbericht zur „Stärkung der Europäischen Nachbarschaftspolitik" vor, der darauf gerichtet ist, „die Transformationskraft (der EU) noch gezielter einzusetzen".[29] Als „Bausteine für die weitere Vertiefung der ENP" werden darin in Präzisierung der Kommissions-"Mitteilung" und über diese hinaus u.a. genannt: besserer Zugang der Nachbarn zum europäischen Binnenmarkt durch asymmetrische Präferenzen; ihre gezielte Beteiligung an Programmen und Agenturen der EU; engere Zusammenarbeit auf den Feldern Energie und Verkehr; verstärkte Unterstützung der Zivilgesellschaft durch interkulturellen und interreligiösen Austausch.

Einen neuen Akzent setzte Deutschland im Rahmen seines Fortschrittsberichts mit der Ausarbeitung einer „Schwarzmeersynergie-Initiative", die als Mitglieder die Anrainerstaaten Bulgarien, Rumänien, Georgien, Ukraine, Russland und die Türkei sowie die östlichen ENP-Partnerländer Armenien, Aserbaidschan und die Republik Moldau einschließt. Diese Region hat nicht zuletzt durch den Beitritt von Bulgarien und Rumänien sowie als natürliches Bindeglied zwischen EU und Zentralasien an strategischer Bedeutung gewonnen, so dass es nunmehr im Rahmen der ENP „eines großen, kohärenten und komplementären Engagements der EU im Schwarzmeerraum" bedarf. Als Operationsfelder der Initiative werden genannt die Bereiche „Energie, Umwelt, Verkehr, Telekommunikation, Wissenschaft und Technologie, Freiheit, Sicherheit und Recht, Demokratie, Förderung der Menschenrechte, Achtung des Völkerrechts und Zusammenarbeit mit der Zivilgesellschaft". Angestrebt wird in diesem recht ambitiösen Programm darüber hinaus die projektorientierte Zusammenarbeit mit anderen regionalen Initiativen und Foren wie der *Organisation für wirtschaftliche Zusammenarbeit im Schwarzmeerraum (BSEC)*. Trotz all dieser grandiosen Visionen und Konzeptionen darf allerdings nicht vergessen werden, dass gerade in der Schwarzmeer-Kaspiregion die Eigeninteressen lokaler und externer Akteure hart aufeinander stoßen. Die Türkei, obwohl NATO-Mitglied und Beitrittsmitglied zur EU in spe, hat durchaus eigene Interessen, die noch nicht einmal mit denen der USA deckungsgleich sind. Russland spielt sein eigenes Spiel und so die USA. Nicht umsonst lag daher das wirtschaftliche Potential der Region vom Schwarzen bis zum Kaspischen Meer trotz aller internationalen Organisationsbemühungen bislang ökonomisch ziemlich brach, etwa im Vergleich zur boomenden Ostseekooperation.

---

[28] *Iris Kempe*, Zwischen Anspruch und Realität. Die europäische Nachbarschaftspolitik, in: Osteuropa 2–3/2007, S. 57–68, hier S. 68. Die Mitteilung der Kommission unter www.ec.europa.eu/world/enp/pdf/com06_726_de.pdf.

[29] Der Fortschrittsbericht a.a.O.

5. Fazit und Ausblick

Realistischerweise hat die EU der Versuchung widerstanden, Stabilität an ihren östlichen Grenzen durch immer weiter ausgreifende Einbindung und Integration zu schaffen.[30] Tatsächlich wäre es verfrüht, Neuen Nachbarn bereits jetzt eine Mitgliedsperspektive zu geben. Andererseits darf das Konzept der EU aber auch nicht als Legitimation zur **Beitrittsverweigerung** dienen. Sinnvoller als finale Entscheidungen scheint hier „eine prozesshafte Außensteuerung mit einer möglichst breiten Palette an funktionalen und institutionellen Kooperations- und Fördermöglichkeiten der EU".[31] Die Turbulenzen in der Ukraine nach den manipulierten Wahlen vom Oktober/November 2004 unterstreichen die Bedeutung der Neuen Nachbarn in der geopolitischen Zwischenzone zwischen der EU und Russland. In diesem Kontext kann es die Europäer nicht gleichgültig lassen, wie sich die Verhältnisse in der Region und insbesondere in der Ukraine als deren größtem und bedeutendstem Land gestalten.

Wie könnte eine Brüsseler Politik von Interessenausgleich und Zusammenarbeit in dem sensitiven Dreieck EU-Neue Nachbarn-Russland aussehen? Zunächst sind zwei extreme Ansätze zu vermeiden. Einerseits sollte die EU die Neuen Nachbarn nicht als **abhängige Variablen** ihrer Partnerschaft mit Russland behandeln. Einen – im Ukraine-Drama deutlich gewordenen – Anspruch Russlands, nur Moskau könne in diesem Raum als Ordnungsmacht fungieren und der Westen müsse das respektieren, kann nicht akzeptiert werden. Dies käme einer Anerkennung russischer Dominanzansprüche gleich und würde die fragwürdige *Breschnew*-Doktrin von der „begrenzten Souveränität" neu beleben. Andererseits sollte die Verdichtung der Beziehungen zu den Neuen Nachbarn aber auch nicht als Nullsummenspiel in **Konfrontation** zu Russland betrieben werden.

Angesichts der engen wirtschaftlichen sowie der vielfachen historischen, menschlichen und kulturellen Verbindungen kann die EU nicht umhin, die Interessen Russlands in dieser Region in ihr Kalkül einzubeziehen und sie bei der Gestaltung dieses Raumes in Rechnung zu stellen. Dies läuft auf eine Politik hinaus, die die Interessen Moskaus nicht ausblendet, sich diesen aber auch nicht unterordnet. Anders als in Russland vermutet, zielt die EU, wie erwähnt, nicht auf die Absorption Zwischeneuropas. Vielmehr beruht ihr Einflussgewinn auf der **Attraktivität ihres Gesellschaftsmodells,** nicht aber auf einem Streben nach geographischer Ausdehnung. Tatsächlich geht es der EU darum, an ihrer östlichen Flanke politisch stabile, wirtschaftlich prosperierende, rechtsstaatlich verfasste und damit berechenbare Partner zu sehen. Weder zielt sie wie die USA auf einen von außen gesteuerten, geostrategisch motivierten ***Regimewechsel***

---

[30] Siehe hierzu *Egbert Jahn,* Ausdehnung und Überdehnung. Von der Integrationskonkurrenz zum Ende der europäischen Integrationsfähigkeit, in: Osteuropa 2–3/2007, S. 35–55.
[31] *Iris Kempe/Wim van Meurs,* Neues Denken für ein Großes Europa, a.a.O., S. 1150. Siehe auch *Deutsches Polen-Institut,* Fragen nach einer gemeinsamen europäischen Ostpolitik (Belarus, Russland, Ukraine). Beiträge zu einer Konferenz vom Juni 2006, Darmstadt 2007.

noch strebt sie wie Russland nach Sicherung eines **Status quo**, der in geopolitischen Ambitionen wurzelt und vorzugsweise loyale Regime stützt. Dabei bleibt allerdings die Frage offen, wohin sich die Länder letztlich orientieren werden: auf die NATO oder auf die EU. Diese Qual der Wahl stellt sich bei den Eliten der Länder, die ihren Herrschaftsanspruch teilweise auf verquaste, historisch-emotionalisierte und ideologisch verbissene Fluchtreflexe vor Moskau aufbauen, wie beispielsweise der Präsident Georgiens *Saakaschwili*. Zweifellos setzt Washington auf die NATO-Karte, allein schon um die EU bei der Entfaltung einer eigenständigen außen- und sicherheitspolitischen Identität und Handlungsfähigkeit zu beeinträchtigen. Die jüngsten Erfahrungen mit Polen und der Tschechischen Republik in der Raketenabwehrdebatte belegen diese Annahme. Politische Führungen wie in Georgien oder wie die „Orangenen" in der Ukraine versprechen sich über die NATO-Schiene sowohl einen Sicherheitszuwachs als auch den baldigen Eintritt in die EU. Damit wollen sie faktisch den Prozess wiederholen, den einige mitteleuropäische Länder in den 1990er Jahren vorexerzierten.

Weil eine Mitgliedschaft der Länder Zwischeneuropas und Russlands in der Europäischen Union zumindest mittelfristig nahezu ausgeschlossen ist, muss ein Modus Vivendi gefunden werden, der ein Zusammenleben unter Bedingungen der größtmöglichen Annäherung gestattet und geopolitische Machtkonflikte zwischen der EU und Russland auf ein Mindestmaß reduziert. Gegen das potentiell konflikträchtige Szenarium zweier rivalisierender Blöcke ist von russischer Seite die Idee von gesamt-europäischen Institutionen angeschnitten worden, was aber wiederum eine Annäherung in normativen Fragen voraussetzen würde[32]. Ein Überbrückungsschritt auf diesem Wege könnte, ähnlich wie bei der NATO-Osterweiterung, die Einrichtung eines spezifischen Konsultativrates sein[33], der Russland in den Entscheidungsorbit der Europäischen Union einbindet, aber gleichzeitig verhindert, dass Moskau zum Störfaktor der Integration werden kann. Noch sträuben sich Moskau, aber auch Brüssel gegen eine solche Verklammerung. Dass eine solche Konstruktion, die auch auf Kiew ausgeweitet werden müsste, nicht auf einhellige Zustimmung in der EU stößt, ist offensichtlich. Insbesondere regt sich dagegen der Widerstand der neuen Mitgliedsländer. Da sich in den nächsten zehn Jahren wenig in puncto außen- und sicherheitspolitische Identität der EU ändern wird, drängt sich die berechtigte Frage auf, wo die Grenzen von Solidarität liegen und wo das Verhalten einzelner Mitgliedstaaten nicht mehr tolerierbar ist.

---

[32] Siehe dazu: *Laza Kekic,* Where are the EU's Final Borders?, in: The Moscow Times, 17. 06. 2004, S. 10.
[33] Siehe dazu: *Hans-Joachim Spanger*, EU-Russland: Was bleibt von der strategischen Partnerschaft?, in: Internationale Politik und Gesellschaft (Bonn) 2/2007, S. 98 f.

Schweden
Finnland
Norwegen
Helsinki
Oslo
Stockholm
Tallinn
Estland
R
Ostsee
Lettland
Riga
Groß-
Nordsee
Moskau
Dänemark
Kopenhagen
Litauen
Wilna
Minsk
Nieder-
lande
Berlin
Polen
Weiss-
russland
Irland
Dublin
britannien
Amsterdam
Warschau
London
Belgien
Deutsch-
land
Tschech. Rep.
Kiew
Brüssel
Prag
Luxemb.
Ukraine
Lux.
Paris
Bratislava
Slowak. Rep.
Wien
Frankreich
Schweiz
Bern
Österreich
Budapest
Moldawien
Slow.
Ungarn
Rumänien
Belgrad
Bukarest
Kroatien
Sebien
Schwarzes Meer
B.-Herz.
Montenegro
Sofia
Portugal
Italien
Mazed.
Bulgarien
Madrid
Rom
Albanien
Ankara
Lissabon
Spanien
Athen
Türkei
Mittel-
Griechen-
land
meer
Zypern

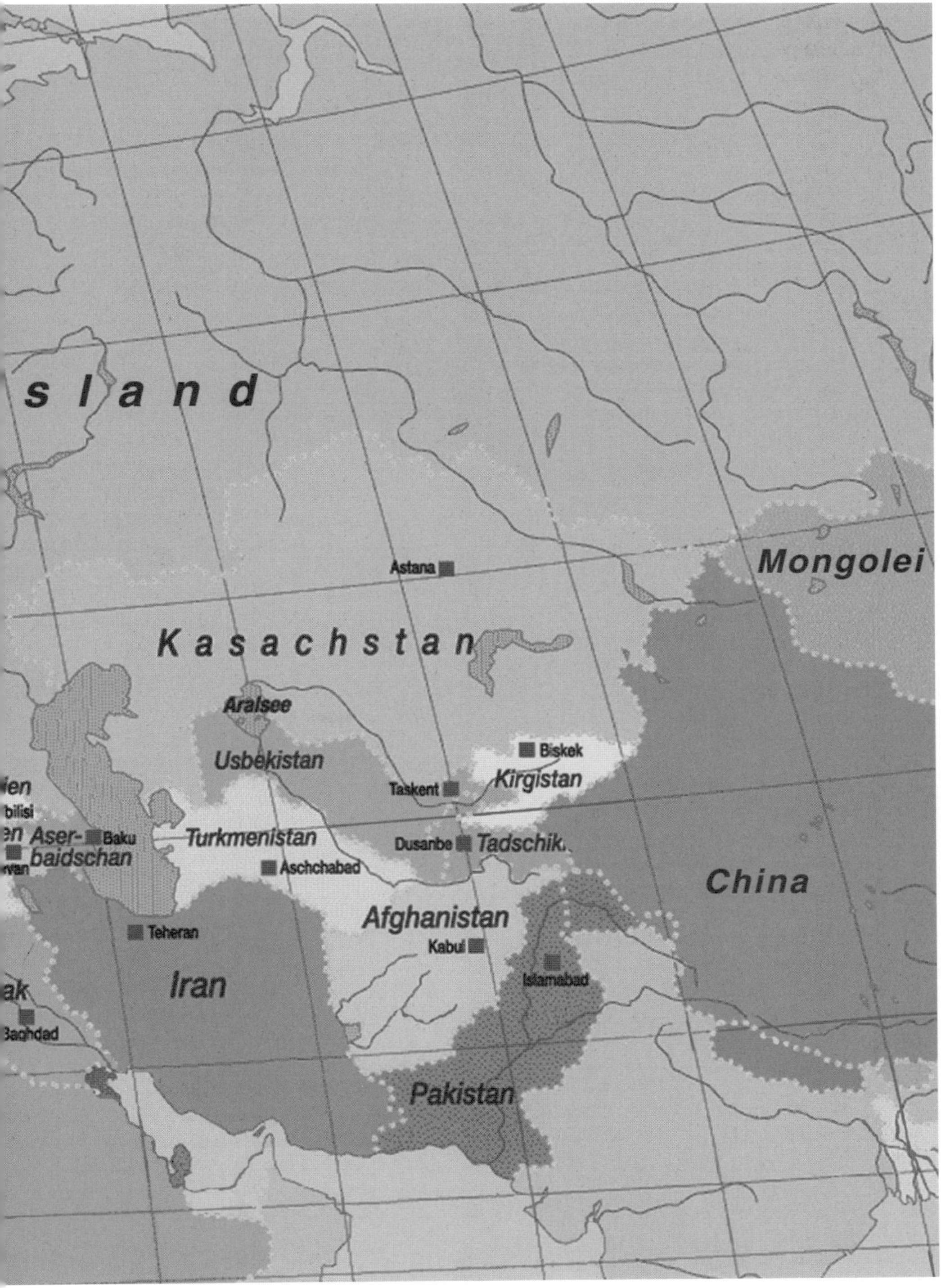

sland
Mongolei
Astana
Kasachstan
Aralsee
Usbekistan
Biskek
Kirgistan
Taskent
ien
bilisi
en Aser-
baidschan
Baku
van
Turkmenistan
Dusanbe
Tadschik.
Aschchabad
China
Afghanistan
Kabul
Teheran
Islamabad
Iran
ak
Baghdad
Pakistan

Zweiter Teil

Die Russische Föderation

Inhaltsverzeichnis

1. **Von der gelenkten zur souveränen Demokratie: Etappen der postsowjetischen Transformation** — 61

    1.1 Geburtsfehler der Transformation: Oligarchie und regionale Elite, die beiden Säulen der Macht im System *Jelzin* — 61

    1.2 Das *Putin*sche Modernisierungsprojekt: Autoritarismus und Marktwirtschaft — 70

    1.3 Eurasische Wunschbilder und isolationistische Großmachtillusionen — 83

    1.4 Von der gelenkten zur souveränen Demokratie: Die Kaderfrage und die Entfaltung der Demokratie — 85

    1.5 Vorboten einer anti-westlichen Protestkultur und der Mythos Eurasien — 88

    1.6 Der Kern der Kaderfrage: Zivilgesellschaft und nationale Bourgeoisie — 91

    1.7 Partei und Macht: von der Kaderpartei zur Massenorganisation — 93

    1.8 Die Perspektive nach 2008 — 102

2. **Eine multipolare Weltordnung im Werden: Russlands Rückkehr als Machtfigur der europäischen und internationalen Politik** — 111

    2.1 Großmacht ohne Sendungsbewusstsein und ohne Sonderweg? — 111

    2.2 Trianguläre Außenpolitik und souveräne Demokratie — 124

    2.3 Die Debatte über die Raketenabwehr: Sicherheit für wen? — 126

    2.4 Weder Kalter Krieg noch strategische Partnerschaft: das Werben um Europa — 134

3. **Interessenpartnerschaft und geopolitische Machtkonkurrenz – die Europäische Union und Russland** — 138

    3.1 Der dornige Weg zur gleichberechtigten Partnerschaft — 138

    3.2 Der ewige Streit: Interessen versus Werte — 150

4.	**Russland und die GUS:** **Sicherheitskordon, Kooperationsraum oder Konfliktzone?**	158
	4.1 Phasen der russischen GUS-Politik	158
	4.2 Die formativen Jahre: Primat der Innenpolitik versus Eurasische Konföderation	161
	4.3 Akzente der russischen GUS-Politik nach 2000	167
	4.4 Versuche regionaler Gegenintegration	169
	4.5 Der Einheitliche Wirtschaftsraum und die Sonderstellung der Ukraine in der russischen Politik	170
	4.6 Zieloptionen der russischen GUS-Politik: Das Dilemma von Delegitimation und Regimewechsel	178
	4.7 Die geopolitische Neuordnung des Kaukasus: Irrglaube oder Perspektive?	185
	4.8 Die erweiterte Dimension der eurasischen Idee: Paradigmenwechsel oder Rückversicherung?	194
	4.9 Die Sonderstellung Kasachstans	198
	4.10 Von den Schanghai Fünf zur Shanghai Cooperation Organisation/SCO	203
	4.11 Die Fernperspektive: Der pazifische Raum und Indien	212
	4.12 Das russische Gegenmodell zur Eurasien-Strategie der EU: Die Verzahnung des Kaspischen Raumes und des Mittleren Ostens mit Südosteuropa	214
	4.13 Ein Gas-Kartell entsteht	223

Bibliographie 227

    Zeitschriften/Internet/Konferenzen: 236

1. Von der gelenkten zur souveränen Demokratie: Etappen der postsowjetischen Transformation

1.1 Geburtsfehler der Transformation[1]: Oligarchie und regionale Elite, die beiden Säulen der Macht im System *Jelzin*

Mit der Auflösung der UdSSR begann 1991 in Russland erneut ein Transformationsprozess. Jedoch grundlegend verschieden von 1917 befindet sich dessen Zielbestimmung im Einklang mit globalen Trends. Bei der Transformation in Russland handelt es sich jedoch nicht um einen verspäteten Ablauf der sogenannten *vierten Welle der Demokratisierung*, die zuvor in den 70er Jahren Südamerika, Portugal und Spanien erfasst hatte[2]. Während dieser vierten Welle der Übergang vom Autoritarismus zur Demokratie zentral war, mussten in Russland sowohl die Demokratie als auch die Marktwirtschaft **voraussetzungslos und gleichzeitig** eingeführt werden. Belastend kamen hinzu die Abwicklung des alten Sowjetimperiums, die Schwäche und Unerfahrenheit der Reformkräfte, das Fehlen sowohl von bürgerlichen Gesellschaftsformen als auch von zivilgesellschaftlichen Erfahrungen. Die nachfolgende Hinwendung zur Demokratie traf die Gesellschaft unvorbereitet.

Trotzdem verlief der Umbruch erstaunlich friedlich, wenn man bedenkt, dass eine militärisch hoch gerüstete Supermacht von der Weltbühne abtrat, mehr noch, ein Imperium zerfiel. Der Umbruch wurde zwar von massiven Erschütterungen der politischen Ordnung und sozialen Unruhen begleitet, aber er mündete nicht wie in anderen Regionen der Welt oder in einigen Staaten der GUS, der *Gemeinschaft Unabhängiger Staaten*, in zwischenstaatliche Konflikte oder ethnische Bürgerkriege. Wahrscheinlich ist es nur dem politischen Urinstinkt des damaligen Präsidenten *Boris Jelzin* zu verdanken, dass das Land nicht in seine Einzelteile auseinanderbrach. Die Bewahrung der staatlichen Einheit und das unbeirrte Vorantreiben der marktwirtschaftlichen und demokratischen Reformen, oft mit illegalen und undemokrati-

---

[1] Für eine ausführliche Analyse der Konstitutionsperiode des postsowjetischen Russland, also der *Ära Jelzin*, siehe den vorhergehenden Band: *Ernst Piehl/Peter W. Schulze/Heinz Timmermann*, Die offene Flanke der Europäischen Union: Russische Föderation, Belarus, Ukraine und Moldau, Berlin 2005, S. 47 ff; siehe auch *Michael McFaul, Nikolai Petrov, Andrei Ryabov*, Between Dictatorship and Democracy, Russian Post-Communist Political Reform, Carnegie Endowment for International Peace, Washington, D.C., 2004; *Daniel Yergin,* Russia 2010, Random House, New York, 1993; *Wladimir Ryschkow*, Die Dekade der Instabilität und Schwäche – Zum zehnjährigen Bestehen der russischen Staatsduma, in: *G. Gorzka/P. W. Schulze*, (2004), S. 203–215.

[2] Siehe dazu: *Phillipe Schmitter, Terry Karl*, The Types of Democracy Emerging in Southern and Eastern Europe and South and Central America, in: *Peter Volten* (Hrsg.), Bound to Change: Consolidating Democracy in East Central Europe, Colorado, Westview Press, 1992; *Samuel Huntington*, The Third Wave: Democratization in the Late Twentieth Century, Univ. of Oklahoma Press, 1991.

schen Mitteln und Methoden, darin liegen letztlich das historische Vermächtnis und das persönliche Verdienst *Jelzins*.

Einige Besonderheiten sowohl des Systembruchs als auch der Bedingungen, unter denen sich die nachfolgende Transformation vollzog, sollen eingangs thesenhaft skizziert werden, weil sie zum besseren Verständnis der weiteren Umgestaltung beitragen:

1. Der Systembruch erfasste alle Strukturen der Gesellschaft zeitgleich, ohne dass sich die postsowjetische Ordnung auf ökonomische und gesellschaftliche Voraussetzungen hätte stützen können.

2. Eine Übereinkunft zwischen den früheren Machteliten und den oppositionellen demokratischen Kräften ging dem Systembruch nicht voraus. Die schwache postsowjetische Machtelite konnte zwar auf eine amorphe, politisierte Massenbewegung, aber nicht auf organisierte Parteien oder Organisationen der Zivilgesellschaft zurückgreifen. Die katastrophalen sozialen Auswirkungen des Zusammenbruchs von Staat und Wirtschaft führten alsbald zur Entpolitisierung und Desillusionierung der Bevölkerung.

3. Die postsowjetische Machtelite war zwar stark genug, den Umbruch herbeizuführen und Versuche abzuwehren, zur alten Sowjetordnung zurückzukehren. Sie konnte aber bestenfalls die *„politischen Kommandohöhen"* (*Lenin*) im postsowjetischen Russland besetzen. Sie war dagegen nicht in der Lage, den Transformationsprozess aus eigenen Kräften durchzuhalten. Daher erfolgte bald nach Sicherung der politischen Macht die Integration jener alten Sowjetkader in die neue Machtelite, die bereit waren, unter den neuen Bedingungen mitzuarbeiten.

4. Bereits vor den Wahlen zur zweiten Staatsduma 1995 wurden die Konturen des *Jelzinschen Herrschaftssystems* erkennbar, dass sich auf zwei gesellschaftlich nicht kontrollierte Machtgruppen stützte, auf die **Oligarchie** und auf **regionale Machtstrukturen**.

5. Bis zum Ende der Präsidentschaft *Jelzins*[3] gelang es dem Kreml weder, im russischen Parlament eine politische Mehrheit zu erlangen, noch eine stabile, kompetente und gesellschaftlich verwurzelte wie anerkannte Regierungspartei zu schaffen. Die Durchsetzungsfähigkeit und das Überleben des Systems gründeten auf Kompromisse und Drohungen gegen die Staatsduma, auf Privilegierung des Föderationsrates (Zweite Kammer und Repräsentanz der Regionen), Instrumentalisierung der asymmetrischen Struktur des russischen Föderalismus (Verträge zwischen dem Kreml und wichtigen Regionen), Manipulation von Wahlen durch das Zusammenwirken

---

[3] Eine eingehende Analyse des *System Jelzin* sowie seiner handelnden Akteure findet sich in meinem Beitrag in *Piehl/Schulze/Timmermann,* 2005, S. 56 ff.

mit der Oligarchie und politischer wie finanzieller (IMF) Unterstützung des Westens für die eingeleiten Reformen.

6. Die fehlende gesellschaftliche Legitimation führte von früh an zu administrativ-dirigistischen Eingriffen der Kremlführung. Ukasse (Erlasse des Präsidenten) traten an die Stelle von demokratisch-parlamentarischen Entscheidungen. Solch Vorgehen behinderte das Entstehen von Parteien und zivilgesellschaftlichen Bewegungen im postsowjetischen Russland. Damit wurde die Tradition sowjetischer und zaristischer Machtpolitik, nämlich die „Modernisierung/Reform von oben", diesmal aber in „demokratischem" Gewand fortgesetzt. Manipulation und Interventionen des Kreml und nachgeordneter Instanzen der sich herausschälenden Herrschaftsordnung in den Regionen und auf kommunaler Ebene waren gewollt, da die Legitimationsbasis des Kreml zerbröselte und die politische Führung dem eigenen Volk nicht mehr traute.

Russische Politologen[4] weisen darauf hin, dass mit dem Untergang der Sowjetunion die Gesellschaft ihre Führungsschichten verlor. Die alte Sowjetnomenklatur war abgetreten oder hatte sich verflüchtigt. Ihre Überreste gingen binnen Kurzem eine Symbiose mit den ambitionierten kommerziellen Gruppen in der sich formierenden Marktwirtschaft ein. Diese Herrschaftssynthese aus alter Parteinomenklatur und Sowjetbürokratie, aus ehemaligen demokratischen Reformern und finanzindustriellen Gruppen dominierte unangefochten während der gesamten *Jelzin-Ära*[5]. Mit ihrer Verschmelzung zur herrschenden Machtelite verstärkte sich die Dominanz autoritären Denkens. Demokraten und Liberale akzeptierten und nutzten zentralistische, autoritäre Methoden und Instrumente zur Durchsetzung von politischen Entscheidungen, um ihre Macht zu sichern. Nicht von ungefähr wurde von ihnen das *Pinochet-Modell* gepriesen. Die Finanzgruppen übernahmen faktisch die Kontrolle über Ministerien, Regionen, Städte und Parteien. Anstelle von Demokratie erhielt das Land

---

[4] Siehe beispielsweise *Andrej J. Melwil*, Russland im neuen Jahrtausend: Demokratie oder Oligarchie, Autoritarismus oder Plutokratie?, in: *Peter W. Schulze/Hans-Joachim Spanger* (Hrsg.), Die Zukunft Russlands. Staat und Gesellschaft nach der Transformationskrise, Frankfurt/New York, 2000, S. 42 ff.

[5] Siehe dazu: *Peter W. Schulze*, Aufstieg und Fall der russischen Oligarchie: die Symbiose von ökonomischer und politischer Macht im neuen Russland, in: *Schulze/Spanger* (2000), S. 67 ff. Die erste Generation der oligarchischen Machtcliquen verschwand in der Finanzkrise des Staates vom August 1998. Die danach einsetzende Umgruppierung der Oligarchie führte aber keinesfalls zu deren Machtverlust. Erst mit der Kampagne und Verhaftung von *Mikhail Chodorkowskij* 2003 wurde die Macht der Oligarchie gebrochen. Siehe auch *Marshall I. Goldman*, Kremlin Capitalism, in: The Moscow Times, 22.09.2006, S. 8. Er weist auf eine Merkwürdigkeit der Herrschaftssynthese hin. Nämlich, dass eine überproportional große Zahl der oligarchischen Gruppen weder „ethnic Russians nor part of what in the United States we would call „the ol' boy network," or as the Russians say, the siloviki" waren.

die Herrschaft der Oligarchie[6], einer herrschende Kaste von Wenigen, die rücksichtslos ihre partikularen Interessen durchsetzten. Die Oligarchie versuchte, den Staat zu ersetzen oder ihr Staatsverständnis durchzusetzen: Je weniger Staat, desto besser, war der Lockruf der Zeit, unterstützt und verstärkt durch ausländische Kräfte.

Daneben verlief die Dekonstruktion von Strukturen und Institutionen des alten Sowjetsystems rasanter als der Aufbau postsowjetischer Institutionen. In dieser Schere entstanden staats- bzw. rechtsfreie Räume, die durch illegale, kriminelle Kräfte gefüllt wurden. Der Versuch, über lange Zeiträume die fehlende Rechtssicherheit und die Durchsetzungsschwäche des Staates durch das persönliche Einwirken von Führungspersonen zu überbrücken, scheiterte und führte zusätzlich zum Legitimationsverlust der Reformer. Die postsowjetischen Institutionen verfügten weder über homogene und zahlenmäßig starke gesellschaftspolitische Funktionsträger, noch hatten die demokratischen Eliten Erfahrungen im Umgang mit der Macht. Erprobte Verfahren politischer Entscheidungsfindung fehlten ebenso wie Erfahrungen zur gesellschaftlichen Konfliktvermeidung.

Schon vor der eigentlichen Konstitution des neuen postsowjetischen Russland in den Wahlen zur ersten Staatsduma 1993 und durch die Annahme der Verfassung ebbte die Begeisterung der Bevölkerung für die demokratische Öffnung ab. Der wirtschaftliche Niedergang produzierte eine soziale Krise. Millionen von Menschen gerieten in Existenznot. Hinzu kamen die fehlende Rechtssicherheit und der Zusammenbruch von Staatsfunktionen. In den Augen der Bürger wurden Demokratie mit politischer Instabilität und Marktwirtschaft mit Korruption, Diebstahl und Mafia gleichgesetzt. Der wirtschaftliche Niedergang hielt bis Mitte der 90er Jahre an und verhinderte die Stabilisierung des Staates. Eine gesellschaftliche Differenzierung kam nur langsam im Takt der selektiven Wirtschaftsentwicklung in Gang. Russland taumelte permanent am Rande des Bankrotts. Infolgedessen entstanden im politischen Raum nur schwache Vermittlungsinstanzen, also Parteien, Verbände, Gewerkschaften und Institutionen der Zivilgesellschaft. Soweit sie existierten, verfügten sie kaum über Rückhalt in der Bevölkerung. Die gesellschaftliche Verankerung von Parteien scheiterte, weil weder ihre Funktionen klar waren noch sie programmatische Orientierungen vermitteln konnten.

Die Schwäche der Parteien wurde obendrein durch die Wehrlosigkeit des Parlaments gegen Maßnahmen des Präsidialamtes unterstrichen. Erst gegen Ende der *Jelzin-Ära* gelang es, eine „*Partei der Macht*" zu schaffen, die erstmals 1999 durch Listenverbindungen und Koalitionen die politische Mehrheit in der Duma erringen konnte. Die Organisation von wirtschaftlichen Interessengruppen und Verbänden vollzog sich zwar schneller, jedoch wurden auch diese erst gegen Ende der 90er Jahre relevant. Und ihnen fehlte jegliche gesellschaftliche Wertorientierung.

---

[6] http://www.edinros.ru/news.html?id=111148; *Wladislaw Surkow*, „Souveränität ist das politische Synonym für Konkurrenzfähigkeit", 22.02.2006.

Wahlen zur Staatsduma,
Listenergebnisse in Prozent der abgegebenen Stimmen
(hervorgehobene Zahlen, in der Duma vertreten)[7]

	1993	1995	1999	2003
LINKE				
KPRF, **Kommunistische Partei der RF**	**11.6 %**	**22.3 %**	**24.29 %**	**12.61 %**
Agrarier	**7.4 %**	3.78 %	–	3.64 %
«PARTEI DER MACHT»				
Partei der russischen Einheit und Freiheit (Партия российского единства и свободы)	**6.2 %**	<1 %	–	–
Unser Haus Russland (Наш дом – Россия)/NDR	–	**10.13 %**	1.19 %	–
Vaterland – Das ganze Russland (Отечество – Вся Россия)	–	–	**13.33 %**	–
Einheit (Единство)	–	–	**23.32 %**	–
Einheitliches Russland (Единая Россия)	–	–	–	**37.57 %**
LIBERALE PARTEIEN				
Demokratische Wahl Russland (Демократический выбор России)	**14.5 %**	3.86 %	–	–
Union der Rechten Kräfte (Союз правых сил)/SPS	–	–	**8.52 %**	3.97 %
Jabloko («Яблоко»)	**7.3 %**	**6.89 %**	**5.93 %**	4.30 %
PARTEIEN MIT UNTERSCHIEDLICHEN PROGRAMMEN				
LDPR (ЛДПР), **Liberal Demokratische Partei**	**21.4 %**	**11.18 %**	**5.98 %**	**11.45 %**
Frauen Russlands («Женщины России»)	**7.6 %**	4.61 %	2.04 %	–
Demokratische Partei (Демократическая партия)	**5.1 %**	<1 %	–	<1 %
Rodina (Heimat)	–	–	–	**9.02 %**

Quelle: *Boris Makarenko*, Institut für Politische Technologien, 2003.
fettgedruckt, über 5 % und Einzug in die Staatsduma; Siehe auch die ausführlichen Daten des Levada Center Moskau und des Centre for the Study of Public Policy, University of Aberdeen: www.russiavotes.org/duma_elections_93-03.php

---

[7] Die Listenergebnisse geben nicht die Stärke der Fraktionen in der Duma wieder, da die Hälfte der 450 Abgeordneten durch Direktmandate gewählt wird. Eine Besonderheit des russischen Wahlsystems war bis 2003, dass diese Direktmandate nicht transparent waren, d.h. die Zugehörigkeit zu einer Partei ausdrückten. Erst bei der Zusammensetzung der Fraktionen in der Duma wurde ersichtlich, welchen Fraktionen sich die direkt gewählten Abgeordneten zuordneten.

Oppositionelle Kräfte, gleichwie, ob es sich um Kommunisten oder Demokraten handelte, wurden seit den Wahlen zur ersten Duma 1993 und besonders in den Präsidentschaftswahlen 1996 massiv benachteiligt. Medien, hauptsächlich die elektronischen Medien, wurden schonungslos als Waffe der herrschenden Machtgruppen gegen oppositionelle oder missliebige Kräfte eingesetzt. In diesem Punkt gibt es zwischen der *Jelzin-Ära* und der nachfolgenden Präsidentschaft von *Wladimir Wladimirowitsch Putin* nur graduelle Unterschiede[8]. Seitdem die Medien im Zuge der Privatisierungen ab Mitte der 90er Jahre systematisch von den finanzindustriellen Gruppen aufgekauft und speziell die elektronischen Medien gegen Ende des Jahrzehnts wieder unter die indirekt ausgeübte Kontrolle der Staatsorgane fielen, sind sie zum entscheidenden Herrschaftsmittel im politischen Kampf geworden.

Die Gleichzeitigkeit der anstehenden Transformationsaufgaben, nämlich die Demokratisierung der Gesellschaft, der Aufbau demokratischer Institutionen, die Einführung marktwirtschaftlicher Prinzipien und die Sicherung der politischen Macht gegen Gegner der Reform, überforderten das postsowjetische System. Die klassischen Indizien eines „system overload" zeigten sich. Es war absehbar, dass diese vier Grundaufgaben nicht isoliert voneinander und nur mit aktiver Unterstützung von außen durchgesetzt werden konnten. Die Unterstützung des Westens beschränkte sich jedoch auf humanitäre Hilfe und auf Stabilisierungskredite. Beides reichte bei weitem nicht aus, um die wirtschaftlichen und sozialen Probleme des Übergangs zu lindern, geschweige denn zu beheben. Demzufolge gerieten die Transformationsziele unter den katastrophalen sozioökonomischen Bedingungen untereinander in Widerspruch. Sie behinderten einander und setzen einen Teufelskreis in Gang, der bis heute nicht durchbrochen ist. Der autoritäre Führungsstil *Jelzins* und die bewusste Diskriminierung der Duma durch die Präsidialadministration sowie die entsetzlichen Auswirkungen der sozialen und wirtschaftlichen Krise begünstigten apolitische Einstellungen der Bevölkerung. Die frühe Verselbständigung der politischen und wirtschaftlichen Machtgruppen war die Folge. Dies wiederum wirkte auf die Gesellschaft zurück und verstärkte Abwehrhaltungen, sich überhaupt in die Politik einzumischen. Ansätze zur Entwicklung der Zivilgesellschaft blieben auf der Strecke.

Weil die Sicherung der Macht zum obersten Ziel der postsowjetischen Reformer wurde und die eigenen Kräfte zu schwach waren, wurde der Rückgriff auf nichtdemokratische Mittel und Unterstützergruppen nahezu zwangläufig. Das Zusammenspiel von Präsident und Föderationsrat, dem Repräsentationsorgan der **regionalen Machteliten**, sicherte dem Präsidialsystem komfortable Mehrheiten gegen die feindliche Staatsduma. Allein die Androhung, die Staatsduma aufzulösen, zwang die Abgeordneten zumeist zum Wohlverhalten und erbrachte den gewünschten Reformschritt oder einen Kompromiss. Aber die regionale Elite forderte dafür ihren Preis. Bis 1999

---

[8] Siehe dazu die entsprechenden Einschätzungen der Rolle und des Einflusses von Medien in der zweiten Amtszeit *Putins*. Auffällig ist, dass den Medien aber mit Skepsis begegnet wird, Russlandanalysen 147/2007.

wurden an die 50 Sondervereinbarungen zwischen den Regionen und Republiken mit dem Kreml abgeschlossen[9]. Einige Föderationssubjekte benahmen sich wie souveräne Staaten, so dass die Gefahr einer „neofeudalen Zersplitterung"[10] bis Mitte der 90er Jahre bestand. Der *„asymmetrische Föderalismus"* Russlands nahm Gestalt an. Erst mit dem Niedergang präsidialer Macht 1999 zerbrach diese Allianz.

Gleichzeitig wurde das *System Jelzin* in seiner Endphase immer bizarrer, unberechenbarer, ja byzantinischer, wenn man die Machtfülle der sog. *„Familie"* bedenkt, einer Clique von Oligarchen und Günstlingen, die vom Politoligarchen *Boris Beresowskij* und der Präsidententochter *Tatjana Djatschenko* angeführt wurden.

1999, als die Krise des Systems immer offensichtlicher wurde, schwenkte die regionale Elite um. Sie forderte die Verbannung der *„Familie"* aus der Politik und organisierte sich in der politischen Bewegung *„Wsaja Rossia"* (Das ganze Russland). Diese verabredete ein Bündnis mit der Partei „Otetschestwo" (Vaterland), der namhafte Politiker angehörten, wie der ehemalige Premierminister *Jewgenij Primakow* und der Oberbürgermeister von Moskau *Juri Luschkow*. Die Koalition beider politischer Gruppen formierte sich 1999 als aussichtsreiche Alternative gegen das in Chaos versinkende *System Jelzin*. Im Rückblick auf die damalige Stimmungslage, angeheizt durch die bis heute nicht aufgeklärten Bombenattentate auf russische Wohnhäuser, kam es zu einem Paradigmenwechsel in der russischen Politik, der letztlich der bis dahin erfolgreich operierenden Opposition den Wahlsieg raubte. Hinzugefügt werden muss, dass der Wahlkampf 1999 wahrscheinlich zur schmutzigsten Kampagne in der bisherigen Geschichte des postsowjetischen Russlands degenerierte. Organisiert wurde die Schmutzkampagne vom Politoligarchen *Boris Beresowskij* unter Mithilfe von Polittechnologen und Imagemakern des Kreml. Die elektronischen Medien, darunter auch der vielgepriesene Fernsehsender NTV unter Kontrolle des Oligarchen *Gussinskij,* spielten eine unrühmliche Rolle in dieser Schmutzkampagne, in der u.a. auch eine deutsche Stiftung heftig angegriffen wurde. Die Kampagne vernichte-

---

[9] Zwischen 1995 und 1999 erlangte der Föderationsrat eine nie dagewesene Machtposition. *Jelzin* wurde faktisch zur Geisel der mächtigen regionalen Gouverneure und Präsidenten des Föderationsrates. Die regionalen Machteliten setzten durch, dass die Gouverneure und die Präsidenten der ethnisch gefärbten Republiken Russlands gewählt werden müssten. Das stärkte ihre Legitimation und untermauerte ihre Autonomie gegen Moskau. Unbeeinträchtigt von Moskau gestalteten sie die wirtschaftlichen und politischen Verhältnisse in ihren Machtbereichen und schufen sich eigene politische und wirtschaftliche Unterstützungsmaschinen. So duplizierten sich auf regionaler Ebene jene Prozesse der Verfilzung von oligarchischer Macht, korrupter Staatbürokratie und Politik, die sich auf nationaler Ebene mit Beginn der monetären Privatisierungswelle ab Sommer 1995 entfalteten. Nicht die Ausgestaltung und der Aufbau demokratischer Institutionen und Normen waren das Ziel, sondern Machtsicherung und Aufteilung des früheren Staatseigentums. Trotzdem fungierten die regionalen Machtgruppen ungewollt als Element des Machtpluralismus, das zentralistische Bestrebungen des Kreml unterband.

[10] Interview von *Surkow* nach der Tragödie von Beslan in der Tageszeitung „*Komsomolskaya Prawda*" vom 29.09.2004; in. http://www.boell.de/de/05_world/2976.html.

te nicht nur die Wahlchancen des oppositionellen Bündnisses, sondern unterstützte den gleichzeitig einsetzenden Paradigmenwechsel in der Innenpolitik, der durch den zweiten Tschetschenienkrieg verstärkt wurde. Beide Faktoren schufen die Voraussetzungen für den Wahlsieg *Putins* in den Präsidentschaftswahlen 2000. Der heutige Erzfeind des russischen Präsidenten, *Beresowskij,* fädelte auch diesen Coup ein. Nichtsdestotrotz hält *Elena Tregubova* in ihrem skandalumwitterten Buch „Die Mutanten des Kreml, Mein Leben in Putins Reich" weiterhin an *Beresowskij* bewundernd fest, obgleich sie ihn gleichzeitig als den „bösen Geist des Kreml" charakterisiert[11].

Die *finanzindustriellen Gruppen* waren die zweite Säule des Systems. Sie hatten sich im Verlauf der Privatisierungen herausgebildet. Ihr Einfluss auf die nationale Politik war enorm, denn sie waren die finanzielle Stütze des Systems. Sie nutzten rücksichtslos die Schwäche des Staates und den Autoritätsverlust des Präsidenten, um mittels illegaler Methoden das Staatseigentum in ihren Besitz zu bringen. Weil sie 1996 den Wahlsieg *Jelzins* orchestrierten, pochten sie ähnlich wie die regionalen Machtgruppen auf Gegenleistungen. Um die Finanznot des Staates zu lindern, denn Steuern waren aus Sowjetzeiten weitgehend unbekannt oder wurden nicht gezahlt, begann ab 1996 der Ausverkauf des Staatsvermögens in den berüchtigten *„Shares for Credits"* – Auktionen, die fast immer als *„Insider Deals"* vorher ausgehandelt waren. Ihr Architekt war der heutige Chef der russischen Elektrizitätswerke RAO UES und einflussreiche Finanzier der liberalen Partei *„Union der Rechten Kräfte/ SPS"*, *Anatolij Tschubais*. Nach der Wiederwahl *Jelzins* gerieten die oligarchischen Cliquen bei der Aufteilung des Staatsvermögens jedoch untereinander in Streit. Ihre Einheit zerbrach. Der finanziell nahezu immer am Rande des Zusammenbruchs wankende russische Staat blieb bis zum Ende der *Jelzin-Ära* das Anhängsel der oligarchischen Machtgruppen, denn durch die Auktionen flossen dem Staat kaum Finanzmittel zu. Die staatliche Handlungsunfähigkeit verschärfte die Korruption der Bürokratie und ließ die russische Wirtschaft und Gesellschaft in *archaische Formen des Gütertausches* zurückgleiten. Selbst Steuern wurden von Firmen durch Dienstleistungen und Waren beglichen. Die vom IMF bewilligten Beistands- oder Stabilisierungskredite reichten nicht aus, um die Lücken zu füllen. Die Verschuldung des Staates durch binnenländische Schuldtitel, die sogenannten GKO, wuchs ständig, bis im August 1998 die Spekulationsblase platzte. In dieser Finanzkrise ging die Mehrzahl der oligarchischen Gruppen unter, und die postsowjetische neue Mittelklasse verlor mit ihren Sparguthaben vorerst das Vertrauen in die russische Finanzwelt.

---

[11] *Elena Tregubova*, Die Mutanten des Kreml, Mein Leben in Putins Reich, Berlin 2006, S. 310. *Tregubovas* Buch ist eine sehr persönliche Abrechnung mit Präsident *Putin*. Sie versteigt sich zur These, dass *Putin* der Totengräber der russischen Demokratie sei. Dagegen bejubelt sie die Anfänge der jungen russischen Demokratie im Chaos der *Jelzin-Ära* und zollt *Jelzin*, trotz aller Fehler und Schwächen, „historische Größe"; siehe S. 67 ff.

Die Konzeptions- und Hilflosigkeit an die Macht gespülter Reformer, mit den Problemen des Landes fertig zu werden, zeigte sich in einer Politik des *„muddling through"* (Durchwursteln). Letztlich unterminierte die Amtsführung des Präsidenten die Legitimation des eigenen Systems und brachte die Reformen, ja selbst Demokratie und Marktwirtschaft in Verruf. Wachsende politische Instabilität und eine schleichende Legitimationskrise waren die Folge. Die Finanzkrise vom August 1998 und der faktische Staatsbankrott taten ein Übriges, um den Niedergang zu beschleunigen. Am Ende übertönte der Ruf nach Stabilität, Ordnung und Führung alle anderen Aussagen: Die gesellschaftlichen Grundlagen für den politischen Paradigmenwechsel und für einen „starken Staat" waren 2000 bereit.

Anlässlich einer Preisverleihung in Berlin griff *Michail Gorbatschow* mit scharfen Worten westliche Medien sowie Experten und Politiker an, deren pauschale Kritik an der Präsidentschaft *Putins* er als unverhältnismäßig, überzogen und ungerechtfertigt charakterisierte. Ausgangspunkt seiner Philippika war eine späte Abrechnung mit dem *Jelzin-System*, aber auch mit gut meinenden deutschen Politikern, deren Schwarz-Weiß-Dichotomien (Demokrat *Jelzin* versus Autokrat *Putin*) einen erschreckenden Grad an ideologischer Verbohrtheit und faktischer Unkenntnis der wirklichen Sachlage in Russland ausdrückten.

„Lassen Sie mich noch etwas zur Situation in Russland sagen. Jelzin hat die Union zerstört, er hat den Staat zerstört und die Föderation, er hat die Armee zerstört, er hat die Kultur zerstört, er hat alles zerstört – und der Westen hat ihm Beifall geklatscht, er hat bereitwillig die Arbeit liegen lassen und Jelzin Tag und Nacht Beifall geklatscht. Das ist paradox. Da kam bei uns Russen zum ersten Mal der Verdacht auf, dass der Westen umso lauter Beifall klatscht, desto schlechter es um uns bestellt ist. ... Diese Wirtschaft – das war schon kein Staat mehr –, dieses ganze Chaos fiel Wladimir Putin als Erbe zu. Ich bin Putin wie alle Russen dankbar, mit einer kleinen Ausnahme. In den zivilgesellschaftlichen Organisationen, besonders in den kritischen, ist man unzufrieden, es gibt und wird Proteste und Beschwerden geben. Sicher, aber wir haben Stabilität, wir haben der Verfassung wieder Geltung verschafft. In keiner einzigen Region wurde die Verfassung noch beachtet. Führen Sie sich diese Situation einmal vor Augen, und dann können wir darüber sprechen, ob Ihre Belehrungen uns gegenüber gerechtfertigt sind. Wir sind dabei, das Chaos zu beseitigen. Machen Sie das einmal in fünf Jahren!".[12]

Das oligarchisch-bürokratische und quasi-kriminelle System der *Jelzin-Ära* war nicht überlebensfähig. Chaos, Staatsversagen, Korruption, illegitime Herrschaft oligarchischer und krimineller Gruppen, Verelendung der Bevölkerung und der Verlust an politischer Glaubwürdigkeit wie Berechenbarkeit in den Außenbeziehungen brachten Russland in Gefahr, seine territoriale Einheit ebenso wie seine Souveränität als

---

[12] Dankesrede *Michail Gorbatschows* anlässlich der Verleihung des *Dr. Friedrich Joseph Haass-Preises,* Berlin Hotel Adlon, 15.05.2007. Ähnlich argumentierte auch *Gorbatschow* in der Eröffnungsdiskussion des St. Petersburger Dialoges, Wiesbaden 13.10.2007.

Staat zu verlieren[13]. Das änderte sich nicht schlagartig, aber schrittweise ab 2000 mit der Präsidentschaft *Putins*. Im Westen ist dieser Aspekt, darauf hob *Gorbatschow* in seinem Vortrag ab, bewusst verstellt und durch die stereotype Debatte Werte versus Interessen ersetzt worden.

Seither unterstützt die Mehrheit der Bevölkerung *Putins* Politik der Stabilisierung und Konsolidierung. Die schrittweise Herstellung der politischen Stabilität wurde gegen den Widerstand der oligarchischen Gruppen, aber auch gegen die Interessen der regionalen Machteliten durchgesetzt. Die Restitution von Staatsautorität und Verfassungsordnung (Schlagworte: Diktatur des Gesetzes, die Vertikale der Macht) hatten zur Vorbedingung, die Deformationen im politischen System der 90er Jahre, etwa in den Beziehungen zwischen Zentrum und Regionen, sowie den dominanten Einfluss der Oligarchie auf die Politik zurückzudrängen. Der Erfolg dieser Politik hat erst die rechtlichen Grundlagen für eine „wirkliche Entwicklung zur Demokratie" *(Surkow)* ermöglicht. Parallel dazu eingeleitete Reformen der Steuergesetzgebung, der Umbau der Sozialsysteme, eine positive Reallohnentwicklung und die zuverlässige Auszahlung von Pensionen und Löhnen an Rentner, Invaliden, Veteranen und Staatsbedienstete stärkten das Vertrauen der Bevölkerung in die neue Politik.

1.2 Das *Putin*sche Modernisierungsprojekt: Autoritarismus und Marktwirtschaft

Unter Führung des neu gewählten Präsidenten *Wladimir Putin* suchte das Land ab Frühjahr 2000 die Lasten des *Jelzin-Systems* abzuschütteln. Diese Aufgabe der ersten Amtsperiode von 2000 bis 2004 beschreibt in nuce ein **Modernisierungsprojekt.** Falls wir eine historische Linie seit 1917 zugrunde legen, wäre es das vierte[14]. *Putins* Projekt der Modernisierung zielt langfristig und im Kern darauf, Russland zu einem wettbewerbsfähigen, innovativen, geachteten, berechenbaren und somit koalitionsfähigen Partner der internationalen Staatengemeinschaft zu machen. Im Zuge des Projektes sollten sowohl die technologische Basis erneuert als auch, was mit immensen sozialen Folgeproblemen verbunden ist, die alten Industriekomplexe abgewi-

---

[13] Selbst *Sergeij Filartow*, der ehemalige Chef des Präsidialamtes unter *Jelzin* anerkannte im Rückblick der letzten zehn Jahre, dass abgesehen vom Krieg gegen Tschetschenien, es die „‚union' between the authorities and the oligarchs starting in 1996," war „which fundamentally altered the state system and the public's attitude toward the authorities; restrictions on media freedoms and the infamous ‚power vertical,' allowing the bureaucracy and financial groups to seize power.", in: *Sergei Filatov*, Yeltsin Did What Had To Be Done, The Moscow Times, 01.10.2003, S. 10.
[14] Als Vorläufer können benannt werden: 1. die mit terroristischen Mitteln durchgeführten Projekte der forcierten Industrialisierung und Kollektivierung zu Beginn der 1930er Jahre; 2. der Reformversuch im Zeichen von Perestroika und Glasnost unter *Michail Gorbatschow* und 3. die Dekonstruktion der sowjetischen Machtapparate sowie die Grundsteinlegung für demokratische und marktwirtschaftliche Entwicklungen unter *Jelzin*.

ckelt oder wettbewerbsfähig gemacht werden. Dazu bedurfte es verlässlicher externer Rahmenbedingungen und innenpolitischer Stabilität sowie nachhaltigen Wirtschaftswachstums, um das Land für Direktinvestitionen ausländischen Kapitals attraktiv zu machen.

Drei Faktoren begünstigten die Inangriffnahme und schrittweise Umsetzung des Projektes. Erstens sprang spätestens ab 2000 die Binnenkonjunktur mit erstaunlichen Wachstumsraten an. Aufgrund der Rubelabwertung von 1998 und der deswegen erzwungenen *Importsubstitutionspolitik* setzte schon im Sommer 1999 langsam eine Phase nachhaltiger wirtschaftlicher Erholung ein, die bis heute anhält. Einige Wirtschaftsbranchen florierten sofort, und besonders die Konsumgüterbranchen eroberten Marktanteile zurück. Kleinere und mittlere Unternehmen nisteten sich in Marktnischen ein, und für Millionen Menschen verbesserte sich langsam die Lebenslage, weil Löhne pünktlich gezahlt wurden und zudem noch Jahr für Jahr stiegen. Das war die Geburtsstunde einer neuen russischen Mittelklasse[15]. Zweitens wuchs im Zuge der wirtschaftlichen Erholung, die durch mächtige Konzentrationsprozesse in der Wirtschaft begleitet wurde, eine *neue Generation von Wirtschaftsführern* heran, die an die Stelle der früheren Finanzspekulanten und Politoligarchen vom Schlage *Beresowskij* und *Wladimir Gussinskij* rückten. Auch *Michail Chodorkowskij* reiht sich in diesen Typus von Oligarchen ein. Aber als Chef des mächtigsten und zweifellos modernst geführten Ölkonzerns *Jukos* brach er die Abmachung zwischen dem Kreml und der russischen Oligarchie, die vermutlich zu Beginn der Präsidentschaft *Putins* ausgehandelt worden war. *Chodorkowskij* erkannte nicht die Zeichen der Zeit. In maßloser Überschätzung seiner internationalen Kontakte und seiner binnenwirtschaftlichen Machtposition forderte er den Kreml politisch heraus und unterlag in diesem Konflikt[16]. Drittens konnte Moskau ab 2001 durch den Beitritt zur internationalen Koalition gegen den Terror die drohende Isolation, in die sich das Land seit dem Krieg gegen Serbien 1999 gebracht hatte, durchbrechen.

So dürftig es auch um die staatliche Ausstattung der Macht bestellt war, die *Putin* bei seiner Amtsübernahme im Mai 2000 vorfand, ganz zu schweigen von den Verpflichtungen, die er mit den oligarchischen Machtcliquen im Umkreis der „Familie" als Preis für die Präsidentschaft hat eingehen müssen: Der neue Präsident konnte auf rudimentäre und funktionierende Institutionen, auf Elemente einer postsowjetischen Identität und sogar auf Ansätze einer konsensgeprägten, politischen Kultur zurück-

---

[15] Siehe dazu die empirische Studie: *Friedrich-Ebert-Stiftung Moskau*, Die Russischen Mittelschichten. Dynamik ihrer Entwicklung 1999–2003, Moskau 2004; *Peter W. Schulze*, Russland, Modernisierung im Spannungsbogen zwischen Autoritarismus, Demokratie und Weltmarkt, in: *Piehl/Schulze/Timmermann*, 2005, S. 73 ff.
[16] Siehe dazu: *Gernot Erler*, Der Fall Chodorkowski – Zur Tomographie eines politischen Konfliktes, in: G. Gorzka/P.W. Schulze, Wohin steuert Russland unter Putin? Der autoritäre Weg in die Demokratie, Frankfurt 2004, S. 301 ff.

Wie bewerten Sie die Tätigkeit Putins als Präsident Russlands?

Wie bewerten Sie die Tätigkeit Putins als Präsident Russlands?

(Umfragen des VCIOM/Levada-Zentrums)

■ Residuum   □ Negativ   ■ Positiv

Quelle: Umfragen des VCIOM, http://www.levada.ru/prezident.html, 1.8.2007

Datum	Positiv	Negativ	Residuum	Datum	Positiv	Negativ	Residuum
Aug 2005	70%	27%	3%	Okt 2006	77%	22%	1%
Sep 2005	71%	29%	0%	Nov 2006	81%	18%	1%
Okt 2005	71%	26%	3%	Dez 2006	78%	21%	1%
Nov 2005	76%	23%	1%	Jan 2007	80%	19%	1%
Dez 2005	73%	25%	2%	Feb 2007	81%	18%	1%
Jan 2006	71%	27%	2%	Mrz 2007	81%	18%	1%
Feb 2006	75%	23%	2%	Apr 2007	79%	19%	2%
Mrz 2006	72%	26%	2%	Mai 2007	80%	18%	2%
	70%	23%	7%	Jun 2007	81%	18%	1%
Apr 2006	72%	26%	2%	Jul 2007	85%	14%	1%
Mai 2006	76%	23%	1%	Aug 2007	84%	17%	-1%
Jun 2006	77%	21%	2%	Sep 2007	80%	20%	0%
Jul 2006	79%	19%	2%	Okt 2007	84%	16%	0%
Aug 2006	78%	21%	1%	Nov 2007	85%	15%	0%
Sep 2006	77%	22%	1%				

Quelle: http://www.levada.ru./prezident.html, 01.08.2007.

greifen.[17] Die Privatisierung war weitestgehend abgeschlossen, und trotz aller Turbulenzen der *Jelzin-Ära* war eine *de-ideologisierte Machtelite in Politik und Wirtschaft* herangewachsen. Abgesehen von dem kleinen Kreis machtbesessener Politikoligarchen hielt sich die überwiegende Mehrheit der Konzernchefs von der Politik fern.

Der neue Präsident genoss von Beginn an enormen Zuspruch, der während der gesamten zwei Amtsperioden kaum abbröckeln sollte. Während der gesamten Amtszeit *Putins* fiel die Zustimmungsrate zur Amtsführung und Person des Präsidenten nur wenige Male kurzzeitig unter 70 %. Dass trotz der schlimmen Krisen wie der Untergang des Atom-U-Bootes *Kursk* zu Anfang seiner Amtsperiode, der grausigen Geiseltragödie von Beslan 2004, die über 300 Opfer forderte, die Mehrzahl davon

---

[17] Es scheint, dass dieser robuste und mehr an das politische Überleben orientierte Konsens zwischen den Machteliten unerlässlich war, dass die Transformation des Landes ohne blutige Konflikte, sehen wir einmal von Tschetschenien ab, vonstatten ging. Ob die gemeinsamen Wurzeln, Mitgliedschaft bei den Komsomolzen oder in anderen Funktionen der KPdSU, letztlich dafür ausschlaggebend waren, sei dahin gestellt. Jedenfalls korrespondierte dieser Konsens auch mit konservativen Einstellungen der neuen Mittelklasse. Die Ablehnung von radikalen Veränderungen, die Rückbesinnung auf traditionelle Werte wie Familie, Ausbildung und die Sehnsucht nach rechtsstaatlicher Ordnung wurden zu Stützsteinen der ersten Amtsperiode *Putins*. Es entstand ein neues Identitätsgefühl, das letztlich auch zu mehr Selbstbewusstsein in der Außenpolitik führte.

Frauen und Kinder und der Geiselnahme in einem Moskauer Theater mit zahlreichen Opfern.

Sicherlich trug der resolute Führungsstil *Putins* dazu bei, dass trotz des Krieges in Tschetschenien und der ungelösten sozialen Missverhältnisse zwischen den Regionen und bei großen Teilen der russischen Bevölkerung die Ängste vor Chaos und Niedergang abnahmen[18]. Auch in der historischen Rückblende scheint der russische Präsident einen prominenten Platz in der Ahnenreihe russischer/sowjetischer Führer einzunehmen.

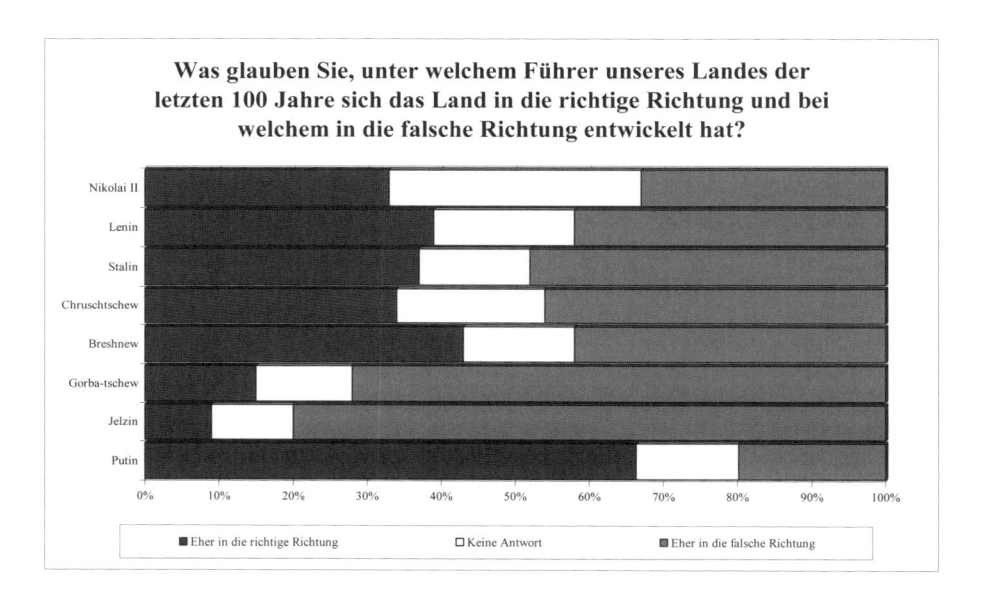

Was glauben Sie, unter welchem Führer unseres Landes der letzten 100 Jahre sich das Land in die richtige Richtung und bei welchem in die falsche Richtung entwickelt hat?

(Nikolai II, Lenin, Stalin, Chruschtschew, Breshnew, Gorbatschew, Jelzin, Putin)

■ Eher in die richtige Richtung   □ Keine Antwort   ■ Eher in die falsche Richtung

Quelle: Umfragen des VCIOM vom Oktober 2005
<http://wciom.ru/novosti/press-vypuski/press-vypusk/single/8078.html>

Betrachtet man die Ergebnisse der Wahlen zur dritten und vierten Staatsduma von 1999 und 2003 sowie der beiden Präsidentschaftswahlen von 2000 und 2004, so bekräftigen sie, dass Russlands Bürger weder zurück zum sozial egalitären, aber repressivem System der Sowjetzeit wollten. Noch bedrückten sie Sorgen, dass Refor-

---

[18] Sorgen um die territoriale Kohäsion des Landes waren kaum noch spürbar. Abweichend vom ersten Tschetschenien-Krieg (1994–1996) unterstützte die russische Bevölkerung mehrheitlich den im Winter 1999 neu entfachten Krieg in Tschetschenien. Offizieller Kriegsgrund waren die bis heute noch ungeklärten Bombenattentate in Moskau und im Dongebiet sowie ein Überfall tschetschenischer Rebellen auf Dörfer im benachbarten Dagestan.

men, die unter *Jelzin* eingeleitet wurden, einkassiert würden. Die Verknüpfung der postsowjetischen Institutionen mit Symbolen aus der Sowjetzeit und aus dem vorrevolutionären, zaristischen Russland sorgte zwar im Westen für Unruhe, stieß aber bei der russischen Bevölkerung mehrheitlich auf Zustimmung. In den Dumawahlen 2003 vollzog sich nahezu die völlige Abwahl der Parteien und Politiker, die mit dem *System Jelzin* identifiziert wurden. Alle liberalen Parteien scheiterten an der Fünf-Prozent-Hürde. Nur über Direktmandate gelang Wenigen der Einzug ins Parlament. In den Wahlen zur fünften Staatsduma 2007 setzte sich der Trend fort. Alle ehemaligen Reformparteien, also *Jabloko* und die *Union der Rechten Kräfte/SPS*, scheiterten an der mittlerweile auf 7 % angehobenen Eingangsbarriere zur Duma.

Ab 2000 veränderten sich die politischen Machtverhältnisse in der Staatsduma und damit zwischen Parlament und Präsident grundlegend. Demzufolge konnte die Blockade von Reformen durch die nationalistisch-kommunistische Opposition durchbrochen werden. Zwar blieb die KPRF 1999 noch stärkste Partei, aber mit wenigen Prozentpunkten Abstand folgte schon die neue „Partei der Macht", *Edinstwo*. Obwohl *Edinstwo* nur ca. 23 % der Stimmen auf sich vereinen konnte, war vorgezeichnet, dass die reformorientierten Parteien des liberalen und konservativen Lagers, also *Jabloko* und die *Union der Rechten Kräfte, SPS*, bei wichtigen Gesetzesvorlagen gemeinsam mit *Edinstwo* stimmen würden. Die LDPR des schillernden Populisten *Wladimir Schirinowskij* kann kaum als oppositionelle Kraft bezeichnet werden. Sie ließ sich die Zustimmung zu strittigen Gesetzen immer lohnend vergüten. Somit konnte der Kreml ab 2000 zügig daran gehen, Reformprojekte legislativ umzusetzen. Die Voraussetzungen für die Gründung einer neuen Partei der Macht wurden durch die Fusion der früheren politischen Kontrahenten *Edinstwo* und *Otetschestwo* zur *Edinaja Rossia* wenig später geschaffen. Erstmals in der Geschichte der Transformation glückte der Versuch, eine politische Regierungspartei von Dauer zu bilden, die zum entscheidenden Machtfaktor und Legitimationsbeschaffer für die Präsidentschaft *Putins* werden sollte. Bereits in den nächsten Wahlen zur Staatsduma 2003 siegte *Edinaja Rossia* mit überwältigender Mehrheit. Die anschließende Wiederwahl *Putins* in den Präsidentschaftswahlen 2004 (mit ca. 71 % der Stimmen) beendete vollends die chaotische Konstitutionsphase der 90er Jahre. Aber nicht nur die *Jelzin-Ära*[19] endete, auch die gesamte **postsowjetische Transformation** klang in der ersten Amtsperiode *Putins* aus.

Die Entwicklung trat in eine neue Phase ein. Um ein besseres Verständnis für die zukünftige Entwicklung zu gewinnen, soll ein kurzer Rückblick auf die beiden Amtszeiten des Präsidenten geworfen werden.

Kritiker haben zu Recht darauf hingewiesen, dass trotz aller Erfolge bei der gesellschaftlichen Konsensfindung, trotz wirtschaftlicher Dynamik wie innenpolitischer

---

[19] Einige Gedanken sind im Beitrag *Peter W. Schulze*, Good-Bye Putin, in: Nach der „Orangenen Revolution", Landeszentrale für politische Bildung Baden-Württemberg, 55. Jg. Heft 4, 2005, S. 208 ff. schon dargelegt worden.

Konsolidierung in den letzten acht Jahren die essentielle Schaltstelle für demokratische Entwicklungen, der Wahlmechanismus, beschädigt worden sei. Seit 1999 kann man von „fairen" Wahlen kaum noch sprechen. Die fragile, aber ausgewogene Synthese von Pluralismus, Gewaltenteilung, Marktwirtschaft, Chaos und Autoritarismus wurde mit Anbruch der ersten Amtszeit *Wladimir Putins* allmählich aufgelöst. Diese Kritik ist im Kern richtig, vernachlässigt aber, dass ohne die Ablösung des alten Herrschaftssystems die Hegemonie des Staates, und der Politik, nicht hätten wiederhergestellt werden können. Schritt für Schritt wurden die beiden Machtsäulen des *Jelzin-Systems*, die Oligarchie und die regionale Elite, aus den Entscheidungsprozessen der nationalen Politik entfernt.

Die wirtschaftspolitischen, technologisch-innovativen, gesellschaftlichen wie außenwirtschaftlichen und sicherheitspolitischen Ziele des Modernisierungsprojektes, die *Putin* Jahr für Jahr in den Botschaften an die Nation ansprach, schlugen sich zunächst in einem Prioritätenkatalog von *vier nationalen Projekten* nieder. Sie wurden durch industriepolitische Strukturierungs- und Sanierungsmaßnahmen für die Luftfahrtindustrie, für den Schiffsbau usw. begleitet, stellen aber noch kein systematisch durchdachtes Programm für die technologische Modernisierung der aus der Sowjetzeit übernommenen großen Industrie dar. In diesen Zusammenhang müssen auch die Bemühungen des russischen Staats eingereiht werden, als strategisch definierte Sektoren der Wirtschaft wieder in staatliche Kontrolle zurückzuführen. Das betrifft in erster Linie die Energie- und Rohstoffsektoren sowie diejenigen Branchen, die über duale Technologien mit dem Rüstungssektor vernetzt sind. Die *Jukos-Affäre* war Auftakt und gegebener Anlass, Teile des Energiesektors und als strategisch definierte Wirtschaftsbranchen nicht mehr dem freien Spiel der Marktkräfte zu überlassen. Während in EU-Europa die Deregulierung nahezu alle Bereiche des öffentlichen Eigentums erfasst, geht Russland einen anderen Weg. Der Staat kauft gezielt strategische Unternehmen auf, die in den Privatisierungswirren der 90er Jahre verloren gingen. Dieser Schachzug hat anfängliche Befürchtungen vor einer großen Renationalisierungswelle entkräftet und auch Befürchtungen im Zuge der *Jukos-Affäre* ins Leere laufen lassen, dass Russland nun von internationalen Investoren gemieden würde. Die empirischen Daten über Direktinvestitionen ausländischer Anleger sprechen ab 2004 eine andere Sprache. Und ähnliche Entwicklungen sind bei fast allen Ländern der Weltwirtschaft zu beobachten, die Energie und Rohstoffe exportieren.

Zweifellos, der Kreml übt durch Platzierungen von hochgestellten Repräsentanten der Präsidialadministration in führenden russischen Konzernen eine indirekte Kontrolle aus. Primäres Ziel ist, zu verhindern, dass als strategisch eingestufte Unternehmen von Ausländern übernommen werden. Gleichzeitig erlaubt die Besetzung von Führungsfunktionen mit Vertrauenspersonen auch die Kontrolle über eventuelle extra-ökonomische Aktivitäten der russischen Oligarchie: Ein zweiter Fall *Chodorkowskij* soll unter allen Umständen verhindert werden.

Aber das Modernisierungsprojekt hat auch einen politischen Kern: Die Erneuerung und Leistungssteigerung der Wirtschaftsbranchen sowie all die langfristig auf internationale Wettbewerbsfähigkeit und nachhaltige wirtschaftliche Entwicklung abstellenden Maßnahmen verfolgen auch innenpolitische wie außen- und sicherheitspolitische Ziele. Die internationale Wettbewerbsfähigkeit des Landes zu gewährleisten wird gleichgesetzt mit dem innenpolitischen Ziel der Machtsicherung gegen die als destruktiv und inkompetent eingeschätzten Kräfte der Opposition. Letztere seien nur Parteigänger des Westens, d.h. wie dieser an der Schwächung Russlands interessiert, heißt es.

Hat der Präsident die Erwartungen der Bevölkerung erfüllt?

	2000	2001	2002	2003	2004	2005	2006	2007
Wessen Interessen vertritt Putin Ihrer Meinung nach?								
Jelzin-Familie	19%	15%	17%	21%	14%	14%	13%	13%
Oligarchen	16%	16%	16%	19%	21%	23%	23%	18%
Unternehmer, Direktoren	13%	12%	11%	14%	15%	13%	12%	13%
Beamte, Bürokraten	14%	13%	14%	17%	24%	22%	21%	19%
Geheimdienste, Armee	39%	39%	30%	35%	34%	41%	34%	39%
Kultur-, Wissenschaftselite	6%	7%	8%	9%	7%	8%	7%	10%
Mittelklasse	19%	20%	23%	26%	25%	21%	24%	31%
Intelligenz	9%	8%	10%	7%	6%	6%	7%	10%
Einfache Leute	18%	19%	17%	21%	15%	18%	18%	24%
Lumpenproletariat	3%	1%	1%	1%	1%	1%	1%	1%
Alle ohne Ausnahme	9%	13%	13%	11%	11%	10%	9%	11%
Keine Antwort	16%	17%	16%	10%	10%	11%	12%	13%
Haben sich Ihre Hoffnungen auf Putin in den Jahren seit seiner Ernennung zum Ministerpräsidenten bewahrheitet?								
Ja, eher ja			45%	48%	38%	46%	46%	58%
Eher nein, nein			31%	33%	37%	33%	32%	22%
Hatte keine Hoffnungen			16%	11%	18%	14%	15%	11%
Keine Antwort			8%	9%	6%	7%	7%	9%
Wie haben sich die sozialen Probleme Russland (Lebensstandard, Preissteigerungen, Arbeitslosigkeit, Wohnraumversorgung usw.) in der Amtszeit Putins entwickelt?								
Haben sich verschärft						7%	9%	6%
Haben etwas zugenommen						21%	6%	10%
Sind auf gleichem Niveau geblieben						31%	30%	25%
Sind teilweise gelöst						31%	48%	50%
Sind im wesentlichen gelöst						6%	5%	4%
Keine Antwort						5%	2%	5%

Quelle: Umfragen des Levada-Zentrums vom August 2007
<http://www.levada.ru./press/2007091202.html>

Als Hauptaufgabe der kommenden Dekade wird definiert, eine von Interessenstrukturen **unabhängige politische Machtelite zu schaffen** und deren beherrschende Position in der Gesellschaft dauerhaft zu festigen. *Edinaja Rossia* und die zahlenmäßig dünne Schicht von Sicherheitskräften und Vertrauten des Präsidenten, die St. Petersburger, erfüllten diese Voraussetzungen nur bedingt. Bislang wurde das zentrale Problem der Herrschaftssicherung, nämlich der Mangel an effizienten, nicht korrupten und loyalen Entscheidungsträgern, nicht behoben. Die politische Stabilität der letzten sieben Jahre beruhte einerseits darauf, dass das Chaos der *Jelzin-Ära* noch in frischer Erinnerung ist. Andererseits wurde die Zufriedenheit der Gesellschaft und ihre Unterstützung für den Kurs des Präsidenten durch die enormen Wachstumsraten der Wirtschaft erreicht, die insbesondere bei der Mittelschicht wachsenden Wohlstand produzierten.

In Kenntnis der politischen Vita des Präsidenten erstaunt es nicht, dass die Ergebnisse der Umfrage darauf weisen, dass *Putin* sich für die Interessen seiner Klientel, des Geheimdienstes, der Armee und Sicherheitskräfte besonders einsetzt. Zählt man die Schicht der Staatsbediensteten hinzu, so meinen über 50 % der Befragten, dass diesen beiden Gruppen der Gesellschaft besondere Aufmerksamkeit seitens des Kreml zuteil wird. Jedoch ebenso klar wird sichtbar, dass die *Chodorkowskij-Affäre* 2003 einen Umbruch auslöste. Der Präsident wird nicht mehr als Instrument der Oligarchie und der „Familie" betrachtet. Durchgängig wird er als Förderer der Mittelklasse und ab Ende der ersten Amtsperiode als Präsident eingeschätzt, der sich auch um die Belange der „einfachen Leute" kümmert. Aus den Ergebnissen der letzten beiden Fragegruppen erscheint das Bild einer Gesellschaft, die relativ zufrieden mit der Amtsführung des Präsidenten und der Lösung sozialer und wirtschaftlicher Probleme ist.

Aber auch diese Entwicklung hatte ihren Preis: Die demokratische Ausgestaltung der politischen Ordnung blieb auf der Strecke, und Grundprobleme wie Korruption, fehlende Rechtssicherheit, bürokratische Willkür oder das soziale und wirtschaftliche Gefälle zwischen den Regionen des Landes wurden nicht gelöst und vielleicht sogar noch verschärft. Das Fehlen von politischer Opposition, die sowohl zur Korrektur eines einmal eingeschlagenen politischen Kurses in der Lage wäre sowie bei der Aufdeckung von Korruption und administrativer Willkür ihren Beitrag leisten könnte, lässt zukünftig Gefahren erahnen, die gegenwärtig noch durch regelmäßige Erfolgsmeldungen übertüncht werden. Denn eine Binsenweisheit komplexer Gesellschaften besagt, darüber hat auch der Chefideologe des Kreml, *Surkow*, eingehend reflektiert, dass ohne eine gewichtige, am gesellschaftlichen Wohl interessierte Opposition jedes Herrschaftssystem in Gefahr gerät zu verkrusten. Bürokratische Immobilität, Entscheidungsunfähigkeit und das Gerangel konkurrierender Machtapparate sind die Folge.

Nach dem erfolgreichen Abschneiden von *Edinaja Rossia* in den Dumawahlen 2003 und der Wiederwahl *Putins* 2004 rückten Fragen der Zukunftssicherung in den Vordergrund. Mit Grundsatzreferaten eröffnete der Vizechef der Präsidialadministration und Assistent des Präsidenten der Russischen Föderation, *Wladislaw Surkow*[20], vor *Edinaja Rossia* und vor russischen Konzernchefs die Debatte über die langfristigen Ziele des Modernisierungskurses.

Surkows Thesen[21] bedürfen eingehender Betrachtung, erhalten wir doch einen authentischen Blick in die Denkweise und Vorstellungswelt der herrschenden Machtgruppen des Kreml. Sein Ansatz ist umfassend, konzeptionell durchdacht und sucht eine Orientierungslinie für die politische Parteiarbeit nicht nur einfach vorzuschreiben, sondern trägt sie begründend vor. Kernziel seiner Konzeption ist die Sicherung der Macht auch in absehbarer Zukunft, und diese Zukunft bemisst er mit den nächsten 10 bis 15 Jahren. Dabei definiert er sich als Modernisierer, der die Herrschaftssicherung im Einklang mit globalen Trends, der Entwicklung von zivilgesellschaftlichen Instanzen und der Schaffung einer kompetenten Herrschaftselite bewerkstelligen will. Letztlich sollen an die Stelle heute noch gebräuchlicher „administrativer Instrumente", sprich Manipulation und Repression politischer Gegner, zivilisierte Formen der politischen Auseinandersetzung, nämlich der ideologische Überzeugungskampf, treten. Um die Kontinuität der Herrschaft zu sichern, müssten Reformen eingeleitet werden und sich andere Methoden der politischen Auseinandersetzung durchsetzen, da sich Land und Gesellschaft im Zuge ihrer Umgestaltung rasant verändern werden. Hauptsächlich rücken dabei Aufgaben der Veränderung des politischen Systems, seiner Träger und des Stils politischer Auseinandersetzungen in den Vordergrund[22]:

1. Bildung einer loyalen, effizienten und kompetenten politischen Führungselite

2. Förderung einer loyalen Zivilgesellschaft und Schaffung einer „nationalen Bourgeoisie"

---

[20] Zur Person *Surkow* siehe http://www.kremlin.ru/eng/subj/22172.shtml The Presidential Executive Office. *Surkow* ist zuständig für die Beziehungen zu den Parteien und gesellschaftlichen Organisationen. Dass es sich bei seinen Äußerungen um seine persönliche Meinung handeln könnte, ist angesichts des scharf überwachten Regimes bei öffentlichen Auftritten hochgestellter Personen des Kreml undenkbar. Wahrscheinlich ist eher, dass seine Gedanken, weil sie die Arbeit der Partei betreffen und normative Fragen berühren, in den kollektiven Führungskreisen um den Präsidenten erörtert wurden.

[21] Siehe meinen Beitrag: *Peter W. Schulze*, Souveräne Demokratie: Kampfbegriff oder Hilfskonstruktion für einen eigenständigen Entwicklungsweg? – die ideologische Offensive des Vladislav Surkov, in: *Matthes Buhbe/Gabriele Gorzka* (Hrsg.) Russland heute. Rezentralisierung des Staates unter Putin, Wiesbaden 2007, S. 293–313.

[22] In der folgenden Erörterung der Thesen *Surkows* beschränken wir uns auf Positionen, die für das Thema wesentlich sind, wie seine Ausführungen zur Kaderproblematik, zur Konkurrenzfähigkeit Russlands und auf die außen- wie sicherheitspolitische Dimension der Konzeption „souveräne Demokratie". Für eine ausführliche Auseinandersetzung mit *Surkows* Thesen siehe *Peter W. Schulze*, in: *Buhbe/Gorzka* (Hrsg.) 2007, S. 293–313.

3. Grundlegende Erneuerung des Parteiwesens
4. Ideologische und programmatische Aufwertung der präsidialen Partei in der russischen Gesellschaft

Novum der Argumentation *Surkows* ist auch, dass er innenpolitische Leitgedanken für die Gestaltung der politischen Zukunft des Landes eng mit internationalen und außenwirtschaftlichen Zielen verbindet[23].

Damit Russland als souveräne Macht zukünftig im internationalen Staatengefüge bestehen kann, argumentiert er, ist der Aufbau und die Verknüpfung seiner leistungsstarken Wirtschaftssektoren mit dem Weltmarkt unabdingbar. Daraus ergeben sich Ziele und Aufgaben für die russische Außen- und Sicherheitspolitik. Russland muss Spannungen vermeiden, die seinen wirtschaftlichen und geopolitischen Interessen zuwiderlaufen, weil dadurch Beziehungen zu Partnerländern beeinträchtigt werden könnten. Das bedeutet nicht die Aufgabe oder das Zurückstecken von nationalen Interessen. Aber zur maximalen Entfaltung seiner wirtschaftspolitischen Basis ist das Land auf ein stabiles Netz von Kooperationsbeziehungen angewiesen. Zu den potentiellen Partnern zählen zweifellos die USA, Europa und die asiatisch pazifischen Länder einschließlich China, Japan und Indien. Die Globalisierung mache Kooperation noch zwingender, denn die Bedingungen des weltweiten Konkurrenzkampfes werden sich noch verschärfen. An die Stelle von Feindschaft sei Konkurrenz getreten, und die Zukunft Russlands werde maßgeblich vom freien Zugang zu den Weltmärkten, von strategischen Partnerschaften und von der Kooperation auf dem Gebiet der Hochtechnologie wie des Wissenstransfers abhängen. Diese Erfordernisse müssen die Prinzipien der russischen Außenpolitik bestimmen.

„Wenn wir nicht zu einer offenen Gesellschaft gelangen, wenn wir uns nicht breit in die Weltwirtschaft integrieren und am globalen System der Erkenntnisse teilnehmen, dann erhalten wir auch keinen Zugang zu modernen Technologien, ohne die, wie mir scheint, die Modernisierung Russlands nicht möglich ist."[24]

*Surkow*s Äußerungen zeigten in der Partei und öffentlich Wirkung. Sie blieben nicht unwidersprochen[25]. Demzufolge kursierten sogleich Gerüchte über einen latenten

---

[23] http://www.edinros.ru/news.html?id=111148; *Wladislaw Surkow*, „Souveränität ist das politische Synonym für Konkurrenzfähigkeit", 22.02.2006; siehe auch *Surkows* nicht öffentliche Rede: „Wir sind Konkurrenten in Europa. Schade, dass wir keine Feinde sind" vor dem Aufsichtsrat von „*Delowaja Rossia*" am 17. Mai 2005, die vom Radiosender „*Swoboda*" später am 12. Juli 2005 ausgestrahlt wurde, in: NEWSru.com:: B Roccuu.
[24] http://www.edinros.ru/news.html?id=111148; *Wladislaw Surkow*, „Souveränität ist das politische Synonym für Konkurrenzfähigkeit", 22.02.2006, Hervorhebung durch *Surkow*.
[25] Siehe dazu den russischen Pressespiegel vom 29.06.2006 über Kommentare russischer Politiker und Wissenschaftler zur Konzeption der „souveränen Demokratie", in: http://www.rusland.ru/rupress0020/morenews.php?iditem=699. Der als Kandidat um die Nachfolge *Putins* hochgehandelte Vizepremierminister und Aufsichtsratchef bei Gazprom *Dmitrij*

Machtkampf unter den potentiellen Kandidaten für die Nachfolge *Putins*, nämlich zwischen den Ersten Stellvertretenden Premierminister *Dmitrij Medwedew* und *Sergeij Ivanow*, dem Stellvertretenden Premierminister[26]. Nach der Ernennung von *Sergeij Naryschkin,* einem Vertrauten *Putins* aus der St. Petersburger Zeit zum Vizepremier, zuständig für Industriepolitik und dem Kampf gegen die Korruption, wurden die Rangunterschiede zwischen den drei Vizepremiers abgeschafft. Nach der Umbildung der Regierung im Herbst 2007 und der Ernennung von *Viktor Zubkow* zum Premierminister wurde *Naryshkin* zuständig für Fragen der regionalen Wirtschaftsentwicklung.

Seine Ausführungen haben zweifellos einen politischen Diskurs angestoßen, der auf Fragen der Ausgestaltung und Qualität des politischen Systems, der Besinnung auf eigene Werte, der Stärkung und Erneuerung wirtschaftlicher Konkurrenzfähigkeit eingeht und das Problem der internationalen Positionierung des Landes nicht primär unter außen- und sicherheitspolitischen Gesichtswinkel anspricht[27]. *Surkow* formu-

---

Medwedew wandte sich implizit gegen *Sergeij Iwanow*, den früheren Verteidigungsminister und möglichen Mitkonkurrenten um die Nachfolge. Letzterer griff Ideen von *Surkow* auf, und bezeichnete als Grundvoraussetzung für die Weltgeltung Russlands die Triade von Militärmacht, souveräner Demokratie und eine leistungsfähige Wirtschaft. in: http://www.vor.r/German/Spektrum/Theme_733.html.

[26] Dass Konflikte in der Kreml-Administration bestehen, ist offensichtlich. Aber dagegen stehen auch Einsichten, es bei der Nachfolge nicht zum offenen Streit kommen zu lassen. Solche Vermutungen stellt auch *Wladimir Frolow* vom russischen Expert Panel an, das Analysen und Einschätzungen zu unterschiedlichen Themen der russischen Innen- und Außenpolitik über das Internet vertreibt. „In Moscow, the heated discussion surrounding sovereign democracy is more than a purely academic debate – it reflects the intense power struggle in the Kremlin"; in: Russia Profile Expert Panel 29, Sovereign Democracy.doc. Präsident *Putin* hielt sich während der Valdai-Konferenz 2006 äußerst bedeckt, als er auf den Disput über den Begriff „souveräne Demokratie" angesprochen wurde. *Surkow* selbst versuchte einzulenken. Er ließ aber keinen Zweifel daran, dass es ihm nicht um den Begriff, sondern um Inhalte und Entwicklungsperspektiven geht. *Medwedew* bestritt die Existenz von Konflikten in der Administration des Präsidenten, gab aber unmissverständlich preis, dass sich eine Art **kollektive Führung** herausgeschält hat, in der der russische Präsident eher die Rolle eines Primus inter pares besitzt. In den letzten fünf Jahren, so *Medwedew*, gab es nur ein Team, das natürlich in einigen Fragen unterschiedliche Ansichten hatte. „This is a good thing, we are not the Communist Party Central Committee, after all, and we do not seek to impose a single way of thinking"., in: Expert Magazin, elektronische Version Nr. 13, 4–10 April 2005. Zur Person *Medwedew*, siehe http://www.spiegel.de/wirtschaft/0,1518,427096,00.html.

[27] Interessanterweise findet in der Volksrepublik China eine verwandte Debatte über die Modernisierung und zukünftige Qualität der politischen Ordnung statt. Auch dort werden Modelle westlicher Demokratie zurückgewiesen und wird betont, dass es unmöglich sei, diese auf die ehemaligen sozialistischen Länder zu übertragen. Der Export von Demokratie sei schon in den Schwellenländern Asiens, Südamerikas und Osteuropas gescheitert. Der Aufbau einer „*harmonischen sozialistischen Gesellschaft*" (Hexie Shehui) ist in der chinesischen Debatte zum Leitbegriff geworden. Dieser Begriff ist von *Zheng Bijan*, dem

liert zwar „ideologische Grundthesen"[28], will diese aber praxisorientiert verstanden wissen. Sie sollen die zukünftige Arbeit der Partei lenken. Bereits zuvor hatte er in einer Rede vor dem Aufsichtsrat von *„Delowaja Rossia"*[29] (Russische Geschäftswelt) Leitgedanken vorgetragen und den Zusammenhang von demokratischer Entwicklung, Modernisierung, internationaler Konkurrenzfähigkeit und nationaler Souveränität untrennbar verkettet. Sowohl 2005 als auch im Vortrag 2006 vor *Edinaja Rossia* betonte er, dass es **keine Entwicklungsalternative zur Demokratie gebe** und dass sich **Russland als Teil Europas** verstehen müsse. Zugleich warnte er, dass eine solche Entwicklung ihre Zeit brauche und Entwicklungen nicht aus dem historischen Kontext politischer und sozioökonomischer Bedingungen wie außenpolitischer Verhältnisse abstrahiert werden können. Russland sei zwar Teil Europas, aber die Ausgestaltung seiner gesellschaftlichen Ordnung und seines politischen Systems obliege einzig und allein den dazu legitimierten Institutionen. Diese Souveränität gelte es gegen äußere Einmischungen zu bewahren und den Einfluss des Auslandes auf die russische Entwicklung zurückzudrängen[30]. Weder könne Demokratie das einzige Ziel sein, noch könne ein System „as complex, as our country" quasi über Nacht umgestülpt werden. Das Streben nach Demokratie kann nicht auf Kosten der Souveränität des Landes geschehen. „Democracy is not our only objective. We care about the Russian Federation's sovereignty"[31]. Aufbau und Ausgestaltung einer Demokratie seien mehr als die Frage nach den Institutionen. Die Vermittlung und

---

Parteivordenker und ehemaligen Berater des Parteichefs *Hu Jintao,* geprägt worden. Der Begriff setzt sich von westlichen Vorstellungen einer „Makro-Demokratie" ab, denn diese führten nur zu Katastrophen. Vielmehr soll ein verbessertes sozialistisches System mit diversifizierten demokratischen Elementen geschaffen werden, das den Bürgern erweiterte Partizipation gewährt. Der Staat müsse sich aus der Privatsphäre des Bürgers zurückziehen. Innenpolitisch fordert die ***„Harmonische Gesellschaft"*** Loyalität, Ausbau der Stabilität des politischen Systems und unterstützt Anstrengungen bei den Sozialreformen. Die außenpolitische Komponente des Ordnungsbegriffs zielt auf eine „harmonische Weltordnung", in der die Interessenkonkurrenz der Staaten in friedlicher Weise ausgetragen wird. Anklänge an die Theorie der „Friedlichen Koexistenz" werden hier vernehmbar. Eine solche Weltordnung kann selbstverständlich nur multipolar sein und auf vollständige Souveränität der Staaten gründen. Interventionen in die inneren Angelegenheiten, aus welchen Gründen auch immer, werden strikt abgelehnt.

[28] www.edinros.ru/news.html?jd=111148.
[29] http://www.mosnews.com/interview/2005/07/12/surkov.shtml/ *Vladislav Surkov's* Secret Speech: How Russia Should Fight International Conspiracies.
[30] Russland wird nach den Worten seines Verteidigungsministers *Sergeij Iwanow* seine „souveräne Demokratie" gegen „Druck von außen" notfalls auch militärisch verteidigen. Die souveräne Demokratie sei die Quintessenz der inneren Organisation des Landes, diese sehe das Recht der Bürger auf Definition der russischen Politik ebenso vor wie die Verteidigung der Demokratie gegen Druck von außen „mit allen Mitteln, militärische eingeschlossen", schrieb *Iwanow* in einem Beitrag für die Tageszeitung *„Iswestija"* vom 13.07.2006, in: http://russlandonline.ru/schlagzeilen/morenews.php?iditem=26978.
[31] Ebenda.

Verinnerlichung von demokratischen Bewusstsein und politischer Kultur seien gefordert, ja letztlich eine neue Moral. Und in diesem Punkt schafft *Surkow* unmissverständlich Klarheit. In seiner Ansprache vom 21.06.2007, die unter dem Titel „Russische politische Kultur: Ein Blick aus der Utopie" auf der offiziellen Seite von *Edinaja Rossia* abgedruckt ist, versteigt sich *Surkow* zu der These, dass eine starke Zentralisation der Macht historisch-strukturelles Prinzip des russischen Staatsaufbaus sei. Diese Prinzip werde daher sowohl den weiteren Werdegang Russlands bestimmen als auch den Unterschied beim zukünftigen Entwicklungspfad des Landes zu Westeuropa markieren[32].

Klar und eindeutig bezeichnet *Surkow* Russland als ein „europäisches Land" und fügt spöttisch hinzu, dass es sich um den „schlecht beleuchteten und entfernteren Teil der europäischen Zivilisation" handele. Daraus resultieren Probleme, mit denen die heutigen russisch-europäischen Beziehungen befrachtet seien. Zwar sei Russland untrennbar mit Europa verbunden und demzufolge auch dazu verdammt, zu Europa gute und freundschaftliche Beziehungen zu unterhalten, aber Russland sei eben doch nicht richtig europäisch[33]. Daraus resultierten Spannungen, vor allem Konkurrenz, aber *keine Feindschaft*.

1.3 Eurasische Wunschbilder und isolationistische Großmachtillusionen

Russland wird nichts erreichen, argumentiert *Surkow*, falls die Herausforderungen der Globalisierung nicht ernst genommen werden. Außerdem darf sich die politische Führung nicht Illusionen hingeben, dass die hohen Preise für Energieträger faktisch die Großmachtstellung Russlands in Europa und im internationalen Staatensystem dauerhaft und nachhaltig machen. Des Weiteren dürfen die immensen Profite aus den Energieexporten nicht sinnlosem und verschwenderischem Konsum zugeführt werden. Solange die Einnahmen wegen der günstigen Weltkonjunktur sprudeln, müsse die politische Führung das vorhandene Zeitfenster nutzen, um sich für den Tag zu rüsten, wenn die fossilen Energieträger schwinden oder ihre Nutzung aufgrund von ökologischen Erwägungen eingeschränkt werden müsse.

Die vier von *Putin* verkündeten nationalen Projekte zielen in die richtige Richtung, denn die gründliche Erneuerung des Sozialsystems, des Gesundheits- und des Wohnungswesens sowie des Bildungsbereichs und der Landwirtschaft seien dringend erforderliche Rahmenmaßnahmen und Voraussetzungen für die Inangriffnahme der industriellen und technologischen Umgestaltung. Aus Budgetmitteln wurden für 2006 ca. 4 Mrd. und 2007 ca. 7,7 Mrd. US Dollar zur Verfügung gestellt. Unmissverständlich mahnt *Surkow* eine langfristig angelegte Industrie- und Technologiepo-

---

[32] Siehe *Surkows* Rede vor dem politischen Klub, 21.06.2007, in: Edinaja Rossia officialnii site partii.
[33] http://www.mosnews.com/interview/2005/07/12/surkov.shtml/ *Vladislav Surkov's* Secret Speech: How Russia Should Fight International Conspiracies, ebenda.

litik an. Russland muss wieder mit eigenen konkurrenzfähigen Produkten auf dem Weltmarkt präsent werden, wenn es überleben will. Obschon sich das Land auf seine endogenen Stärken zurückbesinnen muss, ist seine Entwicklung nur in Kooperation mit führenden Industrieländern möglich. Weil ferner die Energieressourcen für lange Zeit der entscheidende Faktor für den Staatshaushalt und somit für den Modernisierungsprozess bleiben, muss der Staat strategische Bereiche der Energiekomplexe kontrollieren. Aber auf Dauer kann Russland sich nicht entfalten, wenn es weiter als Rohstoff- und Energieanhängsel der entwickelten Industrieländer agiert[34]. Die stolze Energiesupermacht würde letztlich zu einer „speziellen Sicherheitstruppe" für ausländische Energiekonsumenten mutieren, um die Pipelines zu schützen[35]. Die Unabhängigkeit des Landes vom ausländischen Kapitalmarkt wurde im Juni 2006 erreicht. Präsident *Putin* verkündete, dass das Land keine ausländischen Kredite mehr benötige, um seine sozialen Probleme wie die Modernisierung von Teilbereichen der Industrie zu bewältigen[36]. Bis August 2006 beglich Russland die alten Sowjetschulden in Höhe von 22,3 Mrd. US Dollar beim Pariser Club.

„Wir brauchen Wissen, wir benötigen neue Technologien"[37] ist *Surkows* wirtschafts- und bildungspolitischer Glaubenssatz, der ihn in die immer noch lichte Reihe jener russischen Wirtschaftsexperten stellt, die nicht dem neoliberalen und angelsächsischem Credo der freien Marktwirtschaft verfallen waren. Die Entwicklung der Transportinfrastruktur, des Kommunikationsnetzes, die Förderung der Weltraum- und Raketentechnik und die Transformation von russischen Konzernen zu „global players" sollen mit staatlicher Hilfe in Angriff genommen werden. Die Modernisierungsziele, basierend auf den Grad erreichter politischer Stabilität und wirtschaftlicher Dynamik, haben zur Legitimation des Systems durch die Gesellschaft beigetragen und werden der Präsidentschaft *Putin* als Verdienst zugeschrieben. Es hat schon Anklänge an vormalige Zeiten des Persönlichkeitskultes, wenn unter dem Slogan den *„Plan Putins"* erfüllen schlechthin die Fortführung des gesamten Modernisierungskurses über 2008 hinaus skandiert wird. Jedoch die Bemühungen, einen modernen russischen Staat zu schaffen, sind ernst zu nehmen. Dazu waren politische Weichenstellungen im Wahlrecht, beim Parteiengesetz und im politischen Gefüge der Föderation erforderlich.

Im Lichte dieser Aufgaben warnt *Surkow* allerdings vor Illusionen eines modischen Isolationismus oder eines russischen Sonderweges. Nationale Souveränität sei nicht mit Vorstellungen über eine *„Festung Russland"* gleichzusetzen. Nur internationale Konkurrenzfähigkeit verbürge, dass Russland seine Anerkennung als Großmacht erreichen wird. Den Beweis dafür ist das Land noch schuldig geblieben. *Surkow* kri-

---

[34] http://www.edinros.ru/news.html?id=111148; *Wladislaw Surkow*, Souveränität ist das politische Synonym für Konkurrenzfähigkeit, 22.02.2006.
[35] Ebenda.
[36] RIA Novosti, 23.06.2006.
[37] Ebenda.

tisiert, dass Arroganz und Selbstüberheblichkeit wieder in Mode kommen. Großmachtillusionen wollen nur übertünchen, dass das Land bislang von der ererbten sowjetischen Substanz (Platz im Sicherheitsrat der Vereinten Nationen) lebt. Es hat eben erst die Etappe der Stabilisierung durchschritten und steht nun am Anfang der eigentlichen Entwicklung.

Ein kürzlich veröffentlichter Beitrag des russischen Außenministers *Sergeij Lawrow*[38] in der FAZ fügt sich bruchlos in diese Argumentation ein. Nach *Lawrow* ist die Transformationsperiode des internationalen Staatensystems, die nach dem Ende des Kalten Krieges ansetzte, noch nicht beendet. Daraus resultiert eine Art „Übergangsperiode" von extremen Widersprüchen. Vorstellungen, getränkt von ideologischen Postulaten des Kalten Krieges, stehen neben oder sind vermischt mit Herausforderungen, die durch die Globalisierung geschaffen werden. Nach *Lawrow* besteht eine Hauptaufgabe darin, die „gemeinsamen Elemente in der internationalen Politik"[39], letztlich die wenigen internationalen Institutionen wie die Vereinten Nationen und die G-8 zu stärken. Russland müsse in diesem Prozess eine aktive Rolle spielen und bei der Gestaltung der entstehenden neuen Weltordnung auch Verantwortung übernehmen. Dass dieser Prozess nicht ohne Meinungsverschiedenheiten vonstatten gehen kann, ist ihm dabei ebenso gewiss wie die Tatsache, dass Russlands „außenpolitische Unabhängigkeit"[40] nicht allen Partnern passen wird.

1.4 Von der gelenkten zur souveränen Demokratie: Die Kaderfrage und die Entfaltung der Demokratie

Dass *Surkow* schonungslos mit der zurückliegenden Dekade der *Jelzin-Ära* abrechnet, war zu erwarten. Aber dass er westlichen Kritikern als Boomrang die Kategorie „gelenkte Demokratie" zurückwerfen würde, verdient Respekt. Während im westlichen Diskurs der Begriff autoritäre Tendenzen und die Unterminierung demokratischer Institutionen in der Präsidentschaft *Putins* anprangert, entgegnet *Surkow*, dass dieser Begriff eher zur Charakterisierung der *Jelzin-Ära* tauge. Allen Varianten von „managed Democracy", Fassadendemokratie, gelenkter Demokratie usw. sei gemeinsam, dass sie von Zentren mit globaler Projektionsmacht geschaffen oder unterhalten werden. Diese Beschreibungsformel treffe vorzüglich auf Länder wie den Irak oder Afghanistan zu. Sie schildere aber auch korrekt die Verhältnisse in der Konstitutionsphase der russischen Demokratie unter *Jelzin*. Damals existierte in Russland nur eine von außen gelenkte Demokratie[41].

---

[38] *Sergeij Lawrow*, Russland und Deutschland in der heutigen Welt, in: Frankfurter Allgemeine Zeitung, 09.10.2006, S. 12.
[39] Ebenda.
[40] Ebenda.
[41] Wahlen zur Staatsduma, wie die Präsidentschaftswahlen 1996, wurden manipuliert und zur Farce. Hochrangige Vertreter des Präsidialamtes hatten keine Scheu, dies öffentlich in

Trotz aller Kritik räumt *Surkow* jedoch ein, dass die 90er Jahre nicht gänzlich abgeschrieben werden können, sind doch damals wesentliche Reformen angestoßen worden. Noch bedeutsamer scheint ihm, dass „wirklich aktive, widerstandfähige und zielstrebige Menschen" in führende Positionen gelangten, die nun das „Material" für die „neue Führungsschicht der Nation bilden"[42].

Die Kaderfrage wird für ihn zur Schlüsselfrage zukünftiger demokratischer Entwicklung. Denn die Lösung des Kaderproblems wird darüber entscheiden, ob die Entwicklung in Russland ähnlichen Belastungsproben wie in der Ukraine ausgesetzt sein wird, oder ob die *„Konstitution einer national orientierten Führungsschicht der Gesellschaft"*[43] gelingt. Im letzteren Fall wäre das Land gegen Revolutionen gleich welcher Farbe immun.

Die Formierung einer loyalen, sozial verantwortlichen und effektiven Führungselite könnte zur Überwindung der Dichotomie zwischen Herrschaft und Gesellschaft führen, eine historische Erblast seit dem Zarismus beseitigen. Nach *Surkow* würde daraus sogar ein gesellschaftlicher Konsens erwachsen können, der in Russland Entwicklungen einleiten und begünstigen könnte, die Europa bereits durchschritten habe. Denn Standards und Ziele dieser Entwicklung, nämlich das Streben nach „materiellem Erfolg, Freiheit und Gerechtigkeit", hätten ihre volle Gültigkeit auch für Russland. Russland habe ebenfalls den Weg in diese Richtung eingeschlagen, aber die Entwicklung demokratischer Institutionen komme nur langsam voran. In dem Maße aber, wie sich die Gesellschaft differenziert und damit verkompliziert, d.h. sich auf einen offenen, demokratische Gesellschaftstyp hinbewegt, müssen sich die Methoden der Herrschaftsausübung verändern. Schließlich verlangt solch ein Herrschaftstypus die Partizipation der Bürger an der Entscheidungsfindung auf allen Ebenen des politischen Systems. Weil dann Rückgriffe auf repressive Mittel weitgehend obsolet werden, rückt die ideologische Überzeugungsarbeit immer stärker in den Vordergrund. Die Partei der Macht kann gegen ihre ideologischen Gegner nur bestehen, verlangt *Surkow*, wenn sie über die einsichtigere und überzeugende Programmatik verfügt. Hauptaufgabe der künftigen Auseinandersetzungen wird demzu-

---

Interviews mit ausländischen Journalisten und Wissenschaftlern zu bekunden. Die Manipulationen wurden als Akt der politischen Notwehr gegen die Gefahr einer Machtübernahme durch die Kommunisten und Nationalisten gerechtfertigt. Der Westen billigte das Vorgehen. Folglich sei die polemische Frage berechtigt: Wo waren eigentlich die Demokraten von einst, die heute undemokratische Verhältnisse und Tendenzen beklagen? Was haben diese demokratischen Reformer und Politiker gegen derartige Deformationen damals unternommen? Daraus zieht *Surkow* den einfachen Schluss: Weil sie Mittäter waren, haben sie das Recht verwirkt, sich zu Richtern über die heutige Entwicklung aufzuschwingen und diese als autoritär oder undemokratisch zu kritisieren.

[42] http://www.edinros.ru/news.html?id=111148; *Wladislaw Surkow*, „Souveränität ist das politische Synonym für Konkurrenzfähigkeit", 22.02.2006, Hervorhebung durch *Surkow*.
[43] Ebenda, Hervorhebung durch *Surkow*.

folge, die „Dominanz im politischen System (zu) erringen"[44] und die Methoden der ideologischen Auseinandersetzung zu beherrschen.

Dieser Ansatz erinnert nahezu an zivilgesellschaftlich-konstruktivistische Theoreme. Noch beschreibt *Surkow* eine konkrete Utopie der zukünftigen Herrschaftsform und der Voraussetzungen, politische Macht zu erlangen und zu bewahren. Der Widerspruch zur politischen Realität im Vorfeld der Wahlen zur fünften Staatsduma am 2. Dezember 2007 und der Präsidentschaftswahlen 2008 könnte nicht greller beleuchtet werden. Von ideologischer Überzeugungsarbeit und von Programmatik in den Auseinandersetzungen war wenig zu spüren. Das gilt ebenso für die Opposition. Dennoch ist der Wahlkampf durch die Entscheidung des russischen Präsidenten für die Staatsduma auf der Parteiliste von *Edinaja Rossia* zu kandidieren und gegebenenfalls das Amt des Premierministers anzustreben, grundlegend verändert worden. Diese Entscheidung ist ein Novum und impliziert den Bruch mit der postsowjetischen Tradition seit 1993. Niemals zuvor kandidierte ein Präsident, abgesehen von Mitbewerbern aus dem kommunistischen und demokratischen Lager, auf einer Parteiliste. Die Wahlen wurden so faktisch zu einer Art Referendum über die Amtsführung *Putins* und zugleich über die von ihm eingeforderte Kontinuität seines Modernisierungsprojektes. Der Entscheidung *Putins* ging eine Regierungsumbildung[45] voraus. Ähnlich wie 2004 lautete die Begründung, dass die Bevölkerung darüber aufgeklärt werden müsse, welche Personen für die Kontinuität der Politik einträten. Die Ernennung von *Viktor Zubkow* zum Premierminister und Umstellungen im Wirtschaftsministerium bei gleichzeitiger Stärkung des als liberal geltenden Finanzministers *Kudrin* haben zweifelsohne bei russischen Wählern die gewünschte Reaktion hervorgerufen. Mit der Kandidatur *Putins* auf der Parteiliste von *Edinaja Rossia* wurde der Wahlkampf politisiert und wirkte sich mobilisierend aus. Die Wahlbeteiligung stieg gegenüber 2003 von 55 % auf 63 %.

---

[44] Ebenda.
[45] Der Wirtschaftsminister *German Gref* wurde durch seine Stellvertreterin *Elvira Nabiullina* abgelöst. *Gref* wechselte in die Privatwirtschaft. Die Stellvertretende Finanzministerin *Tatyana Golikowa* übernahm von *Michail Zurabow* das Ministerium für Gesundheit und Soziales. Die Rückkehr des von allen Seiten als äußerst kompetent eingeschätzte *Dmitri Kozak* aus Rostow-am-Don, dem Süden Russlands, in die Regierung hat neue Spekulationen über das Nachfolgekarussell angeregt. *Kozak* war in den Süden als Folge der Beslan Tragödie von 2004 geschickt wurden. Nach seiner Rückkehr übernahm er das Ministerium für regionale Angelegenheiten. *Sergeij Naryschkin* wurde zum Sonderbeauftragten des Präsidenten für die Entwicklung von integrierter Zusammenarbeit in den Beziehungen zu den GUS-Staaten beauftragt. *Kudrin* blieb als Finanzminister, wurde jedoch zudem zum stellvertretenden Premierminister ernannt. Damit amtieren nun *Kudrin, Naryschkin* und *Alexander Zhukow* als Vizepremierminister.

1.5 Vorboten einer anti-westlichen Protestkultur und der Mythos Eurasien

Unbestreitbare und den Ansatz von *Surkow* konterkarierende Tatsache ist jedoch, dass das brutale Vorgehen der russischen Miliz und der Sondereinheiten gegen Aufmärsche und Demonstrationen von oppositionellen Kräften in Moskau, Nischni Nowgorod und St. Petersburg im April und Mai 2007 völlig unverhältnismäßig und überzogen war. Der Knüppel ersetzte die ideologische Überzeugungsarbeit. Eine bunte Koalition hatte sich zusammengefunden, die kein Programm eint, es sei denn das Programm heißt: Schluss mit der Präsidentschaft *Putins*. Vereinzelt beteiligten sich auch territoriale Jugendorganisationen von *Jabloko,* empört über die Führungslosigkeit der eigenen Partei. Auch versprengte Demokraten wie *Wladimir Ryschkow* stießen hinzu, der mit seiner *Republikanischen Partei* nicht zu den Dumawahlen im Dezember 2007 antreten darf. Auch ehemalige Funktionsträger des *Jelzin-Systems* wie der frühere Premierminister *Michail Kasyanow*[46] nahmen an den Protestmärschen teil und haben sich als Troika in der Führung des oppositionellen Blockes „*Das Andere Russland"* zusammengefunden. *Kasyanow* hat sich bereits als Kandidat für die Präsidentschaftswahlen von 2008 ins Gespräch gebracht, ebenso *Garri Kasparow*. Dem umtriebigen *Garri Kasparow*[47], einst unbesiegbarer Schachweltmeister, gebührt die Führung der Bewegung „*Das Andere Russland".* Doch die jungen, aktionsbereiten Demonstranten werden von linken und rechten Organisationen gestellt, insbesondere von den *Nationalbolschewiken* unter Führung der schillernden Figur *Eduard Limonow*. Dieser schwankte während seines Exils als sowjetischer Dissident in den USA und in Frankreich zwischen extrem linken und rechten Ideologien, die er nun im postsowjetischen Russland zu einer linksnationalistischen Mixtur zusammenbraute. Sie stößt bei Teilen der ideologisch heimatlos gewordenen Jugend durchaus auf Widerhall. Die nationalbolschewistische Bewegung wurde in den 90er Jahren eher als Kunstprodukt, als permanentes Happening und als Aktionskunst wahrgenommen denn als politische Bewegung. Erinnert sei nur an *Limonows* Glosse in der englischsprachigen radikal-anarchischen Zeitung *X-ile*, die in jedem anderen europäischen Land sofort der Zensur zum Opfer gefallen wäre. Seit dem neuen Millennium wächst jedoch der Zulauf an Aktivisten, wie auch grundsätzlich radikale Tendenzen in der russischen Jugendszene feststellbar sind.

Die Parolen gegen *Putin* sind wenig überzeugend, weil dieser als Kandidat für eine dritte Amtszeit nicht antritt und ansonsten noch eine ungewöhnlich hohe Popularität genießt. Hoffnungen schließlich, eine der oppositionellen Führungsfiguren hätte reale Chancen in den kommenden Präsidentschaftswahlen gegen den oder die Kandidaten des Kreml, sind völlig illusorisch. Warum also der Protest, die Herausforderung der

---

[46] Von Spöttern als „Mischa dwa Prozenta" (Mischa zwei Prozent) betitelt, weil ihm eine gewisse Nähe zur Korruption während seiner Amtszeit unter *Jelzin* unterstellt wurde.

[47] Zur Person *Garri Kasparow* siehe die sehr wohlgesonnene Reportage von *Klaus-Helge Donath,* in: Die Tageszeitung, 12.07.2005, S. 5.

Obrigkeit, wenn es keine Gewinnaussichten und keine Chancen dafür gibt, dass die Proteste massenwirksam werden? Und wer schließlich steht hinter diesen Aktionen und finanziert sie? Auf letztere Frage berühren Antworten sehr schnell die Sphäre von Verschwörungstheoremen. So wird natürlich in kremlnahen Kreisen gemutmaßt, dass sich verschiedene Gestalten zu gemeinsamem Handeln zusammengefunden haben. Gezählt werden dazu etwa der ehemalige Politoligarch *Boris Beresowskij*, der jüngst aus seinem frei gewählten Londoner Exil laut über die Inszenierung eines Staatsstreiches in Russland nachdachte und mit den Morden an russische Journalisten, aber auch der Affäre um *Litwinenko* in Zusammenhang gebracht wurde. Aber auch andere Erzfeinde des *Putin-Systems* werden genannt, so der nach Israel geflüchtete Sicherheitschef des ehemaligen *Jukoskonzerns*, der sich dort einem Haftbefehl von Interpol entzieht. Treibt man das Spiel von Intrigen und Verdächtigungen weiter, so könnte man dahinter auch gezielte Provokationen des Inlandgeheimdienstes, möglicherweise sogar ein Intrigenspiel des Puppenspielers *Surkow* selbst vermuten. Denn die Diskreditierung von politischen Parteien, die Schaffung von Gegenparteien, um der Opposition Stimmen abzujagen, waren schon immer sein Betätigungsfeld. Es wäre also nicht ausgeschlossen, dass dem Kreml die Demonstrationen zupass kommen. Denn das Chaos der Straße diskriminiert die demokratische Opposition gleich dreifach: Erstens demonstriert es die Unfähigkeit der Demonstranten, sich als seriöse Alternative zu präsentieren, und beunruhigt somit die auf Wahrung des materiellen und sozialen Besitzstandes orientierten Schichten der neuen russischen Mittelklasse[48]. Zweitens erschüttert das brutale Auftreten des Staates zwar liberale Gemüter, unterstreicht aber zugleich die Entschlossenheit der Staatsmacht, jeglichen Rückfall in die chaotische *Jelzin-Ära* zu unterbinden und das Erreichte zu schützen. Drittens wird die demokratische Opposition mit Unordnung, Gewalt und Unsicherheit assoziiert. Sollten letztere Vermutungen sich einmal bewahrheiten, nämlich dass es sich beim „*Anderen Russland*" um eine Inszenierung des Kreml handelt, so wäre nicht ausgeschlossen, dass russische Sicherheitskräfte eine sehr genaue Situationsanalyse des bleiernen Herbstes im Deutschland der 70er Jahre als Blaupause nutzten.

Obwohl weder *Kasparows* Bewegung „*Das Andere Russland*" noch andere oppositionelle Splittergruppen wie die „*Vereinigte Front der Bürger*" oder die „*Nichteinverstandenen*" allein oder gemeinsam je eine Chance hatten, in den Parlamentswahlen

---

[48] Eine im Juni 2007 vorgelegte Studie des russischen Ministeriums für Wirtschaft projiziert, dass bis 2020 die Mehrzahl der russischen Bevölkerung zur Mittelklasse gezählt werden kann. Dem liegen Wachstumsraten der Wirtschaft von jährlich ca. sechs bis sieben Prozent zugrunde. Im internationalen Vergleich wird bis 2020 der Durchschnittsverdienst bei ca. 50 Prozent der Briten liegen und etwa auf dem Niveau der Tschechischen Republik. Mehrt als 50 % der russischen Bürger werden mehr verdienen als 1100 bis 1400 US Dollar pro Monat, und die Armutsbevölkerung wird von 16 % auf 6 % schrumpfen. Im gleichen Zeitraum wird sich die Lebenserwartung westeuropäischen Werten annähern, d.h. auf 70 Jahre steigen. Allerdings wird die Bevölkerungszahl von 142 Mill. auf 138 Mill. fallen. So auch die Arbeitsbevölkerung von 90 auf 77 Mill., in: *Vedemosti*, 26.06.2007.

die erforderliche Quote von 7 % zu überspringen, und außerdem kein Kandidat dieser Gruppen bei den nächsten Präsidentschaftswahlen mehr als bloße Bruchteile von wenigen Prozentpunkten erzielen würde, sind die Proteste nichtsdestoweniger ein ernst zu nehmender Indikator. Seit geraumer Zeit sind polarisierende Tendenzen in der russischen politischen Intelligenz, vor allem aber bei der politisierten Jugend zu beobachten. Gruppen radikalisieren sich. Sie treten in kremlnahe Organisationen ein oder wenden sich vom System ab. Letztere Tendenz untergräbt die Bemühungen *Surkows,* eine loyale Zivilgesellschaft als Katalysator für zukünftige Führungskader zu schaffen. Daraus kann man, wie *Viktor Jerofejew,* noch keine vorrevolutionäre Situation[49] ableiten, aber in konkreten Auseinandersetzungen in den Regionen und Städten, also bei Fragen des sozialen Wohnungsbaus, der illegalen Zerstörung von Wohnraum und Grünflächen im Namen von Stadterneuerung, bei sozialen Fragen und vor allem beim heiklen Problem der Wehrpflicht und der Wehrgerechtigkeit, kommt parteiübergreifenden Basisgruppen eine neue Qualität und politische Bedeutung zu. Proteste in Moskau vereinen mittlerweile Liberale und Kommunisten gegen die Stadtverwaltung. Es entsteht eine Basisbewegung sui generis, die sich anders als in den 90er Jahren um gesellschaftliche und politische Fragen kümmert und den abgeschotteten politischen Entscheidungsprozess öffnen will, um mitzuwirken. Nicht Themen der großen Politik stehen im Zentrum, sondern das Mitentscheiden bei der Verbesserung von konkreten Lebenslagen der Bevölkerung. Letztlich könnten hieraus wie in westlichen Gesellschaften der 60er und 70er Jahre des letzten Jahrhunderts ähnliche zivilgesellschaftliche Entwicklungen entspringen. Die spontanen Sozialproteste der Veteranen, Rentner, Invaliden und Studenten vom Frühjahr 2005 schlugen sich zwar nicht in Organisationsformen nieder, aber sie illustrierten die Bereitschaft und das Potential zur Mobilisierung russischer Bürger, wenn deren Interessen tangiert werden.

Für die Kremlführung braut sich eine Gefahr zusammen, die lange Zeit unterschätzt wurde und an deren Erscheinen und Ausbreitung sie selbst Anteil hat: eine extreme, nationalistische Jugendbewegung. Nicht die „bunte" Allianz der Straße, sondern der aufbrandende Nationalismus wurde zur Schwachstelle in der Kampagne für die Dumawahlen 2007. Gefangen in der eigenen nationalistischen Rhetorik, breit kolportiert in zahlreichen Talkrunden des öffentlichen Fernsehens, propagieren nationalistische Politiker, Experten und Sozialwissenschaftler, die vor wenigen Jahren noch zu Randfiguren des politischen Spektrums gehörten, wie beispielsweise *Alexander Dugin, Oleg Platonov* oder konservative Denker wie *Sergej Kara-Murza,* einen eigenen russischen Weg, die Wiedergeburt Russlands als Großmacht, die Überlegenheit der russischen Kultur, die Abwendung vom dekadenten Westen und die Verbindung von Kirche und Politik zu einer spezifischen Symbiose von Gesellschaft, Normen und Politik. Sie werben für ein *eurasisches Herrschaftssystem.* Insbesondere *Dugin* ist bedeutsam, da er nicht in rückwärtsgewandter orthodoxer und mythischer Slawentümelei verharrt, sondern bei rechten und linken Staats- und Gesellschaftstheoreti-

---

[49] *Viktor Jerofejew,* Ich will keine Revolution, in: FAZ, 23.04.2007, S. 33.

kern Europas Anleihen machte, deren Gedanken zu einem Zivilisationsmodell zusammenzimmerte und auf die russische Entwicklung projizierte. Sein Entwurf einer finalen Auseinandersetzung zwischen der dekadenten westlichen Zivilisation und dem neu geschaffenen eurasischen Zivilisationsmodell übt auf die jugendliche Protestbewegung eine außergewöhnliche Faszination aus. Insbesondere die Gruppen der nationalistischen Linken haben seine Ideen politisch aufgegriffen[50]. Seine Gedanken haben nicht nur Eingang in jugendliche Protestkulturen gefunden. Sein Einfluss wächst bei gestandenen Politikern von *Edinaja Rossia* und mehr noch bei der Partei *Gerechtes Russland*, die ja hauptsächlich von der ideologischen Mitgliedersubstanz der ehemaligen Partei *Rodina* zehrt.

Sowohl die rechts- wie die linksextremistischen Gruppen der „bunten Opposition" haben Zulauf von Jugendlichen. Sogar die KPRF verzeichnet Zuwachs an jungen Parteimitgliedern. So ist es nur verständlich, dass der Kreml durch seine beiden Parteien und durch die kremlnahen Jugendorganisationen „*Naschi*" und „*Molodoja Guardia*" sich nationaler Symbolik, Slogans und Rhetorik bedient, um dieser Welle die Spitze zu nehmen und sie in die kontrollierbaren Kanäle der eigenen Parteien und Organisationen zu lenken. Bereits zuvor war *Rodina*, eine linksnationale Partei unter ihrem Führer *Dmitri Rogosin* aus dem Ruder gelaufen und hatte bei den sozialen Massenprotesten vom Frühjahr 2005 sowohl den Kreml als auch *Edinaja Rossia* durch scharfe Kritik herausgefordert. Eilends zimmerte Ende 2006 *Edinaja Rossia* ein „Russland Projekt" (Russkij Mir), das Kultur, Reinheit der Sprache und russische Traditionen gegen die westliche Trivialkultur schützen und einen Beitrag zur nationalen Identitätsstiftung leisten soll.

1.6 Der Kern der Kaderfrage: Zivilgesellschaft und nationale Bourgeoisie

Trotz des offensichtlichen Widerspruchs zwischen Zukunftsvision und politischer Realität im Vorfeld der Wahlen bleiben die Zielvorgaben relevant. Für *Surkow* steht unabänderlich fest, dass durch die Herausforderungen der Globalisierung die Differenzierung der Gesellschaft beschleunigt wird. Demzufolge werden Rückwirkungen auf das politische System ebenso wenig ausbleiben, wie sich die Methoden und Instrumente der Legitimationsbeschaffung und Herrschaftssicherung den zukünftigen Veränderungen anpassen müssen. Daraus entspringen politische Aufgaben, die sich prinzipiell auf zwei strategische Ziele begrenzen lassen: ***Souveränität und Demokratie***.

Souveränität und Demokratie verlangen, dass das Kader- und Führungsproblem gelöst wird. Erstaunlicherweise formuliert *Surkow* noch eine weitere Bedingung. Für die Entwicklung „unserer" Demokratie ist die „*Stärkung der Zivilgesellschaft*" eine

---

[50] Emil Paine, Will Russia Transform Into a Nationalist Empire?, in: Russia in Global Affairs, Nr. 2, April–Juni 2005 warnt dann auch vor einer nationalistischen Welle von ethnischer Xenophobie, die vorgibt, das russische Imperium wieder herstellen zu wollen.

Grundbedingung[51]. Nur eine Gesellschaft basierend auf freie Menschen kann effektiv und konkurrenzfähig sein. Dazu benötigt sie aber eine *effektive Führungsklasse*. Und hier knüpft er geschickt an die Transformationsergebnisse der von ihm so gescholtenen *Jelzin-Ära* an. Trotz der beherrschenden Stellung der Oligarchie in dieser Zeit sind gesellschaftliche Schichten mobilisiert worden, die in der Tat die Basis für eine neue postsowjetische Führungsschicht abgeben könnten. „We understand it clearly that the best intellectual resources and staff etc. are concentrated in business. It is our national property. It is the base of the political class that must take the first place in the country. Not direct the country but take first place"[52]. Aber diese Kräfte können nur dann als neue Führungsklasse gewonnen werden, wenn sie sich von den abfällig als *„off-shore Aristokratie"* definierten oligarchischen Gruppen trennen. Auf solche Gruppen könne man verzichten, da sie jegliche Bindung an Russland und ihre nationale Identität[53] aufgegeben haben.

Das Kernproblem der Modernisierung, die Kaderfrage, ist die Metamorphose der oligarchisch dominierten Geschäftswelt zu einer ***„nationalen Bourgeoisie"***[54]. Entsprechendes gilt für Altkader der früheren Sowjetbürokratie, die einen Platz im postsowjetischen Russland gefunden haben. Ihre Umformung zu einer zeitgemäßen, flexiblen und kompetenten Bürokratie wäre ein wichtiger Durchbruch für die Demokratisierung des Landes. Sollte die Kaderfrage nicht gelöst werden, orakelt *Surkow* pessimistisch, gäbe es für ***„Russland keine Zukunft"***. Das Land würde, ähnlich wie die Sowjetunion, in eine Systemkrise geraten. Während aber die Sowjetunion heroisch und schnell unterging, wäre das Ableben des postsowjetischen Systems ein Prozess langen Siechtums. Nur auf Basis einer loyalen, der Gesellschaft verpflichteten Führungsklasse könne die Entwicklung zur parlamentarischen Demokratie eingeleitet werden. Mit den bestehenden Parteien des liberalen, rechtsliberalen oder kommunistischen Lagers seien jedoch derzeit Übereinkünfte und Koalitionen nicht möglich. Ohne eine Reform des politischen Systems, und das heißt in erster Linie die Schaffung von verantwortungsvollen, gesellschaftlich verankerten Parteien, wird es *Surkow* zufolge auch keine Veränderungen in der Grundstruktur der Präsidialdemokratie geben.

---

[51] http://www.edinros.ru/news.html?id=111148; *Wladislaw Surkow*, „Souveränität ist das politische Synonym für Konkurrenzfähigkeit", 22.02.2006.
[52] http://www.mosnews.com/interview/2005/07/12/surkov.shtml/ *Vladislav Surkov's* Secret Speech: How Russia Should Fight International Conspiracies.
[53] http://www.edinros.ru/news.html?id=111148; *Wladislaw Surkow*, „Souveränität ist das politische Synonym für Konkurrenzfähigkeit", 22.02.2006.
[54] Ebenda, Hervorhebung von *Surkow*.

1.7 Partei und Macht: von der Kaderpartei zur Massenorganisation

Für den Aufbau einer politischen Führungsklasse ist ein effizientes Parteiensystem nach den Vorstellungen *Surkows* unabdingbare Voraussetzung. Anders seien Legitimation und Sicherung der Macht langfristig nicht zu gewährleisten. Dazu bedurfte es legislativer Vorkehrungen. Sie seien bereits durch die Änderung des Wahlrechts und durch ein Parteiengesetz geschaffen worden. Nur auf dieser Basis konnten gesellschaftlich akzeptierte Massenparteien entstehen, die mit ihrer programmatischen Arbeit den gesellschaftlichen Konsens fördern.

Die in der Sowjetzeit erfolgte Atomisierung der Gesellschaft, die durch die Wirren und die ungeheure wirtschaftliche und soziale Not der *Jelzin-Dekade* noch verstärkt wurde, hatte eher Proto-Parteien entstehen lassen, wenn man westeuropäische Maßstäbe anlegt. Die postsowjetische Parteienlandschaft war bis 1999 Ausdruck einer traumatisierten, extrem individualisierten Gesellschaft, die um die Sicherung des Überlebens kämpfte, und einer davon abgelösten politisch aktiven Dissidentenkultur, die nicht in die Gesellschaft hineinreichte. Diesen Proto-Parteien, mit Ausnahme der Kommunistischen Partei, KPRF, fehlte jeglicher gesellschaftliche Unterbau. Erste Besserungen traten am Ende der *Jelzin-Ära* ein. Seit den Wahlen zur dritten Staatsduma 1999 befindet sich die russische Parteienlandschaft in einem rapiden und fundamentalen Transformationsprozess.

Als einzige Partei der Macht sollte *Edinaja Rossia* zum Nukleus der anvisierten Massenpartei *„neuen Typs"* werden. Das schien sich zu ändern, als vom Kreml 2006 eine zweite Partei, *Gerechtes Russland,* gegründet wurde, die aus einer Fusion mehrerer kleiner Parteien entstand. Dieser Schritt erhöht die Chancen zur Schaffung einer breiten politischen Machtbasis, weil andere gesellschaftliche Schichten durch die neue Partei angesprochen werden können, die bislang dem Kreml kritisch oder ablehnend gegenüber standen. Ziel der Reformen von Partei- und Wahlgesetz war es, durch verschärfte Anforderungen an den Parteienstatus[55] die Opposition zu schwächen, kleinere Parteien zu eliminieren und ihren führenden Kadern den Übertritt in eine der beiden Kremlparteien schmackhaft zu machen. Dadurch suchte der Kreml zwei Fliegen mit einem Streich zu schlagen. Erstens würden den beiden kremlnahen Parteien neue und qualifizierte Kader zugeführt werden. Zweitens konnte man sich so geräuschlos und legal unliebsame Konkurrenten vom Hals schaffen.

---

[55] So wurde nicht nur die Eingangsbarriere zum Parlament (die Regelung gilt auch für die Regionen) von fünf auf sieben Prozent erhöht. Das Wahlrecht wurde zum reinen Verhältniswahlrecht. Direktkandidaturen können nur über die Parteiliste erfolgen. In den Regionen werden die Gouverneure vom Präsidenten auf Vorschlag des Regionalparlamentes ernannt. Ihre Parteizugehörigkeit ist nun transparenter als früher. Widerstand oder Blockade gegen die Ernennung eines Gouverneurs durch das Regionalparlament sind faktisch nicht möglich, da der Präsident die regionale Duma im Gegenzug auflösen kann. Das Parteiengesetz untersagt die Bildung von konfessionellen, ethnischen oder regionalen Parteien.

Insbesondere das Parteiengesetz führte auf der regionalen Ebene in der Regel dazu, dass sich die regionalen politischen Machtmaschinen auflösten und in die bestehenden Kremlparteien, *Geeintes Russland* oder *Gerechtes Russland*, integrierten. Volle Wirksamkeit werden die beiden Gesetze wohl erst nach den Dumawahlen von 2007 entfalten, weil viele, auch demokratische Abgeordnete und Politiker eine politische Schonzeit für Übertritte abwarten wollen. Der Schritt *Putins* im Rahmen der Verfassung seine zukünftige politische Rolle in der Staatsduma als Führer von *Edinaja Rossia* und eventuell als künftiger Premierminister zu definieren, wird die Partei stärken und als Neuerung einführen, dass die Regierung von der Mehrheitsfraktion oder der dominierenden Parteienkoalition in der Staatsduma gewählt wird. Damit wird eine Forderung *Surkows* eingelöst, eine Verbindung von Präsident oder Gouverneur zum Volk vermittels Parteizugehörigkeit herzustellen, ohne diesen Schritt blieben die regionalen wie nationalen Parlamente „bloße Dekoration"[56]. Diese Entscheidung garantiert *Putin* eine komfortable Rückfallposition und wird weitere Veränderungen im politischen System nach 2008 nach sich ziehen. Es ist nicht auszuschließen, dass bereits über die Öffnung des präsidialen Systems zur parlamentarischen Demokratie hinter den Kulissen nicht nur nachgedacht, sondern ein solcher Schritt auch vorbereitet wird. Denn würde *Putin* nach einer gewissen Schonzeit das Amt des Präsidenten wieder anstreben oder die volle Legislaturperiode bis 2012 abwarten, um dann erneut zu kandidieren, so wäre das zwar kein Verstoß gegen die Verfassung, käme aber einem anrüchigen politischen Winkelzug gleich. Die abweisenden Reaktionen in westlichen Medien, nicht dass diese den Kreml abhalten würden, wären voraussehbar.

Putins Rochade auf den Posten des Premierministers birgt nur ein verschwindend geringes politisches Risiko. Legt man die Umfragewerte für die Wahlen seit Sommer 2007 zugrunde, so war immer eine stabile Mehrheit für *Edinaja Rossia* garantiert. Durch Putins Entscheidung legte die Partei nochmals zu. Die berechtigten Vorwürfe ausländischer Wahlbeobachter, wie der kleinen Delegation von OSZE-Beauftragten, dass der Wahlkampf weder fair noch von Unregelmäßigkeiten frei gewesen sei, ändern nichts am Gesamtbild und am Ergebnis. Auch ohne solche Unregelmäßigkeiten, dass belegen Umfragen über die Einschätzung der Parteien seit Jahresbeginn 2007, hätte *Edinaja Rossia* die Dumawahlen haushoch gewonnen. Umfragen wiesen aus, dass die Partei kontinuierlich um die 50 % der Stimmen auf sich verbuchen konnte. Zu keiner Zeit bestand für die demokratischen Reformparteien *Jabloko* und *SPS* eine Chance die 7 % Hürde für den Einzug in die Duma zu überspringen.

---

[56] *Vladislav Surkov's* Secret Speech: How Russia Should Fight International Conspiracies, in: http://www.mosnews.com/interview/2005/07/12/surkov.shtml/.

Parteienrating 2006-2007
(in % derjenigen, die zur Wahl gehen wollen)

	Jan 2006	Feb 2006	Mrz 2006	Apr 2006	Mai 2006	Jun 2006	Jul 2006	Aug 2006	Sep 2006	Okt 2006	Nov 2006	Dez 2006	Jan 2007
Einiges Russland	42%	47%	41%	51%	49%	47%	46%	47%	49%	48%	50%	55%	49%
KPRF	23%	17%	15%	19%	17%	19%	19%	18%	18%	22%	18%	15%	19%
LDPR	10%	9%	15%	11%	9%	10%	9%	12%	11%	10%	12%	10%	11%
Heimat	5%	4%	7%	2%	3%	3%	3%	-					
Partei des Lebens	1%	1%	1%	<1%	<1%	1%	<1%	-					
Partei der Pensionäre	2%	1%	1%	1%	1%	1%	1%	1%	-				
Gerechtes Russland									7%	4%	6%	7%	5%
Jabloko	3%	4%	4%	4%	4%	4%	4%	3%	3%	4%	4%		4%
Union der Rechten Kräfte	2%	2%	3%	4%	2%	2%	2%	2%	2%	2%	2%		4%
Für ein würdiges Leben (Glaz'ev)	4%	3%	3%	3%	5%	2%	4%	4%	2%	3%			
Agrarpartei	2%	2%	3%	1%	2%	1%	1%	1%	1%	2%	1%	1%	1%
Partei Wiedergeburt Russlands	1%	1%	<1%	<1%	<1%	<1%	1%	<1%	1%	1%	1%		1%
Volkspartei Russlands	<1%	<1%	<1%	<1%	<1%	<1%	<1%	<1%	1%	<1%	<1%	1%	<1%
Ökologische Partei "Die Grünen"	<1%	<1%	<1%	1%	1%	1%	1%	1%	1%	1%	<1%	2%	1%

Quelle: http://www.levada.ru./reitingi2006.print.html.

Legt man die Wahlprognosen der russischen Institute zur Meinungsbefragung und Wahlforschung zugrunde, so ergeben sich nur minimale Abweichungen vom tatsächlichen Endergebnis. Manipulationen und direkter oder indirekter Druck sowie die Beeinflussung von Wählern waren völlig überflüssig. Solche Maßnahmen illustrieren aber eine Stimmung unter den nachgeordneten Herrschaftsinstanzen, die Bedingungen des Untertanenstaates widerspiegelt und als vorauseilender Gehorsams charakterisiert werden kann.

Wahlprognosen im Vergleich

	Vorläufiges amtliches Endergebnis	*Prognosen*		
		Levada	*VCIOM*	*FOM*
Einiges Russland	64,26%	62,8%	62,1%	66,0%
KPRF	11,59%	11,2%	12,2%	10,2%
LDPR	8,15%	8,7%	8,0%	9,6%
Gerechtes Russland	7,76%	7,6%	7,0%	8,0%
Agrarpartei	2,31%	1,4%	2,4%	2,3%
Jabloko	1,59%	2,6%	2,4%	1,1%
Bürgerkraft	1,06%	0,6%	1,2%	0,8%
Union der Rechten Kräfte	0,96%	1,0%	1,8%	0,8%
Patrioten Russlands	0,88%	1,4%	1,5%	0,5%
Partei der sozialen Gerechtigkeit	0,22%	0,2%	0,7%	0,1%
Demokratische Partei	0,13%	0,5%	0,8%	0,1%
Ungültig	1,09%			0,4%
Summe	100,00%	98,0%	100,1%	99,9%
Wahlbeteiligung	63,66%	53,4%	53,6%	57,9%

Quelle: Quellen: http://www.levada.ru./press/2007120301.html;
http://wciom.ru/novosti/press-vypuski/press-vypusk/single/9240.html;
http://bd.fom.ru/zip/oslon_prognoz_261107.zip;
http://www.vybory.izbirkom.ru/region/region/izbirkom?action=show&root=1&tvd=100100021960186&vrn=100100021960181&region=0&global=1&sub_region=0&prver=0&pronetvd=null&vibid=100100021960186&type=233.

In diese Entwicklung passt auch die von *Surkow* überzeugend vorgetragene These, dass die Herrschaft im Staat von politischen Parteien ausgeübt werden soll. Denn nur diese seien in der Lage, als Mittler zwischen Volk und Macht zu fungieren und damit die Voraussetzungen für eine „interaktive ... Demokratie"[57] zu schaffen, die auf Organisationen der Zivilgesellschaft gründen soll. Aber dazu braucht es eben verantwortliche und gesellschaftlich verankerte politische Parteien. Solche zu schaffen, sei die Hauptaufgabe der Zukunft, denn Parteien seien sowohl das „Instrument der Zivilgesellschaft" als auch, zusammen mit nichtkommerziellen gesellschaftlichen Organisationen und Organen der örtlichen Selbstverwaltung, das „Instrument

---

[57] Ebenda.

der Gesellschaft bei der Teilhabe an der Macht"[58]. Ein entwickeltes Mehrparteiensystem sei letztlich auch die Rückversicherung gegen extremistische Ansteckungsgefahren, egal, ob sie von innen oder von außen kommen. Die „nationale Immunität"[59] gegen Bedrohungen würde gestärkt.

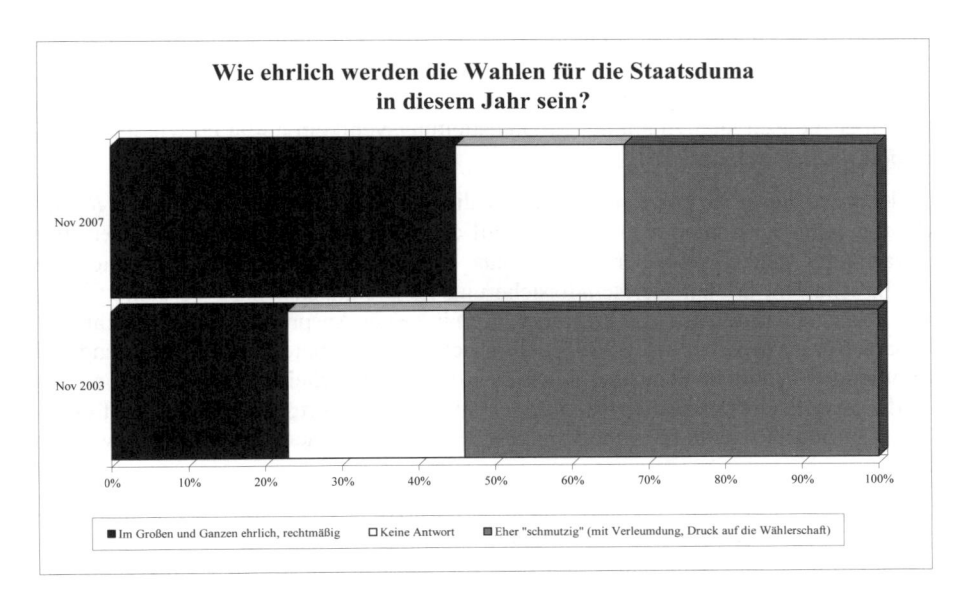

Wie ehrlich werden die Wahlen für die Staatsduma in diesem Jahr sein?

[Balkendiagramm mit zwei Zeilen: Nov 2007 und Nov 2003; Skala 0%–100%; Legende: ■ Im Großen und Ganzen ehrlich, rechtmäßig □ Keine Antwort ■ Eher "schmutzig" (mit Verleumdung, Druck auf die Wählerschaft)]

Quelle: Quelle: Umfragen des Levada-Zentrums vom 20.–23.11.2007 <http://www.levada.ru./press/2007120405.html>.

Diese unmittelbar unter dem Eindruck der Tragödie von Beslan im Herbst 2004 gemachten Äußerungen gewannen neue Bedeutung im Lichte der revolutionären Ereignisse in der Ukraine gegen Jahresende 2004.

Zweifellos, diese Thesen müssen im Kontext des neuen Wahlgesetzes betrachtet werden, das im Sommer 2005 verabschiedet wurde. Sowohl das neue Wahl- wie auch das Parteiengesetz stärken den Status von politischen Parteien im politischen System. Dazu gehören auch Bestimmungen, die Wahl von regionalen und bundesstaatlichen Repräsentanten nur durch Allrussische politische Parteien zu gewährleisten. Was immer auch die temporären und vordergründigen Ziele und Motive des Kreml waren, beide Gesetze werden nachhaltige Veränderungen im politischen Sys-

---

[58] http://www.edinros.ru/news.html?id=111148; *Wladislaw Surkow*, „Souveränität ist das politische Synonym für Konkurrenzfähigkeit", 22.02.2006.
[59] Interview von *Surkow* nach der Tragödie von Beslan in der Tageszeitung „Komsomolskaya Prawda" vom 29.09.2004; in: http://www.boell.de/de/de/05_world/2976.html.

tem Russlands auslösen und können als ein wichtiger Schritt hin auf Demokratisierung des politischen Systems gewertet werden[60]. Es wird einfach weniger Parteien geben, die über die Eingangsbarriere von sieben Prozent springen können. Dadurch wird sich das Parteiengefüge qualitativ verändern. Die Aufwertung der Parteien wird sich in ein Mehr an politischer Berechenbarkeit und Effektivität umsetzen. Und nicht zuletzt, das ist bereits in den Regionen und auf der kommunalen Ebene erlebbar, die Parteien werden eingepasst in die sozialen Stratifizierungsprozesse der Gesellschaft, die zur Ausformung von Interessenstrukturen unterschiedlichster Art beitragen werden, über die Zeit sich zu ähnlichen Dienstleistungsvehikeln entfalten wie ihre westeuropäischen Pendants.

Im Kontext dieser Überlegungen werden die politischen Ziele für *Edinaja Rossia* klar benannt. Sie richten sich nicht nur auf den Sieg bei den nächsten Wahlen. Die Erwartungen gehen weit über 2007 hinaus. Der Kreml will und muss Parteien der Macht schaffen, die zur Herrschaftssicherung für die „nächsten 10–15 Jahre"[61] taugen. Das Ziel wurde auch von Präsident *Putin* in seiner Ansprache an die Föderationsversammlung vom 26. April 2007 unterstrichen. *Putin* betonte die Bedeutung der kommenden Wahl zur Staatsduma, weil sie darüber entscheiden würde, ob die Politik der Stabilisierung, des wirtschaftlichen Wachstums fortgesetzt werde, auf deren Basis Russland wieder zu einem angesehenen Akteur der Weltpolitik geworden sei[62].

Das Hauptziel des Kreml bleibt davon unberührt: Konkretes Ziel ist die Transformation von *Edinaja Rossia* zu einer **„modernen Massenpartei"**, die allen gesellschaftlichen Gruppen und Schichten offen steht und in der Gesellschaft verankert ist. Sie muss Präsenz im politischen Kampf zeigen, die ideologische Auseinandersetzung annehmen, sich moderner Taktiken bedienen und sogar die Straße erobern, fordert *Surkow*.

Ideologischen Auseinandersetzungen, so vermutet *Surkow*, werden in Zukunft hauptsächlich mit national-populistischen Gegnern und mit rechtsliberalen Parteien geführt, wobei letztere weiterhin von den auf Revanche sinnenden Oligarchen finanziert werden. Besondere Aufmerksamkeit gilt der Basisarbeit in den Schlüsselregionen und einer progressiven Jugendarbeit. Dazu werden gut ausgebildete Agitatoren benötigt, die in der Lage sind, die programmatischen Ziele der Partei zu erklären

---

[60] Siehe dazu *Christopher Granville*, Stronger Parties, Stronger Democracy, in: The Moscow Times, 27.06.2005, S. 8.
[61] http://www.edinros.ru/news.html?id=111148; *Wladislaw Surkow*, „Souveränität ist das politische Synonym für Konkurrenzfähigkeit", 22.02.2006.
[62] http://president.kremlin.ru/eng/speeches/2007/04/26/1209_type70029_125494.shtml „These strategic plans include the formation of an effectively functioning civil society and development of an effective state able to ensure security and a decent life for our people. They also include the development of free and socially responsible enterprise, the fight against corruption and terrorism, modernisation of the armed forces and law enforcement agencies, and finally, a much more influential role for Russia in world affairs."

und sich in den gesellschaftlichen Diskurs einzubringen. Das kann nur geschehen, falls es auch in der Partei eine offene und lebhafte Diskussion gibt, die aber die Grenzen der Parteidisziplin respektiert und praxisrelevant ist. Die parteiliche Überzeugungsarbeit darf nicht dogmatisch und starr ausgerichtet werden, sondern soll nach dem Prinzip verfahren: „Wer nicht gegen uns ist, ist für uns"[63]. Dazu gehört auch, keine Scheu vor politischen Bündnissen zu haben und die Flexibilität zu entwickeln, Allianzen und Koalitionen mit politischen Gegnern einzugehen, aber nicht mit den Extremisten.

Das jüngste Parteienprojekt des Kreml macht unzweifelhaft die Handschrift *Surkows* deutlich. Im September 2006 wurde aus drei kleineren Parteiformationen, die allesamt auf frühere Umtriebe der Kremladministration fußen, eine neue Partei der Macht gegründet: *Gerechtes Russland (Sprawedliwaja Rossia)*. Sie ist im linkskonservativen Lager angesiedelt und tritt gewissermaßen die Nachfolge der früheren, aber nunmehr enthaupteten extremeren *Rodina* an. Als Gegenstück zur bisher einzigen Partei der Macht, *Edinaja Rossia*, die eher als rechtslastig, konservativ und wenig dynamisch eingestuft werden kann, soll sie das nationalistische und sozialistische Milieu ansprechen. Gelänge die gesellschaftliche Verankerung dieser neuen linken Partei, so wäre der Kreml ein gutes Stück weiter auf dem Weg zum ersehnten Ziel eines *Zwei-Parteien-Systems*[64]. Bereits gegen Ende der *Jelzin-Ära* kursierte ein solches Projekt. *Surkow* erklärte sodann auch in einem Interview, dass in Russland faktisch bereits ein Zwei-Parteiensystem bestehe, dass aber erst in seine endgültige Form gebracht werden müsse. Mit *Edinaja Rossia* wurde der erste Pfeiler aufgebaut. In der Wahl zur Staatsduma 2003 gewannen *Edinaja Rossia* und jene Gruppen, die sich der Partei später anschlossen, ca. 37 % der Listenplätze. Restliche 34 % der Listenstimmen entfielen auf die Liberalen, Kommunisten, auf die nationalistische und linke *Rodina* und die populistischen Liberaldemokraten unter *Schirinowski*. Da *Rodina* und die Kommunisten faktisch als gestaltende Kräfte ausfielen und das Feld nicht Extremen oder Populisten vom Schlage *Schirinowskis* überlassen werden konnte, war die Gründung eines zweiten Parteipfeilers, der die amorphe Linke ansprechen sollte, nur konsequent[65].

Der Zusammenschluss der drei Parteien, der kleinen und unbedeutenden *Partei des Lebens*, der *Partei der Pensionäre*, die immerhin auf der regionalen Ebene seit 1999 einige Erfolge verbuchen konnte, und vor allem die Einbindung der linksnationalistischen Partei *Rodina*, die in den letzten Dumawahlen mehr als acht Prozent erreichte,

---

[63] Ebenda.
[64] Interview von *Dmitri Medwedew* mit dem Magazin Expert am 05.04.2005. *Medwede*w: „The lack of any normal liberal right-wing ideology leads to surrogates and prejudices emerging. Our political elite is unstructured … A normal right-wing party is one of the pillars holding up the system. If there is no normal right-wing party, there won't be a centrist or a left-wing party either."
[65] Siehe dazu die Neue Züricher Zeitung vom 17.06.2006, http://www.nzz.ch/2006/08/17/al/articleEE2QS.html.

erlauben es dem Kreml, das politische Lager links der Mitte anzusprechen. Mit diesem Schachzug werden vier Probleme einer Lösung zugeführt:

1. Gegen die Kommunistische Partei, die KPRF, wird erneut eine starke Gegenpartei formiert, die den Kommunisten Stimmen abjagen soll. Anscheinend nimmt der Kreml an, und das haben die Wahlen seit 1999 gezeigt, dass die KPRF nicht mehr das linke Elektorat oder gar extreme Kräfte an sich zu binden vermag. Die neue Partei fungiert aber auch als eine Art Puffer gegen plötzliche Überraschungen, etwa soziale Krisen, politische Zufälle oder das plötzliche Aufwallen von extremen Positionen.

2. Die neue Partei soll faktisch als loyale und quasi-oppositionelle Macht das vakante Erbe von *Rodina* antreten. Die neue Linkspartei würde so zum zweiten Standbein eines Zwei-Parteien-Systems und soll die Auflösung der übrigen Organisationen in diesem Lager beschleunigen.

3. Mit der Konstruktion zweier loyaler Parteien kommt der Kreml seinem Ziel der Herrschaftssicherung einen bedeutenden Schritt näher. Eine Partei der Macht, getrennt in zwei Flügeln, aber vereint als politische Machtbasis des Kreml könnte so für die nächsten 10 bis 15 Jahre die politische Vorherrschaft in der Staatsduma und im Föderationsrat wechselseitig sichern.

4. Die vom Kreml im Zuge der „orangenen Revolution" und des Konfliktes mit Georgien inszenierten nationalistischen Kampagnen gegen Kaukasier haben Rassismus, Hass und Gewaltbereitschaft bei Jugendlichen wachgerufen. Diese Kampagnen nahmen zeitweise pogromähnliche Ausmaße an und drohten außer Kontrolle zu geraten. Durch nationalistische Parolen mobilisierte Jugendliche strömten in extreme Parteien und Organisationen. Zwar bedienten sich die kremltreuen Jugendverbände ähnlich extremer Rhetorik, sie vermochten aber diesem Trend nichts Adäquates entgegenzusetzen. Die Gründung von *Gerechtes Russland* ist ein Angebot des Kreml an nationalistische und sozialistisch motivierte Protestwähler. Die neue Partei hat unter ihrem Vorsitzenden *Sergej Mironow* diese Aufgabe nur bedingt lösen können.[66]. Zweifellos durchkreuzte der Präsident selbst solche Pläne als er sich für eine Kandidatur auf der Liste von *Edinaja Rossia* entschied. So ist das Wahlergebnis von 7,8 % nur ein bescheidener Achtungserfolg für *„Gerechtes Russland"*. Immerhin ist die Barriere der 7 % übersprungen worden. Ob „Gerechtes Russland" auch zukünftig einen Platz in der Kremlstrategie haben wird, ist derzeit nicht voraussagbar. Da

---

[66] *Sergeij Mironow* zählt zum Kreis der vertrauten *Putins* aus seiner Zeit in St. Petersburg. Weder als Vorsitzender der *Partei des Lebens* noch in der mit immenser Machtfülle ausgestatteten Rolle als Vorsitzender des Föderationsrates hat sich *Mironow* eindrucksvoll in Erinnerung gerufen. Er fungiert als verlängerter Arm des Kreml im Föderationsrat, sorgt dort für Disziplin und politische Mehrheiten. Eine ähnliche Funktion erfüllt sein Gegenpart auf Seiten der Staatsduma *Boris Gryslow*.

aber eine prinzipielle Überlegung zur Gründung dieser Partei führte[67], wäre es nicht ausgeschlossen, dass sie als Rückversicherung gegen die KPRF und die nationalistisch-populistische LDPR *Schirinowskis* beibehalten wird. Und als Konkurrentin zu *Edinaja Rossia* ist sie bestens geeignet etwaige Verselbständigungstendenzen dieser Partei einzudämmen.

Gegenüber *Edinaja Rossia* wurde eilfertig betont, dass die Schaffung der neuen Linkspartei keineswegs einen Richtungswechsel in der Politik des Kreml beinhalte. Der Kreml setze lediglich auf zwei Pferde. Dennoch sind Zweifel angebracht, ob das Projekt einer eigenständigen politischen Machtbasis, also Massenpartei, mit über einer Million Mitglieder so dauerhaft unter Kontrolle gehalten werden kann. Sicherlich, *Edinaja Rossia* ist eine domestizierte Partei der Macht, die sich prinzipiell als legislatives Ausführungsorgan des Kreml definiert, jedoch nicht als potentielle Konkurrentin bei der Besetzung von führenden Positionen im Machtapparat. Darüber hinaus entsprach diese Partei nicht dem Idealtyp einer programmatisch gefestigten, gesellschaftlich verankerten Kraft, sondern war eher ein Auffangbecken und Sprungbett für die Karrierehoffnungen von zukünftigen Staatsbeamten. Die 2002 vollzogene Fusion der ehemaligen Kremlpartei *Edinstwo/Einheit* mit der programmatisch auf Modernisierung des Landes fixierten Partei *Otetschestwo/Vaterland* (geführt vom Moskauer Oberbürgermeister *Juri Luschkow* und *Jewgenij Primakow*, dem ehemaligen Premierminister und Erzrivalen *Jelzins*), hatte nicht den Funken entfacht, um aus der alten bürokratischen Nomenklaturpartei eine neue politische und dynamische Kraft zu machen. Daran hat sich trotz ihrer Erfolge wenig geändert. Dumaabgeordnete, wie der liberale *Wladimir Ryschkow,* verspotten *Edinaja Rossia* denn auch als „*KPdSU light*". Nur verhalten nimmt die Partei ihre Rolle als gesellschaftliche Vermittlungsinstanz an. Sie gerät aber unter gesellschaftlichen Druck der sich formierenden zivilgesellschaftlichen Gruppen und zudem steht sie in der Konkurrenz zum „*Gerechten Russland*". Einige Gouverneure haben bereits ihre Mitgliedschaft in „*Gerechtes Russland*" verkündet. Dem beidseitigen Druck gesellschaftlicher Interessen einerseits wie politischer Überlebenserfordernisse andererseits kann sich selbst eine solche Nomenklaturpartei nicht entziehen: Sie muss sich, wenn sie überleben will, bewegen.

Nicht von der Hand zu weisen ist, dass die Kremlführung trotz ungebrochener Zustimmung der Bevölkerung sicher gehen wollte, die kommenden Dumawahlen mit überzeugenden Mehrheiten zu gewinnen. Weil erstmals nach dem Verhältniswahlrecht gewählt wird, bestand eine gewisse Nervosität bei allen Parteien. Denn würde

---

[67] Für die Gründung der zweiten loyalen pro-präsidialen Partei im linkszentristischen Lager sprachen noch folgende Überlegungen:
1. Das Wählerpotential von Edinaja Rossia wurde als bereits ausgeschöpft eingestuft;
2. Historische Beispiele, nicht zuletzt die Geschichte der Sowjetunion selbst, zeigten, dass monopolistische Einparteien-Systeme zur Instabilität neigen. Außerdem tendieren sie dazu, sich in kritischen Situationen der Kontrolle der Zentralgewalt zu entziehen. Sie werden zu Institutionen der Machtkonkurrenz.

Edinaja Rossia nicht als Partei angenommen, würden auch Direktmandate wegfallen. Aus diesen Erwägungen war die Schaffung eines zweiten Standbeins wahltaktisch sinnvoll. Außerdem kann sich die Konkurrenz zwischen den beiden propräsidialen Machtparteien nur belebend auf Aspekte des innerparteilichen Lebens, auf die Dialogfähigkeit der Parteikader und letztlich auf die ideologische Überzeugungsarbeit der Parteien zukünftig auswirken.

1.8 Die Perspektive nach 2008

*Surkow*s Ausführungen markieren einen dritten Wendepunkt in der Entwicklung des postsowjetischen Russland. Die Phase der Konsolidierung der Macht ist erfolgreich in der Präsidentschaft *Putins* abgeschlossen worden. Voraus ging die *Jelzin-Ära*, in der trotz andauernder Systemkrise die Überbleibsel des alten sowjetischen Regimes beseitigt und die Grundlagen, obwohl missgestaltet und nicht überlebensfähig, für eine eigenständige demokratische und marktwirtschaftliche Entwicklung gelegt wurden[68]. Eine zweite Etappe im russischen Entwicklungsweg leitete die erste Amtsperiode *Putins* ein. Alle Anstrengungen richteten sich darauf, die Deformationen im politischen und wirtschaftlichen Leben des Landes, die in der vorangegangenen Etappe vielleicht für das Überleben „historisch notwendig" waren, zu beseitigen und eine neue *Herrschaftssynthese zwischen Politik und Wirtschaft* zu begründen. Primäre Ziele waren die Wiederherstellung der Staatsautorität und die Sicherung der Handlungsfähigkeit des Staates. Dazu mussten Machtgruppen, die eine Dekade lang den Staat von außen her unter ihre Kontrolle gebracht hatten, geschwächt und entfernt werden. Das gelang. Oligarchie und regionale Machtgruppen wurden in die Hierarchie der zentralen Macht integriert. Das seit 2000 ungebrochen stürmische und nachhaltige wirtschaftliche Wachstum ermöglichte die Realisierung beider Ziele, schuf aber zugleich die materiellen Voraussetzungen für eine interessengeleitete Diskussion über den zukünftigen Entwicklungsweg des Landes. Dieser Diskurs wird nicht öffentlich geführt, jedoch sickern immer wieder, gewollt oder ungewollt, Bruchstücke von Konzeptionen in die Öffentlichkeit. Unverkennbar ist, dass sowohl der eingeschlagene politische Kurs der zweiten Amtsperiode *Putins* fortgesetzt als auch Konflikte bei der Machtübergabe 2008 um jeden Preis vermieden werden sollen. Letzterer Faktor mag auch den überzogenen Einsatz repressiver Mittel gegen Demonstrationen des *„Anderen Russland"* erklären.

Kommen wir nochmals auf *Surkow* zurück. Gemäß seiner Überzeugung sind in Russland die Grundlagen für die zukünftige Entwicklung Russlands gelegt. Das neue Russland müsse nun gestaltet werden. Dazu seien internationale Erfahrungen nützlich, da es angesichts der Globalisierung für Russland keinen Sonderweg geben kann. Jedoch müssen diese Erfahrungen in den Kontext der eigenen Geschichte, Kultur und Traditionen eingebettet werden. *Surkow* definiert sich faktisch als Mo-

---

[68] Für eine ausführliche Analyse siehe: *Piehl/ Schulze/ Timmermann*, (2005), S. 88 ff.

dernisierer und wendet sich gegen die Modernisierungsverweigerer, die er im Lager der Nationalisten, Populisten oder der alten stagnierenden kommunistischen Partei ausmacht. Die Liberalen alten Schlages zählen für ihn nicht, da sie mit den Stigmata der *Jelzin-Ära* behaftet sind. Er nimmt den Kampf gegen die euroasiatische Versuchung auf, die sich als neuer Mythos in den Köpfen der russischen Entscheidungseliten und Jugend aus Enttäuschung über die Haltung des Westens mehr und mehr durchzusetzen scheint. Der Europäischen Union und den USA wird eine antirussische Haltung unterstellt, die zum Ziel habe, Russland zu schwächen und zu isolieren.

*Surkow*s Gedanken können als Teil einer Gesamtstrategie der inneren Führungsgruppen im Kreml interpretiert werden. Zweifellos gibt es Nuancierungen und Kontroversen darüber, wie die formulierten Kernziele erreicht werden könnten, aber in der Sache besteht Konsens. Das schließt das gesamte politische Spektrum ein, inklusive Eurasier, Kommunisten und Liberale, wie sie in der Union der Rechten Kräfte versammelt sind. Sie unterscheiden sich allerdings in der Wahl der Mittel und in der Frage, welche Gesellschaftsordnung und was für ein politisches System angestrebt werden sollen.

Surkow liefert einen Bauplan für ein modernes, effektives, international konkurrenzfähiges, berechenbares und freies Russland *als Subjekt seiner eigenen Geschichte und Zukunft*[69]. Nur auf dieser Basis kann Russland Teil der europäischen Zivilisation werden. So gestaltet wird das Land auch keinen Sonderweg beschreiten, wie ihn euroasiatische Kräfte einfordern. Dessen ungeachtet kann sich Moskau weder Normen noch Ziele von außen aufoktroyieren lassen oder sich der Kritik externer Mächte beugen, wie sie zuweilen von der Europäischen Union oder dem Europarat herangetragen werden. Die Ausgestaltung seiner politischen Ordnung, seiner Werte und seines Gesellschaftssystems kann nur im Einklang mit der eigenen Kultur und Traditionen vorgenommen werden.

Das ist der Kerngedanke der „souveränen Demokratie", einer Beschreibungsformel sui generis für den erreichten und zukünftigen Entwicklungsgang des Landes entlang eines schmalen Grates von Isolationismus und Kooperation, unter Bewahrung politischer und soziokultureller Eigenständigkeit. Russland wird sich weder in einen extern bestimmten Integrationszwang einpassen, noch wird es fundamental von der europäischen Entwicklung in der Zukunft abweichen. Damit sind die Grenzen einer eurasischen Option aufgezeigt. Das politische Ziel, die Schaffung einer eigenständigen politischen Machtbasis, von gesellschaftlich verankerten Massenparteien, die mit ihrer Programmatik die ideologische Hegemonie dauerhaft gewährleisten, steht im Mittelpunkt. Hinzu kommt die Sorge um die Mobilisierung und Ausbildung der dazu benötigten Kader.

---

[69] Siehe dazu den Beitrag des russischen Außenministers *Sergeij Lawrow*, Russland und Deutschland in der heutigen Welt, in: Frankfurter Allgemeine Zeitung, 09.10.2006, S. 12.

Nun, angesichts der jüngsten russischen Vergangenheit mag solch ein Projekt überambitioniert erscheinen. Jedoch die Tatsache, dass es *Edinaja Rossia* innerhalb von sieben Jahren gelang, fast zwei Millionen Mitglieder zu rekrutieren, spricht eine deutliche Sprache, gleichwie ob es sich dabei hauptsächlich um Karrieristen und Opportunisten handelt, die sich darüber ein Fortkommen versprechen. Der Kreml wird diesen Weg konsequent weiter gehen, denn es ist der einzige, der letztlich auch das dornige Problem der Legitimation von Macht lösen kann. Die Parallelpartei *Gerechtes Russland* verfügt ungefähr über hunderttausend Mitglieder. Das Ziel, betrachten wir vergleichbare Szenarien im internationalen Kontext, ist so ungewöhnlich und absurd nicht. So regierte die Liberaldemokratische Partei fast 40 Jahre lang ohne Unterbrechung das Japan der Nachkriegszeit, und in Schweden dauerte die Regierungszeit der Sozialdemokraten von 1932 bis 1976. Auch sei an Deutschland der Nachkriegszeit erinnert. In einigen deutschen Ländern dominierten christdemokratische oder sozialdemokratische Parteiformationen allein oder in Koalition über Dekaden die politische Szene. Und für die nächsten vier Jahre, bis 2012, ist das erste Etappenziel erreicht worden.

Ergebnisse der Wahlen zur fünften Staatsduma vom 02.12.2007[70]

	2003	2007*
KPRF, Kommunistische Partei der RF	12.61 %	11,6 %
Agrarier	3.64 %	2,6 %
Gerechtes Russland, Sprawedliwaja Rossia.	–	7,8 %–
Einheitliches Russland, Edinaja Rossia	37.57 %	64,1 %
Union der Rechten Kräfte, SPS	3.97 %	1,0 %
Jabloko	4.30 %	1,6 %
LDPR, Liberal Demokratische Partei Russlands	11.45 %	8,2 %

*Angaben nach RIA Novosti, 03.12.2007, http://en.rian.ru/russia/20071203/90725333.html

Rückblickend ist es schon erstaunlich, dass sich in Russland trotz ablehnender Einstellungen der Gesellschaft zur Politik eine politische Kultur hat entfalten können. Trotz ihrer geringen Macht und trotz des noch geringeren Rückhalts von Parteien in der russischen Gesellschaft hat die Staatsduma das politische Leben, den Reformprozess mitgeprägt und dazu beigetragen, dass sich die Gesellschaft mit der postsowjetischen Ordnung arrangierte und letztlich auch identifizierte. Seither hat dieser Prozess mehrere Stadien durchlaufen. Trotzdem scheint evident, dass bislang nur die unfertigen, noch groben Konturen einer neuen politischen, wirtschaftlichen und nor-

---

[70] Es handelt sich um vorläufige Ergebnisse, die jedoch den Trend eindeutig bestätigen, aber von der zentralen Wahlkommission noch nicht bestätigt wurden.

mativen Ordnung sichtbar geworden sind. Diese Ordnung greift auf Erfahrungen, Vorlagen, Normen und Traditionen zurückliegender russischer Gesellschaftsformationen zurück und hat sie nach dem Systembruch mit demokratischen und marktwirtschaftlichen Elementen verwoben, die aus westlichen Gesellschaftsordnungen entlehnt wurden. Das neue Russland konnte weder von der überwundenen politischen Ordnung der Sowjetzeit abstrahieren noch einen bruchlosen Neuanfang beim gescheiterten Experiment von *Alexander Kerenskij* suchen, der 1917 den zaristischen Absolutismus durch eine konstitutionelle Monarchie retten wollte. Elemente beider Gesellschaftsformationen, der bolschewistischen wie der vorrevolutionär-zaristischen, verschmolzen im Gestaltungsprozess des neuen Russland. Die Synthese beider Formationen vollzieht sich als Konstitution einer *Gesellschaftsordnung eigenen Typs, die korporatistische und zentralistische Grundzüge mit demokratischen und zivilgesellschaftlichen Institutionen und Gesellschaftskräften vereint* [71] und daher ihre Bestimmung auch so schwierig macht. Zweifellos haben sich aufgrund der Vielzahl von Wahlgängen auf allen Ebenen der Föderation seit 1993 belastbare politische Institutionen, protorechtsstaatliche Verfahrensnormen sowie demokratische Grundeinstellungen in der Bevölkerung herausgebildet. Von einer entwickelten Demokratie westlichen, gar europäischen Typs, ist die postsowjetische Ordnung jedoch auch heute noch weit entfernt. Und dieser Typus wird auch nicht angestrebt.

Selbst nach fast fünfzehn Jahren Transformation überlebten Grundhaltungen und Einstellungen bei Teilen der Gesellschaft, die an ein Verhältnis von Untertan und Obrigkeit erinnern. Solche Einstellungen sind auf seltsame Weise in der *Jelzin-Ära* noch verstärkt worden. Bis heute, das belegen fast alle Umfragen, besteht ein fast atavistisches Misstrauen gegen Politik und Staat. Diese Haltung paart sich mit einer schier pathologischen Schicksalsergebenheit in die „herrschenden Verhältnisse", gegen die der Einzelne machtlos sei. Abgerundet wird dieses Bild von der als real wahrgenommenen Dichotomie zwischen unkontrollierter Herrschaft und (er)duldender Gesellschaft (wir und sie). Daraus resultieren Verhaltensweisen wie die Verweige-

---

[71] Daraus ergeben sich methodische und theoretische Probleme. Nämlich geeignete Kategorien zu bilden, die nicht nur Parallelen aus der Entwicklung westlicher Gesellschaften projizieren, sondern die immanente Entwicklungsdynamik, die Struktur und Zusammensetzung der postsowjetischen Herrschaftsgruppen, ihre Konsensträchtigkeit oder Konfliktbereitschaft sowie die Rolle und das Gewicht von Legitimationserfordernissen benennen können. Werden von außen entlehnte Kategorien appliziert, so bestätigen sie lediglich das Fehlen dessen, was wir aus dem Vergleich mit westlichen Demokratien kennen. Damit gewinnen wir aber nur ein begrenztes Verständnis für die inneren Abläufe und Kräfte der postsowjetischen Gesellschaftsformation. Leider verstellen solche Typisierungen, die ihre theoretischen Wurzeln aus westlichen Gesellschaftsformationen ableiten, wie etwa „defekte Demokratie", eher den Blick, weil sie eine imaginäre und historisch vorgegebene Stufenleiter von Entwicklung suggerieren und den Gesellschaften darauf einen Platz zuweisen. Hier ist Skepsis an den oft zu schematisch gebrauchten Erklärungsmustern der Transformationstheorien angebracht.

rung, aktiv an Politik und Gesellschaft teilzunehmen, die geringe Wertschätzung und sogar Ablehnung von Parteien usw.

Vermutlich rühren diese Einstellungen zur öffentlichen Sphäre der Politik von „Verletzungen" her, die durch den zaristischen Obrigkeitsstaat, durch die terroristisch-bolschewistische Herrschaft, den Systembruch und die Daseinsängste der nachfolgenden Transformation zugefügt wurden. Außerhalb der öffentlich-politischen Sphäre jedoch ist von Skepsis und Eingeschüchtertheit derselben Menschen und Bürger wenig zu spüren. Im Gegenteil, im Vergleich zur unbändigen Lebenslust, Kreativität und Individualität russischer Bürger, primär in den großen urbanen Ballungszentren, wirken westeuropäische Städte ziemlich blass.

Es ist offensichtlich, dass Tendenzen autoritärer Abkapselung, die seit der Präsidentschaft *Putin*s zunahmen, die Diskrepanz zwischen beiden Welten vergrößert haben. Allenthalben ist ein Rückzug in die Privatsphäre zu beklagen, wobei die Verantwortung für das öffentliche Wohl sozusagen an den Kreml „delegiert" wird. Die Gesellschaft scheint einem krassen Kult des Individuums zu huldigen, atomisiert sich und wirkt apolitisch. Dahinter verbirgt sich vermutlich auch eine Schutzhaltung, sich gegen etwaige Interventionen der zentralen Machtinstanzen zu immunisieren. Dass eine solche Haltung fatale Folgen zeitigt, scheint einleuchtend: Sie zerstört oppositionelle Initiativen und entzieht pluralistisch begründeten Parteien die Existenz. Und allem Anschein nach respektiert oder fördert der Staat diese Entwicklung sogar. Trotz der Gängelung der politischen Opposition und der Kontrolle der Medien blieb jedoch bislang die Privatsphäre der Bürger relativ unangetastet. ***Staat und Gesellschaft scheinen in Parallelwelten zu koexistieren***. Ist das der Kern eines neuen Gesellschaftsvertrages unter den Bedingungen der Konsolidierung und Stabilität des *Herrschaftssystems Putin*?

Bleibt nur zu hoffen, dass die eingeleiteten Prozesse zur gesellschaftlichen Differenzierung, zur Herausbildung von politischen Interessengruppen und Institutionen der Zivilgesellschaft im Verlauf solcher Entwicklung nicht vollends abgewürgt werden. Wenn wir den Worten und Vorstellungen *Surkows* folgen, sollte eher das Gegenteil eintreten. Nämlich, dass die wirtschaftspolitische Diversifizierung und Einbettung zukunftsträchtiger Sektoren in Weltmarktsabläufe zurückwirken und die autoritäre Außenhaut des Systems, das auch nach 2008 weiterbestehen wird, durchbrechen. Ähnliche, begrüßungswürdige Gedanken sind auch in einem Ansatz der Deutschen Bundesregierung zur Russlandpolitik niedergelegt worden[72].

Fragen also, ob sich in Russland eine pluralistische Demokratie entwickeln und etablieren kann, ob unter Umständen eines Tages die Präsidialherrschaft durch gestärkte parlamentarische Institutionen abgemildert wird, ob eine wirkliche Oppositionspar-

---

[72] *Frank-Walter Steinmeier*, Verflechtung und Integration. Eine neue Phase der Ostpolitik der EU, in: Internationale Politik, Nr. 3, März 2007.

tei einmal geduldet wird, ob Verbände und gesellschaftliche Organisationen sich herausbilden können, müssen einstweilen auf eine Antwort warten.

Ebenso spannend und offen bleibt die Klärung der Frage nach einem russischen Sonderweg, in dem korporatistische, basisdemokratische, pluralistische und autoritäre Elemente in der „souveränen" Demokratie[73] synthetisiert werden. Kann ein solcher Ansatz unter den Bedingungen der Globalisierung, die eigentlich auf offene Systeme abstellt, realisiert werden? Oder ist dieses Denk-Postulat nur ein Reflex auf die ins Stocken geratene und deformierte demokratische Umgestaltung in Russland?

Fragen nach der Rolle des Staates gegenüber Gesellschaft und Wirtschaft schließen auch Zweifel ein, ob sich die föderalen Elemente und Institutionen überhaupt noch unter den Bedingungen des seit 2001 eingeschlagenen Weges entfalten können. Jedoch wäre es voreilig, daraus den Schluss zu ziehen, dass die derzeitige Dominanz zentralistischer Tendenzen in der Politik unabwendbar autoritäre oder quasidiktatorische Entwicklungen befestigen würde. Die politische Entwicklung des Landes bleibt offen. Dies, weil zum einen das Land erst am Anfang seiner Integration in Weltmarktszusammenhänge steht und weil zum anderen daraus Impulse erwachsen, die innenpolitische Prozesse auslösen können und auf eine sozial nach Interessen differenzierte russische Gesellschaft treffen.

Dass es einen russischen Sonderweg geben wird, scheint eher vorstellbar, als dass Russland die Brüsseler Wertevorgaben akzeptiert. Jedoch, das ausschließliche Abdriften Moskaus in Richtung Eurasiens ist undenkbar und wäre ein radikaler Bruch mit der russischen Geschichte. Aber in welcher Gewichtung und Anordnung die Synthese von Demokratie, Korporatismus und Tradition zentraler Machtausübung am Ende erscheinen, ist heute nicht vorhersehbar. Ähnlich unmessbar ist, ob diese Synthese überhaupt dauerhafte, belastbare und effiziente politische Handlungssysteme hervorbringen kann, die sowohl über gesellschaftliche Legitimation verfügen als auch die Modernisierung des Landes im Einklang mit globalen Herausforderungen voranbringen können.

Erste Zweifel sind angebracht, wenn die Thesen von *Surkow* mit der Realität der gesellschaftlichen und politischen Verhältnisse konfrontiert werden. Denn die Synthese einer Führungsschicht aus der Erbmasse des Sowjetsystems mit den mobilisierten Schichten/Eliten der *Jelzin-Ära* schafft noch nicht die Funktions- und Machtelite, von der *Surkow* träumt. Bislang steckt das nahezu „*Webersche*" Projekt noch in den Kinderschuhen und die neuen Machtgruppen haben sich entweder noch nicht von den negativen Stigmata der vorausgehenden Periode emanzipiert oder den Prozess ihrer Transformation zu kompetenten und legitimierten Führungskader nicht abgeschlossen. Mit anderen Worten: Am Ende der zweiten Amtsperiode *Putins* muss als Fazit festgestellt werden, dass der Kreml bislang nicht in der Lage war oder es fehlte am politischen Willen, das Korruptionsgeflecht von käuflicher Staatsbürokratie und

---

[73] *Peter W. Schulze*, in: *Buhbe/Gorzka* (Hrsg.) 2007, S. 293 ff.

oligarchischen Interessengruppen einzudämmen. Nicht nur das die illegalen Praktiken der früheren Privatisierung unangetastet blieben, trotz der Kampagne gegen *Michail Chodorkowskij* und der Zerschlagung von *Jukos*. Das Geflecht funktioniert wie eh und je, nur in anderer Anordnung und unter anderer Regie. Schenkt man den Umfragen und Schätzungen des russischen Politologen und Analysten *Georgij Satarow* Glauben, so ist die Korruption nicht eingedämmt worden. Im Gegenteil, sie ist wegen oder trotz zentralistischer Tendenzen zum Krebsgeschwür angeschwollen, dass den Modernisierungskurs des Landes behindert, Vertrauen in den Staat und die Führung unterminiert und gesellschaftliche Einstellungen bei Bürgern und Herrschaftsgruppen produziert, die jeder Entwicklung von Rechtsstaat und Demokratie zuwiderlaufen. Wird dieser Tendenz nicht Einhalt geboten, so gerät der Staat früher oder später in die Notlage entweder zu kapitulieren oder mit massiver Gewalt gegen die Korruption vorzugehen.

Die von *Surkow* eingeklagte *nationale Bourgeoisie* ist noch nicht in Sicht. Im Gegenteil, auf dem Boden der Machtsymbiose von politischem Autoritarismus und neoliberaler Wirtschaftspolitik erfolgte die Verschmelzung von korrupter Staatsbürokratie, oligarchischen Interessengruppen und neuen administrativ-politischen Machtgruppen, den *Siloviki*. *Delyagin* spricht spöttisch von **„Epauletten Oligarchen"**[74]. Die neue Herrschaftsstruktur basiert auf einem *staatskapitalistischen Modul* innerhalb der Gesamtwirtschaft, dessen Kernbereiche in den Energie-, Rohstoff-, Edelmetall-, Rüstungs- und Transportbranchen liegen. Grundsätzlich ist gegen die staatliche Dominanz in einigen strategischen Wirtschaftsbranchen wie den benannten[75] wenig einzuwenden. Nahezu in allen Förderländern sind die Energiesektoren von Öl oder Gas verstaatlicht oder operieren unter staatlicher Teilnahme. Hieran wird auch die spätere Mitgliedschaft Russlands in der WTO wenig ändern. Trotz aller Versuche jedoch, eine staatskapitalistische Insel zu errichten, kann sich der Kreml auf Dauer nicht gegen globale Trends stellen. Denn Praktiken, diese Sektoren abzuschotten und Firmenaufkäufe zu verhindern, führen auch zu reziproken Reaktionen, wie am Beispiel der europäischen EADS oder eines britischen Energiekonzerns kürzlich anschaulich vor Augen geführt. Aufgeschreckt durch das aggressive Auftreten russischer und chinesischer Staatskonzerne, die versuchen, gesamte Produktions- und Vertriebsketten weltweit zusammenzukaufen, regt sich in den USA und der EU Widerstand. Es ist absehbar, dass stärkere Regulierungsmechanismen das Spiel der Marktkräfte in Zukunft stärker einschränken werden.

Unbestritten, in *Putins* Russland bildet die Synthese von oligarchischer und bürokratischer Macht das Rückgrat der neuen Herrschaftsstruktur. Aber die neuen Staatsmanager in den Staatskonzernen sind nicht Eigentümer, sondern vom Staat eingesetzte Vorstandsvorsitzende oder Mitglieder der Aufsichtsräte. Sie üben neben Leitungs-

---

[74] *Mikhail Delyagin*, From Purge to Consolidation, in: The Moscow Times, 05.03.2004, S. 7.
[75] Die russische Offerte der *Vneschtorgbank*, 10 % der Anteile an EADS zu übernehmen, wurde aus politischen Erwägungen abgewiesen.

funktionen auch Kontrollaufgaben und diese vielleicht maßgeblich aus. Zweifellos beziehen sie hohe Vergütungen und halten Aktienpakete, so dass sie von den Kursgewinnen der Aktien zusätzlich profitieren. Sie können jedoch jederzeit auf Beschluss des Präsidenten abgelöst oder umgesetzt werden. Und große Unterschiede zu den Einkommen amerikanischer oder europäischer Spitzenmanager sind kaum belegbar.

Dass sich die Grenze zwischen politischer Macht und neuer Oligarchie oder staatskapitalistischer Bürokratie, gleich, welchen Namen man für diese Herrschaftsschicht verwendet, tendenziell auflöst, ist schon wahrnehmbar. Dieser Prozess könnte in Zukunft, das hängt auch von der Integrations- und Führungsfähigkeit des neuen Präsidenten ab, von heftigen Konflikten zwischen und in den Herrschaftsfraktionen begleitet werden.

Nicht nur, dass ein verdeckter Prozess der Umverteilung gesellschaftlicher Güter in Gang gesetzt wurde. Die anfänglich so technokratischen und gegen Wertorientierung eingestellten Machteliten der neuen politischen Klasse legten sich mit wachsender Selbstsicherheit ein nationales Bewusstsein zu. Seit 2006 sind sie in „ein euphorisches Stadium extremer Selbstzufriedenheit"[76] hinübergeglitten, schreibt der politische Analyst *Andreij Piontkowski*. In diesem Zustand demonstrieren sie auch ihre „unconcealed hostility toward the West, and the United States in particular". Grund für die Euphorie waren das bittere Ende der „*Orangenen Revolution*" in der Ukraine und gleichermaßen die Aussichten auf eine lang anhaltende Periode hoher Weltmarktpreise für Energieträger. Statt einer effizienten, loyalen und ideologisch gefestigten Führungsklasse, wie sie *Surkow* vorschwebt, scheint sich eine Herrschaftsclique von 15 bis 20 Personen herausgeschält zu haben, die Russland nicht nur lenken, sondern den Reichtum des Landes auch unter sich aufteilen und somit faktisch das Land besitzen.

Die zweite Amtsperiode von *Wladimir Putin* entschied, wer zum inneren Machtzirkel zählt und wer als Anwärter für die Nachfolge im Amt des Präsidenten 2008 infrage kommen könnte. Die Entscheidung darüber fällt im inneren Zirkel der kollektiven Führung. Die Allmacht des Präsidenten bleibt, schenkt man den Beteuerungen *Putins* Glauben, auch nach 2008 erhalten. **Ein System kollektiver Führung ist geschaffen worden**. Zu diesem engeren Machtzirkel zählten gewiss *Sergeij Iwanow*[77] und *Dmitry Medwedew*[78], die offen als Kandidaten für die Nachfolge gehandelt wer-

---

[76] *Andreij Piontkovsky*, An Energized Assertiveness, in: The Moscow Times, 02.06.2006, S. 8.
[77] *Sergeij Iwanow* war langjährig als Verteidigungsminister tätig, wurde aber dieser Funktion entbunden und im Februar 2007 zum Ersten Stellvertretenden Premierminister ernannt. Aufgrund dieser Rochade, das Verteidigungsministerium fiel an den früheren Chef der Steuerpolizei, *Anatoli Eduardowitsch Serdyukow*, hielten sich hartnäckig Spekulationen, dass damit die Kandidatur *Iwanows* für die Nachfolge *Putins* aufgebessert werden sollte; siehe dazu FAZ, 17.02.2007, S. 6.
[78] *Medwedew* wurde zum Koordinator für die Implementierung der vier nationalen Projekte bestellt.

109

den. *Putin* hat sich umgehend nach den Wahlen zur Staatsduma für die Kandidatur *Dmitri Medwedews* für das Präsidentenamt ausgesprochen und damit Spekulationen über erbitterte Machtkämpfe hinter den Kremlmauern den Boden entzogen. Aber dazu sind sicherlich auch der seit Mai 2000 amtierende Chef des russischen Inlandsgeheimdienstes/*FSB*, *Nikolai Platonowitsch Patruschew*, wie persönlich Vertraute aus der Tätigkeit *Putins* in St. Petersburg zu rechnen, beispielsweise *Wladimir Jakunin*, der derzeitige Minister für das Eisenbahnwesen sowie die beiden Kampfgefährten aus alten Zeiten, *Igor Iwanowitsch Sechin* und *Viktor Petrowitsch Iwanow*. Dass zu diesem Kreis auch der Chef der Präsidialadministration, *Sergeij Semyonowitsch Sobyanin*, und dessen Stellvertreter, *Wladislaw Jurywitsch Surkow*, gehören, ist anzunehmen. Seit Frühjahr 2007 ist hierzu gewiss auch *Sergeij Naryshkin* zu zählen, der überraschend zum Vizepremierminister aufstieg und zusammen mit *Sergeij Iwanow* für Industriepolitik verantwortlich zeichnete. Zum erweiterten Machtkreis müssen daneben auch die Machtministerien, die „Siloviki", gerechnet werden, also die Ministerien für Inneres, für Justiz, für Katastrophen und auch das Außenministerium.

Die Lösung der Kaderfrage bleibt, darin muss man *Surkow* zustimmen, die Achillesferse für die zukünftige Entwicklung Russlands. Verdichten sich Indizien, dass das Gegenteil von dem eintreten wird, was *Surkow* in seinen zukunftsweisenden Überlegungen für das Wohlergehen des Landes und für die Sicherung der Herrschaft einfordert, so würde daraus ein erneuter Legitimations- und Realitätsverlust der Machteliten resultieren. Und Anzeichen für autoritäres Verhalten der Machtapparate gegen die Gesellschaft scheinen zuzunehmen, desgleichen Korruption und Manipulation. Hinweise für den Realitätsverlust der Machtelite zeigten sich bei der Sozialgesetzgebung und bei der völligen Fehleinschätzung der politischen Entwicklungen in der Ukraine sowie im Umgang mit anderen Staaten der GUS.

Aus einer solchen Sachlage könnten sowohl Stillstand und Handlungsunfähigkeit wie irrationale und überhebliche Praktiken entspringen. Da faktisch das politische System über nur schwache Korrektive verfügt, können auch kaum Kursänderungen angemahnt werden. Aus diesem Kontext leiten Demonstrationen und offene Proteste ihre Legitimation ab, weil in einer solchen Lage offenbar Lösungen nur über gesellschaftliche Konflikte erzwungen werden können. Das mag ein weiterer Grund dafür sein, warum die herrschende Machtelite ihren eigenen Parolen von der gewonnenen Stabilität im Lande nicht glaubt und deswegen so unverhältnismäßig und massiv gegen Demonstrationen vorgeht. Die Aus- oder Gleichschaltung der politischen Korrektive im Lande, also Opposition, konkurrierende Machteliten, Medien und zivilgesellschaftliche Gruppen belässt bislang eigentlich nur dem Präsidenten die Möglichkeit, in diesem zentralistisch zugeschnittenen System Kritik zu üben. *Putin* entsprach auch diesem Ritual in seinen jährlichen Botschaften an die Nation. Jedoch abgeschnitten von der Bevölkerung und abgeschirmt von der Realität des Landes durch die Informationspolitik der Bürokratie, wurde auch er letztlich zum Gefangenen der Machtgruppen des Kreml[79]. Konkret, das Modernisierungsprojekt nähert sich einem entscheidenden Punkt: Entweder wird der Kampf gegen die korrupte Staatsbürokratie eingeleitet oder das verselbständigte Handeln der Staatsapparate verschlimmert sich und untergräbt die Legitimation des Regimes.

2. Eine multipolare Weltordnung im Werden: Russlands Rückkehr als Machtfigur der europäischen und internationalen Politik[80]

2.1 Großmacht ohne Sendungsbewusstsein und ohne Sonderweg?

Putins Ausführungen auf der Münchener Sicherheitskonferenz[81] im Februar 2007 markieren einen Wendepunkt in der Innen- und Außenpolitik des postsowjetischen Russland. Sie kamen weder überraschend noch unvorbereitet[82]. Sie lassen obendrein erahnen, dass in der Rede der Anspruch mitschwang, die Machtkonstellationen im System der internationalen Politik neu zu gewichten. Denn aus Moskauer Sicht ist nicht nur die Ära des Kalten Krieges und der Systemkonkurrenz vorüber, Russland hat auch die Schwächperiode der 90er Jahre überwunden und sich als Akteur der internationalen Politik zurückgemeldet. Dies endlich dem Westen zur Kenntnis zu bringen, war Intention der unverblümten Botschaft *Putins*. Und sie kam an. Denn ein wesentlicher Grund für die gegenwärtigen Spannungen zwischen den USA und Europa einerseits und Russland andererseits liegt darin, dass beide Seiten nicht für immer in einem „Zustand der Schizophrenie" verbleiben und sich gegenseitig der strategischen Partnerschaft und anderer netter Dinge versichern konnten. Der Westen war schlechterdings weder auf ein wiedererstarktes Russland vorbereitet noch konnte und kann er es akzeptieren, dass, so *Lukyanow*, Moskau nicht mehr bereit ist, sich willenlos Lösungsmodellen zu unterwerfen, die gegen die eigenen Interessen gerichtet sind. Jedoch Moskau als gleichberechtigten Partner bei der Lösung von Problemen anzuerkennen, zu diesem Schritt war der Westen bislang nicht bereit.

Übereinstimmende Reaktion der Münchener Konferenzteilnehmer war, dass *Putin* im Namen einer wiederauferstandenen Weltmacht sprach, die nicht auf ihr geostra-

---

[79] Siehe dazu: *Gorzka/Schulze* (2004).
[80] Eine kürzere Fassung der hier vorgelegten Argumentation erschien in: *Peter W. Schulze*, Russlands Rückkehr als Machtfigur der europäischen und internationalen Politik, in: Internationale Politik und Gesellschaft, Berlin 3/2007, S. 114 ff.
[81] Siehe die englische Version der Rede des russischen Präsidenten in: http://president.kremlin.ru/eng/speeches/2007/02/10/0138_type82914type82917type84779_118135.shtml.
[82] *Fyodor Lukyanov*, On the Verge of a New Crisis, in: The Moscow Times 31.08.2007, S. 8.

tegisches Zerstörungspotential verwies wie noch in Sowjetzeiten, sondern ihre neue Macht von Energiereserven und der Kontrolle über Pipelines ableitet. In München wurde der transatlantischen Gemeinschaft vor Augen geführt, dass der erste Abschnitt des neuen Millenniums durchaus zur **russischen Dekade** werden könnte. Das **neue Russland definiert sich als Großmacht, zwar ohne Sendungsbewusstsein**, aber mit **handfesten Interessen**. Weil ideologische Postulate einem nüchternen und flexiblen Pragmatismus wichen, sind auf dieser Basis auch gemeinsame Aktionen, ja Allianzen mit aufstrebenden Mächten anderer wirtschaftlicher Wachstumsregionen möglich. Es könnte sich bald herausstellen, dass die US-geführte unipolare Weltordnung nur ein kurzes Zwischenspiel war und dass die BRIC-Staaten, also Brasilien, Russland, Indien und China, jener von der russischen Politik immer wieder beschworenen multipolaren Weltordnung zum Durchbruch verhelfen könnten.

Moskau hatte zwar nie seine Position als ebenbürtige Nuklearmacht zu den USA eingebüßt, vermochte aber gegen die US-amerikanische Fähigkeit nahezu unbegrenzter militärischer Machtprojektion wenig auszurichten. Datiert man den Beginn des Transformationsprozesses Russlands mit Perestroika und Glasnost unter *Gorbatschow* ab 1985, so befand sich das Land seither nahezu in einer *systemischen Dauerkrise*. Es war wirtschaftlich zu schwach, politisch zu instabil und durch innere Machtkämpfe zerrieben, um bis zum Beginn des Millenniums eine aktive Rolle in der Weltpolitik zu spielen. Die Lage hat sich nun grundlegend geändert, und westliche Annahmen, die teilweise noch die Schwäche Russlands aus den 90er reflektieren, müssen revidiert werden.

Bewertungsgrundlage für die seit 2000 überfällige Neujustierung von Positionen im internationalen System sind aus Moskauer Sicht mindestens sechs Entwicklungen, die weiter wirken und mit politischen und wirtschaftlichen Veränderungen in Russland in Beziehung gesetzt werden müssen.

1. Der US-amerikanische Versuch, mit militärischer Gewalt, ohne Berücksichtigung tieferer Konfliktlagen, dem Mittleren und Nahen Osten eine demokratische Rosskur im Rahmen der Konzeption des „Wider Middle East" zu verordnen, ist kläglich gescheitert. Die US-Politik schuf im Irak faktisch einen „failed state", der in Chaos und Terror versinkt. Dadurch wurde das Machtgleichgewicht in der Region nachhaltig gestört. Der Iran ist zur regionalen Führungsmacht aufgestiegen. Die Stellung der USA in der Golfregion wurde nachhaltig geschwächt, und das hat Rückwirkungen sowohl auf Europa als auch auf die arabischen Staaten und die Türkei. Derzeit steht die US-Politik vor einem schier unlösbaren Dilemma: Entweder Abzug, mit den unberechenbaren innenpolitischen Konsequenzen eines neuen *Vietnam-Syndroms,* oder Eskalation mit den möglichen Folgen der Destabilisierung der gesamten Region[83]. Und unabhängig, wie die Frage

---

[83] Befürworter eines Waffenganges gegen den Iran aus den neokonservativen Kreisen der Neuen Rechten in den USA, TV-Moderatoren, Verleger und Politikberater wie *Charles*

gelöst wird, bleiben die transatlantischen Beziehungen zwischen den USA und der Europäischen Union von Spannungen durchzogen, die sich auch auf die NATO auswirken können.

2. Die Europäische Union, die sich noch bis zum Frühjahr 2005 als geopolitischer Machtfaktor und als Ordnungsmacht für den osteuropäischen und postsowjetischen Raum wähnte, ist in eine tiefe Sinnkrise geraten[84]. Darüber kann auch die an den Tag gelegte Betriebsamkeit Brüssels mit dem Angebot der „Europäischen Nachbarschaftspolitik" und der sphinxschen Formel „vertiefter Partnerschaft" nicht hinwegtäuschen. Ihr Erweiterungserfolg wurde zum Pyrrhussieg für die innere Homogenität und Legitimation des politischen Projektes[85]. Die Gefahr der Renationalisierung der Außen- und Sicherheitspolitik einiger Mitgliedsländer ist, wie die Vorstöße Warschaus und Prags in der Debatte über die Raketenabwehr zeigen, ebenso real wie zersetzend für das Projekt der EVSP, der gemeinsamen Europäischen Verteidigungs- und Sicherheitspolitik. Setzt sich die polnische Politik einer Sonderbeziehung zu den USA durch, dann könnten daraus ernsthafte Folgen für die Kohärenz und Glaubwürdigkeit der NATO entstehen[86]. Denn Verteidigungsabkommen der USA mit einzelnen NATO-

---

Krauhammer, Norman *Podhoretz*, William *Kristol*, Michael *Goldfarb*, Barnett *Rubin* et. al., aber auch Analysten aus konservativen Denkfabriken wie dem American Enterprise Institute haben sich zu einer die Parteienszene übergreifenden Kriegspartei formiert. Sie fordern und erwarten einen Militärschlag noch vor dem Ende der Präsidentschaft *Bush*.

[84] Der belgische Ministerpräsident *Guy Verhofstadt*, in: FAZ, 02.12.2005, S. 7 spricht davon, dass Europa heute an der Wegscheide steht: Entweder gelingt der Aufbau eines politischen Europas auf einer gemeinschaftlichen oder föderalen Grundlage oder es werden sich andere Modelle entwickeln. Die EU ist keine homogene Gruppe mehr, daher wird wahrscheinlich nur eine Minderheit von Staaten, eine „Kerngruppe" bereit sein, den Weg des politischen Projektes weiterzugehen. Weil es ein Europa „à la carte" nicht geben kann, werden sich möglicherweise zwei europäische Räume herausbilden, die koexistieren:
➢ ein politischer Kern, eine „Art vereinigte Staaten von Europa" – der Euro-Raum
➢ ein Staatenbund, eine Art „Organisation europäischer Staaten".
Durch diese Konstruktion könnte der schwierige zeitliche Zwischenraum zwischen Beantragung der Mitgliedschaft und der tatsächlichen Aufnahme überwunden werden.

[85] *Tony Judt*, Alice in Euroland, Vor dem Gipfeltreffen von Nizza: Hohle Rhetorik, Arroganz und Illusionen gefährden die Zukunft Europas, in: ZEIT online-Politik-EUROPA „Der größte Fehler des europäischen Projekts ist seine politische Kälte und Blutleere. Die Bürger, also: die Wähler leben in historisch gewachsenen Gemeinschaften. Sie billigen die Entscheidungen ihrer politischen Eliten, wenn sie diese Eliten als Repräsentanten ihrer Interessen anerkennen. Wenn die Eliten das Gespür für das Gefühlsleben der Bürger verlieren, ziehen sich diese auf ihre – echten oder eingebildeten – regionalen oder nationalen Identitäten zurück".

[86] *Fyodor Lukjanow*, Herausgeber des angesehenen Journals *Russia in Global Affairs*, warnt dann auch die EU davor, sich von der Politik einiger neuer Mitgliedsländer gegen Russland instrumentalisieren zu lassen. Diese Länder hätten immer noch nicht die fundamenta-

Ländern würden in Europa unterschiedliche Zonen von Sicherheit entstehen lassen. Die Folgen für die Bündnissolidarität wären verheerend. Faktisch entstünden „Allianzen in der Allianz".

3. Überdies gilt für die EU, dass von außenpolitischer Dynamik und ausgreifender Verantwortung für den eurasischen Raum trotz grandioser Strategiepapiere, die für die deutsche Ratpräsidentschaft geschrieben wurden, kaum mehr gesprochen werden kann. Brüssel fällt auf das zurück, was es immer am besten konnte: Ankündigungspolitik. Zweifelhaft bleibt auch, ob der „Vertrag von Lissabon" vom Winter 2007 zur inneren Kohärenz der Mitgliedstaaten führen und endlich eine außen- und sicherheitspolitisch handlungsfähige Union bringen wird[87].

4. Mit anderen Worten, will die EU sich nicht erneut der hemisphärischen Führungsmacht USA unterwerfen, sondern für eine eigenständige Politik eintreten, so steuert sie auf ein Dilemma zu oder ist bereits darin gefangen, das wie folgt beschrieben werden kann: Die EU ist gehalten, weil sie aufgrund ihrer wirtschaftlichen, finanziellen und technologischen Möglichkeiten zum „global player" geworden ist, ihre Vorstellungen über den Zuschnitt und die Inhalte wie Ordnungsformen des internationalen Systems gegenüber den anderen Machtpolen zu vertreten. Dabei bleiben Konflikte mit den USA, mit Russland oder anderen aufstrebenden Weltmächten nicht aus. Die EU kann weder den Herausforderungen der internationalen Politik ausweichen noch diese aussitzen oder sich hinter der Fassade einer Sinnkrise des politischen Einigungsprojektes verbergen. Und zu hoffen, dass ihre internationalen Partnern/Konkurrenten Rücksicht auf den jeweiligen Zustand des europäischen Integrationsprozesses nehmen würden, ist das letzte, was die EU erwarten kann.

---

le und historisch einzigartige Konstellation des Kalten Krieges verstanden, polemisiert er, als der Westen nur <u>einen</u> Gegner, die Sowjetunion, hatte. Das Model der gemeinsamen Verteidigung gegen diesen einen Feind entspricht nicht mehr der realen Lage in der heutigen Zeit mit ihren multipolaren Tendenzen. Ein solcher Rückfall bringt auch keinen Sicherheitsgewinn, denn die heutige Bedrohung kommt nicht aus Spannungen und aus eventuellen Konflikten zwischen der EU oder den USA einerseits und Russlands anderseits, in: The Moscow Times, 07.03.2007, S. 9.

[87] Der Vertrag von Lissabon soll erst 2009 in Kraft treten und würde dann die EU in die Lage versetzen, den Stillstand, der seit Frühjahr 2005 durch die abträglichen Referenden in den Niederlanden und Frankreich eintrat, zu überwinden. Aber Euphorie ist angesichts auseinanderstrebender nationaler Interessen, die auch in einigen Mitgliedsländern verfassungsrechtliche Fragen berühren, kaum angesagt. Es bleibt nur zu hoffen, dass die positiven Elemente des Reformvertrages, wie etwa die Bündelung und klarere Fassung der außen- und sicherheitspolitischen Entscheidungskompetenz nicht noch an nachhakenden Einwänden scheitern könnten.

5. Die geschwächte EU-Position hat aber gravierende Auswirkungen auf den GUS-Raum, der vor wenigen Jahren noch zum Zankapfel zwischen zwei geopolitischen Machtblöcken, nämlich Russland und die EU, zu werden drohte. Die europäische Friedenspolitik, als Gegenstück zur militärischen Machtprojektion durch die USA, war an die Verheißung gekoppelt, den Ländern des osteuropäisch-eurasischen Raumes, der sich von der Ostsee bis zum Schwarzen Meer erstreckt und den Raum bis zum Kaspischen Meer einschließt, eine Beitrittschance zu öffnen. Die Ereignisse in der Ukraine machten jedoch deutlich, dass Brüssel diese Perspektive selbst für die osteuropäische Zwischenzone nicht mehr in Aussicht stellt. Auf diese Weise werden Reformkräfte in diesen Ländern geschwächt und alte oder neu sich formierende oligarchisch-autoritäre Strukturen gestärkt. Die Länder geraten zwischen die Mühlsteine der EU und Russland. Entweder werden sie zwangsläufig in Richtung Russland abgedrängt oder sie verharren in einer labilen Zwischenzone, sind sporadischen Interventionen von außen ausgesetzt und sind ohne eigene Kraft, diese Zone selbst von Konflikten frei zu halten und zu stabilisieren.[88] Auch die Rückkehr halbdespotischer Regime kann dann nicht mehr ausgeschlossen werden.

6. Welch Veränderungspotential die derzeit kaum als global player wahrgenommenen BRIC-Staaten, etwa Indien und Brasilien, in bestehende Machtkonstellationen einbringen werden und wie sich die verschiedenen Pole oder Machtzentren des neuen multipolaren Systems miteinander arrangieren, ist völlig ungewiss. Unklar bleibt derzeit auch, wie sich diese Entwicklung auf Konfliktregionen auswirken kann und welche Dynamik an regionalen Differenzierungen und Allianzen dadurch ausgelöst wird. Dass aber der Druck zur institutionellen Reorganisation der Vereinten Nationen, d.h. Revision ihrer anachronistischen Struktur, zunehmen wird, scheint ebenso unvermeidlich, wie die Dominanz westlichen Einflusses in internationalen Organisationen vermindert wird. Völlig ungeklärt bleibt zudem, ob nicht Tendenzen der Regionalisierung wie auch der Marginalisierung sich durchsetzen könnten, die zwar im Kontext multipolarer Konstellationen legitim erscheinen, aber nicht zwangsläufig zu einem Mehr an Verlässlichkeit, Berechenbarkeit und Sicherheit im Internationalen Staatensystem führen müssen.

Der wirtschaftliche Aufschwung und der zielorientierte Führungsstil des russischen Präsidenten *Putin*, aber auch günstige internationalpolitische Umstände, die durch den 11. September 2001 ausgelöst wurden, veränderten die Grundlagen der russischen Politik fundamental und qualitativ. Russland ist nicht mehr Objekt der internationalen Politik, sondern hat sich innenpolitisch gefestigt und schickt sich an, wieder zum Akteur auf der „Weltbühne" zu werden. Diese Position hat Moskau wirtschaft-

---

[88] Siehe dazu das Geleitwort von *Egon Bahr* in diesem Band.

lich bereits erreicht. Bedingt durch die ungebrochene Nachfrage nach Energie und Rohstoffen auf dem Weltmarkt erlangte Moskau ähnlich den OPEC-Staaten fast eine Monopolstellung als globaler Gasproduzent. Und legt man Prognosen für die Nachfrage wie den Verbrauch von Primärenergien zugrunde, so werden Russlands Energieressourcen dem Land für die kommenden Dekaden eine sehr komfortable Position in der globalen Ökonomie einräumen. Daraus erwächst der russischen Politik ein erhebliches Maß an Unabhängigkeit, Handlungsfreiheit und Flexibilität, die durchaus auch zur Unterfütterung von nationalen Interessen mit energiewirtschaftlichen Druckmitteln missbraucht werden kann. Spöttische Zungen sprechen dann auch davon, dass der Grad an Überheblichkeit russischer Entscheidungseliten von der Höhe der jeweilig auf dem Weltmarkt verlangten Preise für Energieträger abhängt. So wird nicht ausgeschlossen, dass die russischen Machteliten sich gegen normative Kritik aus Washington und Brüssel in eine Wagenburg zurückziehen und sich auf die Doktrin eines russischen Sonderweges versteifen, der Vorstellungen einer „*splendid Isolation*" zur Grundlage haben könnte[89].

Putin ließ übrigens solche Überlegungen in München anklingen und verkündete implizit einen Kurswechsel der russischen Politik. Nicht, dass seine Philippika gegen die USA einem plumpen Anti-Amerikanismus entspringen oder seine Vorhaltungen gegen den moralischen Zeigefinger aus Straßburg und Brüssel als Abwendung von Europa interpretiert werden sollen. Im Gegenteil. Sie demonstrieren, so paradox es den Anschein haben mag, Bereitschaft zur Kooperation. Aber **Zusammenarbeit unter Gleichen** oder wie ein früherer deutscher Bundeskanzler nicht müde wurde zu betonen: auf gleicher Augenhöhe. *Putin* signalisiert, dass die Periode der Schwäche und Ungewissheit der 90er Jahre, die in russischen Expertenkreisen als „verlorene Dekade" beklagt wird, endgültig vorbei ist. Russland werde sein außenpolitisches Hauptaugenmerk nicht mehr auf die Verteidigung des Status quo richten[90]. Die aktive Mitwirkung an der Lösung des iranischen Nuklearproblems, Initiativen im Nahen

---

[89] Solche Vorstellungen sind nicht nur bei Nationalisten und Eurasiern nachweisbar. So forderte der frühere Vizesprecher der russischen Staatsduma (1995–1999) und jetzige Präsident der Evrofinanz-Gruppe *Michail Yuryew*, unter dem vielsagenden Titel „Fortress Russia", in: Russia in Global Affairs, Nr. 3, Juli–September 2005 den Rückzug Russlands aus allen internationalen Organisationen und die Rückkehr zu einem autarken Wirtschaftssystem." **Let us remember that the ideological support of isolationism through the establishment of insurmountable civilizational barriers is solved not so much through the imposition of bans, but through devising new concepts.** The concept of a Fortress Russia, with its inherent revision of economic, social, foreign, and – if need be – internal policy, should stay in place over several decades to enable us to win another Cold War, or perhaps even a Hot War. After the threats are gone, it will be time to drop the concept or, at least, its version described herein."

[90] *Konstantin Kosachev*, Russian Foreign Policy Vertical, in: Russia in Global Affairs, August 2004. *Kosachew*, Vorsitzender des Komitees für Auswärtige Angelegenheiten der russischen Staatsduma, interpretiert daher auch die zahlreichen Konflikte Russlands mit der EU und den USA als Zeichen wachsender Stärke.

wie Mittleren Osten, die Wiederbelebung diplomatischer und vor allem wirtschaftlicher Verbindungen mit ehemaligen Verbündeten der früheren UdSSR, aber auch die Ablehnung des *Ahtisaari Planes* für den Kosovo[91] und die Wiederaufnahme von symbolträchtigen Demonstrationen militärischer Macht im Luftraum und an den Grenzen bestätigen ein Amalgam von Angeboten, versteckten Drohungen und Demonstrationen der Macht.

Als Ergebnis der beiden Amtsperioden *Wladimir Putin*s können wir festhalten, dass die Phasen der politischen Stabilisierung und der Konsolidierung einer neuen Machtelite erfolgreich abgeschlossen wurden. Der russische Staat hat seine Handlungsfähigkeit wiedererlangt. Das besagt noch nicht, dass der Kreml sie rational, effektiv und zielfördernd einsetzt, um die **Modernisierung des Landes**, als Hauptanliegen russischer Politik genannt, zielstrebig und umsichtig anzugehen. Aber wenigstens sind im Unterschied zu der vorausgegangenen Dekade mit den vier „nationalen Projekten" Prioritäten staatlichen Handels benannt worden. Zwar fehlen noch die Bereiche Infrastruktur und Industriepolitik, aber in einigen Branchen wie der Luftfahrt, der Rüstung und des Eisenbahn- und Transportwesens sind Restrukturierungen bereits erfolgreich eingeleitet worden. Die technologische Innovation der übrigen industriellen Branchen und die Suche nach Nischen auf dem Weltmarkt, die russische Produkte konkurrenzfähig besetzen könnten, wird wohl zur Hauptaufgabe des Nachfolgers im Präsidentenamt ab 2008 werden. Damit wird diese Aufgabe, die ja Teil des Modernisierungsprojektes ist, das mittlerweile unter dem Begriff *„Plan Putins"* gebündelt wurde, aber auch in den Aufgabenbereich des neuen Premierministers fallen, also voraussichtlich wieder *Putin* zugesprochen werden.

Freilich, das *System Putin* strahlt nur oberflächliche Sicherheit und Konsolidierung aus. Wirtschaftlich hängt es am Tropf hoher Staatseinnahmen, deren Quellen aber außerhalb der Kontroll- und Verfügungsgewalt des Kreml liegen. Hieraus folgt die immense Abhängigkeit und somit Verwundbarkeit der russischen Wirtschaft von Preisentwicklungen für Energieträger auf dem Weltmarkt. Aber diese Abhängigkeit macht eben die staatliche Kontrolle und Verfügungsgewalt über diese Ressourcen zur Grundvoraussetzung für die Stabilität und Handlungsfähigkeit des jetzigen Herrschaftssystems schlechthin. Dieser Nexus wird einerseits durch die Rezentralisierung von Macht und Staatsfunktionen sowie die Gleichschaltung der übrigen Verfassungsorgane und durch die Ausschaltung von Opposition und politischen Korrektiven andererseits noch verstärkt. Das Hinausdrängen ausländischer Investoren aus als strategisch definierten Wirtschaftszweigen, ja teilweise auch die Rücknahme von

---

[91] Seit Anfang 2006 bemühte sich der VN-Sondergesandte *Martti Ahtisaari* in Direktgesprächen zwischen Belgrad und Pristina um eine Einigung über den künftigen Status der seit 1999 unter VN-Verwaltung stehenden Provinz Kosovo. Die Mitglieder des Sicherheitsrates konnten sich jedoch bislang nicht auf eine Sicherheitsratsresolution auf Basis der Vorschläge von *Ahtisaari* einigen. Insbesondere Moskau lehnt den Plan ab, den Kosovo unter Kontrolle der Vereinten Nationen in die Unabhängigkeit zu entlassen.

Privatisierungen aus der rechtlosen *Jelzin-Ära* folgen also einer dezidierten Herrschaftslogik.

Und diese Logik widerspiegelt sich auch in der Außenpolitik. Die Erfolge in der Außenpolitik während der beiden Amtszeiten *Putins* sind beachtlich. Die Gefahren von politischer Isolierung und Marginalisierung des Landes, die realiter im Zuge der Kosovo-Krise 1999 gegeben waren, wurden durch die prononcierte Europapolitik *Putins* (seine Helsinki-Deklaration noch als Premierminister 1999) und durch den Beitritt zur Koalition gegen den internationalen Terror 2001 überwunden. Die russische Politik nutze ihre Chancen und vollbrachte eine schier unübertroffene Meisterleistung, nämlich aus einer Außenseiterposition heraus wieder zur *zentralen Spielfigur der internationalen Politik* zu werden. Daraus erwächst, wie der politische Analyst *Jewgenij Kiseljow* es formuliert, für die USA und Europa die bittere Wahrheit „that they have very limited opportunities to influence Russia today."[92]

Im Zuge dieser Entwicklung ist bei den Eliten des Landes ein neues Selbstbewusstsein entstanden. Es kann an den Zielen der Innen- und Außenpolitik abgelesen werden. „Russland wird so in die Zukunft schreiten, wie es das für nötig hält. Das Ziel ist offensichtlich: eine vollwertige und effektive Demokratie. Aber Russlands Weg dazu wird rein russisch sein", so der für normative und gesellschaftliche Fragen zuständige Stellvertretende Leiter der Kreml-Administration *Wladislaw Surkow*[93]. War nationales und patriotisches Gedankengut in den 90er Jahren eher ein Überbleibsel post-imperialer Phantomschmerzen der früheren Sowjetelite und der marginalisierten Verlierer des Umbruchs und der Reformprozesse, so entwickelte sich nun ein **russisches Nationalgefühl**. Dabei sind Einstellungen über Freund-Feindbilder relativ konstant geblieben, sowohl in den Köpfen der russischen Bevölkerung als auch seiner Eliten. Interessant sind dabei sowohl die zurückhaltende Einschätzung Chinas, trotz der immer wieder anklingenden eurasischen und asiatischen Dimension russischer Wirtschafts- und Außenpolitik. Dass Georgien in die Spitzenreiterliste der Feinde Russlands aufgestiegen ist, die vorher ausschließlich den baltischen Staaten Litauen und Lettland vorbehalten war, ist Resultat der Kampagnen seit 2006. Estland steht seit dem Streit über das Denkmal für gefallene Sowjetsoldaten aktuell an der Spitze der Feindesliste. Die Ukraine hat an Sympathien eingebüßt. Die USA haben seit den 90er Jahren stetig an Ansehen in den Augen der russischen Eliten, abgesehen von jener kleinen Gruppe eingefleischter Atlantiker, verloren. Polen, nicht verwunderlich, genoss nie die Anerkennung als ein Freund Russlands und ist 2007 ins obere Feld der Feinde Russlands aufgerückt. Deutschland hat sich bemerkenswert gut und stabil in der Einschätzung gehalten. Die übrigen Mitgliedsländer der Europäischen Union fallen in den Einschätzungen der russischen Bevölkerung überhaupt nicht ins Gewicht.

---

[92] *Yevgeny Kiselyov*, The Best Approach to Conflict Is to Plan Ahead, in: The Moscow Times, 30.05.2007, S. 9.
[93] *Siehe: Peter W. Schulze*, Souveräne Demokratie: in: *Buhbe/Gorzka* (Hrsg.), 2007, S. 293 ff.

Freunde und Feine Russlands, Mai 2007

Nennen Sie fünf Ländern, die man nahe Freunde, Verbündete Russlands nennen könnte.				Welche fünf Länder würden Sie ald die unfreundlichsten, feindseligsten in Bezug auf Russland bezeichnen?			
	2007	2006	2005		2007	2006	2005
Kasachstan	39%	33%	20%	Estland	60%	28%	32%
Belorus	38%	47%	46%	Georgien	46%	44%	38%
Deutschland	24%	22%	23%	Lettland	36%	46%	49%
China	19%	24%	12%	USA	35%	37%	23%
Armenien	15%	14%	9%	Litauen	32%	42%	42%
Indien	14%	15%	16%	Ukraine	23%	28%	5%
Ukraine	11%	10%	13%	Polen	20%	7%	4%
Frankreich	9%	8%	13%	Afghanistan	11%	12%	12%
Bulgarien	9%	10%	11%	Irak	8%	9%	10%
Turkmenistan	8%	2%	2%	Iran	7%	7%	6%
Italien	8%	7%	6%	Belorus	5%	2%	2%
Tadshikistan	7%	3%	3%	Aserbejdshan	4%	4%	5%
Kyrgyzstan	7%	7%	5%	Großbritannien	3%	5%	2%
USA	6%	5%	11%	Moldawa	3%	9%	2%
Usbekistan	6%	6%	4%	Israel	3%	4%	3%
Finnland	6%	6%	1%	China	3%	3%	4%
Aserbejdshan	5%	7%	5%	Japan	3%	4%	6%
Japan	5%	6%	4%	Deutschland	2%	2%	3%
Moldawa	4%	4%	2%	Tadshikistan	2%	3%	1%
Polen	3%	4%	5%	Rumänien	2%	2%	2%
Serbien	3%	4%	3%	Tschechien	2%	1%	1%
Türkei	3%	3%	2%	Armenien	2%	3%	4%
Australien	3%	1%	3%	Bulgarien	1%	1%	0%
Großbritannien	3%	4%	3%	Nordkorea	1%	0%	1%
Israel	3%	3%	5%	Turkmenistan	1%	1%	1%
Iran	3%	4%	2%	Türkei	1%	1%	1%
Nordkorea	2%	3%	3%	Südkorea	1%	0%	0%
Lettland	2%	1%	2%	Slowakei	1%	0%	0%
Slowakei	2%	2%	2%	Frankreich	1%	1%	0%
Ägypten	2%	1%	2%	Kasachstan	1%	2%	1%
Kanada	2%	2%	1%	Usbekistan	1%	2%	1%
Tschechien	2%	2%	2%	Ungarn	0%	1%	1%
Litauen	2%	1%	1%	Indien	0%	0%	0%
Schweden	2%	3%	3%	Kyrgyzstan	0%	1%	2%
Georgien	1%	3%	2%	Finnland	0%	1%	6%
Südkorea	1%	2%	1%	Australien	0%	0%	0%
Ungarn	1%	2%	3%	Ägypten	0%	0%	1%
Rumänien	1%	1%	0%	Kanada	0%	1%	1%
Irak	1%	2%	2%	Serbien	0%	1%	1%
Afghanistan	1%	1%	1%	Italien	0%	0%	1%
Syrien	1%	1%	1%	Schweden	0%	0%	0%
Estland	0%	1%	0%	Syrien	0%	0%	1%
Keine	10%	13%	10%	Keine	2%	4%	5%
Keine Antwort	18%	15%	14%	Keine Antwort	17%	19%	15%

Quelle: http://www.levada.ru./press/2007053003.html, 31.05.2007.

Eine *neue russische Identität*, die unter *Jelzin* noch gesucht und beschworen wurde, entstand. Und diese Identität wird von einer *de-ideologisierten* Machtelite in Politik und Wirtschaft getragen, die weder homogen ist, noch auf Militärs und Sicherheitskräfte reduziert werden kann, wie westliche Medien so gern schwadronieren[94]. In diesem Kontext wird immer wieder genüsslich unterstellt, dass *Putin* faktisch ein Zögling von *Juri Andropow* sei, der 15 Jahre lang Chef des KGB war, bevor er nach *Breschnews* Tod zum Generalsekretär der KPdSU gewählt wurde. Nun, auf jeden Fall ist der Zeitrahmen völlig unvergleichbar. *Andropow* war ganze 15 Monate Generalsekretär der KPdSU. *Wladimir Putin* hingegen war knapp ein Jahr lang Chef des Inlandgeheimdienstes FSB (Nachfolgeorganisation des KGB) und danach acht Jahre lang Präsident des postsowjetischen Russland. Vielleicht kann man sich darauf verständigen, dass die Idee einer prinzipiellen Erneuerung der damaligen Sowjetunion zuerst von *Michail Gorbatschow* aufgegriffen wurde, der aber an dieser Aufgabe tragisch scheiterte. Unter der Präsidentschaft *Putins* wurden hingegen wichtige Strukturreformen in Politik und Wirtschaft eingeleitet.

Gegen die These der allmächtigen „Siloviki" spricht, dass die Machteliten der *Putin-Ära* keinesfalls homogen sind. Wenn von denjenigen des neuen Millenniums gesprochen wird, dann sollten liebgewonnene Klischees beiseite gelegt werden. Denn es sind nicht mehr allein die Geheimdienstler, Militärs und persönlichen Freunde wie Personen des Vertrauens, die *Putin* nach Moskau folgten und den Nukleus einer neuen Machtstruktur formten. In den zurückliegenden acht Jahren wurden mehrere Zehntausend neue Entscheidungskader mobilisiert und in Herrschaftspositionen eingeführt. Ohne den Faktor zu hoch zu bewerten, allein die Mitgliederzahl in der rechtszentristischen Partei der Macht, *Edinaja Rossia,* wuchs auf fast zwei Millionen. Der linkszentristische Parteiarm des Kreml, *Gerechtes Russland*, verfügt mittlerweile über ca. hunderttausend Mitglieder. Dazu kommen noch zahlenmäßig starke Jugendorganisationen und die Schaffung wie Restrukturierung von Bildungsinstituten für die Eliteausbildung. Dazu zählen MGIMO, das Staatliche Moskauer Institut für Internationale Beziehungen, die Ausbildungsstätte für die Eliten aus Politik, Diplomatie und der Administration schlechthin. Hinzu kommen zahlreiche Neugründungen oder aus Fusionen entstandene Hochschulen wie die Höhere Schule für Wirt-

---

[94] Ausland – Politik - FAZ_NET- Russlands Geheimdienst Wir Sind Überall.html – Microsoft Word, von *Markus Wehner* 17.12.2006; *Wehner* bezieht sich auf die soziologische Untersuchung der Moskauer Soziologin *Olga Kryschtanowskaja*, die Biographien von gut tausend führenden Politikern Russlands untersucht hat und einen sehr hohen Anteil an ehemaligen Militärs und Geheimdienstlern in den Machteliten feststellte. Nur darf man bei einer solchen Untersuchung nicht den Fehler machen, zu unterstellen, der frühere KGB sei ein homogenes Gebilde gewesen und in diesem hätten ausnahmslos Spione und Schlapphüte gearbeitet. Wenn man die Rekrutierungsarbeit einmal objektiv werten würde, dann könnte man zu der erstaunlichen Feststellung kommen, dass es dem KGB gelang, fähige und agile Studenten der verschiedensten Berufsorientierungen zum Dienst zu überreden. Siehe auch den Bericht des FAZ-Korrespondenten *Michael Ludwig*, Die Neue Macht des Geheimdienstes, in: F.A.Z., 12.12.2006.

schaft, zahlreiche Privatakademien, die Sicherheitsakademien und die territorialen Bildungseinrichtungen für das gehobene und mittlere Kaderwesen in Gesamtrussland, die Dienstakademien. Trotz des autoritären Kurses in der Politik bedeutet eine Ausbildung im westlichen Ausland keinen Karriereknick. Im Gegenteil: Insbesondere die jungen Kader aus der Kremladministation und den Ministerien, ganz zu schweigen von wirtschaftlichen Führungskreisen, haben Abschnitte ihrer Ausbildung im Westen absolviert und schicken ihre Kinder bevorzugt auf amerikanische Eliteuniversitäten, englische Colleges und schweizerische Internate.

Die neuen Kader der Machteliten hängen keinen imperialen, großchauvinistischen Illusionen an. Sie wurzeln nicht rückwärtsgewandt in der sowjetischen Tradition. Im Gegenteil: Sie haben ihre sowjetischen Wurzeln abgestreift oder es sind in der Mehrzahl junge Kader, die erst in der Phase von Perestroika oder zu Beginn der *Jelzin-Ära* mobilisiert wurden. Ihnen war bisher jedwede Orientierung auf normative Festlegungen fremd. Den gnadenlosen Überlebenskampf in der *Jelzin-Ära* haben sie überlebt, weil sie rücksichtslos ihre Eigeninteressen durchkämpften. Ihnen ist jegliche Neigung, für gesellschaftliche Ziele und Werte einzutreten, verloren gegangen. Ihr weithin, auch international sichtbares Mäzenatentum, für Kultur, Sport und Wohlfahrt reichlich zu spenden, ist eher auf den Druck des Kreml zurückzuführen, als dass dahinter hehre Motive stehen. Sie zeichnet eher eine technokratisch-pragmatische Gesinnung, die Orientierung an Gewinn und individuellen Nutzen aus. Dennoch soll nicht verhehlt werden, dass bei jüngeren Kadern nationalistische, euroasiatische und anti-westliche Einstellungen in Mode gekommen sind. Das trifft auch für jene zu, die Phasen ihrer Ausbildung in den USA oder anderswo im Westen zubrachten. Es ist eine politische Protesthaltung, die sich gegen westliche Bevormundung und gegen die stetig wiederkehrenden stereotypen Anklagen richtet, dass Russland nicht demokratisch sei, in Tschetschenien gegen Menschenrechte verstoße und die demokratische Opposition unterdrücke.

Trotz innerer Heterogenität und widersprechender Interessen, was unweigerlich zu Auseinandersetzungen um die Verteilung von Privilegien und Macht führt, verbindet nicht nur die gemeinsame Frontstellung gegen den Westen. Der starke Herrschaftskonsens hat auch eine primäre innenpolitische Wurzel. Und hier zeigt sich ein gewisser Widerspruch. Denn trotz heterogener, widersprüchlicher und auf Eigeninteresse abgestellter Grundorientierung der neuen Herrschaftseliten begrenzt ein tief verankerter, das politische Herrschaftssystem tragender Konsens ihr Handeln. Loyalität zum Präsidenten war oberstes Gebot der ersten Amtszeit *Putins*. Das galt auch für ehemalige politische Gegner. Aus den erbitterten Feinden von 1999, der Partei *Edinstwo* und *Otetschestwo,* wurde die Partei der Macht *Edinaja Rossia* gezimmert. Voraussetzung war, dass sich die ehemaligen Gegner, wie *Juri Luschkow* und *Jewgenij Primakow,* in den Staub warfen und Loyalität schworen. Die andere Wurzel des Herrschaftskonsensus resultiert aus der Politik des Westens. Sie wird als Ausgrenzung und Versuch, Russland klein und schwach zu halten, wahrgenommen und demzufolge erscheint der Westen als Gegner. Dieser Blickwinkel führte zur Überzeugung, dass Russland sich nur selbst wieder auf die Beine stellen kann. Folglich schälte sich ein neues Selbstbewusstsein heraus. Es wuchs mit den wirtschaftlichen Erfolgen und wird rückhaltlos von allen Fraktionen der Machteliten, ja sogar von Teilen der demokratischen Opposition unterstützt.

Trotz ihres Lebensstils orientiert sich die neue Machtelite weniger an westlichen Vorgaben. Bedauerlicherweise muss festgestellt werden, dass mit zunehmender Ausprägung staatlicher Autorität und wachsenden Selbstwertgefühl der Machteliten die anfängliche Offenheit in der Politik verkümmerte, ja zurückgedrängt wurde. **Konservativ-autoritäre Züge** stellten sich ein, die mit patriotischen Floskeln überhöht wurden. Das System sucht nach Legitimation, nach vorzeigbaren, identifizierenden Symbolen. Dabei blieben eklektische Rückgriffe auf Symbole der Sowjetzeit und des Zarismus nicht aus. Und in diesem Ensemble hat die Orthodoxe Kirche wieder ihren angestammten und herrschaftsaffirmativen Platz eingenommen.

Wie Konflikte seit dem Irak-Krieg, aber auch die Auseinandersetzungen um die Erhöhung der Gaspreise 2006/7 mit der Ukraine belegen, scheut Moskau weder davor zurück, der hegemonialen Supermacht die Gefolgschaft zu verweigern noch eigene Wirtschaftsinteressen mit brachialer Gewalt durchzusetzen. Ohne Zurückhaltung werden nationale Interessen verfolgt, auch wenn dabei die Ratio und vor allem der sensible Umgang mit kleineren Mächten zu kurz kommen.

Noch eine Veränderung in der russischen Gesellschaft ist bemerkenswert. Die Bevölkerung und die heutigen Machteliten unterstützen mehrheitlich die politischen Ziele des Präsidenten, ein wirtschaftlich starkes, gesellschaftlich offenes und politisch stabiles, wenn möglich auch demokratisches Russland zu schaffen. Russland soll im internationalen Staatensystem die Vakanz wieder füllen, die mit dem Untergang der Sowjetunion eintrat, und als berechenbare Großmacht konstruktiv in der internationalen Staatengemeinschaft mitwirken. Doch oft scheint der feine Grat zwischen selbstbewusstem Auftreten in eigener Sache und Auswüchsen von unverfrorener Machtarroganz in den neuen und oft noch blutjungen Machteliten nicht ganz klar. Als Beispiel für den dröhnenden Ton der jungen international geschulten Machteliten kann eine Äußerung des Herausgebers von *Russia in Global Affairs* dienen. Im fast offiziös zu nennenden außen- und sicherheitspolitischen Journal, nahezu deckungsgleich zum amerikanischen Foreign Affairs gestaltet, polterte *Fyodor Lukyanov*, „It is not us that need the rest of the world, it is them that need us". Dass solche Einstellungen dann in Konfliktsituationen in blanke Erpressung umschlagen können, haben jüngste Beispiele im Umgang mit schwächeren GUS-Ländern illustriert[95]. Westliche Reaktionen blieben nicht aus, so dass *Gorbatschow*[96] mahnend vor einem schleichenden Hinübergleiten in Denkweisen des Kalten Krieges warnte.

Mit dem Beitritt zur Koalition gegen den internationalen Terror überwand der Kreml die drohende Marginalisierung, die seit dem Kosovo-Krieg ausbrach. Moskau ak-

---

[95] Zit. nach The Moscow Times, 04.05.2006, S. 4.
[96] Ebenda.

zeptierte damals noch die USA als Hegemon des internationalen Systems. Aber das Fernziel, die Wiedergewinnung eigener Weltmachtsgeltung, wurde nicht aufgegeben. Seit 2005 ist Moskau diesem Ziel näher gekommen. Dazu trugen die bereits genannten Faktoren bei, die eine Asymmetrie im internationalen System beschreiben. Einerseits bröckelt der US-amerikanische Führungsanspruch weltweit durch das Desaster im Irak. Zudem zeigten sich Risse in den transatlantischen Beziehungen, und die EU selbst stürzte über das Verfassungsdebakel in eine Sinnkrise. Russland hingegen schwimmt auf einer Welle neuer Weltgeltung als globale Energiemacht. Energie und Politik fließen immer in die gleiche Richtung. Mehr noch beim Gas als beim Öl. Das gilt für den Energiehunger der USA wie für die Energieexporte Russlands.

Zusammen versetzen jene drei Faktoren das Land in die Lage, die Revision der durch den Untergang der Sowjetunion ausgelösten *Anomalie im internationalen System* zu betreiben. Diese Anomalie hatte aus Moskauer Sicht zur temporären Ausprägung eines unipolaren Systems unter der Hegemonie der USA geführt.

Deshalb entspricht es der Logik internationaler Politik, dass Moskau, will es denn nicht der Juniorpartner der USA werden – eine Rolle, die übrigens im Kontext des Irakkrieges 2003 angeboten wurde – sich gegen die amerikanische Hegemonie und gegen unipolare Ordnungsvorstellungen stellen muss. Und in dieser Auseinandersetzung muss Moskau nach Bündnispartnern suchen. Das ist grundlegende Prämisse interessengeleiteter Realpolitik. Gegen den amerikanischen Hegemonieanspruch wird als amorphe Gegenfigur der multipolare Zuschnitt des internationalen Systems gehalten. Und Korrekturen des unipolaren Systems, seine Transformation oder Öffnung hin zu einer multipolaren Weltordnung, sind nach Moskauer Ansicht längst in Gang gesetzt worden. Sie implizieren keinen Rückfall in die Denkschablonen des Kalten Krieges[97] und des bipolaren Wettrüstens, vor allem fehlen die ideologischen Komponenten, aber das schließt „gewöhnliche" Auseinandersetzungen um Machtvorteile im internationalen System nicht aus[98]. „I don't understand why multipolarity must be perceived as a confrontational approach,"[99] unterstreicht denn auch der russische Außenminister *Sergeij Lawrow*.

Folglich tritt der Kreml in die Fußstapfen der früheren Sowjetpolitik und sucht Bündnisse zu reanimieren, die eine Dekade lang vergessen waren. Aber Moskau geht auch daran, geduldig und vorsichtig neue Bündniskonstellationen aufzubauen,

---

[97] In einem sarkastischen Beitrag „No Good-Old Days", in The Moscow Times, 19.02.2007, S. 10 warnt *Paul Kennedy* vor einem Rückfall in nostalgische Erinnerungen an den Kalten Krieg und die Bipolarität, in der alles so einfach, überschaubar war und die Grenzen der Konflikte eingehalten wurden.

[98] Der russische Außenminister kritisierte auf der Jahrestagung des *Council on Foreign and Defense Policy* in Moskau scharf die polarisierenden Folgen der amerikanischen Politik für die Lösung internationaler Konflikte. Er griff eine zentrale These der Münchener Rede *Putin*s auf, dass die amerikanische Politik sich überdehnt hätte und nun mit den Konsequenzen des Niedergangs konfrontiert sei. in: The Moscow Times 19.03.2007, S. 5.

[99] Ebenda.

die vor wenigen Jahren noch undenkbar schienen. Als Beispiel sei nur auf die **Shanghai Cooperation Organisation/SCO** hingewiesen, die so diffizile und komplizierte Staatengruppen umfasst wie Russland, China, die zentralasiatischen Staaten, die aber auch Indien, Pakistan und den Iran gewinnen will. Russlands Interesse an einem stabilen Umfeld im sogenannten *Nahen Ausland*, also der *Gemeinschaft Unabhängiger Staaten/GUS,* besteht zwar weiterhin, aber spätestens seit den Auseinandersetzungen mit der Europäischen Union über die Ukraine verfolgt der Kreml eher eine differenzierte und selektive Bündnispolitik, die stärker von Energie- und Rohstoffinteressen geleitet ist und hauptsächlich die zentralasiatischen Länder anspricht. Im Zuge dieser Neujustierung scheinen sich die Grenzen zwischen der Politik zum „Nahen Ausland" und der russischen Außenpolitik mehr und mehr zu verflüchtigen.

2.2 Trianguläre Außenpolitik und souveräne Demokratie

Rufen wir uns nochmals die Münchener Rede des russischen Präsidenten in Erinnerung und versuchen sie in das Raster der obigen Darstellung einzufügen.

Putin hat in München nicht den Kalten Krieg wiederbeleben, sondern seine westlichen Zuhörer darauf aufmerksam machen wollen, dass sich im internationalen Staatensystem fundamentale Machtverschiebungen ergeben haben, die keinesfalls abgeschlossen sind. Der Westen müsse sich dieser Realität stellen und sei diesmal aufgerufen, entsprechende Anpassungsschritte einzuleiten. Dagegen haben diese Veränderungen die Stellung Russlands in der internationalen Politik begünstigt. Denn das heutige Russland

1. hat die Periode der inneren Schwäche überwunden und ist in ein Stadium getreten, in der es nicht mehr um die Bewahrung des Status quo geht, sondern um die aktive Mitwirkung in internationalen Angelegenheiten,

2. hat eine *souveräne Demokratie* ausgeformt, die ihre Außenpolitik gemäß nationaler Interessen selbst bestimmt und auch nicht davor zurückscheut, ihre Wirtschaft- und Sicherheitsinteressen gegen den Widerstand des Westens zu verteidigen,

3. wird zwar **keinen Sonderweg** beschreiten, jedoch auf einen russischen Entwicklungspfad beharren, der in den Traditionen und in der Geschichte des Landes stärker wurzelt, als dass er Anleihen bei westlichen Vorbildern und Werten zu suchen gedenkt,

4. wird weder die Orientierung auf die Europäische Union und ihre Wertegemeinschaft aufgeben noch die Konfrontation mit den USA suchen.

Im Ergebnis bleibt für die russische Politik der Zustand der europäisch-russischen, aber auch der Beziehungen zu den USA weiterhin zentral. „In der russischen Außenpolitik genießt Europa besondere Priorität. In Europa konzentrieren sich unsere wichtigsten wirtschaftlichen und politischen Interessen. Eine erfolgreiche Entwicklung des Kontinents ist ohne eine enge Zusammenarbeit zwischen Russland und der Europäischen Union nicht möglich"[100].

Das schließt jedoch nicht aus, dass durch geplante Energieprojekte mit Ländern Asiens die „pazifisch-asiatische" Komponente in der russischen Außenwirtschafts-, Sicherheits- und Außenpolitik wachsen wird. Diese Option wird in der *triangulären Anlage* und Logik *der russischen Außenpolitik* ihre Zugkraft entfalten. Darunter muss die Westpolitik nicht leiden, aber interessenspezifisch vernetzt mit allen Punkten des Triangels, mit den USA, der Europäischen Union und einem amorphen Kranz asiatisch-pazifischer Staaten, insbesondere China, würde Moskau über eine unabhängige Rückfallposition verfügen, falls es zu Zerwürfnissen mit dem einen oder anderen westlichen Partner kommen sollte.

Russland schickt sich an, als Großmacht auf die politische Bühne zurückzukehren, und *kündigt damit gleichzeitig die bisherige Politik der Wahrung des Status quo auf*, die während der 90er Jahre aus einer Position der Schwäche heraus betrieben wurde. Betrachtet man die intensive Reisediplomatie des russischen Präsidenten und der Regierung, so hat es den Anschein, dass in der Tat an verblasste Traditionen und Einflusszonen des alten Sowjetimperiums angeknüpft wird. Das russische Interesse konzentriert sich nicht nur auf den asiatisch-pazifischen Raum oder auf Indien. Moskau bringt sich als politische Kraft und Wirtschaftsfaktor im Mittelmeerraum, in Südosteuropa, im Nahen und Mittleren Osten ein. Der Kreml schlug eine Ausgleichspolitik zwischen dem Iran und seinen arabischen Nachbarn in den Golfstaaten vor, unterzeichnete Technologie- und Energieabkommen mit Italien und Griechenland und pflegt gute Beziehungen zur Türkei. Russische Konzerne kooperieren und investieren in Südafrika, und Anfang Juni 2007 befand sich eine russische Wirtschaftsdelegation in Kairo, um in Ägypten die Voraussetzungen für die Errichtung einer russischen Wirtschaftszone und den Bau einer Gasverflüssigungsanlage zu erörtern[101]. Zur störungsfreien Exploration und Förderung der Gas- und Ölvorkommen in der Barentssee wurden im Juni 2007 mit Norwegen strittige Grenzfragen geklärt. Die milliardenschwere Beteiligung[102] des größten russischen Aluminiumkonzerns[103]

---

[100] *Sergei Iwanow*, Ein unfreundliches Signal, in: Süddeutsche Zeitung, 08.02.2007. „Die Stationierung der amerikanischen Raketenabwehr in Europa hat nicht nur eine militärische, sondern auch eine symbolische Bedeutung. 15 Jahre nach Ende des Kalten Krieges sollen offenbar Bedingungen geschaffen werden, in denen der Kontinent erneut nicht ohne amerikanischen Schutz und nur mit einer verstärkten Militärpräsenz der Amerikaner auskommt."
[101] The Moscow Times, 09.06.2007, S. 5.
[102] The Moscow Times, 11.05.2007, S. 1.
[103] Die faktische Übernahme des amerikanischen Konzerns *Glencore* im Herbst 2006 schuf den weltgrößten Aluminiumkonzern. Zusammen mit dem Oligarchen *Viktor Wekselberg* vom zweitgrößten russischen Aluminiumkonzern SUAL übernahm *Deripaskas* RUSAl die Mehrheitsanteile. Am neuen Konzern *United Company RusAl* hält *Deripaska* 66 % der Anteile, *Wekselbergs* SUAL 22 % und die Anteilseigner von *Glencore* 12 %.

am kanadischen Autoteilehersteller *Magna* unterstreicht nicht nur die globalen Geschäftsinteressen des Oligarchen *Oleg Deripaska*[104], der systematisch sein Geschäftsimperium abrundet. So kaufte er durch seine internationale Holding *Basic Elements* wenig später 30 Prozent der österreichischen *Strabag*[105] und eine Beteiligung an einem deutschen Baukonzern. Die externen Aktivitäten von quasi Staatskonzernen und von Unternehmen, die vom Staat als strategisch eingeschätzt werden, erfüllen mittelbar auch außenpolitische Funktionen. Im Gegenzug genießen sie die Unterstützung des russischen Staates, worunter auch Bevorzugungen bei der Arrondierung von Geschäftsinteressen in Russland fallen. Selbst der südamerikanische Kontinent rückte wieder in den Fokus der russischen Politik. Mit Venezuela wurden Kooperationsabkommen im Rüstungs- und Energiesektor abgeschlossen und zu Kuba wurden neue Beziehungen geknüpft. In Bolivien will Gazprom an der Gasexploration und der Errichtung eines Pipelinenetzes sich beteiligen. Russische Energie- und Rohstoffkonzerne kooperieren mittlerweile global, und die wirtschaftlichen Aktivitäten der halbstaatlichen *Gazprom* sind von außenpolitischen Interessen nicht immer zu unterscheiden. Das Schreckenswort eines *globalen Gas-Kartells* unter Führung Russlands geistert umher und entbehrt nicht realer Grundlagen, wenn die Annäherungspolitik an die arabischen Emirate, an den Iran und an Algerien ins Auge gefasst wird. Befürchtungen, Russland wolle mit diesen Ländern ein Kartell nach dem Vorbild der OPEC gründen, versuchte zwar Russlands Energieminister *Viktor Christenko* zu zerstreuen. Weil aber *Putin* diese Idee noch im Februar 2007 als interessant und überdenkenswert befand, sind die Ängste des Westens nicht wirklich vertrieben worden. Immerhin hatte *Putin* beschwichtigt: Russland, der Iran oder andere große Gasförderländer sollten kein Preiskartell bilden, aber doch ihre „Aktivitäten koordinieren".[106]

Mit anderen Worten, die Diversifizierung und ökonomische Interessenunterfütterung der russischen Außen- und Sicherheitspolitik ist im vollen Gange und wird ihre Rückwirkungen auf Europa, auf die USA und auf als strategisch definierte Regionen haben. Neben der asiatisch-pazifischen Option erscheint als zweiter Fokus der Mittlere Osten und der Schwarzmeer-Raum.

2.3 Die Debatte über die Raketenabwehr: Sicherheit für wen?

Es ist durchaus denkbar, dass sich Moskau in der Anlage seiner Politik schon darauf einrichtet, dass die USA ihre bedrängte Vormachtstellung im Gebiet zwischen dem Golf und dem Schwarzen Meer sukzessive räumen und sich auf wenige strategische

---

[104] Die Oligarchen *Deripaska* und *Roman Abramowitsch* gelten als enge Vertraute des russischen Präsidenten.
[105] The Moscow Times, 26.04.2007, S. 1.
[106] *Eckart Lohse*, in: Ausland- Politik- FAZ_NET-Münchner Sicherheitskonferenz Der Krieger und die Diplomatin.htm, 11.02.2007.

Punkte in und am Rande dieser Region zurückziehen werden. In diesem Falle erhalten amerikanische Pläne für ein Antiraketensystem die Funktion eines letzten Sicherungsinstruments, um sowohl gegen Eventualitäten in der Region gewappnet zu sein als auch um Europa in kommenden Auseinandersetzungen fester an die USA zu schmieden und gegebenenfalls zu verhindern, dass es zu einer erneuten Annäherung zwischen Kernstaaten Europas und Russland kommt, wie bereits im Vorfeld des Irakkrieges. Insofern, das hat *Lothar Rühl* in einem Beitrag der FAZ[107] treffend herausgearbeitet, hätte die vorgezogene Raketenabwehr nicht nur eine Unterstützungsfunktion für die in den USA basierten Abwehrsysteme. Sie hätte obendrein ein politisches Ziel, nämlich „eine politische Klammer im Osten des Bündnisgebietes zu setzen und die „neue Nato" zu verbinden"[108]. Sollten dann noch Georgien, die Ukraine und die Balkanstaaten Kroatien und Albanien in absehbarer Zeit in die NATO aufgenommen werden, darauf zielt die Politik Washingtons unbeirrt, so verfügte Washington in Europa und im nahen eurasischen Raum über eine „amerikanische Klientel" im Bündnis. Moskau ist zwar nicht in der Lage eine solche Politik zu verhindern, aber sie wird ohne gravierende Kontroversen mit Moskau kaum zu bewerkstelligen sein. Daher bleibt abzuwarten, ob Washington diese Politik in der *post-Bush-Ära* fortsetzt oder modifiziert. Dass sie aufgegeben wird, scheint unwahrscheinlich. Zwei Entwicklungsszenarien sind dabei denkbar. Erstens, die USA setzen diese Politik fort und verständigen sich mit Moskau. Oder zweitens, es kommt zu anhaltenden Konflikten mit Moskau und zur Destabilisierung der betroffenen Region zwischen der Ukraine und dem Kaspischen Meer. Bislang ist erkennbar, dass beide Großmächte an der Stabilität und Sicherheit dieses Raumes interessiert sind. Ein Bruch mit dieser Zielsetzung könnte schwere Folgen für die Sicherheit Europas auslösen und auf innenpolitische Auseinandersetzungen in europäischen Kernländern voll durchschlagen.

Akzeptieren wir für einen Moment die hypothetische Übereinstimmung der Interessen von den USA und Russland, so machten die Äußerungen *Putin*s in München ebenso Sinn wie die Entgegnungen des Pentagons. Beide Seiten spielten Sorgen herunter, es könne zu einer Neuauflage des Kalten Krieges und einer erneuten Spirale des Wettrüstens kommen[109]. Moskau reagierte auf die US-Pläne zur Stationierung von Kom-

---

[107] *Lothar Rühl*, Debatte im Kreislauf, in: FAZ, 27.06.2007, S. 10.
[108] Ebenda.
[109] Die Aufstockung des russischen Wehretats auf 189 Mrd. US Dollar für die nächste Dekade impliziert beileibe nicht den Auftakt zu einem Wettrüsten mit den USA. Weitaus höhere Summen, nahezu das Dreifache geben die USA Jahr für Jahr für Rüstungszwecke aus. In Russland sollen mit der Aufstockung des Wehretats gleichzeitig die Modernisierung der Nuklearstreitkräfte wie der konventionellen Waffengattungen bewerkstelligt werden. Neue Flugzeugträger, Radarstationen und ICBMs sollen entwickelt werden, um Russland in die Lage zu versetzen, auch „Kriege der Zukunft" führen zu können. Bis 2015 sollen 45 % der bestehenden Waffensysteme erneuert werden. Und zwischen 2007 und 2015 steht auch die komplette Erneuerung der geostrategischen Waffen, der ICBMs, an. Ähnlich äußerte sich Präsident *Putin* in seiner Ansprache an die Nation im April 2006 und vor

ponenten des Raketenabwehrsystems in Polen und der Tschechischen Republik wesentlich gelassener als bei der NATO-Osterweiterung, die in den 90er Jahren nahezu zum Casus belli hochstilisiert wurde[110]. Zwar könnte die Machtbalance in Europa gefährdet werden, und erneut habe sich die Doppelbödigkeit westlicher Versprechen gezeigt, aber die Abwehrsysteme seien letztlich nur „ein unfreundliches Signal", betonte der frühere russische Verteidigungsminister *Iwanow* in einem Beitrag in der *Süddeutschen Zeitung*[111]. Beides, die demonstrativ zur Schau gestellte Gelassenheit der politischen Führung, aber auch die militante Rhetorik der russischen Militärs, dürfen jedoch nicht über Befürchtungen Moskaus hinwegtäuschen, dass im Zuge der Stationierung des Abwehrsystems die **dritte Welle der NATO-Osterweiterung** vorbereitet wird. Sie zielt auf die Ukraine und auf Georgien. Eine einstimmig verabschiedete Resolution des amerikanischen Kongresses vom Frühjahr 2007, Georgien die Mitgliedschaft in der NATO zu gewähren, unterstreicht, dass auch ein demokratischer Präsident zukünftig kaum vom eingeschlagenen Kurs abweichen würde. Der Kongress sprach sich auch in der gleichen Resolution für die NATO-Mitgliedschaft der Ukraine, Moldawiens etc. aus.

Selbst wenn es nicht zu einer Neuauflage des Kalten Krieges kommen sollte, dazu fehlt schon die ideologische Begründung und in den russischen Rüstungsanstrengungen zeigt sich eher der Versuch, das Land notdürftig vor möglichen Bedrohungen zu schützen, so steht zu befürchten, dass die Stellvertreterkriege des bipolaren Systems in anderem Gewand und mit anderen Intentionen wieder aufflackern könnten. Als Krisenregionen dafür prädestiniert sind der Kaukasus, Zentralasien und der Mittlere wie Nahe Osten. Und dortige Konflikte haben ihre Wirkung auf Europa.

Die Planungen Washingtons im Rahmen der *Ballistic Missile Defense/BMD* in Polen und der Tschechischen Republik, möglicherweise sogar in Georgien[112], Komponenten des Raketenabwehrsystems aufzustellen, werden von Moskau zwar entschieden abgelehnt, aber der Kreml betont gleichzeitig, dass Russland sich nicht durch das Raketenabwehrsystem in seiner Abschreckungsfähigkeit bedroht sieht. Zur Konfliktvermeidung wurden von amerikanischer Seite, so der Verteidigungsminister *Robert Gates*, „Kommunikationsfehler" eingeräumt und Inspektionen der Raketenanlagen in Alaska angeboten. Aber in der Sache selbst blieb man hart[113].

---

höheren Rängen des Verteidigungsministeriums am 16. November 2006: „The period of patching holes and elementary survival is over," betonte er. Zit. nach: The Moscow Times, 17.11.2006, S. 3.

[110] Siehe dazu und über die westliche Russlandpolitik die hervorragende kleine Schrift von *Gernot Erler*, Global Monopoly. Weltpolitik nach dem Ende der Sowjetunion, Berlin 1998, S. 86 ff.

[111] In: Süddeutsche Zeitung, 08.02.2007.

[112] Ausland-Politik - FAZ_NET.–Raketenabwehr: Moskaus Furcht vor Georgien, 14.03.2007.

[113] Ausland – Politik - FAZ_NET- Sicherheitskonferenz Gates Keiner will einen neuen Kalten Krieg mit Russland.htm, 11.02.2007.

Die Pläne zu solchen Abwehrsystemen sind seit langem bekannt. Überlegungen zum Antiraketenprogramm Washingtons kursierten schon seit dem Prager NATO-Gipfel von 2002. In diesem Kontext macht auch die Weigerung der USA Sinn, nicht über eine modifizierte Verlängerung des ABM-Vertrages[114] zu verhandeln, der 2002 auslief.

Doch die europäischen NATO-Staaten zeigten, abgesehen von Polen, das damals schon eilfertig sein Einverständnis signalisierte, wenig Bereitschaft, sich am europäischen Standbein der *Anti Missile Defense* zu beteiligen. Auch der NATO-Gipfel 2006 von Riga brachte in dieser Frage wenig Bewegung. Parallel jedoch reiften diese Pläne losgelöst von der NATO im Pentagon weiter. Allem Anschein nach betreibt Washington erneut das schon im Irak-Krieg erprobte Manöver, nämlich das „alte" gegen ein „neues" Europa auszuspielen. Diesen Aspekt unterstrich auch der für die Raketenabwehr zuständige General *Henry Oberin*. Bei einem Berlin-Besuch 2007 bekräftigte er die Haltung Washingtons, auf keinen Fall die Aufstellung des Abwehrsystems von einer Entscheidung der NATO abhängig zu machen. „Wir fürchten, dass ein formaler Beschluss der Nato das Projekt verzögern wird", sagte *Obering*.[115] Dass, wie die amerikanische Außenministerin *Condoleezza Rice* verkündete, hingegen Moskau konsultiert wurde, ist glaubhaft, aber nicht entscheidend[116].

Nach Plänen des Pentagons und der eigens für die Raketenabwehr geschaffenen *Missile Defense Agency* sollen im polnischen *Koszalin* zehn silogestützte Abfangraketen stationiert und im tschechischen *Jince* eine X-Breitband Radarstation errichtet werden. Vermutlich, obwohl dementiert, laufen auch entsprechende Verhandlungen mit Georgien. Mit der Umsetzung soll schon 2008 begonnen werden, und spätestens 2012 sollen die Raketen einsatzbereit sein.

Es war die Münchener Rede *Putin*s, die eine öffentliche Debatte in Deutschland und in anderen NATO-Staaten auslöste. Als Folge dieser Rede wurden die üblichen Drohungen des russischen Generalstabes und des Verteidigungsministeriums laut. Als Antwort auf die Stationierung solcher Raketen vor der russischen Haustür würde der 1987 geschlossene INF-Vertrag über die völlige Vernichtung von Kurz- und Mittelstreckenraketen gekündigt[117]. Denn die Begründung Washingtons, die Antiraketenabwehr sei gegen mögliche iranische oder nordkoreanische ICBMs (Intercontinental Ballistic Missiles) gerichtet, widerspreche jeder militärischen Logik und sei daher nicht glaubhaft, argumentierten russische Militärexperten. Nordkoreanische

---

[114] Der Anti Ballistic Missile Vertrag war ein Übereinkommen zwischen den USA und der UdSSR zur Begrenzung von Raketenabwehrsystemen. Er war Ergebnis der SALT Verhandlungen und wurde 1972 abgeschlossen.

[115] Ausland – Politik - FAZ_NET Streit über Raketenschild: Washington: Kein Nato-Projekt, 15.03.2007.

[116] Frankfurter Allgemeine Zeitung, 22.02.2007, S. 3. Nach Verlautbarungen des amerikanischen Außenministeriums fanden allein seit März 2006 zehn Treffen zwischen ranghohen Regierungsmitgliedern beider Länder statt.

[117] Der Chef des russischen Generalstabes, General *Jury Baluyevsky*, zit.nach: The Moscow Times, 19.02.2007, S. 5.

Raketen vom Typ *Taepodong-2* müssten schon auf kuriose ballistische Flugbahnen gebracht werden, so der Spott russischer Militärs, und die iranischen Raketen vom Typ *Shahab-5* hätten bislang nicht die Reichweite, um europäische, geschweige denn amerikanische Zielgebiete zu erreichen.[118] Handlungsbedarf sehen russische Militärs erst in acht bis 15 Jahren.

In München wich *Putin* mit Ironie der Frage aus, ob sich Russland durch die Raketenabwehr bedroht fühlte, verneinte aber eine Gefährdung des eigenen geostrategischen Abschreckungspotenzials an ICBMs. Nichtsdestoweniger beharrte er darauf, dass die Heranführung solcher Waffensysteme, verbunden mit der amerikanischen Politik, Bodentruppen an den Außengrenzen der NATO und in Konfliktregionen zu stationieren, einen unfreundlichen Akt darstelle und das strategische Machtgleichgewicht in Europa tangiere[119].

Weil aber Russland seinen Weltmachtanspruch erst jüngst durch seine kolossalen Energieressourcen begründet, hingegen seinen Anspruch immer noch primär von der Gleichwertigkeit mit den USA bei den strategischen Nuklearwaffen ableitet, musste Moskau die Störung dieses Gleichgewichts als Reduzierung seines internationalen Status interpretieren. Verhandlungen über Begrenzung der nuklearen Rüstung waren schließlich jahrzehntelang ein exklusives Privileg der beiden Supermächte, der USA und der Sowjetunion. In diesem Kontext begann die Verletzung des russischen Selbstwertgefühls schon mit Washingtons einseitiger Aufkündigung des ABM-Vertrages 2002 und der anschließenden Weigerung, in Verhandlungen mit Moskau über die Zukunft der Nukleararsenale einzutreten. In München versprach *Putin* eine „asymmetrische" Antwort, die bezwecken sollte, die amerikanische Regierung nicht nur an den Verhandlungstisch zu bringen, sondern eine breite öffentliche Diskussion über Sinn und Ziele eines solchen Abwehrsystems in Europa zu eröffnen. Letzteres ist gelungen. Moskau hat aus der Defensive heraus die Raketenabwehr zum europäi-

---

[118] Siehe auch die Stellungnahme des damaligen russischen Verteidigungsministers *Sergeij Iwanow* während eines Staatsbesuches in Indien, in: The Moscow Times, 25.01.2007, S. 3. *Iwanow* unterstrich auf einer Pressekonferenz, dass iranische oder nordkoreanische Raketen Europa nicht erreichen könnten. „They don't and won't have intercontinental ballistic missiles". Daher bleibe die Frage unbeantwortet: „against whom is it directed?".

[119] Im Zusammenhang mit der Debatte über die Antiraketenabwehr wird auch anderen Abrüstungs- und Rüstungsbegrenzungsverträgen aus den 90er Jahren erneute Relevanz beigemessen. Russland droht nicht nur mit der Aufhebung des INF-Vertrages. Außenminister *Sergeij Lawrow* hat gewarnt, den von der Staatsduma 1999 ratifizierten Ergänzungsvertrag zum KSE/CFE, Conventional Forces in Europe (1990), zu verwerfen, da europäische NATO-Staaten seiner Ratifizierung bislang nicht nachgekommen seien. Letztere hätten ein unzulässiges Junktim zwischen den Abzug russischer Truppen und Basen aus Georgiern und Transnistrien konstruiert, das nie bestanden habe, so *Lawrow*, und Russland nicht akzeptiere. Außerdem habe der Rückzug aus Georgien begonnen und werde fristgerecht abgeschlossen, in: The Moscow Times, 19.02 2007, S. 5. Einer der letzten Akte der alten Staatsduma war die temporäre Aussetzung des KSE-Vertrages.

schen Sicherheitsthema gemacht. In den Medien des Westens und Russlands tobt ein ideologischer Krieg zwischen Befürwortern und Gegnern des Projektes[120].

Die russische Drohung, den INF-Vertrag aufzukündigen, muss sich nicht gegen Europa richten und somit auch nicht gegen die russischen Lieblingsfeinde Polen und Georgien, falls dort Komponenten der amerikanischen Raketenabwehr stationiert würden. Russland hat ein wesentlich gravierenderes Sicherheitsproblem an seinen Südgrenzen. Iranische Raketen mittlerer Reichweite träfen zwar nicht Berlin, aber Russlands Süden. So ist ein realpolitisches und zynisches Machtspiel zwischen den USA und Moskau hypothetisch durchaus denkbar. Unter dem Deckmantel öffentlicher Empörung gegen die amerikanischen Raketenabwehrpläne könnte Moskau den INF-Vertrag kassieren und entweder eine Nachfolgegeneration von SS-20 bauen oder aber die moderne Langstreckenrakete *Topol-M* auf Mittelstreckenfunktionen mit mehreren steuerbaren Sprengköpfen im Gegenzug umrüsten. Ihre Zielkoordinaten blieben unbekannt. Und damit wäre nicht nur die Pandora-Box der frühen 80er Jahre wieder geöffnet, auch die Aussichten auf eine Europäische Verteidigungs- und Sicherheitspolitik wären endgültig mit dem politischen Projekt Europa begraben.

Die Ankündigung des russischen Präsidenten anlässlich seiner jährlichen Ansprache[121] an die Föderationsversammlung vom 26.04.2007, den Vertrag über Konventionelle Streitkräfte in Europa/KSE temporär auszusetzen[122], bis alle NATO-Staaten den Vertrag unterschreiben, birgt nicht die Gefahr einer losbrechenden Rüstungsspirale, nährt aber Unsicherheiten in Europa. Moskau hat inzwischen seine Drohung wahr gemacht. Damit sind gravierende Sicherungs- und Stabilitätselemente der noch aus der Ära des Kalten Krieges stammenden Sicherheitsarchitektur für Europa nicht mehr funktionsfähig. Beispielsweise wurde das bisherige Verifikationssystem, nämlich internationale Inspektionen als ein wesentliches und Vertrauen schaffendes Element des Vertrages ohne Vorankündigung zuzulassen, beschädigt.

---

[120] So mutmaßt in einem Leitartikel *Wladimir Simonow*, Russland ist keine Zielscheibe für eine US-Schießbude, in: RIA Novosti vom 12.02.2007, dass die wirklichen Gründe für die amerikanische Raketenentscheidung mit den Niederlagen der US-Politik im Mittleren Osten und der Erosion des unipolaren Hegemonieanspruches zusammenhängen. Die USA brauchen ein neues Feindbild, um ihre Militärmaschine zu schmieren.
[121] http://president.kremlin.ru/eng/speeches/2007/04/26/1209_type70029_125494.shtml.
[122] RIA Novosti, 26.4.2007.

Zweifellos, selbst der angepasste Vertrag[123] von 1999 (AKSE) wurde erstens bislang nicht von den NATO-Staaten ratifiziert, ist zweitens in der Substanz überholt und lädt drittens zu Missinterpretationen ein, da ein sehr problematisches, nachgeschobenes Junktim die Ratifizierung durch die NATO-Staaten von der Räumung der russischen Militärstützpunkte in Georgien und Transnistrien abhängig macht. Russland hatte den Vertrag ratifiziert und will bis 2008 den Abzug der Militärbasen aus Georgien sicherstellen. Geschickt drehte der russische Präsident in seiner Botschaft vom 26. April 2007 das Junktim gegen die NATO. Die russischen Vorleistungen seien nicht honoriert worden. „New NATO members such as Slovenia and the Baltic states, despite the preliminary agreements reached with NATO, have not signed the Conventional Forces in Europe Treaty at all. This creates a real threat and an unpredictable situation for Russia. In this context, I believe that the right course of action is for Russia to declare a moratorium on its observance of this treaty until such time as all NATO members without exception ratify it and start strictly observing its provisions, as Russia has been doing so far on a unilateral basis". Sollte es auch dann nicht zu einer Einigung kommen, wird Russland seine Verpflichtungen im Rahmen des KSE-Vertrages „überdenken". Weil die Dimension der Raketenabwehr die Dimension der russisch-amerikanischen Beziehungen[124] überschreite, schlug *Putin* vor, Verhandlungen im dafür geeigneten NATO-Russland-Rat stattfinden zulassen, oder aber die mit der Raketenabwehr aufgeworfenen Probleme im Rahmen der OSZE zu behandeln, da alle europäischen Staaten davon betroffen seien. Und süffisant fügt er hinzu, ein solcher Schritt würde der OSZE endlich eine wirkliche Aufgabe stellen, „rather than just hunting for fleas in the post-Soviet area"[125].

---

[123] Der ursprüngliche Vertrag über Konventionelle Streitkräfte in Europa war der letzte Abrüstungs- bzw. Rüstungsbegrenzungsvertrag des bipolaren Systems. Er wurde ein Jahr vor dem Untergang der Sowjetunion am 19.11.1990 von den Regierungen der NATO und der Warschauer-Paktstaaten geschlossen und trat am 9.11.1992 endgültig in Kraft. Auf der Istanbuler Tagung vom 19.11.1999 wurden die im ursprünglichen KSE-Vertrag festgelegten militärischen Obergrenzen für konventionelle Streitkräfte den veränderten Bedingungen, die mit dem Untergang der UdSSR entstanden waren, angepasst. Gleichzeitig konstruierten die NATO-Staaten ein Junktim: Die Ratifizierung des angepassten KSE-Vertrages/AKSE wurde an die Bedingung geknüpft, dass Moskau seine Militärbasen aus Transnistrien und Georgien abziehen sollte.

[124] Dem amerikanischen Verteidigungsminister *Robert Gates* gelang es bei seinem Moskau Besuch im April 2007 nicht, die russischen Bedenken gegen die Raketenabwehr auszuräumen. Der russische Verteidigungsminister *Anatoli Serdjukow*, der erst kürzlich den zum Ersten Stellvertretenden Premierminister avancierten *Sergeij Ivanow* abgelöst hatte, bekräftigte erneut die ablehnende Haltung Moskaus und kritisierte, dass die Aufstellung eines solchen Systems an der russischen Grenze destabilisierende Folgen in Europa zeitigen könnte. Der russische Generalstabschef *Juri Balujewski* stellte jedenfalls trotz schärfster Kritik, die er auch bei seinem Besuch im NATO-Hauptquartier in Brüssel am 10. Mai 2007 vorbrachte, immerhin noch eine Verhandlungslösung in Aussicht; Siehe: Ausland – Politik - FAZ_NET-Streit über Raketenabwehr Nato rätselt Was will Putin.htm. 27.04.2007.

[125] http://president.kremlin.ru/eng/speeches/2007/04/26/1209_type70029_125494.shtml.

Speziell die Nennung der OSZE als geeignetes Gremium für die Debatte über die Raketenabwehr entbehrt nicht einer beeindruckenden und maliziösen Weitsichtigkeit. Wie in der KSE-Frage scheint Moskau auch hier den Spieß umzudrehen. Statt Verhandlungen, abgeschirmt von der Öffentlichkeit, strebt *Putin* den offenen Dialog über das Raketenabwehrsystem an. Denn sowohl im NATO-Russland-Rat als auch in direkten Gesprächen mit den USA würde Moskau auf verlorenem Posten stehen und hätte, angesichts der negativen Grundeinstellung von großen Teilen der westlichen Medien, größte Schwierigkeiten, seine Argumente vorzubringen[126].

Hinter der russischen Polemik lassen sich zwei Motive erkennen: Erstens, lehnten die USA es ab, der Debatte eine europäische Dimension zu geben, so gerieten sie in Verdacht, die Sicherheit in Europa zu spalten. Das könnte anti-amerikanischen Tendenzen weiteren Auftrieb geben. Zweitens, akzeptierten die USA den russischen Vorschlag, die OSZE oder den NATO-Russland-Rat als Gremium für die Debatte zu nutzen, so wäre es bis zum nächsten Schritt, der militärtechnischen Einbeziehung Russlands in ein Raketenabwehrsystem, nicht mehr weit. Im Sinne einer engmaschigen Raketenabwehr für Gesamteuropa, die gänzlich andere Bedrohungen abwehren müsste als etwa das amerikanische ABM-System in Alaska, wäre sowohl die Einbeziehung Russlands als auch anderer Staaten Europas und des euroasiatischen Raumes zweckmäßig. Damit wäre auch dem unheilvollen Prozess der Aushebelung des noch in der Spätphase des bipolaren Systems geschaffenen Stabilitätsregimes in Europa, das ja auf den Verträgen KSE und INF ruht, Einhalt geboten[127]. Erstmals würde dann europäische Sicherheit wieder, anknüpfend an die kurze und euphorische Phase der Wendezeit von 1987 bis 1992, als europäische Gemeinschaftsaufgabe bekundet und an die Stelle der überholungsbedürftigen Verträge aus der Ära des Kalten Krieges könnten Wege auf eine gesamteuropäische Friedensordnung angetreten werden. Jüngste Äußerungen des Pentagon, Russland in das Raketenabwehrsystem durch Beobachter in den polnischen und tschechischen Teilkomponenten einzubeziehen, oder gar mit Moskau gemeinsam ein solches System zu errichten, wurden zwar von Moskau als unzureichend abgelehnt, aber sie lassen Raum für Hoffnungen, das auch in Washington die Zeichen erkannt wurden, dass nur der Ansatz zur gemeinsamen Abwehr und Verteidigung Sinn macht. Erstmalig könnte der NATO-Russland-Rat in dieser sensiblen Frage eine wirklich gestaltende Rolle übernehmen.

---

[126] Genau das trat in der Sitzung der NATO-Russland-Rates vom April 2007 ein, in der der russische Außenminister *Sergeij Lawrow* pikanterweise einen Dialog über Bedrohungen Europas forderte, die es gelte gemeinsam abzuwehren, in: Ausland – Politik- FAZ_NET-NATO-Russland-Rat Moskaus neuer rauer Ton.htm, 28.4.2007.

[127] Siehe auch die Initiative der beiden Außenminister Frankreichs und Deutschlands zur Bewahrung des KSE-Vertrages; *Bernard Kouchner, Frank-Walter Steinmeier,* Europa und seine Sicherheit, in: FAZ, 29.10.2007, S. 10.

2.4 Weder Kalter Krieg noch strategische Partnerschaft: das Werben um Europa

Zur großen Überraschung der amerikanischen Regierung, aber durchaus die Linie der Argumentation fortsetzend, kam dann auch vom russischen Präsidenten während des G-8 Gipfels in Heiligendamm der Vorschlag, die für das Abwehrsystem erforderlichen Radarkomponenten entweder seegestützt auf Plattformen zu stationieren oder diese beim NATO-Partner Türkei[128] aufzustellen. *Putin* ging während einer Pressekonferenz noch einen Schritt weiter: Er bot die Nutzung der leistungsstarken russischen Radarstation *Gabala* im Süden Aserbaidschans an[129]. Das russische Großradar von *Gabala* kann den gesamten Raum bis Indien und Westchina erfassen. Der aserbaidschanische Präsident signalisierte sogleich seine Zustimmung, dass Verhandlungen über die Nutzung beginnen könnten. Washington, so *Putins* Vorschlag, solle das Angebot überdenken und nicht übereilte Entscheidungen treffen, denn in den nächsten Jahren drohe keine Gefahr aus diesem Raum. „We will not be late because Iran does not have these rockets. If Iran starts working on them we will know about it in good time, and if we do not, we will see the first test-launch"[130].

Der russische Vorschlag bringt Washington in ein arges Dilemma und stieß natürlich in Polen, der Tschechischen Republik und in Georgien auf heftige Gegenwehr. Die *Bush-Regierung* war zu einer halbwegs positiven Stellungnahme gezwungen anderenfalls hätte sie indirekt die Kritik Moskaus bestätigt, dass sich das geplante Raketenabwehrsystem eben nicht nur gegen mögliche Bedrohungen aus dem Mittleren Osten richtet, sondern auch gegen Russland. Spontane Äußerungen des Generalsekretärs der NATO *de Hoop Scheffer* und des Pentagons ließen erkennen, dass die amerikanische Seite nach einem „technischen" Ausweg aus dem Dilemma sucht. So wurden umgehend Leistung und Genauigkeit des russischen Radars ebenso bezweifelt wie dessen Vereinbarkeit mit amerikanischen Standards. Washington wird sich nur mit Mühe, wenn überhaupt, zu einem Kompromiss, also zu einer additiven Lösung, durchringen. Es wird kaum von seinen Plänen abrücken. Möglich wäre, dass das russische Angebot zweitrangig integriert wird. Diese Befürchtung äußerte auch der Vorsitzende des Auswärtigen Ausschusses der russischen Staatsduma *Konstantin Kosachyow* gegenüber RIA Novosti. Bei seinem Besuch in Moskau am 26. Juni 2007, der allerdings weder im Rahmen von Feierlichkeiten zum zehnjährigen Bestehen der *NATO-Russland-Grundakte* von 1997 stattfand noch auf fünf Jahre NATO-Russland-Rat zurückblickte, bestätigte *Jaap de Hoop Scheffer*, dass es in den drei kri-

---

[128] The Moscow Times, 08.06.2007, S. 1. Falls die USA diesen Vorschlag akzeptieren könnten, würde sich die Aufstellung von offensiven Militärstrukturen entlang der Grenze mit Europa erübrigen, führte *Putin* aus. Die russische Mitwirkung am Abwehrsystem hänge davon ab, ob der Zugang für alle Partner gleich und die Entwicklung des Systems transparent sei.
[129] The Moscow Times, 09.06.2007, S. 1.
[130] Ebenda.

tischen Streitpunkten Kosovo, KSE und Raketenabwehr zu keinem Durchbruch in den Verhandlungen gekommen sei[131]. Es ist zu befürchten, dass auch zukünftig diese Konfliktpunkte für Auseinandersetzungen sorgen werden.

In zweierlei Hinsicht hat Moskau bereits ein Etappenziel erreicht. Erstens ist in Europa, in den Staaten der NATO und der EU eine öffentliche Debatte über das Raketenabwehrsystem angestoßen worden; und zweitens, der Versuch der *Bush-Administration*, die NATO aus der Entscheidungsfindung herauszuhalten, ist gescheitert[132].

Gleich, welche Option sich durchsetzen wird, wobei die Chancen für die russischen Vorschläge nicht günstig sind, veranschaulichen doch die russischen Reaktionen, dass Moskau weder darauf zielt, Europa zu teilen noch einen Keil in die transatlantischen Beziehungen zu treiben, wie einige westliche Medien und Politiker urteilen[133].

---

[131] Bei einem Gespräch in St. Petersburg drohte dann auch der Vorsitzende des Föderationsrates *Sergeij Mironow* mit einem russischen Veto im Sicherheitsrat der Vereinten Nationen, wenn der Westen mit dem Plan des UN Beauftragten *Martti Ahtisaari* fortfahre, gegen den Willen Serbiens das Kosovo in eine kontrollierte Souveränität zu entlassen.

[132] FAZ, 15.06.2007; The Moscow Times, 14.06.2007. Es wird sich bald zeigen, ob die selbstsichere Verlautbarung des NATO-Generalsekretärs *de Hoop Scheffer* schon das westliche Schlusswort in dieser Debatte ist: „The NATO road map on missile defense is now clear. It's practical and it's agreed by all".

[133] FAZ, 02.05.2007, S. 2. Siehe auch den Beitrag des Obmanns der Unionsfraktion im Auswärtigen Ausschuss des Bundestages *Karl-Theodor zu Guttenberg* zu diesem Thema in *Der Spiegel*, Heft 21, 2007, S. 29. *Guttenberg* vermischt als hartgesottener Atlantiker gekonnt eine realistische Beurteilung der veränderten Kräftekonstellation in den internationalen Beziehungen, hier die gewachsene Bedeutung Russlands, mit überlieferten Glaubenssätzen aus der bipolaren Weltsicht. Seinem Diktum, das auch Deutschland „Interessenwahrnehmungspolitik" betreiben müsse, kann nur zugestimmt werden. Hingegen Bekenntnisse, dass sich eine solche Politik gegen Russland richten müsse, dass die sogenannte „Neue Ostpolitik" des Auswärtigen Amtes eine „Chimäre" sei, und dass letztlich nur eine „Wertegemeinschaft" als Basis für eine strategische Partnerschaft mit Russland tauge, konterkarieren seinen eigenen Ansatz und gleiten in die sterile Debatte von Werten versus Interessen ab. Man kann sich des Eindrucks nicht erwehren, dass spezifisch in der deutschen Diskussion die Beziehungen zu Russland in erster Linie durch innenpolitische Beweggründe determiniert sind. Es geht eben nicht um eine klare vorurteilsfreie Bestimmung der Beziehungen. Die immer wieder angeheizte Wertedebatte verdeckt die eigentlichen Beweggründe. Denn im Kern wird diese Auseinandersetzung noch sehr stark von den Kontroversen um den Irakkrieg 2003 angetrieben, als sich eine französisch-deutsche und russische Interessengemeinschaft herausformte. Die deutsche Politik kündigte erstmals ihre willfährige Gefährtenrolle zu Washington auf. Trotz der katastrophalen Lage, die nach über drei Jahren Krieg im Irak herrscht, dass ein diktatorisches System um den Preis eines „failed state" beseitigt wurde, kam diese Entscheidung aus der Perspektive der Atlantiker, nicht an der Seite der USA gegen den Irak zu ziehen oder wenigstens Washington solidarisch und blind zu unterstützen, einem Bruch mit der transatlantischen Tradition gleich. Diese Entscheidung klingt nach und ist bei Atlantikern sowohl in der CDU wie auch in der SPD und interessanterweise auch, aber aus anderen Gründen, bei

Solche Annahme ist schlechthin abwegig und würde, falls betrieben, genau das Gegenteil bewirken. Unbenommen davon bleibt allerdings Moskaus kleine Boshaftigkeit, die polnische Regierung als amerikanischen Esel und Störenfried in Europa vorzuführen. Eine Schwächung Europas kann angesichts der komplizierten geostrategischen Partnerschaft mit den USA nicht im russischen Interesse sein. Derartige Absichten sind schon von *Putin* in der „Mittelfristigen Strategie" von Helsinki 1999 angesprochen und abgewiesen worden. Allerdings ist nur zu verständlich, dass Moskau alles daransetzen wird, um den Ausbau und die Annäherung militärischer Infrastruktur an seine Westgrenze zu unterbinden, weil womöglich amerikanische Truppen nachrücken und Schutzfunktionen für die bereitgestellten Abwehrsysteme übernehmen könnten. Diese Ablehnung ist prinzipieller Natur, sollte das Abwehrsystem nicht in „gemeinsame" europäische Institutionen eingepasst werden. Denn wer könnte Moskau garantieren, dass aus den geplanten 10 Abwehrraketen nicht in Zukunft 20 oder 100 werden, deren Zielplanung ausschließlich von Washington bestimmt wird?

Doch daraus wie aus den Verlautbarungen des russischen Präsidenten Befürchtungen abzuleiten, dass die Raketenabwehr Gefahren eines neuen Kalten Krieges oder des Wettrüstens mit sich bringt und das Europäische Haus von Unsicherheiten heimgesucht werden könnte, wie wir sie aus der Zeit des Kalten Krieges kennen, scheint unwahrscheinlich. Wenn es auch um die Beziehungen zwischen der Europäischen Union und Moskau nicht zum besten steht, so hat sich doch in den letzten 15 Jahren ein enges und intensiv verwobenes Netzwerk von belastbaren wirtschaftlichen und politischen Interessen herausgeschält, das durch bilaterale Kontakte und nationale Interessen abgestützt und getragen wird. Die so geschaffene Interdependenz der Interessen ist real und wird von beiden Seiten akzeptiert, das wird auch die politische Klasse Polens einmal begreifen müssen. Der alte Kooperations- und Partnerschaftsvertrag/PKA zwischen der EU und Moskau verhakte sich zwar im Gegensatz widerstreitender realpolitischer Interessen und normativer Ansprüche. Aber beide Partner, sehen wir einmal von den ideologischen Scharfmachern auf beiden Seiten ab, konnten und können auch mit einem virtuellen Vertrag, gegebenenfalls auch mit einem endlos verlängerten PKA gut leben.

Jedoch kann an der bedrohlichen Tatsache nicht vorbeigegangen werden, dass erstmals seit den heftigen Debatten um die NATO-Osterweiterung wieder militärische Faktoren hochgespielt werden und dazu beitragen, die schon angespannten Beziehungen zwischen Russland und der Europäischen Union weiter zu belasten. Der Konflikt, gleich, welches Gremium darüber berät, wird in und über Europa ausge-

---

den Grünen, noch nicht überwunden. Siehe dazu: *Der Spiegel*, Heft 21, 2007, S. 28. Zu Recht wies der frühere Bundeskanzler *Gerhard Schröder* auf Unterschiede in der westlichen Russlandpolitik hin. Europa verfolge nun einmal gänzlich andere Interessen in seinen Beziehungen zu Russland als die USA, deren Interessenansatz primär machtpolitisch und militärisch geprägt ist. Siehe dazu: *Gerhard Schröder*, Entscheidungen. Mein Leben in der Politik, Hamburg 2006, S. 457f.

tragen. Daraus folgt letztlich die Schwächung der Europäischen Union. Ob Russland bewusst diese Entwicklung steuert, ist nicht klar, kann aber nicht im russischen Interesse liegen. Sie brächte dem Kreml kaum Vorteile. Dass die USA die Konfliktsituation zu verantworten haben, scheint indessen eindeutiger, obgleich konservative Medien vehement dagegen halten[134]. Unstrittig ist jedoch, dass sich die Bewertung der Europäischen Union bei den russischen Machteliten verändert hat. Europa wird nicht nur als Partner, sondern, wenn auch temporär geschwächt, als Gegner gesehen: Das belegen die Konflikte über die Ukraine 2004 und der Streit um die Öffnung der russischen Energienetze. Folgen wir einer These von *Lothar Rühl*[135], so werden die EU und die NATO heute im Konflikt mit Russland von den Jugendsünden der 90er Jahre eingeholt, als dem torkelnden Riesen Russland zwei Erweiterungsrunden der NATO aufgezwungen wurden. Die damalige Argumentation, durch den Beitritt Polens, Ungarns und der Tschechischen Republik würde die „Westflanke Russlands" stabilisiert, hat sich mit der zweiten Runde ins Gegenteil verkehrt. Besonders Polen und die Baltischen Staaten mobilisieren historische Gegensätze, die einerseits die Normalisierung der Beziehungen zu Russland erschweren und andererseits zum Sprengstoff in der EU und in der NATO werden.

Im Kontext des Streites um die Raketenabwehr ist der westlichen Staatenwelt die Rückkehr Russlands als Akteur und Mitgestalter europäischer und internationaler Politik bewusst geworden. Verfehlt wäre, dies als temporäre Entwicklung einzustufen, die allein von der Konjunktur der Energiepreise am Weltmarkt abhängt. Das Gegenteil scheint der Fall: wir stehen erst am Beginn einer fundamentalen Verschiebung von Kräften im internationalen System und in diesem Prozess wird Russland eine treibende Kraft sein. Die jetzt bereits wahrzunehmenden Tendenzen weisen weit über das Ende der Präsidentschaft *Putin*s 2008 hinaus. Folgende Faktoren unterlegen diese Annahme.

1. Wer 2008 als Sieger aus den Präsidentschaftswahlen in Russland hervorgeht, ist nicht unwichtig, aber ziemlich sekundär, weil jeder Nachfolger die wirtschaftlich und energiepolitisch unterfütterte trianguläre Außen- und Sicherheitspolitik weiterführen und innenpolitisch die Konsolidierung und Stärkung der politischen Ordnung/Macht voranbringen wird. *Putin* unterstrich in seiner Botschaft vom 26.4.2007 die Kontinuität der eingeleiteten Reformen und Modernisierungsschritte zu wahren.

2. Ob sich die USA von ihrem Debakel im Mittleren Osten rasch erholen oder eine Atempause wie damals nach dem Vietnam-Trauma benötigen, ist ungewiss. Auf jeden Fall kann davon ausgegangen werden, dass Washington seine globalen Ordnungsvisionen enger definieren und zuschneiden wird.

---

[134] *Matthias Rüb*, Heitere Geschäftigkeit beim Washingtoner Gipfel, in: FAZ, 02.05.2007, S. 2.
[135] *Lothar Rühl*, Aus Partnerschaft wird Gegensatz, Moskau macht politisch Front gegen die Nato, in: FAZ, 22.05.2007, S. 12.

Denkbar ist auch, dass sich sogar isolationistische Grundeinstellungen und Haltungen in der amerikanischen Politik verstärken.

3. Unabhängig vom Zustand der USA ist nicht zu erwarten, dass Belastungen in den transatlantischen Beziehungen so einfach abgebaut werden können, zumal die innereuropäischen Konflikte eigene Ursachen und Austragsformen in der Europäischen Union und NATO haben. Daraus folgt, dass Europa auf absehbare Zeit nur beschränkt handlungsfähig ist und bleibt. Wird die hausgemachte Legitimations- und Sinnkrise nicht überwunden, dann bliebe als Ausweg nur die Rückbesinnung auf ein Europa anderen Zuschnitts, nämlich mit unterschiedlichen Integrationstiefen und Geschwindigkeiten.

Projizieren wir diese Entwicklungen auf die anfängliche Behauptung, dass bedeutende Veränderungen in den Machtgewichtungen des internationalen Staatensystems begonnen haben, dann scheint schon heute sicher, dass der Kreml ohne eigenes Zutun in eine **win-win-Situation** geraten ist. Ob und wie der Kreml sie zu nutzen gedenkt, bleibt allerdings eine berechtigte Frage.

3. Interessenpartnerschaft und geopolitische Machtkonkurrenz – die Europäische Union und Russland

3.1 Der dornige Weg zur gleichberechtigten Partnerschaft

Das *Partnerschafts- und Kooperationsabkommen/PKA* zwischen der Europäischen Union und Russland, von 1992 bis 1994 verhandelt, aber aufgrund innenpolitischer Turbulenzen, die einerseits mit der Erkrankung *Jelzins* 1996, aber auch mit dem ersten Tschetschenienkrieg (1994–1996) zusammenhingen, erst Jahre später am 1.1.1997 ratifiziert, fungiert immer noch als Gerüst für die beiderseitigen Beziehungen. Unabhängig vom Zustand der Beziehungen und der grundsätzlichen Schwierigkeit, darin angesprochene Prinzipien umzusetzen, verfehlte das Dokument seine Wirkung in den vergangenen zehn Jahren nicht. Das PKA war ein ideeller Referenzrahmen, den beide Seiten respektierten, aber nicht befolgten. Und rückblickend betrachtet, gab es seit Gründung des neuen, postsowjetischen Russland kaum eine Phase, die nicht von Krisen, Meinungsverschiedenheiten und gegenseitigen An- und Beschuldigungen frei gewesen wäre. Trotz aller Kontroversen blieben indes die Beziehungen erstaunlich stabil und waren niemals ernsthaft gefährdet.

Das PKA endete nun nach zehnjähriger Laufzeit im November 2007. Ein Folgeabkommen löste das alte PKA fristgerecht nicht ab. Weil aber keine Seite den Vertrag kündigen will, wird dieser jeweils um ein Jahr verlängert. Verhandlungen über die

Neugestaltung des PKA, das mittlerweile auch die Mitteleuropäischen Länder sowie Bulgarien und Rumänien einschließt, die im Zuge der EU-Osterweiterung hinzugekommen sind, liefen seit 2005. Deutlich ist erkennbar, dass sowohl Moskau als auch Brüssel eine fundamentale Revision des PKA anstreben. Der überstarke Akzent auf normative Auflagen soll zugunsten eines mehr pragmatisch-operativen Ansatzes zurückgefahren werden. Moskau will wesentlich stärker die besondere Qualität der europäisch-russischen Beziehungen und damit seine Sonderrolle zur EU gewürdigt wissen. Das war schon ein Grund, warum der Kreml es 2005 strikt ablehnte, unterschiedslos mit den Mittelmeerstaaten des *„Wider Europe"* und Osteuropas unter die Formel der *Europäische Nachbarschaftspolitik/ENP* subsumiert zu werden. Und schließlich drängt Moskau auf Klarheit, welche Qualität die Beziehungen eigentlich haben und was unter strategischer Partnerschaft verstanden werden soll.

Zweifellos, das PKA ist ein historisches Dokument, das den Geist und die Hoffnungen der Zeit nach dem Zerfall der Sowjetunion widerspiegelt und damit auch klar die damaligen Machtverhältnisse zum Ausdruck brachte. Das ökonomisch zerrüttete, technologisch völlig rückständige und politisch instabile Russland, selbst Produkt eines aufgelösten Imperiums, musste damals um die eigene territoriale Integrität fürchten. Das postsowjetische Russland war dem Westen, d.h. den USA, der NATO und der Europäischen Union hoffnungslos unterlegen, ja ausgeliefert. Denn zur Absicherung des innenpolitischen und wirtschaftlichen Reformkurses war die schwache Regierungsmannschaft unter *Jelzin*, die bereits in den ersten Wahlen zur Staatsduma 1993 auf keine solide politische Mehrheit mehr zurückgreifen konnte und sich zusehends ins gesellschaftliche Abseits manövrierte, auf die Unterstützung des Westens angewiesen. Die Zeit von 1991 bis zu den zweiten Dumawahlen 1995 wurde von Kritikern des damaligen Außenministers *Andreij Kosyrew* spöttisch als Phase der „romantischen Westorientierung" in der russischen Außenpolitik bezeichnet[136]. Diese Westorientierung hatte jedoch eine klare und wichtige Funktion: Abschirmung des innenpolitischen Reformkurses und Sicherung der Führungsrolle *Jelzins*. In dieser Phase diktierte der Westen die Bedingungen der Unterstützung, so auch die Zielsetzungen des PKA.

Im Kern schrieb das PKA die Ausdehnung und Anerkennung europäischer Rechtsnormen für Russland im Artikel 55 fest und forderte deren Umsetzung in russisches Recht. Die Übertragung der normativen Grundgedanken des *acquis communautaire* auf Russland kam de facto einem Exportprojekt von Stabilität, Marktwirtschaft und Demokratie gleich. Allerdings verweigerte die westliche Staatengemeinschaft ähnliche Hilfsangebote, wie sie noch die besiegten Achsenmächte nach 1949 erhielten, also einen *Marshallplan* für Russland. Auch Unterstützungen, wie sie den Mitteleuropäischen Ländern gewährt wurden, damit sie den Beitrittspfad zu den westlichen Institutionen beschreiten konnten, wurden ebenfalls verwehrt. Im PKA wird weder

---

[136] Siehe dazu *Piehl/Schulze/Timmermann* (2005), S. 133 ff.

eine mögliche Beitrittsoption erwähnt noch der Versuch unternommen, die Beziehungen zu Russland zu definieren.

Angesichts der zeitgleich zu bewältigenden Transformationsprobleme Russlands, nämlich demokratische Umgestaltung, Einführung marktwirtschaftlicher Prinzipien, Sicherung der Versorgungslage der Bevölkerung und Modernisierung der brachliegenden Industrie, bot das PKA wenig Konkretes, um das Land aus der systemischen Dauerkrise der 90er Jahre herauszuführen. Die Instrumentarien des PKA, hauptsächlich die Mittel von TACIS, waren einem bürokratischen Regelwerk unterworfen, dessen Ziele oft willkürlich oder nach Gusto und Mitgliederproporz von externen Beratungskartellen und deren Lobbyisten in Brüssel bestimmt wurden. Diese hatten weder von den realen Problemen des Landes eine Ahnung, geschweige denn konnten und wollten sie flexibel auf Herausforderungen reagieren. Korruption und Klientelismus auf beiden Seiten waren die Folge. Bei den lohnenden Projekten sorgte die russische Seite dafür, wer von den ausländischen Beratungsfirmen auf die Short-List gesetzt wurde, und das geschah kaum aus altruistischen oder gesellschaftspolitischen Beweggründen. Und in Brüssel bestimmten Beraterkartelle die Themenwahl und legten im Einklang mit geneigten Eurokraten den Beteiligungsproporz aus den Mitgliederstaaten fest. Reformen, wie die BISTRO-Projekte und die stärkere Mitsprache der EU-Vertretungen vor Ort schwächten zwar das Negativbild etwas ab, änderten aber im Prinzip wenig.

Das PKA kam eher einem Scheck auf die Zukunft gleich. Bekanntlich hat Moskau dessen Prinzipien in den letzten zehn Jahren nicht umgesetzt. Gegen Brüsseler Vorhaltungen wurde von russischer Seite aufgerechnet, dass die EU den Geist der Vereinbarung von 1994 ebenfalls nicht erfüllte. Zu keiner Zeit wurde Russland als strategischer Partner anerkannt. Europäische und internationale Institutionen blieben Moskau verschlossen. Nur mit Mühe und auf Drängen des amerikanischen Präsidenten *Clinton* gelangte Russland in die G-7, die zur G-8 numerisch aufgewertet wurde. Mit dieser Geste wurde dem Kreml ein Kompensationsangebot für die erste Erweiterungsrunde der NATO gemacht. Die europäisch-russischen Beziehungen waren dennoch mehr als das PKA. Denn paradoxerweise, trotz beidseitiger Nichterfüllung entwickelte sich ein breit gefächertes und dichtes Kommunikationsnetz von Gipfel- und Dialogforen, Gesprächsrunden und Fachkontakten zwischen Moskau und Brüssel, das seinesgleichen in den internationalen Beziehungen sucht. Selbst die transatlantischen Beziehungen der EU sind nicht so stark ausgeprägt wie die zur Russischen Föderation. Ähnliches gilt für das russisch-amerikanische Verhältnis. Dieses Netz wird durch noch intensivere Kontakte Moskaus zu den wichtigsten Mitgliedsländern der EU bilateral abgestützt. Das PKA verlor seine Gültigkeit als Rahmenvorgabe nicht. Aber gegen Ende der 90er Jahre wuchs auf Seiten der EU die Einsicht, dass eine grundsätzliche Überarbeitung vonnöten sei, um die komplexen Beziehungen und die sich herausschälenden Interessen beider Seiten besser zu erfassen.

Die Europäische Union trat mit der *Kölner Erklärung* in Vorlage, die als **„Gemeinsame Strategie"** der EU im Juni 1999 vorgestellt wurde. Die *Kölner Erklärung* bot erneut wenig Reales. Sie war wiederum eher eine Geste. Aber dieses Zeichen war unter den damaligen politischen Umständen enorm wichtig, um der russischen Politik wieder eine Brücke nach Europa zu bauen. Denn im Zuge des Konfliktes um den Kosovo und des NATO-Bombardements von Serbien hatte sich die russische Politik in eine Sackgasse manövriert. Das Land war in Gefahr, sich in Europa zu isolieren. Die beiden Premierminister *Sergeij Stepaschin* (Mai bis August 1999) und *Wladimir Putin* (September bis Dezember 1999) ließen sich auf das Angebot der EU ein. Die Offerte öffnete der russischen Politik urplötzlich ein Fenster, um aus dem außenpolitischen Dilemma herauszukommen. Es konnte auch innenpolitisch genutzt werden, um Tendenzen der Selbstisolation, der steigenden Radikalisierung und anti-westlichen Stimmungsmache in den Medien, ausgelöst durch die Militärschläge der NATO gegen Serbien, Einhalt zu gebieten. Die Medien befanden sich damals noch im Besitz der oligarchischen Cliquen, die, untereinander zerstritten, diese rücksichtslos für eigene Interessen einsetzten, um ihre Kandidaten in den kommenden Wahlen zur dritten Staatsduma 1999 zu unterstützen. Dabei bedienten sie sich auch hemmungslos populistischer und nationalistischer Agitation.

Der Europa-Bezug wurde fortan zum Kerngedanken der russischen Außenpolitik[137]. Das war keinesfalls selbstverständlich, denn die sicherheitspolitische Diskussion wurde immer noch von *Jewgenij Primakow* und seinen Anhängern dominiert. Im Kontext der multipolaren Konzeption der sicherheits- und außenpolitischen Expertenzirkel Moskaus spielte Europa nur eine sekundäre Rolle. Trotz ihrer Erbitterung über die US-geführte Bombardierung Serbiens traten die Anhänger der multipolaren Konzeption weiterhin für eine stärkere Fokussierung der russischen Außenpolitik auf die USA ein. Diese Tendenz hielt sich hartnäckig und erreichte vor und im Irak-Krieg wenige Jahre später sogar ihren Höhepunkt. Es war schon paradox, aber faktisch forderte die „atlantische" Fraktion der russischen Expertengemeinde unter dem Deckmantel der Multipolarität, dass Russland als Junior-Partner an der Seite der USA stehen sollte. Die atlantischen Gemeinden in West- wie Osteuropa waren schon immer für ihre dogmatischen Einsichten berühmt. Das zeigt sich auch in der derzeitigen Debatte um das Raketenabwehrsystem.

Der im September 1999 gerade zum Premierminister ernannte *Wladimir Putin* setzte gegen die atlantische Orientierung in der Außen- und Sicherheitspolitik, die ja auch ihre innenpolitischen, vor allem wirtschaftspolitischen Unterbauten hatte, einen Europa-zentrierten Akzent. Die von ihm verkündete *„Mittelfristige Strategie für die Entwicklung der Beziehungen zwischen der Russischen Föderation und der Europäi-*

---

[137] *Igor Iwanow*, Die neue russische Diplomatie. Rückblick und Visionen, München 2002, S. 157. Präsident *Putin* unterstrich in seiner Botschaft an die Föderale Versammlung der Russischen Föderation 2001 die Bedeutung der EU für die russische Politik und Wirtschaft. Die Entwicklung der Partnerschaft mit der EU sei ein Schwerpunkt der russischen Politik.

schen Union im Zeitraum von 2000 bis 2010"[138] brach zwar nicht mit der „atlantischen" Tradition, stellte ihr aber eine europäische Dimension zur Seite und begründete damit den *triangulären* Zuschnitt der zukünftigen russischen Außenpolitik. Seitdem wurde die Außen- und Sicherheitspolitik zunehmend in den Dienst wirtschaftlicher Ziele des Landes gestellt.

Das Dokument wurde in Helsinki, im Oktober 1999, als Antwort auf die *Kölner Erklärung* der EU vorgestellt. Auffällig sind sowohl die realistische Einschätzung des europäischen Integrationsprozesses als auch das Bekenntnis zu einer eigenständigen russischen Europapolitik[139]. Für einen Debütanten im Regierungsamt und Neuling auf außenpolitischem Parkett war *Putins* Schritt nicht nur mutig, sondern lässt vermuten, dass der Vorstoß von einflussreichen Kräften aus der Wirtschaft und aus Sicherheitskreisen mitgetragen, wenn nicht gar ausgerichtet wurde. Darüber hinaus müssen die damaligen Machtgruppen des Kreml im Umfeld der *„Jelzin-Familie"*, deren Politik maßgeblich vom Politoligarchen *Boris Beresowskij* beeinflusst war, die neue Akzentsetzung ebenfalls gebilligt haben. Sie waren vermutlich mit ganz anderen, für sie essentielleren Problemen befasst. Im Ausklang der *Jelzin-Ära* galt es, die Dumawahlen im Dezember 1999 zu gewinnen und einen Nachfolger für das Präsidentenamt zu finden, der die illegalen Praktiken der Privatisierung nicht ahnden oder gar rückgängig machen würde. Ihre Aufmerksamkeit galt nicht der Außenpolitik, sondern der Wahrung ihres Besitzstandes und der Machtprivilegien.

Russland stellte erstmals seine Europapolitik auf selbständige Beine und räumte mit gängigen Klischees auf, die im Westen immer wieder kolportiert und gegen Moskau bis heute ins Feld geführt werden. So bekundet *Putin* offensiv, dass die russische Politik nicht daran denke, einen Keil in die transatlantischen Beziehungen zu treiben. Im Gegenteil, ausdrücklich betonte das russische Strategiepapier die bedingungslose Verankerung der Europäischen Union in den transatlantischen Beziehungen. Nur diese Rückversicherung erlaube der EU überhaupt eine flexiblere Politik mit Russland. Jeder Versuch Moskaus, die EU von den USA abzuspalten, würde sich negativ auf den europäischen Handlungsspielraum auswirken und könnte letztlich zu einer Isolierung Russlands in Europa führen. Implizit gab damit Moskau

---

[138] Strategija raswietija otnaschenii Rossiskoj Federatii s Ewropeskim Sojusom na srednesrotschnuju perspektiwy (2000–2010), in: *Diplomatischeskij Westnik*, Nr. 11, November 1999, S. 20 ff.

[139] Von wenigen Ausnahmen der 70er und 80er Jahre abgesehen, blieb selbst in der Phase von *Glasnost* und *Perestroika* der Europabezug der russischen Außenpolitik primär normativ. Die damalige Idee eines *„Gemeinsamen Europäischen Hauses"* war, nach der Überwindung der Teilung Europas, eher ein Reflex auf eine historische Aufbruchsituation. Sie beschrieb eine konkrete Utopie, ohne allerdings den Weg ihrer Realisierung aufzuzeigen. Danach geriet die europäische Dimension der russischen Politik mehr und mehr in den Hintergrund. Vgl. Peter W. Schulze, Innenpolitische Restauration und außenpolitische Annäherung – Russlands Gratwanderung in Europa, in: *Erich Reiter*, (Hrsg.) Jahrbuch für internationale Sicherheitspolitik 2001, Hamburg/Berlin/Bonn, 2001, S. 263 ff.

auch seinen Widerstand gegen die Osterweiterung der NATO auf und bekannte sich zur konstruktiven Mitarbeit im *NATO-Russland-Kooperationsrat*[140].

Putins wiederholte Bekundungen, dass Russland „unabdingbarer Bestandteil der europäischen Zivilisation" sei, sind sicher nicht nur ein taktisches Lippenbekenntnis, sondern entspringen der Überzeugung, dass Russlands Beitrag zur Überwindung der europäischen Spaltung nicht nur den „Raum der Freiheit auf dem Kontinent ... einfach erweitert, sondern auch die Wege der weiteren europäischen Integration vorgegeben" habe[141].

Ähnlich wie das Strategiepapier der Europäischen Union griff die russische Position normative Zielsetzungen auf. Insbesondere sollte die Trennung des Kontinents in unterschiedliche wirtschaftliche, politische oder gesellschaftliche Blöcke verhindert werden. Explizit betonte das Dokument, dass *Russland zum sicherheitspolitischen Partner der EU* werden will, aber nicht um den Preis der Aufgabe seiner Eigenständigkeit als europäische Großmacht. Trotz wirtschaftlicher Interdependenz und zunehmender Verflechtung solle die Distanz zur Europäischen Union gewahrt bleiben. Die Partnerschaft mit der Europäischen Union wurde entschieden bejaht, aber gleichsam wurde Illusionen der Riegel vorgeschoben, in naher oder ferner Zukunft die Mitgliedschaft in der EU anstreben zu wollen[142]. „Alles außer Institutionen" (*Romano Prodi*) sei vorstellbar. Aber die EU müsse auch Russland „auf halben Weg"[143] entgegenkommen. Auch einer eventuellen Assoziierung an die EU stand und steht Moskau bislang skeptisch gegenüber. Selbstsicher formulierte das Strategiepapier, dass Russland als Großmacht weder einer Assoziation noch einem Bündnis beitreten werde. Großmächte unterhielten nun einmal völkerrechtliche Vertragsbeziehungen[144].

---

[140] Im Mai 1997 wurde die „*Grundakte über gegenseitige Beziehungen, Zusammenarbeit und Sicherheit zwischen der Nordatlantik-Vertragsorganisation und der Russischen Föderation*" unterzeichnet. Die Grundakte war ein Vorläufer des später modifizierten Abkommens, dass die Russische Föderation im Kooperationsrat mit erweiterten Rechten ausstattete.

[141] *Wladimir Putin*, Gemeinsame Ziele und Werte, in: Frankfurter Allgemeine Sonntagszeitung, 25.03.2007, Politik 3.

[142] Diese Haltung wird auf dem Gipfeltreffen der EU am 23. März 2001 in Stockholm von *Putin* nochmals bekräftigt.

[143] *Putin*, FAZ Sonntagszeitung, 25.03.07

[144] *Igor Iwanow*, Rasschirenie Ewrosojusa: szenarii, problemy, posledstvija, in: Mirowaja Ekonomika i meschdunarodnie otnoschenija, Heft 9, 1998, S. 22 f. *Iwanow* warnte eindringlich davor, die Folgen der europäischen Integration und Osterweiterung zu unterschätzen. Mit der EU-Osterweiterung würde Russland seine Märkte in Mitteleuropa verlieren. Eine „De-Europäisierung Russlands" könnte die Folge sein. Denn die Beitrittsgesuche der Mitteleuropäischen Staaten seien nicht nur wirtschaftlich motiviert. Sie suchten Sicherheit vor Russland. Einmal in der EU, würden sie von innen her die Beziehungen zu Russland erschweren.

Demzufolge werde Moskau auch zukünftig bilaterale Beziehungen als probates Instrument seiner Politik betrachten[145].

Die Osterweiterung der EU wird 1999 noch grundsätzlich begrüßt[146]. Die gemeinsame Verantwortung für die Sicherheit Europas wird erneut bekräftigt und es wird angeregt, einen permanenten und umfassenden politischen Dialog über die Sicherheit in Europa zu führen und dafür geeignete Umsetzungsmechanismen zu schaffen. Beide Seiten sollen ihre Position, falls geboten, in internationalen Organisationen abstimmen und ein Höchstmaß an Kooperation zur Krisenprävention und Konfliktminimierung im OSZE-Raum erreichen. Dem Angebot der EU jedoch, eventuelle Missionen gemäß der *Petersberg Erklärung* vorab zu koordinieren, konnte die russische Seite nur bedingt etwas abgewinnen. Ebenso skeptisch und abwartend reagierte Moskau auf Entwicklungen der EU, seine außen- und sicherheitspolitische Identität, die GASP, zu stärken.

Das erstaunlich moderne, pragmatische und weitsichtige Dokument, das zur Grundlage der russischen Europapolitik[147] wurde, aber darüber hinaus auch auf Moskaus internationale Politik ausstrahlte, betonte den Zusammenhang von innerer Sicherheit, wirtschaftlicher Entwicklung und Zielen der Außenpolitik. Dieser Gedanke wurde kurze Zeit später in den Doktrinen zur Militärpolitik und zur Außenpolitik[148]

---

[145] *Igor Iwanow*, op.cit. 2002, S. 145 f. „Eine der fundamentalen Grundlagen der russischen Europapolitik ist die Entwicklung der bilateralen Beziehungen mit den Ländern des Kontinents."

[146] Moskau hat sich weder gegen die Mitgliedschaft Rumäniens und Bulgariens in der Europäischen Union gewehrt noch wird es sich gegen das Einsammeln des Balkans sträuben. Falls es zukünftig zu einer erneuten Erweiterungsrunde der EU kommen sollte, werden Kroatien und Mazedonien voraussichtlich die nächsten Kandidaten sein. Der Rest wird über kurz oder lang folgen, so dass die gesamte Subregion unter die Dominanz der Europäischen Union geraten wird. Die mögliche Mitgliedschaft der Türkei wird in Kreisen des russischen Außenministeriums gelassen gesehen.

[147] Ausführlich setzt sich *Heinz Timmermann*: Russlands Strategie op. cit. mit der russischen Europapolitik auseinander. Siehe auch *Peter W. Schulze*, Nationale Selbstbehauptung, innenpolitische Restauration und außenpolitischer Realismus, in: Osteuropa, 6/2001.

[148] Die „*Außenpolitische Konzeption der Russischen Föderation"* vom 10.01.2000 definierte die Ziele der russischen Außenpolitik im Kontext der fortschreitenden weltwirtschaftlichen Integration des Landes. Die Förderung der wirtschaftlichen Entwicklung wird als Hauptziel benannt, wobei die Beziehungen zur Europäischen Union an herausragender Stelle stehen. Die europäische Einheitswährung, der *Schengen-Prozess*, die Osterweiterung der Europäischen Union, das Verfassungsprojekt und die zögerlichen Schritte hin auf eine europäische Identität in außen- und sicherheitspolitischen Fragen erscheinen nun als Einheit des sich formierenden geopolitischen Machtblocks, mit dem sich die russische Politik auseinandersetzen muss. Europa wird als der „wichtigster politischer und wirtschaftlicher Partner" Russlands definiert.

zu Beginn der ersten Amtszeit *Putin*s bekräftigt[149]. Und prognostisch heißt es in der Militärdoktrin, fast im Vorgriff auf die stetigen Bekundungen des russischen Präsidenten zur Modernisierung des Landes, dass ohne wirtschaftliche, international konkurrenzfähige Sektoren und Produkte das Land sich weder vom Diktat der globalisierten Märkte befreien könne noch innenpolitische Stabilität erreichen werde, um an der Lösung internationaler Fragen verantwortlich teilzunehmen[150].

Der Wandel in der russischen Europa-Perzeption war umso bemerkenswerter, als der russischen Politik bis dahin profunde Vorstellungen über die Dynamik von Kooperation, Ausgleich und Konfliktbewältigung im europäischen Integrationsprozess fehlten. Gemäß ihrem traditionell machtpolitischen Ansatz war der europäische Integrationsprozess während des Ost-West-Konfliktes von sekundärer Bedeutung. Die Europäische Gemeinschaft/Europäische Union wurde primär als Handels- und Wirtschaftsmacht ohne eigene Aktionsfelder in der Außen- und Sicherheitspolitik missdeutet und galt als Anhängsel oder Instrument amerikanischer Machtpolitik in Europa, die durch die NATO exekutiert wurde. Konzeptionelle Überbleibsel des bipolaren Blockdenkens und die Fokussierung der russischen Politik auf die USA erklärten partiell, warum die politischen, wirtschaftlichen und gesellschaftlichen Folgen der westeuropäischen Integration seit dem *Vertrag zu Maastricht 1991*, als die Transformation der Europäischen Gemeinschaft zur Europäischen Union begann und die EU international selbständiger agierte, auch während der *Jelzin-Zeit* kaum wahrgenommen wurden.

Wahrscheinlich kamen 1999 mehrere Faktoren zusammen, die vermittelt über wirtschaftliche und soziale Erfordernisse, ein außen- und sicherheitspolitisches Umdenken in Russland begünstigten. Insofern setzte die *„Mittelfristige Strategie"* einen vorläufigen Schlusspunkt unter einen lebhaften Diskussionsprozess über die Bezie-

---

[149] Dazu: *Foreign Policy Concept of the Russian Federation*, in: International Affairs, A Russian Journal of World Politics, Diplomacy and International Relations, 5/2000, S. 1–15. Die *Russische Militärdoktrin* betonte den Zusammenhang von wirtschaftlicher Stärke und militärischer Fähigkeit. Die Militärs glaubten weder an die Rückkehr des Kalten Krieges, noch dass Russland von einem europäischen Land bedroht würde. Die wirklichen Gefahren seien innenpolitischer Natur, sie entstammten den Wirren der Transformation, formuliert die Militärdoktrin. So fanden sich neben Forderungen zur Stärkung der Rechstaatlichkeit und der Staatsautorität auch für Militärs erstaunliche Positionen. Demokratische und privatwirtschaftliche Reformen seien unabdingbar, heißt es, um externe und interne Bedrohungen abzuwehren, und um Russland seinen angestammten Platz als Großmacht im internationalen System zu sichern.

[150] *Nezavisimaya Gazeta*, April 22, 2000. Siehe auch die ausführliche Auseinandersetzung mit der russischen Militärdoktrin bei *Hannes Adomeit*, Russische Sicherheits- und Verteidigungspolitik unter Putin, in: Stiftung Wissenschaft und Politik, SWP, September 2000, S. 33. *Alex Baxter*, op.cit., S. 141 ff. hält die russischen Doktrinen zur Außen- und Militärpolitik schlechthin für ideologisches Wunschdenken, ganz im Sinne alter Parteitagsbeschlüsse der KPdSU. Sie gaukelten eine multipolare Welt vor, auf die sich die russische Politik einstellen will, die es aber in Wirklichkeit nicht gibt und für die das Land auch keine Ressourcen mobilisieren kann; siehe dazu auch *Gernot Erler*, 1998, S. 92 f.

hungen Russlands zum Westen[151]. Sie markierte letztlich den Durchbruch einer pragmatischen und auf konkrete Interessen angelegten russischen Westpolitik, die sich aus der hilflosen, zugleich aggressiven und erfolglosen Fixierung gegen die NATO-Osterweiterung zu befreien suchte. Weder konnte die Osterweiterung der NATO verhindert werden noch kamen russische Interessen bei der Beilegung der Balkankonflikte zum Tragen. Im Gegenteil, der Kosovo-Krieg demonstrierte auf extreme Weise die Grenzen russischer Einflussnahme und barg als potentielle Gefahr die Isolation und Marginalisierung Moskaus in Europa.

Nicht von ungefähr ereignete sich die Entdeckung Europas durch die russische Politik erst nach der Finanzkrise des August 1998. Diese Krise setzte neue wirtschaftspolitische Akzente, die sich stärker auf Instrumente, Methoden und Erfahrungen des europäischen Wiederaufbaus nach dem Zweiten Weltkrieg besannen. Angelsächsische, primär neoliberale Konzeptionen verloren an Einfluss[152].

Nachdem das mediale Interesse an der so brennenden Frage „Wer ist *Putin*" Ende des ersten Jahres im neuen Millennium abklang und sich Zeichen der innenpolitischen Stabilität und der wirtschaftlichen Erholung verstetigten, kam es, noch verstärkt durch die Reaktion des Kreml auf die Septemberereignisse von 2001, zu einer Aufhellung des Russlandbildes in westlichen Medien. So wie in den 90er Jahren der Westen die Marginalisierung Russlands mit dessen innenpolitischer Instabilität begründete und sich im Ungewissen über die Entwicklung des Landes wähnte, brachen nun wirtschaftliche Interessen, aber auch das russische Bündnisangebot im Kampf gegen den Terror, das politische Eis der Ausgrenzung und wiesen Tendenzen der medialen Desinformation zurück. Die Relevanz Russlands als Markt und zuverlässiger Energielieferant wuchs seit 2001 beständig. Nach Jahren der Zurückhaltung belebten sich westliche Auslandsinvestitionen. Aber Russland sorgte nicht nur als ökonomischer Faktor, als Markt, Produktionsstandort und „emerging market" für steigendes Interesse bei internationalen Anlegern. Politische Kontakte gingen dieser Entwicklung parallel. Nach den Septemberereignissen 2001 und im Zusammenhang mit der Irakkrise intensivierten sich Beratungen auf höchster Regierungsebene. „Strategische Gipfel" mit den USA, Deutschland und Frankreich wie auch der Europäischen Union waren an der Tagesordnung. Zweifellos, die Bündnis- und Machtkonstellationen der internationalen Politik begannen sich grundlegend nach 2001 zu verschieben. Russland wurde zum festen Bestandteil der *anti-terroristischen Koalition*.

---

[151] Für eine detaillierte Diskussion über die mittelfristige Strategie siehe die profunde Darstellung bei *Heinz Timmermann*, Russlands Strategie für die Europäische Union, Aktuelle Tendenzen, Konzeptionen und Perspektiven, BIOST, 5-2000.

[152] Zudem büßte die erste Generation der russischen Finanz- und Spekulationsoligarchie ihre machtbeherrschende Stellung im *System Jelzin* ein. Teile der finanzindustriellen Machtgruppen gingen unter oder gruppierten sich um. Dabei nahmen sie freilich ihre akkumulierten Vermögenswerte mit. So beispielsweise auch *Michail Chodorkowskij*, der die Moskauer *Menatep Bank* untergehen und die Assets zur eigenständigen *Menatep St. Petersburg* transferieren ließ.

Die Zeiten, in denen man Russland wie vordem der Sowjetunion unterstellte, zwischen Europa und den USA einen Keil treiben zu wollen, schienen endgültig vorbei[153]. Eher schien Russland, wie der Irak-Krieg deutlich machte, vor die Qual der Partnerwahl gestellt, nämlich zwischen Europa und den USA entscheiden zu müssen. Parallel drängte die Europäische Union auf Kooperation zur langfristigen Sicherung der eigenen Energieversorgung und winkte mit der strategischen Partnerschaft[154].

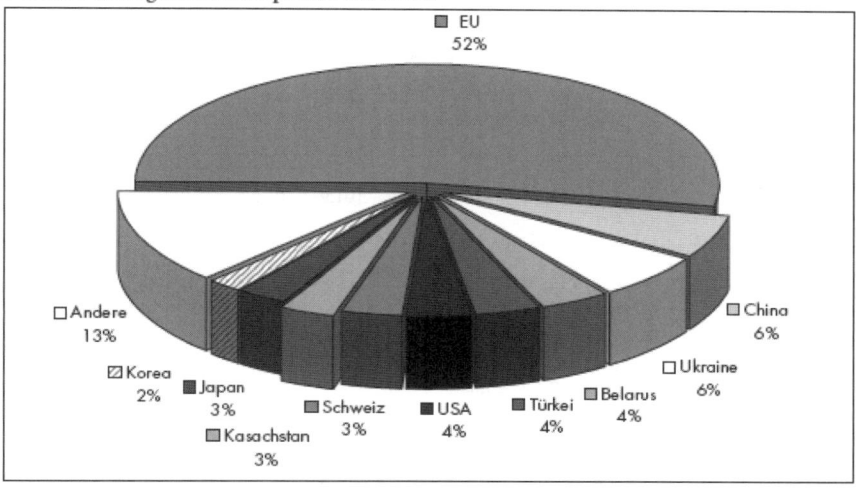

Die zehn wichtigsten Handelspartner Russlands

- EU 52%
- Andere 13%
- Korea 2%
- Japan 3%
- Kasachstan 3%
- Schweiz 3%
- USA 4%
- Türkei 4%
- Belarus 4%
- Ukraine 6%
- China 6%

Quelle: http://trade.ec.europa.eu/doclib/docs/2006/september/tradoc_113440.pdf

---

[153] Zur Analyse der russischen Außenpolitik siehe: *Peter W. Schulze*, „Russland: Juniorpartner Amerikas oder Mitstreiter einer multipolaren Weltordnung?", in: Internationale Politik und Gesellschaft, 4/2003, S. 57 ff.

[154] Präsident *Putin* muss als Verdienst angerechnet werden, dass er gegen den Widerstand der eigenen außen- und sicherheitspolitischen Elite das Land sowohl in die Koalition des neuen Millenniums gegen den internationalen Terrorismus einbrachte als auch wagte, die amerikanische Politik im Irak-Konflikt zu hinterfragen. In beiden Fällen wird das häufig in den Medien porträtierte Bild des Präsidenten als extrem vorsichtig agierenden Technokraten, der primär konsensgestützte Entscheidungen treffe, brüchig. Gewiss, *Putin* ist kein Vollblutpolitiker wie es *Jelzin* war, aber er scheint dennoch über genug Durchsetzungsvermögen und Eigenständigkeit zu verfügen, sich auch gegen vorherrschende Meinungen seines Umfeldes zu behaupten.

Die Entwicklung der russischen Volkswirtschaft 1997–2006

	1997	1998	1999	2000	2001	2002	2003	2004	2005	2006
BIP (Veränderung zum Vorjahr)	1,4%	- 5,3%	6,4%	10,0%	5,1%	4,2%	7,3%	7,2%	6,4%	6,9%
Investitionen (Veränderung zum Vorjahr)	- 5,0%	- 12,0%	5,3%	17,4%	10,0%	2,8%	12,5%	11,7%	10,7%	13,5%
Ausländische Direktinvestitionen (in Mrd. USD)	5,3	3,4	4,3	4,4	4,0	4,0	6,8	9,4	14,2	31,0
Güterexporte (in Mrd. USD)	86,9	74,4	75,6	105,0	101,9	107,3	135,9	183,5	245,3	304,5
Güterimporte (in Mrd. USD)	72,0	58,0	39,5	44,9	53,8	61,0	76,1	96,3	125,1	163,9
Außenwirtschaftsbilanz (in Mrd. USD)	- 0,1	0,2	24,6	46,8	33,9	29,1	35,4	58,6	84,2	k.A.
Außenschulden (in Mrd. USD)			130,8	115,5	102,0	95,7	96,9	95,7	70,1	50,1 (Sept.)
Devisenreserven (in Mrd. USD)	17,8	12,2	12,5	27,9	36,6	47,8	76,9	124,5	168,4	303,7
Inflationsrate	11%	84%	37%	20%	19%	15%	12%	12%	11%	9%
Wechselkurs zum US-Dollar	5,96	20,65	27,00	28,16	30,14	31,78	29,45	27,75	28,78	26,33
Arbeitslosenquote (ILO Daten)	10,7%	12,1%	12,4%	10,7%	9,1%	8,0%	8,3%	8,1%	7,6%	6,5%
Durchschnittlicher Monatslohn (in USD)	164	108	62	79	111	142	180	237	301	ca. 420

Quellen: Rosstat (Russischer Staatlicher Dienst für Statistik), www.gks.ru; Russische Zentralbank, www.cbr.ru.

Jedoch der Honeymoon in den europäisch-russischen Beziehungen währte nicht lange. Bereits gegen Ende der ersten Amtsperiode *Putins* mehrten sich Zeichen, dass die strukturelle Grundverstimmung[155] in den europäisch-russischen Beziehungen nicht behoben war. Zwar wurden strittige Fragen wie der Zugang zur russischen Exklave Kaliningrad beigelegt, und nach zähen Verhandlungen unterstützte nun die Europäische Union auch den Beitritt Russlands zur World Trade Organisation/WTO. Auch beim Kernproblem, der Anhebung der Binnenpreise für russische Energieträger, wurde ein passabler Kompromiss erzielt. Sukzessive sollen die Binnenpreise für Energie bis 2010 an das Weltmarktsniveau herangeführt werden[156]. Aber im Verlauf der anti-oligarchischen Kampagne des Jahres 2003 verschärften sich die Auseinandersetzungen, als der Kreml in der *Chodorkowskij-Affäre* unnachgiebig blieb und außerdem signalisierte, dass Russland die Kontrolle über strategische Energiekonzerne und Ressourcen anstrebe. Hinzu kamen neue Probleme, die sich aus der Osterweiterung der EU ergaben.

Mit Abschluss der EU-Osterweiterung schienen sich russische Befürchtungen zu bestätigen, dass einige der neuen Beitrittsländer sich zu Fürsprechern weiterer Erweiterungsrunden machten, die geradewegs auf die westlichen GUS-Staaten zielten. Die ukrainischen Präsidentschaftswahlen von 2004 wurden zur ausschlaggebenden Bruchstelle im europäisch-russischen Verhältnis. Der russischen Politik wurde schlaglichtartig klar, dass nicht die NATO allein ein Gefährdungspotenzial barg. Wesentlich schwieriger sollte es für die russische Politik sein, den politischen Impulsen und der wirtschaftlichen Attraktion der EU zu begegnen.

Auf dem EU-Russland-Gipfel von St. Petersburg 2003 wurde noch ein Modus Vivendi erreicht, der faktisch an die Stelle des impraktikablen PKA trat und auch über die *Kölner Erklärung* hinausging. Einerseits konnte sich Moskau gegen die Übertragung der *Europäischen Nachbarschaftspolitik/ENP* durchsetzen. Andererseits wurden in der Folge vier Kooperationsfelder beschlossen, die zum Grundgerüst des PKA-Folgeabkommens werden sollten. Zudem wurde in Nachverhandlungen bis 2006 eine gewisse Übereinstimmung erzielt, dass unstrittige Elemente der *Europäischen Energiecharta* ebenfalls aufgenommen werden sollten. Von russischer Seite wurden als praktische Ziele eines neuen Abkommens die Bildung eines einheitlichen europäischen Wirtschaftsraumes unter Einschluss Russlands und Erleichterungen beim Visaregime genannt. Die vier Kooperationsräume sollten zur Richtschnur einer konstruktiv ausgelegten Interdependenz werden:

---

[155] Siehe dazu die ausgezeichnete Analyse von *Timofei Bordachev und Arkady Moshes*, Is the Europeanization of Russia over?, in: *Russia in Global Affairs,* Vol. 2, April–Juni 2004, S. 90 ff.
[156] Im Oktober 2004 ratifizierten die russische Staatsduma und der Föderationsrat das *Kyoto-Protokoll*. Dass Russland die *Europäische Energiecharta* unterzeichnet, scheint nach wie vor ausgeschlossen. Moskau würde nicht nur eine wichtige Verhandlungsposition gegen zentralasiatische Konkurrenten aus der Hand geben, sondern auch Marktpositionen verlieren.

- Schaffung eines gemeinsamen europäischen Wirtschaftsraumes
- Kooperation in Fragen von innerer Sicherheit, Justiz und Freiheit
- Zusammenarbeit im Bereich der äußeren Sicherheit
- Zusammenarbeit in der Forschung, Bildung und bei kulturellen Fragen.

Eine Korrektur der europäischen Russlandpolitik schien überfällig. Die Beilegung des Streites über Russlands Beitritt zur WTO war ein hoffnungsvolles Zeichen, denn viele Probleme können zukünftig über die Regulierungsmechanismen der WTO gelöst werden. Damit würden zwar Konflikte nicht versiegen, aber rechtlich und objektiv handhabbar werden und somit ihre politisch-normative Sprengkraft verlieren. Eine endgültige WTO-Regelung, d.h. Russlands Beitritt, würde den Fluss an realer Kooperation in wirtschaftlichen, technologischen Fragen und in Bereichen der inneren wie äußeren Sicherheit begünstigen, weil normative Probleme abgetrennt und den dafür zuständigen Instanzen überlassen blieben, etwa dem Europarat und dem Europäischen Parlament. Als Gralshüter demokratischer Werte könnten diese zusammen mit den sich dazu berufen fühlenden Medien jene *„demokratische Überprüfungsinstanz"* in Europa begründen und entsprechendes Verhalten von Moskau abverlangen. Letztlich würde solche Entwicklung der Akzeptanz Europas bei der russischen Jugend und Intelligenz nur zuträglich sein, denn neuere Umfragen lassen insbesondere bei diesen Gruppen ein Zurückschwingen der pro-europäischen Stimmungen erkennen. Der Zeigefinger aus Brüssel oder Straßburg ist auch bei Demokaten nicht gelitten.

Die schwelende Verstimmung in den europäisch-russischen Beziehungen hat die Europaorientierung der *Putin-Administration* bislang nicht grundlegend beschädigt. Europa bleibt ein bedeutender Eckpfeiler der russischen Außen-, Sicherheits- und Außenwirtschaftspolitik. Aber eben nur eine Säule. Denn im Zuge der sozialen, wirtschaftlichen, technologischen und infrastrukturellen Modernisierungserfordernisse sowie im Takt der sektoralen Integration russischer Konzerne in den Weltmarkt sind geopolitische Faktoren, die lange Zeit durch die Konflikte auf dem Balkan und durch die innere Instabilität des politischen Systems absorbiert wurden, wieder zum Vorschein gekommen.

3.2 Der ewige Streit: Interessen versus Werte

Nach nahezu fünfzehn Jahren Transformation und zehn Jahren PKA und trotz des anfänglich eindeutig pro-europäischen Kurses der *Putin-Administration* fällt das Fazit über die Wirkung des PKA heute sehr ernüchternd aus: Das Brüsseler Europäisierungsprojekt ist partiell gescheitert. Nicht etwa, weil sich Russland nicht als europäisches Land definiert. Seinem Selbstverständnis und vor allem dem seiner Eliten nach zählt es sich (noch) zu Europa, aber eben nicht zum Europa, wie es Brüssel verkörpert. Das selbst ist aber noch keine Tragödie.

Seit 2005 feilt man an einem neuen Dokument, das stärker umsetzbare und konkrete Ziele benennen und die Überfrachtung mit normativen Forderungen wie im alten Dokument zurückfahren soll. 2006 wurde jedoch die fristgerechte Aufnahme von Verhandlungen zum 1. Januar 2007 durch den schwelenden Streit über polnische Fleischwarenexporte nach Russland von polnischer Seite jäh blockiert. Die Beweggründe auf russischer Seite zur Aufrechterhaltung des Importverbots sind indes unklar, war doch inzwischen die EU bemüht, den anfänglich berechtigten Vorwürfen Moskaus nachzugehen und veterinärmedizinische Hygienekontrollen und Standards zu verschärfen, um die Ausfuhr von Gammelfleisch zu unterbinden. Sicherlich fördert die Zustimmung der polnischen Regierung zu den amerikanischen Plänen, ein Raketenabwehrsystem nahe der Grenze zur russischen Exklave Kaliningrad aufzustellen, nicht unbedingt Moskaus Kompromissbereitschaft in dieser Frage. Und EU-Sanktionen gegen Moskau sind aufgrund der Zusammensetzung der Produktgruppen im Handel kaum möglich oder gar im europäischen Interesse. Im Gegenzug dachte man in Moskau bereits laut darüber nach, falls es zu Sanktionen der EU kommen sollte, alle Fleisch- und Nahrungsmittelimporte aus der EU zu unterbinden.

So miserabel sind inzwischen die Beziehungen[157], dass es keinesfalls sicher war, ob der EU-Russland-Gipfel vom 17./18. Mai 2007 in Samara überhaupt stattfinden würde. Schon der letzte Gipfel 2006 in Lahti, Finnland, hatte schwerwiegende Kontroversen zutage treten lassen. Die anhaltende Wirtschaftsblockade von Georgien, die rassistisch unterlegte Kampagne gegen georgische Immigranten in russischen Städten, der Mord an der Journalistin *Anna Politowskaja*, Energietransitprobleme und die emotional aufgeladene Lage in Estland sorgten für genügend Zündstoff in den Verhandlungen. Wie zu erwarten, führte der Gipfel von Samara zu keinen greifbaren Ergebnissen. Dennoch, gänzlich erfolglos war der Gipfel nicht. Als Erfolg kann gewertet werden, dass beide Seiten die Einrichtung eines Frühwarnsystems beschlossen, um Probleme beim Transport von Energie auszuschließen, wie sie in der Vergangenheit durch die Transitländer ausgelöst wurden. Außerdem sollen Maßregeln zur Investitionssicherheit aufgestellt werden. Immerhin konnte Russland auch dazu gebracht werden, beim *Galileo Projekt*, das in der EU ins Trudeln geraten ist, zu kooperieren. Auch wurden Erleichterungen durch ein elektronisches Überprüfungssystem für den grenzüberschreitenden Güterverkehr vereinbart, um die Wartezeiten an den Grenzen und damit die Gelegenheit zu Korruption und Betrug zu reduzieren[158]. Außerdem wurden wieder einmal die üblichen Erleichterungen des Visa-Verkehrs beschlossen, die aber wie vordem am Zustand des erniedrigenden und demüti-

---

[157] Vergiftet sind auch die Beziehungen durch den Streit Russlands mit Estland. Die estnische Regierung beschloss kurz vor dem 9. Mai 2007 die Umsetzung eines Ehrenmals und die Umbettung von gefallenen sowjetischen Soldaten des Zweiten Weltkrieges im April 2007. Gegen diese Maßnahme, die eindeutig als Provokation zu interpretieren ist, kam es zu den erwarteten heftigen Protesten der russischen Minderheit in Tallinn und zu Protestnoten der russischen Regierung. In Moskau wurde die estnische Botschaft belagert.

[158] http://president.kremlin.ru/eng/speeches/2007/05/18/2256_type82914_129617.shtml.

genden Systems, das auf beiden Seiten installiert ist, kaum grundsätzlich etwas ändern werden. Das belegen leider Erfahrungen aus den letzten zehn Jahren. In der schwierigen Frage des Kosovo wurde keine Annäherung erzielt. Und Verhandlungen über ein Folgeabkommen zum PKA scheiterten an der schon erwähnten polnisch-russischen Kontroverse, die um estnisch-russische Probleme der Vergangenheitsbewältigung noch erweitert und erschwert wurden[159]. Damit war bereits in Samara offenkundig, dass ein Folgeabkommen fristgerecht nicht im November 2007 das alte PKA ablösten konnte. Während die deutsche Kanzlerin *Angela Merkel* den polnisch-russischen Streit zum Verteidigungsfall für die gesamte EU hochstilisierte, obwohl Warschau seit 2006 keine Verhandlungen mehr mit Moskau darüber führt, fragte Präsident *Putin* ironisch nach, wo denn die Grenzen der Solidarität mit einem Land lägen, dass gegen die Interessen der Mehrheit der Mitgliedsländer handele. Auf das Scheitern der Verhandlungen über das Folgeabkommen angesprochen, kommentierte *Putin* die Lage relativ gelassen. „But we are not over-dramatising the situation and understand that before the EU can engage in talks, it must resolve its internal problems. We respect this. I will repeat again that Russia values the strategic nature of our partnership."[160]

Nach der illusorischen Euphorie der frühen 90er Jahre und der kurzeitigen Aufhellung zu Beginn des neuen Millenniums hat sich in den europäisch-russischen Beziehungen nach dem Gipfel von St. Petersburg ein krasses Missverhältnis zwischen den wirtschaftlichen und politischen Interessen herausgebildet.

Warenhandel der EU 27 mit Russland
(in Mio. Euro)

	Ausfuhren	Einfuhren	Saldo
2000	22 738	63 777	-41 039
2001	31 602	65 875	-34 272
2002	34 420	64 493	-30 073
2003	37 206	70 663	-33 457
2004	46 030	83 954	-37 924
2005	56 880	112 613	-55 733
2006	72 360	140 586	-68 226

Quelle: Gipfel EU-Russland, Außenhandel der EU 27 mit Russland 2006,
Referenz: STAT/07/65, 15.5.2007

---

[159] http://ec.europa.eu/news/external_relations/070521_1_de.htm. Im russisch-polnischen Streit um die Importe von Gammelfleisch scheint nun eine Entspannung möglich, da Polen russischen Veterinären die Inspektion von fleischverarbeitenden Konzernen anbot.
[160] http://president.kremlin.ru/eng/speeches/2007/05/18/2256_type82914_129617.shtml.

Gemessen an der dynamischen Wirtschaftskooperation, an sprudelnden ausländischen Direktinvestitionen und der Interdependenz beider Wirtschaftsblöcke sind die politischen Beziehungen von Misstrauen und gegenseitigen Vorwürfen belastet. Nicht, dass es keine realen Streitfragen gibt. Meinungsunterschiede über den Status des Kosovo sind solch ein Punkt. Aber die Verhandlungen zeigen, dass sich in Moskau die Positionen verhärtet haben. Kompromisse sind nicht mehr so leicht zu erreichen wie noch in den 90er Jahren oder während der ersten Amtsperiode *Putins*. Moskau, so hat es den Anschein, argumentiert und verhandelt zunehmend aus einer Position der Stärke heraus, die kaum Raum für Kompromisse lässt.

Handel der EU 27 mit Russland nach Produkten (in Mio. Euro)

	Ausfuhren		Einfuhren		Saldo	
	2000	2006	2000	2006	2000	2006
Insgesamt	22 738	72 360	63 777	140 586	-41 039	-68 226
Grundstoffe:	3 652	7 560	40 172	99 772	-36 519	-92 213
Nahrungsmittel	2 823	5 911	727	796	2 096	5 115
Rohstoffe	708	1 183	3 652	4 889	-2 944	-3 706
Energie	121	466	35 793	94 087	-35 671	-93 621
Industrieerzeugnisse:	18 483	63 378	13 487	20 138	4 996	43 240
Chemische Erzeugnisse	3 280	10 911	2 519	4 010	761	6 901
Maschinen & Fahrzeuge¹	8 381	33 576	1 074	1 194	7 308	32 382
Andere Erzeugnisse¹	6 822	18 892	9 895	14 934	-3 072	3 958
Sonstige	602	1 423	10 118	20 676	-9 516	-19 253

Dienstleistungsverkehr der EU 25 mit Russland: 3,2 Mrd. Überschuss[161]

DI-Flüsse zwischen der EU25 und Russland (Direktinvestitionen in Mio. Euro)

	2001	2002	2003	2004	2005
DI der EU25 in Russland (Abflüsse)	2 495	2 454	7 704	5 878	8 997
DI Russlands in der EU25 (Zuflüsse)	752	342	704	196	4 107
Netto-DI-Flüsse der EU25 (Abflüsse minus Zuflüsse)	1 743	2 112	7 000	5 682	4 890

http://ec.europa.eu/eurostat

---

[161] Die meisten Mitgliedstaaten verzeichneten 2006 ein Handelsbilanzdefizit mit Russland. Die höchsten Defizite wurden von den Niederlanden (-11,4 Mrd.), Italien (-6,0 Mrd.), Deutschland und Polen (jeweils -5,9 Mrd.) und Spanien (-5,7 Mrd.) gemeldet.

Die Behandlung Georgiens, die offene Unterstützung der separatistischen Gebilde Abchasien und Südossetien sowie die starre Haltung Moskaus bei der Lösung des Problems Transnistrien sind ebenfalls zu nennen. Aber grosso modo überwiegen doch eher Übereinstimmungen in internationalen Fragen wie beispielsweise beim *Nahost-Quartett*, bei der Suche nach einer friedlichen Schlichtung des Atomstreites mit dem Iran oder der Einschätzung der amerikanischen Politik im Irak. Selbst in Fragen der globalen Klimapolitik gibt es mit Moskau mehr Übereinstimmung als mit den USA.

Grund für die atmosphärischen Spannungen sind Fehleinschätzungen und Überfrachtungen auf beiden Seiten, die mittlerweile die Qualität von Feindbildern und/oder mythischen Hilfskonstruktionen erlangt haben. Sie überleben, weil die Beziehungsstruktur trotz intensiver Dialogforen auf der Ebene von EU und nationalen Regierungen von Akteuren getragen wird, die faktisch eine Monopolstellung für die Information der Öffentlichkeit haben. Die gegebenenfalls korrigierende Einwirkung auf medial präsentierte Bilder durch zivilgesellschaftliche Organisationen fehlt nahezu vollständig. Hier konterkariert die intransparente Abschottungspolitik, die durch bilaterale Visaregime verhängt wird, Ansätze zivilgesellschaftlicher Öffnung und damit eines breiten und realitätsbezogenen Informationsflusses über die jeweils andere Gesellschaft. Die Langlebigkeit von Stereotypen in der westlichen Perzeption führt dazu, dass Entscheidungsträger und Öffentlichkeit in der Europäischen Union und in einigen ihrer Mitgliedsländer anscheinend spezifische Erfordernisse der russischen Situation verkennen, die sich aus soziokulturellen wie historischen Umständen eines multiethnischen, multireligiösen Staates ableiteten und einen starken, aber nicht notwendigerweise zentralistischen Staat unabdingbar machen. Begründungen für eine Staatskonstruktion, die sich aus solchen Bedingungen ergibt, hat *Wladislaw Surkow* mit der Kategorie „souveräne Demokratie" geliefert. Von europäischer Seite wird zurecht auf die Einhaltung demokratischer Spielregeln beim Ausbau des politischen Systems gepocht[162]. Kernpunkte der westlichen Kritik sind der Krieg und Menschenrechtsverletzungen in Tschetschenien, die Sorge um autoritäre Tendenzen, die Gängelung der Presse, Einschränkungen der Demokratie, Missbrauch administrativer Macht zur Steuerung und Manipulation von Wahlen, Russlands Rolle bei der Destabilisierung Georgiens sowie Moskaus Unterstützung für die separatistische Abspaltung von Moldawien, Transnistrien. Von russischer Seite werden Befürchtungen geäußert, dass sich das Land in einer sich zuspitzenden Konkurrenz mit einem überlegenen geopolitischen Machtblock befindet, dessen Neue Nachbarschaftspolitik als Vorwand dient, einzelne Staaten aus dem GUS-Verband herauszubrechen und Russland zu isolieren. Beide Kritiken sind überzogen und werden wechselseitig als absurd kritisiert. Und hier schlägt die Falle einer zentralistischen Politik auf Seiten zu. Weil die anfängliche Offenheit der russischen Gesellschaft abgebremst wurde, weil Medien gleichgeschaltet und aus der Kontrolle der Oligarchen in die des Staa-

---

[162] *Timofei Bordachev, Arkady Moshes,* Is the Europeanization of Russia over?, in: *Russia in Global Affairs,* Vol. 2, April–Juni 2004, S. 90 ff.

tes abgeglitten sind, ist die russische Öffentlichkeit medialen Desinformationen ähnlich ausgeliefert wie im Westen. Auf beiden Seiten werden von interessierten Kreisen normative Abwehrschirme und Vernebelungswände aufgestellt, gegen die aufgrund der noch schwachen zivilgesellschaftlichen Interaktion wenig auszurichten ist[163]. Ein jüngstes klassisches Beispiel ist die Debatte über die Raketenabwehr. Ohne den vernehmbaren Auftritt des russischen Präsidenten wäre das Thema kaum so schnell und so intensiv in den Medien aufgegriffen worden.

Außerhalb dieser normativen Front existieren aber strukturelle Probleme in den russisch-europäischen Beziehungen, die nicht so einfach wegzuräumen sind.

So fordern denn auch *Timofei Bordachev und Arkady Moshes*, dass die Europäische Union das ehrgeizige Projekt der Europäisierung Russlands begraben sollte[164]. Und Russland sollte aufhören, zu beteuern, dass es zu Europa gehöre, obgleich der Kreml im gleichen Atemzug gegen Europa Position bezieht. Stillschweigend sollten beide Seiten stattdessen ihre Andersartigkeit und damit die Unvereinbarkeit ihrer politischen, gesellschaftlichen und wirtschaftlichen Systeme akzeptieren. Ohne Zweifel würde ein solcher Schritt die sterile Diskussion Werte versus Interessen[165] beenden oder wenigstens entschärfen, die von interessierten internationalen Gremien, vom amerikanischen Kongress, vom Europarat und diversen Fraktionen quer durch die europäische Parteilandschaft immer wieder belebt wird. Als Ergebnis könnten wir zu einer prononcierteren und realpolitischen Einordnung Russlands im Interessenspektrum der westlichen Politik kommen. Denn bislang haben weder Washington noch Brüssel eine konkrete Strategie für Russland entwickeln können oder wollen. Während der zurückliegenden siebzehn Jahre postsowjetischer Existenz ließen sie es offen, ob man Russland als Gegenspieler eines entstehenden Wirtschaftsblockes, als eigenständige und gegnerische Großmacht oder als fragiles Gebilde am Rande des

---

[163] Dass auf beiden Seiten Werte und die Geschichte als Waffen eingesetzt werden, verdeutlichte auf erschreckende Weise der 7. St. Petersburger Dialog vom Oktober 2007, der sich immerhin als Vermittlungsorgan beider Zivilgesellschaften definiert. Eine nahezu sterile und stereotypische Debatte über Werte versus Interessen dominierte in einigen Arbeitsgruppen und verstellte Ansätze einer zukunftsweisenden Politik auf Herausforderungen der Globalisierung und zur Abwehr von Gefahren gemeinsame Antworten zu finden.

[164] Siehe dazu den interessanten Ansatz von *Amitai Etzioni*, Sicherheit zuerst, in: FAZ, 31.05.2007, S. 8. *Etzioni* bezweifelt vor dem Hintergrund der irakischen und afghanischen Ereignisse den Sinn von Demokratietransfers und des extern induzierten „nation-building". „Neokonservative glauben, dass man Demokratisierung erzwingen kann; Liberale glauben an die Veränderung aufgrund ausländischer Hilfe, Schuldenerlass, Handelszugeständnissen und der Unterstützung von Reformern. Tragische Wirklichkeit ist, dass beide Ansätze zu langfristiger und großangelegter gesellschaftlicher Umstrukturierung in den meisten Fällen fehlgeschlagen sind." Die Erkenntnis über die fehlgeschlagenen Projekte findet zwar mehr und mehr Eingang in die amerikanische Politik, aber ein neues Projekt ist nicht sichtbar. *Etzioni* schlägt daher vor, seinem Ansatz „Sicherheit zuerst" Priorität zu geben.

[165] *Hans-Joachim Spanger*, EU – Russland: Was bleibt von der strategischen Partnerschaft?, in: Internationale Politik und Gesellschaft, 2/2007.

großen europäischen Wirtschaftsraumes einschätzen sollte. Sogar eine Welt ohne Russland war Mitgliedern des amerikanischen Kongresses zeitweise vorstellbar. Wie auch immer, die Zeiten des alten PKA und der Erklärung von Köln sind ebenso vorüber wie die Schwächeperiode Russlands. Es gilt, sich auf die neue Situation ohne ideologischen Ballast einzustellen. Das Gerede von der Partnerschaft, die ohne Ziel und Vision blieb, hat für die Zukunft keine Bedeutung mehr, es sei denn, beide Seiten finden zu einem Interessenabgleich zusammen. Dieser Schritt verlangt aber die volle Gleichberechtigung und gegenseitige Akzeptanz der unterschiedlichen Entwicklungsmodelle und darüber hinaus den Abbruch von normativen Vorhaltungen, die primär bezwecken, eine europäisch-russische Annäherung zu erschweren, wenn nicht gar zu torpedieren. Damit ist keinem Wegducken vor autoritären Entgleisungen in der russischen Innenpolitik oder der kritiklosen Hinnahme von nicht nachvollziehbarem Verhalten Moskaus in der Außen-, Außenwirtschafts- oder Sicherheitspolitik das Wort geredet. Kritisches Einwirken ist schon angesichts der Schwäche und der fehlenden Glaubwürdigkeit der innenpolitischen Opposition in Russland das Gebot der Stunde. Nur diese Kritik kann sich nicht auf das Abkanzeln beschränken und darüber die gemeinsamen europäischen Ziele vergessen. Mehr Geduld und positives Einwirken sind angezeigt. Denn dass der momentane Entwicklungszustand in Russland nicht der endgültige bleiben dürfte, sollte angesichts der rasanten wirtschaftlichen Dynamik, der gesellschaftlichen Differenzierung und außenpolitischen Positionierung selbst jenen Kräften im Westen bewusst sein, die sich lieber dem Kanon abstrakter Wertedebatten bedienen. Man kann nur hoffen, dass es gelingen wird, zu einer gemeinsamen und verantwortlichen Position für den euroasiatischen Raum zu kommen, denn die Geschicke und Völker dieses Raumes werden vom Verhältnis der beiden geopolitischen Machtblöcke beeinflusst werden.

Eines ist gewiss, gegen alle Beteuerungen aus Brüssel wird in Europa eine Linie gezogen zwischen Mitgliedern der Europäischen Union und ihren *Partnern*, aber letztere bleiben draußen. Mehr noch, Partner kann nur werden, wer bereit ist, die Werte der EU zu teilen, sprich zu übernehmen. Nur in diesem Fall öffnet sich das segensreiche europäische Füllhorn, allerdings unter der Voraussetzung, es gibt noch etwas zu verteilen. Dann kommt es zur regionalen Strukturhilfe, zu Mitteln der sozialen und ökologischen Harmonisierung und zu all den anderen wundertätigen Programmen. Vielleicht kommt in naher Zukunft noch ein Programm zur Förderung der Energiesicherheit hinzu. Unter dem Mantel einer europäischen Energiepolitik würden höchstwahrscheinlich dann jene Länder zur Kasse gebeten, die seit Jahren auf diesem Gebiet erfolgreiche Vorsorge betreiben.

Selbstverständlich ist die Teilnahme am großen gesamteuropäischen Wirtschaftsraum für alle Länder attraktiv. Diese Aussicht ist Anreiz genug, um weitergehende Wünsche einstweilen abzuwehren. Im Klartext, die Zeiten der Mitgliedschaft sind vorüber, Kooperation und Partnerschaft sind angesagt. Und diese Strategie zielt auf die verbliebenen westlichen GUS-Staaten, auf die Ukraine, Belarus, auf die drei kaukasischen Republiken, auf Moldawien und hat auch eine energie- und wirtschaftspolitische Dimension für Zentralasien. Ähnlich wie beim Sogeffekt der europäischen Integration auf die Länder Mitteleuropas werden auch die verbliebenen Länder der eurasischen Zwischenzone angezogen. Politische Auseinandersetzungen zwischen konkurrierenden Machteliten und Interessengruppen in diesen Ländern sind bereits heute Realität. Und dass es unweigerlich zu Spannungen mit Russland kommen wird, haben Georgien und die Ukraine bewiesen. Die Ukraine war ein düsteres Kapitel für solch ein Szenario. Denn zweifelsohne schwächte der Verlust der Beitrittsperspektive dort einerseits Reformkräfte und stärkte andererseits oligarchisch-autoritäre Strukturen. Dieses Szenario kann zum Modell in der gesamten osteuropäischen Zwischenzone werden. Als Folge werden diese Länder zwangsläufig in Richtung Russland abgedrängt, denn sie können nicht auf Dauer in einem geopolitischen Schwebezustand verharren. Mehr noch, falls der Beitritt nicht mehr in Aussicht gestellt wird, entfallen auch die Einwirkungsmöglichkeiten der westlichen Politik auf die Länder des Raumes. Es sei denn, man setzt gänzlich auf anti-russische Fluchtreflexe oder bringt die USA ins Spiel. Konkret, man bietet den unter finanziellen Ausgleichsaspekten wesentlich günstigeren und innerhalb der EU politisch weniger strittigen Beitritt zur NATO an. Beide Varianten haben jedoch ihre Fußangeln. Vielleicht abgesehen von Aserbaidschan und Georgien, gibt es weder in der Ukraine noch in Armenien[166] oder anderswo in der GUS gegenwärtig nennenswerte Bestrebungen unter den nationalen Entscheidungseliten, der NATO beizutreten. An einer solchen Frage würden sich heftige innenpolitische Kontroversen entzünden. Selbst in der Ukraine ist ein solcher Schritt nicht mehrheitsfähig.

Konkret, die Folgen für den Ausschluss aus dem europäischen Integrationsprozess könnten unverhältnismäßig hoch sein. Der gesamte Raum könnte in autoritäre, korrupte politische Verhältnisse abgleiten.

Will die EU an ihrer östlichen und offenen Flanke nicht mit korrupten, autoritären und aggressiven Regimen konfrontiert werden, so muss sie diesen Ländern eine Entwicklungsperspektive in Aussicht stellen. Aber selbst mit der Ukraine tut sich die EU schwer, und niemand vermag zu sagen, was unter dem Begriff der „vertieften Partnerschaft" verstanden werden soll. Kommt aber von der Europäischen Union keine Zukunftsvision, so könnten die Rückwirkungen auf die demokratischen Kräfte in diesen Ländern verheerend sein[167].

Weil eine Mitgliedschaft der Länder Zwischeneuropas und Russlands in der Europäischen Union nahezu ausgeschlossen ist, muss ein Modus Vivendi gefunden werden, der ein Zusammenleben unter Bedingungen der größtmöglichen Annäherung gestattet und geopolitische Machtkonflikte zwischen der EU und Russland auf ein Min-

---

[166] Zu Armenien siehe die fundierte Analyse von *Aschot Manutscharjan*, Keine „Aprikosen Revolution": Die Parlamentswahlen in Armenien und ihre Auswirkungen auf die Sicherheitslage im Kaukasus, in: KAS7 Auslandsinformationen; 8/2007.

[167] Siehe dazu auch: *Michael Dauderstädt*, Exporting Stability to a Wider Europe: From a Flawed Union to Failing States, in: Internationale Politikanalyse, Friedrich-Ebert-Stiftung, Oktober 2004.

destmaß reduziert. Gegen das potentiell konfliktträchtige Szenarium zweier rivalisierender Blöcke ist von russischer Seite die Idee von gesamt-europäischen Institutionen angeschnitten worden, was aber wiederum eine Annäherung in normativen Fragen voraussetzen würde[168]. Ein Überbrückungsschritt auf diesem Wege könnte, ähnlich wie bei der NATO-Osterweiterung, die Einrichtung eines spezifischen Konsultativrates sein[169], der Russland in den Entscheidungsorbit der Europäischen Union einbindet, aber gleichzeitig verhindert, dass Moskau zum Störfaktor der Integration werden kann. Hier wären die Erfahrungen des NATO-Russland-Konsultativrates zu berücksichtigen. Ob allerdings eine solche Konstruktion, die wahrscheinlich auch auf Kiew ausgeweitet werden müsste, gegen den voraussehbaren Widerstand der neuen Mitgliedsländer der Europäischen Union durchgesetzt werden könnte, ist fraglich und wäre vermutlich nur auf Grundlage der Verfassung oder des Reformvertrages (mit veränderten Abstimmungsmodalitäten) möglich.

Russland habe kein Interesse, die Konflikte mit der Europäischen Union zu schüren, und verfolge auch keine ehrgeizigen imperialen Ziele, bekräftigte *Putin,* auf die Grundkonzeption seiner Außenpolitik angesprochen, kurz nach seiner Wiederwahl 2004. Aber die russische Außenpolitik habe auch die Aufgabe, für die Entwicklungsziele des Landes ein günstiges Außenumfeld zu schaffen. Daher werde Moskau weiterhin mit den USA, der Europäischen Union, den Asiatischen Staaten, besonders China und Indien, zusammenarbeiten[170].

4. Russland und die GUS: Sicherheitskordon, Kooperationsraum oder Konfliktzone?

4.1 Phasen der russischen GUS-Politik

Obwohl seit Gründung der Gemeinschaft Unabhängiger Staaten/GUS im Jahre 1991 eine Flut von Regelungen einsetzte und obgleich die Regierungschefs in zahlreichen Resolutionen und Verträgen eine enge sicherheitspolitische, militärische und wirtschaftliche Zusammenarbeit vereinbarten, blieb die Gemeinschaft bis heute ein loser Zusammenschluss von Staaten und primär ein Diskussionsclub seiner Präsidenten. Abgesehen von der *Interparlamentarischen Versammlung in St. Petersburg,* einem

---

[168] Siehe dazu: *Laza Kekic,* Where are the EU's Final Borders?, in: The Moscow Times, 17.06.2004, S. 10. *Kekic* ist Direktor des *Central and Eastern Europe at the Economist Intelligence Unit*, Moskau.
[169] Siehe dazu: *Hans-Joachim Spanger*, EU – Russland: Was bleibt von der strategischen Partnerschaft?, in: Internationale Politik und Gesellschaft, 2/2007, S. 98 f.
[170] The Russia Journal, 15.03.2004.

Konsultativgremium, trat die GUS weder in einen Prozess der Integration ein noch schuf sie Institutionen mit Entscheidungskompetenz oder wurden gar, wie im westeuropäischen Gegenstück, nationale Souveränitätsrechte auf supranationale Institutionen übertragen. Sie entwickelte sich noch nicht einmal zu einem Zweckverband zur Bündelung, Repräsentanz und Koordination gemeinsamer Interessen. Das mag einerseits daran liegen, dass kein Motor mit integrativer Kraft ihre Weiterentwicklung antrieb. Andererseits waren aber endogene und exogene Gründe maßgeblich für die institutionelle Schwäche und für fehlende Befugnisse der GUS verantwortlich. So verhinderte nach dem Zusammenbruch der UdSSR ein aufquellender Nationalismus in den ehemaligen Sowjetrepubliken jeden Gedanken an eine föderative Struktur oder an integrative Prozesse. In den souveränen Folgestaaten Zentralasiens und des Kaukasus, in der Ukraine, in Weißrussland und in den baltischen Republiken konstituierten sich Machteliten, die sich in einer Fluchtbewegung von Moskau befanden.

Außerdem sahen sie sich mit schier unlösbaren innenpolitischen, sozialen und wirtschaftlichen Problemen konfrontiert, die mit dem Kollaps der Sowjetunion über sie hereinbrachen. Obendrein wurde die Absetzbewegung von Moskau von Illusionen begleitet, den Weg in westliche Institutionen zu beschreiten.

Die GUS wurde zum Auffangbecken der auseinanderstrebenden ehemaligen Sowjetrepubliken, oder wie es der russische Präsident es auf einer Pressekonferenz in Eriwan 2005 ausdrückte: „The CIS was created to support civilized disintegration of former USSR, so as to minimize losses resulting from it"[171]. Demzufolge, fügte *Putin* hinzu, war an Integration nie gedacht worden.

Obgleich sich in Russland die wirtschaftlichen und politischen Bedingungen seit dem Jahre 2000 stetig verbesserten und sich gleichermaßen nach 2005 Befürchtungen abschwächten, die Europäische Union würde zum geopolitischen Konkurrenten/Gegner Moskaus im GUS-Raum, mehrten sich gegen Ende der zweiten Amtsperiode *Putins* Anzeichen, Moskau könnte sich aus Teilen dieser Region zurückziehen. Ein solcher Schritt hätte zweifellos die Auflösung der GUS zur Folge. Angesichts der Tatsache jedoch, dass die russische Politik heute einen größeren Handlungsspielraum als je zuvor in den anderthalb Dekaden seit dem Untergang der Sowjetunion besitzt und somit die Voraussetzungen für eine aktive russische GUS-Politik eigentlich bestünden, wäre eine solche Entscheidung schon absonderlich. Unbestritten, aufgrund seiner Ressourcen und des erreichten Grades an innerer Stabilität könnte Russland heute theoretisch die Rolle eines Motors für eine intensive Kooperation, ja sogar für Prozesse der Integration übernehmen. Vorsichtige Ansätze dazu zeigten sich 2003 in Jalta bei der Konzeption des „Einheitlichen Wirtschaftsraums". Oben-

---

[171] *Wladimir Putin*, Pressekonferenz in Eriwan, in: RosBusinessConsulting, 25.03.2005. Damit greift *Putin* interessanterweise etwas verspätet ein Argument auf, das *Leonid Krawtschuk*, der erste Präsident der unabhängigen Ukraine, im Zuge des Auflösungsprozesses der Sowjetunion vorgebracht hatte.

drein sind die nationalistischen Aufwallungen der frühen Jahre in den meisten GUS-Staaten rückläufig. Zugleich wurden die tiefen Krisen in einigen GUS-Staaten zwar nicht völlig überwunden, aber sie sind abgemildert worden, so dass auch dort, bis auf wenige Ausnahmen, ein gewisses Maß an politischer Stabilität eingekehrt ist. Zwar klaffen noch erhebliche Gegensätze und Ungleichheiten zwischen den GUS-Staaten hinsichtlich ihrer wirtschaftlichen Entwicklung, aber dennoch wurden realistische Voraussetzungen für einen „eurasischen" wirtschaftlichen, politischen und militärischen Kooperations- oder sogar Integrationsraum geschaffen. Das alles steht nun auf dem Prüfstand, und sollte sich bewahrheiten, dass Moskau diese Chance nicht nutzen kann oder will oder seiner Politik andere Ziele setzt, so sind dafür auch externe Faktoren mitverantwortlich.

Vieles deutete darauf hin, dass in Abwehr der Osterweiterung der Europäischen Union Moskau die Grenzen zwischen dem europäischen Machtblock und der Russischen Föderation zu markieren und Interessenbereiche abzustecken suchte: Belarus, die Ukraine, Moldau und der Kaukasus, vielleicht noch die östlichen Anrainerstaaten des Kaspischen Meeres wurden zur Schnittmasse, an der sich beide Interessenbereiche berühren, überschneiden und in Konflikt geraten können. Die Situation wird noch komplexer, da noch weitere Flügelmächte in dieser Großregion präsent sind. Stärker und früher als die Europäische Union engagierten sich hier die USA und suchten ein mögliches Zusammengehen der GUS-Staaten mit Moskau zu hintertreiben. Und mit China, das seit 2003 zum zweitgrößten Erdölkonsumenten der Welt hinter den USA wurde, erschien ein neuer Machtfaktor in diesem Raum. Chinesische Interessen der Energiesicherung erstrecken sich auf Kasachstan, Turkmenistan und natürlich auf Russland.

Angesichts dieser Entwicklung nahm es nicht Wunder, dass Trugbilder und alte Machtspiele aus dem 19. Jahrhundert reanimiert wurden, die *Rudyard Kipling* in seinem Roman „Great Game" verewigt hatte. Amerikanische Geopolitiker wie *Zbigniew Brzeziński*[172] knüpften an imperiale Schablonen an und definierten diesen Raum und seine Rohstoff- wie Energiereserven erneut als Austragungsort für die Interessenpolitik und damit einhergehender Konflikte der großen Mächte: Russland, die USA, die Europäische Union und nun auch China. Trotz ausgeformter Eigeninteressen sind die regierenden Machtgruppen zu schwach oder zu zerstritten, aus eigenen Kräften für die Stabilität ihrer Länder und insbesondere des Raumes zwischen dem Schwarzen und Kaspischen Meer, also großer Teile Eurasiens schlechthin, Verantwortung zu übernehmen. Der eurasische Raum droht daher wieder zum geopolitischen Spielball externer Interessen zu werden. Und die EU kann sich aufgrund ihrer räumlichen Nähe, der sicherheitspolitischen Bedrohungssituation und der energiepolitischen Interdependenzen nicht aus diesem geopolitischen Spiel herausnehmen.

---

[172] *Zbigniew Brzeziński,* The Grand Chessboard. American Primacy and its Geostrategic Imperatives, New York 1997.

4.2 Die formativen Jahre: Primat der Innenpolitik versus Eurasische Konföderation

Seit dem Untergang der Sowjetunion gab es immer wieder Ansätze, die auseinanderstrebenden und auf Selbstständigkeit bedachten ehemaligen Sowjetrepubliken zu einem Staatenbund oder zu einer Konföderation zusammenzuführen. Rückblickend kann als Fazit festgehalten werden, dass alle Versuche, eine dezidierte, gar vorrangige russische GUS-Politik zu konzipieren, am Zusammenspiel innenpolitischer, wirtschaftlicher und außenpolitischer Faktoren scheiterten. Das Verhältnis Moskaus zum „Nahen Ausland", so die euphemistische Umschreibungsformel für den postsowjetischen Raum, ohne die Baltischen Republiken, war von Anbeginn schwierigsten Belastungen ausgesetzt. Der russische Staat, selbst in der Konstitutionsphase und noch mit der Abwicklung des alten sowjetischen Apparates bis Mitte der 90er Jahre beschäftigt, verfügte weder über materielle Ressourcen noch wirtschaftliche Attraktivität, um die Fluchtbewegungen der ehemaligen Sowjetrepubliken einzufangen. Die neuen, reformerischen Führungskräfte, die mit Präsident *Boris Jelzin* in Entscheidungspositionen gelangten, hatten zudem andere Vorstellungen über die Bewältigung des imperialen Sowjeterbes. Für sie ging es nach 1993 in erster Linie darum, politisch zu überleben und das Land auf Reformkurs zu halten. Das hielt Moskau jedoch nicht davon ab, ethnische und territoriale Konflikte in den GUS-Ländern für eigene Zwecke zu nutzen, so in Georgien, in Moldawien und zwischen Armenien und Aserbaidschan. Konflikte über das Schicksal der Schwarzmeerflotte und der Krim wurden mit der Ukraine gütlich bis Mitte der 90er Jahre beigelegt.

Im postsowjetischen Russland gab es, abgesehen von wenigen extremen Splittergruppen und Populisten vom Schlage *Wladimir Schirinowskis*, weder in der außenpolitischen Entscheidungselite noch in der russischen Gesellschaft einen tragenden und breiten Konsens für eine imperialistische oder chauvinistische Politik der „Sammlung russischer Erde".

Wie in Russland stand die Dekade der 90er Jahre auch in den GUS-Ländern unter dem **Primat der Innenpolitik**. Das erforderte die Konzentration der knappen Ressourcen auf innenpolitische Befriedungsstrategien und den Ausbau der jeweiligen Herrschaftssysteme. Statt demokratischer Reformimpulse überwogen in den souveränen GUS-Republiken autoritäre Tendenzen und klientelistische Praktiken, die nicht nur von den alten Machtgruppen ausgingen. Nirgendwo gab es Anzeichen, dass die neuen Machteliten die Reintegration ihrer Länder in ein von Russland dominiertes Herrschaftsgebilde anstreben würden. Im Gegenteil. Wie in Russland waren sie damit beschäftigt, sich in Machtpositionen einzurichten und Pfründe, d.h. das frühere Staatseigentum, untereinander aufzuteilen. Wurden im postsowjetischen Russland die Oligarchie und regionale Cliquen zu den Machtsäulen des *Jelzin-Systems*, so verschmolzen in den meisten Ländern der GUS ehemalige Kader aus den Apparaten von Kommunistischer Partei, Staat, Gewerkschaften und Roten Direktoren zur neuen Herrschaftsstruktur. Korruption, Klientelismus und der rücksichtslose Raub ehemaligen Staatseigentums bestimmten während der 90er Jahre im eurasischen Raum Prozesse des „*nation-building*", die in einigen Fällen zu Bürgerkriegen, separatistischen Abspaltungen und ethnischen Säuberungen führten[173].

Außenpolitisch stand die russische GUS-Politik während der gesamten *Jelzin Ära* im Schatten der Westpolitik und wurde von innenpolitischen Faktoren bestimmt, besonders unter dem ersten Außenminister *Andrej Kosyrew*[174]. Sein schärfster Kritiker, der ihn nach dem verheerenden Ergebnis der Reformkräfte bei den Wahlen zur zweiten Staatsduma 1995, im Januar 1996 im Amt ablöste, *Jewgenij Primakow*, forderte zwar, Russland solle eine ordnende Funktion in der GUS übernehmen, ohne allerdings in imperiale Traditionen zurückzufallen[175]. Stabilisierung und Reintegration des postsowjetischen Raumes genossen in seinem politischen Weltbild klare

---

[173] Sie den Beitrag von *Alexander Iskandaryan* in diesem Buch.
[174] Siehe dazu den vorhergehenden Band: *Piehl/Schulze/Timmermann* (2005), S. 168 ff.
[175] Als Ergänzung zur „romantischen Westorientierung" der russischen Außenpolitik unter *Kosyrew* entstand die Idee einer **„Eurasischen Konföderation"**. Sie wurde hauptsächlich von Reformern der ersten Stunde vertreten. In dieser Konföderation sollten kosmopolitische Prinzipien der untergegangenen Sowjetgesellschaft unter den Bedingungen von Demokratie und Markt für den gesamten postsowjetischen Raum entwickelt werden. Beim Erfolg einer solchen Konstruktion hätten gleichermaßen innen- wie außenpolitische Ziele erreicht werden können. Erstens, der Unionskern der alten UdSSR wäre erhalten geblieben; Zweitens, ein Surrogat für das alte Sowjetimperium wäre geschaffen worden. Und drittens, beide Faktoren zusammen hätten es der nationalistischen und kommunistischen Opposition erschwert, gegen die neue politische Ordnung zu agitieren. Tragende Elemente dieser Idee waren,
➢ den gemeinsamen post-sowjetischen Verteidigungsraum zu bewahren,
➢ die hochintegrierte Sowjetwirtschaft als Bindeglied für die wirtschaftliche Integration nach dem Vorbild der Europäischen Gemeinschaft zu nutzen, um in 10 bis 15 Jahren einen ähnlichen Integrationsstand zu erreichen wie Westeuropa,
➢ die befürchtete Massenflucht russischer Bevölkerungsteile aus den ehemaligen Sowjetrepubliken zu verhindern, weil das auch zur politischen Destabilisierung Russlands hätte führen können.

Spielarten der liberalen Modernisierungskonzeption fanden sich auch bei den Nationalisten. Während die *liberalen und demokratischen Isolationisten* den gesamten GUS-Raum mit Hilfe marktwirtschaftlicher Instrumente verändern wollten und es ablehnten, diesen Ländern Vorzugspreise, etwa bei Energieträgern zu gewähren, sahen *nationalistische Isolationisten* in der GUS ein nicht überlebensfähiges „Kunstprodukt", das nur am Tropf wirtschaftlicher Subventionen überleben könnte. Würde Russland diese Subventionen einstellen, so wäre es nur eine Frage der Zeit, bis diese Regime zusammenbrächen. Beide Konzeptionen wurden in ihrer Stringenz nie in der Praxis erprobt. Sie scheiterten sowohl an der Unterschätzung der nationalistischen Bestrebungen in den neuen Republiken als auch an der Überschätzung einstiger wirtschaftlicher, sozialer Bindungen und politischer Interdependenzen. Die Furcht schließlich, dass sich Russland wie in Transnistrien, Abchasien und Ossetien in regionale, ethnische oder religiöse Konflikte einmischen und diese für eigene Interessen nutzen würde, grassierte im Kaukasus wie in Zentralasien. Im Übrigen hielten die Regime in Turkmenistan, Aserbaidschan und Usbekistan auf Distanz zum russischen Reformkurs unter *Jelzin*, weil er ihren autoritären Machtpraktiken zuwiderlief.

Priorität. *Primakow* war jedoch realistisch genug, schon damals zu erkennen, dass Russland sich nur auf wenige Länder konzentrieren sollte. Aber auch unter seiner Regie, zuerst in seiner Rolle als Außenminister und später als Premierminister, war eine nennenswerte Belebung der GUS-Politik bis 1999 nicht feststellbar. Das schloss auch die Beziehungen zu Belarus ein, die immerhin bis zur Unterzeichnung (1999) und Ratifizierung (2000) eines Vertrages über die Bildung eines Unionsstaates geführt wurden. Aber auch im Falle von Belarus waren die zentrifugalen Machtinteressen der dortigen Herrschaftsgruppen stärker als die Bereitschaft, sich mit Moskau die Macht zu teilen[176] oder gar von Moskau, wie *Putin* es mit Blick auf die deutsche Wiedervereinigung später vorschlug, absorbiert zu werden.

Wenngleich weder die Integration der GUS vorankam noch eine imperiale Großmachtpolitik realpolitisch umsetzbar schien, blieb dieser Raum der russischen Politik nicht gleichgültig. Minimalziel Moskaus in den 90er Jahren war, zu verhindern, dass sich diese Länder aus dem russischen Einflussbereich verabschiedeten und sich anderen, als feindselig betrachteten Allianzen oder Machtgruppierungen anschlossen oder annäherten. Der Kreml setzte dazu die einzig ihm verfügbaren wirtschaftlichen Hebel ein: **subventionierte Energielieferungen,** ungestörter Zugang von Waren aus den GUS-Ländern zu russischen Märkten sowie als dritte Einnahmequelle ungehinderte Rücküberweisungen von Arbeitsemigranten aus den GUS-Ländern. Paradoxerweise wurden wirtschaftliche Instrumente, vor allem die Energiepolitik seit Anbeginn von Moskau politisch eingesetzt, ohne dass in der westlichen Öffentlichkeit jemand daran Anstoß nahm.

Dort, wo die russische Politik noch über Klientel verfügte oder durch militärische Präsenz politischen Einfluss nehmen konnte, wie in Georgien oder Moldawien, war sie so lange erfolgreich, wie die Machteliten dieser Länder entweder einen Schlingerkurs zwischen Moskau und Brüssel fuhren oder aber indirekt von Moskau alimentiert und geschützt wurden. Leitendes Ziel der russischen GUS-Politik[177] in der ausgehenden Dekade der 90er Jahre war die Zementierung des Status quo und die Schaffung eines Stabilitätskordons.

Trotz der grundlegend pessimistischen Beurteilung durchlebte die russische GUS-Politik aber auch aktive Phasen, so in der ersten Amtszeit *Putins*, insbesondere ab 2001. Die Aufwertung des „*Nahen Auslands*" in der russischen Politik wurde teilweise durch das Zusammenspiel von externen Faktoren mit internen Problemlagen ausgelöst: erstens durch den Krieg gegen die *Taliban* in Afghanistan und den späte-

---

[176] Siehe dazu die Ausführungen von *Heinz Timmermann* in diesem Band.
[177] *Andrej Sagorskij*, Die Gemeinschaft Unabhängiger Staaten: Stand und Perspektiven, in: *Gabriele Gorzka/Peter W. Schulze* (Hrsg.), Russlands Weg zur Zivilgesellschaft, Bremen 2000, S. 201 ff. Siehe auch *derselbe*, Variable Geometrie: Grundlagen der Kooperation in der Gemeinschaft Unabhängiger Staaten, in: *Peter W. Schulze/Hans Joachim Spanger* (Hrsg.), Die Zukunft Russlands. Staat und Gesellschaft nach der Transformationskrise, Frankfurt 2000, S. 320 ff.

ren Irakkrieg; zweitens durch Befürchtungen, dass fundamentalistisch-terroristische Aktivitäten radikalisierter Moslemgruppen den zweiten Tschetschenienkrieg als Brückenkopf nutzen würden, um ethnische und religiöse Konflikte in Russland anzuzetteln. Insbesondere wurde die Bedrohung Südrusslands und der Grenzregionen um Tschetschenien ernst genommen. Und in der Tat, solche Bestrebungen wurden unternommen und veränderten die Dimension und Qualität des zweiten Tschetschenienkrieges.

Trotz der sporadischen Belebung der GUS-Politik belegen Umfragen, dass sich in Kreisen der außen- und sicherheitspolitischen Experten zäh die Zweifel hielten, dass die GUS jemals zu einem lebensfähigen Bund gemeinsamer Interessen mit eigenen Strukturen und Institutionen ausgebaut werden könnte[178].

Russische Experten über die Zukunft der GUS[179], in %

Mögliche Varianten der Zukunft der GUS:	1996	2001
Schwache Konföderation mit starker Integration in den Bereichen Wirtschaft und Sicherheit	39	16
Bildung einer Föderation unter russischer Führung	26	16
Bildung einer Gemeinschaft selbständiger Staaten nach dem Vorbild des britischen Commonwealth	10	11
Bildung einer Konföderation aus mehreren GUS-Staaten	8	17
EU-ähnliche Integration	5	7
Föderation ohne russische Vormachtstellung	4	2
Weitere Desintegration mit der Perspektive der Auflösung der GUS	1	18
Verteidigungsbündnis aus einem Teil der GUS-Staaten	1	10
Schwer zu sagen	4	2

---

[178] Siehe dazu auch *Dmitri Trenin*, Russland – Die gestrandete Weltmacht. Neue Strategien und die Wende zum Westen, Hamburg 2005.

[179] Kompiliert aus den vier außen- und sicherheitspolitischen Studien der *Friedrich-Ebert-Stiftung Moskau*, in Kooperation mit *Sinus Moskau* und *VCIOM Moskau*, Russische Außenpolitik 1993 im Urteil von außenpolitischen Experten. Eine soziologische Umfrage bei leitenden Mitarbeitern in Regierungsstäben, Mandatsträgern, Parteiführern, Wissenschaftlern und Redakteuren in den Massenmedien, Moskau Juli 1993; *Friedrich-Ebert-Stiftung Moskau*, in Kooperation mit *Sinus Moskau* und *VCIOM Moskau*, Russische Außenpolitik im Urteil von außenpolitischen Experten, Moskau/München, Mai 1996; *Friedrich-Ebert-Stiftung Moskau*, in Zusammenarbeit mit dem *Institut für komplexe Sozialforschung an der Russischen Akademie der Wissenschaften/RAN*, Deutschland und Europa in den Augen der Russen, Moskau Oktober 2002; *Friedrich-Ebert-Stiftung Moskau*, in Kooperation mit *Sinus München* und der militärsoziologischen Gruppe des Vereins *Civic Peace Moskau*, Militäreliten in Russland: Eine Befragung von 615 Offizieren der Streitkräfte der russischen Armee in den Militärregionen Moskau, St. Petersburg, Wolga-Ural, Nord-Kaukasus, Nordseeflotte, Sibirien und Kaliningrad, August 1994.

Entsprechend dieser Grafik verstärkten sich zwischen 1996 und 2001 die pessimistischen Prognosen. Ein Jahr nach dem Amtsantritt *Wladimir Putins* hielt die Mehrheit der russischen Experten die GUS für ein ***provisorisches und nicht sonderlich stabiles Gebilde***, das nie eine ähnliche Qualität an Integrationstiefe und institutioneller Vernetzung erreichen würde wie die EU. Eher sei mit ihrer Desintegration zu rechnen. Die Bildung einer Föderation unter russischer Führung schien ähnlich unwahrscheinlich wie die Selbstfindung der GUS ohne Russland. Am wahrscheinlichsten wurde das selektive Zusammenführen einiger Staaten zu einer schwachen Konföderation gesehen bzw. die Bildung eines militärischen Zweckbündnisses.

Russische Experten über die politische Zukunft osteuropäischer Staaten und des postsowjetischen Raums, in %

Staaten	Allmähliche Annäherung an die westliche Staatengemeinschaft und zukünftige NATO-Mitgliedschaft	Annäherung an Russland	Schwer zu sagen
Baltische Staaten	88,6	4,8	6,6
Rumänien	83,3	10,5	6,2
Slowakei	69,5	24,8	5,7
Bulgarien	66,7	27,6	5,7
Georgien	58,1	28,1	13,8
Jugoslawien	51,4	40,0	8,6
Aserbaidschan	42,9	42,4	14,7
Ukraine	29,0	63,3	7,6
Kasachstan	12,4	79,5	8,1
Armenien	9,5	82,9	7,6
Weißrussland	2,4	92,4	5,2

Hinsichtlich der Staaten Mitteleuropas herrschte seit Mitte der 90er Jahre eine bestechend klare Urteilskraft. Diese Länder, einschließlich Jugoslawien, würden früher oder später in die Europäische Union integriert und in die NATO aufgenommen werden, prognostizierte die Mehrzahl der befragten außenpolitischen Experten.

Ähnlich realistisch betrachteten außenpolitische Experten Moskaus die politische Zukunft des postsowjetischen Raumes. Dort würde Russland zwar auch künftig eine zentrale Rolle spielen, aber allenfalls als Kern einer vergleichsweise kleinen *„politischen Galaxie"*. Nur einige wenige GUS-Staaten wie Belarus, Kasachstan und Armenien würden den russischen Orbit nicht verlassen, so hoffte man. Bereits 2001 nahm aber schon ein Drittel der Befragten an, dass sich die Ukraine der NATO und der Europäischen Union zuwenden würde. Aserbaidschan sahen fast 43 % bereits im westlichen Lager, und 58 % wähnten, dass Georgien schon unter seinem damaligen Präsidenten *Eduard Schewardnadse* unhaltbar Kurs auf die NATO halte.

Akzeptiert man die späteren, unter der russischen Bevölkerung getätigten Umfrageergebnisse des renommierten und unabhängigen *Lewada Zentrums* aus Moskau[180], so vollzog sich anscheinend in der öffentlichen Meinung wesentlich später die emotionale Abnabelung vom Sowjetimperium als bei den russischen Entscheidungseliten aus Politik, Medien und Militär. Ferner scheint es, dass die wirkliche Abkehr von positiv gestimmten Rückbesinnungen auf die Sowjetunion, einschließlich der Politik zum „Nahen Ausland", erst mit den angespannten Beziehungen zur Ukraine im Zuge der „orangenen Revolution" einsetzte. Heute scheint die Mehrheit der russischen Bürger davon überzeugt, dass die Auflösung der Sowjetunion und die nachfolgende Distanz zu den Staaten der GUS für Russland zum Vorteil waren. Die jüngste Umfrage des *Lewada-Zentrums* belegt diese Auffassung.

Frage:
Was meinen Sie, war die Unabhängigkeit[181] zum Wohl oder zum Nachteil von Russland?

Antworten	1998	2000	2001	2003	2005	2006	2007
Entschieden zum Wohl/ oder eher zum Wohl	27	28	33	39	46	53	54
Entschieden zum Schaden/ oder eher zum Schaden	57	57	49	34	30	27	22
Schwierig zu beantworten	16	15	18	27	24	20	24

Quelle: *Lewada-Zentrum*, Umfrage vom 09.06.2007.

Erstaunlicherweise ging die außenpolitische Elite Russlands schon 2001 davon aus, dass der europäische Integrationsprozess zu einer tiefgreifenden Restrukturierung des gesamten osteuropäischen und eurasischen Raumes führen würde. Faktisch würde es zu einer Umverteilung des geopolitischen Einflusses in Osteuropa und im eurasischen Raum kommen. Die westliche Grenze Russlands, vor der drei Jahrhunderte lang eine bunte Vielzahl von Klein- und Mittelstaaten lag und die seit 1945 vom Sicherheitskordon des Warschauer Paktes geschützt wurde, würde im Laufe dieses Prozesses zur **Trennlinie zwischen zwei konsolidierten, geo-politischen und geo-ökonomischen Machtsubjekten – Russland und die Europäische Union.** Der Raum zwischen Ostsee und Schwarzem Meer würde somit zur **Zwischen- und potentiellen Konfliktzone.** In Zukunft würden beide Machtblöcke versuchen, ihre Einflusssphären auf die Ukraine, Belarus und den Kaukasus auszudehnen bzw. dort ihre Positionen zu festigen. Militärisch durch die NATO und politisch wie wirtschaftlich durch

---

[180] http://www.levada.ru/press/2007060901.html.
[181] Gemeint ist die Unabhängigkeit Russlands von der Sowjetunion.

die Europäische Union integriert und geführt, so befürchteten russische Experten, wäre das neue europäische Machtsubjekt der Russischen Föderation weit überlegen.

Denn, dass es gelingen würde, wie es noch *Primakow* mit seiner multipolaren Denkfigur vorschwebte, zusammen mit China ein Gegengewicht zu bilden, d.h. letztlich eine verlässliche Allianz aufzubauen, daran zweifelte bis 2001 die Mehrheit aller russischen Experten. Trotz intensiver politischer Kontakte im Rahmen der *Shanghai Cooperation Organisation/SCO* und der sich anbahnenden energiepolitischen Verbindung Russlands mit asiatischen und pazifischen Ländern fehlt einer solchen Option noch heute die Vertrauensbasis[182]. Und um aus der GUS eine funktionierende und integrierte Gegenkraft zu zimmern, fehlt der Glaube.

Quintessenz dieser Umfragen war, Russland müsse sich auf die neue Lage in Osteuropa und im eurasischen Raum einrichten, d.h. sich mit der EU sowohl auseinandersetzen als auch arrangieren. Und vor dieser realistischen Zukunftsprognose verblassten alle imperialen Träume eines eigenständigen Weges zur Großmacht.

4.3 Akzente der russischen GUS-Politik nach 2000

Neben Bemühungen, zu einer begrenzten und auf wenige Länder fokussierten wirtschaftlichen Interessengemeinschaft zu kommen, so mit Belarus, der Ukraine und Kasachstan, rückten Probleme der inneren Sicherheit, aber auch die Abwehr von potentiellen Gefahren in den Brennpunkt der russischen Politik. Die russische GUS-Politik begann sich zu differenzieren. Innenpolitischer Anlass war der *zweite Tschetschenienkrieg*. Er begann im Herbst 1999, wurde von beiden Seiten mit ungeheurer Brutalität geführt und dauert nun schon seit einigen Jahren als Konflikt mit geringer Intensität an. Konfliktlage, Ziele und die Dimension des Krieges waren grundverschieden vom *ersten Tschetschenienkrieg* Mitte der 90er Jahre. Im Kontext des Krieges gegen die *Taliban* und *Al Qaida* ging es primär nicht mehr um das Selbstbestimmungsrecht und die Loslösung Tschetscheniens aus dem russischen Staatsverband. Vielmehr gesellte sich zu Fragen der nationalen Souveränität, des Separatismus und des Selbstbestimmungsrechtes eine internationale Dimension. Islamische Organisationen, wenn nicht gar Staaten, finanzierten ausländische Kämpfer für den tschetschenischen Widerstand. Der Konflikt drohte den gesamten Nordkaukasus zu destabilisieren. Diese Gefahr ist bis heute nicht gebannt, wie Bombenattentate, Überfälle auf russische Militärpatrouillen in den benachbarten Regionen, in Dagestan, Inguschetien oder Kabardino-Balkarien beweisen[183]. Terroristische Angriffe sind an der Tagesordnung. Im Zuge der terroristischen Aktivitäten verschlechterten sich die Beziehungen zwischen Russland und Georgien von Jahr zu Jahr. Moskau warf der

---

[182] In einem Interview mit der FAZ, 30.05.2007, S. 15, erklärte *Igor Schuwalow*, der für die G-8 zuständige Sherpa im russischen Außenministerium, beschwichtigend, dass eine strategische Partnerschaft mit China anstelle der EU undenkbar sei.
[183] FAZ, 04.09.2007, S. 5.

georgischen Regierung vor, nichts gegen tschetschenische „bojewiki" (Kämpfer) zu unternehmen, die ihre Rückzugs- und Ruheräume im Grenzgebiet, dem Pankisi-Tal, unterhielten.

Mit den Staaten Zentralasiens, die wie Moskau das Übergreifen islamistischer Fundamentalisten befürchten, wurden Übereinkünfte zur Abwehr grenzüberschreitender Bedrohungen wie Drogenhandel, islamischer Extremismus, Migration und Schmuggel angestrebt. Zu Kasachstan entwickelte sich eine Sonderbeziehung, die in erster Linie von Energieinteressen geprägt ist.

Gegen Ende der zweiten Amtsperiode *Putins* schien sich die Grenzlinie zwischen einer Außenpolitik zum „Nahen Ausland" und der internationalen Stoßrichtung der russischen Politik mehr und mehr zu verwischen.

Die Mischung von geostrategischen und machtpolitischen Überlegungen, die nahezu eine Dekade lang die russische GUS-Politik ideologisch überhöhten und Ängste in den GUS-Staaten aufkommen ließen, wieder vom mächtigen Russland eingesogen zu werden, ist heute von wirtschaftlichen Überlegungen abgelöst worden. Dadurch werden machtpolitische und imperiale Ambitionen in Schach gehalten, die ohnehin in der vergangenen Dekade keine Substanz hatten. Die russische Politik scheint heute mehr denn je ein Interesse an stabilen Umfeldbedingungen und an wirtschaftlicher Kooperation zu bekunden. Im März 2004 brachte der frühere russische Außenminister *Igor Iwanow* die Zielsetzung der russischen GUS-Politik auf den Begriff: Moskaus Hauptinteresse sei, in diesem Raum eine **„Sicherheitszone"** zu schaffen[184]. In diesem Lichte kann auch die Initiative zum *„Einheitlichen Wirtschaftsraum"* von Jalta 2003 interpretiert werden. Bei diesem Ansatz fallen drei Strukturelemente der GUS-Politik zusammen: Selektive Kooperation, Stabilisierung des Umfeldes und Wahrung des Status quo von Einflusssphären.

Unzweifelhaft, die Ziele russischer GUS-Politik haben sich an die Bedingungen der Welt nach dem September 2001 angepasst. Russlands exponierte Lage mit ungesicherten südlichen Regionen, die an instabile Räume und Staaten angrenzen, aber auch die wiedergewonnene wirtschaftliche und politische Position in den internationalen Beziehungen erforderten ein konzeptionelles Umdenken für den bislang vernachlässigten Raum. Aber auch die Staaten der GUS haben sich gewandelt: nicht immer im Sinne der russischen Interessen. In den 90er Jahren strebte Moskau noch die Umsetzung seiner Sicherheitsinteressen durch eine halbherzige Kombination von destabilisierenden Maßnahmen (offene oder versteckte Unterstützung von separatistischen Tendenzen) sowie durch die indirekte und undifferenzierte wirtschaftliche Subventionierung der GUS-Länder an (Vorzugspreise bei Energie, Öffnung des russischen Marktes). Zudem beharrte der Kreml darauf, militärisch im Raum zwischen dem Kaspischen und dem Schwarzen Meer präsent zu bleiben, und übernahm faktisch die tadschikische Grenzsicherung gegen die Taliban in Afghanistan. Heute

---

[184] The Financial Times, 03.03.2004, S. 14.

hingegen scheint eher eine Kombination von wirtschaftlichen und sicherheitspolitischen wie internationale Faktoren die russischen Interessen zu formen. Damit bettet sich die russische GUS-Politik in außenpolitische Gesamtkonzeptionen ein.

4.4 Versuche regionaler Gegenintegration

Im Gegensatz zur früheren Skepsis erlebte die russische GUS-Politik eine kurze Blütezeit gegen Ende der ersten Amtsperiode *Putins*. Vorstellungen einer differenzierten Strategie für den postsowjetischen Raum, wie sie einst von *Primakow* entwickelt wurden, standen unerwartet im Kurs. Kern solcher Überlegungen war, abgestufte, regionale und subregionale Vereinbarungen zu treffen, die in internationale und hauptsächlich außenwirtschaftliche Zielsetzungen eingebunden werden sollten. Obwohl entsprechende Vorstellungen Eingang in die außen- und sicherheitspolitischen Doktrinen Russlands fanden, korrigierten sie kaum die Grundeinsicht von Experten, dass die GUS letztlich für russische Belange sekundär sei. Dennoch wurden verstärkt ab 2002 bilaterale Anstrengungen unternommen, diesen Raum politisch wenigstens so zu beeinflussen, dass er nicht der Sphäre russischer Interessen entgleiten konnte.

Und im Unterschied zur GUS-Politik der 90er Jahre verfügte die russische Politik nunmehr über die erforderlichen Ressourcen und Druckmittel, um Interessen und Zielsetzungen zu untermauern. Dass die Osterweiterung der Europäischen Union eine Anschubfunktion für die Neuauflage russischer GUS-Aktivitäten hatte, ist anzunehmen.

Spätestens seit 2003 kursierten Projekte selektiver, regionaler Integration. Im Kontext dieser Überlegungen entwickelten sich zwei Projektlinien. Die eine zielte auf Kooperation mit den zentralasiatischen Ländern und darüber hinaus auf die sicherheitspolitische und wirtschaftliche Zusammenarbeit mit den Staaten Asiens.

Eine zweite suchte die westlichen Staaten der GUS in ein wirtschaftliches Kooperations-, wenn möglich sogar Integrationsprojekt zusammenzuführen, um den Zugriff der Europäischen Union auf den eurasischen Raum, vor allem aber auf die Ukraine, auf Belarus und den Kaukasus zu stoppen.

Im Kontext des regionalisierten Ansatzes bemühte sich Moskau, bilaterale Wirtschaftsbeziehungen zu Kasachstan, zur Ukraine und zu Belarus auf eine höhere, integrative Stufe zu stellen.

4.5 Der Einheitliche Wirtschaftsraum und die Sonderstellung der Ukraine in der russischen Politik[185]

Die Idee, eine Zone wirtschaftlicher Kooperation zu schaffen, der *Einheitliche Wirtschaftsraum/EWR*, wurde im Rahmen von Überlegungen geboren, auf die Osterweiterung der EU eine Antwort zu geben. Der EWR sollte sich einmal von Zentralasien bis zu den östlichen Außengrenzen der Europäischen Union erstrecken[186].

Am 18. September 2003 vereinbarten die Präsidenten von Russland, der Ukraine, Belarus und Kasachstan in Jalta die Errichtung einer Freihandelszone. Bis zum Jahre 2010, also synchronisiert mit der *„Mittelfristigen Strategie"*, sollte der uneingeschränkte Verkehr von Waren, Kapital und Arbeitskräften im EWR möglich werden. Außerdem wurde vereinbart, bei der Bekämpfung illegaler Immigration, des Drogenhandels und zur Abwehr terroristischer Bedrohungen eng zusammenzuwirken.

Diese Vereinbarung trug unverkennbar die Handschrift des Kreml. Treibende Kraft auf russischer Seite waren hauptsächlich Konzerne aus dem Energiesektor *(Gazprom, LUKoil, RAO UES)*, aber auch Unternehmen aus den Kommunikations- und Metall/Aluminiumbranchen. Im dritten Jahr des Wirtschaftsbooms begannen russische Unternehmen gezielt im GUS-Raum zu investieren. Joint Ventures und Firmenübernahmen markierten das Ende der depressiven Wirtschaftsphase. Kapitalflucht wurde durch Kapitalexport[187] abgelöst. In diesem Kontext bot der EWR für die expandierenden russischen Konzerne günstige Rahmenbedingungen.

---

[185] Siehe die Ausführungen aus ukrainischer Perspektive zum EWR von *Winfried Schneider-Deters* in diesem Band.

[186] *Alexander Rahr* versteigt sich im GUS Barometer Nr. 41, Mai 2006 zu der These, Russland hätte eine Art „Ost-EU" mit Integrationstiefe aufbauen wollen. Das ist in Anbetracht der strukturellen ökonomischen, gesellschaftlichen, aber auch politischen Differenzen zwischen den beteiligten Ländern sehr zu bezweifeln. Auch ein eventuelles Andocken eines solchen Gebildes an die EU stand eigentlich im Widerspruch zur Tradition bilateraler Politik Moskaus.

[187] Nur einige wenige Beispiele sollen die Dynamik der expandierenden russischen Konzerne im GUS-Raum illustrieren. Russland und Kasachstan vereinbarten die gemeinsame Erschließung des *Kurmangasy* Feldes; siehe: RosBusinessConsulting, 08.10.2004. Der Aluminium-Oligarch *Oleg Deripaska* wurde in Kasachstan aktiv. Investitionen und Übernahmen in Höhe von ca. drei Milliarden US Dollar wurden in der Metallurgie und in der Energiewirtschaft geplant. In der *Ukraine* werden große Teile der Energiewirtschaft sowie der Finanz- und Versicherungsbranchen von russischen Konzernen kontrolliert. Ähnliche Entwicklungen zeichneten sich in anderen GUS-Staaten ab. Einer der größten russischen Mobilphonanbieter MTS operiert in der Ukraine, in Belarus, Usbekistan und Turkmenistan. In Armenien ist der russische Einfluss besonders groß. Russland ist nicht nur der größte Handelspartner, auch der gesamte Energiesektor Armeniens wird von russischen Konzernen kontrolliert. Als Bezahlung für ausstehende Schulden übernahm *RAO UES* 2003 das Management der armenischen Nuklearwerke und von sechs hydroelektrischen Konzernen. Das Land erhält russisches Gas via *Armrusgazprom*. Am Konzern hält *Gazprom*

Entgegen früheren Visionen und Kooperationsplänen hatte der EWR durchaus eine Chance auf Realisierung, denn Moskau war zum Motor der Initiative geworden. Außerdem war die Osterweiterung der EU im vollen Gange und forderte eine Reaktion des Kreml heraus. Es schien, als ob der Kreml die EU erstmals als geopolitischen Machtfaktor wahrnahm. Nicht zu unrecht, denn bis zum Desaster der beiden gescheiterten Verfassungsreferenden vom Frühjahr 2005 erlebte die Brüsseler Politik einen nie geahnten Höhenflug. Die EU brachte sich als dynamischer und geopolitischer Machtfaktor für Gesamtosteuropa in Stellung und schickte sich an, mit Strategien für den Kaukasus und für Zentralasien aufzuwarten. Gleichwie naiv und friedfertig auch die Vorstellungen Brüssels gewesen sein mögen, nach den Erfahrungen mit der Osterweiterung von NATO und EU kamen außenpolitische Verlautbarungen (Sicherheitsdoktrin) einer Einmischung in den russischen Hinterhof gleich, um einen Vergleich aus der Welt der anderen Supermacht zu strapazieren. Sie erzwangen geradezu eine Reaktion Moskaus.

Erster Austragungsort der Kontroversen wurde die Ukraine. Die Ukraine hatte immer eine besondere Stellung oder sogar „Sonderstellung" im Kalkül der russischen Politik.

Trotz **Primats der Innenpolitik** und relativer Indifferenz gegenüber dem postsowjetischen Raum suchte Moskau auch während der *Jelzin-Ära* innenpolitische Entwicklungen in der Ukraine zu beeinflussen. So favorisierte der Kreml 1994 die Wahl von *Leonid Kutschma* zum Präsidenten.

Obzwar die damalige Wahlhilfe willkommen war, entpuppte sich *Kutschma* keinesfalls als Marionette Moskaus. Meisterhaft inszenierte er jahrelang eine *Ost-West Schaukelpolitik*, die Kiew Handlungsfreiheit bot und eine Äquidistanz zum Westen, also zur EU und zu den USA, wie zu Russland ermöglichte. Jedoch mit der Osterweiterung der EU und die NATO ante portas war diese Schaukelpolitik (Multi-Vektorenpolitik) nicht länger durchzuhalten. Die Ukraine drohte zwischen die Stühle von EU/NATO und Russland zu geraten. Die neue Dynamik der EU, Russlands gewachsener internationaler Einfluss und die Wiederbelebung der russischen GUS-Politik unter *Putin* schlugen auf die Innenpolitik der Ukraine polarisierend durch. Die Intervention externer Mächte verschärfte nicht nur die Auseinandersetzung zwischen den Herrschaftsfraktionen oder Cliquen um die Nachfolge von *Kutschma*, sie entfachte urplötzlich eine Metamorphose der ukrainischen Politik: Das Volk erschien als politischer Faktor. In den Präsidentschaftswahlen 2004 trafen erstmals

---

45 % der Anteile. Im Telekommunikationssektor dominieren russische Konzerne wie *Rostelecom*. Ferner besitzen russische Banken große Teile der Banken- und Versicherungsbranche. Selbst in *Georgien*, ist nach der Rosenrevolution von *Saakaschwili*, der russische Einfluss im Energiesektor seit 2003 gewachsen. *RAO UES* hat Unternehmen der Energieversorgung aufgekauft, und über *Gazprom* läuft bis 2007 die Gasversorgung des Landes. Damit sind Schlüsselpositionen in der georgischen Wirtschaft besetzt, die gegebenenfalls auch innenpolitisch genutzt werden können.

beide Blöcke, die EU, verstärkt durch die USA, und Russland aufeinander. Jede Partei versuchte, ihre Anhänger in den Straßen von Kiew zu mobilisieren.

Wie gesagt, im Interessenspiegel Moskaus hatte die Ukraine immer eine zentrale und strategische Bedeutung. Moskau betrachtete das Land gewissermaßen als Teil seiner Innenpolitik. Entsprechend hochfliegend waren Hoffnungen auf die in Jalta 2003 eingefädelte Gründung des wirtschaftlichen und politischen Kooperationsraumes unter russischer Führung. Ein Ausscheren der Ukraine hätte die Durchsetzungsfähigkeit russischer Politik gegenüber anderen GUS-Staaten unterminiert und vielleicht sogar innenpolitische Konsequenzen für den russischen Präsidenten nach sich ziehen können. Die massive und plumpe Einmischung in den ukrainischen Wahlkampf folgte dieser Überlegung, argumentierte der ukrainische Abgeordnete und Mitherausgeber der Zeitschrift *Polititschna Dumka, Wladimir Polochalo:* „Putin konnte es sich nicht leisten, die Ukraine zu verlieren"[188].

Im Rückblick ähnelt der Konflikt um die ukrainischen Präsidentschaftswahlen 2004 einer post-bipolaren Stellvertreterkontroverse[189] zwischen der EU und den USA einerseits und Russland andererseits. Es ging nicht um den Anschluss an den einen oder anderen Machtblock. Das russische Interesse fixierte sich auf Wahrung des Status quo. Die westlichen Interessen, wobei zwischen denen der USA und denen der EU wohl unterschieden werden muss, berührten sich im Ziel, die Autonomie der Ukraine nachhaltig gegen Russland zu stärken. Das Mittel dazu war den bevorstehenden Regimewechsel dauerhaft abzusichern. Washington kann ein weitergehendes, langfristiges Ziel unterstellt werden, nämlich die Ukraine in die NATO zu integrieren, um Russland ökonomisch verwundbarer zu machen (Durchleitungsnetze für Energie), militärisch zu schwächen und politisch zu isolieren. Den ukrainischen Wählern wurde jedoch die Alternative Demokratie und Europa oder Fortsetzung des *Kutschma Regimes* mit anderen oligarchischen Cliquen vorgegaukelt, obwohl allen Akteuren klar war, dass Brüssel ***nie eine Beitrittsoption ernsthaft angeboten hatte und (zumindest mittelfristig) nicht anbieten würde***.

Deshalb war die Auseinandersetzung um den europapolitischen Kurs der Ukraine grotesk. Beide Kandidaten, sowohl der demokratische Hoffnungsträger *Viktor Juschtschenko*[190] als auch der als „pro-russisch" abgestempelte Premierminister *Viktor Janukowitsch* waren realistisch genug, die Chancen für einen baldigen EU-Beitritt als äußerst gering einzuschätzen. Unisono kritisierten sie die EU aufgrund ihrer abwehrenden Blockadehaltung. Die Ukraine sei „gedemütigt"[191] worden, klagte Premierminister *Janukowitsch*. Hingegen beanstandete *Juschtschenko*, dass es in Europa zu einer neuen Teilung komme, dass die Trennungslinie nur nach Osten ver-

---

[188] The Moscow Times, 28.10.2004.
[189] Siehe: *Andrew Wilson*, Ukraine is not Russia, in: The Moscow Times, 20.05.2004, S. 8.
[190] In einem Leitartikel in der International Herald Tribune vom 10.09.2004.
[191] Financial Times, 10.09.2004, S. 2.

schoben würde. Somit sei nicht auszuschließen, dass der gesamte osteuropäische Raum marginalisiert werde[192].

Die Ukraine wurde zum Objekt eines Konfliktes zwischen einer um Konsolidierung und Erhalt des geopolitischen Status quo bemühten Russischen Föderation und einer virtuellen geopolitischen Regionalmacht, die Europäische Union. Im Hintergrund agierten die USA und bedienten die vorab beschriebenen Dimensionen[193].

Mutmaßliche Beweggründe für die russische Einmischung waren erstens der Versuch, die Kontrolle über die ukrainischen Pipelines zu bekommen, denn nahezu 80 Prozent der russischen Gasexporte nach Westeuropa fließen durch das Transitland Ukraine. Zweitens würde sich ohne die Ukraine das Projekt des EWR in Wohlgefallen auflösen. Vielleicht wähnte das außenpolitische Establishment Moskaus auch schon, dass die ukrainische Krise ein Vorbote jener Europäischen Sicherheitsstrategie war, wie sie von *Javier Solana* mit der „Ausdehnung des Sicherheitsgürtels um Europa" eingefordert wurde[194]. Drittens befürchtete Moskau, weil schon Georgien 2003 einen pro-demokratischen Entwicklungspfad eingeschlagen hatte, dass die Lage in der Ukraine außer Kontrolle geraten und auf russische Regionen überspringen könnte. Wie haltlos solche Befürchtungen der herrschenden Machteliten auch

---

[192] Verhandlungen über den Beitritt der Türkei sorgten zusätzlich für böses Blut und ließen in demokratisch, westlich orientierten Kreisen der Ukraine die Sorge aufkommen, die EU setze andere Prioritäten und habe faktisch Osteuropa für die nächsten Dekaden abgeschrieben.

[193] Das in die Manipulationen des Wahlkampfes verstrickte russische *Institut für Effektive Politik* unter *Gleb Pawlowski* beschwerte sich bitter über die erfolgreichere Wahlmanipulation durch entsprechende westliche Organisationen. Siehe dazu, *Vladimir Frolov*, Democracy by Remote Control, in: Russia in Global Affairs, Nr. 4, Oktober–Dezember 2005. „Today, Russia is facing a fundamentally new phenomenon in the post-Soviet space – one that is radically changing the role of election procedures in the formation of legitimate power. Elections in the CIS countries are turning from an instrument of the people's will into a convenient pretext for outside multilateral interference ... The outside factor – represented by an integrated network of Western nongovernmental organizations; mass media (above all television), international observation organizations, such as the Office for Democratic Institutions and Human Rights (ODIHR), OSCE and PACE, public opinion agencies and the political leadership of Western countries – now plays a crucial role in managing election results in the post-Soviet space."

[194] http://europa.eu/scadplus/leg/de/lvb/r00004.html. „Als Zusammenschluss von 25 Mitgliedstaaten mit über 450 Millionen Einwohnern ist die Europäische Union zwangsläufig ein globaler Akteur. Europa muss daher bereit sein, die Verantwortung für die globale Sicherheit und den Aufbau einer besseren Welt mit zu tragen. ... Es liegt im Interesse der Union, dass die angrenzenden Länder verantwortungsvoll regiert werden. Wir müssen darauf hinarbeiten, dass östlich der Europäischen Union und an den Mittelmeergrenzen ein Ring verantwortungsvoll regierter Staaten entsteht, mit denen wir enge, auf Zusammenarbeit gegründete Beziehungen pflegen können".

gewesen sein mögen, seither geht in der russischen Innenpolitik das Gespenst einer *„orangenen Revolution"* um.

Der Kreml hatte zwei Faktoren unterschätzt: die mobilisierten Massen und die Standhaftigkeit der Europäischen Union. Diese politischen Fehleinschätzungen führten im Winter 2004/5 zu einem politischen Desaster. Die Schlappe der russischen Außenpolitik gefährdete frühere Erfolge und trug nachhaltig zum Imageverlust des Landes bei, der bis heute anhält.

Bei nüchterner Abwägung der inneren Kräfteverhältnisse wäre für Experten erkennbar gewesen, dass die EU nicht die Voraussetzungen erfüllte, als europäische Ordnungsmacht in diesem Raum zu agieren. Sie war und ist auch derzeitig nicht in der Lage, für globale oder regionale Sicherheit zu sorgen. Die russische Politik wurde somit zum *Opfer ihrer eigenen Angstprojektionen*. Fehlende innenpolitische Korrektive im Entscheidungsprozess, ausgelöst durch die Gleichschaltung von Verfassungsinstitutionen, durch die Schwächung des politischen Pluralismus und durch die Kontrolle über unabhängige Medien haben paradoxerweise das System zwar stabilisiert, aber zugleich auch anfällig gemacht. Es scheint, je autoritärer ein System und je absoluter der Machtanspruch, desto größer die Angst der Herrschenden vor dem Volk. In diesem Kontext zeigt sich die Schattenseite autoritärer Herrschaft, weil letztlich solche Systeme zu irrationalen und selbstzerstörerischen Aktionen neigen. Und dass Proteste auch in Russland urplötzlich aufflackern können, bestätigten die sozialen Unruhen kurz darauf, als im Frühjahr 2005 Hunderttausende Rentner, Pensionäre, Veteranen und Studenten gegen die Rücknahme von unentgeltlichen Privilegien in russischen Städten protestierten.

Zur außenpolitischen Schadensbegrenzung musste der Kreml im ersten Halbjahr 2005 alle Kräfte mobilisieren. Zugeständnisse und Warnungen an den Westen hielten sich die Waage. So verstieg sich der russische Präsident in seiner Ansprache vom Mai 2005 sogar dazu, für Russland eine „zivilisatorische" Mission in der GUS zu reklamieren[195]. Gleichwohl unmissverständlich warnten *Putin* und Mitglieder seiner Regierung[196] den Westen davor, sich gegen russische Interessen im GUS-

---

[195] Dazu: *Valeri Tishkov*, Russia as a European Nation and Its Eurasian Mission, in: Russia in Global Affairs, Nr. 4, Oktober–Dezember 2005. Siehe auch *Vladimir Frolov*, A New Post-Soviet Doctrine, in: The Moscow Times, 20.05.2005, S. 8. *Frolow*, der dem Kreml nahe steht, äußert sein Erstaunen darüber, dass der russische Präsident nahezu westlich-liberale Werte für die Integration des GUS-Raumes reklamiert. Das Ziel dieser Politik sei unmissverständlich: „Integration is possible and desirable, but it should lead toward the future, not focus on the past". Und nur durch Integration kann die gesellschaftliche, politische und wirtschaftliche Modernisierung der GUS erzielt werden. Russland kann in diesem Prozess eine führende Rolle ohne imperiale Tendenzen und Absichten übernehmen. „The reputation of certain CIS countries as the „last remaining dictatorship in Europe" or the „North Korea of Central Asia" does not contribute to „strengthening international authority."

[196] *Sergei Lavrov*, Russia has global interests, in: RIA Novosti, 08.6.2005.

Raum zu stellen. Immerhin konzedierte der Kreml, dass keine externe Macht, auch nicht Russland, den eurasischen Raum beherrschen sollte. Also, das Angebot eines Herrschaftskondominiums?

So weit ging der Kreml jedoch nicht. Zwar hob *Putin* die „zivilisatorische Rolle Russlands auf dem eurasischen Kontinent" hervor, meinte aber damit, dass Russland dort einen legitimen Platz habe, der durch eine jahrhundertalte gemeinsame Geschichte, die russische Sprache und Kultur begründet sei. Mit Blick auf die EU und die USA betonte er, dass verhindert werden müsse, den eurasischen Raum zum Spielball der geopolitischen Machtzentren auf dem europäischen Kontinent zu machen.

Putins Äußerungen versuchten die Niederlage der russischen Politik zu übertünchen. Die vorwärtsgerichteten Ideen fügten sich aber nicht zu einer neuen, transparenteren außenpolitischen Konzeption zusammen. Schon wenige Jahre später fiel Moskau wieder in alte Verhaltensweisen zurück. Wenn es um die Sicherung von Profiten und den Erhalt von Einfluss geht, greift der Kreml unbeirrt auf Instrumente rüder Machtpolitik zurück oder setzt wirtschaftliche Druckmittel ein. Das illustrierte wenig später der Preiskrieg bei russischen Gaslieferungen 2005/06 mit der Ukraine, Georgien, Moldau, Armenien und selbst mit Belarus.

Weil weder eine „Putin-Doktrin" noch normative Leitlinien erkennbar waren, blieb die russische GUS-Politik bestenfalls ambivalent. Sie schwankte zwischen unverhohlenen Drohgesten und arroganten Einstellungen. *Gazproms* plumpe und nahezu an Erpressung grenzende Versuche, die nationalen Energienetze in der Ukraine, in Georgien und in Belarus[197] zu übernehmen, waren charakteristisch für diese Haltung.

Dass solche Methoden bei den nationalen Eliten der souveränen GUS-Länder kaum verfangen, müsste nun eigentlich für jeden im Machtapparat des Kreml erkennbar sein. Der Argwohn, dass Moskau eine imperiale Einschüchterungsstrategie verfolgt und diese mit Druck, Erpressung oder durch Bevorzugungen vorantreibt, ist wiederum belebt worden[198].

Folge dieser Entwicklung war, dass die seit 2003 eingeleiteten regionalen Kooperationsprojekte nicht von der Stelle kamen. Die GUS zerbröselt und dieser Prozess macht auch vor der militärischen Infrastruktur nicht halt. So wurde 2005 das Hauptquartier für Militärkooperation geschlossen. Georgien nimmt schon seit langem nicht mehr am Rat der Verteidigungsminister der GUS teil und verkündete 2006 sei-

---

[197] Im Mai 2007 übernahm *Gazprom* 50 % am *Beltransgaz-Netz* von Belarus. Die russisch-weißrussischen Energiebeziehungen werden ausführlich und kenntnisreich dargestellt bei *Folkert Garbe*, Energische Integration? Der Energiekonflikt zwischen Russland und Belarus, in: Osteuropa, 57. Jg. 4/2007.
[198] Siehe die Umfragen der *Friedrich-Ebert-Stiftung* aus den 90er Jahren sowie die Studien jüngeren Datums des *Lewada-Zentrums*, veröffentlicht in der Iswestia vom 10.12.2004.

nen Austritt[199], ist aber noch formelles Mitglied bei der gemeinsamen Luftverteidigung.

Gegenorganisationen, um den gefürchteten russischen Einfluss zu bannen, sind im Zuge der ukrainischen Revolution ins Leben gerufen worden. Sie beruhen eher auf symbolträchtigen Abmachungen und haben bis jetzt weder Struktur noch Ressourcen, aber sie charakterisieren einen augenfälligen Trend: Die westlichen und südlichen Staaten des GUS-Raumes scheren aus der Verbindung mit Moskau aus. 2005 wurde die „*Gemeinschaft der Demokratischen Wahl*" von der Ukraine, Moldau, Rumänien und Polen gegründet. Sie gesellt sich zur *GUAM*, einer von den USA inspiriertem Schwarzmeer Koalition, der Georgien, die Ukraine, Moldau und Aserbaidschan angehören[200]. Beide Bündnisse, wenngleich ohne Gewicht und Struktur, sind *Demonstrationen gegen Moskau* und mitteleuropäische Staaten, nunmehr Mitglieder der EU sind Kristallisationspunkte der anti-russischen Strömungen. Sie sind amerikanische Vorfeldorganisationen im Raum zwischen Schwarzem und Kaspischem Meer[201]. Und folgt man den Schlussfolgerungen von Analysten aus dem Umfeld der Europäischen Union, aus dem Brüsseler Centre for European Policy Studies, so könnte durch die Osterweiterung der Union, die mittlerweile drei ihrer Anrainerstaaten erfasst und weit nach Osten ausstrahlt, aus „Europe's forgotten sea"[202] eine attraktive wirtschaftliche Zone der Prosperität entstehen. Noch fehlt der politische Wille in Brüssel, aber die Agenda wird bereitet und die Bedeutung des Schwarzmeer-Raumes wächst proportional mit der Transitfrage von Energie aus dem kaspischen Raum und aus Zentralasien.

Aber Moskau war auch nicht untätig. Die im Zuge der „*farbigen Revolutionen*" ausgelösten Absetzbewegungen haben zu Gegenreaktionen geführt. Auf sicherheitspolitischem Gebiet wurde 2005 der „*Vertrag über kollektive Verteidigung*" geschlossen,

---

[199] Hingegen wurde das Integrierte Luftverteidigungssystem der GUS (1995 von zehn Mitgliedsländern unterzeichnet) 2006 nochmals modernisiert. Es umfasst Armenien, Belarus, Kasachstan, Kirgisien, Tadschikistan, Turkmenistan, Usbekistan und die Ukraine; in: RIA Novosti 31.03.2006.

[200] Die reorganisierte *GUAM, die Organization for Democracy and Economic Development* hielt ihre erste Jahrestagung 2007 in Baku ab. Es scheint, dass sich auch die polnische Regierung dem Bündnis zuwendet, da der polnische Präsident *Lech Kaczynski* am Treffen teilnahm. Bereits zuvor kam es zu einem Gipfel in Turkmenbashi, siehe FAZ, 20.06.2007.

[201] *Vladimir Frolov*, Dismissing the CIS, in: The Moscow Times, 24.08.2005, S. 7. *Frolow*, ehemaliger Vizedirektor des Kreml-nahen *Instituts für Effektive Politik*, behauptet, dass die Initiative zur *Gemeinschaft der Demokratischen Wahl* von den USA finanziert wurde. Diese und andere Initiativen sind von der 1999 gegründeten *Community of Democracies*, einer Gruppe von ca. zehn Staaten, in der die USA dominieren, geschaffen worden. In Warschau kam es im Juni 2000 zur Bildung der *Community of Democracies* und zur Verabschiedung einer *Warschauer Deklaration für Zivilgesellschaft, freie Wahlen und Demokratie*.

[202] *Terry Adams, Michael Emerson, Laurence Mee, Marius Vahl*, Europe's Black Sea Dimension, CEPS, Brüssel 2002.

dem Armenien, Kirgistan, Tadschikistan, Kasachstan und Belarus neben Russland angehören. Diese Allianz erlangte sogar Beobachterstatus bei den Vereinten Nationen und wird auch von der OSZE anerkannt. Ob sich weitreichende Pläne, wie der Aufbau einer „Schnellen Eingriffstruppe" oder ein gemeinsames Luftverteidigungssystem verwirklichen lassen, ist fraglich. Aus all den divergierenden Bestrebungen im GUS-Raum kann jedoch deutlich abgelesen werden, dass die russische Dominanz, wenn sie denn je nach dem Zerfall der Sowjetunion bestand, mehr und mehr zerbricht.

Die ukrainische Krise forderte aber auch auf Seiten der Europäischen Union ihren Tribut. Die Widersprüchlichkeit der Erweiterungspolitik wurde sichtbar: Die EU war zum Opfer ihrer eigenen Erfolge geworden. Ihre Attraktivität weckte Beitrittswünsche, die sie nicht erfüllen wollte und konnte. Das Placebo, die eilends in Kraft gesetzte *EU-Politik der Neuen Nachbarschaft/ENP,* löste nach der ukrainischen Krise einen heilsbringenden Realitätsschock in der „europäischen Zwischenzone" aus. Im Winter 2004/5 blühten jedoch noch Erwartungen, dass die EU nicht umhin könne, die *„orangene Revolution"* zu belohnen. Zweifelsohne motivierten die jungen demokratischen Kräfte in den Straßen von Kiew Hoffnungen, dass sie für ihr Land ein Anrecht auf einen „Sonderweg" zur Mitgliedschaft erkämpft hätten[203].

Seither ist Ernüchterung in Kiew und anderswo eingekehrt. Als mögliche Übergangs- und Rückfallposition zur Beitrittsperspektive favorisierte Kiew zeitweise das *norwegische Modell.* Darunter ist die Quasi-Mitgliedschaft Norwegens in der EU zu verstehen, da das Land über den Europäischen Wirtschaftsraum aufs engste mit der EU verflochten ist[204]. Der Beitritt zu einem solch komfortablen „Warteraum" wäre vom ukrainischen Präsidenten gewiss als Sieg gefeiert worden und hätte vielleicht auch innenpolitische Auswirkungen haben können. Dass nun von der Europäischen Kommission dem Rat der Außenminister vorgeschlagene „verstärkte Abkommen" mit der Ukraine soll zwar über das einstige *Partnerschafts- und Kooperationsabkommen/PKA* hinausweisen, aber es scheint angesichts der innenpolitischen Machtverschiebungen zu spät zu kommen, um die ent- und getäuschten ukrainischen Reformkräfte aufzumuntern.

Zwei Jahre nach seinem Sieg über den Erzrivalen *Janukowitsch* verkündete ein ernüchterter und enttäuschter Präsident *Juschtschenko,* dass die Ukraine nicht mehr auf Hilfestellungen aus Brüssel hoffen kann wie noch seinerzeit die mitteleuropäischen Staaten. Derzeit zählten allein „Glauben und Geduld"[205], um aus eigener Kraft die Hinwendung zur EU zu finden und die praktischen Reformschritte zur Erfüllung

---

[203] Diese Position betonte insbesondere der damalige ukrainische Außenminister *Borys Tarasyk* beim Kiewer Treffen mit der Kommissarin für Externe Beziehungen der Europäischen Union *Benita Ferrero-Waldner. Tarasyk* lehnte Angebote der EU ab, der Ukraine einen Sonderstatus in der ENP einzuräumen; siehe dazu: The Moscow Times, 06.03.2006, S. 7.
[204] FAZ, 30.10.2006, S. 10.
[205] *Viktor Yushenko,* Ukraine Has to Be Realistic, in: The Moscow Times 16.03.2007, S. 8.

der Kriterien von Kopenhagen einzuhalten. Ob allerdings daraus ein politisches Projekt entstehen könnte, bezweifelt der ukrainische Politologe *Alexander Oryol.* Erst einmal müsste Kiew aufhören, „to use the Cold War rules in its foreign policy. Ukraine needs a predictable and pragmatic policy based not on illusions but on objective capabilities of Ukraine and its real national interests. It should revise its European policy that rests on the illusion of Ukraine's accelerated admission to the European Union as an instrument of geopolitical divorce from Russia"[206].

Nun, die russische Politik hat weder die Ukraine verloren noch gewonnen und schon gar nicht aufgegeben. Nach den Turbulenzen der letzten zwei Jahre ist eine Atempause im Kräftemessen eingetreten. Der erstaunliche und unerwartete Sieg der „Partei der Regionen" unter *Janukowitsch* in den Parlamentswahlen 2006 hat die Entscheidung über den zukünftigen Entwicklungsweg der Ukraine vertagt und somit dem Kreml Zeit verschafft, seine Strategie für den GUS-Raum zu überdenken. Auch die letzten Parlamentswahlen vom September 2007 brachten keinen Durchbruch in die eine oder andere Richtung[207]. Die Ukraine laviert auf einem labilen Gleichgewicht der Kräfte, das angesichts der programmatisch nicht gefestigten Parteien leicht zerbrechen kann. Bei den Parlamentswahlen vom September 2007 siegte zwar eine Neuauflage der „orangenen Koalition", aber es bleibt abzuwarten, ob das Bündnis zwischen der umtriebigen *Julia Timoschenko* und dem Wahlblock *Juschtschenkos* lange halten wird. Dass die neu geformte Regierung eine radikale innenpolitische wie außenpolitische Wende einleiten wird, davon geht Moskau nicht aus. Eher hofft man, dass der schleichende Autoritätsverlust des Präsidenten und seiner Koalitionäre weitergeht und am Ende die Ukraine sich mit dem erreichten Staus quo zufrieden gibt.

4.6 Zieloptionen der russischen GUS-Politik: Das Dilemma von Delegitimation und Regimewechsel

Einstweilen scheint es, dass der Kreml seine Projekte der regionalen Kooperation, insbesondere den *„Einheitlichen Wirtschaftsraum"*, auf Eis gelegt, wenn nicht gar abgeschrieben hat. Ist also *Putin* zum „Totengräber" der GUS geworden, wie unlängst die FAZ titelte[208]? Fast könnte man aus Kontroversen selbst mit GUS-Ländern, die wie Armenien und Belarus einmal zum harten Kern von befreundeten Staaten gezählt wurden, diesen Schluss ziehen[209]. Hingegen ist nicht anzunehmen, dass

---

[206] *Alexander Oryol*, Ukraine facing a choice, in: RIA Novosti, 23.03.2006.
[207] Siehe dazu die Analyse von *Winfried Schneider-Deters* in diesem Band.
[208] FAZ, 29.01.2007, S. 10.
[209] Präsident *Putins* Antwort auf die Frage eines amerikanischen Journalisten nach den Motiven für Russlands aggressive Außen- und Energiepolitik. „But we have no obligation to provide huge subsidies to other countries' economies, subsidies as big as their own national budgets. No one else does this, and so why are we expected to do it? That is the first point. Second, our actions, and the agreements we reach with the transit countries, are aimed above all at ensuring the interests of our main consumers ... Just recall how it was

Moskau sein Ziel vollends aufgegeben hat, wenigstens einzelne Länder als Verbündete zu halten. Als Frage bleibt daher, mit welchen Mitteln soll das Ziel erreicht werden?

Die seit jeher nur bedingt ertragreiche Politik, den GUS-Staaten im Rahmen der Konzeption des „Nahen Auslandes" einen privilegierten, d.h. subventionierten Sonderplatz im Orbit der russischen Einflusssphäre zu ermöglichen, um als Gegenleistung politische Rückdeckung gegen den Westen zu erhalten, ist durch die „farbigen Revolutionen" in Georgien und der Ukraine entwertet worden. Damit wurde aber auch die Unterscheidung zwischen dem „Nahen Ausland" und den internationalen Zielen der russischen Außenpolitik aufgehoben. *Fyodor Lukyanov* bestreitet sogar, dass die Aufkündigung der Energiepreissubventionen eine neue Qualität der russischen GUS-Politik ausdrückt. Es handelt sich eher, so behauptet er, um die Fortsetzung der „Desintegration früherer Verbindungen".[210] Und unbekümmert fügt er hinzu, dass diese Länder „are likely to gravitate toward different centers of influence". Die Konsequenz einer solchen Entwicklung wird entspannt in Kauf genommen. „Competition between the great regional powers is inevitable. Russia will take part, of course, but will face a more even playing field. Given current trends, Moscow will eventually accept that the former Soviet Union no longer exists as a single entity, or even a zone of common interests." Also, *Putin* doch als Totengräber der GUS? Diese Entwicklung hatte nach *Lukyanov* schon längst begonnen und wird auch nach den Präsidentschaftswahlen 2008 fortgesetzt werden. Außerdem geht dieser Prozess mit der Neupositionierung der russischen Politik in Zentralasien und Asien einher.

Zwar könnte eingewendet werden, dass die Subventionspolitik[211] nicht nur erfolglos gewesen war. Denn bis zum Auftauchen der Europäischen Union als geopolitischer Attraktionsfaktor trug sie zweifellos zur Stabilisierung der westlichen und südlichen GUS-Länder bei, indem sie deren Abdriften in westliche Institutionen verhinderte oder entsprechende Wünsche abbremste. Weil die russische GUS-Politik aber loka-

---

when we signed a contract each year with Ukraine for both gas supplies to Ukraine and for gas transit to Western Europe, and our consumers in Western Europe always depended on us being able to reach an agreement with our partners in Ukraine. But now we have separated these two aspects and created market conditions for transit." in: http://president.kremlin.ru/eng/speeches/2007/02/01/1309_type82915type82917_117609.shtml.

[210] *Fyodor Lukyanov*, Where to focus if you are expecting change, in: The Moscow Times, 07.02.2007, S. 11.

[211] Siehe *Putin*, Pressekonferenz 01. Februar 2007 Moskau, in: http://president.kremlin.ru/eng/speeches/2007/02/01/1309_type82915type82917_117609.shtml. „You should understand that Russia not only gave these republics their independence, but providing for 15 years huge subsidies to these countries' economies Russia helped them strengthen their independence and sovereignty. 15 years is enough and this cannot go on forever. In just Ukraine's case this was billions, three to five billion each year. And Russia has its own problems."

le, in der Regel korrupte Machteliten begünstigte, war sie weder imstande, die Formierung von Gegeneliten zu unterbinden noch Regimewechsel zu verhindern oder im eigenem Sinne zu beeinflussen.

Und in Ermangelung einer durchdachten politischen Konzeption für den GUS-Raum schaltete der Kreml von Subventionen auf direkten Druck mittels Preiskrieg um, da andere Instrumente fehlten[212]. In nahezu klassischer Manier wurde der Gaspreiskrieg zwischen Kiew und Moskau zu Beginn des Jahres 2006 von beiden Seiten als Manöver des *„brinkmanship"* inszeniert. In diesem Konflikt, der eine Welle von drastischen Preiserhöhungen im westlichen und südlichen GUS-Raum auslöste, wurden die Konturen einer neuen GUS-Politik sichtbar. Folgende Elemente sind erkennbar:

1. Moskau hat die Staaten der westlichen GUS, also Moldau, die Ukraine, die Republiken des Kaukasus und selbstverständlich auch Belarus nicht aufgegeben. Jedoch hat der Kreml die Grenzen seiner Durchsetzungsfähigkeit erkannt und fürchtet, in einen zerstörerischen Konflikt mit der Europäischen Union hineingezogen zu werden, der den gesamten Raum potentiell destabilisieren und die Wirtschaftsbeziehungen zur EU beeinträchtigen könnte. Diese Lage erhöht den Handlungsspielraum der Länder in dieser Zwischenzone, jedoch ist damit nicht sichergestellt, dass ihre Führungen diese Option effektiv und rational nutzen.

2. Moskaus Zurückweichen impliziert nicht das Ende von Großmachtsambitionen, im Gegenteil: Nur basieren solche Vorstellungen fortan auf den traditionellen Faktoren der Machtpolitik. Russland definiert sich als Energiegroßmacht und als führende Nuklearmacht mit globalen Interessen.

3. In einer solchen Konzeption schwindet die Bedeutung der GUS als beherrschtes territoriales Umfeld semi-abhängiger Staaten. Die Politik zum *„Nahen Ausland"* wird eine Variabel der russischen Außenpolitik.

4. Der Bedeutungsverlust der GUS als Sicherheitskordon und Kooperationsraum führt aber nicht zwingend zu einer Vernachlässigung oder gar rücksichtsvollen Politik zu diesen Ländern. Das Gegenteil scheint der Fall. Die russische Energiepolitik der letzten beiden Jahre zeigt, dass Moskau die energiewirtschaftliche Abhängigkeit der GUS-Länder zu Pressionen ausnutzt.

5. Die schroffe und ruppige Energiepolitik Moskaus steht im direkten Zusammenhang mit der inneren Schwäche und Handlungsunfähigkeit der Europäischen Union. Eine aktivere Rolle der EU im eurasischen Raum,

---

[212] Paradoxerweise scheinen gerade russische Konzerne von den farbigen Revolutionen in Georgien und in der Ukraine profitiert zu haben. Die Unberechenbarkeit der alten korrupten Machteliten ist in beiden Ländern durch eine transparentere Wirtschaftspolitik abgelöst worden, die größere Investitionssicherheit verspricht; siehe dazu, *Julian Evans*, Cashing in on Color Revolution, in: The Moscow Times, 18.04.2005, S. 8.

ansonsten bleiben die wohlformulierten Strategiepapiere zu Zentralasien und dem Kaukasus leere Worthülsen, ist jedoch abhängig von der Lösung der internen Krise der EU.

6. Auch wenn dies gelingen sollte, obwohl die Erwartungen nach dem Brüsseler EU-Gipfel vom Juni 2007 nicht gerade hoffnungsfroh für ein geschlossenes Auftreten der EU in Sachen Außenbeziehungen stimmen, gilt es immer noch, Angebote an die Länder und Regierungen des Kaukasus und Zentralasiens zu machen, die von den autoritären Herrschaftscliquen akzeptiert werden, weil sie darin keine Bedrohung ihrer Macht sehen[213].

Im Kontext der harten Wirtschaftssanktionen gegen Georgien und der rücksichtslosen Einforderung höherer Energiepreise von anderen GUS-Ländern stellt sich die Frage, welche Ziele der Kreml noch in der GUS verfolgt? Auf der Grundlage obiger Überlegungen scheint es nicht ausgeschlossen, dass Moskau mit wirtschaftlichen Pressionen die politischen Führungen der GUS-Länder vor die Wahl stellen will, sich entweder Unterstützung und Anbindung bei der EU zu suchen oder sich aber Moskau vorbehaltlos zuzuwenden. Jedoch solch eine Politik ist nicht ohne Risiko. Selbst wenn es zu einer durchgreifenden Akzentverschiebung russischer Interessen im postsowjetischen Raum zugunsten einer eurasischen Option kommen sollte, wird der Kreml nicht umhin kommen zu verhindern, dass die westlichen GUS-Länder und die Staaten des Kaukasus in westliche Bündnisse, sei es die EU oder die NATO, hinübergleiten. Solche Entwicklungen stehen zwar nicht unmittelbar bevor, aber sind möglicherweise im Verlauf der nächsten beiden Dekaden zu erwarten. Kommt es zur Verfestigung des gegenwärtigen politischen Herrschaftstyps in Russland und suchen einige GUS-Länder die Kopenhagener Kriterien zu erfüllen, so würde das Gespenst der *„orangenen Revolution"* wieder durch die Machtkorridore des Kreml geistern und sich mit dem historischen Trauma russischer Politik vereinen, das mit der Oktoberrevolution begann und sich ab Mitte der 1930er Jahre voll entfaltete: Marginalisierung und Ausgrenzung[214]. Und wie schon die Erfahrung mit der Osterweiterung der NATO ab 1994 zeigte: der Kreml könnte auch eine dritte Welle nicht abwehren.

---

[213] Der Beitrag des deutschen Außenministers *Frank-Walter Steinmeier* in der FAZ (30.06.2007, S. 10) spricht zwar wohlklingend von der Zeit, die „reif" sei für eine „neue Partnerschaft zwischen der EU und den Staaten Zentralasien". Die Partnerschaft soll „zukunftsweisend" und auch noch langfristig werden, aber geschickt und wohl auch in Kenntnis derer, mit denen hier ein solches Unterfangen gestartet werden soll, fügt er beschwichtigend hinzu, dass die EU bei der Umsetzung der Strategie einen" langen Atem, Geduld und Realismus" benötige. Siehe auch den Text der Zentralasienstrategie, in: Bundesregierung Deutschland, Auswärtiges Amt EU2007.de, Die EU und Zentralasien: Strategien für eine neue Partnerschaft, in: Zentralasien-Strategie-Text-D.pdf.

[214] Siehe dazu: *Lew Besymenski*, Stalin und Hitler. Das Pokerspiel der Diktatoren, Berlin 2006, S. 49 ff.

Diese Furcht begrenzt Varianten russischer Großmachtpolitik, etwa Vorstellungen einer *„splendid Isolation"* nachzugehen. Zwar bleibt unbenommen, wie der ideologische Vordenker des Kreml, *Wladislaw Surkow*, es einmal so ausdrückte: „Der Westen muss uns nicht lieben"[215]. Nur eine solche Option auf der Basis eigener Ressourcen und einer nach innen gerichteten Politik, die nur selektiv mit Teilen des internationalen Staatensystems interagiert, hat eine sehr feine und poröse Grenzlinie zur Selbstisolation. Und im europäischen Kontext erscheint sie arg anachronistisch, ja nahezu sowjetisch unterlegt.

Eine weitere wichtige Frage ist, ob dem Kreml wirklich an der Destabilisierung von Staaten, gar an ihrem Zusammenbruch und am Regimewechsel gelegen ist? Betrachtet man die Drohgebärden gegen Georgien, so kann leicht dieser Eindruck entstehen. Falls aber ein Regimewechsel angestrebt wird, stellt sich die weitere Frage, welche Machtgruppen sollen in Stellung gebracht werden und welche Alternativen bieten sich an?

Schließen wir aus, dass Moskaus Politik auf die Destabilisierung des „Nahen Auslands" zielt, so drängt sich die Frage auf, auf welche Modelle politischer Entwicklung Moskau hinarbeitet, wenn es einen von außen induzierten Regimewechsel anstreben sollte? Darauf kann keine befriedigende Antwort gegeben werden. Denn in dieser Frage befindet sich Moskaus in einer argen Zwickmühle. Die russische Politik hat bei den regierenden wie oppositionellen, am Westen orientierten nationalen Eliten jeglichen Rückhalt verloren. Und schon aus eigenen innenpolitischen Erwägungen, aber auch aufgrund der zentralasiatischen Positionierung, kann Moskau keine doppelbödige Politik betreiben, etwa auf moderate Reformkräfte setzen. Der Kreml ist somit gehalten, sich auf absehbare Zeit hinter die alten Machteliten der GUS-Länder zu stellen, gleichwie korrupt, rückständig und repressiv sie auch von konzeptionell weitsichtigen Denkern im Umfeld der Kremladministration eingeschätzt werden. Und die gibt es durchaus. *Wladislaw Surkow* ist kein Einzelfall. Damit wird bestenfalls eine mittelfristige Perspektive für die Umsetzung der eigenen Interessen abgedeckt, die sich aber den autoritär-despotischen Machtcliquen der GUS ausliefert und sicher nicht lange Bestand haben kann.

Auch das Modell Belarus hätte seine Tücken und wäre kaum akzeptabel. Zudem scheint die unerbittliche Preispolitik des Kreml selbst einen gewiss nicht feinfühligen Präsidenten *Lukaschenko* – vorerst nur verbal – von Moskau in Richtung Europa getrieben zu haben. Und ein Land wie Armenien, eines der wenigen verbliebenen pro-russischen Länder, ist wirtschaftlich zu unbedeutend und zu stark mit territorialen Konflikten beladen, als dass es als Modell vorzeigbar wäre. Eher bietet sich noch Kasachstan an. Aber Kasachstan ist ebenfalls ein Sonderfall, da das Land in außenpolitische und außenwirtschaftliche Zusammenhänge eingebunden ist und von dort

---

[215] „Der Westen muss uns nicht lieben", *Putins* Chefstratege *Wladislaw Surkow* über gelenkte Demokratie, das *Chodorkowskij-Urteil* und die Angst vor dem Virus der ukrainischen Revolution, in: Der Spiegel, 20.6.2005.

ein gesichertes Maß an Souveränität und eigener Entscheidungsfähigkeit ableitet. In Fragen der globalen Energiekooperation ist Kasachstan mehr noch als Turkmenistan zu einem wichtigen Faktor, möglicherweise sogar zu einem zukünftigen Konkurrenten für die russische Außen- und Außenwirtschaftspolitik geworden.

Wenn schon kein Land als Modell vorzeigbar ist und auch die regionalen Kooperationsprojekte fraglich geworden sind, was bleiben dann noch für Ziele übrig?

Vielleicht, so brisant und gleichsam paradox es klingen mag, liefert die ukrainische Entwicklung den Schlüssel zur Antwort. Denn eines scheint gewiss: Wesentlich stärker als der Umbruch in Georgien haben die Ereignisse in der Ukraine die oppositionell-demokratischen Bewegungen im gesamten GUS-Raum angesprochen. In der Ukraine stehen nicht nur die Umsetzungschancen einer Revolution auf dem Spiel, auch die Interaktion zwischen den revolutionären Geschehnissen und den geopolitischen Machtgebilden, die sie umgeben, also die Europäische Union, die NATO, Russland und die USA, sind in diese Gleichung einbezogen. Novum ist, dass die Ablösung des alten Herrschaftssystems durch das ukrainische Volk herbeigeführt wurde, auch wenn danach erneut wieder Herrschaftscliquen die Macht übernahmen. Insofern weicht dieser Typus sogar von den Umbrüchen beim Zerfall der Sowjetunion ab. Damals griff, mit Ausnahme der Baltischen Länder und Georgiens, das Volk kaum in die Umstürze ein. Im Gegenteil, es verweigerte seine Teilnahme an der Gestaltung der politischen Ordnung während der nachfolgenden Dekade.

Es ist nicht ausgeschlossen, dass Moskaus **Realpolitik des Abwartens**, die einer zynischen und wohl auch arroganten Einstellung zur GUS entspringt, durchaus erfolgreich sein kann.

Denn erstens, ist der demokratische Umbruch in der Ukraine bislang weder durch eine Beitrittsoption zur NATO oder zur EU belohnt worden, noch wurden günstige Sonderregelungen angeboten. Die Ukraine war ähnlich wie Georgien gezwungen, ihren Handel umzulenken und ihre Wirtschaft zu diversifizieren. In beiden Fällen rangiert der Warenaustausch mit der EU heute an erster Stelle, aber die lebenswichtigen Agrarbranchen stehen vor verschlossenen Protektionsmauern der EU. Die Energiepreiserhöhungen haben zudem Zweige der metallverarbeitenden Industrie, die aufgrund veralteter Technologien auf niedrige Energiepreise angewiesen sind, in ihrer Wettbewerbsfähigkeit stark beeinträchtigt.

Noch einschneidender waren Entwicklungen in der Innenpolitik. Hoffnungen der mobilisierten Bevölkerung auf Wohlstand und Demokratie, auf Rückbau von Korruption und staatlicher Willkür sowie Erwartungen auf ein würdiges Leben in Selbstbestimmung sind beschädigt worden. Die Folgen stellten sich binnen Jahresfrist ein: Die Legitimation für die neuen Führungseliten bröckelte, die sich zudem in ein chaotisch abstoßendes Schauspiel von borniertem Machtegoismus und Rankünen verstrickten. Nicht mehr auszuschließen sind erneute autoritäre Tendenzen und der Ruf nach Stabilität, Ordnung und Berechenbarkeit. Im Kontext der ukrainischen Geschehnisse scheint zur Gewissheit zu werden, dass ohne Unterstützung der Demokratien Europas, und das heißt Öffnung ihrer Institutionen, ein neuer Kurs dieser Gesellschaften zum Scheitern verurteilt ist.

In diesem Lichte kann Moskau auf Zeit und zugleich auf den Legitimationsverlust der farbigen Revolutionen setzen. Und dabei gerät nicht nur die Ukraine ins Visier. Auch die Präsidentschaft *Saakaschwilis* in Georgien war bislang keine Erfolgsstory[216]. Anzeichen organisierten Protestes zeigten sich Anfang November 2007 als an die Hunderttausend Demonstranten in Tbilissi tagelang den Rücktritt von *Saakaschwili* forderten. In der Ukraine kann der Kreml in Ruhe auf den Ausgang der nächsten Präsidentschaftswahlen vertrauen, ohne wiederum auf plumpe Tricks der Wahlfälschung zurückgreifen zu müssen. Die Parlamentswahlen im Herbst zeigten, dass die Vertrauensbasis für die demokratischen Reformer hauchdünn ist. Noch wichtiger: Chancen auf einen baldigen Beitritt zur EU sind nicht gegeben und trotz Drängens der *Bush-Administration* auf Aufnahme in die NATO, scheint auch diese Option mittelfristig nicht real.

Gewiss, der russischen Politik kann weder an einer destabilisierten Ukraine noch an der Eskalation von Konflikten zu offenen militärischen Auseinandersetzungen im Kaukasus gelegen sein. Zwar sind Gefahren von aufflackernden Sezessionstendenzen in der Ukraine vorerst gebannt, wenn sie denn überhaupt je realiter bestanden und nicht nur als Vehikel im politischen Machtpoker zur Jahreswende 2004 benutzt wurden. Weil aber die enttäuschten Hoffnungen von großen Teilen der politischen Klasse und der ukrainischen Bevölkerung bleiben, sind extreme politische Ausschläge durchaus möglich.

Im letzteren Fall würden die Ukraine und die gesamte Zwischenzone auch zum Dilemma für die *Neue Nachbarschaftspolitik der Europäischen Union/ENP*. Sowohl die EU als auch Russland müssen daher an stabilen Umfeldbedingungen interessiert sein. Diese Kongruenz der Interessen gilt es zu einer gemeinsamen Verantwortung für den gesamten Raum zu entwickeln: Dabei müssen auch irrationale und historisch-emotional aufgeladene Positionen, wenn nötig, zurückgewiesen werden. Zudem, keine Seite ist allein in der Lage, die Probleme der Zwischenzone zu schultern. Weil aber auch keine Seite die Destabilisierung des osteuropäisch-eurasischen Raumes anstrebt, bleibt als Ausweg nur ***einvernehmliches Krisenmanagement***[217]. Die

---

[216] *Regis Gente*, A Georgian Crisis of Confidence, in: The Moscow Times, 15.02.2005, S. 10. Im Georgien *Saakaschwilis* wird die Opposition stärker, die nicht unbedingt, wie die Regierungspropaganda es will, pro-russisch eingestellt ist, sondern sowohl an der Richtigkeit des innen- wie außenpolitischen Kurses zweifelt. Seit 2005 sank die Zustimmung zur Politik des georgischen Präsidenten. Lag sie damals noch bei fast 70 %, so schwankt sie heute um die 30 %.

[217] *Vladimir Degoyev*, Wider Europe's Horizons in the Caucasus, in: Russia in Global Affairs, 10.11.2004. *Degoyev* argumentiert zu Recht, dass die EU erstens gut beraten wäre, sich nicht in ein Spiel hineinziehen zu lassen, dass „failed states" als Bollwerk gegen Russland nutzen will. Zweitens wird die EU keinen anderen Partner für die Stabilisierung des Kaukasus außer Russland finden.

Kunst dabei wird sein, die Scharfmacher auf beiden Seiten in die Schranken zu weisen und mit geduldiger Überzeugungsarbeit die politischen Führungen des eurasischen Raumes für eine solche Zukunftslösung zu gewinnen. Hier bietet die *„Strategie für Zentralasien"* des Auswärtigen Amtes durchaus positive Ansatzpunkte. Dass die EU auch nicht beliebig erweitern werden kann, darauf zielen jüngste Äußerungen des frisch gewählten Präsidenten Frankreichs *Nicolas Sarkozy*. Auf der alljährlichen Konferenz der französischen Botschafter schlug *Sarkozy* vor, einen Rat von „zehn, zwölf ranghohen Weisen" zu schaffen, die sich darüber Gedanken machen sollen, wie Europa in Jahre 2020 oder 2030 aussehen soll. Es ist offensichtlich, dass der Vorschlag darauf abzielt, die Grenzen Europas nach Osten und Süden abzustecken und der Türkei die Mitgliedschaft zu verweigern[218]. Obendrein soll die politische Ordnung der EU definiert werden. Mit der Markierung der Grenzen würde ein höherer Grad an Stabilität in der europäischen Zwischenzone eintreten.

4.7 Die geopolitische Neuordnung des Kaukasus: Irrglaube oder Perspektive?

Wie für Zentralasien hielt auch für den Kaukasus jene beispiellose Interessenkongruenz zwischen den beteiligten Großmächten, Russland, USA und EU von 2001 bis 2004. Danach schlugen jedoch externe Machtrivalitäten stärker auf die Innenpolitik der kaukasischen Länder durch und setzten dort eine Dynamik in Gang, die wiederum die Beziehungen der Großmächte untereinander tangierte.

Konkret, die bedrückende wirtschaftliche Lage der Kaukasus-Republiken[219], ihre ungelösten inneren Konflikte und die noch andauernden Angstsyndrome gegenüber Russland entfachten seit ihrer nationalen Unabhängigkeit eine brisante Mischung aus Nationalismus, Russlandphobie und gaben Illusionen reichlich Nahrung, sich bald unter das schützende Dach von NATO und/oder Europäische Union retten zu können.

Hingegen barg der Kaukasus für die russische GUS-Politik von Anbeginn eine besondere Herausforderung, weil dessen Konflikte zur Destabilisierung süd-russischer Regionen beitrugen und dort latente und offen separatistische Tendenzen, nicht nur wie im Falle Tschetscheniens, auslösen konnten. Jedoch ohne Ressourcen und gegen den Widerstand der nationalen Emanzipationsbewegungen des Südkaukasus war die russische Politik hilflos. Während der *Jelzin-Ära* wurde ein Minimum an Einflussnahme über wirtschaftliche Instrumente der subventionierten Energielieferungen und des offenen Marktzugangs erreicht. Russische Militärbasen[220] und die heimliche Unterstützung der abgefallenen Regionen sorgten für einen unsicheren Status quo

---

[218] *Nicolas Sarkozy*, Den Lauf der Dinge ändern, in: FAZ, 31.08.2007, S. 9.
[219] Siehe den Beitrag in diesem Buch von *Aleksander Iskandaryan*.
[220] Diese Arrangements gehören der Vergangenheit an, denn im Juni 2005 vereinbarten Russland und Georgien den Abzug der russischen Militärbasen bis 2008.

zwischen den Konfliktparteien. Moskau verfolgte daher in den 90er Jahren eine Politik der Nadelstiche und suchte die Konstitution und Konsolidierung der jungen Nationalstaaten zu behindern.

Aber abgesehen von der Subventionierung der armenischen und georgischen Staatshaushalte durch billige Energielieferungen, die wahrscheinlich nicht einmal beglichen wurden, vermochte Moskau seinen Einfluss kaum gegen die aufbrandenden nationalen Emotionen und Unabhängigkeitsbestrebungen vor allem in Georgien durchzusetzen. Darüber hinaus soll daran erinnert werden, dass Russland die Gegnerschaften im Südkaukasus weder geschaffen hat noch in der Lage ist, die Sezessionskonflikte des Südkaukasus zu lösen. Das obliegt allein den dortigen Konfliktparteien. Aber die Hinterlassenschaften der Sowjetunion, nämlich die wirtschaftliche und vor allem die energiepolitische Abhängigkeit dieser Länder (mit Ausnahme Aserbaidschans) machen den Kreml unweigerlich zu einer Partei in all diesen Konflikten.

Eine Ausnahme bildet Armenien. Der **Nagorno-Karabach-Konflikt** geht in seiner emotionalen Dimension ähnlich tief und scheint gleichsam unlösbar wie Konflikte des Balkans oder des Nahen Ostens. Bewaffnete Auseinandersetzungen und Pogrome gegen armenische Minderheiten flammten in Baku bereits 1988 in der Endphase von *Gorbatschows* Perestroika auf. Die Konflikte eskalierten 1994 zum Krieg, in dem Armenien ca. 16 Prozent des aserbaidschanischen Territoriums okkupierte. Seither sichert ein von außen erzwungener Waffenstillstand einen fragilen Status des *weder-Krieg-noch-Friedens*. Der Konflikt ist in eine sterile, dogmatische Sackgasse von widerstreitenden Prinzipien, die von beiden Seiten ins Feld geführt werden, abgeglitten. Die Armenier, insbesondere die Bevölkerung von Nagorno-Karabach, pochen auf das Recht der Selbstbestimmung. Dagegen wird von aserbaidschanischer Seite das Recht auf territoriale Integrität des Nationalstaates gehalten. Nur, das Recht auf Selbstbestimmung wird im postsowjetischen Kontext als Recht auf Sezession interpretiert, und das will und kann Baku nicht anerkennen. Bakus Angebot, das in Aserbaidschan durchaus politisch mehrheitsfähig wäre, eine Lösung innerhalb des aserbaidschanischen Staatsverbandes, quasi in Form des Rechtes auf Selbstregierung zu implementieren, entspricht jedoch nicht den Sicherheitsvorstellungen der Menschen von Nagorno-Karabach. An diesen schier unauflösbaren Gegensätzen scheiterten bislang auch die Bemühungen internationaler Mediatoren, der *Minsker Gruppe*, die Russland, die Vereinigten Staaten und Frankreich vereint. Armenien will Sicherheitsgarantien und ist nicht bereit, den territorialen Puffer, der in den Kämpfen der 90er Jahre erobert wurde, zurückzugeben[221].

---

[221] *Cory Welt* vom *Center for Strategic and International Studies* in Washington sieht keine Anzeichen einer Verständigung zwischen beiden Konfliktparteien. Das haben auch die vergeblichen Versuche der OSZE belegt: „ Azerbaijan is far from ready to sign an agreement that permits Nagorno-Karabakh, ever, to freely determine its political status. Alternatively, it is unimaginable that Armenia could be persuaded to agree to the return of Nagorno-Karabakh to Azerbaijan as part of any formal agreement. Hopes that either of these

Befürchtungen der internationalen Gemeinschaft, dass Aserbaidschan die Profite aus seinen Energieexporten für militärische Zwecke nutzen und einen Waffengang gegen Armenien und gegen die abtrünnige Republik Nagorno-Karabach wagen könnte, sind glücklicherweise bislang nicht eingetroffen.

Momentan sorgt eine Art stillschweigende Übereinkunft zwischen Russland und den USA für einen fragilen Scheinfrieden, denn keine Seite hat ein Interesse daran, die Region in militärische Auseinandersetzungen zu treiben und somit erneut zu destabilisieren. Den USA wird eine gewisse Kontrollfunktion über Baku und Tbilissi zugetraut, während Moskau Eriwan im Zaum zu halten sucht. Wie Umfragen unter russischen Experten schon seit Mitte der 90er Jahre belegen, ist Baku vom russischen Interessenschirm verschwunden. Nicht einmal die Aufkündigung russischer Gasimporte durch Baku und der Exportstop aserbaidschanischen Öls nach Novorossisk am Schwarzen Meer sorgten im Januar 2007 für Aufregung[222]. Dafür war es umso verwunderlicher, dass Präsident *Putin* im laufenden Streit um das Raketenabwehrsystem vorschlug, das russische Großraumradar in *Gabala* zu nutzen, wohl wissend, dass Aserbaidschan in die NATO drängt. Aber vielleicht war das wiederum ein geschickter Schachzug, um Washington vorzuführen und Argumenten entgegenzutreten, das russische Angebot sei nicht aufrichtig.

Während der Konflikt zwischen Armenien und Aserbaidschan durch das Einverständnis externer Mächte sich „tiefgefroren" gibt, eskalierten seit 2003 die Spannungen in Georgien und zwischen Georgien und Moskau. Nach Beendigung der bewaffneten Sezessionskonflikte in *Süd-Ossetien* und *Abchasien* anfangs der 90er Jahre blieben die **russisch-georgischen Beziehungen** während der *Jelzin-Ära* unterkühlt. Russland zeigte kein übermäßiges Interesse an Georgien, belastete aber die Beziehungen durch den immer wieder hinausgezögerten Abzug seiner Militärbasen.

Aber der Beginn des zweiten Tschetschenienkrieges 1999 und Russlands Eintritt in die Koalition gegen den internationalen Terror hatten unmittelbare Konsequenzen für den kaukasischen Raum. Im Lichte des zweiten Tschetschenienkrieges rückte Georgien ins Fadenkreuz russischer Interessen.

Von 2001 bis 2003 erfolgte ein zweckdienliches Zusammenwirken der russischen und amerikanischen Politik in der Region, die vermutlich auch aus den noch unklaren Auswirkungen des Irak-Krieges oder aus dem gemeinsamen Kampf gegen die *Taliban* gespeist war. Sie bestand erfolgreich ihre politische Feuertaufe in der friedlichen *„Rosenrevolution"* 2003 von *Michail Saakaschwili* gegen den georgischen Präsidenten *Eduard Schewardnadse*. Die Gemeinsamkeiten setzten sich bei der Vertreibung des *adjarischen* Abtrünnigen *Aslan Abashidze* fort, der faktisch eine Art Schmuggelstaat an der Grenze zur Türkei und der Schwarzmeerküste eingerichtet

---

„minimal" criteria for a political settlement can be finessed are misplaced", in: The Moscow Times, 13.02.2006, S. 8.
[222] The Moscow Times, 13.12.2006, S. 5.

hatte und sich um Weisungen der Zentralgewalt aus Tbilissi nicht schere. Vielleicht lag der Kaukasus nur zu nahe an den Konfliktzonen im Süden Russlands, als dass sich die russische Politik gegen Washington zu exponieren wagte. Oder aber Moskau wollte durch Wohlverhalten die Kritik Washingtons am brutalen Vorgehen seiner Soldateska in Tschetschenien unterlaufen, was in gewisser Weise auch gelang.

Die Lage veränderte sich nicht abrupt[223]. Jedoch seit den provokanten Versuchen des georgischen Präsidenten *Saakaschwili*, sein Land in die NATO zu führen, wuchsen die Spannungen zwischen Tbilissi und Moskau stetig. Diese Politik war keinesfalls neu. Schon *Eduard Schewardnadse* hatte seine vertrauten Kontakte als ehemaliger Außenminister der UdSSR ins Spiel gebracht, um das Ziel zu erreichen. Im Kontext der amerikanischen Neuordnungspläne für den Kaukasus und für den Mittleren Osten unterstützt die *Bush-Administration* den Beitritt Georgiens zur NATO. Bereitwillig gab daher der georgische Präsident auch Spannungen mit Moskau immer wieder neue Nahrung. *Saakaschwili* zelebriert meisterhaft, wie man eine geschwächte Großmacht vorführt. Wohl wissend, dass Georgiens Beitritt zur NATO oder zur Europäischen Union Anathemata in Moskau sind, provozierte er den Kreml bei jeder sich bietenden Gelegenheit. Derartige Provokationen lenkten auch von innenpolitischen Problemen ab. Denn die Kritik an seinem Regierungskurs wuchs. Viele Reformvorhaben wurden entweder nicht umgesetzt oder fanden nicht die volle Unterstützung der georgischen Bevölkerung[224].

Saakaschwilis provokanter Westkurs ist inszeniert. Er fordert Moskau heraus, reizt zu heftigen und unverhältnismäßigen Reaktionen und flüchtet dann unter die schüt-

---

[223] Am 18. Mai 2005 kündigte der amerikanische Präsident an, ein *„Active Response Corps"* innerhalb des State Department aufzubauen, das zügig zivilgesellschaftliche Gruppen unterstützen soll, die im Prozess stehen, „Tyranneien" zu stürzen und Demokratien westlichen Typs einzuführen. Dass angesichts der Ereignisse in Georgien und der Ukraine öffentliche Bekundungen dieser Art in Moskau die Alarmglocken haben schrillen lassen, ist anzunehmen. Präsident *Bush* versprach, 24 Mill. US Dollar für das Büro im Budgetjahr 2006 zu bewilligen und weitere 100 Mill. US Dollar für einen neuen *Conflict Respond Fond* beim Kongress zu beantragen; in: The Moscow Times, 20.05.2005, S. 4.

[224] Im Jahresbericht 2005 des Büros der *Friedrich-Ebert-Stiftung Tiflis* heißt es dazu: „Die sog. „Rosenrevolution" in Georgien Ende 2003 hat die EU nach anfänglicher Weigerung dazu veranlasst, die südkaukasischen Republiken mit in ihre Initiative der Neuen Nachbarschaft, ENP, aufzunehmen. Damit war wohl auch die Hoffnung verbunden, die Ereignisse in Georgien, wesentlich unterstützt durch die dortige Zivilgesellschaft, würden als Katalysatoren demokratischer Entwicklungen auch anderswo in der Region wirken. Seitdem trat diesbezüglich jedoch zunehmende Ernüchterung ein. Während es Präsident Saakaschwili gelang, die Korruption einzudämmen und eine grundsätzliche Steuerreform einzuführen, wurde der Umbau des Systems, hin zum Aufbau demokratischer Strukturen, versäumt. Klagen über Verletzungen von Menschenrechten und Pressefreiheit sind unüberhörbar." In: Jahresbericht 2005 *Friedrich-Ebert-Stiftung Regionalprojekt Gesellschaftspolitische Beratung in Zentralasien und Kaukasus*, BMZ-Projektnr.: 2001 28 009, Tbilissi Januar 2006.

zenden Fittiche von öffentlicher Meinung und Politik des Westens. Diese Taktik währt nun schon seit Jahren. So verkündete er auf der Münchener Sicherheitskonferenz 2006 den Rückzug Georgiens aus dem Rat der Verteidigungsminister der GUS-Staaten[225] und gab provozierend kund, dass Georgien 2008 wahrscheinlich in die NATO eintreten werde.

Konflikte zwischen Tbilissi und Moskau flackerten in der Vergangenheit immer wieder auf. Seit Beginn der georgischen Unabhängigkeit klagt Tbilissi Moskau an, die beiden abtrünnigen Provinzen *Süd-Ossetien* und mehr noch *Abchasien* zu unterstützen. Moskau streitet diese Vorwürfe auch nicht ab und hat durch die Ausgabe von russischen Pässen die Anschuldigungen des georgischen Präsidenten indirekt bestätigt. Russische Stellen hielten dagegen, dass georgisches Territorium in den Grenzgebieten zu Tschetschenien, besonders das grenznahe *Pankisi-Tal*, als Ruhe- und Logistikraum für die tschetschenischen Rebellen genutzt würde.

Im September 2006 erreichten die russisch-georgischen Auseinandersetzungen einen neuen Höhepunkt, als russische Militärs in Georgien als Spione verhaftet wurden. Als Reaktion verhängte Russland eine Wirtschaftsblockade gegen georgische Produkte, sperrte die Transportwege, unterband den Transfer von Geld georgischer Gastarbeiter an ihre Familien und entfachte eine fremdenfeindliche Kampagne gegen georgische Immigranten und Arbeitsemigranten in Russland. Hunderte von illegalen georgischen Arbeitskräften wurden deportiert. Außerdem wurde der russische Botschafter aus Tbilissi abgezogen. Er kehrte erst im Januar 2007 wieder zurück[226].

In Kontext der gereizten Beziehungen verabschiedete die russische Staatsduma am 6. Dezember 2006 zwei Resolutionen, die den Konflikt weiter anheizten. Eine Resolution rechtfertigte ein Referendum in Südossetien, das faktisch den Beitritt zur Russischen Föderation begrüßte. In einer zweiten Resolution wurde die russische Regierung aufgefordert, sich für die Souveränität Abchasiens einzusetzen. Ein Referendum in Abchasien, das de facto die Eigenstaatlichkeit nochmals unterstrich und als stille Option einen Beitritt zur Russischen Föderation nicht ausschloss, wurde ebenfalls anerkannt.

Beide Resolutionen sind für die russische Regierung nicht bindend. Sie signalisieren aber die Entschlossenheit Moskaus, notfalls mit beiden separatistischen Gebilden zu einer russischen Vorstellungen entsprechenden Übereinkunft zu gelangen. Gegen den Widerstand von Tbilissi könnte sich Abchasien mit russischer Unterstützung von Georgien lossagen. Und in russischen Regierungskreisen zirkuliert seit 2006 ein Projekt, bei einem Beitritt Süd-Ossetiens zur Russischen Föderation Nord- und Südossetien zu einem neuen Föderationssubjekt „*Alania*" zu verschmelzen[227].

---

[225] The Moscow Times, 06.02.2006, S. 2.
[226] The Moscow Times, 27.01.2007, S. 1.
[227] The Moscow Times, 29.03.2006, S. 1. Präsident *Putin* verband auf einer Pressekonferenz am 31.01.2006 beide Problemkreise. „If someone thinks that Kosovo can be granted full

Besonders brisant wird diese Entwicklung im Kontext der **Kosovo-Frage**. Seit 1999 ist das Kosovo faktisch ein Protektorat der Vereinten Nationen. Sollte die Loslösung des Kosovo gegen den Widerstand von Belgrad erfolgen, würde, so betont Moskau, ein Präzedenzfall geschaffen, der gravierende Konsequenzen auch für Georgien hätte. Daher werde sich Moskau auf keinen „Kuhhandel" (*Lawrow*) einlassen und lehne strikt den Plan des UN-Sonderbeauftragten *Marti Ahtisaari* ab, den Kosovo unter internationaler Aufsicht in die Unabhängigkeit zu entlassen. Offen bleibt, ob Moskau mit Zustimmung Belgrads eine Teilung des Kosovo nach ethnischen Kriterien zustimmen würde. Dieses Modell könnte auch auf Georgien übertragen werden. Zwar respektiert Moskau die territoriale Integrität Georgiens, aber Tbilissi hat, so die russische Auffassung, seine Anrechte auf Abchasien und Südossetien[228] bereits vor langer Zeit verloren und übt keine Kontrolle über seine Territorien mehr aus[229].
„As regards Kosovo, we are convinced that granting this territory independence will have the most negative consequences for the region and for Europe as a whole," so der russische Außenminister *Sergeij Lawrow*[230].

Derartige Stimmen werden in Brüssel ernst genommen. So räumte in einem Interview mit Radio Free Europe/Radio Liberty der Hohe Repräsentant für Außen- und Sicherheitspolitik der Europäischen Union, *Javier Solana*, ein, dass ein selbständiges Kosovo negative Auswirkungen auf die territoriale Unversehrtheit Georgiens

---

independence as a state, then why should the Abkhaz or the South Ossetians not also have the right to statehood?".

[228] *Alexei Makarkin*, How is South Ossetia different from Kosovo? in: RIA Novosti, 09.06.2006. *Marakin*, Vizedirektor des angesehenen und unabhängigen Moskauer *Zentrums für Politische Technologien*, argumentiert, dass es für die russische Politik sehr schwierig sein wird, im Falle der Unabhängigkeit des Kosovo die Süd-Osseten und Abchasen anders zu behandeln. Die Abtrennung sei faktisch bereits vor 15 Jahren vollzogen worden. Ein Zurück gebe es nicht, da die Führungen der beiden abtrünnigen Regionen kein Vertrauen in Abkommen mit Tbilissi hätten.

[229] Russland behandelt zwar das Prinzip der territorialen Integrität „with respect", erklärte der Sprecher des russischen Außenministeriums *Mikhail Kamynin*. „But as far as Georgia is concerned, its territorial integrity is still only a possibility and not a political and legal reality." Eine Lösung des georgisch-ossetischen Streites ist nur auf Basis direkter Verhandlungen beider Konfliktparteien möglich. Das Ergebnis müsse aber auch das Recht auf Selbstbestimmung widerspiegeln; zit. nach The Moscow Times, 02.06.2006, S. 3. Noch radikaler formuliert *Michail Delyagin*. Russland solle die Auflösung der Sowjetunion endlich zum logischen Abschluss bringen. Das beinhalte die internationale Anerkennung des Rechts auf Selbstbestimmung für all jene Völker, die im postsowjetischen Raum leben. Das schließt jedoch auch ein, so *Delyagin*, dass jene Völker, die sich der Russischen Föderation anschließen wollen, das auch können, also Süd-Ossetien, Abchasien und das separatistische Gebilde Transnistrien. Sollte sich Transnistrien Moldau anschließen wollen, dann soll auch dieser Vereinigung oder dem Zusammengehen Moldaus mit Rumänien nichts in den Weg gelegt werden; in: *Mikhail Delyagin*, From Global Controversies to Regional Conflicts, in: Russia in Global Affairs, Nr. 1, Januar-März 2005.

[230] The Moscow Times, 19.02.2007, S. 5.

nach sich ziehen könnte[231]. Nach *Solana* sei die EU nicht imstande, „Friedenstruppen" in die Region zu verlegen, sondern richte ihr Hauptaugenmerk darauf, zwischen Moskau und Tbilissi eine friedliche Übereinkunft zu vermitteln.

Einen Monat später eskalierte der Konflikt nochmals. Der russische Energiekonzern *Gazprom* drohte, seine Gaslieferungen einzustellen, falls es zu keiner Einigung über den Gaspreis kommen sollte. Mit Hinweis auf das Preisniveau auf dem Weltmarkt wurde die Anhebung des Gaspreises von 110 auf 230 US Dollar gefordert. Falls Georgien jedoch Teile seines Energienetzes aushändige, könnte die Anhebung moderater ausfallen, bot *Gazprom* an. Ein ähnliches Vorgehen hatte der Konzern bereits in der Ukraine vorexerziert und war dort partiell erfolgreich. Tbilissi lehnte das Angebot kategorisch ab und sichert zukünftig seine Gasversorgung durch Aserbaidschan. Für 2007 muss das Land noch laufende Verträge mit *Gazprom* erfüllen.

Nach der Rückkehr des russischen Botschafters und der offiziellen Verlautbarung des russischen Präsidenten über die Unverletzbarkeit der territorialen Integrität Georgiens mäßigte auch Tbilissi die Tonlage. Anfang 2007 keimten Hoffnungen auf eine allmähliche Entspannung. Vielleicht schreckten beide Seiten, wie *Dmitry Trenin* und *Tedo Japaridze*[232] argumentieren, vor einer weiteren Eskalation des Konfliktes zurück. Angesichts der unüberschaubaren Lage im Kaukasus hätte ein solcher Streit außer Kontrolle geraten und zu einem bewaffneten Konflikt führen können.

Sollte es je ein russisches Ziel gegeben haben, durch die Embargopolitik das Land wirtschaftlich zu ruinieren und einen Regimewechsel herbeizuführen, so misslang beides gänzlich[233]. Wirtschaftlich wurde das Gegenteil erreicht. Nach Angaben der georgischen Statistischen Agentur verdoppelten sich ausländische Direktinvestitionen 2006 auf 1,14 Mrd. US Dollar. 2005 betrugen sie 450 Mill. US Dollar. Die größten Investoren waren Großbritannien mit 182,1 Mill. US Dollar, die USA mit 181,9 Mill. US Dollar und an dritter Stelle lag Kasachstan mit 152,3 Mill. US Dollar, gefolgt von der Türkei mit 127,1 Mill. US Dollar. Russische Direktinvestitionen fielen mit 27,9 Mill. US Dollar auf den 11. Rang zurück.

Auch in punkto Beitritt zur NATO wird die Entscheidung darüber nicht von Moskau beeinflussbar sein, wie die beiden Wellen der Osterweiterung bewiesen haben.

Dennoch bleiben Befürchtung des Kreml, dass der Konflikt sich internationalisieren könnte, falls Annahmen sich bewahrheiten sollten, dass die *Bush*-Administration im Kaukasus Ziele einer geostrategischen Neuordnung verfolgt. Zweifellos kommt der Region eine wichtige Scharnier- und Transitfunktion für Handel, Energietransporte

---

[231] *Ahto Lobjakas,* Georgia: Solana Fears Kosovo 'Precedent' For Abkhazia, South Ossetia, in: Radio Free Europe, 04.10.2006.
[232] *Dmitry Trenin, Tedo Japaridze,* Give the Pragmatist a Chance, in: The Moscow Times, 21.12.2006, S. 8.
[233] The Moscow Times, 02.04.2007, S. 9.

und Verkehr aus den zentralasiatischen Staaten und dem Mittleren Osten zu[234]. In den Auseinandersetzungen um fossile Energiereserven des Kaspischen Raumes spielt weniger deren Größe eine Rolle als ihr noch nicht erkundetes Potential und vor allem ihre Nähe zu Abnehmerländern in Europa. Unter Experten ist unstrittig, dass die kaspischen Reserven mit knapper werdenden Ölreserven in Zukunft an Bedeutung gewinnen. Wie schon die Auseinandersetzungen um die *Pipeline/BTC Baku–Tbilissi–Ceyhan* Mitte der 90er Jahre belegten, wurden Russland und die USA in der Region in eine Konkurrenzlage gepresst.[235]

Und wie immer spielen Zukunftsphantasien um die Energieressourcen eine entscheidende Rolle. So halten sich beharrlich Mutmaßungen, dass die USA eine zentralasiatische Gaspipeline mit einer jährlichen Durchleitungskapazität von 30 Milliarden Kubikmeter vom turkmenischen Daulatabad über Afghanistan nach Pakistan und vielleicht nach Indien favorisieren. Hinzu kommen soll eine zentralasiatische Ölpipeline mit einer Durchleitungskapazität von 50 Millionen Tonnen pro Jahr, die von Kasachstan über Turkmenistan und Afghanistan zur pakistanischen Hafenstadt Gwadar am Arabischen Meer verlaufen soll. Obwohl diese Routen den Kaukasus nicht durchqueren, würde der Region eine wichtige sicherheitspolitische und militärische Sicherungsfunktion zufallen. In einem solchen Klima blühen Phantasien, Spekulationen und Konfliktszenarien. Mit griffigen Bildern wird von einer „*strategischen Energie-Ellipse*" gesprochen, die den Kaukasus mit den Energieressourcen der Golf Region, des Mittleren Ostens und Zentralasiens verknüpft. Des Weiteren ist von Achsenbildungen die Rede, wobei sich eine Achse Washington–Ankara–Tbilissi herausbilden könnte, die mit der russisch dominierten Achse Moskau-Eriwan-Teheran konkurrieren würde[236]. Entlang dieser Achsen würden dann Transportkorridore entstehen, die Zentralasien/den Mittleren Osten über den Kaukasus an Europa anbinden oder die Zentralasien über eine Nord-Süd-Führung über den Irak mit dem Persischen Golf verbinden.

Gleichgültig, ob das eine oder andere Projekt realisiert werden sollte, die geostrategische Bedeutung des Kaukasus ist allein schon durch die Nähe zu den Kaspischen Energiereserven und durch die Routenführung der Pipelines gegeben. Sie würde sogar noch zunehmen, falls die USA sich aus dem Irak fluchtartig absetzten, das Projekt der forcierten Demokratisierung des Mittleren Ostens vollends zusammenbräche und Washington Gefahr liefe, seinen Einfluss in der gesamten Golfregion zu verlieren.

Bislang haben die USA jedoch, falls strategisch langfristige Überlegungen dieser Art jemals angestellt wurden, wenig Raum im Kaukasus besetzt. Die wenigen ame-

---

[234] Siehe zur Relevanz des Kaspi-Raumes: *Friedemann Müller*, Machtspiele um die kaspische Energie, in: Aus Politik und Zeitgeschichte, 4/2006, S.3 ff.
[235] Siehe dazu: *Roland Götz*, Energietransit von Russland durch die Ukraine und Belarus, Ein Risiko für die europäische Energiesicherheit?, in: SWP-Studie S 38, Berlin Dezember 2006.
[236] Siehe dazu: *Rizvan Nabiev* in: Eurasisches Magazin, http://www.eurasischesmagazin.de/.

rikanischen Ausbilder der georgischen Armee fallen militärisch kaum ins Gewicht. Und ein Beitritt Georgiens würde die militärische Schlagkraft der NATO gewiss nicht aufbessern[237]. Eine ganz andere Dimension hätte dann schon das geplante Raketenabwehrsystem, dessen Komponenten, ginge es nach amerikanischen Überlegungen, auch im Kaukasus basiert werden sollen. Ein solcher Schritt wäre nur konsequent, weil er Ziele der amerikanischen Sicherheitspolitik fortsetzen würde, die mit der zweiten Runde der NATO-Osterweiterung eingeleitet wurden. Seit Mitte der 90er Jahre bekundet Washington offen sein Interesse an Stützpunkten im Raum des Schwarzen und des Kaspischen Meeres. Mit Rumänien und Bulgarien sind bereits entsprechende Vereinbarungen getroffen worden.

Käme es in Georgien zur Stationierung von Antiraketensystemen, dann wäre die Verlegung von amerikanischen Bodentruppen fast zwangsläufig. Auf diese Weise würde sich eine völlig neue Situation in der Region ergeben, die sich auch auf die „frozen conflicts" auswirken könnte.

Es geht also nicht um eine Neuauflage des *„Great Game"*, sondern eher um die Errichtung von strategischen Rückfallpositionen oder Brückenköpfen in Räumen, die sich durch pro-amerikanische Einstellungen auszeichnen und/oder beherrschbarer sind. In einer solchen Lage wird Washington auch nicht umhin können, einen Ausgleich mit Moskau anzustreben. Diese Interessenkongruenz wird mehr sein als eine Pattsituation, denn das Wiederaufleben von imperialen Großmachtsträumen ist in dieser Region endgültig vorbei. Das **„Great Game"** ist vorüber, ohne dass es richtig begann.

Denn schon heute wird die Energie aus dem kaspischen Raum und aus Zentralasien durch mehrere Pipelines auf den Weltmarkt gebracht. Eine Monopolstellung weder der Russen noch der Amerikaner war durchsetzbar. Die Integration der beiden rohstoff- und energiereichen Regionen in die Weltwirtschaft ist durch keine der konkurrierenden Mächte aufzuhalten. Trotz der historischen Abhängigkeit der Regionen konnte Moskau die Präsenz der USA weder in Zentralasien noch im Kaukasus verhindern, also mussten sowohl Ausgleichsgewichte als auch Kooperationsangebote geschaffen werden. Das ist der russischen Politik gelungen, denn keine Seite hätte in einem solchen Spiel unter den komplexen und unübersichtlichen Bedingungen, wie sie für den Raum zwischen dem Schwarzen und dem Kaspischen Meer eigen sind, gewinnen können. Worauf auch immer diese Entwicklung zurückzuführen ist, sei es die Einsicht der politischen Entscheidungsträger in Moskau und Washington oder letztendliches Zurückschrecken, in alte Konfrontationsmuster zurückzufallen: Es sind Bedingungen geschaffen worden, die beide Regionen zu einem Testgelände für weitere Kooperationen nahezu prädestinieren.

---

[237] Der massive Aufbau von großen Wohnanlagen für amerikanisches Personal in Armenien, oberhalb von Eriwan gibt in diesem Zusammenhang auch Rätsel auf, zählt doch Armenien noch zum engeren Bündniskreis Moskaus.

Bislang scheiterten alle Ansätze, die *„frozen conflicts"* zu lösen und die Länder des Kaukasus auf den Entwicklungspfad zu bringen, an der fehlenden Bereitschaft ihrer Machteliten, sich auf regionale Kooperation einzulassen. Die regionalen Machtgruppen fordern zwar stets von außen Hilfe für die Lösung ihrer Probleme, sind aber nicht bereit, vorgeschlagene Lösungsmodelle ernsthaft zu diskutieren oder etwa auf europäische Erfahrungen der Krisenbewältigung einzugehen. Solange sie fortfahren, externe Mächte für partikulare Interessen einzuspannen, sind sie an glaubwürdigen Lösungsansätzen nicht interessiert. Aus diesem Umstand kann geschlussfolgert werden, dass sich die inneren Konflikte verselbständigt haben. Zugleich wurden sie zur Grundlage der Herrschaftsansprüche einzelner Machtgruppen. Denn sowie regionale und grenzüberschreitende Kooperation gewiss zur Konfliktverminderung und zur Transparenz politischer Entscheidungsprozesse beitragen würde, so ergäben sich daraus auch Ansätze die nationalistisch überhöhten Ansprüche und die herrschaftlichen Patronagesysteme letztlich infrage zu stellen. Die fehlende Grundeinsicht, dass für die wirtschaftliche und gesellschaftliche Entwicklung wie zur Gewährung von Sicherheit interregionale oder zwischenstaatliche Kooperation unabdingbar sind, beschränkt auch die Einwirkungsmöglichkeiten externer Kräfte. Beispielsweise könnte die Schaffung eines gemeinsamen eurasischen oder auch nur kaukasischen Energiemarktes angedacht werden. Auch in Sicherheitsfragen, vor allem falls es zum befürchteten überstürzten Abzug der USA aus dem Irak kommen sollte, könnte an internationalen Erfahrungen angeknüpft werden. Auch wäre denkbar, auf deutsche Vorstellungen zurückzugreifen, wie sie 2005 entwickelt wurden und in ein Konzept eines *„Stabilitätspaktes Kaukasus"* einflossen[238]. Solche Maßnahmen würden nicht nur der inneren Stabilität der Länder dienlich sein und ihre Entwicklung fördern, sondern auch Signale an die Konfliktparteien senden, dass beide Großmächte ein gemeinsames Interesse an der friedlichen Entwicklung der eurasischen und kaukasischen Gesamtregion haben. Letztlich würde ein solcher Erfolg auch im Einklang mit russischen Interessen für die Modernisierung grenznaher und rückständiger Regionen stehen.

4.8 Die erweiterte Dimension der eurasischen Idee: Paradigmenwechsel oder Rückversicherung?

Moskau hat sicherlich von der politischen Pattsituation in der Ukraine profitiert, die nach den Parlamentswahlen im März 2006 einsetzte. Trotz der nicht ungünstigen Ausgangslage erfolgte eine Umpolung russischer Prioritäten in der GUS, denn Moskau ging nicht davon aus, dass der *Einheitliche Wirtschaftsraum/EWR* wiederbelebt werden würde. Insofern zeigt sich Moskau auch kaum über die Neuauflage der orangenen Regierung nach dem Wahlausgang von September 2007 betrübt.

---

[238] *Uwe Halbach*, Der Kaukasus im neuem Licht; Die EU und Rußland in ihrer schwierigsten Nachbarschaftsregion, in: SWP-Studien 35, Berlin November 2005.

In diesem Kontext erklärt sich das verstärkte Bemühen der russischen Politik[239] um eine enge Energiepartnerschaft mit Kasachstan. Sie resultiert nicht zuletzt aus den Prognosen steigender Nachfrage sowohl Europas, vor allem aber der Länder aus der asiatisch-pazifischen Region einschließlich China und Indien. Die russische Zentralasienpolitik ist offensichtlich mit übergeordneten wirtschafts- und sicherheitspolitischen Zielen verknüpft[240]. Im Brennpunkt stehen dabei zwei Länder: Kasachstan und Usbekistan.

Ähnlich dem Kaukasus hatte sich nach dem 11. September 2001 in Zentralasien jene merkwürdige Kongruenz von Interessen zwischen so unterschiedlichen Mächten wie den USA, der Europäischen Union, Russland und selbst China herausgebildet. Die USA konnten sich dort militärisch engagieren. Basis dieser Interessenkongruenz waren logistisch-militärische Erfordernisse im Kampf gegen die *Taliban* und *Al Qaida*. Regionale und externe Mächte stimmten darin überein, in Zentralasien eine Brandschutzmauer gegen die Expansion terroristischer, islamistischer Fundamentalisten zu errichten. In diesem Kampf zogen die westlichen Demokratien eine klare Trennlinie zwischen den repressiven und diktatorischen Herrschaftscliquen Zentralasiens und den islamistischen Terroristen Afghanistans. Erstere waren korrupt und säkular. Sie waren demzufolge weder für den Westen noch für Russland eine Bedrohung. Sie erfüllten damit völlig die Bündnisanforderungen. Freilich mit dem Zerwürfnis über den Irakkrieg kühlten die Beziehungen zwischen den USA, Russland und China merklich ab. Die USA und NATO schienen außerdem ihre Ziele in Afghanistan erreicht zu haben. Die *Taliban* schienen geschlagen und als Drohfaktor für die Destabilisierung Zentralasiens sowie der russischen Südgrenze kaum noch zu zählen.

---

[239] Präsident *Putin* bestätigt in einer Pressekonferenz vom 1. Februar 2007 diesen Richtungswandel in der russischen Politik gegenüber GUS-Ländern. In: http://president.kremlin.ru/eng/speeches/2007/02/01/1309_type82915type82917_117609.shtml. Er spricht die Schwierigkeiten mit Georgien an und lobt die Beziehungen zu zentralasiatischen Staaten. „But we have the Eurasian Economic Community where integration processes are developing intensively and the Collective Security Treaty Organisation." *Putin* wehrt sich gegen den Vorwurf, Energie als politische Waffe einzusetzen, um Wohlverhalten zu erzwingen. Als Beweis führt er die politischen Veränderungen in der Ukraine an, die Moskau nicht davon abbrachten, den Gaspreis zu reduzieren. Auch Armenien zahlt mittlerweile einen an Marktstandards angepassten Preis. Und am Beispiel der Kontroversen mit Belarus bekräftigt er eindringlich das Prinzip der russischen Politik, seine Energielieferungen auf die Rechtsbasis von Verträgen zu stellen, die Marktbedingungen reflektieren. „It is not even important how much Belarus pays today, rather it is important that we have determined the stages of a transition to market relations in documents. But we did this softly – over four years ...". Wirtschaftliche Überlegungen seien zwingend gewesen, den direkten Marktzugang für russische Energielieferungen zu suchen. Die hohen Transitgebühren für Energie (4,2 Mrd. US Dollar) zwangen Russland zu diesen Schritt. Die geplante Pipeline durch die Ostsee, die NEGP und die geplante Verbindung durch das Altai nach China sowie die Pipeline unter dem Schwarzen Meer nach Bulgarien seien Reaktionen auf diese Entwicklung.

[240] The Moscow Times, 21.07.2006, S. 3.

Hingegen vermutete die chinesische Führung immer andere Motive hinter dem amerikanischen Engagement in Afghanistan und Zentralasien. Peking pflegt sein eigenes Umkreisungs-Trauma und interpretierte die amerikanische Präsenz in Zentralasien als Element einer zukünftig gegen China gerichteten Umkreisungs- und Einfassungsstrategie.

Letztlich gaben aber die Ereignisse um die ukrainischen Präsidentschaftswahlen 2004 den Ausschlag für den Richtungswechsel der russischen Politik. Sie beendeten faktisch den Honeymoon mit Washington.

Fortan konzentrierten sich russische Bemühungen auf Zentralasien und auf den weiten asiatischen Raum. Eine immens aktive und dichte Reisediplomatie von Diplomaten und Regierungsmitgliedern einschließlich des russischen Präsidenten setzte ein. Im Schlepptau der politischen Kontaktaufnahme agierten asiatische und russische Konzerne. Beispielsweise reisten im März 2006 mit *Putin* fast 800 russische Geschäftsleute und eine große Regierungsdelegation nach Peking, um den festlichen Akt der Eröffnung des „Russischen Jahrs" in China zu zelebrieren. Zuvor, im November 2005 wurde zwischen dem usbekischen Präsidenten *Islam Karimow* und *Putin* ein Vertrag über die langfristige sicherheitspolitische, wirtschaftliche und politische Zusammenarbeit beider Länder unterzeichnet. Der Vertrag ergänzte und konkretisierte Vereinbarungen über die „strategische Partnerschaft" beider Länder von 2004. Im Rahmen des Vertrages wurden Sonderabkommen über das Vorgehen beider Länder insbesondere gegen den Drogenschmuggel und das organisierte Verbrechen unterzeichnet[241]. Von usbekischer Seite wurde nachdrücklich das Interesse an einer stabilitätssichernden Rolle Russlands in der Region angesprochen.

Infolgedessen forderte im Juli 2005 der usbekische Präsident *Karimow* die USA auf, ihre Militärbasen innerhalb von 180 Tagen aus Usbekistan abzuziehen. Dieser Beschluss war im Rahmen der *Shanghai Cooperation Organisation/SCO*[242] getroffen worden und widerspiegelte vor allem chinesische Interessen[243].

Mutmaßungen in außen- und sicherheitspolitischen Expertenkreisen Moskaus, dass es zu einem Wettlauf zwischen China und Russland um die Energiereserven Zentralasiens kommen könnte und dass sich dabei die Grenzen der angestrebten strategischen Partnerschaft schnell zeigen würden, sind bislang nicht zu erkennen. Die Bestrebungen Chinas nach einer energiebasierten Außenpolitik sind ebenso eindeutig, wie sie von Moskau bereits praktiziert wird. Peking diversifiziert mit Nachdruck seine Versorgungsquellen für Energie. Die Golfregion, Afrika, Zentralasien und Russland sind zu Bezugsquellen der chinesischen Energiepolitik geworden. Dass diese Be-

---

[241] RIA Novosti, 14.11.2005.
[242] Replay of the Great Game. A new post-Sept. 11 struggle is pitting Russia and China against the United States, in: The Moscow Times 18.08.2005, S. 4.
[243] Zuvor hatten die chinesischen Führer *Karimow* beim Staatsbesuch am 25. Mai 2005 in Peking für die erfolgreiche und blutige Unterdrückung des Aufstandes von Andijan beglückwünscht.

strebungen mit zunehmendem Wachstum der chinesischen Volkswirtschaft auch zu möglichen Konflikten mit Russland oder Europa führen könnten, scheint nur eine Frage der Zeit.

Gegenwärtig bestimmt aber noch Russland das energiepolitische Spiel und sucht die eigenen Interessen zu realisieren, nämlich seine Exportabhängigkeit vom europäischen Markt zu reduzieren und deshalb seine Energieexporte zu diversifizieren. Entsprechende Ambitionen bestimmen auch die Politik der zentralasiatischen Länder. Sie hüten sich davor, sich in die Abhängigkeit von der einen oder anderen Großmacht zu begeben. In diesem Kontext machen Energiekooperationen Kasachstans, Usbekistans und Turkmenistans sowohl mit Russland als auch mit China Sinn, werden Avancen der Europäischen Union begrüßt und eine unverfängliche Nähe zur NATO gesucht. Und die rohstoffarmen Habenichtse wie Kirgistan und Tadschikistan pochen auf ihre Relevanz als strategische Barriere gegen den islamischen Terrorismus und gegen den organisierten Drogenschmuggel und Menschenhandel.

Gegen Ende der ersten Amtszeit *Putins* mehrten sich Anstrengungen des Kreml, bestehende Kooperationsvereinbarungen aufzuwerten und zu vernetzen, so die *Eurasische Wirtschaftsgemeinschaft* (im Folgendem die englische Abkürzung EAEC[244]). Die EAEC war im Mai 2001 zwischen Belarus, Russland, Kasachstan, Kirgistan und Tadschikistan gegründet worden. Usbekistan trat der Organisation 2005 bei. Schon ein Jahr zuvor, im Februar 2004, wurde auf einer Gipfelkonferenz der EAEC im kasachischen Alma-Ata an einer Zollunion gearbeitet, die zwei Jahre später, auf einem informellen Gipfel der EAEC in Sotchi, beschlossen wurde[245]. Zwischen den beteiligten Staaten wurde ferner vereinbart, ihr Vorgehen beim Beitritt zur WTO abzustimmen[246], ihre Migrationpolitik zu koordinieren, einen einheitlichen Verkehrsraum zu schaffen und sich für den grenzüberschreitenden Austausch von landwirtschaftlichen Gütern und Energie einzusetzen. Somit war die Fusion der EAEC und der *Central Asian Cooperation Organisation, CACO,* am 25. Januar 2006 nur ein folgerichtiger Schritt[247] entlang der eingeschlagenen Kooperationslinie.

Die *CACO* wurde schon 1994 gegründet und dümpelte als lose und ineffektive Interessenvertretung der zentralasiatischen Staaten vor sich hin. Sie gewann erst durch den russischen Beitritt an Gewicht. Der *CACO* gehören Usbekistan, Kasachstan, Kirgistan und Tadschikistan an. Russlands Beitritt erfolgte geradewegs nach einem erfolgreichen außenpolitischen Coup des Kreml. Kurz zuvor hatte der russische Präsident die größte militärische Garnison außerhalb der Russischen Föderation in Tadschikistan eröffnet, in der bis zu 5000 russische Soldaten stationiert werden. Die

---

[244] *Eurasian Economic Community/EAEC*.
[245] An diesem Treffen nahmen auch Beobachter aus Moldawien, der Ukraine und Armenien teil. Die Ukraine erklärte später ihren Rückzug aus der *EAEC*.
[246] The Moscow Times, 01.03.2004, S. 7.
[247] Im Oktober 2004 trat die Russische Föderation in Duschanbe der *Central Asian Cooperation Organisation, CACO,* bei.

Übereinkunft kam durch einen Schuldenerlass an Bischkek zustande. Außerdem pachtete Russland den Weltraumbeobachtungskomplex *Okno* (Fenster) bei Nurek in den tadschikischen Bergen, nahe der chinesischen Grenze. Pikanterweise können von diesem Komplex auch chinesische Raketenstarts leichter verfolgt werden. Im Rahmen dieser Vereinbarungen betonte *Putin* sehr offen die Verbindung von Wirtschafts- und Sicherheitsinteressen.

Damit waren die zentralasiatischen und pazifischen Aktivitäten Russlands nicht erschöpft. Moskaus Ambitionen zielten auf die pazifischen Länder und darüber hinaus auf Indien, Pakistan und Südostasien. Russland trat dem *Bali-Vertrag* bei. Der Vertrag über Freundschaft und Kooperation in Südostasien vom November 2004 ist zwar primär von symbolischer Bedeutung, unterstreicht jedoch das Interesse der russischen Politik an diesem Raum[248]. Vor allem aber ist in diesem Kontext das *Shanghai Corporation Forum* zu nennen[249], das sich als eine Art übergreifendes Dach für die Vielzahl der regionalen und subregionalen Institutionen und Vereinbarungen anbot.

4.9 Die Sonderstellung Kasachstans

Nicht nur Russland konnte von der anhaltenden Nachfrage und den hohen Energiepreisen auf den internationalen Märkten seit 2001 profitieren. Kasachstans Wirtschaft boomte ebenso und das zeitigte ähnlich positive Auswirkungen auf das Staatsbudget wie in Russland. Der Staat wurde handlungsfähiger. Damit wuchsen die Attraktivität des Landes für ausländische Investoren, aber auch Auffassungen, sich nicht in die Abhängigkeit eines anderen Landes zu begeben. Der Aufstieg neuer Wachstumszonen in der Weltwirtschaft und die ungebrochene Nachfrage nach Energie haben sich für das Land wirtschaftlich ausgezahlt. Kasachstan liegt in der Mitte eines imaginären Vierecks, dessen Eckpunkte von China im Osten, Indien/Pakistan im Süden, Russland im Norden und der Europäischen Union im Westen markiert werden. Mit anderen Worten, Kasachstan hat faktisch die Wahlfreiheit, falls der Energiepreis auch hohe Investitionen in Pipelines lohnend macht, sich nach allen Seiten energiepolitisch zu vernetzen. Entwicklungen der letzten Jahre illustrieren diesen Trend. Astana, Sitz der Regierung und Hauptstadt Kasachstans, ist bemüht, seine Energieexporte zu diversifizieren und die Erlöse aus den Exporten für den Aufbau einer breit gefächerten Industrie zu nutzen. Für den Gassektor ist Diversifizierung noch weitgehend Zukunftsmusik, aber für die Ölbranche bestehen schon Anbindungen. Kasachstan und Russland sind wirtschaftlich eng verflochten. Die Wirtschaftsbeziehungen basieren primär auf Energielieferungen. Daran wird sich auch in absehbarer Zeit wenig ändern.

In den kasachisch-russischen Beziehungen waren Belastungen, wie sie mit der Ukraine oder Georgien auftraten, nie zu beklagen. Dennoch war die Zusammenarbeit im Ener-

---

[248] Interfax, 29.11.2004.
[249] The Russia Journal, 18.10.2004.; Siehe auch *Sergei Blagov*, vom 22.10.2004, in: www.worldsecuritynetwork.com/.

giebereich nicht unproblematisch. Streit gab es um die Aufstockung der Durchleitungskapazitäten bei Pipelines. Bislang exportiert Kasachstan die Hauptmenge seines Öls durch die Pipeline des *Caspian Pipeline Consortium/CPC*[250] zum russischen Schwarzmeerhafen Noworossisk. Allerdings ging Astana Juni 2006 einen Schritt weiter und diversifizierte seine Exportrouten. Öl wird nun auch über die an Russland vorbei führende *Pipeline BTC/Baku–Tbilissi–Ceyhan* exportiert. Kasachstan übte damit Druck auf die russische Weigerung aus, die CPC zu verlängern und die Durchleitungskapazitäten zu erhöhen[251]. Erst im Mai 2007 entsprach Russland den kasachischen Forderungen.

Zukunftweisend für die Energiekooperation beider Länder wird jedoch die gemeinsame Förderung und Vermarktung der riesigen kasachischen Gasvorkommen. Für Kasachstan ist derzeitig diese Zusammenarbeit unabdingbar, wenn es seine Energievorkommen an Märkte in Europa heranführen will. Denn solange keine direkten Gas-Pipelines nach China oder Pakistan gelegt sind und auch Überlegungen für eine Routenführung auf dem Boden des Kaspischen Meeres nach Georgien/Aserbaidschan und dann weiter nach Europa nur in einer allerersten Planungsphase stecken, sind kasachische Gasexporte ausschließlich über die russischen Netze möglich. Moskaus Monopolposition bei den Gaspipelines wurde erstmals im November 2006 durchbrochen, als der kasachische Staatskonzern *KazMunaiGaz* und *China National Petroleum* übereinkamen, bis 2008 eine Gaspipeline zwischen beiden Ländern zu bauen. Das erste Gas, 10 Mrd. Kubikmeter, soll schon 2009 fließen. Eine zweite Stufe soll bis 2012 fertiggestellt werden. Dann könnten durch die Leitung bis zu 30 Mrd. Kubikmeter Gas strömen.

Gasreserven Ende 2005 Mrd. Kubikmeter

	Reserven	**Ressourcen**	**Gesamtpotential**
Russland	47.300	83.000	130.000
Turkmenistan	2.800	6.000	8.800
Kasachstan	3.000	2.300	5.300
Usbekistan	1.620	1.500	3.120
Aserbaidschan	1.371	1.900	3.271

---

[250] Mit 15 % hält *Chevron* den höchsten Anteil unter den acht ausländischen Betreibern der CPC, der einzigen privaten Pipeline, die über russisches Territorium verläuft. Russland und Kasachstan halten 24 und 19 Prozent. *Shell* und *LUKoil*, aber auch die Regierung von Oman sind Anteilseigner. Im Mai 2007 übertrug Moskau seinen Anteil auf *Transneft*.
[251] The Moscow Times, 05.10.2006, S. 6.

Gasförderung und Gasverwendung (Ende 2005 Mrd. Kubikmeter)

	Förderung	Binnenverbrauch	Nettoexport
Russland	636	458	178
Turkmenistan	63	19	44
Kasachstan	26	21	5
Usbekistan	60	48	12
Aserbaidschan	5	9	-4

Quelle: Russlandanalysen 137/2007, 08.06.2007, S. 5.

Wie alle Länder des Kaspischen Raumes ist auch Kasachstans bestrebt, über eine Vielzahl von Pipelines seine Energievorkommen an internationale Märkte transportieren zu können. Gleichberechtigte Partnerschaften zu China, den USA und zu Russland resultieren aus dieser Vorgabe, die letztlich nicht nur die Eigenentwicklung des Landes, sondern auch dessen Unabhängigkeit gewährleisten[252]. Dementsprechend entspringen aus diesem Ansatz beispielsweise auch Meinungsverschiedenheiten mit Moskau über die *Europäische Energiecharta*, die von Kasachstan aufgrund der eigenen Interessenlage begrüßt wird. Zu China wurde der Durchbruch zum Bau einer Gaspipeline gemacht. Seit 2007 konzentrieren sich Bemühungen zur Lockerung der russischen Monopolstellung auf die Anrainerstaaten des Schwarzen Meeres[253]. Beim Besuch des kasachischen Premierministers *Daniel Achmetow* in Bulgarien schlug Kasachstan den Aufbau eines Energieverbundnetzes vor, um die direkte Belieferung von Europa mit kasachischer Energie zu ermöglichen. Dieser Ansatz, der auch Georgien einbezieht, richtet sich unzweifelhaft gegen die Vorherrschaft Moskaus.

Eine ganz andere, weitaus weniger gespannte Lage herrscht auf dem Ölsektor. Schon 1997 wurde zwischen China[254] und Kasachstan der Bau einer Pipeline vereinbart, die 2006 ihren Betrieb aufnahm[255]. Und im März 2007 verabredete der georgische

---

[252] Der kasachische Präsident *Nursultan Nasarbajew* bei der Amtseinführung nach seiner Wiederwahl, RIA Novosti, 11.01.2006. Als Fernziel ließ er natürlich die Zusammenarbeit mit der EU nicht aus.

[253] *Gunter Deuber* und *Manuel Paffrath-Dorn*, RUSSLAND-KASACHSTAN, in: Eurasisches Magazin, 31.01.2007.

[254] *Maria Yakovleva*, Chinas Thirsts for Kazahk Oil, Russian Petroleum Investor, 27.06.2005.

[255] *Sergei Blagov*, Russian Energy Partnership with Kazakhstan faces Reality Check, in: Eurasianet.org, 18.1.06. Seit Beginn des Jahres 2007 laufen Verhandlungen zwischen *KazMunaiGaz* und ausländischen Ölkonzernen mit Tankern Erdöl über das Kaspische Meer zu verschiffen und in die *Pipeline BTC/Baku–Tbilissi–Ceyhan* einzuspeisen, siehe dazu: The Moscow Times 25.01.2007. Ebenfalls tauchen immer wieder Pläne auf, eine 8445 km lange Autobahn nach China zu führen, um den Warenumschlag zu beschleunigen. Die

Präsident *Michail Saakaschwili* mit seinem kasachischen Amtskollegen *Nursultan Nasarbajew* ein Großprojekt. An der georgischen Schwarzmeerküste, in Batumi, soll vom kasachischen Konzern *KazTransOil*[256] ein Ölterminal errichtet werden. Mit dem Batumi-Projekt würde Kasachstan noch unabhängiger von Moskau und könnte gleichzeitig seine Ausfuhrmengen um ca. 25 Prozent erhöhen[257]. In all den Projekten kommt der Wunsch der kasachischen Regierung zum Ausdruck, trotz aller Kooperationsabkommen und partnerschaftlicher Beteuerungen mit Russland die Unabhängigkeit des Landes und damit den Zugriff auf die eigenen Energiereserven zu bewahren.

Aber Gründe für denkbare Meinungsverschiedenheiten mit Russland erschöpfen sich nicht nur bei der Routenführung und Kontrolle über die Pipelines. Kasachstan hat im Unterschied zu Russland eine Reihe von *Production-Sharing-Agreements/PSA* seit den 90er Jahren abgeschlossen und die Exploration und Förderung von Energie internationalen Konzernen überlassen. So wird beispielsweise das größte Ölfeld im nördlichen Kaspischen Meer, das *Kaschgan-Feld*, von einem internationalen Konsortium unter Führung des italienischen Ölkonzerns *ENI* erschlossen. Russische Ölfirmen wie *LUKoil* sind ebenfalls in der kaspischen Region tätig. 2009 soll nach jüngsten Prognosen von dort das erste Öl fließen.

Die Öffnung des Landes für internationale Energiekonzerne und die gewaltigen Vorkommen haben Kasachstan für die EU, China und die USA attraktiv gemacht. Vor allem die USA versuchten im Kontext der russischen Gaspreispolitik der kasachischen Regierung die Idee einer eigenen Pipeline in die Türkei näher zu bringen, um die Zusammenarbeit mit Moskau zusätzlich zu belasten. China wiederum engagiert sich auch mit Direktinvestitionen und drängt auf eine Gas-Pipeline, um sich einerseits unabhängiger von russischen Lieferungen, aber auch von den volatilen Bedingungen des Golf-Raumes zu machen. Die EU schließlich zeigt ein reges Interesse am Ressourcenreichtum der zentralasiatischen Länder und suggeriert, dass mit der Europäischen Energiecharta das russische Umarmungsmonopol bei den Pipelines durchbrochen werden könnte. Wieder einmal versteigt sich Brüssel dazu, eine Strategie zu verkünden, diesmal für Zentralasien. Wir können gespannt sein, wie das mit dem hehren Wertekodex der EU in Einklang zu bringen ist und wie die russischen Energiekomplexe, hauptsächlich *Gazprom*, darauf reagieren werden.

Zweifellos, unsichere Versorgungslagen und steigende Nachfrage nach fossiler Energie werden die Konkurrenz um die Energieressourcen Zentralasiens zukünftig noch stärker antreiben. Aber Auswirkungen auf die russisch-kasachische Energiepartnerschaft sind bislang kaum spürbar. So werden auch kasachische Bemühungen um Exportdiversifizierungen, etwa der Bau einer Gas-Trasse nach China, in Moskau re-

---

Autobahn soll St. Peterburg und Alma-Ata mit Lianyungang in China verbinden und an die 2,3 Mrd. US Dollar kosten.
[256] *KazTransOil* ist eine hundertprozentige Tochter des Staatskonzerns *KazMunaiGaz*.
[257] The Moscow Times, 07.03.2007, S. 7.

lativ entspannt gesehen, zögerte doch die russische Politik eine solche Entscheidung bis in jüngste Zeit selbst hinaus.

Solange das russische Monopol bei den Gasdurchleitungsnetzen nach Europa unangefochten bleibt, hat die kasachische Regierung im Gasgeschäft nur geringen Spielraum. All das deutet darauf hin, dass es ähnlich wie in Turkmenistan ein unerfreuliches Erwachen für die Europäische Union und ihre Strategen geben wird. Mit Turkmenistan hatte *Gazprom* im August 2003 einen Liefervertrag für Gas auf 25 Jahre abgeschlossen. Das Land verpflichtete sich, 60 bis 70 Mrd. Kubikmeter Gas 2007, 63 bis 73 Mrd. Kubikmeter 2008 und 80 Mrd. Kubikmeter 2009 an Russland zu liefern. Tatsache ist jedoch, dass Turkmenistan seine Lieferverpflichtungen schon in der Vergangenheit nicht einhalten konnte. 2006 wurden nur 42 Mrd. Kubikmeter exportiert. *Gazprom* kaufte nahezu das gesamte turkmenische Gas und verkaufte es über *RosUkrEnergo* an die Ukraine und nach Europa. Da bleibt für eigenständige europäische oder chinesische Import- und Diversifizierungswünsche zukünftig wenig Raum[258].

Weitere Vereinbarungen über eine aktive Kooperationspolitik und Dreiecksgeschäfte im Energiebereich, an denen auch Usbekistan beteiligt ist, sind vom kasachischen Präsidenten *Nursultan Nasarbajew* und *Putin* im Oktober 2006 unterzeichnet worden. Zu nennen wäre die gemeinsame Ausbeutung des gewaltigen Gasfeldes von *Karachaganak*. Kasachstan zieht daraus Vorteile, denn kasachische Partner wurden bei der Gasverarbeitung im grenznahen russischen Orenburg beteiligt. Vom Fördervolumen von ca. 15 Mrd. Kubikmeter Erdgas soll Russland sechs Mrd. Kubikmeter faktisch zum russischen Inlandspreis von 54 US Dollar/1000 Kubikmeter erhalten. Die restlichen neun Mrd. Kubikmeter Erdgas sollen dann über russische Pipelines nach Europa geliefert werden. In diese Vereinbarung sind auch usbekische Gaslieferungen an Kasachstan, faktisch ein Swap-Geschäft, einbezogen. Bis 2009 soll Usbekistan mehr als drei Mrd. Kubikmeter Gas an Kasachstan liefern, damit Astana seinen Lieferverpflichtungen an Russland nachkommen kann.

Die Energiepartnerschaft ist aber nicht nur auf fossile Energien begrenzt. Im Kontext des G-8 Gipfels vom Juli 2006 in St. Petersburg wurden zwischen beiden Ländern Abkommen zur Nutzung der Atomenergie, zur Uranförderung und zum Bau neuer Reaktoren unterzeichnet[259]. Im Dezember 2006 wurde die *Zarechnoye Mine* eingeweiht. Der Joint Venture, an dem beide Seiten jeweils 45 % der Anteile halten, wird von der *Russian-Kazakh Eurasian Development Bank* finanziert[260]. Russland stellt technologisches Know-how im Austausch gegen Uranlieferungen zur Verfügung. Mit diesen Verträgen und einer in Aussicht gestellten vertieften Kooperation, die beim Treffen

---

[258] The Moscow Times, 16.02.2007, S. 5.
[259] *Igor Schuwalow*, erläuterte in besagtem Interview in der FAZ, 30.05.2007, S. 15, dass Russland zur Reduzierung der CO2-Emissionen auf die Atomkraft setze und an die 30 neue Atomkraftwerke bis zum Jahre 2030 plane.
[260] The Moscow Times, 02.04.2007, S. 9.

beider Präsidenten in Moskau im März 2007 vereinbart wurde, sucht sich Russland eine günstige Ausgangsposition bei der globalen Versorgung von Atomanlagen mit Uran zu sichern[261]. Im Mai 2007 vereinbarten Moskau und Astana die Zusammenarbeit bei der Anreicherung und Produktion nuklearer Brennstoffe.[262]

Kasachstan zählt zu den drittgrößten Förderländern von Uran. Der staatliche Konzern *Kazatomprom* zielt darauf, 40 Prozent der weltweiten Uranproduktion zu decken und sich ein Netz von Abnehmern, wie Japan, zu schaffen. Und im Kontext von Klimawandel, abnehmenden Reserven an fossilen Brennstoffen, aber auch der Endlichkeit von Uranvorkommen bis zum Ende des Jahrhunderts, falls Prognosen sich bewahrheiten, geht Moskau daran, sich den Zugriff auf eine weitere Energiereserve zu sichern[263].

4.10 Von den Schanghai Fünf zur Shanghai Cooperation Organisation/SCO

Die ad hoc Organisation „**Schanghai Fünf**", der Kasachstan, Kirgistan, Tadschikistan, China und Russland angehörten, war 1996 als ein loses Forum sowohl für die gemeinsame Erörterung von ökonomischen und politischen Problemen als auch von Sicherheitsfragen geschaffen worden. Faktisch konzentrierten sich die Mitgliedsländer primär auf die Lösung strittiger Grenzfragen.

Aufgewertet wurde die *Schanghai Gruppe,* als in der tadschikischen Hauptstadt Duschanbe am 5. Juli 2000 die Nachfolgeorganisation, das ***Schanghai Forum***, ins Leben gerufen wurde. Das Forum sollte die Agenda der Kooperation auf wirtschaftliche und sicherheitspolitische Fragen lenken und sich weiteren Kandidaten, in erster Linie Usbekistan, öffnen. Die Staatengruppe wehrt sich gegen jegliche äußere Einmischung in die inneren Angelegenheiten der Staaten, insbesondere, wenn sie im Kontext von humanitären Interventionen und für den Schutz von Menschenrechten erfolgen. Das Forum verurteilte die Aufhebung des ABM Vertrages 2002 durch die USA und wandte sich gegen den US-amerikanischen Plan, nationale Raketenabwehrsysteme in den USA und in Europa zu stationieren. Im Rahmen der sicherheitspolitischen Zusammenarbeit wurde ein Antiterrorzentrum in Bischkek eingerichtet.

Nach dem 11. September 2001 verstärkte sich der Wunsch nach einer verbindlichen und institutionalisierten Form der Zusammenarbeit zwischen den Mitgliedsstaaten, um der anhaltenden terroristischen Bedrohung durch islamische Extremisten begeg-

---

[261] Im Januar 2006 waren ähnlich Vereinbarungen mit dem Präsidenten Usbekistans *Karimow* unterzeichnet worden. Auch im Warenaustausch beider Länder sind erhebliche Besserungen zu verzeichnen. 2006 nahm der Handel um 30 % zu und betrug ca. 13 Mrd. US Dollar. Bei seinem jüngsten Besuch in Astana, wurden zwischen dem damaligen russischen Premierminister *Mikhail Fradkow* und seinem kasachischen Amtskollegen *Karim Masimow* der Bau chemischer und petrochemischer Komplexe vereinbart.
[262] The Moscow Times, 11.05.2007, S. 5.
[263] RIA Novosti, 20. Mai 2006.

nen, aber auch separatistische Tendenzen abwehren zu können. Trotz des unverbindlichen Charakters der Deklarationen verbuchten die russische und chinesische Politik in Duschanbe einen Durchbruch. Ansätze zur institutionellen Kooperation wurden auf den Weg gebracht. Aus allen Bemühungen ist zwar bis heute noch keine strategische Allianz gewachsen, aber das **gemeinsame Interesse an regionaler Sicherheit im zentralasiatischen Raum** wurde unterstrichen. China und Russland vereinen zudem Sorgen, wie der amerikanischen Präsenz in Zentralasien begegnet werden kann und wie sie zu bewerten ist.

Im Rahmen des *Schanghaier Forums* verfolgte die russische Politik traditionelle Ansätze bilateraler Sicherheitspolitik. In Usbekistan und Kirgistan sollte der amerikanischen Anwesenheit mit eigenem Engagement entgegengewirkt werden. Moskau wollte Präsenz zeigen und definierte diesen Raum als genuinen Sicherheitskordon eigener Interessen[264]. Der Durchbruch gelang erst nach den blutigen Ereignissen im usbekischen *Andijan*. *Andijan* markierte die Grenzen der Äquidistanz usbekischer Politik und das vorzeitige Ende des amerikanischen Einflusses[265] im Lande. Die Rechnung der zentralasiatischen Despoten, die USA würden ihre autoritären Regime nicht gefährden, weil sie das Risiko scheuten, neue *failed states* zu schaffen, ging nur bedingt auf. Trotz überreicher Erfahrung im Umgang mit autoritären und diktatorischen Bündnispartnern waren amerikanischen Garantien (Nichteinmischung in die inneren Angelegenheiten) Grenzen der Belastbarkeit gesetzt und somit keine Dauerhaftigkeit beschieden. Mit dieser Erkenntnis reifte bei den zentralasiatischen Herrschaftscliquen der Allianzwechsel, nicht abrupt, aber sehr eindeutig. Eine nüchtern kalkulierte Überlebenspolitik zur Sicherung ihrer autoritären Herrschaftssysteme favorisierte ihre Hinwendung zu Moskau und China. Mit diesen Großmächten bestanden zweifellos größere Schnittmengen an Interessenkongruenz als mit den USA.

Wahrscheinlich haben auch die Entwicklungen im Mittleren Osten und in Afghanistan den Kurswechsel dieser Länder, insbesondere Usbekistans, beeinflusst. Die Regierungen in Taschkent, Bischkek und Duschanbe verfolgen die sich abzeichnende Niederlage der USA im irakischen Partisanenkrieg gewiss mit Sorge. Es steht außer Frage, dass der Abzug der Koalitionstruppen nur eine Frage der Zeit ist. Obendrein beunruhigt die Auseinandersetzung um das iranische Atomprogramm. Eine unüberlegte Militäraktion der USA oder Israels könnte die gesamte Region destabilisieren, wobei Rückwirkungen auf die zentralasiatischen Länder unvermeidbar wären. Ein weiteres, für Usbekistan brennendes Problem ist Afghanistan. Die Frühjahrsoffensiven der USA im Rahmen von „Operation Enduring Freedom/OEF" sowie der ISAF-

---

[264] Siehe Radio Free Europe, *Sergei Blagov*, 7.7.2004.
[265] Der russische Präsident unterstellte zwar ähnlich wie die chinesische Führung, dass das Massaker von Andijan von außen gesteuert war, kommentierte die Ereignisse zurückhaltender und warnte in diesem Kontext, dass Zentralasien nicht zu einem „zweiten Afghanistan" werden dürfe, in: RIA Novosti 31.01.2006.

Truppen haben nicht zu greifbaren Erfolgen geführt. Die *Taliban-Milizen* sind nicht geschlagen und könnten ihre Taktik auf flächendeckende Terrorschläge wiederum umstellen. Außerdem bröckelt aufgrund steigender Verlustraten die Zustimmung in den europäischen Entsendeländern. Auch hier könnte es zum Rückzug oder Abbau der militärischen Präsenz westlicher Länder kommen. Die genannten Faktoren werden sicherlich in sicherheitspolitische Überlegungen der zentralasiatischen Regierung eingeflossen sein. Für sie bleibt letztlich als dauerhafter und verlässlicher Bündnispartner hauptsächlich Moskau – wenigstens solange der Süden Russlands selbst nicht befriedet ist oder eine Lösung des Tschetschenienkrieges näher rückt.

Moskau, von westlichen Regierungen und NGOs angeklagt, die demokratischen Wurzeln im eigenen Land auszujäten, verspürte nebenbei wenig Neigung, sich zum Advokaten demokratischer Anliegen in Zentralasien zu machen. Moskau und/oder China avancierten zur Rückversicherung für diese Regime.

Aber weil die Machtcliquen dieser Regime mit allen Überlebensstrategien gewaschen sind, halten sie sich immer eine Hintertür offen. Trotz des Einschwenkens auf Moskau und Peking verfolgen sie ihre Doppelstrategie weiter. So fanden Planungsgespräche zwischen der usbekischen Regierung und Peking mit dem Ziel statt, eine 530 km lange Gaspipeline mit einer Durchleitungskapazität von 30 Mrd. Kubikmeter nach China zu legen[266]. Trotz der Annäherung an Moskau halten sie auf NATO-Gipfeln[267] den Kontakt zu den USA und zur EU. Dieser gilt ihnen zwar nicht als Rückversicherung, wohl aber als Möglichkeit, die Unabhängigkeit des Landes international unter Beweis zu stellen und gegebenenfalls gegen Moskau zu verwenden. In diesem Sinne konnten auch die Bemühungen Kasachstans interpretiert werden, 2009 den Vorsitz in der OSZE zu übernehmen[268].

Im Rahmen des zur **Shanghai Cooperation Organisation/SCO** (im Juni 2001 gegründet) aufgewerteten *Schanghai Forums* wurde am 17.6.2004 eine Vereinbarung zur strategischen Partnerschaft zwischen Usbekistan und Russland unterzeichnet. Bereits wenige Tage zuvor, am 04.06.2004, wurde eine ähnliche Vereinbarung mit Tadschikistan abgeschlossen. Der russischen Luftwaffe wurde die kostenlose Nutzung der *Kant-Luftwaffenbasis* in Kirgistan, außerhalb von Bischkek, zugestanden[269]. Beim Treffen von Taschkent im Juni 2004 wurde außerdem beschlossen, dort ein Anti-Terror-Zentrum zu gründen, das als Clearingstelle für den Austausch von Informati-

---

[266] Reuters 07.05.2007.
[267] Siehe: NATO Press Release 28.06.2004, www.nato.int, press@hq.nato.int
[268] RIA Novosti kommentierte am 01.09.2005 eine Rede des kasachischen Präsidenten *Nursultan Nazarbayev* vor dem Staatsparlament. „The Kazakh leader, whose country has been an OSCE member since 1992, said he was convinced that Kazakhstan's experience of supporting tolerance, peace and stability, inter-religious accord in a society that had European features and Asian traditions would help the OSCE to enrich substantially its idea of the diversity of modern world and ways to develop an open democratic society."
[269] Auf der Luftwaffenbasis sind Rapid Deployment Forces der russischen Anti-Terrortruppen stationiert, die seit August 2004 einsatzfähig sind; *Interfax*, 05.08.2004.

onen und als Beratungsorgan tätig sein sollte. Vorher war schon in Peking das Hauptquartier für Sicherheitsangelegenheiten eingerichtet worden. Erstmals nahm auch der afghanische Präsident *Hamid Karzai* am Gipfeltreffen teil. Ihm wurde Unterstützung im Kampf gegen die *Taliban* zugesichert. Der Gipfel in Bischkek vom September 2004 stand ganz im Zeichen wirtschaftlicher Kooperation. So sollten die infrastrukturellen Voraussetzungen für den Transport von Energie koordiniert werden. Ferner wurde beschlossen, eine *Cooperation Development Foundation* und ein *Business Council* beim SCO einzurichten[270].

Seither entwickelte sich die SCO zügig zu einer vollen Organisation[271], die sich von den ineffektiven, ja virtuell zu nennenden Kooperationsformen, wie sie bisher die GUS charakterisiert haben, abhebt. Die SCO strahlt Beständigkeit aus, hat sich aus Vorläufern entwickelt und ihre Mitgliedsländer sind mit wenigen Ausnahmen aus der wirtschaftlichen Depression in eine Phase anhaltenden wirtschaftlichen Aufschwungs übergewechselt, der ihren Regierungen Ressourcen für Handlungsoptionen zur Verfügung stellt. Im Unterschied zur Europäischen Union ist der Aufbau von Institutionen oder gar die Übertragung von Souveränität auf supranationale Institutionen nicht beabsichtigt. Aber eine Ähnlichkeit zur Entwicklung der EU ist dennoch bestechend. Die SCO basiert, ähnlich der EU, auf der Achse zweier Großmächte, nämlich Russland und China. Das hat Vor- wie Nachteile. Beide Mächte würden den Transfer von Souveränität auf supranationale Institutionen nie billigen. Weil bilaterale Politik das bestimmende Element in der SCO bleibt, wird die Organisation nicht mit Problemen überfrachtet oder wurden Gremien geschaffen, die zur Entscheidungsfindung letztlich nur beratend oder vorbereitend beitragen können. So ist das permanente Sekretariat lediglich mit rund 30 Personen besetzt und verfügt nur über ein bescheidenes Budget. Der erste Generalsekretär der SCO kam aus China, und von 2007 bis 2009 wird das Sekretariat durch den Kasachen *Bolat Nurgaliyev* repräsentiert.

Entscheidungen fallen primär bei intergouvernementalen Gipfeltreffen. Sie befassen sich zunehmend mit wirtschaftlichen, politischen und sicherheitspolitischen Aspekten der Kooperation. Am Anfang standen gemeinsame Sicherheitsprobleme, die Abwehr von Terrorismus und Separatismus im Vordergrund. Aber die Agenda hat sich erweitert. Energie, Handel, Technologie, Sicherheitspolitik und militärische Kooperation sind hinzugekommen. Zu den Kernstaaten der SCO, also Russland, China und den drei zentralasiatischen Ländern Usbekistan, Tadschikistan und Kirgistan sind als Beobachter Indien, Pakistan, der Iran und die Mongolei hinzugetreten.

---

[270] The Russia Journal, 23.09.2004.
[271] *Alyson J. K. Bailes, Paul Dunay, Pan Guang und Mikhail Troitskiy*, The Shanghai Cooperation Organization, SIPRI Policy Paper Nr. 17, Mai 2007.

Staaten	Territorium (km²)	Bevölkerung (Mill.)	GDP (US$ b.)	GDP pro Kopf (US$)	Militärausgaben (US$ m.)
China	9 572900	1315.8	2 244	1 715	44 300
Kasachstan	2 724 900	14.8	57	3768	592
Kirgistan	199 900	5.3	2	477	76
Russland	17 075 400	143.5	764	5 323	31100
Tadschikistan	143 100	6.5	2	364	---
Usbekistan	447 400	26.6	14	521	---

--- Angaben nicht verfügbar; GDP = Gross National Product
Quelle: Daten aus SIPRI, Policy paper Nr. 17, 2007.

Die russischen Interessen in der SCO, so die Autoren einer *SIPRI-Studie*, verteilen sich auf vier Bereiche, die mit den Dimensionen der russischen Außen-, Sicherheits- und Außenwirtschaftspolitik eng verzahnt sind: Zentralasien, russisch-chinesische Beziehungen, die Beziehungen zum Westen und Aspekte der globalen Politik[272]. Im Vordergrund steht die Stabilität und Sicherheit Zentralasiens. Ein Zusammenbruch ihrer autoritären Systeme würde gravierende politische Konsequenzen auch für Russland haben. Gesellschaftliche Verwerfungen könnten zum Exodus von mehr als fünf Millionen ethnischen Russen aus der Region führen. „Conversely, the status quo that has prevailed in the past 15 years under authoritarian Central Asian leaders has offered Russia the most comfort and continuity that could reasonably have been expected after the break-up of the Soviet Union"[273]. Solange die autoritären Herrschaftssysteme unterschiedlicher Schattierung dort überleben, kann sich Russland seines Einflusses in der Region ziemlich sicher sein und braucht keine Konkurrenz mit der EU zu fürchten.

Die SCO spielt in den intensiven bilateralen Beziehungen, die Moskau zu den zentralasiatischen Ländern hat, eine ergänzende Rolle.

Chinas Interessen in der SCO sind ebenso klar umrissen. Erstens, die Kooperation mit den zentralasiatischen Ländern schafft Sicherheit an Chinas Nord-Westgrenze und hält das Übergreifen von separatistischen Bewegungen in Schach. Zweitens erleichtern im Rahmen der SCO multilateral oder bilateral vereinbarte Abkommen den Zugang zur Transportinfrastruktur der Region und damit zu ihren Energieressourcen. Drittens haben im Rahmen der wirtschaftlichen Kooperation getätigte chinesi-

---

[272] *SIPRI*, Policy Paper 17, S. 16. Im August 2005 fanden erstmals Seemanöver zwischen der russischen pazifischen Flotte und der chinesischen Marine statt. Die SCO scheint sich immer mehr zu einem Gremium zu entwickeln, in dem China und Russland ihre sicherheitspolitischen Ziele abstimmen. Zentralasien ist in diese Überlegungen einbezogen.
[273] Ebenda.

sche Kapitalinvestitionen in den Ländern eine politische Funktion und können gegen potentielle Konkurrenten wie Russland, aber auch Indien und vor allem die USA genutzt werden. Dabei scheint Pekings Außenverhalten von der Auffassung geprägt zu sein, dass die Konkurrenz um knappe Energiereserven zukünftig noch härter werden und die Bedeutung der zentralasiatischen Länder zunehmen wird.

Die russische Energiepolitik hielt sich trotz der engen wirtschaftlichen und sicherheitspolitischen Kooperation und trotz gemeinsamer Interessen in der SCO auffallend zurück, selbst so lukrative Angebote Pekings anzunehmen wie die Kostenübernahme beim Bau von Pipelines. Noch im Juli 2005 kehrte der chinesische Präsident *Hu Jintao* faktisch mit leeren Händen aus Moskau nach Peking zurück. Weder wurden der Bau einer Ölpipeline verabredet noch eine chinesische Beteiligung an der Exploration von Erdgas- und Ölstätten in Sibirien vereinbart, ganz zu schweigen vom dringlichsten Wunsch Pekings, den Bau einer Gaspipeline nach China voranzutreiben. Erst im März 2006 einigten sich der russische Monopolist für den Transport von Öl, *Transneft* unter Leitung von *Semjon Weinstock,* und die staatliche *China National Petroleum Corporation/CNPC* über den Bau einer Ölpipeline. Sie soll von der an den Pazifik geführten Haupttrasse in Skovorodino abzweigen und bis in das ca. 70 km entfernte Daqing/China führen. Bis 2008 soll der erste Trassenabschnitt fertiggestellt sein. Die Kosten für die pazifische Haupttrasse werden auf über 11 Mrd. US Dollar geschätzt.[274] Damit löste der russische Präsident ein Versprechen an den chinesischen Präsidenten *Hu Jintao* vom Mai 2003 ein.

Im Februar 2007 gab der russische Energieminister *Christenko* bekannt, dass 700 km von der 4300 km langen Pazifikpipeline schon fertiggestellt seien[275]. 2008 soll der Abzweig nach China beendet sein. Ob allerdings der zweite Abschnitt der Pipeline an den Pazifik planmäßig gebaut werden wird, scheint gegenwärtig unklar. Zweifel sind aufgetreten, ob ausreichende Ölmengen dafür verfügbar sind[276].

Im Rahmen der Bemühungen, den chinesisch-russischen Warenaustausch bis 2010 zu verdreifachen, vereinbarten beide Seiten Joint Ventures zur Vermarktung von Ölprodukten sowie die Belieferung des chinesischen Marktes mit Benzin[277]. Darüber hinaus wollen beide Länder die wissenschaftlich-technologische Kooperation vertiefen und beim Bau von neuen Nuklearanlagen wie bei der Weltraumfahrt zusammenarbei-

---

[274] Reuters, 14.02.2007.
[275] The Moscow Times, 27.02.2007, S. 6.
[276] The Moscow Times, 11.04.2007, S. 5.
[277] Im Rahmen des chinesischen Staatsbesuches von Präsident *Hu Jintao* im Juni 2005 wurde die Ausweitung des Handels vereinbart. Bereits 2004 belief sich der Handel auf 21 Mrd. US Dollar. Insbesondere soll der Handel mit industriellen Gütern und Technologie, sollen gemeinsame Energieprojekte gefördert werden. Der russische Konzern *RAO UES* strebt die Lieferung von Strom aus Sibirien nach China an und sucht daher die Kooperation von chinesischen Unternehmen. China exportiert mittlerweile Autos nach Russland und ist stark im Immobiliensektor tätig.

ten[278]. Auf russischer Seite ist die staatliche Ölgesellschaft *Rosneft* im Chinageschäft führend[279]. *Rosneft*, mittlerweile nach Aufkäufen von Teilen des Yukos-Konzerns zum größten russischen Erdölkonzern emporgestiegen, weitete die Zusammenarbeit mit chinesischen Firmen aus und formte zusammen mit Chinas zweitgrößtem Ölkonzern *SINOPE* ein Joint Venture im Sachalin-3 Block. An der *Venin-Holding* sind *Rosneft* mit 74,9 % und die chinesische Firma mit 25,1 % beteiligt.

Im Rahmen des *"Chinesischen Jahres"* in Russland besuchte der chinesische Präsident Moskau und unterzeichnete bei dieser Gelegenheit Vereinbarungen für Gemeinschaftsprojekte im Energiebereich, im Schiffsbau, in der Bauwirtschaft, im Stahlsektor, beim Bau von Bussen sowie Immobilien (in Moskau soll ein chinesisches Business Zentrum entstehen) in Höhe von vier Mrd. US Dollar[280].

Auch im Gasgeschäft zeichnet sich eine Wende ab, denn der russische Industrie- und Energieminister *Viktor Christenko* geht davon aus, dass schon 2011 zwei Pipelines russisches Gas nach China bringen. Bis 2020 soll ein Viertel der russischen Gasexporte in die asiatisch-pazifische Region erfolgen. Und im gleichen Zeitraum sollen Ölexporte um das Zehnfache steigen, d.h. von gegenwärtig 3 Prozent auf 30 Prozent[281]. Bislang wird der Export von Öl primär auf der Schiene abgewickelt.

Im Nachklang zu den Preiserhöhungen für Energie rechtfertigte der Chef des staatlichen Pipeline-Monopolisten *Transneft*, *Semjon Weinstock*, in einem Interview die russische Diversifizierungspolitik: „We have overfed Europe with oil. As soon as we turn to China, South Korea, Australia, Japan, it will immediately take away a portion of oil from our European colleagues"[282].

Und *Gazprom*-Chef *Aleksej Miller* unterstrich, dass diese Politik auch für den Gassektor relevant sei. *Gazprom* ziele zukünftig auf die asiatischen Märkte und auf Nordamerika. Diese Wende sei auch eine Reaktion auf Pläne der Europäer, die Aktivitäten von *Gazprom* in Europa zu beeinträchtigen[283] und selbst nach alternativen Energieimportquellen zu suchen. Der russische Präsident griff diese Überlegungen in einer Pressekonferenz am 1. Februar 2007 auf und unterstrich, dass Russland Gas- und Ölpipelines an den Pazifik und nach China bauen werde. Es sei eine Reaktion

---

[278] The Moscow Times, 07.11.2006, S. 7.
[279] *Rosneft* hatte zuvor von China einen Kredit von 6 Mrd. US Dollar erhalten, mit dem wahrscheinlich die Konkursmasse von Jukos erworben wurde. *Rosneft* plant zusammen mit dem staatlichen Konzern *CNPC* den Bau einer Raffinerie in China und den Kauf bzw. die Modernisierung des chinesischen Tankstellennetzes, in: The Moscow Times, 10.11.2006, S. 5.
[280] The Moscow Times, 22.03.2007, S. 1.
[281] The Moscow Times. 04.04.2006, S. 6.
[282] The Moscow Times, 25.04.2006, S. 5.
[283] Ebenda; Mit dem koreanischen Konzern *Korea Gas* verabredete *Gazprom* im April 2007 eine technologische Kooperation bei der Gasverflüssigung und der Petrochemie sowie der weiteren Belieferung mit Gas. Seit 2003 erfolgen Gaslieferungen an Korea.

auf Pläne der EU, ihre Energieimporte zu diversifizieren." – And I see nothing bad in the fact that our main consumers in Europe talk about or engage in diversifying their energy policy. This does not frighten us, because in turn we are also diversifying our delivery routes to various consumers and to various markets. That is why I say that we are constructing in the Far East, we intend to construct in China, and we are going to do that independently of what happens. And in the Far East and in the Altai region; and as you know, we continued the Blue Stream gas pipeline under the Black Sea. We are now thinking of constructing a second one that would possibly go to southern Europe or to central Europe – perhaps to Hungary, or another central European country such as Austria, or to Italy or Israel."[284]

Russlands und Chinas Interessen sind in Zentralasien nicht identisch, daher sind Differenzen und Kontroversen nicht ausgeschlossen. Das SCO bietet aber ein Forum, innerhalb dessen es zum Ausgleich von Meinungsverschiedenheiten kommen kann. So ist kaum verwunderlich, dass Russland, wahrscheinlich aus Erfahrungen mit der EU, konsequent den Transfer von Souveränitätsrechten ablehnt und auch keinen Ausbau der institutionellen Dimension der SCO befürwortet. China hingegen hat in erster Linie an wirtschaftlichen Fragen und an Problemen der Energiesicherheit Interesse. Gegenwärtig kann die SCO als *Interessengemeinschaft* definiert werden, doch ist feststellbar, dass ihr Wirken eine Art korporatistischen Geist der Zusammengehörigkeit erzeugt, also konsens- und kompromissstiftend wirkt. Und extern grenzen sich die Mitglieder klar gegen Interventionen der USA und der EU ab, politische und gesellschaftliche Ordnungsvorstellungen westlicher Systeme zu exportieren.

Die Abwehr jeglicher politischen Einmischung von außen in die inneren Angelegenheiten der SCO-Mitgliedsländer verbindet diese über alle Gegensätze hinweg.

Beim Gipfeltreffen der Präsidenten der SCO in Bischkek[285], am 16. August 2007, wurde diese Haltung in einer gemeinsamen Erklärung aller beteiligten Staatschefs unterstrichen. Das Gipfeltreffen wurde in Russland mit der Beobachtung der gemeinsamen Militärmanöver im Rahmen von *Peace Mission 2007*, im Südural, in der Region Tscheljabinsk am 17.08.2007 fortgesetzt[286]. Präsident *Putin* legte in seiner Ansprache[287] ein klares Bekenntnis zu einer Weltordnung ab, die nicht auf unipolare Prinzipien basiert. Nicht nur sei das Denken in Kategorien des Kalten Krieges obsolet geworden, so Putin, es seien auch „new centres of power and economic growth" entstanden. „Like other countries of the Shanghai Cooperation Organisation, Russia supports the strengthening of a multi-polar international system that provides equal security and development possibilities for all countries. We believe that security in a

---

[284] http://president.kremlin.ru / eng / speeches / 2007/02/01/1309_type82915type82917_117609.shtml.
[285] http://president.kremlin.ru/eng/speeches/2007/08/16/2144_type82914_141586.shtml.
[286] http://president.kremlin.ru/eng/speeches/2007/08/17/2156_type82912_141822.shtml.
[287] http://president.kremlin.ru/eng/speeches/2007/08/16/2144_type82914_141586.shtml.

globalising world is indivisible. And attempts to deal with global and regional problems in isolation have no future."

Putin unterstrich die wachsende partnerschaftliche Vernetzung von Wirtschafts-, Sicherheits- und politischen Interessen der SCO Mitglieder. Im Rahmen des Treffens wurde ein Abkommen über *Long-Term Neighbourly Relations, Friendship and Cooperation* unterzeichnet.

Russlands Präsident betonte die fortschreitende Zusammenarbeit bei der Abwehr von Gefahren des Terrorismus, des Separatismus und des Extremismus. Die SCO arbeite bereits eng mit der *Collective Security Treaty Organisation* und dem *Anti-Terrorismuszentrum der GUS* zusammen. In den Informationsaustausch sind Staaten des ASEAN Sicherheits-Forums einbezogen. Das so entstehende vernetzte Sicherheitssystem soll auf Bedrohungen schnell reagieren können und durch taktische Trainingselemente unterlegt werden. An die Schaffung eines SCO-Zentrums zur Katastrophenprävention wird gearbeitet, so *Putin*. Zu den Aufgaben gehört auch der vereinte Kampf gegen die Drogenkriminalität [288]. Obendrein signalisierte die SCO ihre Bereitschaft, sich für die Sicherheitsbelange in Afghanistan stärker einzusetzen. Aus all den Anstrengungen sind jedoch noch keine Konturen oder Überlegungen zu einem Militärbündnis erkennbar, wie in westlichen Kreisen gemutmaßt wird. Wirtschaftliche Kooperation, insbesondere die Zusammenarbeit im Energiesektor und bei der Transportinfrastruktur sowie gemeinsame regionale Projekte in den wissensbasierten Industrien sollen zur Verzahnung von nationalen Anstrengungen auf diesen Gebieten beitragen. Auch sind Bemühungen erkennbar, die Zusammenarbeit der Finanzinstitutionen der SCO-Länder im Rahmen der *SCO Interbank Association* zu stärken.

All jene Aktivitäten deuten darauf hin, dass die SCO nicht unter einem Mangel an möglichen Kooperationsfeldern leidet. Zweifelsohne hat sich ein starker Konsens bei der Verfolgung von wirtschaftlichen und politischen Interessen unter den führenden Mitgliedsstaaten herausgeprägt, der sogar von gemeinsamen Prinzipien begleitet und abgeschirmt wird. Noch ist es zu früh, der SCO eine andere Funktion und Bestimmung zuzugestehen als der schon beschriebenen *Interessengemeinschaft*. Aber dennoch bleibt die Frage im Raum, ob der gegenwärtige Zustand nicht-institutionalisierter Verbundenheit nicht auch festere Strukturen produzieren kann, ja sogar benötigt, wenn einmal das gesamte Ausmaß an energiepolitischer und außenwirtschaftlicher Vernetzung in den kommenden Dekaden in eine operative Phase überwechselt. *Ernest Haas*, der Doyen der amerikanischen Integrationsforschung hat einmal davon gesprochen, dass in Integrationsprozessen, je nach den Umfeldbedingungen zwei gleichwertige Prinzipien auftauchen: Integration findet entweder statt als verordneter Prozess von oben oder als Ergebnis der Abklärung von vielschichtigen Funktionen von unten. Die SCO scheint letzteren Weg mit offenem Ziel zu beschreiten.

---

[288] Siehe dazu: *Vladimir Frolov*, Russia Profile Weekly Experts Panel: From the Warsaw Pact to the Shanghai Pact?

4.11 Die Fernperspektive: Der pazifische Raum und Indien

Gegen Ende der ersten Amtsperiode häuften sich wirtschaftliche und außenpolitische Offerten Russlands an Indien. Parlamentarische Kontakte und Staatsbesuche wurden zahlreicher[289]. *Putin* bot bei seinem ersten Staatsbesuch eine enge Kooperation zwischen russischen Energiekonzernen und dem indischen Energiekonzern *Oil & Natural Gas Corp (ONGC)* an, bei Explorationsinvestitionen in Sibirien zu kooperieren. Indien war bereits mit 20 % am *Sachalin-1 Projekt* beteiligt, der größten Investition (1,7 Mrd. US Dollar) eines indischen Staatskonzerns außerhalb Indiens. Von indischer Seite wurde signalisiert, dass sich das Land auch an weiteren Explorationskosten, die sich auf ca. 3,2 Mrd. US Dollar belaufen könnten, beteiligen würde. Beide Seiten bestätigten zudem Interessen einer möglichen Zusammenarbeit im *Sachalin-3 Projekt*. Auch eine indische Beteiligung an der gemeinsamen Entwicklung des russisch-kasachischen *Kurmangazy* Ölfeldes im Kaspischen Meer wurde erörtert. Das indische Vorgehen reflektiert die starken Wachstumsimpulse der heimischen Wirtschaft. Als viertgrößte Volkswirtschaft Asiens hat Delhi ein anhaltendes Interesse daran, seine Energieversorgung dauerhaft zu sichern. Stabile, berechenbare Preise bei Energieträgern spielen in dieser Kalkulation eine ebenso relevante Rolle wie die Diversifizierung der Bezugsquellen, um die Abhängigkeit vom labilen Golf-Raum zu mindern. Und der Kreml unterfüttert seine außenpolitischen Bemühungen. Er schafft Gegengewichte zur Dominanz westlicher Partner. Das verlangt die Logik der triangulären, an einer multipolaren Weltordnung orientierten russischen Außenpolitik. Denn die Diversifizierung der eigenen Energieexporte eröffnet der russischen Politik auch ein Fenster, um sich gegen europäische und amerikanische Vorhaltungen weitgehend zu immunisieren.

Seitdem sind die Beziehungen beider Staaten noch enger geworden[290]. Politische und wirtschaftliche Ziele ergänzen einander. So erklärte sich Russland bereit, Indien bei seinen Bemühungen um einen permanenten Sitz im Sicherheitsrat zu unterstützen. Gemeinsame Marinemanöver fanden erstmals 2005 statt. Indien ist nach China der zweitgrößte Abnehmer von russischer Militärtechnologie. 2006 belief sich der Warenaustausch auf 2,7 Mrd. US Dollar und soll sich, so das Ziel, bis 2010 verdreifachen[291]. Im Januar 2007 wurden vor dem erneuten Staatsbesuch *Putins* Vereinba-

---

[289] *Sergei Blagov*, Oil rekindles Indo-Russian affair, in: World Security Network, 06.12.2004.
[290] Der von russischen und indischen Politikern, religiösen Führern und Wissenschaftlern gegründete „Dialog der Zivilisationen" mit seinen jährlichen Großtagungen auf Rhodos spielte eine wichtige Rolle der Anbahnung politischer Kontakte. Insbesondere der russische Vizepräsident des Weltdialogs, *Wladimir Jakunin*, der auch zu den engeren Gruppe der möglichen Nachfolger des russischen Präsidenten zählt, hat sich um den Ausbau der russisch-indischen Beziehungen bemüht und jüngst ein Zentrum für Eurasien Studien in Dehli eröffnet.
[291] Nach Meldungen der beiden russischen Zeitungen *Vedemosti* und *Kommersant* soll die indische Regierung im Februar Russland Investitionen im Energiesektor von ca. 25 Mrd. US Dollar vorgeschlagen haben, siehe: The Moscow Times, 24.02.2005.

rungen über die militärtechnologische Zusammenarbeit durch den früheren russischen Verteidigungsminister *Sergeij Iwanow* unterzeichnet. Beide Länder planen die Entwicklung eines Transportflugzeuges der 5. Generation. Außerdem gab *Iwanow* bekannt, dass Russland mit indischer Hilfe bis 2010 das *„Global Navigation Satellite System"/GLONASS* entwickeln werde[292]. Darin steckt eine klare Absage an das europäische *Galileo-Projekt*, obwohl Moskau beim Russland-EU-Gipfel von Samara wieder Kooperationsbereitschaft erkennen ließ. Außerdem bemüht sich Moskau um ein Milliardengeschäft bei der Modernisierung der indischen Luftwaffe und sucht seinen Kampfbomber MIG-35 zu vermarkten.

Die energiepolitische Kooperation erstreckt sich auch auf gemeinsame Projekte beim Bau neuer Atomanlagen. So unterzeichneten der indische Ministerpräsident *Manmohan Singh* und *Putin* eine Absichtserklärung zum Bau von vier Atomkraftwerken. Insgesamt sind zehn Atomanlagen in Indien geplant. Ob sich allerdings Pläne umsetzen lassen, eine Pipeline vom Iran über Pakistan nach Indien zu führen, scheint angesichts der instabilen Verhältnisse in der Region bislang noch ferne Zukunftsmusik. Bestätigt wurden aber Berichte, dass die iranische Regierung Russland zur Mitwirkung an diesem Projekt ausdrücklich ermuntert hat[293].

Den Staaten des pazifischen Raumes, vor allem China, Südkorea, Japan und Südostasien[294], wird ausdrücklich die Kooperation im Energiebereich angeboten. Auf der ASEAN Konferenz (Association of South East Asian Nations) in Kuala Lumpur vom Dezember 2005, an der Russlands Präsident erstmals teilnahm, wurde Russlands wachsender internationaler Einfluss als globale Energiemacht deutlich. Geschickt verband *Putin* die wirtschaftliche Entwicklung der Region mit eigenen Vorstellungen über die Entwicklung Sibiriens und des Fernen Ostens. Nicht zuletzt betrachtet Russland Asien als den Zukunftsmarkt schlechthin für seine Energieexporte. In die Region soll bis 2020 bereits ein Drittel aller Energieexporte fließen. Er betonte die Langfristigkeit des russischen Engagements, das neben politischen und wirtschaftlichen Interessen auch „civilization interests"[295] anspreche. Ferner signalisierte Moskau Bereitschaft, an einer Freihandelszone in Südostasien mitzuwirken. Zugleich wiederholte *Putin* den Vorschlag, dass die ASEAN-Staatengruppe mit der *Shanghai Cooperation Organisation* auf dem Gebiet der Terrorbekämpfung kooperieren solle.

---

[292] The Moscow Times, 24.01.2007, S. 5. RIA Novosti 20.08.2006.
[293] The Moscow Times, 02.05.2007, S. 7.
[294] Bei seinem zweiten Staatsbesuch vom November 2006 in Vietnam vereinbarten der russische Präsident und der vietnamesische Präsident *Nguyen Minh Triet* eine enge Zusammenarbeit im Energiebereich. *Gazprom* soll sich an der Modernisierung der Energieinfrastruktur des Landes beteiligen. Ferner wurden Verträge über die militärische Kooperation abgeschlossen, und Russland will am Bau eines Atomkraftwerkes mitarbeiten. Mittlerweile plant Südkorea bis 2012 ca. 7 Millionen Tonnen russisches LNG (Flüssiggas) zu importieren. Gegenwärtig belaufen sich die Importe auf 1,4 Mill. Tonnen aus dem Sachalin LNG Projekt; siehe Bloomberg, 22.05.2007.
[295] The Moscow Times, 15.12.2005, S. 1.

Anlässlich eines Staatsbesuches von *Putin* im September 2007 vereinbarten die australische Regierung und Moskau Grundlagen für eine enge Zusammenarbeit beim Ausbau und der friedlichen Nutzung von Nukleartechnologien sowie eine umfassende Kooperation auf dem Gas-Sektor. Neben der Volksrepublik China, die mit großem Engagement in den australischen Energie- und Rohstoffbranchen tätig ist, erscheint nun ein zweites wichtiges SCO- Land auf der Bildfläche. Der Wettlauf um australische Energiereserven muss nicht unbedingt zu einer abträglichen Konkurrenz zwischen Russland und China führen. Im Gegenteil: dadurch kann der Druck auf chinesische Forderungen nach Steigerung der russischen Energielieferungen sogar abgemildert werden. Für Moskau besonders wichtig sind Abmachungen, dass sich die australische *Macquarie Bank*, eine global operierende Investmentbank, an Investitionsprojekten in Russland beteiligen will. Gestreckt über die nächste Dekade, ist von astronomischen 200 Mrd. US Dollar an Investitionen für die russische Infrastruktur, und das abgesehen vom Energiebereich, die Rede[296].

4.12 Das russische Gegenmodell zur Eurasien-Strategie der EU: Die Verzahnung des Kaspischen Raumes und des Mittleren Ostens mit Südosteuropa

Der russische Präsident hat im Februar 2007 bei seinem ersten Besuch in Saudi-Arabien wie der anschließenden Visite im Emirat Qatar den Anspruch Moskaus bekräftigt, als Großmacht eine gestaltende Rolle auch in dieser Krisenregion zu übernehmen[297]. Gewiss, die russische Politik hatte diesen Raum nie völlig aufgegeben. Aber eine eigenständige, interessengeleitete Politik war lange Zeit nicht erkennbar. Eine Wende deutete sich nach Ausbruch des Irak-Krieges an. Darüber hinaus beteiligte sich Moskau am Nahostquartett und erlangte eine Schlüsselposition als potentieller Vermittler im Streit um das iranische Nuklearprogramm. Einerseits eingebunden in internationale Bemühungen scheut Moskau andererseits aber auch nicht davor zurück, seinen eigenen Weg zu beschreiten. Beispiele hierfür waren Kontakte zur gewählten *Hamas-Regierung* in Palästina sowie die Einladung einer Hamasdelegation nach Moskau[298].

---

[296] FAZ, 17.09.2007, S. 13.
[297] FAZ, 13.02.2007, S. 5; siehe auch Gulf in the Media, 13.02.2007, Saudi Arabia, Russia firm up trade ties.
[298] The Moscow Times, 13.02.2006, S. 1. *Putin* begründete diesen Schritt, dass damit der Friedensprozess wieder aktiviert werden könne. Außerdem sei die *Hamas* als stärkste Partei aus den demokratischen Wahlen hervorgegangen.

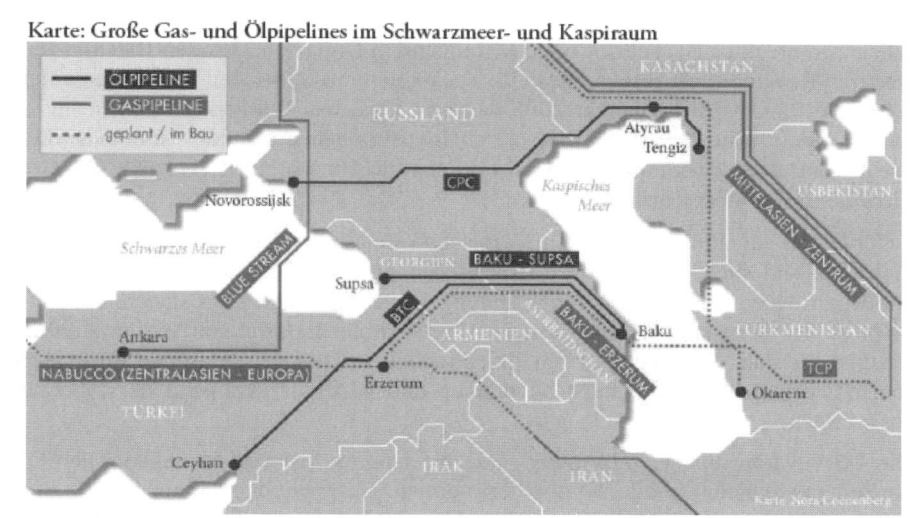

Karte: Große Gas- und Ölpipelines im Schwarzmeer- und Kaspiraum

Quelle: Russlandanalysen 137/2007, 08.06.2007, S. 3.

Der Kreml unterstützte früh die Bildung einer palästinischen Einheitsregierung und forderte ein Ende des Embargos gegen Palästina[299]. Russland hat erhebliches Interesse, nicht von Lösungen in dieser Region ausgeschlossen zu werden. Und diese Politik wird durch Wirtschaftsinteressen unterlegt. Zu erwähnen sind auch die Ölinteressen von *LUKoil* im Irak. Bereits unter *Saddam Hussein* war *LUKoil* eine Beteiligung an der Förderung des großen *Qurner Feldes* in Aussicht gestellt worden. *LUKoil* hatte beträchtlich in das Projekt investiert. Seit geraumer Zeit ist auch *Gazprom* in der Region aktiv und vereinbarte beispielsweise mit der ägyptischen Regierung im Oktober 2006 die Erschließung von Gasfeldern.

Die Bemühungen Moskaus, mit öl- und gasexportierenden Staaten der arabischen Welt und der Golfregion zu kooperieren, stützen Ziele der russischen Außenpolitik und werten Moskaus Position in der Region auf. Das russische Engagement in der Golf-Region wird von arabischen Regierungen nicht abgelehnt. Im Gegenteil, saudiarabische Hoffnungen wie Wünsche der Golf-Emirate richten sich nicht zuletzt darauf, dass es Russland gelingen könnte, Teheran an der Entwicklung von Nuklearwaffen zu hindern – und zwar ohne die Risiken und Folgen, die ein amerikanischer oder israelischer Militärschlag in der Gesamtregion auslösen würde.

---

[299] The Moscow Times, 28.02.2007, S. 3; siehe auch das Interview von Präsident *Putin* vom 10. 02.2007 mit dem arabischen Satellitensender *Al-Jazeera*, in: President of Russia Official Web Portal Interview with Arab Satellite Channel Al-Jazeera.htm.

Diese Hoffnungen sind nicht völlig unbegründet, finanzierte doch Moskau den iranischen Atomreaktor Bushehr mit 800 Millionen US Dollar und hat den Bau von fünf weiteren Reaktoren in Aussicht gestellt. Zusammen mit iranischen Konzernen unterzeichnete RAO UES im Januar 2005 den Bau von zwei Wasserkraftwerken in Tadschikistan. Obendrein ist der Iran durch Investitionen im Süden Russlands aktiv und hat der russisch-iranische Handel mittlerweile ein Volumen von mehr als zwei Mrd. US Dollar überschritten[300].

Unterdessen verzahnt Moskau den Kaspischen Raum mit dem russischen Durchleitungsnetz und sucht parallel dazu Gaslieferungen über die Türkei oder durch das Schwarze Meer nach Südosteuropa durch eigene Pipelines zu realisieren. Solche Pläne stehen in scharfer Konkurrenz zu Vorhaben der EU, die von Washington unterstützt werden. Der Wettlauf um Erschließung der zentralasiatischen und kaspischen Energievorräte hat längst begonnnen und wird auf dem Feld der Pipelines ausgetragen.

Die USA waren mit der *BTC-Ölpipeline*, die lange selbst von amerikanischen Ölkonzernen abgelehnt wurde, letztlich erfolgreich. *Gazprom* baute hingegen die *Blue Stream Pipeline*, die 3 Mrd. Kubikmeter Gas jährlich in die Türkei, nahe Samsun, anlandet und von dort in innertürkische Netze einspeist. *Gazprom* und der türkische Staatskonzern *Botas* stehen seit 2006 in Verhandlungen, die *Blue Stream Pipeline* zum Ölterminal *Ceyhan* zu verlängern und von dort weiter zum Libanon und womöglich gar nach Israel zu führen. Es ist nicht ausgeschlossen, da eine weitere Gaspipeline unter dem Schwarzen Meer zur Türkei geplant ist, dass die Türkei in der Südeuropa- und Nahoststrategie von *Gazprom* zu einer Energiedrehscheibe für den östlichen Mittelmeerraum aufgebaut wird[301]. Das würde allerdings Pläne der Europäischen Union, eine eigene Pipeline vom Mittleren Osten nach Südeuropa zu legen, nämlich das *Nabucco-Projekt*, empfindlich treffen.

---

[300] The Moscow Times, 27.06.2005, S. 8.
[301] *Michael Thumann*, in: ZEIT online-International - - - Türkei Schwarzmeerbrüder sollt ihr sein.htm; *Thumann* weist darauf hin, dass sich vom Westen kaum wahrgenommen, Ankara und Moskau in den letzten Jahren angenähert haben. Die türkische Kritik und Unterstützung für die Tschetschenen wurde ausgesetzt, und Moskau distanzierte sich im Gegenzug von der kurdischen PKK und blendete die Problematik Armeniens aus. „Die Türkei hat ihren Blick geöffnet. Nach Osten, Richtung Iran, auf das nach einer Umfrage des German Marshall Fund 43 Prozent der Türken mit Wohlgefallen schauen. Nach Süden, wo die arabische Welt immer freundlicher über die muslimischen Türken spricht. Nach Norden, nach Russland, das den Türken neuerdings sympathischer ist als der Nato-Verbündete USA. Unbemerkt von Europa, lösen sich östlich des Kontinents alte geopolitische Gewissheiten auf, entstehen die Umrisse neuer Allianzen. Die russisch-türkische Annäherung ist die wohl wichtigste Veränderung an Europas Grenzen". Siehe auch *Asiye Öztürk*, Die geostrategische Rolle der Türkei in Vorderasien, in: Aus Politik und Zeitgeschichte, 4/2006, S. 25–31.

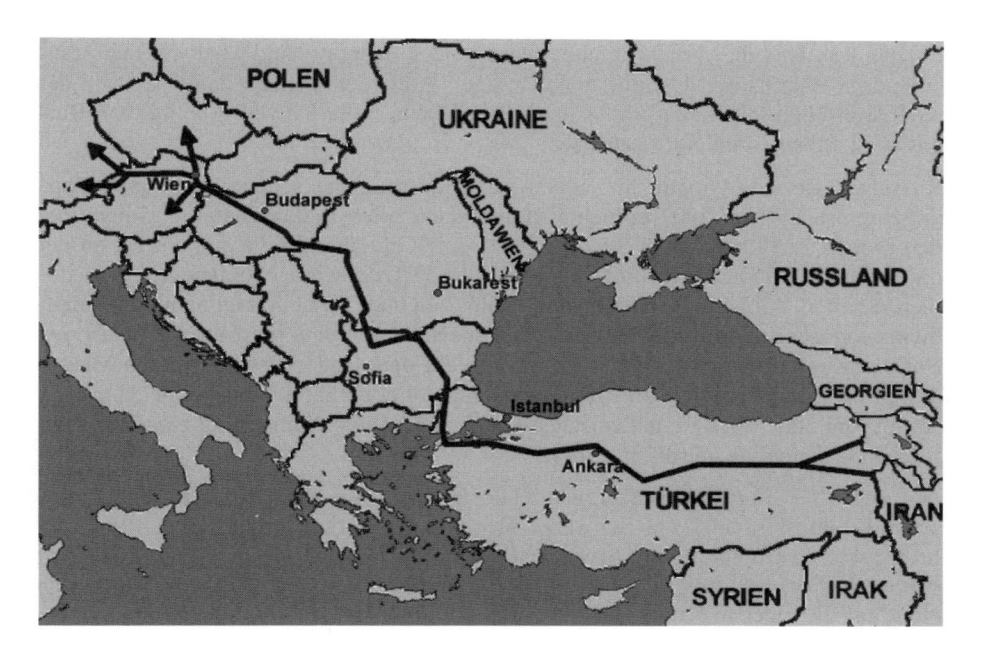

Quelle: http://de.wikipedia.org/wiki/Nabucco_(Pipeline)

Mittlerweile ist es offenkundig, dass die russische Energiepolitik darauf drängt, die Vernetzung des Raumes zwischen dem Kaspischen Meer und Südosteuropa, und zwar unter Einschluss der Türkei, voranzutreiben. Damit ist ein Wettlauf zwischen der Europäischen Union und Russland um die Gasreserven der kaspischen Region entbrannt. Obwohl jedoch der Energiekommissar der EU *Andris Piebalgs* im März 2007 dem *Nabucco-Projekt* die höchste Dringlichkeitsstufe zugestand, erinnert die Rivalität um die Energiereserven des Raumes an das Hase-und-Igel-Spiel: Der russische Igel ist immer schon am Ziel, bevor sich die schwerfällige EU aufrappelt anzulaufen.

Nach 14 Jahren kamen im März 2007 die Verhandlungen zum Bau einer 285 km langen *Balkan-Pipeline*, die vom bulgarischen Hafen Burgas am Schwarzen Meer zum griechischen Alexandroupolis an der Ägäis verlaufen soll, erfolgreich zum Abschluss. Griechenland, Bulgarien und Russland unterzeichneten einen diesbezüglichen Vertrag[302]. Die Öl-Pipeline soll 2011 den Betrieb aufnehmen. Der Staatskonzern *Rosneft* soll Öl in diese Leitung einspeisen, und *Putin* offerierte beim Staatsbesuch im Mai 2007, dass Kasachstan dem Konsortium beitreten könne[303]. Damit

---

[302] The Moscow Times, 16.03.2007, S. 1. An der Balkan Pipeline, dem *International Project*, werden die russischen Staatskonzerne *Rosneft*, *Transneft*, und *Gazprom* zusammen 51 % der Anteile halten, Bulgarien und Griechenland je 24.5 %.

[303] The Moscow Times, 11.05.2007, S. 5.

umgeht Russland die verkehrsreiche Meerenge des Bosporus und wird von den Transitländern Belarus und Ukraine unabhängiger. Außerdem scheint damit das von der amerikanischen Regierung unterstützte Projekt einer alternativen Pipeline von Burgas nach Albanien im Nerv getroffen.

Russlands Reisediplomatie in Sachen Energievernetzung scheint in Südosteuropa ungebremst. Im Juni 2007 besuchte *Putin* nahezu allen Balkanstaaten und ließ über den kroatischen Präsidenten *Stiepan Mesic* eine Gipfelkonferenz einberufen, an der die Staatsoberhäupter von Slowenien, Bosnien-Herzegowina, Montenegro, Mazedonien, Serbien, Albanien, Griechenland, Bulgarien und Rumänien teilnahmen. Hauptthema war die Energievernetzung der Balkanstaaten mit dem russischen *Blue Stream Projekt*. Zusätzlich zur geplanten Ölpipeline auf dem Boden des Schwarzen Meeres drängt vor allem Griechenland auf eine dazu parallel geführte Gaspipeline. *Gazprom* hat im Juni 2007 mit dem italienischen Konzern *ENI* eine Abmachung zum Bau einer solchen Gaspipeline getroffen.

Auf Basis der Energievernetzungen Südosteuropas mit Russland und dem kaspischen Raum rückt auch das Schwarze Meer wieder stärker in den Fokus russischer Interessen. So ermunterte der russische Präsident auf der Jahrestagung des *Black Sea Economic Cooperation Organisation,* BSEC in Istanbul, deren Mitgliedsstaaten, sich mehr auf die eigenen Kräfte für den Aufbau regionaler Organisationen einzusetzen, als auf implantierte Foren externer Mächte zu schauen[304]. Zweifellos war das ein Seitenhieb auf die GUAM. Die Kooperation in Energiefragen kann ein wichtiger Faktor für die Schaffung regionaler Assoziationen werden und die geopolitische Positionierung der Anrainerstaaten des Schwarzen und Kaspischen Meeres einschneidend beeinflussen.

Bereits vor Jahren hatte der russische Ölkonzern *LUKoil* mit Erfolg begonnen, Vertriebsnetze in Süd- und Mitteleuropa aufzubauen bzw. systematisch zusammenzukaufen. Im Dezember 2006 wurde bekannt, dass der Konzern von seinem amerikanischen Partner *CONOCO* 376 Tankstellen in Belgien, Polen, der Tschechischen Republik usw. übernehmen wird. In den USA betreibt *LUKoil* bereits über 2000 Tankstellen. Die Konzernstrategie zielt darauf, die Vertriebsnetze mit eigenem Öl direkt zu beliefern. Im November 2006 vereinbarten schließlich *Gazprom Neft* und *LUKoil* ein gemeinsames Vorgehen beim Aufkauf von Firmen und Beteiligungen im Ausland[305].

Gezielt festigt auch *Gazprom* seine Position in Europa, besonders in Südosteuropa. Seit geraumer Zeit strebt der Konzern den direkten Zugang zu Endabnehmern in Ländern der Europäischen Union an und ist dort auch zu Direktinvestitionen bereit. Im April 2007 wurde mit dem luxemburgischen Energiekonzern *Soteg* der Bau eines Kraftwerkes vereinbart. Ähnliches Interesse zeigte *Gazprom* am Erwerb eines Elektri-

---

[304] The Moscow Times, 26.06.2007, S. 5.
[305] The Moscow Times, 17.11.2006, S. 1.

zitätswerks in den Niederlanden, an der gemeinsamen Exploration von Gasfundstätten mit dem norwegischen Konzern *Norsk Hydro* und am Bau von unterirdischen Gasreservoirs in Belgien. Mit dem norwegischen Konzern *Statoil* and *Norsk Hydro* arbeiten russische Ölkonzerne und *Gazprom* schon seit längerem in der Barentssee zusammen. Beiden Seiten ist klar, dass die Förderung der riesigen Energieressourcen in der Barentssee nur durch eine pragmatische Politik der Kooperation möglich sein wird.

Schon 2006 wurde *Gazprom* auf dem englischen Energiemarkt tätig. Im gleichen Jahr schloss der Konzern erstmals einen Liefervertrag mit Dänemark ab. Beide Parteien vereinbarten, dass russische Gaslieferungen über die *Nord Europäische Gaspipeline (NEGP)* ab 2011 beginnen sollen. Die Laufzeit des Vertrages beträgt 20 Jahre. Die *NEGP* wird als Gemeinschaftsunternehmen von *Gazprom, BASF* und *EON* betrieben[306]. *Gazprom* hält 52 % der Anteile, die beiden deutschen Energiekonzerne jeweils 24,5 %. 2005 wurden auch Pläne von *Gazprom* bekannt, zusammen mit *PetroCanada* eine Gasverflüssigungsanlage in der Nähe des *NEGP-Terminals* an der russischen Küste, südlich von Wyborg, zu errichten. Eine solche Anlage könnte einmal LNG zu den europäischen Spotmärkten, nach England und sogar in die USA verschiffen. Zum anderen böte sie eine gewisse Sicherheit, langfristige Preisfixierungen zu unterlaufen und sich gegen politische Querschläge aus der EU zu wappnen.

Mit *Gaz de France* schloss *Gazprom* einen langfristigen Liefervertrag ab. *Gazprom* verpflichtet sich zu Gaslieferungen bis zum Jahr 2030. Jährlich sollen 12 Mrd. Kubikmeter Gas geliefert werden. Das entspricht einem Warenwert von ca. 85 Mrd. US Dollar über die gesamte Laufzeit. Frankreich öffnete im Gegenzug dem russischen Konzern den Zugang zum französischen Energiemarkt. Einen Überraschungscoup besonderer Art landete der französische Energiekonzern *Total*, als er am 13. Juli 2007 einen Vertrag mit *Gazprom* über die Ausbeutung des gigantischen Schtokman Feldes in der Barentssee unterzeichnete. Der Vertrag hat eine Laufzeit von 25 Jahren[307]. Die Gasreserven sind für die USA und Europa bestimmt. *Total* ist mit 25 % an dem Vorhaben beteiligt, *Gazprom* hält 51 % und die restlichen 24 % sind noch offen für weitere Interessenten.

In Deutschland ist *Gazprom* nicht nur am Gemeinschaftsunternehmen *Wingas* mit *Wintershall* beteiligt, sondern hat auch Kooperationsabkommen mit *E.O.N.* und bekundete zudem Interesse an einem Einstieg in Elektrizitätswerke. So soll der Konzern eine Beteiligung an den Elektrizitätswerken in Lubmin, Vorpommern, anstreben und plant den Bau eines gasbetriebenen Kraftwerkes in Eisenhüttenstadt. Im Gegenzug engagierte sich *E.O.N.* in der russischen Energiewirtschaft und erhielt den Zuschlag bei der Übernahme der viertgrößten russischen Kraftwerksgesellschaft

---

[306] Die Kooperation der beiden deutschen Energiekonzerne mit Gazprom führte auch zu Beteiligungen an der Erschließung und Förderung des großen *Juschnoe-Russkoje* Gasfeldes nahe Tomsk in Westsibirien. *BASF/Wintershall* erwarb im Tausch einen Anteil von 35 % und Gazprom steigerte seinen Anteil am deutschen Gasnetz *Wingas* von 35 auf 50 %.

[307] The Moscow Times 16.07.2007.

OGK-4. Damit positioniert sich der deutsche Konzern für die prognostizierten Zuwächse beim russischen Stromverbrauch. Die Übernahme war durch die Teilprivatisierung der russischen Stromwirtschaft ermöglicht worden. Bereits 2006 hatte der italienische Kraftwerkskonzern *Enel* den russischen Stromanbieter OGK-5 übernommen.

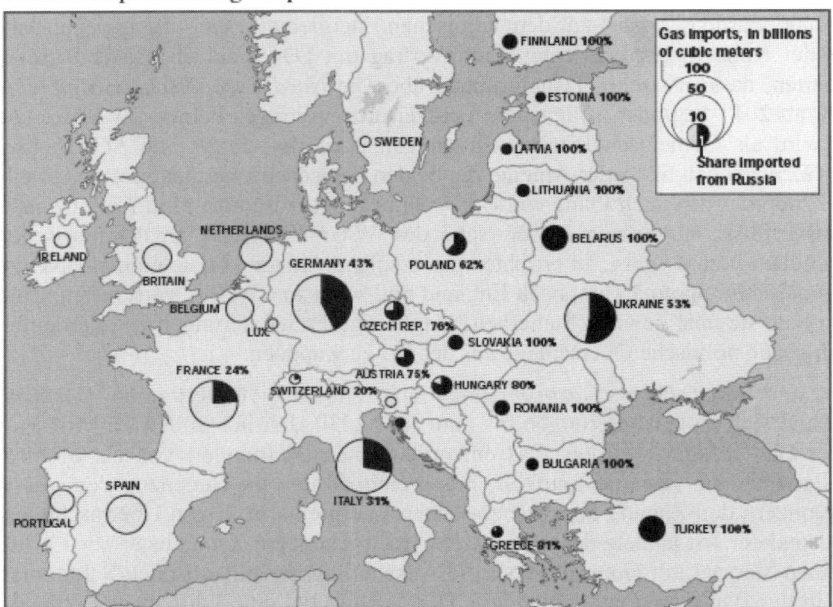

Karte: Europäische Erdgasimporte

Quellen: International Herald Tribune, International Energy Agency, Verband der Schweizerischen Gasindustrie, nach: *Russian Analytical Digest 18/07*, http://www.res.ethz.ch/analysis/rad/details.fm?lng=en&id=29825

Quelle: Russlandanalysen, 137/2007, 08.06.2007, S. 8.

Auch mit Rumänien wurden Lieferverträge mit langer Laufzeit abgeschlossen. Serbien soll an eine Pipeline angeschlossen werden, die Kroatien und Bulgarien verbindet. Mit dem italienischen Konzern *ENI* wird gegen Beteiligung an russischen Gasfeldern eine Kooperation für den Vertrieb von Gas angestrebt. Schließlich vereinbarte *Gazprom*, Ungarn an die *South European Pipeline/SEP* anzuschließen, die wiederum an das *Blue Stream Projekt* angedockt ist. Die *SEP* soll gemeinsam von *Gazprom* und dem italienischen Konzern *ENI* betrieben werden. Gazprom ist aber bereit, andere Konzerne, insbesondere die österreichische *OMV*, am *SEP*-Projekt zu beteiligen. Außerdem soll in Ungarn ein unterirdischer Gasspeicher mit einer Kapazität von etwa 10 Mrd. Kubikmeter angelegt werden. Ungarn bezieht ca. 90 % seines Gasbedarfs aus Russland. Bei einem Treffen mit dem russischen Präsidenten schlug der ungarische Premierminister *Ferenc Gyurcsany* im März 2007 vor, dass Ungarn je zur Hälfte seinen Gasbedarf aus der von *Gazprom* geplanten südeuropäischen Pipeline und nach Fertigstellung aus der *Nabucco Pipeline*, einem Projekt der Europäischen Union[308], decken solle.

Anfang 2006 suchte die EU Lehren aus dem ukrainisch-russischen Gasstreit zu ziehen und befürwortete den Bau der 3300 km langen *Nabucco* Pipeline. Sie soll bis 2011 den Betrieb aufnehmen und Gas aus dem kaspischen Raum und/oder Nordiran unter Umgehung Russlands über Südosteuropa nach Österreich bringen. Beteiligt sind österreichische, ungarische, türkische, rumänische und bulgarische Energiekonzerne. Sollte Ungarn auf das Angebot *Gazproms* eingehen und zum Verteilerknoten in Süd- und Mitteleuropa werden, würde das einen schweren Rückschlag für das *Nabucco Projekt* bedeuten, das indes ohnehin auf sehr tönernen Füßen steht[309]. Die 3300 km lange Pipeline soll sechs Milliarden US Dollar kosten. Dass die USA von einer möglichen Einbeziehung des Iran nicht gerade begeistert sind, scheint offensichtlich. Zurzeit befindet sich das Projekt noch in der Planungsphase. Noch gravierender ist jedoch, dass der **EU-Pipeline bislang die Gasquelle fehlt**. Zurzeit scheinen nur etwa 6 Mrd. Kubikmeter aus aserbaidschanischen Quellen gesichert, jedoch die Hauptmasse, um das Projekt finanziell sinnvoll zu betreiben, nämlich 30 Mrd. Kubikmeter fehlt noch[310]. Daher hat sich auch *Gazprom* maliziös ins Spiel gebracht und dem Projekt die Lieferung von Gas angeboten[311]. Bei seinem jüngsten Staatsbesuch in Österreich, im Mai 2007, bestätigte *Putin* die Offerte.

Österreich spielt seit Jahren eine wichtige Rolle als Handelsplattform für russische Erdgaslieferungen, die 2006 ca. 7,7 Mrd. Kubikmeter erreichten. Sie werden vom *Central European Gas Hub*, dem österreichischen Baumgarten im Dreiländereck zur Slowakei und zur Tschechischen Republik, in gesamt Europa vertrieben. Mit dem halbstaatlichen österreichischen Energiekonzern *OMV* kooperiert *Gazprom* schon ähnlich lange wie mit deutschen Energiekonzernen. Im Herbst 2005 wurden Gaslieferungen an *OMV* bis zum Jahre 2027 festgeschrieben. Mit *OMV*, der Konzern ist interessanterweise auch Projektführer bei *Nabucco*, vereinbarte Gazprom außerdem eine Beteiligung am Gasverteilerknoten in Baumgarten. Ferner wurde die Zusammenarbeit bei der Anlage von Gasreservoirs beschlossen.[312]

---

[308] Die EU schuf im Mai 2007 ein *Network of Energy Security Correspondents*, das sich aus Energieexperten aus 27 Ländern zusammensetzt. Sie sollen als eine Art Frühwarnsystem gegen eventuelle Krisen im Energiebereich fungieren, in: Reuters. 11.05.2007.
[309] Financial Times Deutschland, 28.06.2007, S. 13.
[310] Siehe Interview mit dem Vorstandsvorsitzenden der ungarischen *MOL*, *Zsolt Hernasdi*, in: FAZ, 07.05.2007, S. 14.
[311] Anfang Mai 2007 fanden in Ankara Gespräche zwischen dem österreichischen Konsortiumsführer, der türkischen Regierung und *Gazprom* über die Einspeisung von russischem/ turkmenischem Gas in die beabsichtigte *Nabucco-Pipeline* statt. Mitglieder des Konsortiums sind der ungarische Konzern *MOL*, Bulgariens *Bulgargaz*, Rumäniens *Transgaz* und der staatlich-türkische Konzern *Botas*; siehe: The Moscow Times, 10.05.2007, S. 5.
[312] FAZ, 25.05.2007, S. 16.

Gefahr für das EU-Projekt droht nicht nur durch das mögliche Ausscheren Ungarns, sondern auch durch die *Übereinkunft von Turkmenbaschi*, einem turkmenischen Küstenort vom 12.05.2007. Die Präsidenten von Russland, *Putin* und Kasachstan, *Nursultan Nasarbajew*, vereinbarten mit dem neuen turkmenischen Präsidenten *Gurbanguly Berdymuchammedow* den Bau einer neuen Gasleitung für den Export turkmenischen Gases entlang des Kaspischen Meeres über kasachisches und russisches Gebiet. Sie soll in das russische Leitungssystem einmünden und von dort Gas weiter nach Europa transportieren. Die neue Pipeline soll ab 2012 ca. 20 Milliarden Kubikmeter pro Jahr befördern.[313] Bei den Verhandlungen wurde auch die Erneuerung und Erweiterung einer bestehenden Pipeline vereinbart, die turkmenisches Gas über Russland nach Kasachstan und von dort nach Usbekistan bringt. Nach dem Tode des turkmenischen Präsidenten *Saparpurat Niyazow* (dem Turkmenbashi oder Vater aller Turkmenen) hatten sich in Aschgabat westliche Energiekonzerne, gestützt durch ihre Regierungen, faktisch die Klinke in die Hand gegeben, um turkmenische Öl- und Gasreserven an den Markt zu führen. So drängt die amerikanische Regierung darauf, eine Gaspipeline auf dem Boden des Kaspischen Meeres nach Georgien zu bauen. Der amerikanische Beauftragte für Eurasien *Evan Feigenbaum* erhielt bei seinem letzten Besuch Ende Juni 2007 in Aschgabat nur ausweichende Antworten[314]. Denn eingekeilt zwischen die rivalisierenden geopolitischen Mächte Russland und USA scheint der turkmenische Präsident *Gurbanguly Berdymuchammedow* eine ähnliche Politik der Äquidistanz anzustreben wie Kasachstan. Aber auch China ist aktiv und beharrt auf einer 2005 getroffenen Vereinbarung, wonach eine Pipeline turkmenisches Gas nach China bringen soll. Diese Vereinbarung wurde im Juli 2007 nochmals bekräftigt. Jedoch angesichts der turkmenisch-russischen Vereinbarungen sind solche Vorstellungen freilich höchst fragwürdig. Turkmenistan hatte unter *Niyazow* eine recht zurückhaltende Explorationspolitik betrieben, und demzufolge grassieren nur Spekulationen über den Gasreichtum des Landes. Offizielle Schätzungen belaufen sich auf 2,9 Billionen Kubikmeter Gas, aber optimistische Schätzungen vermuten Reserven, die um ein Zehnfaches höher liegen. Insbesondere der im Kaspischen Raum aktiv operierende US-Konzern *Chevron Neftegaz* bemüht sich um Beteiligungen bei der Förderung der Öl- und Gasreserven. Bislang sind nur *Petronas* aus Malaysia and *Dragon Oil* aus den Vereinigten Arabischen Emiraten im Lande tätig.

---

[313] FAZ, 14.05.2007, S. 6, siehe dazu auch den Beitrag von *Roland Götz* in: Russlandanalysen 137/07, S. 5 *Götz* bezweifelt zurecht, dass „Angesichts der Unsicherheit über die Gasexportkapazitäten Turkmenistans und der anderen zentralasiatischen GUS-Staaten sowie über die künftige Ausrichtung ihrer Gasexporte" nicht klar sei, „ob die Hoffnungen der EU auf einen wesentlichen Beitrag dieses Landes zur europäischen Gasversorgung berechtigt sind". Die Versorgung der EU durch die *Nabucco-Pipeline* hängt von der Bereitschaft und vom Zusammenwirken bei den Lieferungen von Kasachstan, Usbekistan und Turkmenien ab.

[314] The Associated Press, 27.06.2007.

Aber wie es den Anschein hat, sind westliche Firmen, darunter auch das Joint Venture *TNK-BP*, nicht zum Zug gekommen, denn der russische Konzern *LUKoil* kündigte im Juni 2007 eine Einigung mit der turkmenischen Regierung über die Erschließung von drei kaspischen Off-Shore Feldern[315] an.

Zweifellos wird die Vereinbarung von Turkmenbashi dem *Nabucco-Projekt* einen weiteren Stoß versetzen. Noch stärker betroffen sind aber die Bemühungen Polens, der Ukraine, Litauens und Georgiens, deren Präsidenten sich am 12. Mai 2007 in Krakau trafen, um Fragen der Diversifizierung von Energielieferungen zu beraten. Von den Staaten des Kaspischen Raumes nahm nur der aserbaidschanische Präsident teil. Die Präsidenten Kasachstans und Turkmeniens tagten derweil mit *Putin* in Turkmenbashi und vereinbarten die Gaslieferungen in das russische Leitungsnetz.

4.13 Ein Gas-Kartell entsteht

Zwar reagierte Moskau bisher zurückhaltend auf den iranischen Vorschlag, analog zur OPEC ein entsprechendes Kartell der gasfördernden Länder zu bilden. Aber diese Zurückhaltung darf nicht darüber hinwegtäuschen, dass mit allen gasfördernden Ländern, einschließlich Algeriens, ein intensiver Dialog begonnen hat, der definitiv eine informelle Interessengemeinschaft begründet und den Abnehmerstaaten noch weniger Alternativen zur Diversifizierung ihrer Energieimporte einräumt.

Verteilung der weltweiten Erdgasreserven (proven reserves Jahresende 2006)

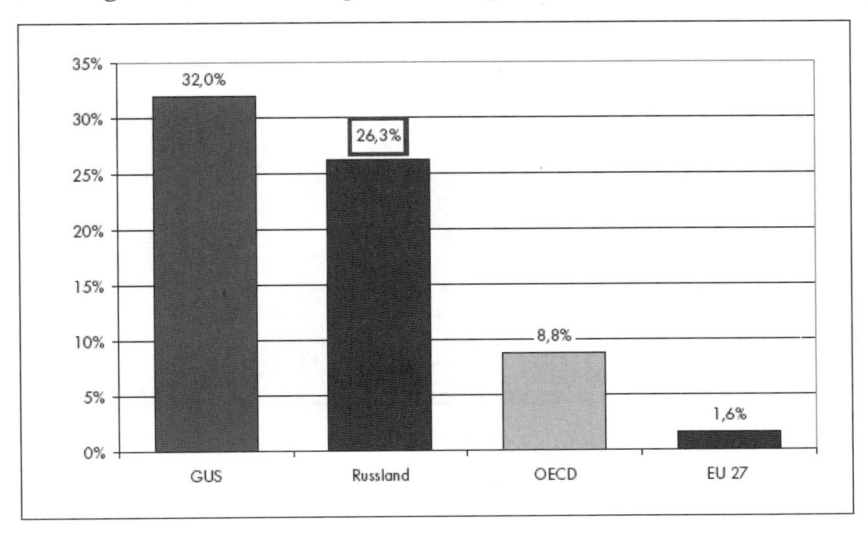

GUS	32,0%
Russland	26,3%
OECD	8,8%
EU 27	1,6%

Quelle: Russlandanalysen 139/2007, S.9.

---

[315] The Moscow Times, 14.06.2007, S. 1.

Diese Entwicklung wird in Brüssel mit großer Sorge gesehen. Entsprechend mahnte der europäische Kommissar für Energiefragen *Andris Piebalgs* eine Klärung des Sachverhaltes an. Die russischen Beschwichtigungen, es sei noch zu früh, über ein solches Kartellgebilde zu sprechen, klingen nicht gerade ermutigend. Auch der Gipfel gasproduzierender Länder vom April 2007 in Doha/Qatar brachte wenig Klärung in dieser Frage. Noch scheut die russische Seite vor einem solchen Schritt zurück, weil heftige Reaktionen der Industriestaaten nicht ausbleiben würden. Aber der Trend zu einer Kartellkonstruktion ist nicht aufzuhalten und wird durch die Wachstumsregionen Asiens forciert. „Energy politics are already shifting the global balance of power from West to East" behauptet daher auch *Kevin Rosner*, Leiter des Genfer *Center for Energy Defence* und Vizedirektor des *NATO Forum on Energy Security* (2006)[316].

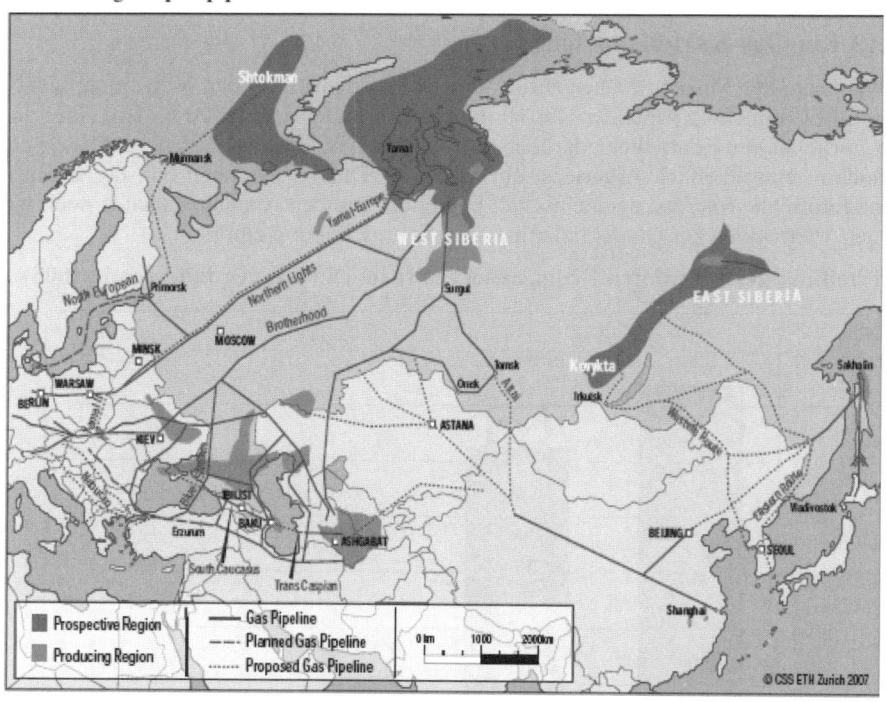

Karte: Erdgasexportpipelines in Eurasien

Quelle: Russlandanalysen, 137/2007, 08.06.2007, S. 8.

Schon 2006 hatte der russische Gasmonopolist ein Abkommen über Zusammenarbeit mit Algeriens Gas-Konzern *Sonatrach* geschlossen und damit Befürchtungen

---

[316] *Kevin Rosner*, Wrestling with the Russian Bear, in: Energy Security, 19.01.2006.

der EU ausgelöst, dass ein internationales Gaskartell vorbereitet werde[317]. Die Gruppe von 15 gasproduzierenden Ländern, das *Gas Exporting Countries Forum/GECF,* kontrolliert ca. 75 % aller erkundeten Gasreserven und ca. 40 % der globalen Gasproduktion. Das Forum hat keine institutionalisierte Struktur und trifft sich auf ad hoc Basis. Gegen die Schaffung von kartellähnlichen Strukturen sprachen bislang die in der Branche üblichen langfristigen Lieferverträge, die in der Regel eine Laufzeit bis zu 30 Jahren haben. Sollten aber der Transport und die Vermarktung von LNG, Flüssiggas, weniger kostenaufwendig werden, würde sich zu den langfristigen, Pipeline-basierten Verträgen ein Spotmarkt gesellen. Dies und die Erschließung der großen russischen Gasfelder in der Barentssee, *Schtokman,* sowie die drei *Sachalin-Projekte,* die schon LNG produzieren, würden Russland die Zustimmung zum Gas-Kartell erleichtern[318]. Der russische Energieminister *Viktor Christenko* äußerste sich zwar sehr sybillinisch über die Aussichten der Preiskoordination im Rahmen eines solchen Kartells, begrüßte aber Absprachen. In Doha wurde vereinbart, ein Organisationskomitee zu bilden, dem Vizeminister oder namhafte Experten angehören sollen. Das Komitee soll sechsmal jährlich tagen und hat zur Aufgabe, die Entwicklung der Gaspreise zu analysieren und Empfehlungen zu erarbeiten[319].

Im LNG-Zweig ist *Gazprom* noch auf internationale technologische Zusammenarbeit angewiesen[320]. Anzeichen verdichten sich aber, dass der Konzern diesen Bereich ausbauen und sowohl mit dem Gasfeld *Schtokman*[321] verbinden will als auch eine Zusammenarbeit mit *BP* anstrebt. Der britische Ölmulti *BP* hat unter Druck dem russischen Monopolisten *Gazprom* seine Mehrheitsanteile an seinem größten Gasfeld, dem ostsibirischen *Kowykta,* das schätzungsweise an die 1,9 Mrd. Kubikmeter Gas fassen soll, und außerdem seinen Anteil von 50 % am Gaskonzern *WSGK* veräußert. *BP* plante, von diesem Feld eine Gaspipeline nach China zu legen, und durchkreuzte damit Pläne *Gazprom*s. Versüßt wurde der Verkauf dadurch, dass nunmehr *Gazprom* und *BP* vereinbarten, eine strategische Partnerschaft bei Investitionen weltweit zu bilden. Ebenfalls auf Druck der russischen Regierung war im Dezember

---

[317] The Moscow Times, 19.01.2007, S. 7. Im Gegenzug bot *Gazprom* die gemeinsame Erschließung von vier russischen Gasfeldern und die Kooperation bei der Gasverflüssigung an.
[318] BSRNews – Energy Industry Research, News, Commentary, and Analysis. htm, 03.01.2007.
[319] The Moscow Times, 10.04.2007, S. 1.
[320] *Gazprom* vertrieb bereits LNG an japanische Abnehmer wie *TEPCO* und andere japanische Firmen seit 2005. Der Konzern strebt eine dominierende Position bei der Energieversorgung des asiatisch pazifischen Raums an.
[321] *Gazprom* signalisierte im März 2007, dass sich ausländische Konzerne an der Erschließung von Schtokman beteiligen könnten. Dem war im Oktober 2006 die Entscheidung vorausgegangen, keine ausländischen Konzerne an der Förderung zu beteiligen. Ein exklusives Angebot an Deutschland, die Erschließung gemeinsam zu betreiben, war auch im Oktober 2006 indirekt auf europäische Proteste gestoßen und von der Bundesregierung zugunsten einer gemeinsam vereinbarten Energiepolitik mit Frankreich nicht weiter verfolgt worden. Siehe dazu auch Wremja online Novosti, 16.10.2006.

2006 eine Übereinkunft mit *Royal Dutch Shell* über das *Sachalin-2-Projekt*[322] durchgesetzt worden, das die dortige LNG-Anlage einschließt. Das internationale Konsortium wurde gezwungen, *Gazprom* als Mehrheitsaktionär mit 50 % plus einem Anteilsschein für 7,45 Mrd. US Dollar aufzunehmen. Der Anteil von *Shell* ging von 55 % auf 27,5 % zurück. *Mitsui* fiel von 25 % auf 12,5 % und *Mitsubishis* Anteil reduzierte sich von 20 % auf 10 %.

Angesichts der Ungewissheit über die *Nabucco-Pipeline* und der jüngsten Einigung Russlands mit Turkmenistan und Kasachstan über die Einspeisung turkmenischen Gases in das russische Leitungsnetz **führt für Europa und Deutschland kein Weg am russischen Gas vorbei.** Das sieht mittlerweile auch die FAZ ähnlich, die sicherlich ihre Sympathien für Russland ebenso im Zaum halten konnte, wie sie gegen das NEGP-Projekt einer Gasautobahn durch die Ostsee polemisierte und damit dem früheren Kanzler *Schröder* politisch schaden wollte. Aber in punkto Energiesicherheit wird die NEGP – obwohl sicherlich nicht das preisgünstigste Projekt, eine Landverbindung wäre gewiss günstiger gewesen – die Diversifizierung bei den Zuleitungen erhöhen und die Abhängigkeit von Interventionen der Transitländern enorm reduzieren. Nach Fertigstellung der NEGP dürften künftig Streitigkeiten über die Preisgestaltung mit Transitländern die europäischen Abnehmer kaum tangieren. Flankiert im Süden durch die *South European Pipeline/SEP*, würde EU- Europa auf verlässliche Energiereserven und Zuführungen zurückgreifen können, ohne Gefahr zu laufen, zum Leidtragenden von Tarifkonflikten zwischen Produzenten und Transitländern zu werden.

„Die Investitionen in diese wirtschaftlich noch nicht zwingend erforderliche NEGP wie auch die Entscheidung der Gasprom, im nördlichen Polarkreis das größte Offshore-Gasfeld in Europa nicht mehr über eine Flüssiggaskette für den nordamerikanischen Markt zu erschließen, kommen der Versorgungssicherheit in Deutschland und Europa zugute. Mit enormen Investitionen bindet sich auch der Gasproduzent an seine europäischen Abnehmer, wird die gegenseitige Abhängigkeit verstärkt"[323].

Man kann nur hoffen, dass sich diese Einsicht auch bei jenen Politikern und Journalisten durchsetzt, die immer noch von einer Diversifizierung träumen, aber nicht die Quellen angeben können, woher denn die Energieströme für die heimische Wirtschaft und den Privatkonsum kommen sollen. Und letztlich sind da noch die Faktoren Berechenbarkeit und seit Jahrzehnten gewachsenes Vertrauen, die russische Lieferungen eben von solchen aus Krisengebieten der Dritten Welt oder aus der Golfregion unterscheiden.

---

[322] FAZ_NET – Energie Gazprom will an Shell-Projekt teilhaben.htm, 20.09.2006. FAZ_NET – Öl- und Gasprojekt *Shell* beugt sich dem Druck des Kreml.htm, 11.12.2006; The Moscow Times, 02.03.2007, S. 5; The Moscow Times, 22.12.2006, S. 1; http://www.spiegel.de/wirtschaft/0,1518,437997,00.html.
[323] FAZ, 10.01.2007, Nr. 8/S. 13.

Bibliographie

Hannes Adomeit: Russische Sicherheits- und Verteidigungspolitik unter Putin/, in: Stiftung Wissenschaft und Politik, SWP, September 2000.

Hannes Adomeit/Rainer Lindner, Die „Gemeinsamen Räume „Rußlands und der EU. Wunschbild oder Wirklichkeit?, in: SWP-Studie, S34, Berlin, November 2005.

Anders Aslund, Lonely at the Top, in: The Moscow Times, 13.07.2004, S. 10.

Egon Bahr, Der deutsche Weg. Selbstverständlich normal, München 2003.

Alyson J. K. Bailes, Paul Dunay, Pan Guang, Mikhail Troitskiy, The Shanghai Cooperation Organization, SIPRI Policy Paper Nr. 17, Mai 2007.

Alex Battler, The 21st Century: The World Without Russia, American University & Colleges Press, Salt Lake City, 2004.

Stanislav Belkovsky, Paternalism Abandoned: Putin Becomes Chubais, in: The Moscow Times, 27.05.2004, S. 9.

Stanislav Belkovsky, „Fradkov: Short of Shortcomings", In: The Moscow Times, 03.03.2004. S. 10.

Lew Besymenski, Stalin und Hitler. Das Pokerspiel der Diktatoren, Berlin 2006.

Sergei Blagov, Oil rekindles Indo-Russian affair, in: World Security Network, 06.12.2004.

Falk Bomsdorf, Russlands neuer Realismus, in SWP-Zeitschriftenschau, Berlin, August 2004.

Timofei Bordachev/Arkady Moshes, Is the Europeanization of Russia over?, in: *Russia in Global Affairs,* Vol. 2, April–Juni 2004.

Zbigniew Brzezinski, The Grand Chessboard. American Primacy and its Geostrategic Imperatives, New York 1997.

Matthes Buhbe/Gabriele Gorzka (Hrsg.) Russland heute. Die Rezentralisierung des Staates unter Putin, Wiesbaden 2007.

Bundesregierung Deutschland, Auswärtiges Amt EU2007.de, Die EU und Zentralasien: Strategien für eine neue Partnerschaft, in: Zentralasien-Strategie-Text-D.pdf.

Ernst-Otto Czempiel, Weltpolitik im Umbruch. Die Pax Americana, der Terrorismus und die Zukunft der internationalen Beziehungen, München 2002.

Michael Dauderstädt, Exporting Stability to a Wider Europe: From a Flawed Union to Failing States, in: Internationale Politikanalyse, Friedrich-Ebert-Stiftung, Oktober 2004.

Vladimir Degoyev, Wider Europe's Horizons in the Caucasus, in: Russia in Global Affairs, 10.11.2004.

Mikhail Delyagin, From Purge to Consolidation, in: The Moscow Times, 05.03.2004, S. 7.

Mikhail Delyagin, From Global Controversies to Regional Conflicts, in: Russia in Global Affairs, Nr. 1, Januar–März 2005.

Juri Durkot (2005): Nach der „Orangenen Revolution"; in: Der Bürger im Staat, Landeszentrale für politische Bildung, Heft 4/2005.

Gernot Erler, Global Monopoly. Weltpolitik nach dem Ende der Sowjetunion, Berlin 1998.

Gernot Erler, Der Fall Chodorkowski – Zur Tomographie eines politischen Konfliktes, in: *G. Gorzka/P. W. Schulze*, Wohin steuert Russland unter Putin? Der autoritäre Weg in die Demokratie, Frankfurt 2004.

Amitai Etzioni, Sicherheit zuerst, in: FAZ, 31.05.2007. S. 8.

Pavel Felgenhauer, „Kremlin Taking Bad Advice", in The Moscow Times, 24.04.2003.

Pavel Felgenhauer, Rolling Back Democracy, in: The Moscow Times, 05.10.2004, S. 11.

Sabine Fischer, Russlands Westpolitik in der Krise 1992–2000. Eine konstruktivistische Untersuchung, Frankfurt 2003.

Sabine Fischer, Die EU und Russland, Konflikte und Potentiale einer schwierigen Partnerschaft, SWP-Studie, S 34, Berlin, Dezember 2006.

Foreign Policy Concept of the Russian Federation, in: International Affairs, A Russian Journal of World Politics, Diplomacy and International Relations, 5/2000.

Friedrich-Ebert-Stiftung Moskau, in Kooperation mit *Sinus Moskau* und *VCIOM Moskau,* Russische Außenpolitik 1993 im Urteil von außenpolitischen Experten. Eine soziologische Umfrage bei leitenden Mitarbeitern in Regierungsstäben, Mandatsträgern, Parteiführern, Wissenschaftlern und Redakteuren in den Massenmedien, Moskau, Juli 1993.

Friedrich-Ebert-Stiftung Moskau, Studien und Analysen – Herrschaft und Gesellschaft im neuen Russland, Russische Identität: Werte, gesellschaftliche Vorstellungen und politische Identifikation im postsowjetischen Russland, Moskau, September 1998.

Friedrich-Ebert-Stiftung Moskau, Studien und Analysen – Herrschaft und Gesellschaft im neuen Russland, Mass consciousness of the Russians during the period of social transformation: reality versus myths, Moskau, Januar 1996.

Friedrich-Ebert-Stiftung Moskau, Studien und Analysen – Herrschaft und Gesellschaft im neuen Russland, Russians about Russia, The perception of Russians of their country in the 20th Century and their hopes for the future, Moscow, November 2000.

Friedrich-Ebert-Stiftung Moskau, in Kooperation mit *Sinus Moskau* und *VCIOM Moskau*: Die Kommunikationselite in Russland 1995" eine Befragung von 148 leitenden Redakteuren und Journalisten bei Fernsehen, Hörfunk, Zeitungen, Zeitschriften, Verlagshäusern und Presseagenturen, München/Moskau, April/Mai 1995, München/Moskau 1996.

Friedrich-Ebert-Stiftung Moskau in Kooperation mit *Sinus München* und *VCIOM Moskau*, Die russische Kommunikationselite 2001, Moskau 2001.

Friedrich-Ebert-Stiftung Moskau, in Kooperation mit *Sinus Moskau* und *VCIOM Moskau,* Russische Außenpolitik im Urteil von außenpolitischen Experten, Moskau/München, Mai 1996.

Friedrich-Ebert-Stiftung Moskau, in Zusammenarbeit mit dem *Institut für komplexe Sozialforschung an der Russischen Akademie der Wissenschaften/RAN*, Deutschland und Europa in den Augen der Russen, Moskau, Oktober 2002.

Friedrich-Ebert-Stiftung Moskau, in Kooperation mit *Sinus München* und der militärsoziologischen Gruppe des Vereins *Civic Peace Moskau*), Militäreliten in Russland: Eine Befragung von 615 Offizieren der Streitkräfte der russischen Armee in den Militärregionen Moskau, St. Petersburg, Wolga-Ural, Nord-Kaukasus, Nordseeflotte, Sibirien und Kaliningrad, August 1994.

Friedrich-Ebert-Stiftung Moskau in Kooperation mit *Gesamtrussischen Institut für nationale und soziale Fragen*, Die russische Mittelklasse, Moskau, Mai 1999.

Friedrich-Ebert-Stiftung Moskau/Institut für komplexe Gesellschaftsstudien der Russischen Akademie der Wissenschaften, Russland 2004: Die Russischen Mittelschichten: Dynamik ihrer Entwicklung, 1999–2003, Moskau 2004.

Erich G. Fritz (Hrsg.), Russland unter Putin: Weg ohne Demokratie oder russischer Weg zur Demokratie?, Forum Internationale Politik, Oberhausen 2005.

Vladimir Frolov, Democracy by Remote Control, in: Russia in Global Affairs, Nr. 4, Oktober–Dezember 2005.

Boris Fyodorov, Cautiously Optimistic About 2nd Term, in: The Moscow Times, 26.02.2004, S. 10.

Heinz Gärtner/Adrian Hyde-Price/Erich Reiter, Europe's New Security Challenges, London 2001.

Jegor Gaidar, Novij Kurs, Izvestija, 10.02.1994.

Roland Götz, Russland: eine liberale Wirtschaft in autoritärem Umfeld, Referat gehalten auf der Plenartagung des Arbeitskreises „Russische Außen- und Sicherheitspolitik", Berlin 13.05.2004; abgedruckt in: *Internationale Politik*, Heft 3, 2004.

Roland Götz, Europa und China im Wettstreit um Russlands Erdgas?, in: SWP-Aktuell, Berlin, April 2006.

Roland Götz, Energietransit von Russland durch die Ukraine und Belarus, in: SWP-Studie, S 38, Berlin, Dezember 2006.

Marshall I. Goldman, Kremlin Capitalism, in: The Moscow Times, 22.09.2006.

Gabriele Gorzka/Peter W. Schulze (Hrsg.), Russlands Weg zur Zivilgesellschaft, Bremen 2000.

Gabriele Gorzka/Peter W. Schulze (Hrsg.)., Russlands Perspektive: ein starker Staat als Garant von Stabilität und offener Gesellschaft, edit. Temmen, 2002.

Gabriele Gorzka/Peter W. Schulze (Hrsg), Auf der Suche nach einer neuen Identität, Russland an der Schwelle zum 21. Jahrhundert, edit. Temmen, 1998.

Gabriele Gorzka/Peter W. Schulze (Hrsg), Wohin steuert Russland unter Putin? – der autoritäre Weg zur Demokratie, Campus, Frankfurt 2004.

Jürgen Habermas, Der gespaltene Westen, edition suhrkamp, Frankfurt 2004.

Uwe Halbach, Usbekistan als Herausforderung für westliche Zentralasienpolitik, SWP-Studie S 26, Berlin, September 2006.

Uwe Halbach, Der Kaukasus im neuem Licht; Die EU und Rußland in ihrer schwierigsten Nachbarschaftsregion, in: SWP-Studien s35, Berlin, November 2005.

Jim Hoagland, A Great Divide Over Putin, in: Moscow Times, 19.01.2004.

Samuel Huntington, The Third Wave: Democratization in the Late Twentieth Century, Univ. of Oklahoma Press, 1991.

International Monetary Fond 2004, Jahresgutachten; Washington 2004

Igor Iwanow, Rasschirenie Ewrosojusa: szenarii, problemy, posledstvija, in: Mirowaja Ekonomika i meschdunarodnie otnoschenija, Heft 9, 1998.

Igor Iwanow, Die neue russische Diplomatie, Rückblicke und Visionen, Econ Taschenbuch, München 2002.

Sergei Iwanow, Ein unfreundliches Signal, in: Süddeutsche Zeitung, 08.02.2007.

Boris Jelzin, Mitternachtstagebuch, meine Jahre im Kreml, Ullstein Taschenbuch 36311, München 2001.

Chalmers Johnson, Ein Imperium verfällt. Ist die Weltmacht USA am Ende?, Goldmann, München 2000.

Tony Judt, Postwar. A history of Europe since 1945, Pimlico, London 2005.

Tony Judt, Alice in Euroland, Vor dem Gipfeltreffen von Nizza: Hohle Rhetorik, Arroganz und Illusionen gefährden die Zukunft Europas in: ZEIT online- Politik-EUROPA.

Sergej Karaganow, „Some Lessons From the Iraqi Crisis", in: The Moscow Times, 25.04.2003.

Mark Katz, Can Russia be a Great Power?, The Moscow Times, 26.01.2004.

Paul Kennedy, Aufstieg und Fall der großen Mächte. Ökonomischer Wandel und militärischer Konflikt von 1500–2000, Fischer 14968, Frankfurt 2005.

Paul Kennedy, No Good-Old Days, in The Moscow Times, 19.02.2007, S. 10.

Paul Klebnikov, Godfather of the Kremlin, Boris Berezovsky and the looting of Russia, Harcourt Inc, New York etc. 2000.

Andrej Kortunow, Russlands Gemeinschaft Unabhängiger Staaten zwischen fundamentalistischer Projektion und selektiver Praxis, in: *Schulze/Spanger*, op.cit., Frankfurt 2000.

Konstantin Kosachev, Russian Foreign Policy Vertical, in: Russia in Global Affairs, August 2004.

Eric Kraus, Return to Sender, in: The Moscow Times 06.10.2004, S. 10.

Sergeij Lawrow, Russland und Deutschland in der heutigen Welt, in: Frankfurter Allgemeine Zeitung, 09.10.2006, S. 12.

Yulia Latynina, Errors Could Come Back to Haunt Putin, in: The Moscow Times, 04.08.2004.

Julya Latynina, „Nazdratenko Would Be a Better Choice", in: The Moscow Times, 03.03.2004, S. 10.

Axel Lebahn, Intrigen und Reformen, Die Wirtschaft als Motor der Politik Putins, in: Internationale Politik, Heft 3, März 2004.

Robert Legvold/Celeste A. Wallander (Hrsg.), Swords and Sustenance, The Economics of Security in Belarus and Ukraine, MIT Press Cambridge Mass. 2004.

Alexander Lukin, „Authoritarianism Deposing 'Clan Democracy'" in: The Moscow Times, 21.01.2004, S. 11.

Fyodor Lukyanov, Where to focus if you are expecting change, in: The Moscow Times, 07.02.2007, S. 11.

Alexei Makarkin, How is South Ossetia different from Kosovo? in: RIA Novosti, 09.06.2006.

Michael Mann, Die ohnmächtige Supermacht. Warum die USA die Welt nicht regieren können, Frankfurt/New York 2003.

Sergej Markow, Der Kreml und die Demokratie-Aufgaben der zweiten Amtszeit Putins, in: *Gabriele Gorzka/Peter W. Schulze*, Wohin steuert Russland unter Putin? – Der autoritäre Weg in die Demokratie, Frankfurt 2004, S. 267–279.

Michael McFaul, Nikolai Petrov, Andrei Ryabov, Between Dictatorship and Democracy, Russian Post-Communist Political Reform, Carnegie Endowment for International Peace, Washington D.C. 2004.

Michael McFaul, Nikolai Petrov, Elections, in: *McFaul/Petrov/Ryabov,* op. cit. 2004.

Andrej J. Melwil, Russland im neuen Jahrtausend: Demokratie oder Oligarchie, Autoritarismus oder Plutokratie?, in: *Peter W. Schulze/Hans-Joachim Spanger* (Hrsg.) Die Zukunft Russlands. Staat und Gesellschaft nach der Transformationskrise, Frankfurt/New York 2000.

Wolfgang Merkel, Andreas Busch (Hrsg.), Demokratie in Ost und West, Frankfurt 1999.

Moskowski Center Carnegie, Rossija: blishaischee decatiletie, Moskau 2004.

Friedemann Müller, Machtspiele um die kaspische Energie, in: Aus Politik und Zeitgeschichte, 4/2006, S. 3–10.

Watscheslaw Nikonow, Epocha peremen: Rossija 90-ch glazami konservatora, Moskau 1999.

Asiye Öztürk, Die geostrategische Rolle der Türkei in Vorderasien, in: Aus Politik und Zeitgeschichte, 4/2006, S. 25–31.

Emil Paine, Will Russia Transform Into a Nationalist Empire?, in: Russia in Global Affairs, Nr. 2, April–Juni 2005.

Nikolai Petrov, „Managed Democracy on Autopilot", in: The Moscow Times, 10.03.2004, S. 12.

Ernst Piehl/Peter W. Schulze/Heinz Timmermann, Die offene Flanke der Europäischen Union: Russische Föderation, Belarus, Ukraine und Moldau, Berliner Wissenschaftsverlag Berlin 2005.

Andrei Piontkovski, Flogging a Worn Out Nag, in: The Moscow Times, 19.04.2004, S. 9.

Andrei Piontkovsky, „The Year of Putinism's Wretched Triumph", in: The Moscow Times, 13.01.2004, S. 10.

Aleksej Puschkow, Itogi i perspektivi. Optimism malymi dozami, in: Meschdunarodnaja Shisn, Heft 1, 1998.

Alexander Radygin, Russia en Route to State Capitalism, in: Russia in Global Affairs, Vol. 2, Nr. 2, April–Juni 2004, S. 53 ff.

Erich Reiter, (Hrsg.) Jahrbuch für internationale Sicherheitspolitik 2001, Hamburg/Berlin/Bonn, 2001.

Erich Reiter, New Global Politics:Reflections on the Return of Geopolitics to Central Asia and Ist Effect on European Security, in: *Heinz Gärtner/Adrian Hyde-Price/Erich Reiter,* Europe's New Security Challenges, London 2001, S. 329–341.

Andrej Rjabow, Russland am Scheideweg zwischen Stabilität und Modernisierung, in: G. Gorzka/P. W. Schulze, 2004, S. 17–33.

Kevin Rosner Wrestling with the Russian Bear, in: Energy Security, 19.01.2006.

Russlandanalysen, Herausgegeben von der Forschungsstelle Osteuropa der Universität Bremen, Deutsche Gesellschaft für Osteuropakunde, Otto Wolff-Stiftung.

Lothar Rühl, Debatte im Kreislauf, in: FAZ, 27.06.2007, S. 10.

Lothar Rühl, Aus Partnerschaft wird Gegensatz, Moskau macht politisch Front gegen die Nato, in: FAZ, 22.05.2007, S. 12.

Angela Rustemeyer, Putins Oligarchenfeldzug und Russlands Demokratie. Die Jukos-Affäre und ihr Umfeld in den Augen der politisch liberalen Opposition und der Bevölkerung, FES Moskau 2004.

Ivan Rybkin, Die Staatsduma. Das russische Parlament – Rückblick und Aufbruch, Wien 1995.

Wladimir Ryschkow, Die Dekade der Instabilität und Schwäche – Zum zehnjährigen Bestehen der russischen Staatsduma, in: *G. Gorzka/P. W. Schulze* (2004), S. 203–215.

Wladimir Ryschkow/Nadeschda Arbatowa, in: R.U.E. (Komitet `Rossia v Obedinennouj Evrope`), Russia and the European Union: options for deepening strategic partinership(muss heißen: partnership, pws.), Report, Moskau 2002, S. 39 ff.

Vladimir Ryshkov, Putin`s Mission impossible, in: The Moscow Times, 02.06.2004, S. 10.

Wladimir Ryschkow, Darowannaja Demokratija, Moskau 2006.

Andrej Sagorskij, Die Gemeinschaft Unabhängiger Staaten: Stand und Perspektiven, in: *Gabriele Gorzka/Peter W. Schulze* (Hrsg.), Russlands Weg zur Zivilgesellschaft, Bremen 2000, S. 201–209.

Andrej Sagorskij, Variable Geometrie: Grundlagen der Kooperation in der Gemeinschaft Unabhängiger Staaten, in: *Peter W. Schulze/Hans Joachim Spanger* (Hrsg.), Die Zukunft Russlands. Staat und Gesellschaft nach der Transformationskrise, Frankfurt 2000.

Phillipe Schmitter, Terry Karl, The Types of Democracy Emerging in Southern and Eastern Europe and South and Central America, in: *Peter Volten* (Hrsg.), Bound to Change: Consolidating Democracy in East Central Europe, Colorado, Westview Press, 1992.

Eberhard Schneider, Die russische Staatsdumawahl 1999, in: BIOst, 3-2000.

Eberhard Schneider, Putins zweite Amtszeit. Stärkung der Machtvertikale und wachsender Einfluss des FSB*, in: SWP-Studie Berlin Januar 2006.*

Gerhard Schröder, Entscheidungen. Mein Leben in der Politik, Hamburg 2006.

Hans-Henning Schröder, „Der Gewinner kriegt alles" – Oligarchen in der russischen Politik der Jelzin-Ära. In: Russlands Weg zur Zivilgesellschaft, Hrsg.: *Gabriele Gorzka/Peter W. Schulze*, Bremen 2000.

Peter W. Schulze, Herrschaft und Klassen in der Sowjetgesellschaft, Die historischen Bedingungen des Stalinismus, Frankfurt 1978.

Peter W. Schulze, Innenpolitische Restauration und außenpolitische Annäherung – Russlands Gratwanderung in Europa, in: *Erich Reiter*, (Hrsg.) Jahrbuch für internationale Sicherheitspolitik 2001, Hamburg/Berlin/Bonn 2001.

Peter W. Schulze, Hans J. Spanger (Hrsg.), Die Außen- und Sicherheitspolitik im Neuen Russland: Eine Elitenstudie, in: Internationale Politik, Friedrich-Ebert-Stiftung Berlin, Juli 2001.

Peter W. Schulze, Nationale Selbstbehauptung, innenpolitische Restauration und außenpolitischer Realismus, in: Osteuropa, 6/2001.

Peter W. Schulze, „Russland: Juniorpartner Amerikas oder Mitstreiter einer multipolaren Weltordnung?", in: Internationale Politik und Gesellschaft, 4/2003.

Peter W. Schulze, Russland im autoritärem Zwischenstadium – Der lange Marsch in die Modernität, in: *Gabriele Gorzka/Peter W. Schulze*, Wohin steuert Russland unter Putin? – Der autoritäre Weg in die Demokratie, Frankfurt 2004.

Peter W. Schulze, Good-Bye Putin, in: Nach der „Orangenen Revolution" Landeszentrale für politische Bildung Baden-Württemberg, 55. Jg. Heft 4, 2005, S. 208 ff.

Peter W. Schulze, Souveräne Demokratie: Kampfbegriff oder Hilfskonstruktion für einen eigenständigen Entwicklungsweg? – die ideologische Offensive des Vladislav Surkov, in: *Matthes Buhbe/Gabriele Gorzka* (Hrsg.) Russland heute. Rezentralisierung des Staates unter Putin, Wiesbaden 2007, S. 293 ff.

Peter W. Schulze, Russlands Rückkehr als Machtfigur der europäischen und internationalen Politik, in: Internationale Politik und Gesellschaft, Berlin 3/2007, S. 114 ff.

Victor Sheinis, The Constitution, in: *McFaul/Petrov/Ryabov*, op. cit., S. 56 ff.

Lilia Shevtsova, Putin`s Russia, Carnegie Endowment for International Peace, Washington 2003.

Lilia Shevtsova, Russia's Electoral Time Bomb, in: The Moscow Times, 01.03.2004, S. 8.

Javier Solanas Entwurf für eine Europäische Sicherheitsstrategie, in: Blätter für deutsche und internationale Politik, Heft 8/2003.

Aleksandr Sobyanin, Wladislaw Suchowolski, Demokratija, ogranischennaja falsifikatsijami wybori i referendy v Rossii v 1991–1993, Moskau 1995.

Andrei Shleifer/Daniel Treisman, „A Normal Country", in: Foreign Affairs, März/April 2004, S. 20–38.

Hans-Joachim Spanger, Vom Versagen der Transformation zum Scheitern des Staates? In: Die Zukunft Russlands. Staat und Gesellschaft nach der Transformationskrise, Hrsg.: *Peter W. Schulze, Hans Joachim Spanger*, Campus Verlag, Frankfurt/Main 2000.

Hans J. Spanger/Peter W. Schulze, (Hrsg.), Die Außen- und Sicherheitspolitik im Neuen Russland: Eine Elitenstudie, in: Internationale Politik, Friedrich-Ebert-Stiftung Berlin, Juli 2001.

Hans Joachim Spanger, Gaullismus a la russe, Moskau und die NATO-Osterweiterung, in: Politische Vierteljahresschrift, 38. Jg., Nr. 3, 1997.

Hans-Joachim Spanger, EU – Russland: Was bleibt von der strategischen Partnerschaft?, in: Internationale Politik und Gesellschaft, 2/2007.

Gabor Steingart, Weltkrieg um Wohlstand. Wie Macht und Reichtum verteilt werden, München/Zürich 2006.

Frank-Walter Steinmeier, Verflechtung und Integration. Eine neue Phase der Ostpolitik der EU, in: Internationale Politik, Nr. 3, März 2007.

Strategic Assessment 1999: Priorities for a Turbulent World, (Hrsg. National Defense University) Washington D.C., www.ndu.edu/inss/sa99/sa99cont.html.

Petra Stykow, Staat und Wirtschaft in Russland, Interessenvermittlung zwischen Korruption und Konzertierung, Wiesbaden 2006.

SVOP: „Strategija Rossii v XXI veke: analiz situacii i nekotoryje predloshenija", in: Nesavissimaja Gazeta, 18./19. Juni 1998.

Wladislaw Surkow, „Souveränität ist das politische Synonym für Konkurrenzfähigkeit", 22.02.2006, in:. http://www.edinros.ru/news.html?id=111148.

Vladislav Surkov's Secret Speech: How Russia Should Fight International Conspiracies, in: http://www.mosnews.com/interview/2005/07/12/surkov.shtml/.

Michael Thumann, Das Lied von der russischen Erde, Moskaus Ringen um Einheit und Größe, Stuttgart/München 2002.

Heinz Timmermann, Russlands Strategie für die Europäische Union, Aktuelle Tendenzen, Konzeptionen und Perspektiven, BIOST, 5-2000.

Heinz Timmermann, Von Visionen zu Aktionen, Die Zukunft der europäisch-russischen Zusammenarbeit, in: Policy Paper 22, Stiftung Entwicklung und Frieden, Oktober 2004.

*Valeri Tishkov***,** Russia as a European Nation and Its Eurasian Mission, in: Russia in Global Affairs, Nr. 4, Oktober–Dezember 2005.

Elena Tregubova, Die Mutanten des Kreml. Mein Leben in Putins Reich, Berlin 2006.

Dmitri Trenin, Russland – Die gestrandete Weltmacht. Neue Strategien und die Wende zum Westen, Hamburg 2005.

Christian Wipperfürth, Putins Russland – ein vertrauenswürdiger Partner? Grundlagen, Hintergründe und Praxis gegenwärtiger russischer Außenpolitik, Stuttgart 2004.

Daniel Yergin, Russia 2010, Random House, New York 1993.

Michail Yuryew, „Fortress Russia", in: Russia in Global Affairs, Nr. 3, Juli–September 2005.

Zeitschriften/Internet/Konferenzen

Agenstwo nationalnix novosti

Blätter für deutsche und internationale Politik

Bloomberg

Boell.de

BSRNews – Energy Industry Research, News

Delowaja Rossia

Der Spiegel/spiegel-online

Die Tageszeitung

Die Welt

Die Zeit

EDINROS:RU

Eurasisches Magazin

European Union: Institute for Security Studies

Expert Magazin

Expert Panel

Financial Times

Financial Times Deutschland

Frankfurter Allgemeine Zeitung

FAZ. NET-.Aktuell

Gazeta.ru

Grani.ru

GUS Barometer

Handelsblatt

Interfax

International Politik und Gesellschaft

Isvestia.ru

Kommersant

Komsomolskaya Prawda

Kremlin.ru

Lenta.ru

Levada.ru

Mdz-moskau.de

Moskauer Deutsche Zeitung

Neue Züricher Zeitung

Novosti Rossii

Osteuropa

President of Russia

Radio Free Europe

RIA Novosti

Rosbalt.ru

Russia in Global Affairs

Russlandanalysen.de

Russlandonline.ru

Schlangenbader Gespräche

Schönfelder Kreis

Strana.ru

Süddeutsche Zeitung

SWP-Zeitschriftenschau, Aktuell, Studien

Tageszeitung

The Moscow Journal

The Moscow Times

The Moscow News

Vedemosti

WorldSecurityNetwork.com

ZEIT online- Politik- EUROPA etc.

Dritter Teil

Die Ukraine

Inhaltsverzeichnis

1. Unabhängigkeit von Moskau – Verbundenheit mit Russland   245

    1.1   Der ukrainische „Ost-West-Konflikt"   245

    1.2   Die „duale Ukraine"   251

    1.3   Das Gewicht der Geschichte   256

             Der „Holodomor": eine Identität stiftende nationale Tragödie   259

2. Die politische Entwicklung nach der Orangenen Revolution   261

    2.1   Das neofeudale „System *Kutschma*": Korrupte Symbiose des staatlichen Apparats mit dem oligarchischen Kapital   261

    2.2   Die *Orangene Revolution*: Faktoren ihres Erfolges   265

    2.3   Die „orangene Regierung" *Julija Tymoschenko*   268

    2.4   Test der ukrainischen Demokratie   271

             Die politischen Parteien und „Blöcke"   271
             Das Ergebnis der Parlamentswahlen vom März 2006   277

    2.5   Die schwierige Wiedergeburt der „orangenen Koalition"   280

    2.6   Die „politische Reform" – ein verfassungsrechtliches Chaos   281

    2.7   Machterhaltung des Regimes durch Entmachtung des Präsidenten   285

    2.8   Das „orangene" Debakel   287

    2.9   Die Machtübernahme des „Donezker Klans"   292

    2.10   Neuwahl der Werchowna Rada – keine Lösung des konstitutionellen Konflikts   299

             Der Wahlkampf – ein populistischer Exzess   299
             Das Wahlergebnis – eine neue Chance für „Orange"   303
             Nach der Wahl (des Parlaments) ist vor der Wahl (des Präsidenten)   308

3. Die auswärtige Politik der Ukraine   321

    3.1   Balance zwischen Ost und West: Die „multi-vektorale" Politik   321

    3.2   GU(U)AM – ein ukrainisches Emanzipationsprojekt   322

    3.3   Die „europäische Wahl" der Ukraine   325

    3.4   Die „eurasische Wahl" der Ukraine   327

    3.5   „Orangener" Eurorealismus – Die Rückwendung der Ukraine nach Europa   333

3.6	Nach dem „orangenen" Debakel: Mit gedrosselter Fahrt weiter auf West-Kurs	335
3.7	Die Mitgliedschaft der Ukraine in der NATO: Das „euro-atlantische" Integrationsprojekt der USA	341
3.8	Konkurrierende auswärtige Politik: Der Kompetenzkonflikt	343

4. Die Ukraine-Politik der Europäischen Union: Annäherung – ohne Einlass 346

4.1	Die „Europäisierung" der ukrainischen Staatskrise im Jahre 2004	346
4.2	Die Teilung Europas auf dem „Erweiterungsgipfel" von Kopenhagen	349
	Artikel 49 EU-Vertrag	349
	Das „Partnerschafts- und Kooperationsabkommen"	350
4.3	Die Nachbarschaftspolitik der Europäischen Union: Äpfel und Datteln in einem Topf	352
4.4	Das „Enhanced Agreement": Ein neues Kapitel in den Beziehungen der Europäischen Union zur Ukraine?	358
4.5	Die Ausgrenzung der Ukraine aus dem europäischen Integrationsprozess – „enlargement fatigue" oder Anerkennung des hegemonialen Anspruchs Moskaus?	363
4.6	Deutschlands neue „Nachbarschaftspolitik plus"	365
4.7	Die Finalität des europäischen Integrationsprozesses: Die Mitgliedschaft „Zwischeneuropas" in der EU	368

5. Russlands Verhältnis zur unabhängigen Ukraine im Wandel 371

5.1	Die unabhängige Ukraine: für Russland nicht Ausland	371
5.2	Russisches Kapital in der Ukraine: Agent der ökonomischen „Re-Union"?	374
5.3	Der „Einheitliche Wirtschaftsraum" – ein Instrument zur „eurasischen" Integration der Ukraine	375
5.4	„Eurasien" – ein ideologisches Reintegrationskonzept?	377
5.5	Präsident *Putins* Einmischung in die ukrainischen Präsidentschaftswahlen	378
5.6	Der „Gaskrieg" gegen die Ukraine	379

6.	**Die Ukraine – Katalysator in den Beziehungen zwischen der Europäischen Union und Russland**		386
	6.1	Die Ukraine – ein politisches Tiefdruckgebiet in „Zwischeneuropa"?	386
	6.2	Moskaus Paradigmen-Wechsel: Die Ukraine – ein unprivilegierter Staat im „benachbarten Ausland"	387
	6.3	Die Europäische Union: Ordnungsfaktor im postsowjetischen Raum?	389
	6.4	Das „Europäische Haus" – ein Zweifamilienhaus ohne Dach	394
		Russland – das andere Europa	394
		„Annäherung durch Verflechtung": Deutschlands neue Russland-Politik	397
	6.5	„Verankerung Russlands in Europa" – Die europäische Funktion der Ukraine	399
Bibliographie			401

1. Unabhängigkeit von Moskau – Verbundenheit mit Russland[*]

1.1 Der ukrainische „Ost-West-Konflikt"

In den Wochen der Orangenen Revolution wurde den Ukrainern wieder bewusst, dass sie auch ein Dutzend Jahre nach Erlangung der staatlichen Unabhängigkeit noch nicht „ein Volk" sind. Während in der Hauptstadt täglich Hunderttausende in heiterer Stimmung gegen den zynischen Wahlbetrug des Regimes *Kutschma* protestierten, schaute die Bevölkerung in der östlichen Region Donbass empört nach Kiew, wo in ihren Augen ein aufrührerischer, faschistoider Mob ihrem demokratisch gewählten „Präsidenten *Janukowytsch*" den Wahlsieg rauben wollte. Anlässlich des ersten Jahrestages der Orangenen Revolution befragte das *Kiewer Internationale Institut für Soziologie* im Auftrag der Wochenzeitung *Serkalo Nedeli* die ukrainische Bevölkerung in allen Teilen des Landes zu einer Vielzahl politischer Themen.[1] Die regionale Aufschlüsselung der Befragungsergebnisse zeugt von dem tiefen Riss, der durch die Bevölkerung der Ukraine geht. Am weitesten auseinander lagen die Antworten der Bürger in der West-Ukraine und in der Ost-Ukraine. Ein Viertel der Bevölkerung der West-Ukraine nahm die Bevölkerung der Ost-Ukraine als eine „feindliche Seite" wahr. In der Ost-Ukraine war es mehr als die Hälfte, die in der Bevölkerung der West-Ukraine eine „feindliche Seite" sah. In den Industrierevieren des Ostens bleibt ein größerer Teil der Bevölkerung als im Zentrum des Landes seiner

---

[*] Im laufenden Text wurden für die Umschrift der Namen von Politikern, Parteien (und anderen Organisationen/Institutionen) sowie von Zitaten in ukrainischer Sprache die DUDEN-Transkription der ukrainischen (kyrillischen) Orthographie verwendet, in den Fußnoten die wissenschaftliche Umschrift DIN 1460. Eine Ausnahme bilden die beiden Namen „*Timoschenko*" und „*Janukowitsch*", die in der deutschsprachigen Presse allgemein in dieser Form transkribiert werden, statt korrekt nach DUDEN „*Tymoschenko*" und „*Janukowytsch*".
Bei ukrainischen Politikern und Autoren wurde die ukrainische Form der Namen benutzt, z. B. *Mykola* statt russisch *Nikolai Tomenko*; *Julija Mostowa* statt russisch *Mostowaja*.
Namen von in der Ukraine gelegenen Orten wurden – mit Ausnahme von Kiew – in ihrer ukrainischen Fassung transkribiert, z. B. Charkiw (statt russisch Charkow).
In der Bibliographie wurden die Namen russischer und ukrainischer Autoren nach DUDEN transkribiert, wenn es sich bei den zitierten Titeln um Texte in ukrainischer oder russischer Sprache handelt; bei Texten in englischer oder deutscher Sprache wurde die Umschrift des Namens aus der betreffenden Veröffentlichung übernommen, z. B. *Sagorskij* (Veröffentlichung in deutscher Sprache); *Bordachev* (Veröffentlichung in englischer Sprache). Bei ukrainischen und russischen Zeitungen und Zeitschriften, die auch in englischer Sprache herausgegeben werden, oder die (auch) in einer Internet-Ausgabe erscheinen, wurde die von diesen Periodika selbst verwendete lateinische Schreibweise übernommen; z.B.: Zerkalo Nedeli.

[1] *Kiewer Internationales Institut für Soziologie*, Meinungsumfrage im Auftrag der Wochenzeitung *Zerkalo Nedeli* (russ.)/*Dzerkalo Tyžnja* (ukr.), (Spiegel der Woche), vom 27.10. bis 07.11.2005.

sowjetischen Sozialisation verhaftet. Viele Bürger im Donbass glaubten den vertrauten Klischees, mit denen die Propaganda des *Kutschma*-Regimes die demokratische Opposition denunzierte, dass nämlich in dem aufständischen Kiew der westukrainische Faschismus einen gewaltsamen Umsturz der „real existierenden" demokratischen Ordnung plane. Die Farbe Orange liege gleich neben der Farbe Braun – erläuterte Präsident *Kutschma*. In der West-Ukraine werde die Ehre der Roten Armee, die das Land vom Faschismus befreit habe, beschmutzt, empörte sich der Premierminister und offizielle Präsidentschaftskandidat *Janukowytsch*. Die Anhänger *Juschtschenkos* seien Antisemiten und Gegner der orthodoxen Kirche, wurde in den staatlich kontrollierten Medien verbreitet. Dass der oppositionelle Präsidentschaftskandidat *Juschtschenko* selbst aus einem Dorf in der Nord-Ost-Ukraine stammt, orthodoxen Glaubens ist und in der sowjetischen Armee gedient hat, und dass sein Vater in einem deutschen Konzentrationslager ums Leben kam, wurde unterschlagen.

Für ethnische Ukrainer im Westen und in der Mitte des Landes ist die Staatlichkeit (derschawnost) der ukrainischen Nation ein hoher politischer Wert. In der Bevölkerung der Ost-Ukraine vermuten sie – wohl zu Recht – eine geringere Wertschätzung der souveränen Nation. Die russische Einmischung in die inneren Auseinandersetzungen der Ukraine im Jahre 2004 weckte alte Ressentiments.

Die Ergebnisse der Präsidentschaftswahlen im Jahre 2004 und der Parlamentswahlen[2] im Jahre 2006 haben bestätigt, dass die Ukraine, konkret die wahlberechtigte Bevölkerung der Ukraine, gespalten ist – nicht in „Ost" und „West", denn zwischen der eigentlichen „Westukraine" und der eigentlichen „Ostukraine" liegt entlang des Dnipro die breite, links- und rechtsufrige Mittelukraine, an die sich bis zum Schwarzen Meer die „Südukraine" (mit der Halbinsel Krim) anschließt.[3] Das ausgeprägt unterschiedliche Wahlverhalten der ukrainischen Bevölkerung teilt das Land in West und Mitte auf der einen Seite und Ost[4] und Süd auf der anderen. Die beiden extremen Pole bilden Galizien, die „Oblasti" (oblast' f., plural oblasti: Gebiet, „Regierungsbezirk", territoriale Verwaltungseinheit) Lwiw/Lemberg und Ivano-Frankivsk/Stanislawiw (bis 1962) in der Westukraine und der Donbass (die Oblasti Donezk und Luhansk) in der Ost-Ukraine.

In dem Ergebnis der Parlamentswahlen des Jahres 2006 spiegelte sich erneut – vielleicht noch deutlicher als zuvor – die Spaltung des Landes in West-Mitte und Ost-

---

[2] Siehe *Winfried Schneider-Deters*, Freie Wahl, große Qual. Orangener Pyrrhussieg in der Ukraine? in: Osteuropa, 5/2006, S. 59–73.
[3] Eine „Nordukraine" wird nicht gesondert unterschieden.
[4] Doch die Nähe zur russischen Grenze bedeutete nicht per se eine Stimmung zugunsten des „Kandidaten Russlands": Im nordöstlichen Bezirk Sumy, der an Russland und an Weißrussland grenzt, gewann *Juščenko*, der in dieser Provinz geboren ist, bereits im Jahre 2004 im ersten Wahlgang die absolute Mehrheit.

Süd wider.[5] Die drei politischen Kräfte,[6] die gegenwärtig in dem politischen Spektrum der Ukraine dominieren, nämlich die *Partei der Regionen* des Premierministers *Wiktor Janukowytsch,* der *Volksbund Nascha Ukrajina* des Präsidenten *Wiktor Juschtschenko* und der *Block Julija Tymoschenko,* haben in hohem Maße den Charakter von Regionalparteien. Die *Partei der Regionen* ist keine „nationale" Partei (im Sinne einer landesweiten Verbreitung), auch nicht eine Partei „der Regionen" der Ukraine; sie ist die Partei der östlichen und südlichen Regionen des Landes. In allen Oblasti der Ost-Ukraine (mit Ausnahme der Oblast Dnipropetrowsk) gewann die PRU die absolute Mehrheit – in den beiden Oblasti des Donbass, Donezk und Luhansk sogar drei Viertel aller Stimmen. In der Süd-Ukraine wurde sie stärkste Partei mit Stimmenanteilen zwischen 40 und 50 Prozent. Auf der Krim erhielt sie annähernd 60 Prozent. In den Oblasti der West-Ukraine dagegen ist die PRU eine marginale Partei – mit Stimmenanteilen von 2 bis 4 Prozent (in Iwano-Frankiwsk bzw. in Wolynien).

Auch die beiden „orangenen" (Wahl-)"Blöcke", der Block *Nascha Ukrajina* und der *Block Julija Tymoschenko,* sind „Regionalparteien". Zusammen führten sie mit großem Abstand im Westen und in der Mitte der Ukraine. In allen zehn Oblasti der zentralen Ukraine, wo auch die (damals als „orange" geltende) *Sozialistische Partei der Ukraine* von *Oleksandr Moros* zweistellige Ergebnisse erzielte, erreichten die drei „orangenen" politischen Kräfte Stimmenanteile von über der Hälfte bis zu einer Zweidrittelmehrheit; auch die Hauptstadt Kiew wählte mehrheitlich „orange", nämlich zu 60 Prozent. In den westlichen Oblasti erzielten sie zusammen bis zu 80 Prozent (Iwano-Frankiwsk) der Stimmen. In der Ost-Ukraine gewannen die orangenen Kräfte zusammen – dank des Blocks von *Julija Tymoschenko* – in Charkiw ein Fünftel (BjuT 13, NU 6 Prozent), in Dnipropetrowsk ein Viertel der Stimmen. In der Hochburg der *Partei der Regionen*, im Donbass, aber spielten die orangenen Kräfte mit zusammen 7 Prozent keine Rolle. In der Süd-Ukraine wählte rund ein Viertel der Wähler „orange".

Die Mehrheit der Bevölkerung der Ost- und Südukraine ist russischsprachig oder zweisprachig. Bereits nach dem polnisch-russischen Vertrag von 1667, in welchem Russland die linksufrige Ukraine zugesprochen wurde, waren arme russische Bauern in das Land östlich des Dnipro umgesiedelt worden. Die Städte entwickelten sich im

---

[5] In der politischen Diskussion sowie in den Meinungsumfragen existiert folgende Konvention: Zum Westen werden die Regionen („Oblasti", „Regierungsbezirke") Wolynien, Lviv (Lemberg) und Ivano-Frankivs'k, Rivne, Ternopil, die Bukovina (Černivci/Czernowitz) und Transkarpatien gerechnet. Zum Osten gehören die Oblasti Charkiv, Dnjipropetrovs'k, Zaporižžja, Donec'k und Luhans'k. Den Süden bilden die Oblasti Odessa, Mykolaïv, Cherson – und die Autonome Republik Krim. Die Mitte umfasst die Hauptstadt Kiew und die Oblast' Kiew, die Oblasti Vinnica, Chmel'nickij, Žitomir, Kirovograd, Poltava, Čerkassy und die nördlichen Oblasti Černigiv und Sumy.
[6] Eine Charakterisierung der im nationalen Parlament der Ukraine vertretenen Parteien findet sich in Kapitel 2, unter: Die politischen Parteien und „Blöcke".

19. und 20. Jahrhundert im Zuge der Industrialisierung, in deren Verlauf eine große Zahl russischer Arbeiter in das Land kam. Die Stadt Odessa wurde im 19. Jahrhundert zur größten Stadt des russischen Reiches. Die große Bedeutung der ukrainischen Industrie-Reviere für das gesamte System der sowjetischen Wirtschaft, die Steuerung der industriellen Komplexe durch die in Moskau zentralisierte Wirtschaftsverwaltung hatte eine nachhaltige Russifizierung der ukrainischen Bevölkerung der Region zur Folge. Die Ost- und Südukraine besteht heute aus russischsprachigen Städten und ukrainischsprachigen Dörfern. Die Bergarbeiter des Donbass, die in der Nachbarschaft ihrer Kohlegruben in Kleinstädten wohnen, sind in ihrer Mehrheit zweisprachige ethnische Ukrainer.

An der russischen Sprache macht sich das Gefühl fest, soziale Verlierer der staatlichen Unabhängigkeit der Ukraine zu sein. Der Zusammenbruch des sozialistischen Systems, die Abtrennung des ukrainischen Teils des industriellen Verbundes der Sowjetunion trafen die Industriezentren im Osten und Süden der Ukraine in besonderem Maße. Die Verarmung der im sozialistischen System privilegierten Industrie-Arbeiterschaft nach der Auflösung der Sowjetunion ist die Quelle der Skepsis der Bevölkerung dieser Region sowohl gegenüber der staatlichen Unabhängigkeit der Ukraine als auch gegenüber der Demokratie. Die ost- und südukrainische Bevölkerung hält an ihrer russischen kulturellen Identität fest und sieht in einer engen Bindung der Ukraine an Russland eine Sicherheit gegen eine ungewünschte „Ukrainisierung" ihres Landesteils.

Nach der Orangenen Revolution gelang es Wiktor Janukowytsch und seiner *Partei der Regionen,* einerseits fast die gesamte Opposition gegen „Orange" unter ihrer blau-weißen Fahne zu versammeln, und andererseits von der Bevölkerung im Osten und im Süden der Ukraine als Repräsentanten ihrer regionalen Interessen akzeptiert zu werden, während die Partei *Nascha Ukrajina* des Präsisidenten *Juschtschenko* in dieser Region für eine ukrainisch-nationalistische Partei gehalten wird, die das ganze Land zu „ukrainisieren" beabsichtigt – und die Ukraine nicht nur an das westliche Europa anbinden, sondern auch gegen Russland abgrenzen will. Die „Regionalen" nutzten dieses Ressentiment im Wahlkampf des Jahres 2006 und versprachen die Gleichstellung der russischen Sprache, d.h. ihre Erhebung zur zweiten offiziellen Sprache des ukrainischen Staates und die „Gleichberechtigung" der russischsprachigen Bürger auf dem Gebiet der Bildung und der Kultur. Die PRU wurde in der Ost- und Südukraine nicht deshalb gewählt, weil die Bevölkerung der Ost- und Süd-Ukraine grundsätzlich der Demokratie ein autoritäres Regime vorgezogen hätte, wenn auch die Nostalgie nach dem sozialen Schutz des sowjetischen Staates in dieser Region weit verbreitet ist. Die Bevölkerung der Ost- und Südukraine wählte die *Partei der Regionen*, weil sie von ihr eine wirksame Wahrung ihrer spezifischen regionalen ökonomischen und kulturellen Interessen erwartete, nämlich die Prosperität der Montanindustrie, deren Versorgung mit billiger Energie von einer engen Kooperation mit Russland abhängt, und die Verteidigung ihrer russischen kulturellen Identität gegen eine Derussifizierungs- und Ukrainisierungspolitik des Zentralstaates.

Doch „der Osten" der Ukraine ist nicht uniform. Zum Bild des geschlossen hinter *Wiktor Janukowytsch* stehenden Ostens trugen die regionalen und lokalen Medien bei. Die Stadt Charkiw erwies sich keineswegs als das „90. Gouvernement" Russlands. Während der Orangenen Revolution war der „Maijdan" von Charkiw zweigeteilt: Auf der einen Seiten demonstrierten die Anhänger des „offiziellen" Präsidentschaftskandidaten des Regimes, *Wiktor Janukowytsch*; auf der anderen Seite hatte sich eine große Menge „orangener" Demonstranten um das Zeltdorf von Studenten geschart. Zehntausende Bürger skandierten in den Straßen von Charkiw das Wort „Freiheit" und demonstrierten für die „Wahrheit", gegen die Fälschung der Wahl und gegen die falsche Berichterstattung in den Medien. Die Opposition in Charkiw sah ihre Stadt als einen ebenso festen Bestandteil der Ukraine wie Lwiw (Lemberg) im Westen, versicherte der populäre junge Lyriker *Serhij Schadan*.[7]

Die „hyperindustrialisierte, hypersowjetisierte und „hyperkriminalisierte" (*Mykola Rjabtschuk*) Region Donbass (die beiden Oblasti Donezk und Luhansk) nimmt eine Sonderstellung ein. In Donezk hat Premierminister *Janukowytsch* seine Basis, die Arbeiter des Kohlebergbaus und ihre Familien. Auch ohne Fälschung hätte der Präsidentschaftskandidat *Janukowytsch* in Donezk 80 bis 85 % der Stimmen erhalten. In seiner ersten Amtszeit als Premierminister (2002–2004) sorgte er dafür, dass im zentralen Haushalt der Ukraine fast eine Milliarde UAH (über 150 Millionen Euro) an Subventionen für den Kohlebergbau eingestellt wurde. Seither werden im maroden Bergbau, in dem jedes Jahr Dutzende Bergleute zu Tode kommen, die Löhne wieder regelmäßig bezahlt. Die Bergarbeiter dankten es *Janukowytsch* in den Präsidentschaftswahlen des Jahres 2004. In den Parlamentswahlen des Jahres 2006 stimmten drei Viertel der Wähler des Donbass für seine *Partei der Regionen*.

Paradox erscheint, dass gerade die Bevölkerung des Donbass mit überwältigender Mehrheit eine Partei wählt, deren maßgebliche Hintermänner sich das staatliche Industriekapital der Region angeeignet haben. Und während den Arbeitern in den ausgeschlachteten Betrieben in den 90-er Jahren Monate lang kein Lohn gezahlt wurde, rafften die neuen Industrie-Magnaten auf ihre und des Staates Kosten ein unermessliches privates Vermögen zusammen. Die Bürger des Donbass wissen um die „private-public partnership" aus organisierter Kriminalität und der neuen (alten, ex-sowjetischen) Nomenklatura; sie wissen aber auch, dass die Kohlegruben geschlossen werden müssten, wenn dieser Sumpf trockengelegt würde. Aus existenzieller Angst demonstrierten sie während der Orangenen Revolution mit düsterer Entschlossenheit für *Janukowytsch* und gegen *Juschtschenko*. Arbeiter wurden aus den Bergwerken direkt nach der Schicht ins Stadt-Zentrum von Donezk auf den „Lenin"-Platz, wie er bezeichnenderweise immer noch heißt, gebracht, um dem regionalen Fernsehen die nötigen Bilder zu liefern. Die Anhänger *Juschtschenkos* bildeten während der Orangenen Revolution nur ein kleines, tapferes Häuflein am Rande des Platzes. Ein klei-

---

[7] *Serhij Žadan*, Die Ostukraine kämpft um die Wahrheit, in Süddeutsche Zeitung, Nr. 279, 01.12.2004, S. 13.

nes Kontingent der *Unabhängigen Bergarbeiter-Gewerkschaft* nahm an den Demonstrationen für den Kandidaten *Juschtschenko* auf dem „Majdan" in Kiew teil.

Als Reaktion auf die revolutionäre Bewegung – und die Defektion regionaler und lokaler Organe der staatlichen Verwaltung – in der Mitte und im Westen der Ukraine belebten die in die Defensive gedrängten staatlichen Institutionen im Osten ein Gespenst, das schon nach der Unabhängigkeitserklärung im Jahre 1991 durch das Land geisterte: die territoriale Spaltung der Ukraine. In den drei östlichen Oblasti Donezk, Luhansk und Charkiw wurde offen für „Autonomie" agitiert. Der Chef der staatlichen Verwaltung („Gouverneur") der Oblast Donezk, *Anatolij Blisnjuk*, kündigte eine Volksbefragung über die „Änderung des Status" seiner Oblast an; der Oblast-Rat („Bezirksparlament") von Donezk setzte seinerseits eine Volksbefragung über „einen föderativen Aufbau der Ukraine" an.

In Anwesenheit des Präsidentschaftskandidaten *Wiktor Janukowytsch* forderten 3500 Mitglieder regionaler und lokaler Räte auf einer Regionalkonferenz eine Volksabstimmung über die Autonomie der Ost-Ukraine. Auf der Gründungsversammlung einer „Interregionalen Union" der Ost-Oblasti wurde *Anatolij Blisnjuk* zum Chef des Exekutivkomitees gewählt. An dieser Veranstaltung nahm der Bürgermeister von Moskau, *Jurij Luschkow* teil, der in der Vergangenheit mehrfach den Separatismus auf der Krim geschürt hatte.

Der plötzlich ausgebrochene – latent existierende – Separatismus brachte eine neue Komponente in den Kampf um das Amt des Präsidenten der Ukraine: Es ging nicht mehr „nur" um die Alternative Demokratisierung versus Kontinuität des Systems *Kutschma*; plötzlich stand die Einheit des Staates auf dem Spiel. Präsident *Kutschma* begnügte sich damit, die separatistischen Tendenzen im Osten „betrüblich" zu nennen. Präsidentschaftskandidat *Juschtschenko* verlangte, die Gouverneure der drei Oblasti vor Gericht zu stellen. Im Parlament forderten oppositionelle Politiker die Generalstaatsanwaltschaft auf, gegen separatistische Bestrebungen vorzugehen. Der *Sicherheitsdienst der Ukraine* (*SBU*) nahm Ermittlungen gegen die Wortführer auf. Der Minister für Verteidigung, *Kusmuk*, erklärte, die Armee werde die Einheit des Landes schützen.

Die drei Gouverneure wichen zurück; *Anatolij Blisnjuk* blies die für den 9. Januar 2005 angekündigte Volksabstimmung über die „Änderung des Status" der Oblast Donezk ab. Inwieweit „Autonomie" nur ein vorgeschobenes Ziel war, das die Sezession von der Ukraine und den Anschluss an Russland verschleiern sollte, sei dahingestellt. Die Initiatoren bestritten, dass die Bildung einer „Union der Ost-Ukraine" ein Versuch gewesen sei, die Ukraine zu spalten. Es sei ihnen in Wahrheit um die Rettung der Einheit der Ukraine durch ihre Föderalisierung gegangen. Der ehemalige

Gouverneur der Oblast Charkiw, *Jewhen Kuschnarjow*, propagierte – bis zu seinem Tod, dessen Ursache unaufgeklärt blieb – offen die Föderalisierung der Ukraine.[8]

Mit der Wahl von *Wiktor Janukowytsch* zum Premierminister und der Übernahme der Macht in Kiew durch die *Partei der Regionen* wurde die Ostukraine beschwichtigt. Der ukrainische „Ost-West-Konflikt" ist damit aber nicht entschärft, da damit der latente Separatismus im Westen der Ukraine geweckt wurde. Die Befürchtung, die Ukraine würde sich unter der Herrschaft der „Donezker" wieder Moskau unterwerfen – und damit die Aussicht auf ihre Mitgliedschaft in der Europäischen Union zunichte machen – gab sezessionistischen Tendenzen in Galizien Auftrieb. *Semen Uralow* und *Dimitrij Kulikow* sehen in Galizien eine Geisel der Ukrainischen Sozialistischen Sowjetrepublik, die sich nicht befreien und allein der Europäischen Union beitreten kann.[9]

Die politischen Auseinandersetzungen seit Erlangung der staatlichen Unabhängigkeit haben gezeigt, dass die kohäsiven Kräfte ausreichen, die Einheit der Ukraine zu wahren. Die entgegen gerichteten Orientierungen und Identifizierungen in der Bevölkerung der Ukraine haben die Einheit des neuen Staates nicht gefährdet. Das neue Gravitationszentrum Kiew bändigte die zentrifugalen Kräfte durch eigene Anziehungskraft. Die politischen Turbulenzen des Frühjahrs 2007 im Gefolge des Machtkampfes zwischen Präsident *Juschtschenko* und Premierminister *Janukowytsch* ließen „Ost" und „West" der Ukraine weiter zusammenwachsen. Die Aktivisten beider politischen Lager, des Lagers von *Janukowytsch* und des (geteilten) Lagers von *Juschtschenko-Tymoschenko*, demonstrierten nicht „für Russland" und auch nicht „für die Europäische Union", sondern „für die Ukraine", wie *Gerhard Simon* auf einer Veranstaltung des *Kopelew-Zentrums* in Köln sagte.

1.2 Die „duale Ukraine"

Die Unabhängigkeitserklärung der Ukraine im Jahre 1991 war für die große Mehrheit der Bevölkerung kein Votum „gegen Russland"; sie erhoffte sich dadurch eine raschere wirtschaftliche Entwicklung als unter der Kuratel Moskaus. Der überwiegende Teil der Bevölkerung – nicht nur „im Osten" – fühlt sich nach wie vor eng mit Russland verbunden; anti-russische Sentiments gibt es nur in der „Westukraine", also in dem Teil des Landes, der im Vollzug des Hitler-Stalin-Paktes nach dem Zweiten Weltkrieg von der Sowjetunion annektiert wurde.

---

[8] Die Hälfte der Bevölkerung im Osten und Süden der Ukraine befürwortet eine Föderalisierung; im Westen und in der Mitte ist es nur ein Viertel. Kiewer Internationales Institut für Soziologie, Meinungsumfrage im Auftrag der Wochenzeitung Zerkalo Nedeli/ Dzerkalo Tyžnja vom 27.10. bis 07.11.2005.

[9] *Semen Uralov* und *Dmitrij Kulikov*, Galičina – založnica UdSSR (Galizien – Geisel der USSR), in: *Ukraïnska Pravda*, 24.01.2007. <http://www2pravda.com.ua/ru/nres_print/2007/1/24/53093.htm>.

Als unbestrittener diplomatischer Erfolg des ukrainischen Präsidenten *Kutschma* gilt der „Große Vertrag" mit Russland, der „Vertrag über Freundschaft, Zusammenarbeit und Partnerschaft", den *Kutschma* und *Jelzin* im Mai 1997 anlässlich des ersten Besuchs eines russischen Präsidenten in der Ukraine unterzeichneten – und mit dem Moskau die Ukraine als einen unabhängigen Staat anerkannte. Am 14. Januar 1998 ratifizierte das ukrainische Parlament diesen Vertrag mit der überwältigenden Mehrheit von 317 Stimmen – bei 27 Gegenstimmen.

Die Erwartung eines raschen wirtschaftlichen Anschlusses der Ukraine an den „Westen" erwies sich bald als Illusion; der Desillusionierung folgte eine realistische Einschätzung der Möglichkeiten der Ukraine: Vier Fünftel der Bevölkerung der Ukraine befürworteten – vor den Ereignissen im November/Dezember 2004 – eine engere wirtschaftliche Zusammenarbeit mit Russland. Als das Abkommen von Jalta über die Bildung des *Einheitlichen Wirtschaftsraumes* im Parlament und in der Öffentlichkeit diskutiert wurde, galt eine Ablehnung als „anti-russisch" – eine Position, die sich kein ukrainischer Präsidentschaftskandidat leisten konnte. So ergriff der Führer der Fraktion *Nascha Ukrajina*, *Wiktor Juschtschenko*, damals noch inoffizieller Präsidentschaftskandidat der Opposition, in der parlamentarischen Debatte über die Ratifizierung des EWR-Abkommens nicht das Wort und überließ die vehemente Kritik an dem Abkommen („Verrat nationaler Interessen") der Führerin der anderen Oppositionsfraktion, *Julija Tymoschenko*.

Jedoch wird wegen der historischen Erfahrungen mit Russland, wegen der geographischen Nähe zu Russland – und gerade auch wegen der kulturellen Prägung großer Teile der ukrainischen Titular-Bevölkerung durch Russland – der ukrainische Staat und zugleich die ukrainische ethnische Nation als besonders verwundbar wahrgenommen. Die Perzeption Russlands als Bedrohung findet nicht nur in einer Politik der Distanzierung von Moskau ihren Ausdruck; sie ist die Ursache auch für eine Politik der Abgrenzung gegenüber der russischen Kultur, so das Fazit einer Untersuchung von *Klemens Büscher*.[10] Die zentralstaatlichen ukrainischen Eliten lassen sich von einer „nationalisierenden Staatsidee" leiten, die in kultureller und sprachlicher Hinsicht eine ukrainische Prägung von Staat und Gesellschaft zum Ziel hat. „Ukrainisierung" bedeutet in erster Linie den „Ersatz" der russischen Sprache durch die ukrainische im öffentlichen Raum, eine Politik, die am 14. Dezember 1999 vom Verfassungsgericht abgesegnet wurde. Aber die Ukraine verfolgt keine diskriminierende Politik gegenüber der russischen Diaspora. Der russlandfeindliche radikale ukrainische Nationalismus, der in den russischen Medien zu einem Popanz aufgebauscht wird, spielt in der politischen Realität der Ukraine keine Rolle.

Nach Auflösung der Sowjetunion waren die wiederbelebten ethnischen Identitäten territorial nicht deckungsgleich mit den „neuen unabhängigen Staaten". *Büscher* verweist auf die komplexen Identitäten innerhalb der russophonen Bevölkerung der

---

[10] *Klemens Büscher*, Transnationale Beziehungen der Russen in Moldova und der Ukraine, Ethnische Diaspora zwischen Residenz- und Referenzstaat, Frankfurt am Main, 2004.

Ukraine. Die Gruppe der ethnischen Russen in der Ukraine ist von der größeren Gruppe der russischsprachigen, ethnisch ukrainischen Bevölkerung kaum unterscheidbar, und diese ist ihrerseits von der ethnisch-linguistischen Mehrheit der Ukrainer kaum abgrenzbar. „Die Mehrheits-/Minderheitsfrage ist in der Ukraine nicht eindeutig zu beantworten". Die russischsprachigen ethnischen Ukrainer und die Bevölkerung gemischt russisch-ukrainischer Identität werden offiziell als untrennbarer Teil der ukrainischen Titular-Bevölkerung betrachtet – und nicht als legitimer Teil der russischen Diaspora. Dementsprechend unterliegt diese Gruppe dem Anspruch des ukrainischen Staates auf Loyalität. Im Diaspora-Diskurs in Russland aber gilt diese Gruppe als Teil der mit Russland verbundenen Diaspora.

Laut der letzten Volkszählung in sowjetischer Zeit hatte die UdSSR im Jahre 1989 eine Bevölkerung von 51 Millionen, davon nach eigenen Angaben 73 Prozent ethnische Ukrainer und 22 % ethnische Russen. Rund 65 Prozent gaben Ukrainisch als ihre Muttersprache an. Die Volkszählung des Jahres 2001 ergab, dass die Bevölkerung im Verlauf von drei Jahren auf 48 Millionen geschrumpft war. Als ethnische Ukrainer bezeichneten sich nun 78 Prozent, als ethnische Russen 17 Prozent. Als ihre Muttersprache gaben 68 Prozent Ukrainisch an – 30 Prozent Russisch. Offensichtlich waren gegen Ende der Sowjetunion die Kinder aus ukrainisch-russischen Ehen eher bereit, sich zu ihrem ukrainischen Teil zu bekennen. In einer Umfrage, auf die *Mykola Rjabtschuk* verweist, bezeichneten sich 56 Prozent der befragten Bürger als „nur Ukrainer", 11 Prozent als „nur Russen" und 27 Prozent als „sowohl Russen als auch Ukrainer".[11] *Büscher* kommt in seiner Untersuchung zu dem Schluss, dass die Quantifizierung „russische Diaspora" in der Ukraine aufgrund des unübersichtlichen ethno-demographischen Materials nicht möglich ist. Viele Ukrainer und Russen – innerhalb der Ukraine und über die neue Grenze hinweg – sind familiär miteinander verbunden; in „gemischten Ehen" lebt rund ein Fünftel der Bevölkerung.

Nicht nur in der Ost- und Südukraine, auch in der Hauptstadt Kiew hat die russische Sprache im Alltag de facto ihre beherrschende Stellung behalten. Viele ethnische Ukrainer, die „zu Hause" ukrainisch sprechen, sprechen „auf der Straße" russisch. Allerdings wird die Ukrainisierung des Bildungswesens längerfristig eine allmähliche „Derussifizierung" bewirken. Die Print- sowie die Internet-Medien sind nach wie vor mehrheitlich russischsprachig. In der Wirtschaft ist die russische Sprache die lingua franca. Nur 30 Prozent der Bevölkerung betrachten einer Umfrage zufolge die russische Sprache als die Sprache einer „nationalen Minderheit" und befürworten eine radikale sprachliche „Ukrainisierung"; über 50 Prozent der Bevölkerung wünschen die Anerkennung der russischen Sprache als zweite „offizielle" Sprache. Zwar steht für Präsident *Juschtschenko* die Frage einer einzigen Staatssprache an der Spitze nationaler Prioritäten, wie er in einer Veranstaltung vor dem Denkmal des National-Dichters *Taras Schewtschenko* am 9. März 2007 sagte; doch laut einer Um-

---

[11] *Mykola Rjabtschuk*, Die reale und die imaginierte Ukraine, Frankfurt am Main 2005.

frage des *Rasumkow-Zentrums* nannten nur 6 % der Respondenten den Status der russischen Sprache als eines der „10 dringendsten Probleme". Von diesen wohnten zwei Drittel auf der Krim und im Donbass. In den benachbarten Landesteilen hielten nur zwischen 2,5 und 4 Prozent den Status der russischen Sprache für das größte Problem.

Tatsächlich betreibt der unabhängige ukrainische Staat nur eine gemäßigte sprachliche Derussifizierungspolitik. Dass russische Filme im Fernsehen zum Teil mit ukrainischen Untertiteln versehen werden, obwohl jeder Ukrainer (Ausnahmen soll es in der Westukraine geben) russisch versteht, gehört zu den absurden Auswüchsen. Der Status der russischen Sprache ist kein prioritäres Problem; die faktische Toleranz gegenüber dem Gebrauch der russischen Sprache macht ihre gesetzliche Aufwertung überflüssig. Die russische Sprache spielt nur in der elektoralen Rhetorik eine Rolle; besonders in den Wahlkämpfen 1994 und 2004 wurde die Sprachen-Frage politisiert. Für die Erhebung der russischen Sprache in den Rang einer zweiten „Staatssprache" ist eine Verfassungsänderung nötig; die dafür erforderliche Zweidrittelmehrheit im Parlament kann auch die *Partei der Regionen* nach ihrem faktischen Sieg über die national-demokratischen Kräfte nicht beschaffen. Ein „regionaler Status", wie er von einigen Politikern der Ostukraine befürwortet wird, ist in der Verfassung nicht vorgesehen.[12].

„Die Suche nach einer [...] ukrainischen nationalen Identität [...] bestimmt seit Ende der achtziger Jahre die öffentlichen Debatten in der Ukraine."[13] Die verschiedenen historischen Zugehörigkeiten von Landesteilen und die daraus resultierenden kulturellen Traditionen gehen als Elemente in das Bild von der Ukraine als Nation ein.

In dem Diskurs über Kultur und Nation spielt die Sprache allerdings sehr wohl eine zentrale Rolle: Die Ukraine verdankt ihre Existenz als Nation nicht seinen Politikern, sondern seinen Dichtern. Die ukrainische Literatur war das Vehikel, das die Idee einer unabhängigen Ukraine transportierte, schreibt *Leonid Rudnytsky*. Sie spielte eine entscheidende Rolle bei der Erlangung der Souveränität, meint auch *Mark Andrytschek*. Er interpretiert die „postmoderne" Prosa von *Jurij Andruchowitsch* als „postkoloniale" Suche nach der Identität der Ukraine. In seinen Romanen postuliert *Andruchowitsch* die Verantwortung des ukrainischen Schriftstellers als „Stimme der Nation" – ein kontroverses Thema in der ukrainischen Literatur der Gegenwart.[14]

Andererseits bilden Russland und die Ukraine – die Westukraine ausgenommen – einen gemeinsamen kulturellen Raum. Auch bewusste Ukrainer betrachten die russi-

---

[12] In einigen Oblasti wurde die russische Sprache von den regionalen Parlamenten zur „zweiten offiziellen ‚regionalen' Sprache" erklärt.
[13] *Wilfried Jilge*, Nachwort zu *Mykola Rjabtschuk* (2005), S. 169 ff.
[14] *Leonid Rudnytsky*, *Mark Andrytschek* und *Jurij Andruchowitsch* in ihren Beiträgen zu *Nicolas Hayoz*, *Andrej N. Lyshnycki*, (Hrsg.): Ukraine at a Crossroads, Bern, 2005.

sche Literatur als ihre eigene. Der größte Teil der Ukrainer hat mit den Russen in den letzten 250 Jahren in einem Staate gelebt – ganz abgesehen von ihren gemeinsamen historischen Wurzeln in der „Kiewer Rus" vor tausend Jahren, zu der auch die heutige „Westukraine" zählte. Die gemeinsame Vergangenheit verbindet die Ukraine mit Russland auf vielfältige und tief greifende Weise. Im Februar 2004 wurde feierlich an den „Vertrag von Perejaslaw" im Jahre 1654 (18. Januar) erinnert,[15] als sich das (Kosaken-)Hetmanat unter den Schutz des russischen Zaren stellte. In der Folge dieses Aktes geriet die Ukraine unter russische Vorherrschaft, weshalb dieser Tag nicht für jeden Ukrainer ein „Feiertag" ist. Vielen Bürgern der Ukraine jedoch erscheint Russland heute als „Verlängerung des eigenen Landes". Umgekehrt gilt dies in noch höherem Maße: „Die Ukraine stellt in den Augen eines noch größeren Teils der russischen Bürger die Verlängerung Russlands dar".[16] Nicht nur russische „Nationalisten" negieren die Existenz eines „ukrainischen Volkes", einer „ukrainischen Sprache"; viele Russen glauben, dass das ukrainische Volk ein Teil der russischen Nation, und dass Russland ohne die Ukraine unvollständig sei. *Aleksandr Soltschenytsin* sprach 1990 der Ukraine das Recht auf Unabhängigkeit ab. Die Ukraine und Russland sind in den Augen vieler Ukrainer und Russen – um die deutsch-deutsche Formel zu paraphrasieren – „füreinander nicht Ausland". Die Idee einer „ostslawischen Union" der Ukraine mit Russland und Belarus findet daher in der Ukraine – besonders im Osten des Landes – Zustimmung, wenn auch keine so breite, wie vermutet werden könnte: Nur ein Drittel der Anhänger der *Partei der Regionen* ist einer Umfrage zufolge für eine Union mit Russland und Belarus.

Der ukrainische Schriftsteller und Journalist *Mykola Rjabtschuk* läßt die oberflächliche Wahrnehmung der Ukraine als eines „gespaltenen" Landes nicht gelten. Diese Vorstellung sei eine Simplifizierung eines komplexen Verhältnisses. *Rjabtschuk* spricht von „zwei Ukrainen", die sich gegenseitig durchdringen. Die Ukraine bilde eine ambivalente Einheit. Die eine Ukraine, die polnisch-litauische, habsburgische – „westslawische" – Ukraine gründet ihre Identität auf ihre historische Zugehörigkeit zu Mitteleuropa. Die andere – „ost-slawische" – Ukraine ist zweischichtig geprägt von Russifizierung und Sowjetisierung. Die „bourgeoise" Stadt Lwiw (Lemberg) im Westen und die „proletarische" Stadt Donezk im Osten bilden die beiden extremen, idealtypischen Pole der „dualen Ukraine", in denen sich die Unterschiede zwischen den „zwei Ukrainen" – auch architektonisch – augenfällig manifestieren. In dem Land dazwischen, in der Mitte, der rechts- und linksufrigen Ukraine beiderseits des Dnipro, durchdringen sich die beiden Ukrainen in unterschiedlichem Maße. Die „zwei Ukrainen" verschmolzen und blieben doch verschieden. Sie „existieren nicht neben-, sondern eher ineinander". „Praktisch die gesamte ukrainische Geschichte

---

[15] Zur Einstimmung der Bevölkerung auf die Beteiligung der Ukraine an dem *Einheitlichen Wirtschaftsraum*.
[16] *Stanislav Kulčickij*, Ukraina meždu Rossiej i Amerikoj (Die Ukraine zwischen Russland und Amerika), in: Zerkalo Nedeli/Dzerkalo Tyžnja Nr. 15 (490), 17.–23.04.2004; <www.zerkalo-nedeli.com/ie/print/45197>.

kann man als ein Schwanken zwischen zwei Seiten – Polen und Russland – beschreiben, wobei der russische Einfluss den polnischen erst im 19. und 20. Jahrhundert entscheidend übertroffen hat."[17] Die „zwei Ukrainen" sind zudem auch in fast jedem einzelnen Ukrainer zu finden; fast jeder hat eine ambivalente Identität. Es ist gerade diese Ambivalenz, welche die Spaltung der Ukraine verhindert hat. Entlang welcher Grenze sollte denn unter diesen Umständen das Land geteilt werden? – fragt *Rjabtschuk*.

1.3 Das Gewicht der Geschichte

Die gemeinsame Vergangenheit verbindet die Ukraine mit Russland auf vielfältige und tief greifende Weise. Als *Helmut Schmidt* mit dem Hinweis auf das „Gewicht der Geschichte" andeutete, dass er sich die Ukraine nicht als Mitglied der EU vorstellen könne, hatte er nur diese jüngere, russisch-zaristische, russisch-sowjetische Geschichte vor Augen; dass die Ukraine davor eine längere „andere", eine polnisch-litauische und auch eine – in gewissem Sinne – deutsche, nämlich habsburgische Geschichte hatte, war ihm offenkundig nicht bewusst.

Samuel Huntington lässt die kulturelle Front zwischen östlichem und westlichem Christentum[18] an der östlichen Grenze der Westukraine entlang dem Fluss Sbrutsch verlaufen. Er bildete von 1772 bis 1918 die Grenze zwischen Österreich-Ungarn und Russland und von 1920 bis 1939 die Ostgrenze der zweiten Rzeczpospolita, dem polnischen Staat zwischen dem ersten und zweiten Weltkrieg, welchem Ost-Galizien (das heutige westukrainische Galizien) und Wolynien zugeschlagen wurden. In der Tat aber reichte die polnisch-litauische Ukraine ursprünglich bis fast an die heutige ukrainisch-russische Grenze, woran *Rjabtschuk* erinnert. Die rechts- und die linksufrige Ukraine waren historisches Gebiet der ersten polnischen Rzeczpospolita.

Im Jahre 1240 eroberten Mongolen und Tartaren die ostslawischen Fürstentümer, die sich nach dem Jahre 1054 verselbständigt hatten, und zerstörten die „Goldene Stadt" Kiew, die Hauptstadt der Kiewer Rus. Der Niedergang der Goldenen Horde im 14. Jahrhundert erlaubte Litauen die Eroberung Padoliens und Kiews (im Jahre 1362). Unter Kasimir III., dem Großen, gewann Polen Galizien und einen Teil West-Wolyniens („Rotrussland"). Die linksufrige Ukraine hat sich zusammen mit der Stadt Kiew, die am rechten Ufer des Dnipro liegt, Mitte des 17. Jahrhunderts in einem Aufstand von der polnischen Rzeczpospolita gelöst und unter das Protektorat des Moskauer Zaren begeben. Dieses „Hetmanat" war eine ukrainische Stände-Republik – ähnlich der polnischen Adels-Republik. Ihre Autonomie wurde von den russischen Zaren nach und nach eingeschränkt und in der zweiten Hälfte des 18. Jahrhunderts ganz beseitigt.

---

[17] *Mykola Rjabtschuk* (2005), S. 23.
[18] *Samuel P. Huntington*, The Clash of Civilizations and the Remaking of World Order, New York (Simon and Schuster), 1996.

Die rechtsufrige Ukraine blieb polnisch bis 1793, bis zur zweiten Teilung Polens durch Österreich, Preußen und Russland. Die ukrainischen Gebiete zwischen dem Dnipro und dem Sbrutsch wurden Russland zugeschlagen. Das Gebiet zwischen Sbrutsch und den Karpaten war bereits 1772, bei der ersten Teilung Polens, an Österreich gefallen.

Anti-"moskowitisch" (nicht identisch mit „anti-russisch") gesonnene Ukrainer sehen die Ukraine durch Russland aus der europäischen Entwicklung herausgerissen und betrachten die angestrebte europäische Integration der Ukraine als eine Rückkehr nach Europa. Von einer Rückkehr nach „Europa" im engeren Sinne kann allerdings nur für den westlichen Landesteil die Rede sein – es sei denn, der Griff in die Geschichte reicht zurück bis in die „Kiewer Rus" vor 1054, als die Dynastie der Kiewer Großfürsten mit führenden europäischen Königshäusern verschwägert war, und in die Zeit der litauischen (1362) und polnisch-litauischen Kapitel der Geschichte. In der Neuzeit berechtigen die polnischen (1569) und habsburgischen Kapitel der ukrainischen Geschichte eine Teilhabe an der Geschichte des „lateinischen Europa".

Die „West-Ukraine" umfasst die ostgalizischen Verwaltungsgebiete (Oblasti) Lwiw (Lemberg), Iwano-Frankiwsk und Ternopil, die Oblast Wolynien (Wolyn/Luzk), die Nord-Bukowina (Tscherniwzi/Czernowitz) und Transkarpatien (Uschgorod). Ost-Galizien (West-Galizien gehört zu Polen) wurde im Gefolge des Hitler-Stalin-Paktes von der Sowjetunion annektiert. Galizien war nach der ersten Teilung Polens im Jahre 1772 an Österreich-Ungarn gefallen, zu dem es bis 1918 gehörte. Der Name „Galizien" wurde in Anknüpfung an das mittelalterliche Fürstentum Halitsch (Galitsch, Galicia) wiederlebt. Galizien besaß im Habsburgischen Reich einen autonomen Status. Im Vollzug des „Geheimen Zusatz-Protokolls" des Molotow-Ribbentrop-Paktes vom 23. August 1939 marschierte die Rote Armee in (Ost-)Galizien ein. Zehntausende wurden liquidiert, Hunderttausende deportiert. Die Repression richtete sich offiziell gegen „bürgerlich-nationalistische Elemente". Die Kämpfer der Aufständischen Armee – die „Banderisten" (Banderowzi) –, die bis in die 50-er Jahre gegen die Sowjetisierung kämpften, wurden zu „Banditen" erklärt. Ihnen wurden nach der Unabhängigkeit in jedem galizischen Dorf ein Denkmal gesetzt. Als Partisanen kämpften sie gegen die deutsche Besatzung und gegen die vorrückende Sowjetische Armee. Andere kämpften mit der deutschen Wehrmacht (einige in der Waffen-SS Division „Galizien") in dem Glauben, diese käme als Befreier. Für die („autochtonen", nicht die aus anderen Landesteilen dorthin verpflanzten) Westukrainer war die Sowjetunion nicht „ihr" Land; die Soldaten der Roten Armee wurden nicht als Befreier angesehen, sondern als Besatzer, die eine andere Besatzung ablösten.

Der Nordteil der Bukowina mit der Oblast-Hauptstadt Tscherniwtsy (Czernowitz) gehörte im 10./11. Jahrhundert zur Kiewer Rus und im 12./13. Jahrhundert zum „ukrainischen" Fürstentum Halitsch (Galitsch). Im Pariser Frieden vom 10. Februar 1947 wurde die im Zweiten Weltkrieg erfolgte Annexion abgesegnet. Die (orthodoxe) Bukowina war in der Zeit zwischen den beiden Weltkriegen rumänisch. Transkarpatien, das acht Jahrhunderte lang zu Ungarn gehörte, war in der Zwischenkriegszeit der Tschechoslowakei zugeschlagen worden.

Das seit der zweiten Teilung Polens zum russischen Reich gehörende Wolynien, das nach dem Ersten Weltkrieg an den wieder errichteten polnischen Staat abgetreten werden musste, wurde bereits in der ersten Hälfte des 19. Jahrhunderts russifiziert; die ukrainische katholische Kirche des griechischen Ritus, Träger ukrainischer Kultur, wurde aufgelöst. Wolynien wurde am Ende des Zweiten Weltkriegs von der Sowjetunion annektiert. Die polnische Bevölkerung wurde vertrieben und ab 1947 durch Ukrainer aus anderen Landesteilen „ersetzt".[19] Die heutige Oblast „Wolyn" mit der Hautstadt Luzk ist nur ein kleiner Teil des historischen Wolyniens, das auch die heutigen Oblasti Riwne und Schytomyr (sowie angrenzende Landstriche im Süden von Belarus) umfasste.

Die West-Ukraine hat eine kürzere Phase – 50 Jahre – der Sowjetisierung (und nicht den „Holodomor") erlebt. Kulturell prägend war für diesen Teil des Landes die dort fast 150 Jahre, von 1772 bis 1918 herrschende habsburgische Monarchie. Anders als in dem repressiven zaristisch-russischen Teil der Ukraine konnte sich im relativ liberalen habsburgischen Teil eine nationale Identität herausbilden. Die Westukraine ist national-bewusst – im Gegensatz zur Ostukraine, wo sich ein ukrainisches National-Bewusstsein nicht ausprägen konnte und ein verschwommen „ostslawisches, großrussisches, orthodoxes und sowjetisches" Bewusstsein bildete. Die ukrainische „Diaspora" in Nord-Amerika, die „nationaler" fühlt als die große Mehrheit der Ukrainer in der Ukraine selbst, stammt zumeist aus dem ehemals österreichisch-ungarischen Teil der heutigen Ukraine.

Die linksufrige „Mittelukraine" und Kiew waren seit 1650, also 350 Jahre russisch, die rechtssufrige „Mittelukraine" seit 1800, also 200 Jahre. Das heute als „Ostukraine" bezeichnete Gebiet sowie die Südukraine waren Teil einer weiten Steppe, die sich vom Schwarzen Meer und vom Asowschen Meer bis Charkiw ausbreitete. Dieses „Wilde Feld" wurde bis Ende des 18. Jahrhunderts vom Krim-Chanat kontrolliert und erst im 19. Jahrhundert vom zaristischen Russland kolonisiert. *Stalin* ließ im Jahre 1944 das ganze Volk der Krim-Tartaren nach Sibirien und Zentralasien deportieren. Im Jahre 1954 wurde die Krim von *Chruschtschow* der Ukrainischen SSR zugeschlagen.

Zwischen 1918 und 1922 hatten sich in Kiew einheimische Kriegsherren und ausländische Armeen abgewechselt. Nach dem Rückzug der deutschen Truppen unterlag Hetmann *Skoropadsky* (März bis Dezember 1918) dem Haupt-Ataman des ukrainischen Heeres, *Symon Petljura*. Nach der Liquidierung der ukrainischen Unabhängigkeit durch die Bolschewiki im Dezember 1919 versuchte *Petljura*, seit Februar 1919 Vorsitzender des Direktoriums der Ukrainischen Volksrepublik, das mit den Entente-Mächten sympathisierte, mit polnischer Unterstützung (im Polnisch-Sowjetischen Krieg) vergebens, die Unabhängigkeit der Ukraine wiederherzustellen. Mit

---

[19] Die deutsche Bevölkerung Wolyniens war bereits 1939 – im Vollzug des geheimen Zusatz-Protokolls zum Hitler-Stalin-Pakt – von der SS-Organisation „Volksdeutsche Mittelstelle"/„VoMi" ins Wartheland („Heim ins Reich!") umgesiedelt worden.

der formalen Gründung der Union der Sozialistischen Sowjetrepubliken (UdSSR) am 30.12.1922 durch die RSFSR, die Ukrainische SSR und die Weißrussische SSR geriet der größte Teil der Ukraine, der nach dem polnisch-russischen Krieg im Frieden von Riga im Jahre 1921 Sowjet-Russland zugesprochen worden war, nach wenigen Monaten der Unabhängigkeit wieder unter die Herrschaft Moskaus.

Die Russifizierung dauerte zwei bis drei Jahrhunderte; die Polonisierung dauerte zwischen zweihundert und sechshundert Jahre. Sie war laut *Rjabtschuk* „kulturell tiefer", doch die Russifizierung wurde mit allen Mitteln der Moderne betrieben, von einer imperialen Administration bis zum sowjetischen Terror. Die sowjetische Geschichte der Ukraine wird von patriotischen Intellektuellen als „koloniale Vergangenheit" gedeutet. *Wilfried Jilge* weist darauf hin, dass die Existenz eines Territoriums der Sowjetischen Sozialistischen Republik Ukraine die Basis für die staatliche Unabhängigkeit der Ukraine nach der Auflösung der Sowjetunion war. „Weil die östlichen und westlichen Teile der Ukraine nicht erst seit der Erlangung der staatlichen Unabhängigkeit, sondern bereits vor 1991 immer mehr zusammengewachsen waren, weil also eine sowjetische Sowjetrepublik existiert hatte, brachen die lokalen autonomistischen Bewegungen ... so schnell zusammen."[20]

Auch wenn die Westukrainer den Einmarsch der Roten Armee im Jahre 1939 als Okkupation empfanden, so ist objektiv zu konstatieren, dass damit die von ukrainischen Bauern bearbeitete „ukrainische Erde" vereinigt wurde. Die Annexion der Territorien, die heute als „die Westukraine" bezeichnet werden, wurde denn auch von Moskau als „Wiedervereinigung der Ukraine" gefeiert. Um die ukrainische Bevölkerung für die Union mit Russland zu gewinnen, wurde nicht nur die „slawische Bruderschaft" bemüht; die ukrainische Sprache wurde zur zweiten offiziellen Sprache der Ukrainischen SSR erklärt. In der Zeit ihrer Zugehörigkeit zur Sowjetunion erreichte die Ukraine ihre größte Ausdehnung.

Der „Holodomor": eine Identität stiftende nationale Tragödie

Der „Holodomor" (russ. golodomor), die von der bolschewistischen Führung in den Jahren 1933/34 im Zuge der Kollektivierung der Landwirtschaft „politisch" erzeugte Hungersnot in weiten Teilen der Sowjetunion, dem in der Ukraine vier bis sechs Millionen Menschen zum Opfer fielen,[21] war in der Sowjetunion tabuisiert.

Der „Holodomor" in der Ukraine war das Ergebnis sowjetischer – nicht russischer – Politik; an der „Exekution" beteiligten sich ukrainische Bolschewiken wie aus Moskau entsandte Requisitoren diverser Nationalität. Doch in der Ukraine hatte der „Holodomor" eine ethnische Komponente, da sich die sowjetische Politik gegen die Landbevölkerung richtete, die – im Gegensatz zur Stadtbevölkerung – fast aus-

---

[20] *Wilfried Jilge*, Nachwort zu *Mykola Rjabtschuk* (2005), S. 172 und 173.
[21] Siehe *Robert Conquest*, The Harvest of Sorrow. Soviet Collectivisation and the Terror-Famine, London 2002.

schließlich aus ethnischen Ukrainern bestand. Ukrainische patriotische Intellektuelle bestehen auf der Version, wonach der Holodomor gezielt gegen das ukrainische Volk gerichtet – also ein am ukrainischen Volk verübter Genozid – war.[22]

Am 28.11.2006 verabschiedete die Werchowna Rada mit der knappen Mehrheit von 233 Stimmen ein Gesetz, in welchem die politisch verursachte Hungersnot als Genozid bezeichnet wird. Die Initiative des Präsidenten *Juschtschenko*, die Leugnung des Genozids zu einem Straftatbestand – in Analogie zur Leugnung des Holocaust – zu machen, wurde fallen gelassen. Die *Partei der Regionen* hatte vorgeschlagen, den Holodomor als „ein von dem totalitären Regime *Stalins* begangenes Verbrechen gegen die Menschlichkeit" zu erklären. Sie spricht in ihrem Vorschlag von „narod" – im (mehrdeutigen) Sinne von (das einfache) Volk – und nicht von der ukrainischen Nation als dem Opfer des Holodomor. Wie *Wilfried Jilge* konstatiert, wird in der Ukraine heute ein antisowjetisches Geschichtsbild mit „antirussischen Stereotypen eingefärbt". Doch auch wenn der Holodomor in der Ukraine eine genozidale Komponente hatte, so ist er doch – wie der stalinistische Terror insgesamt – eine historische Tragödie, die Ukrainer und Russen verbindet.

Moskau wandte sich scharf gegen die Kategorisierung des Holodomor als Genozid mit der Begründung, dass die Maßnahmen, die zu der Hungersnot führten, nicht gezielt gegen das ukrainische Volk gerichtet waren. Der Kreml vermeidet alles, was den russischen Staat zu Kompensationen an die Opfer der sowjetischen Ära verpflichten könnte. In einer Erklärung des Ministeriums für Auswärtige Angelegenheiten der Russischen Föderation heißt es:[23] „In der Tat deuten die Dokumente in den Archiven darauf hin, dass die Hungersnot in den frühen dreißiger Jahren vornehmlich von der Politik der damaligen sowjetischen Regierung ausgelöst wurde. Aber es ist auch offensichtlich, dass sie nicht gegen eine bestimmte ethnische Gruppe gerichtet war. […] Es gibt keinen Grund, sie als Genozid, als Völkermord zu beschreiben. […] Heute erinnern sich die Menschen mit Trauer an diese Tragödie, die das Leben von Millionen Ukrainern, Russen, Kasachen und Vertretern anderer Völker der Sowjetunion forderte. Dies ist unser gemeinsames Leid und unsere gemeinsame Erinnerung." Der ukrainische Außenminister *Boris Tarasjuk* widersprach der Position des russischen Außenministeriums über den Holodomor; die Ukraine suche nicht nach persönlich Verantwortlichen in Russland, aber „wir können nicht die Erinnerung an sieben oder zehn Millionen unschuldiger Opfer ignorieren, die unsere Väter und Großväter waren".

Zehn Länder einschließlich der USA haben den Holodomor als Genozid anerkannt. Der polnische Sejm verabschiedete am 6. Dezember 2006 eine Entschließung, in welcher der Holodomor als Genozid verurteilt wurde. Die Genozid-Konvention der UNO von 1948 (Convention on the Prevention and Punishment of the Crime of Ge-

---

[22] Ein Gesetzentwurf der Präsidialadministration sah die Strafbarkeit für die öffentliche Leugnung des Holodomor vor – analog zur Leugnung des Holocaust.
[23] Interfax, Moskau, 14.11.2006.

nocide) beschränkte die Opfer auf nationale, ethnische, rassische und religiöse Kategorien und schloss auf Betreiben der Sowjetunion die Kategorie „sozial" aus, die dafür offenkundige Gründe hatte. In der Genozid-Konvention figuriert die Absicht zu vernichten („intent to destroy") als zentrales Kriterium. *Dominique Arel*, Inhaber des Lehrstuhls für Ukrainische Studien an der Universität von Ottawa, sieht in der bewussten Inkaufnahme der Vernichtung keinen moralischen Unterschied zu der ursprünglichen Absicht zu vernichten. Selbst wenn ursprünglich die Bauern als Klasse vernichtet werden sollten, so schließt dies nicht aus, dass im Verlauf dieses Prozesses Ukrainer als „Volk" – als „Nation" das Ziel wurden. *Stalin* selbst begann die Hungersnot in nationalen Kategorien und die Konfiskationen mit Todesfolgen als Straf-Aktion gegen die Ukrainer zu sehen, als die ukrainischen Kommunisten ihm erklärten, dass die politische Aktion zu einer Katastrophe führen würde: „Newly discovered archival evidence indicates that Stalin interpreted the resistance within the Communist Party of Ukraine to the unattainable quotas of grain production in 1932 as a manifestation of Ukrainian nationalism", schreibt *Dominjique Arel*.[24]

Die internationale wissenschaftliche Debatte darüber, wie der Holodomor in der komparativen Forschung über Tötungen en masse einzuordnen ist, hält an. Und die öffentliche Meinung in der Ukraine ist auch nach der legislativen Deklarierung des Holodomor als Genozid über die Frage geteilt, wie dieser – und die gesamte sowjetische Vergangenheit – zu deuten ist. *Barbara Falk* hält die Hungersnot von 1933 nicht für einen Genozid, sondern für Mord an bestimmten Gruppen der Bevölkerung. Die Katastrophe von 1932/1933 sei die Kulmination der langen Agrarkrise seit der erzwungenen Kollektivierung im Winter 1929/1930. Sie erfasste die gesamte Sowjetunion; es gebe kein eindeutiges geographisches Muster.[25]

2. Die politische Entwicklung nach der Orangenen Revolution

2.1 Das neofeudale „System *Kutschma*": Korrupte Symbiose des staatlichen Apparats mit dem oligarchischen Kapital

Die Ukraine erhielt erst im Jahre 1996 – als letzte der ehemaligen Sowjetrepubliken – eine Verfassung. Ihrer Verabschiedung war ein zähes Ringen zwischen dem Präsidenten *Leonid Kutschma* und dem Parlament unter dem Vorsitz von *Oleksandr Mo-*

---

[24] *Dominique Arel*, Holodomor buried in semantics, in: Kyiv Post, 06.12.2006; <http://www.kyivpost.com/opinion/oped/25655/print/>.

[25] *Barbara Falk*, Sowjetische Städte in der Hungersnot 1932/33. Staatliche Ernährungspolitik und städtisches Alltagsleben. Dissertation. Beiträge zur Geschichte Osteuropas, Bd. 38, Köln 2005.

ros, dem Vorsitzenden der Sozialistischen Partei, um die Verteilung der Macht in dem neuen Staate vorausgegangen.

Formal war die Ukraine bis zum 31. Dezember 2005 eine parlamentarisch-präsidentielle Demokratie. *Eberhard Schneider* charakterisierte die ukrainische Demokratie – unter Bezug auf *Winfried Steffani*, der für die Kategorisierung von Regierungssystemen nur das Kriterium des Rechts auf Abberufung der Regierung gelten lässt – als ein „parlamentarisches System mit Präsidialdominanz".[26] Seit der „politischen Reform" vom 1. Januar 2006 hat die Ukraine ein parlamentarisches System – mit einer verfassungsrechtlich umstrittenen Stellung des Präsidenten. Die Herrschaft des Präsidenten *Kutschma* (1994 bis 2004) beruhte de facto auf „Informalität", d.h. er regierte an den formalen Instanzen vorbei; informale Netzwerke schwächten die formal-demokratischen Institutionen.

Für *Taras Kuzio* war die Ukraine unter Präsident *Kutschma* ein „neo-sowjetisches Land".[27] Als charakteristisch führt *Kuzio* u.a. an, dass Präsident *Kutschma* „per Telefon-Gesetz" regierte, also mit ungeschriebenen, mündlichen Anweisungen. Die Medien waren unter Kontrolle des Regimes; durch „feindliche Übernahme", konkret durch Einschüchterung und Erpressung, waren die landesweiten Fernseh-Kanäle von loyalen Oligarchen in Besitz genommen worden.[28] Politische Information wurde de facto zensiert, und zwar mittels so genannter „temniki", Orientierungslinien für die sprachliche und bildliche Behandlung bestimmter politischer Themen, die von der Präsidialadministration herausgegeben wurden. Doch die Demokratie war in der Ära *Kutschma* nicht eine Fassade: Anders als seine autokratischen Kollegen in der Gemeinschaft Unabhängiger Staaten sah sich Präsident *Kutschma* einer starken parlamentarischen Opposition konfrontiert: in seiner ersten Amtszeit einer linken, struktur-konservativen Opposition aus Kommunisten, Sozialisten und mit diesen verbündeten „Kolchosniki", in seiner zweiten Amtszeit einer rechten, national-demokratischen Oppsition unter Führung von *Wiktor Juschtschenko* und *Julija Tymoschenko*. Im Jahre 2000 versuchte er, durch ein Referendum das Parlament unter seine Kontrolle zu bringen. Die Umsetzung des für ihn positiven Resultats scheiterte aber am Widerstand der *Werchowna Rada* (dem nationalen Parlament).

In seiner ersten Amtszeit von 1994 bis 1999 hatte es Präsident *Kutschma* verstanden, sich als „Reformer" und als Bollwerk gegen die „rote Gefahr", gegen eine sozialisti-

---

[26] *Eberhard Schneider*, Das politische System der Ukraine. Eine Einführung, Wiesbaden 2005. *Winfried Steffani*, Parlamentarisch-Präsidentielle „Mischsysteme"? Bewertungen zum Stand der Forschung in der Politikwissenschaft, in: *Otto Luchterhand* (Hrsg.), Neue Regierungssysteme in Osteuropa und der GUS. Probleme der Ausbildung stabiler Machtinstitutionen. Berlin 1996, S. 17–66.

[27] *Taras Kuzio*, Ten ways Ukraine is a neo-soviet country, in: Ukraïnska Pravda; <http://www.ukrpravda.com/cgi-bin/print_en.cgi>.

[28] Mit Ausnahme des „Fünften Kanals", der im Wahlkampf des Jahres 2004 als einziger oppositioneller Sender eine wichtige Rolle spielte.

sche Restauration, zu profilieren. Nach seiner Wiederwahl im Jahre 1999 nahm das *Kutschma*-Regime repressive Züge an. In seiner zweiten Amtszeit gingen in der Person des Präsidenten *Kutschma* „Geld und Macht eine kriminelle Verbindung ein", wie die Journalisten *Popov* und *Milstein* schreiben.[29] Hinter der institutionellen Fassade formaler Demokratie wurde Politik zu einem „schmutzigen Geschäft", das von der Präsidialadministration mit den Mitteln der Bestechung, Erpressung und Nötigung betrieben wurde. *Keith A. Darden* bezeichnet den ukrainischen Staat in der Ära *Kutschma* als einen „Erpresser-Staat".[30] Die „imperfekte Demokratie" befand sich nicht „in Transition", denn eine demokratische Entwicklung fand nicht statt. Eher kann mit *Alexander Motyl* von einem politischen System in „suspendierter Transformation" gesprochen werden. Das „System *Kutschma*" trug „neo-feudale" Züge. *Michael Derrer* charakterisiert es als ein „oligarchisches Kartell", das in einem klientelistischen Verhältnis zum Präsidenten stand.[31] Im Tausch gegen politische Loyalität wurden die „Oligarchen" im Prozess der Insider-Privatisierung des staatlichen Vermögens privilegiert.

Die Bezeichnung „Oligarch" hat sich für diejenigen Funktionäre der „Kompartija" und des „Komsomol", der Kommunistischen Partei und ihres Jugendverbandes, und für diejenigen „roten Direktoren" sowjetischer Industriekombinate eingebürgert, denen es gelang, sich in der rechtlosen Übergangszeit nach dem Kollaps der sowjetischen Wirtschafts- und Gesellschaftsordnung das industrielle Betriebsvermögen des „Volkes" – auch mit kriminellen Methoden – anzueignen. Dazu gehören auch einige Newcomer, die sich auf einem neuen Markt, nämlich dem lukrativen Handel mit russischem Erdgas („gas traders") auf Kosten des Staates bereicherten. Diese postsowjetische Form der „ursprünglichen Kapitalakkumulation" kann mit *Paul Kubicek* auch als „kleptomanischer Prozess" bezeichnet werden.[32] Die Oligarchen bildeten regionale bzw. sektorale politisch-kommerzielle Gruppierungen („Klane"), die den neuen Staat „kaperten" und ihn für ihre partikularen Interessen instrumentalisierten. Doch in der Ukraine diktierten die Oligarchen nicht dem Staat die Regeln; sie bildeten mit ihm eine private-public partnership sui generis: eine Symbiose des korrupten staatlichen Apparates mit dem oligarchischen Kapital. Präsident *Kutschma* stützte

---

[29] *Dmitrij Popov, Il'ja Mil'štejn*, Oranževaja princessa, zagadka *Julii Timošenko* (Die orangene Prinzessin, das Rätsel *Julija Timošenko*), Moskau, 2006.

[30] *Keith A. Darden*, Blackmail as a Tool of State Domination: Ukraine under *Kuchma*, in: East European Constitutional Review, 2–3/2001; <http://www.law.nyu.edu/eecr/vol10num2-3/focus/darden.html>.

[31] *Michael Derrer*, Growth Potential of the Ukrainian Economy – Is the „miracle" meant to last?, in: Ukraine at a Crossroads, S. 137–167. Michael Derrer beobachtete als Direktor eines schweizerischen Programms für Technologie-Transfer den Transformationsprozess in Mittel- und Osteuropa – seit 1997 in der Ukraine.

[32] *Taras Kuzio* verweist in seinem Beitrag auf *Paul Kubicek*, der die postsowjetischen Regime der GUS als „Kleptokratien" typisiert. *Paul Kubicek*, Civil Society, Trade Unions and Post-Soviet Democratization: Evidence from Russia and Ukraine, in: Europe-Asia Studies, Band 54, Nr. 4, S.619–620.

seine Macht auf die – miteinander konkurrierenden – oligarchischen „Klane", deren kriminell durchsetztes „bisnes" (Anglizismen grassieren in der postkommunistischen Wirtschaft) existenziell von ihm abhing, denn er verfügte über die staatlichen Herrschaftsmittel: Sanktionen und Privilegien. Das „System *Kutschma*" war also eine quasi-feudale Ordnung, die auf der präsidialen Lizenz zur Bereicherung auf Kosten des Staates im Tausch gegen politische Loyalität – und finanzielle Unterstützung in Wahlkämpfen – beruhte.

In der Ära *Kutschma* war der unternehmerische Erfolg nicht vom Markt abhängig, sondern von der „Macht" („wlast'"). Zur Absicherung und Mehrung ihres zusammengerafften Vermögens kauften sich die Oligarchen und ihre Repräsentanten in die Politik ein. Sie schufen sich bzw. übernahmen politische Parteien, mit denen sie im Parlament in ihrem partikularen Interesse Einfluss auf die Gesetzgebung nahmen; Partei-Politik war Klan-Politik. Rund zwei Drittel der Mitglieder der Werchowna Rada waren (und sind auch in dem im März 2006 neu gewählten Parlament) „bisnesmeni" – „Geschäftsleute", deren unternehmerische Leistung sich vielfach in der parasitären Bereicherung aus dem staatlichen Haushalt sowie im Lobbying von Subventionen und Privilegien erschöpfte. Ein wohl noch wichtigeres Motiv für die Beschaffung eines Sitzes in der Werchovna Rada war der damit verbundene Erwerb parlamentarischer Immunität, denn angesichts der Willkür, mit der Präsident *Kutschma* seine Macht sicherte, waren auch Oligarchen nicht vor strafrechtlichen Verfolgungen der Regime-Anwaltschaft (der *General-Prokuratur*) sicher. Diese war ein Instrument der Macht und nicht des Rechts.

In der frühen Phase seiner Präsidentschaftskandidatur schien *Wiktor Juschtschenko*, der *Kutschma* als Premierminister gedient hatte, eine „weiche" Transformation des Regimes anstreben zu wollen – mit „Garantien" für *Kutschma* und seine Clique. In einer virtuellen Debatte, zu welcher die renommierte Wochenzeitung *Serkalo Nedeli* die aussichtsreichsten Präsidentschaftskandidaten eingeladen hatte, wertete *Juschtschenko* die präsidialen Erlasse zur Transformation der Wirtschaft, mit denen *Kutschma* in seiner ersten Amtszeit gegen ein systemkonservatives linkes Parlament anregierte, dessen Mehrheit nicht willens war, den gesetzlichen Rahmen für die Transformation der ukrainischen Wirtschaft in eine Marktwirtschaft zu schaffen, als Aktiva in dessen Bilanz. Doch im Lauf des Wahlkampfes verhärtete sich seine Position: *Juschtschenko* nannte das Regime des Präsidenten *Kutschma* „kriminell"; die Korruption sei in seiner Amtszeit geradezu endemisch geworden; sie durchdringe den ganzen Staat von der Spitze bis zur Basis, die Exekutive, die Legislative und die Justiz, die staatliche Verwaltung, jede gesellschaftliche Einrichtung, das Gesundheitswesen und das Bildungswesen. Unabhängige Medien würden durch illegale Übergriffe der Verwaltung ruiniert, unabhängige Journalisten eingeschüchtert. Inhalt der offiziellen Informationspolitik des Regimes sei Desinformation: „Lügen für den inländischen Konsum" hätten das Vertrauen der Bevölkerung in die Regierung, in die staatlichen Institutionen zerstört; „Lügen für den Export" das Vertrauen des Auslands in die Ukraine unterminiert, schrieb *Juschtschenko*. Als Wahlkämpfer überraschte der nüchterne ex-Banker durch ein gewisses demagogisches Talent: „Alles fließt in die Taschen der Clans ... wir werden den Reichtum des Landes dem Volke zurückgeben." Und: „die Banditen werden im Gefängnis sitzen ...", kündigte er auf dem „Majdan" an.

2.2 Die *Orangene Revolution*: Faktoren ihres Erfolges

Die Orangene Revolution[33] siegte aufgrund des Zusammenwirkens der parlamentarischen Opposition mit dem außerparlamentarischen Protest – vornehmlich der Bürger der Hauptstadt Kiew und der zentralen und westlichen Provinzen. Im Parlament hatten sich in der zweiten Amtszeit des Präsidenten *Kutschma* die Fraktionen der Parteien *Nascha Ukrajina* (*Unsere Ukraine*) von *Wiktor Juschtschenko* und *Batkiwtschina* (*Vaterland*) von *Julija Tymoschenko* sowie der *Sozialistischen Partei* von *Oleksandr Moros* zu einer Front formiert, die der „propräsidentialen" Mehrheit an Stimmengewicht nur knapp unterlegen war.

Die Bevölkerung der Ukraine betrachtete die „Macht", die Administration des Präsidenten, das Ministerkabinett und die staatliche Verwaltung – also die ganze Exekutive, aber auch das Parlament und die Justiz als eine Art „Fremdherrschaft", eine Veranstaltung der „neuen Klasse" (die größtenteils die alte war[34]). Die politische Elite und „das Volk" lebten in getrennten Welten. Resigniert verharrten die Bürger der Ukraine in politischer Passivität; politisches Engagement war minimal, demonstrativer Protest blieb aus. Erst der zynische Wahlbetrug im November 2004 ließ das Fass, in dem sich der Unmut der Bevölkerung angesammelt hatte, überlaufen. Antrieb war nicht die Armut, sondern die verletzte Würde der Menschen; auf dem „Majdan" (der Platz der Unabhängigkeit im Zentrum der Stadt Kiew, das topologische Symbol der *Orangenen Revolution*) erhoben sie keine sozialen Forderungen, sondern verlangten die moralische Säuberung des Landes.[35]

Die International Election Observer Mission bescheinigte in ihrem vorläufigen Bericht über die Präsidentschaftswahlen im Jahre 2004 der Ukraine „a relatively well-developed civil society". Die Vielzahl der „NGOs" (Non-Government Organisation) bildeten zwar noch keine genuine „civil society", da die meisten finanziell von ausländischen „donors" abhingen; doch in der Orangenen Revolution aktivierten sie die Zivilcourage der Bürger und gaben damit der Entwicklung einer bürgerlichen Gesellschaft einen kräftigen Schub. Unter der Oberfläche politischer Apathie war eine zivile Jugendgesellschaft entstanden. Ihre Ansätze waren bereits Ende des Jahres

---

[33] Zum Verlauf der Orangenen Revolution siehe *Ernst Piehl*, Die Ukraine, Sonderkapitel: Hauptphasen und Ergebnisse ..., in: *Ernst Piehl, Peter W. Schulze, Heinz Timmermann*, Die offene Flanke der Europäischen Union. Russische Föderation., Belarus, Ukraine und Moldau, Berlin 2005, S. 409–444.

[34] Im Jahre 2003 wurde offiziell der 85. Geburtstag von *Volodymyr Ščerbytsky* gefeiert, der von 1971 bis 1989 Generalsekretär der Kommunistischen Partei der Ukraine war – und in dessen Zeit die politische Elite der Ukraine sozialisiert wurde.

[35] *Mykola Rjabtschuk*, Die reale und die imaginierte Ukraine, Frankfurt am Main, 2005, S. 162.

2000/Anfang des Jahres 2001 erkennbar. In jenem Winter erschütterte die Entführung und Ermordung des Journalisten *Georgij Gongadze* die Stellung des wiedergewählten Präsidenten *Kutschma*. Oppositionelle Parlamentarier veröffentlichten ein „Manifest gegen das kriminelle *Kutschma*-Regime" und betrieben ein Amtsenthebungsverfahren. In der Bewegung *Ukraine ohne Kutschma* vereinte sich die rechte und die linke parlamentarische Opposition gegen den Präsidenten mit einer jugendlichen Protest-Bewegung außerhalb des Parlaments: Aus der ganzen Ukraine reisten junge Menschen an, die trotz der winterlichen Temperaturen in Zelten auf dem Majdan „bis zu *Kutschmas* Rücktritt" ausharren wollten – ein Probelauf für den Winter 2004. Die treibende Kraft der Bewegung, die zwei Jahre später in der Orangenen Revolution gipfelte, war *Julija Tymoschenko*, die von den Medien zur „ukrainischen Jeanne d'Arc" stilisiert wurde.[36] Die Vizepremierministerin stellte sich ostentativ auf die Seite der Demonstranten, während Premierminister *Juschtschenko* nach *Tymoschenkos* Verhaftung zusammen mit Präsident *Kutschma* und dem Parlamentspräsidenten *Pljuschtsch* den „Brief der Drei" unterschrieb, in welchem die Opposition als „faschistische Clique" bezeichnet wurde. Erst als er im April 2001 selbst aus dem Amt des Premierministers entlassen wurde, stellte sich *Juschtschenko* auf die Seite der Opposition – ohne jedoch dem *Forum zur nationalen Rettung* beizutreten, dem neben *Julija Tymoschenko* auch *Oleksandr Moros* angehörten. Im September 2002, am zweiten Jahrestag der Entführung *Gongadzes*, rief *Julija Tymoschenko* „das Volk" mit dem Appell „Steh auf, Ukraine!" („Powstan' – Ukrajino!") zu zivilem Ungehorsam auf: Am 16. September 2002 skandierten 50 000 Menschen auf dem Europa-Platz in Kiew „Nieder mit *Kutschma*!". Als nach der – gefälschten – Stichwahl im November 2004 der Zentrale Wahlausschuss den „offiziellen" Präsidentschaftskandidaten *Wiktor Janukowytsch* zum Wahlsieger erklärte, war es wiederum *Julija Tymoschenko*, die zum landesweiten Streik aufrief: „... jetzt ist nicht die Zeit zu arbeiten; jetzt müssen wir die Ukraine verteidigen!" Mit diesem Aufruf provozierte sie die Demonstrationen auf dem „Majdan", die zur „Orangenen Revolution" eskalierten.

Ein nicht zu unterschätzender Faktor des Erfolgs der Orangenen Revolution war die massive „externe Demokratie-Förderung". Seit dem Kollaps des sozialistischen Systems haben vor allem amerikanische USAID-finanzierte[37] wie auch private[38] Organisationen in der Ukraine viele Tausende junger Menschen „politisch gebildet"; geschult in Wahlbeobachtung und Nachwahlbefragung, in der Kreation von Slogans

---

[36] Siehe *Winfried Schneider-Deters* (Rezensionsessay), „Ein Paradiesvogel unter Aasgeiern" – Die Metamorphose der Julija Timošenko, in: Osteuropa, 9/2006.

[37] U.a. *Freedom House, National Endowment für Democracy* und insbesondere die der Democratic Party bzw. der Republican Party „nahe stehenden" Organisationen *National Democratic Institute (NDI)* und *International Republican Institute (IRI)*, die Anfang der achtziger Jahre des letzten Jahrhunderts nach dem Vorbild der deutschen politischen Stiftungen gegründet wurden.

[38] So das *Open Society Institute* von *George Soros*.

und Logos artikulierten sie den Protest der empörten Bevölkerung – und ausgerüstet mit Mobiltelefonen und Computern organisierten sie deren Demonstrationen. Der Bericht des Kongresses der Vereinigten Staaten über die Verwendung von finanziellen Mitteln für die Entwicklung der Demokratie in den ehemaligen Sowjetrepubliken bot den „konterrevolutionären" Kräften Gelegenheit, gegen die NGOs auszuholen, die in *Juschtschenkos* Wahlkampf eine wichtige Rolle spielten; sie seien vom Weißen Haus finanziert und kontrolliert worden und bildeten die Fünfte Kolonne der USA in der Ukraine. Dieser „weiche" Strang der zweigleisigen amerikanischen Politik, wie er vom State Department systematisch verfolgt wird, erwies sich als effektiver als der Einsatz der „anderen Mittel", mit denen das Pentagon amerikanische Politik fortsetzt – und wirksamer auch als die „klassische" Methode der USA, nämlich die Anstiftung zum Umsturz unliebsamer Regierungen durch die CIA. In der Tat spielte in der Orangenen Revolution die ukrainische Sektion der „Internationale" (*Anselm Weidner*) jugendlicher Umstürzler – die dezentral strukturierte Organisation „*PORA!*" (Es ist Zeit!) – eine wichtige Rolle. Doch stimmt das Argument ukrainischer „Reaktionäre" – und russischer Medien – nicht, die Orangene Revolution sei „fremdbestimmt" gewesen. Die jugendlichen Revolutionäre, die Tag und Nacht bei winterlichen Temperaturen in Zelten im Zentrum von Kiew ausharrten, hätten allein einem entschlossenen Einsatz der paramilitärischen Sicherheitskräfte des Innenministeriums nicht widerstehen können. Die Aktivisten agglutinierten die Demonstranten zu jener kritischen Masse, die einen Durchgriff der Miliz nicht mehr zuließ. Sie folgten *Gene Sharp's* theoretischer Anleitung zum gewaltlosen Widerstand[39] und lernten aus der praktischen Erfahrung der serbischen Bewegung OTPOR (Widerstand).[40] Es waren Söhne und Töchter der neuen Mittelschicht, die gegen das semiautoritäre Regime des Präsidenten *Kutschma* aufbegehrten. Sie waren keine Sozialrevolutionäre; sie kämpften nicht für soziale Leistungen, sondern für „Freiheit", für genuine Demokratie und transparente Politik, gegen die Relikte autoritärer Herrschaft und für die Integration der Ukraine in den Kreis der „westlichen" politischen Kultur.

Die USA und die EU erkannten das vom Zentralen Wahlausschuss verkündete Ergebnis der Stichwahl nicht an. Damit stärkten sie der Opposition in nicht zu überschätzendem Maße den Rücken in ihrem Protest gegen den Wahlbetrug. Dass das Regime letztlich vor Gewaltanwendung zurückschreckte, ist nicht nur der Einmischung der Europäischen Union und der USA[41] zu verdanken, sondern auch der Ero-

---

[39] *Gene Sharp*, Bringing Down a Dictator: From Dictatorship to Democracy, Boston 1993.
[40] Welcher mit dem Sturz von *Milošević* der erste Sturz eines postkommunistischen Diktators gelang.
[41] *Kutschma* hatte seine persönlichen Interessen neu bewertet: Eine Ächtung im Westen wäre ein zu hoher Preis für ein sicheres Asyl in Moskau gewesen. Die angedrohten persönlichen Konsequenzen für die Machthaber, nämlich Einreiseverbot und die Sperrung von privaten Konten, mögen dabei noch wirksamer gewesen sein als die Folgen der Isolierung des ukrainischen Staates im gesamten Westen.

sion der bewaffneten Stütze seiner Macht: Hätte Präsident *Kutschma* den Notstand ausgerufen, so hätte er sich nicht auf die bewaffneten Sicherheitskräfte verlassen können.

Nicht zuletzt hat auch die direkte Intervention des russischen Präsidenten *Putin* zugunsten des „Kandidaten des Kreml" den Willen der Demonstranten gestärkt, auf dem „Majdan", dem Platz der „Unabhängigkeit", der dadurch eine aktuelle Bedeutung erhielt, durchzuhalten: „Ukraine ohne *Putin!*" war eine Losung, die auf Spruchbändern zu sehen war. Die russische Einmischung trug dazu bei, dass diese Wahl – nicht in erster Linie, aber doch auch – als eine Entscheidung zwischen „Europa" und Russland wahrgenommen wurde.[42]

2.3 Die „orangene Regierung" *Julija Tymoschenko*

Wiktor Juschtschenkenko und *Julija Tymoschenko* teilten zwar die „Ideale des Majdan", doch haben sie diese nicht in einer gemeinsamen Reform-Strategie konkretisiert oder zu einem „orangenen" Regierungsprogramm operationalisiert. Für *Juschtschenko* war die Orange Revolution mit seiner Wahl zum Präsidenten beendet, während *Julija Tymoschenko* die Erfüllung der „Versprechungen des Majdan" zum Ziel ihrer Regierungspolitik machte. In der Tat haben Präsident *Juschtschenko* und Premierministerin *Tymoschenko* nicht zusammen regiert. Die persönlichen Rivalitäten im orangenen Lager ließen einen Konsens über eine gemeinsame Politik gar nicht zu; und die „orangen bisnesmeni" konterkarierten die Politik der „orangenen Regierung".

Durch die sofortige Erhöhung der Mindestlöhne und der Renten sowie der Anhebung anderer sozialer Leistungen des Staates wollte die „orangene Regierung" demonstrieren, dass sie eine „Regierung für das Volk" sei. Darin stimmte der liberale Präsident mit seiner „sozial-demokratischen" Ministerpräsidentin überein. *Julija Tymoschenko* hatte darüber hinaus eine massive staatliche Förderung eines „sozialen Wohnungsbaus" sowie die finanzielle Kompensationen der – in der Hyperinflation Anfang der 90er Jahre – vernichteten Ersparnisse der Bevölkerung geplant. Ökonomisch rechtfertigte sie die expansive Sozialpolitik mit der damit einhergehenden Stärkung der Binnennachfrage.

Es war aber vor allem ihre „Re-Privatisierungspolitik", die die Oligarchen gegen die Premierministerin aufbrachte. Bei der Rückverstaatlichung und erneuten Privatisierung ging es – über rückwirkende „Gerechtigkeit" hinaus – um die Beschaffung von einmaligen Einkünften für den staatlichen Haushalt zur Finanzierung staatlicher Sozialprogramme, aber auch um die Erzwingung von Modernisierungsinvestitionen in die betroffenen Betriebe durch eine erneute, „offene" Ausschreibung, d.h. durch Zulassung ausländischer Bieter. Die spektakuläre „Reprivatisierung" des größten Stahl-

---

[42] Siehe dazu auch die Einschätzung der Ereignisse aus russischer Sicht in dem Beitrag von Peter W. Schulze in diesem Band.

werks[43] der Ukraine, *Kriworischstal*, im Oktober 2005 überführte die Oligarchie des „Diebstahls" staatlichen Eigentums: Das gigantische Werk war – quasi als Abschiedsgeschenk des scheidenden Präsidenten *Kutschma* an seinen Schwiegersohn *Wiktor Pintschuk* und dessen Kompagnon *Rinat Achmetow*[44] – im Juni 2004 für 800 Millionen US Dollar privatisiert worden. In einer wegen ihrer Transparenz allseits gelobten internationalen Ausschreibung[45] erhielt der Weltmarktführer *Mittal Steel* (des indisch-britischen Milliadärs *Lakshmi Mittal*) im Oktober 2005 den Zuschlag für rund 4,8 Milliarden US Dollar.

Präsident *Juschtschenko* hatte in der Reprivatisierung von *Kriworischstal* eine „Initial-Zündung" für die Wirtschaft gesehen, doch abgesehen von diesem besonderen Fall unterschieden sich seine Ansichten wesentlich von den Vorstellungen *Julija Tymoschenkos* über die „richtige" Wirtschafts- und Gesellschaftspolitik. Er qualifizierte *Tymoschenkos* ökonomische Politik als unprofessionell – und führte u.a. die Auflösung der steuerbegünstigten „Freien Wirtschaftszonen" an. Unterstützung für diesen Schritt fand *Tymoschenko* beim Direktor der Weltbank für die Ukraine, Weißrussland und die Republik Moldau, *Paul Bermingham*. Auf einer Pressekonferenz in Kiew am 16. Dezember 2005 erklärte er: "Ukraine's government was right in its decision to cancel free economic zones, as preferences of some companies over others distorted the market and encouraged corruption."[46] Den drastischen Rückgang der ukrainischen Wirtschaftsleistung[47] im Jahre 2005 von 12 auf 2,5 Prozent kommentierte Präsident *Juschtschenkos* Wirtschaftsberater, der frühere russische Vizepremierpräsident *Boris Nemtsow*, als „Ergebnis einer äußerst unprofessionellen […] Regierungspolitik, die durch die Eigentumsumverteilung ein extrem feindliches Investitionsklima geschaffen hat ..."[48] In Wirklichkeit jedoch ist die Verlangsamung des Wachstums im Jahre 2005 vor allem auf ungünstigere externe Faktoren seit Ende 2004 zurückzuführen, insbesondere auf die Abschwächung der globalen Konjunktur für das wichtigste Exportprodukt der Ukraine, Stahl, dessen Export 40 Prozent der gesamten Ausfuhr ausmacht. Die Denunzierung der Politik *Tymoschenkos* als „staatlichen Dirigismus" in den oligarchischen Medien der Ukraine wurde in der anti-ukrainischen Propaganda russischer Medien aufgegriffen und von westlichen Medien, deren Korrespondenten nicht in Kiew, sondern in Moskau residieren, kolportiert.

---

[43] Ein Fünftel der Stahl-Produktion der Ukraine entfällt auf *Kryvorižstal'*.
[44] Der „Pate" des Donbass (und eigentlicher „Inhaber" der Partei der Regionen von *Wiktor Janukowytsch*).
[45] Die EU Kommission begrüßte die internationale Ausschreibung von *Kryvorižstal'*; die Reprivatisierung war beispielhaft, durchsichtig und offen, wie *Peter Power*, Sprecher der EU-Kommission, sagte.
[46] Interfax-Ukraine, 16.12.2005.
[47] Im Jahre 2005 ging das reale Wachstum des ukrainischen Bruttoinlandsprodukts von 12,1 % im Jahre 2004 auf 2,4 % zurück. Staatskomitee der Ukraine für Statistik, Interfax-Ukraine,18.01.2006.
[48] Interfax, Moskau, 08.09.2005.

Die Zerschlagung der regionalen und sektoralen Klan-Strukturen und die Einführung neuer Regeln für das Verhältnis zwischen der staatlichen „Macht" und dem „bisnes" – waren ein erklärtes Ziel der Orangenen Revolution. *Julija Tymoschenko*, die in den 90er Jahren mit ihrem „*Vereinigten Energie-Sytem der Ukraine*" (*EESU*) selbst ein Monopol auf dem Gasmarkt anstrebte, plädierte als Premierministerin für einen effizienten Staatssektor in der Wirtschaft. Als Eigentümer und Unternehmer sollte der Staat Einnahmen für den öffentlichen Haushalt erwirtschaften, aber auch die Verbraucher vor Monopolpreisen schützen. Eine ernsthafte Diskussion über das angemessene Verhältnis von Staat und Markt im Prozess wirtschaftlicher Entwicklung – und beider gelegentliches Versagen – hat in der Ukraine, wo ein oligopolistischer Kapitalismus entstanden ist, bislang jedoch noch nicht stattgefunden. Als Premierministerin hätte *Julija Tymoschenko* die Darstellung ihrer Politik als „sozialdemokratisch" wohl abgelehnt; im Wahlkampf des Jahres 2006 aber erklärte sie: „Meine Partei soll ein sozialdemokratisches Gesicht bekommen".[49]

Gleich nach ihrem gemeinsamen Sieg hatten die „orangenen Kapitalisten" und die „orangenen Idealisten" begonnen, sich zu bekriegen. Das Lager von *Julija Tymoschenko* warf der Entourage des Präsidenten *Juschtschenko* Verrat an den „Idealen des Majjdan" vor. Der Konflikt zwischen den zwei konkurrierenden Gruppierungen des gespaltenen orangenen Lagers, zwischen den „lieben Freunden" („ljubi drusi") des Präsidenten und der Gefolgschaft der Premierministerin, eskalierte bis zu unverhohlener Feindschaft. Im neunten Monat der „orangenen Macht" brach die Krise offen aus, als der Chef des Sekretariats des Präsidenten, *Oleksandr Syntschenko*, am 6. September 2005 ostentativ zurücktrat, um – wie er erklärte – auf die Korruption in der nächsten Umgebung des Präsidenten aufmerksam zu machen. Namentlich nannte er *Petro Poroschenko*, *Mykola Martynenko*, den Chef der Fraktion *Nascha Ukrajina* in der Werchowna Rada, und *Oleksandr Tretjakow*, den „Ersten Berater" des Präsidenten und Leiter seines „Kabinetts" (innerhalb des präsidialen Sekretariats). Wörtlich sagte *Syntschenko*: „Sie benutzen die politische Macht, um ihr eigenes Kapital zu mehren. [...] Ich habe mich zu dieser scharfen öffentlichen Erklärung entschlossen, damit die Ukrainer und Präsident *Juschtschenko* das Ausmaß des Problems erkennen."[50]

Der an die Öffentlichkeit getragene Konflikt zwischen der „Dreierbande" und *Julija Tymoschenko* – in gewissem Sinne ein Kleinkrieg „*Bankowa*" gegen „*Hruschewskoho*"[51] – zwang *Juschtschenko* zu einer Entscheidung. Am 8. September

---

[49] WELT Online, Internet Artikel, 06.03.2006.
[50] *Kathrin Singer*, Erbitterte Flügelkämpfe und wilde Korruptionsvorwürfe in Kiews Führung, Die Presse, 08.09.2005; <www.diepresse.com/Artikel.aspx?channel=p&ressort=a&id=504863>.
[51] Die „Regierung", d.h., das „Ministerkabinett", hat seinen Sitz in einem monströsen Bau an der „Hruševs'koho"-Straße. Der Sitz der Administration des Präsidenten – seit dem Amtsantritt von *Wiktor Juščenko* in „Sekretariat des Präsidenten" umbenannt – befindet sich in einem ebenso monumentalen Bau an der „Bankova"-Straße.

2005 rang sich der Präsident zu dem Entschluss durch, die Ministerpräsidentin und das gesamte Ministerkabinett zu entlassen. Auf der Pressekonferenz desselben Tages begründete er die Entlassung des Kabinetts *Tymoschenko* u.a. auch mit der „populistischen Politik" der Premierministerin. Dabei war das Ministerkabinett Geisel der populistischen Versprechungen, die *Juschtschenko* selbst als Präsidentschaftskandidat auf dem „Majdan" gegeben hatte.[52] In einem Spiegel-Interview sagte Präsident *Juschtschenko*, die Entlassung des Kabinetts *Tymoschenko* sei „eine Episode, keine Tragödie",[53] ein folgenschwerer Irrtum, wie sich herausstellte. Der Bruch der revolutionären Allianz hatte eine verheerende Wirkung auf die Bevölkerung – und stellte die ganze Orangene Revolution in Frage stellte: Er diskreditierte die Demokratie.

Die „orangene Krise" im September 2005 war mehr als die Manifestation inkompatibler politischer Konzepte; dahinter verbarg sich ein unauflöslicher Persönlichkeitskonflikt.[54] Das Einzige, was *Wiktor Juschtschenko* und *Julija Tymoschenko* verband, war die Gegnerschaft zu Präsident *Kutschma*. In den ersten Monaten der orangenen Macht, in der Präsident *Juschtschenko* Anerkennung auf dem internationalen Parkett suchte, ärgerte er sich über die Popularität seiner Premierministerin *Tymoschenko* „zu Hause". Doch während *Julija Tymoschenko* gegenüber *Juschtschenko* loyal bis zur Selbstverleugnung war, desavouierte *Juschtschenko* sie in vielen Situationen. Ihre Kritik richtete sich gegen ihre Feinde in seiner „Umgebung"; ihn selbst nahm sie – auch nach ihrer Entlassung – von ihren Vorwürfen ausdrücklich aus. Sie hielt somit den Weg zu einer Erneuerung ihres Bündnisses offen.

2.4 Test der ukrainischen Demokratie

Die politischen Parteien und „Blöcke"

Von den über Hundert im Justizministerium registrierten Parteien haben – trotz der verhältnismäßig niedrigen Hürde von drei Prozent vor dem Eingang zur Werchowna Rada – nur ein halbes Dutzend politische Relevanz. Drei Parteien – bzw. „Blöcke" dominieren die politische Szene, zwei oder drei kleine Parteien spielten bzw. spielen als potenzielle Mehrheitsbeschaffer eine Rolle.

Die Parteien repräsentieren – trotz ihrer zum Teil umfangreichen Programme – in der praktischen Politik nicht so sehr unterschiedliche ideologische Konzeptionen für die Gestaltung der gesellschaftlichen Ordnung und der wirtschaftlichen Entwicklung des Landes; in den Augen der Wähler dienen sie viel mehr der Promotion der politischen Ambitionen – und kommerziellen Interessen – ihrer Gründer. Ihre ideologi-

---

[52] *Serhij Rachmanin*, Vsë ne tak, in: Zerkalo Nedeli/Dzerkalo Tyžnja, Nr. 37 (565), 24.–30.09.2005, S. 1 und 2.
[53] Kiews einsamer Präsident, in: Der Spiegel, 52/2005, S. 106.
[54] *Serhij Rachmanin*, Doroga, kotoraja ne vedet k Majdanu (Der Weg, der nicht zum Majdan führt), in: Zerkalo Nedeli/Dzerkalo Tyžnja, Nr. 46 (574), 26.11.–02.12.2005, S. 2.

schen Positionen verschieben sich mit dem variablen opportunistischen Kalkül ihrer Führer (bzw. Führerinnen). Für die Chance, über die Liste einer Partei bzw. eines Wahlblocks einen Sitz im Parlament – und die damit verbundenen enormen Privilegien – zu gewinnen, verlangen diese nicht nur Beiträge zur Finanzierung des Wahlkampfes[55] in sechs- und siebenstelliger Höhe (US Dollar!), sondern auch unbedingte Gefolgschaft. Den Platz auf der Kandidaten-Liste bestimmt der „lider"; parteiinterne Demokratie ist der ukrainischen Demokratie fremd.

Der Wahlkampf des Jahres 2006 (Parlamentswahlen vom 26. März) war denn auch weniger ein Wettstreit zwischen Ideologien und Programmen als zwischen Personen. Nicht politische Parteien traten gegeneinander an, sondern „Namensblöcke", benannt nach dem jeweiligen „lider". Programmatische Aussagen bildeten nur eine Camouflage, sofern sie nicht ohnehin nur leere Hülsen waren – wie zum Beispiel der Spruch des „Blocks" des Parlamentspräsidenten *Lytwyn*: „Wer denn – wenn nicht Wir?!"[56] Alle Parteien erhoben den Anspruch, irgendwie dem „Volk" verbunden zu sein; viele führten das Attribut „narodnij" in ihrem Namen: „Volks-Wahlblock", „Volks-Opposition" etc. Unüberbietbar in seiner apolitischen Emotionalität war der optische und verbale Appell von *Julija Tymoschenko* an die Wähler: Ein rotes Herz auf weißem Grund mit dem Aufruf: „Wähle mit Herz!"[57] Dagegen warb die *Partei der Regionen* nicht für ihren Spitzenkandidaten; ihre nominelle „Nummer Eins", *Wiktor Janukowytsch*, ist keine charismatische Figur, und die persönliche Erfolgsgeschichte des „Eigners" dieser Partei, des Multi-Milliardärs *Rinat Achmetow*, ist keine Werbung für die PR; er begnügte sich mit dem Platz 7 auf der Liste „seiner" Partei. Der Block *Nascha Ukrajina* warb nur indirekt mit dem Namen *Juschtschenko* („Für *Juschtschenko* – für ,Unsere Ukraine'"), da der Präsident „über den Parteien" zu stehen hat.[58]

- Die *Partei der Regionen*/PR (*Partija Rehioniw*)

Die *Partei der Regionen* wurde im Jahre 2001 – ein Jahr vor den Parlamentswahlen des Jahres 2002 – gegründet. Vorsitzender der PR ist *Wiktor Janukowytsch*, der nach der Orangenen Revolution zur „Ikone" (*Serhij Rachmanin*) der „Konterrevolution" wurde. Die Fraktion der PR im nationalen Parlament der 4. Legislaturperiode (März 2002 – März 2006) gehörte bis zum Ende der zweiten Amtszeit des Präsidenten *Kutschma* im Januar 2005 zu dessen „propräsidentialen Mehrheit" in der Werchowna Rada. Im „System *Kutschma*" wurde die PR als „politischer Arm" des „Donezker

---

[55] Ausgenommen sind Kandidaten, die zur Respektabilität der Partei beitragen können.
[56] Im Wahlkampf 2007 (vorgezogene Parlamentswahlen vom 30. September) präzisierte der ehemalige "Speaker": "Die Ukraine braucht *Lytwyn*".
[57] „Golosuj sercem!".
[58] Za *Juščenko*, za Našu Ukraïnu! Um die Attraktivität ihrer Blöcke zu erhöhen, setzten sie populäre Figuren auf die vordersten Plätze ihrer Listen; so warb der Block *Naša Ukraïna* mit der Sängerin *Ruslana Lyžyčko*, der Gewinnerin des Eurovision Gesangswettbewerbs 2005, auf Platz 3.

Klans" wahrgenommen – eine Partei ohne jegliches ideologisches Profil. Sie gewann die Zustimmung der russischsprachigen Bevölkerung der Ost- und Süd-Ukraine mit der innenpolitischen Forderung nach Anerkennung der russischen Sprache als zweiter Amtssprache – und der außenpolitischen Forderung nach einer „pro-russischen" Ausrichtung der Ukraine.

Nach der Orangenen Revolution sammelten sich die Nutznießer des Regimes des Präsidenten *Kutschma* in der Partei des geschlagenen Präsidentschaftskandidaten *Janukowytsch*; die Fraktion der PR in der Werchowna Rada entwickelte sich zur stärksten Kraft der Opposition gegen die „orangene Macht". Der Einbruch des Wirtschaftswachstums im Jahre 2005 gab ihr die Chance, sich mit einem ökonomischen Sanierungsprogramm für die Parlamentswahlen vom März 2006 zu profilieren – und aus diesen als stärkste Kraft hervorzugehen, wobei eine Rolle spielt, dass sie ihre Wähler in den bevölkerungsreichsten Oblasti hat.

Für die vorgezogenen Parlamentswahlen vom September 2007 warb die PR – unter Verweis auf die wieder florierende Wirtschaft – mit dem Markenzeichen „Stabilität und Wohlstand"[59] – und präsentierte sich als „liberal-soziale" Partei mit ökonomischer Kompetenz, die eine großzügige Sozialpolitik aus wirtschaftlichem Wachstum finanzieren kann – ohne sich aber mit eigenen Aussagen im politischen Spektrum einzuordnen.[60] In ihrem Wahl-Programm verteilte die PR soziale Wohltaten; gleichzeitig wurde ein – wie offen zugegeben – von amerikanischen Experten verfasstes „Programm ökonomischer Reformen in der Ukraine für die Jahre 2007–2011" angekündigt, das von der *Rinat Achmetow Stiftung ‚Effektives Management'* in Auftrag gegeben wurde.

Die Liste der *Partei der Regionen für die Parlamentswahlen im März 2006* war nicht nur ein Verzeichnis regionaler „bisnesmeni" des Donbass (sie nahmen die obersten 60 Positionen ein); sie war auch eine „schwarze Liste" von Leuten, die „Probleme mit dem Gesetz" hatten. Über die PR-Liste zogen umstrittene Figuren in das neue Parlament ein, die von der faktischen politischen Amnestie des Präsidenten *Juschtschenko* profitierten (siehe unten) – so *Serhy Kiwalow*, der als Vorsitzender des Zentralen Wahlausschusses dem offiziellen Kandidaten *Janukowytsch* half, das Ergebnis der Präsidentschaftswahlen von 2004 zu fälschen. Auf der Liste der PR für die Parlamentswahlen im September 2007 dominierte erneut das Big Business aus dem Donbass.

---

[59] „Stabil'nost' i blagosostojanie".
[60] Der Sohn von *Janukowytsch* ist Mitglied der Socialist Group/SOC in der Parlamentarischen Versammlung des Europarates, *Boris Kolesnikow*, der Leiter des Wahlkampfstabes der PR, in der „rechten" European Democratic Group/EDG.

- Die Partei *Unsere Ukraine* (*Nascha Ukrajina*/NU),
  – der Block *Nascha Ukrajina* in 2006 bzw.
  – das Bündnis *Unsere Ukraine–Selbstverteidigung des Volkes*
  (*Nascha Ukrajina–Narodna Samooborona*/NU-NS) in 2007

Die Partei (der „*Volksbund*"/Narodnij sojus) *Nascha Ukrajina*/NU wurde im Jahre 2001 als politische Basis für den nach seiner Entlassung aus dem Amt des Premierministers in die Opposition zu Präsident *Kutschma* gewechselten *Wiktor Juschtschenko* gegründet; für die Wahlen zur Werchowna Rada des Jahres 2002 schlossen sich zehn national-, liberal- und christlich-demokratische Parteien mit der Partei NU – in der „Mitte rechts" – zum Block *Nascha Ukrajina* unter *Juschtschenkos* Führung zusammen. Die Partei *Nascha Ukrajina* – wie auch der mit ihr verbündete „Ruch" (des ehemaligen Außenministers *Boris Tarasjuk*), der nur noch ein Schatten der ursprünglichen „Unabhängigkeitsbewegung" ist, haben den Status von Beobachtern in der konservativen *Europäischen Volkspartei* (EVP).

In den ersten Parlamentswahlen nach der Orangenen Revolution im März 2006 blieb das Ergebnis des – inoffiziell „Block *Juschtschenko*" genannten – Blocks *Nascha Ukrajina* weit hinter dem Ergebnis des Präsidentschaftskandidaten *Juschtschenko* zurück. Innerhalb der Partei NU hatte die dem Präsidenten nahe stehende „Business-Fraktion („partija bisnes") die Führung übernommen. Es handelte sich bei diesen „orangenen Millionären – die viel, wenn auch nicht uneigennützig, zum Wahlsieg von Präsident *Juschtschenko* beigetragen hatten – nicht durchweg um „ehrbare Kaufleute"; in den Augen von *Julija Tymoschenko* haben diese "„biznesmeni" die „orangene Macht" diskreditiert.

Für die vorgezogene Parlamentswahl am 30. September 2007 wurde der Block *Nascha Ukrajina* um die neu gegründete, „radikal-orangene" *Bürgerbewegung* (*Gromadjanskyj ruch*) *Narodna Samooborona* (Selbstverteidigung des Volkes) des populären Protagonisten der Orangenen Revolution, *Jurij Luzenko*, zur Allianz *Nascha Ukrajina–Narodna Samooborona*/NU-NS erweitert. Der neuen Partei des „orangenen Sozialisten" *Luzenko*, der nach dem Seitenwechsel der *Sozialistischen Partei* bis zu seiner Entlassung als Minister des Innern im Kabinett *Janukowytsch* verblieb,[61] waren in Meinungsumfragen auf Anhieb Chancen auf Einzug in die Werchowna Rada eingeräumt worden. Dem Hoffnungsträger *Luzenko* wurde der erste Platz auf

---

[61] *Lucenko* hatte als Minister des Innern in den Kabinetten *Timošenko* und *Jechanurow* eine Anti-Korruptionskampagne gegen die „Autoritäten" des Donbass geführt. Dennoch konnte Präsident *Juščenko* den ihm loyalen *Lucenko* im August 2006 in der Vereinbarung mit Janukowytsch über die Zusammensetzung des Ministerkabinetts („Universal der nationalen Einheit") erneut als „Polizeiminister" durchsetzen. Nach einer Schamfrist von drei Monaten wurde er (am 30. November 2006) von der Verchovna Rada aus diesem Amt abberufen. Nach seiner Entlassung rief *Jurij Lucenko* die radikale oppositionelle ‚Selbstschutz des Volkes' (‚Narodna samooborona') ins Leben und kündigte einen „Marsch auf Kiew" an.

der Liste des Blocks NU-NS zugestanden. Der neue Partner blockiert durch die Reanimierung des „Maijdan" die latente Neigung in *Nascha Ukrajina*, nach der Wahl mit der Partei der Regionen zu koalieren (siehe unten).

- Der *Block Julija Tymoschenko*/BJuT (*Blok Juliji Tymoschenko*)

Wie der Name besagt, ist der „*Block Julija Tymoschenko*" auf die Person seiner charismatischen Führerin ausgerichtet. Der BJuT nimmt die politischen Positionen ein, die *Julija Tymoschenko* anweist; sie selbst bezeichnete sich als in der „linken Mitte" stehend. Bis zum Wahlkampf 2007 wurde sie in der Öffentlichkeit als „links" wahrgenommen. Ihre Regierungspolitik als Premierministerin, die als „sozial-demokratisch" apostrophiert werden kann, wurde im „orangenen Lager" selbst als „dirigistisch" gewertet; von ihren Gegnern wurde sie als „sozial-populistisch" denunziert. „Gerechtigkeit" war der Schlüsselbegriff ihres „Manifests" im Wahlkampf 2006, in welchem die Programmatik ihres Blocks als „Solidarismus" bezeichnet wurde. In Kommentaren wurde diese Ideologie der Gerechtigkeit mit dem argentinischen „Justizialismus" – und *Julija Tymoschenko* selbst mit *Maria Eva Duarte de Peron* verglichen. Im Mai 2006 hatte *Julija Tymoschenko* angekündigt, ihre Partei *Batkiwtschina* werde der *Sozialistischen Internationale* beitreten. Umso überraschender war der im August 2007 gestellte Antrag auf Mitgliedschaft in der (konservativen) Europäischen Volkspartei (EVP).[62]

Der *Block Julija Tymoschenko* ist eine Gruppierung von Politikern, die ihre politische Karriere mit der persönlichen Popularität von *Julija Tymoschenko* vernüpft haben. Dem Block gehören Parteien und Personen an, die rechts und links der Mitte stehen, so die (kleine) sozialdemokratische Partei von *Wasyl Onopenko* und – individuell – *Iosyp Wynskyj*, der nach dem Seitenwechsel von *Oleksandr Moros* aus der *Sozialistischen Partei* austrat; ferner die liberale Partei „Reformen und Ordnung" von *Wiktor Pinsenyk*. In der Parlamentarischen Versammlung des Europarates ist der BjuT sowohl in der liberalen als auch in der sozialistischen Fraktion vertreten. Kern des BJuT ist *Julija Tymoschenkos* eigene Partei, die *Batkiwtschyna* (Vaterland); auch diese „*Allukrainische Vereinigung*" ist keine Partei im eigentlichen Sinne, sondern ein „politischer Fan Club" (*Serhij Rachmanin*). Unterschiede zwischen *Tymschenkos* Partei und ihrem Block sind nicht erkennbar. Die Mitgliedschaft der Partei *Batkiwtschina* in der Europäischen Volkspartei wurde auf dem Kongress des Blocks (!) *Julija Tymoschenko* am 5. August 2007 einstimmig, also auch mit den Stimmen der Delegierten, die nicht der „Vaterlandspartei" angehören, beschlossen.[63] In der Werchowna Rada bildet der BJuT eine Fraktion.

Der BjuT profitierte von der Enttäuschung des „orangenen" Elektorats über Präsident *Viktor Juschtschenko* und avancierte in den Parlamentswahlen vom März 2006 zur stärksten Kraft innerhalb des „orangenen" („demokratischen") Lagers. (Die farb-

---

[62] *Viktor Čyvokunja*, Tymošenko wechselt den Kurs", in: Ukraïnska Pravda, 07.08.2007.
[63] Die Abstimmung erfolgte nach der Rede des Präsidenten der EVP, *Wilfred Martens*.

liche Kennzeichnung wurde inzwischen durch das politische Attribut „demokratisch" ersetzt). Anders als die – ambivalente – *Nascha Ukrajina* akzeptierte die Fraktion des BjuT nach der Wahl von *Wiktor Janukowytsch* zum Premierminister die Position der Opposition in der Werchowna Rada (siehe unten).

Während im Wahlkampf des Jahres 2006 der Akzent auf *Gerechtigkeit* lag, erweiterte der BjuT im Wahlkampf 2007 seine programmatische Konzeption um die ökonomische Kompenente „Wettbewerbsfähigkeit" des Landes – und definierte sich damit (allerdings nicht expressis verbis) als eine sozial-liberale politische Kraft. Am 8. August 2007 enthüllte *Julija Tymoschenko* ihren (über 300 Seiten umfassenden) „Wegweiser fuer das Land im 21. Jahrhundert" – die „Nationale Entwicklungsstrategie ‚Ukrainischer Durchbruch' zu einem gerechten und wettbewerbsfähigen Land".[64] Der „Durchbruch" soll an zwölf Fronten erfolgen; konkret wurden 12 Politik-Felder als Basis des Wahl- (und künftigen Regierungs-)programms definiert.

- Die *Sozialistische Partei der Ukraine*/SPU (*Sozialistytschna partija Ukrajiny*)

Die *Sozialistische Partei* bezeichnet sich in ihrem Parteiprogramm selbst als „linkszentristisch". Die SPU wurde im Jahre 1991 als Auffang-Organisation für die verbotene *Kommunistische Partei* gegründet – und blieb bei deren Wiederzulassung im Jahre 1993 als eigenständige Partei bestehen, die den „sozialen Schutz" der Verlierer des sozialistischen Kollapses (Rentner, Veteranen, Invaliden ...) zu ihrer Sache machte. Sie bildete mit der kollektivistischen Agrarpartei einen Wahlblock und eine gemeinsame Fraktion in der Werchowna Rada, bis diese Ende der 1990er Jahre in der SPU aufging. Die *Sozialistische Partei* erbte deren Elektorat in der ländlichen Bevölkerung der zentralen Oblasti der Ukraine. Der Schutz der ukrainischen Landwirtschaft (in der parlamentarischen Debatte über den WTO-Beitritt der Ukraine) bestimmte denn auch in den letzten Jahren das politische Profil der SPU mehr als der „demokratische Sozialismus", den sie in ihrem Parteiprogramm als Ziel postuliert. Im Wahlkampf des Jahres 2007 machte die SPU die kommunale Selbstverwaltung zu ihrem Thema.

Die präsidentiellen Ambitionen ihres Vorsitzenden *Oleksandr Moros* hielten die SPU in Abhängigkeit von der *Kommunistischen Partei*, deren Fraktion in den 1990er Jahren die stärkste politische Kraft in der Werchowna Rada bildete; sie verhinderte die konsequente „Reformierung" (d.h. die „Sozialdemokratisierung") der *Sozialistischen Partei*. Erst Ende der 1990er Jahre näherte sich die SPU der *Sozialistischen Internationale* an, der sie seit Januar 2006 als Mitglied angehört.[65] Die SPU

---

[64] Nacional'na strategija rozvitku ‚Ukraïnskyj proryv' do spravedlyvoï i konkurentospromožnoï kraïnu.
[65] Die Partei, die das Attribut „sozialdemokratisch" im Namen führt, nämlich die „*(vereinigte) Sozialdemokratische Partei der Ukraine"/SDPU(o)*, ist das politische Instrument der kommerziellen Interessen des oligarchischen Duos *Surkis – Medvedčuk*. Die SPU

orientiert sich heute an den Normen und Standards der Europäischen Union: „Bauen wir Europa in der Ukraine!" lautet ihre Losung.[66]

- *Die Kommunistische Partei der Ukraine*/KPU
  (*Komunistytschna partija Ukrajiny*)

In ihrem orthodoxen kommunistischen Programm nennt die KPU den „Sozialismus – unser Ziel". Dieses Ziel spielt als wirtschafts- und gesellschaftspolitische Alternative in der gegenwärtigen politischen Auseinandersetzung keine Rolle mehr. Nach ihrer Wiederzulassung im Jahre 1993 war die kommunistische Fraktion sofort wieder die stärkste Kraft in der Werchowna Rada geworden. Und noch im Jahre 1999 gewann *Leonid Kutschma* seine zweite Amtszeit als „kleineres Übel" angesichts einer angeblich drohenden kommunistischen Restauration. Heute – 15 Jahre nach dem Zusammenbruch des sowjetischen Systems – ist die KPU eine fossile Rentner-Partei. In den Parlamentswahlen vom Maerz 2006 überwand sie nur noch knapp die Hürde von drei Prozent. Politische Bedeutung gewann sie im August 2006 lediglich als Mehrheitsbeschafferin für die Partei der Regionen (siehe unten).

Der „Erste Sekretär des Zentralkomitees der *Kommunistischen Partei der Ukraine*", *Petro Simonenko*, ist ein farbloser Apparatschik, der sich von Präsident *Kutschma* manipulieren ließ. Eine konsistente „linke Politik" konnte die KPU unter seiner Führung nicht formulieren. Die KPU pflegt nicht nur eine irrationale Nostalgie nach der untergegangenen Sowjetunion; sie fordert eine enge Anbindung der Ukraine an Russland – voellig unabhaengig von dem dort herrschenden politischen System.

- Die *Progressive Sozialistische Partei der Ukraine – Block Natalija Witrenko*

Die „progressive" sozialistische Partei der exzentrischen Frau *Witrenko* (Eigenwerbung: „die Frau, die die Ukraine rettet!"[67]) propagiert einen regressiven Sozialismus sowie die Union der slawischen Länder Russland, Ukraine und Belarus. Mit diesem Programm fand sie in den Parlamentswahlen vom März 2006 bei nahezu drei Prozent der Wähler Resonanz – und scheiterte nur knapp an der Qualifikationsbarriere für den Einzug in die Werchowna Rada. In russischen Medien findet *Witrenko* wegen ihrer „anti-westlichen" („NATO Stopp!") und „pro-russischen" Rhetorik weit über ihr politisches Gewicht hinaus Beachtung.

Das Ergebnis der Parlamentswahlen vom März 2006

Die ersten Wahlen nach der Orangenen Revolution galten als Test der ukrainischen Demokratie.[68] Auf der Pressekonferenz der *International Election Observation Mis-*

---

[66] „Zbudujemo Jevropu v Ukraïni!"
[67] Ženščina spasët Ukrainu (russ.).
[68] Siehe *Winfried Schneider-Deters*, Freie Wahl, große Qual – Orangener Pyrrhus-Sieg in der Ukraine? in: Osteuropa, 5/2006.

sion/IEOM bezeichnete der amtierende Vorsitzende (Chairman-in-Office), *Alcee Hastings*, die ukrainischen Wahlen vom 26. März 2006 als „free and fair".[69] Auch die *„Mission der Internationalen Organisation für Wahlbeobachtung in Ländern der Gemeinschaft Unabhängiger Staaten/CIS-EMO*, die von *Aleksej Kotschetkow* geleitet wurde,[70] kam zu dem Ergebnis, dass die Wahlen „dem Gesetz gemäß" abgehalten worden seien, wie der Leiter der Beobachter-Mission der russischen Staatsduma und deren Stellvertretender Vorsitzender, *Serhij Baburin*, auf der Pressekonferenz der *CIS-EMO* am Tage nach der Wahl sagten. Doch kritisierten die russischen Wahlbeobachter stärker als die *IEOM* die organisatorischen Defizite und technischen Irregularitäten der Wahl. Allgemein unterstellten die russischen Beobachter aber keine Fälschungsabsichten.

Bei den Parlaments- (und Kommunal-)wahlen am 26. März 2006 galt zum ersten Mal das reine Verhältniswahlrecht, das im Februar 2004 von der Werchowna Rada eingeführt worden war. Von 45 Parteien und „Blöcken" wurden nur fünf in das nationale Parlament gewählt: Die *Partei der Regionen der Ukraine* mit 32 %; der *Block Julija Tymoschenko* mit 22 %; der Block *Nascha Ukrajina* mit 14 %; die *Sozialistische Partei der Ukraine* mit 6 % und die *Kommunistische Partei der Ukraine* mit 4 % der Stimmen. Die 450 Sitze der Werchowna Rada verteilten sich zu Beginn der fünften Legislaturperiode wie folgt auf die Parteien bzw. Blöcke: Die PR erhielt 186 Sitze; der BJuT 129; der Block NU 81; die SPU 33und die KPU 21.

Relativer Wahlsieger wurde die *Partei der Regionen*. Die Partei von *Wiktor Janukowytsch* errang in den Parlamentswahlen mit fast einem Drittel den größten Stimmenanteil. Den rechnerischen Wahlsieg aber trug das „orangene Lager" davon. Drei der fünf Parteien bzw. Wahlbündnisse des gespaltenen „orangenen Lagers"[71] – der *Block Julija Tymoschenko,* der Block *Nascha Ukrajina* und die *Sozialistische Partei der Ukraine* – sind mit einem summierten Stimmenanteil von 42 %, also weit weniger als der Hälfte der Wählerstimmen, in das Parlament eingezogen; in der Werchowna Rada aber hatten sie mit 243 (von 450) Sitzen eine klare Mehrheit.[72] Der gemeinsame Wahlsieg erlaubte dem orangenen Lager im neuen Parlament die Bildung einer Regierungskoalition; er wurde jedoch Ursprung für einen erbitterten in-

---

[69] In den schriftlichen „Vorläufigen Schlussfolgerungen" der *IEOM* heißt es: „Die Parlamentswahlen vom 26. März wurden im wesentlichen in Übereinstimmung mit den Verpflichtungen (der Ukraine) gegenüber der OSZE, dem Europa-Rat und entsprechend anderen internationalen Standards für demokratische Wahlen abgehalten." International Election Observation Mission, Parliamentary Elections, Ukraine – 26 March 2006, „Preliminary Statement", Kyiv, 27. March 2006.
[70] Missija Meždunarodnoj Organisacii po nabljudeniju za vyborami v stranach SNG.
[71] Orange ist die Farbe von *Naša Ukraïna*, der Partei des Präsidenten *Juščenko*; sie wurde zum Symbol für alle demokratischen Kräfte, die sich im Winter 2004 zum Sturz des *Kučma*-Regimes vereinigt hatten.
[72] Die addierten Anteile der 5 Parteien mit mehr als 3 % der Stimmen belaufen sich auf 78 %.

neren Kampf um das – durch die Verfassungsänderung vom 1. Januar 2006 aufgewertete – Amt des Premierministers. Die eigentliche Wahlsiegerin war *Julija Tymoschenko*. Nach ihrer Entlassung aus dem Amt des Premierministers konnte sie die Enttäuschung der Bevölkerung über Präsident *Juschtschenko* frei artikulieren; sie stand mit ihrer Kritik am „Umfeld" des Präsidenten sozusagen in innerer, „orangener" Opposition zur „orangenen Macht". Die Wahlniederlage des Blocks *Nascha Ukrajina* war eine persönliche Niederlage *Juschtschenkos*. In der Hauptstadt Kiew, wo noch im Winter 2004 auf dem „Majdan" Hunderttausende den Namen des Präsidentschaftskandiaten *Juschtschenko* („Juschtschenko – Tak!") skandiert hatten, wurde nun der Präsident *Juschtschenko* abgestraft: Sein Block *Nascha Ukrajina* erhielt 16 Prozent – während der *Block Julija Tymoschenko* 39 Prozent gewann. Den Grund für die Wahlniederlage des Präsidenten sieht der politische Analyst der angesehenen Wochenzeitung *Serkalo Nedeli* (Spiegel der Woche), *Serhij Rachmanin*, darin, dass *Juschtschenko* die Erwartungen seiner Wähler falsch gedeutet hat.[73] Den Bürgern war auf dem „Majdan" eine „ehrliche Macht" versprochen worden, eine durchsichtige, eine unbestechliche Macht, eine Macht frei von Vetternwirtschaft – und die Trennung von „bisnes" und Politik. Im Wahlkampf aber stellte *Nascha Ukrajina* die sozialen Wohltaten der „orangenen Macht" heraus; für die Mehrheit des orangenen Elektorats bedeuten aber die „Versprechungen des Majdan" nicht so sehr materielle Leistungen, sondern ideelle Werte. Die Bürger sind „nicht für das Muttergeld auf den Majdan" gegangen, meint *Rachmanin*.

Die *Sozialistische Partei der Ukraine* von *Oleksandr Moros* trat allein an – und wurde die stärkste linke Kraft im neuen Parlament. Nach der ersten Runde der Präsidentschaftswahlen im Jahre 2004, an der *Moros* (wieder einmal) als Präsidentschaftskandidat teilnahm, empfahl dieser seinen Wählern, in der zweiten Runde für *Wiktor Juschtschenko* zu stimmen. Seine *Sozialistische Partei* galt daher – bis zu seinem Seitenwechsel im August 2006 – als Teil der „orangenen Lagers".

Es ist bedauerlich, dass die politisch-moralische Jugendbewegung *PORA!* („es ist Zeit!"), die im Herbst und Winter 2004 durch ihre Ausdauer auf dem „Majdan" der Orangenen Revolution zum Sieg verhalf, sowie die kleine Partei *Reformen und Ordnung* – eine der wenigen mit konzeptionellem (liberal-demokratischem) Profil – an der Drei-Prozent-Hürde gescheitert sind. Das Bündnis PORA–PRP hätte als das genuine „Kommando" der Verteidiger der „wahren Werte des Majdan" einen erheblichen Teil des orangen Elektorats gewinnen können; doch statt als „Partei des Majdan" aufzutreten, präsentierte es sich – mit dem Sport-Idol als Galeonsfigur – als die „*Klitschko*-Partei" (*Serhij Rachmanin*). Das professionelle politische Marketing ihrer amerikanischen Berater hatte sich verselbständigt und die Bodenhaftung verloren.

---

[73] *Serhij Rachmanin,* Proščalnym kostrom dogorit epocha, in: Zerkalo Nedeli, Nr. 12 (591), 01.–07.04.2006, S. 1 und 3.

Die Gesellschaft der Ukraine hat sich nicht nur biologisch verjüngt. Die *Kommunistische Partei* repräsentiert eine Vergangenheit, welche die ukrainische Bevölkerung bereits weit hinter sich gelassen hat; doch auch die patriotische Unabhängigkeitsbewegung ist bereits Geschichte: Die *Ukrainische Volksbewegung*, der „*Ruch*" – und seine „lebenden Legenden" (*Serhij Rachmanin*) – spielen keine Rolle mehr. Auch die Nachhut des Präsidenten *Kutschma* erlitt eine vernichtende Niederlage; viele seiner Gefolgsleute, die auf Listen von Parteien bzw. Wahl-"Blöcken" kandidierten, scheiterten an der Drei-Prozent-Hürde.

2.5 Die schwierige Wiedergeburt der „orangenen Koalition"

Unter der Losung „Ost und West vereint!" (Vostok i Zapad edini) wurden von interessierter Seite die positiven Effekte eines Bündnisses *Juschtschenko-Janukowytsch* in die öffentliche Diskussion lanciert; eine „große Koalition" der beiden politischen Kräfte *Nascha Ukrajina* und der *Partei der Regionen* symbolisiere eine „nationale Versöhnung". *Julija Tymoschenko* geißelte eine eventuelle „Große Koalition" als „Verrat an der Orangenen Revolution". Gründe für den Verdacht geheimer Verhandlungen zwischen *Nascha Ukrajina* und der *Partei der Regionen* lieferten beide Seiten schon vor der Wahl: Die PR schien Präsident *Juschtschenko* den Schritt zu einer großen Koalition erleichtern zu wollen; ihr Wahlkampfleiter *Kuschnarjow* deutete an, dass der – für orangene Politiker schwer zu goutierende – Vorsitzende der Partei der Regionen, *Wiktor Janukowytsch*, in einer Koalition der PR mit dem Block *Nascha Ukrajina* nicht unbedingt Premierminister werden müsse. Die Signale aus *Nascha Ukrajina* waren ambivalent. Für die „große" Lösung sprachen sich Vertreter des „Wirtschaftsflügels" des Blocks aus.

Der Wiederherstellung der „orangenen Koalition" stand *Julija Tymoschenkos* Anspruch auf das Amt des Premierministers im Wege. Präsident *Juschtschenko* sah sich einem Dilemma konfrontiert: Einerseits war es der offenkundige politische Wille des gesamten „orangenen Elektorats", auch der Wähler seines Blocks *Nascha Ukrajina*, eine „orangene Koalition" zu bilden. Anderseits waren weder Präsident *Juschtschenko* noch die ihm nahe stehende Clique der „orangenen bisnesmeni" bereit, das Amt des Premierministers noch einmal *Julija Tymoschenko* zu überlassen. Für die „Bisnes-Partei" im Block *Nascha Ukrajina* war *Julija Tymoschenko* ein rotes Tuch, da sie in ihrer Amtszeit die Trennung von „Bisnes" und Politik betrieben hatte. Präsident *Juschtschenko* hatte vor der Wahl keinen Zweifel daran gelassen, dass er mit dem „rationalen" – und „exekutiven" – Premierminister *Jechanurow* weiter regieren wolle (siehe unten). *Julija Tymoschenko* hatte ihrerseits die Parlamentswahl vom 26. März 2006 als eine (indirekte) Wahl des Premierministers durch das Volk charakterisiert und diese Wahl zu einer Entscheidung zwischen ihr und *Wiktor Janukowytsch* stilisiert. Präsident *Juschtschenko*, der das Heft in der Hand zu behalten versuchte, sagte am 27. Februar in einer Hörfunk-Ansprache, wenn der

Premierminister nicht aus „seinem (*Juschtschenkos*) Kommando" komme, dann führe dies zu „lächerlichen öffentlichen Auseinandersetzungen".[74] Zu diesen „lächerlichen Auseinandersetzungen" kam es in der Tat nach dem gemeinsamen „orangenen" Wahlsieg, weil Präsident *Juschtschenko* auf einem Premierminister „aus seinem Kommando" bestand, während *Julija Tymoschenko* darauf beharrte, dass der Premierminister (vielmehr die Premierministerin) aus dem Block kommen müsse, der innerhalb der angestrebten „orangenen Koalition" die meisten Stimmen gewonnen habe. Von Journalisten auf ihren Anspruch auf das Amt des Premierministers angesprochen, sagte sie, der Präsident müsse sich zwischen ihr und *Wiktor Janukowytsch* entscheiden; entscheide er sich für *Janukowytsch*, beginge er „politischen Selbstmord". Mit dieser Prophezeiung sollte *Julija Tymoschenko* Recht behalten. Nach einem drei Monate währenden Koalitionspoker, in welchem sich die „orangenen biznesmeni" dem legitimen Anspruch *Julija Tymoschenkos* auf das Amt des Premierministers widersetzten, brachten die orangenen Politiker schließlich eine Neuauflage der „Koalition demokratischer Kräfte" – das Attribut „orange" wurde nunmehr als zu eng empfunden – zustande, in der *Julija Tymoschenko*, eingeschnürt in eine über Hundert Seiten starke Vereinbarung, erneut das Amt des Premierministers zugestanden wurde.

2.6 Die „politische Reform" – ein verfassungsrechtliches Chaos

Am 8. Dezember 2004, in den turbulenten Tagen der Orangenen Revolution, verabschiedete die Werchowna Rada unter der Bezeichnung „politische Reform" eine gravierende Änderung der Verfassung. Diese Reform war ein konstitutioneller Kompromiss, der am „Runden Tisch" unter Vermittlung des Hohen Repräsentanten der Europäischen Union, *Javier Solana*, und der Präsidenten Polens und Litauens, *Kwasniewski* und *Adamkus*, zwischen dem Präsidentschaftskandidaten *Juschtschenko* und dem noch amtierenden Präsidenten *Kutschma* sowie „seinem" Präsidentschaftskandidaten *Wiktor Janukowytsch* geschlossen wurde. Mit diesem Kompromiss wurde zwar die akute Staatskrise gelöst, aber auch eine institutionelle Konfrontation vorprogrammiert. Es ging bei dieser „politischen Reform" um die Umverteilung der Macht im Staate, um die Schmälerung der Macht des Präsidenten zugunsten des Parlaments – d.h. um den Wechsel von dem bestehenden parlamentarisch-präsidentiellen System zu einem (quasi-) parlamentarischen System. Präsident *Kutschma* forderte sowohl die Wahl des Premierministers als auch die des Präsidenten durch das Parlament, in welchem er zu dieser Zeit über eine Mehrheit verfügte. Mit dem Kompromiss, mit dem möglicherweise ein Gewaltverzicht des in die Defensive geratenen *Kutschma*-Regimes erkauft wurde, akzeptierte der Präsidentschaftskandidat *Juschtschenko* die Wahl des Premierministers durch das Parlament; die Wahl des Präsidenten durch das Parlament konnte er abwehren – und die Inkraftsetzung dieser politischen Reform bis zum 1. Januar 2006 hinausschieben.

---

[74] Interfax-Ukraine, 27.02.2006.

Der Text des konstitutionellen Kompromisses wurde in der revolutionären Situation des Dezembers 2004 nicht konsistent formuliert; die Verfassungsänderungen wurden in einem hastig geschnürten Paket verabschiedet, ohne deren praktische Konsequenzen im Detail zu berücksichtigen.[75] Einige Bestimmungen der neuen Verfassung, vor allem das Recht, die „Regierung" zu bilden, blieben bis zu den Wahlen eines neuen, nach dem reinen Verhältniswahlrecht gewählten Parlaments eingefroren.[76] Laut der geänderten Verfassung wird der Premierminister nicht mehr – wie zuvor – vom Präsidenten ernannt und vom Parlament bestätigt, sondern von der Mehrheit des Parlaments dem Präsidenten „benannt" und dann auf Vorschlag des Präsidenten vom Parlament gewählt. Die Einbeziehung des Präsidenten in diese Prozedur ist realiter eine Scheinvollmacht. Das Recht des Parlaments, den Premierminister und einzelne Minister abzuberufen, galt ab dem 1. Januar 2006; die Macht aber, die Regierung zu berufen, also den Premierminister zu wählen und einzelne Minister zu bestätigen, erhielt erst das neue, am 26. März 2006 gewählte Parlament (der fünften Legislaturperiode).

In den Wahlen vom März 2006 hatte keine Partei die absolute Mehrheit gewonnen, sodass für die praktische Funktion des neuen politischen Systems die Bildung einer Mehrheit im Parlament – entsprechend dem geänderten Artikel 83 der Verfassung – erforderlich wurde.[77] Für den Fall, dass eine parlamentarische Mehrheit – d.h. eine Regierungskoalition – nicht innerhalb von 60 Tagen nach der Bekanntgabe des offiziellen Wahlergebnisses bzw. innerhalb eines Monats nach der ersten Sitzung des neu gewählten Parlaments zustande kommt, gibt die geänderte Verfassung dem Präsidenten das Recht, das neue Parlament wieder auflösen.[78] Bei der Wahl am 26. März 2006 ging es also nicht „nur" um die Wahl eines neuen Parlaments, sondern auch darum, welche politische Kraft die – in ihrer Macht durch die politische Reform erheblich gestärkte – Regierung stellen würde.[79]

---

[75] Zwei Dutzend Artikel der alten Verfassung von 1996 werden durch das Gesetz Nr. 2222 (Pro vnesennja zmin do konstitucii/vid 08.12.2004, № 2222 – IV) vom 8. Dezember 2004 geändert. Die wichtigste Änderung ist die neue Fassung des Artikels 114, Absatz 3: „Der Premierminister der Ukraine wird von der Verchovna Rada auf Vorschlag des Präsidenten der Ukraine ernannt." <http://zakon.rada.gov.ua>.

[76] Die Parlamentswahl am 26. März 2006 fand nach dem – im Jahre 2003 von der Verchovna Rada beschlossenen – reinen Verhältniswahlrecht statt.

[77] Alle Artikel, die sich auf das Recht des Parlaments, die Regierung zu ernennen, beziehen, verweisen auf Artikel 83 der Verfassung – und dieser Artikel trat erst nach der Wahl am 26. März in Kraft. Daher konnte das „alte" Parlament nach der – rechtlich umstrittenen – „Entlassung" des Ministerkabinetts *Jechanurow* im Januar 2006 keine neue Regierung bilden (d.h., keinen neuen Premierminister und keine neuen Minister ernennen).

[78] Unter Präsident *Kutschma* diente die Bildung einer „pro-präsidentialen" Mehrheit im Parlament lediglich der Erleichterung der exekutiven Funktion des Präsidenten.

[79] *Julija Tymošenko* – die eigene zukünftige Präsidentschaftskandidatur vor Augen – war früher die schärfste Kritikerin der „politischen Reform" gewesen; sie schien sich jedoch mit ihr angefreundet zu haben, als sie am 1. Februar 2006 auf einer Zusammenkunft mit

Die Änderung der Verfassung selbst kam verfassungsrechtlich fraglich – wenn nicht auf verfassungswidrige Weise – zustande. In seiner Entscheidung vom 5. Oktober 2005, kurz vor Ablauf der neunjährigen Amtszeit der meisten Richter, konstatierte das Verfassungsgericht, dass jede Änderung des politischen Systems – und darum ging es bei dieser „Reform" – durch ein Referendum bestätigt werden müsse. Abgesehen von den „sonstigen Irregularitäten" ist die politische Reform, die die Ukraine in eine parlamentarische Demokratie verwandelte, „verfassungswidrig, solange sie nicht einem Referendum unterzogen wird", urteilt auch *Bohdan A. Futey*, Richter am U.S. Court of Federal Claims in Washington D.C., der seit 1991 als Rechtsberater im Rahmen diverser Programme (u.a. bei dem Entwurf der ukrainischen Verfassung) in der Ukraine tätig war.[80]

Als Anfang des Jahres 2006 strittige Fragen der politischen Reform einer dringenden verfassungsrechtlichen Beurteilung bedurften, hatte das Verfassungsgericht kein Quorum. Das Parlament der vierten Legislaturperiode hatte weder die der Werchowna Rada zustehende Quote von vier Verfassungsrichtern benannt, noch die vom Präsidenten und von der „Versammlung der Richter der Ukraine" berufenen Richter vereidigt.[81] (Jedem der drei Organe steht eine Quote von sechs Verfassungsrichtern zu.) Präsident *Juschtschenko* beschuldigte „bestimmte politische Kräfte" im Parlament, die Wahl der Verfassungsrichter absichtlich zu blockieren. Diese „bestimmten politischen Kräfte" standen aber auf beiden Seiten des Konflikts; Parlamentarier aller Richtungen verheimlichten nicht, dass sie das Verfassungsgericht nicht als neutralen Schiedsrichter in einem Rechtsstreit betrachteten, wie *Serhij Rachmanin* schrieb, sondern als Instrument in der Auseinandersetzung um die „politische Reform".

Auch der Europa-Rat, in welchem die Ukraine Mitglied ist, kritisierte die politische Reform bzw. die Art, in der sie zustande kam: „Die politische Reform ... schuf ein

---

der „Delegation des Europäischen Parlaments für die Beziehungen zur Ukraine" sagte, die Parlamentswahlen vom 26. März 2006 seien quasi erneute Präsidentschaftswahlen. Sie seien so wichtig, wie die Präsidentschaftswahlen des Jahres 2004, „da der nächste Premierminister ... mehr Macht haben wird als der Präsident".

[80] *Bohdan A. Futey*, Legal Chaos in the Wake of Reform, in: Kyiv Post; <http://www.kyivpost.com/opinin/oped/25873/print/>. *Futey* wirkte seit 1991 an verschiedenen amerikanischen „Rule of Law"-Projekten in der Ukraine mit, war Berater der „Working Group on Ukraine's Constitution" und Wahlbeobachter für das International Republican Institute in den drei Runden der Präsidentschaftswahlen im Jahre 2005. Siehe auch *Bohdan A. Futey*, Rule of Law in Ukraine: A Step Forward or Backward?, in: *Nicolas Hayoz, Andrej N. Lushnycky* (eds.): Ukraine at a Crossroads, Bern 2005.

[81] Das Monitoring Komitee der Parlamentarischen Versammlung des Europa-Rates (PACE) fand die Verzögerung inakzeptabel. Es verwies auf die Resolution Nr. 1466 vom 5. Oktober 2005 und auf ihre Erklärung vom 15. Dezember 2005 und bedauerte, dass die Verchovna Rada den Aufruf der Parlamentarischen Versammlung, die Zusammensetzung des Verfassungsgerichts zu erneuern, ignoriert habe. Pressekonferenz, Interfax-Ukraine, Kiew, 02.03.2006.

rechtliches Chaos ..." Die Venedig-Kommission „Für Demokratie durch Recht" nannte die Reform einen Schritt zurück und betrachtet sie als „ab initio ungültig". Eine Beschränkung der Macht des Präsidenten ist nicht per se verfassungswidrig; doch eine politische oder konstitutionelle Reform, die unter Zeitdruck erzwungen wird, erlaubt keine gründliche Erörterung der betreffenden strittigen Fragen, kritisierte die Venedig-Kommission im Dezember 2005. In einem Dokument, das Ende 2005 in einer Plenar-Sitzung der Monitoring-Kommission Ukraine der Parlamentarischen Versammlung des Europa-Rates (PACE) verabschiedet wurde, wird angemahnt, dass die Verfassung der Ukraine – einschließlich der Änderungen vom 8. Dezember 2004 – mit europäischen Normen und Standards in Einklang zu bringen sei.[82]

Am 4. August 2006 verabschiedete die Werchowna Rada ein Gesetz, das dem Verfassungsgericht expressis verbis verbietet, die Verfassungsänderungen der politischen Reform auch nur zu beurteilen. Dieses Gesetz wurde – aus unerklärlichen Gründen – von Präsident *Juschtschenko* unterschrieben. Der Versuch, dem Verfassungsgericht – nun, da alle achtzehn Richter ernannt und vereidigt waren – zu verbieten, die Verfassungsmäßigkeit der politischen Reform zu prüfen, war „a step backwards from implementing a rule of law system ...", schreibt *Futey*. Mehr noch: Damit degradierten die Legislative und die Exekutive die konstitutionelle Judikative zu einem politischen Organ, das zu keinem unabhängigen Urteil mehr fähig war. Und in der Tat hat das Verfassungsgericht der Ukraine seither keine Entscheidung mehr getroffen.

Zum Nachfolger von *Julija Tymoschenko* im Amt des Premierministers hatte Präsident *Juschtschenko* am 8. September 2005 den Gouverneur der Oblast Dnipropetrowsk, *Jurij Jechanurow* ernannt – und dabei auf einen Gefolgsmann *Kutschmas* zurückgegriffen.[83] Drei Monate vor den Wahlen erprobte das Parlament die ihm zu Jahresbeginn durch die „politische Reform" zugewachsene Kraft: Mit der einfachen Mehrheit von 250 Stimmen „beschloss" eine heterogene Opposition gegen Präsident *Juschtschenko* am 10. Januar 2006 – während dieser außer Landes war – den „Rücktritt" (ostavka) des Premierministers *Jechanurow* und seines gesamten Kabinetts.[84] Das Recht, eine neue Regierung zu bilden, stand aber erst dem neuen, am 26. März 2006 nach dem proportionalen Prinzip zu wählenden Parlament zu. Die Werchowna Rada beauftragte daher das Kabinett *Jechanurow* in Übereinstimmung mit dem Artikel 115 der geänderten Verfassung, die Ausübung seiner Obliegenheiten bis zur

---

[82] Das Dokument ist betitelt: Maßnahmenplan für die Erfüllung der Verpflichtungen der Ukraine, die sich aus ihrer Mitgliedschaft ergeben.
[83] Von 1994 bis 1997 war *Jechanurow* Vorsitzender des „Fonds für staatliches Eigentum" (einer Art Treuhandgesellschaft), verantwortlich für die Privatisierung von staatlichem Vermögen. Im Jahre 2001 leitete er die Abteilung für Organisations- und Personalpolitik und für regionale Beziehungen in der Präsidialadministration von Präsident *Kutschma*.
[84] Das betreffende Dokument trägt den Titel: „Beschluss der Verchovna Rada ‚Über den Rücktritt des Premierministers der Ukraine und der Mitglieder des Kabinetts der Minister der Ukraine'". Das Kabinett hatte aber kein Rücktrittsgesuch eingereicht.

Ernennung eines neuen Kabinetts nach den Wahlen kommissarisch weiterzuführen. Aufgrund von Formulierungen im Text der Resolution entstand ein Interpretationsproblem, das nur vom Verfassungsgericht hätte gelöst werden können. Das Verfassungsgericht aber war seit Oktober 2005 nicht mehr beschlussfähig. Das Parlament betrachtete das Kabinett *Jechanurow* fortan als „kommissarisch amtierend". Für Präsident *Juschtschenko* war es nach wie vor „bevollmächtigt exekutiv"; den Beschluss des Parlaments erachtete er als unwirksam. *Oleksandr Moros*, dessen Partei zwei Minister im Kabinett *Jechanurow* stellte, kritisierte die Aktion des Parlaments; er, der Protagonist der „politischen Reform", drückte sein Bedauern darüber aus, dass diese positive Idee durch die nicht durchdachte Aktion diskreditiert worden sei.[85]

2.7 Machterhaltung des Regimes durch Entmachtung des Präsidenten

Die „politische Reform" ist kein Projekt der „demokratischen Kräfte"; ihr Protagonist war *Wiktor Medwedtschuk*, der damalige Chef der Administration des Präsidenten *Kutschma*. Der von ihm eingebrachte Gesetzentwurf zur „Reformierung der Macht" verfehlte am 8. April 2004 wider alle Erwartungen die erforderliche Zweidrittelmehrheit (300 von 450 Stimmen). Nicht zu Unrecht sah *Wiktor Juschtschenko*, der aussichtsreichste Bewerber um das Amt des Präsidenten, darin keine demokratische Reform, sondern den Versuch eines „Staatsstreichs". Das an sich demokratische Prinzip der Dekonzentration von politischer Macht sollte instrumentalisiert werden, um die Nutznießer des auf Favoritismus basierenden Regimes des Präsidenten *Kutschma* nach einem möglichen Wahlsieg von *Wiktor Juschtschenko* an der Macht zu halten – und zwar mit folgendem Kalkül: Wäre die Verfassungsänderung im April 2004 durchgegangen, hätte ein im November 2004 gewählter – in seinen Vollmachten erheblich eingeschränkter – Präsident *Juschtschenko* „in Kohabitation" mit dem von der damaligen „kutschmistischen" Mehrheit im Parlament unterstützten Premierminister *Wiktor Janukowytsch* regieren müssen – und dies auch nur ein Jahr lang als Interimspräsident, da das im März 2006 zu wählende Parlament dann das Recht gehabt hätte, einen neuen Präsidenten zu wählen.[86] Bei dem zu erwartenden

---

[85] Begründet wurde die rechtlich umstrittene „Entlassung" des Ministerkabinetts mit dem Gas-Vertrag vom 4. Januar 2006, mit dem das Abkommen zwischen den Regierungen der Ukraine und Russlands gebrochen worden sei. Im Grunde ging es den Parteien darum, sich im „Gaskrieg" mit Russland – und im anlaufenden Wahlkampf – als Verteidiger des Volkes zu empfehlen. Die Fraktion von *Julija Timošenkos* Block stimmte zusammen mit der anti-präsidentialen Opposition für die Abberufung des Kabinetts *Jechanurow*, weil sie sich damit in den Augen der Bevölkerung als Hüterin ukrainischer Interessen in der Energiepolitik profilieren konnte – ein Gebiet, auf dem die ehemalige „Gas-Prinzessin" über eine unbestrittene persönliche Kompetenz verfügt.

[86] In dem von *Medvedčuk* in das Parlament eingebrachten Gesetzesentwurf (Nr. 1405) war die Änderung des Artikels 103 vorgesehen. Wie *Bohdan A. Futey* feststellt, ist die Wahl des Präsidenten in jeder anderen Form als der direkten Wahl durch das Volk verfas-

285

Einsatz des Arsenals an administrativen Ressourcen durch die in ihrer Macht gestärkte Regierung *Janukowytsch* wäre in dem neuen Parlament (der fünften Legislaturperiode) wahrscheinlich eine Mehrheit zustande gekommen, die Präsident *Juschtschenko* abgewählt und einen genehmen Kandidaten in das Amt des Präsidenten gewählt hätte. Die „politische Reform" war also für das Regime *Kutschma* ein Instrument des Machterhalts.

Die Begrenzung der Macht des Präsidenten war eine alte Forderung der „demokratischen Kräfte" der Ukraine. Doch angesichts der Reform-Intrige des *Kutschma*-Regimes bekämpfte die parlamentarische Opposition, die Fraktionen *Nascha Ukrajina* unter Führung von *Wiktor Juschtschenko* und der Block von *Julija Tymoschenko*, die Initiative der Administration des Präsidenten. Präsident *Kutschma*, dem die Opposition autoritäre Herrschaft vorwarf, konnte nunmehr auf seine Bereitschaft zur Teilung der Macht verweisen und die Schuld an der gescheiterten „Demokratisierung" des politischen Systems der Ukraine der „demokratischen Opposition" zuweisen. Einige Analysten sahen denn auch in dem Abstimmungsergebnis einen taktischen Sieg der „demokratischen Opposition", jedoch eine Niederlage der „Demokratie".

Die Fraktion der *Sozialistischen Partei* stimmte für das politische Reform-Projekt. Ihr Vorsitzender, *Oleksandr Moros*, dessen moralische Autorität – damals noch – respektiert wurde, handelte in der Sache konsequent, da er seit Jahren eine Einschränkung der Macht des Präsidenten gefordert hatte. Neben dem Prinzip spielte sicherlich auch seine persönliche Ambition eine Rolle, nämlich sein Ehrgeiz, wieder Präsident des – in seiner Macht gestärkten – Parlaments zu werden. In dieser Funktion, in der er in den 90-er Jahren der Hauptgegenspieler des Präsidenten *Kutschma* gewesen war, würde er in Zukunft die Wahl des Premierministers als Königsmacher maßgeblich beeinflussen können. Und in der Tat verriet er im August 2006 die „orangene Sache" und wechselte in das Lager der Gegner, die ihm seinen lang gehegten Wunsch erfüllten, indem sie ihn zum Parlamentspräsidenten wählten.

Im Parlamentswahlkampf des Jahres 2002 – und auch noch im Präsidentschaftswahlkampf des Jahres 2004 – hatte *Juschtschenko* selbst eine Begrenzung der Macht des Präsidenten gefordert. In den ersten Monaten seiner Amtszeit als Präsident schien er sich bereits mit einer repräsentativen Rolle begnügt zu haben: Als sein eigener Minister für auswärtige Angelegenheiten ließ er sich im westlichen Ausland feiern, anstatt sich zu Hause um die Realisierung der revolutionären „Ideale des Majdan" zu kümmern. Je näher aber der Tag heranrückte, an dem seine Entmachtung in Kraft treten sollte, desto doppeldeutiger wurde die Haltung des Präsidenten – und zwar nicht nur wegen der praktischen Probleme, die aus den Inkonsistenzen des Verfassungsänderungsgesetzes resultierten. Aus seiner eigenen Umgebung verlauteten Äußerungen über die „Illegitimität" der politischen Reform. Und *Juschtschenko* selbst brachte – ganz à la *Kutschma* – die Möglichkeit eines Referendums ins

---

sungswidrig. „Die Wahl des Präsidenten durch die Verchovna Rada ... verletzt zweifelsfrei Artikels 69" der Verfassung, da sie nicht eine Form direkter Demokratie darstellt.

Spiel.[87] In seiner Fernsehansprache anlässlich des ersten Jahrestages seiner Inauguration am 23. Januar 2006 anerkannte er zwar expressis verbis die „Legitimität" der Verfassungsänderung, machte aber keinen Hehl daraus, dass er die Änderungen für unbefriedigend hielt: Sie bildeten nicht die „umfassende politische und konstitutionelle Reform, derer unsere Gesellschaft heute bedarf." Nach dieser „partiellen Reform" solle das Land eine echte „nationale politische Reform" realisieren. Er wiederholte seine schon früher mehrfach geäußerte Überzeugung, dass „die Gesellschaft ihre Meinung bezüglich der […] Änderungen" äußern können müsse, und kündigte an, dass er nach den Parlamentswahlen einen „Dialog" über die „politische Reform" initiieren werde. *Juschtschenko* verhinderte jedoch nicht, dass die Verfassungsänderung am 1. Januar 2006 in Kraft trat.

2.8 Das „orangene" Debakel

Nach dem Bruch mit *Julia Tymoschenko* war Präsident *Juschtschenko* auf die Unterstützung der *Partei der Regionen* seines Kontrahenten *Janokowitsch* angewiesen, um die Nominierung seines neuen Kandidaten für das Amt des Premierministers, *Jurij Jechanurow*, vom Parlament bestätigen lassen zu können. Erst nachdem Präsident *Juschtschenko* und der geschlagene Präsidentschaftskandidat *Janukowytsch* ein „Memorandum über gegenseitiges Einvernehmen zwischen der Macht und der Opposition" unterzeichnet hatten, das dem in der Partei der „Regionalen" versammelten Donezker Klan faktisch Freiheit vor Strafverfolgung zusicherte, stimmte die Fraktion der *Partei der Regionen* am 22. September 2005 der Ernennung von *Jechanurow* zum Premierminister zu.[88]

Durch die Akzeptanz von *Janukowytsch*, des Exponenten des kriminell kontaminierten *Kutschma*-Regimes, als Partner bei der „Zusammenarbeit für die Zukunft" stellte Präsident *Juschtschenko* eine Gemeinsamkeit mit der postsowjetischen Nomenklatura seines Vorgängers *Kutschma* her. Die „Banditen" (in der „Majdan"-Rhetorik) in der *Partei der Regionen* gerierten sich als „Opfer politischer Repression". In dem „Memorandum" sicherte ihnen *Juschtschenko* die „Beendigung politischer Verfolgung" (!) zu, womit er deren Interpretation strafrechtlicher Verfolgung als „politische Repression" akzeptierte. Es war die unverhohlene Wahlfälschung, die das Wahlvolk auf den „Majdan" getrieben hatte; in dem Memorandum verpflichtete sich Präsident *Juschtschenko*, die Wahlfälscher de facto zu amnestieren. Darüber hinaus verpflichtete sich der Präsident, die (Wieder-)einführung der Immunität für die Mitglieder der regionalen und lokalen Räte gesetzlich zu gewährleisten. Im Donbass saßen in diesen Gremien örtliche „Autoritäten" (eine euphemistische Bezeichnung

---

[87] In einem Fernseh-Interview am 14. Januar 2006. Interfax-Ukraine, 09.02.2006.
[88] Im zweiten Wahlgang am 22. September 2005 erhielt *Jechanurow* die 66 Stimmen der Fraktion der PRU, so dass seine Ernennung mit 287 Stimmen vom Parlament bestätigt wurde. *Serhij Rachmanin*, Bratstvo konca, in: *Zerkalo Nedeli/Dzerkalo Tižnja*, Nr. 36 (564), 17.–23.09, 2005, S. 1.

für lokale kriminelle Elemente) in großer Zahl. Des Weiteren verpflichtete sich Präsident *Juschtschenko*, auf weitere Reprivatisierungen zu verzichten und „Eigentumsrechte zu garantieren", d.h. den „Dieben" (so die orangene Rhetorik des „Majdan") das gestohlene Gut zu lassen.

In einem Versuch, aus der Not eine Tugend zu machen, wollte *Juschtschenko* das „Memorandum" als Versöhnung zwischen der Ost- und Westukraine verstanden wissen. Sein orangenes Elektorat aber sah in dem Dokument nur einen „Verrat des Majdan". Die Entlassung der Premierministerin *Tymoschenko* und sein Pakt mit *Janukowytsch* bestätigten seine Unfähigkeit, seine „historische Mission" zu erfüllen, nämlich „ein neues System staatlicher Macht" aufzubauen, das „auf prinzipiell anderen Werten basiert" als das System *Kutschma*, schrieb *Serhij Rachmanin*.[89] Diese beiden Entscheidungen *Juschtschenkos* haben die öffentliche Meinung bereits im September 2005 geprägt; in ihnen liegt die Ursache dafür, dass *Julija Tymoschenkos* Block in den Parlamentswahlen vom März 2006 zur stärksten demokratischen Kraft wurde, während *Juschtschenkos* Block *Nascha Ukrajina* eine herbe Niederlage erlitt, meint der Politologe *Wolodymyr Polochalo*.[90]

Das „Memorandum" war ein Dokument politischer Naivität. Die Abberufung von Premierminister *Jechanurow* und seines Kabinetts am 10. Januar 2006 durch die Werchowna Rada mit den Stimmen der Fraktionen, die das „Memorandum" unterschrieben hatten, war ein Schlag ins Gesicht des Präsidenten. Auf einer außerordentlichen Sitzung der Regierung am 12. Januar 2006 erklärte er enttäuscht: „Ich habe heute meine Unterschrift unter das Memorandum über die Zusammenarbeit der Macht mit der Opposition, das wir im September (2005) unterschrieben haben, zurückgezogen, weil die Gegenseite das fundamentale Prinzip dieser Übereinkunft – die Zusammenarbeit bei der Ausarbeitung gemeinsamer Aktionen zur Stabilisierung der inneren politischen Lage in der Ukraine – verletzt hat."[91]

Der – relative – Sieger der Parlamentswahl vom März 2006, *Wiktor Janukowytsch*, gab sich zurückhaltend. Noch in der Wahlnacht erklärte er: „Wir sind bereit, die Verantwortung für die Bildung der Regierung zu übernehmen ..." und „mit allen politischen Parteien, die ins Parlament gewählt wurden, zum Wohle unseres Landes zusammenzuarbeiten. Es gibt keinen Kompromiss, den wir nicht eingehen würden, um des Friedens und der Entwicklung der Ukraine willen."[92] In einem Artikel, der vor den Wahlen in der renommierten Wochenzeitung *Serkalo Nedeli* veröffentlicht wurde, skizzierte der Vorsitzende des Politischen Rates der *Partei der Regionen*, *Mykola Asarow*, ein Programm für eine Koalitionsregierung, das die Ukraine in den kommenden zehn Jahren durch eine „Modernisierungsstrategie" zu nachhaltiger

---

[89] *Serhij Rachmanin*, Vsë ne tak, in: Zerkalo Nedeli/Dzerkalo Tyžnja, Nr. 37 (565), 24.–30.09. 2005, S. 1 und 2.
[90] *Polochalo* sagte als einziger *Julija Timošenkos* Wahlergebnis zutreffend voraus.
[91] Interfax-Ukraine, 12.01.2006.
[92] Ukraïns'ka Pravda, 26.03.2006, <www.PRAVDA.com.ua/ru/news/2006/3/26/39212.htm>.

Wettbewerbsfähigkeit auf den Weltmärkten auf der Basis einer technologie-intensiven Produktion – und „demokratischer Standards" (!) – führen sollte. Umgesetzt werden sollte dieses Modernisierungsprogramm durch einen „nationalen Dialog" aller „patriotischen konstruktiven Kräfte" und durch „demokratische Umgestaltungen auf der Basis der Reform der Verfassung vom 1. Januar 2006". In einem ebenfalls in der Wochenzeitung *Serkalo Nedeli* veröffentlichten Artikel beklagte sich der Vorsitzende der *Partei der Regionen, Wiktor Janukowytsch,* der zynische Verächter demokratischer Wahlen, darüber, dass Präsident *Juschtschenko* in einer „demokratischen Koalition" nur die Kräfte sehe, die „zusammen auf dem Majdan für die Demokratie gekämpft" hätten. Im Namen der Millionen Bürger, die die *Partei der Regionen* gewählt hätten, warnte *Janukowytsch* die „orangene Macht" vor der Wiederherstellung des „Majdan Kommandos". Bei der Bildung einer handlungsfähigen parlamentarischen Mehrheit sei es nötig, sich von den allen „Majdanschen Anarchismen" – wie er den Aufstand der Bevölkerung gegen das autoritäre Regime des Präsidenten *Kutschma* nannte – zu befreien.[93] *Janukowytsch* forderte dazu auf, die Farben der Parteien zu vergessen und nur noch die nationalen Farben Blau und Gelb vor Augen zu haben. Eine „breite Koalition" solle sich „auf Prinzipien stützen, die in allen europäischen Ländern gelten". Worauf es *Janukowytsch* dabei insbesondere ankam, war das Prinzip, dass die stärkste Partei im Parlament das Recht habe, Verhandlungen über die Bildung einer parlamentarischen Regierungskoalition zu führen. Dieses „Recht" mache ihm niemand streitig, entgegnete ihm der ehemalige Vizepremierminister *Mykola Tomenko,* einer der engsten Mitstreiter von *Julija Tymoschenko*; das Problem der PR sei, dass sie im Parlament keinen Partner für die Bildung einer Mehrheit fände. Darin sollte sich *Tomenko* gründlich getäuscht haben.

Um sich als seriöser Koalitionspartner zu qualifizieren, waren die Sprecher der PR sichtlich bemüht, das Image der Partei als demokratie-feindliche, russland-freundliche, oligarchische und kriminalisierte Organisation los zu werden. Der amerikanische Polit-Kosmetiker *Davis Manafort,* der schon das Image von US-amerikanischen Präsidenten – und Diktatoren in der „Dritten Welt" – aufgebessert hatte, übernahm im Jahre 2005 den Auftrag, das „hässliche" Image von *Janukowytsch* zu schönen. Nach *Manaforts* Remodellage gab sich *Janukowytsch* als konzilianter Demokrat, der den euro-atlantischen Kurs der Ukraine weiter verfolgt und der sich gegen den Vorwurf der Moskau-Hörigkeit wehrt – eine Rolle, die er wahrscheinlich mit einer gehörigen Portion Zynismus spielt. Während Amerikaner dem Premierminister *Janukowytsch* das Image des „guten Onkels" (*Wolodymyr Polochalo*) verpassen, lässt sich die Fraktion der *Partei der Regionen* von russischen Polit-Technologen „Schafspelze nähen", deren Nähte allerdings gelegentlich aufplatzen und den hässlichen Wolf durchscheinen lassen.

---

[93] *Wiktor Janukovyč,* Die Sieger richten? Einige Gedanken über die zukünftige parlamentarische Koalition. (Pobeditelej sudjat? Nekatorie mysli o buduše parlamentskoj koalitsii), in: Zerkalo Nedeli/Dzerkalo Tyžnja, Nr. 13 (592), 08.04.2006, S.4.

Die „bisnes-partija" in *Nascha Ukrajina* befürwortete eine Koalition mit der „geläuterten" *Partei der Regionen*. Auch Präsident *Juschtschenko* selbst war einer „breiten Koalition" nicht gänzlich abgeneigt: Er selbst erinnerte in einer seiner wöchentlichen Rundfunk-Ansprachen daran, dass ein Drittel der Bürger der Ukraine für die *Partei der Regionen* gestimmt habe; eine „breite Koalition" würde „alle Fragen beseitigen, die das ukrainische Volk entzweien".

Die „Krise" des Sommers 2006 entsprang der Unfähigkeit der „orangenen" Politiker, nach den Wahlen zur Werchowna Rada ihre persönlichen Ambitionen dem Interesse einer demokratischen Entwicklung der Ukraine unterzuordnen. Eineinhalb Jahre nach ihrem Sieg verloren deshalb die „demokratischen Kräfte", wie sie sich selbst nennen, die Macht wieder an ihre Gegner, die sich in der Partei der Regionen gesammelt hatten. Der Hauptgrund für den Verlust der Macht aber war die konsternierende Führungsschwäche des Präsidenten *Juschtschenko*, der dem internen Konflikt, der das „orangene Lager" zersetzte, hilflos zusah.

Nachdem sich die drei „orangenen" Fraktionen nach fast drei-monatigem Koalitionspoker am 22. Juni schließlich doch noch auf eine zweite Regierung *Tymoschenko* verständigt hatten, scheiterte die „orangene" Regierungskoalition an der Besetzung des Amtes des Parlamentspräsidenten. *Julija Tymoschenko* war es gelungen, dem Präsidenten *Juschtschenko* und dem Wirtschaftsflügel in seiner Partei *Nascha Ukrajina* das Amt des Premierministers abzuringen; ihre Zustimmung zur Kandidatur des „orangenen Millionärs" *Poroschenko* für das Amt des Parlamentspräsidenten war Teil des Kompromisses. Bei ihrem Deal scheinen die beiden großen Parteien geglaubt zu haben, auf ihren kleinen Partner, die *Sozialistische Partei*, bzw. auf deren Vorsitzenden, *Oleksandr Moros,* keine Rücksicht nehmen zu müssen. Präsident *Juschtschenkos* böser Geist, sein Gevatter („kum") *Poroschenko*, hatte bei seinen taktischen Winkelzügen in der Kaderpolitik den Preis für die „goldene Aktie"[94], die *Oleksandr Moros* (mit seinen knapp sechs Prozent Wählerstimmen und 33 Mandaten) in den Händen hielt, unterschätzt. Der Vorstand der *Sozialistischen Partei* hatte nach der Parlamentswahl ein Bündnis mit der *Partei der Regionen* ausgeschlossen; doch ihr Vorsitzender *Moros* hatte kein Geheimnis daraus gemacht, dass er den Posten des Parlamentspräsidenten, den er von 1994 bis 1998 innehatte, wieder haben wollte. Als überraschend die (insgeheim mit der PR und der KPU abgesprochene) Kandidatur von *Moros* zur Wahl gestellt wurde, erkannte *Poroschenko* den Ernst der Lage und bot den Verzicht auf seine Kandidatur an, um die gerade unter schweren Wehen geborene „orangene Koalition" zu retten. Die Wahl von *Oleksandr Moros* zum Parlamentspräsidenten mit den Stimmen der *Partei der Regionen* und der *Kommunistischen Partei* konnte er damit nicht mehr verhindern. Am 6. Juli 2006 bildeten die Fraktionen der *Partei der Regionen*, der *Sozialistischen Partei* und der *Kommunistischen Partei* eine, wie es die Koalitionäre nannten, „Anti-Krisen-Koali-

---

[94] *Viktor Djaščenko*, Anti-orangener Umsturz am Vorabend von Ivan Kupala; <http://www.from-ua.com/politics/44adfd3f511b9/>.

tion". Diese Konstellation hatte kein politischer Analyst für möglich gehalten. Der „Verrat des Majdan" gestaltete sich anders als erwartet: Nicht *Nascha Ukrajina* verriet ihn durch die Bildung einer „breiten Koalition" mit der *Partei der Regionen*, sondern die *Sozialistische Partei* verriet die Orangene Revolution im Tausch gegen das Amt des Parlamentspräsidenten. *Wasilij Tsuschko*, der Vorsitzende der Fraktion der Sozialisten, stilisierte *Moros* zum „Retter", um dem Odium des „Verräters" zu begegnen: „Die SPU ... fasste den Entschluss, den Gordischen Knoten zu durchhauen ...", um aus dieser Krise herauszukommen.[95] Doch nicht alle Mitglieder der SPU-Fraktion folgten *Moros*: *Iosyp Wynskyj*, der Sekretär des Politischen Rates der SPU, trat aus Protest von seinem Posten zurück.[96]

Das Bündnis wurde als Koalition aus „Kapital" und „Arbeit" gepriesen. Die „Arbeit" vertraten in diesem Bündnis die *Kommunistische Partei*, ein Refugium nostalgischer Rentner, und die *Sozialistische Partei*, eine regionale Agrarpartei; die *Partei der Regionen,* der politische Arm der Oligarchen, repräsentiert in der Tat das „Kapital" – und zwar das „Groß-Kapital" (krupnij bisnes) der Ukraine.

Dem Schock über den Sieg der Orangenen Revolution war im „kutschmistischen" Lager eine Periode des Opportunismus gefolgt: *Julia Tymoschenkos* Ernennung zur Premierministerin wurde vom Parlament mit großer Mehrheit, also auch mit den Stimmen der Verlierer, bestätigt; eine Opposition formierte sich – zunächst – nicht. Die politische Karriere von *Wiktor Janukowytsch* schien nach seiner Niederlage in der dritten Runde der Präsidentschaftswahlen am 26. Dezember 2005 beendet zu sein. Doch in dem Maße, in dem die „orangenen Macht" verfiel, erstarkte die *Partei der Regionen* zu einer eigenständigen politischen Kraft, deren sich der mächtige Pate des Donbass, *Rinat Achmetow*, nach seiner Rückkehr aus dem Moskauer „Exil" bemächtigte. Nicht *Wiktor Janukowytsch* selbst – sein Name spielte kaum eine Rolle im Wahlkampf – doch seine Partei der Regionen profilierte sich zunehmend als seriöse Alternative zu dem gespaltenen orangenen Lager. Durch den überraschenden Seitenwechsel der *Sozialistischen Partei* konnte die *Partei der Regionen* eine Koalition bilden, die über die absolute Mehrheit im Parlament verfügt. Die Partei des Präsidenten *Juschtschenko* und der Block von *Julija Tymoschenko* fanden sich – eineinhalb Jahre nach ihrem Sieg in der Orangenen Revolution – in der Opposition wieder. Und eineinhalb Jahre nach seiner Niederlage triumphierte der Wahlfälscher *Wiktor Janukowytsch* über seinen Herausforderer *Wiktor Juschtschenko*. Am 18. Juli 2006 schlug die Koalition aus PR, SPU und KPU dem Präsidenten *Juschtschenko* dessen Kontrahenten *Janukowytsch* für das Amt des Premierministers vor. Aufgrund der am 1. Januar 2006 in Kraft getretenen Verfassungsänderung musste der Präsident sei-

---

[95] Internet-Zeitung „Ukraïnska Pravda" vom 07.07.2006; <http://www2.pravda.com.ua/ru/nres/2006/7/7/43009.htm>.
[96] Empört über den Bruch der demokratischen Koalition und den „Verrat" an den „Millionen Bürgern der Ukraine, die uns glaubten und uns gewählt haben."

nerseits den vom Parlament vorgeschlagenen Kandidaten dem Parlament für dieses Amt empfehlen.

Präsident *Juschtschenko* hatte selbst seinen Gegner aus dem politischen Grab gezogen – indem er *Janukowytsch* die Hand zur Zusammenarbeit reichte und dies mit einem „Memorandum" besiegelte. Ungeachtet der Erfahrungen aus seinem Pakt mit dem Donezker Klan unterzeichnete Präsident *Juschtschenko* am Vortag der Wahl von *Janukowytsch* zum Premierminister erneut eine – unverbindliche – „Erklärung über nationale Einheit",[97] für deren Bezeichnung er auf den historischen Terminus „Universal" zurückgriff, um seiner Kapitulation vor seinem Kontrahenten *Janukowytsch* eine Gesicht wahrende Form zu verleihen. Das Dokument trägt die Unterschriften von *Janukowytsch*, von *Oleksandr Moros*, dem neuen Präsidenten der Werchowna Rada, von *Jechanurow*, dem (kommissarisch amtierenden) Noch-Premierminister und von den Vorsitzenden von vier der fünf Fraktionen; nicht unterschrieben hat *Julija Tymoschenko*. Im Vertrauen auf das „Universal der nationalen Einheit" akzeptierte Präsident *Juschtschenko* den Kandidaten des Parlaments für das Amt des Premierministers; am 4. August 2006 wurde *Wiktor Janukowytsch* von der Werchowna Rada, d.h. von den drei Fraktionen der „Anti-Krisen-Koalition", zum Premierminister gewählt.

Aufgrund dieses Paktes konnte Präsident *Juschtschenko* nicht nur die ihm zustehende „präsidiale Quote", nämlich den Außenminister und den Verteidigungsminister ernennen, sondern darüber hinaus fünf weitere Minister. Zwei bis drei Monate nach der Bildung eines „breiten Kabinetts" jedoch hatte die Regierungskoalition im Parlament alle von Präsident *Juschtschenko* ernannten Minister – bis auf den parteilosen Verteidigungsminister *Hrytsenko* – entlassen; der „Universal" war ein Manifest der politischen Ohnmacht des Präsidenten *Juschtschenko*.

2.9 Die Machtübernahme des „Donezker Klans"

Wie vorhersehbar, führte die „cohabitation" des orangenen Präsidenten mit dem „blau-weißen" Premierminister zu einem Machtkampf zwischen den beiden Trägern exekutiver Gewalt. In dem konstitutionellen Konflikt blockierte Präsident *Juschtschenko* die Gesetzgebung der Regierung *Janukowytsch* mit seinem Veto; diese erklärte ihrerseits Erlasse des Präsidenten für unzulässig. Die mehrdeutige und widersprüchliche politische Reform der Verfassung erlaubte es beiden Kontrahenten, vor dem Volk den Anspruch zu erheben, das Recht auf ihrer Seite zu haben. Premierminister *Janukowytsch* versuchte, durch Ausnutzung der Ambiguitäten – aber auch durch offensichtliche Verletzung – der reformierten Verfassung den Präsidenten auf

---

[97] Universal nacional'noho edinstva, in: Urjadovij Kur"jer, 01.08.2006; und in: Ukraïnska Pravda, 03.08.2006; <www.pravda.com.ua/ru/news/2006/8/3/44394.htm>. „Universal": Proklamationen, mit denen sich in der ukrainischen und polnischen Geschichte Herrscher „an alle" wandten.

die Rolle eines symbolischen Staatsoberhauptes zu reduzieren, und betrieb – mit Unterstützung der Regierungskoalition, die faktisch als legislatives Exekutivorgan der Regierung im Parlament fungierte – die Demontage des Präsidenten. Gegenüber der Öffentlichkeit bekundete *Janukowytsch* konziliant seine Bereitschaft zur Zusammenarbeit mit *Juschtschenko*. So beklagte er sich zum Beispiel anlässlich seines Besuches in Ungarn am 6. März 2007 in einem Interview mit der Zeitung *Magyar Nemzet* darüber, dass der Präsident die Regierung nicht als „die seine" betrachte. „Die Konkurrenz zwischen Präsident und Premierminister ist sinnlos."[98]

Präsident *Juschtschenko* versuchte seinerseits – wie schon gegen *Tymoschenko* – den ihm direkt unterstellten *Nationalen Sicherheits- und Verteidigungsrat der Ukraine* als Gegengewicht zur Regierung zu instrumentalisieren. Dieser „Rat" diente schon *Kutschma* weniger der Sicherheit des Landes als vielmehr der Sicherung der Macht des Präsidenten. Um den RNBOU[99] außer Gefecht zu setzen, ließ Premierminister *Janukowytsch* bereits einen Gesetzesentwurf registrieren, der vorsieht, dass alle präsidialen Erlasse, die dieses Organ betreffen, vom Ministerkabinett gegengezeichnet werden müssen.

Am 12. Januar 2007 überstimmte das Parlament mit den Stimmen des *Blocks Julija Tymoschenko* das Veto des Präsidenten gegen das – „Gesetz über das Ministerkabinett".[100] Das neue Gesetz, das nicht die Unterschrift des Präsidenten, sondern des „Speakers" der Werchowna Rada, *Oleksandr Moros*, trägt,[101] regelt die Funktion der Regierung. Mit dem Gesetz usurpierte Premierminister *Janukowytsch* die dem Präsidenten nach der politischen Reform verbliebenen präsidialen Prärogative.[102] Präsident *Juschtschenkos* Gegenentwurf zielte darauf ab, das Kabinett der Minister wieder zu einem Exekutivorgan des Präsidenten zu machen, ähnlich wie es unter Präsident *Kutschma* de facto war.

Als Gegenleistung für ihren „Verrat" (so die andere Oppositionsfraktion *Nascha Ukrajina*) stimmte die Regierungskoalition am gleichen Tag für zwei Gesetze, die

---

[98] Interfax-Ukraine, 06.03.07.
[99] Rada nacional'noï bespeki i oboroni Ukraïni.
[100] Mit 366 Stimmen, also mit weit mehr als der erforderlichern Zweidrittelmehrheit (300 Stimmen); Interfax-Ukraine, 12.01.2007. Der Gesetzentwurf war bei seiner erneuten Einbringung nach dem Veto des Präsidenten in seinem Wortlaut nicht völlig identisch mit dem abgelehnten Entwurf, was eine juristische Kontroverse nach sich zog. Derartige „technische Pannen" sind allerdings typisch für die Unprofessionalität der gesetzgeberischen Arbeit der Verchovna Rada.
[101] Laut Verfassung unterzeichnet der Parlamentspräsident ein Gesetz, wenn es der Präsident nicht innerhalb von 15 Tagen unterschreibt, nachdem sein Veto vom Parlament überstimmt wurde.
[102] *Bohdan A. Futey* ist der Meinung, dass Premierminister „*Yanukovich* and the Cabinet of Ministers [...] repeatedly attempted to usurp the president's power." *Bohdan A. Futey*, The virtually unavoidable constitutinal crisis of Ukraine, in: Kyiv Post; <http://www.kyiv pst.com/opinion/oped26536/print/>.

die Fraktion des BjuT eingebracht hatte, und zwar für das „Gesetz über die Opposition", das dieser einen Anspruch auf das Amt des Zweiten Stellvertretenden Parlamentspräsidenten[103] und auf den Vorsitz einiger wichtiger Ausschüsse sichert, sowie für ein Gesetz, das ein imperatives Mandat für die Mitglieder der regionalen und lokalen Räte einführt, mit dem der *Block Julija Tymoschenko* die Erosion seiner Fraktionen auf der lokalen und regionalen Ebene aufhalten will. Dieser Deal wurde eine kurze Zeit lang als ein „historischer Kompromiss" gefeiert, der das parlamentarische System konsolidiere. Die Partei des Präsidenten, *Nascha Ukrajina*, sprach – nicht zu Unrecht – von einem legislativen „Staatsstreich".

Nach dem neuen Gesetz hat der Präsident keinen Einfluss mehr auf die Zusammensetzung des Ministerkabinetts. Sein Recht, den Außen- und den Verteidigungsminister zu ernennen, wurde praktisch kassiert. Präzisiert wurde das dem Parlament durch die politische Reform zuteil gewordene Recht, den Premierminister zu wählen. Wenn der Präsident sich weigert, den von der Werchown Rada vorgeschlagenen Kandidaten zu ernennen – bzw. dies nicht innerhalb von 15 Tagen tut – dann hat die Werchowna Rada das Recht, diesen ohne die Zustimmung des Präsidenten in sein Amt einzusetzen.

Präsident *Juschtschenko*, der sich einer Mehrheit in der Bevölkerung für einen „starken Präsidenten" sicher ist, versucht, die politische Reform rückgängig zu machen. Er rief zur Bildung einer „Nationalen Kommission zur Förderung der Demokratie" auf: „... wir müssen eine qualitativ neue Phase der politischen Reform initiieren, nämlich die Schaffung eines wahrhaft ausgewogenen Regierungssystems ..." Unter der Leitung von *Roman Swaritsch,* dem Repräsentanten des Präsidenten in der Werchowna Rada, arbeitet eine Gruppe an einer Verfassungsänderung, die ein (im Sinne *Juschtschenkos*) „ausgewogenes" Verhältnis zwischen Parlament und Präsident zum Ziel hat. Vor dem Verfassungsgericht wird von einer juristischen Expertengruppe die Verfassungsmäßigkeit der politischen Reform angefochten. Der *Block Julija Tymoschenko* initiierte eine Unterschriftensammlung, mit der an das Verfassungsgericht appelliert werden soll, die politische Reform zurück zu nehmen.

Nicht die separatistische Parole von der unabhängigen „Republik Donezk", für die selbst im Donbass nur eine unbedeutende Minderheit plädiert, ist gemeint, sondern die Etablierung eines Systems, in der – in Abwandlung des russischen Vorbilds – die Macht im Staate von der *Partei der Regionen* monopolisiert und die Opposition marginalisiert wird. Mit der Wahl von *Wiktor Janukowytsch* zum Premierminister übernahm der Donezker Regional-Klan des Oligarchen *Achmetow* die Macht in Kiew. In allen staatlichen Einrichtungen installierte die Regierung *Janukowytsch* „regionale" Loyalisten aus der Oblast Donezk. *Julija Tymoschenko* sah „die Verbrecher zurückkehren", als die Werchowna Rada im August 2006 *Janukowytsch* zum Premierminister wählte. Die Generalprokuratur stellte die anhängigen Verfahren

---

[103] Zweiter Stellvertretender Parlamentsprädident wurde der ehemalige Vizepremierminister *Mykola Tomenko.*

wegen Amtsmissbrauchs, Erpressung und Betrug – und Korruption generell – ein; ihre Eröffnung sei politisch motiviert gewesen, behauptete *Janukowytsch*.

Der prominenteste Flüchtling, der per „Memorandum" von Präsident *Juschtschenko* faktisch amnestiert wurde und aus dem Moskauer „Asyl" zurückkehrte, ist *Rinat Achmetow*. Er ist nicht nur der reichste Mann der Ukraine, sondern gilt auch als der mächtigste Mann im Staate. Aus den Kämpfen konkurrierender Banden in der Industrieregion Donbass war *Achmetow* als Sieger hervorgegangen. Sein in der Periode „informaler Ökonomie" (O-Ton *Achmetow*) von 1992 bis 1995 angeeignetes Kapital mehrte er unter dem Dach der *System Capital Management Corporation* (SCMC). *Achmetow* hält sich nach wie vor politisch „im Schatten", aus dem er im Wahlkampf des Jahres 2006 nur ein wenig – gecoached von amerikanischen image makers – heraustrat: Auf der Partei-Liste in den Wahlen vom März 2006 stand sein Name auf Platz Sieben. Der frisch in die Werchowna Rada gewählte „Inhaber"[104] der *Partei der Regionen* erklärte auf einer Pressekonferenz[105] süffisant, dass er keinen Posten in der Regierung anstrebe; er wolle aber gern den Vorsitz des Ausschusses zur Bekämpfung der Korruption und der organisierten Kriminalität übernehmen. Den von Journalisten geäußerten Verdacht eigener krimineller Vergangenheit wies er zurück und bezeichnete seine Aktivitäten als „absolut legal". Er ginge ins Parlament, um „die Interessen der Bürger zu schützen" – nicht die seines „bisnes".[106]

Am 24. Februar 2007 unterzeichneten *Wiktor Baloha*, der kurz zuvor gewählte Vorsitzende des *Volksbundes* (Partei) *Nascha Ukrajina*, und *Julija Tymoschenko* eine Vereinbarung über die Fusion ihrer beiden Oppositionsfraktionen. Ein Rat, bestehend aus je sechs Vertretern der beiden Seiten, koordiniert die „Koalition". Das Programm der vereinten Opposition sieht die Annulierung der Verfassungsänderungen und die Erarbeitung einer neuen Verfassung vor, sowie die Mitgliedschaft der Ukraine in EU und NATO. Präsident *Juschtschenko* begrüßte die Vereinigung der beiden Oppositionsfraktionen in einem Brief an *Baloha* und *Tymoschenko* – als „Voraussetzung für den Widerstand gegen die … offene Verletzung der Verfassung und der geltenden Gesetze" durch das Parlament.[107]

Nach der Wahl von *Janukowytsch* zum Premierminister hatte Präsident *Juschtschenko* – wie auch die „bisnes-partija" in der Fraktion *Nascha Ukrajina* – zunächst

---

[104] „Deržatel", *Julija Mostova, Stellvertretende Chefredakteurin der Wochenzeitung Zerkalo Nedeli (russ.)/Dzerkalo Tyžnja (ukr.).*
[105] Interfax-Ukraine, 30.03.2006.
[106] Um den „Ruf" von *Achmetow*, der Aktien seiner Holding *SCMC* auf westlichen Märkten zu platzieren beabsichtigt, kümmern sich amerikanische Anwälte. Am 20. Juni 2007 gewannen sie in der ersten Instanz eine Verleumdungsklage gegen die *Neue Zürcher Zeitung*, die einen am 16. Mai 2007 erschienenen Bericht („Der ukrainische Fußball als Spiegelbild der Politik") über *Achmetow* widerrufen musste – u.a. mit folgendem Satz: „Der wirtschaftliche Erfolg von *Achmetow* basiert in keiner Weise auf kriminell erworbenem Start-Kapital." in: Kyiv Post, 28.06.2007.
[107] Interfax-Ukraine, 26.02.2007.

eine „breite Koalition" mit der Partei der Regionen des Premierministers *Janukowytsch* gewünscht. Nach heftigen inneren Auseinandersetzungen entschied die Fraktion *Nascha Ukrajina*, dass ihr Platz in der Opposition sei. Präsident *Juschtschenko* selbst war zu der Einsicht gelangt, dass der „Unternehmerflügel" seiner Partei für die Niederlage in den Parlamentswahlen des Jahres 2006 verantwortlich sei; er forderte einen Wechsel an der Spitze der Partei. Auf der Tagung des 150-köpfigen Partei-Rates am 7. Dezember 2006, auf dem *Poroschenko* und der ehemalige Premierminister *Jechanurow* für den Vorsitz kandidierten, schlug *Juschtschenko* – zur großen Überraschung – den Chef seines Präsidialsekretariats, *Wiktor Baloha*, für den Vorsitz vor; im dritten Wahlgang wurde *Baloha* gewählt. Der Rat wählte ein neues, 14-köpfiges Präsidium, in dem keiner der „orangenen Millionäre", die die Partei in den Jahren 2005 und 2006 beherrschten, mehr vertreten ist.

Trotz der „Wende", welche die politische Entwicklung in der Ukraine nach der Orangenen Revolution nahm, lassen sich zwei positive Komponenten ausmachen: Zum einen hat die Wahl des „Repräsentanten" der Ost-Ukraine, *Wiktor Janukowytsch*, den innerukrainischen „Ost-West-Konflikt" entspannt, da die ostukrainische „(Regional-)Partei" die Regierung in der Hauptstadt Kiew stellt. Zum anderen gewann die institutionelle Entwicklung der parlamentarischen Demokratie in der Ukraine dadurch, dass in der Werchowna Rada klare Verhältnisse geschaffen wurden: Drei Fraktionen schlossen sich zu einer Regierungskoalition zusammen, der nach Februar 2007 – zumindest für einige Monate – eine formierte „Oppositionskoalition" gegenüberstand.

Die Ursache der Konfrontation zwischen dem Präsidenten *Juschtschenko* und dem Premierminister *Janukowytsch* war dessen Intention, die Umwandlung des parlamentarisch-präsidentiellen Systems in ein rein parlamentarisches System zu „vollenden" – konkret, den Präsidenten zu entmachten. Die politische Krise eskalierte zu einer Staatskrise infolge der offen erklärten Absicht der Regierungskoalition, ihre absolute Mehrheit zu einer „konstitutionellen Mehrheit" auszubauen (300 von insgesamt 450; bei ihrer Bildung im August 2006 betrug die Zahl ihrer Sitze 238.) *Adam Matynjuk*, der Erste Vizepräsident der Werchowna Rada und Mitglied der kommunistischen Fraktion, kündigte am 27. Februar 2007 auf einer Versammlung von „Gemeinderäten" der drei Regierungsparteien in Odessa an, die Regierungskoalition werde im Verlauf des Jahres 2007 auf die konstituitionelle Mehrheit von 300 Sitzen anwachsen. „Ich will nicht sagen, auf welche Weise wir diese Stimmen bekommen werden, da sich Journalisten im Saal befinden, aber wir werden sie bekommen."[108] Der Parlamentspräsident *Oleksandr Moros* selbst sagte auf einer Pressekonferenz in Charkiw am 2. März 2007: „Ich bin zuversichtlich, dass wir in ein paar Monaten eine Koalition von 300 Deputierten haben werden. Sie werden alle Probleme bei der weiteren Umsetzung der politischen Reform lösen."[109] Drei Wochen später, am 21. März wechselten die Deputierten der *Partei der Unternehmer und Industriellen der*

---

[108] Interfax-Ukraine, 27.02.2007.
[109] Interfax-Ukraine, 12.03.2007.

Ukraine (PPPU) von der Fraktion *Nascha Ukrajina* in die Fraktion der *Partei der Regionen*. Der Vorsitzende der PPPU, *Anatolij Kinach*, wurde mit seiner Ernennung zum Wirtschaftsminister belohnt.[110] Präsident *Juschtschenko* warf der Regierungskoalition vor, durch Bestechung den Seitenwechsel von Deputierten der Opposition bewirkt zu haben.[111] Moros wies den Vorwurf des Kaufs von Deputierten zurück und erklärte den Wechsel von Mitgliedern der Fraktion des BJuT in das Lager der Regierung mit dem „diktatorischen Regiment" von *Julija Tymoschenko*. Bei Geboten zwischen drei und acht Millionen US Dollar pro Person – plus Pfründe in der staatlichen Verwaltung für Mitglieder ihrer Familien – wie *Julia Tymoschenko* „nach Gesprächen mit Mitgliedern ihrer Fraktion" öffentlich enthüllte,[112] war die Verlockung, die Seiten zu wechseln, unwiderstehlich; und angesichts des geballten Kapitals, das in der *Partei der Regionen* versammelt ist, sind die Kosten für rund 60 Stimmen „peanuts". Mit einer Zweidrittelmehrheit kann die Regierungskoalition ein Veto des Präsidenten überstimmen; vor allem kann sie die Wahl des Präsidenten durch das Volk abschaffen und ihn indirekt durch das Parlament wählen lassen. Die provokative Ankündigung, sich diese Zweidrittelmehrheit zu beschaffen, zwang den zögerlichen *Juschtschenko* zu einer Entscheidung, die ihm kaum noch jemand zugetraut hätte.[113] Erst die existenzielle Bedrohung seiner Position durch eine „anti-präsidentiale" Zweidrittelmehrheit im Parlament erklärt den plötzlichen Entschluss des ewigen Zauderers *Juschtschenko*: Am 2. April erließ der Präsident ein Dekret, mit dem er die Werchowna Rada auflöste und die Neuwahl des Parlaments für den 27. Mai 2007 ansetzte. *Juschtschenko* begründete die Auflösung mit einer Bestimmung der Verfassung, nach der eine (Regierungs-)Koalition innerhalb eines Monats nach der ersten Sitzung des neuen Parlaments gebildet werden müsse – und dies nur von Fraktionen; persönliche und Gruppen-Mitgliedschaft in einer Koalition seien von der Verfassung ausgeschlossen worden. Die nach der Aufnahme von einzelnen Überläufern gebildete neue (Regierungs-)„Koalition der nationalen Einheit" sei daher verfassungswidrig. Der Wechsel von Deputierten von einem Lager in das andere verfälsche zudem den Willen des Wählers.

---

[110] Interfax-Ukraine, 21.03.2007. In den Parlamentswahlen von 2006 wurden *Anatolij Kinach* und 8 Mitglieder seiner Partei auf der Liste des Blocks *Naša Ukraïna* in die Werchwowna Rada gewählt.
[111] „Die Verchovna Rada hat eine Kampagne gestartet, um individuelle Mitglieder der Oppositionsfraktionen zu rekrutieren", sagte er am 29. März 2007. Interfax-Ukraine, 29.03.2007.
[112] Interfax-Ukraine, 19.03.2007.
[113] Präsident *Juščenko* wurde von Tag zu Tag (politisch) schwächer; seine unklaren Äußerungen waren beliebig auslegbar; wegen seines erratischen Meinungswechsels werden Aussagen des Präsidenten vielfach nicht ernst genommen. *Julija Mostova*, Stellvertretende Chefredakteurin der Wochenzeitung Zerkalo Nedeli/Dzerkalo Tyžnja, charakterisiert den Präsidenten *Juščenko* als „hilflos" und „zänkisch".

Premierminister *Janukowytsch* bestritt, dass die Koalition eine Zweidrittelmehrheit anstrebe. Die Anti-Krisen-Koalition habe ihre Aufgabe erfüllt; jetzt gehe es darum, mit einer „Koalition der nationalen Einheit" die Ukraine auf einen stabilen Entwicklungspfad zu setzen. Die Regierungskoalition hielt den präsidialen Erlass über die Auflösung des Parlaments für verfassungswidrig und focht ihn vor den Verfassungsgericht an. Noch bevor das Verfassungsgericht eine Entscheidung über die Konformität bzw. Nonkonformität des präsidialen Dekrets vom 2. April treffen konnte, verschob Präsident *Juschtschenko* (am 26. April) mit einem neuen Erlass die Neuwahl des Parlaments auf den 24. Juni 2007. Den Aufschub begründete der Präsident mit der Verweigerung von finanziellen Mitteln durch die Regierung und mit der „Inaktivität" des *Zentralen Wahlausschusses* (Zentralna Wyborna Komisija). Dieser sabotierte die Vorbereitung der von Präsident *Juschtschenko* verfügten Neuwahl dadurch, dass sich mehrere Mitglieder (politisch) krank schreiben ließen. (Das Quorum des Ausschusses beträgt zehn Stimmen.)

Teile der Regierungskoalition forderten ein Amtsenthebungsverfahren gegen den Präsidenten. Die Führung der Regierungskoalition aber wollte die Verhandlungen mit der Opposition fortsetzen. *Raisa Bohatyrewa*, die „Koordinatorin der Koalition", gab eine schriftliche Erklärung ab, in der die Bereitschaft der Koalition zu einem politischen Kompromiss auf Basis des (ausstehenden) Urteils des Verfassungsgerichts – zu einem umfassenden „nationalen Pakt der Versöhnung" – bekundet wird. Die Regierungskoalition wirft *Juschtschenko* vor, Druck auf das Verfassungsgericht auszuüben. In der Tat lud der Präsident die Verfassungsrichter zu „Gesprächen" in sein Sekretariat ein. Den Text seines Schreibens an das Verfassungsgericht, mit dem er dieses um verfassungsrechtliche Klärung ersuch, ließ er im Internet verbreiten. Präsident *Juschtschenko* „konsultiere nicht" das Verfassungsgericht; er „instruiere" es, sagte der ehemalige Verfassungsrichter *Oleksandr Myronenko* auf einer Pressekonferenz.[114] Der Generalsekretär des Europa-Rates, *Terry Davis*, sagte in einem Gespräch mit Parlamentspräsident *Moros* in Straßburg, Europa erwarte eine Klärung durch das Urteil des Verfassungsgerichts der Ukraine.[115] Die Parlamentarische Versammlung des Europa-Rates verabschiedete eine Resolution, in der sie empfahl, die konstitutionelle Krise dadurch zu überwinden, dass die Reform der ukrainischen Verfassung in enger Abstimmung mit der Venedig-Kommission wiederaufgenommen werde.

---

[114] Interfax-Ukraine, 29.03.2007.
[115] Interfax, Straßburg, 19.04.2007.

2.10 Neuwahl der Werchowna Rada – keine Lösung des konstitutionellen Konflikts

Der Wahlkampf – ein populistischer Exzess
Noch am 1. Mai 2007 hatte Premierminister *Janukowytsch* zusammen mit dem Parlamentspräsidenten *Moros* und dem Generalsekretär der *Kommunistischen Partei*, *Simonenko*, an die Europäische Union[116] appelliert, sich in den Konflikt einzuschalten und die Ukraine vor dem Chaos zu bewahren, in das Präsident *Juschtschenko* das Land durch seine verfassungswidrige Entscheidung gestürzt habe.[117] Doch bereits drei Tage später stimmte Premierminister *Janukowitsch* vorgezogenen Parlamentswahlen zu. Ende Mai 2007 eskalierte der weiter schwelende Konflikt für einen kritischen Moment zu einer Konfrontation verschiedener bewaffneter Einheiten. Anlass war die Entlassung des „Generalprokurors"[118] *Swjatoslaw Piskun* durch den Präsidenten. Zum „Schutze" *Piskuns* (*Partei der Regionen*) befahl der Minister des Innern, *Wasilij Zuschko* (*Sozialistische Partei*), die Besetzung des Gebäudes der Generalprokuratur durch Truppen seines Ministeriums,[119] wo es mit bewaffneten Kräften des dem Präsidenten unterstellten *Sicherheitsdienstes der Ukraine* (SBU) zu Handgreiflichkeiten kam. Daraufhin entzog Präsident *Juschtschenko* am 25. Mai dem Innenministerium den Befehl über diese Truppen und unterstellte sie sich selbst. Beide Seiten – die Regierung *Janukowytsch* und Präsident *Juschtschenko* – beschuldigten sich gegenseitig des versuchten Staatsstreichs.

Am 27. Mai einigten sich Präsident, Premierminister und Parlamentspräsident auf den 30. September als Termin für die vorgezogenen Wahlen und unterzeichneten eine „Gemeinsame Erklärung zur Lösung der politischen Krise durch vorgezogenen

---

[116] Auf dem 11. EU-Ukraine-Gipfeltreffen am 14. September 2007 in Kiew war die konstitutionelle Krise in der Ukraine ein außerplanmäßiges Thema. Der Hohe Repräsentant der GASP der EU, *Javier Solana*, sagte in Kiew: „The fact that we are here is real proof of our ... trust in the development of your country ... in free and fair elections ..." Offizielle EU-Ukraine Joint Statement unter: <http://www.eu2007.pt/UE/vEN/Noticias_Documentos/20070914UKRAINE.htm>.

[117] Dass Präsident *Juščenko* die Ukraine durch diese Verzweiflungstat nur noch tiefer in die konstitutionelle Krise gestoßen hat, meint auch *Bohdan Futey*: „... the President's decree dissolving Parliament on April 2, 2007 brought Ukraine to an even deeper constitutional crisis", Panel-Diskussion, George Washington University, Washington D.C., am 17.05.07, abgedruckt in der Wochenzeitung Zerkalo Nedeli/Dzerkalo Tyžna am 26.05.2007.

[118] Der „Generalprokuror" ist – in ungebrochener sowjetischer Tradition – ein Instrument politischer Justiz. Die Gleichsetzung mit dem Begriff „Generalstaatsanwalt" ist daher nicht angebracht.

[119] Dem Innenministerium unterstehen neben der regulären Miliz (Polizei) leicht bewaffnete Truppen zur Wahrung der „inneren Sicherheit" – ein Erbe der Sowjetunion, das von der unabhängigen Ukraine nicht ausgeschlagen wurde.

Wahlen".[120] Mit seinem Erlass vom 5. Juni sprach der Präsident der Werchowna Rada, die zur legislativen Vorbereitung der vorgezogenen Wahlen und zur Neuwahl der Zentralen Wahlkommission (ZWK)[121] für zwei Tage (am 29. und 30. Mai) wieder einberufen worden war, das Recht auf weitere gesetzgeberische Tätigkeit mit der Begründung ab, dass mehr als ein Drittel (150) ihrer Mitglieder ihr Mandat niedergelegt hätten, und somit das von der Verfassung vorgeschriebene legislative Quorum (von 300 der insgesamt 450 Mitgliedern) nicht mehr gegeben sei. Premierminister *Janukowitsch* anerkannte am 15. Juni die Legitimität der Auflösung des Parlaments, nachdem 152 namentlich aufgerufene Mitglieder der Opposition ihre Resignation bestätigt hatten.[122] Parlamentspräsident *Moros* jedoch, für den eine Neuwahl das wahrscheinliche Ende seiner politischen Karriere bedeutete, hielt die Auflösung der Werchowna Rada nicht für rechtens (sogar für ein „kriminelles Abenteuer"); bevor sich die Abgeordneten am 27. Juni in die Parlamentsferien verabschiedeten, setzte *Moros* demonstrativ eine Sitzung der Werchowna Rada der 5. Legislaturperiode für den 4. September an, um das im Jahre 2006 regulär gewählte Parlament weiterhin als legitim erscheinen zu lassen.[123]

Am 4. September ließen 269 Abgeordnete der drei Fraktionen der Regierungskoalition ihre Anwesenheit im Plenarsaal der Werchowna Rada registrieren, 31 weniger als die „konstititionelle Zweidrittelmehrheit" von 300. Sie billigten den Entwurf einer Verfassungsänderung, der die Abschaffung sowohl der parlamentarischen[124] – wie auch der präsidialen – Immunität vorsieht. Ferner verabschiedeten sie Änderungsentwürfe zum „Gesetz über den Status der Volksdeputierten der Werchowna Rada", durch die eine Reihe von – im Volke anstößigen – Privilegien der Abgesandten des Volkes abgeschafft werden sollen. Mit dieser legislativen Initiative nahm die Regierungskoalition dem Präsidenten *Juschtschenko* den Wind aus den Segeln, der unter der Maxime „Das Gesetz gilt für alle" (Sakon odin dlja wsich) den Wählern die Aufhebung der Immunität der Mitglieder der Werchowna Rada versprochen hatte.

Präsident *Juschtschenko* beggegnete der Herausforderung des (in seinen Augen nicht mehr amtierenden) Parlamentspräsidenten *Moros* mit der Einberufung des *Nationa-*

---

[120] <http://www.president.gov.ua/en/nres/data/116143.html>.
[121] Von den 15 Mitgliedern der neu zusammengesetzten Zentralen Wahlkommission (ZWK) entfallen 8 auf die Koalitionsquote, 7 auf die Oppositionsquote. Den Vorsitz erhielt die Opposition (Volodymyr Šapoval); das in der Praxis kritische „Sekretariat" aber die Regierungskoalition (Tetjana Lukaš).
[122] Der BJuT und der Block *Naša Ukraïna* annullierten auf Parteitagen ihre Wahllisten, so dass „Nachrücker" die Zahl der Abgeordneten nicht wieder auf 300 erhöhen konnten.
[123] Mit der Einberufung der „Rada 5" für den 20. September unternahm er einen erneuten Versuch dieser Art – offiziell, um den Haushalt 2008 (zwei Wochen vor der Neuwahl des Parlaments) zu verabschieden.
[124] Artikel 80. Die Vorsitzende der PR-Fraktion und Koordinatorin der Regierungskoalition, *Raïsa Bohatyreva*, nannte die Mitglieder der Verchovna Rada eine „Kaste der Unberührbaren" (neprikosnovennost', russ., Unberührbarkeit, Immunität).

len Sicherheits- und Verteidigungsrates (RNBOU) ebenfalls für den 4. September und ließ dieses Organ öffentlich die Finanzierung seiner „sozialpolitischen Initiativen" erörtern.[125]

Die drei großen politischen Konkurrenten – PR, BJuT und NU-NS – überboten sich im Wahlkampf mit Versprechungen sozialer Wohltaten. Die *Partei der Regionen* versprach, von den im Jahre 2008 zu erwartenden zusätzlichen Haushaltseinnahmen zwei Drittel für soziale Leistungen aufzuwenden. Das Bündnis NU-NS versprach, drei Viertel des Haushaltszuwachses für soziale Zwecke auszugeben.[126] Das Institut für Wirtschaftsforschung und Politik-Beratung schätzte die Kosten der Wahlversprechungen der PR auf 200 Milliarden UAH (30 Milliarden EURO); des BJuT auf 100 Milliarden (15 Milliarden EURO); des Bündnisses NU-NS auf 100 Milliarden (15 Milliarden EURO); der KPU auf 290 Milliarden (40 Milliarden EURO) – bei einem BIP von 500 Milliarden UAH (75 Milliarden EURO in 2006) und einem staatlichen Haushalt von rund 135 Milliarden UAH (20 Milliarden EURO in 2006).

Mit dem offensichtlichen Zweck, ihre Wähler zu mobilisieren, initiierten die „Großen Drei" Unterschriftensammlungen für Volksbefragungen – der BJuT ein Referendum über die Staatsform (präsidentielle versus parlamentarische Republik), die NU-NS über die parlamentarische Immunität, die PR ein Referendum über den Status der russischen Sprache, über die Wahl der Oblast-Gouverneure durch das Volk sowie über die „Neutralität" der Ukraine.

Die auswärtige Orientierung – EU/NATO versus EWR – spielte allerdings keine wesentliche Rolle in diesem Wahlkampf. Die Regierungspartei versuchte lediglich, den Preis für Erdgas als Trumpf auszuspielen. Vize-Premierminister *Andrej Klujew* versprach am 22. August 2007 einen unveränderten Preis für Gaslieferungen aus Russland im Jahre 2008. *Wiktor Tschernomyrdin*, seit 2001 Russlands Botschafter in der Ukraine, sagte in einem Gespräch mit Journalisten, der zukünftige Gaspreis hinge von der zukünftigen Zusammensetzung des Ministerkabinetts ab.[127]

Zwei Dutzend soziologischer Institute verfolgten die Einstellung der Bevölkerung zu dem Machtkampf zwischen Präsident und Premierminister mittels der „Sonntagsfrage" („wenn am nächsten Sonntag Wahlen wären ..."). Wie auch in den Wahljahren zuvor wurden Projektionen über Mandate als Waffen im Wahlkampf eingesetzt. Die verschiedenen Dienste lieferten verschiedene Meinungs- und Stimmungsbilder.[128] Neben den etablierten Instituten seien mehrere neue „players" auf dem Markt

---

[125] Präsident *Juščenko* bezifferte die Kosten seiner „sozialen Initiativen" auf 40 Milliarden UAH (6 Milliarden EURO), die nach seinen Worten aus den für das Jahr 2008 zu erwartenden zusätzlichen Haushaltseinnahmen in Höhe von 50 bis 60 Milliarden UAH (7 bis 8,5 Milliarden EURO) finanziert werden könnten.
[126] *Alla Eremenko, Natalija Jacenko*: Č'ja predvybornaja „Konfeta" slašče? (Wessen „Wahl-Bonbons" sind süsser?), in: Zerkalo Nedeli/Dzerkalo Tyžna, 18.–03.08.2007, S. 1 und 8.
[127] Ukraïnska Pravda, 27.09.2007.
[128] *Stephen Bandera*, Pre-election polls produce mixed results, in: Kyiv Post, 22.08.2007.

aufgetaucht, die die Branche in Verruf brächten, sagte *Iryna Bekeschkina*, die wissenschaftliche Leiterin der *Stiftung Demokratische Initiativen*[129] auf der von ihr initiierten Pressekonferenz am 11. September. Die Ergebnisse der „seriösen" Institute wurden auf 35 bis 39 Prozent für die PR, 25 bis 28 für den BJuT, 16 bis 17 Prozent für NU-NS und 5 Prozent für die KPU beziffert. Nach diesen Zahlen lagen die beiden Lager – die PR mit den Kommunisten (40 bis 44) einerseits und der *Block Julija Tymoschenko* und das Bündnis *Nascha Ukrajina–Narodna Samooborona* (41 bis 45) andererseits – gleichauf. Ab dem August gaben auch die Umfrageergebnisse anerkannter Institute[130] dem *Blok Lytwyna* eine Chance, als fünfte politische Kraft in die Werchowna Rada einzuziehen, wo der Parlamentspräsident der 4. Legislaturperiode, *Wolodymyr Lytwyn,* für „Ordnung" zu sorgen versprach. In den Parlamentswahlen vom März 2006 war sein „Narodnij blok" (Volksblock) mit 2,4 Prozent unter den erforderlichen drei Prozent geblieben.[131] Mit dem Parlamentspräsidenten der (kurzen) fünften Legislaturperiode, *Moros*, teilt *Lytwyn* die elektorale Basis, nämlich die ehemalige Nomenklatura der ländlichen Mitte der Ukraine.

In einem Interview mit der Tageszeitung *Kiewskie Wedomosti* benannte der Leiter des unabhängigen *Wählerkomitees der Ukraine, Ihor Popow*, die – von allen konkurrierenden Parteien genutzten – Möglichkeiten der Verfälschung des Wahlergebnisses, vornehmlich den Stimmenkauf.[132] Auch wenn eine Fälschung in dem Ausmaß des Jahres 2004 im Jahre 2007 nicht mehr möglich war, so konnte doch in diesem Kopf-an-Kopf-Rennen bereits eine marginale Wählerbeeinflussung wahlentscheidend sein.[133] Sowohl Präsident *Juschtschenko* als auch Premierminister *Janukowytsch* nutzten ihre „administrativen Ressourcen": Die Hälfte der – vom Präsidenten eingesetzten – Oblast-Gouverneure waren Leiter der Oblast-Wahlkampfstäbe des Bündnisses NU-NS; alle Minister des Kabinetts *Janukowytsch* standen auf Wahl-Listen, von ihnen 18 auf der Liste der PR. Die ZWK erklärte am 21. September – mit den 8 Stimmen der Regierungsparteien gegen die 7 Stimmen der Oppositionsparteien – Präsident *Juschtschenkos* offene Werbung für „seinen" Block NU-NS für ungesetzlich, eine Entscheidung, die von einem Gericht mit einem formalistischen Argument

---

[129] *Galina Studennikova*, „Krieg der Zahlen": Falsche Ratings greifen an, in der Tageszeitung *Sevodnja*, 12.09.07, S. 4.
[130] Stiftung Demokratische Initiativen, das Razumkov-Zentrum, Sozis, FOM-Ukraina.
[131] Mehrere soziologische Dienste hatten ihm damals 5 Prozent zugesichert – bzw. „verkauft", wie von kritischen Beobachtern vermerkt wurde.
[132] Exklusives Interview unter der Überschrift: *Igor' Popov*: «Machovik podkupa izbiratelej zapuščen: platjat ot 50 do 100 Griven za golos», in: Kievskie Vedomosti, 13.09.2007, S. 4 und 5.
[133] Ein konstantes „technisches" Problem, das die Behörden nicht in den Griff bekommen (wollen) – mit vielen Möglichkeiten zur Manipulation – sind inkorrekte Wählerlisten, u.a. wegen der in ihnen registrierten „toten Seelen"; eine in der Ukraine „erprobte" Methode ist die Stimmabgabe zu Hause (1 Million Wähler); der mögliche Missbrauch des Wahlrechts von ukrainischen Arbeitsemigranten (3 Millionen) durch andere Personen in ihrem Heimatort wurde in diesem Wahlkampf neu entdeckt.

wieder aufgehoben wurde.[134] Doch auch das *Wählerkomitee der Ukraine* ermahnte den Präsidenten, sich aus dem Wahlkampf herauszuhalten. Internationale Beobachter beanstandeten ebenfalls Präsident *Juschtschenkos* Teilnahme am Wahlkampf.

Die vorgezogenen Wahlen zur Werchowna Rada vom 30. September 2007 waren eine zugespitzte Wiederholung der – regulären – Parlamentswahlen vom 27. März 2006. Eine wesentliche Verschiebung des Kräfteverhältnisses zwischen den beiden politischen Lagern – der *Partei der Regionen* (und ihren „unnatürlichen" Alliierten, den Kommunisten) einerseits und der ehemals „orangenen" Koalition[135], dem *Block Julija Tymoschenko* und dem Bündnis *Nascha Ukrajina–Narodna Samooborona* andererseits – war nicht zu erwarten. Es ging in dem Kopf-an-Kopf-Rennen um den kleinen Vorsprung, der es der „demokratischen Opposition" erlauben würde, die Regierungskoalition abzulösen – in personalisierter Formulierung darum, ob *Wiktor Janukowytsch* Premierminister bleiben oder ob *Julija Tymoschenko* dieses Amt zum zweiten Mal übernehmen würde. *Julija Tymoschenko* hatte den Wahlkampf zu einem Duell zwischen ihr und *Janukowytsch* stilisiert; gegen die allgemeine „Politiker-Verdrossenheit" kämpfte sie mit dem Slogan an: „Die Politiker sind nicht alle gleich (Ne wsi polityky odnakowy)". „Julija ist anders" – besagte der Leistungsvergleich (und die bildliche Gegenüberstellung) auf Flugblättern des BJuT.

Das Wahlergebnis – eine neue Chance für „Orange"

Nach Einschätzung der *International Election Observation Mission* (IEOM)[136] der OSZE entsprachen die Wahlen vom 30. September 2007 „überwiegend den Verpflichtungen (der Ukraine) gegenüber der OSZE und dem Europarat und anderen internationalen Standards für demokratische Wahlen".[137]

---

[134] Überraschenderweise wurde gegen die allgegenwärtigen Billbords mit dem Konterfei des Präsidenten in Verbindung mit dem Namen „seines Blocks" NU-NS kein förmlicher Einspruch erhoben.
[135] Der *Blok Juliï Timošenko* hat sich mit der Farbe Weiß von dem Orange der Partei *Naša Ukraïna* des Präsidenten *Juščenko* abgesetzt.
[136] IEOM, Ukraine – Pre-term Parliamentary Elections, 30 September 2007, Statement of Preliminary Findings and Conclusions, Kyiv, 1 October 2007.
[137] In der Ukraine spielen Nachwahlbefragungen durch unabhängige Institute zur Kontrolle des „offiziellen" Wahlergebnisses eine wichtige Rolle. Dem *National Exit Poll 2007 Consortium* gehörten drei renommierte Institutionen an: *Democratic Initiatives Foundation*; *Kyiv International Sociology Institute; Razumkov Centre for Economic and Political Studies*. Finanziert wurde das Konsortium von der US-amerikanischen Botschaft (Program of democratic grants); den Botschaften Norwegens, Dänemarks und der Niederlande; dem *National Endowment for Democracy* und dem *Renaissance International Fund* (*George Soros*). <www.exitpoll.org.ua>. Die private Fernsehgesellschaft ICTV (*Viktor Pinčuk*) hatte drei Nachwahlbefragungen – zur Erhöhung der Glaubwürdigkeit – bei ausländischen Gesellschaften in Auftrag gegeben, und zwar bei der ukrainischen Niederlassung der europäischen *TNS Sofres* und bei den US-amerikanischen Gesellschaften PSB und *Public*

Im Wahlkampf hatte *Janukowitsch* – vermutlich aufgeschreckt durch interne Erkenntnisse über einen wahrscheinlichen Wahlsieg der Opposition – durch die ständige Warnung vor gegnerischen Fälschungsabsichten die Wähler seiner Partei psychologisch auf eine eventuelle Konfrontation vorbereitet; der „Nachwahlkampf" schien deshalb die Gefahr gewaltsamer Auseinandersetzungen zu bergen. Die *Partei der Regionen* versuchte, die Orangene Revolution zu imitieren, und inszenierte in der Wahlnacht einen „Blauen Majdan"[138], eine organisierte Demonstration auf dem Schauplatz des spontanen Protests der Bevölkerung gegen die Fälschung der Präsidentschaftswahl im Jahre 2004.[139] Auf dem Majdan gebärdete sich die *Partei der Regionen* „national", bemüht, das Image einer Regionalpartei loszuwerden. Im November 2004 standen sich in Kiew „das Volk" und „das Regime" gegenüber; wäre es im Oktober 2007, wie befürchtet wurde, zu gewalttätigen Zusammenstößen gekommen, dann hätte es sich nicht um einen „Volksaufstand" gehandelt, sondern um „Bürgerkriegshandlungen". Doch haben sich solche Befürchtungen nicht bestätigt. Die innerlich teilnahmslosen, (zumeist) besoldeten Aktivisten auf beiden Seiten, die mit konfektionierten Fahnen und Zelten – nicht spontan, sondern organisiert – auf benachbarten Plätzen[140] demonstrierten, zeigten keine Gewaltbereitschaft.

Die Wahlbeteiligung (der 37 Millionen Wahlberechtigten) betrug 59 Prozent (März 2006: 63 Prozent). Von den 20 zugelassenen Parteien und „Blöcken" schafften 5 den Einzug in die Werchowna Rada der sechsten Legislaturperiode – nur 7 erhielten mehr als 1 Prozent – mit folgenden Stimmenanteilen:

Das offizielle Wahlergebnis der Zentralen Wahlkommission (ZWK)[141]

Partei der Regionen	34,37 Prozent	(März 2006: 32 Prozent)
Block Julija Timoschenko	30,71 Prozent	(März 2006: 22 Prozent)
Nascha Ukrajina–Narodna Samooborona[142]	14,15 Prozent	(März 2006: 14 Prozent – ohne NS)
Kommunistische Partei der Ukraine	5,39 Prozent	(März 2006: 4 Prozent)[143]
Block Lytwyn	3,96 Prozent	(März 2006: 2 Prozent)

Strategies Inc., für die Ipsos und die Ukrainain Marketing Group (UMG) die Befragungen durchführten.
[138] Die Farben der PR sind blau und weiß; das Weiß wird vielfach der Einfachheit halber fallen gelassen.
[139] Die gewaltige Tribüne, die sie auf dem Majdan errichtet hatte, würde erst wieder abgebaut werden, wenn das Wahlergebnis, das die PR „vorgesehen" habe, stimme – erklärten deren führende Vertreter.
[140] Der BJuT auf der Sofijska plošča, NU–NS auf der Jevropejska plošča.
[141] <www.cwk.gov.ua>.
[142] „Unsere Ukraine – Selbstverteidigung des Volkes"
[143] 1998: 40 Prozent; 2002: 20 Prozent.

Als stärkste Kraft ging mit 34,37 Prozent die *Partei der Regionen* – gegenüber der Wahl vom März 2006 prozentual leicht verbessert (doch absolut mit einem Verlust von 135 000 Stimmen) – aus den vorgezogenen Wahlen hervor. Überraschend legte der *Block Julija Timoschenko* gegenüber dem Vorjahr nicht nur um die erwarteten 3 bis 4 Prozent, sondern um fast 9 Prozent (absolut um 1,5 Millionen Stimmen) zu; mit 30,71 Prozent errang der BJuT knapp hinter der PR den zweiten Platz. Mit 14,15 Prozent unverbessert gegenüber dem Vorjahr landete das Bündnis *Nascha Ukrajina–Narodna Samooborona* auf dem dritten Platz. Die KPU konnte ihr Ergebnis vom Vorjahr auf 5,39 Prozent verbessern. Zusammen gewannen die beiden – bisherigen – Oppositionsblöcke BJuT und NU–NS 44,86 Prozent der Stimmen. Die Partei der Regionen und ihr bisheriger Koalitionspartner KPU erzielten zusammen 39,76 Prozent.

Die *Sozialistische Partei* von *Oleksandr Moros* lag in allen Umfragen vor der Wahl deutlich unterhalb den erforderlichen drei Prozent. Im offiziellen Ergebnis kam die SPU auf 2,86 Prozent.[144] Dem scheidenden Parlamentspräsidenten *Moros* ist zu einem guten Teil das aktuelle politische Chaos in der Ukraine zuzuschreiben: In der kritischen Situation Anfang Dezember 2004 hatte er seine Zustimmung zu einer dritten Runde in den Präsidentschaftswahlen von dem Einverständnis des Präsidentschaftskandidaten *Juschtschenko* zu der fehlkonstruierten „politischen Reform" abhängig gemacht. Die Vollmachten des ukrainischen Parlamentspräsidenten, die – unreformiert – aus der sowjetischen Ära überkommen sind, gehen weit über die eines „Speakers" hinaus; er hat die Befugnis, die innen- und außenpolitische Agenda der Werchowna Rada zu bestimmen – also eine quasi exekutive Macht. *Moros* hat dieses Amt in der vergangenen (vorzeitig beendeten) Legislaturperiode „parteiisch" ausgeübt.

Wie sich bereits in den Meinungsumfragen vor der Wahl abzeichnete, gelang dem *Block Lytwyn* dieses Mal mit 3,96 Prozent der Sprung ins Parlament. In dem Machtkampf zwischen der PR einerseits und dem BJuT und dem Bündnis NU–NS andererseits gelten *Lytwyn* und sein eponymer Block als „neutral". In den anstehenden Koalitionssondierungen hielt Lytwyn zwar nicht die „goldene Aktie" in der Hand, die ihm als Dividende das Amt des Präsidenten des neuen Parlaments garantiert hätte; doch angesichts der prekären Mehrheit von BJuT und NU–NS durfte er mit diesem Amt rechnen. Mental neigt *Lytwyn* der PR zu;[145] doch die Anzahl der Mandate

---

[144] Populäre Politiker der SPU waren nach dem „Verrat" ihres Vorsitzenden *Moroz* im August 2006 aus Protest aus der Partei ausgetreten. Die auf dem Lande weit verbreitete Zeitung *Silski visti* (Ländliche Nachrichten), vor dem August 2006 ein inoffizielles Organ der *Sozialistischen Partei* (Chefredakteur *Ivan Spodarenko*), vollzog den Seitenwechsel der SPU nicht mit; sie ist nunmehr das – inoffizielle – Medium der Partei *Narodna Samooborona* von *Jurij Lucenko*.

[145] Im Wahljahr 2002 war *Lytwyn* Vorsitzender der pro-präsidentialen Partei „Für eine geeinte Ukraine" (Za jedinu Ukraïnu), ein elektorales Projekt des Präsidenten *Kučma*. In der Zeit der ersten Protest-Reaktionen („Die Ukraine ohne *Kučma*!"/"Ukraïna bez *Kučmi!*") auf

seines Blocks reichen nicht für eine parlamentarische Mehrheit mit der PR und den Kommunisten – zusammen 222 Mandate – aus.[146]

Der summierte Stimmenanteil der Parteien bzw. Blöcke, die in das neue Parlament einzogen, beträgt annähernd 89 Prozent. Die 450 Sitze der Werchowna Rada verteilen sich wie folgt:

Das Kräfteverhältnis im neuen Parlament[147]

Partei der Regionen	175 Sitze	(2006: 186)
Block Julija Timoschenko	156 Sitze	(2006: 129)
Nascha Ukrajina–Narodna Samooborona	72 Sitze	(2006: 81)
Kommunistische Partei	27 Sitze	(2006: 33)
Block Lytwyn	20 Sitze	(2006: –)

Der BJuT und das Bündnis NU–NS verfügen zusammen über 228 Sitze, also 2 Sitze mehr als die absolute Mehrheit (226 von 450). Rein rechnerisch ermöglichte ihnen die denkbar knappe Mehrheit die Bildung einer „demokratischen Koalition" im neuen Parlament: „Orange" hatte eine neue Chance.

Nach der Orangenen Revolution hat sich – in zwei freien Wahlen – ein Trend zu einem Zweiparteiensystem gebildet. Er zeichnete sich bereits in den Parlamentswahlen vom 26. März 2006 ab und wurde in der Neuwahl des Parlaments am 30. September 2007 bestätigt,[148] allerdings nicht nach dem simplen ideologischen Schema „rechts" versus „links" oder „konservativ" versus „progressiv". Bestätigt hat die Wahl die notorische territoriale Spaltung des Wahlvolkes in West–Mitte versus Ost–Süd.[149] Die *Partei der Regionen* behauptete in den östlichen und südlichen Oblasti ihre Stellung als stärkste Partei – in einigen Oblasti mit absoluter Mehrheit, im Donbass mit einer Drei-Viertel-Mehrheit. Die PR wird vornehmlich von der Industrie-Arbeiterschaft der Montanregion gewählt, doch nicht etwa wegen einer „sozialen" oder „sozialistischen" Programmatik, sondern zum „Schutz" der kulturell-russischen Identität der Bevölkerung dieses Teils der Ukraine. Die PR vertritt in der politischen Praxis die Interessen der ostukrainischen Montanmagnaten und in der politischen Rhetorik einen ökonomischen Pragmatismus. Da sie in der Westukraine als unwähl-

---

die Ermordung des Journalisten *Gongadze* gegen Präsident *Kučma* im Jahre 2000 war er Chef der Präsidialadministration. Die Witwe des ermordeten Journalisten, *Myroslava Gongadze,* bezichtigte *Lytwyn,* seine Position als Parlamentspräsident (von 2002 bis 2004) genutzt zu haben, um die Ermittlungen zu behindern.

[146] Unklar bleibt, welche Konstellation *Lytvyns* „Sponsoren", die viel Geld in seinen – auch für ukrainische Verhältnisse – teuren Wahlkampf investiert haben, nützlich erscheint.

[147] <www.cwk.gov.ua>.

[148] Bezüglich der Wahlen vom März 2007 siehe *Winfried Schneider-Deters*, Freie Wahl, große Qual – Orangener Pyrrhus-Sieg in der Ukraine?, in: Osteuropa, 5/2006.

[149] Bezüglich der konventionellen Unterteilung des Landes siehe Fußnote 5

bar gilt, aber auch in der Mitte der Ukraine keinen Boden gewinnt, bleibt sie eine Regionalpartei.

Fast gleichauf mit der *Partei der Regionen* liegt der *Block Julija Timoschenko*, die dominante Kraft im vormals „orangenen" Lager. Der BJuT wurde stärkste politische Kraft in allen Oblasti der Mitte und des Westens (mit Ausnahme der Oblast Transkarpatien) – in mehreren Oblasti mit absoluter Mehrheit. Wohl kaum wegen des von ihr propagierten strategischen Programms „Ukrainischer Durchbruch", sondern wegen ihres persönlichen Einsatzes gelang *Julija Timoschenko* ein Einbruch in das elektorale Territorium von *Janukowitsch*: In den Oblast des Ostens und des Südens – mit Ausnahme der PR-Hochburgen Donezk und Luhansk sowie der Krim – wo sie die Enttäuschung der PR-Wähler von 2006 über die „regionale" Regierung kapitalisieren konnte, errang ihr Block zwischen 15 und fast 25 Prozent der Stimmen. Mit diesem „Durchbruch" gelang *Julija Timoschenko* eine Abschwächung der territorialen Polarisierung – und die Erweiterung ihrer Basis für die Präsidentschaftswahlen im Jahre 2009.[150] Der BJuT hat die Chance, die einzige „nationale", d.h., gesamtukrainische Partei zu werden. Anders als der stagnierende „orangene" Block *Nascha Ukrajina–Narodna Samooborona* des Präsidenten *Juschtschenko*, der einen kulturellen Nationalismus pflegt, mit dem in der Ostukraine keine Anhänger zu gewinnen sind, beinhaltet die politische Rhetorik *Julija Timoschenkos* einen „territorialen Nationalismus" (Rainer Lindner),[151] der auch in der Ost- und Südukraine Anklang findet. Im Wahlkampf 2006 machte der BJuT noch mit dem Schlachtruf „Gerechtigkeit" Front gegen die Oligarchen und forderte die Trennung von „bisnes" und Politik; inzwischen akzeptiert *Julija Timoschenko* ein politisches Engagement des „nationalen Kapitals" zum Wohle der Ukraine.

Die Verluste des „Volksbundes" (Narodnyj Sojus) *Nascha Ukrajina* wären ohne den Präsidenten als „Ehrenvorsitzenden" erheblich höher gewesen; trotz des Bündnisses mit dem populären Luzenko verlor der „Block *Juschtschenko*" 240 000 Stimmen. Im Juli 2007 vereinbarten die Führer von neun der verbündeten Parteien nach der Wahl am 30. September aus dem Parteien-Block eine einzige Partei zu schmieden; doch erscheint die Parteien-Fusion nicht wahrscheinlich: Wenn *Juschtschenko* – was wahrscheinlich ist – die Präsidentschaftswahlen im Jahre 2009 an *Julija Timoschenko* verdient verliert,[152] dann wird sich die Mehrheit des politischen Konglomerats NU–NS dem BJuT anschließen. Auch die drei Parteien, die sich in dem BJuT ver-

---

[150] *Taras Kuzio*, The 2007 elections will decide who wins 2009 and the fate of the Orange Revolution. Analysis and commentary for UP, Ukrajins'ka Pravda, 14.09.2007.
[151] *Rainer Lindner*, Postrevolutionäre Realität. Die Ukraine braucht eine stabile Regierung, in: Osteuropa, 10/2007, S. 3–14.
[152] In einem Bündnis mit der Partei der Regionen verliert er das gesamte „orangene" Elektorat, ohne die ganze „regionale" Wählerschaft zu gewinnen; auch allein hat er keine Chance gegen *Julija Tymošenko*. In einem Artikel für die *Kyiv Post* listet *Taras Kuzio* die Punkte auf, in denen *Juščenko* als Präsident versagt hat. *Taras Kuzio*, Counterpoint to the counterfactual: another view of Yushchenkos legacy, in: KyivPost, 12.12.2007.

bündet haben, planen ihren Zusammenschluss zu einer Partei.[153] Die *Kommunistische Partei* wird dem nächsten Parlament nicht mehr – oder nur noch marginalisiert – angehören. Die Präsenz des *Blocks Lytwyn* im neuen Parlament ist eine vorübergehende Erscheinung; er beerbte die ausgeschiedene Sozialistische Partei von *Moros*. Der BJuT und die PR werden in der nahen Zukunft die Politik in der Ukraine bestimmen; ob aber diese „amerikanischen Verhältnisse" in der Ukraine auf Dauer Bestand haben, ist allerdings aufgrund des „real existierenden Pluralismus" in der Ukraine zu bezweifeln.

Nach der Wahl (des Parlaments) ist vor der Wahl (des Präsidenten)

In einer betont herzlichen Begegnung drei Tage vor den Wahlen (am 27. September) hatten sich *Juschtschenko* und *Julija Timoschenko* gegenseitig versichert, dass für sie nur die Bildung einer „demokratischen Koalition", d. h., einer Koalition ihrer beiden Blöcke, in Frage komme. Bereits vor dieser Demonstration wiederhergestellter Einheit hatte Präsident *Juschtschenko* sich damit einverstanden erklärt, *Julija Timoschenko* erneut als Premierministerin zu akzeptieren, wenn der BJuT mehr Stimmen erhielte als das Bündnis NS–NS.

In der Wahl am 30. September haben die Wähler die beiden Lager, das „demokratische" und das „regionale", in ein Gleichgewicht gebracht. Präsident *Juschtschenko* strebte nach einem Ausbruch aus der Patt-Situation durch ein – wie auch immer geartetes – Arrangement mit der *Partei der Regionen*. *Julija Timoschenko*, die unangefochtene Führerin der „Falken" im „demokratischen Lager", wollte – mit dem minimalen Übergewicht von drei Stimmen – einen „Durchbruch" (so ihr Schlachtruf im Wahlkampf 2007) wagen. Skeptiker vermuteten nicht ohne Grund, dass einige demokratische „Tauben" (eine kleine Anzahl hätte genügt) dem Angebot „nationaler Versöhnung" seitens der *Partei der Regionen* – und eines Betrages von 15 bis 20 Millionen US Dollar – nicht widerstehen können würden.[154]

Der nominelle Führer des Blocks NU–NS (und dessen „Nummer Eins" auf der Wahl-Liste), *Jurij Luzenko*, in welchem Präsident *Juschtschenko* ein Gegengewicht zu *Julija Timoschenko* gesehen hatte, erklärte voreilig schon am Wahlabend – wie der ehemalige nominelle Führer des Blocks *Nascha Ukrajina* (NU), *Roman Bessmertnij*, am Wahlabend des 26. März 2006 –, dass das Bündnis NU–NS *Julija Timoschenkos*

---

[153] Es sind dies die Parteien *Batʼkyvčyna* („Vaterland"; *Tymošenko*), die Partei *Reformy i Porjadok* (*Reformen und Ordnung*) und die *Sozial-Demokratische Partei* (nicht zu verwechseln mit der „vereinigten" SDPU(o) von *Medvedčuk*).

[154] *Julija Tymošenko* beschuldigte im ersten Kanal des nationalen Fernsehens (UT 1) die *Partei der Regionen* – sie nannte Namen – der versuchten Bestechung von Mitgliedern ihres Blocks mit Beträgen zwischen 15 und 20 Millionen US Dollar. Nach Bildung der „demokratischen Koalition" konnte sie befriedigt verkünden, dass kein einziges Mitglied ihrer Fraktion der Versuchung erlegen sei.

Kandidatur für das Amt des Premierministers unterstützen werde.[155] Zwei Wochen nach der Wahl unterzeichneten *Julija Timoschenko* und *Wjatscheslaw Kyrylenko*, der Vorsitzende des Politischen Rates des Bündnisses NU–NS, eine Vereinbarung über die Bildung einer „demokratischen Koalition". (Die Vereinnahmung des Attributs „demokratisch" durch NU–NS und BJuT ist der PR ein großes Ärgernis.) Den substanziellen Inhalt der Vereinbarung bildeten zwölf gewichtige Gesetzesvorhaben. Wichtiger als diese legislativen Projekte war aber die „kaderpolitische" Komponente der Vereinbarung, die dem BJuT das Recht einräumte, den Premierminister – die Premierministerin – zu nominieren und dem Block NU–NS den Parlamentspräsidenten zugestand. Wie nach den Wahlen im März 2006 ging es bei den Verhandlungen über die Bildung einer „demokratische Koalition" nur am Rande um „die Sache" (so u.a. um die Abschaffung der Wehrpflicht (ab dem 1. Januar 2008!) und der Mehrwertsteuer, die der BJuT den Wählern versprochen hatte); im Kern drehte sich wiederum alles um „die Person" – *Julija Timoschenkos*. Auch nach den Wahlen vom September 2007 blieb dem „demokratischen" (ehemals „orangenen") Lager – und dem Lande – eine Wiederholung der internen Querelen, die nach den Wahlen vom März 2006 im August 2006 zu dem „orangenen Debakel" geführt hatten, nicht erspart. Präsident *Juschtschenko* selbst vereitelte die schnelle Bildung einer Koalition aus NU–NS und BJuT, indem er die obstruktiven Intrigen des Leiters seiner Präsidialkanzlei, *Ihor Baloha*, und des Sekretärs des ihm unterstellten Nationalen Sicherheits- und Verteidigungsrates, *Iwan Pljuschtsch*, billigte – oder zumindest duldete. Der ihm loyale Vorsitzende des *„Ruch"* (eine der Parteien des „Blocks *Juschtschenko"*), *Borys Tarasjuk,* wollte nicht wahr haben, dass der Präsident um die heimlichen Kontakte des Leiters seines Apparates mit der *Partei der Regionen* wusste, und forderte *Baloha* zum Rücktritt auf.[156] *Baloha*, den *Juschtschenko* in seiner Partei („Volksbund") *Nascha Ukrajina* im Dezember 2006 gegen die alte Führung als neuen Vorsitzenden[157] durchgesetzt hatte, war Wahlkampfleiter des Bündnisses NU–NS; er pflegt „privat" freundschaftliche Beziehungen zu *Borys Kolesnikow,* dem Wahlkampfleiter der *Partei der Regionen* und früheren Chef der PR in

---

[155] Dem treuherzig-ehrgeizigen *Lucenko* war es nach seiner Entlassung aus dem Kabinett *Janukovyč* gelungen, mit seiner neu gegründeten, virtuellen Partei *Narodna Samooborona* (NS) die Führung in Präsident *Juščenkos* schwächelndem „Block" zu übernehmen. Das Wahlbündnis NU–NS wurde am 28.06.2007 gebildet.

[156] *Interfax-Ukraine, 20.04.2007*. Auf einer regionalen Versammlung der Partei *Narodnij Ruch Ukraïny* in Ivano-Frankivs'k ließ *Borys Tarasjuk* die Delegierten wissen, er habe in einem Gespräch mit *Juščenko* gegen die „Intrigen" protestiert, die unter Führung des Sekretariats des Präsidenten die Formierung einer „breiten Koalition" zum Ziel hätten. UNIAN/ Ukraïns'ka Pravda, 26.11.2007.

[157] *Juščenko* brachte seinen Kandidaten für dieses Partei-Amt den Leiter seiner präsidialen (Staats-)Kanzlei auf der Tagung des Politischen Rates erst im vierten Wahlgang durch.

deren Hochburg Donezk; er wurde im November 2007 (!) von Präsident *Juschtschenko* für „seine Verdienste" um die Ukraine mit einem Orden ausgezeichnet.[158]

Für beide, für *Juschtschenko* wie für *Julija Timoschenko*, waren die vorgezogenen Parlamentswahlen auch ein Vorspiel zu den Präsidentschaftswahlen im Jahre 2009.[159] Der Posten der Premierministerin ist aus *Juschtschenkos* Sicht für *Julija Timoschenko* ein Sprungbrett in das Amt des Präsidenten; doch hat er selbst durch die Auflösung des Parlaments seine Rivalin in die „pole position" gebracht. Wie sehr *Juschtschenko* seine Konkurrentin in den nächsten Präsidentschaftswahlen fürchtet, beweist die Bedingung, die aus seiner „Umgebung" an seine Zustimmung zu ihrer Ernennung gestellt wurde[160], nämlich der schriftlich erklärte Verzicht auf ihre Präsidentschaftskandidatur im Jahre 2009. *Juschtschenko* selbst knüpfte die Akzeptanz von *Julija Timoschenko* als Premierministerin an zwei Bedingungen, nämlich an die Novellierung des Gesetzes über das Ministerkabinett, mit der er die erweiterten Vollmachten des Premierministers (wieder) zurück zu nehmen wünscht, und an die Revision der „reformierten" Verfassung durch ein Referendum, mit dem er die Entmachtung des Präsidenten rückgängig zu machen hofft. Andererseits wurde in der „Bankowa" (-Straße, dem Sitz des Sekretariats des Präsidenten) auch gesehen, dass sich *Julija Timoschenko* aus der Opposition heraus im Wahlkampf um das Amt des Präsidenten besser positionieren könnte, als in dem mühseligen Geschäft der Regierung, zumal sie in den verbleibenden zwei Jahren wohl kaum ihre populistischen Versprechungen erfüllen können wird, u. a. die Auszahlung der in der Hyperinflation der Jahre 1991 bis 1995 entwerteten Sparguthaben der Bevölkerung[161] bis zum Jahr 2009. Die Einschnürung *Julija Timoschenkos* in eine – der knappen Mehrheit geschuldete – rigorose Koalitionsdisziplin könnte ihre voraussichtliche Präsidentschaftskandidatur entschärfen.

Ungeachtet des gemeinsamen Wahlsiegs des BJuT und seines Blocks NU–NS sprach sich Präsident *Juschtschenko* in – für ihn typischen – umständlichen und mehrdeutigen Formulierungen für eine „breite Koalition" aus. Auf einer Pressekonferenz in Poltawa wenige Tage vor der Wahl ermahnte *Juschtschenko* alle politischen Kräfte – um der politischen Stabilität willen – einen Kompromiss zu finden. Doppelsinnig verlangte er einerseits die Bildung einer „orangenen Koalition demokratischer Kräfte", andererseits forderte er *Julija Timoschenko* und *Janukowitsch* auf, ein „neues Format" für die Beziehungen ihrer politischen Organisationen zu finden. In seiner Rede wenige Tage nach der Wahl sagte er – nach Konsultationen

---

[158] *Kolesnikov* ist – zusammen mit *Achmetov* – einer der Erben des Vermögens ermordeter Geschäftsleute in der Oblast' Doneck. Seine Verhaftung am 8. April 2005 wurde von der *Partei der Regionen* als „politische Verfolgung" denunziert.
[159] Serhij Rachmanin, Parlamentskaja kompanija, presidenteskaja kampanija, in: *Zerkalo Nedeli/Dzerkalo Tyžnja*, 11.08.2007, S. 1 und 2.
[160] so z. B. in einer öffentlichen Erklärung von *Anatolij Matvijenko,* dem Vorsitzenden der *Ukrainischen Republikanischen Partei ‚Sobor'* im Block *Naša Ukraïna.*
[161] Bei der sowjetischen Oščadbank – in Höhe von 120 Milliarden US Dollar.

mit „allen Gewinnern der Wahl":[162] „We will have true political stability when the three key players – the *Party of Regions*, BYT and *Our Ukraine* – make compromises. So my key message to these political forces is that they must start political talks to formulate the basic rules of forming a majority in Ukraine's parliament and Ukraine's government ..."[163]

Die *Partei der Regionen* füllte die Zeit zwischen der Wahl und der ersten Sitzung des neu gewählten Parlaments mit taktischem Attentismus. Erst am 15. November – einen Tag vor Ablauf der gesetzlichen Frist – nahmen die 175 neu gewählten Mitglieder der PR ihr Mandat an. Am Tage nach der Wahl lud *Janukowitsch* – wie schon nach der Wahl vom 26. März 2006 – alle „rationalen Politiker" zu Koalitionsverhandlungen ein. Bereits im Wahlkampf hatte er die „normalen Leute" in der NU–NS und alle „patriotischen" politischen Kräfte zur Bildung einer „breiten Koalition" und einer „effektiven Regierung" aufgerufen.[164] Er erhielt für diesen Appell die Unterstützung des Präsidenten, der wie *Janukowitsch* auch bereits nach der Wahl vom 26. März 2006 – gegen den Willen seiner Wähler – einer „breiten Koalition" zuneigte. In einem Interview mit der unabhängigen Tageszeitung *Djen*[165] am Tage vor der ersten Sitzung des neu gewählten Parlaments warf er beiden Seiten vor, keinen Dialog über ein konstruktives Verhältnis von regierender Mehrheit und oppositioneller Minderheit geführt zu haben. In den Antworten auf die Fragen der Chefradakteurin *Larisa Iwschyna* offenbarte *Juschtschenko* seine illusionäre Vorstellung von Politik in der Ukraine, die auch nach den Erfahrungen mit dem „Memorandum" und dem „Universal" nicht realistischer geworden ist.

Auch in den informellen Gesprächen mit dem *Block Lytwyn* spielten sachpolitische Fragen nur eine kleine, machtpolitische aber eine große Rolle: Der Vorsitz in der Werchowna Rada war *Lytwyns* eigentliches Ziel. „We don't have any definite value, which makes cooperation (mit der einen der anderen Seite) impossible," verriet *Oleksandr Osadtschuk,* einer des Sprecher des Blocks.[166] *Lytwyn* selbst hatte am 9. November sibyllinisch erklärt, sein Block würde keiner Koalition beitreten, jedoch bei der Bildung einer solchen mitwirken. Vor der Wahl des neuen Parlamentspräsidenten präzisierte er, sein Block würde nicht für den Kandidaten einer Koalition stimmen, der er nicht angehöre.[167]

---

[162] Interfax-Ukraine, 03.10.2007.
[163] In Berlin präzisierte *Juščenko* auf diesbezügliche Fragen von Journalisten, dass er die Aufnahme von Repräsentanten der „Opposition" (unausgesprochen der *Partei der Regionen*) in die Regierung befürworte.
[164] Interfax-Ukraine, 25.09.2007.
[165] „Podderžka – ne v aplodismentach! ...", Interview des Präsidenten *Juščenko* mit der Chefredakteurin *Larisa Ivšyna*, in: *Den'* (russsch-sprachige Ausgabe) vom 22.11.2007.
[166] Interfax-Ukraine, 01.10.2007.
[167] Interfax-Ukraine, 03.10.2007.

Nach der einseitigen Amtsführung von *Moros* hätte ein „neutraler" Parlamentspräsident in der Tat der Entwicklung der „innerparlamentarischen" Demokratie förderlich sein können. Doch die Führung von *Nascha Ukrajina* wollte nicht auf dieses Amt für ihren Kandidaten *Wjatscheslaw Kyrylenko* verzichten. Präsident *Juschtschenko* hatte der Kandidatur von *Kyrylenko*, den er einer beunruhigenden Neigung zum BJuT verdächtigte, nur widerwillig zugestimmt, nachdem sein Favorit, *Iwan Pljuschtsch*, von seinem eigenen Block NU–NS abgelehnt worden war.[168] Die *Partei der Regionen* hatte erkennen lassen, dass sie eine Kandidatur von *Pljuschtsch* unterstützen würde. Als Präsident *Juschtschenko* einen neuen Favoriten, den Minister für auswärtige Angelegenheiten, *Arsenij Jazenjuk*, der auf Liste von NU–NS in das Parlament gewählt worden war, ins Spiel brachte, zog *Kyrylenko* seine Kandidatur zurück.

Am 23. November 2007 trat das neu gewählte Parlament zusammen. Der Präsident des „alten" Parlaments, *Oleksandr Moros*, eröffnete die feierliche Sitzung mit einer Denunziation der vorgezogenen Wahlen, die ihn sein Mandat gekostet haben, als „abenteuerlich"; zum ersten Mal in ihrer Geschichte stünde die ukrainische Politik außerhalb des rechtlichen Rahmens, wofür Präsident *Juschtschenko* die Verantwortung trage.[169] Vor der ersten Sitzung hatten alle 72 neu gewählten Mitglieder des Bündnisses NU–NS der Bildung einer „demokratischen Koalition" zugestimmt. Der Koalitionsvertrag sollte sofort nach der Konstituierung der (fünf) Fraktionen unterzeichnet werden, doch weigerten sich sieben Mitglieder der neu gebildeten Fraktion NU–NS (unter ihnen *Iwan Pljuschtsch* und *Jurij Jechanurow*, der Nachfolger *Julija Timoschenkos* im Amt des Premierministers, sowie Gefolgsleute *Ihor Baloha*s aus dessen Heimat Transkarpatien), den Vertrag zu unterschreiben. *Jechanurow* argumentierte, der vorliegende Text entspräche nicht dem Text des ursprünglichen Vertrages. Die NU–NS habe zwar die Bildung einer Koalition mit dem BJuT zugesagt, nicht aber die Umsetzung des Wahlprogramms von *Julija Timoschenko*. Doch bereits in der zweiten Sitzung am 29. November konnte der – turnusmäßig[170] – amtierende Sitzungsleiter *Roman Swarytsch* (NU–NS) offiziell die Konstituierung einer „demokratischen Koalition" der beiden Fraktionen BJuT und NU–NS verkünden; sie war auf der gemeinsamen Sitzung der beiden Fraktionen am Vortag – Präsident *Juschtschenko* entspannte sich an diesem Montag in den verschneiten Karpaten – durch die Unterschriften der beiden Fraktionsvorsitzenden *Julija Timoschenko* und *Wjatscheslaw Kyrylenko* und durch die Unterschriften von 227 (der 228) Mitglieder besiegelt worden. *Iwan Pljuschtsch*, Mitglied der Fraktion NU–NS, blieb bei seiner Weigerung.

---

[168] *Pljušč* war von seinem Amt als Sekretär des Nationalen Sicherheits- und Verteidigungsrates aufgrund seiner Wahl in die Verchovna Rada zurückgetreten. Den Vorsitz der Verchovna Rada hatte er in der Vergangenheit bereits zwei Mal inne.
[169] Ukraïns'ka Pravda, 23.11.2007. Weil sie die „Stimme aus dem Grabe" nicht hören wollten, verließen die Deputierten von NU–NS und BJuT den Saal.
[170] Der Vorsitz des Parlaments wechselte zwischen den fünf Fraktionen bis zur Wahl des neuen Parlamentspräsidenten. Die erste Sitzung hatte *Raïsa Bohatyreva* (PR) geleitet.

Am 4. Dezember 2007 wurde der (amtierende[171]) Minister für auswärtige Angelegenheiten, *Arsenij Jazenjuk,* mit 227 Stimmen zum Vorsitzenden der Werchowna Rada gewählt.[172] Aus Protest gegen die „undemokratische Abstimmung" verließen die Deputierten der PR und der KP vor Bekanntgabe des Abstimmungsergebnisses durch den Vorsitzenden der Zählkommission, *Mykola Scherschun (Block Lytwyn)* den Saal; *Julija Timoschenko* habe, wie sie behaupteten, bei der Stimmabgabe die Unterschrift eines jeden einzelnen Mitglieds der Koalition kontrolliert. *Rajisa Bohatyrewa* erklärte gegenüber der Presse, dass die *Partei der Regionen* das Abstimmungsergebnis nicht anerkenne und vor Gericht anfechten werde. Lytwyn dagegen erklärte im „Fünften (Fernseh-)Kanal", dass er das Abstimmungsergebnis anerkenne. Der Boykott der Opposition zum Auftakt der VI. Legislaturperiode der Werchowna Rada bewies, dass die politische Krise nicht – wie *Julija Timoschenko* nach der Abstimmung versicherte – überwunden war. Angesichts der dünnen Mehrheit von zwei Stimmen gaben Sprecher der Koalition der Hoffnung Ausdruck, dass sie für ihre legislativen Projekte mehr als die eigenen Stimmen erhalten werde. In seiner feierlichen Ansprache war der neue Vorsitzende der Werchowna Rada bemüht, der Opposition entgegenzukommen. Er versprach ihr eine angemessene Vertretung im Präsidium des Parlaments und eine Amtsführung nach „europäischen Standards des Parlamentarismus". In Anspielung auf die scheinheilige Begründung des Protests der *Partei der Regionen* sagte *Jazenjuk* unmissverständlich, zum ersten Mal sei der Vorsitzende der Werchowna Rada ohne den Kauf von Stimmen gewählt worden.

Am 6. Dezember schlug Präsident *Juschtschenko* – der „Empfehlung" der „demokratischen Koalition" folgend – der Werchowna Rada *Julija Timoschenko* für das Amt des Premierministers vor.[173] Seine Vorbehalte gegen sie brachte er in einem Interview mit der polnischen *Gazeta Wyborzca* zum Ausdruck: Er hoffe, sagte er selbstgerecht, *Julija Timoschenko* wiederhole nicht die Fehler, die zu ihrer Entlassung im September 2005 geführt hätten.[174] In seiner Pressekonferenz verknüpfte er seine „Rück-Empfehlung" mit der Bedingung, dass *vor* der Abstimmung über die Kandidatur *Julija Timoschenkos* über die im Koalitionsvertrag vereinbarten zwölf Gesetzentwürfe – im Paket – abgestimmt werde; und sein „Sekretär" *Baloha* erin-

---

[171] Das Ministerkabinett *Janukovyč* erklärte auf der ersten Sitzung am 23. November gemäß der Verfassung seinen Rücktritt; bis zur Wahl eines neuen Premierministers durch das Parlament führte es seine Geschäfte kommissarisch weiter.

[172] Der „Wunderknabe" *Jacenjuk* ist 33 Jahre alt; er hat eine Blitz-Karriere in der privaten Wirtschaft und in der staatlichen Verwaltung (amtierender Präsident der Nationalbank; Minister für Wirtschaft; Stellvertretender Leiter des Sekretariats des Präsidenten; Minister für auswärtige Angelegenheiten) hinter sich.

[173] Nach der (reformierten) Verfassung benennt „das Parlament", konkret die koalierenden Fraktionen der parlamentarischen Mehrheit, dem Präsidenten ihren Kandidaten für das Amt des Premierministers. Der Präsident muss sich dessen Kandidatur zu eigen machen und ihn seinerseits (innerhalb von 15 Tagen) dem Parlament vorschlagen, worauf das Parlament den „gemeinsamen" Kandidaten zum Premierminister wählt.

[174] Zitiert nach Ukraïns'ka Pravda, 06.12.2007.

nerte die Fraktionsvorsitzenden *Julija Timoschenko* und *Kyrylenko* in einem Brief an diese vertragliche Vereinbarung. Die betreffenden Gesetzesvorhaben[175] sind von derart tief- und weitgehender Bedeutung, dass ihre seriöse parlamentarische Erörterung eine halbe Legislaturperiode beanspruchen würde.

Nach der Wahl des Parlamentspräsidenten betrieb die *Partei der Regionen* die Bildung einer vereinigten „Volks-Opposition" („narodna opposizija"), der sich jedoch der *Block Lytwyn* versagte. Die von der PR und der KP vorgeschlagene Kandidatur des Kommunisten *Adam Martinjuk* für den Posten des Ersten Stellvertretenden Vorsitzenden der Werchowna Rada war eine Farce, da von vorne herein feststand, dass er nicht die nötige Anzahl Stimmen – auch nicht die des *Blocks Lytwyn* – erhalten würde. (*Martinjuk*, der bereits in den vorangegangenen drei Legislaturperioden das Amt des Stellvertretenden Vorsitzenden innehatte, gilt als „Meister in der Manipulation des Reglements der Werchowna Rada" (*Luzenko*).

Nachdem die beiden Fraktionen BJuT und NU–NS bei der Wahl des Parlamentspräsidenten ihre Koalitionsdisziplin unter Beweis gestellt hatten, erschien auch die Wahl *Julija Timoschenkos* zur Premierministerin sicher. Am 11. Dezember brachte Präsident *Juschtschenko* persönlich die Kandidatur *Julija Timoschenkos* für das Amt des Premierministers in die Werchowna Rada ein.[176] Bei der Abstimmung aber – auch bei deren umstrittener Wiederholung – erhielt *Julija Timoschenko* nur 225 Stimmen, also eine Stimme weniger als die absolute Mehrheit. Da sich die Führung der Koalition der Zustimmung von 227 ihrer 228 Mitglieder sicher war,[177] verdächtigte sie die Partei der Regionen der Manipulation des elektronischen Abstimmungssystems „Rada".[178] Am Morgen des folgenden Tages gab der *Sicherheitsdienst der*

---

[175] Wahlversprechen wie die Abschaffung der parlamentarischen Immunität; Einführung des imperativen Mandats (Fraktionszwang); Aufhebung des Moratoriums auf den Kauf/Verkauf von Land sowie die gesetzliche Regelung „staalicher Mechanismen"; von persönlichem Interesse ist für *Juščenko* die Änderung des geltenden „Gesetzes über das Ministerkabinett". Da die Erörterung von Gesetzentwürfen vor der Konstituierung der parlamentarischen Ausschüsse verfassungswidrig ist, worauf der neue Parlamentspräsident *Jacenjuk* hinwies, brachte Präsident *Juščenko* eine Reihe von Gesetzentwürfen bezüglich der auswärtigen Beziehungen des Landes in das Parlament ein.

[176] Des Weiteren schlug er *Jurij Jechanurov* und *Volodymyr Ohrysko* als Minister für Verteidigung und auswärtige Angelegenheiten zur Bestätigung durch das Parlament vor. Die Besetzung dieser beiden Ministerien ist eine „Prärogative" des Präsidenten; die übrigen Minister werden vom Premierminister ernannt und vom Parlament bestätigt.

[177] *Pljušč* gab zu, nicht für *Julija Timošenko* gestimmt zu haben. Der Politische Rat des Blocks NU–NS hatte *Pljušč* „eine letzte Chance" eingeräumt und mit seinem Ausschluss aus ihrer Fraktion gedroht, falls er erneut seine Stimme versage. Ein drei Tage zuvor in einer Kiewer Klinik operiertes Mitglied der BJuT-Fraktion war – auf Krücken – zur Abstimmung erschienen.

[178] Bei der Wiederholung der Abstimmung wurde von einem Mitglied der Fraktion der PR die Stimmkarte des Parlamentspräsidenten *Jacenjuk* aus dem elektronischen Abstimmungsgerät gezogen.

Ukraine (SBU) der Öffentlichkeit und dem Präsidenten das Ergebnis seiner nächtlichen Untersuchung bekannt: Die Experten des *Instituts für Probleme mathematischer Maschinen und Systeme* der *Nationalen Akademie der Wissenschaften* hätten keinen Eingriff „von außen" feststellen können, was die Frage nach einer „internen Manipulation" durch Mitarbeiter der Verwaltung offen ließ. Einen Tag später erklärte der Stellvertretende Chef des SBU in der Werchowna Rada, dass der SBU nicht definitiv die Frage beantworten könne, ob ein unzulässiger Eingriff in das System erfolgt sei.[179]

Die Koalition bestand auf einer Wiederholung der Wahl durch namentliche Abstimmung, und Präsident *Juschtschenko* brachte formal die Kandidatur *Julija Timoschenkos* erneut ein. Zwar versicherte *Janukowitsch*, die Wiederholung der Wahl nicht blockieren zu wollen, doch nutzte er den „technisches Glücksfall" zu einem neuen Vorstoß in Richtung „breite Koalition" (schirokaja koalyzija/"schirka" im Polit-Jargon). „Regionale" Parlamentarier blockierten an den folgenden Tagen die Wahlwiederholung mit prozeduralen Bedingungen und der Forderung nach einer öffentlichen Entschuldigung – sowie durch die Besetzung des Podiums des Parlamentspräsidenten.[180] Mit den gegenseitigen Vorhaltungen und gelegentlichen Handgreiflichkeiten bot die Werchowna Rada der Öffentlichkeit ein tragikomisches Spektakel. Schließlich stimmten am 14. Dezember vier Fraktionen – die Koalition sowie die Kommunisten und *Lytwyns* Block, die „regionale Fraktion" hatte kein Interesse an einer schnellen Lösung – für die Beendigung des unwürdigen Schauspiels, indem sie für die nächste Sitzung der Werchowna Rada am 18. Dezember eine Tagesordnung verabschiedeten, welche die Wahl des Premierministers sowie des gesamtem Ministerkabinetts, die Entlassung der Regierung *Janukowitsch*, die Wahl des Ersten (und des „zweiten") Stellvertretenden Vorsitzenden der Werchowna Rada, sowie die Ernennung der Vorsitzenden (und ihrer Stellvertreter) der parlamentarischen Ausschüsse vorsieht. Die Werchowna Rada wird sich wahrscheinlich am 18. Dezember[181] durch die Wahl von *Julija Timoschenko* zur Premierministerin aus der verfahrenen Lage befreien. Sollte ihre Wahl erneut scheitern, dann würde sich die (seit neun Monaten andauernde) parlamentarische Krise in das politische Chaos verwandeln, in das der damalige Parlamentspräsident *Moros* (nach der Auflösung des Parlaments im Mai 2007) die Ukraine durch die Schuld des Präsidenten *Juschtschenko* stürzen sah. Eine vorläufige Namensliste der von ihr zu ernennenden und vom Parlament zu bestätigenden Minister hatte *Julija Timoschenko* vor der ersten Abstim-

---

[179] Er benannte fünf „Unzulänglichkeiten" des Systems; der zuständige *Staatliche Dienst für Sonderverbindungen und informationellen Schutz* sei in die Untersuchung eingeschaltet worden.
[180] Nach einer Pause fand der Vorsitzende der Verchovna Rada Mikrophon und Kabel seines Pultes zerstört vor.
[181] Präsident *Juščenko* nutzte die Pause für eine viertägige medizinische Untersuchung in der Schweiz.

mung über ihre Kandidatur ihren Parlamentskollegen zukommen lassen;[182] auf die „Verteilung" der 27 Ausschüsse auf die 5 Fraktionen (d.h., der Posten der Vorsitzenden und ihrer Stellvertreter) hatten sich die Fraktionsvorsitzenden im „Koordinierungsrat" ungeachtet aller Querelen – hinter den Kulissen (in den „Kuluary", den „Wandelgängen" der Werchoena Rada) – bereits geeinigt.[183]

Was auch immer ursächlich für das Abstimmungsergebnis am 11. Dezember war – eine technische Störung, ein gegnerischer Eingriff oder politischer „Verrat" (verschleiert durch eine vorgetäuschte technische Panne) – der Vorgang beweist, dass die „demokratische Koalition" praktisch nicht arbeitsfähig ist. Als Ausweg aus dem Patt erscheint eine „erweiterte" Koalition" mit dem *Block Lytwyn* nahe liegend. Es stellt sich die Frage, warum die „demokratischen Kräfte" angesichts ihrer minimalen numerischen Mehrheit nicht von Anfang *Lytwyn* mit ins Boot genommen haben. *Julija Timoschenko*, die dazu bereit gewesen zu sein schien, musste den Anspruch des Blocks NU–NS auf den Vorsitz der Werchowna Rada respektieren, um ihren eigenen Anspruch auf das Amt des Premierministers nicht aufs Spiel zu setzen. *Lytwyn* verhielt sich nach den Wahlen abwartend und sah zu, wie der Wert seiner Aktie stieg. Unter der Voraussetzung, dass die Koalition die programmatischen Prinzipien seines Blocks „zu Hundert Prozent" erfülle (so z. B. die Rückkehr zum Mehrheitswahlrecht), sei sein Block bereit, „im Präsidium" des Parlaments und „im Ministerkabinett" zu kooperieren, erklärte *Lytwyn* nach der Wahl von Jazenjuk zum Parlamentspräsidenten. Da es völlig aussichtslos erschien, dass *Julija Timoschenko* ohne ein Arrangement mit *Lytwyn*, der sich in den Medien als „Retter der Nation" zu profilieren bemüht, effektiv regieren kann, erklärte sie, dass sie jeden Punkt der Wahl-Plattform des *Blocks Lytwyn* in ihr Regierungsprogramm nicht nur aufnehmen, sondern auch „erfüllen" wolle.[184] (In diesem Satz kommt die ganze Unseriosität der inhaltlichen politischen Debatte in der Ukraine zum Ausdruck.[185]) Auch *Lucenko*, der Führer des Blocks NU–NS, hielt in öffentlichen Erklärungen die Tür zur Koalition für die Fraktion des *Blocks Lytwyn* offen.[186] Doch Lytwyn erklärte beleidigt, „dieser Vorschlag kam zu spät…wir haben eine andere Koalition vorgeschlagen." Bei der

---

[182] Der von Präsident *Juščenko* für das Amt des Justizministers favorisierte *Mykola Onyščuk*, einer der sieben Mitglieder des Bündnisses NU–NS, die ihre Unterschrift unter den Koalitionsvertrag verweigerten, gab indirekt zu, damit im Sinne des Präsidenten gehandelt zu haben. Ukraïns'ka Pravda (russ.Version), U „NU–NS" uže 5 kandidatov na „zamenu" v Kabmine, 14.12.2007.

[183] Strittig waren die beiden Rechtsausschüsse (für Prozessrecht und für Rechtspolitik), die – aus nahe liegenden Gründen – die *Partei der Regionen* für sich beansprucht.

[184] Ukraïns'ka Pravda, 07.12.2007.

[185] Ein realer politischer Dissenz besteht in der „Land-Frage"; *Lytvyns* Klientel ist gegen die „Handelbarkeit" von Land.

[186] Nur Fraktionen – nicht einzelne Deputierte – können Koalitionen bilden und wieder auflösen. Nach Artikel 81, Absatz 2, Satz 6 ist der Fraktionswechsel verboten. Deputierte, die aus ihren Fraktionen ausscheiden, verlieren ihr Mandat. Strittig ist, ob einzelne Deputierte aus einer Koalition austreten können.

Wahl von *Julija Timoschenko* zur Premierministerin wolle sein Block der Koalition nicht einen Teil der Verantwortung abnehmen.[187] Die Koalition müsse erst zeigen, dass sie arbeitsfähig sei, indem sie ihre Kandidatin für das Amt des Premierministers durchbringe, antwortete *Lytwyn* auf die Frage von Journalisten, ob sein Block der Koalition beitrete.[188]

In seiner Rede vor der missglückten Abstimmung hatte der Präsident die Parlamentarier ermahnt, ihre Partei-Interessen dem nationalen Interesse unterzuordnen; die politische Krise bremse die Entwicklung der Ukraine; die oberste Aufgabe des Parlaments sei jetzt die Wiederherstellung politischer Stabilität. Im Interesse der politischen Stabilität – und der nationalen Einheit – wäre in der Tat eine Koalition von *Nascha Ukrajina* mit der *Partei der Regionen* eine tragfähigere Lösung gewesen: Der *Block Julija Timoschenko* hätte in diesem Fall (zusammen mit *Luzenkos* Partei *Narodna Samooborona* und weiteren „orangenen" Dissidenten von Nascha Ukrajina) in der Opposition ein starkes Gegengewicht zu einer solchen „breiten (Regierungs-)Koalition gebildet. Durch *Julija Timoschenkos* Prestige wäre dem Status der Opposition endlich das Odium der Ohnmacht genommen, und deren Rolle im parlamentarischen System als wählbare Alternative zur Regierung normalisiert worden.

Die *Partei der Regionen* schien vor der Abstimmung über die Kandidatur *Julija Timoschenkos* – wohl geleitet von dem rationalen Kalkül der hinter ihr stehenden Oligarchen – bereit gewesen zu sein, diese Rolle einer kritisch-konstruktiven Opposition spielen. In ostentativem Kontrast zur autokratischen Bevormundung der Mitglieder ihrer Fraktion durch *Julija Timoschenko* („kasarmennaja demokratija"/„Kasernen-Demokratie") gab sich *Janukowitsch*, den die PR-Fraktion am Vortage zu ihrem Vorsitzenden gewählt hatte, demokratisch. Einem Korrespondenten der Zeitung *Kommersant-Ukraina* sagte er nach der Sitzung seiner Fraktion, dass die PR bereit sei, mit dem Parlamentspräsidenten *Jazenjuk* konstruktiv zusammenzuarbeiten, obwohl er die „demokratische Koalition" nur als eine vorübergehende Erscheinung betrachte. Sobald das Ministerkabinett gebildet sei, werde sich die PR in Opposition zur Regierung erklären. Sie werde eine pragmatische Politik betreiben, die eine situative Abstimmung mit der Regierungskoalition nicht ausschließe. Die PR empfinde keine Schadenfreude über die Labilität der Koalition; sie bedauere die vorhersehbare Ineffektivität der Regierung, die dem Lande zum Nachteil gereiche.[189] *Julija Timoschenko* ihrerseits hoffte, durch ein „Gesetz über die Opposition", das praktisch von der Opposition selbst formuliert werden könne, und welches als eines der ersten Gesetzesvorhaben verabschiedet werden sollte, der *Partei der Regionen* den Rollen-

---

[187] Interfax-Ukraine, 07.12.2007.
[188] Interfax-Ukraine, 13.12.2007
[189] Ukraïns'ka Pravda, 06.12.2007. Einen anhaltenden Absentismus hätte sich die *Partei der Regionen* nicht leisten können, da die Verfassung eine erneute Auflösung des neu gewählten Parlaments vor Ablauf eines Jahres nicht zulässt. Einen maliziösen Versuch, Zwietracht in der „rechtslastigen" Koalition zu säen, machte ein Mitglied der PR-Fraktion, als er bei der Anhörung von *Jacenjuk* nach dessen „Nationalität" fragte.

wechsel erleichtern zu können; in einem – informellen – Gespräch erklärte sie sich sogar bereit, den Posten eines Vizepremierministers „zur Kontrolle der Regierung" an die PR zu vergeben.[190] Wenn es um nationale Interessen ginge, sollten Regierung und Opposition eins sein; in allen Fragen könnte ein Konsens gefunden werden.[191]

Hinter dem Machtkampf zwischen den „demokratischen" und den „regionalen" Kräften stehen konkurrierende kommerzielle Interessen. „Sponsoren" investieren in die persönlichen Ambitionen eines halben Dutzends ehrgeiziger Hetmane der ukrainischen Neuzeit; dabei kollidiert das Interesse der Finanziers an einer schnellen Amortisierung ihrer Investitionen mit den endlosen Stellungskämpfen der Politiker. Die Oligarchen hinter der *Partei der Regionen* mögen an einem schwachen Staat interessiert sein, wohl kaum aber einem politischen Chaos. Das ukrainische Big Business („krupnij bisnes") ist bestrebt, sich durch die Integration in die Weltwirtschaft „zu legalisieren"[192]; politische Stabilität ist dafür eine Voraussetzung. Die geschäftlichen Interessen der Montanmagnaten halten die politischen Ansprüche „ihrer" *Partei der Regionen* zugunsten eines potenziellen Arrangements mit *Juschtschenkos* Partei *Nascha Ukrajina* im Zaum. Ein Arrangement zwischen dem Oligarchen *Achmetow* und dem Präsidenten *Juschtschenko* – vielleicht sogar hinsichtlich dessen Wiederwahl – ist durchaus vorstellbar: In einer Pressekonferenz sagte *Juschtschenko* am 13. Juni 2007, dass *Achmetow* „in jüngster Zeit eine konstruktive Haltung bezüglich der weiteren Entwicklung der Ukraine" einnehme. „Dieser Mann vertritt Positionen...die bei der Regulierung der politischen Krise wichtig und nützlich waren."[193] In den Medien war prompt über eine Verständigung zwischen *Juschtschenko* und *Achmetow* unter Umgehung von *Janukowitsch* spekuliert worden.[194] In einem Gespräch mit Journalisten am Rande der ersten Sitzung des neu gewählten Parlaments am 23. November akzeptierte *Achmetow* gelassen die Rolle seiner Partei in der Opposition.[195]

Doch seinen illegitim erworbenen Reichtum will er sich nicht wieder nehmen lassen: „If they (die Koalition) want to seize ...our property, the coalition would not be a democratic one, but a communist one of the 1917 type."[196] Wie *Achmetow* sind die

---

[190] Ukraïns'ka Pravda, 29.11.2007.
[191] Ukraïns'ka Pravda, 11.12.2007.
[192] „Krupnij biznes stremitsja legalizirovat'sja, o čem svidetel'stvuet massovaja prodaža ukrainskich bankov." *Volodymyr Lytvyn*, in einem Interview mit *Roman Kul'chinskij*, in *Kontrakty*, 27.08.2009, S. 9, publiziert unter der Überschrift: „Er weiß zu viel", S. 8–10.
[193] *Juščenko* vysoko ocenil rol' *Achmetova* v uregulirovanii krizisa, in: *Delo*, 13.06.2007; Quelle UNIAN; <http://delo.ua/news/politics/ukraine/info-38162.html>. Die wohltätige Stiftung „Ukraine 3000" von *Katherina Juščenko*, der Frau des Präsidenten, erhielt von *Achmetov* eine Spende in Höhe von 300 000 US Dollar.
[194] *Achmetov* dogovarivaetsja s *Juščenko* v obchod *Janukoviča?*, in *Fraza*, 10.08.2007; <http://www.fraza.com.ua/news/10.08.07/40599.html>.
[195] Ukraïns'ka Pravda, 23.11.2007.
[196] Interfax-Ukraine, 07.12.2007.

Milliardäre hinter dem Bündnis NU–NS und dem BJuT (*Ihor Kolomojskij, Serhij Taruta, Vitalij Hajduk, Konstantyn Zhevaho, Wiktor Pintschuk u. a.*) Teil der ukrainischen Oligarchie, die sich als die eigentliche Inhaberin der Macht im Staate fühlt.[197] „The oligarchs are the players and the politicians are the chess pieces", brachte es der Schriftsteller *Andrej Kurkow* auf den Punkt. „These are men who need stability to keep their businesses thriving. As long as they control the economy, the political theatre in the country will have no serious effect."[198]

Das akute Problem der inkonsistenten politischen Reform, das den Machtkampf zwischen Präsident und Premierminister ausgelöst hat, wurde durch die Neuwahl des Parlaments nicht gelöst. „Die Ursache der politischen Krise war die politische Reform des Jahres 2004. Ohne eine Änderung der („reformierten") Verfassung wird es schwer sein, politische Stabilität zu bewahren. Das Jahr 2008 sollte einem neuen konstitutionellen Prozess gewidmet werden – mit dem Ziel, die Verfassung zu revidieren", sagte Präsident *Juschtschenko* in seiner Rede vom 3. Oktober 2007.[199] Doch die Lösung des konstitutionellen Problems liegt nicht in der Wiederherstellung des parlamentarisch-präsidentiellen Misch-Systems, wie sie von *Juschtschenko* für eine zweite Amtszeit angestrebt wird, sondern in der Einführung eines rein parlamentarischen Systems. Mit der Verfassungsänderung vom 1. Januar 2006 wurde eine Zacke der exekutiven Doppelspitze Präsident–Premierminister abgebrochen; der Umstand, dass dem Präsidenten ein „Stumpf", d.h. ein Teil seiner exekutiven Kompetenzen verblieben ist, beeinträchtigt die Funktionalität des politischen Systems im allgemeinen und der auswärtigen Politik im besonderen. Ob die *Partei der Regionen* die parlamentarische Demokratie prinzipiell (und nicht nur, wie bisher, taktisch) als ein – für das Wohl des Landes – optimales System erachtet, ist zu bezweifeln;[200] sicherlich aber wird der Donezker Klan nicht zulassen, dass sich ihr „front man" *Janukowitsch*, ausgestattet mit erweiterter präsidialer Macht, verselbständigt – falls er davon geträumt haben sollte.[201]

Zur Lösung des konstitutionellen Konflikts, zur Reform der „politischen Reform", bedarf es einer „konstitutionellen Mehrheit" im Parlament, praktisch also auch der Stimmen des BJuT. Als Premierministerin kann *Julija Timoschenko* kein Interesse

---

[197] „Krupnij biznes otoždestvljaet sebja s vlast'ju". *Volodymyr Lytvyn* in einem Interview mit Roman Kul'chinskij, in: *Kontrakty* vom 27.08.2007, S. 8.

[198] *Andrej Kurkov*, in: Spiegel Online International, 27.09.2007.

[199] In seiner Rede anlässlich des Unabhängigkeitstages am 24. August 2007 hatte Präsident *Juščenko* die Einberufung einer „verfassunggebenden Versammlung" angekündigt.

[200] *Serhij Rachmanin*, Konstitucija: ne delajte pod sebja, in: *Zerkalo Nedeli/Dzerkalo Tyžna*, 15.–21.09. 2007.

[201] Der Umstand, dass *der* Wahlkampfleiter *Kolesnikov* – und nicht Premierminister *Janukowyč* – im August 2007 das Wahl- und Regierungsprogramm der PR der Öffentlichkeit präsentierte, und dass sein Konterfei – anders als die auf Billboards omnipräsenten Gesichter *Viktor Juščenkos* und *Julija TimoschenkoTymošenkos* – an den Straßenrändern nirgends zu sehen war, wurde von politischen Beobachtern in diesem Sinne gedeutet.

daran haben, dieses Amt, das durch die Verfassungsänderung und durch das – mit den Stimmen ihrer Fraktion – verabschiedete „Gesetz über das Ministerkabinett" wesentlich gestärkt wurde, wieder schwächen zu lassen. Doch wird sie im Interesse ihrer eigenen präsidentiellen Ambitionen ihren Block „rechtzeitig" für eine Stärkung der Stellung des Präsidenten in der Verfassung stimmen lassen. In ihrer Rede in der Werchowna Rada vor der Abstimmung über ihre Kandidatur für das Amt des Premierministers sagte sie, ihre Regierung werde sich der neuen (durch die „Politische Reform" geänderten) Verfassung unterwerfen; für den Fall, dass die Verfassung (erneut) geändert werden sollte, werde sich ihre Regierung der dann geänderten Verfassung unterwerfen. Damit hat *Julija Timoschenko* ihre persönliche Interessen-Lage unmissverständlich zum Ausdruck gebracht; die Politik ihrer zweiten Regierung wird ganz dem Kalkül ihrer präsidialen Ambition „unterworfen" sein.

Bis zu den Präsidentschaftswahlen im Jahre 2009 bleibt die politische Lage in der Ukraine instabil. Sollte die „demokratische Koalition" das Jahr 2008 überleben, so wird sie spätestens im Jahre 2009 durch die Kandidatur *Julija Timoschenkos* für das Amt des Präsidenten zerrissen. Auch ohne eine „Reform der Reform" ist dieses Amt für *Julija Timoschenko* attraktiv. Es ist nach wie vor das „höchste Amt" im Staate; und dieses als erste Frau (im gesamten postsowjetischen Raum ex Baltikum) einzunehmen, ist sicherlich das Ziel ihres persönlichen Ehrgeizes.

Trotz der düsteren Aussichten für das politische Klima über den Hügeln von *Petschersk*, dem Sitz der Werchowna Rada, des Präsidialsekretariats und des Ministerkabinetts, ist die Ukraine „noch nicht gestorben", wie es in der Nationalhymne heißt („Schtsche ne wmerla Ukrajina ..."). Der demokratische Prozess hat zwar nach der Orangenen Revolution einen schweren Rückschlag erlitten; dennoch erscheint er unumkehrbar. Und „neue Anläufe" wie die Neuwahl der Werchowna Rada am 30. September 2007 stärken nach Überzeugung von *Gerhard Simon* das demokratische Bewusstsein der ukrainischen Bevölkerung; eine Rückkehr zu semi-autoritären Varianten der Demokratie ist unwahrscheinlich.[202]

Politik ist in der Ukraine in einem exzessiven Maße personalisiert; es hängt von den „absolutistischen" Führern der nach ihnen benannten politischen „Blöcke" ab, ob Bewegung in den Stellungskrieg kommt. Doch ihre in der Vergangenheit bewiesene „Fähigkeit zum Kompromiss fünf vor Zwölf" (*Gerhard Simon*) wird die Ukraine vor Gewaltausbrüchen bewahren.[203] In der Politik werden sich die Konkurrenten situativ arrangieren, und die Gesellschaft wird sich – abgekoppelt von der Politik – „zivil" weiter entwickeln. Der kabalistische Machtkampf innerhalb der politischen Klasse interessiert die Bürger schon lange nicht mehr. In der Rivalität der „demokratischen"

---

[202] Anlässlich der Tagung des Committee on Economy, Social Cohesion and Environment der Sozialistischen Internationale am 10. September 2007 in Kiew warnte *Moroz* vor dem drohenden präsidentiellen Autoritarismus in der Ukraine.
[203] *Gerhard Simon*, Die Erosion des Postkommunismus. Politische Kultur in der Ukraine im Wandel, in: Osteuropa, 10/2007, S. 41.

Politiker sehen sie nicht den Wettstreit politischer Ideen, sondern nur konkurrierende persönliche Ambitionen. Was die Bevölkerung an der „Donezker" Macht ärgerte und empörte, waren die steigenden Lebenshaltungskosten – sowie die schamlose Aneignung öffentlicher Ländereien um Kiew und auf der Krim durch „regionale" Magnaten.

Ungeachtet der politischen „Unordnung" boomt die ukrainische Wirtschaft.[204] In der ersten Hälfte des Jahres 2007 wuchs sie um annähernd 8 Prozent. Wegen der Krise haben die mit sich selbst beschäftigten Politiker keine Zeit, sich in die Wirtschaft einzumischen, lautet ein zynischer Kommentar zur politischen Lage – ein Zustand, der der ukrainischen Wirtschaft anscheinend gut bekommt.

3. Die auswärtige Politik der Ukraine

3.1 Balance zwischen Ost und West: Die „multi-vektorale" Politik

Nach der Erlangung ihrer Unabhängigkeit im Jahre 1991 verfolgte die Ukraine bis 1997 einen „multi-vektoralen" Kurs in der auswärtigen Politik.[205] Diese Politik war jedoch de facto bi-vektoral. Ihre beiden Vektoren war Russland einerseits und „der Westen", der als Einheit wahrgenommen wurde, andererseits; „Europa", konkret die Europäische Union, galt nur als ein Teilstück des „westlichen" Vektors. Mit dieser Äquidistanz-Politik verteidigte Kiew seine staatliche Unabhängigkeit gegenüber Moskaus Versuchen, die Ukraine wieder in den russischen Einflussbereich zurückzuholen. *James Sherr* ist der Meinung, dass die Ukraine dieser Balance zwischen Moskau und Brüssel bzw. Washington ihre Souveränität und Integrität verdankt – mehr als der Garantie des Sicherheitsrates der Vereinten Nationen, welche die Ukraine gegen den Verzicht auf die auf ihrem Boden lagernden atomaren Waffen eingetauscht hatte.[206] Die Ansicht, die Ukraine habe infolge dieser ausgewogenen Ost-West Politik die Chance verpasst, zusammen mit Rumänien und Bulgarien in die zweite Runde der Osterweiterung aufgenommen zu werden, ist irrig; diese Chance hat nie bestanden. Die Ukraine selbst erhob zu jener Zeit auch keinen Anspruch auf ihre „europäische Integration". Sie ergänzte ihre Politik der Distanzierung von Moskau durch die Suche nach einer selbständigen politischen Rolle in dem Raum von der Ostsee bis zum Schwarzen Meer. Dass die Europäische Union durch ihre rasche

---

[204] Bezüglich der gegenwärtigen wirtschaftlichen Lage der Ukraine siehe den aktuellen Bericht der OECD vom 4. September 2007: OECD Economic Assessment of Ukraine 2007.
[205] Zur „Außenpolitik in der postsowjetischen Ukraine" siehe auch *Ernst Piehl*, Die Ukraine, in: *Ernst Piehl, Peter W. Schulze, Heinz Timmermann*, (2005), S. 383–400.
[206] *James Sherr*, Interaction of Internal and External Factors, in: Zerkalo Nedeli on the Web, Nr. 40 (515), 09.15.10.2004; <http://www.zerkalo-nedeli.com/ie/print/48035>.

Osterweiterung der Ukraine dafür keinen Raum lassen würde, wurde in Kiew zunächst nicht erkannt. Die Schwarzmeer-Dimension ukrainischer Politik – die Beteiligung der Ukraine an der Black Sea Economic Cooperation Organisation (BSEC) und ihre Beziehungen zur Türkei – blieben fruchtlos.

Die Bildung der Gemeinschaft Unabhängiger Staaten (GUS) nach Auflösung der Sowjetunion war für Kiew ein Akt „der Scheidung in zivilisierter Form" – wie der erste Präsident der unabhängigen Ukraine, *Leonid Krawtschuk*, bei verschiedenen Gelegenheiten betonte.[207] Die Ukraine ist bis heute nicht in vollem Umfang Mitglied der GUS, die sie selbst mitbegründete; zwar unterzeichnete sie das Abkommen von Beloweschskij (Belarus), doch um sich russischem Einfluss zu entziehen, beteiligte sie sich nicht an weiter gehenden Initiativen Moskaus. Die Ukraine unterzeichnete weder den Taschkenter Vertrag über kollektive Sicherheit im Mai 1992 noch die Charta der Gemeinschaft Unabhängiger Staaten im Januar 1993; und sie weigert sich bis heute hartnäckig, einer Zoll-Union im Rahmen der GUS beizutreten. Lediglich die Werchowna Rada, in der zu jener Zeit eine „anti-präsidentielle", strukturkonservative (linke) Mehrheit dominierte, fasste im Frühjahr 1999 den Beschluss, der Parlamentarischen Versammlung der Gemeinschaft Unabhängiger Staaten beizutreten, obwohl der Status der Ukraine in der GUS unklar war. Um der ukrainischen Regierung die GUS schmackhaft zu machen, ließ Moskau im Jahre 1999 den damaligen ukrainischen Premierminister *Walerij Pustowojtenko* zum Vorsitzenden des Rates der Minister – und im Jahre 2003 den ukrainischen Präsidenten *Leonid Kutschma* zum Vorsitzenden des Rates der Regierungschefs – der GUS küren. *Egbert Jahn* sieht in der GUS eine Konstruktion, die eine friedliche Desintegration der Sowjetunion erlaubte; dank der GUS konnte die politische Elite Russlands „in langsamen Schritten die Einsicht gewinnen, dass Moskau derzeit kein attraktives Integrationszentrum darstellt. Eine abrupte gänzliche Auflösung des sowjetischen Staatsverbandes am Ende des Jahres 1991 hätte vermutlich zu erheblichen gewaltsamen Friktionen in und zwischen den GUS-Mitgliedsstaaten geführt."[208]

3.2 GU(U)AM – ein ukrainisches Emanzipationsprojekt

Die Bildung der Staatengruppe GU(U)AM – der Name ist eine Reihung der Anfangsbuchstaben der beteiligten Staaten Georgien, Ukraine, (Usbekistan), Aserbaidschan und Moldawien – geht zurück auf eine Initiative des aserbaidschanischen Ministeriums für Auswärtige Angelegenheiten (am Rande einer Konferenz über den KSE-Vertrag in New York im Jahre 1996); als Geburtsstunde der informellen Gruppierung aber gilt der 10. Oktober 1997, als am Rande des Gipfeltreffens des Europarats in Straßburg die Präsidenten der vier ursprünglich beteiligten GUS-Staaten in ihrer „Straßburger Erklärung" die Koordinierung ihrer Abwehr reintegrativer Präten-

---

[207] So auch auf einer Konferenz der Friedrich-Ebert-Stiftung in Bonn im Jahre 1996.
[208] *Egbert Jahn*, Ausdehnung und Überdehnung, in: Osteuropa, 2–3/2007, S. 37 und 38.

tionen Moskaus der Öffentlichkeit kundtaten. Usbekistan, das sich im Jahre 1999 der Gruppierung anschloss, suspendierte bald darauf seine Mitgliedschaft und schied am 5. Mai 2005 wieder aus. Aufgrund des Gewichts der Ukraine in dem „Quartett der Unwilligen" (*Johannes Voswinkel* [209]) wird GUAM gemeinhin als ein ukrainisches Projekt zur Distanzierung von Russland angesehen. Auf der offiziellen website der Gruppe wird GU(U)AM als „politische, ökonomische und strategische Allianz" bezeichnet;[210] tatsächlich aber war GU(U)AM bis in die jüngste Zeit eine virtuelle „Assoziation", mit der die Ukraine – ohne greifbare Ergebnisse – versuchte, eine eigenständige Bündnis-Politik zu betreiben.

Auf dem Gipfeltreffen am 7. Juni 2001 wurde die „GUUAM Charta von Jalta" (Jaltinskaja Chartija GUUAM) von den Präsidenten aller fünf Länder unterzeichnet. In ihr wird die Zusammenarbeit auf wirtschaftliche Felder begrenzt; Aspekte der militärischen Kooperation, die zuvor „im Gespräch" waren, finden sich in der Charta nicht wieder. Im Zentrum der geplanten Kooperation stand der Transportkorridor Kaspisches Meer-Schwarzes Meer. In den Folgejahren vegetierte die GU(U)AM-Gruppe nur noch dahin; an dem Gipfeltreffen im Jahre 2004 in Jalta nahmen nur zwei der fünf Präsidenten teil: GU(U)AM schien moribund.

Nach der Orangenen Revolution wurde die scheintote Gruppierung von Präsident *Juschtschenko* wiederbelebt. Auf dem Gipfeltreffen am 22. April 2005 in Chischinau (Moldawien), an welchem auch die Präsidenten Rumäniens und Litauens, *Traian Basescu* und *Valdas Adamkus,* nicht aber der usbekische Präsident *Islam Karimow*, teilnahmen, wurde eine Erklärung über „Demokratie vom Kaspischen bis zum Schwarzen Meer" verabschiedet.

Der ukrainische Präsident *Juschtschenko* nannte GU(U)AM – das autokratisch regierte Usbekistan war zu dieser Zeit noch Mitglied – „Garant demokratischer Transformation". Auf ihrer gemeinsamen Pressekonferenz erklärten die Präsidenten die „eingefrorenen" Sezessionskonflikte zum gravierendsten Hindernis auf dem Weg politischer Reform und wirtschaftlicher Entwicklung – und deren Lösung zum vorrangigen Ziel von GU(U)AM. Die obligatorische Bekämpfung des „internationalen Terrorismus" fehlte nicht in der gemeinsamen Erklärung. Die Präsidenten forderten den Abzug der russischen Truppen aus Georgien und Moldawien – entsprechend den Beschlüssen des OSZE-Gipfeltreffens von Istanbul im Jahre 1999. Sie unterzeichneten ein Protokoll, das die Schaffung eines GU(U)AM-Freihandelsgebietes anvisiert. Die von Moskau verhängten wirtschaftlichen Sanktionen (u.a. das Einfuhrverbot für Wein aus Moldawien und Georgien) trugen eher zur weiteren Solidarisierung der GU(U)AM-Staaten bei als zur Entspannung ihres Verhältnisses zu Russland.

---

[209] *Johannes Voswinkel*, Schutz gegen Moskau, in: Die Zeit; <http://images.zeit.de/text/online/2006/22/Kiew-Weinkrieg-GUAM>.
[210] <http://www.guuam.org.ua>.

Auf dem Gipfeltreffen am 23. Mai 2005 in Kiew, an dem die Präsidenten *Lech Kaczynski* (Polen), *Valdas Adamkus* (Litauen) und der bulgarische Vizepräsident *Angel Marin* teilnahmen, erhielt die informelle Staatengruppe GUAM (Usbekistan war am 5. Mai 2005 ausgeschieden) mit der Unterzeichnung eines Statuts durch die vier Präsidenten *Wiktor Juschtschenko* (Ukraine), *Michail Saakaschwili* (Georgien), *Ilham Alijew* (Aserbaidschan) und *Wladimir Woronin* (Moldawien) den Status einer internationalen Organisation – und den neuen Namen: „Für Demokratie und wirtschaftliche Entwicklung – GUAM". Das Statut institutionalisierte formell die bestehende Struktur, die bereits in der Charta von Jalta vom 7. Juni 2001 etabliert worden war, nämlich als höchstes Organ das jährliche Gipfeltreffen der Präsidenten; als Exekutivorgan das halbjährliche Treffen der Minister für Auswärtige Angelegenheiten; auf der Arbeitsebene das Komitee der Nationalen Koordinatoren, das vierteljährlich zusammentritt, und – auf der vierten Ebene – die Ständigen Vertreter. Entscheidungen werden im Konsens getroffen. In Kiew wurde ein ständiges Sekretariat eingerichtet, das von der Ukraine finanziert wird. Generalsekretär ist der ehemalige Finanzminister Georgiens, *Walerij Tschetschelaschwili*.

Heute verbindet euroatlantischer Geist die vier ehemaligen Sowjetrepubliken; GUAM ist nun eine lockere Gruppierung derjenigen Mitgliedsländer der GUS, die ihre Mitgliedschaft in der Europäischen Union – und in der NATO – zu ihrem Ziel erklärt haben.[211] Der GU(U)AM-Raum liegt zwischen dem Schwarzen und dem Kaspischen Meer bzw. (unter Einschluss Usbekistans) zwischen dem Schwarzen Meer und dem Tian Schan Gebirge und damit in einem Gebiet, in welchem die USA seit der Auflösung der Sowjetunion strategische Interessen verfolgen. Die Frage ist berechtigt, ob der lockere Verbund von dissidenten GUS-Staaten ohne den Beistand der USA Bestand gehabt hätte. Seit dem Jahre 2000 führen GU(U)AM und die USA einen Dialog; im Rahmen des „GUUAM-U.S. Framework Program" investiert Washington jährlich 1 Million US Dollar in die „konsultative Unterstützung" einiger Projekte – wie das „GUUAM Virtual Center for Fight Against Terrorism, Organized Crime" und andere „gefährliche Verbrechensarten".[212]

Es ist zu bezweifeln, dass GUAM in Zukunft eine nennenswerte Rolle spielen wird. Ihre Mitgliedsländer bleiben abhängig von russischem Erdgas – außer Aserbaidschan, dessen demokratische Kredentialien allerdings dubios sind. Ihrem erklärten Ziel, den natürlichen Korridor zwischen dem Großen und dem Kleinen Kaukasus für den Transport von kaspischen Energieträgern nach Europa um eine See-Land-Verbindung über das Schwarze Meer und durch die Ukraine zu verlängern – und dies ist das reale Interesse der Ukraine –, ist die GUAM-Gruppe keinen Schritt näher

---

[211] Der kommunistische Präsident Moldawiens, *Vladimir Voronin*, gewann die letzte Wahl mit seiner europäischen Integrationspolitik.
[212] Siehe das „Joint Statement GUUAM – US Konsultationen, Yalta, 04.07.2003" bezüglich der GUUAM – US Konsultationen am Rande des GUUAM Gipfels am 3. und 4. Juli 2003 in Jalta; <www.guuam.org/doc/doc.htm>.

gekommen;[213] statt durch die Odessa-Brody-Pipeline – und weiter nach Plozk in Polen – fließt aserbaidschanisches Öl über Georgien nach Ceyhan an der türkischen Mittelmeerküste.

3.3 Die „europäische Wahl" der Ukraine

Am 10. November 1998 trat das – bereits am 16. Juni 1994 unterzeichnete – „Partnerschafts- und Kooperationsabkommen (PKA) zwischen der Ukraine und den Europäischen Gemeinschaften und ihren Mitgliedsländern" in Kraft; mit diesem Abkommen traf die Ukraine die „strategische Entscheidung für Europa". Die multivektorale Politik wurde sang- und klanglos begraben. Zum Vehikel auf dem Wege nach Europa wurde die „Anpassung der Gesetzgebung der Ukraine an die Gesetzgebung der Europäischen Union". Die Ukraine verpflichtete sich in diesem Abkommen, „Maßnahmen zu treffen, um ihre Gesetzgebung allmählich in Übereinstimmung mit der Gesetzgebung der Europäischen Gemeinschaften zu bringen".

Die so genannte „europäische Wahl" (jewropejskyj wybor) der Ukraine wurde nicht von der Bevölkerung getroffen; sie wurde von Präsident *Kutschma* dekretiert. Seine „Strategie der europäischen Integration der Ukraine" erhielt in den folgenden Jahren durch präsidiale Erlasse Rechtskraft – u.a. durch den Erlass vom 4. März 1998 „zum Zwecke der Realisierung des strategischen Kurses der Integration der Ukraine in die Europäische Union; den Erlass vom 11. Juni 1998, laut dem bis zum Jahre 2007 die Voraussetzungen für den Beitritt der Ukraine zur Europäischen Union geschaffen sein sollten; und den Erlass vom 30. August 2000, mit dem „beim Präsidenten der Ukraine" (d.h. ihm direkt unterstellt) ein „Nationaler Rat für die Fragen der Anpassung der Gesetzgebung der Ukraine an die Gesetzgebung der Europäischen Union" als beratendes Organ geschaffen wurde. Seine Aufgabe bestand darin, die „Erfüllung der Verpflichtungen der Ukraine bezüglich der Anpassung der geltenden und zukünftigen Gesetzgebung an die Gesetzgebung der Europäischen Union" zu gewährleisten und damit den „Beitritt der Ukraine zu dem europäischen Rechtsraum" sicherzustellen. In der Verordnung des Ministerkabinetts vom 14. Juni 1994 wurde ein „Mechanismus zur planmäßigen Anpassung der Gesetzgebung der Ukraine an die Gesetzgebung der Europäischen Union" – in Entsprechung des Artikels 51 des „Partnerschafts- und Kooperationsabkommens" – eingeführt. Nach der Verordnung des Ministerkabinetts vom 16. August 1999 soll die allmähliche Anpassung der ukrainischen Gesetzgebung „als ein integraler Bestandteil der gesetzgeberischen Tätigkeit der Organe der Exekutive (gemeint sind die legislativen Initiativen des Präsidenten und des Ministerkabinetts) auf der Grundlage eines einheitlichen Planungs-, Koordinierungs- und Kontrollsystems vollzogen werden." In der Verordnung des Minister-

---

[213] Schon in dem Gemeinsamen Kommunique über ihre Zusammenkunft in Straßburg am 10. Oktober 1997 maßen die Präsidenten der vier Staaten der Schaffung eines „Eurasian, Trans-Caucasian transportation corridor" besondere Bedeutung bei. <http://www.guuam.org/doc/14oct_com.html>.

kabinetts vom 5. Juni 2000 „Über die Bestätigung der provisorischen Geschäftsordnung des Ministerkabinetts der Ukraine" wird vorgeschrieben, dass bei der Vorbereitung von Entwürfen für Verordnungen des Ministerkabinetts geprüft werden soll, ob der betreffende Entwurf mit den „Richtlinien der Gesetzgebung der Europäischen Union übereinstimmt".

Erst am 16. März 2004 schuf das Parlament mit dem Gesetz „Über das gesamtstaatliche Programm zur Anpassung der Gesetzgebung der Ukraine an die Gesetzgebung der Europäischen Union" eine gesetzliche Grundlage für den legislativen Adaptationsprozess. Dieses Gesetz regelt die praktische Verfahrensweise und die Kooperation zwischen der Exekutive und der Legislative bei der Anpassung der ukrainischen Gesetzgebung an das Recht der Europäischen Union. Danach wird jeder in die Werchowna Rada eingebrachte Gesetzentwurf an den parlamentarischen „Ausschuss für Fragen der europäischen Integration" verwiesen – mit dem Zweck zu prüfen, ob dieser zu einem Rechtsgebiet gehört, das durch EU-Recht geregelt wird. Gesetzentwürfe, die dem „acquis communautaire" der EU widersprechen, bedürfen für ihre Verabschiedung einer ausreichenden Begründung.

Trotz der Fixierung der „europäischen Wahl" der Ukraine in Präsidialdekreten blieb die Europa-Politik des Präsidenten *Kutschma* weitgehend deklarativ. In der Exekutive wurden keine effektiven infrastrukturellen, d.h. keine personellen und finanziellen Voraussetzungen für eine systematische Prüfung der von der Regierung initiierten Gesetzgebung auf Konformität mit EU-Recht geschaffen. „In Europa wartet niemand auf die Ukraine" – so lautete die apologetische Floskel, mit der Präsident *Kutschma* seinen eigenen politischen Unwillen zu einer substanziellen „inneren Europäisierung" der Ukraine entschuldigte. Mit der demonstrativen Bereitschaft zur formalen Adaptation des ukrainischen Rechts konnte er nicht über die „uneuropäische" Praxis seines Systems hinwegtäuschen, dessen Funktionsprinzipien weit von europäischen Normen entfernt waren. Der damalige Chef der Präsidialadministration, *Medwedtschuk*, kündigte auf dem XVIII. Parteitag seiner (pseudo-)"*Sozialdemokratischen Partei der Ukraine (vereinigte)*" für den Fall des Sieges von *Wiktor Janukowytsch* in den Präsidentschaftswahlen des Jahres 2004 an, dass sich „die Ukraine nicht der geringschätzigen Kritik des Westens unterwerfen, sondern gleichberechtigte Beziehungen suchen" werde. Damit brachte er zum Ausdruck, dass die „kutschmistische" Elite nicht gewillt war, die politischen Werte der Europäischen Union zu internalisieren. Das „System *Kutschma*" war mit dem Werte-System der Europäischen Union völlig inkompatibel. Aus diesem Grunde konnte die „Europa-Diplomatie", wie sie von *Kutschma* betrieben wurde, keine Änderung in der skeptischen Einstellung der Europäischen Union zur Ukraine bewirken. „Annäherung an Europa" ist nicht so sehr eine Frage der auswärtigen Politik, wie Präsident *Kutschma* meinte; „Annäherung" bedeutet viel mehr die Herstellung von interner Europa-Kompatibilität, d.h. die Anpassung der politischen und ökonomischen Strukturen und Prozesse an europäische Standards. Der ehemalige Minister für auswärtige Angelegenheiten und Botschafter der Ukraine in den USA, *Anton Buteiko*, ist denn auch der Meinung,

Kutschma sei nie ernsthaft an einer Mitgliedschaft der Ukraine in der Europäischen Union interessiert gewesen.

Als Beispiel für die Verschleppung konkreter Anpassungsschritte wurde von Kritikern die faktische Auflösung des erst ein Jahr zuvor beim Justizministerium geschaffenen „Zentrums für europäisches und vergleichendes Recht" im Zuge einer Reorganisation dieses Ministeriums im Jahre 2004 angesehen. Neu aufgebaut werden sollte eine Abteilung, ein „Staatsdepartement" (derschawnyj komitet) für rechtliche Anpassung im Ministerium selbst. Laut *Gennadij Drusenko*, dem Direktor des Zentrums, kam damit die Anpassung der ukrainischen Gesetzgebung an europäisches Recht, kaum dass sie begonnen hatte, wieder zum Stillstand – eine „gewollte Verzögerung des Adaptationsprozesses".[214] Dem Justizministerium fehlten qualifizierte Juristen, die mit dem zuständigen Ausschuss der Werchowna Rada hätten zusammenarbeiten können. Der ehemalige Minister für auswärtige Angelegenheiten, *Boris Tarasjuk* – zu jener Zeit Vorsitzender des parlamentarischen „Ausschusses für Fragen der europäischen Integration" – lobte die Zusammenarbeit mit dem Zentrum. Nach seiner Auffassung habe das Parlament die Regierung längst bei der Schaffung von effektiven Anpassungsverfahren überholt. In der Regierung hingegen gebe es keine entsprechende Struktur. Am „Tag der Regierung" in der Werchowna Rada im September 2004, welcher der „europäischen Integration der Ukraine" gewidmet war, erhob *Tarasjuk* den Vorwurf, Präsident *Kutschma* habe die europäische Integration eher gehemmt als gefördert. Ausgerechnet an diesem Tage fand in der kasachstanischen Hauptstadt Astana ein Gipfeltreffen der Präsidenten der vier Staaten des eurasischen Einheitlichen Wirtschaftsraums (EWR) statt. Mit Ausnahme des Stellvertretenden Ministers für Wirtschaft und Fragen der europäischen Integration, *Walerij Pjatnizkij* nahm kein Mitglied der Regierung an der Sitzung im ukrainischen Parlament teil, in der über die europäische Integration der Ukraine debattiert wurde.

3.4 Die „eurasische Wahl" der Ukraine

Im Frühjahr 2001 erklärte Präsident *Kutschma* die „Eurointegration" der Ukraine zum prioritären Ziel seiner Politik. In einer Botschaft an die Werchowna Rada machte er die „europäische Wahl" zur Orientierung für die „Konzeptionellen Grundlagen der wirtschaftlichen und sozialen Entwicklung der Ukraine für die Jahre 2002 bis 2011" und setzte ihr die Aufnahme in die NATO bis zum Jahre 2008 sowie die Assoziierung mit der Europäischen Union bis zum Jahre 2011 zum Ziel. Bis zum Jahre 2002 galt der „Kurs der europäischen Integration der Ukraine" als „irreversibel". In den zwei letzten Jahren seiner Präsidentschaft jedoch unterwarf *Kutschma* die auswärtige Orientierung der Ukraine dem Erhalt seines Einflusses über das Ende seiner zweiten Amtszeit hinaus. In der Zeit, in der das Gesetz zur „Anpassung der

---

[214] *Tatjana Silina*, Choteli po-evropejski, a vyšlo kak vsegda, in: Zerkalo Nedeli/Dzerkalo Tyžnja, Nr. 37 (512), 18.09.2004, S. 4.

Gesetzgebung der Ukraine an die Gesetzgebung der Europäischen Union" im Parlament debattiert wurde, trat der Präsident den Rückzug aus „Europa" an. *Kutschma* musste nicht nur um seine politische Zukunft fürchten, wenn es ihm nicht gelänge, die Macht analog der Amtsübergabe von *Jelzin* an *Putin* zu bewerkstelligen, d.h. an einen loyalen Nachfolger zu übergeben. Wegen seiner Implikation in den Mord an dem regime-kritischen Journalisten *Georgi Gongadse*, die aus dem Mitschnitt seiner Gespräche in seinem Kabinett durch einen Offizier der präsidialen Wache hervorgeht, drohte ihm nach seinem Ausscheiden aus dem Amt sogar strafrechtliche Verfolgung. Alle Indizien deuten darauf hin, dass die akustischen Aufzeichnungen im Auftrag des russischen Geheimdienstes gemacht wurden, um den ukrainischen Präsidenten durch kompromittierendes Material („Kompromat") in der Hand zu haben. Der russische Präsident *Putin* zog aus dem Verlust der Akzeptanz, den *Kutschmas* „hässliches Regime" im Westen erlitten hatte, Kapital: Da es Präsident *Kutschma* nicht gelungen war, die Kandidatur von *Wiktor Juschtschenko* zu verhindern, gab er dem Druck Moskaus nach, wechselte den Kurs und machte die *„eurasische* Integration" zum Ziel seiner auswärtigen Politik. Mit seiner Unterschrift unter das Abkommen von Jalta vom 19. September 2003 über die Schaffung eines *Einheitlichen Wirtschaftsraumes* zusammen mit Russland, Belarus und Kasachstan brachte *Kutschma* die Ukraine in *Putins* eurasisches Integrationsprojekt ein. *Putin* belohnte *Kutschmas* Absatzbewegung von Europa mit der offenen Unterstützung des vom ihm designierten Nachfolgers *Wiktor Janukowytsch*.

Präsident *Kutschma* begründete die Änderung seiner Politik als Anpassung an die veränderte internationale Lage. Die Europäische Union sei nach ihrer Erweiterung mit sich selbst beschäftigt; die NATO befände sich wegen des Krieges im Irak in einer Krise. Seine neue Strategie sei nur realistisch und „die volle Mitgliedschaft in der EU und in der NATO immer noch ein wichtiger Bestandteil unserer Strategie." Doch in seiner Rede aus Anlass des „Europa-Tages" am 15. Mai 2004 erwähnte *Kutschma* die „europäische Integration" mit keinem Wort mehr. Der proklamierte „europäische Integrationskurs" der Ukraine wurde nunmehr als „Euroromantik" denunziert und durch einen so genannten „Europragmatismus" abgelöst. Nüchternheit war angesichts der Haltung Brüssels zwar geboten, doch wurde der Terminus „Pragmatismus" nur benutzt, um *Kutschmas* Absatzbewegung von Europa zu rechtfertigen. Die Ukraine habe seit Jahren – vergeblich – an die Türe der Europäischen Union geklopft habe. „Deshalb haben wir unsere Prioritäten geändert", sagte der Erste Stellvertretende Premierminister *Mykola Asarow* in einer Rede am 26. April 2004 und deutete den Begriff „europäische Integration" um: „Der unveränderte europäische Integrationskurs der Ukraine ist ganz und gar nicht gleich zu setzen mit einem Beitritt zur EU." *Asarow*, der auch das Amt eines „Beauftragten für Fragen der europäischen und atlantischen Integration der Ukraine"(!) innehatte, betrieb de facto – als Vertreter der Ukraine in der „Gruppe auf hohem Niveau" des EWR-Projektes – nicht die „europäische", sondern die „eurasische" Integration der Ukraine.

Der erste Akt, in welchem sich die Reorientierung der Außenpolitik der Ukraine manifestierte, war ein Richtungswechsel im Erdöltransport. Am 5. Juli 2004 beschloss die ukrainische Regierung unter russischem Druck die Umkehrung der Pump-Richtung der neuen, 675 km langen Pipeline „Odessa–Brody": Statt, wie ursprünglich geplant, kaspisches Öl von Odessa über Brody nach Mitteleuropa zu pumpen, leitet diese Pipeline nunmehr russisches Öl über Brody nach Odessa, um von dort mit Tankern durch den Bosporus nach Europa verschifft zu werden. Russland hatte die anstehende Unterzeichnung des Abkommens über den Transit russischen Öls über ukrainisches Territorium nach Europa so lange verzögert, bis die Ukraine dem Richtungswechsel der neuen Pipeline zustimmte.[215]

Seinen Rückzug aus Europa flankierte Präsident *Kutschma* mit europa-politischen Akten: Vom 1. bis 8. Oktober 2003, wenige Tage nach der Unterzeichnung des EWR-Abkommens von Jalta am 19. September, fand wiederum in Jalta ein EU-Ukraine-Gipfel statt, auf dem erneut die „Anpassung der Gesetzgebung der Ukraine an die Gesetzgebung der Europäischen Union" beschworen wurde.

Am 23. Februar 2003 verlas der ukrainische Präsident in Moskau auf einer eigens einberufenen Pressekonferenz eine gemeinsame Erklärung der Präsidenten *Putin*, *Kutschma*, *Lukaschenko* und *Nasarbajew* über die beabsichtigte Schaffung eines „Einheitlichen Wirtschaftsraums" (Edinoe Ekonomitscheskoje Postranstwo)[216] ihrer vier Länder; er überraschte damit selbst die Mitglieder seiner eigenen Regierung. Eine unverzüglich gebildete, so genannte „Gruppe auf hohem Niveau", in der die Ukraine durch den damaligen Ersten Vize-Premierminister *Mykola Asarow* vertreten war, erarbeitete in kurzer Zeit den Text einer „Konzeption" und eines entsprechenden Abkommens.[217] Am 19. September 2003 wurde in Jalta das Abkommen über die Schaffung des „Einheitlichen Wirtschaftsraumes" von den vier Präsidenten paraphiert. Expertengruppen arbeiteten unter Hochdruck an über 100 sektoralen Abkommen zur Implementierung dieses Rahmenabkommens. Mit dem pauschalen Vorbehalt – „die Ukraine beteiligt sich an dem Abkommen über die Schaffung des EWR in dem Teil seiner Vorkehrungen, deren Umsetzung der Verfassung der Ukraine und ihrem Kurs auf europäische und euro-atlantische Integration nicht widerspricht" – wurde das Abkommen von Jalta am 20. April 2004 vom Parlament der Ukraine ratifiziert.

---

[215] Gebaut wurde die Odessa-Brody-Pipeline von der Ukraine in der Hoffnung, an den Energie-Ressourcen Aserbaidschans und Kasachstans partizipieren – und so die Abhängigkeit von Russland verringern – zu können. Doch die von der Regierung der USA durchgesetzte Trasse Baku–Tbilissi–Ceyhan (BTC) machte die Route Aserbaidschan–Georgien–Schwarzes Meer–Ukraine obsolet.
[216] Der Terminus „Einheitlicher Wirtschaftsraum" hat sich in der Literatur durchgesetzt; „Gemeinsamer Wirtschaftsraum" wäre eine adäquatere Übersetzung.
[217] Soglašenie o formirovanii Edinogo Ėkonmičeskogo Prostranstva (Abkommen über die Bildung eines Einheitlichen Wirtschaftsraumes); sowie: Koncepcija formirovanija edinogo ėkonmičeskogo prostranstva (Konzeption für die Bildung eines Einheitlichen Wirtschaftsraumes) in: Ukraïnska Pravda, <http://www2.pravda.com.ua/ru/archive/?30919-3-new>.

Vor der Paraphierung der EWR-Dokumente durch die vier Präsidenten hatten der Minister für Auswärtige Angelegenheiten, *Konstantyn Hryschtschenko*, der Justizminister *Oleksandre Lawrynovytsch* und der Minister für Wirtschaft und europäische Integration, *Walerij Choroschkowski*, ein gemeinsames Dokument[218] verfasst, in welchem sie forderten, dass die Ukraine das Abkommen über die Bildung des EWR nur mit folgenden sieben Vorbehalten unterschreiben dürfe:

1. Die Ukraine werde das Abkommen über die Bildung des EWR nur in dem Rahmen umsetzen, der nicht der Verfassung der Ukraine und dem strategischen Kurs der Ukraine auf ihre europäische Integration sowie dem selbständigen Beitritt der Ukraine zur WTO widerspreche.

2. Die Ukraine verstehe die in dem Abkommen (und in der „Konzeption") über die Bildung des EWR verwendeten Termini „Integration", „Integrationsprozesse", „integrative Interaktion" und „integrativen Maßnahmen" als Zusammenarbeit auf der Grundlage souveräner Gleichheit, welche die Bildung einer Freihandelszone nach den Prinzipien, Normen und Regeln der WTO zum Ziel habe.

3. Die Ukraine beteilige sich an den Regulierungsmechanismen nur in dem Rahmen, der ihren Kurs auf europäische Integration nicht behindere.

4. Die Ukraine werde keine Vollmachten an das einheitliche Regulierungsorgan delegieren, das in Artikel 4 des Abkommens vorgesehen ist.

5. Die Ukraine betrachte die Bestimmungen des Artikels 2 des Abkommens bezüglich einer einheitlichen Außenhandelspolitik, gemeinsamer Zoll-Tarife, der Vereinheitlichung der tarifären und nicht-tarifären Regulierungen und einheitlicher Wettbewerbsregeln als für sich nicht verpflichtend.

6. Die Ukraine beteilige sich an der Harmonisierung der Gesetzgebung der Teilnehmer-Staaten des EWR und an der Vereinheitlichung technischer Standards und sanitärer Normen nur in dem Maße, in welchem sie nicht dem Abkommen zwischen der Ukraine und der Europäischen Union über Partnerschaft und Zusammenarbeit widerspreche.

7. Die Ukraine behalte sich das Recht vor, Vorbehalte zu jedem beliebigen Vertrag zu formulieren, der im Rahmen des EWR geschlossen werde.

Unter Berücksichtigung der sieben Vorbehalte bereitete das ukrainische Ministerium für Auswärtige Angelegenheiten einen alternativen Vertragsentwurf vor, mit dem es versuchte, das Projekt des „Einheitlichen Wirtschaftsraumes" mit der „europäischen Integration" der Ukraine in Einklang zu bringen. Die Ukraine sollte nicht auf die mögliche Bildung eines gemeinsamen Freihandelsgebietes mit der Europäischen Union verzichten, empfahlen die drei Minister – was sie täte, wenn sie sich *in vollem Um-*

---

[218] Aus dem Protokoll der Sitzung des Ministerkabinetts vom 30.09.2003.

fang an dem EWR beteiligen würde. Artikel 2 des alternativen Vertragsentwurfs sah die Harmonisierung der Gesetzgebung der vier beteiligten Staaten „auf der Basis der Gesetzgebung der EU und entsprechend den Regeln und Standards der WTO" vor. In Artikel 4 verlangten sie eine Stimmenverteilung im Rat der Staatschefs und im gemeinsamen Regulierungsgremium nach dem Prinzip: „ein Staat – eine Stimme". Doch in Jalta kam der alternative Vertragsentwurf nicht einmal zur Sprache. Der ukrainische Präsident *Kutschma* unterzeichnete die beiden Dokumente, Vertrag und Konzeption, in der Fassung, wie sie von der „Gruppe auf hohem Niveau" formuliert worden waren – unter einem einzigen Vorbehalt, nämlich dass sich die Ukraine an der Bildung des EWR lediglich „in den Grenzen ihrer Verfassung" beteiligen werde.

Der Verfassungsvorbehalt war vage; er erlaubte eine beliebige Auslegung. Oppositionelle Parlamentarier sahen in ihm einen Rettungsanker, d.h. die Möglichkeit, inakzeptable Vorschläge, die im Verlauf der Verhandlungen von russischer Seite an die Ukraine herangetragen würden, mit dem Hinweis auf Inkonformität mit der ukrainischen Verfassung zurückzuweisen. Die Konsequenzen des EWR-Abkommens für die Ukraine wurden auch unter Verweis auf das Schicksal anderer internationaler Vereinbarungen im Rahmen der GUS heruntergespielt. Zur „Kiewer Formel" stilisiert pries die ukrainische Regierung das im Abkommen fixierte Prinzip der „Integration auf verschiedenen Ebenen" und mit „verschiedenen Geschwindigkeiten".

Trotz zahlreicher Verfassungsverstöße und Gesetzesverletzungen im Prozedere wurde das Gesetz über die Ratifizierung des Abkommens über den Einheitlichen Wirtschaftsraum am 20. April 2004 von der Werchowna Rada mit den Stimmen der „pro-präsidentialen" Fraktionen (206) und der Kommunistischen Fraktion (59) angenommen. Gegen den „Ausverkauf der nationalen Interessen"[219] stimmte die „nationale Opposition", die Fraktionen *Nascha Ukrajina* von *Wiktor Juschtschenko* und *Batkiwtschina* von *Julija Tymoschenko* sowie die Sozialistische Fraktion von *Oleksandr Moros*.[220] Die Kritik galt vor allem der im Abkommen vorgesehenen Schaffung eines supranationalen Organs.

In seiner Botschaft an die Werchowna Rada zu Beginn des Jahres 2004 hatte Parlamentspräsident *Lytwyn* noch erklärt, dass die Schaffung eines „Freihandelsgebietes auf der Basis der Prinzipien der WTO" die allerhöchste Stufe der Integrationsprozesse im GUS-Raum sei, die für die Ukraine in Frage komme. Bei Überschreitung

---

[219] Auch der erste Präsident der unabhängigen Ukraine, Leonid Kravčuk, der Vorsitzende der Fraktion der pro-präsidentialen *Sozial-Demokratischen Partei der Ukraine (vereinigte),* stimmte gegen die Ratifizierung des Abkommens.

[220] Die Debatte über die Ratifizierung des Abkommens über die Schaffung des EWR wurde überlagert von der aktuellen Empörung der Opposition über die bei der Bürgermeisterwahl in der Provinz-Stadt Mukačevo am 18. April 2004 von Seiten der örtlichen pro-präsidentialen Machthaber angewandte brachiale „Wahl-Technologie", weil „Mukačevo" als Präzedenz-Fall für den zu erwartenden Einsatz „aller Mittel" seitens des Regimes bei den kommenden Präsidentschaftswahlen angesehen wurde.

dieser Linie könne sich die Ukraine in einer Lage wiederfinden, welche das geopolitische Paradigma des Landes, seinen Kurs auf seine europäische und euroatlantische Integration, grundlegend verändere.

Zur Beschwichtigung der Opposition behauptete Premierminister *Janukowytsch*, „Kern des EWR" sei eine „Freihandelszone ... ohne Begrenzungen und ohne Ausnahmen". Doch der *Einheitliche Wirtschaftsraum* ist konzeptionell weit mehr als eine Zone freien Handels: Das Abkommen sieht die Angleichung der Gesetzgebung vor – sicherlich nur in einer Richtung; des Weiteren die Vereinheitlichung von Zoll-Tarifen, überhaupt die Harmonisierung der gesamten Außenhandels- und Währungspolitik. Was die russische Seite anstrebte, sagte der frühere Premierminister Russlands, *Michail Kasjanow*: Das „Mindest-Niveau an Integration ist ein einheitlicher Zollraum und eine einheitliche Außenhandelspolitik." Und sein Stellvertreter *Wiktor Christenko* erläuterte: „Das Wort ‚einheitlich' (edinoe) in der Abkürzung EWR sieht vor, dass Vollmachten an ein bestimmtes supranationales Organ delegiert werden. Und wenn der Vertrag über den EWR unterzeichnet sein wird, dann wird dies ein Vertrag analog den Römischen Verträgen sein, mit denen die Europäische Union geschaffen wurde." Am 14. August 2004, am Vortag des Gipfeltreffens der Gemeinschaft Unabhängiger Staaten[221] in Astana, der Hauptstadt Kasachstans, kamen die Präsidenten der vier beteiligten Staaten überein, bis zum 4. Dezember 2004 von der „Gruppe auf hohem Niveau" insgesamt 29 Dokumente vorbereiten zu lassen, auf deren Grundlage im Rahmen des EWR eine Zoll-Union geschaffen werden sollte. (Es wurde vorgesehen, diese Dokumente am 1. Juli 2005 von den Staatschefs unterzeichnen zu lassen. Zweifel an dem „Wahlsieg" des „russischen Kandidaten" *Wiktor Janukowytsch* in den Präsidentschaftswahlen im Oktober/November 2004 hegte niemand.)

Ein Freihandelsabkommen im Rahmen der GUS existiert bereits. Präsident *Kutschma* selbst hatte im Jahr zuvor, als er die Präsidentschaft im Rat der Staatschefs der GUS übernahm, als sein Hauptziel die Verbesserung der Funktionalität des Freihandels in der GUS genannt. Dazu hätte es aber nicht der Schaffung des EWR bedurft.[222] Moskau verfolgte mit der Bildung des *Einheitlichen Wirtschaftsraums* offensichtlich das Ziel, der Ukraine den Weg nach „Europa" abzuschneiden und sie in eine „Re-Union" mit Russland zu drängen. Die ukrainischen Befürworter des EWR-

---

[221] Der GUS-Gipfel am 15. August diente als Hintergrund für den EWR-Gipfel. Das dominierende Thema des GUS-Gipfeltreffens war die Sicherheit im GUS-Raum. Siehe *Vladimir Kravčenko*, A Vy chot v Astane sadites ..., in Zerkalo Nedeli/Dzerkalo Tyžnja, Nr. 37 (512).

[222] Präsident *Kutschma*, der im „Rat der Staatschefs" (sovet glav gosudarstv) der GUS bis August 2004 den Vorsitz innehatte, wurde auf dem GUS-Gipfeltreffen in Astana am 15. August 2004 mit dem GUS Ehrenzeichen (počětnyj znak) ausgezeichnet – für seinen „großen Beitrag zur Entwicklung der Freundschaft, der guten Nachbarschaft, des gegenseitigen Verständnisses und der gegenseitig vorteilhaften Zusammenarbeit im Rahmen der Gemeinschaft Unabhängiger Staaten".

Abkommens betonten dessen ökonomischen Charakter; in der Tat aber war – und ist – der *Einheitliche Wirtschaftsraum* ein russisches geo-politisches Projekt. Mit der Ratifizierung des EWR-Abkommens brach die Ukraine radikal mit der auswärtigen Politik, die sie seit ihrer Unabhängigkeit verfolgt hat: Die Ukraine trat bis dahin keiner Staatengruppierung bei, in welcher eine Mitgliedschaft die Aufgabe auch nur von Teilen ihrer Souveränität bedeutet hätte. Die Verfassung von 1995 verbietet die Übertragung von Teilen der Souveränität an supra-nationale Organe. Genau dies aber sah das Abkommen über die Schaffung des Einheitlichen Wirtschaftsraumes vor: In Artikel 4 heißt es: „Die beteiligten Seiten gründen ein gemeinsames Regulierungsorgan des EWR, an das sie auf der Grundlage internationaler Verträge einen Teil ihrer Vollmachten abgeben." Und weiter heißt es: „Dessen Entscheidungen sind für die beteiligten Seiten verbindlich."[223] Zwölf Jahre lang hat es die Ukraine geschafft, den Bestrebungen Moskaus auszuweichen, sie in einen russisch dominierten Raum zu reintegrieren; mit ihrer Beteiligung an dem EWR-Projekt schien die Ukraine den Kampf um den Erhalt ihrer Unabhängigkeit aufgegeben zu haben. Präsident *Kutschma* brachte zur Frage der Vereinbarkeit von EWR- und EU-Politik der Ukraine folgende Thesen vor: Die Vertiefung regionaler Kooperation (schlechthin) entspräche EU-Prinzipien, da dies für jedes Land der einzige Weg sei, sein Potenzial voll auszuschöpfen und seine nationalen Interessen zu sichern. Insofern sei die „Optimierung" der Beziehungen zu Russland in völliger Übereinstimmung mit ihrem europäischen Kurs. Des weiteren dürfe sich die Ukraine nicht als „jüngere Schwester" in europäische Institutionen integrieren; der weitere Aufschub einer Mitgliedschaft der Ukraine in der EU sei mit der Notwendigkeit zu erklären, die Periode der fundamentalen System-Transformationen zu verlängern.

3.5 „Orangener" Eurorealismus – Die Rückwendung der Ukraine nach Europa

„Unser Platz ist in der Europäischen Union" sagte Präsident *Wiktor Juschtschenko* bei seiner Amtseinführung im Januar 2005. Gleich darauf startete er in Brüssel eine europa-politische Offensive. Der Europäischen Kommission und dem Europäischen Parlament verkündete er das strategische Ziel seiner Politik: die Mitgliedschaft in der Europäischen Union. Die Widerstandsbewegung gegen das *Kutschma* Regime sei auch von dem Wunsch getragen worden, ein „Teil Europas" zu sein. Die „multivektorale Politik" sei Vergangenheit, sagte Präsident *Juschtschenko* in Brüssel; „die Integration in die europäischen und nordatlantischen Strukturen bestimmen von jetzt

---

[223] Übrigens bedürfte auch eine Mitgliedschaft der Ukraine in der Europäischen Union einer Änderung der ukrainischen Verfassung, da sie mit der Übertragung von Teilen der Souveränität auf supra-nationale Organe verbunden ist. Dieser Aspekt der „Strategie der europäischen Integration der Ukraine" wurde weder in parlamentarischen Debatten, geschweige denn in der öffentlichen Diskussion je thematisiert.

an die Strategie und Taktik der ukrainischen Politik."²²⁴ Zwar äußerte er in Brüssel die Hoffnung, dass bereits im Jahre 2007 die Verhandlungen über den Beitritt der Ukraine aufgenommen werden könnten. Er sagte aber auch, Kiew sei bereit zu warten: „Wir wollen nicht, dass sich die Diskussion auf die Frage konzentriert, *wann* die Ukraine der EU beitritt".²²⁵ Die Ukraine „werde eine große Menge an Hausarbeit leisten, um europäische Standards in der Ukraine zu etablieren", versicherte *Juschtschenko* bei seiner Zusammenkunft mit EU-Troika am 30. März 2005 in Kiew.

Die ukrainischen „Europa-Politiker" waren sich bewusst, dass die Zeit für einen formellen Beitrittsantrag nach Artikel 49 EU-Vertrag noch nicht reif war, wie der damalige Minister für auswärtige Angelegenheiten, *Boris Tarasjuk*, in einem Telefon-Interview aus Brüssel selbst betonte.²²⁶ *Juschtschenko* habe in Brüssel nicht nach einem Datum für den Beitritt fragen wollen, „weil ich dort keine Antwort bekommen werde. Die Antwort liegt in Kiew", zitiert *Gerhard Gnauck* den ukrainischen Präsidenten.²²⁷ Der Wahlsieg *Juschtschenkos* würde die Europäische Union nicht dazu bewegen, der Ukraine die Mitgliedschaft in Aussicht zu stellen, hatte *Oleksandr Tschalij*, bis September 2004 Stellvertretender Minister für Auswärtige Angelegenheiten der Ukraine, in einem Interview am Rande einer Konferenz im polnischen Krinitsa im September 2004 realistisch vorausgesagt.²²⁸ „Aus meinen Gesprächen mit Beamten der Europäischen Union und mit europäischen Diplomaten im vergangenen Mai schließe ich, dass die EU nicht bereit ist, der Ukraine in den nächsten drei bis vier Jahren irgendwelche Versprechungen zu machen. […] Wir müssen diese Signale zur Kenntnis nehmen und unsere künftige Integrationspolitik auf realistische Fundamente basieren. Wir müssen die (Integrations-)Politik fortsetzen, ohne die Frage der Mitgliedschaft in den Vordergrund zu stellen. Norwegen und die Schweiz […] sind Länder, die sich an europäischen Standards orientieren, obwohl sie nicht Mitglieder der Europäischen Union sind; dennoch behauptet niemand, dass diese Länder nicht zur Familie der europäischen Völker gehören." Eine solche pragmatische Politik gäbe der Ukraine die Möglichkeit, ihre nationalen Interessen im Integrationsprozess effektiver zu verteidigen, bemerkte *Tschalij* und fuhr

---

[224] *Manfred Quiring*, in: Die Welt, 20.03.2005.
[225] Nach Brüssel – mit Hoffnung, in: Zerkalo Nedeli/Dzerkalo Tyžnja, 19.–25.02.2005.
[226] Mit Interfax-Ukraine am 22.03.2005.
[227] *Gerhard Gnauck*, Timošenko läßt Privatisierungen überprüfen, in: Die Welt, 23.02.2005; <www.welt.de/data/2005/19/508555.html>. Der damalige Europa-Minister *Mykola Rybačuk* antwortete im Februar 2005 in Brüssel auf die Frage eines Journalisten nach einem offiziellen Beitrittsantrag: „Wir werden dies nicht jetzt tun. […] Wir haben mit den Europäern vereinbart, dass wir nicht über Termine reden. Wir sagen nicht ‚morgen', sie sagen nicht ‚nie'." Interfax-Ukraine, Brüssel, 22.02.2005.
[228] *Tatjana Nikolaenko*, „Čalij: Die EU verspricht der Ukraine auch nach einem Sieg Juščenkos nicht die Mitgliedschaft", in: Ukraïnska Pravda, 24.09.2004. <http://www.pravda.com.ua/cgi-bin/print_ru.cgi>.

fort: Wir müssen uns auf die interne Transformation, auf die europäischen Standards konzentrieren".[229]

Ohne das Fernziel der Mitgliedschaft in der Europäischen Union aus den Augen zu verlieren, wollte Präsident *Juschtschenko* zunächst erreichbare Nahziele ansteuern. Die ukrainischen „Eurasier" hatten den Begriff „Europragmatismus" kreiert, um den Rückzug aus Europa zu tarnen. Für Präsident *Juschtschenko* aber war „Europragmatismus" bei der Wiederaufnahme des Kurses der „Eurointegration" der gebotene Ansatz. Die Assoziierung der Ukraine mit der Europäischen Union wurde zum Nahziel erklärt, die Anerkennung der Ukraine als Land mit einer Marktwirtschaft[230] und der Beitritt zur WTO zu konkreten Etappen-Zielen für das Jahr 2005. Doch auch die Verbesserung der Beziehungen zu Russland war für die „orangene Macht" ein „prioritäres Ziel"; seine erste Auslandsreise unternahm Präsident *Juschtschenko* nach Moskau. „Unsere Strategie ist auf die europäische Integration ausgerichtet; in diesem Rahmen müssen wir alle Probleme gemeinsam mit Russland lösen" – unter einer Bedingung: „Putin darf unseren Weg in die EU nicht blockieren", erklärte *Juschtschenko* in einem Interview mit dem Magazin *Der Spiegel*.[231]

3.6 Nach dem „orangenen" Debakel: Mit gedrosselter Fahrt weiter auf West-Kurs

Der „irreversible Integrationskurs" auf die Europäische Union wurde im August 2006 in Frage gestellt, als das Parlament *Wiktor Janukowytsch* zum Premierminister wählte. *Janukowytsch* galt im ukrainischen Präsidentschaftswahlkampf des Jahres 2004 als „des Kremls Kandidat". Als Nachfolger des scheidenden Präsidenten *Kutschma* hätte er wahrscheinlich, wenn ihm die Fälschung der Wahlen gelungen wäre, die Eingliederung der Ukraine in den Einheitlichen Wirtschaftsraum vollzogen – und sich im Verhältnis zur Europäischen Union mit der Rolle eines „Nachbarn" begnügt. Die Führerin der Opposition, *Julia Tymoschenko*, die am 21. November 2006 Brüssel besuchte, äußerte sich in ihrem Gespräch mit *Marek Siwiec*, dem polnischen Vorsitzenden der *Delegation des Europäischen Parlaments für die Kooperation mit der Ukraine,* besorgt über eine mögliche Rückkehr der Ukraine zur „multivektoralen Politik" Präsident *Kutschmas*. Seine Gegner befürchteten, dass auch ein *Premierminister Janukowytsch* als Moskaus Statthalter in der Ukraine fungieren

---

[229] Im Fernseh-"Kanal 5" sagte *Tschalij* ein Jahr später in seiner neuen Funktion als Stellvertretender Leiter des Sekretariats des Präsidenten *Juščenko* (und dessen maßgeblicher außenpolitischer Berater): „Die Mitgliedschaft ist ein formaler Indikator für Integration, während die Essenz der Integration soziale Transformation auf der Basis europäischer Prinzipien ist."
[230] Die zu überwindenden Hindernisse waren vornehmlich das Insolvenz-Recht der Ukraine und die staatliche Intervention in die Preisbildung.
[231] „Es wird keine Verfolgung geben", in: Der Spiegel, 1/2005, 03.01.2005, S. 86. <http://service.spiegel.de/digas/find?DID=38785537>.

würde. Allem Anschein nach sind diese Befürchtungen unbegründet: Bei allen Bemühungen um ein verbessertes Verhältnis zu Russland scheint Premierminister *Janukowytsch* die Interessen einer unabhängigen Ukraine zu wahren.

Auf einer gemeinsamen Sitzung des Ministerkabinetts mit Vertretern der Regierungskoalition am 8. November 2006 erklärte Premierminister *Janukowytsch*, die Ukraine müsse ihre auswärtige Politik den Erfordernissen der sozialen und ökonomischen Entwicklung des Landes anpassen: „Die Formel ist klar: Europragmatismus ersetzt Euroromantizismus."[232] Der „Europragmatismus" des ukrainischen Premierministers scheint allerdings von anderer Art zu sein als der Eurorealismus der Protagonisten der EU-Integration der Ukraine. Denn auf derselben Pressekonferenz sagte *Janukovitsch*: „Es ist der politische Wille der ukrainischen Nation, europäische Standards zu erreichen. [...] Die Erfahrung wird zeigen, mit wem wir uns vereinigen werden. [...] Wir müssen ein Land werden, das überall willkommen ist."[233] Diese Aussage verrät, dass *Janukowytsch* die Zukunft die Ukraine in einem der beiden Teile Europas sieht, entweder integriert in die Europäische Union oder „angelehnt" an die Russische Föderation (um das Wort „Anschluss" zu vermeiden).

Bei seinen Besuchen in Berlin am 28. Februar 2007 und in Brüssel am 27. März 2007 sprach Premierminister *Janukowytsch* gefällige Worte über die europäische Integration der Ukraine. Auf der gemeinsamen Pressekonferenz mit der Vorsitzenden des Europäischen Rates und deutschen Kanzlerin *Angela Merkel* in Berlin sagte *Janukowytsch*, die europäische Integration sei eine Priorität der auswärtigen Politik seiner Regierung. Er dankte ihr für „das Signal, dass die Türe für die Ukraine offen gehalten" werde. Auf der gemeinsamen Pressekonferenz mit dem Außenbeauftragten der EU, *Javier Solana*, erklärte der ukrainische Premierminister in Brüssel: „Es besteht Konsens zwischen den politischen Kräften in der Ukraine; unser Kurs – der strategische Kurs auf die Mitgliedschaft in der Europäischen Union – ist irreversibel." Und in seiner Rede vor dem Auswärtigen Ausschuss des Europäischen Parlaments in Brüssel äußerte er den Wunsch der Ukraine, dass „der Eingang zum gemeinsamen europäischen Haus für die Ukraine offen" bleibe.[234]

Ob es sich bei diesen Äußerungen des ukrainischen Premierministers lediglich um good will Rhetorik handelte oder ob eine realistische Reevaluierung der oligarchischen Interessen in der Tat eine politische Reorientierung der „Regionalen" nach „Europa" bewirkt hat, wird sich nach Abschluss der Verhandlungen über das neue

---

[232] Interfax-Ukraine, 10.11.2006. Auf seiner Pressekonferenz am 23. Januar 2007 berichtete Premierminister *Janukowytsch* der ukrainischen Öffentlichkeit über seinen ersten Besuch in Brüssel am 14. September 2006. Er habe der Europäischen Kommission vorgeschlagen, sich gemeinsam auf wirtschaftliche Aufgaben zu konzentrieren, auf freien Handel und auf Energie-Kooperation. In Brüssel wird man so viel „Europragmatismus" gerne vernommen haben.
[233] Interfax-Ukraine, 23.01.2007.
[234] Interfax-Ukraine, 28.03.2007.

„Vertiefte Abkommen" herausstellen, wenn es an die Umsetzung der darin enthaltenen Verpflichtungen geht (siehe unten). Vor den Parlamentswahlen im März 2006 hatte die *Partei der Regionen* mit Blick auf die russischsprachigen Wähler im Osten und Süden des Landes die Gemeinsamkeiten mit Russland betont. Nach ihrem Wahlsieg billigte deren Politischer Rat am 4. April 2006 den Entwurf einer Vereinbarung, der potenziellen Koalitionspartnern angeboten werden sollte. Die PR legte sich darin u.a. darauf fest, die eingegangenen „internationalen Verpflichtungen" einzuhalten – sowohl hinsichtlich der „Integration in europäische Strukturen", als auch bezüglich der Bildung des Einheitlichen Wirtschaftsraumes. Mit *Mykola Asarow* als Vorsitzendem des Politischen Rates der PR lag nahe anzunehmen, dass eine PR-geführte Regierung ihren internationalen Verpflichtungen gegenüber Moskau den Vorzug geben würde. In einem Artikel, der vor den Wahlen in der Wochenzeitung *Serkalo Nedeli*/Dserkalo Tyschna veröffentlicht wurde, schrieb *Asarow*, der „europäische Kurs" sei durch die „inhaltsleere Propaganda der europäischen Idee" charakterisiert und ignoriere die Interessen der nationalen Wirtschaft.[235]

In der Rhetorik des ukrainischen Premierministers *Janukowytsch* figuriert die „europäische Integrationsperspektive" nicht minder als in den Deklarationen von Präsident *Juschtschenko*. Auf der internationalen Konferenz „Ukraine and the EU: New Approaches", die von der Organisation *Yalta European Strategy* (*YES*) und der Deutschen Gesellschaft für Auswärtige Politik (*DGAP*) am 28. Februar 2007 anlässlich seines offiziellen Besuchs in Berlin veranstaltet wurde, forderte der ukrainische Premierminister *Janukowytsch* selbst eine europäische Integrationsperspektive in dem auszuhandelnden „Vertieften Abkommen".[236]

Laut Interfax-Ukraine sagte Premierminister *Janukowytsch* in einem Interview mit dem *Sunday Telegraph*: „I support a pro Western course, which means building a democratic, wealthy and socially healthy society. The difference between my position and that of my opponents is that they are trying to „go West" as soon as possible."[237] Wie auch immer die Europa-Rhetorik des ukrainischen Premierministers bezüglich der Orientierung der Ukraine gedeutet werden mag – die Reduktion des gegenwärtigen Machtkampfes zwischen *Juschtschenko* und *Janukowytsch* auf die Konfrontation zwischen „pro-europäischen" und „pro-russischen" Kräften ist sicherlich eine unzulässige Simplifizierung der ukrainischen Realität.

Die Interessen der Montan-Magnaten, deren „politischer Arm" die *Partei der Regionen* ist, bildeten die Basis der auswärtigen Politik der Regierung *Janukowytsch*. Die völlige Abhängigkeit der energie-intensiven Industrie von russischem Erdgas stellt

---

[235] *Mykola Azarov*, Gibt es einen Ausweg aus der „orangenen" Sackgasse? in: Zerkalo Nedeli/ Dzerkalo Tyžnja, Nr. 9 (588), 11.03.2006, S. 7.
[236] Der ehemalige polnische Präsident *Alexander Kwasniewski*, Mitglied des Board von YES, und der Vizepräsident des Europäischen Parlaments, *Marek Siwiec*, verliehen dem Auftritt des ukrainischen Premierministers europäische Weihen.
[237] Interfax-Ukraine, London, 23.04.2007.

ein Risiko für die Unabhängigkeit der Ukraine dar. Wie der „orangene Oligarch" *David Schwanija* in einem Interview vor den Parlamentswahlen vom März 2006 mit *Julija Mostowa*[238] versicherte, ist „die Ökonomie der Industrie-Gruppen bestimmter vermögender Leute" völlig vom Gaspreis abhängig. Den Eigentümern seien „die Hände gebunden"; die Regeln ihres Geschäfts würden woanders bestimmt. Wegen ihrer völligen Abhängigkeit von russischem Gas und dessen Preis „spielen sie das russische Spiel". Sie alle engagierten sich in der *Partei der Regionen*; in dem neu zu wählenden Parlament (26. März 2006) würden sie eine starke „russische Lobby" bilden. Als Indiz dafür wurde von vielen Beobachtern der Fakt gewertet, dass die *Partei der Regionen* der Ukraine ihren Wahlparteitag (vor den Parlamentswahlen im März 2006) nicht in einer ukrainischen Stadt, sondern in Krasnojarsk (Russland) abhielt.

Doch Russland honoriert nicht länger „russland-freundliche" Orientierungen mit privilegierten Gaspreisen. Die Wahl von *Janukowytsch* zum ukrainischen Premierminister wurde lediglich mit einem kurzfristigen Aufschub der fälligen Erhöhung belohnt. Als Konsequenz des „Paradigmen-Wechsels" (*Peter W. Schulze*) in der russischen Energie-Politik richten sich die ukrainischen Oligarchen stärker nach Westen aus. Sie haben offensichtlich kein Interesse an einem „Anschluss" der Ukraine an Russland, wo *Putin* ihresgleichen an die Kandare genommen hat. Überdies hätten sie ihre Verdrängung durch russisches Kapital zu fürchten – ein Prozess, der ohnehin im Gange ist. Protagonist der Reorientierung der ukrainischen Montan-Magnaten nach „Europa" ist der Oligarch – und Schwiegersohn des ex-Präsidenten *Kutschma* – *Wiktor Pintschuk*.[239] Mit seiner Initiative „Yalta European Strategy" (YES) artikuliert er die veränderten Interessen des ukrainischen Kapitals. Der „Patron" der *Partei der Regionen*, der Donezker Milliardär *Rinat Achmetow*, wurde im Jahre 2007 „industrial partner" des Davos Economic Forum, dem *Pintschuk* als permanentes Mitglied bereits seit längerer Zeit angehört.[240] In einem Beitrag für die Wochenzeitung *Serkalo Nedeli*/Dzerkalo Tyschna erinnerte *Pintschuk* daran, dass das ukrainische oligarchische Industrie- und Finanz-Kapital im industrialisierten, russischsprachigen Osten des Landes, in Donezk, in Charkiw und Dnipropetrowsk entstanden sei. Pathetisch wies er den Vorwurf zurück, das ukrainische Kapital sei pro-russisch: „Wir ukrainische Kapitalisten denken ukrainisch, auch wenn wir russisch sprechen." Die Ukraine verdanke ihre Staatlichkeit zu einem großen Teil dem „nationalen Business". *Pintschuk* beschrieb die „Vertreter des ukrainischen Groß-Kapitals" (krupnij bisnes) als patriotische Kraft – ein Argument, das von dem „Unternehmerflügel" im orangenen Lager aufgegriffen wurde. Der Nachfolger von *Julija Tymoschenko* im

---

[238] „*David Žvanija*: Ich beginne um die Unabhängigkeit zu fürchten"; Interview mit *Julija Mostova* in: Zerkalo Nedeli/Dzerkalo Tyžnja, Nr. 6 (585) 18.–24.02.2006, S. 1 und 3.

[239] *Pinčuk* bewarb sich in den Parlamentswahlen vom März 2006 nicht mehr selbst um einen Sitz in der Verchovna Rada.

[240] Interfax-Ukraine, 27.01.2007.

Amt des Premierministers, *Jechanurow*, bezeichnete die ukrainischen Oligarchen als „nationale Bourgeoisie".[241]

Im Jahre 2006 erreichte die Ukraine die von Präsident *Juschtschenko* geplante „erste Etappe" auf dem Weg ihrer „Annäherung an Europa", nämlich die Anerkennung als Marktwirtschaft. Das Erreichen der „zweiten Etappe", die Mitgliedschaft in der Welthandelsorganisation (WHO/WTO) bis zum Ende des Jahres 2006 – verzögerte sich wegen des Widerstands in der Werchowna Rada. Der als Kern des neuen, „Vertieften Abkommens" („Enhanced Agreement") vorgesehene „Erweiterte Freihandel" (Deep Free Trade) wurde auch von Premierminister *Janukowytsch* nach seinem Treffen mit der EU-Troika am 7. Februar 2007 in Kiew als „erstes Ziel" apostrophiert.[242]

Sein Vorgänger im Amt, Premierminister *Jechanurow*, war in der ersten Juli-Woche des Jahres 2006 mit einem Paket von 14 Gesetzesentwürfen am Widerstand der Protektionisten in der *Partei der Regionen* (Metallurgie) und in der *Sozialistischen Partei* (Agrarlobby) gescheitert. Ein Teil der Fraktion des „pro-präsidentialen" Blocks *Nascha Ukrajina* verschaffte den Beitrittsgegnern eine Mehrheit bei der Abstimmung. Die Gegner eines WTO-Beitritts fürchteten schwere Krisen in vielen Industriesektoren und katastrophale Folgen für die Landwirtschaft, die bislang von Reformen „verschont" geblieben war.[243] Am 14. Dezember 2006 jedoch verabschiedete die Werchowna Rada im „Tausch" gegen die Unterschrift des Präsidenten unter das Haushaltsgesetz 2007 das – angeblich – letzte Gesetz, mit dem sie das noch verbliebene rechtliche Hindernis beseitigte, das der Aufnahme der Ukraine in die WTO im Wege stand. Die – bilateralen – Protokolle mit Mitgliedern der WTO waren gegen Jahresende fast alle unterzeichnet.[244] Doch mit dem von Präsident *Juschtschenko* für den Herbst 2005 angekündigten WTO-Beitritt der Ukraine ist auch im Herbst 2007 nicht zu rechnen. Die Arbeitsgruppe Ukraine-WTO in Genf, die den Beitrittsbericht der Ukraine prüft, stellt weitere Forderungen, die der gesetzgeberischen Umsetzung bedürfen. „If Ukraine joins the WTO (this year) it will be a miracle", sagte Außenminister Arsenij Jatsenjuk.[245] Kritiker unterstellen Premierminister *Janukowytsch* die absichtliche Verzögerung der erforderlichen Schritte, um dem Wunsch Moskaus

---

[241] *Taras Kuzio, Jechanurow* refers to Oligarchs as 'national bourgoisie', in: Eurasia Daily Monitor (The Jamestown Foundation), Vol 2, Issue 201, 28.10.2005.

[242] *Andreas Rinke, Thomas Wiede*: Die Ukraine nimmt Kurs auf die EU, in: Handelsblatt, Internet-Artikel, 07.02.2007.

[243] Die Stützung der Agrarpreise soll im Verlauf von 5 Jahren jährlich um jeweils 20 % abgebaut werden, wie der Berater des Präsidenten, *Andrij Hončaruk,* in einem Interview mit der Tageszeitung *Den'* vom 09.11.2006 mitteilte. Der Beitrag des Agrarsektors zum BIP beträgt 14,5 %; die Landwirtschaft stellt 16 % der Arbeitsplätze.

[244] Einige stehen noch aus, so bezüglich der Fleisch-Importe aus den USA und Getreide-Exporte in die USA, sowie die ominösen „Kirgisischen Schulden".

[245] Ukraine must work miracles to join WTO this year, in: Ukayinska Pravda (englische Version), 24.04.2007.

nach „Koordinierung" des Beitritts beider Länder entgegen zu kommen. Auf einer gemeinsamen Pressekonferenz mit dem ukrainischen Premierminister *Janukowytsch* in Kiew – drei Tage (am 24. Oktober 2006) vor dem EU-Ukraine-Gipfeltreffen in Helsinki – forderte der russische Premierminister *Fradkow*, die Ukraine solle die Position Russlands bezüglich der Kooperation mit der EU, der WTO und der NATO respektieren. Bezüglich der WTO fügte er hinzu: „Ich will ganz offen sagen, dass wir die Verhandlungen über den Beitritt zur WTO unserer Länder synchronisieren müssen."[246]

Wiktor Juschtschenko hatte als Präsidentschaftskandidat auf dem „Maijdan" erklärt, er werde den EWR-Vertrag „zerreißen". Nach seiner Wahl zum Präsidenten der Ukraine wurden die Arbeiten am Abkommen von Jalta suspendiert. Doch auch nach dem „orangenen" Debakel ist nicht zu erwarten, dass der EWR sich in der Form entwickelt, wie es das Abkommen von Jalta vorsieht. *Wiktor Janukowytsch*, der sich in seiner ersten Amtszeit (2003 und 2004) als Premierminister des Präsidenten *Kutschma* für die „eurasische Integration" der Ukraine eingesetzt hatte, nahm nach seiner Wahl zum Premierminister Abstand von einer über freien Handel hinausgehenden wirtschaftlichen Zusammenarbeit mit Russland. Mitte August 2006 nahm er in Sotschi am Gipfeltreffen der *Eurasischen Wirtschaftsgemeinschaft* (Ewrasijskoe Ekonomitscheskoe Soobschtschestwo, „EwrAsEs")[247] teil, in der die Ukraine den Status eines Beobachters hat. Er wurde von seinem russischen Amtskollegen *Sergeij Fradkow* gedrängt, sich stärker am Aufbau des *Einheitlichen Wirtschaftsraumes* (EWR) – und dessen Ausbau zu einer Zoll-Union – zu beteiligen. Doch gestand Premierminister *Janukowytsch* nur eine „selektive Beteiligung" zu – „entsprechend den nationalen Interessen der Ukraine".[248] Bei seinem Antrittsbesuch in Brüssel am 14. September 2006 ließ er die Europäische Kommission wissen, dass die Ukraine nicht beabsichtige, mit Russland eine Zoll-Union zu bilden.

Der erneut zum Ersten Stellvertretenden Premierminister ernannte *Mykola Asarow* allerdings kündigte Anfang Februar 2007 an, dass die 38 EWR-Protokolle, deren Unterzeichnung nach der Orangenen Revolution ausgesetzt worden war, auf die Agenda der Regierung gesetzt würden. *Der Russisch-Ukrainische Rat strategischer Investoren* äußerte die Hoffnung, dass die Ukraine ihre Beteiligung an dem *Einheitlichen Wirtschaftraum* wieder aufnehmen werde.

---

[246] Eurasian Daily Monitor, The Jamestown Foundation, Volume 3, Issue 199, 25.10.2006. Präsident *Juščenko* lehnte auf einer Pressekonferenz in Charkiw eine Synchronisierung der Beitrittsverhandlungen ab, da dies für die Ukraine nur eine Verzögerung bedeuten würde (Interfax-Ukraine, 01.11.2006). Russlands Interesse an einer „Synchronisierung" ist offenkundig: Sollte die Ukraine vor Russland in die WTO aufgenommen werden, so könnte sie die Bedingungen für Russlands Aufnahme beeinflussen.
[247] Evrazijskoe Ėkonomičeskoe Soobščestvo/EvrAzĖS.
[248] Eurasian Daily Monitor (The Jamestown Foundation), Volume 3, Issue 160, 17.08.2006.

Das neu gewählte Parlament bildete mit der Regierung *Janukowytsch* eine gemeinsame Kommission für Fragen der Integration der Ukraine in die Europäische Union, deren Vorsitzender, *Wolodymyr Tschetschenko*, Mitglied der Fraktion der Partei der Regionen ist. Ohne Gegenstimmen nahm die Werchowna Rada eine Erklärung „Über den Beginn von Verhandlungen zwischen der Ukraine und EU bezüglich des Abschlusses eines neuen „Grundlagenvertrages" an.[249]

Querschüsse gegen den europäischen Kurs von Präsident *Juschtschenko* aus der Regierung *Janukowytsch* gab es während des EU-Ukraine-Gipfeltreffens am 27. Oktober 2006 in Helsinki. So schrieb der ukrainische Vize-Premierminister *Dmytro Tabatschnik* in einem Artikel, der am gleichen Tag in der Zeitung *Rossijskie Vesti* veröffentlicht wurde,[250] die EU-Rhetorik bestimmter ukrainischer Politiker verschleiere nur deren eigentliche Bestrebungen, nämlich der NATO beizutreten. „Der europäische Vektor der Ukraine muss substanziell korrigiert werden." Doch Premierminister *Janukowytsch* desavouierte die EU-kritischen Kommentare aus seinem Ministerkabinett. Auf einer Pressekonferenz am 24. April 2007 in Kiew sagte er bezüglich des neuen Abkommens: „Wir wünschen, dass [...] uns in 10 Jahren das Datum signalisiert wird, an dem wir der EU beitreten werden." Doch „Russland bleibt unser strategischer Partner", fuhr er zur Wahrung der Balance fort: „Die Arbeit an der Schaffung eines Einheitlichen Wirtschaftsraumes geht weiter."[251] Die energetische Abhängigkeit von Russland nötigt die Regierung in Kiew zu einer realistischen ukrainischen „Ostpolitik".

3.7 Die Mitgliedschaft der Ukraine in der NATO: Das „euro-atlantische" Integrationsprojekt der USA

Es war kein Zufall, dass wenige Tage vor der Zusammenkunft des russischen Präsidenten *Putin* mit dem ukrainischen Präsidenten *Kutschma* im Juli 2004 auf der Krim ein revidierter Text der Militärdoktrin der Ukraine veröffentlicht wurde. Als Gastgeschenk hatte *Kutschma* das Dokument in einem entscheidenden Passus ändern lassen: Das Ziel der Mitgliedschaft in der NATO, das sich die Ukraine noch zwei Jahre zuvor in einem Beschluss des *Nationalen Sicherheits- und Verteidigungsrates der Ukraine* gesetzt hatte[252] – und das von Präsident *Kutschma* in einem Erlass bestätigt worden war[253] – wurde in der neuen Fassung gestrichen. Im dem ursprünglichen Beschluss hieß es: „Ausgehend von der Tatsache, dass NATO und EU Garanten für die Sicherheit und Stabilität in Europa sind, bereitet sich die Ukraine auf eine volle Mit-

---

[249] *Volodymyr Tschalij, Michail Paško, Razumkov-Zentrum (Ukrainisches Zentrum für ökonomische und politische Studien)*, Wohin führt die ‚road map' der Eurointegration die Ukraine? in: *Zerkalo Nedeli/Dzerkalo Tyžnja*, Nr. 10, (639) 17.03.2007.
[250] Rossijskie Vesti, 27.10.2006.
[251] Interfax Ukraine, 24.04.2007.
[252] Beschluss des Nationalen Sicherheits- und Verteidigungsrates der Ukraine vom 23.05.2002
[253] Erlass des Präsidenten vom 08.07.2002.

gliedschaft in jenen Organisationen vor". In dem Beschluss des Nationalen Sicherheits- und Verteidigungsrates der Ukraine vom 6. Juli 2004 „Über die weitere Entwicklung der Beziehungen zur NATO unter Berücksichtigung der Ergebnisse der Sitzung der Kommission Ukraine-NATO auf höchster Ebene vom 29. Juni 2004 in Istanbul" hieß es nur noch, dass „unter den Bedingungen der gegenwärtigen militärisch-politischen Situation die Interessen der nationalen Sicherheit der Ukraine mit einer substanziellen Vertiefung der Beziehungen zur NATO und zur EU als Garanten für Sicherheit und Stabilität in Europa eng verknüpft sind."[254] Von dem Ziel der Mitgliedschaft in der NATO, das auch in dem Gesetz „Über die Prinzipien der nationalen Sicherheit der Ukraine" verankert ist, war nicht mehr die Rede. Als Hauptbedrohung der nationalen Sicherheit wurde nunmehr in der revidierten ukrainischen Militärdoktrin der „internationale Terrorismus" ausgemacht.[255] Das russische Ministerium für Auswärtige Angelegenheiten zeigte sich befriedigt; ein Sprecher sagte: „Die Ausgewogenheit der neuen Doktrin liegt im Interesse beider Länder und eröffnet die Chance für eine intensive militärpolitische Kooperation."

Präsident *Kutschma* habe aus persönlicher Verärgerung über die westliche Kritik an seiner internen Politik auf dem NATO-Gipfel in Istanbul das Ziel der NATO-Mitgliedschaft der Ukraine aufgegeben, kritisierte der ehemalige Außenminister *Boris Tarasjuk*. Hingegen erläuterte *Oleg Schamschur*, der damalige Stellvertretende Minister für Auswärtige Angelegenheiten, auf einer Pressekonferenz am 26. Juli 2004: „Wir sehen keinen Anlass für die Behauptung, die Ukraine habe ihren europäischen und euro-atlantischen Kurs geändert; das Ziel der europäischen Integration hat sich nicht geändert ..." Auch *Jewgenij Martschuk*, seit dem 25. Juni 2003 Minister für Verteidigung, beschwichtigte: „Die euro-atlantische Integration, die Kooperation mit der NATO, die Anpassung an NATO-Kriterien, der Ukraine-NATO Aktionsplan, die Kooperation innerhalb der ‚Partnerschaft für den Frieden', neue Initiativen und aktive Zusammenarbeit im Mittelmeerraum, alles bleibt beim Alten."

Die USA, die sich wegen des odiosen Regimes des Präsidenten *Kutschma* in der Sache NATO-Mitgliedschaft der Ukraine – nach außen – zurückgehalten hatten, änderten nach der Orangenen Revolution ihre Haltung. Sicherlich nicht ohne Ermutigung Washingtons planten Präsident *Juschtschenko* und sein Außenminister *Tarasjuk*, auf dem NATO-Gipfel in Riga im September 2006 einen offiziellen Beitrittsantrag zu stellen. Doch die Wahl von *Wiktor Janukowytsch* zum Premierminister bremste die Ukraine auf ihrem atlantischen Kurs.

Bei seinem Besuch im Hauptquartier der NATO in Brüssel am 14. September 2006 sagte *Janukowytsch*, er wolle die Zusammenarbeit der Ukraine mit der NATO vertiefen – auf dem Weg zur Mitgliedschaft seines Landes in die NATO aber eine Pau-

---

[254] Zitiert nach *Ralf Wachsmuth*, Außenpolitischer Kurswechsel in der Ukraine? Kehrtwende in Richtung Russland oder wahltaktisches Manöver; Konrad-Adenauer-Stiftung, Länderbericht vom 18.08.2004; <www.kas.de/publikationen/2004/5201_dokument.html>.
[255] Eurasia Daily Monitor (The Jamestown Foundation), Volume 1, Issue 77, 02.09.2004.

se einlegen, bis ein weiteres Vorgehen in dieser Richtung durch ein Referendum die Unterstützung durch die Bevölkerung erfahre. Eine ähnliche Position vertrat er auch auf der gemeinsamen Pressekonferenz mit der deutschen Kanzlerin *Angela Merkel* am 28. Februar 2007 in Berlin.[256]

In der „Erklärung („Universal") zur nationalen Einheit" vom August 2006 hatte sich Präsident *Juschtschenko* mit einem Referendum als letzter Stufe des Beitrittsverfahrens einverstanden erklärt. In einem Referendum zur jetzigen Zeit, mit der die Regierung *Janukowytsch* in der politischen Auseinandersetzung mit Präsident *Juschtschenko* droht, würde die Bevölkerung mit Sicherheit den NATO-Beitritt der Ukraine ablehnen. Eine Unterschriften-Kampagne für ein Referendum war im Oktober 2005 von dem Vorsitzenden der *SDPU(o)*, *Medwedtschuk*, initiiert worden; am 29. Dezember 2006 bestätigte der Vorsitzende des Zentralen Wahlausschusses, *Jaroslaw Davidowitsch*, vor der Presse die Gültigkeit von mehr als 4 Millionen Unterschriften. Es ist jetzt an Präsident *Juschtschenko*, per Dekret ein Referendum zu autorisieren; rechtliche Unklarheiten erlauben es ihm aber, die Abhaltung einer Volksbefragung zu verzögern.

Bezüglich des „nationalen" Raketen-Abwehr-Systems (National Missile Defence), das die USA in Polen bzw. in Tschechien zu installieren beabsichtigen, äußerte sich Premierminister *Janukowytsch* vorsichtig. In einem Interview mit dem *Handelsblatt* forderte er vor seinem Besuch in Berlin eine gemeinsame Position der Europäer gegenüber den USA. „Europa darf nicht noch einmal gespalten werden, wie dies vor dem Irak-Krieg der Fall war." Er forderte, dass eine Entscheidung über die Stationierung des amerikanischen NMD „erst nach einer umfassenden europäischen Diskussion, nach einem Dialog zwischen West- und Osteuropa getroffen wird."[257]

3.8 Konkurrierende auswärtige Politik: Der Kompetenzkonflikt

Präsident *Juschtschenko* verfolgt einen eindeutigen „euroatlantischen" Integrationskurs. Es ist sein persönliches Credo, dass die „Mitgliedschaft der Ukraine in der Europäischen Union und in der NATO die Souveränität und Sicherheit sowie auch die demokratische Entwicklung des Staates garantieren werden".[258] Mit der – erneuten – Ernennung von *Boris Tarasjuk*, einem engagierten Verfechter der „euro-atlantischen" Integration der Ukraine, zum Minister für Auswärtige Angelegenheiten im August 2006 hatte Präsident *Juschtschenko* ein westlich orientiertes Gegengewicht zu den pro-russischen Tendenzen in der Regierung *Janukowytsch* etabliert.

Premierminister *Janukowytsch* steht bei seinen Gegnern aufgrund seiner früheren politischen Positionen im Verdacht, die Interessen Russlands zu begünstigen. In der

---

[256] „Der euroatlantische Kurs ist unverändert", Interfax-Ukraine, 28.02.2007.
[257] „Europa darf nicht noch einmal gespalten werden", in: Handelsblatt, Nr. 041, 27.02.2007, S. 6.
[258] Interfax-Ukraine, Tallinn, 13.12.2006.

Tat aber hat er nach seiner Wahl zum Premierminister keinen klaren Kurswechsel in der Außenpolitik vollzogen, sondern nur die Fahrt gedrosselt. In der Ukraine bestünde Einigkeit bezüglich der europäischen Integration des Landes als prioritäres Ziel der auswärtigen Politik, sagte *Janukowytsch* in seiner Rede vor dem *Centre of Strategic and International Studies* in Washington während seines offiziellen Besuches in den USA im Dezember 2006. „Ich denke", sagte er wörtlich, „es gibt kaum Differenzen zwischen mir und dem Präsidenten über die strategischen Perspektiven der Ukraine in den nächsten 20 bis 25 Jahren; die Meinungsverschiedenheiten betreffen taktische Fragen."[259] *Oleksandr Tschalij*, der Stellvertrende Leiter des Sekretariats des Präsidenten, bestätigte später, dass die Ansichten von *Juschtschenko* und *Janukowytsch* bezüglich der europäischen Integration identisch seien.[260] *Janukowytsch* selbst sagte in Washington: „Ich hoffe, dass wir in meiner Amtszeit als Premierminister der Aufnahme von Gesprächen über den Beitritt der Ukraine zur EU sehr nahe kommen."[261] Ein „signifikantes Problem" gebe es nur bezüglich des Beitritts der Ukraine zur NATO. Im Übrigen sprach *Janukowytsch* diplomatisch von den „strategischen Beziehungen" der Ukraine zu den USA, von der „Partnerschaft" mit der NATO und von den „freundschaftlichen Beziehungen" zu Russland.

Die Einlegung einer „Pause" auf dem Weg in die NATO, die Premierminister *Janukowytsch* in Brüssel verkündet hatte, war eine offene Herausforderung des Präsidenten *Juschtschenko*. Dieser und „seine" Minister für Auswärtige Angelegenheiten und für Verteidigung, *Tarasjuk* und *Hrytsenko* – die Protagonisten der Mitgliedschaft der Ukraine in der NATO – protestierten gegen die „Einmischung" des Premierministers in die Außenpolitik, da diese Sache des Präsidenten sei. Vor dem offiziellen Besuch von *Janukowytsch* in Berlin erklärte Präsident *Juschtschenko* vorsorglich: „Durch die Verfassung ist klar geregelt: Ich als Präsident bestimme die Außenpolitik."[262] Zwar wurde der Präsident der Ukraine durch die Verfassungsänderung in seinen Befugnissen stark beschnitten; die Prärogative des Präsidenten, den Minister für Auswärtige Angelegenheiten zu ernennen und damit die auswärtige Politik der Ukraine (mit)zu bestimmen, blieb allerdings erhalten. Seine Ernennung bedarf jedoch der Zustimmung des Parlaments. Das Parlament wurde durch die so genannte „politische Reform" ermächtigt, Minister abzuberufen – ob auch die Minister der „präsidialen Quote" (zu der auch der Minister für Verteidigung gehört), ist verfassungsrechtlich umstritten.[263] Unter Berufung auf den – unveränderten – Artikel 85 der ukrainischen Verfassung, der besagt, dass „das Parlament die Grundlagen der Innen- und

---

[259] Interfax-Ukraine, Washington, 04.12.2006.
[260] Interfax-Ukraine, 12.3.2007.
[261] Interfax-Ukraine, Washington, 04.12.2006.
[262] Interfax-Ukraine, 07.03.2007.
[263] Strittig ist die Frage, ob Artikel 85, Satz 12 der Verfassung dem Parlament das Recht gibt, den Außenminister zu entlassen; ebenso umstritten ist die Frage, ob Artikel 106 der Verfassung den Präsidenten bevollmächtigt, den Außenminister im Amt zu belassen, wenn dieser vom Parlament entlassen wurde.

Außenpolitik bestimmt", macht Premierminister *Janukowytsch* mit Unterstützung seiner parlamentarischen Mehrheit dem Präsidenten *Juschtschenko* die praktische Ausübung seiner Zuständigkeit für die Außenpolitik streitig.

Der Konflikt darüber, wer die Außenpolitik der Ukraine bestimmt, kulminierte vor dem offiziellen Besuch des Premierministers in den USA im Dezember 2006. Außenminister *Tarasjuk* hatte der amerikanischen Botschaft am 28. November die Mitteilung zukommen lassen, dass die Reise von Premierminister *Janukowytsch* verschoben würde, da dieser seine Agenda nicht mit Präsident *Juschtschenko* abgestimmt habe. Am 1. Dezember 2006 „beschloss" das Parlament auf Veranlassung des Premierministers die Entlassung des Außenministers. Präsident *Juschtschenko* konterte mit einem Dekret, das *Tarasjuk* in seinem Amt bestätigte. Öffentlich erklärte er: „Die Arbeit der Minister der präsidialen Quote liegt nicht im Aufgabenbereich der Regierung".[264] Am 30. Januar 2007 verkündete *Tarasjuk* seinen Rücktritt.[265] Die Personalisierung dieses Kompetenzkonflikts hatte noch einen besonderen Grund: *Boris Tarasjuk* ist der Vorsitzender der Oppositionspartei *Narodnij Ruch Ukrajiny* (Volksbewegung der Ukraine), die damals Teil der oppositionellen Fraktion *Nascha Ukrajina* (Unsere Ukraine) war, der parlamentarischen Basis des Präsidenten *Juschtschenko*. *Tarasjuk* befand sich somit in Opposition zu der Regierung, der er als Minister für Auswärtige Angelegenheiten angehörte.

Nachdem die Werchowna Rada die Bestätigung des von Präsident *Juschtschenko* nominierten Stellvertretenden Außenministers *Wolodymyr Ohrysko* zum zweiten Mal verweigert hatte – die Kommunisten hatten mit ihrem Austritt aus der Regierungskoalition gedroht –, schlug Präsident *Juschtschenko* am 21. März den 32-jährigen Stellvertretenden Leiter seines Präsidialsekretariats, *Arsenij Jatsenjuk*, für das Amt des Außenministers vor, der nicht einen Tag im diplomatischen Dienst verbracht hat.[266] Dessen Nominierung wurde umgehend vom Parlament mit der überwältigenden Mehrheit von 426 (von 450) bestätigt. Damit war der „kaderpolitische" Konflikt gelöst. Inwieweit sich der konstitutionelle Kompetenzkonflikt in der Zukunft fortsetzt, hängt – abgesehen von der Lösung der verfassungsrechtlichen Fragen – davon ab, wer der nächste Premierminister (die nächste Premierministerin) sein wird.

---

[264] Interfax-Ukraine, 01.11.2006.
[265] Zweimal (am 6. und 20. Dezember 2006) wurde Außenminister *Tarasjuk* physisch an der Teilnahme an Sitzungen des Ministerkabinetts gehindert. Das Finanzministerium sperrte ab dem 1. Januar 2007 die Finanzierung des Außenministeriums. (Die Sperre wurde am 22. Januar 2007 aufgehoben.) *Tarasjuk* focht seine Entlassung vor dem Gericht des (Stadt-)Bezirks Ševčenko an, das die parlamentarische Resolution am 5. Dezember 2006 suspendierte; das Kiewer Berufungsgericht wiederum hob diese Entscheidung am 09. Januar 2007 auf.
[266] *Wolodymyr Ohrysko* ist eine seltene Erscheinung in der ukrainischen Politik: Nach 20 Jahren im auswärtigen Dienst ist *Ohrysko* ein Diplomat mit einem „undiplomatischen Charakter", ein Mann mit festen Überzeugungen, aufrichtig und unbeugsam (*Tatjana Silina*) – der mit russischen Emissären ukrainisch spricht.

Der neue Außenminister *Jatsenjuk* hatte im Parlament die richtigen Worte gefunden: Die Ukraine solle sich in ihrer auswärtigen Politik vor allem von seinen nationalen Interessen leiten lassen. Russland sei zu groß, als dass „wir diesem Land gegenüber eine unberechenbare Politik betreiben" könnten. Bezüglich EU und NATO sagte er in einem Interview mit dem Wiener Journalisten *Burkhard Bischof*, „wir dürfen nicht um den EU-Beitritt betteln".[267] Zwar solle die Ukraine beharrlich ihren europäischen Kurs verfolgen, doch „Europa ist für den ukrainischen Staat kein Ziel an sich; wohl aber sind es die europäischen Werte. [...] Der EU-Beitritt ist für die Ukraine ein langfristiges Ziel." Zum einen habe die EU eine Menge interner Probleme; zum anderen müsse die Ukraine zuerst EU-Standards erreichen, bevor sie einen Beitrittsantrag stellen könne. *Jatsenjuk* stammt aus der Westukraine; er sagt von sich, er sei ein „pro-ukrainischer Minister mit westlicher Orientierung." Im Kabinett *Jechanurow* diente er als Wirtschaftsminister; eine gewisse Ökonomisierung der Außenpolitik war aufgrund seines beruflichen Hintergrundes wahrscheinlich.

4. Die Ukraine-Politik der Europäischen Union: Annäherung – ohne Einlass

4.1 Die „Europäisierung" der ukrainischen Staatskrise im Jahre 2004

Die Präsidentschaftswahl in der Ukraine war – nach der Präsidentschaftswahl in den der USA – die „zweitwichtigste Wahl des Jahres 2004"; nach dieser Wahl wird das Land „nicht mehr die frühere Ukraine sein", meinte *Richard Holbrook*. Zwar appellierte die Europäische Union an die ukrainische Führung, die Bedingungen für „freie und faire" Wahlen herzustellen;[268] die entscheidende Bedeutung dieser vierten ukrainischen Präsidentschaftswahlen aber wurde in Brüssel und in den europäischen Hauptstädten völlig unterschätzt. Die EU reagierte erst in dem Moment, als Gewalt in dem europäischen Niemandsland jenseits ihrer neuen Ostgrenze drohte, und die Vision einer autokratischen Triade Russland-Ukraine-Belarus unter Führung Moskaus auftauchte – dann aber erstaunlich schnell –, wenn auch den USA einen Schritt hinterher hinkend. Am 23. November, zwei Tage nach der Verkündung des gefälschten Wahlergebnisses durch die Zentrale Wahl-Kommission, hatte der amerikanische Außenminister *Colin Powell* erklärt: „Wir können diese Ergebnisse nicht als legitim anerkennen, weil die Wahlen vielen internationalen Standards nicht entsprachen ..." Das State Department forderte eine sofortige und vollständige Unter-

---

[267] *Burkhard Bischof*, Müssen nicht um EU-Beitritt betteln, in: *Die Presse*, 26.04.2007.
[268] Directorate General External Relations, The EU's relations with Ukraine, Declaration by the presidency on behalf of the European Union on the forthcoming elections and media freedom in Ukraine, P/04/110 – Brussels, 29.09.2004.

suchung der Betrugsvorwürfe und drohte mit personalisierten Sanktionen gegen „Wahlbetrüger", und zwar mit Einreiseverbot und der Konfiskation von privaten Konten. Der belächelte Gesetzentwurf „Ukraine Democracy and Fair Elections Act of 2004", der am 15. September 2004 von *Dana Rohrabacher* in das Repräsentanten-Haus eingebracht worden war, kam zur Geltung.[269] Einen Tag später, am 24. November, forderte der neue Präsident der Europäischen Kommission, *José Manuel Barroso*, im Europäischen Parlament die Überprüfung des Wahlverlaufs und drohte – dem amerikanischen Beispiel folgend – der Ukraine „ernste Konsequenzen für die gegenseitigen Beziehungen" an, wenn dieser Forderung nicht entsprochen würde. Das Regime *Kutschma* war überrascht über das massive Interesse Europas an dem ukrainischen Konflikt. Jahrelang waren die internen politischen Prozesse in der Ukraine ignoriert worden; jetzt plötzlich hatte die demokratische Opposition das Land in das europäische Bewusstsein katapultiert.

Auf dem regulären Gipfeltreffen EU-Russland am 25. November in Den Haag beherrschte das ungeplante Thema Ukraine die Agenda. Der russische Präsident *Putin* verbat sich die Einmischung der Europäischen Union in die inneren Angelegenheiten – seiner – Ukraine; die Wahlen seien den ukrainischen Gesetzen entsprechend verlaufen. Der Präsident des Europäischen Rates, der niederländische Premierminister *Balkenende*, wies *Putins* Vorwurf der Einmischung zurück; der Europäischen Union ginge es in der Ukraine nur um die Einhaltung demokratischer Standards. Dem russischen Präsidenten wurde durch die Intervention der EU bedeutet, dass die innere Verfassung der Ukraine der Europäischen Union nicht – länger – gleichgültig ist.

Es folgten drei Missionen[270] der Europäischen Union unter Leitung des Hohen Beauftragten für die gemeinsame Außen- und Sicherheitspolitik, *Javier Solana*. Auf Wunsch beider Seiten des ukrainischen Konflikts nahmen an den Vermittlungsgesprächen in Kiew der polnische Präsident *Kwasniewski* und der litauische Präsident *Adamkus* teil.[271] Obwohl *Solana* erkennbar um Unparteilichkeit bemüht war, wurde der Europäischen Union aus Moskau Einmischung zugunsten von *Juschtschenko* vorgeworfen; offenkundig beanspruchte Moskau das exklusive Recht auf Einmischung in die inneren Angelegenheiten der Ukraine. In einer Resolution, die mit 415 Stimmen (bei 8 Gegenstimmen) angenommen wurde, beschuldigte die russische Staatsduma die EU, sich durch die Missachtung des Wahlsiegs von *Janukowytsch* und die Unterstützung der Forderungen *Juschtschenkos* nach einer erneuten Wahl „destruktiv in die Entwicklung der Lage in der Ukraine einzumischen". Das russische Außenmi-

---

[269] „*Constantine Menges* Ukraine Democracy and Fair Elections Act of 2004" (HR 5102 ICH, benannt nach dem im Juli 2004 verstorbenen *Constantine Menges*); US Congressman *Dana Rohrabacher* (R), Kalifornien.
[270] Am 26. November, am 1. Dezember und am 6. Dezember 2004.
[271] Das Zusammentreffen der drei Präsidenten, des polnischen, litauischen und ukrainischen, erinnerte geschichtsbewusste Beobachter an die polnisch-litauische Union, polnisch-litauische Res Publica (Rzeczpospolita); in Moskau wurde das Ereignis denn auch als „polnische Verschwörung" apostrophiert.

nisterium warf der Europäischen Union vor, mit ihrer Parteinahme für *Juschtschenko* die „Opposition offen zur illegalen Anwendung von Gewalt zu drängen". Auf der Jahrestagung der OSZE am 9. Dezember 2004 in Sofia erklärte der russische Außenminister *Serhij Lawrow,* die OSZE, deren Internationale Wahlbeobachter-Mission 11 000 Akte von Wahlbetrug registriert hatten, missbrauche „Wahlbeobachtung als politisches Instrument".

Es gelang den Vermittlern der EU, die beiden Präsidentschaftskandidaten *Juschtschenko* und *Janukowytsch* sowie den noch amtierenden Präsidenten *Kutschma* – und den russischen Außenminister *Lawrow* – an einen „Runden Tisch" zu bringen und Verhandlungen in Gang zu setzen. *Solana* wollte den „Willen des ukrainischen Volkes" respektiert wissen; *Lawrow* setzte dem die putinsche Maxime von der „Respektierung des Gesetzes" entgegen. Der zweiten Mission, der neben *Solana, Kwasniewski* und *Adamkus* der Generalsekretär der OSZE, *Jan Kubis,* und der Präsident der russischen Duma, *Boris Gryslow,* angehörten, gelang ein Durchbruch in den Verhandlungen, die seit dem ersten Vermittlungsversuch nicht vorangekommen waren. Am Abend des 1. Dezembers einigten sich *Kutschma, Juschtschenko* und *Janukowytsch* auf ein Sieben-Punkte-Programm zur Lösung der Staatskrise. Wichtigster Punkt war die erneute Abhaltung von Wahlen, die *Kutschma* noch am Vormittag abgelehnt hatte. Die Geltung der Vereinbarung wurde von der anstehenden Entscheidung des Obersten Gerichts der Ukraine abhängig gemacht. Das Oberste Gericht der Ukraine erklärte am Freitag, den 3. Dezember, die Stichwahl wegen signifikanter Fälschungen für ungültig und ordnete deren Wiederholung für den 26. Dezember 2004 an.

Kern des Kompromisses, der am 8. Dezember vom Parlament mit großer Mehrheit angenommen wurde, war die von Seiten des Regimes geforderte „politische Reform", eine Änderung der Verfassung, durch die *Wiktor Juschtschenko,* dessen Wahl zum Präsidenten der Ukraine in der gerichtlich angeordneten dritten Runde außer Zweifel stand, in seiner Macht gravierend beschnitten wurde.

Die Europäische Union hat durch ihre schnelle Reaktion – und durch ihre Präsenz vor Ort – ohne Zweifel bewirkt, dass die ukrainische Staatskrise durch diesen Kompromiss beigelegt wurde. Und sicherlich haben auch die beiden persönlichen Telefonate des deutschen Kanzlers *Schröder* mit dem russischen Präsidenten *Putin* zur friedlichen Beilegung des Konflikts beigetragen. Die Tatsache, dass er mit dem *russischen* Präsidenten – und nicht mit dem *ukrainischen* Präsidenten – telefonierte, ist ein Indiz dafür, dass Berlin den hegemonialen Anspruch Moskaus auf die Ukraine akzeptierte. Der Präsident des Europäischen Parlaments, *Joseph Borell,* pries den „großen Erfolg der EU" – „trotz" der Rolle, die Polens und Litauens Präsidenten dabei unter dem Einfluss der USA gespielt hätten. Die polnische Zeitung *Gazeta Wyborcza* druckte am 5. Januar 2005 Teile der Rede ab, die er hinter verschlossenen Türen auf dem „Forum for new economics" in Madrid gehalten hatte.[272] Wahr-

---

[272] Eurasia Daily Monitor (The Jamestown Foundation), Volume 2, Issue 5, 07.01.2005.

scheinlicher ist, dass eben dank dieser beiden Präsidenten – trotz *Solana* – der Vermittlung der EU Erfolg beschieden war. In der Tat aber hielt es *Kwasniewski* für nötig, sich der Zustimmung des amerikanischen Präsidenten zu vergewissern. *Asturas Palauskas*, der Präsident des litauischen Parlaments, wies *Borells* Kritik zurück; *Kwasniewski* und *Adamkus* hätten nicht als „Anwälte Amerikas" gehandelt, sondern in Konformität mit dem Verhandlungsauftrag des Europäischen Rates.

4.2 Die Teilung Europas auf dem „Erweiterungsgipfel" von Kopenhagen

Artikel 49 EU-Vertrag

„Jeder *europäische* Staat, der die in Artikel 6, Absatz 1 genannten Grundsätze achtet, *kann* (Hervorhebung durch den Autor) beantragen, Mitglied der Union zu werden", lautet Artikel 49 der konsolidierten Fassung des Vertrages über die Europäische Union (EUV). Und Artikel 6, Absatz 1 besagt: „Die Union beruht auf den Grundsätzen der Freiheit, der Demokratie, der Achtung der Menschenrechte und Grundfreiheiten sowie der Rechtsstaatlichkeit."[273] Auf seinem „Erweiterungsgipfel" am 21. und 22. Juni 1993 in Kopenhagen hat der Europäische Rat diese allgemeinen Grundsätze in den so genannten „Kopenhagener Kriterien" als politische, wirtschaftliche und rechtliche Beitrittsbedingungen präzisiert. Aus diesem Artikel 49 EUV lässt sich für „jeden europäischen Staat", der die Kopenhagener Kriterien erfüllt, ein Anspruch auf eine prinzipielle Integrationsperspektive postulieren, wenn er auch keinen rechtlichen Anspruch auf Mitgliedschaft in der Europäischen Union begründet. Der Verfassungsentwurf vom 29. Oktober 2004 erneuert dieses „Angebot" in Artikel I-1, Absatz 2: „Die Union steht *allen europäischen Staaten* (Hervorhebung durch den Autor) offen, die ihre Werte achten und sich verpflichten, sie gemeinsam zu fördern."[274]

Der Europäische Rat beschließt „einstimmig nach Anhörung der (Europäischen) Kommission und nach Zustimmung des Europäischen Parlaments, das mit der absoluten Mehrheit seiner Mitglieder beschließt", ob dem Beitrittsantrag eines Landes zugestimmt wird oder nicht. In der Praxis bedarf es eines vorherigen positiven „Signals aus Brüssel", um die Gefahr der formellen Ablehnung eines offiziellen Beitrittsantrags zu vermeiden. In der Vergangenheit bekundete die Europäische Union ihre Aufnahmebereitschaft durch den Abschluss von so genannten „Europa-Abkommen", eines Instrumentes, das geschaffen wurde, um die Beitrittsreife der „Kandidaten-Staaten" zu beschleunigen. Die ehemaligen Sowjetrepubliken kamen – mit Ausnahme der drei baltischen Staaten – im Jahre 1993 für eine Mitgliedschaft nicht in Frage. Für die „neuen unabhängigen Staaten" wurde in Kopenhagen das Instrument des „Partnerschafts- und Kooperationsabkommens" (PKA) geschaffen, das

---

[273] <http://europa.eu.int/eur-lex/de/treaties/dat/C_2002325DE.000501.html>.
[274] <http://europa.eu/constitution/de/part2_de.htm#a4>.

– nur – die Förderung der politischen Stabilität und ökonomischen Prosperität dieser Länder zum Ziel hatte.

Das „Partnerschafts- und Kooperationsabkommen"

Die Beziehungen zwischen der Europäischen Union und der Ukraine basieren vertragsrechtlich auf dem am 14. Juni 1994 geschlossenen, aber erst am 1. März 1998 in Kraft getretenen „Partnerschafts- und Kooperationsabkommen zwischen der Ukraine und den Europäischen Gemeinschaften und ihren Mitgliedländern"[275]. Das PKA hat eine Geltungsdauer von zehn Jahren. Sein wirtschaftlicher Zweck ist die Förderung der „Integration der Ukraine in die europäische und globale Wirtschaft", d.h. konkret, ihre Vorbereitung auf den Beitritt zur Welthandelsorganisation (WTO).

Bereits bei der ersten Zusammenkunft des *EU-Ukraine-Kooperationsrates*, des obersten Gremiums des Abkommens,[276] im Juni 1998 äußerte die ukrainische Seite offiziell ihren Wunsch nach Assoziierung, von dem die EU unverbindlich Notiz nahm. In dem „Gemeinsamen Bericht über die Umsetzung des Partnerschafts- und Kooperationsabkommens zwischen der EU und der Ukraine", der vom Kooperationsrat auf Empfehlung des EU-Ukraine-Gipfeltreffens vom 4. Juli 2002 in Kopenhagen erstellt wurde, heißt es in dem Kapitel „EU–Ukraine: Zukünftige Beziehungen" unter Punkt 44 in gewundener Sprache: „Gemäß Artikel 6 (,ein politischer Dialog soll zur Annahme neuer Formen der Zusammenarbeit beitragen') hat die Ukraine schon in einem frühen Stadium angeregt, die Initiierung eines Assoziierungsprozesses mit der Perspektive einer EU-Mitgliedschaft ins Auge zu fassen." Dazu wird vermerkt, dass in den politischen Dialog mit der Ukraine „eine Diskussion über die Zukunft der Beziehungen zwischen der EU und der Ukraine aufgenommen wurde, in welcher die ukrainische Seite ihre Präferenz für die Definition einer neuen vertraglichen Basis für die bilateralen Beziehungen, einschließlich der Perspektive einer EU-Mitgliedschaft, zum Ausdruck brachte".

Auf seiner Tagung im Dezember 1999 in Helsinki, auf der die Kandidatur von elf Ländern akzeptiert und die Bewerbung der Türkei anerkannt wurde, nahm der Europäische Rat die „Gemeinsame Strategie" der Europäischen Union gegenüber der Ukraine" an[277], die zunächst auf vier Jahre begrenzt war und bis zum 31. Dezember 2004

---

[275] Partnership and Cooperation Agreement between the European Communities and their Member States, and Ukraine, <http://www.delukr.cec.int/en/Data/pca-eng.pdf>.

[276] Das *EU-Ukraine-Kooperationskomitee*, ein weiteres Organ des Abkommens, trat zum ersten Mal im November 1998 zusammen und gründete sechs Unterausschüsse für verschiedene Arbeitsbereiche. Im Dezember 1998 konstituierte sich der *Parlamentarische Ausschuss für die Zusammenarbeit zwischen der Ukraine und der EU*.

[277] Im Nachgang zur „Kölner Erklärung" des Europäischen Rates (Gemeinsame Strategie der Europäischen Union für Russland) vom Juni 1999 zur formalen Gleichbehandlung der Ukraine; Presidency Conclusions – Helsinki 10 and 11 December 1999, Annex V, Euro-

verlängert wurde. Die „Gemeinsame Strategie" war keine Strategie, sondern ein Programm zur Umsetzung des Partnerschafts- und Kooperations-Abkommens.[278] In ihr wurde die Bedeutung der Ukraine in der Region und ihre „unikale" geopolitische Lage anerkannt: „Der Europäische Rat erkennt, dass eine stabile und sichere Ukraine im Interesse der Europäischen Union liegt". In Teil I, 7 wird der Ukraine die Perspektive eines gemeinsamen Freihandelsraumes Europäische Union-Ukraine eröffnet. In dem mit „Strategischer Partnerschaft" betitelten Kommunique des 3. Gipfeltreffens EU–Ukraine am 15. September 2000 in Paris anerkannte die Europäische Union „die europäischen Aspirationen" der Ukraine und begrüßte ihre „europäische Wahl". Freihandel wurde darin zum Endziel des PKA erklärt; als gemeinsames Ziel wurde die Formel von der „Förderung von Stabilität und Prosperität in Europa" wiederholt.

Obwohl die Europäische Union die Ukraine nicht als potenziellen Kandidaten für eine Mitgliedschaft – ja nicht einmal für eine Assoziierung – betrachtete, förderte sie die Anpassung der ukrainischen Gesetzgebung an EU-Recht. Auf dem EU-Ukraine-Gipfeltreffen am 7. Oktober 2003 in Jalta stimmten beide Seiten darin überein, dass die Ukraine „die Möglichkeiten des gegenwärtigen Prozesses der Erweiterung", (in den sie nicht einbezogen war,) „am besten dadurch nutzen" könne, dass sie „die Anpassung der nationalen Gesetzgebung an die Gesetzgebung der Europäischen Union" intensiviere. Die Ukraine erhielt von der EU technische und finanzielle Unterstützung für ihren politischen und ökonomischen Transformationsprozess im Rahmen des TACIS-Programms. Wichtige Förderbereiche waren institutionelle und administrative Reformen sowie die Anpassung der ukrainischen Gesetzgebung an EU-Recht.[279] Die Hilfe, welche die EU der Ukraine in der Vergangenheit gewährt hat, bewirkte wenig, weil sie ungezielt war. Was genuines Interesse der EU an der Mitgliedschaft eines Landes, was eine zielstrebige Zusammenarbeit der Europäischen Kommission mit einem Kandidaten-Staat bewirken kann, wird am Beispiel der – ebenfalls ex-sozialistischen – Staaten Mittelosteuropas deutlich.

Ungeachtet der institutionalisierten Zusammenarbeit im Rahmen des PKA (Kooperationsrat, Kooperationskomitee, Kooperationssubkomitees), trotz regelmäßiger EU-Ukraine-Gipfeltreffen blieb das Verhältnis der EU zur Ukraine distanziert. In der Tat war die ganze Ukraine-Politik der Europäischen Union palliativ; ihre Funktion bestand darin, der Ukraine die bittere Wahrheit zu versüßen, dass die EU nicht die Absicht hat, die Ukraine – und sei es in weiter Ferne – als Mitglied aufzunehmen.

---

pean Council Common Strategy on Ukraine (1999/877/CFSP); Official Journal of the European Communities, 23.12.1999, L 331/1.

[278] Die „Gemeinsame Strategie" wurde im Vertrag von Amsterdam als Instrument der „Gemeinsamen Außen- und Sicherheits-Politik/GASP" zur Koordination der Politik der Mitgliedsländer gegenüber dritten Ländern konzipiert.

[279] Von der einen Milliarde Euro, die seit 1991 an finanziellen Hilfen aus der EU in die Ukraine geflossen ist, waren 250 Millionen Euro für die Reaktor-Sicherheit bestimmt – lagen also im ureigensten Interesse der EU.

Die Reaktion in Brüssel auf die russische „Gegenerweiterung"[280], d.h. auf die Initiative des Kreml zur Inkorporierung der Ukraine in das alternative, „eurasische" Integrationsprojekt des *Einheitlichen Wirtschaftsraumes*, war gelassen und zeugte vom Desinteresse der EU an der Ukraine. Möglicherweise war „man" in Brüssel auch erleichtert über die Wende *Kutschmas* in der auswärtigen Orientierung der Ukraine. Das Generaldirektorat Handel der Europäischen Kommission überreichte der ukrainischen Seite im September 2003 den Entwurf eines Dokuments,[281] in welchem die möglichen Konsequenzen für die Handelsbeziehungen zwischen der EU und der Ukraine und bezüglich deren angestrebter Aufnahme in die WTO untersucht wurden. Bliebe der Einheitliche Wirtschaftsraum lediglich eine Freihandelszone entsprechend den Prinzipien und Regeln der WTO, dann stünde einer zukünftigen Vertiefung der bilateralen Handelsbeziehungen zwischen der EU und der Ukraine nichts im Wege; auch für den angestrebten Beitritt der Ukraine zur WTO ergäben sich keine Probleme. Anders wäre es, wenn der EWR sich zu einer Zoll-, Wirtschafts- und Währungsunion entwickeln würde; ein solcher Integrationsgrad wäre mit dem Ergebnis der bilateralen Verhandlungen über Marktzugang zwischen der EU und der Ukraine im Rahmen des angestrebten WTO-Beitritts der Ukraine, die am 17. März 2003 abgeschlossen wurden, nicht vereinbar. Eine Freihandelszone mit Russland ist die höchste Ebene wirtschaftlicher Zusammenarbeit, die dem europäischen Kurs der Ukraine nicht widerspricht.

4.3 Die Nachbarschaftspolitik der Europäischen Union: Äpfel und Datteln in einem Topf

Nach der Erweiterung vom 1. Mai 2004 bündelte die Europäische Union ihr Verhältnis zu ihren europäischen – und zu ihren *nichteuropäischen*, transmediterranen – Nachbarn in der so genannten „Europäischen Nachbarschaftspolitik" (ENP). Die territoriale Reichweite, die Grundsätze und Verfahrensweisen der ENP sind in dem „Strategie-Papier" vom 12. Mai 2004 niedergelegt.[282] Wirklich neue Nachbarn der EU sind nur die osteuropäischen Länder Ukraine, Weißrussland und Moldau; doch einbezogen in die ENP wurden alle südlichen und östlichen Anrainerländer des Mittelmeers, d.h. alle Länder, die den „Barcelona acquis" akzeptiert haben – von Marokko bis Syrien.[283] In der ENP verschmolz die Europäische Kommission ihre exkludierende Osteuropa-Politik mit der „Euro-Mediterranen Partnerschaft" („Barce-

---

[280] Eine Formulierung des ehemaligen Vize-Außenministers *Oleksandr Čalij*.
[281] Mit dem Titel: „Reactions to the Draft Agreement establishing a Single Economic Space by Russia, Ukraine, Belarus, and Kasakhstan".
[282] Kommission der Europäischen Gemeinschaften, Mitteilung der Kommission, Europäische Nachbarschaftspolitik. Strategiepapier. Brüssel, 12.05.2004, KOM (2004) 373 endgültig. S. 5.
[283] Marokko, Algerien, Tunesien, bedingt Libyen, Ägypten, Israel und die Palestinensische Autonomie-Behörde, Jordanien, der Libanon und Syrien.

lona Prozess") und stellte dabei die osteuropäischen Länder – namentlich die Ukraine – mit den nicht-europäischen, nordafrikanischen und westasiatischen Anrainer-Ländern des Mittelmeeres gleich. Im Jahre 2004 wurden die drei (völkerrechtlich anerkannten) Staaten des Südkaukasus in die ENP einbezogen – und damit die Zahl der ENP-Länder auf 16 erhöht. Aus Brüsseler Sicht ist die europäische Ukraine ein „Nachbar" der Europäischen Union – wie Marokko oder Syrien.

Ursprünglich bezog sich das Konzept des „Größeren Europa" („Wider Europe"), das von der im Juli 2003 eingesetzten Task Force unter dem Vorsitz des damaligen Erweiterungskommissars *Günter Verheugen* entworfen worden war, nur auf die osteuropäischen Staaten, nämlich auf die Russländische Föderation, die Ukraine, Belarus und die Republik Moldau (Moldawien). Angesichts der bevorstehenden Ostverschiebung der Außengrenze der EU hatte die Europäische Kommission am 11. März 2003 einen Bericht vorgelegt, der den Titel trägt: „Größeres Europa[284] – Nachbarschaft. Ein neuer Rahmen für die Beziehungen mit unseren östlichen und südlichen Nachbarn"[285], der mit dem Ratsbeschluss von Kopenhagen im Dezember 2003 angenommen wurde. Auf Drängen Frankreichs, Italiens, Spaniens und des Kommissionspräsidenten *Romano Prodi* wurden die Partnerstaaten des „Barcelona-Prozesses" in das Konzept der „Nachbarschaftspolitik" einbezogen, um die Ost- und Süd-Politik der EU „im Gleichgewicht" zu halten.

Die Ablösung der „Euro-Mediterranen Partnerschaft" durch die Europäische Nachbarschaftspolitik geschah allerdings gegen die Vorbehalte der arabischen Länder, welche die „grundlegenden Werte" der Europäischen Union nicht teilen – und nur wegen der Vorteile der wirtschaftlichen Zusammenarbeit zustimmten, während die Ukraine Mitglied der „Wertegemeinschaft" Europarat ist. Diese Staaten gehören weder geographisch noch kulturell zu Europa, und die Mehrheit ihrer Gesellschaften – nicht nur Islamisten – lehnt eine kulturelle Europäisierung („Verwestlichung") kategorisch ab. In Wahrheit ging es bei der Einbeziehung dieser Staaten um die Wahrung der deutsch-französischen „Balance" – bereits die Integration Polens und der anderen ostmitteleuropäischen Staaten wurde in Paris als „deutsches Projekt" (*Volker Rühe*[286]) bezeichnet. Hergestellt werden sollte diese Balance einerseits durch eine ausgewogene Politik gegenüber den nordafrikanischen und westasiatischen Mittel-

---

[284] Das Konzept des „Größeren Europa" fand unterschiedliche Interpretationen: Während die Europäische Kommission – wie es scheint – sich auf Ostmittel- und Südost-Europa (Balkan) bezog, wurde unter diesem Begriff in der Ukraine und auch in Russland ein Gesamt-Europa unter Einschluss dieser beiden Länder verstanden.

[285] European Commission: Communication from the Commission to the Council and the European Parliament: Wider Europe – neighbourhood. A New Framework for Relations with our Eastern and Southern Neighbours. Brüssel, 11.03.2003, COM (2003) 104 final. Die Schlussfolgerungen des Rates der Europäischen Union wurden vom Europäischen Rat im Juni 2003 in Thessaloniki angenommen.

[286] In einer Replik auf dem Zweiten Ukraine-Tag des Deutschen Bundestages am 2. Juni 2005.

meer-Anrainerländern, in denen Frankreich postkoloniale Interessen hat, und andererseits gegenüber den mittelost- und osteuropäischen Ländern, an denen Deutschland ökonomisch interessiert – und gegenüber denen Deutschland moralisch verpflichtet ist. In ihrer Essenz ist die ENP ein Kompromiss zwischen den subjektiven nationalen Interessen der europäischen Mittelmeer-Anrainerländer und dem objektiven Interesse der Europäischen Union.

Auch das Europäische Parlament stellt inzwischen den geographischen Geltungsbereich der ENP in Frage; in seiner Entschließung vom 15. November 2007 heißt es unter Punkt 2: (Das Europäische Parlament) „bezweifelt die Sinnhaftigkeit der geographischen Ausrichtung der ENP, da diese einerseits Länder umfasst, die geographisch zu Europa gehören, andererseits aber auch nichteuropäische Mittelmeerländer".

Für die praktische Implementierung der Europäischen Nachbarschaftspolitik wurden individualisierte, regelmäßig revidierte Aktionspläne für die einzelnen „Nachbarn" aufgestellt; sie enthalten gemeinsam von der EU und dem betreffenden Land definierte Prioritäten in ausgewählten Sektoren für einen Zeitraum von drei bis fünf Jahren. Fortschritte in der Annäherung an die vereinbarten Ziele der Aktionspläne werden von den Organen der Partnerschafts- und Kooperationsabkommen beobachtet.

Die Aktionspläne für die „erste Gruppe" von sieben Ländern, zu der neben der Ukraine, Belarus und Moldawien auch Marokko, Israel, Jordanien und die Palästinensische Autonomie-Behörde (!) gehörten, wurden am 9. Dezember 2004 von der Europäischen Kommission gebilligt und von der „Nachbarschaftskommissarin" *Ferrero-Waldner* (der Nachfolgerin von *Günter Verheugen*) der Öffentlichkeit vorgestellt. Der Aktionsplan zur Implementierung der ENP für die Ukraine, der auf dem „Landesbericht Ukraine" der Europäischen Kommission[287] basierte, auf den sich die Experten der EU und der Ukraine bereits am 20. September 2004 geeinigt hatten, war bis zu „freien und fairen (Präsidentschafts-)Wahlen" auf Eis gelegt worden, eine Bedingung, die mit dem dritten Wahlgang am 26. Dezember 2004 erfüllt wurde. Am 21. Februar 2005 wurde der „EU-Ukraine-Aktionsplan" auf einer Sitzung des EU-Ukraine-Kooperationsrates angenommen.

Doch ließ die EU erneut keinen Zweifel daran, dass der Aktionsplan nicht auf die Mitgliedschaft vorbereiten soll. Dieser Aktionsplan ist „Teil der Europäischen Nachbarschaftspolitik der EU, mittels derer die EU die Schaffung einer Region der Stabilität, der Sicherheit und der Prosperität für sich und ihre Nachbarn anstrebt …", heißt es in der Mitteilung an die Presse vom 24. Februar 2005, die mit „EU–Ukraine: Stärkung der strategischen Partnerschaft" betitelt ist.[288] „Die Europäische Union reagiert auf die veränderte politische Realität in der Ukraine – mit konkreten Schritten zur Stärkung der Beziehung zwischen der EU und der Ukraine. Die EU wird das

---

[287] Commission of the European Communities, Commission Staff Working Paper, European Neighbourhood Policy, Country report, Ukraine, COM (204) 373 final.
[288] Mitteilung an die Presse vom 24.02.2005, betitelt „EU–Ukraine: Stärkung der strategischen Partnerschaft".

ehrgeizige politische und ökonomische Reformprogramm der neuen Führung mit einem substanziellen und realistischen Paket unterstützen, das so gestaltet ist, dass es dem Wunsch der Ukraine nach zunehmender Integration *mit* (!) Europa entgegenkommt".

Ausdrücklich wird proklamiert, dass der Aktionsplan „die Entstehung von neuen Trennlinien zwischen der erweiterten EU und ihren Nachbarn" verhindern soll. Auf einer Presse-Konferenz am 15. Februar 2005 in Brüssel bestritt Kommissarin *Ferrero-Waldner* die Vermutung, dass der Aktionsplan dazu bestimmt sei, die Ukraine auf Distanz zu halten. Tatsächlich aber ist der EU-Ukraine-Aktionsplan ein Kondensat der bisherigen Ukraine-Politik, mit der die EU einerseits die „Annäherung" der Ukraine an die EU fördert, ihr aber andererseits den Beitritt verwehrt. Mit dem Aktionsplan hat die EU den Platz der Ukraine in ihrer „Nachbarschaft" – vor ihrer Tür sozusagen – vertraglich festgeschrieben. Die Erfüllung des Aktionsplans durch die Ukraine wird nichts weiter als „vertiefte Beziehungen" zur EU zum Ergebnis haben. „Wenn die Ukraine echte Fortschritte bei der Implementierung interner Reformen und bei der Anpassung an europäische Standards macht, dann werden die Beziehungen zwischen der EU und der Ukraine tiefer und stärker", sagte Kommissarin *Ferrero-Waldner* nichtssagend nach der Billigung des Aktionsplans durch den Kooperationsrat – und wiederholte damit nur die Floskel, die der Rat der 25 EU-Außenminister in seiner Erklärung zur Ukraine verwendet hatte.[289] Anstatt „so etwas wie eine kleine Verfassung unserer Beziehungen zur Europäischen Union zu sein ...", ist der „Aktionsplan" kein Plan für Aktionen, sondern nur ein weiteres Dokument der deklarativen Ukraine-Politik der Europäischen Union", kritisierte der ehemalige Vize-Außenminister *Oleksandr Tschalij* den „abstrakten" und „inkonkreten" Plan.

Getragen vom politisch-moralischen Momentum ihrer demokratischen Revolution erhob Anfang des Jahres 2005 die „orangene" Führung der Ukraine Anspruch auf Mitgliedschaft in der Europäischen Union. „Wir sind ein europäisches Land, und wir wollen eine europäische Perspektive", sagte Präsident *Juschtschenko* in Brüssel – und setzte damit eine Debatte über das Verhältnis der Europäischen Union zur Ukraine in Gang. Der Reformpolitik des neuen Präsidenten wurde vielfältige Unterstützung zugesagt, doch die wirksamste Unterstützung für Reformen, die erhoffte Integrationsperspektive, verweigerte die EU auch der neuen Ukraine.

Auf ihrer Sitzung am 21. Februar 2005 in Brüssel taten die Außenminister der EU expressis verbis kund, dass sie auch die neue Ukraine nicht als Beitrittskandidaten ansähen. *Olli Rehn*, der neue Erweiterungskommissar, der zeitgleich mit Präsident *Juschtschenko* am 9. März 2005 Berlin besuchte (ohne sich mit *Juschtschenko* zu treffen), bekräftigte die Position der Europäischen Kommission, dass sich die EU und die Ukraine auf die Umsetzung der Nachbarschaftspolitik konzentrieren sollten,

---

[289] <http://europa.eu.int/comm/external_relations/ukraine/intro/bfw_210205.htm>.

welche konkrete ökonomische und politische Hilfen für den ukrainischen Reformprozess vorsehe.[290]

Immerhin besserte der Rat für Allgemeine Angelegenheiten und Auswärtige Beziehungen unter dem Eindruck der Orangenen Revolution und dem Wahlsieg *Wiktor Juschtschenkos* den Aktionsplan vom 9. Dezember 2004 mit einem „Zehn-Punkte-Programm" nach, „mit dem Ziel [...], zur Unterstützung einer demokratischen und reform-orientierten Ukraine [...] den Aktionsplan zu stärken und anzureichern." In der diesbezüglichen Mitteilung an die Presse wird dieses „Zehn-Punkte-Programm" in der typischen evasiven Phraseologie der Europäischen Kommission als ein „zusätzliches Angebot" beschrieben, das ein „mächtiges Signal" dafür sei, dass „die EU positiv reagieren" werde, wenn die Ukraine „näher an die EU zu rücken wünsche …" Die „Zehn Punkte" beinhalteten zusätzliche Vorschläge für eine „noch engere" Beziehungen und für „noch intensivere" Kooperation; sie „demonstrieren die Bereitschaft der EU, substanziell über das ursprüngliche Angebot hinauszugehen", wie es in der Presse-Mitteilung vom 24. Februar heißt.

Mit dem Konzept „Nachbarschaft" schuf sich die Europäische Union eine Alternative zu Artikel 49 EU-Vertrag. „Die Nachbarschaftspolitik ist keine Erweiterungspolitik", stellte die Kommissarin für auswärtige Beziehungen und Europäische Nachbarschaftspolitik, *Benita Ferrero-Waldner*, auf der Pressekonferenz am 21. Januar 2005 in Brüssel expressis verbis klar. Die ENP sei ein „Angebot" für eine weitergehende Zusammenarbeit und für eine zunehmende Integration in bestimmte Politiken und Programme der EU. Die Nachbarn erhielten die Chance, durch Anpassung ihrer Gesetzgebung und Standards an EU-Normen ihren Zugang zum EU-Markt zu erweitern. Die EU ihrerseits profitiere davon durch eine stabile Nachbarschaft und Sicherheit an ihren Außengrenzen. „Die ENP ist ein 'deal' im Interesse beider Seiten".[291] Frau *Ferrero-Waldner* sieht „eine essentielle Aufgabe" der Nachbarschaftspolitik darin, die Ukraine „mit Hilfe der ENP enger an die EU zu binden",[292] mit anderen Worten: an die EU anzubinden anstatt in die EU einzubinden.

Laut *Knelangen* ist die Innen- und Justizpolitik das Herzstück der ENP; der Kooperation mit Justiz und Polizei kommt in den Aktionsplänen hohe Priorität zu[293] – auch in dem Aktionsplan für die Ukraine. Dabei erweisen sich Polizei und Justiz in allen ENP-Ländern – auch in der Ukraine – als besonders reformresistent. Grundlage für

---

[290] *Juščenko* setzt auf deutsche Hilfe bei der EU-Integration, in: Handelsblatt, Nr. 049, 10.03.2005, S. 4.
[291] *Benita Ferrero-Waldner*, Press Conference to launch the first seven Action Plans under the European Neighbourhood Policy, Brussels, 09.12.2004, Speech/04/529.
[292] *Benita Ferrero-Waldner*, Chancen einer neuen EU-Nachbarschaft Moldau und Ukraine, Rede, Wien, 29.11.2004.
[293] *Wilhelm Knelangen*, Nachbarn in Sicherheit, Freiheit und Recht? Inneres und Justiz: Ambivalenzen der ENP, in: Osteuropa, S. 257 ff. 02–03/2007, S. 259 und 260. Siehe Kapitel 2.4 des Aktionsplan EU–Ukraine: Zusammenarbeit im Bereich Justiz und Inneres.

die verstärkte Einbeziehung der inneren Sicherheit in die Außenbeziehungen ist die „Strategie für die externe Dimension der Innen- und Justizpolitik"[294], die der Rat der Innen- und Justizminister im Dezember 2005 verabschiedet hat. Die Kontrollen – nach Schengener Standards – wurden auf die Außengrenzen der EU verlagert; die ENP-Partnerstaaten wurden zur Kooperation bei der Wahrung der inneren Sicherheit der EU – Verhütung illegaler Immigration und organisierter Kriminalität – verpflichtet. Einreiseerleichterungen wurden an Rücknahmeverpflichtung gebunden. Sicherheit in der Nachbarschaft erhöht die Sicherheit in der Europäischen Union.[295] *Di Puppa* hält die Erhöhung der inneren Sicherheit der EU für die eigentliche Funktion der ENP.

Durch die Einbeziehung der Ukraine in die ENP wird dem Land die Aussicht auf Mitgliedschaft in der EU verbaut. Die „Europäische Nachbarschaftspolitik", d.h. die auswärtige Politik der EU gegenüber ihrem „nahen Ausland", ist keine angemessene Politik gegenüber der Ukraine. Die Ukraine ist unbestritten ein „europäischer Staat" im Sinne von Artikel 49 EU-Vertrag. Die Ukraine liegt nicht in Nordafrika und nicht in Westasien; sie ist „für die Europäische Union nicht Ausland", um eine deutschland-politische Formel zu paraphrasieren.

Die Politik der EU gegenüber einem europäischen Land muss grundsätzlich eine Integrationsperspektive beinhalten, wie langfristig angelegt auch immer sie sein mag. Der westlich des „europäischen Teils Russlands" gelegenen Ukraine spricht kein Europa-Politiker ab, dass sie ein Teil Europas ist, auch nicht diejenigen, die ihr einen Platz in der Europäischen Union verweigern – ganz abgesehen davon, dass die östliche Grenze des „lateinischen Europa" durch das Territorium der heutigen Ukraine verläuft. Der Präsident der Europäischen Kommission, *José Manuel Barroso*, gestand während der ukrainischen Staatskrise einer „demokratischen Ukraine" gnädig einen „Platz" – wenn nicht in der EU – so doch „in der europäischen Familie" zu. Die Ukraine erhebt zu Recht Anspruch darauf, anders behandelt zu werden als die südlichen Mittelmeeranrainer. *Roman Schpek*, Leiter der Delegation der Ukraine bei der Europäischen Union, sagte in einer Rede auf einer Tagung des EU Ukraine Business Council (EUUBC) am 25. Oktober 2006 in Brüssel: „Unser Land liegt in Europa. Wir sind kein Nachbar Europas. [...] Es ist uns unangenehm, mit Marokko, Libyen [...] in einen Korb geworfen zu werden."[296]

---

[294] Rat der Europäischen Union: Eine Strategie für die externe Dimension der JI-Politik: Freiheit, Sicherheit und Recht im globalen Maßstab, Rats-Dokument 15446/05. „Justiz, Freiheit und Sicherheit" (JFS) ist die neue Bezeichnung für den Bereich „Justiz und Inneres".
[295] Ein sicheres Europa in einer besseren Welt – Europäische Sicherheitsstrategie, Dezember 2003; <http://ue.eu.int/uedocs/cmsUpload/031208ESSIIDE.pdf>.
[296] Eurasia Daily Monitor (The Jamestown Foundation), Volume 3, Issue 199, 25.10.2006.

4.4 Das „Enhanced Agreement": Ein neues Kapitel in den Beziehungen der Europäischen Union zur Ukraine?

Angesichts des korrupten *Kutschma*-Regimes war die reservierte Haltung der EU gegenüber der Ukraine in der Vergangenheit – und insbesondere ihre Skepsis gegenüber der so genannten „europäischen Wahl" der Ukraine – in gewissem Maße verständlich. Jedoch auch nach dem Sieg der demokratischen Revolution hat sich an der grundsätzlichen Haltung der EU-Kommission wenig geändert. Vermutlich hat die Wahl des demokratischen und pro-westlichen „Reformators" *Wiktor Juschtschenko* zum Präsidenten nicht alle Staats- und Regierungschefs der Europäischen Union erfreut; sie brachte Brüssel in Erklärungsnotstand. Ein Präsident *Wiktor Janukowytsch* hätte endlich für klare Verhältnisse gesorgt, nämlich für die Integration der Ukraine in den „eurasischen" *Einheitlichen Wirtschaftsraum*; und er hätte sich mit der Lage der Ukraine in der „Nachbarschaft" zur Europäischen Union beschieden, anstatt auf dem „europäischen Integrationskurs" weiter zu kreuzen. Doch verursachten die Erschütterungen in der Ukraine Risse in der Brüsseler Abwehr ukrainischer Prätentionen. Die Vizepräsidentin der Europäischen Kommission, *Margit Wallström* (Schweden) sprach von einer „realistischen Aussicht" (der Ukraine) auf einen Beitritt. Das Europäische Parlament sprach sich dafür aus, der Ukraine eine „klare europäische Perspektive" zu geben. Am 5. April 2005 forderte das Parlament die Kommission auf, eine – aktualisierte – Ukraine-Strategie zu erarbeiten. *Elmar Brok*, der Vorsitzende des Auswärtigen Ausschusses des Europäischen Parlaments, schloss einen Beitritt der Ukraine nicht aus: In zehn Jahren könne die EU bereit sein, neue Mitglieder aufzunehmen; bis dahin könne auch die Ukraine „soweit" sein, d.h. reif für ihre Aufnahme. „Wir dürfen jetzt nicht die Tür verschließen", betonte er.

In den informellen Verhandlungen über ein Nachfolge-Abkommen für die Zeit nach Ablauf des PKA – und des Aktionsplans – im Jahre 2008 strebte die „neue Ukraine" ein „Europäisches Abkommen über Assoziierung" an, was die Europäische Kommission verweigerte; sie bestand auf Fortschreibung des Nachbarschaftsverhältnisses in Form eines „Europäischen Nachbarschaftsabkommens". Auf dem EU-Ukraine-Gipfeltreffen in Helsinki am 27. Oktober 2006 einigten sich beide Seiten auf ein neues „Enhanced Agreement" („Erweitertes" oder auch „vertieftes" Abkommen) – so die Kompromiss-Formel. Die formellen Verhandlungen über das Enhanced Agreement wurden Anfang des Jahres 2007 aufgenommen.

In der Vorstellung des ukrainischen Präsidenten sollte das neue Abkommen über das PKA hinausgehen: Kern des Grundlagenvertrages sollte „der Übergang zu einer politischen Assoziierung und ökonomischen Integration" sein. Es sei „für die Ukraine von größter Bedeutung, dass das neue Abkommen nicht lediglich ein modernisiertes Abkommen über Partnerschaft und Kooperation ist."[297] Doch die Delegation der Europäischen Kommission unter der Leitung ihres Präsidenten *José Manuel Barroso*

---

[297] Interfax-Ukraine, 27.10.2006.

verweigerte nach wie vor jede Beitrittsaussicht. In dem Gemeinsamen Kommunique wird eine eventuelle Mitgliedschaft der Ukraine in der Europäischen Union mit keinem Wort angedeutet. In der Mitteilung an die Presse heißt es in typischer „Brüsseler Spitzen"-Phraseologie: „Die EU und die Ukraine können durch ein Enhanced Agreement ein qualitativ höheres Niveau in ihrem Verhältnis anstreben."[298] Mit dem neuen Abkommen signalisiert Brüssel erneut rotes Licht und nötigt die Ukraine zu einem weiteren zeitlichen Aufschub eines formellen Beitrittsgesuches.

In den Beziehungen der EU zu ihrer Nachbarschaft spielt der „schillernde Begriff" Assoziierung eine Schlüsselrolle, obwohl er im EG-Vertrag nicht näher definiert wird. In Artikel 310 des Vertrages zur Gründung der Europäischen Gemeinschaft (EGV) heißt es in der konsolidierten Fassung: „Die Gemeinschaft kann mit einem oder mehreren Staaten [...] Abkommen schließen, die eine Assoziierung mit gegenseitigen Rechten und Pflichten, gemeinsamem Vorgehen und besonderen Verfahren herstellen."[299] Eine Assoziierung mit der EU als einheitlicher Rechtspersönlichkeit ist formal gar nicht möglich, d.h. Abkommen über Assoziierung müssen von allen Mitgliedsstaaten ratifiziert werden.

Die Staaten der Euro-Mediterranen Partnerschaft sind durch so genannte „Euro-Mediterrane Assoziierungsabkommen" mit der EU verbunden. Zwar sind die politischen Beziehungen zwischen der Ukraine und der Europäischen Union intensiver als es die europäisch-mediterrane Partnerschaft ist, doch ist der formale Status der Ukraine „unterhalb desjenigen der Mittelmeerländer einzustufen", obwohl sie als europäischer Staat „jederzeit einen Antrag auf Mitgliedschaft nach Brüssel schicken" könnten. „Formal und politisch existiert auf Seiten der EU ein Nachholbedarf gegenüber den östlichen ENP-Ländern".[300]

Unter der Voraussetzung, dass die Ukraine die Normen und Standards der EU substanziell implementiert, käme eine assoziierte Mitgliedschaft praktisch einem Beitritt zur EFTA (European Free Trade Area) und damit zum Europäischen Wirtschaftsraum gleich.[301] Nicht als Endstufe ihrer „Eurointegration", aber doch als Zwischenstufe hat das „Modell Norwegen" in der Ukraine Anklang gefunden.[302] Der Vorsitzende des Auswärtigen Ausschusses des Europäischen Parlaments, *Elmar Brok*, stellt – zu Unrecht – fest, die EU stoße bei ihrer Erweiterung an ihre Grenzen; er schlägt für die Ukraine einen „EWR plus"-Status („EWR" bedeutet hier „Europäischer Wirtschaftsraum") vor, wobei sich das „Plus" auf Felder der Zusammenarbeit

---

[298] Press Release, ref.: IP/06/1480 vom 26.10.2006.
[299] <http://europa.eu.int/eur-lex/de/treaties/dat/C_2002325DE.003301.html>.
[300] *Barbara Lippert*: Teilhabe statt Mitgliedschaft? Die EU und ihre Nachbarn im Osten, in: Osteuropa, 2–3/2007, S. 69–94, hier S. 72.
[301] Bezüglich der Modalitäten einer EFTA-/EWR-Mitgliedschaft der Ukraine siehe *Barbara Lippert*, in: Osteuropa, 2–3/2007, S. 69–94, hier S. 81.
[302] *Konrad Schuller*, Modell Norwegen. Die Ukraine strebt in die Europäische Union und braucht eine westliche Perspektive, in: Frankfurter Allgemeine Zeitung, 27.10.2006.

bezieht, die über die ökonomische Kooperation hinausgehen.[303] Wenn die Ukraine 40 bis 60 Prozent des Acquis Communautaire übernähme, erhielte sie zwar keine Aussicht auf Mitgliedschaft, aber „genügend Anreiz für innere Reformen", meint *Brok*. Dies ist ein Irrtum: Die Adaptation an europäische Normen liegt zwar im eigenen, „objektiven" Interesse der Ukraine, doch sind die retardierenden politischen Kräfte so stark, dass sie nur durch eine Integration in europäische Institutionen überwunden werden können. Doch wegen des befürchteten Integrations-Automatismus („Rutschbahn-Effekt", *Barbara Lippert*) ist die Europäische Union nicht bereit, der Ukraine einen assoziierten Status zu gewähren.

Auch wenn das Gemeinsame Kommunique des EU-Ukraine-Gipfeltreffens in Helsinki vom Oktober 2006 Kiew mit keinem Wort eine Beitrittsaussicht eröffnet, so waren dort doch von höchster Seite der EU neue Töne angeschlagen worden. So verkündete der Präsident der Europäischen Kommission, *Jose Manuel Barroso*, auf einer Pressekonferenz: „Wir möchten die Ukraine näher an die Europäische Union binden und begrüßen ihren Wunsch nach Mitgliedschaft in der EU." Auf die Frage, warum der Beitritt der Ukraine nicht auf der Agenda stünde, sagte *Barroso*: „Es gibt zwei Antworten auf diese Frage: Weder ist die Ukraine darauf vorbereitet – noch sind wir es [...] Die Ukraine muss weitere Reformen implementieren, und die EU-Mitglieder sind nicht bereit, die Verantwortung für ein neues Mitglied zu übernehmen."[304]

Zwar enthält die Europäische Kommission der Ukraine die Integration in die „politische" Union vor, würdigt aber ihre Anstrengungen hinsichtlich ihrer Integration in „technische" europäische Strukturen – wie die angestrebte volle Mitgliedschaft in die Joint Aviation Authorities. Der Gipfel konstatierte Fortschritte in der Kooperation auf dem Energie-Sektor, die der EU besonders am Herzen liegt, so bei der gemeinsamen Umsetzung des Memorandums of Understanding über Energie-Kooperation. Gewürdigt wurden die Energie-Infrastrukturprojekte –, die in Kooperation mit der Europäischen Investitionsbank (EIB) und der Europäischen Bank für Wiederaufbau und Entwicklung (EBRD) betrieben werden. Die EU begrüßte die Übernahme der EU-Gesetzgebung durch die Ukraine bezüglich der Lagerung von Erdöl-Vorräten (oil stocks) sowie die Absicht der Ukraine, dem Vertrag über Energie-Gemeinschaft (Energy Community Treaty) beizutreten, „sobald die erforderlichen Voraussetzungen erfüllt seien."[305]

Auf dem erwähnten EU-Ukraine-Gipfeltreffen in Helsinki wurde darüber hinaus die zunehmend engere Zusammenarbeit auf dem Gebiet der Außen- und Sicherheitspo-

---

[303] *Elmar Brok*, Glaubwürdigkeit statt „Alles oder Nichts". Bei der Erweiterung stößt die EU an ihre Grenzen, in: Union in Europe, 5/2006, S. 4 und 5.
[304] Interfax-Ukraine, 27.10.06.
[305] Zu den Voraussetzungen gehören bislang unerfüllte Standards in den ukrainischen Kernkraftwerken.

litik begrüßt.[306] Bestätigt wurde insbesondere die anhaltende Verpflichtung zu konstruktiver Kooperation „mit dem Ziel, eine nachhaltige, umfassende und gerechte Regelung des Transnistrien-Konflikts zu erreichen". Gelobt wurde die Initiative des Präsidenten *Juschtschenko*, „der dem Regulierungsprozess einen neuen Anstoß gegeben" habe.[307] In dem gemeinsamen Pressecommunique wurde die Bedeutung der Umsetzung der „Joint Declaration by Ukraine and Moldova on customs" hervorgehoben. Die effektive Arbeit der EU Border Assistance Mission (EUBAM) an der ukrainisch-moldauischen Grenze wurde als Beispiel für die erfolgreiche Zusammenarbeit zwischen der EU und der Ukraine gewürdigt.

In der Erwartung, dass die Ukraine bis Ende 2006/Anfang 2007 die Mitgliedschaft in der WTO erlangen würde, wurde in Helsinki die Aufnahme von Gesprächen über die Schaffung eines Freihandelsgebiets EU–Ukraine für Anfang des Jahres 2007 vereinbart.

Auf der Pressekonferenz in Helsinki sagte *Barroso*, Voraussetzung für die Aufnahme von Verhandlungen über eine Freihandelszone – dem „key element of the Enhanced Agreement" – sei die Aufnahme der Ukraine in die WTO.[308] Im Auftrag der Europäischen Kommission hatte das Centre for European Policy Studies (CEPS) in Brüssel unter Leitung von *Michel Emerson* eine Studie über die Auswirkungen von „Deep Free Trade" bzw. „Free Trade plus" erarbeitet. Mit dem Angebot von „Mehr als nur freiem Handel" sollte der ukrainische Anspruch auf Assoziierung abgewehrt werden.

Am 5. März 2007 wurden mit der ersten Runde die Verhandlungen über ein „Erweitertes Abkommen" offiziell eröffnet, nachdem der Rat der Außenminister und die Kommission in ihrer Erklärung vom 22. Januar 2007 zum wiederholten Male die Entscheidung der Ukraine für Europa begrüßt, ihr aber in der Resolution nach wie vor die Aussicht auf einen Beitritt verweigert hatten. Die Frage, wie klar (oder unklar) ein möglicher EU-Beitritt der Ukraine in dem neuen Abkommen zum Ausdruck gebracht werden soll, ist strittig – und zwar nicht nur zwischen der Ukraine und der EU, sondern auch innerhalb der EU selbst. Einige Mitgliedsländer sprachen sich für die Aufnahme einer „europäischen Perspektive" in das Abkommen aus, andere dagegen. Die Finalität des neuen Abkommens, die in seinem Titel zum Ausdruck kommen sollte, wurde denn auch in dem Mandat für die Verhandlungen offen

---

[306] „Geprüft werden sollte [...] die mögliche Einbeziehung von Partnerländern in Aspekte der GASP und der ESVP, Konfliktprävention, Krisenbewältigung, Informationsaustausch, gemeinsame Schulungen und die mögliche Teilnahme an EU-geführten Krisenbewältigungseinsätzen." Europäische Kommission: Europäische Nachbarschaftspolitik: Strategiepapier, 12.05.2004, S. 14.
[307] EU-Ukraine Summit, Helsinki 27.10.2006, Joint Press Statement. „Transnistrien" hatte in der Sozialistischen Sowjetrepublik Moldau keinen autonomen Status – anders als die drei abtrünnigen Gebiete im Süd-Kaukasus.
[308] Interfax-Ukraine, 27.10.2006.

gelassen, das der Europäische Rat der Europäischen Kommission am 12. Dezember 2006 erteilt hat. Der britische Europa-Minister *Geoff Hoon* sagte, „the doors remain open"; sein Land sei „the biggest proponent of further expansion of the EU". Auch der dänische und der polnische Außenminister befürworteten die explizite Erwähnung eines eventuellen Beitritts der Ukraine in dem neuen Abkommen; die französische Europaministerin („Beigeordnete Ministerin für europäische Angelegenheiten"), *Catherine Colonna*, aber lehnte dies strikt ab.

Im Europäischen Parlament könnte sich eine Mehrheit für eine „europäische Perspektive" der Ukraine finden und damit an das Votum von Anfang 2005 anknüpfen. *Jacek Saryusz-Wolski,* der Vorsitzende des Auswärtigen Ausschusses, teilte am 28. März 2007 mit, dass im Juni 2007 im Plenum des Europäischen Parlaments in Straßburg ein Vorschlag zur Abstimmung gestellt würde, in welchem der Ukraine eine klare Perspektive für ihre Mitgliedschaft in der EU eingeräumt wird.[309] In den Gesprächen über das neue Abkommen sollte der Ukraine „grünes Licht" für ihren Beitritt zur EU gegeben werden, sagte er auf einer Sitzung seines Ausschusses.

Zwar ist die Ukraine enttäuscht darüber, dass ihr durch die Einbeziehung in die ENP auch weiterhin eine EU-Integrationsperspektive verwehrt wird, doch stärkt die Kooperation mit der EU im Rahmen der ENP die inneren Voraussetzungen ihrer Mitgliedschaft. Die Ukraine hofft, dass die faktische wirtschaftliche Verflechtung – und die substanzielle Reformierung aller Bereiche – in einigen Jahren die Mitgliedschaft unvermeidlich macht bzw. die Verweigerung der Mitgliedschaft nicht mehr begründet werden kann.

Präsident *Juschtschenko* besuchte Brüssel vom 6. bis 8. März 2007, wo er mit dem Präsidenten der Europäischen Kommisson, *Barroso*, das nächste EU-Ukraine-Gipfeltreffen für den 14. September 2007 in Kiew vereinbarte.[310] *Olkesandr Tschalij,* der Stellvertretende Leiter des Sekretariats des Präsidenten, teilte auf einer Pressekonferenz in Brüssel mit, Frau *Ferrero-Waldner* habe in ihrem Gespräch mit Präsident *Juschtschenko* zugestanden, „dass die Nachbarschaftspolitik in keiner Weise das Format der zukünftigen Beziehungen zwischen der Ukraine und der EU definiere. Ich interpretiere diese Aussage so, dass die Aussicht auf Mitgliedschaft nicht ausgeschlossen wird." *Tschalij* schätzte die Dauer der Verhandlungen auf eineinhalb Jahre. Auf dem für den 14. September 2007 anberaumten EU-Ukraine-Gipfeltreffen würde ein erster Bericht über den Fortschritt der Verhandlungen über das neue Abkommen, dessen Laufzeit voraussichtlich 10 Jahre betragen wird, vorgelegt werden.

---

[309] Interfax Ukraine, Brüssel, 28.03.2007. Berichterstatter ist *Michael Kaminski*, wie *Saryusz-Wolski* MdEP aus Polen.
[310] Interfax-Ukraine, 08.03.2007

4.5 Die Ausgrenzung der Ukraine aus dem europäischen Integrationsprozess – „enlargement fatigue" oder Anerkennung des hegemonialen Anspruchs Moskaus?

Die beharrliche Weigerung der EU, der Ukraine die Mitgliedschaft – auch auf lange Sicht – in Aussicht zu stellen, wird in Brüssel nicht etwa mit den politischen und ökonomischen Defiziten an „Europa-Kompatibilität" der Ukraine begründet.[311] Auch der Reform-Rückstand wird nicht als Vorwand genutzt. Der eigentliche, unausgesprochene Grund für diese Haltung der EU liegt nicht in Kiew, sondern in Moskau. Die EU unternimmt nichts, was eine Krise mit Russland auslösen (bzw. die gegenwärtige „Verstimmung" verschärfen) könnte.[312] Offen ausgesprochen hat diese Vermutung zum ersten Mal der ehemalige polnische Präsident *Kwasniewski* auf einem Forum in Krynica (Polen). Die Westeuropäer, sagte er, seien der Überzeugung, dass „die Ukraine im russischen Einflussbereich" liege. „Die Europäische Union betrachtet die Ukraine als Rußlands Hinterhof", meint *Nicole Galina*.[313] In der „Mittelfristigen Strategie für die Entwicklung der Beziehungen zwischen der Russischen Föderation und der Europäischen Union für die Jahre 2000 bis 2010", mit der Moskau die strategische Initiative Brüssels (die „Gemeinsame Strategie der Europäischen Union gegenüber Russland" vom 4. Juni 1999) beantwortete, heißt es unter Punkt 1.8: „… die Entwicklung der Partnerschaft (Russlands) mit der Europäischen Union sollte dazu beitragen, Russlands Rolle als führende Macht bei der Gestaltung eines neuen Systems zwischenstaatlicher politischer und ökonomischer Beziehungen im GUS-Raum zu konsolidieren." Diesem Anspruch Moskaus, der die Reintegration der Ukraine in einen von Moskau gestalteten Raum impliziert, hat die Europäische Union in keiner Weise widersprochen.

Die neuen ostmitteleuropäischen Mitglieder – namentlich Polen – sind die „natürlichen Verbündeten" der Ukraine in der Europäischen Union. Bereits vor ihrem Beitritt versuchten die Staaten der Visegrád-Gruppe (die „V-4 Staaten"), Einfluss auf die Osteuropa-Politik der EU zu nehmen. *Jan Ruzicka* und *Michal Koran* verweisen auf ein von Budapest angeregtes „Gemeinsames österreichisch-ungarisches Papier zur Zukunft der Beziehungen zwischen der EU und Ungarn" vom Oktober 2003.[314]

---

[311] Eine solche Argumentation wäre auch unehrlich: Die beiden Kandidaten-Staaten Bulgarien und Rumänien waren in der Realität so wenig „EU-reif" wie die Ukraine. Dennoch wurden die Verhandlungen mit diesen beiden Kandidaten-Staaten abgeschlossen, sodass sie am 1. Januar 2007 der Europäischen Union beitreten konnten.
[312] „Europäische Union dämpft Beitrittshoffnungen der Ukraine", in: Handelsblatt, 21.01.2005, S. 3.
[313] *Nicole Galina*, Beyond the Eastern Enlargement of the European Union. The Case of Ukraine, in: Andrej N. *Lushnycky, Nicolas Hayoz* (Hrsg.), Ukraine at a Crossroads, Bern 2005. Auch die Herausgeber sind der Meinung, dass die EU gegenüber Russlands reintegrationistischen Aspirationen eine „Appeasement-Politik" betreibe.
[314] *Jan Růžička, Michal Kořan*, Totgesagte leben länger, Die Visegrád-Gruppe nach dem EU-Beitritt, in: Osteuropa, 10/2006, S. 27–41. Die Autoren schreiben, „… daß die Visegrád-

Im Jahre 1998 brachte Polen das Konzept einer „Östlichen Dimension" der EU ins Spiel – in Analogie zur finnischen Initiative der „Nördlichen Dimension".[315] Im Januar 2003 versuchte die polnische Regierung mit einem Non-paper die Konzeption der künftigen Europäischen Nachbarschaftspolitik zu beeinflussen.[316] Mit einem weiteren Non-paper im Jahre 2006 thematisierte Polen das Ungleichgewicht zwischen „östlicher und südlicher Dimension" in der ENP.[317] Darin forderte Polen die Assoziierung der Ukraine und die Offenhaltung der Frage ihrer Mitgliedschaft. Die historischen Bindungen Polens an die Ukraine, mehr noch aber die historischen Erfahrungen mit Russland, motivieren Warschau zu einer aktiven Promotion des ukrainischen EU-Beitritts.

Die Mitglieder aus den neuen ostmitteleuropäischen Mitgliedsländern konnten das Europäische Parlament davon überzeugen, dass der Ukraine eine Integrationsperspektive geboten werden muss: Am 15. November 2007 verabschiedete das Europäische Parlament eine Entschließung zur Stärkung der Europäischen Nachbarschaftspolitik[318], in der sie das Recht der Ukraine anerkannte, die Mitgliedschaft in der Europäischen Union zu beantragen. Wörtlich heißt es in der Resolution unter Punkt 25: (Das Europäische Parlament) „verweist darauf, dass demokratische Nachbarländer, bei denen es sich eindeutig um europäische Länder handelt, und in denen Rechtsstaatlichkeit herrscht, gemäß Artikel 49 des EU-Vertrages grundsätzlich beantragen können, Mitglied der Europäischen Union zu werden ..." Und unter Punkt 26 „bekräftigt (das EP) in diesem Sinne seine Empfehlung vom 12. Juli 2007 an den Rat zu dem Verhandlungsmandat für ein neues verbessertes Abkommen zwischen der Europäischen Gemeinschaft und ihren Mitgliedsländern einerseits und der Ukraine andererseits (P6_TA(2007)0355), der zufolge die derzeit laufenden Verhandlungen mit

---

Kooperation einen gewichtigen Anteil daran hatte, daß die Staaten der Region heute nicht mehr als Osteuropa, sondern als Mitteleuropa wahrgenommen werden." S. 39.

[315] *Iris Kempe*, Zwischen Anspruch und Realität. Die Europäische Nachbarschaftsplitik. in: Osteuropa, 2–3/2007, S. 57–68, hier S. 65.

[316] Außenministerium der Republik Polen: Non-Paper with Polish proposals concerning policy towards the new Eastern neighbours after EU enlargement. Warschau 2003; angeführt von *Iris Kempe*, Osteuropa, 2–3/2007 S. 65; <www.mfa.gov.pl/Nonpaper,with,Polish,proposals, concerning,policy,towards,the,new,Eastern,neighbours, after,EU,enlargement,2041.html>.

[317] Außenministerium der Republik Polen: European Neighbourhood Policy – Eastern Dimension and EU-Ukraine Relations. Food for Thought/Polish Proposals. Warszawa 2006; angeführt von *Iris Kempe*, in: Osteuropa, 2–3/2007, S. 57–68, hier S. 65.

[318] Europäisches Parlament, Entschließung des Europäischen Parlaments vom 15. November 2007 zur Stärkung der Europäischen Nachbarschaftspolitik (2007/2088(INI)); Straßburg, 15.11.2007; <http://www.europarl.europa.eu/sides/getDoc.do?Type=TA&Reference=P6-TA-2007...> Ferner regt das EP in dieser Resolution unter Punkt 41 an, „... eine Parlamentarische Versammlung EU-Nachbarschaft Ost (EURO-NEST) ins Leben zu rufen, an der die Parlamente der Ukraine, der Republik Moldau, Armeniens, Georgiens und Aserbaidschans sowie Beobachter aus Belarus, die sich für demokratische Verhältnisse einsetzen, beteiligt sind."

der Ukraine zum Abschluss eines Assoziierungsabkommens führen sollten, das effizient und glaubwürdig zur europäischen Perspektive der Ukraine, einschließlich der Möglichkeit einer EU-Mitgliedschaft, beiträgt ..."

Charles Tannock, Mitglied des Auswärtigen Ausschusses des Europäischen Parlaments (Fraktion EVP und Europäische Demokraten) und Stellvertretender Vorsitzender der Delegation im Parlamentarischen Kooperationsausschuss für EU–Ukraine, kommentierte diese Entschließung in einem Interview mit den Worten: Das Europäische Parlament „is more accountable to public opinion in Europe, which is generally Ukraine-friendly, rather than governments, which are more driven by foreign policy interests, namely, to appease Russia ..."[319]

4.6 Deutschlands neue „Nachbarschaftspolitik plus"

Von 1993 bis 2005 unterstützte die Bundesregierung den Reformprozess in der Ukraine im Rahmen ihres „Transform-Programms", das im Jahre 2005 auslief. Mit über 100 Millionen Euro wurden über 200 Projekte gefördert. Von besonderer Bedeutung war die wirtschaftspolitische Regierungsberatung durch eine deutsche Expertengruppe, die im Jahre 2000 in dem *Deutsch-Ukrainischen Institut für Wirtschaftsforschung*[320] aufging. Sie beriet *Wiktor Juschtschenko* in seiner Funktion zuerst als Präsident der Zentralbank, dann als Premierminister. Seit 1998 finden jährlich Regierungskonsultationen statt. Derartige regelmäßige Konsultationen auf höchster Ebene pflegt Deutschland nur mit Frankreich, Polen und Russland.

Der Wunsch der Ukraine nach Aufnahme in die Europäische Union erhielt von deutscher Seite keine Unterstützung. Zwar hatte Kanzler *Schröder* in seinem Gespräch mit dem ukrainischen Präsidenten *Kutschma* am 6. Dezember 2001 in Kiew vorgeschlagen, die Ukraine solle gemeinsam mit der EU-Kommission einen Fahrplan für ihre Assoziierung erstellen – und versprochen, Deutschland werde derartige Bemühungen wohlwollend unterstützen. Doch dieses Versprechen blieb leer: Deutschland hat sich in der EU in keiner Weise für die Assoziierung der Ukraine eingesetzt. Deutschlands „Ukraine-Politik" war technische Hilfe für das Überleben in der Zwischenlage.

In der Ukraine-Frage unterscheiden sich die Positionen der politischen Parteien nicht. Einen Tag nach dem Wahlsieg von *Wiktor Juschtschenko* am 26. Dezember 2004 lehnte der damalige außenpolitische Sprecher der SPD-Fraktion, *Gernot Erler*, eine Mitgliedschaft der Ukraine in der EU ausdrücklich ab. Die Zusammenarbeit mit der EU im Rahmen der ENP diene dem Lande besser, sagte er der *Berliner Zeitung*. Er warnte davor, aus „tagespolitischen" Gründen (gemeint war die Orangene Revo-

---

[319] *Dariya Orlova*, European Parliament confirms Kyiv's right for EU membership bid, in: Kyiv Post, 21.11.2007.
[320] Institut ėkonomičeskich issledovanij i političeskich konsul'tacij.

lution) von einer langfristig angelegten Politik abzugehen.[321] In der CDU bezogen einige Politiker die Formel, die ihre Partei für die Türkei gefunden hat, nämlich die der „Privilegierten Partnerschaft", auch auf die Ukraine – so *Friedbert Pflüger*.[322] Doch „Privilegierte Partnerschaft" ist „privilegierte Nachbarschaft", d.h. der Verweis auf einen Platz außerhalb der EU. „Die Ukraine braucht ein Signal", schrieb *Pflüger*, und gab selbst ein falsches: Die Ukraine wisse, dass ihre Mitgliedschaft auf „lange, lange Sicht" nicht möglich sei. Das ist zwar richtig; dennoch muss „das Signal" eine konkrete Perspektive beinhalten. Für die Zeit nach der „langen, langen Zeit" braucht die Ukraine eine Beitrittsaussicht, damit sie nicht in der Zwischenzeit unter die Kuratel Moskaus gerät. Auch für *Werner Hoyer*, FDP, kommt die Mitgliedschaft der Ukraine auf lange Sicht nicht in Frage; immerhin kritisiert er das Konzept der „Nachbarschaft". Die Regierungsparteien CDU/CSU und SPD machten in ihrem Koalitionsvertrag[323] die „Unterstützung der demokratischen Ukraine" zu einer „deutschen Priorität." Ihre Ablehnung einer europäischen Perspektive für die Ukraine versteckten sie hinter einer „umsichtige(n) Erweiterungspolitik, die die Aufnahmefähigkeit der Union nicht überfordert".[324]

In Vorbereitung auf den deutschen Ratsvorsitz entwickelte das Auswärtige Amt eine „Nachbarschaftspolitik plus",[325] mit der verhindert werden soll, „dass im Raum zwischen der EU und Russland ein integrations- und sicherheitspolitisches Vakuum entsteht". Darüber hinaus soll das Interesse Europas für eine Region demonstriert werden, „in der Russland und die Vereinigten Staaten miteinander geopolitisch konkurrieren." In der CDU/CSU-Fraktion und im Kanzleramt wurde das Strategiepapier als zu „moskau-freundlich" apostrophiert.[326] Der Planungsstab des Auswärtigen Amtes empfiehlt in sechs Thesen ein stärkeres europäisches Engagement in mehreren Bereichen für eine „Modernisierungspartnerschaft" der Europäischen Union mit Osteuropa. Analog zu den sektoralen Abkommen, wie sie die EU mit der Schweiz getroffen hat, wird die Übertragung des Acquis Communautaire in Bereichen wie Energie, Verkehr und Umwelt vorgesehen. Es wird die Ausdehnung des EU-Rechtsraumes auf die Ukraine vorgeschlagen sowie die Beteiligung der Ukraine an Entscheidungen der EU in den Bereichen, in denen sie den Acquis bereits anwendet. Vorgeschlagen wird ferner die Teilnahme der Ukraine an der Außen- und Sicherheitspoli-

---

[321] „SPD-Außenpolitiker *Erler* lehnt EU-Beitritt der Ukraine ab", in: Berliner Zeitung, 28.12.2004.
[322] Rheinische Post, 28.12.2005, zitiert aus der Süddeutschen Zeitung, 29.12.2005, „Union für Signal der EU an die Ukraine", S. 5.
[323] Koalitionsvertrag zwischen der CDU, CSU und SPD: Gemeinsam für Deutschland. Mit Mut und Menschlichkeit, 11.11.2005, S. 147; <http://www.spd.de/servlet/PB/show/1589 444/111105_Kalitionsvertrag.pdf>.
[324] Koalitionsvertrag, S. 129.
[325] Berlin entwickelt eine neue Nachbarschaftspolitik, in: Frankfurter Allgemeine Zeitung, Nr.151, 03.07.2006, S. 1; <http://fazarchiv.faz.net/webcgi?START=A40&T_TEMPLATE =druck&WID=96453-...>.
[326] „Kritik an *Steinmeiers* Russlandpolitik", in: Financial Times Deutschland, 19.10.2006.

tik der EU, indem sie sich gemeinsamen Erklärungen anschließt und an gemeinsamen Aktionen teilnimmt. Diese Angebote sollen die „falsche Alternative EU-Mitgliedschaft oder Nichtmitgliedschaft" überwinden. Doch der damit angestrebte „Ausbruch aus der binären Logik" kann nicht gelingen: Wenn die Europäische Union die Ukraine nicht aufnimmt, dann wird Russland das „integrationspolitische [...] Vakuum"[327] füllen, dessen Entstehung durch die „Nachbarschaftspolitik plus" verhindert werden soll.

Nach den Vorstellungen des Auswärtigen Amtes soll die Weiterentwicklung der Beziehungen zu den östlichen Nachbarn der EU das Ziel verfolgen, „wirkliche Anreize zu Wandel und Annäherung" zu bieten. In der Tat bedeuten die vorgeschlagenen Schritte eine „substanzielle Annäherung" der Ukraine an die Europäische Union; das konsequente Ziel der „Annäherung" aber ist der „Eintritt" der Ukraine in die EU, nicht die Anweisung eines Platzes in deren Nachbarschaft. In dem (nicht publizierten) Strategie-Papier wird aber ausdrücklich festgestellt, dass bei der Aufwertung der Beziehungen „die Schwelle zu einer konkreten Beitrittsperspektive nicht überschritten werden darf." Die „langfristige Beitrittsfrage" müsse allerdings „offen" gehalten werden. In dem Strategie-Papier wird nicht gesagt, warum „die Schwelle [...] nicht überschritten werden darf".

In einer Rede vor dem Deutsch-Russischen Forum am 21. März 2006 betonte Außenminister *Steinmeier* u.a.: „Im Dreieck EU-Russland-Ukraine müssen die drei Seiten möglichst gleich lang sein. Gestörte Beziehungen zwischen zwei dieser drei Partner destabilisieren die Region."[328] Diese Positionierung der Ukraine in einem gleichseitigen Dreieck ist unrealistisch: Bestimmend für die Zukunft des Landes ist seine Lage *zwischen* den zwei geopolitischen Polen Europäische Union und Russische Föderation, „auch wenn alle Seiten aufhören, in traditionellen Einflusssphären und in Kategorien geopolitischer Rivalität zu denken", was *Steinmeier* selbst als „Voraussetzung für die regionale Stabilität" postuliert. Die EU wird nicht aufhören, für die Ukraine ein Attraktionsfaktor zu sein; und Russland wird ein Gravitationspol bleiben, gegen dessen Einfluss sich die Ukraine stemmt. Zudem ignoriert dieses triangulare Konzept völlig die offizielle Politik der ukrainischen Regierung, die seit 1998 die Mitgliedschaft der Ukraine in der EU anstrebt.

Anders als England, das jedem europäischen Land den Anspruch auf Mitgliedschaft zugesteht, wie die britische Ministerin für Auswärtige Angelegenheiten, *Margaret Beckett*, im Juni 2006 in Moskau bekräftigte[329], bleibt Deutschland auch in seiner

---

[327] Strategie-Papier des Auswärtigen Amtes, auf das die FAZ in ihrem Artikel vom 03.07.2007 Bezug nimmt.
[328] <www.bundesregierung.de/nn_1514/Content/DE/Bulletin/2006/03/2006-03-21-rede-des-bundesministers- des-auswaertigen-dr-frank-steinmeier-...42k>.
[329] Interfax, Moskau, 29.06.2006. Die britische Foreign Secretary *Margaret Beckett* erklärte bei ihrem Besuch in Moskau im Juni 2006: „As for the future of the EU, we believe every European country should be able to aspire to join. The EU should keep its doors open. [...]

zukünftigen Ukraine-Politik durch Russlands – und Frankreichs – Interessen gebunden. Deutschlands Ratsvorsitz in der Europäischen Union im ersten Halbjahr 2007 hat an Berlins grundsätzlicher Haltung in der Ukraine-Frage nichts geändert. Das „Plus" in der aufgewerteten Nachbarschaftspolitik soll die bittere Wahrheit versüßen, dass Deutschland auch weiterhin die Ukraine aus dem europäischen Integrationsprozess ausgeschlossen wissen will.

In ihrem Koalitionsvertrag haben sich die Regierungsparteien auf den „Ausbau einer ambitionierten und differenzierten Nachbarschaftspolitik der EU" verständigt – mit dem Ziel, die ENP „zu einer dauerhaften Alternative zum Beitritt aufzuwerten und für die nächsten Jahre weitere Anträge auf Mitgliedschaft zu verhindern." Differenziert ist diese Politik insofern, als sie wenigstens zwischen „europäischen Nachbarn" und „Nachbarn Europas" unterscheidet, während die EU-Kommission weiterhin auf dem unsinnigen Gleichgewicht zwischen der östlichen und südlichen Dimension beharrt;[330] doch die „Deutsche Nachbarschaftspolitik" zieht aus dieser Unterscheidung nicht die logische Konsequenz. Das Ziel, die ENP „zu einer dauerhaften Alternative zum Beitritt aufzuwerten", kann nicht für die „europäischen Nachbarn" gelten. Die neue deutsche Ostpolitik ist nicht „ambitioniert"; sie pointiert nur die bisherige ENP, die eine konzeptionell verfehlte Konstruktion ist. Ambitioniert und differenziert wäre eine Politik, die die Ukraine aus der ENP herauslöste und in das neue „erweiterte" Abkommen eine „europäische Perspektive", d.h., die Aussicht auf Mitgliedschaft in der EU einbrächte. So aber ist sie nichts weiter als eine auf der Stelle tretende Status quo Politik.

4.7 Die Finalität des europäischen Integrationsprozesses: Die Mitgliedschaft „Zwischeneuropas" in der EU

Nach den beiden Runden der Osterweiterung am 1. Mai 2004 und am 1. Januar 2007 steht der – individuelle[331] – Beitritt der Staaten des westlichen Balkans an. Mit ihnen wurden „Stabilitäts- und Assoziierungs-Abkommen" abgeschlossen, deren Zweck es ist, sie an die EU „heranzuführen".[332] Der westliche Balkan erhielt im Jahre 2003 in Thessaloniki die Mitgliedschaft zugesichert. In der Salzburger Erklärung „bestätigt die EU, dass die Zukunft des Westlichen Balkans in der Europäischen Union

---

The European perspective has been a powerful agent for positive change within and outside the EU. [...] Joining the EU has delivered many economic, political, social and cultural benefits to its members."

[330] *Iris Kempe*, in: Osteuropa, 2–3/2007, S. 57–68, hier S. 68.
[331] Die EU unterstützt jedoch den South East European Cooperation Process (SEECP), der ein regionales Freihandelsgebiet zum Ziele hat.
[332] Mitteilung der Kommission: Der westliche Balkan auf dem Weg in die EU: Konsolidierung der Stabilität und Steigerung des Wohlstandes, KOM (2006), endgültig, Brüssel, 27.01.2006; <http://eur-lex.europa.eu/LexUriServ/site/de/com/2006/com2006_0027de01.doc>.

liegt."³³³ Die „Offenheit" der Europäischen Union gilt dann nur noch für die drei „europäischen Nachbarn", nicht für die außereuropäischen „Nachbarn der EU": Die nordafrikanischen und westasiatischen „Nachbarn" haben keinen Anspruch auf Mitgliedschaft nach Artikel 49 EU-Vertrag.

Abgesehen von den vier EFTA-Staaten, die mit der Europäischen Union über den Europäischen Wirtschaftrsraum eng verbunden sind, und deren Beitritt zur EU nur vom Willen ihrer Bevölkerung abhängig ist, verbleiben somit als letzte *europäische* Staaten, die nach Artikel 49 EU-Vertrag für eine Mitgliedschaft in der Europäischen Union in Frage kommen, die Ukraine, Belarus und Moldawien. Für Belarus war die Europäische Union in der Vergangenheit nicht attraktiv. Das im Jahre 1995 unterzeichnete PKA wurde suspendiert. Seit dem Jahre 2002 macht Brüssel der Regierung in Minsk konditionierte Angebote zur Normalisierung der Beziehungen. Für den Fall eines demokratischen Wandels hält die EU einen „Schatten-Aktionsplan" im Rahmen der ENP bereit.³³⁴ Russland selbst hat durch die Beendigung der Subventionierung der weißrussischen Wirtschaft mit privilegierten Energiepreisen den „Anschluss" von Belarus zumindest aufgeschoben – wenn nicht aufgegeben.³³⁵ „Belarus ist (für Russland) zum Ausland geworden".³³⁶ Die definitive „Zugehörigkeit" von Belarus bleibt eine offene Frage, solange sich die Bevölkerung des Landes nicht frei entscheiden kann. Die Republik Moldau (Moldawien), die im Westen von dem EU-Mitgliedsland Rumänien und im Norden, Osten und Süden von der Ukraine umrahmt wird, ist seit der Auflösung der Sowjetunion ein entlang des Dnister geteiltes Land. Der „eingefrorene" Sezessionskonflikt mit der linksufrigen – völkerrechtlich nicht anerkannten – Transnistrischen Moldauischen Republik (TMR/PMR) mit deren de facto Hauptstadt Tiraspol ist ohne Moskaus guten Willen nicht lösbar. Das rechtsufrige Moldawien mit der nominell gesamt-moldauischen Hauptstadt Chisinau³³⁷ verfolgt eine Politik, welche die Mitgliedschaft Moldawiens als selbständiger Staat – und nicht durch den Anschluss an Rumänien – in der Europäischen Union zum Ziel hat. Mit der Aufnahme Moldawiens würde sich die EU den Sezessionskonflikt „ins Haus" holen. Der EU-Beitritt des rechtsufrigen Teils der Republik Moldau würde den linksufrigen Pseudo-Staat Transnistrien konsolidieren und ihn (nach Kaliningrad, dem früheren Nord-Ostpreußen) faktisch zu einer zweiten Exklave Russlands machen. Die Ukraine ist das einzige osteuropäische Land, das trotz des starken

---

[333] Rat der Europäischen Union: Erweiterung – Schlussfolgerungen des Rates, Brüssel, 12.12.2005. Salzburger Erklärung. Gemeinsame Presseerklärung EU/Westbalkan, Salzburg, 11.03.2006, Punkt 2; <http://217.79.215.176/de/News/Press_Releases/March/1103 EUWesternBalkansStatement.html>.
[334] EU-Kommissarin *Benita Ferrero-Waldner*, „What the European Union could bring to Belarus", Non-paper, 21.11.2006.
[335] *Heinz Timmermann*, Die Republik Belarus, in: *Ernst Piehl, Peter W. Schulze, Heinz Timmermann*, Die offene Flanke der Europäischen Union. Russische Föderation, Belarus, Ukraine und Moldau, Berlin 2005.
[336] *Rainer Lindner*, Blockaden der „Freundschaft", SWP-Aktuell 3, Berlin 2007.
[337] Offizielle Schreibweise, ausgesprochen „Kischinau"; rumänisch „Chişinău".

russischen Einflusses – noch – autonom über seine „Zugehörigkeit" entscheiden kann. Offiziell verfolgt das Land seit 1998 einen „euro-integrationistischen Kurs". Umfragen zufolge votieren 60 % der Bevölkerung für eine EU-Mitgliedschaft; doch eine öffentliche Debatte über die realen Implikationen einer Mitgliedschaft der Ukraine in der Europäischen Union findet nicht statt.

Bei Auflösung der unsinnigen Verknüpfung der ENP-Adressaten in seine drei – wesentlich verschiedenen – Staatengruppen: Osteuropa, Südkaukasus und nordafrikanische bzw. westasiatischen Mittelmeer-Anrainerländer liegt die Lösung der Frage nach den Grenzen der Europäischen Union auf der Hand. Die Europäische Union hat eine „natürliche" Ostgrenze, nämlich die ukrainisch-russische Grenze. Mit der Aufnahme der Ukraine (und Moldawiens und eventuell Weißrusslands) fände die Osterweiterung der EU ihren folgerichtigen Abschluss – ja der Prozess der eigentlichen „europäischen" Integration wäre beendet, denn es gibt keine weiteren „europäischen" Kandidaten. Eine konsequente Europa-Politik wäre die Herauslösung der Ukraine aus der Europäischen Nachbarschaftspolitik und ihre Assoziierung mit der Europäischen Union – mit einer mittelfristigen Integrationsperspektive.

Die Europäische Union entscheidet über die Zukunft der Ukraine – konkret über ihre europäische oder eurasische Integration. Wenn der Europäischen Union daran gelegen ist, dass die Ukraine nicht wieder in politische Abhängigkeit von Moskau gerät, dann muss sie dem Land eine „europäische Perspektive", konkret eine Integrationsperspektive geben. Dabei geht es durchaus nicht um die baldige Aufnahme von Beitrittsverhandlungen; es geht nur darum, dass die Europäische Union ihre zwar bedingte, aber doch grundsätzliche Aufnahmebereitschaft erklärt. Dass die Aufnahme Bedingungen unterworfen ist, welche die Ukraine bislang noch nicht erfüllt, versteht sich von selbst. Die westlichen Nachbarländer der Ukraine brauchten 15 Jahre, bis sie „reif" für die Mitgliedschaft in der Europäischen Union waren – ein Zeitraum, der auch für die Vorbereitung der Ukraine auf einen EU-Beitritt realistisch ist. Die Aussicht auf Mitgliedschaft in der Europäischen Union lieferte den neuen mittel- und osteuropäischen Mitgliedsländern – wie die Ukraine vormals sozialistische Staaten – die Motivation für ihre dezidierte Transformation; ohne diese Integrationsperspektive hätten auch sie nicht „reifen" können. Genau dieses Antriebs bedarf auch die Ukraine.

Das erklärte Ziel der „alten" Ukraine-Politik der Europäischen Union wie auch der neuen Europäischen Nachbarschaftspolitik, zu deren Objekt die Ukraine gemacht wurde, ist politische Stabilität. Genau dieses Ziel wird durch diese Politik nicht erreicht werden. Zwar bewirkt die Unterstützung des inneren Europäisierungsprozesses in der Ukraine eine substanzielle Annäherung des Landes an die Europäische Union; die anhaltende Verweigerung einer Beitrittsaussicht jedoch – d.h. die Anweisung eines Platzes im benachbarten „Nahen Ausland" Russlands – fördert die faktische „Re-Union" der Ukraine mit Russland. Wenn die Ukraine erkennen muss, dass sie realiter keine Chance auf einen EU-Beitritt hat, dann verliert die Europäische Union mit Sicherheit an Einflussmöglichkeit in diesem Lande. Die ökonomische und politische Gravitation Russlands würde sich intensivieren, und die „unionistischen" Kräfte in der Ukraine würden gestärkt. Doch hätte dies gefährliche Turbulenzen in der Ukraine zur Folge, die das Land total destabilisieren würden. Der latente Separatismus in der West-Ukraine würde virulent. Die friedlich gebliebene Orangene Revolution, die nicht nur ein Aufstand gegen das autoritäre Regime des Präsidenten *Kutschma* war, sondern zugleich auch der Ausdruck einer „europäischen Orientierung" der Mehrheit der Bevölkerung, ist eine Warnung. Auch wenn ein Drittel der Bevölkerung – vor allem im Osten und Süden – ihre russische kulturelle Identität durch die Wahl von *Janukowytsch* und seiner *Partei der Regionen* gegen eine kulturelle „Ukrainisierung" verteidigt haben, so bedeutet dies keineswegs, dass sie den „Anschluss" an Russland wünscht. Die Ukraine kann nicht nach Westen oder Osten abgeschottet werden; weder die Europäische Union noch Russland blieben von politischen Unruhen in der Ukraine unberührt. Ein destabilisierter Staat von der Größe Frankreichs in seinem „Nahen Ausland" kann nicht im Interesse Moskaus liegen, und ein Krisen-Herd dieser Größe in ihrer „Nachbarschaft" liegt sicher nicht im Interesse der Europäischen Union.

5. Russlands Verhältnis zur unabhängigen Ukraine im Wandel

5.1 Die unabhängige Ukraine: für Russland nicht Ausland

Die Mehrheit der Bevölkerung der Ukraine sah die Auflösung der Sowjetunion als Auflösung der Zwangsehe mit Russland an. In den ersten Jahren nach der „Scheidung" waren die Beziehungen zwischen Russland und der Ukraine durch den Zwist um die Aufteilung des „Zugewinns" der Ehe belastet, insbesondere durch die Auseinandersetzung um das sowjetische Auslandsvermögen, die Krim, die Schwarzmeerflotte und deren Heimathafen Sewastopol.

Mit der Bildung der *Gemeinschaft Unabhängiger Staaten* (*GUS/SNG*) versuchte Russland, die ehemaligen Sowjetrepubliken zusammenzuhalten. Angesichts des überwältigenden Gewichts der Russischen Föderation in diesem „Commonwealth" waren gleichberechtigte Beziehungen der „neuen unabhängigen Staaten" zu Russland illusorisch. Kiew verfolgte deshalb in seiner auswärtigen Politik eine Distanzierung von Moskau. Für die unabhängige Ukraine war die GUS eine „zivilisierte Form der Scheidung" (ex-Präsident *Leonid Krawtschuk*). In der russischen Außenpolitik wurde – implizit – davon ausgegangen, dass die Trennung der Ukraine von Russland vorübergehend sei. „Die Ukraine galt als Teil der russischen Innenpolitik", konstatiert *Peter W. Schulze* lapidar.[338] Erst mit dem „Großen Vertrag", dem „Vertrag über

---

[338] *Peter W. Schulze*, Das Ringen um Zwischeneuropa: Der Raum zwischen den beiden geopolitischen Machtblöcken: Russland und die Europäische Union, in: *Erich Reiter* (Hrsg.),

Freundschaft, Zusammenarbeit und Partnerschaft", den der russische Präsident *Jelzin* und der ukrainische Präsident *Kutschma* im Mai 1997 anlässlich des ersten Besuchs eines russischen Präsidenten in Kiew unterzeichneten, anerkannte Moskau die Ukraine in völkerrechtlich verbindlicher Form als unabhängigen Staat.

Nach Auflösung der Sowjetunion wurde in den „neuen unabhängigen Staaten" aus der „sowjetischen Titular-Nation", den ethnischen Russen, eine „nationale Minderheit". *Klemens Büscher* untersuchte für den Zeitraum 1992 bis 1998 in einer komparativen Studie die beiden Fälle Ukraine und Moldawien. Die Russen – in geringerem Maße auch die russischsprachigen Nicht-Russen – in der Ukraine bilden eine „ethnische Gruppe", die in einem besonderen Verhältnis zu Russland und dem russischen Staat steht; wegen dieses Referenz-Verhältnisses klassifiziert *Büscher* sie als „Diaspora". Unter Bezug auf das triadisches Modell von *Rogers Brubaker*[339] kategorisiert er die ethnischen Russen nach der „Inversion ihres Gruppenstatus" als „ethnische Diaspora" zwischen ihrem „Residenzstaat" Ukraine bzw. Moldova und ihrem „Referenzstaat" Russland.[340]

Seiner Forschungsarbeit stellte er die von *V. Galenko* im Jahre 1995 in der *Nesawisimaja gaseta* explizit formulierte Idee voran, die russische Diaspora könne zum Vermittler in den Beziehungen Russlands zum „Nahen Ausland" werden: „Die Mechanismen der Vermittlung können [...] unterschiedlich sein, aber ihr gemeinsamer Sinn besteht darin, dass sich ein bestimmter Teil der bilateralen Beziehungen zwischen Russland und den Staaten der Gemeinschaft [unabhängiger Staaten] gleichsam in trilaterale umwandelt, wobei die russländische Diaspora als dritte Seite agiert." *Büscher* kommt zu dem Ergebnis, dass die „russische Diaspora" – sowohl im enger definierten ethnischen Sinne als auch in ihrer erweiterten, an Sprache und Kultur orientierten Definition als russophone Diaspora – nur in einem geringen Maße eine vermittelnde Funktion zwischen ihrem Residenzstaat Ukraine und ihrem „Referenzstaat" Russland ausgeübt hat. Das zwischenstaatliche Verhältnis zwischen der Ukraine und der Russländischen Föderation wurde durch die inneren und äußeren Beziehungen der russischen Diaspora nicht beeinflusst. Für den Kontakt der politischen Eliten beider Länder, die gemeinsam in der Sowjetunion sozialisiert wurde, war eine Vermittlung der russischen Diaspora auch nicht nötig.

Eine zeitlich begrenzte mobilisierende Wirkung auf die russophone Bevölkerung in der Ukraine hatten vorübergehend die Präsidentschaftswahlen von 1994. Sie sicherte dem Präsidentschaftskandidaten *Kutschma* den Wahlsieg, weil sie von ihm eine

---

Die sicherheitspolitische Lage in Mitteleuropa, Studien und Berichte zur Sicherheitspolitik, Schriftenreihe der Landesverteidigungsakademie, Wien, 1/2006, S. 21–37.

[339] *Rogers Brubaker*: National Minorities, Nationalizing States, and external National Homelands in the New Europe. Notes Toward a Relational Analysis. Institut für Höhere Studien Wien, Reihe Politikwissenschaft 11, Dezember 1993.

[340] *Klemens Büscher*, Transnationale Beziehungen der Russen in Moldova und der Ukraine. Ethnische Diaspora zwischen Residenz- und Referenzstaat, Frankfurt am Main, 2004.

„pro-russische" Innen- und Außenpolitik erhoffte, eine Erwartung, die er nicht einlöste. Weder machte Präsident *Kutschma* die Ukrainisierungspolitik (eigentlich eine „Derussifizierungspolitik") im Bildungswesen rückgängig noch setzte er in der auswärtigen Politik einseitig auf Russland. In den Präsidentschaftswahlen von 2004 votierte auch in der dritten – freien und fairen – Runde die russischsprachige Bevölkerung der Ost-Ukraine mit großer Mehrheit für *Wiktor Janukowytsch*, der sich zum Anwalt ihrer russisch-kulturellen Interessen gegenüber dem ukrainisch-„nationalistischen" Kandidaten *Wiktor Juschtschenko* gemacht hatte. In den Parlamentswahlen des Jahres 2006, aus denen seine *Partei der Regionen* als stärkste Kraft hervorging, hatte fast ausschließlich – und dies mit überwiegender Mehrheit – die russischsprachige Bevölkerung der Ost-Ukraine – insbesondere des Donbass – für die PR gestimmt, weil sie von ihr die Wahrung ihrer russischen kulturellen Identität erwartete. Insofern fand das demographische Gewicht der russischsprachigen Bevölkerung – nicht der russischen Diaspora – der Ukraine seinen politischen Niederschlag, ohne jedoch nachhaltigen Einfluss auf die Kulturpolitik und die auswärtige Politik des Landes auszuüben. Von der im Wahlkampf versprochenen Aufwertung der russischen Sprache nahm *Janukowytsch* nach seiner Wahl zum Premierminister als einem verfassungsrechtlich unrealistischen Projekt Abstand.

Zwar entstanden in der Ukraine russische kulturelle Gesellschaften, aber keine russischen politischen Interessenorganisationen (mit Ausnahme in der Autonomen Republik Krim, wo die Elite der russischen Diaspora auf regionaler Ebene handlungsfähige Organe bildete). In der Werchowna Rada der Ukraine gibt es keine sichtbare Vertretung der Interessen der russischen Diaspora. Als wichtige Gründe für den geringen politischen Einfluss der russischen Diaspora nennt *Büscher* die „schwache Ausprägung der kollektiven Identität der Russen" in der Ukraine (mit Ausnahme der Russen auf der Krim), möglicherweise das Trauma des Status-Verlustes nach Auflösung der Sowjetunion und vor allem die „diffusen ethnischen Grenzen". Die in der (Ost- und Süd-)Ukraine – und in der Hauptstadt Kiew – de facto fortdauernde Dominanz der russischen Kultur bietet keinen Anlass für eine ethnopolitische Mobilisierung.

Die aggressiven irredentistischen Initiativen prominenter russischer Politiker des „patriotischen Lagers" aus der russischen Staatsduma führten in der Ukraine zu Einreiseverboten für extremistische russische Politiker – und zu Beschränkungen des Zugangs zu russischen Medien. Von ukrainischer Seite wurde eine Vereinbarung zwischen den Regierungen über Zusammenarbeit im Bereich der Minderheiten abgelehnt. Zwar haben diese Exklusionstendenzen keinen größeren Konflikt provoziert; sie behinderten jedoch die staatliche Identifikation der Russen und russophonen Bevölkerung in der Ukraine mit dem ukrainischen Staat, meint *Büscher*.

Wohl existierte ein „patriotischer Konsens" der politischen Elite Russlands bezüglich der „Landsleute" (zemljaki) im „Nahen Ausland". Doch entgegen allen Erklärungen genoss die Diasporapolitik Russlands gegenüber der Ukraine keine echte außenpolitische Priorität, woraus *Büscher* schließt, dass der russländische Diasporadiskurs einen innenpolitischen Zweck verfolgte; es ging eher um politische Profilierung innerhalb der russischen Elite als um den Schutz der russischen „Landsleute" im Ausland. Die russische Diaspora der Ukraine fand in den oppositionellen Kreisen der Duma mehr Verständnis als bei russischen Regierung. Die „patriotischen" Kreise außerhalb der Regierung (namentlich des Moskauer Bürgermeisters *Jurij Luschkow*) unterstützten pro-russische politische Organisationen und unterhielten Kontakte zu Separatisten auf der Krim – und zur *Kommunistischen Partei der Ukraine*. Sie hatten aber keinen Einfluss auf die Moskauer Regierungspolitik. Diese setzte die Ziele ihrer Diasporapolitik gegenüber den „Landsleuten" nur mit geringem politischen und materiellen Engagement um. „Insbesondere hat Russland nicht [...] die bestehenden wirtschaftlichen Abhängigkeiten auszunutzen versucht, um die Interessen der Auslandsrussen zu befördern."[341] Deshalb kann von der russischen Diaspora als einer „Fünften Kolonne" des Moskauer Kreml nicht die Rede sein, konstatiert *Büscher*.

5.2 Russisches Kapital in der Ukraine: Agent der ökonomischen „Re-Union"?

Investitionen russischer „transnationaler" Konzerne in strategischen Sektoren der Ukraine werden in nationalen Kreisen als eine potentielle Gefahr für die politische Unabhängigkeit der Ukraine gesehen, da sie für Instrumente der auswärtigen Politik des Kreml gehalten werden. Seit dem Jahre 2000 hat die russische Industrie ihr Engagement in der Ukraine verstärkt; Russland ist inzwischen in der Ukraine „strukturell präsent": In wichtigen Sektoren hat russisches Kapital eine dominante Position erworben. Kritiker sehen die wirtschaftliche Wiedervereinigung der Ukraine mit Russland in vollem Gange. Der russische Monopolist *Transneft* sicherte sich zwischen dem ersten und zweiten Urnengang der ukrainischen Präsidentschaftswahlen von 2004 das exklusive Durchleitungsrecht für alle durch die Ukraine verlaufenden Erdölleitungen auf 15 Jahre. Damit bestimmt ein russischer Konzern, wer welche Menge Öl durch die Ukraine nach Mitteleuropa leitet. Präsident *Juschtschenko* selbst sagte diesbezüglich, jene Branchen, von denen die wirtschaftliche Sicherheit der Ukraine abhänge, „sollten nicht von ausländischem Kapital beherrscht werden". Dieses Prinzip habe die Ukraine in der Erdöl verarbeitenden Industrie durchbrochen, in der russische Firmen das Übergewicht haben.

Für *Gennadij Scherbakow*, den russischen Handelsbeauftragten in der Ukraine, blieb die Ukraine auch unter Premierministerin *Julija Tymoschenko* für russische Investitionen sehr attraktiv: „Die Ukraine ist ein Land, in dem sich russisches Kapital wohl fühlt – so wohl wie in Russland selbst." Als von höchster Priorität für russische Investoren nannte er die Industriesektoren Erdölverarbeitung, Chemie sowie die Wirtschaftszweige Banken und Immobilien. „Russisches Kapital fließt in die Ukraine [...], und wird hier für lange Zeit bleiben."[342]

---

[341] *Klemens Büscher* (2004), S. 215.
[342] Interfax-Ukraine, 30.06.2005.

Weniger nationale Interessen der Ukraine als viel mehr die eigenen Interessen der ukrainischen Oligarchen bremsten allerdings bereits in der ersten Amtszeit von *Wiktor Janukowytsch* als Premierminister (2003–2004) den Übernahmedrang russischer Investoren. So war bei der – ersten – Privatisierung von *Kriworischstal* der russische Bieter *Sewerostal* (*Aleksej Mordaschew*) erfolglos: *Rinat Achmetow*, der „Pate des Donbass" und Finanzier des Präsidentschaftswahlkampfes von Premierminister *Janukowytsch* im Jahre 2004, und *Wiktor Pintschuk*, der Schwiegersohn des Präsidenten *Kutschma* aus Dnjepropetrowsk, konnten sich das größte Stahlwerk der Ukraine, das bis dato als „unveräußerlich" galt, zu einem Spottpreis aneignen.

Die russische Politik, staatliche Schulden durch Übereignung von Anteilen an nationalen Unternehmen begleichen zu lassen, wie dies in Moldawien und in Armenien praktiziert wurde, wird in der Ukraine als Bedrohung der Unabhängigkeit empfunden. Bis zum Jahre 2005 stammten rund 10 % der Steuereinnahmen des ukrainischen Staates aus den Abgaben des staatlichen Konzerns *NAK Naftohas Ukrajiny*/NU. Im Jahre 2005 war die NU technisch zahlungsunfähig und nahm Kredite auf, deren Verwendung unbekannt ist. Bekannt aber wurde, dass *Naftohas Ukrajiny* gegenüber der *Gazprombank*, einer Tochter von *Gazprom*, hoch verschuldet ist. Es besteht die Befürchtung, dass im „Ernstfall" die Ukraine die Schulden mit Anteilen am ukrainischen Gas-Transportsystem begleichen muss. Russland sei nicht an der Einverleibung der Ukraine interessiert, argumentieren Kritiker, sondern an ihrer indirekten Beherrschung durch russisches Kapital. Manche ukrainische – und ausländische – Beobachter sehen in der Expansion russischen Kapitals in der Ukraine keine legitime Anlage, sondern ein Mittel hegemonialer Politik des Kreml.

Im Interesse der politischen Autonomie der Ukraine in einem ökonomisch interdependenten Europa ist ein erhöhtes Ukraine-Engagement (EU-)europäischer Investoren zu wünschen, um der „russischen Herausforderung" (in Analogie zur „amerikanischen Herausforderung"[343] Europas in den 1970-er Jahren) zu begegnen. Trilaterale (Ukraine-EU-Russland) Gemeinschaftsunternehmen in „strategischen" Sektoren der ukrainischen Wirtschaft – wie das anvisierte ukrainisch-deutsch-russische Pipeline-Konsortium –, in denen die Ukraine eine „verknüpfende" Rolle spielt, sind ein Weg zu dem politisch angestrebten Ziel der „Verflechtung" der russischen Wirtschaft mit der Wirtschaft der Europäischen Union.

5.3 Der „Einheitliche Wirtschaftsraum" – ein Instrument zur „eurasischen" Integration der Ukraine

Im Jahre 1999 wurde in Kiew öffentlich darüber diskutiert, ob sich die Ukraine und Russland auf „getrennten Wegen" Europa – konkret der Europäischen Union – nä-

---

[343] Siehe *Jean-Jaques Servan-Schreiber*, Le Défi américain, Paris 1967, ein polemischer Essay gegen die drohende ökonomische Dominanz der USA in (West-)Europa.

hern sollten oder ob der „Weg von Kiew nach Brüssel über Moskau führe".[344] Die Frage, ob die Ukraine „zusammen mit Russland" („Nach Europa – zusammen mit Russland!" war der irreführende Slogan der Beitrittsgegner) der Europäischen Union beitreten könne bzw. solle, erübrigt sich, da Russland sein Verhältnis zur Europäischen Union in ihrer „Mittelfristigen Strategie zur Entwicklung der Beziehungen zwischen der Russischen Föderation und der Europäischen Union für die Jahre 2000 bis 2010" längst klar gestellt hat. Darin bringt die russische Regierung eindeutig zum Ausdruck, dass Russland nicht Mitglied der Europäischen Union zu werden wünscht. [345] Also kann die Ukraine auch nicht im Fahrwasser Russlands Mitglied der Europäischen Union werden.

Während sich gegen Ende der zweiten Amtszeit des Präsidenten *Kutschma* in Washington eine gewisse „Ukraine fatigue" einstellte, aktivierte Moskau seine Ukraine-Politik. Indiz für die Bedeutung, die Präsident *Putin* der Ukraine bereits im Jahre 1999 für die Wiedergewinnung russischer Weltmacht-Geltung beimaß, war die Ernennung des ehemaligen Premierministers *Wiktor Tschernomyrdin* zum Botschafter der Russischen Föderation in der Ukraine – einen Posten, den dieser bis heute innehat.

Die Ratifizierung des Abkommens von Jalta durch das ukrainische Parlament am 20. April 2004 war ein großer Erfolg der „nachdrücklichen" Diplomatie des russischen Präsidenten *Putin*. In dem *Einheitlichen Wirtschaftsraum* hätte, wenn er so zustande gekommen wäre, wie es das Abkommen vorschrieb, die Russische Föderation eine absolute Vormachtstellung gehabt. In Artikel 4 des Abkommens heißt es: „In dem gemeinsamen Regulierungsorgan des EWR werden die Entscheidungen nach Stimmengewicht getroffen: Die Anzahl der Stimmen der (dieses Abkommen) schließenden Seiten bestimmt sich nach deren ökonomischem Potenzial."Die Gewichtung der Stimmen der vier Mitgliedsländer nach ihrer Wirtschaftskraft hätte bedeutet, dass Russland mit einem Sozialprodukt von rund 450 Milliarden US Dollar (im Jahre 2004) in dem supra-nationalen Regulierungsorgan über rund 80 % der Stimmen verfügt hätte, die Ukraine dagegen mit ihrem Sozialprodukt von rund 50 Milliarden US Dollar (im Jahre 2004) über nur 10 %.

---

[344] Europäische Konferenz: Ukraine and the European Union – Economic Reality and Political Vision", Kiew, 17. und 18. Mai 1999, veranstaltet von dem Kooperationsbüro Ukraine der Friedrich-Ebert-Stiftung in Zusammenarbeit mit der Ukrainischen Gesellschaft für auswärtige Politik.

[345] Strategija razvitija otnošenij Rossijskoj Federacii s Evropejskim Sojuzom na srednesročnuju perspektivu (2000–2010 gg.); inoffizielle Übersetzung: Medium-term Strategy for Development of Relations between the Russian Federation and the European Union (2000–2010),veröffentlicht unter: <http://europa.en.int/comm/external_relations/russia_medium_term-stra.../index.ht>, 22.08.2000.

5.4 „Eurasien" – ein ideologisches Reintegrationskonzept?

Zur Sicherung des hegemonialen Status Russlands in der GUS initiierte Moskau diverse (Re-)Integrationsprojekte, die jeweils verschiedene Teilmengen der Mitgliedsländer umfassten; zusätzlich schloss Russland eine Reihe von Verträgen mit einzelnen Mitgliedsländern. Alle multilateralen und bilateralen Verträge blieben virtuell, die Einheit des postsowjetischen Raums (ohne Baltikum) war ein „Phantom" (*Egbert Jahn*). Die Regierungen der „neuen unabhängigen Länder" hatten nicht die Absicht, die ihnen in den Schoß gefallene Unabhängigkeit den hegemonialen Prätentionen Russlands zu opfern. Aufgrund der enormen Größenunterschiede konnte realiter von einer gleichberechtigten „Re-Union" der ehemaligen Sowjetrepubliken von vornherein nicht die Rede sein. Möglicherweise ist es die „Größe", die kontinentale Ausdehnung, die Russland nur in der Kategorie „Dominanz" denken lässt. Aufgrund seiner „Masse" ist Russland mental zu einem ebenbürtigen Verhältnis zu potenziellen Integrationspartnern nicht fähig. Für eine freiwillige Reintegration war das diffuse Integrationsmodell des Kreml, das eher auf die vergangene Größe Russlands rekurrierte als auf „common wealth", nicht genügend attraktiv.

Die verbreitete Nostalgie nach der Sowjetunion, die nach deren Auflösung aus der sozialen Degradation der Bevölkerung der ehemaligen Sowjetrepubliken resultierte, bedeutete nicht den Wunsch nach Rückkehr unter die Kuratel Moskaus. Russlands wirtschaftliche Schwäche im ersten Jahrzehnt seiner „Entlastung" von der quasikolonialen Bürde erlaubte es Moskau zudem auch nicht, durch massive ökonomische Anreize für sich – und eine „Re-Union" – zu werben. Und die „geopolitischen ... Allüren" (*Egbert Jahn*) in der russischen Elite wirkten abschreckend auf die selbstbewussten Diadochen des ehemaligen sowjetischen Imperiums. Die „souveräne Demokratie", mit welcher der Kreml seine Rechtsabweichung (nationale Interessen vor universalen Werten) von der europäischen Variante legitimiert, ist zwar ein verbindendes ideologisches Element für die neuen (alten) Machthaber in der Mehrheit der GUS-Staaten; doch für die Gesellschaften stellt sie wohl kaum eine attraktive Alternative zur „westlichen" Demokratie dar. Es ist die Abhängigkeit von russischer Energie bzw. vom russischen Energietransport-Monopol, welche die GUS-Länder Osteuropas, Zentralasiens und des südlichen Kaukasus zu einer – in unterschiedlichem Maße – pragmatischen Kooperation mit Russland bewegt.[346]

Als ideologisches Konzept für die politische und ökonomische (Re-)Integration Zentralasiens mit Russland wird von bestimmten Kreisen in Russland das Konzept des „Ewrasijstwo" propagiert. Darin wird Russlands Besonderheit im Vergleich mit „Europa" herausgestellt: Russland (mit allen in das Russische Reich bzw. in die Sowjetunion eingegliederten Gebieten in Asien) als eigener Kontinent „zwischen

---

[346] *Egbert Jahn*, Ausdehnung und Überdehnung. Von der Integrationskonkurrenz zwischen Brüssel und Moskau zum Ende der europäischen Integrationsfähigkeit, in: Osteuropa, 02–03/2007, S. 42.

Europa und Asien". Eine Renaissance erfuhr die „eurasische Bewegung"[347] in der späten Sowjetunion und nach ihrer Auflösung (*Lew Nikolaewitsch Gumilew*). In den USA fand der Terminus „Eurasia" breite Anwendung für die Gesamtheit der ehemaligen Sowjetrepubliken (ausschließlich der baltischen Staaten), worin eine Aversion gegen das Konzept eines „Commonwealth of Independent States" unter Moskaus Führung zum Ausdruck kommt.

Der Begriff „Eurasien" in dem Sinne „ehemalige Sowjetunion ohne Baltikum" impliziert politische Zusammengehörigkeit – und einen hegemonialen Anspruch Moskaus. Ukrainer (auch die russischsprachigen im Osten des Landes) verwahren sich dagegen, dass die Ukraine in „Eurasien" angesiedelt wird. In Präsident *Putins* Projekt des „Einheitlichen Wirtschaftsraumes" wurde denn auch bewusst der Terminus „Asien" (Kasachstan) im Namen vermieden, um die Ukrainer nicht zu irritieren.

5.5 Präsident *Putins* Einmischung in die ukrainischen Präsidentschaftswahlen

Für den Kreml ging es bei den Präsidentschaftswahlen in der Ukraine im Jahre 2004 auch um die Zukunft Russlands – um seine Rolle als Motor eines alternativen – „eurasischen" – Integrationsprozesses. Der russische Präsident selbst setzte sich im ukrainischen Wahlkampf für den von dem scheidenden Präsidenten *Kutschma* zum Nachfolger designierten *Wiktor Janukowytsch* ein, von dem eine pro-russische Politik, konkret die volle Beteiligung an dem EWR-Projekt –, zu erwarten war, während ein Präsident *Wiktor Juschtschenko* den „europäischen Integrationskurs" fortsetzen würde. „Russland ist es nicht gleichgültig, welche Wahl die Bevölkerung der Ukraine treffen wird", begründete der russische Präsident gegenüber Journalisten seine Einmischung in den ukrainischen Wahlkampf.[348]

Vom 26. bis 29. Oktober 2004, wenige Tage vor dem ersten Wahlgang, kam der russische Präsident *Putin* zu einem dreitägigen Besuch nach Kiew – zur Feier des 60. Jahrestages der Befreiung Kiews, wie das ukrainischen Ministerium für Auswärtige Angelegenheiten offiziell die Visite begründete. (Um diesen Jahrestag im Wahlkampf zu instrumentalisieren, war er von der Regierung um eine Woche vorverlegt worden.) Selbstverständlich wies der russische Botschafter, *Wiktor Tschernomyrdin*, den Vorwurf zurück, der Besuch stehe in Verbindung mit den Wahlen. Eine ganze Stunde lang, die gemeinsam von den Fernsehsendern UT 1, UT 2 („Inter"), UT 3 („1+1") landesweit live übertragen wurde, beantwortete *Putin* ausgewählte Fragen von Journalisten. Er lobte die Politik des amtierenden Premierministers, das von ihm

---

[347] *Nikolaj S. Trubeckoj*, 1890–1938, war der führende Kopf dieser antidemokratischen und antikapitalistischen Strömung der russischen Emigration zwischen den Weltkriegen.
[348] *Vladimir Socor*, Putin's Birthday Celebration used for Influencing Ukraine's Presidential Elections, Eurasia Daily Monitor (The Jamestown Foundation), 12.10.2004, Volume 1, Issue 103.

erreichte stabile wirtschaftliche Wachstum und seinen Einsatz für engere Beziehungen der Ukraine zu Russland. Der russische Präsident versprach, sich für die Einführung einer doppelten Staatsbürgerschaft einsetzen zu wollen, die für die 150 000 ukrainischen Gastarbeiter und ihre Familien in Russland von großer Bedeutung ist.

Mit seinem persönlichen Engagement für *Janukowytsch* hat *Putin* sich selbst und seiner Sache geschadet. Die Orangene Revolution war ein Aufstand gegen das kriminalisierte Regime *Kutschma* – und nicht ein Protest gegen Russland. Die direkte Intervention *Putins* für *Kutschmas* Kandidaten *Janukowytsch*, sowie auch sein unverhohlener Anspruch auf die Zugehörigkeit der Ukraine zu russischem Einflussgebiet, haben „anti-moskowitische" Ressentiments verstärkt, wenn nicht gar erst hervorgerufen.

Anders als bei den Präsidentschaftswahlen des Jahres 2004 enthielt sich der Kreml einer direkten Einmischung in die Parlamentswahlen des Jahres 2006 zugunsten der *Partei der Regionen* von *Wiktor Janukowytsch*, der – indirekt – für das Amt des Premierministers kandidierte. *Putins* Partei *Edinaja Rossija* (Einiges Russland) unterschrieb mit der *Partei der Regionen* ein Abkommen über Zusammenarbeit, die sich sicherlich nicht nur auf moralische Unterstützung beschränkte. Doch bedurfte die PR keiner großen Hilfe von außen, da die „orangene Macht" sich selbst demontierte.

5.6 Der „Gaskrieg" gegen die Ukraine

Das von den Medien zum „Gaskrieg" aufgebauschte Scharmützel zwischen Russland und der Ukraine um die Jahreswende 2005/2006 hatte – um im Bild zu bleiben – folgende „Kriegsziele": Die Versorgung der Ukraine mit russischem Gas wurde bis Ende des Jahres 2005 zum Teil gegen die Durchleitung von russischen Gasexporten über ukrainisches Territorium nach Mitteleuropa verrechnet, enthielt also eine starke „barter trade" Komponente. Diesen Modus wollten *Gazprom* – und der Kreml – durch monetäre Beziehungen ersetzen und zugleich den Preis für das an die Ukraine gelieferte russische Gas auf das „europäische" Niveau anheben. Die Ukraine wollte an dem ihr günstig erscheinenden Tauschgeschäft – und vor allen an dem privilegierten Preis für russisches Gas – festhalten. Die Wettbewerbsfähigkeit ihrer enorm energie-intensiven Industrie beruht auf ihrer Versorgung mit russischer Energie zu einem weit unter dem europäischen Niveau liegenden Preis. Zu Recht fragte der Vizepremierminister und Vorsitzende des Aufsichtsrates von Gazprom, *Dmitrij Medwedjew*, warum Russland die ukrainische Wirtschaft subventionieren solle? Der ukrainische Verweis auf Belarus sei unzulässig, da dieses Land mit Russland uniert sei.

Neun Monate lang hatten beide Seiten ergebnislos „verhandelt". Am 1. Januar 2006 unterbrach *Gazprom* in einer spektakulären Aktion den Gasfluss in die Ukraine. Um den medialen Eindruck zu verstärken, zeigten russische Fernseh-Kanäle, wie Präsident *Putin* und Gazprom-Chef *Miller* am Neujahrstag 2006 an einer Pump-Station nahe der ukrainischen Grenze der Ukraine „den Hahn zudrehen".

Am 4. Januar 2006 schloss die staatliche *Naftohas Ukrajiny* mit dem russisch-ukrainischen Gemeinschaftsunternehmen *RosUkrEnergo* ein Abkommen über die Lieferung von russischem und zentralasiatischem Gas in die Ukraine, mit dem die Krise beigelegt und die Gas-Lieferungen von russischer Seite wieder aufgenommen wurden. Kern der Lösung war die Einschaltung des obskuren Zwischenhändlers *RosUkrEnergo*, dem das ausschließliche Recht, die Ukraine mit Erdgas (aus russischen und zentralasiatischen Feldern) zu beliefern, zugestanden wurde. *Gazprom* setzte für sein russisches Gas den geforderten Vergleichspreis von Kontrakten mit mitteleuropäischen Abnehmern in Höhe von 230 US Dollar pro Tausend Kubikmeter durch. Durch den Einkauf von zentralasiatischem Gas (vor allem aus Turkmenistan) zu einem weit niedrigeren Preis (um die 50 US Dollar) konnte *RosUkrEnergo* der Ukraine Gas zu einem Mischpreis von 95 US Dollar pro 1000 cbm liefern. Somit konnten beide Seiten einen „Sieg" verkünden: *Gazprom* verwies darauf, dass die Ukraine nunmehr für russisches Gas den Preis von 230 US Dollar bezahle, die ukrainische Regierung ihrerseits darauf, dass die Ukraine statt der geforderten 230 US Dollar de facto nur 95 US Dollar bezahle. Das Abkommen vom 4. Januar 2006 gilt rückwirkend vom 1. Januar 2006 und hat eine Geltungsdauer bis zum Jahre 2010. Die Ukraine hat einen jährlichen Eigenbedarf von 70 bis 80 Milliarden Kubikmeter Erdgas. Im Jahre 2004 importierte die Ukraine 59 Milliarden Kubikmeter Gas, davon 36 Milliarden Kubikmeter aus Turkmenistan und 23 Milliarden aus Russland. Der Rest stammte aus heimischen Quellen. Nach der Vereinbarung vom 4. Januar 2006 bezieht die Ukraine – über *RosUkrEnergo* – von *Gazprom* künftig 17 Milliarden Kubikmeter aus russischen Feldern und über 40 Milliarden aus zentralasiatischen Quellen.

Die russisch-ukrainischen Verhandlungen über Öl- und Gas-Lieferungen finden – traditionell – im engsten Kreise statt; selbst die in der Sache zuständigen Ministerien und Ausschüsse des Parlaments – und erst recht die Öffentlichkeit – sind davon ausgeschlossen; sie werden nicht einmal informiert. Die betreffenden Dokumente unterliegen strenger Geheimhaltung. Diese Praxis nährt den Verdacht, dass es sich bei den erzielten Vereinbarungen um korrupte Deals handelt. Trotz der Geheimhaltung[349] gelangten die Dokumente an die Öffentlichkeit. Die Wochenzeitung *Serkalo Nedeli* berichtete am 4. Februar 2006 ausführlich über die sechs geheimen Zusatzabkommen.[350] *Julija Tymoschenko* veröffentlichte den Text der Vereinbarungen auf ihrer web site. Präsident *Juschtchenko* selbst versprach, die Öffentlichkeit zu informieren. Doch erst am 11. Februar 2006, als der Inhalt bereits bekannt war, wurden die Dokumente Experten zugänglich gemacht.

---

[349] Finanzminister *Wiktor Pynsenik* gestand, dass er – wie auch andere Minister – die Dokumente nicht zu Gesicht bekommen habe.
[350] Zerkalo Nedeli/Dzerkalo Tyžnja, 04.01.2006.

Die Nachricht von der „Absetzung" der Regierung *Jechanurow* durch das Parlament wegen des Gas-Vertrages mit Russland erreichte Präsident *Juschtschenko* in Astana, wo er – und Präsident *Putin* – sich anlässlich der Inauguration von Präsident *Narsabajew* aufhielten. Beide lobten gegenüber der Presse das Gas-Abkommen vom 4. Januar 2006. Die ukrainisch-russischen Beziehungen sind in eine qualitativ neue Phase getreten, ließen beide Präsidenten verlauten; in eine „Phase der persönlichen Freundschaft", wie es in dem gemeinsamen Presse-Kommunique hieß.[351] „Dies ist ein Kompromiss; jede Seite ist mit dem Abkommen zufrieden", kommentierte Präsident *Putin* den „richtigen und mutigen Schritt" der ukrainischen Regierung.[352]

In westlichen Medien wurde die Unterbrechung der Gas-Lieferungen an die Ukraine nicht nur als Revanche für die „russische Niederlage" im ukrainischen Wahlkampf des Jahres 2004, sondern auch als Straf-Aktion gegen die abtrünnige Ukraine gedeutet. Doch im Lichte der russischen Energie-Politik in der Folgezeit erweist sich diese Sicht der Dinge als falsch. Die Unterhändler – wie auch russische Kommentatoren – argumentierten im russisch-ukrainischen Gas-Konflikt mit Markt-Argumenten: *Gazprom* sei kein Wohltätigkeitsunternehmen. Es ginge *Gazprom* und dem Kreml nicht um die Demonstration von Macht, sondern um Geld. Russland verlange den Preis, den es in Mitteleuropa erzielen könne. Dieser Preis ist, da es keinen spot market für leitungsgebundenes Gas gibt, zwar kein eigentlicher „Markt"-Preis, aber auch kein monopolistisches Preisdiktat; ein Freundschaftspreis jedenfalls ist er auch nicht mehr. Der Gazprom-Pressesekretär, *Serhij Kuprijanow*, sagte: „Gazprom's relations with Russian gas consumers and transit countries will continue to be governed by market rules and the principles of transparency and openness."[353] Die Ukraine akzeptierte prinzipiell den russischen Vorschlag, zu einem „neuen Format" in den Gas-Beziehungen überzugehen, zu europäischen Standards der Gas-Versorgung und des Gas-Transits, sagte Premierminister *Jechanurow* nach den Verhandlungen.[354] Auch der Sekretär des ukrainischen Nationalen Sicherheits- und Verteidigungsrates – und Vorsitzende des Ukrainischen Unternehmer- und Industriellen-Verbandes – *Anatolij Kinach*, äußerte sich befriedigt und verkündete, dass Probleme in Zukunft nur noch mit „Markt-Methoden" gelöst werden würden.

Alle strittigen Fragen zwischen Russland und der Ukraine seien gelöst – „auf partnerschaftlicher Grundlage, zum gegenseitigen Nutzen und im Geiste gutnachbarlicher Beziehungen", sagte *Medwedjew* nach der Beilegung des Konflikts im Januar 2006. Auf der ersten Sitzung des Russisch-Ukrainischen Unterausschusses für internationale Zusammenarbeit am 6. November 2006 in Kiew bezeichnete der russische Außenminister *Lawrow* die Ukraine „als einen wichtigen außenpolitische(n) Partner Russlands. Wir führen heute einen lebendigen Dialog, um zwischen unseren Staaten

---

[351] Interfax, Astana, 11.01.2006.
[352] Interfax, 31.01.2006.
[353] Interfax, 04.01.2006.
[354] Interfax, 10.04.2006.

ein System von Beziehungen aufzubauen, das auf den Prinzipien der guten Nachbarschaft, der Zusammenarbeit, des Pragmatismus und des beiderseitigen Nutzens beruht."[355] Daraus könnte der Schluss gezogen werden, dass Russland die Ukraine nicht länger als sein „Nahes Ausland", sondern – nur noch als einen „guten Nachbarn" betrachtet.

Die Anschuldigung, „dass Russland im Januar 2006 die Ukraine energetisch erpresst" habe, wurde aus dem Text eines Resolutionsentwurfs der Parlamentarischen Versammlung (PACE) des Europa-Rates entfernt – so *Leonid Slutsky*, der Erste stellvertretende Vorsitzende des Ausschusses für internationale Angelegenheiten der Duma und Stellvertretende Leiter der Russischen Delegation bei der PACE.[356]

Der am 4. Januar 2006 vereinbarte Preis von 95 US Dollar galt laut Vertrag vom 4. Januar 2006 nur bis zum 1. Juli 2006, dem Stichtag für eine Preis-Revision. Vermutlich als Konzession an den „russland-freundlichen" ukrainischen Premierminister *Janukowytsch* wurde er bis zum 31. Dezember 2006 fortgeschrieben. Angesichts des „G 8"-Gipfels in Sankt Petersburg Mitte Juli 2006, auf dem sich Russland als verlässlicher Garant der Versorgungssicherheit gerieren wollte, schien wohl auch Zurückhaltung angesagt.

Am 24. Oktober 2006 autorisierten der ukrainische Premierminister *Janukowytsch* und sein russischer Kollege *Michail Fradkow* die Unterzeichnung einer neuen Vereinbarung über den Preis für Gaslieferungen aus dem russischen Leitungsnetz in die Ukraine für das Jahr 2007. Vereinbart wurde für die Lieferung von mindestens 55 Milliarden Kubikmetern russischen und zentralasiatischen Erdgases eine „mäßige" (der russische Botschafter in der Ukraine, *Wiktor Tschernomyrdin*, sprach von einem „Geschenk" Russlands an die Ukraine) Erhöhung des Gaspreises von 95 US Dollar auf 130 US Dollar für Tausend Kubikmeter für das Jahr 2007.[357] Für das Jahr 2008 wurde zwischen dem Vorstandsvorsitzenden von Gazprom, *Aleksej Miller*, und dem (amtierenden) ukrainischen Energieminister *Jurij Bojko* ein Preis von 179,50 US Dollar ausgehandelt, wie am 4. Dezember 2007 aus Moskau berichtet wurde (PRAJM-TASS).

Über das Territorium der Ukraine werden 80 % der russischen Gas-Exporte nach Mitteleuropa transportiert. Das vereinbarte Transit-Volumen für die gesamte Vertragsdauer beträgt 270 Milliarden Kubikmeter; die Lagermenge 250 Milliarden. In einem separaten Vertrag wurden die Bedingungen für den Transit von russischem Gas durch die Ukraine nach Mittel-Europa vereinbart. Der Gaspreis für Lieferungen an die Ukraine und die Transitrate wurden entkoppelt. Vereinbart wurde die Anhebung der Transit-Gebühr von 1,09 US Dollar auf den europäischen Durchschnitt von ca. 2,50 US Dollar per 1000 Kubikmeter per 100 Kilometer für den Zeitraum von 2006 bis 2030. Mit den 250 Mio US Dollar, die *Gazprom* von dieser Gebühr pro

---

[355] Interfax-Ukraine, 08.11.2006.
[356] Auf einer Zusammenkunft der Politischen Kommission der PACE in Baku, Interfax, Moskau, 12.12.2006.
[357] UNIAN, Interfax-Ukraine, 25.10.2006.

Jahr zurückbehält, werden die Schulden der Ukraine für frühere Gas-Lieferungen getilgt. Dadurch bleibt die Transit-Gebühr bis zum Jahre 2020 de facto auf dem alten Niveau. Ohne Zweifel verfolgt *Gazprom* das Ziel, die ukrainischen Gasleitungen (und unterirdischen Gasspeicher) unter seine Kontrolle zu bekommen. Nach seiner Rückkehr aus Astana verteidigte Präsident *Juschtschenko* die Gas-Verträge: „Die Welt hat erkannt, dass die Ukraine ihre nationalen Interessen zu verteidigen weiß. [...] Das Gas-Transportsystem bleibt ukrainisches Eigentum. Die Überlassung der Kontrolle über dieses System an ein anderes Land steht ganz und gar außer Frage."[358]

Der Deal, der in der Nacht vom 3. auf den 4. Januar in Moskau ausgehandelt wurde, war trotz aller gegenteiligen Beteuerungen ein erster Einstieg von *Gazprom* in das ukrainische Distributionssystem. *RosUkrEnergo* liefert laut dem Abkommen russisches und zentralasiatisches Gas bis an die russisch-ukrainische Grenze. Für die Weiterleitung des importierten Gases innerhalb der Ukraine an die ukrainische Industrie wurde von *RosUkrEnergo* und der nationalen *Naftohas Ukrajiny* das 50-50 Joint Venture *UkrGasEnergo* gegründet.[359] Die interne Distribution liegt also nicht mehr – wie bis zum Jahre 2006 – allein in der Hand der nationalen *Naftohas Ukrajiny*; über ihren 50-prozentigen Anteil an *RosUkrEnergo* verfügt *Gazprom* mittelbar über den Teil des ukrainischen Leitungsnetzes, über das die ukrainische Industrie versorgt wird. Die Leitung des Gemeinschaftsunternehmens *UkrGasEnergo* teilen sich *Aleksandr Rjasanow*, Vize-Präsident von *Gazprom* und Mitglied des Vorstandes von *RosUkrEnergo*, und *Ihor Woronin*, Vize-Präsident von *Naftohas Ukrajiny*, der im Jahre 2004 ebenfalls als Mitglied des Vorstandes von *RosUkrEnergo* figurierte.[360] Die nationale *Naftohas Ukrajiny* behielt die Lieferung „kommunalen Gases" an die örtlichen Versorgungseinrichtungen und privaten Haushalte. *RosUkrEnergo* nahm damit der staatlichen *Naftohas Ukrajiny* den lukrativsten Teil ihres Gas-Geschäftes ab; wegen der schwachen Solvenz der ihr verbleibenden Kundschaft – Kommunen und private Haushalte – trägt *Naftgas Ukrajiny* die größten finanziellen Risiken. Ferner stipulierte der Vertrag vom 4. Januar 2006, dass die Ukraine von 2006 bis 2030 auf ihrem Territorium für *RosUkrEnergo* 15 Milliarden Kubikmeter Gas lagert, und zwar für die vergleichsweise niedrige Gebühr von 2,25 US Dollar pro 1000 Kubikmeter pro Jahr. Die Ukraine verliert damit praktisch die Kontrolle über ihre unterirdischen Speicher.

Fast die gesamte Erdgas-Versorgung der Ukraine[361] wurde mit dem Vertrag vom 4. Januar 2006 einem dubiosen Zwischenhändler überlassen. Die Firma *RosUkrEnergo*

---

[358] Interfax, 24.01.2006.
[359] *UkrGazEnergo* hat ein Kapital von 1 Million US Dollar und einen Umsatz von mehreren Milliarden US Dollar.
[360] *Vladimir Socor*, UKRGASENERGO: New Russian Joint Venture to dominate in Ukraine, in: Eurasia Daily Monitor (The Jamestown Foundation), 16.02.2006, Volume 3, Issue 33; <http://de.f262.mail.yahoo.com/ym/ShowLetter?MsgId=364_10610573_1249455_180...>.
[361] Gegenwärtig fördert die Ukraine vor ihrer Schwarzmeer-Küste 1,2 Milliarden Kubikmeter Gas pro Jahr. Bis zum Jahre 2008 soll die Fördermenge auf 8 Milliarden erhöht werden.

war in den letzten Monaten des *Kutschma* Regimes gegründet worden; sie erhielt vom ukrainischen Staat das Monopol für den Import von Gas aus Turkmenistan zugestanden. Es ist durchaus vorstellbar, dass sich unter anderen auch Präsident *Kutschma* damit einen gepolsterten Ruheplatz sichern wollte. Auch Präsident *Juschtscchenko* wurde offen vorgeworfen, er habe dem Abkommen zugestimmt, weil ihm nahe stehende Personen von der Zwischenschaltung der *RosUkrEnergo* profitierten.

Premierminister *Jechanurow* gab auf einer gemeinsamen Pressekonferenz zu bzw. vor, die Identität der Eigentümer von *RosUkrEnergo* auf der ukrainischen Seite nicht zu kennen.[362] Als Premierministerin hatte *Julija Tymoschenko* (in der ersten Jahreshälfte 2005) versucht, die Eigentümer des ukrainischen Anteils von *RosUkrEnergo* zu ermitteln und die Mündungen der Gewinnströme zu erkunden; niemand war berufener, den Schatten aufzuhellen, in dem sich diese obskure Firma verbirgt, als die ehemalige „Gas-Prinzessin". Nach ihrer Entlassung wurden die Ermittlungen eingestellt, die vielleicht sogar ein Grund für ihre Entfernung aus dem Amt waren. *Oleksandr Turtschinow*, der ehemalige Chef des Sicherheitsdienstes der Ukraine (Sluschba Bespeki Ukrajiny/*SBU*),[363] den *Premierministerin Tymoschenko* auf die *RosUkrEnergo* angesetzt hatte, sagte, hinter dieser Firma stünden hochrangige Personen in Russland und in der Ukraine. „Präsident *Juschtschenko* hat mir weitere Ermittlungen mit dem Hinweis untersagt [...] und darauf hingewiesen, dass im gegenteiligen Fall die Ukraine massiven Ärger mit *Putin* bekomme."

Präsident *Putin* verwies seinerseits in einer für Präsident *Juschtschenko* peinlichen Pressekonferenz in Moskau darauf, dass die Ukraine einen 50-prozentigen Anteil an *RosUkrEnergo* halte. Er riet den Journalisten, in Kiew nachzuforschen, wer die ukrainischen Anteilseigner seien. Er habe Präsident *Juschtschenko* vorgeschlagen, ein ukrainisch-russisches Gemeinschaftsunternehmen zu bilden, das die russischen Gas-Lieferungen an die Ukraine direkt abwickeln würde, ohne *RosUkrEnergo* dazwischen zu schalten. Doch die ukrainische Regierung habe auf der Lieferung durch *RosUkrEnergo* bestanden. Aufgrund der anhaltenden Empörung beauftragte Präsident *Juschtschenko* den *Sicherheitsdienst der Ukraine* zu ermitteln, ob offizielle ukrainische Strukturen an *RosUkrEnergo* beteiligt seien. Am 14. Februar 2006 ließ er durch seinen Presse-Dienst verlauten, er teile die Besorgnisse, die seitens der Öffentlichkeit und von Vertretern der Politik und der Wirtschaft sowie von internationalen Institutionen einschließlich der Europäischen Union geäußert worden seien. Der Ruf der ukrainischen Wirtschaft werde durch die Kontroverse um *RosUkrEnergo* beschädigt. Doch leider seien „alle Bemühungen, die nötigen Informationen über die Gesellschaft *RosUkrEnergo* zu erhalten, ergebnislos" gewesen.[364]

---

[362] Interfax-Ukraine, 01.03.2006.
[363] Služba bezpeki Ukraïny.
[364] Interfax-Ukraine, 14.02.06.

Am 26. Oktober 2006 sprach *Julija Tymoschenko* in einer live ausgestrahlten Sendung des TV Kanals „1+1" offen aus, worüber lange spekuliert worden war: Sie behauptete, dass Premierminister *Wiktor Janukowytsch,* der Vize-Premierminister für Energie *Jurij Bojko* und ex-Präsident *Leonid Kutschma* in *RosUkrEnergo* involviert seien. Die Fraktion *Nascha Ukrajina* forderte daraufhin die sofortige Suspendierung *Bojkos* und eine Untersuchung durch das Antikorruptionskomitee der Werchowna Rada. Überraschend bekannte sich ein bis dato in der Öffentlichkeit unbekannter *Dmitrij Firtasch* dazu, Inhaber der Mehrheit der Anteile der ukrainischen Hälfte an *RosUkrEnergo* zu sein – vermutlich, um vom Verdacht auf *Kutschma, Juschtschenko* und Personen aus dem orangenen Lager, zu dem ihm Verbindungen nachgesagt werden, abzulenken. In einem Gespräch mit der russischen Wirtschaftszeitung *Wedemosti* enthüllte *Firtasch* einige Details seiner Geschäftsbeziehungen. Die *Financial Times* berichtete, der ukrainische Geheimdienst *SBU* untersuche, ob der Moskauer Kriminelle – und vom FBI wegen Geldwäsche und der Bildung krimineller Vereinigungen gesuchte – *Semjon Mogilewitsch* an *RosUkrEnergo* beteiligt sei.

Formal ist *RosUkrEnergo* ein paritätisches Gemeinschaftsunternehmen mit Sitz in Zug in der Schweiz und einem Stamm-Kapital von lediglich 37 000 US Dollar (!) bei einem Umsatz von mehreren Milliarden US Dollar im Jahr. Die Firma *Arosgas*, eine 50-prozentige „Enkelin" der *Gazprom* Tochter *Gazprombank*, hält den 50-prozentigen russischen Anteil an *RosUkrEnergo* (500 Anteile von insgesamt 1000), in die das Grundkapital gesplittet ist. Die Firma *Centragas*, eine 100-prozentige Tochter der *Raiffeisen Investment AG*, hält 498 Anteile im Auftrag einer „Gruppe internationaler Investoren mit Erdgas-Knowhow".[365] Die Geschäftsführung liegt bei *Gazprom*, wie *Wolfgang Putschek*, der ehemalige Managing Director der *Raiffeisen Investment AG* und Repräsentant der ukrainischen Seite im Vorstand von *RosUkrEnergo,* in New York sagte.[366] Laut *Nowaja Gaseta* soll ex KGB Agent *Konstantin Tschujtschenko*, Mitglied des Vorstandes von *Gazprom*, das Sagen bei *RosUkrEnergo* haben. Er sei ein Kommilitone von *Dimitri Medwedjew*, dem Chef des Aufsichtsrats von *Gazprom*, aus Sankt Petersburg. *RosUkrEnergo* soll jährlich 2 Milliarden US Dollar an seiner Vermittlungstätigkeit verdienen. Der gesamte Gas-Import der Ukraine, die den sechsten Rang in der Liste der Verbraucherländer einnimmt, liegt in der Hand einer „ehrenwerten Gesellschaft". Die prätendierte Unkenntnis der Präsidenten der Ukraine und Russlands über die wahren Hintermänner erscheint völlig unglaubwürdig.

---

[365] Die Raiffeisen Investment AG Manager *Wolfgang Putschek* und *Jorg Windbichler* hielten jeder 0,1 %.
[366] Ukraine Gas Deal Draws Attention to Secretive Importer, in: New York Times, 01.02.2006.

6. Die Ukraine – Katalysator in den Beziehungen zwischen der Europäischen Union und Russland

6.1 Die Ukraine – ein politisches Tiefdruckgebiet in „Zwischeneuropa"?

In dem Verhältnis zwischen der Europäischen Union und der Russländischen Föderation kommt dem zwischen diesen beiden Teilen Gesamteuropas liegenden Raum, insbesondere der Ukraine, „zentrale" Bedeutung zu. Für beide Seiten sind die äußere Ausrichtung und die innere Verfassung dieses europäischen „Niemandslandes", in dem sich die „europäische Nachbarschaft" und das russische „Nahe Ausland" überlappen, von größtem Interesse. Die Ukraine wird sich in dieser Zwischenlage selbstbestimmt nicht behaupten können. „Die geschichtliche Erfahrung lehrt, dass ein machtpolitisches Vakuum nur begrenzte Zeit ein Vakuum bleibt, bis es in die Anziehungskraft einer stärkeren Einheit gerät." Für die Ukraine gilt, dass „dieses Vakuum [...] sich sehr wahrscheinlich innerhalb der nächsten 10 bis 15 Jahre auflösen" wird, schreibt *Egon Bahr* in seinem Geleitwort zu der Publikation „Die offene Flanke der Europäischen Union".[367] Die Frage ist nur, wer dieses Vakuum füllen wird, die Europäische Union oder Russland. Einen „Schwebezustand", wie *Michael Stürmer* ihn der Ukraine empfiehlt,[368] kann diese nicht aufrecht erhalten. Auf längere Sicht wird die Ukraine entweder – so gut wie – in die Europäische Union integriert oder aber – wenn nicht völkerrechtlich, so doch de facto – mit Russland „re-uniert" sein. „Die Erfahrung wird zeigen, mit wem wir uns vereinen werden", sagte der ukrainische Premierminister *Janukowytsch* auf seiner Pressekonferenz am 23. Januar 2007[369]. Aus seinem Munde ist diese Aussage kaum mehr als simpler Attentismus; doch „vereinigen" wird sich die Ukraine entweder mit der Europäischen Union oder mit einer von Russland dominierten „Union". In absehbarer Zeit wird auch der westliche Balkan zur Europäischen Union gehören; wenn dann die „Ukraine-Frage" geklärt ist und wenn die Mitgliedsländer des „Europäischen Wirtschaftsraumes" sich nicht länger dem europäischen Integrationsprozess entziehen, dann wird es nur noch „zwei Europas" geben: „Brüssel-Europa" und „Moskau-Europa".

In dem gegenwärtig frostigen Klima in Gesamteuropa droht „Zwischen-Europa" – und darin insbesondere die Ukraine – zu einer Konfliktzone zu werden, in der es zu einer Konfrontation der Europäischen Union mit der Russischen Föderation kommen kann. Aber über die Ukraine kann es auch einen Ausgleich der Interessen beider Seiten geben, in welchem die Entscheidung der Ukraine selbst maßgeblich sein wird. Allerdings darf dieser Ausgleich nicht darauf beruhen, dass die Zwischenlage

---

[367] *Egon Bahr*, Geleitwort, zu: *Ernst Piehl, Peter W. Schulze, Heinz Timmermann* (Hrsg.), Die offene Flanke der Europäischen Union, Russische Föderation, Belarus, Ukraine und Moldau, Berlin, 2005, S. 9.
[368] *Michael Stürmer*, Balance statt Beitritt, in: Die Welt, 16.06.2006.
[369] Interfax-Ukraine, 23.01.2007.

der Ukraine fortbesteht; der Ausgleich muss, wenn er nicht ein Provisorium bleiben oder den potenziellen Konflikt nur „einfrieren" soll, die endgültige Ostgrenze der Europäischen Union festlegen – und damit auch die innere Verfassung der Ukraine.

6.2 Moskaus Paradigmen-Wechsel: Die Ukraine – ein unprivilegierter Staat im „benachbarten Ausland"

In den 1990er Jahren hatte Russland nicht die Ressourcen für eine reintegrative Politik im GUS-Raum. Moskau anerkannte formal die politische Unabhängigkeit und territoriale Integrität der „Neuen Unabhängigen Staaten". Und „der Westen" erkannte in der Praxis „Russlands Vorrang ... in diesem Raum stillschweigend an", konstatiert *Arkadij Moshes*.[370] Die Europäische Union hatte die drei ex-Sowjetrepubliken Ukraine, Belarus und Moldawien auf dem „Erweiterungsgipfel" von Kopenhagen im Jahre 1993 aus dem europäischen Integrationsprozess ausgeschlossen. Deshalb konnte Moskau deren politische Unabhängigkeit gelassen hinnehmen. Mit ökonomischen Vergünstigungen hielt Russland sich die Option einer zukünftigen Reintegration offen. „Die Wahrnehmung der Nachbarn als Teil seiner selbst ... machte Russlands Politik ... zurückhaltender" (*Arkadij Moshes*).

Noch in der ersten Amtszeit des Präsidenten *Putin* versuchte Moskau, die ehemaligen Sowjetrepubliken in Osteuropa und im Südkaukasus, die – mit Ausnahme Aserbaidschans – von russischen Energie-Lieferungen abhängen, mit privilegierten Energiepreisen an sich zu binden. Diese Komponente integrationistischer Politik wurde um die Jahreswende 2004/2005 abrupt aufgegeben. In der Erkenntnis, dass niedrige Preise für Energie die Annäherung der osteuropäischen (und südkaukasischen) Mitgliedsländer der GUS an die Europäische Union nicht aufhalten können, hat Moskau die Subventionierung der Wettbewerbsfähigkeit dieser Nachbarn eingestellt; Maximierung des eigenen nationalen Nutzens ist nun die staatliche Ideologie Russlands. Russland verhält sich heute nicht wie ein neoimperiales Land, sondern wie ein „postimperiales Land", das von einem nationalen Egoismus getrieben wird, urteilt *Arkadij Moshes*.[371] Russland selbst entfremdet sich sein „Nahes Ausland", indem es nicht nur die ökonomischen Privilegien streicht, sondern auch Sanktionen verhängt – wie Importrestriktionen und Transportblockaden – und Grenzstreitigkeiten vom Zaune bricht (wie mit der Ukraine um die Insel Tusla in der Meerenge von Kertsch). Im Südkaukasus allerdings – und in Moldawien – hält Moskau an der Methode der „kontrollierten Instabilität" (*Peter W. Schulze*) fest, die eine Lösung „nur mit Russland" erlaubt: Durch die Unterstützung der separatistischen Regime in Nagornij Karabach, Abchasien, Südossetien und Transnistrien kann der Kreml eine Lösung der

---

[370] *Arkadij Mošes*, Priorität gesucht. Die EU, Russland und ihre Nachbarn, in: Osteuropa, 02–03/2007, S. 24. *Arkadij Mošes* ist Leiter des Programms ‚Russland – EU' des *Finnischen Instituts für Internationale Beziehungen* in Helsinki.
[371] *Arkadij Mošes*, in: Osteuropa, 02–03/2007, S. 31.

Sezessionskonflikte auf unbestimmte Zeit verschieben und sich anhaltenden Einfluss sichern.

Der Paradigmen-Wechsel in der Politik des Kreml gegenüber seinem „Nahen Ausland" kann als ein Indiz für eine Änderung in der Einstellung Moskaus zur Ukraine gewertet werden. Die Perspektive, dass die Ukraine auch als Mitglied der Europäischen Union für Russland ein „offener" Nachbar bleiben würde, könnte den Kreml dazu bewegen, auf deren Reintegration in seine Sphäre zu verzichten. Zur Wiedererlangung seiner Weltmachtstellung ist für Russland der unbehinderte Fluss seiner Energie-Träger in europäische Märkte und – auf längere Sicht – die angestrebte Freizügigkeit seiner Bürger in „ganz Europa" wichtiger als der hegemoniale Einfluss auf ein benachbartes Gebiet mit einer unbotmäßigen Bevölkerung von über 45 Millionen Einwohnern, dessen russischsprachiger Teil trotz der kulturellen Affinität nicht von Moskau regiert werden möchte.

Wenn sich die ukrainische Bevölkerung mehrheitlich gegen ihre (Re-)Integration in einen von Moskau dominierten Raum entscheidet, dann besteht keine Alternative zur Integration der Ukraine in die Europäische Union. Sorge müsste allerdings dafür getragen werden, dass diese Entscheidung der Ukraine „für Europa", d.h. für die Europäische Union, nicht in Konfrontation zu Russland vollzogen wird. Jedoch kann eine *gemeinsame, geteilte* Verantwortung der Europäischen Union und der Russischen Föderation für die Ukraine nicht die Lösung des Integrationskonfliktes sein; die Ukraine wird sich nicht auf den Status eines „europäisch-russischen Kondominiums" reduzieren lassen. Da aber ein gutes Verhältnis zu Russland für die Sicherheit der Europäischen Union von zentraler Bedeutung ist, muss die EU den Integrationsprozess der Ukraine so gestalten, dass darin für Russland ein gewichtiger Vorteil erkennbar ist; sie muss den „Beitritt der Ukraine zur EU in der nächsten Dekade als Chance für Russland ausmalen".[372] Ein Trialog der drei beteiligten Seiten sollte die Modalitäten des EU-Beitritts der Ukraine erarbeiten – ohne die Ukraine in ihrer Entscheidungsfreiheit zu beeinträchtigen.

Die Aufnahme der drei osteuropäischen Staaten Ukraine, Moldawien – und eventuell Belarus – ist nur vorstellbar, wenn auch Russland enger mit der EU verknüpft ist, meint auch *Egbert Jahn*.[373] Der Schlüssel zur russischen Akzeptanz der Mitgliedschaft der Ukraine in der Europäischen Union ist die Einbeziehung Russlands in „europäische Angelegenheiten", d.h. Russlands symmetrische Beteiligung an der Errichtung gesamteuropäischer Strukturen, eines gesamteuropäischen Wirtschafts- und Sicherheitsraumes, konkret die „Verflechtung" der Ökonomien im Sinne der neuen deutschen Russland-Politik. Diese Vision mag nach dem Debakel von Samara

---

[372] *Peter W. Schulze*, Russland – Modernisierung im Spannungsbogen zwischen Autoritarismus, Demokratie und Weltmarkt, in: *Ernst Piehl, Peter W. Schulze, Heinz Timmermann*, Die offene Flanke der Europäischen Union, Berlin 2005, S. 189.
[373] *Egbert Jahn*, in: Osteuropa, 02–03/2007, S. 54.

wie eine „Schimäre" (*Karl-Theodor zu Guttenberg* [374]) erscheinen; doch gibt es zu dieser „Neuen Ostpolitik" des Auswärtigen Amtes keine zukunftsträchtige Alternative.

Die USA unterstützen den Wunsch der Ukraine nach Mitgliedschaft in der Europäischen Union aus einem „uneuropäischen" Motiv, nämlich der „Eindämmung" Russlands. Doch nicht die reaktivierte Containment-Politik der USA dient der europäischen Sicherheit, sondern die Bildung einer Sicherheitsgemeinschaft mit Russland. Die weitere militärische Expansion der USA nach Osteuropa, die NATO-Mitgliedschaft der Ukraine, die Russland unnötigerweise antagonisiert, liegt nicht im Interesse der Europäischen Union. Der von ukrainischen Protagonisten der Mitgliedschaft der Ukraine in der NATO – namentlich von Präsident *Juschtschenko* und von dem ehemaligen Außenminister Minister *Tarasjuk* – zur Begründung angeführte Schutz vor einem russischen „Neoimperialismus" reflektiert amerikanische Interessen. Russland bedroht die Ukraine nicht militärisch; und gegen die „friedliche" Übernahme strategischer Wirtschaftszweige durch russisches Kapital bietet die NATO keinen Schutz. Auch wenn sich Russland von der NATO nicht militärisch bedroht fühlt, so ist die Einbeziehung der Ukraine in die NATO eine politische Provokation. *„EU: Ja – NATO: Nein"* könnte eine Formel sein, um Russlands Vorbehalt gegen eine Mitgliedschaft der Ukraine in der EU auszuräumen.

6.3 Die Europäische Union: Ordnungsfaktor im postsowjetischen Raum?

Mit ihrer Nachbarschaftspolitik expandiert die Europäische Union in den GUS-Raum, ohne jedoch den ENP-Partnerstaaten eine „europäische Perspektive" zu bieten. Moskau sieht in der Europäischen Nachbarschaftspolitik den Versuch Brüssels, Russland aus dem Raum der nahen Nachbarschaft in Osteuropa und im Südkaukasus – also aus sechs GUS-Mitgliedsländern – zu verdrängen.[375]

In den letzten Jahren reifte im Kreml die Überzeugung, dass das militärische Risiko, das die NATO für Russlands Sicherheit darstellt, gering ist. Inzwischen identifiziert Moskau die Osterweiterung der Europäischen Union, ihre normative Expansion in den postsowjetischen Raum, nicht nur nach Osteuropa, sondern auch in den südlichen Kaukasus und nach Zentralasien[376], die Russland als sein Einflussgebiet betrachtet, als eine „gefährlichere" Entwicklung als die militärischen Installationen der USA in einigen dieser Staaten (*Peter W. Schulze*). Es sind die „politischen Impulse", die von der Erweiterung der Europäischen Union ausgehen, die in Moskau Besorg-

---

[374] So der Obmann der Unionsfraktion im Auswärtigen Ausschuss des Deutschen Bundestages, in: „Der Spiegel", 21/2007, S. 29.
[375] *Arkadij Mošes*, Priorität gesucht. Die EU, Russland und ihre Nachbarn, in: Osteuropa, 2–3/2007, S. 21–33.
[376] Die fünf ehemaligen zentralasiatischen Sowjetrepubliken wurden nicht in die Europäische Nachbarschaftspolitik einbezogen.

nis erregen. Die „Nachbarschaftspolitik", mit der die EU in den GUS-Raum vordringt, wird als eine – wenn auch „weiche" – Hegemonialpolitik gewertet und die europäischen Normen als Instrumente Brüsseler Vormundschaft. Die Anpassung der Gesetzgebung der kooperierenden Länder im postsowjetischen Raum an die Normen und Standards der EU schmälert Russlands Einfluss. Nicht von ungefähr konkurrieren auch die USA mit der Europäischen Union um die Reform des Rechts in diesen Ländern.

Es ist die soft power, mit der die Europäische Union ihre Sicherheit zu erhöhen sucht, die Moskau irritiert, weil sie in den beanspruchten Gebieten Anklang findet. Sie macht den „sanften Hegemon" EU als Alternative zu Moskaus Dominanz-Modell attraktiv. Dabei wurde die ENP eigens dafür konzipiert, den osteuropäischen Staaten eine Alternative zur Integration zu bieten – gerade auch um Moskaus Befürchtungen zu entkräften. Obwohl es das erklärte Ziel der ENP ist, die drei osteuropäischen Ländern in „Zwischeneuropa" eine autonome politische Existenz führen zu lassen, ja obwohl ihnen sogar enge Beziehungen zu Russland empfohlen werden, begreift das offizielle Moskau die ENP als Herausforderung. Doch das Interesse, das die Europäische Union mit ihrer ENP verfolgt, nämlich die Absicherung ihres eigenen Wohlstands und ihrer eignen Sicherheit durch die Förderung von ökonomischer Prosperität und politischer Stabilität in ihrer Nachbarschaft, kann kaum als hegemoniale und schon gar nicht als imperiale Politik bezeichnet werden; die Europäische Nachbarschaftspolitik ist eine völlig neuartige Politik ohne historische Präzedenz. Die unklare Staatlichkeit der EU („fuzzy statehood", *Michel Emerson*) erlaubt es der EU auch nicht, ihre Ziele mit anderen Mitteln als mit wirtschaftlichen Anreizen und durch die Vermittlung von Werten zu verfolgen. Die Vermittlung von „gesellschaftlichen Tugenden" durch die ENP ist sicherlich nicht selbstlos; *Sandra Lavenex* hält sie für den Versuch, Kontrolle über die politische Entwicklung in den Nachbarländern durch „externes Regieren" zu erlangen.[377]

Die EU muss zur Kenntnis nehmen, dass die Heranführung Russlands an die „westliche Wertegemeinschaft" – wie sie unter *Gorbatschow* und *Jelzin* erwünscht war – von *Putin* abgelehnt wird. In dem Partnerschafts- und Kooperationsabkommen wird von russischer Seite – nicht zu Unrecht – ein Brüsseler normatives „Europäisierungsprojekt" gesehen. Nachdem Russland nicht mehr das Ziel hat, mit der Europäischen Union „unter einem Dach", in einem „gemeinsamen Haus" zu leben, sollte die EU davon Abstand nehmen, Russland ihre Normen aufzudrängen. Das Verhältnis der Europäischen Union zu Russland ist ein grundsätzlich anderes als das Verhältnis der EU zur Ukraine. Die Ukraine ist vertragliche Verpflichtungen gegenüber der Europäischen Union eingegangen, deren Einhaltung einem „Monitoring" unterworfen ist.

---

[377] *Sandra Lavenex*, EU external governance in Wider Europe, in: Journal of European Public Policy, Volume 11, Issue 4, August 2004, S. 695. „Die ENP erweitert die rechtlichen Grenzen der EU, indem sie die Implementierung des acquis communautaire in den ENP-Ländern unterstützt, ohne jedoch die institutionellen Grenzen zu erweitern."

Russland hat das im Jahre 1994 unterzeichnete Partnerschafts- und Kooperationsabkommen mit der Europäischen Union bereits im Jahre 1996 – zwei Jahre vor der Ukraine – ratifiziert; anders aber als in der Ukraine wurden in Russland keine Anstalten gemacht, die rechtlichen Normen der EU nach Artikel 55 zu übernehmen. Mit der Machtübernahme *Putins* wurde das EU-Russland-PKA faktisch suspendiert.

Der ukrainische Präsident *Juschtschenko* hatte wohl auch Russland vor Augen, als er im *Wall Street Journal* schrieb: „Democratic forces in Ukraine are ready to ensure that European values take hold in our country. This could set the example for other countries in the Commonwealth of Independent States."[378] Mit der Bildung einer *Gemeinschaft der demokratischen Wahl* am 2. Dezember 2005 in Kiew versuchten *Juschtschenko* und sein georgischer Kollege *Saakaschwili,* ihren gelungenen Umsturz zweier postsowjetischer Regime – im Verein mit sieben weiteren Staaten[379] – zur „Unterstützung demokratischer Bewegungen" zu institutionalisieren. Die Ausstrahlung einer demokratischen Ukraine auf Russland wurde im Kreml durchaus als „Bedrohung" der Demokratie sui generis, die Präsident *Putin* in Russland etabliert hat, empfunden. Moskau scheint die „kutschmistische" Ukraine als politischen cordon sanitaire zum Schutze seiner Bevölkerung gegen infektuöse politische Ideen aus der EU betrachtet zu haben. Zwar hat das „orangene Virus" sich inzwischen selbst unschädlich gemacht, „dennoch haben die Ereignisse in der Ukraine eine Langzeitwirkung, die auch auf Russland ausstrahlt. Sie bestärken zweifelsohne das demokratische Lager, meint auch *Peter W. Schulze*.[380]

Aus Sicht der Europäischen Union war „agent orange" kein bösartiges Virus, sondern ein gutartiger Bazillus, der die russische Demokratie hätte aufblühen lassen können. Die Ausstrahlung einer sich entsprechend europäischer Normen entwickelnden Ukraine auf Russland ist ein politisches Desideratum, kann sogar als eine „europäische Funktion" der Ukraine angesehen werden. Dass der demokratische Impetus in der russischen Bevölkerung nicht erloschen ist, zeigte sich am 15. und 16. April 2007 in Moskau und in Sankt Petersburg, als „das andere Russland" auf die Straße ging, auch wenn es (noch) eine kleine Minderheit ist. Die Sorge vor einem demokratischen Virus – von welcher Farbe auch immer – geht im Kreml um, wie der Umgang mit den Demonstranten zeigte. Das „System *Putin*" befindet sich in einer Legitimitätskrise, schreibt der Direktor des renommierten *Lewada-Zentrums, Lew Gudkow.*[381]

Die Europäische Union betrachtet Demokratie als Stabilitätsfaktor. Moskau aber sieht in der Förderung von Demokratie in den ehemaligen Sowjetrepubliken durch europäische und amerikanische Organisationen ein Instrument expansiver Politik.

---

[378] *Wiktor Juščenko*, Ukraine's Choice, in: The Wallstreet Journal, 24.08.2004.
[379] *Soobščestvo/Sodružestvo demokratičeskogo vybora/SDV*. Estland, Lettland, Litauen, Moldawien, Rumänien, Slowenien und Mazedonien.
[380] *Peter W. Schulze*, in: *Ernst Piehl, Peter W. Schulze, Heinz Timmermann* (2005), S. 232.
[381] *Lev Gudkov*, Rußlands Systemkrise. Negative Mobilisierung und kollektiver Zynismus, in: Osteuropa, 1/2007, S. 3–13.

Russlands ständiger Vertreter bei der EU, *Wladimir Tschischow*, forderte, die EU solle die Demokratie-Förderung einstellen.³⁸² Die Werbung für Demokratie nach westlichem Muster wird in Moskau auch als eine ideologische Herausforderung für die eigene, „souveräne Demokratie" gesehen, die der Stellvertretende Leiter der Administration des Präsidenten *Putin, Wladislaw Surkow,* im Mai 2005 verkündete – die allerdings auch im Kreml umstritten ist.³⁸³ „Unser Projekt ist banal", soll *Surkow* gesagt haben; „ich würde es kurz als souveräne Demokratie bezeichnen. [...] Wir sind nicht bloß für Demokratie. Wir sind für die Souveränität der Russischen Föderation."³⁸⁴ Russlands Souveränität sei wichtiger als Demokratie in Russland – deuten *Surkows* Kritiker diesen Begriff: Souveränität komme für ihn vor Demokratie. Ob es sich bei dem Konzept einer souveränen Demokratie „um einen temporären *Umweg* oder um einen auf Dauer angelegten und von der ‚russischen Idee' [...] geprägten *Sonderweg*" handelt, ist eine zentrale Frage in der Diskussion über die Zukunft der Beziehungen zwischen der EU und Russland.³⁸⁵

Egbert Jahn definiert Integration als „die Einfügung selbständiger Einheiten in eine übergreifende Einheit, insbesondere die Einfügung eines Staates ... in ein internationales ... System."³⁸⁶ Nach dieser Definition besteht keine „Integrationskonkurrenz" im eigentlichen Sinne zwischen der Europäischen Union und Russland, denn Brüssel will mit seiner Europäischen Nachbarschaftspolitik genau dies verhindern: die „Einfügung" der osteuropäischen Staaten in die Europäische Union. Von einem „Drang nach Osten" der Europäischen Union kann keine Rede sein; eher drängten die mittelosteuropäischen Länder nach Westen. Die drei osteuropäischen Staaten, namentlich die Ukraine, werden von der Europäischen Union nach wie vor aus der institutionellen Erweiterung ausgeschlossen.

Russland verfügt nunmehr mit seinen Energieressourcen über die ökonomischen Mittel für eine aktive auswärtige Politik. Und selbst liberale Kräfte kultivieren die

---

³⁸² *Vladimir Čižov*: No place for democracy in new EU-Russia pact, in: <http://euobserver.com/9/22654>, 16.10.2006.

³⁸³ Am 17. Mai 2005 hielt *Surkov* auf einer geschlossenen Sitzung des „Allgemeinen Rates" (General'nij Soviet) der Gesamtrussischen gesellschaftlichen Vereinigung „Delovaja Rossija" eine Rede, deren ungenehmigte Mitschrift zwei Monate später in Radio Swoboda (Radio Liberty) unter der Überschrift „Stenogramm der Rede auf der Tagung des Gensowjet ‚Delowoj Rossii' am 17. Mai 2005" veröffentlicht, verlesen und ins Internet gestellt wurde. *Boris Titow*, der Vorsitzende dieser Wirtschaftsvereinigung, bezeichnete den Text, der wahrscheinlich ein Gedächtnis-Protokoll ist, als veränderte und verdrehte Auslegung, die den Sinn der Rede entstelle. Stenogramma vystuplenija na Gensovete/Delovoj Rossii/17. Mai 2005; <http://www.svoboda.org/programs/tp/2005/tp.071105.asp>. Siehe dazu *Peter W. Schulze* in diesem Band.

³⁸⁴ „Ja by nasval èto kratko suverennoj demokratiej. [...] My ne prosto za demokratiju. My za suverennitet Rossijskoj Federacii.".

³⁸⁵ Heinz Timmermann, Die deutsch-russischen Beziehungen im europäischen Kontext, in: Internationale Politik und Gesellschaft, I/2007, S. 121.

³⁸⁶ *Egbert Jahn*, in: Osteuropa, 02–03/2007, S. 43.

Idee eines „liberalen Imperiums", d.h. nicht einer politische Kontrolle, aber doch einer ökonomische Dominanz Russlands in seinem „Nahen Ausland". Ökonomische Dominanz aber impliziert eine gewisse faktische politische Kontrolle bei formaler politischer Souveränität.

Russland reklamiert das postsowjetische Zentralasien wieder als Zone seines Einflusses. Auf der ordentlichen Tagung des Rates der – im Jahre 1992 gegründeten – *Organisation des Vertrages für kollektive Sicherheit/ODKB*[387] am 23. Juni 2006 in Minsk hob Usbekistan sein Moratorium auf und reaktivierte damit seine Mitgliedschaft. Unfähig, ihr politisches Gewicht durch regionale Kooperation zu erhöhen, begrüßten die fünf ehemaligen Sowjetrepubliken eine begrenzte Präsenz Russlands als Gegengewicht zu China, das als drohender Schatten wahrgenommen wird. Doch die bestehende völlige Abhängigkeit der „land locked" Region im Zentrum Asiens vom Transport-Monopol Russlands – und Moskaus Strategie, den Bau einer alternativen transkaspischen Exportroute zu konterkarieren – fördern nicht den Wunsch nach engerer Wiederanbindung an Russland. Willkommen ist bei den autoritären Regimes nur die „ideologische" Unterstützung durch Moskau in der Abwehr politisch-moralischer Prätentionen der USA und der EU. Demokratie-Export in diesen Raum ist nicht erwünscht.

Der erneute regionale hegemoniale Anspruch Russlands in Zentralasien ist u.a. eine Reaktion auf den globalen hegemonialen Anspruch der USA. Washington handelt nach dem Rezept von *Zbigniew Brzezinski*, wonach die Kontrolle über den Kontinent Asien den – extra-territorialen – USA den Status als einziger Weltmacht sichert, einen Status, den Russland und China, anders als die europäischen Regierungen, nicht akzeptieren. Die USA setzen auf konventionelle Militärbasen, wobei sie allerdings in Usbekistan einen Rückschlag erlitten. China bringt sich – vorläufig noch – durch eine kooperative Positur ins Spiel. Dass sich Russland mit China aber zur Abwehr der USA zu einem groß-eurasischen Raum vereinigt, steht nicht zu erwarten, eher eine Verschärfung der bislang durch die Shanghai Cooperation Organisation (SCO) – und durch zurückhaltende Rhetorik auf beiden Seiten – kaschierten Rivalität. In dem neuen geostrategischen Great Game um Einfluss in Zentralasien, das zwischen Russland, China und den USA läuft, ist die Europäische Union nicht beteiligt; sie spielt eher die Rolle eines Zuschauers. Zwar gibt es eine zunehmend politisierte Konkurrenz zwischen der Europäischen Union, Russland und den USA um den Zugang zu den Energieressourcen in dem zentralasiatischen Teil der kaspischen Region und ihren Transport nach Europa, doch ist die „auswärtige Energiepolitik" der EU durchaus nicht „integrativ"; die Konkurrenz zu Russland resultiert aus den Initiativen der EU zum Bau transkaspischer Öl- und Gasleitungen, welche Russland umgehen.[388] Im Jahre 2006 lief die Regionalstrategie der Europäischen Union für

---

[387] Organizacija dogovora kollektivnoj bezopasnosti.
[388] Die fünf ehemaligen Sowjetrepubliken Zentralasiens wurden nicht in die Europäische Nachbarschaftspolitik einbezogen. Mit Kasachstan, Kirgistan und Usbekistan hatte die

Zentralasien aus.[389] Mit der Ernennung eines Sonderbeauftragten für Zentralasien (*Jan Kubis*) im Juli 2005 dokumentierte die EU jedoch ihr anhaltendes, ja wachsendes Interesse an der Region, das sich auf den Energieimport konzentriert. Auch der Vorstoß Deutschlands – im November 2006 besuchte Außenminister *Frank-Walter Steinmeier* die Region – hatte Energie im Visier.

Der Süd-Kaukasus wurde im Jahre 2004 wegen seiner „strategischen Bedeutung als Transportkorridor für kaspisches Öl und Gas" nachträglich in die Europäische Nachbarschaftspolitik aufgenommen. Mit den drei (völkerrechtlich anerkannten) Staaten des Süd-Kaukasus, Georgien, Armenien und Aserbaidschan, die Mitglieder des Europarates sind, wurden im November 2006 im Rahmen der ENP „Aktionspläne" unterzeichnet. Verhandlungen über Nachfolgeabkommen zu den PKA stehen im Jahre 2009 bevor. Der Weg nach Brüssel, auf den sich Georgien schon aufgemacht hat, und auf dem Aserbaidschan und Armenien wohl folgen werden, führt über Ankara. Daher stellt sich die Frage des endgültigen Verhältnisses dieser Länder zur EU erst nach Klärung der Frage nach der Mitgliedschaft der Türkei.

6.4 Das „Europäische Haus" – ein Zweifamilienhaus ohne Dach

Russland – das andere Europa

Die Russen sind in ihrem Selbstverständnis Europäer, doch das Land der Russen kann sich mit seiner asiatischen Dimension nicht nur als ein europäisches Land sehen, auch wenn Russland bis zum Pazifik „eine europäische Zivilisation" ist, wie *Surkow* in seiner Rede vom 17. Mai 2005 expressis verbis feststellt: „Wir sind untrennbar mit Europa verbunden".[390] Doch seine Behauptung, dass „Europa" Russland nicht aufnehme, ist nur die eine Seite der Wahrheit – sofern mit „Europa" die Europäische Union gemeint ist; die andere Seite ist die, dass Russland nicht Mitglied der Europäischen Union sein will. In der „Mittelfristigen Strategie zur Entwicklung der Beziehungen zwischen der Russischen Föderation und der Europäischen Union für die Jahre 2000 bis 2010"[391], mit welcher Russland im Oktober 1999

Europäische Union Partnerschafts- und Kooperations-Abkommen (PKA) geschlossen, die durch TACIS-Programme unterstützt wurden.

[389] Europäische Kommission. Strategy Paper 2002–2006 and Indicative programme 2002–2004 for Central Asia, Brüssel. 30.10.2002; <http://ec.europa.eu/comm/external_relations/ceeca/rsp2/02_06_en.pdf>.

[390] *Vladislav Surkov*: „Rossija – èto evropejskaja civilizacija. [...] my nerazryvno svjazany s Evropoj ...".

[391] Strategija razvitija otnošenij Rossijskoj Federacii s Evropejskim Sojuzom na srednesročnuju perspektivu (2000–2010 gg.; inoffizielle Übersetzung Medium-term Strategy for Development of Relations between the Russian Federation and the European Union (2000–2010); <http://europa.en.int/comm/external_relations/russia_medium_term-stra.../index.ht>, 22.08.2000.

auf die „Gemeinsame Strategie der Europäischen Union gegenüber Russland"[392] vom Juli 1999 antwortete, brachte Moskau nach Amtsantritt des Präsidenten *Putin* eindeutig zum Ausdruck, dass Russland nicht Mitglied der Europäischen Union zu werden wünscht, ja nicht einmal den Status eines assoziierten Mitglieds anstrebt. Russland sieht sich als eine der Europäischen Union gleichrangige Entität, die nicht bereit ist, nationale Souveränität auf eine supra-nationale Instanz zu übertragen. Russland will „die Freiheit behalten, seine Innen- und Außenpolitik selbst zu bestimmen". Für die russische Elite gehört Russland zu Europa; doch will sie nicht, dass Russland ein Teil des „Brüsseler" Europas wird (*Peter W. Schulze*). Für sie sind die EU-Normen das ideologische Vehikel für hegemoniale Expansion in den postsowjetischen Raum – für die freiwillige Unterwerfung unter Brüsseler Diktat. Die Vorstellung von der Rolle Russlands als eines eigenen Pols in einer multipolaren Konstellation ist nicht nur die persönliche Sicht des Präsidenten *Putin*; auch seine Nachfolger im Kreml werden in Zukunft Russland in dieser Rolle sehen.

Durch die Abkehr von den politischen Normen, welche die Mitgliedsländer der Europäischen Union eint, hat der Kreml unter Präsident *Putins* Führung Europa ideologisch erneut geteilt. Doch die Ablehnung der „westlichen" politischen Werte wird auch nach Meinung von *Peter W. Schulze* langfristig nicht zu halten sein. Die sektorale Integration der russischen Wirtschaft in den Weltmarkt, die Transnationalisierung russischer Konzerne und die zu erwartende Fusion russischer Firmen mit ausländischen impliziert die Akzeptanz internationaler Standards im ökonomischen Bereich; Modernisierung und Globalisierung der russischen Wirtschaft „tangieren auch die politischen Verhältnisse". Wie die ostasiatischen Staaten zeigten, ist eine auf die Wirtschaft begrenzte Unterwerfung unter internationale Normen bei Aufrechterhaltung „uneuropäischer" Normen im politischen Bereich vorübergehend zwar möglich; ab einem gewissen Entwicklungsstand der Wirtschaft jedoch ist eine politische Partizipation der Bevölkerung unaufhaltsam.

Während die autoritären Elemente in der politischen und ökonomischen Konsolidierung der Russländischen Föderation durch Präsident *Putin* als temporär angesehen werden können, ist der Graben, den Russland zwischen sich und dem übrigen Europa durch die offiziell tolerierte (und stimulierte?) Glorifizierung der stalinistischen Epoche aushebt, unüberwindlich. Den aktuellen Konflikten Russlands mit Polen und den baltischen Staaten liegt ein mentales russisches Problem zugrunde: Die Zurücknahme der Bereitschaft des Präsidenten *Michail Gorbatschow* zur „Aufarbeitung" der Vergangenheit, die Leugnung sowjetischer Verbrechen (Katyn in Polen, der „Holodomor" in der Ukraine) und die Restauration des sowjetischen Geschichtsbildes, in welchem Okkupation und Annexion durch die Sowjetische Armee als „Befreiung" gefeiert werden.

---

[392] Common Strategy of the European Union of 4 June 1999 on Russia (1999/414 (CFSP), <http://europa.en.int/comm/external_relations/russia/common_strategy/index.ht>.

Die Hoffnung *Gorbatschows,* die in den ersten Jahren der Präsidentschaft *Jelzins* noch gepflegt wurde, nämlich die bipolare Welt und die Spaltung Europas durch ein System gemeinsamer Sicherheit und ein „gemeinsames europäisches Haus" zu überwinden, wurde enttäuscht. Die neue Realität ist eine unipolare Welt – und ein geteiltes Europa. Europa ist gegenwärtig dreigeteilt – und wird nach der Lösung der „ukrainischen Frage" zweigeteilt bleiben. Doch die Europäische Union darf Russland nicht als „Randeuropa" wahrnehmen; sie muss in Russland das „andere" Europa sehen. Es liegt im Interesse der EU, dass Russland – auch als selbständiger global player – mit der Europäischen Union „verbunden" bleibt.

Am 25. September 2001 hatte Präsident *Putin* im Deutschen Bundestag erklärt, „Europa" (gemeint war die Europäische Union) könne sich als selbständiger Pol der Geopolitik langfristig nur behaupten, wenn es seine eigenen Möglichkeiten mit Russlands humanen, natürlichen und territorialen Ressourcen sowie mit den Potenzialen seiner Wirtschaft, Verteidigung und Kultur vereinige. Doch die regierende politische Elite in der Europäischen Union denkt nicht in geopolitischen Kategorien; sie denkt in engen – subkontinentalen – Grenzen. Sie habe sich für die USA entschieden, meint *Alexander Rahr,* akzeptiere deren „Führung" und begnüge sich mit dem Juniorpart bei der Gewährleistung europäischer Sicherheit. *Rahr* warnt vor der Degradation Europas zu einem cisatlantischen „Ostgebiet Amerikas". Präsident *Putin* setzte auf Deutschland als Anwalt Russlands in der Europäischen Union, eine Erwartung, die mit dem Wechsel von *Schröder* zu *Merkel* im Kanzleramt enttäuscht wurde.[393]

Die Europäische Union ist in Bezug auf Russland gespalten. Die neuen Mitglieder der EU (und der NATO), die ehemaligen Satelliten-Staaten der Sowjetunion, befürworten eine „Ausgrenzung" Russlands aus „Europa" – und fungieren somit als Protagonisten amerikanischer Interessen. Deutsche Transatlantiker promovieren die Idee einer TAFTA (Trans Atlantic Free Trade Area) gegen die paneuropäische Idee eines EU-Russischen Freihandelsraumes. Abgesehen von der regressiven Tendenz der russischen Demokratie ist es die wilhelminische Manier, mit der Russland nach seiner Wiedererstarkung seinen Anspruch auf einen Platz an der Sonne präsentiert, die eine abwehrende Haltung in der Europäischen Union provoziert. Eine Entfremdung zwischen der Europäischen Union und Russland ist offenkundig. Die Spannungen zwischen der EU und Russland[394] werden durch den „konfrontativen Kurs der USA gegenüber Russland" erhöht, auf dem ein Teil der europäischen Politik der amerikanischen „Führungsmacht" folgt. Zu Recht stellt *Martin Schulz,* MdEP, die Frage, ob dieser Kurs „nicht eine Reaktion (Washingtons) auf eine mögliche Annäherung" der EU an Russland ist.[395] In Reaktion auf die verbalen Attacken Präsident *Putins* gegen

---

[393] *Alexander Rahr,* Interview mit dem Eurasischen Magazin (Hans Wagner), in: russland.RU; <http://russlandonline.ru/strategiedebatte/morenews.php?iditem=1>.
[394] Der beginnende Wahlkampf in Russland (im Dezember 2007 Parlamentswahlen, im März 2008 Präsidentschaftswahlen) war sicher nicht deren Ursache.
[395] „Die neue Eiszeit", in: „Der Spiegel", 21/2007, S. 25.

Polen und die baltischen Staaten auf dem EU-Russland-Gipfel in Samara im Mai 2007 monierte der Präsident der Europäischen Kommission, *Barroso,* die differenzierte Behandlung von Mitgliedsländern der Europäische Union durch den Kreml: Deren (bilaterale) Probleme sind „auch ein europäisches Problem". Angebracht wäre in diesem Kontext gleichermaßen die Verteidigung der Einheit der Union gegen die Spaltungsversuche der USA gewesen: Die bilaterale Installation „nationaler" amerikanischer militärischer Abwehreinrichtungen auf europäischem Boden ist eine eklatante Missachtung der – juristisch zwar (noch) nicht gegebenen, aber politisch angestrebten – Souveränität und „territorialen Integrität" der Europäischen Union. Die EU teilt mit den USA – zum Teil – ihre Werte, mit Russland – zum Teil – ihre Interessen. Das amerikanische Interesse – die globale militärische Dominanz – liegt nicht im Interesse der EU. Die Forderung des Vorsitzenden der SPD-Fraktion, *Peter Struck,* nach „gleicher Nähe" zu – nicht nach gleicher „Entfernung" von – den USA und Russland[396] findet darin ihre Berechtigung.

„Annäherung durch Verflechtung": Deutschlands neue Russland-Politik

Da auf absehbare Zeit die Integration der EU und Russlands in gemeinsame institutionelle Strukturen aussichtslos erscheint, muss es Ziel der EU-Ostpolitik sein, mit Russland kooperative Formen einer paneuropäischen Ordnung zu finden. Im November 2007 läuft das Partnerschafts- und Kooperationsabkommen mit Russland aus. Präsident *Putin* schlug ein „Strategisches Partnerschaftsabkommen" als Nachfolgeabkommen zum EU-Russland-PKA vor. Die Verhandlungen über ein neues Abkommen sollten auf dem Gipfeltreffen EU-Russland am 24. November 2006 in Helsinki formal eröffnet werden. Die polnische Blockade jedoch reduzierte das Gipfeltreffen auf eine protokollarische Zusammenkunft. Die Aufnahme substanzieller Verhandlungen wurde auf dem 19. EU-Russland Gipfeltreffen am 17. und 18. Mai 2007 in Samara erneut verschoben; dessen „Erfolg" bestand lediglich darin, dass es überhaupt stattfand.[397]

Die Europäische Union und Russland waren bereits im Mai 2003 in Sankt Petersburg übereingekommen, vier „gemeinsame Räume" zu schaffen. Auf dem EU-Russland Gipfel vom 10. Mai 2005 in Moskau waren vier Pläne zu deren „Einrichtung" vereinbart worden,[398] einschließlich einer Road Map für einen gemeinsamen Raum der äußeren Sicherheit zwischen der EU und Russland, der den symmetrischen Charakter der

---

[396] „Die neue Eiszeit", in: „Der Spiegel", 21/2007, S. 25.
[397] Von anderen Spitzentreffen unterschied sich der Gipfel von Samara darin, dass die angekündigte „offene Aussprache" in der Tat stattfand: Wie ein Stein, geworfen aus dem Heiligendammer Glashaus, wirkte die Besorgnis der deutschen Kanzlerin *Angela Merkel* darüber, dass Schachweltmeister *Garri Kasparov,* der Sprecher der oppositionellen Bewegung „Das andere Russland", Schwierigkeiten bei der Anreise hatte.
[398] Einen Gemeinsamen Europäischen Wirtschaftsraum; einen Gemeinsamer Freiheits-, Sicherheits- und Rechtsraum; einen Gemeinsamen Raum für Zusammenarbeit im Bereich äußerer Sicherheit; eine Gemeinsamen Wissenschafts-, Bildungs- und Kultur-Raum; <http://europa.eu.int/comm/external_realtions/rusia/summit_05_05/finalroadmaps.pdf>.

Beziehungen demonstrieren sollte.[399] Präsident *Putin* hat inzwischen das Verhältnis Russlands zur Europäischen Union im wesentlichen auf wirtschaftliche Beziehungen reduziert; von einer „Gemeinschaft" mit der EU auf dem Gebiet der politischen Kultur ist wenig übrig geblieben. Was bleibt, ist die ökonomische Kooperation, die im Kern die gesicherte Lieferung und Abnahme von Energie-Trägern ist. Wie viel Inventar aus den vier „Räumen" in gemeinsamem Besitz bleibt, ist noch nicht absehbar.

Berlin hat das Verhältnis der Europäischen Union zu Russland zu einem Schwerpunkt der deutschen Ratspräsidentschaft gemacht. Die neue Ostpolitik des deutschen Außenministers *Frank-Walter Steinmeier*, die durch die transatlantische Disposition der Kanzlerin *Merkel* rückversichert wird, knüpft mit der Maxime „Annäherung durch Verflechtung" an die „alte" Ostpolitik an; „durch Annäherung" verspricht sich das Auswärtige Amt den gewünschten „Werte-Wandel" in Russland. Bei dem informellen Treffen der EU-Außenminister in Lappeenranta, Finnisch Karelien, im September 2006, trug *Steinmeier* grundsätzliche Überlegungen für eine Vertiefung der Beziehungen zwischen der EU und Russland vor.[400] In dem mit „Annäherung durch Verflechtung" betitelten Strategiepapier des Planungsstabes des Auswärtigen Amtes wird als Ziel einer europäischen Ostpolitik postuliert, „das konstruktive Engagement Russlands durch neue Kooperations- und Integrationsangebote zu fördern und seine *Verankerung in Europa* durch enge politische, wirtschaftliche und kulturelle Beziehungen irreversibel zu machen." Von einer „noch stärkeren Vernetzung" ist die Rede, von „neuen Bindungen", die geeignet sind, „den Wandel in Russland zu fördern". Deutschland befürwortet ein „umfassendes, integrativ angelegtes und nach vorn weisendes Abkommen mit klaren Signalen, dass Russland in Europa willkommen ist".[401] In dem Strategiepapier wird zwar zur Kenntnis genommen, dass Russland bei seiner Entwicklung im Innern „einen eigenen, russischen Weg" geht, der „vielfach asynchron zu dem der EU" verlaufe. Die Verfasser verstehen ihren Ansatz als moderne Interpretation des bewährten Konzepts „Wandel durch Annäherung".

Doch Russland will keine normative „Brüsselisierung", keine Förderung des „Wandels" nach Brüsseler Vorgaben. In Russland wird heute „das ökonomische Modell uneingeschränkter Rationalität auf außerökonomische Bereiche übertragen, und davon ausgegangen, dass es kein freiwilliges politisches oder gesellschaftliches Enga-

---

[399] „Dorožnaja karta" po obščemu prostranstvu vnešnej bezopasnosti: <http://president.kremlin.ru/text/docs/2005/05/88012.shtml>; <www.eu2005.lu/en/actualites/documents_travail/2005/05/10-4spaces/4spaces.pdf> S. 32; documents_travail.

[400] „Berlin schlägt in der EU-Rußlandpolitik ‚Annäherung durch Verflechtung' vor", in: Frankfurter Allgemeine Zeitung, 04.09.2006, Nr. 205, S. 5. <http://fazarchiv.faz.net/webcgi?START=A40&T_TEMPLATE=druck&WID=96453-...>.

[401] „Deutschland ist die Geisel seines Ehrgeizes, mit Russland eine privilegiertere Partnerschaft haben zu wollen als mit anderen EU-Staaten", kommentierte der polnische Vorsitzende des Auswärtigen Ausschusses des Europäischen Parlaments, *Jacek Saryus-Wolski*, die Priorität Russlands in Deutschlands auswärtiger Politik. Zitat aus dem Artikel „Die neue Eiszeit", in: „Der Spiegel", 21/2007, S. 25.

gement ohne Eigennutz gebe [...] Dies ist die Ursache dafür, dass Politiker und Politikwissenschaftler so auf die Geopolitik fixiert sind [...] Politik funktioniert nach dem Prinzip [...] des Nutzens von Vorteilen. Alle anderen philosophischen Konzepte gelten als heuchlerische Versuche, räuberische Absichten mit schönen Worten zu verschleiern", so *Lew Gudkow*, der Direktor des *Lewada-Zentrums* in Moskau.[402]

6.5 „Verankerung Russlands in Europa"[403] – Die europäische Funktion der Ukraine

Auch wenn es in Samara zu keiner „Annäherung" auf der politischen Ebene gekommen ist, auf der wirtschaftlichen Ebene vollzieht sich – autonom – die gewünschte „Verflechtung". Die Dynamik in der ökonomischen Realität wird eine politische Wiederannäherung Russlands an die Europäische Union bewirken.

Bereits im Partnerschafts- und Kooperationsabkommen und sodann in der „Gemeinsamen Strategie" der Europäischen Union gegenüber der Russischen Föderation von 1999 wurde die Schaffung eines EU-RF Freihandelsgebietes ins Auge gefasst. Und in dem anvisierten neuen Abkommen zwischen der EU und Russland ist wieder – neben der Energiepartnerschaft – Freihandel als ein zentrales Element vorgesehen. Auch das Abkommen zwischen der Europäischen Union und der Ukraine über Partnerschaft und Zusammenarbeit von 1998 stellte ein gemeinsames Freihandelsgebiet EU–Ukraine in Aussicht; und eine EU-Ukraine Free Trade Area ist Kern des „Enhanced Agreement", das das PKA ab 2008 ablösen soll. Die beiden neuen Abkommen der Europäischen Union mit der Ukraine und mit Russland, so sie denn zustande kommen, eröffnen in Kombination die Möglichkeit der Schaffung einer Suprastruktur für die beiden Teile Europas, eines „*Größeren Europäischen Wirtschaftsraums*" (Wider Europe Economic Space) – als ökonomische Basis für die Realisierung der Idee eines „*Größeren Europa*".[404] Bedingung ist der Beitritt der Ukraine und Russlands zur WTO, wofür beide Länder die Unterstützung der Europäischen Union haben. Nachdem die USA auf dem APEC-Gipfel in Hanoi am 19. November 2006 ihre Blockade des WTO-Beitritts Russlands aufgegeben haben – die Präsidenten *Bush* und *Putin* unterzeichneten ein entsprechendes bilaterales Abkommen –, ist der Beitritt Russland zur WTO in Sicht-

---

[402] *Lev Gudkov*, Russlands Systemkrise, Negative Mobilisierung und kollektiver Zynismus, in: Osteuropa, 57. Jg., 1/2007, S. 3–13. (Analitičeskij Centr Jurija Levady).

[403] Eine Formulierung aus dem Strategiepapier des Auswärtigen Amtes, zitiert in der FAZ, Nr.151, 03.07.2006, S. 1: „Ziel einer europäischen Ostpolitik müsse es sein, 'das konstruktive Engagement Russlands durch neue Kooperations- und Integrationsangebote zu fördern' und seine *Verankerung in Europa* durch enge politische, wirtschaftliche und kulturelle Beziehungen 'irreversibel zu machen'".

[404] *Gerhard Simon* weist darauf hin, dass „von Russland kommend der Terminus in den offiziellen Sprachgebrauch des Europarats eingegangen" ist. *Gerhard Simon*, Russland und die Grenzen Europas, in: Osteuropa, 11/12, 1999.

weite gerückt. Die Ukraine wird voraussichtlich in der ersten Jahreshälfte 2008 der WTO beitreten können.

Russland betrachtet sich als eine europäische Macht; seine asiatische territoriale Dimension und seine asiatischen Minderheiten – wie auch seine historische Präsenz in Zentralasien und seine gegenwärtigen Prätensionen in diesem Raum – versucht es mit dem Begriff „Eurasien" zu erfassen. Die Russen Sibiriens oder des russischen Fernen Ostens werden aber nicht dadurch zu „Asiaten", dass sie östlich des Urals leben. Die euroasiatische Doppelnatur Russlands beruht nur auf einer geographischen – und dazu noch inkonsistenten – Konvention.

„Gesamteuropa", das „Größere Europa" endet nicht am Ural; es reicht vom Atlantik bis zum Pazifik. „Kleineuropa", die Europäische Union, ist nur die westliche Halbinsel des eurasischen Kontinents. Die Europäische Union braucht die kontinentale, euro-asiatische Dimension Russlands, um sich in dem geopolitschen Wettbewerb zu behaupten. Es liegt in ihrem Interesse, dass Russland seine Interessen mit den Interessen der Europäischen Union kompatibilisiert. Eine *Gesamteuropäische Wirtschafts- und Sicherheitsgemeinschaft*, welche die Europäische Union und die Russländische Föderation umfasst, und in die Russland sein energetisches und nukleares und die EU ihr technologisches Potenzial einbringen, könnte das gemeinsame Dach für die beiden Teile Europas bilden. Als politisches Fernziel ließe sich die Herstellung von „konföderativen Strukturen" konzipieren – in Analogie zu der von Kanzler *Helmut Kohl* angedachten Vorstufe zur deutschen Wiedervereinigung.

Aus ihrer territorialen Zwischenlage und ihrer kulturellen Ambivalenz heraus erwächst der Ukraine eine europäische Funktion. Diese besteht darin, gleichsam als europäische „Ankerkette" zu dienen – um das Bild des Auswärtigen Amtes aufzugreifen –, mit der zwischen Russland und der Europäischen Union eine starke Verbindung aufrecht erhalten wird. Ihre „Zwischenlage" prädestiniert die Ukraine dazu, nicht nur die Bildung einer neuen politischen Wasserscheide quer durch Europa zu verhindern, sondern einen „Zusammenhang", ein engmaschiges Netz zwischen der Europäischen Union und der Russländischen Föderation herzustellen. Die historischen, kulturellen und familiären Beziehungen der Ukraine zu Russland sind bindende Kräfte, deren Erhaltung – und Verstärkung – von der Europäischen Union gefördert werden sollten.

Um dieser Aufgabe gerecht werden zu können, braucht die Ukraine europäischen Rückhalt, eine europäische Integrationsperspektive, die gleichsam ein – fest haltender – „Ankergrund" ist. Ohne eine verlässliche Aussicht auf Mitgliedschaft in der Europäischen Union als Alternative zur Reintegration in einen von Moskau dominierten „gemeinsamen Raum" wird die Ukraine von Russland vereinnahmt werden. In einer Lage jedoch, in der sie von Russland völlig abhängig ist, kann die Ukraine diese europäische Funktion nicht erfüllen. Mit Russland verbunden – aber in die Europäische Union eingebunden – kann die Ukraine einen essenziellen Beitrag zur Schaffung des „Größeren Europa" leisten.

Bibliographie

1. *Anne Applebaum*, GULAG. A History of the Soviet Camps, Penguin Books, London 2004.
2. *Mykola Asarow*, Gibt es einen Ausweg aus der „orangenen" Sackgasse?, in: Zerkalo Nedeli, 9 (588), 11.03.2006, S. 7.
3. *Boris Beresowskij*, Mein Platz der Unabhängigkeit, in: Zerkalo Nedeli, 45 (573), 19.11.05, S. 5.
4. *Timofei Bordachev/Arkady Moshes*, Is the Europeanization of Russia over?, Russia in Global Affairs, Vol. 2, April–Juni 2004, S. 90 ff.
5. *Klemens Büscher*, Transnationale Beziehungen der Russen in Moldova und der Ukraine. Ethnische Diaspora zwischen Residenz- und Referenzstaat, Frankfurt am Main 2004.
6. *Jurij Bustusow*, Wahlen 2006: Portraits der Konkurrenten am Start, in: Zerkalo Nedeli, 48 (576), 10.–16.12.2005.
7. *Robert Conquest*, The Harvest of Sorrow. Soviet Collectivisation and the Terror-Famine, Pimlico/Random House, London 2002.
8. *Michael Dauderstädt/Barbara Lippert/Andreas Maurer*, Die deutsche EU-Ratspräsidentschaft 2007: Hohe Erwartungen bei engen Spielräumen; Friedrich-Ebert-Stiftung, Internationale Politikanalyse, November 2006.
9. *Michael Derrer*, Growth Potential of the Ukrainian Economy – Is the „miracle" meant to last? in: Nicolas Hayoz/Andrej N. Lushnycky (Hrsg.): Ukraine at a Crossroads, Bern 2005.
10. *Dmytro Doroschenko*, Die Ukraine und Deutschland – Neun Jahrhunderte Deutsch-Ukrainischer Beziehungen (Ukrainische Freie Universität, Institut zur Erforschung der Deutsch-Ukrainischen Beziehungen; Reihe Monographien, Bd. 55), München 1994.
11. *Barbara Falk*, Sowjetische Städte in der Hungersnot 1932/33. Staatliche Ernährungspolitik und städtisches Alltagsleben (Dissertation). Beiträge zur Geschichte Osteuropas, Bd. 38, Köln 2005.
12. *Bohdan A. Futey*, Rule of Law in Ukraine: A Step Forward or Backward? in: Nicolas Hayoz/Andrej N. Lushnycky (Hrsg.): Ukraine at a Crossroads, Bern 2005.
13. *Elmar Brok*, Glaubwürdigkeit statt „Alles oder Nichts". Bei der Erweiterung stößt die EU an ihre Grenzen, in: Union in Europe, 5/2006, S. 4 und 5.

14. *Nicole Galina*, Beyond the Eastern Enlargement of the European Union. The Case of Ukraine, in: *Nicolas Hayoz/Andrej N. Lushnycky* (Hrsg.), Ukraine at a Crossroads, Bern 2005.

15. *Lev Gudkov*, Rußlands Systemkrise. Negative Mobilisierung und kollektiver Zynismus, in: Osteuropa, 57. Jg., 1/2007, S. 3–13.

16. *Mirco Günther*, Die Ukraine auf dem Weg nach Europa. Unterwegs zwischen Karpaten und Donbass. Eindrücke und Betrachtungen aus historischer und gegenwartspolitischer Sicht, Berlin 2006.

17. *Guido Hausmann/Andreas Kappeler* (Hrsg.), Ukraine: Gegenwart und Geschichte eines neuen Staates, (Nationen und Nationalitäten in Osteuropa, herausgegeben vom Arbeitskreis für nationale Probleme in Osteuropa), Baden-Baden 1993.

18. *Nicolas Hayoz/Andrej N. Lushnycki* (Hrsg.), Ukraine at a Crossroads. (Interdisciplinary Studies on Central and Eastern Europe, Bd. 1), Bern 2005.

19. *Samuel P. Huntington*, The Clash of Civilizations and the Remaking of World Order, Simon and Schuster, New York 1996.

20. *Egbert Jahn*, Ausdehnung und Überdehnung. Von der Integrationskonkurrenz zwischen Brüssel und Moskau zum Ende der europäischen Integrationsfähigkeit, in: Osteuropa, 02–03/2007.

21. *Andreas Kappeler*, Kleine Geschichte der Ukraine, München 1994.

22. *Laza Kelic*, Where are the EU's final Borders? in: The Moscow Times, 17.06.2004, S. 10.

23. *Iris Kempe*, Zwischen Anspruch und Realität. Die Europäische Nachbarschaftspolitik, in: Osteuropa, 02–03/2007, S. 57 ff.

24. *Wilhelm Knelangen*, Nachbarn in Sicherheit, Freiheit und Recht? Inneres und Justiz: Ambivalenzen der ENP, in: Osteuropa, 02–03/2007, S. 257 ff.

25. *Lew Kopelew*, Und schuf mir einen Götzen, Göttingen 1996.

26. *Wolodymyr Krawtschenko*, Große Überraschung, in Zerkalo Nedeli, 11 (640), 24.03.2007, S. 1 und 4.

27. *Stanislaw Kultschyzkyj*, Die Ukraine zwischen Russland und Amerika, in: Zerkalo Nedeli, 15 (490), 17.04.2004.

28. *Sandra Lavenex*, EU external governance in Wider Europe, in: Journal of European Public Policy, Volume 11, Issue 4, August 2004, S. 680–700.

29. *Rainer Lindner*, Blockaden der „Freundschaft", SWP-Aktuell 3, Berlin 2007.

30. *Rainer Lindner*, Enduring Crisis in Ukraine. A Test Case for European Neighbourhood Policy, Stiftung Wissenschaft und Politik, SWP Comments, Berlin, Mai 2007.

31. *Rainer Lindner*, Postrevolutionäre Realität. Die Ukraine braucht eine stabile Regierung, in: Osteuropa, 10/2007, S. 3–14.

32. *Barbara Lippert*, Teilhabe statt Mitgliedschaft? Die EU und ihre Nachbarn im Osten, in: Osteuropa, 2–3/2007, S. 69–94.

33. *Ernst Lüdemann*, Ukraine, (Beck'sche Reihe 860), München 1995.

34. *Arkadij Moshes*, Priorität gesucht. Die EU, Russland und ihre Nachbarn, in: Osteuropa, 02–03/2007.

35. *Julija Mostowa/Serhij Rachmanin*, Ein Jahr nach dem Majdan: Keine Wiederholung, in: Zerkalo Nedeli, 45 (573), 19.11.2005, S. 1–4.

36. *Julija Mostowa*, Ein Parlament mit unbegrenzter Verantwortung, in: Zerkalo Nedeli, 48 (576), 10.12.2005.

37. *Oleksandr Paschower*, Hochzeit der Oligarchen, in: *Korrespondent*, 7 (246), 24.02.2007, S. 18–22.

38. *Ernst Piehl/Peter W. Schulze/Heinz Timmermann*, Die offene Flanke der Europäischen Union, Russische Föderation, Belarus, Ukraine und Moldau, Berlin 2005.

39. *Wiktor Pintschuk*, Kapital, in Zerkalo Nedeli, 49 (577), 17.–23.12.2005, S. 1 und 5.

40. *Natalija Polonska-Vasylenko*, Geschichte der Ukraine – von den Anfängen bis 1923, (Ukrainische Freie Universität, Reihe Monographien, Band 48), München 1988; Titel der ukrainischen Originalausgabe: Istorija Ukrajiny, Bd. 1, München 1972; Bd. 2, München 1976.

41. *Dmitrij Popow/Ilia Milstein*, Julia Timoschenko. Die Zukunft der Ukraine nach der Orangenen Revolution, Köln 2006. Titel der russischen Originalausgabe: Die orangene Prinzessin. Das Rätsel Julija Timoschenko, Moskau 2006.

42. *Romano Prodi*, A Wider Europe. A Proximity Policy as the key to stability. Sixth ECSA-Conference, Brussels, 05.–06.12.2002.

43. *Serhij Rachmanin*, Der Weg, der nicht zum „Majdan" führt, in: Zerkalo Nedeli, 46 (574), 26.12.2005.

44. *Serhij Rachmanin*, Sieben Fragen – eine Antwort, in: Zerkalo Nedeli, 1 (580), 14.01.2006.

45. *Mykola Rjabtschuk*, Die reale und die imaginierte Ukraine, Frankfurt am Main 2005.

46. *Mykola Rjabtschuk*, Erzwungener Pluralismus. Kommunizierende Röhren in der Ukraine, in: Osteuropa, 10/2007, S. 15–27.

47. *Jan Ruzicka, Michal Koran*, Totgesagte leben länger, Die Visegrad-Gruppe nach dem EU-Beitritt, in: Osteuropa, 10/2006, S. 27–41.

48. *Vladimir Ryzhkov/Nadezhda Arbatova*, Russia and the European Union: Options for Deepening Strategic Partnership; ,Russia in the United Europe' Committee (Komitet ‚Rossija v Obedinennoj Evrope'), Report, Moskau 2002, S. 39 ff.

49. *Andrej Sagorskij*, Variable Geometrie: Grundlagen der Kooperation in der Gemeinschaft Unabhängiger Staaten, in: *Peter W. Schulze/Hans Joachim Spanger* (Hrsg.), Die Zukunft Russlands. Staat und Gesellschaft nach der Transformationskrise, Frankfurt 2000, S. 320 ff.

50. *Andrej Sagorskij*, Die Gemeinschaft Unabhängiger Staaten: Stand und Perspektiven, in: *Gabriele Gorzka/ Peter W. Schulze* (Hrsg.), Russlands Weg zur Zivilgesellschaft, Bremen 2000, S. 201 ff.

51. *Andrej Sagorskij,* Die sicherheitspolitische Lage in Mitteleuropa aus russischer Perspektive, in: *Erich Reiter* (Hrsg.), Die sicherheitspolitische Lage in Mitteleuropa, Studien und Berichte zur Sicherheitspolitik 1/2006, Wien 2006.

52. *Vladimir Saprykin*, Subjekt oder Objekt? Die Ukraine und der Gastransit in die EU, in: Osteuropa, 9–19/2004.

53. *Serhij Schadan*, Die Ostukraine kämpft um die Wahrheit, in Süddeutsche Zeitung, Nr. 279, 01.12.2004, S. 13.

54. *Eberhard Schneider*, Das politische System der Ukraine. Eine Einführung, Wiesbaden 2005.

55. *Winfried Schneider-Deters*, Ost-Erweiterung der EFTA? Einige Gedanken zur Konkretisierung des Konzepts eines „Größeren Europa", in: Osteuropa, 6/2000.

56. *Winfried Schneider-Deters,* Die palliative Ukraine-Politik der Europäischen Union, in: Osteuropa, 1/2005.

57. *Winfried Schneider-Deters,* Der Ungeist des „Systems Kutschma" – Die Ukraine vor und nach der Orangenen Revolution (Rezensionsessay), in: Osteuropa, 11/2005.

58. *Winfried Schneider-Deters,* Freie Wahl, große Qual – Orangener Pyrrhus-Sieg in der Ukraine? in: Osteuropa, 5/2006.

59. *Winfried Schneider-Deters,,* „Ein Paradiesvogel unter Aasgeiern" – Die Metamorphose der Julija Timoschenko (Rezensionsessay), in: Osteuropa, 9/2006.

60. *Peter W. Schulze/Hans-Joachim Spanger* (Hrsg.), Die Zukunft Russlands. Staat und Gesellschaft nach der Transformationskrise. Studien der Hessischen Stiftung Friedens- und Konfliktforschung, Band 33, Frankfurt am Main 2000.

61. *Peter W. Schulze/Hans-Joachim Spanger* (Hrsg.), Die Außen- und Sicherheitspolitik im Neuen Russland: Eine Elitenstudie; Friedrich-Ebert-Stiftung, Berlin 2001.

62. *Peter W. Schulze*, Nationale Selbstbehauptung, innenpolitische Restauration und außenpolitischer Realismus, in: Osteuropa, 6/2001.
63. *Peter W. Schulze*, Russland: Juniorpartner Amerikas oder Mitgestalter einer multipolaren Weltordnung, in: Friedrich-Ebert-Stiftung, Internationale Politik und Gesellschaft, 4/2004, S. 57–74.
64. *Peter W. Schulze*, Die EU, Russland und die GUS: Auseinandersetzungen über das nahe Ausland, in: Friedrich-Ebert-Stiftung, Internationale Politik und Gesellschaft, 3/2005, S. 144.
65. *Peter W. Schulze*, Das Ringen um Zwischeneuropa: Der Raum zwischen den beiden geopolitischen Machtblöcken: Russland und die Europäische Union, in: Erich Reiter (Hrsg.), Die sicherheitspolitische Lage in Mitteleuropa, Studien und Berichte zur Sicherheitspolitik; Schriftenreihe der Landesverteidigungsakademie Wien, 1/2006, S. 21–37.
66. *Dawyd Schwanija*, Ich beginne, um die Unabhängigkeit zu fürchten, Interview mit *Julija Mostova*, in: Zerkalo Nedeli, 6 (585), 18.02.2006, S. 1 und 3.
67. *Gene Sharp*, Bringing Down a Dictator: From Dictatorship to Democracy, Boston 1993.
68. *James Sherr*, Interaction of Internal and External Factors, in: Zerkalo Nedeli on the Web, 40 (515), 09.10.2004.
69. *James Sherr*, Die ukrainische Krise und die ukrainischen Perspektiven aus westlicher Sicht, in: Zerkalo Nedeli, 41(569), 22.–28.10.2005, S. 2.
70. *Lilia Shevtsova*, Putin's Russia, Carnegie Endowment for International Peace, Washington 2003.
71. *Tatjana Silina*, Wolodymyr Ohrysko: «Ein Diplomat ist ein Mensch, der die nationalen Interessen verteidigt», in Zerkalo Nedeli, 11 (640) 24.03.2007, S. 4.
72. Gerhard Simon, Die Erosion des Postkommunismus. Politische Kultur in der Ukraine im Wandel, in: Osteuropa, 10/2007.
73. *Javier Solana*, Entwurf für eine Europäische Sicherheitsstrategie, in: Blätter für deutsche und internationale Politik, Heft 8/2003, S. 1010 ff.
74. *George Soros*, Auf dem Weg zu einem größeren Europa, in: Project Syndicate, An Association of Newspapers around the World; <http://www.project-syndicate.org/print_commentary/soros24/German>.
75. *Winfried Steffani*, Parlamentarisch-Präsidentielle „Mischsysteme"? Bewertungen zum Stand der Forschung in der Politikwissenschaft, in: *Otto Luchterhand* (Hrsg.), Neue Regierungssysteme in Osteuropa und der GUS. Probleme der Ausbildung stabiler Machtinstitutionen. Berlin 1996, S. 17–66.
76. *Michael Stürmer*, Balance statt Beitritt, in: Die Welt, 16.06.2006.

77. *Heinz Timmermann,* Russlands Strategie für die Europäische Union, Aktuelle Tendenzen, Konzeptionen und Perspektiven, BIOST, 5-2000.

78. *Heinz Timmermann*, Die Republik Belarus, in: *Ernst Piehl/Peter W. Schulze/ Heinz Timmermann*, Die offene Flanke der Europäischen Union. Russische Föderation, Belarus, Ukraine und Moldau, Berlin 2005.

79. *Valentina Tschaplinskaja*, Lokal(Ko)Operation. EU-Projekte in Russlands Nordwesten, in: Osteuropa, 2–3/2007.

80. *Georg Vobruba*, The Enlargement Crisis of the European Union. Limits of the Dialectics of Integration and Expansion, in: Journal of European Social Policy, 1/2003, S. 35–62.

81. *Georg Vobruba*, Grenzen des Projekts Europa. Von der Expansionsdynamik zur abgestuften Integration, in: Die Einigung Europas. Zugkraft und Kraftakt, in: Osteuropa, 5–6/2004.

82. *Georg Vobruba*, Expansion ohne Erweiterung. Die EU-Nachbarschaftspolitik in der Dynamik Europas, in: Osteuropa, 2–3/2007.

83. *Ralf Wachsmuth,* Außenpolitischer Kurswechsel in der Ukraine? Kehrtwende in Richtung Russland oder wahltaktisches Manöver; Konrad-Adenauer-Stiftung, Länderbericht vom 18.08.2004.

84. *Kirsten Westphal*, Liberalisiert, monopolisiert, fixiert. Antinomien des Energiemarktes in Europa, in: Osteuropa, 57. Jg., 2–3/2007.

Vierter Teil

Die Republik Belarus

Inhaltsverzeichnis

1.	**Wurzeln und Merkmale des *Lukaschenko*-Regimes**	411
	1.1 Konstituierung der präsidialen Machtvertikale	413
	1.2 Machtinstrumente des Regimes	417
2.	**Akteure evolutionären Wandels**	423
3.	**Belarus-Russland: Eine konfliktreiche Partnerschaft**	427
	3.1 Divergenzen über das Unionsstaatsprojekt	428
	3.2 Der Energiekrieg: Ursachen, Ergebnisse, Folgen	433
	3.3 Zerbricht die Freundschaft an der Freundschaftspipeline?	438
4.	***Lukaschenkos* Suche nach Auswegen**	441
	4.1 Nutzung von Atomenergie und alternativen Transportwegen	441
	4.2 Mehrvektorenpolitik in Richtung China und Blockfreienbewegung	443
5.	**Aufbrechen der Selbstisolierung nach Westen?**	445
	5.1 Geringes Interesse an europäischen Organisationen	445
	5.2 Neuakzentuierungen in Richtung Europa	447
6.	**Wechselseitige Bilder und Erwartungen in Deutschland und Belarus**	452
	6.1 Deutschland–Belarus	453
	6.2 Belarus–Deutschland	455
7.	**Konditionierte Einbindungsstrategie der EU**	457
	7.1 Personenbezogene Sanktionen	457
	7.2 Ein Aktionsplan für Belarus: Annäherung durch Verflechtung?	459
8.	**Asymmetrische doppelte Dialog- und Kooperationsstrategie**	461
	8.1 Die Regierung als notwendiger Gesprächspartner	462
	8.2 Förderung der Zivilgesellschaft	464
9.	**Labiles Beziehungsdreieck EU–Belarus–Russland**	469

10. Ausblick: Drei Szenarien 472
    10.1 Kontinuität des aktuellen Regimes 472
    10.2 Demokratischer Regimewandel 474
    10.3 Gewaltsame Repression eines demokratischen Aufbruchs 475

Bibliographie 477
    Zeitschriften 479
    Internet-Adressen 479

1. Wurzeln und Merkmale des *Lukaschenko*-Regimes

Der Energiekonflikt zwischen Moskau und Minsk um die Jahreswende 2006/07 hat die Aufmerksamkeit in Deutschland und Europa erneut auf Belarus gelenkt, nachdem die Präsidentschaftswahlen vom März 2006 bereits zuvor kurzfristig die hiesigen Schlagzeilen beherrscht hatten. Nicht zufällig erinnerte Bundeskanzlerin und EU-Ratspräsidentin *Merkel* am 25. März 2007 in ihrer Berliner Rede zur Feier des 50. Jahrestages der Unterzeichnung der Römischen Verträge an die Hoffnung, die die Menschen, die ähnlich wie in Belarus unterdrückt werden, auf Europa setzten. „Sie feiern heute Ihren Unabhängigkeitstag. Auch an Sie denken wir heute und rufen Ihnen zu: Die Menschenrechte sind unteilbar. Europa ist auf Ihrer Seite." Aus gleichem Anlass erklärte EU-Kommissionspräsident *Barroso* die grundsätzliche Bereitschaft zur Partnerschaft mit Belarus sowie zu breiter Unterstützung des Landes. Dabei äußerte er die Hoffnung, dass Belarus „seinen ihm zustehenden Platz in der europäischen Familie einnimmt sowie die Werte von Demokratie, Respekt vor den Menschenrechten und Herrschaft des Rechts mit uns teilt".[1]

Bereits zuvor hatte die deutsche Politik über die Parteigrenzen hinweg ein starkes Engagement für demokratischen Wandel in Belarus gezeigt. So heißt es z.B. in dem Koalitionsvertrag von CDU, CSU und SPD vom November 2005: „Zusammen mit unseren Partnern setzen wir uns für eine Stärkung der Demokratie, Rechtssicherheit und Menschenrechte in Weißrussland ein."[2] Ihren Ausdruck fand die Unterstützung für die demokratische Opposition darüber hinaus in einer Reihe von deutschen und europäischen Parlamentsresolutionen und Regierungsbeschlüssen, in denen das Regime *Aleksandr Lukaschenkos* gedrängt wurde, die Präsidentschaftswahlen nach OSZE-Standards frei, fair, transparent und gewaltfrei zu gestalten.[3] Für diesen Fall stellten Deutschland und die EU die Normalisierung ihrer Beziehungen zu Belarus sowie die Einbeziehung des Landes in die Europäische Nachbarschaftspolitik (ENP) und deren konkrete Aktionspläne in Aussicht. Andernfalls drohten sie mit einer Verschärfung der bestehenden Sanktionen. Öffnung hin zur EU oder verstärkte Selbstisolierung nach Westen lagen somit in der Hand *Lukaschenkos*. Bei alldem wird deutlich: Nicht der Bilateralismus hat für Deutschland Vorrang. Tatsächlich sind die deutsch-belarussischen Beziehungen heute fest in die EU-Belarus-Beziehungen eingebunden. In diesem Rahmen indes versteht und profiliert sich Deutschland als Impulsgeber der EU-Politik.

---

[1] Die *Merkel*-Rede findet sich unter www.eu2007.de. *Barrosos* Grußbotschaft in Office for a Democratic Belarus (Brüssel) 5/3.4.2007, unter www.democraticbelarus.eu. Der 25. März, der Gründungstag der EU (EWG), bildet zugleich den 89. Jahrestag der Gründung der kurzlebigen Belarussischen Volksepublik.

[2] Der Koalitionsvertrag „Gemeinsam für Deutschland. Mit Mut und Menschlichkeit" findet sich unter www.spd.de/servlet/PB/show/71589444/111105_Koalitionsvertrag.pdf.

[3] Als Beispiel sei auf die ausführliche Debatte im Deutschen Bundestag, 22. Sitzung vom 9.3.2006 verwiesen.

Was ist das für ein Land im Herzen Europas, das im Schatten gesamteuropäischer Prozesse steht? Welche Entwicklung hat es seit seiner mit dem Zerfall der Sowjetunion verbundenen Unabhängigkeit genommen, und wie positioniert es sich heute gegenüber seinen Nachbarn in Ost und West?[4] Die Antwort auf diese Fragen fällt schwer, ist doch das *Lukaschenko*-Regime berechenbar vor allem in einem: seiner Unberechenbarkeit.

Dafür hier einige Beispiele. Sieht der Präsident den Putsch vom Oktober 1917 in Russland im Zusammenhang mit aktuell drohenden Farbenrevolutionen einmal eher negativ – „die Menschen in Belarus haben genug Revolutionen erlebt" –, so gratuliert er seinen Mitbürgern ein andermal zu dem daheim – einzig im gesamten postsowjetischen Raum – auch weiterhin als Staatsfeiertag begangenen 7. November als großem Glück „für das Volk und den gesamten Planeten".[5] Hatte er einmal *Hitler* als Vorbild für die innere Neuordnung von Belarus charakterisiert (1995), so beschuldigte das Regierungsorgan Sowjetskaja Belorussija Deutschland ein andermal des Revolutionsexports nach bolschewistischem Muster (2005). Fasst *Lukaschenko* einmal grundsätzlich die Mitgliedschaft in der EU ins Auge, so charakterisiert er sie ein andermal als aggressiven Block mit Umsturz- und Absorptionsplänen sowie der Absicht, Belarus seiner spezifischen Traditionen und spirituellen Werte zu berauben. Preist er heute Russland als zuverlässigen und brüderlich verbundenen Integrationspartner, so wirft er ihm morgen „imperialistischen Stil" nach US-Art sowie Absichten zu Erpressung und feindlicher Übernahme vor („Anschluss"). Fasste er lange

---

[4] Zu Belarus allgemein vgl. *Vitali Silitski*, Sonderfall *Lukaschenko*, in: Aus Politik und Zeitgeschichte (Bonn) 8–9/2007, S. 8–15; *Joerg Forbrig/David R. Marples/Pavol Demeš* (Hrsg.), Prospects for Democracy in Belarus, Bratislava 2006; *Heinz Timmermann*, Die Beziehungen Deutschland-Belarus im europäischen Kontext, Dortmund 2006; *ders.*, Osoby slučaj Belorussii (Der Sonderfall Belarus), in: Rossija v Global'noj Politike (Moskau) 2/April 2006, S. 96–105; *Hans-Georg Wieck*, Demokratieförderung in der Sackgasse. Europa versagt in Belarus, in: Osteuropa (Berlin) 9/2006, S. 57–72; *Rainer Lindner*, „Präsidentschaftswahl" in Belarus, SWP-Studie 6, Berlin 2006; *Gregorz Gromadzkij/Luboš Vesely*, Active and Cohesive, Tomorrow's EU Policy towards Belarus, Warschau 2006; *Dov Lynch* (Hrsg.), Changing Belarus, Chaillot-Papers (Paris) 85/2005; *Astrid Sahm*, Nach der Wahl ist vor der Wahl, Osteuropa 1/2005, S. 77–90; *Heinz Timmermann*, Belarus unter *Lukaschenko*: Zwischen Russland und der EU, in: Der Bürger im Staat (Stuttgart) 4/2005, S. 191–199; *ders.*, Die Republik Belarus, in: *Ernst Piehl/Peter W. Schulze/Heinz Timmermann*, Die offene Flanke der Europäischen Union. Russische Föderation, Belarus, Ukraine und Moldau, Berlin 2005, S. 245–331; Konturen und Kontraste. Belarus sucht sein Gesicht. Belarus-Sonderausgabe von Osteuropa 2/2004; *Stefan Batory Foundation* (Hrsg.), Belarus. Reform Scenarios, Warschau 2003; *Hans-Georg Wieck*, Demokratieförderung in Belarus'. Eine harte Nuß für die europäischen Institutionen, in: Osteuropa 7/2002, S. 871–884; *Dirk Holtbrügge*, Weißrussland, München 2002.

[5] Nachrichtenagentur BelaPAN (Minsk) 7.11.2006. Der 7. November entspricht nach früherer Zeitrechnung dem Datum der „Großen Oktoberrevolution". In Russland selbst ersetzte der 4. November 1612, der Tag der Vertreibung der Polen aus Moskau, den früher als Tag der bolschewistischen Revolution gefeierten 7. November.

Zeit die Bildung eines Unionsstaats mit Russland ins Auge, so empfiehlt er seit kurzem als günstige Alternative ein ähnliches Projekt mit der Ukraine.

Eine Ausnahme von der bizarren und exzentrischen Unberechenbarkeit *Lukaschenkos* bildet allein sein Eintreten für die Unabhängigkeit des Landes. Die erstrangige Aufgabe von heute bestehe darin, betonte *Lukaschenko* in seiner Botschaft an die Nation vom April 2007, „mit allen Kräften und Mitteln die Selbständigkeit des belarussischen Staates zu stärken", d.h. „eine eigene Außen- und Innenpolitik zu verfolgen". Gerade deshalb stehe die Botschaft unter dem Titel „Das unabhängige Belarus – unser würdiges und zuverlässiges Haus".[6] Dies ist übrigens der einzige Punkt, in dem Regime und Opposition grundsätzlich übereinstimmen. Fundamentale Differenzen zeigen sich freilich in der jeweiligen **Motivation**: Während es *Lukaschenko* um die Verteidigung seiner persönlichen Macht geht, tritt die Opposition für die Unabhängigkeit eines Belarus ein, das sich auf europäische Grundwerte, demokratische Prinzipien und eine marktwirtschaftlich-sozial geprägte Wirtschaftsordnung gründet.[7]

1.1 Konstituierung der präsidialen Machtvertikale

Unter sämtlichen GUS-Ländern im europäischen Raum ist Belarus für die EU – und seit kurzem auch für Russland – der schwierigste Nachbar. Im Rahmen der Transformation stellt das Land einen Sonderfall dar, bildet das Regime von Präsident *Lukaschenko* gleichsam ein **Antimodell** in seinem regionalen Umfeld, geprägt von einer Restauration wichtiger Elemente der untergegangenen Sowjetunion. Alternatives Denken und Handeln wird – auch „präemptiv" (*Lukaschenko*) – unterdrückt, wenn es zur Herausbildung oppositionellen Potentials zu führen sowie die Macht- und Herrschaftsbasis des Präsidenten zu unterminieren droht. So lässt sich das System *Lukaschenko* zwar nicht als totalitäre Diktatur charakterisieren, wie es insbesondere in den USA geschieht. Dies würde die brutal-totalitären Diktaturen von *Hitler* und *Stalin* unzulässig relativieren. Immerhin wird unter *Lukaschenko* alternatives Handeln in Grenzen geduldet. Zutreffender lässt sich das System *Lukaschenko* als scharf autoritäres Regime oder „präemptiver Autoritarismus" (*Silitski*) charakterisieren, gekennzeichnet durch eine spezifische Variante von repressiver Toleranz.

Wo liegen die wichtigsten Ursachen für den belarussischen Sonderweg und welches sind seine spezifischen Merkmale? Eine kurze Analyse hierzu ist unverzichtbar, weil nur so der überraschende Aufstieg *Lukaschenkos* sowie die darauf folgende Festi-

---

[6] Die Botschaft an das belarussische Volk und an die Nationalversammlung findet sich unter www.president.gov.by/data/press43753.doc.
[7] Vgl. hierzu insbesondere unter ökonomischen Aspekten *Stanislav Bogdankevič*, Vsegda est' al'ternativa (Es gibt immer eine Alternative), unter www.expertby.org/tags/16/. Der Autor war bis zu seiner Entlassung durch *Lukaschenko* 1995 Chef der belarussischen Nationalbank.

gung seines Regimes verständlich wird. Hatte Belarus im späten Mittelalter und in der frühen Neuzeit dem ostmitteleuropäischen Kulturkreis angehört, so wurde mit seiner Russifizierung im Spätzarismus und im Zeichen des Stalinschen Terrors seine nationale Identität weitgehend eliminiert, Sprache und Kultur eingeschlossen. Der opferreiche Partisanenkampf gegen den Vernichtungskrieg des nationalsozialistischen Deutschland und der Aufbau einer modernen, diversifizierten und leistungsfähigen Industrie in den 60er Jahren als „Werkbank Russlands" wurden überwiegend als Erfolg **der Sowjetunion insgesamt**, nicht aber als Ergebnis von Anstrengungen der **eigenen Nation** wahrgenommen. *Aleksandr Milinkewitsch*, der oppositionelle Präsidentschaftskandidat von 2006, brachte dies plastisch so zum Ausdruck: „In den Zeiten des russischen Imperiums und dann in den Zeiten der Sowjetunion wurden wir zu dem am meisten denationalisierten Volk – einem Volk, das des Bewusstseins seiner Wurzeln, seiner Sprache und seiner Geschichte beraubt wurde ... Die Belarussen haben eine sehr schöne Geschichte, doch die meisten unter ihnen kennen ihre Geschichte nicht, sie meinen, dass diese mit der Großen Sozialistischen Oktoberrevolution begann."[8] Insbesondere unter den älteren Generationen, den Kriegsveteranen und den Landbewohnern ist der Sowjetmythos auch weiterhin lebendig und wird von *Lukaschenko* geschickt instrumentalisiert (in wachsendem Maße übrigens auch gegenüber dem postsowjetischen neuen Russland).

Hinzu kommt: Anders als in Russland, in den baltischen Staaten und in den ostmitteleuropäischen Reformländern fehlte in Belarus eine einheimische politische, wirtschaftliche und publizistische Reformelite, die dem 1991 gleichsam in die Unabhängigkeit gestoßenen Land frische Reformimpulse hätte vermitteln können. Zu Sowjetzeiten war viel Kompetenz nach Moskau abgewandert und nach der Unabhängigkeit nicht in die Heimat zurückgekehrt. Pluralismus, Demokratie und Marktwirtschaft waren durch die mit dem Zerfall der Sowjetunion verbundenen wirtschaftlichen Probleme, durch die mangelnde Erfahrung der alternativen demokratischen Kräfte sowie nicht zuletzt durch die Inkompetenz der von altem Denken geprägten KP-Kader diskreditiert, die aus der zweiten Reihe die Schalthebel der Macht übernommen hatten. Statt solcher Führungsfiguren wie *Krawtschuk* in der Ukraine und *Brasauskas* in Litauen, die sich von KP-Spitzenfiguren überzeugend in Nationaldemokraten wandelten und die nationale Selbstbestimmung auf ihre Fahnen schrieben, eroberte 1994 in Belarus mit *Lukaschenko* ein begnadeter Populist sowjetischer Prägung und Mentalität die Bühne.[9]

Anders als die kommunistischen Altkader und die unerfahrenen nationaldemokratischen Alternativen vermochte *Lukaschenko* den Menschen das Gefühl zu vermitteln,

---

[8] *Milinkevich* discusses Belarusian Opposition 'schism', bei *Brian Whitmore*, Interview mit *Alyaksandr Milinkevich*, RFE/RL Newsline 104/7.6.2007.

[9] Zu familiärem Hintergrund und beruflichem Werdegang *Lukaschenkos* vgl. detailliert *Jan Maksymiuk*, Belarus: Lukashenka – Father of the Nation, or loudmouthed Autocrat?, in: RFE/RL, Feature article, unter www.rferl.org/featurearticleprint/2007/02.

„einer von uns" zu sein, die Reintegration mit Russland zu verwirklichen, die grassierende Korruption einzudämmen und der Bevölkerung als treusorgender „Batka" (Väterchen) jene materiellen Sicherheiten zurückzugeben, die sie durch den Zerfall der Sowjetunion eingebüßt hatte. So gelang es ihm, bei den frei und fair verlaufenen Präsidentschaftswahlen von 1994 aus dem Stand heraus und ohne nennenswerte Ressourcen in der Stichwahl 81 Prozent der abgegebenen Stimmen auf sich zu vereinen – zur Überraschung übrigens auch der *Jelzin*-Führung, die auf Ministerpräsident *Kebitsch* gesetzt hatte, den Spitzenvertreter der abgewirtschafteten zweiten Reihe der KP-Nomenklatur. Einige seiner Versprechen konnte *Lukaschenko* – für die Menschen erfahrbar – bis heute tatsächlich einlösen: Das BIP zeigt ein hohes Wachstum, Arbeitslosigkeit, Korruption und Kriminalität sind im Vergleich zu Russland gering. Dies verschaffte und verschafft ihm auch weiterhin eine Zustimmung unter der Bevölkerung, die nach Angaben neutraler Meinungsforschungsinstitute bei freien und fairen Wahlen um die 50 Prozent liegen würde. Demokratische Freiheiten dagegen rückten für die Menschen – ähnlich übrigens wie in Russland – in den Hintergrund und werden eher als soziale Gerechtigkeit und Gleichheit vor dem Gesetz und weniger als Freiheit der politischen Wahl und Artikulation verstanden.

Die eigentliche Machteroberung gelang *Lukaschenko* freilich erst mit einem stark manipulierten verfassungsändernden Referendum von November 1996, mit dem er Parlament und Justiz gleichschaltete und die damit verbundene Gewaltenteilung zugunsten der Errichtung seiner „präsidialen Machtvertikale" faktisch beseitigte. Dieser von Moskau sanktionierte Verfassungsputsch mit seinen folgenden Repressionen bildet bis heute den Grund für die 1997 beschlossene EU-Politik selektiver Restriktionen gegenüber dem *Lukaschenko*-Regime. Ihren Ausdruck finden sie insbesondere darin, dass das 1995 unterzeichnete Partnerschafts- und Kooperationsabkommen (PKA) nicht ratifiziert und eine Kontaktsperre über die Minsker Kabinettsmitglieder verhängt wurde. Ein Aktionsplan nach dem Muster der Ukraine, dessen gemeinsame Ausarbeitung die EU im Rahmen ihrer Europäischen Nachbarschaftspolitik (ENP) Belarus im November 2006 für den Fall demokratischen Wandels anbot, kann nur dann greifen, wenn er sich auf ein entsprechendes PKA mit der EU gründet.

Tatsächlich bot die neue (laut *Lukaschenko*: variierte) Verfassung von 1996 dem Präsidenten einen breiten Fächer von Möglichkeiten zum Ausbau seiner Machtvertikale und zur Repression alternativen Handelns, von denen er intensiv Gebrauch macht. Zu ihnen zählen: Festlegung von Referenden; Ansetzen von Wahlen zum Parlament und dessen Auflösung; Ernennung der Hälfte der Mitglieder der Zentralen Wahlkommission einschließlich ihres Vorsitzes; Ernennung und Entlassung des Premierministers, seiner Stellvertreter, der Minister und anderer Regierungsmitglieder; Nominierung der Hälfte der Mitglieder des Verfassungsgerichts einschließlich seines Vorsitzes; Nominierung des Vorsitzenden und der Richter des Obersten Gerichts, des Obersten Wirtschaftsgerichts und des Generalstaatsanwalts; Ernennung des Präsidenten der Nationalbank, des Oberkommandierenden der Streitkräfte und des Sekretärs des Sicherheitsrats. Der KGB, die zu Sowjetzeiten gegründete und dem Präsidenten zugeordnete Geheimpolizei, wurde kaum reformiert und änderte nicht einmal ihren Namen.[10] Im Zeichen einer umfassenden Privatisierung der Staatsgewalt sind sämtliche Lebensbereiche von den Ambitionen *Lukaschenkos* nach persönlicher Machtsicherung bestimmt. Anders als in Russland, wo *Putin* mit „Einheitliches Russland" über eine Art Staatspartei verfügt, verzichtete *Lukaschenko* auf ein analoges Instrument und zieht es vor, über seine präsidiale Machtvertikale sämtliche Fäden selbst in der Hand zu halten.

Komplettiert wird der eindrucksvolle Kompetenzkatalog durch eine Reihe weiterer Machtinstrumente. So verfügt der Präsident über das Recht, Verordnungen und Dekrete mit Gesetzeskraft zu erlassen. Diese können von der Legislative zwar später widerrufen werden, was seitens des 100 Prozent propräsidialen Taschenparlaments jedoch äußerst selten geschieht. Darüber hinaus hat *Lukaschenko* den unmittelbaren Zugriff bei der Besetzung führender Funktionen in den Regionen und Kommunen des Landes: Die sechs Gebietschefs werden von ihm ebenso ernannt und entlassen wie die Oberhäupter der Städte und Gemeinden. Das Gleiche gilt für die Direktoren der Staatsbetriebe, die sich noch heute zu rund 80 Prozent in Staatsbesitz befinden. Gutbezahlte Polizei- und Sicherheitskräfte sind heute zahlenmäßig nahezu doppelt so stark wie die Armee mit ihren 80 000 Angehörigen. Komplettiert wird die präsidiale Machtvertikale durch die Dominanz des Regimes über die Medien: Fernsehen und Rundfunk werden zu 100 Prozent, Printmedien (gemessen an der Auflage) zu 80 Prozent staatlich gelenkt.

Damit steht *Lukaschenko* an der Spitze einer verfassungsmäßig abgesicherten und bürokratisch verfassten Machtvertikale, die die demokratischen Institutionen zur Staffage macht und die Bevölkerung zur institutionalisierten Passivität verurteilt. Treffend ist hier die Rede von einer „Deinstitutionalisierung der Politik und einer Personalisierung der Macht".[11] Das eigentliche Macht- und Nervenzentrum bildet die Präsidialadministration, die für sämtliche relevanten Entscheidungen zuständig und in Form unkontrollierter Sonderfonds materiell reichlich ausgestattet ist (z.B. durch Erträge aus geheimen Waffenverkäufen und Gewinnen aus privilegierten kommerziellen Aktivitäten). Radikal zurückgedrängt wurden Demokratie und Pluralismus mit ihren zentralen Aspekten funktionierende Gewaltenteilung, Rechtssicherheit und Rechtsgleichheit, Medienfreiheit, ungehinderte Artikulationschancen für politische Opposition und zivilgesellschaftliche Organisationen, Möglichkeiten zu offener Diskurs- und Streitkultur.

Wahlen werden insbesondere in ihrem Vorfeld unter Missachtung der OSZE-Kriterien stark manipuliert; die politische Opposition wird schikaniert und ist im Parlament nicht mehr vertreten; unabhängige Meinungsforschungsinstitute werden ge-

---

[10] Die neue Verfassung ist abgedruckt in: Sovetskaja Belorussija (Minsk), 27.11.1996. Eine detaillierte Übersicht über die Kompetenzen *Lukaschenkos* bei Lindner, „Präsidentschaftswahl" in Belarus, a.a.O., S. 16 f.
[11] *Lindner*, „Prasidentschaftswahl" in Belarus, a.a.O., S. 14.

schlossen, selbst Umfragen werden streng kontrolliert; nichtkonforme Organisationen wie unabhängige Gewerkschaften und autonome Jugendverbände werden feindlich übernommen und als tragende Säulen in die präsidiale Vertikale eingebaut; gesellschaftlich aktive NGOs stehen unter Generalverdacht und werden häufig unter fadenscheinigem Vorwand liquidiert. Er verfüge über genügend Macht und „Techniken", um in Wahlen den Sieg zu garantieren und die Opposition zu „pulverisieren", verkündete *Lukaschenko* 2004 in bemerkenswert zynischer Offenheit. Als systemstabilisierende Faktoren fungieren insbesondere manipulierte Wahlen, eine artifizielle „Belarussische Staatsideologie", konstruierte Verschwörungstheorien und eine gelenkte Staatswirtschaft.

1.2 Machtinstrumente des Regimes

Manipulation der Wahlen. Seine (Pseudo-)Legitimation bezieht das *Lukaschenko*-Regime aus manipulierten und gefälschten Wahlen auf nationaler ebenso wie auf kommunaler Ebene. So war der Präsident zu keinem Zeitpunkt bereit, den wiederholten Aufforderungen der EU zu folgen und bei Wahlen nach den Standards der OSZE zu verfahren, zu deren Einhaltung Belarus als Mitglied der Organisation verpflichtet ist. Damit setzt er sich in permanenten Widerspruch zu seinen in der OSZE-Gipfelerklärung von Istanbul 1999 fixierten Zusagen. Damals hatte *Lukaschenko* zugesichert, sich in Zusammenarbeit mit der Minsker OSZE-Mission für demokratische Reformen, für die Stärkung der Rechte des Parlaments, für die Pressefreiheit, für die Unabhängigkeit der Gerichte sowie für die Unterbindung strafrechtlicher und politischer Unterdrückung der Opposition einzusetzen.

Tatsächlich missachtete der Präsident jedoch sämtliche Abmachungen, nicht zuletzt mit Blick auf die Wahlen. So entschied er im Oktober 2004 das von OSZE, Europarat und EU ohnehin als illegitim erkannte Referendum zur unbegrenzten Verlängerung seiner Amtszeit mit manipulierten 77 Prozent für sich. Ein weiteres Beispiel für die Machtsicherung *Lukaschenkos* bildeten die Präsidentschaftswahlen vom März 2006 selbst, bei denen der Präsident in einem kontrollierten Plebiszit mit offiziell 83 Prozent seine Gegner *Milinkewitsch* (6,2 Prozent) und *Kosulin* (2,2 Prozent) um Längen distanzierte. Bei den Kommunalwahlen vom Januar 2007 schließlich fanden sich in den 6 586 lokalen Wahlkommissionen mit ihren 74 107 Mitgliedern lediglich zwei Vertreter oppositioneller Parteien.[12]

Im internationalen Kontext fanden die Wahlen ein extrem unterschiedliches Echo und demonstrierten gerade im Verhältnis der strategischen Partner Russland und EU eine wachsende Kluft im Verständnis von Grundwerten und demokratischen Prinzipien. Der von Russland geführten, 467 Mitglieder starken GUS-Wahlbeobachtermission (nicht vertreten: Ukraine, Georgien, Moldau) ging es sichtbar darum, das *Lukaschenko*-Regime durch Unterstreichung seiner Legitimität zu stützen. Für sie galten

---

[12] *Jan Maksymiuk*, in: RFE/RL, Belarus, Ukraine and Moldova 6/14.2.2006.

die Wahlen ähnlich wie das Referendum von 2004, von kleineren technischen Mängeln abgesehen, als „frei, ehrlich, transparent und in vollem Einklang mit den Gesetzen"[13] – eine Einschätzung, die 416 von 446 Abgeordneten der russischen Staatsduma anschließend teilten. Jedes Land müsse seine Demokratie auf eigene Weise entwickeln, hieß es bei den Verantwortlichen in Moskau. Jedes Land habe das Recht, sich gegen Einmischung aus dem Westen und dessen „Demokratiemanie" zu wehren (so Außenminister *Lawrow*). Besonders scharf kritisierte Moskau die OSZE dafür, dass sie, orientiert an einem vorprogrammierten Negativbild, ihr Urteil bereits **vor der Wahl** getroffen habe, statt sich bei ihrer Wertung auf den eigentlichen Wahlakt zu konzentrieren.

Gerade hier liegt der qualitative Unterschied zur Einschätzung der eng mit EU und Europarat kooperierenden OSZE-Wahlbeobachtermission. Zwar widmeten sich auch ihre 439 Kurz- und 37 Langzeitbeobachter intensiv dem eigentlichen Wahlakt, wobei neben negativen Vorkommnissen durchaus auch positive Aspekte erwähnt wurden (z.B. technisch perfekte Vorbereitung, friedlicher Wahlgang). Zugleich kritisierte sie jedoch scharf die massiven Eingriffe des Regimes im **Vorfeld** der Wahlen, die echten politischen Wettbewerb unmöglich gemacht und der Opposition durch Inkriminierung, Gewaltanwendung, Inhaftierung sowie Entlassung aus Betrieben und Universitäten keine Chance gelassen hätten.[14] Zu solchen für den Wahlkampf insgesamt entscheidenden Manipulationen und Repressionen zählen aus westlicher Sicht: die überragende Präsenz *Lukaschenkos* in den regimegelenkten Medien, die „antirevolutionäre Gesetzgebung" zwecks Kriminalisierung jeder Form regimeunabhängiger Aktivitäten, die starke Behinderung des Wahlkampfs der Opposition, die Androhung „präventiver" Gewaltanwendung gegen die als „Hooligans", „ausländische Agenten" und potentielle „Terroristen" charakterisierten Gegner des Präsidenten.

Besonders massiv äußerte sich die Repression in der Verurteilung und Inhaftierung von Demonstranten, Wahlhelfern und sogar Mitgliedern aus dem Wahlkampfstab von *Milinkewitsch* durch die gleichgeschaltete Justiz. Außenminister *Steinmeier* nahm die kurzfristige Verhaftung des Oppositionsführers während einer – noch ganz im Zeichen der Wahlkampf-Konfrontation stehenden – Demonstration zum 20. Jahrestag von Tschernobyl im April 2006 zum Anlass für ein Protestschreiben an die Verantwortlichen in Minsk, in dem es heißt: „Die weißrussische Regierung macht damit eklatant deutlich, dass sie ihren Bürgern keinen verlässlichen Rahmen bietet

---

[13] BelaPAN 20.3.2006.

[14] Vgl. den OSCE/ODIHR Election Observation Mission Report Republic of Belarus Presidential Election 19 March 2006, Warschau 2006, unter www.osce.org/documents/odihr/ 2006/06/19393_en.pdf. In einer bizarren Bemerkung behauptete *Lukaschenko* im November 2006 in aller Öffentlichkeit, er habe, um die kritischen Europäer ruhigzustellen, das Ergebnis der Präsidentschaftswahlen bewusst zu seinen Ungunsten gefälscht und von realen 93,5 Prozent auf „europäische Zahlen" von 86 Prozent herabstufen lassen. Die daraufhin erfolgte Anzeige des inhaftierten sozialdemokratischen Parteichefs *Kosulin* fand bei den Strafverfolgungsbehörden keine Berücksichtigung, BelaPAN 17.5.2007.

für zivilgesellschaftliche Aktivitäten. Sie respektiert trotz Verpflichtungen aus der Verfassung und internationaler Vereinbarungen grundlegende Rechte ihrer Bürger nicht. Wiederholte Appelle der EU, internationale Standards, insbesondere das Versammlungsrecht und das Recht auf freie Meinungsäußerung zu achten, werden ignoriert. Es handelt sich offensichtlich um einen durchsichtigen Versuch, die demokratische Opposition einzuschüchtern und mundtot zu machen. Die weißrussische Regierung entfernt sich damit weiter von der europäischen Wertegemeinschaft, aber auch von ihren eigenen Bürgern."[15] In Einklang damit kamen OSZE und mit ihr EU, Europarat und NATO zu dem Schluss: Die Präsidentschaftswahlen in Belarus entsprachen nicht den Standards der Organisation. Damit hatte das *Lukaschenko*-Regime seine Selbstisolierung weiter zementiert.

Belarussische Staatsideologie. In diesen Kontext fügt sich die Anordnung des Präsidenten vom März 2002, verpflichtende „Grundlagen der Ideologie des Belarussischen Staates" zu entwickeln. Im Dezember 2003 wurde der „Rat zur Organisation der Erziehungsarbeit" gebildet, dessen Aufgabe die „Erhöhung der Effektivität der ideologischen Arbeit an den höheren Lehreinrichtungen" ist.[16] In sämtlichen Regierungsinstitutionen, Betrieben und Bildungseinrichtungen wird die Position eines Stellv. Leiters mit der Funktion geschaffen, die Vermittlung der Staatsideologie auf einschlägigen Pflichtkursen und -veranstaltungen zu organisieren. Hierbei greift das Regime einerseits zurück auf Elemente der sowjetkommunistischen Ideologie mit ihren identitätsstiftenden Merkmalen wie „Kollektivgeist, soziale Gerechtigkeit, Großer Vaterländischer Krieg". Damit möchte sich *Lukaschenko* als Fortsetzer positiver Seiten des Sowjetsystems und als „spiritueller Führer der osteuropäischen Zivilisation" in Szene setzen.

Parallel zur wachsenden Distanzierung von Russland und dem Projekt eines Unionsstaats als Kern einer erneuerten Sowjetunion verweist er nunmehr jedoch verstärkt auf etwas anderes: auf die Notwendigkeit nämlich, einen „nationalen Patriotismus" zu demonstrieren und eine „nationale Identität" zu entwickeln, gegründet auf der „ethnischen Besonderheit" der belarussischen Nation, ihrem „spirituellen Kern" sowie ihren nationalen Mythen, Helden und Siegen. Dieses **sowjet**patriotisches Selbstverständnis überlagernde **national**patriotische Pathos mit seinem Legitimitätsbezug auf die nationalen Traditionen hat sich neuerdings weiter verstärkt und fand seinen bislang sichtbarsten Ausdruck anlässlich des 89. Jahrestages der Unabhängigkeit vom 25. März 2007. Hatte das Regime Feiern zum Gründungstag der kurzlebigen Volksrepublik Belarus von 1918 bislang als Inszenierungen nationalistisch-reaktionärer Kräfte diskreditiert, so organisierte es diesmal parallel zu Demonstrationen der Opposition erstmals selbst einschlägige Veranstaltungen unter dem Motto „Für ein unabhängiges Belarus".

---

[15] Pressemitteilung des Auswärtigen Amts vom 27.4.2006.
[16] Vgl. *Viktor Tschernow*, Die neue belarusische Staatsideologie, in: Belarus-News (Dortmund) 22/Sommer 2003, S. 10 f.

Grob gesehen verfolgt das Regime mit der Belarussischen Staatsideologie einen mehrfachen Zweck. Zum einen soll sie den belarussischen Sonderweg bekräftigen, der sich von dem „liberalen Terror" des Westens (*Lukaschenko*) abhebt, dem der Präsident aber auch Teile der politischen und Wirtschaftselite des neuen Russland mit deren Forderung an Minsk verfallen sieht, die staatsdominierte Wirtschaftsordnung zu liberalisieren und für russisches Kapital zu öffnen. Zum andern soll sie Unabhängigkeit und Identität des Landes sichern. Schließlich soll die Staatsideologie der schleichenden Erosion der Zustimmung zum Regime und zu *Lukaschenko* persönlich Einhalt gebieten, wie sie insbesondere in den urbanen Zentren, unter der jüngeren Generation und selbst in den Reihen der Nomenklatur festzustellen ist. Dazu *Lukaschenko*: „Wenn die Immunität geschwächt ist, kann jede beliebige kleine Infektion tödlich sein. Genauso verhält es sich mit dem Staat: Wenn die ideologische Grundlage der Gesellschaft zerfällt, dann ist ihr Tod nur noch eine Frage der Zeit."[17]

Verschwörungstheorien. Ist das Feindbild grundsätzlich ein stabilisierendes Element für Geschlossenheit und Identität des Regimes, so demonstrieren die bildlich gefassten Warnungen vor einer Immunschwäche: *Lukaschenko* selbst sieht Gefahren für die Stabilität seines Regimes aufkommen. Der demokratische Aufbruch in der Ukraine hat die Furcht des Regimes vor einem außengesteuerten „Revolutionsexport" weiter gesteigert, so dass der Präsident die Innenpolitik des Landes weiter militarisiert und die Ideologiemaschine ankurbelt. „Vier in Polen, der Ukraine, den baltischen Staaten und Russland geformte Kolonnen" stünden bereit, so *Lukaschenko*, um die „fünfte Kolonne im Lande selbst bei ihren Umsturzplänen zu unterstützen."[18] Zur Abwehr von Umsturzversuchen durch eine solche Internationale der Farbenrevolutionäre traf das Regime daher im Vorfeld der Präsidentschaftswahlen von 2006 „präemptiv" einschneidende Vorkehrungen, um Kritik an der Regierung als Verschwörung gegen das Land zu brandmarken und mit gelegentlich mehrjährigen Haftstrafen zu belegen (*Aleksandr Kosulin*, der Parteichef der sozialdemokratischen Gramada, erhielt fünfeinhalb Jahre). Als Instrumente dazu dient die Verschärfung von Gesetzen und Kriminalkodex, die in ihrem Wortlaut oft bewusst unklar und allgemein gehalten sind, also willkürlich ausgelegt werden können. Zeigen die Machtorgane erst einmal Zögerlichkeit, Passivität und Schwäche – so der Präsident –, so machten die destruktiven Kräfte sogleich davon Gebrauch. Zusätzlich ermuntert fühlte sich das Regime dabei durch den russischen FSB-Chef *Nikolaj Patruschow*, der im Mai 2005 in einer Brandrede in der Staatsduma vor ausländischen Umsturzversuchen in Belarus gewarnt und nachhaltige Gegenmaßnahmen empfohlen hatte.[19]

---

[17] Zitiert nach *Viktor Tschernow*, ebenda, S. 10.
[18] BelaPAN 2.7.2005 und 17.8.2005.
[19] Vgl. www.russlandonline.ru vom 12.5.2005 (*Patruschow*) und 13.5.2005 (KGB-Chef *Sucharenko*). Siehe auch die ausführliche Analyse in RFE/RL, Belarus, Ukraine and Moldova Report 10/17.5.2005.

Deutlichen Ausdruck fand die Furcht vor einem Übergreifen des Revolutionsvirus in einem Dekret *Lukaschenkos* vom August 2005, das alternativen Akteuren in Belarus die Annahme technischer Hilfe aus dem Ausland untersagt. Zu den inkriminierten Delikten zählen u.a.: Vorbereitung von Wahlen und Referenden einschließlich der Organisierung von Versammlungen, Demonstrationen und Streiks, Verteilung von Kampagnematerial, Initiativen zu massenhafter Politisierung unter der Bevölkerung sowie „Veranstaltung von Seminaren, Konferenzen und öffentlichen Diskussionen".[20] Solche Veranstaltungen müssen der Regierung grundsätzlich vorab gemeldet und von ihr genehmigt werden. Die Machthaber können nunmehr jede öffentlich artikulierte Kritik als Umsturzversuch werten und erhalten somit de facto freie Hand für alle nur denkbaren Repressalien gegen kritische Alternative.

Zusätzlich ergänzte das Parlament im Dezember 2005 im Eilverfahren den Kriminalkodex. Danach können mit Haftstrafen bis zu zwei Jahren all jene belegt werden, die das internationale Ansehen von Belarus im Ausland diskreditieren und die durch Appelle an andere Länder und internationale Organisationen „zum Schaden von Sicherheit, Souveränität und territorialer Integrität" des Landes handeln. Darüber hinaus müssen Vertreter der politischen Opposition, Medien und zivilgesellschaftliche Akteure mit Gefängnisstrafen rechnen, wenn sie in Belarus oder im Ausland „ein anderes Land, eine ausländische oder internationale Organisation mit offen falschen Informationen versorgen: über die politische, wirtschaftliche, soziale, militärische und internationale Situation der Republik sowie über die rechtliche Position der Bürger von Belarus und ihrer Regierungsagenturen".[21]

Kritik an solchen Verfahren, die der Willkür des Regimes Tür und Tor öffnen, fand kein Gehör oder wurde mit der kuriosen Begründung verworfen: „Sie verbreiten in der Öffentlichkeit nichts Schlechtes über Ihre Familie – also sagen Sie auch nichts Schlechtes über Ihre Republik, falls es nicht wirklich zutrifft."[22] Umgekehrt auf scharfe Missbilligung dagegen traf die verschärfte Gesetzgebung bei dem von *Putin* berufenen Rat zur Förderung von Zivilgesellschaft und Menschenrechten unter Vorsitz der angesehenen *Ella Pamfilowa*. Zweifellos werde die Zuspitzung des Kriminalkodex weder die Herrschaft des Rechts noch Stabilität in Belarus garantieren, heißt es dort. Ganz im Gegenteil werde sie „die Radikalisierung des Protests in dem Staat fördern, der ein enger Verbündeter Russlands ist. Der Akt bedeutet vor allem eines: Belarus hat den Weg zur Legalisierung politisch motivierter Verbrechensverfolgung von Dissidenten und solchen Menschen geöffnet, die mit der Außenwelt kommunizieren, darunter auch mit Russland".[23]

---

[20] BelaPAN 17.8.2005. Vgl. auch *Aleksej Iljuschin*, Bedingungen für Seminare erschwert, in: Belarus-Perspektiven (Dortmund) 3/2006, S. 8.
[21] BelaPAN 5.12. und 21.12.2005.
[22] So der Stellv. Justizminister *Aleksandr Petrasch*, zitiert nach RFE/RL: Belarus, Ukraina, Moldova Report 41/8.12.2005.
[23] BelaPAN 26.12.2005.

Staatswirtschaft. Gewiss wurzelt der überwältigende „Sieg" *Lukaschenkos* vom März 2006 zum einen in Manipulationen und brutalen Eingriffen des Regimes im Vorfeld der Wahlen und in die Wahlabläufe. Die letztlich entscheidende Ursache für das Resultat und die Popularität *Lukaschenkos* – unabhängigen Forschungsinstituten zufolge hätte er auch bei korrektem Verlauf über 60 Prozent der Stimmen erhalten – liegt jedoch in der aktuellen wirtschaftlich-sozialen und damit auch politischen Stabilität des Landes. Vor dem Hintergrund des Absturzes zu Beginn der 90er Jahre verschaffte sie dem Präsidenten unter der Bevölkerung die Aura eines Garanten der sozialen Sicherheit. Gerade diese Sicherheiten jedoch sind, wie im Folgenden zu zeigen sein wird, mit Preissteigerungen für russische Energielieferungen stark gefährdet.

Hinzu kommt: Mit aller Kraft wehrte sich *Lukaschenko* gegen eine – von Russland ebenso wie von der EU gewünschte – Liberalisierung der Wirtschaftsordnung. Auch weiterhin befinden sich in Belarus rund 80 Prozent der Großbetriebe in staatlicher Hand – selbst dem Unionspartner Russland wird die Übernahme perspektivreicher Anlagen insbesondere im Erdöl- und Erdgasbereich verwehrt. Vorgeblich soll damit eine Ausplünderung des Landes nach dem Muster der Oligarchen im Russland *Jelzins* und ein Ausverkauf moderner Staatsbetriebe verhindert werden. Tatsächlich verschaffen sie dem Präsidenten das Recht, über das Instrument der „Goldenen Aktie" jederzeit in die Geschäftsabläufe der gegenwärtigen und sogar der früheren Staatsbetriebe einzugreifen, im Hinblick auf deren Führungspersonal, auf die Bestimmung der Produktpalette, auf die Rechte der Arbeitnehmer sowie ganz allgemein auf den „Schutz von Interessen und Sicherheit der Nation". Als Folge davon mangelt es an Investitionen und wächst der Verschleiß der Anlagen, wie der frühere Nationalbankchef *Bogdankewitsch* eindrucksvoll belegt.[24]

Bogdankewitsch zufolge liegen die Probleme von Belarus nicht im Scheitern der Bildung eines Einheitsstaats oder einer einheitlichen Währung mit Russland. Ursache hierfür seien vielmehr „die Ineffektivität des Wirtschaftsmodells, der Verwaltungsdrang, die Absage an Reformen, die geringe Rentabilität und die Verluste bei mehr als der Hälfte der Wirtschaftssubjekte, der kritische Verschleiß der Ausrüstung, der Hunger nach Investitionen, die Produktion nicht wettbewerbsfähiger Produkte, die Arbeit auf Lager etc." Dafür bietet die Staatswirtschaft dem Regime die Möglichkeit, als gut geölte Umverteilungsmaschine in einer Art konsenssicherndem Sozialkontrakt mit den Arbeitnehmern die Betriebe – insbesondere im Vorfeld von Wahlen – zur Zahlung verbesserter Lohn- und Gehaltsleistungen zu zwingen. Eine Anpassung der belarussischen Staatswirtschaft an die Prinzipien einer marktwirtschaftlich-sozial geprägten Wirtschaftsordnung könnte den Wirtschaftsbeziehungen der EU zu Belarus ähnliche Anstöße geben, wie sie im Verhältnis zu den mittel-

---

[24] Zur belarussischen Staatswirtschaft und deren Mängeln vgl. *Stanislav Bogdankevič*, a.a.O. Siehe auch *Elena Rakova*, Verstaatlichung statt Privatisierung, in: Belarus-Perspektiven 31/Winter 2006, S. 10 f.

osteuropäischen und baltischen Staaten nach der Wende zu verzeichnen waren. Allerdings würden sie den spezifischen Sozialkontrakt des Regimes und damit die Macht des Präsidenten spürbar untergraben.

Bewusst geringgehalten wird die Zahl der kleinen und mittleren Unternehmen, die selbst im postsowjetischen Vergleich den letzten Platz einnehmen. Zwar kann Belarus in einigen Bereichen Spitzenprodukte aufweisen, so im Textilsektor und bei der Holzverarbeitung. Zugleich sind die administrativ-bürokratischen Hürden jedoch so hoch, dass Belarus pro 1000 Einwohner nur 2,5 Klein- und Mittelbetriebe aufweist (zum Vergleich: Ukraine – 5,5; Russland: 6,5; EU: 45). So haben 20 unterschiedliche nationale Behörden das Recht, finanzielle Sanktionen zu verhängen, sind insgesamt 75 Kontrollorgane im Einsatz. Vermutlich geschieht all dies nicht zuletzt aus Furcht vor dem Heranwachsen einer regimekritischen Mittelschicht, die auf freie Entfaltung drängt und damit Anspruch auf politische Mitgestaltung erhebt.

Schließlich zielen auch die internationalen Beziehungen des Landes darauf, die Macht des Präsidenten je nach politischer Konjunktur zuverlässig gegen äußere, als Bedrohung empfundene Gefährdungen aus West und Ost abzuschirmen. Diese Politik der Selbstisolierung ist kontraproduktiv nicht zuletzt deshalb, weil Belarus in all seinen Teilen von Nachbarn umgeben ist: Russland mit 1 300 km, der Ukraine mit 1 100 km, Litauen mit 680 km, Polen mit 400 km und Lettland mit 170 km. Gleichwohl sucht *Lukaschenko* häufig geradezu Konflikt und Konfrontation mit seinen Nachbarn – Russland eingeschlossen, wie der Energiekonflikt im Winter 2006/07 eindrucksvoll demonstriert. Dies geschieht weniger zur Verteidigung nationaler Interessen. Vielmehr sieht der Präsident in der Mobilisierung von Feindbildern nach außen ein probates Mittel zur Stabilisierung seines Regimes nach innen.

2. Akteure evolutionären Wandels

Vor diesem Hintergrund von Staatsdominanz und Repression sind die Chancen zu alternativer Artikulation und Organisation im Belarus *Lukaschenkos* gering. Das Regime schlägt spätestens dann zu, wenn es den Eindruck hat, dass bestimmte Kräfte über die demokratische Alibifunktion hinaus realen Einfluss gewinnen und dem Präsidenten gefährlich werden könnten. So wurde der autonome und gelegentlich regimekritische Gewerkschaftsverband, mit 3,5 Mio. Mitgliedern die größte Massenorganisation des Landes, 2002 über Manipulation und massive Druckausübung vom Regime feindlich übernommen. Im gleichen Jahr wurde der unabhängige „Belarussischen Jugendverband" gezwungen, mit dem regimeloyalen „Belarussischen Patriotischen Jugendverband" zu fusionieren. Mit der Ausschaltung potenzieller Gegenmacht und der Gleichschaltung breit verankerter kritischer Organisationen wollte sich *Lukaschenko*, der – wie erwähnt – anders als *Putin* mit „Einheitliches Russland" über keine ihn tragende Staatspartei verfügt, eine zuverlässige Massenbasis für die kommenden Wahlen insbesondere mit Blick auf die Präsidentschaft schaffen.

Medien. Besonders hart treffen die Repressionen die privaten Printmedien – die elektronischen Medien befinden sich ohnehin in Staatshand. Gegen sie verhängen willfährige Justizorgane die von der Staatsmacht gewünschten Auflagen, etwa in Form hoher Geldstrafen, Herausnahme aus dem Verteiler von Post und Kiosken, Zwang zum Verzicht auf „Belarus" und „National" im Namen des Blattes, Lizenzentzug oder Anklagen wegen „Verletzung der Würde des Präsidenten". So sind in Belarus aufgrund strikter staatlicher Kontrolle der Meinungsfreiheit, der Freiheit des Zugangs zu Informationen und der publizistischen Artikulation enge Grenzen gesetzt.

Selbst ausländischen Fernsehsendern, die in Zukunft vom Westen aus verstärkt nach Belarus ausstrahlen wollen, wird das Handwerk gelegt: Ähnlich wie in bestimmten Perioden der DDR werden die Besitzer entsprechender Satellitenschüsseln aufgefordert, diese zu demontieren, weil sie angeblich das Gesicht der belarussischen Städte verschandeln.[25] In diesem Kontext können sich Protest und Regimeopposition fast nur auf der Straße artikulieren. Das wiederum verschafft dem Regime die willkommene Gelegenheit, die Aktivitäten der Opposition als „Hooliganismus" zu diskreditieren und dem TV-Publikum entsprechend zu präsentieren.

Parteien. Auf politischer Ebene hat sich trotz fehlender Tradition und staatlicher Repression ein demokratisches, regimeoppositionelles Parteiensystem herausgebildet. Allerdings ist es in der Gesellschaft nur schwach verankert und stark von persönlichen Ambitionen seiner Führungspersonen geprägt. Den Kern des Parteiensystems bilden: die Belarussische Volksfront christlich-nationaler Prägung mit *Winzuk Wetschorka* an der Spitze; die liberale Vereinigte Bürgerpartei unter *Anatolij Lebedko*; unter mehreren Sozialdemokratien insbesondere die Sozialdemokratische Partei unter dem seit 2006 inhaftierten *Aleksandr Kosulin* mit programmatisch-organisatorischen Verbindungen zur Sozialistischen Internationale; schließlich die reformorientierte KP unter *Sergej Kaljakin*, eine Russland gegenüber offene und zugleich regimekritische Formation sozialistischen Typs.

Insbesondere im Umfeld von Wahlen beschleunigt das Regime seine Repressionsmaschine, um damit die Formierung einer kompakten und schlagkräftigen Opposition zu verhindern. Zu seinen Aktionen zählen Schikanen bei der Registrierung, häufige Demonstrationsverbote, Unterwanderung durch Regimeagenten, de-facto-Ausschluss von den Medien, Inhaftierung und mehrjährige Verurteilung führender Oppositioneller (wie der Sozialdemokraten *Statkewitsch* und *Kosulin*), Auflage zur Meldung detaillierter persönlicher Angaben der Mitglieder an die Behörden, z.B. im Blick auf Arbeitsplatz, Privatadresse, Telefon etc.

Trotz staatlicher Repression und eigener Strukturschwäche gelang es der Opposition, bei den Präsidentschaftswahlen nahezu geschlossen aufzutreten – 2001 mit Gewerk-

---

[25] Dazu ausführlich *Anton Chodasevič*, Lukašenko mešaet sputnik. Žitelej Belorussii zastavljajut demontirovat' televisionnye antenny (Das Satelliten-TV stört *Lukaschenko*. Die Einwohner von Belarus werden gezwungen, ihre Fernsehantennen zu demontieren), in: Nezavisimaja Gazeta (Moskau), 24.5.2007.

schaftschef *Gontscharik* an der Spitze und 2006 mit dem parteilosen Aktivisten *Milinkewitsch*, der im Oktober 2005 vom „Kongress der Demokratischen Kräfte" als gemeinsamer Kandidat für das Amt des Präsidenten nominiert wurde (Ausnahme: die *Kosulin*-Sozialdemokratie). Programmatisch zielt die Opposition auf einen europäisch geprägten Wandel in Richtung Demokratie und soziale Marktwirtschaft, wobei die angestrebte Annäherung an die EU die Weiterführung einer engen Partnerschaft mit Russland einschließt. Die Anfang 2007 erneut aufgebrochenen Kämpfe um die Führung der Opposition, die mit *Milinkewitsch* einen kompetenten Bezugspunkt erhalten hatte, sind allerdings geeignet, Stärke, Kohärenz und Reputation ganz wesentlich zu beeinträchtigen und damit die Dynamik in Richtung friedlichen Systemwandel abzubremsen.[26]

Tatsächlich gelang es auf dem 2. Kongress der Demokratischen Kräfte vom Mai 2007 in Minsk weder programmatisch noch im Blick auf die Führung, eine einheitliche Linie zu finden.[27] Programmatisch sprach sich die Mehrheit der rund 600 Delegierten dafür aus, in einer „Strategie der Aktion" den „konstruktiven Dialog" mit der Regierung zu suchen, sofern diese Signale ihrer Bereitschaft zur Einleitung demokratischer Reformen sende. Die Minderheit dagegen, darunter auch *Milinkewitsch* (und *Statkewitsch)*, hält eine solche Linie angesichts von Manipulation und Repression seitens der Staatsmacht für illusionär und plädiert für eine Stärkung der Oppositionsbewegung **von unten**, um das Regime durch Protestaktionen und zivilen Widerstand zu demokratischem Wandel zu zwingen. Aufgrund der Divergenzen in Strategie und Konzeption zur Führungsstruktur – statt wie bisher von einem Vorsitzenden wird die Opposition jetzt von vier nach dem Rotationsprinzip arbeitenden Co-Vorsitzenden geleitet – lehnte es *Milinkewitsch* ab, sich in den Vorstand des „Politischen Rats" als dem Spitzengremium der Opposition wählen zu lassen. Die von ihm neu gegründete Bewegung „Für Freiheit" will sich auf basisstrategische Aktivitäten konzentrieren, zugleich jedoch die Zusammenarbeit mit der übrigen Opposition fortsetzen. So sind es denn die Spitzenfiguren der traditionellen Parteien, die die Führung der Oppositionsmehrheit gemeinsam übernehmen: *Lebedko* von den Liberalen, *Wetschorka* von der Volksfront, *Kaljakin* von den Reformkommunisten und *Ljawkowitsch* als Stellvertreter *Kosulins* für die Sozialdemokraten.

Abzuwarten bleibt, ob die von der Opposition im Frühjahr 2007 ausgearbeitete „Kleine Verfassung", die für die Übergangszeit bis zur Verabschiedung einer demokratischen neuen Verfassung gelten soll, die Kohäsion der politischen Alternativen fördern wird. In ihren 5 Abschnitten und 100 Artikeln beschränkt sie sich zunächst auf detaillierte Vorschläge zur Gestaltung demokratischer Wahlen, Institutionen und

---

[26] Hierzu *Jan Maksymiuk*, Belarus: Why can´t the Opposition just get along? In: RFE/RL Features Article 20.2.2007, unter www.rferl.org/features articleprint/2007/02.
[27] Zu Verlauf und Ergebnissen des Kongresses vgl. BelaPAN 26.5. und 27.5.2007. Siehe auch die Analyse Cosmetic Surgery in Belarus: Toward a „New Regime", in: Pontis Foundation Belarus Brief (Bratislava) 24.7.2007.

Kontrollorganen als Voraussetzung für lebendige Demokratie und zivilisierte Streitkultur, die vom *Lukaschenko*-Regime zum Schaden für alternatives Denken und Handeln erstickt werden.[28] Ähnliches gilt für das Wirtschaftsprogramm der Opposition, das ein düsteres Bild von der gegenwärtigen Wirtschaftslage in Belarus zeichnet. Danach könnte die Wirtschaft des Landes unter der Last der Probleme zerfallen: Die nationale Währung wird geschwächt, die Bankguthaben werden vernichtet und die Arbeitslosenzahlen schnellen in die Höhe. Vor diesem Hintergrund zielt das Programm auf einen „drastischen Wandel in der Wirtschaftspolitik des Landes. Seine Hauptprinzipien sind: graduelle Reduzierung der staatlichen Einmischung in die Wirtschaft, Aufgabe der Praxis des Staatsmonopols, Entwicklung einer wettbewerbsfähigen Marktwirtschaft auf der Grundlage verschiedener Eigentumsformen".[29]

Zivilgesellschaft. Auf zivilgesellschaftlicher Ebene werden in Belarus heute rund 2 500 NGOs gezählt, die – oft gemeinsam mit westlichen Partnern – zur Minderung der Folgen von Tschernobyl, zur Bewältigung sozialer und ökologischer Probleme, zur Entwicklung von Bildungsangeboten sowie zur Förderung energiesparender Konzepte beitragen. Dem Regime sind sie insbesondere dann ein Dorn im Auge, wenn sie sich mit Gesellschaftspolitik und Bildungsproblemen befassen oder sich gar bei der Wahlbeobachtung engagieren. Denn die oft regimekritischen, zur Zusammenarbeit mit nationalen und lokalen Behörden grundsätzlich jedoch disponierten NGOs lassen sich nur schwer kontrollieren und sind dem Regime aufgrund ihrer Kooperation mit ausländischen Partnern zunächst einmal subversionsverdächtig. Angesichts der begrenzten Kontakte auf offizieller Ebene sind es tatsächlich oft gerade die NGOs, die an den europäischen Kommunikationsprozessen am intensivsten teilnehmen.

Trotz aller Repressionen bilden die NGOs einen wichtigen Faktor für evolutionären Wandel und sind geeignet, zur Überwindung der Blockade gesellschaftlicher Modernisierung in Belarus beizutragen. Darüber hinaus verfügen viele unter ihnen nicht zuletzt aufgrund ihrer Auslandsbeziehungen über einen hohen Grad an Professionalität und „Kompetenz im Bereich des internationalen Know-How-Transfers und können wichtige, selbst entwickelte innovative Impulse für die nachhaltige Modernisierung der belarussischen Gesellschaft geben. In diesem Sinne ist Zivilgesellschaft daher als eigenständige Veranstaltung im heutigen Belarus präsent".[30]

---

[28] Die „Kleine Verfassung" findet sich unter www.expertby.org/articles/malaja-konstitucija.html.
[29] Zum Wirtschaftsprogramm der Opposition vgl. BelaPAN 28.5.2007.
[30] *Astrid Sahm*, Gesellschaft als eigenständige Veranstaltung, in: Konturen und Kontraste, a.a.O., S. 96–110, hier S. 110. Siehe auch *Peter Junge-Wentrup/Björn Kunter*, Kooperation statt Konfrontation, in: Konturen und Kontraste, a.a.O., S. 111–126.

3. Belarus-Russland: Eine konfliktreiche Partnerschaft

Das Verhältnis des *Lukaschenko*-Regimes zu Russland, dem Minsk in seinen internationalen Beziehungen auch weiterhin Priorität einräumt, war in der *Jelzin*-Periode auf beiden Seiten von emotionsgeladener Integrationsrhetorik gekennzeichnet. Während sich *Lukaschenko* von seinem Engagement für eine erneuerte Sowjetunion zusätzlichen Legitimationsgewinn in einem Land versprach, das unter allen Republiken der UdSSR am stärksten sowjetisch geprägt war, verband *Jelzin* mit der anvisierten Bildung eines Unionsstaats Russland-Belarus als Kern eines Bundes ehemaliger Sowjetrepubliken nicht zuletzt die Absicht, den Makel des Zerstörers der UdSSR zu tilgen. Gleichwohl schien der Unionsstaat mit Belarus als einziges integratives Projekt Russlands im postsowjetischen Raum eine Chance auf erfolgreiche Realisierung zu haben. Nicht zufällig erhielt Belarus in der – bis heute gültigen – außenpolitischen Konzeption Russlands vom Juli 2000 eine herausragende Position: Als einzige frühere Sowjetrepublik findet das Land im Abschnitt über die GUS, der ihrerseits im regionalen Prioritätensystem der internationalen Beziehungen Moskaus Vorrang eingeräumt wird, ausdrücklich Erwähnung. Dort heißt es: „Erstrangige Bedeutung hat die Stärkung der Union zwischen Russland und Belarus als der in der gegenwärtigen Etappe höchsten Form der Integration zweier Staaten."[31]

Die anfänglich dichten Beziehungen wurden von der Mehrheit unter Eliten und Bevölkerung von Belarus (und Russland) damals angesichts der engen historischen, politischen und kulturellen Verbindungen, insbesondere aber im Blick auf die aus Sowjetzeiten stammenden dichten Wirtschaftsverflechtungen und den sich daraus ergebenden Abhängigkeiten als durchaus wünschenswert und geradezu unvermeidlich empfunden.[32] Unter dem Aspekt des zuverlässigen Energietransits wäre eine Integration Belarus-Russland für den Westen paradoxerweise sogar von Vorteil gewesen: Wie zu Sowjetzeiten hätte sie energiepolitische Kollateralschäden ausgeschlossen, wie sie jüngst in dem – in Russland und Belarus so bezeichneten – „Ener-

---

[31] Rossijsksaja Gazeta (Moskau), 11.7.2000.
[32] Zu den komplexen, komplizierten belarussisch-russischen Beziehungen vgl. *Rainer Lindner*, Blockaden der Freundschaft. Der Russland-Belarus-Konflikt als Zeitenwende im postsowjetischen Raum, SWP-Aktuell 3, Berlin 2007; *Oleg Aleksandrov*, The Crisis in Russian-Belarusian Relations, in: russian analytical digest (Zürich) 15/2007, S. 11–13; *Kirill Koktyš*, Belorussija v evropejskom kontekste (Belarus im europäischen Kontext), unter www.carnegie.ru/print/68720-print.htms; *Astrid Sahm*, Integration als Weg der Selbstbehauptung. Die Beziehungen von Belarus und Russland im europäischen Kontext, in: russlandanalysen (Bremen) 96/2006, S. 2–4; *Dmitri Trenin*, Moscow's Relations with Belarus: An Ally without a Handle, unter www.carnegie.ru/en/print/72720-pront.htm; *Heinz Timmermann*, Koloboks Union. Belarus und Russland am Wendepunkt?, in: Konturen und Kontraste, a.a.O., S. 218–227; *Sergej Karaganov*, Rossija i Belorussija: razvenčanie mifov (Russland und Belarus: Die Bloßstellung von Mythen), in: Rossijskaja Gazeta, 11.4.2004.

giekrieg" zwischen den Kontrahenten aufbrachen und zukünftig erneut aufbrechen können.

3.1 Divergenzen über das Unionsstaatsprojekt

Seit dem Amtsantritt *Putins* indes sind die Integrationsambitionen auch in Moskau auf pragmatisches, interessengeleitetes Handeln herabgestuft worden – mit der Folge wachsender Interessendivergenzen und wechselseitiger Anschuldigungen. Das bezieht sich zunächst auf die unterschiedliche Schwerpunktsetzung und Interpretation des Unionsstaatsprojekts und dessen von den Parlamenten beider Länder gebilligten Verfassungsentwurf. *Lukaschenko* legt den Akzent auf die dort fixierten „Prinzipien der souveränen Gleichheit" der Partner, insbesondere mit Blick auf die Besetzung der Führung des Unionsstaats sowie auf die Preisgleichheit bei Energieträgern für Russland und Belarus. *Putin* dagegen verweist auf die ökonomischen Disproportionen zwischen den Partnern („97 zu 3") sowie auf die Verpflichtung von Belarus zur Harmonisierung der Wirtschaftssysteme beider Länder, wie sie der Verfassungsentwurf und ergänzende Abkommen fixieren. Dazu zählen insbesondere einheitliches Geld- und Kreditwesen, einheitliche Handels- und Zollpolitik, einheitliche Gesetzesregelungen für ausländische Investoren, Vereinigung der Energie- und Transportsysteme, schließlich enge Kooperation in den Bereichen Außen-, Sicherheits- und Verteidigungspolitik.

Im Einzelnen wurzelt die langjährige Loyalität *Lukaschenkos* gegenüber Moskau und dem gemeinsamen Unionsstaatsprojekt vor allem in zwei Überlegungen. Zum einen gewährt ihm Moskau bis heute diplomatische Rückendeckung in Rahmen internationaler Organisationen wie OSZE, Europarat, Genfer Menschenrechtsrat sowie insbesondere auch gegenüber der EU. Das Gleiche gilt für die Einschätzung nationaler Wahlen und Referenden, die – wie wir sahen – im Westen seit dem Minsker Verfassungsputsch von 1996 als manipuliert und gefälscht beurteilt, von der russischen Führung dagegen durchweg als frei und fair gewertet werden. Die Staatsduma verschärfte die Tonart, indem sie die Verweigerung der Anerkennung des „überwältigenden Siegs" *Lukaschenkos* bei den Präsidentschaftswahlen von 2006 als „Politik des Diktats" wertete und dem Westen unterstellte, Kurs auf „Konfrontation und internationale Isolierung" gegenüber Belarus zu nehmen. Moskau verschafft *Lukaschenko* und seinem Regime internationalen Rückhalt und damit eine gewisse internationale Legitimität und Reputation.

Hinzu kommt: Die Sicherung der wirtschaftlich-sozialen und damit der politischen Stabilität in Belarus ist ganz wesentlich das Ergebnis der Unterstützung, die Russland dem Land in Form preisgünstiger Energielieferungen und offener Exportmärkte für belarussische Produkte gewährte und in reduzierter Form auch weiterhin gewährt. Das starke Wirtschaftswachstum und die nahezu ausgeglichene Handelsbilanz sind somit weniger das Ergebnis **eigener** Reformen wie in den Staaten Ostmitteleuropas als die Folge systemstabilisierender **Subventionen aus Russland**. So lieferte Russland Belarus, das knapp 90 Prozent seines Energiebedarfs aus dem

Ausland deckt, Erdgas für 47,7 US Dollar pro 1000 cbm (Weltmarkt: 250 US Dollar). Erdöl erhielt das Land für 27 US Dollar pro Barrel (Weltmarkt: rund 60 US Dollar) und verkaufte Teile davon in Form petrochemischer Produkte zu Weltmarktpreisen in den EU-Raum und in die USA. Damit ist der Exportanteil von Belarus in die EU mit inzwischen rund 50 Prozent zwar größer als derjenige nach Russland (rund 40 Prozent). Einen Großteil darunter machen jedoch neben anderen Rohstoffen wie Kalidünger gerade Ölprodukte aus, die in zwei Ende der 80er Jahre errichteten modernen Werken in Mozyr und Nowopolozk erstellt werden; Fertigprodukte dagegen fallen wesentlich geringer ins Gewicht.

Das Paradoxe dieser Konstellation liegt darin, dass Belarus vom Boom eines Rohstoffs profitierte, über den es im eigenen Land gar nicht verfügt. Realistischen Berechnungen Minsker Experten zufolge betrug der aus direkten und indirekten Subventionen gezogene Gewinn für Belarus jährlich rund 6 Mrd. US Dollar.[33] Belarus ist, so beschreiben es einheimische Wirtschaftsspezialisten, gleichsam drogenabhängig von billigen russischen Energielieferungen. Der ungeschriebene Sozialkontrakt zwischen Regime und Gesellschaft, in dessen Zeichen die Regierung der Bevölkerung einen bescheidenen Wohlstand im Tausch gegen politische Loyalität gewährte, erhält seine Impulse im Wesentlichen von außen („Ressourcen für Loyalität").

Schließlich lässt sich *Lukaschenko* von der Überzeugung leiten: Zur Eindämmung und Bekämpfung der Gefahren demokratischer Aufbrüche in Belarus ist eine enge Zusammenarbeit mit Russland und dessen Sicherheitsagenturen nötig. Daran muss Russland selbst stark interessiert sein, so der Präsident, weil es aufgrund zunehmender eigener autoritärer Tendenzen auf gemeinsame Abwehr westlichen Revolutionsexports setzt. Falls Russland Belarus verliere, warnte *Lukaschenko*, werde dies „der Beginn des Zerfalls von Russland selbst sein". Denn Belarus sei „der Vorposten Russlands", fügte er später hinzu.[34]

Russland seinerseits ist aus einer Reihe von Gründen bereit, das *Lukaschenko*-Regime trotz wachsender Divergenzen weiterhin zu unterstützen, wenn auch in geringerem Maße als zuvor. Zum einen verfügt *Lukaschenko* – anders als die ukrainischen Spitzenfiguren unterschiedlicher Couleur – noch immer über erheblichen Einfluss unter den politischen Eliten Russlands, was seine Position gegenüber *Putin* stärkt. Und zum andern herrscht in Moskau auch weiterhin die Wahrnehmung vor, dass ein Regimewechsel in Belarus zu dessen Seitenwechsel weg von Russland hin zur EU führen werde – eines Landes, das Russland wie kein anderer postsowjeti-

---

[33] Siehe hierzu die überzeugende Analyse von *Leonid Zaiko*, Russia and Belarus: Between Wishing and Reality, in: Russia in Global Affairs (Moskau) 1/2006, S. 108–116, sowie *Elena Rakova*, Wirtschaftswunder?, in: Belarus-Perspektiven 32/2006, S. 16 f.
[34] *Lukašenko*, Rossija dolžna po-drugomu otnositsja k Belorussii (*Lukaschenko*: Russland sollte sich gegenüber Belarus anders verhalten), unter www.strand.ru/print/237183.html, bzw. www.strand.ru/print/254795.htms.

scher Staat wirtschaftlich, politisch, militärisch und ethnisch-kulturell eng verbunden ist.

Als Moskau Anfang 2000 mit Belarus den Vertrag zur Bildung des gemeinsamen Unionsstaats ratifizierte, ging man dort davon aus, dass der große Partner den kleineren trotz formaler Gleichheit schließlich politisch, wirtschaftlich und militärisch in asymmetrischen Strukturen (re-)integrieren werde. Belarus werde, so die Erwartung, seine staatsgeprägte Wirtschaftsordnung analog zu Russland liberalisieren sowie mit Russland eine Finanz- und Wirtschaftsunion auf der Grundlage des russischen Rubel eingehen. Darüber hinaus werde sich Belarus für massive russische Investitionen vor allem in die moderne petrochemische Industrie öffnen. Mit der Umwandlung von *Beltransgas* schließlich, das den Transport von Teilen des russischen Gases nach Europa besorgt, in ein Joint Venture werde Belarus Russland faktisch die Dominanz über das belarussische Gasleitungssystem einräumen.[35] Letztlich ging Russland lange sogar von der Annahme aus, Belarus schließlich in den eigenen Staatsverband eingliedern zu können, und zwar in Form von sechs einzelnen Gebieten (Oblast) wie Smolensk oder Wolgograd oder in Form einer Republik wie Tatarstan oder Karelien. Das müsse doch auch den Kritikern im Westen gefallen, argumentierte mit verblüffender Logik *Konstantin Kossatschow*, der Vorsitzende des Staatsdumakomitees für internationale Beziehungen: Eine solche Integration „bringt Belarus so oder so auf jene Standards, die bereits in Russland angewandt werden und die den europäischen viel näher sind als den belarussischen".

Auch mit Blick auf seine sicherheitspolitischen Positionen liegt eine Integration von Belarus in vitalem Interesse Russlands. So bildet das Land für Moskau militärstrategisch und geopolitisch ein wichtiges Vorfeld und sicherheitspolitisches Glacis gegenüber der nach ihrer Erweiterung in Ostmitteleuropa nähergerückten NATO, die mit der von den USA forcierten Beitrittsperspektive für Georgien und die Ukraine sogar noch näher an Russland heranrücken würde. Nicht zufällig verwies *Lukaschenko* seinen Moskauer Partner darauf, dass die NATO „in Verletzung internationaler Verträge und Übereinkommen weiter ausgreift und neue Militärbasen nahe unseren Grenzen installiert"; er gab sich überzeugt, „dass Belarus und Russland ihre militärische Zusammenarbeit verstärken und eine adäquate Antwort auf die Versuche zur Stationierung von Elementen des amerikanischen Raketenabwehrsystems in Europa finden können".[36] Tatsächlich tauchten im Herbst 2007 in Minsk und Moskau Gerüchte auf, wonach Russland beabsichtigt, als Antwort auf entsprechende US-Pläne in asymmetrischer Form in Belarus neue, nuklearbestückte Raketen zu dislozieren – was Außenminister *Lawrow* freilich dementierte.

---

[35] Vgl. hierzu *Tichon Kliševič*, Istorija borby za „Beltransgaz" (Die Geschichte des Kampfes um „Beltransgas"), unter www.dw-world.de/popups/popup_printcontent/0"2252957.00.html.
[36] BelaPAN 9.5.2007 bzw. *Lukašenko* rešil ogradit´ Rossija ot novoj Čečni (*Lukaschenko* will Russland vor einem neuen Tschetschenien schützen), unter http://www.izvestia.ru/news/news136949/?print. Gemeint ist die Stationierung von Elementen eines Raketenabwehrsystems der USA in Polen und Tschechien.

Solche Überlegungen sind der Hintergrund für die enge militärische Zusammenarbeit Belarus-Russland einschließlich der Bildung eines integrierten Luftabwehrsystems, häufiger gemeinsamer Manöver und des Unterhalts zweier bedeutender Militärstützpunkte: der Raketenfrühwarnstation bei Baranowitschij und der Seekommunikationsanlage in Wilejka.[37] Die militärische, militärtechnische und Rüstungskooperation im Rahmen des militär-industriellen Komplexes bildet den bislang intensivsten und erfolgreichsten Aspekt der russisch-belarussischen Interaktion, die sogar in einer gemeinsamen Militärdoktrin ihren Ausdruck findet. „Niemand darf mit diesen Bereichen spielen und sie als Hebel benutzen", betonte *Lukaschenko* im Blick auf eine mögliche Moskauer Distanzierung gegenüber dem Präsidenten und fuhr fort: „Wir haben dies nie getan und werden es auch nicht tun. Mit der Sicherung der Verteidigungskapazität unseres Unionsstaats sollte Belarus von der Tatsache ausgehen, dass dies unser gemeinsames Vaterland ist und wir dieses nur dann verteidigen können, wenn wir gemeinsam handeln."[38]

Schließlich stellt Belarus für Russland einen wichtigen Faktor in dem Bestreben Moskaus dar, seine Position als Gravitationszentrum im postsowjetischen Raum zu festigen und in Form des 2003 gebildeten Einheitlichen Wirtschaftsraums (Russland, Ukraine, Belarus, Kasachstan) als Integrationskern der wirtschaftlich am stärksten entwickelten GUS-Länder zu fungieren. Dieser Initiative mit ihren von Moskau ursprünglich angeregten supranationalen Organen hatte die Minsker Führung offenbar jedoch nur deshalb zugestimmt, weil sie sich sicher sein konnte, dass Kiew den Integrationsprozess nicht über die Schaffung einer Freihandelszone hinaus unterstützen würde – wie es bis heute tatsächlich geschieht. Ohnehin komme das Projekt der Vier aus dem Stadium bürokratischer Bearbeitung nicht heraus, bemerkte *Lukaschenko* in seiner Jahresbotschaft 2004, zumal die von einigen Teilnehmern betriebene Konzeption verschiedener Geschwindigkeiten eher desintegrierend wirke.

Ähnlich ambivalent ist das Engagement von Belarus in anderen, Moskau-dominierten Organisationen. Gemeint sind insbesondere seine Mitgliedschaft in der Organisation des Vertrags über Kollektive Sicherheit (Armenien, Belarus, Kasachstan, Kirgistan, Russland, Tadschikistan, Usbekistan) sowie in der Eurasischen Wirtschaftsgemeinschaft (Belarus, Kasachstan, Kirgistan, Russland, Tadschikistan, Usbekistan), die sich die Bildung einer – bisher kaum ansatzweise realisierten – Zollunion zum Ziel setzte.[39] Das Interesse Moskaus richtet sich auch in diesem Kontext darauf, dass Belarus als integraler Bestandteil russisch geführter multilateraler Organisationen im

---

[37] Im Einzelnen hierzu „Belarusian, Russian defense ministries approve joint action plan until 2009", BelaPAN 20.10.2006.
[38] Während eines Treffens mit dem neuen russischen Verteidigungsminister *Anatolij Serdjuchov*, BelaPAN 20.4.2007.
[39] Hierzu *Pauljuk Bykowski*, Keine Zollunion in Sicht, in: Belarus-Perspektiven 34/Herbst 2006, S. 4. Auf das relativ geringe Interesse *Lukaschenkos* verweist auch die Tatsache, dass die 42-seitige Jahresbotschaft des Präsidenten an die Nation von 2007 auf die genannten Organisationen mit nur wenigen Zeilen eingeht.

Einflussbereich Russlands verbleibt, als grundsätzlich systemloyaler Partner von einer Farbenrevolution nach ukrainischem und georgischem Muster verschont wird, die bilateralen Beziehungen zu einzelnen GUS-Staaten wie etwa Aserbaidschan oder sogar der Ukraine nicht gegen Moskau ausspielt und nicht zum integralen Bestandteil der Brüsseler ENP mutiert. Die „Mehrvektorenpolitik" *Lukaschenkos* und deren Konsequenzen werden im Kreml aufmerksam verfolgt.

Das prinzipielle Festhalten Moskaus am *Lukaschenko*-Regime konnte bislang auch durch alternative Optionen von russischer und belarussischer Seite nicht überwunden werden. Das gilt zu einen für die scharfe Kritik, wie sie am deutlichsten im Juni 2005 der bereits erwähnte Rat zur Förderung von Zivilgesellschaft und Menschenrechten an verschiedenen Aspekten der Repression in Belarus übte. Offen wird darin auf „die ungünstige Situation bei den bürgerlichen Rechten und Freiheiten, auf das faktische Fehlen unabhängiger Medien sowie auf die schrittweise Liquidierung nichtgouvernementaler Menschenrechtsorganisationen" verwiesen. Auch biete die Wahlgesetzgebung keine Gewähr dafür, heißt es in dem an *Putin* adressierten Bericht weiter, „dass die Wahlen die wirklichen Ergebnisse des Volkswillens wiedergeben".[40] *Sergej Karaganow*, der auch hierzulande gut bekannte Präsident des offiziösen Rats für Außen- und Sicherheitspolitik, ging in seiner Kritik sogar noch einen Schritt weiter: Er erklärte sich nicht einverstanden mit der Wahlanalyse seines „guten und alten Freundes (towarischtsch), des Herrn Minister *Lawrow*". Vielmehr forderte er ihn auf, die Präsidentschaftswahlen vom März 2006 aufgrund „der kompletten Kontrolle der Massenmedien und des jahrelangen Drucks auf sämtliche oppositionelle Strukturen" als für „von Anbeginn an nicht legitim" zu erklären.[41]

Der belarussische Oppositionsführer *Milinkewitsch* seinerseits entwickelte eine durchaus ausgewogene Konzeption zur internationalen Positionierung seines Landes gegenüber Russland – nicht zuletzt übrigens aufgrund entsprechender nachhaltiger Anregungen europäischer Spitzenpolitiker. Auf der Grundlage seiner staatlichen Unabhängigkeit werde Belarus nach einem friedlichen Systemwandel im Geiste gleichberechtigter Partnerschaft parallel zur Annäherung an die EU „strategische Beziehungen" zu Russland pflegen, betonte *Milinkewitsch* wiederholt in Moskau und in russischen Medien. Dabei werde er an sämtlichen mit Moskau geschlossenen bi- und multilateralen Verträgen festhalten, darunter auch im Blick auf die russischen Militärbasen in Baranowitschij und Wilejka.[42] Beide Positionen – diejenige

---

[40] RFE/RL Newsline 120/24.6.2005. Die Antwort der belarussischen Botschaft in Moskau findet sich bei BelaPAN 30.6.2005.
[41] Interview mit den Rundfunksender Eko Moskvy vom 24.3.2006, unter www.echo.msk.ru/programms/analysis/42525index.phtml.
[42] So *Milinkewitsch* bei der Vorstellung seines Programms am 16.2.2006 in Moskau, unter www.newsru.com/russia/16feb2006/belorussia_print.html; ähnlich hatte er sich bereits zuvor in einem Interview mit BelaPAN vom 11.11.2005 geäußert. Später bekräftigte er seine Position in St. Petersburg, BelaPAN 13.4.2007 sowie in einem Interview mit einer westlichen Publikation, vgl. *Milinkevich* discusses Belarusian Opposition `schism´, a.a.O.

des russischen Rats und diejenige von *Milinkewitsch* – blieben bislang freilich ohne sichtbaren Einfluss auf die Politik Moskaus.

3.2 Der Energiekrieg: Ursachen, Ergebnisse, Folgen

„Was kann uns die EU im Vergleich zu Russland schon bieten", fragte kürzlich der belarussische Außenminister *Martinow*: „Russland gewährt stabile Öl- und Gaslieferungen zu guten Preisen sowie Zugang zu einem offenen Markt mit 200 Mio. Menschen. Die Nachbarschaftspolitik der EU würde uns noch nicht einmal Zugang zum einheitlichen Markt schaffen".[43] Diese Einschätzung hat sich inzwischen rascher als erwartet als Illusion erwiesen. Tatsächlich nahm Russland in jüngster Zeit eine politische Neuakzentuierung gegenüber seinem engsten GUS-Partner vor – weg von unrealistischen Vorstellungen über integrative Beziehungen mit supranationaler Ausprägung hin zur Wahrnehmung nationaler Interessen insbesondere über die Hebel, über die Moskau mit seinen umfangreichen Energieressourcen in reichem Maße verfügt („Ökonomisierung der Außenpolitik"). Russland ist heute weder an einer Absorption von Belarus interessiert noch an einer Destabilisierung des dortigen Regimes mit der möglichen Folge eines demokratischen Aufbruchs. Vielmehr läuft die aktuelle Moskauer Strategie auf eine faktische strukturelle Dominanz über ein formal weiterhin unabhängiges Belarus hinaus.

Sichtbarstes Zeichen für die Moskauer Kurskorrektur war die Änderung seiner Energiedoktrin für die Staaten seines nahen Auslands. Für Belarus fand dies seinen Ausdruck in einer damals nur wenig beachteten Verfügung *Putins* vom Mai 2006. Darin ordnete der Präsident an, die Handels-, Wirtschafts-, Finanz- und Kreditpolitik gegenüber Belarus grundlegend zu ändern und jegliche direkte und indirekte Subventionen für die belarussische Wirtschaft zu unterbinden. Stattdessen sollten die Beziehungen schrittweise auf den Prinzipien einer gesunden kommerziellen Partnerschaft und einer „echten Gleichberechtigung" basieren.[44] Folge war insbesondere die im Frühjahr 2006 erfolgte Ankündigung einer Anhebung des Gaspreises auf Weltmarktniveau und die Erhebung von Exportzöllen bei Erdöllieferungen, die Belarus bis dahin zollfrei aus Russland bezogen und in Form von Erdölprodukten mit hohen Gewinnen nach Europa reexportiert hatte. Hier wollte Russland hinfort entweder massiv an den Exportgewinnen von Belarus in den Westen beteiligt werden oder seinen Ölexport nach Belarus ungeachtet der gemeinsamen Zollgrenze zwischen beiden Staaten preislich auf europäisches Niveau heben. Hinzu kam die Moskauer Absicht, Minsk dazu zu bewegen, die vertraglich vereinbarte paritätische Beteiligung Russlands an der belarussischen Gaspipeline *Beltransgas* zu realisieren, das

---

[43] Zitiert nach *Charles Grant/Mark Leonhard*, The EU's Awkward Neighbour: Time for a New Policy on Belarus, Policy Brief (London) 16.3.2006, S. 4. Zum Energiekrieg im Einzelnen vgl. *Folkert Garbe*, Energetische Integration? Rußlands Energiekonflikt mit Belarus, in: Osteuropa 4/2007, S. 65–75.
[44] RIA Novosti 12.5.2006.

neben der Durchleitung nach Europa als Gasverteiler im Lande selbst fungiert und Russland damit über das „downstream"-Vertriebsnetz den – auch in Europa angestrebten – direkten Zugang zu den industriellen und privaten Verbrauchern gewähren würde. Schließlich sollte Belarus dazu veranlasst werden, sein Wirtschafts-, Finanz- und Währungssystem mit demjenigen Russlands zu harmonisieren und auf dieser Grundlage die Bildung eines zugunsten Russlands asymmetrisch angelegten Unionsstaats zu akzeptieren. Russland – so *Lukaschenko* – „spielt mit seinen neuen Energiemuskeln und glaubt, die Welt wieder erobern zu können".[45]

Das Ergebnis lief freilich auf das Gegenteil hinaus: Als sich *Lukaschenko* weigerte, auf die Bedingungen Moskaus einzugehen, drohte Russland damit, die für den belarussischen Verbrauch bestimmten Energieleitsysteme abzuschalten und darüber hinaus den Export gerade solcher Güter mit Zöllen zu belegen, bei deren Verkauf Belarus fast ausschließlich auf Russland angewiesen ist (Fleisch, Zucker, Milch, Fernseher, Kühlschränke, Möbel, LKWs, Landwirtschaftsmaschinen[46]). *Putin* selbst verurteilte die belarussische Position als „Parasitentum" (so u.a. gegenüber Bundeskanzlerin *Merkel*) und unterzeichnete kurz vor Jahresende 2006/07 ein Gesetz über „spezielle Wirtschaftsmaßnahmen". Damit erhält der Präsident die Möglichkeit, Sanktionen zu verhängen, „wenn eine dringende Reaktion auf völkerrechtswidrige oder unfreundliche Aktionen eines anderen Staates bzw. dessen Institutionen oder Amtspersonen notwendig ist". Auch kann er Wirtschaftsprogramme und militärtechnische Zusammenarbeit vorübergehend auf Eis legen, Außenwirtschaft- und Finanzoperationen stornieren und Zollgebühren ändern. Dieses Gesetz war eindeutig auf Belarus bezogen und stellt das Land unter erheblichen Druck.[47] Die früheren Bedingungen der Wirtschaftsbeziehungen beizubehalten sei nicht möglich, betonte *Putin*, denn „wir sind verschiedene Staaten".[48] Die zuvor vereinbarte – und von Minsk wiederholt gebrochene – Zollunion wurde damit endgültig zu Makulatur. Belarus ist für Moskau de facto zum Ausland geworden

Bereits 2004 war es zwischen Russland und Belarus zu einem Konflikt über den Preis für Erdgas gekommen, das die Grundlage für den industriellen und privaten Verbrauch des Landes bildet. Damals drohte Moskau Belarus mit drastischen Preiserhöhungen für seine Gaslieferungen, falls sich Minsk der Umwandlung von *Beltransgas* in ein paritätisches Joint Venture verweigern sollte. Als *Lukaschenko* unter dem Vorwand unterschiedlicher Bewertung (Belarus: 5 Mrd. US Dollar, Russland: 600 Mio. US Dollar) genau dies tat und den „Moskauer Terrorakt höchster

---

[45] „Im Kreml spielt sich eine Komödie ab", Interview mit *Alexander Rahr*, in: Die Welt (Berlin), 25.1.2007.
[46] Bei Fleisch und Fleischprodukten werden 99,9 Prozent nach Russland exportiert, bei Milch und Milchprodukten 90 Prozent, bei Fernsehern ebenfalls 90 Prozent und bei Möbeln 80 Prozent, vgl. *Ajdyn Mechtjev/Aleksej Ščeglov*, Opasnye slova (Gefährliche Worte), unter www.strana.ru/print/304365.html.
[47] RIA Novosti 10.1.2007.
[48] Pressekonferenz vom 1.2.2007, unter www.regnum.ru/news/775874.html.

Ordnung" mit illegaler Entnahme eines Teils des für den Westen bestimmten Gases antwortete, unterbrach Russland für mehrere Tage die Gaspipeline und stellte damit die auch zu Sowjetzeiten stets bewiesene Zuverlässigkeit seiner Energielieferungen nach Europa in Frage. Bereits damals wandte sich die EU-Kommission an Moskau, um den Wunsch nach Beendigung des für Dritte schädlichen Konflikts zwischen Russland und Belarus zum Ausdruck zu bringen. Und bereits damals wurde deutlich, dass *Lukaschenko* die Reputation Russlands als berechenbaren Energielieferanten Europas ernsthaft in Frage stellte. Verstärkt wurde der Unmut des Präsidenten durch den Bau der Ostseepipeline von Russland nach Deutschland unter Umgehung von Belarus. Für *Lukaschenko* handelt es sich dabei um das „dümmste Projekt in der Geschichte Russlands", das in das Guinnessbuch der Rekorde gehöre.[49] Ein gemischtes Echo fand sein Vorschlag vom Oktober 2007, an Stelle der Ostseepipeline einen zweiten, durch Belarus und Polen nach Westen führenden Strang der Jamal-Gaspipeline zu legen und dabei für fünf Jahre auf Transitkosten für Belarus zu verzichten. Ein überraschender einschlägiger Prüfungsvorschlag von Ministerpräsident *Subkow* gegenüber *Lukaschenko* bei seinem Antrittsbesuch in Minsk wurde von Energieminister *Christenko* und anderen Moskauer Verantwortlichen allerdings eindeutig abgelehnt.

Im Blick auf vorteilhafte Energiepreise nährte Minsk gegenüber Moskau die Illusion der Bildung eines gemeinsamen Unionsstaats, sabotierte de facto jedoch den Prozess einer realen Integration. Überspitzt lässt sich sagen: *Lukaschenko* stützte das Projekt, solange es lediglich virtuellen Charakter besaß und seine Reputation als Einiger der slawischen Brudervölker stärkte. Zugleich blockierte er das Projekt, sobald es konkrete Gestalt anzunehmen und seine Macht zu unterminieren drohte. Folgerichtig verwarf der Präsident auch die Installierung des russischen Rubel als Einheitswährung mit der Begründung: „Als man in Moskau verstand, dass *Lukaschenko* die Unabhängigkeit seines Landes nicht preisgeben würde, begann man, uns den Rubel als Einheitswährung aufzudrängen. Wir sahen darin ein hinterhältiges Manöver, um uns unsere Unabhängigkeit durch die Hintertür zu nehmen."[50] Eine Verschmelzung von Belarus und Russland sei schlimmer als unter *Stalin* und werde Gewalt und Chaos bewirken, dramatischer noch als in Tschetschenien, ließ *Lukaschenko* bei verschiedenen Gelegenheiten verlauten. So wie ein Beitritt seines Landes zu Polen oder Litauen ausgeschlossen sei, so gelte das Gleiche für einen Beitritt zur Russischen Föderation.

---

[49] www.izvestia.ru/politic/article3100114/?print.
[50] „Im Kreml spielt sich eine Komödie ab", a.a.O. Ganz ähnlich *Lukaschenko* im Mai 2007 gegenüber einer sibirischen Delegation unter Leitung von *Aleksandr Chloponin*, dem Gouverneur der Krasnojarsker Region: *Aleksandr Želenin, Lukašenko obidel´sja na Moskvu. Sojuznyj dogovor Rossii i Belorussii postavlen pod vopros* (*Lukaschenko* fühlt sich von Moskau gekränkt. Der Unionsvertrag Russland-Belarus ist in Frage gestellt), in: Nezavisimaja Gazeta, 30.5.2000. Zum russisch-belarussischen Konflikt über den Charakter der einheitlichen Währung vgl. ausführlich meinen Beitrag: Koloboks Union. Belarus und Russland am Wendepunkt?, a.a.O., S. 222 ff.

Das sei nicht nötig und sogar schädlich „und führt, wenn Sie wollen, zu einem neuen Tschetschenien im Westen Russlands"[51]. Nach Abschluss des Energiekriegs fühlte sich *Wladimir Semaschko,* Stellv. Ministerpräsident und während der Verhandlungen um die Jahreswende 2006/07 belarussischer Gegenspieler von *Gazprom*chef *Aleksej Miller*, mit der angedrohten Abschaltung der Gaspipeline gar an die Belagerung von Leningrad während des Zweiten Weltkriegs erinnert.

Die Durchführung eines immer wieder ins Auge gefassten Referendums zur Konstituierung eines Unionsstaats, der seine Macht begrenzen würde, müsste *Lukaschenko* nicht fürchten: Selbst bei einer – höchst zweifelhaften – positiven Grundstimmung in der belarussischen Bevölkerung verfügt der Präsident über reichlich Erfahrung, um das Ergebnis eines solchen Referendums massiv zu seinen Gunsten zu fälschen. Aus alldem zog Moskau bestimmte Konsequenzen – letztlich freilich in einer Weise, die *Lukaschenko* das politische Überleben sichert. So wurden die Neuarrangements zu Lasten von Belarus *Putin* zufolge bewusst erst **nach** den Präsidentschaftswahlen vom März 2006 verkündet, um *Lukaschenko* „im Zusammenhang mit den bevorstehenden politischen Ereignissen insbesondere mit Blick auf die Wahlen nicht zu schaden".[52]

Nach monatelangen Disputen flammte die Kontroverse in Form eines regelrechten Energiekrieges im Dezember 2006 mit aller Schärfe auf und konnte erst nach mehrwöchigen harten Verhandlungen – zumindest vorerst – beigelegt werden. Hier kurzgefasst seine Ergebnisse:

- *Erdgas.* Der Preis für Erdgas wird auf 100 US Dollar pro 1000 cbm verdoppelt und bis 2011 schrittweise auf Weltmarktniveau angehoben. Damit liegt er zumindest in seiner ersten Etappe noch immer wesentlich unter demjenigen für die Ukraine (130), Moldau (170) und Georgien (235). Die Erhöhung der Transitgebühren von 0,75 auf 1,45 US Dollar pro 1000 cbm reduziert die Verluste, so dass Belarus auf diesem Feld 2007 insgesamt mit zusätzlichen Kosten von rund 500 Mio. US Dollar zu rechnen hat – mit steigender Tendenz in den Folgejahren. *Putin* zufolge spart Belarus durch die Differenz zwischen russischem Vorzugspreis und Weltmarktpreis 3,3 Mrd. US Dollar. Zusätzlich erwägt Russland, seinem Partner in einer für die belarussische Wirtschaft „sehr schwierigen Situation"[53] einen erbetenen Stabilisierungskredit über 1,5 Mrd. US Dollar zu gewähren. Dazu kam es jedoch – zumindest vorerst – nicht, da Russland den Zinssatz Ende Juli auf hohe 8,5 Prozent festsetzte und damit die Ablehnung *Lukaschenkos* provozierte. Moskau wolle „nicht nur erfolgreiche belarussische Unternehmen, sondern darüber hinaus das gesamte Land privatisieren", ließ der

---

[51] *Želenin,* a.a.O. Siehe auch Belarus warns against gas price hike, in: The Moscow Times 2.10.2006, S. 5.
[52] Pressekonferenz vom 1.2.2007, a.a.O.
[53] So *Semaschko,* Belarus Headlines 5/3.4.2007.

Präsident verlauten.[54] Als alternative Kreditgeber mit günstigen Bedingungen nannte er u.a. China (1 Mrd. US Dollar), Venezuela (500 Mio. US Dollar) sowie eine Reihe westeuropäischer Banken, darunter die niederländische *ABN AMRO*, die österreichische *Raiffaisen* und mehrere italienische Geldhäuser.

- *Beltransgas*. An der Gaspipeline erhält Moskau einen 50-Prozent-Anteil, wobei eine Anwendung des Instituts der „Goldenen Aktie" im Sinne einer Privilegierung des belarussischen Staates beim Management des Unternehmens ausgeschlossen wird. Damit wird *Beltransgas* in seinem Charakter als Machtinstrument *Lukaschenkos* neutralisiert. Immerhin wurde *Beltransgas* mit 5 Mrd. US Dollar wesentlich höher bewertet als im Rahmen der Schätzung der Niederländischen Bank *ABN AMRO* (3,5 Mrd. US Dollar). *Gazprom* zahlt für die Transformation in ein paritätisches Joint Venture in den kommenden vier Jahren jeweils 625 Mio. US Dollar an Belarus. Damit sicherte sich Russland maßgeblichen Einfluss auf die Gasleitungssysteme in Belarus, nachdem sich bereits die *Jamal*-Pipeline in Moskauer Besitz befindet.[55] Nicht bereit war Moskau, Belarus im Gegenzug für die paritätische Beteiligung an *Beltransgas* an der Gasförderung in Russland mit einer Kapazität von jährlich 12 Mrd. cbm zu beteiligen, wie es Aserbaidschan, Iran und Venezuela inzwischen taten.

- *Erdöl*. Auf dem Ölsektor erhält Russland statt der ursprünglich verlangten 180 US Dollar pro t effektiv 53 US Dollar an Zollgebühren. Die Herabstufung erfolgte, nachdem Belarus als Kompensation für den hohen Exportzoll kurzfristig eine Gebühr von 45 US Dollar pro t Bodenzoll für den Transit russischen Öls durch Belarus nach Europa erhoben hatte. Darüber hinaus wird Russland in steigendem Maße an den Reexportgewinnen belarussischer Ölprodukte beteiligt; sein Anteil wächst von 70 Prozent (2007) über 80 Prozent (2008) auf 85 Prozent (2009). Damit wird für Minsk die Möglichkeit stark eingeschränkt, die in seinen modernen petrochemischen Anlagen von Mosyr und Nowopolozk hergestellten Ölprodukte mit hohem Gewinn in den Westen zu reexportieren. Eine ähnliche Vereinbarung war zwischen beiden Seiten bereits 1995 getroffen, von Belarus 2001 jedoch aufgekündigt worden. Analogen Regelungen unterliegen russische Erdölproduzenten, die zuvor unter Umgehung der russischen Exportzölle ihren Rohstoff zollfrei nach Belarus geleitet und von dem gleichsam als **Offshorezone** fungierenden Land als verarbeitete Produkte gen Westen exportiert hatten. Zwar betragen die jährlich Verluste für Belarus bei der für den Westen bestimmten Erdölverarbeitung 3 bis 4 Mrd. US Dollar. Gleichwohl hal-

---

[54] The Moscow Times, 3.8.2007.
[55] Von den 41 Mrd. cbm Gas für Westeuropa flossen 14 Mrd. durch das Pipelinenetz von *Beltransgas* und 27 Mrd. durch die *Jamal-Europa-Pipeline,* siehe *Irina Točickaja*, Preisschock. Die Folgen der Gaspreiserhöhung für Belarus, in: Osteuropa 4/2007, S. 85–91, hier S. 86.

ten sie sich in Grenzen, zumal das Land mit 2,5 Mrd. US Dollar von den niedrigen Zollgebühren für die Ölimporte aus Russland profitiert.

In Deutschland und anderen EU-Ländern – insbesondere Ostmitteleuropas – hat der Energiekrieg hohe Wellen geschlagen sowie Image und Reputation Russlands als verlässlichen Energielieferanten beschädigt. Das ist nicht zuletzt deshalb problematisch, weil die von Deutschland angestrebte multidimensionale Verflechtung gerade die **Energiesicherheit** als zentralen Punkt kooperativen Miteinanders von Produzenten-, Transit- und Abnehmerstaaten begreift. Nach Berliner Vorstellungen soll sie das Kernelement der strategischen Partnerschaft EU-Russland bilden und entsprechend Eingang in das neue Vertragswerk finden, dessen Ausarbeitung sich die deutsche Ratspräsidentschaft zum Ziel gesetzt hatte. Zugleich jedoch bildete der Energiekonflikt für die EU und die deutsche Ratspräsidentschaft einen wichtigen Anstoß, die Energieabhängigkeit von Russland zu reduzieren und nach Wegen für eine Diversifizierung der Energiebezüge zu suchen.

Sowohl Berlin als auch Brüssel appellierten an die Regierungen in Russland und Belarus, nach einer fairen Lösung zu suchen, mögliche Probleme zwischen ihnen künftig frühzeitig zu melden und damit zugleich die Energiesicherheit im EU-Raum zu garantieren, wie es *Putin* auf dem St. Petersburger G8-Gipfel vom Juli 2006 versprochen hatte. Beide Staaten wurden aufgefordert, sich an den Prinzipien der Energiecharta und der WTO zu orientieren, der sie beitreten wollen. Paradox bei alldem ist: Die Europäer rufen Kontrahenten zu Ausgleich und Zusammenarbeit auf, die im Zeichen des Unionsstaatsprojekts ihre Außenbeziehungen gerade auch auf sicherheitspolitischem Gebiet eng koordinieren – nicht zuletzt zwecks Abwehr angeblicher Subversions- und Penetrationsambitionen der EU und deren Mitgliedsländern.

3.3 Zerbricht die Freundschaft an der Freundschaftspipeline?

In diesem Kontext ist im Westen häufig der Vorwurf an Russland zu hören, im Zeichen des Energiekriegs in der Frage des Energietransits um die Jahreswende 2006/07 seine Energiemacht brutal genutzt sowie wenig Verlässlichkeit gezeigt und einen Vertrauensbruch begangen zu haben. Der Vorwurf ist in diesem Zusammenhang jedoch wenig überzeugend. Gewiss verfolgt Russland mit seinem Energiepotential auch politische Ziele. Die hartnäckig verfolgte und schließlich erreichte Umwandlung von *Beltransgas* in ein paritätisches Joint Venture fügt sich ein in das Moskauer Bestreben, die Pipelinesysteme im postsowjetischen Raum zu übernehmen und sich damit die Herrschaft über die Energieströme in Richtung Europa zu sichern. Was jedoch die Preisgestaltung angeht, so hat die EU nicht zuletzt in den Verhandlungen über den russischen WTO-Beitritt Moskau immer wieder gedrängt, von **politischen** Preisen zu **Markt**preisen überzugehen. An genau dieser Forderung, die eine Politik der Begünstigung auch der Nachbarn ausschließt, hat sich Moskau im Energiekrieg mit Minsk orientiert.

Tatsächlich war es **Lukaschenko**, der Russland durch zweimalige illegale Entnahme (2004: Gas; 2007: Öl) sowie durch entsprechende Drohungen (2006: Gas) zur Schließung der durch Belarus führenden Leitungssysteme veranlasste und damit zugleich die europäischen Energiekonsumenten traf. Der eigentliche Fehler der Verantwortlichen in Moskau liegt darin, dass sie in Belarus mit *Lukaschenko* bis heute eine populistische Führungsfigur autoritär-repressiven Charakters stützen, für die die Sicherung der persönlichen Macht auch in den Beziehungen des Landes zur Außenwelt einschließlich Russland absolute Priorität genießt. Auch für Moskau erweist sich *Lukaschenko* als gänzlich unberechenbarer Partner – schon hat er für die nahe Zukunft die Erhebung von Transitkosten für russisches Öl angekündigt, das Richtung Westen zu 50 Prozent über belarussisches Territorium fließt (Erdgas: 25 Prozent). Kurz darauf weigerte er sich anfangs, Gasschulden gegenüber Russland in Höhe von 456 Mio. US Dollar vertragsgemäß zum Juli 2007 zu begleichen: Moskau sah sich erneut veranlasst, mit einer Kürzung der Gaslieferungen an Minsk um 45 Prozent zu drohen (was wiederum die EU beunruhigte und sie dazu bewegte, die Kontrahenten zur raschen Lösung ihres Konflikts aufzufordern). Nicht erst seit dem Energiekrieg hat *Lukaschenko* die Interessen Russlands wiederholt verletzt und damit zugleich die Perspektive eines Vertrauensverhältnisses in einem kooperativen Europa konterkariert. Daher sollte Russland aus dem weiterschwelenden Konflikt mit *Lukaschenko* die Lehren ziehen, das heißt Distanz zu dessen Regime suchen und evolutionären Wandel in Belarus, wie ihn die Europäer wünschen, zumindest nicht blockieren.[56]

Die Folge des Energiekriegs für die inneren Entwicklungen des exportorientierten und zugleich rohstoffarmen Belarus sind offen. Der Exportzoll für Erdöl aus Russland sowie die radikale Reduzierung des Anteils an den Gewinnen der Exporte von Erdölprodukten nach Europa belasten das Budget; die „Demolierung der Zollunion" (*Lukaschenko*) durch Erhebung von Zöllen auf belarussische Exportprodukte nach Russland mindert die Konkurrenzfähigkeit belarussischer Waren. So hatte Belarus im Handel in den ersten vier Monaten des Jahres 2007 offiziellen Angaben zufolge statt des projektierten Plus von 600 bis 800 US Dollar ein Minus von 742 Mio. US Dollar zu verzeichnen. Vor allem aber: Die Steigerung der Gaspreise wirkt sich äußerst negativ aus im Kontext der hohen Energieintensität des zu 80 Prozent massiv überalterten industriellen Sektors sowie des unrationellen Verbrauchs in den Privathaushalten, die oft nur teilweise über Messeinrichtungen für Strom, Heizung und Wasser verfügen. So liegt der Anteil von Erdgas am Primärenergieverbrauch in Belarus mit 63,5 Prozent höher als in Russland (53,4 Prozent), der Ukraine (43,6 Prozent), Litauen (24,9 Prozent) und Polen (11,9 Prozent). „Somit verringert die Preissteigerung die Konkurrenzfähigkeit der Unternehmen erheblich. Um diese zu erhalten, müssen die Gewinnmargen gekürzt werden, weshalb die Investitionstätigkeit eingefroren werden wird. Dies wiederum verschlechtert die Wettbewerbsbedingungen belarussi-

---

[56] In ähnliche Richtung argumentiert *Sergej Karaganov*, How to make elite in Belarus pro-Russian?, RIA Novosti 25.1.2007.

scher Unternehmen auf dem westeuropäischen wie auf dem rußländischen Markt."[57] Bereits heute arbeitet nach Auskunft von Ministerpräsident *Sidorskij* vom Juli 2007 jedes dritte Unternehmen in Belarus ohne Gewinn.

Noch enger würde es für *Lukaschenko*, falls Russland (und die Ukraine) in die WTO aufgenommen würden, Belarus jedoch aufgrund des staatsinterventionistischen Charakters seiner Wirtschaft der Zugang verwehrt würde. Infolge der gesteigerten Wettbewerbsfähigkeit von Drittländern hätten es bei einem solchen Szenario belarussische Exporteure erheblich schwerer, ihre Produkte auf den russischen (und ukrainischen) Märkten abzusetzen.[58] Umgekehrt würde allerdings auch ein WTO-**Beitritt** von Belarus bei reformresistenter Wirtschaftsordnung dem Lande schaden, da dann seine Staatsunternehmen verstärktem ausländischen Wettbewerb ausgesetzt wären, dem sie in vielen Bereichen nur schwer standhalten könnten.

Vor diesem Hintergrund wird das Wirtschaftswachstum des „europäischen Tigers" von jährlich rund 10 Prozent gewiss geschwächt und damit auch der bisherige Versorgungsstaat, das Ordnungssystem und die Machtbasis *Lukaschenkos*. Schon sah sich das Regime im Mai 2007 veranlasst, ab 2008 eine Reihe sozialer Vergünstigungen insbesondere in den Bereichen Gesundheit, Transport und kommunales Wohnungswesen zu kürzen, und zwar nicht nur für bedürftige Bevölkerungsgruppen, sondern auch für bestimmte Kategorien von Staatsbediensteten.[59] Die Tatsache jedoch, dass der Übergang zu Weltmarktpreisen in Etappen über vier Jahre erfolgt und durch Einnahmen aus dem Verkauf von *Beltransgas*-Anteilen an Russland sowie durch Anhebung der Gas-Transitgebühren abgemildert wird – all dies bietet *Lukaschenko* gleichwohl die Chance, die belarussische Wirtschaft umzustrukturieren, ihr innovative Impulse zu geben und damit in geringerem Umfang auch weiterhin soziale Stabilität für die Menschen sowie politische Stabilität für das Regime zu gewährleisten. Allerdings könnten die verbliebenen Vergünstigungen Russlands für Belarus in Zukunft weiter reduziert werden, hat doch das Minsker Vorgehen im Energiekrieg die Energiegroßmacht im Nerv getroffen. „Eine Freundschaft mit nichtdemokratischen Regierungen kann nicht dauerhaft sein" – so in überraschender Deutlichkeit *Michail Margelow*, der Vorsitzende des Außenpolitischen Ausschusses des russischen Föderationsrats.[60]

---

[57] *Točickaja*, a.a.O., S. 88. Auf S. 88 ff. findet sich eine Aufstellung über die voraussichtlichen, durch russische Energiepreiserhöhungen verursachten Steigerungen im industriellen Bereich, bei den Exporten und im Blick auf verschiedene Aspekte der Lebensbedingungen.
[58] So Belarusian Monthly Economic Review (Minsk) 12/Dezember 2005. Ähnlich der belarussische Wirtschaftsexperte *Leonid Zaiko*, BelaPAN 20.11.2006.
[59] BelaPAN 23.5.2007.
[60] *Ivan Preobraženskij/Anna Ščekin-Krotova/Aleksej Ščeglov*, Tjažba o „Družby" (Streit um „Druzba"), unter www.strana.ru/print/302572.html.

4. *Lukaschenkos* Suche nach Auswegen

4.1 Nutzung von Atomenergie und alternativen Transportwegen

Die wachsende Selbstisolierung des *Lukaschenko*-Regimes im Allgemeinen und der Energiekrieg im Besonderen gaben dem Präsidenten Anstöße, nach Wegen zu suchen, um seine einseitige Ausrichtung auf Russland im Allgemeinen und seine Energieabhängigkeit von Moskau im Besonderen zu reduzieren, kurz: „die internationale Politik von Belarus symmetrischer zu gestalten", wie *Lukaschenko* in seiner Jahresbotschaft 2007 verkündete. Das schien um so mehr geboten, als Russland selbst als Folge der Konflikte von 2004 und 2006/07 alternative Transitrouten unter Umgehung von Belarus plant (oder, wie die Ostseepipeline, bereits in Angriff nimmt). Ein Beispiel hierfür bildet das Projekt einer 1000 km langen und auf Transportkapazitäten von jährlich 50 Mio. t angelegte Ölpipeline, die damit immerhin über mehr als die Hälfte der Kapazität der *Drushba*-Trasse verfügen wird, die über belarussisches Territorium verläuft. Das Projekt hat den Ostseehafen Primorsk im Leningrader Gebiet zum Ziel, von wo aus das Öl über die Ostsee nach Europa verschifft werden soll. Solche konkreten Pläne verweisen darauf, dass der Konflikt Belarus-Russland weiterschwelt und mit den Abmachungen Anfang 2007 keineswegs sein Ende gefunden hat.

Zu den Diversifizierungsplänen *Lukaschenkos* zählt die Absicht, bis 2014 bzw. 2016 zwei Atomblöcke zu errichten. Nach Berechnungen von Experten der Nationalen Akademie der Wissenschaften könnten sie in den nächsten 20 Jahren rund 25 Prozent der belarussischen Elektrizität erzeugen. Ihre Konstruktionskosten würden sich auf 3 bis 4 Mrd. US Dollar belaufen, wobei *Lukaschenko* bei offener Ausschreibung des Projekts unter russischen und europäische Unternehmen (hier nennt er ausdrücklich *Siemens*) dem preisgünstigsten Angebot den Zuschlag erteilen will. Inzwischen machte die russische *Eximbank* der belarussischen Seite das Angebot, das Projekt mit 2 Mrd. US Dollar zu finanzieren.[61] Das Projekt ist in Belarus jedoch nicht nur wegen der Erinnerungen an die Tschernobyl-Katastrophe umstritten, sondern auch wegen der hohen Kosten beim Bau der Meiler, beim Kauf von Uran zu Marktpreisen und wegen der ungelösten Frage der Atommüll-Endlagerung.[62] Gleichwohl hält der Präsident an dem Atomprojekt fest, denn für ihn bildet „die Schaffung einer eigenen Atomenergie eine der Garantien der nationalen Unabhängigkeit des Landes und seiner Energieversorgung".[63] Es mache keinen Sinn, Strahlungsphobien und Post-Tschernobyl-Syndrome im Bewusstsein der Belarussen zu kultivieren, begegnete

---

[61] Office of a Democratic Belarus 1.–14.6.2007, unter www.democraticbelarus.eu.
[62] Vgl. die kritische Stimme des Stellv. Ministerpräsidenten *Kobjakov*, BelaPAN 30.5.2005. Soweit zu übersehen, fand diese Einschätzung unter Regimevertretern allerdings keine weiteren Anhänger. Siehe auch *Andrej Alechnowitsch,* Atomkraft rückt näher, in: Belarus-Perspektiven 36/Frühling 2007, S. 6 f.
[63] *Lukaschenkos* Botschaft von 2007, a.a.O.

Lukaschenko allen Bedenken, denn die Kernenergie werde das Hauptmittel sein, um die Energiekrise zu überwinden.[64]

Eine weitere Variante des Strebens *Lukaschenkos* nach Reduzierung der Energieabhängigkeit von Russland bildet sein Vorschlag, als Alternative zum Unionsstaat Belarus-Russland einen Unionsstaat Belarus-Ukraine zu bilden. In den Hintergrund rücken frühere scharfe Angriffe des Präsidenten auf den demokratischen Aufbruch in der Ukraine 2004/05 und dessen Charakterisierung als „vollendetes Banditentum". Stattdessen verweist *Lukaschenko* heute auf die „Jahrhunderte währende gemeinsame Geschichte sowie die besondere geistige und kulturelle Nähe" beider Länder. Nunmehr gelte es, die Beziehungen mit prinzipiell neuem Inhalt zu füllen, insbesondere mit Blick auf die Sicherung ihrer Souveränität und die „Erhöhung der geopolitischen Bedeutung der osteuropäischen Region".[65] Die tatsächliche Aufgabe dieser Unionsstaats-Variante bestünde darin, eine Energiepartnerschaft zweier zentraler Transitländer zu kreieren und gemeinsam russischen Forderungen nach Erhöhung der Energiepreise sowie nach Übernahme der Pipelinesysteme entgegenzutreten.

In diesem Kontext denkt der Präsident zugleich an eine Diversifizierung der Energie-Transportwege, so etwa an eine Pipeline aus Aserbaidschan über die Ukraine und Belarus nach Europa („Schwarzmeer-Baltischer Ölkorridor"). Mit Aserbaidschan als sich rasch entwickelndem und in seiner Region führendem Land müsse Belarus engste Beziehungen knüpfen, betonte *Lukaschenko*. Das gelte nicht nur für den Energiebereich, in dem Förderungsrechte für das belarussische Unternehmen *Belarusneft* einerseits und die Verarbeitung aserbaidschanischen Öls zu Ölprodukten in der modernen petrochemischen Industrie von Belarus andererseits einander ergänzen. Dies betreffe auch solche Felder wie Industrieprodukte, Transportmittel und Hochtechnologie, auf denen Belarus über starke Positionen verfüge.[66]

Die wechselseitigen Staatsbesuche der Präsidenten *Alijew* im Oktober 2006 in Minsk und *Lukaschenko* im Mai 2007 in Baku demonstrieren – anders als im Blick auf das Unionsstaatsprojekt Belarus-Russland – die ernste Absicht beider Seiten zur Verdichtung der Beziehungen, wie der Abschluss eines „Vertrags über Freundschaft und Zusammenarbeit" unterstreicht. Ihren für *Lukaschenko* bislang größten Erfolg bildete die erwähnte Bereitschaft Bakus, Belarus an der Prospektierung und Erschließung von Ölfeldern Aserbaidschans zu beteiligen und dem Land damit, so *Ali-*

---

[64] RIA Novosti 3.12.2006. Ausführlich zu Bau und Finanzierung der Atommeiler siehe *Lukašenko* forsiruet stroitel'stvo AES čtoby polučit energičeskuju nezavisimost' ot RF (*Lukaschenko* forciert den Bau des Atomkraftwerks, um die Energieunabhängigkeit von der Russischen Föderation zu erlangen), unter www.newsru.com/world/25jan2007/forsage_pront.html.

[65] *Lukaschenkos* Botschaft von 2007, a.a.O. Vgl. auch *Svetlana Gamova*, Transitnyj sabotaž (Transit-Sabotage), in: Nezavisimaja Gazeta, 31.1.2007, sowie *Jan Maksymiuk*, *Lukashenko* proposes Union with Ukraine, in: RFE/RL Belarus, Ukraine and Moldova 40/28.11.2006.

[66] *Lukaschenkos* Botschaft von 2007, a.a.O.

jew, „politische Unterstützung zu gewähren".[67] Die Erlaubnis zur direkten Ausbeutung von Öl- und Gasfeldern, die sich auch auf eine Reihe von Ländern der Blockfreienbewegung bezieht, ist nicht zuletzt deshalb bemerkenswert, weil sich Russland entsprechenden Abkommen mit Belarus verweigert. Nimmt man das in *Lukaschenkos* Jahresbotschaft hervorgehobene Streben nach einer „maximalen Entwicklung der wechselseitigen Zusammenarbeit" mit Kasachstan hinzu, so unterstreicht dies die zuvor aufgezeigte Absicht des Regimes, zur Sicherung von Unabhängigkeit und nationaler Interessenwahrnehmung im Verhältnis zu den GUS-Ländern den **bilateralen Beziehungen** Vorrang vor den von Moskau dominierten Integrationsorganisationen zu geben (wie es Russland selbst seit langem praktiziert, bei seinen GUS-Partnern jedoch misstrauisch beobachtet).

Ein wenig beachtetes Ereignis im Rahmen des informellen St. Petersburger GUS-Gipfels vom Juni 2007 unterstreicht diesen Befund, als *Lukaschenko* sein Veto gegen die Bestellung von *Aleksandr Weschnjakow,* der kurz zuvor als Leiter der Zentralen Wahlkommission Russlands abgelöst worden war, als Nachfolger von *Wladimir Ruschailo* zum Exekutivsekretär des GUS-Rats einlegte. Der Grund für diesen ungewöhnlichen Schritt liegt zum einen gewiss in dem Bestreben *Lukaschenkos,* die Moskau-dominierte GUS zugunsten bilateraler Beziehungen abzuwerten und seinen entsprechenden Einfluss zur Geltung zu bringen. Zum anderen bildet er aber auch ein Signal an die russische Elite, sich nicht in die inneren Angelegenheiten von Belarus einzumischen, wie es *Weschnjakow* in seiner Funktion als Leiter der Zentralen Wahlkommission anlässlich der belarussischen Präsidentschaftswahlen von 2001 zum Unmut der Machthaber in Minsk massiv getan hatte. Nach Ansicht *Weschnjakows* war dieser Urnengang „weit davon entfernt, ein Beispiel für Russland und andere Länder abzugeben, die den Weg der Demokratie gewählt haben". Zwar hätten die Wahlen in Einklang gestanden mit dem belarussischen Wahlgesetz und „bis zu einem gewissen Grade" auch mit den internationalen Standards. Gleichwohl müsse man den belarussischen Kollegen „sehr ernsthafte Ratschläge geben, wie sie gewährleisten können, dass zukünftige Wahlen die Standards voll erfüllen statt nur bis zu einem gewissen Grade".[68] Mit Blick auf die manipulierten Wahlen unter *Lukaschenko* kommt diese Einschätzung den entsprechenden Wertungen von OSZE, Europarat und EU recht nahe, so dass ihr Repräsentant für den Präsidenten nur schwer akzeptabel ist und aus seiner Sicht geradezu als Provokation gewertet werden muss.

4.2 Mehrvektorenpolitik in Richtung China und Blockfreienbewegung

Einen wichtigen strategischen Partner sieht *Lukaschenko* in der Volksrepublik China, die der Präsident bereits dreimal mit teilweise umfangreichen Wirtschaftsdelegationen in seinem Gefolge besuchte. Im Vordergrund steht dabei neben der industriel-

---

[67] BelaPAN 2.5.2007.
[68] BelaPAN 5.11.2001. Zum Veto *Lukašenkos* siehe BelaPAN 13.6.2007.

len und militärtechnischen Kooperation seit Neuem die Zusammenarbeit auf dem Gebiet der friedlichen Kernenergie, aber auch der Erfahrungsaustausch bei der Unterbindung unerwünschter Internet-Nutzung durch oppositionelle Kräfte.[69] Für *Lukaschenko* bildet China darüber hinaus nicht nur einen wichtigen Wirtschaftspartner – Peking gewährt Minsk einen Kredit über 1 Mrd. US Dollar und stellte Investitionen in Höhe von 2 Mrd. US Dollar in Aussicht. Auch politisch erwartet *Lukaschenko* von Peking Unterstützung, bei der Abwehr von Farbenrevolutionen ebenso wie bei der anvisierten Aufnahme in die Schanghai Organisation für Zusammenarbeit.

Schließlich wählte *Lukaschenko* die Blockfreienbewegung als neuen Bezugspunkt seiner „Mehrvektorenpolitik" – eine der wenigen internationalen Foren, auf denen der Präsident noch auftreten kann.[70] Zwar bezeichnete er in seiner Botschaft an die Nation vom April 2007 die Beziehungen zu Russland als „wichtigste unter den belarussischen Prioritäten". Wie er 2006 auf der Weltkonferenz der Bewegung in Kuba wissen ließ, sucht er zugleich jedoch die Führung bei der Schaffung eines „erweiterten Bogens internationaler Beziehungen", der von Lateinamerika über den Nahen und Mittleren Osten bis hin nach Asien reicht und dazu aufgerufen ist, „ein selbständiges politisches Machtzentrum in der Welt zu werden".

Zum einen dient das weltweite Ausgreifen dem in Europa eher kritisch gesehenen Regime dazu, globale Präsenz zu zeigen und gerade auch nach innen dem Argument zu begegnen, das Land habe sich in eine selbstverschuldete Isolierung begeben.[71] Vor allem aber ist es von dem aktuellen Interesse geprägt, im Zeichen des Übergangs Russlands zu Marktpreisen alternative Energiequellen ausfindig zu machen und die entsprechende Abhängigkeit von Moskau zu reduzieren. „Die ressourcenreichsten einflussreichen Länder – Indien, Venezuela, Iran, Vereinigte Arabische Emirate, Oman – sind zur Zusammenarbeit bereit und arbeiten bereits heute im Format der strategischen Partnerschaft mit uns zusammen" – so *Lukaschenko* in seiner Jahresbotschaft von 2007. Dabei entfaltet der Präsident eine intensive Reisediplomatie in die Energiestaaten Venezuela, Iran, Aserbaidschan, Vereinigte Arabische Emirate und Oman mit der zentralen Intention, im Austausch gegen Industrieobjekte, Traktoren und LKWs, Energie-Produktionsanlagen und Waffen massiv Energieträger zu erhalten und damit durch Diversifizierung die Abhängigkeit von Moskau zu reduzieren. Eine Reihe von Präsidenten dieser Staaten waren umgekehrt zu Gast in Belarus, darunter *Ilham Alijew* aus Aserbaidschan, *Hugo Chavez* aus Venezuela und *Machmud Ahmadinedschad* aus dem Iran.

---

[69] Vgl. *Ol'ga Mesaeva*, Indokitaj – global'naja cel' Lukašenko (Indochina – globales Ziel Lukaschenkos), in: Nezavisimaja Gazeta, 12.12.2005.

[70] Hierzu *Alexander Dautin*, „Blockfreie und Verstoßene", in: Belarus-Perspektiven 34/Herbst 2006, S. 2. Belarus ist als einziges europäisches Land Vollmitglied der Blockfreienbewegung.

[71] *Lukašenko*: Govorit' ob isoljacii Belorussii prosto smešno (*Lukaschenko*: Das Gerede über eine Isolation von Belorus ist geradezu lächerlich), *Lukaschenko*-Interview mit der elektronischen Zeitung YTRO vom 28.11.2005, unter www.utro.ru.

Im Einzelnen weisen die Wirtschaftsbeziehungen zu diesen Ländern durchaus unterschiedliche Akzente auf. Im Blick auf Indien geht es insbesondere um Zusammenarbeit bei der friedlichen Nutzung der Atomenergie sowie auf dem Felde von Waffenlieferungen und Militärtechnik. Venezuela bietet dem belarussischen Unternehmen *Belnaftachim* die Möglichkeit, ab 2008 jährlich rund 2 Mio. t Erdöl zu fördern, und erhält dafür Maschinen, Transportmittel und Fabrikanlagen. Im Iran wird Belarus im Austausch gegen Waffen und Militärtechnik ebenfalls direkten Zugang zum Ölfeld *Jofeir* nahe dem Irak sowie die Möglichkeit erhalten, das dort geförderte Öl von rund 1,5 Mio. t auf den Weltmärkten zu verkaufen. Für den Iran bildet Belarus, so Präsident *Ahmadinedschad* bei Vertragsabschluss, „einen seiner besten Freunde und einen strategischen Partner".[72] In diesem Kontext stellt *Lukaschenko* den Bau von Ölpipelines zur Diskussion, die von den Häfen Klaipeda (Litauen) und Ventspils (Lettland) nach Belarus führen und Energieträger aus Lateinamerika, Nahost und anderen Weltgegenden dorthin weiterleiten. Der litauische Präsident *Adamkus* hat diesem Projekt inzwischen gegen amerikanische Bedenken seine grundsätzliche Zustimmung erteilt.

Dem Westen hatte *Lukaschenko* bis Anfang 2007 nur wenig Interesse entgegengebracht. Im Gegenteil: Durch eine Reihe unfreundlicher Akte und Verbalinjurien hatte er die Beziehungen wiederholt schwer belastet, Verschwörungstheorien mit dem Ziel des Sturzes seines Regimes konstruiert und sein Land damit politisch aus den europäischen Zusammenhängen gelöst. Im Zuge seiner durch die Folgen des Energiekriegs angestoßenen Mehrvektorenpolitik sucht er jetzt zumindest verbal die Annäherung an den Westen und insbesondere an die EU, die bereits heute den größten Handelspartner von Belarus bildet und zu dessen bedeutendstem Modernisierungspartner werden könnte. Zentrale Voraussetzung für *Lukaschenko* ist dabei freilich, dass die Annäherung die Grundlagen seines scharf autoritären Regimes nicht gefährdet. Diese Ambivalenz prägt, wie weiter unten gezeigt wird, die aktuellen Beziehungen des Landes zur EU und wird sie voraussichtlich auch auf mittlere Sicht bestimmen.

5. Aufbrechen der Selbstisolierung nach Westen?

5.1 Geringes Interesse an europäischen Organisationen

Die Distanzierung des *Lukaschenko*-Regimes vom Westen stand in extremem Widerspruch zu Positionen und Perspektiven der Vor-*Lukaschenko*-Periode im Zeit-

---

[72] *Aleksej Logvinovič, Lukašenko i Achmadinežad skrepili družbu neftju* (*Lukaschenko* und *Ahmadinedschad* festigten ihre Freundschaft über das Öl), in: www.izvestija.ru/world/article3104383/index.html. Siehe auch BelaPAN 22.5.2007 sowie *Anton Chodasevič*, Vstreča edinomyšlennikov (Ein Treffen von Gleichgesinnten), in: Nezavisimaja Gazeta, 21.5.2007.

raum 1990–1994. Damals hatte Belarus im Europarat den Status eines Sondergastes mit der Aussicht auf Mitgliedschaft erhalten, doch wurde ihm dieser nach dem Verfassungsputsch von 1996 wieder entzogen. Der OSZE gehört Belarus seit seiner Unabhängigkeit 1991 als eigenständiges Vollmitglied an, legte deren 1997 installierter und 2003 in ihren Aufgaben reduzierter Mission in Minsk jedoch wiederholt erhebliche Hindernisse in den Weg. Dem NATO-Programm Partnerschaft für den Frieden schloss sich Belarus Ende 1995 als letztes Land im postsowjetischen Raum an, ist seit 1998 mit einer Vertretung in Brüssel präsent und beteiligt sich auf niedrigem Niveau an einer Reihe von Maßnahmen.

Bezeichnend ist in den verschiedenen Phasen auch das Verhältnis zur EU. *Pjotr Krawtschenko*, der erste und einzige Außenminister des demokratischen Belarus, betrieb in den Jahren 1992–1994 eine intensive Reisediplomatie nach Bonn, London, Paris und Rom, um sein Land an die EU heranzuführen. Dabei ging er von der Überlegung aus, dass Belarus damals im Blick auf Industrieniveau, Bildung und Berufsqualifikation unter allen GUS-Staaten die besten Voraussetzungen besaß und ähnlich wie Polen, Ungarn und die Tschechoslowakei nach schwierigen Transformationsprozessen Mitgliedsreife erlangen könnte.[73] Nachträglich gesehen war dies ein womöglich zu ehrgeiziges Ziel, zumal – wie *Krawtschenko* selbst einräumt – die *Kebitsch*-Regierung eine erhebliche, in die Stagnation führende Reformresistenz zeigte. Immerhin unterzeichnete die EU im März 1995 ein PKA mit Belarus und signalisierte damit ihre Bereitschaft zu enger Zusammenarbeit. Bekanntlich enthält der Vertrag in seinen einführenden Artikeln die Verpflichtung, die demokratischen Prinzipien einzuhalten, die Menschenrechte zu achten und die Rechtsstaatlichkeit zu respektieren. Die Suspendierung der PKA-Ratifizierung durch die EU sowie die von ihr verhängte Kontaktsperre über hohe Repräsentanten des Regimes 1997 als Antwort auf den Verfassungsputsch vom November 1996 setzte den politischen Beziehungen jedoch enge Grenzen.

Zentrale Ursache für die Herabstufung der Beziehungen westlicher Organisationen zu Belarus waren die eingangs geschilderten Folgen des scharf autoritären, repressiven *Lukaschenko*-Regimes und die Weigerung seiner Repräsentanten, sich an europäischen Werten und demokratischen Prinzipien zu orientieren. Besonders deutlich wurde dies im Umgang mit der bereits eingangs erwähnten Entschließung des Istanbuler OSZE-Gipfels vom November 1999, in der es mit Zustimmung der belarussischen Delegation heißt: „Wir unterstützen mit Nachdruck die Arbeit der Beratungs- und Überwachungsgruppe Belarus, die bei der Förderung demokratischer Institutionen und der Einhaltung der OSZE-Verpflichtungen mit den Behörden von Belarus sowie mit Oppositionsparteien und -führern und mit NGOs eng zusammenarbeitet und auf diese Weise eine Lösung des Verfassungsstreits in Belarus erleichtert. Wir

---

[73] *Pjetr Kravčenko*, Belarus´ na rasput´e ili Pravda o Belovežskom soglašenii. Zapiski diplomata i politika (Belarus am Scheideweg oder die Wahrheit über die Vereinbarung von Belowesch. Aufzeichnungen eines Diplomaten und Politikers), Moskau 2006, S. 253 ff.

unterstreichen, dass nur ein echter politischer Dialog in Belarus den Weg zu freien und demokratischen Wahlen ebnen kann, die ihrerseits Grundlage für die Entwicklung einer echten Demokratie sind. Wir betonen, dass alle verbliebenen Hindernisse für diesen Dialog beseitigt werden müssen und deshalb die Grundsätze der Rechtsstaatlichkeit und der Medienfreiheit einzuhalten sind."[74] Im Vorfeld der Wahlen zum Parlament (2000) und zur Präsidentschaft (2001) wurden diese aus taktischen Überlegungen gemachten Zusicherungen freilich kurzerhand gebrochen: Sie wurden vom Regime als systemgefährdend wahrgenommen und als „humanitäre Kreuzzüge" scharf kritisiert (so Ex-Außenminister *Chwostow*).

Die EU ihrerseits machte Belarus wiederholt Angebote zur Normalisierung der Beziehungen. Als Voraussetzung wurden genannt: eine Periode des politischen Friedens und ein Ende der Unterdrückung der Opposition, eine Wahlgesetzgebung nach europäischen Standards, Transparenz des Wahlverfahrens, Zugang der Opposition zu den staatlich kontrollierten elektronischen Medien, Erweiterung des von *Lukaschenko* eingesetzten zahnlosen Parlaments. Später wurde die Konditionierung in Form eines im Grunde bis heute geltenden Zug-um-Zug-Ansatzes präzisiert, bei dem die EU auf Fortschritte bei der Demokratisierung in Belarus mit einer Anbindung des Landes an die europäischen Strukturen reagieren würde. Ziel der EU ist es, in Belarus über einen evolutionären Kooperationsprozess eine positive Dynamik in Richtung Demokratie, Rechtsstaat und Achtung der Menschenrechte in Gang zu setzen. Voraussetzung für eine europäische Integration – so das Signal – ist eine Europäisierung des Landes.

5.2 Neuakzentuierungen in Richtung Europa

Bei der belarussischen Opposition stießen die Brüsseler Angebote auf lebhaften Zuspruch. Zwar kann eine Annäherung des Landes an die EU einschließlich einer Mitgliedsperspektive aus ihrer Sicht nur in einem längerfristigen Prozess von 10 bis 15 Jahren erfolgen: Angesichts seiner problematischen wirtschaftlich-sozialen Lage würde eine rasche Integration Belarus „auf lange Zeit in ein rückständiges östliches Gebiet der EU verwandeln".[75] Zugleich jedoch könnte eine Annäherung die wachsende Selbstisolierung des Landes im Blick auf die sich wirtschaftlich entwickelnden Nachbarstaaten und auf die wirtschaftlich entwickelten übrigen EU-Staaten beenden – so hochrangige Oppositionsvertreter. Sie könne Belarus schrittweise an Grundkriterien, Standards und Normen der Union heranführen, ohne dass darüber die nationalen Interessen an engen Wirtschaftsbeziehungen zu Russland vernachlässigt würden. Die Strategie der Wirtschaftsentwicklung jedenfalls soll von dem Ziel

---

[74] Die Gipfelerklärung findet sich unter www.osce.org/docs/german/1990-1999/summits/istadec199g.htm.
[75] Hierzu und zum Folgenden vgl. *Bogdankevič*, a.a.O. Zum Verhältnis Belarus-EU siehe auch *Uladzimir Ulachovič*, David ohne Goliath. Die Zukunft von Belarus in Europa, in: Konturen und Kontraste ..., a.a.O., S. 206–217.

der „freien Bewegung von Kapital, Waren, Dienstleistungen und Menschen" bestimmt sein. Dies seien ja auch die Ziele Russlands, betonte die belarussische Opposition mit Blick auf die in diesem Punkt ähnlichen eigenen und die hierin divergierenden spezifischen Visionen des *Lukaschenko*-Regimes. Kurz: Hinsichtlich der Wirtschaftsordnung sieht sich die belarussische Opposition näher bei Russland als die Regierung.

Bei den Offiziellen in Belarus dagegen stießen die Angebote der EU bis vor kurzem auf keine Resonanz, weil sie in der Wahrnehmung *Lukaschenkos* im Falle ihrer Realisierung seine Machtstrukturen unterminieren würden. Tatsächlich sind Zweifel an der Ernsthaftigkeit der jüngsten Dialogbereitschaft *Lukaschenkos* angebracht: Im Zuge des Energiekonflikts Moskau-Minsk 2004 hatte der Präsident bereits einmal Gesprächsbereitschaft bekundet und längerfristig sogar eine EU-Mitgliedschaft ins Auge gefasst, ohne dass dies Konsequenzen für die Einleitung eines demokratischen Prozesses gehabt hätte.[76] Ganz ähnlich hatte er im Sommer 2006, also nach der Moskauer Ankündigung zur Erhöhung des Gaspreises, gegenüber hochrangigen Brüsseler Repräsentanten die „gesamteuropäischen Werte" als „Eckstein der belarussischen Politik" bezeichnet und versprochen, auf Verbesserung der Belarus-EU-Beziehungen hinzuarbeiten – auch diesmal ohne entsprechende Folgen.[77]

Möglicherweise gibt jedoch der regimegefährdende Energiekonflikt mit Russland diesmal Anstöße zu ernsthaften Neuüberlegungen in Minsk.[78] In einer überraschenden Wende zog der unberechenbare *Lukaschenko* Anfang 2007 die Konsequenzen aus dem Konflikt, in dessen Gefolge der „europäische Tiger" Gefahr läuft, längerfristig zu einer „lahmen Ente" zu mutieren. So äußerte er sich in seiner Jahresbotschaft von 2007 ausführlich und dabei ungewohnt kritisch über den Zustand der belarussischen Wirtschaft. Zwar schob er auch diesmal wie zuvor einen Großteil der Schuld auf Bürokratie, Korruption und inkompetentes Management. Zugleich verwies die Botschaft jedoch auf die Notwendigkeit, die administrative Kontrolle zu lockern und der belarussischen Wirtschaft unter den neuen Bedingungen der verstärkten Energieabhängigkeit, des zukünftigen WTO-Beitritts und der notwendigen Verdichtung der Beziehungen zur EU innovative Impulse zu geben. Dazu zählte er u.a.:

---

[76] Rede vor neu akkreditierten ausländischen Botschaftern, Pressemitteilung der belarussischen Botschaft Berlin 23/7.7.2004. „Kurzum, für Belarus ist die Nachbarschaft mit der EU von strategischer Bedeutung. Das ist offensichtlich und objektiv", so *Lukaschenko* kurz darauf in seiner Grundsatzrede zur Außenpolitik des Landes vor den Leitern der belarussischen Botschaften, Pressemitteilung der Republik Belarus in Deutschland 27/23.7.2004.
[77] Gespräch mit *Jan Boag*, Leiter der Delegation der EU-Kommission für Ukraine, Belarus und Moldau mit Sitz in Kiew, BelaPAN 14.6. und 15.6.2006.
[78] Hierzu *Elena Rakova,* Reformen sind unausweichlich, in: Belarus-Perspektiven 36/Frühling 2007, S. 12 f.

- Verbesserung des Investitionsklimas durch Vereinfachung des Steuerwesens und Reduzierung der Registrations-Prozeduren („das Prinzip ‚Ein Fenster' muss die Realität der Arbeit mit den Unternehmen bestimmen"). Es könne nicht sein, „dass zur Eröffnung eines Straßencafés 42 Zulassungsämter zu absolvieren sind".
- Anwendung der neuesten Technologie in den Unternehmen. Zu den Modernisierungsprojekten zählen auch, wie es an anderer Stelle heißt, die beiden schon genannten Petrochemie-Großkomplexe von Mosyr und Nowopolozk, deren Verarbeitungskapazität mit Investitionen von 1,2 Mrd. US Dollar von 9 auf 12 Mio. t gesteigert werden soll. Zugleich verkündete *Lukaschenko* die Streichung von Subventionen für unrationell arbeitende Betriebe. „Parasitismus und Erwartung auf Regierungshilfe bestimmen noch immer viele Unternehmen. Das ist inakzeptabel. Sie sollten lernen, Geld zu verdienen und nicht mit ausgestreckter Hand dazustehen."
- Energiesicherheit als „wichtigste Bedingung der stabilen Entwicklung von Staat und Gesellschaft". Mit Hilfe von Energieservice-Agenturen gilt es, die Energieeffizienz in Fabriken, Gebäuden und Heiznetzwerken zu steigern. Auf diese Weise soll der Energieverbrauch bis 2020, gemessen an den Werten von 2005, stufenweise um 60 Prozent gesenkt werden. Hier zählt das Regime auf Zusammenarbeit mit der EU, die – so die Botschaft *Lukaschenkos* – „die Kunst des Energiesparens virtuos beherrscht". In den Gesprächen der deutsch-belarussischen Arbeitsgruppe „Handel und Investitionen" nimmt dieser Aspekt inzwischen einen herausragenden Platz ein.[79]
- Im Wirtschaftsministerium werden mittlerweile Pläne zu umfasserder Privatisierung an in- und ausländische Investoren ausgearbeitet, auch mit Blick auf große Staatsbetriebe.[80] Ähnlich äußerte sich der Stellv. Ministerpräsident *Wladimir Semaschko*, unter dem flexiblen Vorbehalt freilich, dass die Bedingungen den belarussischen Interessen entsprechen müssten.[81] In seiner Botschaft an die Nation verschloss sich zwar auch *Lukaschenko* nicht länger grundsätzlich einem solchen Vorgehen. Zugleich relativierte er jedoch seine entsprechende Bereitschaft: Mögliche Privatisierungen bedeutender Staatsbetriebe sollen nur dann genehmigt werden, wenn dies den nationalen Interessen entspricht, wenn sie keine Profite abwerfen und wenn die Übernahme verbunden ist mit der Versicherung, die soziale Sicherheit und die Arbeitsplätze der Arbeitnehmer zu schützen. Von der Regierung erwogen, in *Lukaschenko* Botschaft jedoch nicht

---

[79] So *Valerij Varentskij*, Stellv. Außenminister von Belarus, BelaPAN 16.5.2007.
[80] Vgl. Russkaja Zarubežnaja Gazeta (Paris) 178/April 2007.
[81] BelaPAN 30.5.2007.

angesprochen wird: Um Investoren aus dem In- und Ausland anzulocken, müsste das Institut der „Goldenen Aktie" abgeschafft werden.[82]

Bei alldem bleiben viele Fragen offen. Woher beispielsweise sollen angesichts der Kostensteigerungen für Energieimporte die Milliardensummen kommen, die für den Bau von Kernkraftwerken sowie für die Modernisierung der Ölraffinerien und anderer Sektoren der Großindustrie benötigt werden? Offiziellen Angaben zufolge werden bis 2020 insgesamt 31 Mrd. US Dollar benötigt, um eine neue Generation von Kraftwerken zu schaffen und energiesparende Programme zu verwirklichen.[83] Gleichwohl deuten die Intentionen *Lukaschenkos* vorerst nicht auf eine grundsätzliche Wende in der Wirtschaftsordnung und in den damit verbundenen Beziehungen zum Westen, sondern eher auf taktische Kurskorrekturen mit dem Ziel, das System *Lukaschenko* den schwieriger gewordenen Umständen anzupassen. Ähnliche Vorbehalte gelten auch für die Selbstcharakterisierung des Präsidenten als „gelehrigen Schüler" der EU und seine Bereitschaft, das Verhältnis des Landes zur Union zu entkrampfen. Notwendig hierzu sei u.a., „einen offenen und ehrlichen Dialog zu beginnen", „neue Kooperationsmöglichkeiten auszuloten", Investitionen aus Europa anzuziehen und die EU „als Partner bei der Diversifizierung unserer Energiepolitik" zu gewinnen.[84] In ähnliche Richtung deuten die erwähnten Minsker Bestrebungen, in Westeuropa attraktive Kreditgeber für Belarus zu interessieren, um damit eine Alternative zu den von Russland verlangten hohen Zinsen zu finden. Er betrachte es als einen Fehler der belarussischen Außenpolitik, fügte der Präsident an anderer Stelle hinzu, „dass sie unilateral war mit dem Vektor nach Moskau. Und wir verloren faktisch den Westen. Wir standen auf einem Bein, müssen aber auf beiden Beinen stehen. Wir liegen zwischen dem Westen und Russland. Wir bilden eine Brücke zwischen Russland und dem Westen".[85] Möglichen russischen Bedenken über eine proeuropäische Drift von Belarus und einen angeblichen „Verrat an den russischen Interessen" begegnete Lukaschenko mit der Frage: „Weshalb erlaubt sich Russland einen solchen Luxus – mit den Amerikanern zu sprechen sowie die NATO zu umarmen und zu küssen, zugleich aber all jene durchzuschütteln, wenn wir Dialog und Handel mit dem Westen beginnen?"[86]

Inzwischen absolvierte *René van der Linden*, der Vorsitzende der Parlamentarischen Versammlung des Europarats, im Januar 2007 in Absprache mit EU-Außenkommissarin *Benita Ferrero-Waldner* einen dreitägigen Besuch in Belarus, traf dort zu Gesprächen über Demokratie und Menschenrechte mit Vertretern von Regierung und

---

[82] So Wirtschaftsminister *Nikolaj Sajtschenko*, unter www.belarusnews.de vom 2.4.2007. Ähnlich Russkaja Zarubežnaja Gazeta, a.a.O.
[83] So der Stellv. Energieminister *Schenetz*, BelaPAN 6.6.2007.
[84] „In Russland spielt sich eine Komödie ab", Interview von *Alexander Rahr* mit *Lukaschenko*, a.a.O.
[85] Interview *Lukaschenkos* mit der Nachrichtenagentur Reuters vom 6.2.2007, unter www.president.gov.by/en/press39040.html.
[86] Želenin, a.a.O.

Opposition zusammen und sondierte Möglichkeiten zur Etablierung eines Informationszentrums des Europarats in Minsk.[87] Erstmals seit Jahren nahmen im März 2007 Vertreter von Regierung und Opposition gemeinsam an einem von der OSZE in Minsk organisierten Seminar zur Zukunft des Landes teil, wobei auch verschiedene Aspekte des EU-Aktionsplans zur Sprache kamen und von hochrangigen Minsker Parlamentariern diesmal grundsätzlich positiv aufgenommen wurden.[88] Nachdem Belarus bereits seit längerem über ein Büro in Brüssel verfügt, genehmigte die belarussische Regierung der EU nach langem Zögern im April 2007 die Eröffnung eines Büros in Minsk, über dessen konkrete Ausstattung und Aufgaben freilich noch verhandelt werden muss. Nur soviel steht bereits vorher fest: Das Büro wird auch weiterhin von Kiew aus geleitet und in Minsk durch einen Chargé d´affairs vertreten. Im Mai 2007 besuchte eine Delegation des Ostseerats unter Leitung der Direktorin seines Ratssekretariats *Gabriele Kötschau* im Rahmen einer fact finding mission Minsk, um Möglichkeiten einer verstärkten Zusammenarbeit zwischen der Organisation und der belarussischen Regierung zu sondieren.[89] Im Juni 2007 schließlich traf sich *Ferrero-Waldner* in Brüssel mit *Walerij Waranezkij,* dem Stellv. Außenminister von Belarus, um Möglichkeiten und Voraussetzungen für eine Verbesserung der Beziehungen auszuloten.

Solche Neuakzentuierungen versprechen freilich wenig Erfolg, solange die Führung des Landes sich weigert, sich schrittweise an jenen demokratischen Prinzipien zu orientieren, zu deren Beachtung sich Belarus als OSZE-Mitglied verpflichtet hat, denn dies könnte – zumindest mittelfristig – die Grundlagen des scharf autoritären Systems unterminieren. Möglicherweise handelt es sich bei den Angeboten *Lukaschenkos* überhaupt eher um Drohgebärden gegenüber Moskau – um einen taktischen Schachzug also, „wie ihn ein Meister der großen Politik wie *Alexander Lukaschenko* perfekt beherrscht".[90] Man brauche keine „Inspektoren, Kontrolleure und Lehrer" aus dem Ausland, bemerkte *Lukaschenko* in seiner Jahresbotschaft von 2007. Das harte Vorgehen der Polizei gegen die Demonstrationen zum Unabhängigkeitstag vom 25. März 2007 in Minsk und anderen Städten des Landes unterstreicht, dass mit ernsthaften Konzessionen des Regimes vorerst kaum zu rechnen ist.

Gleichwohl testen in diesem fließenden Zustand die EU und einzelne ihrer Mitgliedsländer auf formellem und informellem Wege das Angebot *Lukaschenkos* unter der Voraussetzung, dass Belarus in einem Prozess der Annäherung glaubwürdige

---

[87] Einzelheiten hierzu bei BelaPAN 19.1.2007. Siehe auch *Martin Schön,* „Dünne Brücken", in: Belarus-Perspektiven 36/Frühling 2007, S. 3.
[88] So beispielsweise *Mikolay Zalobalotsets*, Vizepräsident der Repräsentantenhauses, BelaPAN 15.3.2007.
[89] BelaPAN 24.5.2007.
[90] *Sergej Glagolew,* Westliche Fata Morgana, in: Belarus-Perspektiven 36/Frühling 2007, S. 2.

und verlässliche Schritte in Richtung Demokratie unternimmt.[91] Eine erste symbolische Aktion wäre die Freilassung des sozialdemokratischen Parteichefs *Kosulin* und der übrigen politischen Gefangenen. Ob die vorzeitige Entlassung des führenden Sozialdemokraten *Nikolaj Statkewitsch* und des oppositionellen Jugendaktivisten *Pawel Sewerinets* ein Schritt in diese Richtung ist, wird sich zeigen. Die aus solchen positiven Signalen erwachsende Dynamik könnte anschließend in Richtung freie und faire Wahlen, Freiheit für die Medien und Förderung der Zivilgesellschaft mit der Konsequenz eines friedlichen Systemwandels weitergeführt werden und damit das Startzeichen für die Erfüllung jener Bedingungen geben, die die EU in ihrem informellen Aktionsplan für Belarus vom November 2006 zur Voraussetzung für eine Verdichtung der Beziehungen gemacht hatte. Freilich sollte die gelegentlich scharf russlandkritische Positionierung *Lukaschenkos* kein Kriterium für die Einbindung von Belarus in die ENP sein, denn dies würde der EU von Moskau zu Recht den Vorwurf doppelter Standards eintragen. Die EU ist, wie bereits unterstrichen, an engen Beziehungen des Landes in **beide** Richtungen interessiert, nicht aber an der Entstehung neuer Konflikte an ihrer östlichen Flanke.

6. Wechselseitige Bilder und Erwartungen in Deutschland und Belarus

Die Grundzüge der politischen Beziehungen zwischen Deutschland und Belarus auf Regierungsebene werden, wie eingangs erwähnt, in enger Abstimmung mit den europäischen Partnern entwickelt. In diesem Rahmen allerdings profiliert sich Deutschland als Impulsgeber einer kritisch-konstruktiven Politik gegenüber Belarus. So wurde das Land auf deutsche Initiative hin schon frühzeitig als potenzieller Partner der 2002 eingeleiteten ENP identifiziert. In der Folge legte die EU dem Land im November 2006 einen kompletten Aktionsplan als Angebot für den Fall vor, dass sich das Regime zu europäischen Grundwerten bekennt und diese hinfort auch praktiziert.[92] Anders als in Russland häufig vermutet, zielen die EU und Deutschland als ihr größter Staat nicht auf eine Absorbierung von Belarus nach dem Muster eines geopolitischen Nullsummenspiels. Vielmehr beruht ihr Einflussgewinn auf der Attraktivität ihres Gesellschaftsmodells. Ihr Ziel ist es, an ihrer östlichen Flanke mit

---

[91] So auch Oppositionsführer *Milinkewitsch*, vgl. Lider belorusskoj oposicii *Milinkevič* prizval Evropu ne verit´ *Lukašenko* (Der belarussische Oppositionsführer *Milinkewitsch* rief Europa auf, *Lukaschenko* keinen Glauben zu schenken), www.newsru.com./world/31jan2007/milinkevich_print.html.

[92] What the European Union could bring to Belarus, Non Paper, unter www.ec.europa.eu/comm/external_relations/belarus/intro/non_paper_1106.pdf. Vgl. dazu auch BelaPAN 21.11.2006.

Belarus einen politisch starken, wirtschaftlich prosperierenden, rechtsstaatlich verfassten und damit berechenbaren Partner zu sehen.

6.1 Deutschland–Belarus

Nach Aufnahme der diplomatischen Beziehungen im März 1992 – die von Außenminister *Genscher* eröffnete Deutsche Botschaft in Minsk war dort damals die erste Vertretung eines westlichen Landes – schienen sich die Verhältnisse zwischen beiden Staaten zunächst normal zu entwickeln, zumal Deutschland in den folgenden Jahren erhebliche Transferleistungen erbrachte. Dazu zählen Mittel für den Bau von 6000 Wohnungen und die dazugehörigen Infrastrukturen für Teile der zurückkehrenden Streitkräfte der Westgruppe nach der deutschen Vereinigung (600 Mio. Euro), Unterstützung bei der Vernichtung veralteter Waffensysteme (16 Mio. Euro), Wiedergutmachung für ehemalige Zwangsarbeiter und für Opfer der nationalsozialistischen Vernichtungspolitik (454 Mio. Euro) sowie später die Einbeziehung des Landes in das Transformprogramm der Bundesregierung.[93]

Als besonders perspektivreich erwies sich das Memorandum über die Kooperation bei der Minimierung der Folgen der Tschernobyl-Katastrophe, das Außenminister *Kinkel* und sein belarussischer Amtskollege *Krawtschenko* im März 1994 in Bonn unterzeichneten. Dazu *Krawtschenko* in seinen Aufzeichnungen: „Dieses Memorandum war aus zwei Gründen notwendig. Zum einen als Ausdruck des Dankes für Dutzende von Wohltätigkeitsorganisationen, die uns in all jenen Jahren uneigennützig halfen. Zum zweiten – alle verstanden sehr gut, wie wichtig das Memorandum für jene Organisationen war, die die zusätzliche Möglichkeit erhielten, Mittel einzuwerben, zu sammeln, zu agitieren, sich zu artikulieren. Schaut, unsere Regierung hat offiziell ein Dokument mit Belarus unterzeichnet, in dem sie anerkannt hat, wie wichtig all dies ist. Und in der Tat hatte die Unterzeichnung des Memorandums einen lawinenartigen Zufluss zusätzlicher humanitärer Hilfe in unser Land zur Folge."[94]

Dennoch war Belarus in Deutschland lange Zeit eine weitgehend unbeachtete terra incognita – das Land galt, ähnlich übrigens wie in Russland, als russische Provinz. Den wenigsten Deutschen waren die europäischen Traditionen von Belarus aus dem Spätmittelalter und der frühen Neuzeit bekannt.[95] Vielen Deutschen drangen nur spät jene Opfer in das Bewusstsein, die Belarus im Laufe der Jahrhunderte auf dem Kreuzweg Europas durch Krieg, Besatzung und Vernichtung hatte bringen müssen. In den Konflikten Mitte des 17. Jahrhunderts ist jeder zweite Belarusse ums Leben gekommen, während des Nordischen Kriegs jeder dritte und während der Napoleon-

---

[93] Vgl. hierzu im Einzelnen *Deutsche Botschaft Minsk* (Hrsg.), 10 Jahre deutsch-belarussische Beziehungen, Berlin/Minsk 2002/2003 (deutsch und russisch).
[94] *Kravčenko*, Belarus´ na raspute, a.a.O., S. 284.
[95] Hierzu *Rainer Lindner*, Am Ende des Lateins? Die Zukunft von Belarus in Europa, in: Konturen und Kontraste, a.a.O., S. 195–205.

kriege jeder vierte. Weitgehend unbekannt war auch die Tatsache, dass Belarus dramatisch unter dem Zweiten Weltkrieg zu leiden hatte – jeder vierte Bewohner wurde getötet, die meisten Städte wurden zerstört, ganze Landstriche vernichtet.

Vor diesem düsteren Hintergrund zeigten die Menschen in Deutschland ein beträchtliches humanitäres und materielles Engagement zur Linderung der Folgen der Tschernobyl-Katastrophe – Schätzungen zufolge wurden 40 Prozent der Gesamthilfe in Deutschland mobilisiert.[96] In vielen Fällen diente das Tschernobyl-Engagement auch auf anderen Feldern als Katalysator für die Aktivitäten von mittlerweile rund 600 in Belarus tätigen deutschen NGOs. Angesichts der Probleme auf offizieller Ebene sind die Beziehungen Deutschlands zu Belarus „nicht in erster Linie durch die Beziehungen zwischen den Regierungen gekennzeichnet, sondern durch die Beziehungen zwischen den Bürgern und gesellschaftlichen Gruppen. Die vielfältigen und engen Kontakte zwischen dem, was man Zivilgesellschaft nennt, sind das, was wirklich zählt".[97]

Bemerkenswert für die spezifische Wahrnehmung des Landes ist die enge Zusammenarbeit von Staat und Zivilgesellschaft. So wird das von dem Bundesministerium für wirtschaftliche Zusammenarbeit und Entwicklung (BMZ) aufgelegte und mit jährlich 2,5 Mio. Euro dotierte „Förderprogramm Belarus – Grenzen überwinden" von einer NGO gemanagt: dem Internationalen Bildungs- und Begegnungswerk in Dortmund und dessen Schwesterorganisation Internationale Bildungs- und Begegnungsstätte „Johannes Rau" in Minsk.[98] Bei ihren Aktivitäten auf den Arbeitsfeldern Bildung und Gesellschaft, Soziales und Gesundheit, kleine und mittlere Unternehmen sowie Umwelt und Energie wird versucht, nationale, regionale und kommunale Instanzen in Belarus einzubeziehen.

Im Zeichen des diplomatischen Minimalismus liegt der Akzent in den deutsch-belarussischen Beziehungen neben den zivilgesellschaftlichen Aspekten gegenwärtig auf wirtschaftlichem Felde, das von deutscher und EU-Seite keinerlei Einschränkungen unterliegt. Die Aktivitäten von 360 Unternehmen mit deutscher Beteiligung, die Eröffnung der Repräsentanz der Deutschen Wirtschaft in Minsk, die Einrichtung eines Hermes-Kreditplafonds über 75 Mio. Euro zur Abdeckung von Geschäften mit deutschen Firmen: All dies verweist auf ein starkes wechselseitiges Interesse an einer Intensivierung der Wirtschaftsbeziehungen. Insgesamt waren 2004 80 Vertretungen

---

[96] Aus der breiten Tschernobyl-Literatur in Deutschland und zum Engagement seiner Bürger seien hier exemplarisch notiert: Tschernobyl. Vermächtnis und Verpflichtung, Sonderausgabe der Zeitschrift Osteuropa 4/2006, sowie über Jahre hinweg Beiträge in der Zeitschrift Belarus-News (jetzt Belarus-Perspektiven). Siehe auch Deutschland läßt die Menschen in Belarus nicht allein mit den Folgen der Reaktorkatastrophe von Tschernobyl, Pressemitteilung der Deutschen Botschaft Minsk 18/28.4.2005.

[97] Vortrag des deutschen Diplomaten *Rolf Schütte* vom Juni 2002 in Minsk, unter www.dbg-online.org/html/rede.html.

[98] Vgl. hierzu Belarus-News Sonderausgabe 2005 mit Details des Förderprogramms.

deutscher Firmen in Belarus registriert, darunter so bekannte Namen wie *Bayer, BASF, Bosch, Siemens, Ferrostal, Schering* und *Lufthansa*. Zweimal jährlich tagt die bilaterale Arbeitsgruppe Hoher Ministerialbeamter „Handel und Investitionen" im Rahmen des 1993 abgeschlossenen deutsch-belarussischen „Vertrags über die Entwicklung einer umfassenden Zusammenarbeit auf dem Gebiet der Wirtschaft, Industrie und Technik". So war Deutschland mit einem wechselseitigen Handelsvolumen von 2,42 Mrd. US Dollar bei einer Steigerung um 32,4 Prozent im Jahr 2006 der nach Russland zweitstärkste Partner von Belarus.[99]

Die volle Aufmerksamkeit in Deutschland fand Belarus im Grunde jedoch erst während des Präsidentschaftswahlkampfs vom März 2006 und dessen Folgen. Über Tage hinweg beherrschten die mit den Wahlen verbundenen Manipulationen und Repressionen die Schlagzeilen in den Medien, wuchsen in einer breiteren deutschen Öffentlichkeit die Kenntnisse über Belarus und sein scharf autoritäres Regime sowie die Sympathien für die um friedlichen Regimewandel ringenden Alternativen. Wichtig für die Zukunft ist: Die Belarus-Agenda sollte kontinuierlich ihren Platz auf der Tagesordnung von Regierung und Parlament sowie in den Medien finden. Belarus und sein Repressionsregime, im Zentrum Europas gelegen, dürfen nicht früheren Formen von mangelnder Kenntnis, Desinteresse und Gleichgültigkeit anheimfallen. Immerhin hat der Energiekonflikt mit Russland das Interesse in Deutschland und Europa allgemein an den Entwicklungen in Belarus inzwischen weiter geschärft.

6.2 Belarus–Deutschland

In Belarus seinerseits herrscht angesichts der leidvollen Geschichte heute eine große Offenheit gegenüber Deutschland und die Bereitschaft, die Beziehungen zu ihm auf allen Ebenen zu vertiefen. Die kritische Auseinandersetzung mit der Vergangenheit in Deutschland, die Bereitschaft zur Beteiligung an der Linderung der Kriegsfolgen, das Engagement für die Opfer der Tschernobyl-Katastrophe – all dies hat in Belarus ein grundsätzlich positives Bild von Deutschland geschaffen. Zusätzlich trugen gerade unter den jüngeren Generationen die persönlichen Erfahrungen bei Besuchen im Schüler- und Jugendaustausch, im Wirtschafts- und Sozialbereich, in der kulturellen Szene, in der breiten zivilgesellschaftlichen Zusammenarbeit zur Schärfung des positiven Deutschlandbildes bei.

Die Erwartungen an umfassendes Engagement Deutschlands in Belarus sind hoch – nicht nur in der breiten Gesellschaft, sondern mit Blick auf Handel und Wirtschaftsmodernisierung auch in der Regierung. Deutschland sei geradezu „ein Modell für unsere außenpolitische und außenwirtschaftliche Strategie der europäischen Rich-

---

[99] BelaPAN 15.5.2007. Zum deutschen Engagement vgl. auch *Wladimir Augustinski*, EU-Erweiterung bietet Chancen für eine vertiefte wirtschaftliche Zusammenarbeit, in: Belarus-Perspektiven 27/Frühling 2005, S. 12 f. *Augustinski* ist Leiter der Repräsentanz der deutschen Wirtschaft in Belarus.

tung", unterstrich Ex-Außenminister *Chwostow* 2002. Tatsächlich könne „Deutschland, das ein Bahnbrecher von wichtigen Prozessen in der Europäischen Union ist und allein aus diesem Grund eine besondere historische Verantwortung trägt, einen wichtigen Beitrag zur Einbeziehung aller Länder des Kontinents zum Bau des neuen Europas des 21. Jahrhunderts, eines Europa ohne Trennlinien leisten". Auf gleicher Linie misst sein Nachfolger *Martinow* den Beziehungen zu Deutschland unter allen westeuropäischen Ländern sogar „größte Priorität" bei.

Zugleich jedoch waren im Zeichen der eingangs aufgezeigten Unberechenbarkeit des Regimes auf bilateraler Ebene wiederholt erhebliche Rückschläge zu verzeichnen – nicht zuletzt gerade deshalb, weil Deutschland einen starken Akzent auf die Förderung zivilgesellschaftlicher Kontakte legt. Als besonders krasses Beispiel aus jüngster Zeit seien stichwortartig genannt: die politisch motivierte Ausweisung zweier mit dem Berliner Auswärtigen Amt kooperierender Bildungsreferenten (2003), der Vorwurf *Lukaschenkos* an die Deutschen, sich „am klügsten und besten" darauf zu verstehen, „aus unseren Mädchen Prostituierte zu machen, unsere Bürger mit Rauschgift vollzustopfen und hier das Schwulsein zu verbreiten" (2004); die im Fernsehen verbreitete Anschuldigung an Deutschland (und weitere EU-Mitgliedsstaaten), die Erteilung von Visa von der Bereitschaft der Antragsteller abhängig zu machen, sich politisch-oppositionell zu betätigen (2005).

Unter dem Titel „Drang nach Osten" schließlich verglich das Regime-Organ Sowjetskaja Belorussija im Jahre 2005 ein Strategiepapier der *Bertelsmann-Stiftung* mit dem berühmten „*Sinowjew*-Brief", in dem der führende Kominternfunktionär 1927 die Briten zum Sturz ihrer Regierung, zur Errichtung der Diktatur des Proletariats und zur Gründung einer sozialistischen Sowjetrepublik in Großbritannien aufgerufen hatte. Der in dem Papier ins Spiel gebrachte EU-Sonderbeauftragte für Belarus sei als Leiter des „Revolutionsstabs" mit Sitz in einer Art modernem „Smolny" vorgesehen.[100] Die deutsche Seite erhob jeweils scharfen Protest gegen gezielte verleumderische Invektiven des Präsidenten und seiner Staatsmedien gegenüber der Bundesrepublik und bedauerte die damit verbundene Abkühlung der Beziehungen. Sie sieht darin jedoch keinen Anlass für drastische Gegenmaßnahmen, sondern fühlt sich in ihrer Politik der doppelten Dialog- und Kooperationsstrategie mit Akzent auf Stärkung der zivilgesellschaftlichen Komponente bestätigt.

---

[100] *Olga Nikitina*, „Drang nach Osten Nr. 2." Deutsche haben eine Anleitung zur „Durchführung einer Revolution" in Minsk ausgearbeitet, zitiert nach Pressemitteilung der Deutschen Botschaft Minsk vom 10.3.2005. Im Smolny befand sich das Hauptquartier der von *Lenin* geführten Oktoberrevolution.

7. Konditionierte Einbindungsstrategie der EU

7.1 Personenbezogene Sanktionen

Die EU ist keineswegs an einer Isolierung von Belarus interessiert, wie vom *Lukaschenko*-Regime immer wieder behauptet wird. Im Gegenteil: Die meisten EU-Staaten, darunter auch Deutschland, sind in Minsk mit Botschaften vertreten, und die Kontaktsperre gilt nicht für den Hohen Vertreter der Ratspräsidentschaft und die EU-Troika. Auch zielt die EU nicht auf eine Absorption des Landes, wie nicht zuletzt ihre Zurückhaltung gegenüber einer Mitgliedsperspektive für die „Zwischenzonenländer" Ukraine und Moldau unterstreicht. Hinzu kommt: Die Handelsbeziehungen der EU mit Belarus unterliegen keinen Restriktionen. Die Exporte des Landes in die Union sind inzwischen auf 50 Prozent seiner Gesamtausfuhren angewachsen und damit höher als diejenigen in Richtung Russland. Mit dem weitgehenden Wegfall der hohen Gewinne aus dem Reexport von Erdölprodukten Richtung Westen könnte diese Zahl allerdings drastisch sinken.

In Einklang mit der belarussischen Opposition lehnen die meisten EU-Mitgliedsstaaten Wirtschaftssanktionen als Antwort auf Repressionsakte entschieden ab, da sie eher die Bevölkerung treffen würden als die Machthaber. Eine Ausnahme bildet die nach langen internen Diskussionen im Dezember 2006 von der EU-Kommission verabschiedete und im Sommer 2007 einsetzende Suspendierung des Allgemeinen Systems von Zollpräferenzen für zunächst sechs Monate. Sie ist die von der Internationalen Arbeitsorganisation (ILO) nach Intervention Internationaler Gewerkschaftsverbände inspirierte Antwort auf Restriktionen des Regimes bei den Arbeitnehmerrechten und auf Repressionen gegen die (in ihrer Mitgliedschaft begrenzten) regimeunabhängigen Gewerkschaften in Belarus. Betroffen hiervon sind 12 Prozent der belarussischen Exporte in die EU, der jährliche Verlust wird auf rund 300 Mio. Euro geschätzt. Diesen Betrag gedenkt *Lukaschenko* durch Erhöhung der Transportkosten für europäische Transitgüter nach Russland zu kompensieren.[101]

Als politisches Signal sinnvoller als Wirtschaftssanktionen ist die Ausweitung des Visa-Banns für *Lukaschenko* und 41 hohe Repräsentanten seines Regimes, zumal er sich auf solche Amtsträger bezieht, die während der Präsidentschaftswahlen vom März 2006 in verschiedenen Funktionen für Wahlfälschungen, mediale Desinformation und politische Verfolgung verantwortlich zeichnen.[102] Als Voraussetzung für

---

[101] „Im Kreml spielt sich eine Komödie ab", a.a.O.
[102] Die erweiterte Liste der mit Visa-Bann belegten Funktionsträger findet sich bei BelaPAN 18.5.2006. An den Sanktionen der EU beteiligten sich noch eine Reihe weiterer Länder: Albanien, Bosnien-Herzegowina, Bulgarien, Island, Kroatien, Liechtenstein, Mazedonien, Norwegen, Rumänien und Serbien. Im April 2007 wurden die Sanktionen um ein Jahr verlängert und im Zusammenhang mit der fortdauernden Inhaftierung *Kosulins* auf vier weitere Führungsmitglieder ausgedehnt.

die Aufhebung des Visa-Banns nannte die EU die transparente Untersuchung über das spurlose „Verschwinden" von vier hochrangigen Oppositionspolitikern in den Jahren 1999/2000, die Anpassung des Wahlkodex an die OSZE-Standards und den Respekt der Menschenrechte bei friedlichen Demonstrationen.[103] Ziel ist es, das Regime *Lukaschenko* innenpolitisch und in seinem internationalen Umfeld zu delegitimieren, ohne damit zugleich auch die Bevölkerung zu bestrafen. Traten Vertreter der Opposition in Berlin und Brüssel häufig als willkommene, europäisch geprägte Partner auf, so absolvierte *Lukaschenko* seinen letzten offiziellen Staatsbesuch im EU-Raum im weit zurückliegenden 1996, kurz **vor** dem von ihm inszenierten Verfassungsputsch. Im April 1998 reiste er **inoffiziell** zur Hannover-Messe – ein Ausflug, den belarussische Staatsmedien seinerzeit in grotesker Überhöhung mit der Mission *Peters des Großen* in den Westen verglichen.

Auch künftig nicht aufgenommen werden sollte der Vorschlag deutscher und europäischer Politiker, die Einreisebeschränkungen auch auf die Masse solcher Regimechargen zu beziehen, die auf mittlerer Ebene für Wahlfälschungen, Medienmanipulationen und politische Repression verantwortlich zeichnen. Dies könnte umfangreiche reziproke Maßnahmen des Regimes gegen Vertreter westlicher Medien und NGOs zur Folge haben und damit direkt auch deren belarussische Partner treffen. Die Einreiseverweigerung für Abgeordnete des Europäischen Parlaments, des Deutschen Bundestags und deutsche Medienvertreter zum Minsk Forum vom November 2006 (nicht zu vergessen die zuvor erwähnte, früher erfolgte Ausweisung deutscher Bildungsreferenten) dienen als einschlägige Warnung. Sie wurde von Regimevertretern auf dem Forum ausdrücklich als angemessene Antwort auf den Visa-Bann der EU verteidigt.

Angesichts des geschilderten Mix aus systemstabilisierenden sozialen und repressionsgeprägten politischen Voraussetzungen sind die Möglichkeiten der EU und ihrer Mitgliedsstaaten begrenzt, auf die Entwicklungen in Belarus einzuwirken. Ziel kann dabei nicht ein von außen forcierter Regime change sein, wie er von den USA anvisiert und materiell erheblich gefördert wird. So stellte der Kongress in Washington von 2001 bis 2005 47 Mio. US Dollar sowie im Rahmen des „Belarus Democracy Act" 2004 8 bis 10 Mio. US Dollar, 2005/06 11,5 Mio. US Dollar und für 2007/08 im Rahmen des „Belarus Democracy Reauthorization Act" ca. 27,5 Mio. US Dollar bereit. Für die damit verbundene Strategie des Regime change sind in Belarus – anders als in der gelegentlich zu Unrecht als Beispiel angeführten Ukraine – die inneren Voraussetzungen jedoch zumindest vorerst nicht gegeben, wie sich anhand der eingangs geschilderten Charakteristika des *Lukaschenko*-Regimes leicht nachvollziehen lässt.

---

[103] So *Judith Gebetsroither*, Sprecherin der EU-Außenkommissarin, BelaPAN 25.5.2007.

7.2 Ein Aktionsplan für Belarus: Annäherung durch Verflechtung?

Stattdessen sollten zunächst die kritischen Kräfte des Landes ermuntert werden – die Vertreter der Wirtschaftsmodernisierung ebenso wie die Kräfte selbstverantwortlichen Handelns und zivilgesellschaftlicher Aktivitäten, aber auch kompetente und zugleich frustrierte Mitglieder der mittleren Nomenklatur. Gerade auf einen solchen Prozess zielt das EU-Angebot vom November 2006 zu gemeinsamer Ausarbeitung eines informellen Aktionsplans im Rahmen der ENP – eines Plans, der für den Fall freier Wahlen und eines daraus folgenden demokratischen Wandels rasch greifen würde. Freilich setzt dies die Ratifizierung des 1996 unterzeichneten, nach dem Verfassungsputsch *Lukaschenkos* jedoch nicht ratifizierten Partnerschafts- und Kooperationsabkommens EU-Belarus voraus.

In Stichworten bietet der Plan eine den Nachbarn wie der Ukraine vergleichbare Perspektive: Vertiefung der Wirtschafts- und der asymmetrischen Handelsbeziehungen zugunsten von Belarus; Unterstützung bei der Anpassung von Standards und Normen an diejenigen der EU sowie im Blick auf die Aufnahme des Landes in die WTO; eine „signifikante Steigerung" der EU-Finanzhilfe; Förderung des Ausbaus einer leistungsfähigen Infrastruktur in Verkehr, Energiesicherheit und Telekommunikation; Maßnahmen zum nachhaltigen Schutz der Umwelt; verstärkte Einbindung des Landes in die regionale Nachbarschaft; Intensivierung der Beziehungen EU–Belarus auf den Gebieten Wissenschaft, Kultur, Gesundheit, Soziales, Tourismus.[104] Der Plan ist geeignet, den auf Reformen drängenden Alternativen und kritischen Nomenklaturvertretern in Belarus den potenziellen Nutzen und den tatsächlichen Nutzenentgang zu demonstrieren, den die fortdauernde Repression und Selbstisolierung des *Lukaschenko*-Regimes nach Westen zur Folge hat. *Milinkewitsch* zufolge „sind die Angebote der EU für uns von großer Bedeutung. Die Propaganda behauptet immer wieder, wir könnten uns nicht auf die EU verlassen, weil wir in Europa nicht willkommen seien. Das Gegenteil ist der Fall: Belarus ist in der EU willkommen".[105] Die Preissteigerungen bei Energieträgern unterstreichen die Notwendigkeit von Innovation und Diversifizierung der Wirtschaft – von Transformationen also, die wichtige Voraussetzungen für das Heranwachsen einer dynamischen und reformorientierten Mittelschicht und damit für einen schrittweisen Systemwandel bilden.

In Deutschland werden darüber hinaus weitere Maßnahmen anvisiert oder im Rahmen des Förderprogramms der Bundesregierung bereits in die Wege geleitet. Zu ihnen zählen: Technologietransfer und Modernisierung der Industrie; Aufbauhilfe für kleine und mittlere Unternehmen, die bis heute in Belarus eine nur marginale Rolle spielen; Beratung bei der Schaffung einer nationalen Investitionsagentur; Entwicklung ökologischer Programme, z.B. im Hinblick auf die Landwirtschaft, die Müll-

---

[104] Während jährlich rund 3 Mio. Touristen das benachbarte Litauen besuchen, sind es in Belarus nur 100 000. Das Beispiel zeigt die Reserven, die ein reformgeleitetes Belarus auf diesem Felde mobilisieren könnte.
[105] BelaPAN 30.6.2007.

verwertung sowie auf Konzeptionen zur Förderung des Tourismus. Herausragende Perspektiven böte die Zusammenarbeit bei Maßnahmen zum Energiesparen, zur Steigerung der Energieeffizienz und zum Einsatz regenerativer Energie. Während Deutschland auf diesen Feldern über reiche Erfahrungen und Expertise verfügt, weist Belarus hier große Defizite auf, wie selbst *Lukaschenko* neuerdings wiederholt beklagte. Bei alldem wäre Voraussetzung allerdings eine Verbesserung der Investitionsbedingungen. So ergab eine Umfrage unter 300 Gemeinsamen Unternehmen mit deutscher Beteiligung u.a. Widersprüche in der belarussischen Gesetzgebung, überhöhte Steuern und Probleme bei deren Erhebung, umfassende Einmischung des Staates in die Wirtschaftsprozesse, Fehlen einer auf ausländische Investoren zugeschnittenen Investitionsagentur „mit einem Fenster". Folgerichtig fiel Belarus 2006 im Rating der Weltbank für den Wirtschaftsstandort unter 175 Ländern vom 124. auf den 129. Platz zurück.[106] Es ist eine offene Frage, ob die oben skizzierten Konzepte zur Wirtschaftsreform konsequent realisiert werden und damit – zumindest aus ökonomischer Sicht – Ansatzpunkte für nachhaltige Kooperation und Innovation bieten.

Die belarussische Regierung lehnt den EU-Aktionsplan, dessen gemeinsame Ausarbeitung sie zu einem früheren Zeitpunkt selbst einmal angeregt hatte, rundweg ab, da er mit 12 Bedingungen politischen, wirtschaftlichen und administrativen Charakters verbunden ist. Dazu zählen: freie und faire Wahlen zu den Parlamenten; Medienfreiheit, einschließlich der Freiheit zu Artikulation und Information; Organisationsfreiheit für politische Parteien, Gewerkschaften und NGOs; Freilassung sämtlicher politischer Gefangenen; Unabhängigkeit der Gerichte von politischer Einflussnahme; Respektierung des Rechts für Unternehmer, „ohne excessive Intervention der Regierenden tätig zu werden".

Gleichwohl bildet der Plan gerade im Zeichen der durch die Energiepreissteigerungen wachsenden wirtschaftlichen Probleme bis hinein in die Nomenklatur einen wichtigen Anreiz für friedlichen Systemwandel. Das zeigt sich nicht zuletzt in vielen Gesprächen mit regimenahen Politikern, Wirtschaftlern und Experten von Belarus. Sie treten u.a. ein für einen Energiedialog einschließlich der Bereiche Energieeffizienz, Energiesparen und Entwicklung erneuerbarer Energien; für EU-Unterstützung bei dem Bestreben, die Wettbewerbsfähigkeit belarussischer Produkte auf europäischen Märkten zu erhöhen, die Standards und Normen der Wirtschaft an diejenigen der EU anzupassen und die Kriterien für den Beitritt zur WTO zu erfüllen. Das gleiche gilt für die Absicht von Belarus, mit deutscher Hilfe auf den internationalen Finanzmärkten aktiv zu werden und ausländische Investitionen anzuziehen. Unabhängig vom Ausgang der Kontakte zeigt sich auch hier, dass die regimenahe Elite keineswegs in sich geschlossen ist.

---

[106] Vgl. dazu im Einzelnen *Elena Rakova*, Weltbank kritisiert Standort Belarus, in: Belarus-Perspektiven 34/Herbst 2006, S. 13.

8. Asymmetrische doppelte Dialog- und Kooperationsstrategie

In dieser Situation sind die westlichen Akteure einig in der klaren Verurteilung des *Lukaschenko*-Regimes. Ein jüngstes Beispiel hierfür war ihre Entschlossenheit, auf der UN-Vollversammlung vom Mai 2007 gemeinsam gegen eine Aufnahme von Belarus in den 47-köpfigen Menschenrechtsrat mit Sitz in Genf zu stimmen (72 dafür, 112 dagegen). In der Tat hätte eine Mitgliedschaft des scharf autoritären, fundamentale Grundfreiheiten und Menschenrechte verletzenden Regimes die Glaubwürdigkeit des Rats arg beschädigt. Kurz darauf publizierte *Adrian Severin* als Rapporteur des UN-Menschenrechtsrats für Belarus einen äußerst kritischen Bericht über die Lage im Lande.[107] Im Blick auf die Strategie zu demokratischem Wandel setzen die westlichen Akteure indes durchaus unterschiedliche Akzente. Die USA suchen die Minsker Führung in harter Konfrontation zu isolieren, legen das Schwergewicht bei der Förderung demokratischen Wandels einseitig auf die Unterstützung alternativer politischer und zivilgesellschaftlicher Kräfte und kritisieren die Belarus-Politik der EU gelegentlich als zu weich.[108] Die EU und ihre Mitgliedstaaten dagegen verfolgen eine asymmetrische doppelte Dialog- und Kooperationsstrategie. Sie besteht einerseits darin, im Rahmen der EU-Beschlüsse auf Arbeitsebene zielgerichtet selektive Kontakte mit Regimevertretern zu pflegen. Eine Ausgrenzung offizieller Repräsentanten würde die Notwendigkeit der Kooperation auf konkreten Feldern vitalen gemeinsamen Interesses verkennen.[109]

Andererseits ist diese Strategie darauf gerichtet, der demokratischen Opposition und der heranwachsenden Zivilgesellschaft Solidarität und breite Unterstützung zu gewähren. Sie ist geeignet, in Politik, Wirtschaft und Gesellschaft von Belarus Kompetenz und Professionalität zu fördern, die Menschen zu aktivem Engagement für ein Handeln nach europäischen Werten zu motivieren und damit dem Gefühl entgegenzuwirken, in Europa isoliert und ausgegrenzt zu sein. Ein spezifisches Beispiel für die doppelte Dialogstrategie bildet die Glückwunschadresse von Bundespräsident *Köhler* zum offiziellen Unabhängigkeitstag von Belarus am 3. Juli 2006. Zwar war sie an den Präsidentenkollegen *Lukaschenko* gerichtet (und wurde daher in Deutschland nicht überall gutgeheißen). Zugleich enthielt sie jedoch die Aufforderung, „gemeinsam die demokratischen Grundwerte und die internationalen Verpflichtungen einzuhalten, die die Nationen zu ihrer Vertiefung eingegangen sind".[110]

---

[107] BelaPAN 12.6.2007. Die Delegationen von China, Indien, Indonesien, Iran, Korea, Kuba, Pakistan, Südafrika und Venezuela stellten sich auf die Seite von Belarus.
[108] So beispielsweise *David Kramer*, Assistent Secretary for European and Eurasian Affairs im State Department, BelaPAN 8.2.2007.
[109] Zu den belarussisch-europäischen Beziehungen vgl. *Koktyš,* a.a.O.
[110] BelaPAN 3.7.2006. Die Position einer ausschließlich auf von außen geförderte Basismobilisierung vertritt *Björn Kunter,* Belarus: Do No Harm. Forderungen an externe Demokratieförderung, in: Osteuropa 1/2007, S. 35–48.

8.1 Die Regierung als notwendiger Gesprächspartner

Die Kontakte zu Vertretern der Macht auf operativer Ebene sind gewiss nicht unproblematisch, pflegen sie doch Beziehungen zu einem Regime, dessen Legitimität nicht anerkannt wird. Dennoch liegt es in vitalem deutschen/europäischen Interesse, die bereits mehrfach erwähnte doppelte Dialogstrategie flexibel fortzusetzen – auf das Notwendige begrenzt im Blick auf das Regime, möglichst breit angelegt in der Kooperation mit regimekritischen Kräften. Zu den Feldern, auf denen die Zusammenarbeit mit der **belarussischen Regierung** notwendig ist, zählen: zuverlässiges Grenzmanagement, transparente Transitregelungen, Rüstung und Abrüstung sowie die Bekämpfung „weicher" Sicherheitsrisiken in Form von organisierter Kriminalität, Menschen- und Drogenhandel, illegaler Migration.[111] Auch war der 2005 erfolgte Beitritt von Belarus zum Kyoto-Protokoll nur nach Verhandlungen mit den Offiziellen in Minsk möglich. In diesem Kontext ist der Boykott der 25 EU-Länder gegenüber der im Mai 2006 in Minsk veranstalteten Europäischen Regionalkonferenz von Interpol kontraproduktiv, handelt es sich hier doch um eine für beide Seiten äußerst wichtige, dabei jedoch eher technische Organisation, der politische Aktivitäten statutenmäßig untersagt sind. Die EU sollte ganz im Gegenteil bestrebt sein, Belarus unabhängig von seiner Regierungsform als gleichberechtigten Partner in die Arbeit von Interpol einzubeziehen, und das Land bei der Bekämpfung neuer Sicherheitsrisiken nicht isolieren.

Auch für die Aktivitäten internationaler Organisationen in Belarus ist das Regierungsplacet erforderlich, so für die Arbeit des OSZE-Büros in Minsk, für die Tätigkeit des EU-Beauftragten für Belarus sowie für die Umsetzung des Brüsseler Tacis-Programms für technische Hilfe. Für 2007/09 stehen im Rahmen von Tacis 8 Mio. Euro zur Verfügung, vornehmlich für die von Tschernobyl betroffenen Regionen, für den Umweltschutz und für die Bekämpfung von Organisierter Kriminalität und Menschenhandel. Speziell auf Deutschland bezogen bedarf es der Zustimmung der Regierung beispielsweise für das Förderprogramm der Bundesregierung, die Tätigkeit der *IBB „Johannes Rau"*, das im Jahresrhythmus tagende *Minsk Forum*, die Arbeit des *Goethe-Instituts*, der *Friedrich-Ebert-Stiftung* und der *Bosch-Stiftung* sowie für die Aktivitäten der Vielzahl mit belarussischen Partnern kooperierender NGOs. Erfolgreiche Erneuerungen oder Reformen im Bereich der Sozialfürsorge, der Sozialpolitik, der Ökologie und des Bildungswesens werden ohne die Mitwirkung oder zumindest die Duldung staatlicher Stellen auf der Ebene der Regierung sowie der regionalen oder lokalen Gebietskörperschaften kaum durchzusetzen sein.

So gesehen sind die Beziehungen zu den Offiziellen sogar geeignet, Spielräume für NGOs zu erweitern. Insofern wirken gelegentliche Aufrufe im Westen und auch in Belarus selbst, die EU-Politik auf Beziehungen zu den alternativen Kräften zu beschränken, reichlich unrealistisch. Sinnvoller erscheint es, die belarussische Regie-

---

[111] Vgl. hierzu mit positivem Akzent *Ake Peterson*, Leiter des OSZE-Büros in Minsk, auf dem *IX. Minsk Forum* vom 10.11.2006, nach dem Manuskript.

rung auch auf Arbeitsebene permanent an ihre eigenen Verpflichtungen auf die OSZE-Prinzipien zu erinnern. Sie werden ihr „nicht als fremd von außen aufgedrängt und ergeben sich auch nicht aus der Priorität eines Landes oder einer Gruppe von Ländern, sondern werden viel breiter von 56 Ländern geteilt" – so *Ake Peterson*, der Leiter des OSZE-Büros in Minsk.[112] Die Glaubwürdigkeit der Gemeinsamen Außen- und Sicherheitspolitik der EU verlangt, das offizielle Belarus nicht aus der Verantwortung für die Einhaltung der OSZE-Normen zu entlassen.

Schließlich spricht ein weiteres, häufig unterbelichtetes Argument für die Fortsetzung der Beziehungen zu Regimevertretern auf Arbeitsebene. So hält es beispielsweise die EU für eine wichtige Aufgabe, im Rahmen ihres Tacis-Programms Beziehungen zur mittleren Ebene der belarussischen Administration zu pflegen: Für sie bilden diese Kooperationspartner „einen wichtigen Agenten des Wandels, daher sollte sie weiterhin auf unserem Radarschirm der Demokratisierung stehen".[113] Die belarussische Nomenklatur ist keineswegs so homogen, ist keine konsolidierte Klasse, wie es nach außen den Anschein hat (wenn auch nicht so tief gespalten wie in der Ukraine unter *Kutschma*). Vielmehr gibt es in Ministerien und Verwaltung, in den nationalen, regionalen und kommunalen Parlamenten und Administrationen, in Wirtschaft und Bankwesen sowie in Forschung und Bildung insbesondere auf Fachebene eine Vielzahl von Spezialisten. Im Falle einer Krise des *Lukaschenko*-Regimes könnten sich frustrierte, pragmatisch orientierte Teile der Nomenklatur – möglicherweise sogar über einen Putsch aus ihrer Mitte heraus – auf die Seite der Reformer schlagen. Ganz bewusst hat der Präsident seit langem „eine systematische Politik der permanenten Personalrotation betrieben, um zu verhindern, dass die Nomenklatur Netzwerke ausbildet".[114] Das gilt insbesondere in einer Situation, in der die Unberechenbarkeit *Lukaschenkos* das Land immer weiter in die Isolierung treibt und im Energiekrieg selbst die Beziehungen zu Russland in eine tiefe Krise stürzt. Die Nomenklaturgruppierungen könnten Kompetenz und Professionalität einbringen, an denen es bei der Entlassung des Landes in die Unabhängigkeit 1991 gemangelt hatte – eine Situation, die der Populist *Lukaschenko* bei der Eroberung der Macht 1994 geschickt nutzte.

Im Zusammengehen von demokratischer Opposition und professionell-pragmatischen Nomenklaturvertretern könnte dies zur Herausbildung einer **Großen Koalition der Vernunft** führen, die die Demokratie rehabilitiert, die Wirtschaft modernisiert, die europäische Perspektive mit der strategischen Partnerschaft mit Russland verbindet

---

[112] Ebenda.

[113] So *Claude Véron-Reville*, Desk Officer Belarus der EU-Kommission, in: Protokoll der Konferenz: Fragen nach einer gemeinsamen Ostpolitik (Belarus, Russland, Ukraine) vom 8.6.2006, hrsg. vom *Deutschen Polen-Institut*, Darmstadt 2007, S. 41.

[114] *Astrid Sahm*, Nach der Wahl ist vor der Wahl, a.a.O., S. 89. Jüngstes Beispiel für die Personalrotation ist die im Juli 2007 erfolgte Entlassung von KGB-Chef *Sucharenko* und seinem Stellvertreter *Dzemjancev*, die in offenen Widerspruch zu anderen Sicherheitsagenturen geraten waren, vgl. BelaPAN 19.7.2007 sowie Pontis Foundation Belarus Brief, a.a.O.

und somit Konfliktpotential zu EU und Russland bzw. zwischen beiden Akteuren entschärft. Nicht zufällig verwies *Lukaschenko* im Dezember 2004 überraschend offen auf die Herausbildung solcher Gruppierungen in den Regimestrukturen, die er auf das Streben westlicher Kräfte zurückführte, „die Macht in Belarus zu spalten". Oppositionsführer *Milinkewitsch* lieferte hierfür indirekt die Bestätigung, indem er seine Bereitschaft bekundete, im Falle eines Regimewandels unter dem Regierungspersonal keine umfangreichen Säuberungen vorzunehmen, gebe es unter ihnen doch „viele hochqualifizierte Professionelle".[115] Später, unter dem Eindruck des Energiekriegs Belarus–Russland, bekräftigte er das Angebot der Opposition zur Zusammenarbeit mit den Verantwortlichen, sofern bestimmte Voraussetzungen zur freien Entfaltung von Medien, Parteien und NGOs erfüllt würden.[116]

8.2 Förderung der Zivilgesellschaft

Die Förderung **zivilgesellschaftlicher Organisationen und Initiativen** einschließlich der politischen Opposition bilden den zweiten Pfeiler der doppelten Dialog- und Kooperationsstrategie (wobei beide Pfeiler eng miteinander verbunden sind). Diese Strategie, bei der sich Deutschland unter seinen EU-Partners besonders stark engagiert, wird unabhängig vom Stand der Beziehungen auf Regierungsebene verfolgt. Angesichts der Restriktionen auf offizieller Ebene ist sie geeignet, die Kräfte selbstverantwortlichen Handelns in Belarus zu unterstützen. Sie kann beitragen zur Förderung eines Systems kapazitätsbildender Projekte, zur Entwicklung von Expertise sowie intellektuellen und praxisorientierten Potentials von „Fachleuten, Akademikern, Journalisten, Geschäftsleuten und Wirtschaftspolitikern auf mittlerer Ebene – von Qualifikationen also, die in Zukunft Politik und Öffentlichkeit beeinflussen und sie zu Leitfiguren der demokratischen Transformation machen".[117] Sie können das Land in das Netzwerk regionaler Nachbarschaft einbinden sowie die Menschen jenseits der offiziellen Propaganda mit den Realitäten des Lebens im EU-Raum vertraut machen. Bekanntlich waren es bei vielen Vorkämpfern und Teilnehmern des demokratischen Aufbruchs in der Ukraine persönliche Eindrücke in EU-Ländern, die sie zu nachhaltigem Engagement und Protest gegen das Clan-Regime *Kutschmas* bewegten.

Auf **europäischer Ebene** finanziert die EU mit rund 5 Mio. Euro die „Europäische Initiative für Demokratie und Menschenrechte" (engl. Abk.: EIDHR). Dieses Programm erlaubt direkte Unterstützung für die Zivilgesellschaft und unabhängige Me-

---

[115] www.izvestija.ru/belarus/article829187_print bzw. BelaPAN 26.2.2006. Zu ähnlichen Schlüssen kommt *Urban Ahlin*, The EU needs a policy on Belarus, in: Centre for European Reform (London) 45/Dezember 2005. Der Autor ist Vorsitzender des Auswärtigen Komitees des schwedischen Parlaments.
[116] BelaPAN 7.2.2007, und ähnlich in dem Interview *Milinkevich* discusses Belarusian Opposition `schism´, a.a.O.
[117] *Stefan Batory Foundation* (Hrsg.), Belarus ..., a.a.O., S. 316 f.

dien, ohne dass die Zustimmung der belarussischen Regierung eingeholt werden müsste. Darüber hinaus ermöglicht die Initiative die Finanzierung auch solcher NGOs, die nicht offiziell registriert sind oder die außerhalb des Landes operieren. Darüber hinaus bereitet die EU im Rahmen der neuen Version des Europäischen Nachbarschafts- und Partnerschaftsinstruments (ENPI) ein Aktionsprogramm für Belarus mit einem Volumen von rund 5 Mio. Euro vor. Einen Schwerpunkt bildet dabei die länderübergreifende Zusammenarbeit regionaler und lokaler Instanzen in den Bereichen Wirtschaftsentwicklung, Transport, Umwelt, Tourismus etc.

Zugleich wird die EU auch weiterhin Protest erheben gegen Manipulationen und Repressionen des Regimes, werden symbolträchtige, medienwirksame Auftritte wie die Straßburger Verleihung des *Sacharow*-Preises an *Milinkewitsch* vom November 2006 Anreiz für zukünftige ähnliche Aktionen bilden.[118] Sie demonstrieren die Solidarität der EU mit dem demokratischen Lager in Belarus und zeigen dem Regime: Anders als von *Lukaschenko* behauptet ist das Land im Westen keineswegs vergessen, sondern hierzulande durchaus präsent. Unterstrichen wurde dies mit der Bestellung von *Helga Schmid,* der Leiterin der Politischen Abteilung im Generalsekretariat des Europäischen Rats, zum „Belarus Kontakt Punkt" des EU-Außenbeauftragten *Javier Solana*. Über die Wahrnehmung von Kontakten zu Regierung und Opposition hinaus, wie sie seit 2006 im Rahmen von fact finding missions in Brüssel und Minsk bereits wiederholt erfolgt sind, könnte sie in Zusammenarbeit mit der Kommission die Aufgabe übernehmen, die Nachhaltigkeit der laufenden Programme zu gewährleisten, neue Politikansätze auszuarbeiten und entsprechende Handlungsoptionen für den Fall eines demokratischen Wandels vorzubereiten.

Darüber hinaus sollte Belarus in eine *„Europäische Stiftung für Demokratie"* einbezogen werden, deren Gründung als EU-Instrument zur Förderung von Demokratie, Zivilgesellschaft, Rechtsstaatlichkeit und Minderheitenrechte von deutschen und europäischen Politikern vorgeschlagen wird.[119] Dies würde sich mit den Vorstellungen *Milinkewitschs* treffen, der sich in seiner Straßburger Rede für die Schaffung eines Demokratiefonds einsetzte. Aus ihm könnten u.a. Mittel für Aus- und Fortbildungsplätze im EU-Raum für Studenten, Wissenschaftler, Wirtschaftsexperten, Journalisten bereitgestellt werden. Dazu *Milinkewitsch*: „Sie können uns helfen, die Informationsblockade zu brechen, das von der Regierungspropaganda geschaffene einseitige Weltbild zu bekämpfen und Bedingungen für eine breite öffentliche Diskussion zu schaffen, bei der es Raum gibt für unabhängige Intellektuelle und Autoritäten".[120] Die Förderung der aus Minsk vertriebenen und in Vilnius angesiedelten Europäischen Humanistischen Universität (EHU) mit 2006/07 rund 4 Mio. Euro ist für all

---

[118] Die Rede von *Milinkewitsch* in Süddeutsche Zeitung (München) 13.12.2006. Vgl. auch *Ahto Lobjakas*, Opposition Leader recieves *Sakharov* Price, in: RFE/RL Belarus, Ukraine and Moldova 42/12.12.2006.
[119] Siehe hierzu *Markus Meckel*, A European Foundation for Democracy, in: *Forbrig/Marples/Demeš*, Prospects for Democracy in Belarus, a.a.O., S. 164–169.
[120] Süddeutsche Zeitung, a.a.O.

dies ein eindrucksvolles konkretes Beispiel. Die Universität trägt ganz wesentlich zum Heranwachsen einer europäisch geprägten belarussischen Reformelite bei.

In diesem Kontext zurückgenommen werden sollte die im Januar in Kraft getretene Verteuerung der Schengen-Visa von 35 auf 60 Euro, die sich ausschließlich auf belarussische, nicht aber auch auf russische und ukrainische Bürger bezieht. Im Blick auf die neuen EU-Mitglieder und ihren bevorstehenden Beitritt zur Schengen-Zone wird dort die Visagebühr ebenfalls auf 60 Euro steigen, was sich äußerst negativ auf den Personenaustausch vor allem mit Polen (zuvor 7 Euro) und Litauen (zuvor 6 Euro) auswirkt. Viele Belarussen können sich diese rund ein Drittel ihres Monatsgehalts verschlingende Summe nicht leisten und werden auf Reisen in EU-Länder verzichten müssen. Die Visa-Verteuerung steht in krassem Widerspruch zu der von EU-Spitzenvertretern bekundeten Intention, die people-to-people-Kontakte auszuweiten und die Menschen in Belarus mit den Realitäten in den EU-Ländern vertraut zu machen. Anlässlich seiner Straßburger Rede brachte es *Milinkewitsch* auf den Punkt, indem er vor der Installierung eines neuen, diesmal von Westen errichteten Eisernen Vorhangs warnte und hinzufügte: „Die neue Gebühr wäre das beste Geschenk für *Lukaschenko*, der alles versucht, um Weißrussland von den demokratischen Ländern zu isolieren." Zu denken wäre etwa an die Anwendung von flexiblen Ausnahmeregelungen insbesondere für junge Belarussen. Inzwischen haben mehrere Fraktionen in Bundestag einen Antrag mit dem Ziel eingebracht, die Visagebühren für belarussische Staatsbürger zu senken. Schüler, Studenten und begleitendes Lehrpersonal sind bei Reisen zu Studien- und Ausbildungszwecken von den Gebühren bereits heute ebenso befreit wie Wissenschaftler, die sich zu Forschungszwecken innerhalb der EU bewegen.[121]

Lukaschenko seinerseits hat aus Furcht vor einer im EU-Raum erfolgenden Infizierung seiner Landsleute mit dem Revolutionsvirus gelegentlich die Erholungsaufenthalte für Kinder in europäischen Ländern in Frage gestellt und darüber hinaus Order erteilt, Auslandsaufenthalte von Studenten streng zu kontrollieren und selbst Auslandsreisen von Funktionsträgern des Regimes enge Grenzen zu setzen. Treffend antwortete auf solche Entwicklungen Ex-Bundestagspräsidentin *Rita Süssmuth* (CDU), indem sie ihr Unverständnis darüber zum Ausdruck brachte, „dass ein weißrussisches Lyzeum oder eine Universität wie die EHU geschlossen werden, dass das humanitäre Engagement vieler deutscher und auch anderer NGOs verunglimpft wird bis hin zur Androhung, die Auslandserholung der Kinder aus den strahlenbelasteten Gebieten Weißrusslands einzustellen, weil sie zu sehr von westlichem Gedankengut beeinflusst werden können! Ein Staat, der seine Kinder, Schüler und Studenten fürchtet, kann eine europäische Zukunft nicht gewinnen."[122] Vor diesem Hintergrund sollten Neuüberlegungen zur Visa-Vergabe angestellt werden, die sich über

---

[121] Merkblatt Visagebühren des Auswärtigen Amts vom 10.2.2007.
[122] Zitiert nach *Rainer Lindner*, Berliner Dialogforum zu Belarus nach den Wahlen, in: Belarus-News 27/2005, S. 4.

Kostenbefreiung für Kinder, Schüler, Studenten, Forscher hinaus auf weitere Bevölkerungsgruppen beziehen. Der Gesamtkomplex sollte auf nationaler und europäischer Ebene zum Gegenstand von Beratungen zwischen den Außenämtern und den hier stark involvierten Ministerien für Inneres mit dem Ziel gemacht werden, kostengünstig einen Ausgleich im Spannungsfeld zwischen innerer Sicherheit und Offenheit nach außen zu schaffen.

Das **Engagement Deutschlands** auf zivilgesellschaftlicher Ebene in Belarus ragt unter dem seiner EU-Partner, von denen insbesondere Polen, Schweden, Litauen, die Niederlande, Dänemark, Österreich und Großbritannien zu nennen sind, deutlich heraus. Als wichtigste Aktivitäten seien genannt:

- Das bereits erwähnte, 2002 aufgelegte und mit jährlich 2,5 Mio. Euro ausgestattete Förderprogramm der Bundesregierung hat sich mit mittlerweile über 100 erfolgreich abgeschlossenen Projekten als wichtiges Instrument der deutsch-belarussischen Beziehungen im Allgemeinen und der Entwicklung einer belarussischen Zivilgesellschaft im Besonderen entwickelt. Dabei stehen im Vordergrund Bildung und Gesellschaft, Soziales und Gesundheit, kleine und mittlere Unternehmen, Umwelt und Energie. Als vorteilhaft hat sich erwiesen, dass die Projekte nicht einseitig von deutscher Seite, sondern von deutschen und belarussischen Partnern **gemeinsam** erarbeitet und umgesetzt werden, wenn möglich unter Einbeziehung offizieller Instanzen auf nationaler, regionaler und kommunaler Ebene. So kann das Förderprogramm dazu beitragen, durch Unterstützung nachhaltiger Projekte mit Vorbildcharakter unter den jüngeren Generationen in Belarus Engagement für europäische Werte und Normen zu stärken.[123] Gerade jüngeren Menschen bietet es Gelegenheit, ihre Talente im **eigenen** Land zu erproben, statt sich für die Emigration zu entscheiden.

- Außerordentlich dicht ist das Netz zivilgesellschaftlicher und städtepartnerschaftlicher Beziehungen zwischen Deutschland und Belarus: Rund 600 deutsche NGOs sowie 19 Städte und Gemeinden engagieren sich in Belarus, bieten die Chance zur Implementierung zivilgesellschaftlicher Bildung und Projekte „von unten" und betreiben damit laut Ex-Botschafter *Frick* „eine Außenpolitik in ihrem besten Sinne". Dieses Engagement ist deshalb besonders wichtig, weil es unabhängig vom Stand der Beziehungen auf Regierungsebene funktioniert und den Tendenzen des Regimes zur Abschottung von Europa entgegenwirkt.[124] Die Aktivitäten der breit angelegten Projektarbeit könnten nicht zuletzt dann an Nachhaltigkeit gewinnen, wenn sich der belarussische Staat zur Verabschiedung eines Gemeinnützigkeitsrechts entschlösse, das den Initiativen Rechtssicherheit und Steuerbefreiung gewährt. Stattdessen werden die NGO-Aktivitä-

---

[123] Einzelheiten hierzu finden sich in den einschlägigen Sonderausgaben von Belarus-News von 2002 und 2005.
[124] Ausführlich hierzu *Junge-Wentrup/Kunter*, Kooperation statt Konfrontation, a.a.O.

ten häufig durch willkürliche Auflagen und Kontrollen behindert oder sogar überhaupt liquidiert.

- Große Bedeutung für die Förderung politischen Wandels in Belarus hat das Aufbrechen der Blockade kritischer Information durch Unterstützung der verbliebenen unabhängigen Printmedien auf nationaler Ebene und in der Provinz, wo sie besonders starkem Druck ausgesetzt sind. Ein wichtiger Schritt wäre die Beseitigung der für nichtstaatliche Printmedien errichteten Sperre bei Postversand und Kioskverkauf. Auch sollte das Netz grenzüberschreitender ausländischer Rundfunk- und Fernsehstationen in einer Weise erweitert werden, dass sie tatsächlich das breite Publikum erreichen.

- Verstärkt werden sollten Solidarität und Unterstützung für die demokratischen Parteien in Belarus, zum Beispiel durch ihre Einbindung in die europäischen und internationalen Parteiorganisationen sowie durch Einladung ihrer Repräsentanten nach Deutschland und umgekehrt – noch wichtiger – durch verstärkte Präsenz deutscher Parteienvertreter vor Ort in Belarus. Dies stärkt die Bindungen des Landes an Europa und bietet den Oppositionsvertretern einen zusätzlichen Schutz vor der Gefahr, nach dem Beispiel früherer Regimekritiker spurlos zu verschwinden.[125] Zugleich sollte die belarussische Opposition auf die Notwendigkeit einheitlichen Auftretens gegen das *Lukaschenko*-Regime verwiesen werden, woran es häufig nicht nur aufgrund programmatischer Differenzen, sondern auch aufgrund persönlicher Ambitionen mangelt.

- Die 1999 gegründete *deutsch-belarussische gesellschaft* setzt sich die Förderung der Verständigung zwischen Deutschland und Belarus zum Ziel.[126] Neben einer Vielzahl politischer, wirtschaftlicher und kultureller Veranstaltungen in Deutschland tritt die Gesellschaft als zentrale Organisatorin des *Minsk Forum* auf, der mit jeweils rund 400 Teilnehmern wohl bedeutendsten internationalen Begegnungstagung von Politikern, Wissenschaftlern und NGO-Vertretern aus Deutschland, Belarus und dessen Nachbarländern. Die aktive Einbeziehung Polens und der Ukraine in das *Minsk Forum* unterstreicht die Bedeutung, die Deutschland den direkten Nachbarn von Belarus für die Gestaltung des Verhältnisses der EU zu diesem Land im Allgemeinen und für die regionale Zusammenarbeit in diesem Raum im Besonderen beimisst. Vor allem aber bietet das Forum eine der wenigen Gelegenheiten, Vertreter von Regierung und Opposition aus Belarus zum Dialog zusammenzuführen.

---

[125] Zum Problem der „Verschwundenen", mit dem sich intensiv insbesondere der Europarat befasste, siehe *Pavel Vladimirov/Andrey Maximov*, We want to know the truth! Political Opponents of *Lukaschenko* disappear in Belarus, o.O., o.J. (2004).

[126] Zu den Aktivitäten der Gesellschaft einschließlich des von ihr mitorganisierten *Minsk Forums* vgl. ihre Website www.dbg-online.org.

- Eine zentrale Rolle im Kontext zivilgesellschaftlichen Engagements in Belarus spielt das 1985 gegründete unabhängige *Internationale Bildungs- und Begegnungswerk* (IBB) in Dortmund.[127] Sein Ziel ist es, als „Haus des Dialogs" Grenzen zu überwinden – Grenzen nationaler, historischer, sozialer, kultureller sowie religiöser und weltanschaulicher Art. Zu den Aktivitäten des *IBB* zählen insbesondere: die 1994 erfolgte Gründung der *Internationalen Bildungs- und Begegnungsstätte „Johannes Rau"* in Minsk; das Management des Förderprogramms der Bundesregierung; die jährlich abwechselnd in Minsk und im westfälischen Geseke organisierten deutsch-belarussischen Partnerschaftskonferenzen; die 2003 erfolgte Gründung der *Geschichtswerkstatt Minsk* als Ort gemeinsamen Forschens, Erinnerns und Lernens. So praktiziert das *IBB Dortmund* gemeinsam mit der Minsker *IBB „Johannes Rau"* in geradezu beispielhafter Weise die doppelte Dialog- und Kooperationsstrategie: die Verbindung von Stärkung der Zivilgesellschaft in Belarus mit der notwendigen Zusammenarbeit mit den Behörden, um entsprechende Freiräume offenzuhalten.

9. Labiles Beziehungsdreieck EU–Belarus–Russland

Aus unterschiedlichen Gründen sind Deutschland/EU einerseits und Russland andererseits an den zukünftigen Entwicklungen in Belarus als ihrem „Neuen Nachbarn" bzw. ihrem „Nahen Ausland" stark interessiert. Wird die Integrationskonkurrenz um die „Neuen Nachbarn" bzw. das „Nahe Ausland" zu Konflikten zwischen der EU und Russland führen oder überwiegen mit Blick auf die „Zwischenzone" letztlich doch die gemeinsamen Interessen?[128]

Für die EU stellt sich in diesem Kontext die schwierige Aufgabe, eine Balance zu finden zwischen ihrer Strategie zur Förderung demokratischen Wandels in Belarus und der angestrebten strategischen Partnerschaft mit Russland. Weder darf die EU ihre Strategie zur Transformation des *Lukaschenko*-Regimes den Beziehungen zu Russland unterordnen („Russia first"), noch darf sie das Land in Anlehnung an geostrategische Konzeptionen der USA zum Objekt einer Politik der Einhegung postimperialer Ambitionen Moskaus machen. Vielmehr sollte das Kooperationspotenzial Russlands auf kritisch-konstruktive Weise stabilitätsfördernd genutzt und weiter entwickelt werden.

Aus dieser Sicht sollte Belarus in seinen Außenbeziehungen zumindest mittelfristig eine Brücken- und Scharnierfunktion zwischen seinen östlichen und westlichen

---

[127] Organisation und Tätigkeiten des *IBB Dortmund* einschließlich ihres Pendants in Minsk unter www.ibb-d.de.
[128] Zu den Perspektiven der europäischen „Zwischenzone" vgl. *Arkadij Mošes*, Priorität gesucht. Die EU, Russland und ihre Nachbarn, in: Osteuropa 2–3/2007, S.21–37.

Nachbarn übernehmen. Hierfür sprechen vor allem zwei Gründe. Erstens ist das Land ökonomisch vital auf **beide** Nachbarn angewiesen: auf die EU **und** auf Russland. Die EU ist der leistungsfähigste Partner von Belarus im Hinblick auf expandierende Handelsbeziehungen, massive Direktinvestitionen und rasche Bereitstellung moderner Technologie. Russland seinerseits bleibt so oder so ein unentbehrlicher Partner, wenn es darum geht, belarussische Produkte gegen russische Energielieferungen auszutauschen. Und zweitens tritt die große Mehrheit der belarussischen Bevölkerung auf der Grundlage staatlicher Unabhängigkeit für eine Politik ausgewogener Zusammenarbeit mit der EU **und** Russland ein. Eine einseitige Ausrichtung des Landes auf **eine** der beiden Seiten würde den inneren Frieden im Lande gefährden. Dies ist übrigens einer der Gründe, weshalb die EU Russland – wie von der Opposition gewünscht – wissen lassen sollte: Ein Referendum über die Bildung eines Unionsstaats wird sie nicht anerkennen, da es ähnlich wie frühere Referenden zumindest von belarussischer Seite voraussichtlich so oder so manipuliert und gefälscht würde.

Die Zukunft der zwischen EU und Russland gelegenen Region mit Belarus als relevantem Akteur wird zu einem bedeutenden Faktor für das Verhältnis zwischen beiden Partnern. Unter Verweis auf die massive Verletzung von Grundwerten und Menschenrechten durch das *Lukaschenko*-Regime und die daraus erwachsende gemeinsame Verantwortung sollte Russland daher zu einer kritischeren Haltung gegenüber Belarus bewegt werden. Dabei sollte vermieden werden, die Hinwendung zu Demokratie und Rechtsstaatlichkeit im Sinne der Logik des Nullsummenspiels als geopolitische Entscheidung zwischen EU und Russland zu behandeln, sondern als Beitrag zur Stärkung des Vertrauensklimas in einem kooperativen größeren Europa, zu dem *Putin* in seiner Rede vor dem Bundestag im September 2001 aufgerufen hatte. Die EU sollte den Sonderfall Belarus als Teil sich überlappender Integrationsräume in der Interaktion deutlich thematisieren, zumal auf einer Reihe von Feldern durchaus gemeinsame Interessen an einem berechenbaren Belarus zu verzeichnen sind. Dazu gehören:

- Die zuverlässige Sicherung der belarussischen Westgrenze, die zugleich die Westgrenze des anvisierten Unionsstaats ist; hier hatte *Lukaschenko* den Europäern schon einmal mit dem „Fluten" durch illegale Migranten gedroht. Die Grenzsicherung gilt als wichtige Voraussetzung für das Management „weicher" Sicherheitsrisiken sowie für die Verwirklichung des *Putin*-Programms, auf mittlere Sicht zum visafreien Personenverkehr zwischen Russland und der EU überzugehen.

- Die Liberalisierung der staatsdominierten belarussischen Wirtschaft und die Schaffung investitionsfreundlicher Rahmenbedingungen in Belarus. Sie gelten als wichtige Voraussetzungen für die Bildung des ins Auge gefassten „Gemeinsamen Gesamteuropäischen Wirtschaftsraums" EU–Russland. Die Inkompatibilität der Wirtschaftsordnungen von Russland und Belarus bildet ein Hindernis für das Projekt, das letztlich die Freiheit des Personen-, Waren-, Kapital- und

Dienstleistungsverkehrs anvisiert. „Ein effizienter Wirtschaftsraum zwischen EU und Russland ist ohne Einbeziehung von Belarus nicht vorstellbar" – so zutreffend selbst *Wladimir Konopljow*, der Vorsitzende des belarussischen Repräsentantenhauses, ohne dabei freilich auf die notwendigen Transformationen in seinem Lande einzugehen.[129]

- Die Gewährleistung des reibungslosen Transitverkehrs für Personen, Waren und Energieträger. 20 Prozent der Gaslieferungen Russlands und über 30 Prozent seiner Ölexporte in die EU-Staaten verlaufen über Belarus. Die Konfiszierung russischer Waren, der kurzlebige Gaskonflikt Belarus–Russland 2004 und seine verschärfte Fortsetzung mit anschließendem Ölkonflikt im Winter 2006/07: All dies verweist darauf, dass es beim Transit, der lange Zeit als exemplarisch für gute dreiseitige Zusammenarbeit galt, voraussichtlich auch in Zukunft erhebliche Probleme geben wird. Ein Beispiel ist die von Minsk ins Auge gefasste Erhebung von Steuern auf waldbewachsenem Grund und Boden in Belarus, über den russische Strom-, Erdöl- und Gasleitungen führen, die dem belarussischen Budget jährlich 50 Mio. US Dollar einbringen sollen.

Bislang hat es Moskau jedoch abgelehnt, im Blick auf die massive Verletzung von Grundwerten und Menschenrechten den Fall Belarus über informelle Gespräche („stille Diplomatie") und bloßen Informations- und Meinungsaustausch hinaus in bilateralen Konsultationen oder im Rahmen des PKA ernsthaft mit der EU zu erörtern. Zumindest formal bestünde hierzu die Möglichkeit, hatten sich die Partner doch auf ihrem Moskauer Gipfel vom Mai 2005 in der „Road Map" zum Gemeinsamen Gesamteuropäischen Raum Äußere Sicherheit grundsätzlich auf Kooperation und Konfliktregelung „in den an Russland und die EU grenzenden Regionen" verständigt.[130] Indes gilt auch weiterhin Russlands Mittelfristige Strategie von 1999 mit der Aufforderung an die EU, in der Zusammenarbeit „Russlands Rolle als führende Kraft bei der Bildung eines neuen Systems politischer und wirtschaftlicher Beziehungen im GUS-Raum zu konsolidieren".[131] Aus russischer Sicht liegt Belarus im Einflussbereich Moskaus und kann daher als Drittes nicht Gegenstand von Russland-EU-Konsultationen sein. Russland versteht sich als **eigenständiger Pol** mit dem Anspruch, die Entwicklungen in Belarus (und anderen Teilen des postsowjetischen

---

[129] BelaPAN 10.11.2006. Auch *Lukaschenko* hatte Belarus bereits zuvor als „Leitstrategie" empfohlen, „einen gemeinsamen wirtschaftlichen Raum Russland-Belarus-EU zu schaffen", ohne daraus freilich Konsequenzen für notwendige Transformationen im eigenen Land zu ziehen, Pressemitteilung der Botschaft Berlin 27/23.7.2004. In Wirklichkeit scheint seine Linie eher darauf angelegt, aus Konflikten zwischen EU und Russland Nutzen für sein Regime zu ziehen.

[130] http://europa.eu.int/comm/external_relations/russia/summit_05_05/index.htm. Vgl. hierzu meinen Beitrag Russland und die EU-25 nach der Erweiterung, in: Österreichische Zeitschrift für Politikwissenschaft (Wien) 2/2006, S. 141–156, hier S. 153.

[131] Die Mittelfristige Strategie gegenüber der EU findet sich in Diplomatičeskij vestnik (Moskau), November 1999.

Raums) nach seinen Vorstellungen zu steuern. Unterstützung demokratischer Prozesse durch die EU und ihre Mitgliedstaaten nimmt Moskau, wie seine geschilderte Einschätzung der Wahlen in Belarus unterstreicht, als geopolitisches Ausgreifen in die eigene Einflusssphäre wahr.

Immerhin könnten der Energiekrieg 2006/07 und seine negativen Konsequenzen dazu beitragen, dass Moskau seine bislang rigide Position im Beziehungsdreieck Russland–Belarus–EU überdenkt. Die Unberechenbarkeit *Lukaschenkos* bereitet auch Russland zunehmend Probleme und untergräbt das Vertrauen der EU und ihrer Mitgliedsländer in die Zuverlässigkeit Russlands, wie EU-Ratspräsidentin und Kanzlerin *Merkel* anlässlich der Unterbrechungen der russischen Öllieferungen nach Westeuropa kritisch bemerkte. So wird Belarus zu einem wichtigen **Testfall** für die Partnerschaft EU–Russland und die künftige Gestaltung Gesamteuropas.

10. Ausblick: Drei Szenarien

„Das Regime ist krank und bewegt sich in Richtung Krise", analysiert der angesehene Moskauer Wissenschaftler *Dmtrij Trenin* die Perspektiven von Belarus und fährt fort: „Das Problem ist nicht, ob es einen Regimewechsel geben wird, sondern welchen Charakter der Wechsel haben und wann er eintreten wird."[132] Wie sehen mögliche Szenarien für zukünftige Entwicklungen in Belarus aus? Ein von allen politischen Kräften des Landes verworfener simpler Anschluss des Landes an Russland kann mittlerweile als unwahrscheinlich gelten, zumal der Energiekrieg Russland unter der belarussischen Bevölkerung Sympathieverluste eingetragen hat. Lassen die Unberechenbarkeit *Lukaschenkos* einerseits und das Druckpotential Moskaus andererseits die Herausarbeitung realitätsnaher Szenarien überhaupt zu? Unter diesen Vorbehalten soll im Folgenden versucht werden, drei Zukunftsszenarien zu entwickeln.

10.1 Kontinuität des aktuellen Regimes

In diesem mittelfristig eher wahrscheinlichen Szenario halten die Partner an den im Januar 2007 getroffenen Kompromissen im Energiebereich grundsätzlich fest, obwohl diese sie keineswegs völlig zufriedenstellen. So ist die stufenweise Anhebung des Gaspreises auf Weltmarktniveau, die Erhebung von Zollgebühren für Ölimporte sowie die Steigerung der russischen Beteiligung an den Gewinnen aus den Reexporten von Erdölprodukten nach Europa für die belarussische Wirtschaft eine harte Belastung. Zusätzlich wird Russland künftig Zugang zu modernen Großbetrieben in Belarus fordern, darunter insbesondere im Blick auf die petrochemischen Anlagen.

---

[132] Moscow´s Relations ..., a.a.O.

Lukaschenkos Machtbasis gegenüber Moskau wäre vor diesem Hintergrund zwar weiter geschwächt und das Wirtschaftswachstum abgebremst. Immerhin könnte der Präsident in geringerem Umfang jedoch auch weiterhin soziale Stabilität für die Bevölkerung und damit zugleich politische Stabilität für das Regime gewährleisten. Das gilt um so mehr, wenn es ihm wie in der Botschaft an die Nation von 2007 partiell angekündigt gelingt, seiner Wirtschaft durch Teilprivatisierung, Vereinfachung des Steuersystems, Steigerung der Energieeffizienz und Heranziehen von Auslandsinvestitionen innovative Impulse zu geben. In diesem Kontext wird *Lukaschenko* versuchen, den Energiebedarf des Landes zu diversifizieren und Moskau als Kompensation für weitere Energiepreissteigerungen neue Rechnungen aufzumachen: Transitgebühren für Personen, Waren und Energielieferungen von und nach Europa (und Kaliningrad) durch Belarus, Miete für die beiden Militärstützpunkte, Beteiligung an den Folgekosten von Tschernobyl. Auf solche Möglichkeiten hat er wiederholt verwiesen.

Russland seinerseits stützt aufgrund seines eingangs erwähnten ausgeprägten Interesses an einem Nahverhältnis zu Belarus auch weiterhin das *Lukaschenko*-Regime – trotz dessen Unberechenbarkeit und phasenweise scharfer Kritik. Zugleich stellt Moskau das Unionsstaatsprojekt zurück, sichert sich jedoch über flexible Preispolitik für Energielieferungen die grundsätzliche Systemloyalität des Regimes sowie die faktische wirtschaftliche und politische Dominanz über Belarus. Hierbei befindet sich Russland insofern in einer komfortablen Lage, als eine Hinwendung *Lukaschenkos* zum Westen nicht zu befürchten ist, Moskaus „nationale Interessen bedient werden, es höhere Einkünfte aus dem Energiesektor bezieht und gleichzeitig keine Orangene Revolution nach dem Beispiel der Ukraine riskiert".[133] Hinzu kommt: Der Repressionsapparat *Lukaschenkos* ist intakt und wird weiter ausgebaut, so dass eine von beiden Seiten bekämpfte Farbenrevolution nach Kiewer Muster vorerst wenig wahrscheinlich ist. Anders als in der Ukraine existiert in Belarus keine charismatische Führungsfigur der Opposition, verfügen die Alternativen über nur wenige durch frühere Regierungserfahrung ausgewiesene Politiker, sind sie in Parlament, Justiz und Wirtschaft nicht oder, wie in den Medien, kaum vertreten.

Eine Variante dieses Szenarios wäre ein Putsch aus der Mitte des eng mit Russland verbundenen Militärs mit dem Ziel, eine russlandfreundliche Führungsfigur als Alternative zu dem zunehmend russlandkritischen und unberechenbaren *Lukaschenko* zu installieren. Das hohe Lob *Lukaschenkos* auf Kompetenz und Bereitschaft des Militärs vom März 2007 klingt ebenso ambivalent wie seine zeitgleiche Versicherung, er habe die Lage in Belarus voll im Griff.[134] Beide Versicherungen wären unnötig, wenn es sich tatsächlich so verhielte.

---

[133] *Rainer Lindner*, Bestandsaufnahme der Situation in Belarus, in: Protokoll der Konferenz ..., a.a.O., S. 31.
[134] BelaPAN 9.4.2007.

10.2 Demokratischer Regimewandel

In diesem mittelfristig durchaus möglichen Szenario verliert *Lukaschenko* im Zuge wirtschaftlicher Probleme seinen Nimbus als Hort umfassender Stabilität, zumal die energieintensiven und teilweise schon heute unrentablen Staatsbetriebe, die im Vertrauen auf dauerhafte günstige Energiepreise Innovationen vernachlässigt hatten, auch gegenüber russischen Produkten an Konkurrenzfähigkeit einbüßen. Anders als bisher bildet Russland für das *Lukaschenko*-Regime keine Garantiemacht mehr. Vielmehr toleriert die Moskauer Führung eine für sie akzeptable und berechenbare alternative Führungsfigur aus dem demokratischen Lager, die – analog zu *Gontscharik* 2001 und *Milinkewitsch* 2006 – die Öffnung des Landes nach Europa mit einer strategischen Partnerschaft mit Russland verbindet. Der Energiekompromiss, ähnlich konstruiert wie im vorhergehenden Szenario, würde Moskau auch weiterhin Einflusschancen bieten. Zugleich aber würde Belarus mit seiner Einbeziehung in die ENP eine vielgestaltige Modernisierungspartnerschaft mit der EU eingehen, die das Land schrittweise an das Niveau seiner ostmitteleuropäischen Nachbarn heranführt.

Dieses Szenario, das gute EU-Russland-Beziehungen voraussetzt, eröffnet mittelfristig Chancen für einen friedlichen Systemwandel: Die Angst unter der Bevölkerung vor Repressionen schwindet; die Nomenklatur ist in Teilen frustriert und zeigt Risse; die Opposition demonstriert grundsätzlich ihre Fähigkeit zu landesweiter Artikulation – trotz ihrer Strukturschwäche und der immer wieder aufbrechenden persönlichen Ambitionen ihrer Führungsfiguren; die systemstabilisierenden sozialen Grundsicherheiten des *Lukaschenko*-Regimes sind bei weiterer Erhöhung russischer Energiepreise gefährdet; soziale Vergünstigungen für bestimmte Bevölkerungs- oder Berufsgruppen werden Anfang 2008 gekürzt, was partiell bereits bei Bekanntwerden des Projekts Protest hervorrief und an ähnliche Reaktionen auf analoge Beschneidung sozialer Privilegien Anfang 2005 in Russland erinnert. Eine Realisierung des Projekts könnte breiteren Unmut und Widerspruch gerade auch unter solchen Gruppen steigern, die als wesentliche Stützen des *Lukaschenko*-Regimes gelten. Hinzu kommt: Die von der EU ausgehenden Impulse werden nach deren Osterweiterung intensiver, so dass die jüngeren Generationen zunehmend nach Westen blicken.[135] Eine Variante dieses Szenarios wäre ein Anti-*Lukaschenko*-Putsch aus der Mitte der Nomenklatur heraus mit dem Ziel, gemeinsam mit Alternativkräften eine nach Ost *und* West offene Große Koalition der Vernunft zu bilden.

---

[135] Bemerkenswert in diesem Zusammenhang ist beispielsweise der Erfolg der – vom Regime zurückgedrängten – belarussischen Rockmusik, in der sich Elemente belarussischer Volksmusik mit Jazz und Rock des Westens verbinden, siehe *Ingo Petz*, Belarus starts rockin´, in: Konturen und Kontraste ..., a.a.O., S. 181–193, sowie *ders.*, Aufbruch durch Musik. Kulturelle Gegenelite in Belarus, in: Osteuropa 1/2007, S. 49–55.

10.3 Gewaltsame Repression eines demokratischen Aufbruchs

Ein solches Szenario ist zwar wenig wahrscheinlich, angesichts der Möglichkeit eines durch starke Energiepreissteigerungen, Wirtschaftsstagnation, politische Unterdrückung und sozialen Protest hervorgerufenen Aufruhr mittelfristig jedoch auch nicht völlig auszuschließen. Der Moskauer Sicherheitsexperte *Aleksej Arbatow*, zugleich Vizechef der liberalen Jabloko-Partei, beschreibt das Szenario so: In Minsk und einigen Provinzstädten kommt es zu regimekritischen Massendemonstrationen. Hieraus entwickelt sich folgende Dynamik: *Lukaschenko* beschuldigt den Westen, den Aufruhr in Belarus zu schüren und auf seinen Sturz hinzuwirken.

Trotz brutaler Gewaltanwendung bekommt der Präsident die Entwicklung jedoch nicht unter Kontrolle und bittet in seiner Not Russland um Unterstützung. „Moskau könnte sich einmischen, wenn *Lukaschenko* um Hilfe schreit und wenn klar ist, dass Belarus im Falle seines Sturzes den Weg in westliche Organisationen sucht".[136] Kampflos jedenfalls wird *Lukaschenko* das Feld kaum räumen, sondern eher „präemptiv" zuschlagen. Aufmerken lässt in diesem Kontext seine Enttäuschung darüber, dass die Mitglieder der Organisation des Vertrags für Kollektive Sicherheit (Armenien, Belarus, Kasachstan, Kirgistan, Russland, Tadschikistan und seit 2006 auch Usbekistan) auf den Umbruch in Kirgistan nicht reagierten. Im Umkehrschluss lässt sich folgern, dass *Lukaschenko* in einer ähnlichen Lage in Belarus auf substanziellen Beistand seiner Vertragspartner und hier insbesondere Russlands setzt, darunter auch auf militärische Unterstützung.

Moskau ist an einem solchen Szenario jedoch keineswegs interessiert und hat Minsk dem Vernehmen nach im Zuge der letzten Präsidentschaftswahlen ein zurückhaltendes Vorgehen angeraten. Denn gewaltsame Massenrepressionen in Belarus würden die Beziehungen Russlands zu seinen europäischen Partnern in eine Krise stürzen. Anders als die Sowjetunion 1956 in Ungarn und 1968 in der Tschechoslowakei räumt Russland heute stabilen und kooperativen Beziehungen zur EU (und zu den USA) Vorrang ein vor einer gewaltgestützten Verteidigung systemloyaler Regime in seinem strategischen Vorfeld. Die Beteiligung führender europäischer und russischer Politiker an der erfolgreichen Vermittlung und Konfliktlösung in den dramatischen Kiewer Verhandlungen vom November/Dezember 2004 demonstriert: Ungeachtet ihrer Integrationskonkurrenz um Einfluss in „Zwischeneuropa" gibt es Chancen für eine Verständigung zwischen der EU und Russland. Ein ähnliches Arrangement wäre auch für Belarus vorstellbar.

••••

Das *Lukaschenko*-Regime ist unter vielen Aspekten zerbrechlicher, als es nach außen den Anschein hat. Gerade die erwähnten häufigen Verweise des Präsidenten darauf,

---

[136] Zitiert nach RFE/RL, Belarus, Ukraine and Moldova Report 19/17.5.2005. Ähnlich argumentieren *Arbatows* Experten-Kollegen *Karaganow* und *Trenin*.

dass er über die feste und volle Kontrolle über die Situation im Lande verfüge, sprechen für die Unsicherheit des Regimes.

Der führende Oppositionspolitiker *Milinkewitsch* äußerte sich kurz nach den letzten Präsidentschaftswahlen überzeugt: „Unser Land wird niemals wieder dasselbe sein, denn wir haben etwas in Bewegung gesetzt, das nicht vergessen wird und nicht aufgehalten werden kann."[137] Hierin drückt sich, so scheint es, mehr aus als nur eine konkrete Utopie.

---

[137] Vorwort in: *Forbrig/Marples/Demeš*, a.a.O., S. 9 f.

Bibliographie

Analitičeskij Bjulletin Belorusskich Fabrik Mysli, Integrazija Belarusi i Rossii, Spezialausgabe Nr. 2–3, Minsk 2002.

Belarus im Zentrum Europas. Wostok Spezial, in: Wostok (Berlin) 1/2002, S. 1–80.

Belarus.Tatsachen, Minsk 2000.

Clauss Jan Ulrich, Bibliographie Belarus/Weißrussland 1990–2000. Vom Aufbruch zum Umbruch? Belarus-Studien Nr. 1, Berlin 2003.

Clement Hermann, Belarus – Wirtschaftliche Entwicklung und Möglichkeiten der Zusammenarbeit mit Deutschland, Working Papers Nr. 247 des Osteuropa-Instituts München, München 2003.

Davidonis Ramunas, The Challenge of Belarus and European Responses, Institute of Security Studies der WEU, Paris 2001.

Deutsche Botschaft Minsk (Hrsg.), Zehn Jahre Deutsch-Belarussische Beziehungen, Berlin/Minsk 2002/2003.

Dorochow Wladimir, Massenmedien in Belarus. Presse – Rundfunk – Agenturen – Online-Medien, Belarus-Studien (Berlin) 2/2005.

Förster Heinrich Linus, Von der Diktatur und zurück?, Hamburg 1998.

Forbrig Joerg/Marples David R./Demeš Pavol (Hrsg.), Prospects for Democracy in Belarus, Bratislava 2006.

Friedrich-Ebert-Stiftung (Hrsg.), Nationale Identität in Belarus, Minsk 2003.

Friedrich-Ebert-Stiftung (Hrsg.), Politische Parteien in Belarus als notwendiger Bestandteil der Zivilgesellschaft, Minsk, 2003.

Garbe Folkert/Linder Rainer, Wahlfarce in Belarus, Inszenierter Urnengang und neuer Widerstand, SWP-Diskussionspapier 3/Berlin 2006.

Gromadzkij Gregorz/Vesely Luboš, Active and Cohesive. Tomorrow´s EU Policy towards Belarus, Warschau 2006.

Hoff Magdalene/Timmermann Heinz, Belarus in der Krise: Die „Partei der Macht" drängt auf Rückwendung nach Rußland, Berichte des Bundesinstituts für ostwissenschaftliche und internationale Studien 22, Köln 1994.

Holtbrügge Dirk, Weißrußland, München 2002.

Konturen und Kontraste. Belarus sucht sein Gesicht, Sonderheft Osteuropa 2/Berlin 2004.

Kravčenko Pjetr, Belarus´ na rasput´e ili Pravda o Belovežskom soglašenii. Zapiski diplomata i politika, Moskau 2006.

Kunter Björn, Do No Harm. Forderungen an externe Demokratieförderung, Osteuropa 1/2007.

Lewis Ann (Hrsg.), The EU and Belarus. Between Moscow and Brussels, London 2002.

Lindner Rainer, „Präsidentschaftswahl" in Belarus, SWP-Studie 6, Berlin 2006.

Lindner Rainer, Blockaden der Freundschaft. Der Russland-Belarus-Konflikt als Zeitenwende im postsowjetischen Raum, SWP-Aktuell 3, Berlin 2007.

Lindner Rainer, Selbstisolierung von Belarus. Konflikte mit Polen und anderen Nachbarstaaten als Sicherheitsproblem der EU, SWP-Aktuell 43, Berlin 2005.

Lindner Rainer, Am Ende des Lateins? Die Zukunft von Belarus in Europa, Osteuropa 2/2004.

Lynch Dove (Hrsg.), Changing Belarus, Chaillot-Papers (Paris) 85/2005.

Mildner Karl, Belarus: Kritische Überlegungen zu Politik und Wirtschaft des Lukaschenko-Regimes, Berichte des Bundesinstituts für ostwissenschaftliche und internationale Studien 12, Köln 2000.

Paznyak Vyachaslau, Belarus Facing Dual Enlargement: Will the EU Squeeze Harder?, Stockholm 2003.

Petz Ingo, Belarus´starts rockin´, Sonderheft Osteuropa 2/2004.

Petz Ingo, Aufbruch durch Musik. Kulturelle Gegenelite in Belarus, Osteuropa 1/2007.

Sadowski Rafal, Belarus-Russia: Whither Integration? Warschau 2003.

Sahm Astrid, Nach der Wahl ist vor der Wahl, Osteuropa 1/2005.

Sahm Astrid, Gesellschaft als eigenständige Veranstaltung, Osteuropa 2/2004.

Saiko Leonid (Hrsg.), Nazional´no-gosudarstvennye interesy Respubliki Belarus, Minsk 2001.

Saiko Leonid, Russia and Belarus: Between Wishing and Reality, Russia in Global Affairs (Moskau) 1/2006.

Scharff Roland, Belarus. Wirtschaft, Bevölkerung, Perspektiven, Berlin 2006.

Silitski Vitali, Sonderfall Lukaschenko, Aus Politik und Zeitgeschichte (Bonn) 8–9/2007.

Stefan Batory Foundation, The forgotten Neighbour – Belarus in the context of EU Eastern Enlargement, Policy Papers 4, Warschau 2001.

Stefan Batory Foundation (Hrsg.), Belarus. Reform Scenarios, Warschau 2003.

von Steinhoff Silvia, Das politische System Weißrußlands (Belarus), in: *Wolfgang Ismayr* (Hrsg.), Die politischen Systeme Osteuropas, Opladen 2003.

Timmermann Heinz, Die Beziehungen Deutschland-Belarus im europäischen Kontext, Dortmund 2006.

Timmermann Heinz, Osobyj slučaj Belorussii, Rossija v Global'noj Politike (Moskau) 2/2006.

Timmermann Heinz, Belarus unter Lukaschenko: Zwischen Russland und der EU, Der Bürger im Staat (Stuttgart) 4/2005.

Timmermann Heinz, Koloboks Union. Belarus und Russland am Wendepunkt? Osteuropa 2/2004.

Timmermann Heinz, Die widersprüchlichen Beziehungen Rußland-Belarus im europäischen Kontext, SWP-Studie 37, Berlin 2002.

Tschernobyl. Vermächtnis und Verpflichtung. Sonderheft Osteuropa 4/2006.

Ulachovič Ulaszimir, David ohne Goliath. Die Zukunft von Belarus in Europa, Osteuropa 2/2004.

Wellmann Christian (Hrsg.), Belarus: Ein Außenseiter in der Ostseeregion, Schiff-Texte 69, Kiel 2003.

We want to know the truth! Political opponents of Lukashenko disappear in Belarus, o.O., o.J. (2004).

Wieck Hans-Georg, Demokratieförderung in der Sackgasse. Europa versagt in Belarus, Osteuropa 9/2006.

Wieck Hans-Georg, Demokratieförderung in Belarus'. Eine harte Nuß für die europäischen Institutionen, Osteuropa 7/2002, S. 871–884.

Zeitschriften

Belarus-Perspektiven, Dortmund

Belarus v Mire/Belarus in der Welt (russisch und deutsch), Minsk

Belarussian Monthly Economic Review, Minsk

Osteuropa, Berlin

Wostok, Berlin

Internet-Adressen

www.minsk.diplo.de (Deutsche Botschaft Minsk)

www.belarus-botschaft.de (Belarussische Botschaft Berlin)

www.president.gov.by (Präsident)

www.government.by (Regierung)

www.house.gov.by (Parlament)

www.kgb.by (KGB)

www.belapan.com (Nachrichtenagentur BelaPAN)

www.osce.org (OSZE Wien)

www.dw-world.de/Belarus (Deutsche Welle)

www.democraticbelarus.eu (Office for a Democratic Belarus, Brüssel)

www.ibb-d.de (Internationales Bildungs- und Begegnungswerk, Dortmund)

www.dbg-online.org (deutsch-belarussische gesellschaft, Berlin)

www.belarusnews.de (Internet-Zeitschrift, Berlin)

www.charta97.org (Charta 97, Minsk)

www.sb.by (Belarus sevodnja, früher Sovetskaja Belorussija)

www.expertby.org (Internetzeitschrift, Minsk)

Fünfter Teil

Die Republik Moldau

Karte Transnistriens im Osten Moldawiens selbstgezeichnet von Perconte,
Lizenz: GNU-FDL;
Quelle: http://de.wikipedia.org/wiki/Bild:Karte_Transnistrien_02_02.png

Inhaltsverzeichnis

1. **Basis-Informationen zu Geschichte, Geografie und Demografie sowie zum Kernproblem Transnistrien** — 485
   - 1.1 Historisch-geopolitischer Überblick — 485
   - 1.2 Suche nach nationaler Identität — 486
   - 1.3 Wichtigstes zu Geografie und Demografie — 487
   - 1.4 Transnistrien als Kernproblem — 488

2. **Politisch-institutionelle Entwicklungen und gegenwärtige Lage** — 490
   - 2.1 Wechselnde Präsidentschaften mit verschiedenen Orientierungen — 490
     - 1990/91–1996: Ära *Snegur* als Präsidialregime — 490
     - 1996/97–2001: Zwischenära *Lucinschi* als parlamentarisch-präsidiales Mischsystem — 491
     - 2001–2005: Ein-Parteien-Regime der KP Moldaus in der Ära *Woronin* — 492
     - Neue Konsenssuche in der 2. Amtszeit von Präsident *Woronin* seit 2005 — 493
   - 2.2 Gegenwärtige innenpolitische Situation – vor allem hinsichtlich Transnistrien — 494
   - 2.3 Politisch-institutionelles Fazit — 495

3. **Sozio-ökonomische Entwicklungen im postsowjetischen Moldau** — 496
   - 3.1 Hauptetappen der Wirtschaftspolitik seit 1991 — 496
   - 3.2 Sozio-ökonomische Hauptprobleme — 497
   - 3.3 Wirtschaftlich-soziales Fazit — 499

4. **Außenpolitische Orientierungen, bilaterale Präferenzen und die Beziehungen zu multilateralen Institutionen** — 500
   - 4.1 Wechselnde Orientierungen in der Außenpolitik — 500
   - 4.2 Bilaterale Beziehungen — 502
   - 4.3 Multilaterale Beziehungen — 504
   - 4.4 Außenpolitisches Fazit — 506

5.	**Die Beziehungen der Republik Moldau zur Europäischen Gemeinschaft (EG) bzw. zur Europäischen Union (EU)**	506
	5.1 Geltender Rechtsrahmen/Hauptziele/Gemeinsame Institutionen	506
	5.2 Neue Förderpolitik durch Aktionsplan im Rahmen der Europäischen Nachbarschaftspolitik (ENP)	507
	5.3 Komplementäre Strategien der EU im Rahmen der ENP seit 2005	509
	5.4 Europapolitisches Fazit	511
6.	**Fazit und Ausblick**	512
	6.1 Gesamt-Fazit	512
	6.2 Ausblick	514
Bibliographie		516

1. Basis-Informationen zu Geschichte, Geografie und Demografie sowie zum Kernproblem Transnistrien

1.1 Historisch-geopolitischer Überblick

In der Blütezeit des Römischen Reiches bestand zwischen dem 1. und dem 3. Jh. n. Chr. die nordöstliche Provinz Drakien im Raum des heutigen Rumänien und der Republik Moldau bis zum Fluss Nistru. Geschichtliches Erbe blieben das lateinische Alphabet und die rumänische Sprache[1]. Bis ins 13. Jh. war das Gebiet der heutigen Republik Moldau Durchzugsgebiet für verschiedene Völker, insbesondere für die Hunnen/Ungarn, Roma und für slawische Stämme. Im 14. Jh. entstand das Fürstentum Moldau, das auf der heutigen Landkarte die Republik bis zum Nistru, den Nordosten Rumäniens bis zum Schwarzen Meer und weite Teile der Ukraine umfasste. Bei zeitweiliger Oberhoheit durch das polnisch-litauische Königreich oder durch Ungarn erreichte das moldauische Fürstentum im 15. Jh. eine wirtschaftliche und politische Blüte: Unter *Stephan dem Großen* wurde die Unabhängigkeit gegen mehrfache türkische Angriffe verteidigt. Ab 1512 kam das Fürstentum Moldau unter osmanische Herrschaft, bis es Ende des 18. Jh. geteilt wurde: Der West- und Nordteil wurde der Habsburger Monarchie unterstellt, während der Ost- und Südteil jenseits des Flusses Pruth (heutige Grenze zwischen Rumänien und der Republik Moldau) zunächst als Fürstentum Bessarabien kurz eigenständig war und 1812 von Russland erobert wurde.

Nach wechselvoller Geschichte unter zaristischer Herrschaft rief der Landesrat Bessarabiens 1917 zunächst die Autonomie, dann die Unabhängigkeit als moldauische Republik und 1918 den Anschluss an Rumänien aus. In der Pariser Friedenskonferenz 1920 wurde die erste Republik Moldau dem westlichen Nachbarn auch völkerrechtlich zugesprochen, was jedoch von Sowjet-Russland nicht anerkannt wurde. 1924 wurde innerhalb der Sowjetrepublik Ukraine an der Grenze zu Rumänien die „Autonome Sowjetrepublik Moldau" mit Tiraspol als Hauptstadt gebildet.

Aufgrund des *Hitler-Stalin*-Pakts von 1939 besetzte die Sowjetunion 1940 Bessarabien. Während dessen Nordzipfel und der Süden an die Ukraine fielen, wurde Mittel-Bessarabien mit der „Autonomen Sowjetrepublik Moldau" zur „Moldawischen Sozialistischen Sowjetrepublik (MSSR)" vereinigt. Die rumänische Sprache musste mit kyrillischen Schriftzeichen geschrieben werden. Die „Moldau-Rumänen" zwischen den Flüssen Pruth und Nistru (rumänisch, russisch Dnjestr) wurden zum „Moldawiervolk" erklärt.

---

[1] Einzelheiten in meinem Beitrag zu *Piehl, Schulze, Timmermann* (Hrsg.), Die offene Flanke der Europäischen Union, Berlin 2005. Siehe auch *Claus Neukirch*, Die Republik Moldau. Nations- und Staatsbildung in Osteuropa. Münster 1996, und *Steven D. Roper*, History of Moldova, in: Survey of the World, London 2002, S. 254 ff.

Seit Mitte der 80er Jahre des 20. Jh. entstanden, beflügelt durch Glasnost und Perestroika, Bewegungen zur Unterstützung der Umgestaltung und für die Gleichberechtigung des Rumänischen gegenüber dem dominierenden Russischen sowie für die Wiedereinführung der lateinischen Schrift. Nachdem sich solche Bewegungen aus den Reformkommunisten, aus informellen Kreisen moldauischer Intellektueller und aus der pro-rumänischen politischen Opposition zur „Demokratischen Volksbewegung Moldaus" vereinigten, setzten sich diese bei den im Februar 1990 abgehaltenen ersten – partiell pluralistischen – Wahlen überlegen durch. Von diesem neugewählten Obersten Sowjet der MSSR wurde am 23.6.1990 eine „Deklaration zur Souveränität" abgegeben, die der Erklärung der Unabhängigkeit vom 27.8.1991 der (zweiten) Republik Moldau zugrunde lag. Simultan hierzu verstärkten sich im Ostteil der Republik, insbesondere in Transnistrien, Bewegungen zur Verteidigung der Dominanz des Russischen und für enge Verbindungen mit Russland.

1.2 Suche nach nationaler Identität

Kein europäisches Land hat offenkundig so viele Versuche erleben bzw. erleiden müssen, „die nationale Identität festzuschreiben, umzuschreiben oder abzuschreiben"[2] wie die Republik Moldau. In den meisten Nationalstaaten Mittel- und Osteuropas war formal die Nationsbildung bzw. Wiederbelebung eine Aufgabe, die der Staatsnation nach 1989/1991 die Integration der jeweiligen Minderheiten abverlangte. Moldau bleibt indessen die europäische Ausnahme, in dem die Existenz der Staatsnation prinzipiell in Frage gestellt wurde bzw. noch immer wird: Westlich des Nistru wächst unter den rumänischsprachigen Einwohnern in der Republik Moldau die Zahl derer, die sich am liebsten de facto von der geschichtlich, sprachlich und kulturell eng verbundenen rumänischen Nation vereinnahmen lassen würden. Östlich dieses Flusses, hier Dnjestr genannt, fühlen sich fast alle russischsprachigen Bewohner Transnistriens seit 1992 de facto als eine „abgetrennte Nation", deren Führer sich mit einem imaginären „Groß-Russischen Reich" verbunden glauben. Im Unterschied zu wohl allen anderen Staaten Europas entwickelten sich mehrere konkurrierende Orientierungen, die in der Gründerzeit 1990 bis 1992 von ungefähr gleichstarken politischen Kräften getragen wurden:

- Die „Bukarester Orientierung" beruft sich auf die gemeinsamen Ursprünge von Rumänen und Moldauern im Römischen Reich, auf die gemeinsame Geschichte im Fürstentum Moldau, auf die Periode als vereinter Staatsverbund zwischen 1918 und 1944 sowie auf die völkerrechtliche Anerkennung durch die internationale Staatengemeinschaft einschließlich Russlands.

---

[2] Siehe *Wim van Meurs*, „Moldova – nationale Identität als politisches Programm", in: Südosteuropa Mitteilungen 5/2003, S. 31.

- Dagegen sind gemäß der staatsoffiziellen „Chisinauer Orientierung" die Moldauer eine eigenständige und geeinte Nation, indem die verantwortlichen Politiker in Chisinau auf die von den Nachbarstaaten Rumänien, Ukraine und Russland getrennten zeitgeschichtlichen Entwicklungen von Moldau verweisen.
- Mit der de facto Schaffung eines Staatsgebildes östlich des Dnjestr hat sich eine „Tiraspoler Orientierung" etabliert, die auf die Trennung von Moldau zwischen Pruth und Dnjestr/Nistru in der Geschichte verweist und auf die erwähnten Verbindungen mit „Groß-Russland" setzt.

Die beiden radikalen Orientierungen für „Bukarest" oder für „Tiraspol" haben eine klare, im Ergebnis übereinstimmende Konsequenz, nämlich die auch völkerrechtlich zu vollziehende Teilung, in Anerkennung der gegenwärtigen de facto Trennung der beiden Landesteile westlich und östlich des Dnjestr/Nistru. In Chisinau dagegen plädieren die Mehrheiten in den politischen Formationen für ein geeintes Moldau, werden aber auch von anderen Problemen als der Nationsfindungsdebatte absorbiert.

1.3 Wichtigstes zu Geografie und Demografie

Die Republik Moldau ist ein osteuropäisches Land, das zwischen Rumänien im Westen und der Ukraine im Norden, Osten und Süden liegt. Die Fläche beträgt 33 800 qkm, was etwa der Größe Belgiens oder Nordrhein-Westfalens entspricht. Moldau liegt eingeschlossen zwischen den beiden Landnachbarn und hat heute im Unterschied zum geschichtlichen Fürstentum keinen direkten Zugang mehr zum Schwarzen Meer. Allerdings grenzt die heutige Republik Moldau an einen Mündungsarm der Donau, kurz vor deren Mündung in dieses südosteuropäische Meer, so dass es in der regionalen Zusammenarbeit um das Schwarze Meer als Anrainerstaat angesehen wird. Für Geographie und Geschichte sind auch die beiden Flüsse Pruth im Westen und Dnjestr/Nistru im Osten von Bedeutung.

Die Gesamteinwohnerzahl der Republik wurde 1991 mit 4,4 Millionen und wird gegenwärtig mit ca. 4 Millionen angegeben, wobei folgende ethnisch-kulturelle Herkunft genannt wird: 65 Prozent Rumänisch sprechende Moldauer, 14 Prozent Ukrainer, 13 Prozent Russen, 3,5 Prozent Gaugasen, 2 Prozent Bulgaren und 2,5 Prozent Sonstige. Die gegenwärtig in Moldau lebende Bevölkerung wird mit geschätzten 3,3 bis 3,4 Millionen Menschen angegeben, bei realer Abnahme in allen Landesteilen.[3] Der drastische Bevölkerungsrückgang liegt an der vergleichsweise niedrigen Lebenserwartung (67 Jahre im Durchschnitt beider Geschlechter) und vor allem an der massiven Emigration, auf deren Gründe im Kapitel zur sozio-ökonomischen Entwicklung einzugehen ist. Die Republik Moldau ist das nach Armenien zweitkleinste Land der ehemaligen Sowjetunion, hat aber mit 125 Einwohnern pro qkm (2002) die höchs-

---

[3] Fischer Weltalmanach 2007, Frankfurt 2006, S. 342; und Internetseite des Auswärtigen Amtes, 2007.

te Bevölkerungsdichte. Städtische Ballungsräume sind insbesondere die Hauptstadt Chisinau und das Industriegebiet Transnistrien im Osten der Republik.

1.4 Transnistrien als Kernproblem

Die Selbstbezeichnung „Republik Moldau" seit 1991 entspricht der offiziellen Verwendung in Deutschland und in der EU. Russland hat zwar 1991 Moldau als völkerrechtlich unabhängigen Staat anerkannt, aber de facto haben sich viele Staatsorgane und die wohl überwiegende öffentliche Meinung in Moskau nicht mit dem Verlust von „Moldawien" abgefunden, da in dessen Ostteil Transnistrien mehrere Hunderttausend Russen leben.

Die „Transnistrische Moldauische Republik" (russisch: Pridnestrovskaja Moldavskaja Respublika = PMR) ist ein autoritär verfasster „Quasi- bzw. Pseudostaat"[4] auf dem Territorium der Republik Moldau, der bisher von keinem Staat der Welt anerkannt wurde. Allerdings gibt es inzwischen in dem „De-facto-Staat" eine eigene – allerdings nicht konvertible – Währung, den „transnistrischen Rubel", separate Streitkräfte und staatliche Administrationen in der „Hauptstadt" Tiraspol. Das „Staatsgebiet" ist im Norden, Osten und Süden die Nachkriegsgrenze zur Ukraine und im Westen der Nistru. Die Fläche von 2 500 qkm entspricht etwa der Fläche des Saarlandes und rund 10 Prozent der Gesamtfläche Moldaus. Diese PMR hatte bei ihrer Gründung ca. 700 000 und hat gegenwärtig geschätzte 580 000 Einwohner, also etwa jeweils 15–20 Prozent der Gesamtbevölkerung Moldaus. Rund zwei Drittel der Bevölkerung in Transnistrien sind Russen und Ukrainer sowie ein Drittel ethnische Moldauer, die alle Russisch als Amtssprache akzeptieren bzw. akzeptieren müssen.

Im Zuge der Loslösung Moldaus von der sich auflösenden Sowjetunion zwischen 1989 bis 1991 formierte sich eine transnistrische Regionalbewegung, die sich gegen die Romanisierungspolitik der am westlichen Nachbarstaat Rumänien orientierten Volksbewegung wandte. Im Selbstverständnis der transnistrischen Bewegung wurde am 2.9.1990 die „Transnistrische Moldawische Republik im Rahmen der UdSSR" ausgerufen, die nach dem Auseinanderbrechen der Sowjetunion ihre Unabhängigkeit erklärt hat. 1992 eskalierte der Konflikt zu blutigen Kämpfen mit über 1000 Toten zwischen transnistrischen und moldauischen bewaffneten Einheiten. Die am Dnjestr stationierten GUS-Einheiten, insbesondere die 14. Armee Russlands, setzten am 21.7.1992 einen Waffenstillstand durch, der seitdem von einer gemischten Friedensgruppe unter Beteiligung der OSZE in einer Sicherheitszone entlang des Flusses kontrolliert wird. 1997 unterzeichneten zwar beide Seiten unter Vermittlung Russlands das „Moskauer Memorandum", das die Beilegung des Streits und eine „innere

---

[4] Siehe *Stefan Troebst*, Staatlichkeitskult im Pseudo-Staat. Identitätsmanagement in Transnistrien, in: Osteuropa 7/2003, S. 963–983; *Klemens Büscher*, Separatismus in Transnistrien. Die PMR zwischen Russland und Moldova, in: Osteuropa 9/1996, S. 860–875.

Autonomie im Rahmen eines gemeinsamen Staates" vorsieht. Dieses Memorandum, an dem vor allem Russland als „Garantiemacht" beteiligt war, bestätigt einerseits die territoriale Integrität in den Grenzen der Moldaurepublik von 1990, bleibt andererseits in Bezug auf das Sezessionsgebiet Transnistrien jedoch eine folgenlose Absichtserklärung. Das Oberkommando der russischen Streitkräfte (ca. 5500 Soldaten und Offiziere) kündigte zwar einen Truppenabzug an, und der schon seit 1994 vorgesehene Abzug wurde auf dem OSZE-Gipfel 1999 in Istanbul feierlich bestätigt, aber bis heute nicht vollständig realisiert. So verbleiben weiterhin rund 2000 russische Streitkräfte und eine Fülle von Munition und Waffenarsenalen auf völkerrechtlich moldauischem Territorium.

Im zunehmend voll russischsprachig gewordenen Transnistrien wurde sukzessive eine eigene „Staatlichkeit" mit Verwaltungsstrukturen aufgebaut, unter Berufung auf historische und kulturelle Besonderheiten der Region. Haupttriebkraft der transnistrischen Bewegung war und ist offensichtlich das Bewahren der Privilegien der regionalen Eliten in den industriell-städtischen Zentren des Nistru-Tals. Diese Eliten unterscheiden sich deutlich von denjenigen des überwiegend agrarisch geprägten Hauptteils Moldaus zwischen Pruth und Dnjestr/Nistru. Die in Transnistrien angesiedelten Großbetriebe gehörten in ihrer Mehrzahl zum militärisch-industriellen Komplex der UdSSR. Die transnistrische Elite weist entsprechend typische Biografien aus sowjetischer Zeit auf: Mehr als die Hälfte der Russischsprachigen sind als Facharbeiter, Ingenieure, Verwaltungsexperten, Parteifunktionäre, Offiziere oder als andere Militärangehörige dorthin gelangt bzw. sind Nachkommen oder Verwandte der sowjetischen Zuwanderer.[5] Diese Regionalelite war und ist aufgrund weitreichender Interessenkoinzidenz in sich ungewöhnlich homogen und hatte direkte Drähte und Verbindungen nach Moskau.

Die russische Militärpräsenz ist der Hauptgrund für die Bereitschaft und Fähigkeit der PMR-Führung, zur Wahrung ihres Besitzstandes Gewalt einzusetzen, wie in den 90er Jahren geschehen. Der bis heute zumindest potenziell bestehende militärische Rückhalt seitens der Armee und aus dem Verteidigungsministerium in Moskau wird im politischen Bereich ergänzt durch andauernde Rückenstärkung vor allem seitens der Staatsduma, der Kommunistischen Partei der Russischen Föderation und der Stadt Moskau.

Auf diesem Hintergrund mit der russischen Rückendeckung lassen sich zusammenfassend in der über 15-jährigen Geschichte der PMR vier wesentliche Komponenten erkennen:

---

[5] Siehe *Vladimir Solonari, Vladimir Bruter*, Russians in Moldova, New York/London 1994, S. 72–90.

- Das Streben nach geopolitisch und sprachlich-kulturell abgestützter „transnistrischer Nationsbildung" im Sinne der oben erwähnten „Tiraspoler Orientierung" und unter Wahrung des „großrussischen Erbes".
- Ein sehr selektives regionalistisches Geschichtsbild, das sich auf eine kombiniert sowjetisch-großrussische Geschichtspolitik stützt, wenn diese auch große faktische Diskontinuitäten aufweist.
- Als dritte Komponente in der Geschichtspolitik Transnistriens ist die Fokussierung auf die siegreichen Gründerjahre der PMR 1990–1992 zu nennen sowie nicht zuletzt der Personenkult um den ersten und bis heute amtierenden PMR-Präsidenten *Igor Smirnow*, der nach übereinstimmenden Berichten ebenso wie mindestens 100 000 seiner Mitbürger den Pass der Russischen Föderation besitzt.[6]
- Das Transnistrien-Problem beeinflusst alle innen- und außenpolitischen Entwicklungen der postsowjetischen Republik Moldau, auf die in den entsprechenden Kapiteln näher eingegangen wird.

Im Kern sei bereits festgehalten: Zum einen verweigert das *Smirnow*-Regime im Innern rechtsstaatlichen Normen die Geltung. Zum andern unterläuft es außenpolitisch bisher faktisch sämtliche Initiativen der internationalen Vermittler zur Überwindung der Spaltung des Landes – ungeachtet einiger Deklarationen zu einer Verhandlungslösung, da es mit dem Status quo seine Machtbasis sichert. Offensichtlich liegt dessen Fortbestand auch im Interesse eines einflussreichen Teils der politischen Elite in Moskau, auch wenn im Frühjahr 2007 direkte Kontakte zwischen dem russischen und dem moldauischen Präsidenten ohne Beteiligung der anderen Partner bekannt wurden.

2. Politisch-institutionelle Entwicklungen und gegenwärtige Lage

2.1 Wechselnde Präsidentschaften mit verschiedenen Orientierungen

1990/91–1996: Ära Snegur als Präsidialregime

Wie in der historischen Einführung angedeutet, erlangte die Republik Moldau ihre staatliche Souveränität im Kontext des Zerfalls der UdSSR in raschen Schritten, ge-

---

[6] Siehe die Berichte in der Süddeutschen Zeitung vom 10.09.2003 und in der Frankfurter Allgemeinen Zeitung vom 30.12.2003 und 17.01.2004 sowie den Bericht in „Le Figaro" vom 27/28.09.2003, S. 5.

tragen von einer breiten nationalen Bewegung aller Rumänischsprachigen. Im Dezember 1991 wurde *Mircea Snegur*, ehemaliger Sekretär der KP Moldaus (KPM) und amtierender Parlamentspräsident, mit über 98 Prozent der Stimmen zum ersten Staatspräsidenten der Republik Moldau gewählt. Sein Streben nach größerer Unabhängigkeit von der Russischen Föderation als Rechtsnachfolger der Sowjetunion und nach Annäherung an Rumänien spiegelten die seinerzeit entstandenen Kräfteverhältnisse zugunsten der Bukarester Orientierung wider.[7] Von Mitte 1991 bis 1994 war die Kommunistische Partei in Moldau verboten. In innenpolitisch turbulenter Zeit wechselte Präsident *Snegur* seine Orientierung und errang mit der „Agrarier Partei" bei den Parlamentswahlen im Februar 1994 die absolute Mehrheit der Mandate. In dem für Moldau wichtigsten Transformationsjahr 1994 wurde die seit Jahren vorbereitete und kontrovers diskutierte Verfassung vom neugewählten Parlament mit vier Fünftel Mehrheit angenommen; sie trat am 27. August, seitdem nationaler Feiertag, in Kraft. Der erreichte Kompromiss kann als „präsidial-parlamentarisches Mischsystem"[8] klassifiziert werden. In der Folgezeit zeigte sich, dass der ausführliche Text ein nicht eindeutig geordnetes Gefüge von Institutionen geschaffen hatte, insbesondere bezüglich der Rollenzuordnung der obersten Verfassungsorgane. Kennzeichnend für die Zeit bis zu den Ende 1996 stattfindenden Präsidentschaftswahlen war ein konfliktreiches Zusammenleben, bei dem sich Präsident und Regierung zunehmend unversöhnlich gegenüberstanden. Während dieser Zeit distanzierte sich der Staatspräsident zunehmend von der Regierungspolitik und bemühte sich gleichzeitig ebenso hartnäckig wie erfolglos um eine Ausweitung seiner Machposition.

1996/97–2001:
Zwischenära Lucinschi als parlamentarisch-präsidiales Mischsystem

Aufgrund der persönlich-politischen Verwerfungen innerhalb der Führungselite fanden die ersten – und letzten – direkten Präsidentschaftswahlen Moldaus zwischen den bekanntesten Politikern in der post-sowjetischen Republik Moldau im Dezember 1996 statt. Im ersten Wahlgang erreichte der amtierende Präsident *Snegur* die Spitzenposition, gefolgt vom Parlamentspräsident *Petru Lucinschi* (jetzt parteilos) und dem Vorsitzenden der neu gegründeten Kommunistische Partei, *Wladimir Woronin*. Die anschließende Stichwahl zwischen den beiden Erstplazierten gewann *Lucinschi* mit 54 Prozent vor dem Amtsinhaber mit 46 Prozent bei einer fünf Prozent

---

[7] Siehe *Steven D. Roper*, Moldova: The Economy, World Values Survey, London 2002, S. 251; *Igor Botan*, Die Republik Moldau zwischen Transformation und Status quo, in: Friedrich-Ebert-Stiftung, Dokumentation der Moldau-Konferenz 2001, S. 46–56.
[8] Siehe die ausführliche Verfassungsanalyse von *Klemens Büscher*, a.a.O., 2003, S. 3, und die Beiträge moldauischer und auswärtiger Experten auf der Moldau-Konferenz der der Friedrich-Ebert-Stiftung im Jahre 2001; der Verfassungstext ist im Internet zu finden unter: www.e-democracy.md/en/legislation.

höheren Wahlbeteiligung. Kernanliegen des neuen Präsidenten war es, nach der Phase der Konfrontation einen neuen Konsens zwischen den obersten Staatsorganen zu finden. *Lucinschi* musste bereits bei der Bildung der neuen Regierung die im Verfassungstext beschriebene Begrenzung der präsidialen Macht auch in der Praxis erfahren. Im Gefolge der Parlamentswahlen von 1998 ergab sich zunächst eine relativ hohe Übereinstimmung von Präsident, Regierung und Parlamentsmehrheit. Der danach eintretende Verfall dieser Mehrheit im Parlament ließ die alle obersten Staatsorgane umfassende Mitte-Rechts-Koalition rasch auseinanderbrechen. Präsident *Lucinschi* amtierte in ständigem Konflikt mit der ihm politisch verbundenen, aber in sich zerstrittenen Parlamentsmehrheit um die institutionelle Führungsrolle und kündigte im Sommer 2000 seinen vorzeitigen Rücktritt an.[9] Angesichts der anhaltenden Pattsituation erreichte im Dezember 2000 keiner der Kandidaten die geforderte Drei-Fünftel-Mehrheit im damaligen Parlament. Der amtierende Staatspräsident löste verfassungskonform das Parlament auf und setzte für Mitte Februar 2001 vorzeitige Neuwahlen an.

2001–2005: Ein-Parteien-Regime der KP Moldaus in der Ära Woronin

Im Parlament gewannen die Kommunisten seit Februar 2001 durch – auch nach Einschätzung unabhängiger Wahlbeobachter – relativ demokratisch durchgeführte Wahlen eine Zwei-Drittel-Mehrheit. Im April des gleichen Jahres wählte das von ihnen dominierte Parlament wie erwartet ihren Vorsitzenden *Woronin* zum Staatspräsidenten. Die Regierungspolitik war so vom Wahlprogramm der KP vorbestimmt, auch wenn – taktisch geschickt – der parteilose und politisch unerfahrene Geschäftsmann *Vasile Tarlev* zum Ministerpräsidenten berufen wurde. Alle wichtigen Entscheidungen behielt sich Präsident *Woronin* persönlich vor. Die totale Dominanz der KPM in den drei Hauptorganen des Staates, der in postsowjetischen Systemen auch in Wirtschaft, Gesellschaft und in den Medien aktiv präsent ist, führte 2002/2003 in Form von über Wochen anhaltenden Protesten zu bisher unbekannter außerparlamentarischer Opposition. Die parlamentarische Opposition, schon quantitativ weit abgeschlagen, schwächte sich zusätzlich durch eigene Fehlleistungen wie Korruptionsanfälligkeit und wiederholte Personalquerelen. So schlug die Stunde der Zivilgesellschaft, die schon in der Gründerzeit in Form kultureller Bürgerbewegungen und vielfältiger Nicht-Regierungs-Organisationen präsent war. Zum Auslöser der verbreiteten Proteste wurde eine Bildungsreform, die Russisch zum Pflichtfach an allen Schulen und zur zweiten Staatssprache machen wollte. Nach Massenprotesten und Demonstrationen in der Hauptstadt wurde diese Reform jedoch zurückgezogen.

---

[9] Siehe *Steven D. Roper*, a.a.O., S. 266 und den Bericht des Europäischen Parlaments zu den Entwicklungen in Moldau, Brüssel 2004.

Darüber hinaus kritisierten die Demonstranten die jetzt auch in vielen Kommunen regierenden Kommunisten, „die kulturellen Bindungen mit dem sprachlich und politisch eng verbundenen Nachbarn Rumänien zu vernachlässigen und sich zu stark an Russland anzunähern".[10] So wiederholte sich der Sprachenstreit aus den frühen 90er Jahren zwischen dem Rumänischen und dem Russischen, hinter dem auch die Auseinandersetzung um die politische Orientierung an Rumänien oder an Russland steht, allerdings unter umgekehrten Kräfteverhältnissen: Jetzt war das Russische in der Offensive und das Rumänische in der politischen Defensive. Zusammenfassend kann die erste Amtszeit von *Woronin* bis 2005 folgendermaßen charakterisiert werden: Die Machtübernahme des KP-Vorsitzenden hat zwar die Konfrontation zwischen den obersten Verfassungsorganen beendet, zugleich jedoch eine Verschärfung der Konflikte innerhalb der politischen Eliten und in der moldauischen Zivilgesellschaft ausgelöst. Wie in der Gründerzeit spielten nach fast 15 Jahren politischer Transformation die ethnisch-sprachlich-kulturellen Konflikte eine herausragende Rolle, die mit unterschiedlichen politischen Orientierungen verbunden sind.

Neue Konsenssuche in der 2. Amtszeit von Präsident Woronin seit 2005

Die Parlamentswahlen vom März 2005 wurden von internationalen Beobachtern als größtenteils den internationalen Standards entsprechend bewertet, auch wenn die staatlichen Medien massiv die regierenden Kommunisten unterstützten. Die KPM wurde erneut zur stärksten politischen Fraktion (56 von 101 Sitzen) gewählt, allerdings bei Verlust ihrer vorherigen Zwei-Drittel-Mehrheit.[11] Deshalb suchte der amtierende Präsident vor seiner Wiederwahl einen Konsens mit den beiden anderen im Parlament gestärkten Parteien. Dabei wurde weniger Übereinstimmung in den kontrovers gebliebenen wirtschaftlich-sozialen Fragen gefunden als vielmehr in Bezug auf Transnistrien als dem innenpolitischen Kernproblem, mit direkten Wirkungen auf die Außenpolitik.

Mit Blick auf die gegenwärtige politisch-institutionelle Lage bleibt festzuhalten, dass durch die pragmatische Haltung der führenden Parteipolitiker Kompromisse in vorher umstrittenen Fragen wie dem Verfahren zur Wahl des Staatspräsidenten gefunden wurden. Dieser kooperative Grundkonsens zeigt sich vor allem auch in den Beziehungen zur Europäischen Union, die nach Inkrafttreten des Aktionsplanes 2005 im Rahmen der neuen Europäischen Nachbarschafts-Politik (ENP) konkreter geworden sind und in denen die politische Klasse der Republik Moldau (abzüglich Transnistrien) so geeint wie möglich auftreten will.

---

[10] *Klemens Büscher*, 2003, a.a.O., S. 12 und *Claus Neukirch*, Moldau und Europa: Mehr als eine Nachbarschaft?, in: Südosteuropa Mitteilungen 4–5/2003, S. 23.
[11] Siehe die *OSZE*-Bewertung, zusammengefasst im Bericht des Europäischen Parlaments vom August 2005; vgl. auch *Economist Intelligence Unit*, Country Profile Moldova 2006.

2.2 Gegenwärtige innenpolitische Situation – vor allem hinsichtlich Transnistrien

Die moldauische Zentralregierung bestand unabhängig von ihrer Zusammensetzung bis 2003 auf dem Grundsatz eines unteilbaren Staates, in dem der östlichen Region Transnistrien „substantielle Kompetenzen und ein Autonomiestatus im Rahmen der bestehenden Verfassung" eingeräumt wurden, dessen Einzelheiten freilich offen blieben.[12] Mitte 2003 setzte sich Präsident *Woronin* dagegen für die Ausarbeitung einer neuen, gemeinsamen Verfassung und für eine asymmetrische Föderation ein. Die Positionen auf Seiten der moldauischen Titularnation divergierten auch in wichtigen Einzelheiten entlang der historisch entstandenen Orientierungen. Die kommunistische Führung um Präsident *Woronin* signalisierte deutlich größere Kompromissbereitschaft als die Vorgängerregierungen und hatte sich den Positionen Russlands angenähert. Ihr Dilemma zeigte sich im Verhalten des Staatspräsidenten selbst, als er zunächst den russischen *Kosak*-Plan vom Herbst 2003 befürwortete, diesen aber nach heftigen Protesten in Chisinau einen Tag vor der gemeinsamen Unterzeichnung mit dem russischen Präsidenten *Putin* ablehnte. Danach bemühten sich Präsident und Regierung Moldaus einerseits mit immer neuen Varianten, den Verhandlungsprozess am Laufen zu halten, andererseits mussten sie die kompromisslosen Positionen seitens der Machthaber in Transnistrien verärgert zur Kenntnis nehmen.

Die Führung Transnistriens hatte im Moskauer Memorandum vom 8.5.1997 der Schaffung eines gemeinsamen Staates im Rahmen der Grenzen der MSSR vom 1.1.1990 zugestimmt, wobei dieser jedoch als „Konföderation zweier gleichberechtigter Subjekte auf vertraglicher Basis" verstanden wurde. Dabei verwies die PRM-Führung auf europäische Beispiele wie den „belgischen Föderalstaat".[13] Hierbei war ihr sehr wohl bewusst: Der Wunsch nach voller Gleichberechtigung kann von keiner demokratisch gewählten Regierung in Chisinau akzeptiert werden, und dies allein schon wegen der Tatsache, dass Moldau nahezu achtmal so viele Einwohner zählt wie Transnistrien. So gesehen verbirgt sich in Tiraspol hinter der Fassade diplomatischer Verhandlungsbereitschaft der eigentliche Wunsch nach Eigenstaatlichkeit und nach Einbeziehung in eine nicht näher erläuterte „All-Russische Union". Zu dieser Vision der russischsprachigen Führung im industriellen Zentrum Tiraspol gehört ihr historisch-kulturelles Überlegenheitsgefühl gegenüber dem ländlich geprägten Bessarabien. So konnten die Machthaber um *Smirnow* die um Ausgleich bemühten Kräfte in Transnistrien, die meist ethnische Moldauer waren, ausschalten und seither den Status quo erhalten, der ihnen weiter einträgliche Aktivitäten wie Frauen-, Kinder- und Waffenhandel ermöglicht.

---

[12] Vgl. die Zitate bei *Stefan Troebst*, 2003, a.a.O.
[13] So der „außenpolitische Sprecher Transnistriens", *Valerii Litskai*, Statement auf der Moldau-Konferenz der Friedrich-Ebert-Stiftung, Hamburg 2001, Dokumentation S. 74.

Die Kontakte zwischen den beiden inneren Akteuren bleiben bis in die Gegenwart (Juni 2007) festgefahren. Trotz mannigfacher Bemühungen in den vergangenen Jahren bleiben die Transnistrien-Verhandlungen ohne Ergebnis, sowohl zwischen den beiden innenpolitischen Kontrahenten als auch in der Konstellation mit Russland, der Ukraine und der OSZE. Deren Anstrengungen und diejenigen der EU werden im Kapitel der auswärtigen Akteure zu analysieren sein. Die technisch ausgefeilten Verfassungsvorschläge für ein „wiedervereinigtes Moldau" (in der gewisse Anlehnungen auch an den Wiedervereinigungsprozess in Deutschland von 1989/90 zu finden sind) mussten vor allem deshalb scheitern, weil die beiden Hauptakteure in Moldau von prinzipiell unterschiedlichen Verfassungsprinzipien ausgehen und weil die Führung Transnistriens in Tiraspol letztlich eine „Wiedervereinigung" nicht will. In Chisinau glaubt die kommunistische Führung offenkundig weiterhin an einen Akt internationaler Solidarität der beteiligten Führungspersonen, wobei sie wohl zweierlei übersieht bzw. unterschätzt: Im Kreml herrscht unter der Präsidentschaft *Putins* keine kommunistische Führung, die in alter internationaler Solidarität für die verbliebenen bzw. wiedergekehrten kommunistischen Führungen in Staaten wie Moldau eintreten könnte. In Tiraspol ist auch keine kommunistische Führung an der Macht, sondern ein Klan wirtschaftlicher Profiteure und populistisch-nationalistischer Akteure, die an die Wiedererstehung eines sowjetischen Reiches bzw. an eine Schaffung einer „All-Russischen-panslawischen Union" zu glauben vorgeben.

Beide Faktoren trugen bisher dazu bei, dass keine interne Lösung des Transnistrienproblems in Moldau gefunden werden konnte. In diesem Kontext wurde Transnistrien von manchen Beobachtern als „das Kaliningrad am Schwarzen Meer"[14] bezeichnet, was eine institutionelle Einbindung in die Russische Föderation implizieren würde. Wahrscheinlicher scheint eine multilaterale Verhandlungslösung, in deren Gefolge neben Russland die EU als seit 2007 direkt betroffener Nachbar eine aktive Rolle zu übernehmen hat.

2.3 Politisch-institutionelles Fazit

Zu den Erfolgen der moldauischen Nachwendeentwicklung gehört die im Vergleich zu anderen postsowjetischen Republiken konsolidierte Verfassungsordnung, die nach kontroverser Debatte mit großer Mehrheit beschlossen wurde und internationalen Standards entspricht. In diesem jetzt parlamentarisch-präsidialen Mischsystem hat bereits dreimal ein friedlicher Wechsel der Politikeliten stattgefunden. Nach dem überwältigenden Wahlerfolg der Kommunisten 2001 und angesichts des Regierens im Konsens seit 2005 hat sich eine Zivilgesellschaft entwickelt, die eine demokratische Opposition, insbesondere im außerparlamentarischen Raum, am Leben erhält.

---

[14] Vgl. den Artikel von *Daniel Vernet* in Le Monde vom 28.02.2004.

Die politisch-institutionellen Defizite liegen in mangelnder Rechtskultur und Rechtsstaatlichkeit sowie in unzureichender Wirksamkeit und Professionalität der Akteure. Die gegenwärtige Situation ist darüber hinaus durch Widersprüche gekennzeichnet: Einerseits gibt es einen seit 1995 tatsächlich unabhängig tätigen Verfassungsgerichtshof, in dem je zwei vom Parlament, von der Regierung und vom „Obersten Rat der Richterschaft" benannte Richter zusammenwirken. Andererseits wird die Unabhängigkeit und Funktionsfähigkeit des gesamten Gerichtssystems in der Republik Moldau dadurch in Frage gestellt, dass der Staatspräsident jede Richterernennung bestätigen muss, also letztlich entscheiden kann.

Die widersprüchliche Bilanz zeigt sich auch darin, dass in Moldau – wie in anderen Ländern – die Justizreform und die Unabhängigkeit der Richter nicht nur durch Gesetze und Verordnungen zu erreichen sind, sondern auch Transformationen der Verhaltens- und Denkweisen sowie ständige Weiterbildung der beteiligten Akteure erfordern. Erst auf Druck von internationalen Institutionen, namentlich vom Europarat in Straßburg, werden Missstände wie in der weiter vom Präsidialregime gelenkten Medienlandschaft aufgegriffen und Reformen zumindest formal eingeleitet. Widersprüchlichkeit zeigt sich auch darin, dass einerseits die territoriale Souveränität in den Grenzen von 1991 proklamiert wird, andererseits der moldauische Staat für ein gutes Zehntel seines Territoriums und für ein knappes Fünftel seiner Bevölkerung seine Souveränität nicht umsetzen kann. Die im Mai 2007 abgehaltenen Kommunalwahlen mit Ausnahme des transnistrischen Territoriums sind ein aktueller Beleg dafür.

3. Sozio-ökonomische Entwicklungen im postsowjetischen Moldau

3.1 Hauptetappen der Wirtschaftspolitik seit 1991

In einem kurzen Überblick sind drei Etappen erkennbar und lassen sich wie folgt charakterisieren:

Erstens: Die Reformphase mit über 400 Gesetzen, insbesondere zur Einführung einer vom Rubel abgekoppelten Währung mit eigener Nationalbank, zur Privatisierung des Bodens und zur Aufnahme in die Welt-Handels-Organisation, die den Eindruck vermittelten, dass die Reformen greifen. Obgleich Moldau damit formal über den marktwirtschaftlichen Status verfügt, mangelt es bis heute an eigenständigen Banken, einer Börse und anderen unabhängigen Finanzinstituten.

Zweitens: Ab 1997/98 Stagnation und dramatische Verschlechterung der wirtschaftlichen Indikatoren, insbesondere in Form einer Halbierung der Exporte, einer Abwertung der Währung um 50 Prozent und eines Anstiegs der Außenverschuldung um 100 Prozent. Verstärkt wurden diese negativen Entwicklungen durch die Finanzkrise insbesondere in Russland sowie als Folge innerer Auseinandersetzungen.

Drittens: Seit 2001 eine Art Gegenreformation mit der Übernahme staatlicher Macht durch die KP in nahezu allen wichtigen Schaltstellen in der Politik und mit deutlicher Ausdehnung bzw. Wiedergewinnung staatlicher Beteiligung in der Wirtschaft.

Viertens: Die anhaltende Phase der Rücknahme von marktwirtschaftlichen Reformen seit der Jahrhundertwende, um mit staatlich geförderter Wachstumspolitik vor allem der wachsenden Armut entgegen zu treten.

Zwar waren seit 2001 spektakuläre Wachstumsraten zu verzeichnen, mit durchschnittlich ca. 7 Prozent vor allem dank der steigenden Binnennachfrage aus den Überweisungen der Emigranten. Das konnte freilich nichts daran ändern, dass Moldau auch weiterhin das niedrigste Pro-Kopf-Einkommen Europas aufweist. Daher bleiben die internationalen Finanzinstitutionen in ihrer Gesamteinschätzung der wirtschaftlichen Entwicklung Moldaus und seiner Perspektiven skeptisch,[15] da es eine Reihe struktureller Probleme gab und gibt, die im Folgenden knapp analysiert werden.

3.2 Sozio-ökonomische Hauptprobleme

Die geografische Lage ohne Zugang zum Schwarzen Meer, die Klimaabhängigkeit einer überwiegend agrarisch geprägten Wirtschaft, das Fehlen eines einheitlichen Rechts- und Wirtschaftsraumes seit dem Transnistrienkrieg und die wachsende Abhängigkeit von russischen Energieträgern – all dies sind ungünstige Ausgangsbedingungen. Darüber hinaus sinkt die Bevölkerung Moldaus seit der Wendezeit auf beiden Seiten des Dnjestr/Nistru: Der natürliche Bevölkerungszuwachs von etwa 11 Prozent in den 80er Jahren ist auf 0,3 Prozent im Jahre 2000 drastisch zurückgegangen. Die wirtschaftliche Dimension des demografischen Rückgangs wird dadurch verschärft, dass die Erwerbsquote gesunken, die Inflation auf hohem Niveau verblieben und die Verarmung in der Gesellschaft dramatisch gestiegen ist.

Beigetragen hierzu hat die wachsende Emigration in das Ausland, die inzwischen auf rund eine Million moldauischer Bürger geschätzt wird, also fast die Hälfte der Bevölkerung im erwerbsfähigen Alter ausmacht. Dies betrifft insbesondere höher qualifizierte Berufstätige wie Ingenieure oder medizinisches Fachpersonal. Trotz der fatalen sozialen Folgen für viele Kinder, die ohne ihre im Ausland tätigen Eltern aufwachsen müssen, sind bisher keine wirksame Maßnahmen zur Eindämmung der Massenemigration seitens der Regierenden ergriffen worden, da diese offenkundig

---

[15] Siehe die Berichte des IWF, der EBWE und der EU, zusammengefasst in: Commission of the European Communities, Economic Review of ENP countries, Brüssel 2006, sowie der Bericht in der FAZ vom 17.01.2004; siehe auch FES-Mitteilungen, 1/2004, S. 48.

an den finanziellen Rücküberweisungen der meist illegalen Emigranten in ihr Heimatland interessiert sind. Denn diese sind inzwischen zur wichtigsten Deviseneinnahmequelle der Republik Moldau geworden.

Zusätzlich zu den Geldüberweisungen (geschätzte 800 Millionen Euro im Jahre 2005) profitiert der moldauische Finanzminister von den Zolleinnahmen, die durch die erhöhte Nachfrage nach Konsumgütern anfallen. Darüber hinaus begünstigt die Massenemigration informelle Netzwerke von Menschenhandel (vor allem von jungen Frauen und Kindern), Schattenwirtschaft und Korruption.[16]

Wichtigster Wirtschaftszweig (gegenwärtig 40 Prozent der erwerbstätigen Bevölkerung) bleibt eine traditionelle Landwirtschaft insbesondere in den Bereichen Wein, Obst, Gemüse, Rüben und Tabak; deren Ausrüstungen und Arbeitsmethoden wurden bisher nur unzureichend modernisiert. So bleibt das Image eines mit fruchtbarem Boden versehenen, freilich rückständigen Agrarlandes, was dem Bild des alten Bessarabien, also Moldau ohne Transnistrien entspricht. Der bisher überwiegend auf Russland ausgerichtete Agrarexport wurde Ende 2005/Anfang 2006 durch den russischen Boykott von Wein, Gemüse und Früchten aus Moldau empfindlich beeinträchtigt. Importe aus Transnistrien waren vom Boykott nicht betroffen. Der Charakter einer politisch motivierten Strafaktion wurde dadurch bestätigt, dass Russland Ende November 2006 am Rande eines GUS-Gipfels genauso willkürlich den Boykott wegen angeblicher Verletzung von Hygienevorschriften wieder aufhob, wie er vorher oktroyiert worden war.

Die Industrie des rohstoffarmen Landes verarbeitet die landwirtschaftlichen Erzeugnisse und stellt Landmaschinen, Konservendosen und Weinflaschen her. Deren Anlagen sind in beiden Landesteilen veraltet, in einigen Unternehmen selbst nach Angaben staatlicher Stellen zerstört oder verrottet. Der in den meisten europäischen Ländern stark gewachsene Dienstleistungssektor ist in Moldau weiterhin schwach vertreten. Im Wesentlichen gibt es dort öffentliche Dienstleistungen nur in Form der staatlichen Verwaltungen auf nationaler und lokaler Ebene. Infolge dieser Prozesse hat sich die soziale Belastung für die zurückgehende Zahl der Erwerbstätigen verschärft.

Mehr als die Hälfte des Außenhandels machen traditionell die Agrarprodukte aus. Dessen Exportsteigerung in die EU wird allerdings dadurch erschwert, dass sie (noch) nicht den europäischen Standards, insbesondere bei der Lebensmittelsicherheit, entsprechen. Die wichtigsten Außenhandelspartner waren nach der Unabhängigkeit die Länder der ehemaligen Sowjetunion, vor allem die Russische Föderation.

---

[16] Bericht des Europäischen Parlaments zur wirtschaftlichen und sozialen Lage Moldaus, Brüssel, Oktober 2005; siehe auch die Berichte in Die Zeit vom 03.03.2005 und in der Frankfurter Rundschau vom 05.01.2007.

Seit 2005 ist die EU zum größten Handelspartner für Moldau geworden, gefolgt von Russland und der Ukraine.

Die hochgradige Abhängigkeit von russischen Energieträgern gehört zu den strukturellen Hauptproblemen der Republik Moldau inklusive Transnistrien: Nahezu 100 Prozent des in ganz Moldau benötigten Gases, Benzins und Rohöls sowie zwei Drittel des Diesels und ein Drittel der Kohle werden aus Russland importiert. Diese Rohstoffabhängigkeit trägt zur ständig wachsenden Staatsverschuldung bei. Hinzu kommt, dass mehr als 70 Prozent des eigenen Strombedarfs von einem Kraftwerk geliefert werden, das unter der Regie russischer Konzerne in Transnistrien liegt. Die 2006 erfolgte enorme Erhöhung des Gaspreises seitens des von der russischen Regierung gelenkten Energiekonzerns Gazprom hat Moldau an den Rand des Staatsbankrotts gebracht, der nur nach zügigen Makrofinanzhilfen seitens der EU und anderer internationaler Institutionen abgewendet wurde.

Die zunehmenden Staatsschulden drohten bereits vorher einen Wirtschaftskollaps der Republik Moldau herbeizuführen: Die finanziellen Verpflichtungen gegenüber ausländischen Gläubigern beliefen sich auf ca. 1,5 Milliarden Euro. Seit 2002 dienen die neuen Außenanleihen nur noch zur Aufbringung der Kreditzinsen und zur Schuldentilgung. Weitere Folgen des drohenden Staatsbankrotts sind die trotz einiger Verbesserungen weiterhin eklatanten Defizite im Bildungswesen und in der Gesundheitsversorgung der Bevölkerung.[17]

3.3 Wirtschaftlich-soziales Fazit

Die Republik Moldau ist mit und ohne Transnistrien zum „Armenhaus Europas" geworden: Das BIP pro Kopf beträgt in beiden Teilen gegenwärtig weniger als 2 Prozent des EU-Durchschnitts. Das durchschnittliche Pro-Kopf-Einkommen sank unter 50 Euro pro Monat und deckt damit in Moldau etwa 60 Prozent des Existenzminimums. Rentner und Invaliden erhalten noch weniger. Seit 2002 hat die Republik Moldau den erwähnten, wenig attraktiven Titel von Albanien übernommen. Die Republik Moldau wie Transnistrien sind ökonomisch hochgradig von Russland abhängig, vor allem durch die de facto hundertprozentige Energieabhängigkeit. Die wirtschaftliche Abhängigkeit von Russland zeigt sich auch darin, dass das faktisch abtrünnige, völkerrechtlich von Moldau vertretene Transnistrien enorme Schulden bei dem russischen Erdgaskonzern Gazprom hat.

---

[17] Siehe den Bericht und die Empfehlung Nummer 1605 der Parlamentarischen Versammlung des Europarates, Straßburg, Mai 2003; den Bericht „In Moldova Gefahr einer Hungersnot" in der Frankfurter Allgemeinen Zeitung vom 21.07.2003, S. 9, sowie die ausführliche Analyse mit detaillierten Statistiken in: Economist Intelligence Unit, Country Profile Moldova, London 2006.

Die meisten wirtschaftlichen und sozialen Indikatoren erklären die vergleichsweise sehr geringe Bereitschaft zu ausländischen Direktinvestitionen in Moldau, wenn man von den Investitionen russischer Großkonzerne absieht.

Die ökonomische Dominanz Russlands auch bei den Direktinvestitionen komplettiert die bereits bestehende politische Abhängigkeit, vor allem bei der Lösung des Kernproblems Transnistrien, in dem rund 40 Prozent der industriellen Produktion konzentriert sind. Der andauernde Transnistrien-Konflikt hat auch negative Auswirkungen auf die wirtschaftliche Entwicklung insbesondere als Bremse für Auslandsinvestitionen. Beispielsweise gibt es weder ein einheitliches nationales Zollsystem noch eine Mobiltelefonvernetzung zwischen Chisinau und Tiraspol.

Unter den nach den Beitritten Rumäniens und Bulgariens über 500 Mill. Verbrauchern der EU mit wachsender Kaufkraft gibt es vermutlich eine steigende Nachfrage im südosteuropäischen Raum nach qualitativ guten, gesundheitlich unschädlichen und gleichzeitig preiswerten Produkten sowohl in der gesamten Lebensmittelversorgung als auch in der Holzverarbeitung und in den Textil-, Leder- und Schuhproduktionen. Die Exportchancen Moldaus sind in der Produktion und in der Veredelung all dieser Produkte im täglichen Leben der EU-Bürger deshalb gegeben, weil das Land auf absehbare Zeit über billige Arbeitskräfte verfügt. Freilich bleiben die Widersprüchlichkeiten mit der dramatisch angestiegenen Arbeitsemigration, der einseitigen Abhängigkeit von anfälliger und weitgehend veralteter Landwirtschaft und nicht zuletzt der Energieabhängigkeit von Russland.

4. Außenpolitische Orientierungen, bilaterale Präferenzen und die Beziehungen zu multilateralen Institutionen

4.1 Wechselnde Orientierungen in der Außenpolitik

Die Republik Moldau verfügte zum Zeitpunkt der Erlangung ihrer Unabhängigkeit weder über außenpolitische Erfahrungen noch über entsprechende organisatorische Strukturen. Vielmehr bestand die große Herausforderung des jungen Staates darin, zugleich außenpolitische Konzeptionen auszuarbeiten und personell-institutionelle Fundamente einer moldauischen Diplomatie aufzubauen. Hinzu kam 1991/92, dass beides während des gewaltsamen Konflikts mit dem abtrünnigen Transnistrien in politischer und in wirtschaftlicher Krise geschehen musste.

Die Frühphase der Außenpolitik war geprägt durch die Anstrengungen um internationale Anerkennung; diese wurde auch durch die Aufnahme in die UNO und in die OSZE erreicht, und zwar in den Grenzen der MSSR (also inklusive Transnistrien). In der Folgezeit trat das Land in der **Ära *Snegur*** (1991–96) weiteren internationalen Institutionen und Konventionen bei und nahm mit über 100 Staaten diplomatische

Beziehungen auf. Als erster GUS-Staat wurde Moldau im Juni 1995 Mitglied des Europarates, der damit die Fortschritte auf dem Wege der Demokratisierung und zum Rechtsstaat honorieren wollte. Diese äußeren Erfolge konnten freilich die inneren Konflikte zwischen den drei fundamental unterschiedlichen Orientierungen oft nur vorübergehend überdecken. Die in der Gründerzeit sehr starken Anhänger der „Bukarester Linie", auch „Unionisten" genannt, verloren zwar nach ihrer Niederlage beim Referendum 1994 an Einfluss, aber ihr Weiterwirken zeigte sich beispielsweise darin, dass der vom Präsidenten unterzeichnete Beitritt zur GUS von der parlamentarischen Mehrheit über mehrere Jahre nicht ratifiziert wurde.

In der **Zwischenära *Lucinschi* (1997–2001)** hatten die Anhänger der Chisinauer Orientierung die Mehrheit im Parlament, das jetzt auch über die außenpolitische Prioritäten entschieden. Ausgehend vom „Neutralitätsgebot" der Verfassung bemühten sie sich um einen Ausgleich zwischen dem Auf- und Ausbau partnerschaftlicher Beziehungen mit dem Westen und der (Wieder-)Belebung freundschaftlicher Beziehungen mit dem Osten, vor allem mit Russland. Unter Präsident *Lucinschi* wurde die seit 1994 eingegangene „Partnerschaft für den Frieden" weiterverfolgt, aber ein Beitritt zur NATO strikt ausgeschlossen, um jede Provokation Moskaus zu vermeiden. Diese Doppelstrategie brachte zwar auf der Ebene diplomatischer Erklärungen einige Erfolge, insbesondere die 1999 erreichte Zusage Russlands zum vollständigen Truppenabzug; in der Praxis trug sie jedoch zur Indifferenz bei den Hauptakteuren bei und damit zur Fortführung des Status quo.[18]

In der durch den Erdrutschsieg bei den Parlamentswahlen Anfang 2001 begonnenen **„Ära *Woronin*"** wurde einerseits weiter am langfristigen Ziel einer „Integration in die europäische Familie" festgehalten, andererseits hatte im Wahlprogramm das „Streben eines gleichzeitigen Anschlusses zur Union mit Russland und Weißrussland" Priorität. Auch wenn letzteres Projekt später unaktuell geworden ist, gibt es in Moldau über den östlichen Landesteil hinaus immer wieder Anstrengungen vielerlei Art, gute Beziehungen zu allen GUS-Ländern zu unterhalten, vor allem aus den geschilderten Abhängigkeiten zu Russland. Nach der Enttäuschung über die stark Tiraspol-freundliche Position Russlands in den gescheiterten Transnistrien-Verhandlungen 2002/03 ist die moldauische Regierung wieder stärker auf die „europäische Option" eingegangen. Im Parlament wurde ein „Ausschuss für die europäische Integration" eingerichtet. Die Regierung setzte eine ressortübergreifende Kommission für die gesamte Europapolitik ein, vor allem um die Implementierung des Aktionsplans im Rahmen der Europäischen Nachbarschafts-Politik mit der EU zu koordinieren. Europakonzepte sind in 31 Kapitel gegliedert, als ob Verhandlungen zur Erfüllung der Kopenhagener Kriterien anstehen würden. In neuester Zeit stehen hierzu jedoch im Widerspruch Verlautbarungen des Präsidenten und namentlich seines einflussreichen Präsidialamts, die im Sinne einer Gleichrangigkeit von West- und Ostorientierung zu verstehen sind.

---

[18] Siehe *Klemens Büscher*, 2003, a.a.O., S. 33.

4.2 Bilaterale Beziehungen

Russland stand und steht vor allem aus wirtschaftlichen Gründen im Mittelpunkt der bilateralen Beziehungen Moldaus. Im November 2001 wurde der moldauisch-russische Freundschaftsvertrag ratifiziert, der unter anderem einen rechtlichen Sonderstatus für die russische Sprache vorsieht. Wegen des Protests der rumänischsprachigen Mehrheit wurde Russisch dennoch nicht als Pflichtfach eingeführt (s. Kapitel 1). Die politische Präferenz wurde dadurch beflügelt, dass in Russland nicht nur nationalistisch-populistische Kräfte, sondern auch liberal-demokratische Politiker wie der damalige Außenminister *Andrej Kosyrew* schon 1993 offiziell erklärten, dass „die ehemaligen Sowjetrepubliken auch nach ihren Unabhängigkeitserklärungen weiterhin zur Einflusszone Russlands gehören"[19]. Im Spätjahr 2003 legte *Dimitrij Kosak*, stellv. Chef der Kreml-Administration und Vertrauter von Präsident *Putin*, einen russischen Friedensplan vor, in dem im Wesentlichen folgendes vorgeschlagen wurde: Einerseits wird der Rahmen einer „asymmetrischen Föderation" im Sinne der Titularnation bestätigt. Andererseits soll Transnistrien ein Vetorecht in allen wichtigen Entscheidungen in Chisinau zugestanden und die russische Militärpräsenz in Transnistrien bis 2020 festgeschrieben werden, unter Bruch eigener Zusagen auf der Istanbuler OSZE-Konferenz von 1999. Nach zunächst prinzipieller Zustimmung lehnte der moldauische Präsident *Woronin* angesichts massiver Proteste in Chisinau und hinhaltender Verhandlungstaktik in Tiraspol den Plan ab. Der dortige de-facto-Staat erhält politische und wirtschaftliche Unterstützung seitens Russlands, insbesondere nach der Einführung der gemeinsamen Zollregulierung zwischen der Ukraine und Moldau im Frühjahr 2006. Vor allem besteht Russland als Garantiemacht des Waffenstillstands von 1992 auf weiterer Militärpräsenz, um bei gewaltsamen Konflikten rasch eingreifen zu können. Nach neuesten Angaben von Staatsminister *Erler* lagern in Transnistrien rund 20 000 Tonnen Munition und sind dort ca. 2000 Soldaten stationiert. Russland ist das einzige gewichtige Land, das dem im September 2006 abgehaltenen Referendum für die Unabhängigkeit Transnistriens politische Bedeutung beimisst.

Die vor dem Hintergrund der historisch-sprachlich-kulturellen Verbindungen sensiblen Beziehungen Moldaus zu **Rumänien** schienen nach der *Snegur*-Ära kein Thema von hoher Aktualität mehr zu sein. Gleichwohl wartet ein seit 1996 ausgehandelter, im Jahre 2000 von beiden Außenministern unterzeichneter „Grundlagenvertrag zwischen Rumänien und der Republik Moldau" auf seine Ratifizierung. Die Forderung nach Vereinigung beider Staaten mit gleicher Erstsprache (selbstredend bei Inkaufnahme der Legalisierung des de facto abgespaltenen, russischsprachigen Transnistriens) wird öffentlich nur noch von den jeweiligen national orientierten Kräften

---

[19] Zitiert bei *Igor Botan*, Die Republik Moldau zwischen Transformation und Status Quo, in: Friedrich-Ebert-Stiftung, Dokumentation der Moldau-Konferenz 2001, Hamburg 2001, S. 50.

in Chisinau wie in Bukarest erhoben und gefördert, beispielsweise durch zahlreiche Projekte zur Förderung der rumänischen Kultur in Moldau, die aus rumänischen Quellen finanziert sind. Beifall hierfür kommt auch aus Tiraspol, natürlich nur aus dem objektiv gemeinsamen Interesse, die moldauische Republik auch de jure zu spalten. Beflügelt durch den EU-Beitritt Rumäniens und durch die wachsende Zahl moldauischer Bürger mit rumänischem Pass, könnte auch die Intensivierung der Bindungen zu Rumänien offiziell erneut an Bedeutung gewinnen. Gegenwärtig hat die Aushandlung von Visaerleichterungen, beispielsweise durch die Erlaubnis für kleinen Grenzverkehr mit Personalausweis, oberste Priorität, die so viel moldauischen Bürgern wie möglich die Einreise nach Rumänien und in andere EU-Länder ermöglicht. Wie berichtet, haben bereits 300 000 Moldauer rumänische Pässe und zusätzliche 200 000 haben diese beantragt. Vermutlich wird deren Zahl weiter ansteigen, da die Schengen-Regelungen an der Außengrenze der EU seit Januar 2007 neue bürokratische Anforderungen stellen.[20]

Die Beziehungen Moldaus zur **Ukraine** haben sich in den letzten Jahren zwar kontinuierlich verbessert, bleiben aber nicht frei von Widersprüchen: Nachdem der Partnerschafts- und Kooperations-Vertrag 1996 zwischen Moldau und der Ukraine von beiden Parlamenten ratifiziert worden war, wurde von den Präsidenten beider Nachbarländer 1999 ein „Staatsvertrag über die Staatsgrenzen" unterzeichnet, der aber bis heute noch nicht ratifiziert werden konnte. Hauptproblem ist die unterschiedliche Interessenlage beider relativ starker Minderheiten: Der auf 500 000 geschätzten moldauischen Arbeitsemigranten in der Ukraine einerseits und der auf mehr als 200 000 geschätzten Ukrainer als zahlenmäßig gleichstarke Gruppe mit Russen in Transnistrien andererseits. Trotz der Probleme an dieser explosiven Grenze hat sich nach der Wahl von *Viktor Juschtschenko* zum ukrainischen Staatspräsidenten die bilaterale Kooperation zwischen Moldau und der neuen Führung in der Ukraine deutlich verbessert. Sein Sieben-Punkte-Plan zur Vertiefung der Beziehungen beider Nachbarländer war eine gute Grundlage für weitere Verhandlungen und für die schwierige Erarbeitung der neuen ukrainisch-moldauischen Zollregelung für ihre gesamte Grenze inklusive des transnistrischen Teils. Dies ist nicht zuletzt auch eine Folge der Einbindung beider Nachbarstaaten in die gemeinsame EUBAM-Grenz-Kommission seit Juli 2005, worauf im Kapitel der Beziehungen zur EU im Einzelnen einzugehen ist.[21]

---

[20] Bericht des Europäischen Parlaments zu den politischen Entwicklungen in Moldau, Oktober 2005, S.12; darin wird auch von wirtschaftspolitischen Kooperationsprojekten berichtet, wie dem einer gemeinsamen Börse in Bukarest und Chisinau. Zum Visaproblem seit dem rumänischem EU-Beitritt berichtet die Wochenzeitung „New Europe", 21.01.2007.
[21] Economist Intelligence Unit, Country Report Moldova, November 2006, S. 16 f.

4.3 Multilaterale Beziehungen

Wie nahezu alle ehemaligen Sowjetrepubliken trat Moldau der **Gemeinschaft Unabhängiger Staaten (GUS)** nach ihrer Unabhängigkeitserklärung bei, offenkundig auf russischen Druck hin, jedoch ohne bisher die GUS-Charta zu ratifizieren und ohne mit besonderem Engagement aufzufallen. Als nützlich werden freilich die regelmäßigen Gipfeltreffen der Staats- und Regierungschefs angenommen. So teilte der russische Präsident am Rande des GUS-Gipfels vom November 2006 seinem moldauischen Kollegen die Aufhebung des Wirtschaftsboykotts mit.

Seit 1995 ist Moldau Mitglied im **Europarat** als der ältesten Institution Europas, in der gegenwärtig 47 Staaten einschließlich Russland zusammenarbeiten. Moldau ist prinzipiell gleichberechtigt im Ministerausschuss (in dem der moldauische Außenminister zwischen Mai und November 2003 den turnusgemäßen Vorsitz innehatte) sowie durch je fünf Mitglieder in der Parlamentarischen Versammlung und im Kongress der lokalen und regionalen Körperschaften vertreten. In regelmäßigen Resolutionen und Empfehlungen des Europarates, vor allem zur Respektierung der Menschenrechte, der Grundfreiheiten und der Angleichung weiterer Rechtsnormen an europäische Standards, wurde Kritik an der mangelnden Umsetzung eingegangener Verpflichtungen laut, namentlich in Bezug auf die Unabhängigkeit und Freiheit der Medien. Diese Kritik wurde nicht nur in Straßburg öffentlich geäußert, sondern fand auch in Brüssel Beachtung, was dem Europarat mehr Gewicht gibt, als in Chisinau und anderswo angenommen wird.[22]

Der **Stabilitätspakt für Südosteuropa** wurde im Juni 1999 durch den Pariser Beschluss der Organisation für Wirtschaftliche Zusammenarbeit (OECD) geschaffen, der die wichtigsten Industriestaaten Europas, Amerikas und Asiens angehören. Moldau wurde im Juni 2001 in dieses Rahmenabkommen zur Stärkung der Kooperation zwischen den Staaten Südost-Europas und zur Koordinierung der internationalen Unterstützung aufgenommen.

Es ist das achte Empfängerland im Stabilitätspakt neben den fünf Ländern des westlichen Balkan von Kroatien bis Albanien sowie Bulgarien und Rumänien im östlichen Balkan.[23] Die meist technisch scheinenden Initiativen sind für Moldau vor allem deshalb von Bedeutung, weil die Regierenden in Chisinau hoffen, dadurch wie die Balkanstaaten eine EU-Beitrittsoption zu erhalten, was aber in Brüssel auf taube Ohren trifft.

Die **Organisation für Sicherheit und Zusammenarbeit in Europa (OSZE)** ist in Moldau seit 1992 mit einer permanenten Mission vertreten. Diese bemüht sich vor

---

[22] Beispielsweise die Resolution 1280 vom 23.04.2002 und die Empfehlung 1554 vom 24.04.2002; vgl. auch den Bericht in der Neuen Zürcher Zeitung vom 30.11.2006.
[23] Alle wichtigen Einzelheiten sind zu finden im Internet: www.stabilitypact.org. Bezüglich der Erwartungen der moldauischen Regierung an den südosteuropäischen Stabilitätspakt siehe Agence Europe vom 30.01.2003.

allem darum, bei der komplexen Suche nach einer Lösung des Transnistrien-Konfliktes vor Ort beharrlich mit zu helfen. Als inter-gouvernementale Institution jedoch, in dem jede Regierung der 54 Mitgliedstaaten ein Vetorecht hat, konnte und kann sie in der Praxis wenig zu einer effektiven und schlagfertigen Konfliktlösung beitragen. Hinzu kommt, dass die USA und Russland, die sich selbst als „Moderatoren" bezeichnen, in Wirklichkeit Akteure mit gegensätzlichen Eigeninteressen im Transnistrienkonflikt sind und sich so meist wechselseitig blockiert haben. Für Moldau bleibt die OSZE-Präsenz freilich bedeutsam, denn sie hat zu Verbesserungen im menschlichen Bereich erheblich beigetragen, insbesondere bei der Bekämpfung des Menschenhandels.[24] Die im Rahmen der OSZE seit Jahren geführten Verhandlungen der bisherigen fünf Akteure vor Ort: Moldau, Transnistrien, Russland, Ukraine und OSZE sind seit geraumer Zeit ins Stocken geraten, und dies wohl weniger aus institutionellen Gründen, sondern weil in dieser Runde die konträren Interessen der beiden globalen Akteure aufeinanderprallten. Trotz mannigfachen Engagements europäischer Staaten, gerade wenn sie die halbjährige Präsidentschaft in der OSZE innehaben, gelang bisher kein Durchbruch in den festgefahrenen Verhandlungen.

Die Republik Moldau ist Mitglied der **Black Sea Economic Cooperation Organisation (BSECO)**, die 1992 von allen Anrainerstaaten in Istanbul gegründet wurde und die mit noch bescheidenen Strukturen in den letzten Jahren ihre Aktivitäten rund um das Schwarze Meer vor allem in den Bereichen Transport, Energie und Umwelt verstärkt hat. Diese konkrete regionale Zusammenarbeit bietet vermutlich auch für Moldau Chancen zu regionaler Konfliktregelung, denn in ihr arbeiten alle wichtigen bilateralen Partner, insbesondere Russland, die Türkei, Rumänen und die Ukraine, multilateral zusammen. Erste Erfolge sind in dem „Project Development Fund" sichtbar, der von der BSECO Business Council begleitet wird. Für den europaorientierten Teil der moldauischen Eliten wird diese regionale Organisation rund um das Schwarze Meer erst dann interessant, wenn diese mit der EU institutionelle Vereinbarungen konkreter Zusammenarbeit erreicht. Dazu wurden für den 15. Jahrestag der BSECO im Juni 2007 Initiativen entworfen, an denen sich künftig auch die EU aktiv im Rahmen ihrer neuen „Black Sea Synergy"-Strategie beteiligen will.[25]

Ferner gehört Moldau der seit 1997 bestehenden **GUAM-Gruppe** an, die mit amerikanischer Unterstützung als Plattform für solche ehemaligen Sowjetrepubliken gegründet wurde, die in der Transformationszeit zunehmend Probleme mit Russland hatten bzw. haben: Georgien, Ukraine, Aserbaidschan und Moldau. Im Mai 2006 unterzeichneten deren Präsidenten eine Erklärung zur Gründung einer „Organisation for Democracy and Economic Development", die vor allem russische Repressions-

---

[24] *Oswald Schneidratus*, stellv. Leiter der OSZE-Mission in Moldau, in: Friedrich-Ebert-Stiftung, Dokumentation der Moldau-Konferenz 2001, Hamburg 2001, S. 74 ff.
[25] Vgl. hierzu den Dokumentenanhang im Fortschrittsbericht der EU zur „Stärkung der europäischen Nachbarschaftspolitik" vom Juni 2007.

maßnahmen gegenüber den beiden ökonomisch schwächsten Staaten in der Gruppe provozierte, nämlich gegen Georgien und Moldau. An den Treffen der Staats- und Regierungschefs nehmen gegenwärtig auch diejenigen von Polen und Rumänien teil, während der moldauische Präsident sich eher zurückhält, vermutlich um die Beziehungen zu Russland zu verbessern.

4.4 Außenpolitisches Fazit

Neben der sicherheitspolitischen Neutralität (Mittlerrolle zwischen Ost- und Westorientierung) sowie der regionalen Kooperation mit den wichtigsten Partnern Russland, Ukraine und Rumänien standen und stehen die vielfältigen Bemühungen zur europäischen Integration im Mittelpunkt der Außenpolitik aller bisherigen Präsidenten bzw. Regierungen der Republik Moldau. Allerdings sind wichtige Nuancen zwischen den drei Präsidentschaften auszumachen, die natürlich auch mit den sich wandelnden internationalen Rahmenbedingungen zusammenhängen.

Die OSZE wird in ihrer derzeitigen Verfassung und wohl auf absehbare Zukunft kaum in der Lage sein, konkret gemeinsam getragene Lösungen im Transnistrien-Konflikt tatsächlich durchzusetzen. Freilich ist einzuräumen, dass die OSZE nur so stark sein kann, wie ihre Teilnehmerstaaten dies wollen. Im Zuge der Ostausdehnung der NATO bis unmittelbar an die russische Grenze bekamen im Kreml jene Kräfte die Oberhand, die im Kern an der Aufrechterhaltung des Status quo in Moldau interessiert sind. Dabei erinnert die russische Führung an ihre Rechte als Garantiemacht des Waffenstillstands von 1992 und unterstreicht, dass es Verhandlungslösungen nur unter russischer Führung geben kann. Diese Führungsrolle wird mit geopolitisch-strategischen Interessen gegenüber der Erweiterung der NATO und der EU begründet. Wichtig sind wohl auch die ökonomischen Interessen der russischen Wirtschaft, denn einige staatlich gelenkte Konzerne wie Gazprom haben im gegenwärtigen Zustand des geteilten Moldau nicht nur dominanten Einfluss in Transnistrien, insbesondere über dessen Produktion und Handel von Waffen, sondern auch in der gesamten Republik Moldau.

5. Die Beziehungen der Republik Moldau zur Europäischen Gemeinschaft (EG) bzw. zur Europäischen Union (EU)

5.1 Geltender Rechtsrahmen/Hauptziele/Gemeinsame Institutionen

Moldau hat mit der EG im November 1994 ein Partnerschafts- und Kooperationsabkommen (PKA) unterzeichnet, das zum 1. Juli 1998 in Kraft trat. Das auf zehn Jahre ausgelegte PKA wurde die rechtliche Basis und der Gesamtrahmen für die Entwicklung vom politischen Dialog über die Handels- und Wirtschaftsbeziehungen bis hin zu den moldauischen Bemühungen um Angleichung an den gemeinschaftlichen Rechtsetzungsstand, dem bekannten acquis communautaire der EU.[26] Ausgehend von der Berufung auf die gemeinsamen Werte, insbesondere auf Frieden, Sicherheit, Demokratie und Menschenrechte sowie auf die wirtschaftlichen Grundfreiheiten, wurden im PKA drei Hauptziele vorgegeben, die seitdem in strategischen Leitlinien für mehrere Jahre und in jährlichen Programmen umgesetzt werden sollten: Auf- und Ausbau des Rechtsstaates, marktwirtschaftliche Reformen und Milderung der sozialen Konsequenzen der Transformation. Im Rahmen des PKA wurden drei gemeinsame Institutionen geschaffen, die abwechselnd in Moldau und in der EU im Durchschnitt einmal jährlich zusammenkommen: der Kooperations-Rat auf Ministerebene, der Kooperations-Ausschuss auf der Ebene Hoher Beamter mit Unterausschüssen für spezifische Arbeitsfelder und der parlamentarische Kooperations-Ausschuss. Die Europäische Kommission hat nach mehrfachen Aufforderungen seitens des Parlaments erst 2005 eine eigenständige Delegation in Chisinau eröffnet. Bis dahin wurden die Aktivitäten in Moldau von der EU-Delegation in Kiew mitverwaltet.

Seit ihrer Unabhängigkeit 1991 hat die Republik Moldau Unterstützung aus Brüssel erhalten, die bis Ende 2006 insgesamt ca. 300 Millionen Euro betrug und folgende Bereiche in quantitativer Reihenfolge betrifft: Zuschüsse zur Zahlungsfähigkeit des Staates und humanitäre Hilfe; institutionelle Reformen; Privatisierung von Wirtschaftsunternehmen und Milderung der sozialen Folgen der Transformation; grenzüberschreitende Kooperation; schließlich mehrere themenspezifische Programme wie dasjenige zur Unterstützung der Menschenrechte und der Demokratisierung in Moldau.

5.2 Neue Förderpolitik durch Aktionsplan im Rahmen der Europäischen Nachbarschaftspolitik (ENP)

Die unrealistische Annahme in Chisinau über eine Gleichbehandlung mit den Balkanländern, denen der Europäische Rat eine Beitrittsperspektive zugesichert hat, scheint in jüngster Zeit von einer realistischen Strategie abgelöst zu werden, die alle Möglichkeiten im angelaufenen Prozess der ENP offensiv ausschöpfen will. Wie für die Ukraine wurde für Moldau die neue ENP der EU 2004 durch Vorlage von drei komplementären Dokumenten beschlossen. Erstens: Das länderübergreifende „Strategie Papier" der Europäischen Kommission, in dem die wichtigsten Prinzipien, die geografische Ausdehnung und die Methode zur Umsetzung der vorgeschlagenen

---

[26] Vgl. European Commission, External Relations, „The EU's relations with Moldova", Summary of the Country Strategy paper 2002–2006 vom 07.02.2003, S. 1; regelmäßig aktualisiert im Internet unter http://europa.eu.int/comm/external_relations/moldova/csp/index.htm. Siehe auch den Länderbericht Moldau der Europäischen Kommission, COM (2004) 373 final vom 12.05.2004, S. 4, mit der detaillierten Budgetübersicht 1991–2003.

Aktionen geklärt werden, wird als politische Orientierung in Richtung mehr Kooperation und Partnerschaft verstanden. Zweitens: Der länderspezifische Bericht, der die politisch-institutionelle und die sozial-ökonomische Lage darstellt sowie die in der ENP aufgeführten Schwerpunkte pro Land auswählt. Drittens: Der auf Moldau im Februar 2005 zugeschnittene Aktionsplan, der für die kommenden drei Jahre drei große Arbeitsfelder enthält.[27]

Der Aktionsplan bezieht sich zum einen auf die Beachtung der Demokratie und des Rechtsstaates mit Reformen im Sinne unabhängiger Gerichtsbarkeit, Schutz der Menschen- und Minderheitenrechte, Pressefreiheit, Gleichheit zwischen Mann und Frau sowie gemeinsame Politiken bei internationalen Konflikten und Konfliktvorbeugung. Zum anderen geht es dabei um die mit präzisen Zeitrahmen versehene Erfüllung der vereinbarten Prioritäten, die für Moldau weiterhin institutionell auf dem noch unausgefüllten PKA basieren, angereichert um zusätzliche Maßnahmen im Bereich Justiz und innere Angelegenheiten. Gemeint sind damit konkret effektives Grenzmanagement und Steuerung von Bevölkerungsbewegungen sowie Umsetzung von vereinbarten Maßnahmen betreffend Asyl, Visa, Drogen- und Menschenhandel und organisierte Kriminalität. Drittens wird die Förderung aller Reformen im wirtschaftlich-sozialen Bereich thematisiert, auf deren dringende Notwendigkeit im 3. Kapitel eingegangen wurde. Mit dem Aktionsplan wurde das seit 1991 in mittel- und osteuropäischen Staaten bewährte Instrument TAIEX (Technische Beratungs- und Unterstützungsagentur der Europäischen Kommission) eingeführt, das mit externen Experten die wichtigsten Reformprojekte ebenso begleitet wie TWINNING, in dem Fachbeamte aus den Mitgliedstaaten der EU auf Zeit in den Behörden Moldaus tätig sind.

In Bezug auf die Finanzierung gilt seit Januar 2007 das „Europäische Nachbarschafts-Politik-Instrument" (ENPI), das die bisherigen Förderinstrumente ablöst. Im Rahmen dieses neuen Finanzierungsinstruments bis 2013[28] wurden mit Nachdruck die Fördermittel für Moldau (die Pro-Kopf-Förderung gehört zu den höchsten aller Nachbarländer) aufgestockt, insbesondere für die grenzüberschreitende Zusammenarbeit entlang der Außengrenze der erweiterten EU. Dabei können Projekte mit Partnern nicht nur entlang der Grenze, sondern auch mit Akteuren aus dem gesamten Land gefördert werden. Über die als unzureichend empfundene Unterstützungsaussicht im künftigen ENPI hinaus ist die moldauische Regierung sowohl an Krediten der Europäischen Investitions-Bank mit Sitz in Luxemburg als auch an denen der Europäischen Bank für Wirtschaftliche Entwicklung mit Sitz in London interessiert.

---

[27] Siehe die von der Europäischen Kommission vorgelegte Mitteilung an den Europäischen Rat als Grundsatzdokument zur European Neighbourhood Policy (ENP) mit dem Titel „Strategy paper, COM (2004) final" vom 12.05.2004.

[28] Ausgehend von der 2006 beschlossenen „Finanziellen Vorausschau 2007–2013" ist das ENPI als Finanzinstrument der ENP seit 2007 in Kraft, wobei die Aufteilung nach Ländern in den jeweiligen Jahresbudgets der EU zu beschließen ist.

Dies bezieht sich beispielsweise auf gemeinsame Umweltschutz-Projekte sowie auf die Umsetzung der vier ökonomischen Freiheiten, genauer Freizügigkeiten für Arbeitnehmer, Waren, Kapital und Dienstleistungen. Gleichermaßen wünschen die moldauischen Repräsentanten, an den wichtigsten Programmen und Agenturen der EU in ausgewählten Bereichen direkt beteiligt zu werden, insbesondere in den Bereichen allgemeine Bildung, berufliche Aus- und Weiterbildung sowie in Wissenschaft und Forschung.

5.3 Komplementäre Strategien der EU im Rahmen der ENP seit 2005

In der Europäischen Union, insbesondere seitens des Rates und der Europäischen Kommission, war bis 2003/04 eine auffallende Zurückhaltung gegenüber dem Transnistrienproblem zu verzeichnen, um nach eigenen Aussagen der OSZE das Handlungsprimat zu überlassen. Erst zu Beginn 2003 hatte der Ministerrat der EU restriktive Maßnahmen gegen die Führung der transnistrischen Region in Form einer Visaverweigerung für den völkerrechtlich nicht anerkannten Präsidenten *Smirnow* und 16 Mitglieder seiner Regierung ergriffen, das am 21. Februar 2007 für ein weiteres Jahr verlängert wurde.

Angesichts des blockierten Transnistrien-Problems hat natürlich auch der Aktionsplan in Bezug auf Moldau diesem Konfliktherd Priorität einzuräumen. Konkreter Schwerpunkt in diesem Kontext ist die Kontrolle einer rund um Moldau gesicherten Grenze einschließlich provisorischer Grenzposten zu Transnistrien, um das organisierte Verbrechen in Form des Handels mit Menschen – namentlich mit Frauen und Kindern –, mit Drogen und Waffen nicht nur per Erklärungen auf internationalen Konferenzen, sondern vor Ort zu bekämpfen. Dieser Schwerpunkt benötigte natürlich vor allem die vertrauensvolle Zusammenarbeit zwischen der Ukraine und Moldau, die vorher offenkundig unzureichend war. Der neue ukrainische Präsident *Juschtschenko* und seine erste Regierung 2005 haben mehr politischen Willen gezeigt, gemeinsame Zollstellen an ihrer Grenze zu Transnistrien aufzubauen, wenn diese auf Unterstützung der EU rechnen können.

Nach längeren Vorbereitungen und einer vertraglichen Vereinbarung zwischen den Staatspräsidenten der Ukraine und Moldaus mit der EU wurde am 01.12.2005 die „EU Border Assistance Mission" (EUBAM) eingerichtet. Im Hauptquartier in Odessa sind 15 ständige Mitarbeiter unter Leitung des ungarischen Polizeigenerals *Ferenc Banfi* tätig, die von rund 100 Experten aus gegenwärtig 16 Mitgliedstaaten der EU unterstützt werden.[29] Diese arbeiten an der über 1200 km langen Grenze in vier

---

[29] Vgl. die Pressemitteilungen der Europäischen Kommission vom 04.10. und vom 30.11.2005, den Bericht über die „Fact finding mission" der Delegation des Europäischen Parlaments bei der EUBAM und die regelmäßigen „Facts sheet" der EUBAM seit Dezember 2005, die vom Ratssekretariat der EU herausgegeben werden.

Einsatzbüros auf ukrainischer und in drei auf moldauischer Seite. Die EUBAM erteilt den Bediensteten an der Grenze beider Länder Ausbildung am Arbeitsplatz und berät sie, um ihre Fähigkeiten zur Durchführung einer wirksamen Grenz- und Zollkontrolle zu verbessern. An der ukrainisch-moldauischen Grenze sind über 1200 Beamte an rund 80 Grenzübergängen im Einsatz, darunter an 26 Übergangsstellen an der fast 500 km langen Grenze nach Transnistrien. Die EU-Unterstützungs-Mission betrifft auch die Zoll-Abfertigungsstellen zwischen Transnistrien und Moldau. Dort gibt es keine Grenzposten, aber an nahegelegenen Straßenkreuzungen werden mobile Zollkontrollen mit Polizeiunterstützung durchgeführt. In den meisten Grenzgebieten existiert keine oder eine nur unzureichende Infrastruktur, und es gibt Defizite an abgestimmter Gesetzgebung und Gerichtspraxis bei der Bestrafung von Schmuggel in der Ukraine und Moldau sowie als Hauptproblem die Kooperationsverweigerung seitens der transnistrischen Behörden. So kann eine Zwischenbilanz nur ambivalent ausfallen: Einerseits hat die EUBAM zum Auf- und Ausbau geeigneter operativer und institutioneller Kapazitäten in der Ukraine und Moldau beigetragen, was auch von der EU und ihren Mitgliedstaaten als großer Erfolg bewertet wird. Andererseits konnte illegaler Handel und Schmuggel, die von internationalen Netzwerken von und nach Transnistrien organisiert werden, offenbar im Alltag noch nicht im gesamten Grenzverlauf unterbunden werden. Das auf zwei Jahre ausgelegte Mandat der EUBAM soll ab Herbst 2007 bis Ende November 2009 verlängert werden, was im Zuge der auf Verstärkung zielenden ENP in Bezug auf Moldau und die Ukraine sehr wahrscheinlich ist, da der EU-Rat sich darüber bereits im April 2007 grundsätzlich verständigt hat.

Im Frühjahr 2005 wurde auf Beschluss des Rates Botschafter *Adriaan Jacobovits de Szeged* aus den Niederlanden als „Special Representative (SR)" der EU für Moldau einschließlich Transnistriens ernannt. Einen solchen, „EUSR" genannten Sonderbeauftragten hat die EU gegenwärtig zur Unterstützung des Hohen Repräsentanten für die Gemeinsame Außen- und Sicherheitspolitik, *Javier Solana,* auch in acht anderen Krisenregionen der Welt eingesetzt. Zu seinem Mandat in Moldau gehört vor allem, die EU als offizieller Beobachter bei den verschiedenen Bemühungen zur Lösung des Transnistrienkonflikts vor Ort zu vertreten. Darüber hinaus soll der Sonderbeauftragte die Umsetzung des Aktionsplans insbesondere bei Maßnahmen mit grenzüberschreitendem Charakter unterstützen; dies betrifft vor allem die von zusätzlichen Beratern für Grenz- und Zollfragen in Odessa, Kiew und Chisinau assistierte EUBAM. So soll der Sonderbeauftragte in Moldau, wie derjenige für den Südkaukasus, vor allem das Interesse der EU an national übergreifender Zusammenarbeit und für regionale Kooperation bei den Beteiligten vor Ort einbringen, gerade weil diese bisher überwiegend hierfür ungenügend motiviert scheinen. Gleichermaßen ist es wünschenswert, wenn die Stabsstelle des Sonderbeauftragten des Rates mit der Kommissions-Delegation der EU eng zusammenarbeitet. Das Mandat des EUSR muss vom Rat der EU jährlich verlängert werden, was zuletzt am 1.März 2007 erfolgt ist, wobei der ungarische Diplomat *Kalman Mizsei* als neuer EUSR ernannt wurde. Dieser will mit wachsender Unterstützung insbesondere seitens der neuen Mitgliedstaaten der EU verstärkt in Moldau einschließlich Transnistrien präsent sein und eigene Initiativen entfalten.

5.4 Europapolitisches Fazit

Unter den vielfältigen Teilen der EU-Strategie gilt die Ende 2005 eingesetzte EUBAM an der moldauisch-ukrainischen Grenze als der konkreteste Teil, der trotz aller weiter bestehenden Problematik um das Kernproblem Transnistrien zumindest mehr Transparenz und Fortschritte im Alltag dieser Krisenregion gebracht hat. Damit und mit der gleichzeitigen Einrichtung des Sonderbeauftragten EUSR ist die EU unmittelbarer in Konfliktprävention und Krisenmanagement um Transnistrien eingetreten. Ob beide neuen Elemente der EU-Strategie, die erst auf begrenzte Fristen eingesetzt wurden, von dauerhaftem Erfolg sein werden, bleibt abzuwarten. Unübersehbar ist auch, ob die Ukraine in den kommenden Jahren mit gleicher Intensität die 2005 begonnene, bisher insgesamt erfolgreiche Arbeit der EUBAM unterstützen wird.

Obwohl die Lösung des Transnistrienkonflikts als eines der Hauptziele des Aktionsplans für 2005–2008 genannt ist, bleibt zu bilanzieren, dass bisher nur wenig konkrete Aktivitäten entfaltet werden konnten, mit der bemerkenswerten Ausnahme von EUBAM. Simultan zum verstärkten EU-Engagement hat Russland seine Unterstützung von Tiraspol in den vergangenen zwei Jahren verstärkt und wirtschaftliche Boykottmaßnahmen gegen Chisinau verhängt. Dies gilt zumindest für einen begrenzten Zeitraum und aus politischer Motivation, deren Wirkungen kontrovers eingeschätzt werden. Für einige Beobachter hatten sich die Fronten 2005/2006 eher verhärtet.[30] Freilich mehren sich seit Frühjahr 2007 die Anzeichen, dass neue Bewegung in die komplexe Suche nach Lösungsversuchen gekommen ist, und dies auf mehreren Ebenen: in den regelmäßigen Gesprächen zwischen den führenden Persönlichkeiten der EU (namentlich von *Javier Solana*) mit dem russischen Außenminister *Lawrow*, in den noch informellen Kontakten zwischen dem russischen und dem moldauischen Präsidenten sowie in aufkeimenden kontroversen Diskussionen zwischen Teilen der „business community" und dem *Smirnow*-Regime in Transnistrien.[31]

Zu den wichtigsten Auswirkungen des rumänischen Beitritts zur EU gehören die im April 2007 paraphierten Verhandlungen über Visa-Erleichterungen, die für Chisinau von großem Interesse sind. Dabei ist von besonderer Brisanz, dass die moldauischen

---

[30] Vgl. das Transnistrienkapitel in dem Aufsatz von *Thomaus Kunze* und *Henri Bohnet*, Zwischen Europa und Russland. Zur Lage der abtrünnigen Republiken Transnistrien, Abchasien und Südossetien, in: Auslandsinformationen der Konrad-Adenauer-Stiftung, 1/2007, S. 11–15.
[31] Diese und andere Informationen erhielt der Autor in Gesprächen mit den für Moldau verantwortlichen Vertretern der Europäischen Kommission am 26. April und mit denen des Ratssekretariats am 4. Mai 2007 in Brüssel, die in das Gesamtfazit einbezogen wurden.

Bürger mit doppelter Staatsbürgerschaft leichter als die übrigen Moldauer in die EU einreisen können, sowohl die Hunderttausende in der Republik Moldau mit rumänischen als auch die Zehntausende in Transnistrien mit russischen Pässen.

6. Fazit und Ausblick

6.1 Gesamt-Fazit

Die Republik Moldau erlangte ihre staatliche Unabhängigkeit im Zusammenhang mit dem Zerfall der UdSSR. Die aus sowjetischer Zeit stammenden Grenzen Moldaus wurden völkerrechtlich als die Staatsgrenzen der heutigen Republik bestätigt, obgleich die Entstehungsphase der formal unabhängig werdenden Republik mit der faktischen Abspaltung des östlich des Flusses Nistru/Dnjestr gelegenen Transnistrien einherging. Der dort seit 1992 installierte de-facto-Staat beruft sich auf zwei historische Phasen, in der dieser Fluss bereits Grenze zwischen verschiedenen Gemeinwesen war. Der bis heute ungelöste Separationskonflikt belastete zweifelsohne den Aufbau des neuen Staates sowie dessen innen- und außenpolitische Entwicklung, auch wenn er bisweilen von den Regierenden als Alibi instrumentalisiert wird, um vom mangelnden Engagement zu strukturellen und dauerhaften Reformen in Staat, Wirtschaft und Gesellschaft abzulenken. Vor diesem historischen und politischen Hintergrund verwundert es nicht, dass die Republik Moldau zu den langsamen Transformationsstaaten in Osteuropa gehört. Die Nachbarschaft mit Rumänien im Westen und der historisch mit Russland verbundenen Ukraine im Osten trug – in Wellenbewegungen seit der Unabhängigkeit – zur politischen Polarisierung bei.

Zu den Erfolgen der moldauischen Transformation gehört die konstitutionelle Konsolidierung einer im Vergleich mit anderen GUS-Ländern vorbildlichen Verfassungsordnung und der schon dreimal in 15 Jahren demokratisch erfolgte Wechsel der politischen Eliten. Die bisherigen Wahlen entsprechen – von Mängeln in Einzelheiten abgesehen – den internationalen Standards, was von den Wahlbeobachtern der OSZE bisher im Wesentlichen attestiert wurde. Nach langjährigen erbitterten Kontroversen hat sich ein präsidial-parlamentarisches Mischsystem konsolidiert. Freilich hat sich seit 2005 wegen der ungelösten Transnistrienfrage und aus außenpolitischen Gründen, vor allem um gegenüber Russland und der EU kohärent aufzutreten, eine innpolitische Konsensregierung ohne echte parlamentarische Opposition etabliert. Dennoch sind die politischen Freiheiten der Bürger insgesamt mit einigen Abstrichen nicht zuletzt deshalb gewährleistet, weil eine jüngst stark gewachsene Zivilgesellschaft außerparlamentarische Opposition betreiben kann und sich auch in den Konsultationsprozess mit Parlament und Regierung aktiv einbringt. Freilich wirken in vielen der Bürgerbewegungen die Auseinandersetzungen zwischen den

Anhängern des Rumänischen und den Befürwortern des Russischen nach, die weniger zum Zusammenhalt des Gemeinwesens beitragen.

Die Defizite Moldaus insbesondere in den Bereichen Menschenrechte, Rechtsstaatlichkeit und Pressefreiheit liegen in der mangelnden Rechtskultur und -sicherheit, die mit dem Separationskonflikt ebenso zusammenhängen wie mit der unzureichenden Effektivität der Entscheidungsstrukturen und der noch immer mangelnden Professionalität der politischen Akteure. Die sinkende Lebenserwartung, die zunehmende Arbeitsemigration in beiden Landesteilen und die verbreitete Armut sind die tristen Kennzeichen des wirtschaftlich schwächsten Gemeinwesens Europas. Die trotz ansehnlicher Hilfen aus Europa weiter wachsenden Defizite in der Gesundheitsversorgung und im Bildungssystem machen die Armen noch ärmer. Die ökonomische Abhängigkeit von Russland insbesondere im Energiebereich und die vorrangige Ausrichtung auf die Märkte der ehemaligen Sowjetunion haben Übernahmen und Kontrollen durch russisch geführte Konzerne erleichtert. Simultan hierzu ist wegen der enormen Staatsverschuldung die Abhängigkeit von Finanzhilfen aus dem Westen gewachsen, sowohl von den weltweit agierenden als auch von den europäischen Institutionen.

Die Krisenzeichen in Staat und Wirtschaft Moldaus sind offenkundig, aber gleichzeitig haben sowohl die Nachbarstaaten als auch die multilateralen Institutionen wie der Europarat, die OSZE und die EU, in denen die Republik Moldau Mitglied bzw. Vertragspartner als unmittelbarer Nachbar ist, kein Interesse an einem absterbenden Staat in Europa. Als Indikatoren außenpolitischer Widersprüche findet sich in den Regierungserklärungen gleichermaßen Lob auf die GUS (obgleich deren Charta nie ratifiziert wurde) als auch auf die Bedeutung der moldauischen Mitgliedschaft in der GUAM-Allianz der Staatspräsidenten Georgiens, der Ukraine, Aserbaidschans und Moldaus, die hauptsächlich von den USA als politische Demonstration gegen Russland initiiert wurde, ohne tatsächliche Bedeutung zu erreichen. Die außenpolitischen Allianzen des seit 2001 amtierenden Staatspräsidenten *Woronin* zur Lösung des Kernproblems Transnistrien wechselten mehrfach und insbesondere 2003 hinsichtlich des *Kosak-Plans* seitens Russlands in kurzer Zeit. Diese Schaukelpolitik ist möglicherweise auch Ausdruck von Ratlosigkeit angesichts des gegenwärtig unlösbar scheinenden Transnistrienkonflikts.

Die bisherige Überweisung an die OSZE als die für Transnistrien vorrangig zuständige Instanz hat insgesamt keinen Erfolg bringen können, da in dieser intergouvernementalen Institution Blockaden von einzelnen zumal mächtigen Mitgliedstaaten wie Russland alle wohllautenden Erklärungen zu bloßem Papier werden lassen. Gegenwärtig haben die politischen Akteure die Oberhand, die an der Aufrechterhaltung des Status quo interessiert sind, vor allem in Russland und in Transnistrien selbst, in abgeschwächter Form aber auch in der Ukraine unter Ministerpräsident *Wiktor Janukowitsch*. Russland pocht gegenwärtig mehr denn je auf seine Rechte als Garantiemacht des Waffenstillstands und auf seine Führungsrolle in Moldau wie in anderen ehemaligen Sowjetrepubliken. Die EU hat seit 2005 über die vielfältige Förderpolitik im Rahmen der ENP hinaus sowohl einen ständigen Sonderbeauftragten für

Moldau EUSR einschließlich Transnistrien eingesetzt als auch die gemeinsame Grenzmission EUBAM an der moldauisch-ukrainischen Grenze aufgebaut. Beide Mandate sind zwar 2007 verlängert worden und haben partiell auch unerwartete Erfolge vorzuweisen, aber eine umfassende Bilanz ihrer dauerhaften Wirksamkeit kann wohl erst nach diesen Erprobungsjahren gezogen werden.

Gegenwärtig ist unabsehbar, welche Rolle die Ukraine in Bezug auf Transnistrien konkret in den kommenden Jahren spielen kann und wird. Klarer sind die Beziehungen zu Rumänien als neuem EU-Mitgliedsland, das vertragsgemäß alle eingegangenen Verpflichtungen zur EU einhalten muss. Die Mitgliedschaft Rumäniens in der EU hat bereits Auswirkungen auf die Beziehungen Moldaus zur EU: Angesichts der wachsenden Zahl an ausreisewilligen Moldauern wurde in relativ kurzer Frist im April 2007 das Abkommen über Visaerleichterungen und Rücknahme unterzeichnet sowie erstmals ein gemeinsames EU-Visabeantragungs-Zentrum in der ungarischen Botschaft in Chisinau eingerichtet. Schon wegen der Notwendigkeit einer gesicherten Ostgrenze – als Sperre gegen illegalen Handel mit Menschen, Drogen und Waffen – liegt es im eigenen Interesse der EU, stärker als bisher mitzuhelfen, die Lebens- und Arbeitsbedingungen in Moldau so zu verbessern, dass die wirtschaftlichen Gründe zur Emigration entkräftet werden.

6.2 Ausblick

Unbestritten ist, dass die Russische Föderation im Transnistrien-Konflikt weiterhin die Schlüsselrolle innehat, die auf absehbare Zukunft nur solche Lösungen wahrscheinlich macht, an denen sie aktiv beteiligt ist. Allerdings kann die EU auf längere Sicht mit mehreren komplementären Maßnahmen (wie Aktionsplan, Sonderbeauftragter, Grenzmission) so effektiv werden, dass Russland mit der EU kooperieren wird. Im Sinne stärkerer Verzahnung dieser Politiken werden in den EU-Institutionen gegenwärtig die neuen Abkommen jeweils länderspezifisch vorbereitet, die ab 2008 die seit 1998 laufenden PKA mit Russland, mit der Ukraine und mit Moldau ablösen sollen.

Vermutlich wird auch die seit 2005 von beiden Seiten nicht nur spektakulär erklärte, sondern auch dauerhaft praktizierte Zusammenarbeit der beiden Nachbarstaaten Moldau und Ukraine stärker als bisher in den Mittelpunkt der Suche nach einer Lösung des Kernproblems Transnistrien rücken. Dies kann für die beiden osteuropäischen Staaten, die laut geltendem EU-Vertrag als Einzige unter den osteuropäischen Nachbarn der EU auf lange Sicht eine gewisse Beitrittsperspektive haben, zum Test ihrer tatsächlichen Europatauglichkeit werden. Als künftiger Beitrag der EU zur Lösung des Transnistrienkonflikts wird es nicht mehr ausreichen, reaktiv den politischen Führern dieses völkerrechtlich nicht anerkannten Staates die Einreise in die EU zu verweigern. Vielmehr müssen aktiver direkt vor Ort mehrjährige Projekte zur weiteren Stärkung der dortigen Zivilgesellschaft initiiert und gefördert werden.

Unübersehbar ist, dass sich die beiden Konfliktparteien auf moldauischem Territorium eher mit wachsendem Misstrauen gegenseitig beschuldigen und kaum noch begegnen, trotz aller Bemühungen seitens der OSZE und der EU um vertrauensbildende Maßnahmen. Eine Änderung kann vermutlich nur dann eintreten, wenn Russland und die EU zu einer grundsätzlichen Einigung über die Transnistrienfrage kommen. Dies aber ist gegenwärtig kaum zu erwarten, da andere Konflikte die Agenda beider Seiten stark belasten und der Abschluss eines neuen Partnerschaftsabkommens bis zu den russischen Wahlen 2008 wenig wahrscheinlich ist.

Bei den begonnenen Verhandlungen um eine Verlängerung des PKA oder um ein neues „verstärktes Abkommen" zwischen der EU und Moldau ab 2008 ist es Ziel der moldauischen Seite, einen Assoziationsstatus zu erreichen, der über die bisherigen Möglichkeiten der Kooperation und Partnerschaft hinausgeht und der den Weg für noch größere Förderungen seitens der EU frei macht. Dabei übersieht die moldauische Regierungsseite oft, dass Moldau bei der Pro-Kopf-Förderung von Drittländern bereits einen Spitzenplatz einnimmt und dass die moldauische Verwaltung in der gegenwärtigen Verfassung weder politisch noch administrativ die Verpflichtungen aus einem umfassenden Assoziationsabkommen mit der EU erfüllen könnte. Allerdings kann die erfolgreiche Förderung von Kommunen und Regionen, insbesondere die grenzüberschreitende Zusammenarbeit, wie bisher an allen Grenzen Mittel- und Osteuropas, auch an den Grenzen Moldaus zu Rumänien und zur Ukraine konkrete integrative Wirkungen haben. Das gilt verstärkt auch für die grenzübergreifende Kooperation mit Transnistrien und hier insbesondere mit deren „business community" in der sich langsam entwickelnden Zivilgesellschaft mit Kontakten nach Chisinau und zu europäischen Netzwerken. Dies würde ein effektiver Beitrag zum EU-Konzept des „Europäischen Nachbarschafts-Politik plus" sein, das in Zukunft über den bisher herrschenden Status quo hinausreichen will. In dieser Perspektive wird die EU mit Russland zum für Moldau gleichermaßen wichtigen Akteur, insbesondere bei der langwierigen Lösung des Transnistrienkonflikts.

Bibliographie

Igor Botan, Die Republik Moldau zwischen Transformation und Status Quo, in: Friedrich-Ebert-Stiftung, Dokumentation der Moldau-Konferenz von 2001, Hamburg 2001, S. 46 ff.

Henri Bohnet, Thomas Kunze, Zwischen Europa und Russland. Zur Lage der abtrünnigen Republiken Transnistrien, Abchasien und Südossetien, in: Auslandsinformationen der Konrad-Adenauer-Stiftung, 1/2007, S. 6–30.

Klemens Büscher, Das politische System Moldovas, in: *Wolfgang Ismayr* (Hrsg.), Die politischen Systeme Osteuropas, Köln 2004, S. 515–552.

Ders., Separatismus in Transnistrien, in: Osteuropa 9/1996, S. 860 ff.

Council of Europe Parliamentary Assembly, Functioning of democratic institutions in Moldova, Resolution 1303, Straßburg 2002.

Nicholas Dima, Moldova and the Transdnestr Republic, London 2001.

Economist Intelligence Unit, Country Report Moldova, 2004, 2005 und 2006.

Commission of the European Communities, Country Report Moldova, Brüssel 2004.

Dies., European Neighbourhood Policy – Strategy Paper, Brüssel 2004.

Dies., European Neighbourhood Policy. Economic Review of ENP countries, Brüssel 2006.

Fischer Weltalmanach 2007, Frankfurt a. M. 2006.

Friedrich-Ebert-Stiftung, Die Republik Moldau im europäischen und sicherheitspolitischen Kontext. Politische Reflexionen über zehn Jahre Unabhängigkeit. Dokumentation der Moldau-Konferenz von 2001, Hamburg 2001.

Harenberg-Länderlexikon, Kapitel Moldau, Dortmund 2003, S. 690 ff.

International Crisis Group, Moldova: No Quick Fix, Brüssel 2003.

Ann Lewis (Hrsg.), The EU and Moldova: On a Fault-line of Europe, London 2004.

Wim van Meurs, Moldova – nationale Identität als politisches Programm, in: Südosteuropa Mitteilungen 04–05/2003, S. 31–43.

Claus Neukirch, Die Republik Moldau. Nations- und Staatsbildung in Osteuropa, Münster 1996.

Ders., Moldau und Europa: Mehr als eine Nachbarschaft?, in: Südosteuropa Mitteilungen 04–05/2003.

Ernst Piehl, Länderteil Moldau, in: Piehl, Schulze, Timmermann, Die offene Flanke der Europäischen Union, Berlin 2005.

Ders., Die Zivilgesellschaften in den vier östlichen Nachbarstaaten der erweiterten EU, Expertise für den Europäischen Wirtschafts- und Sozialausschuss, Brüssel 2005.

Roman Römisch, Moldova: Europe's poorhouse, The Vienna Institute Monthly Report, 3/2004, S. 6–10.

Steven D. Roper, Moldova: The Economy, World Values Survey, London 2002.

Vladimir Socor, Moldova's Communists collect the Kremlin's blessings, in: The Jamestown Foundation, Eurasia Daily Monitor, April 2002.

Vladimir Solonari, Vladimir Bruter, Russians in Moldova, in: Vladimir Shlapentokhu (Ed.), The new Russian Diaspora, New York, London 1994, S.72 ff.

Vladimir Solonari, Transniestria: Old problems, new developments, in: *Iris Kempe* (Hrsg.), Prospects and risks beyond the EU Enlargement, Wiesbaden 2003, S. 195 ff.

Stefan Troeb, Staatlichkeitskult im Pseudo-Staat. Identitätsmanagement in Transnistrien, in: Osteuropa 7/2003, S. 963–983.

Sechster Teil

Der Südkaukasus

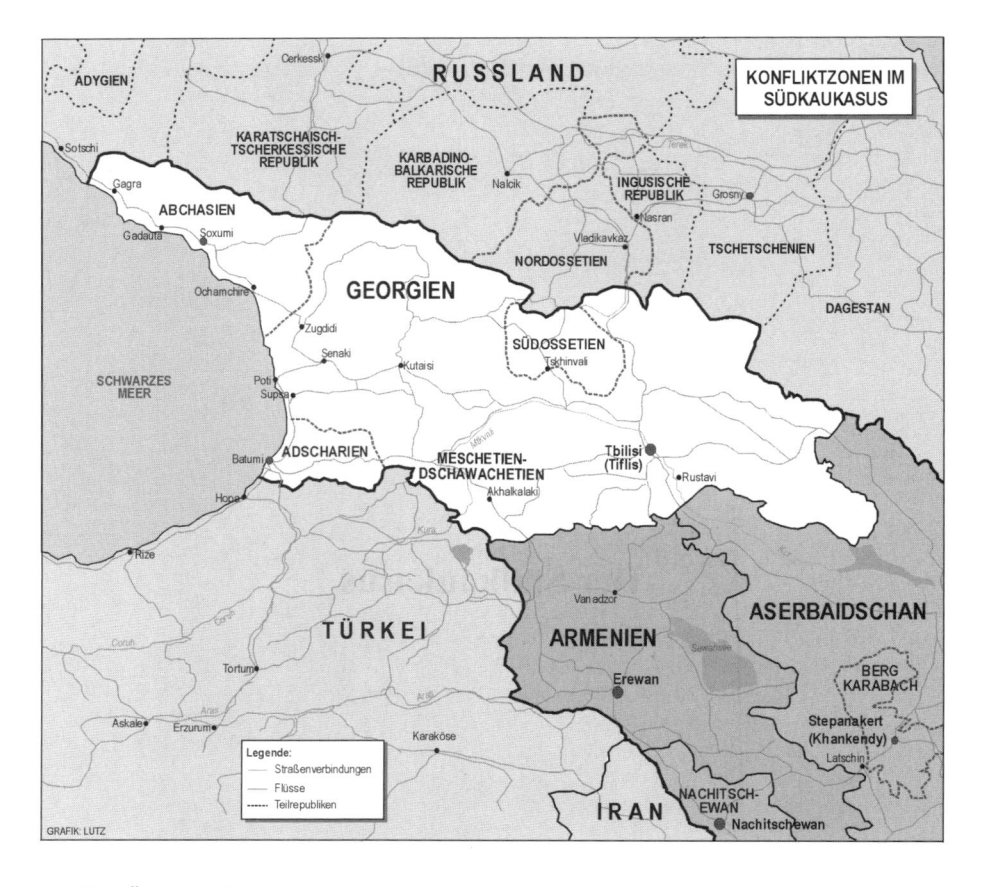

Quelle: Österreichische Militärische Zeitschrift

Inhaltsverzeichnis

1. Der Aufbau staatlicher Strukturen und die Suche nach politischer Identität 523

    1.1 „Nation-Building"   523

    1.2 Strukturen   525

    1.3 Demokratie   526

    1.4 Politische Systeme   529

    1.5 Auswärtige Mächte im Südkaukasus   532

2. Die Rolle der ethno-politischen Kriege im Prozess des „Nation-Building" 537

    2.1 Die Entstehung der ethno-politischen Konflikte   538

    2.2 Gemeinsamkeiten und Besonderheiten der Konflikte   544

    2.3 Die heiße Phase   545

        Berg-Karabach   545
        Abchasien   550
        Südossetien   553

    2.4 Die Phase des „Einfrierens" und das Scheitern der Konfliktregelung   555

    2.5 Das Völkerrecht und die Konflikte im Südkaukasus   558

    2.6 Schlussfolgerung   564

Bibliographie 566

1. Der Aufbau staatlicher Strukturen und die Suche nach politischer Identität

Die Geschichte des Südkaukasus als Region hat einen bestimmbaren Anfang. Die Region „entstand" Anfang des 19. Jahrhunderts unter dem Namen „Transkaukasien"; sie wurde – genauer gesagt – auf Empfehlung russischer Geografen und Geopolitiker konstruiert. Die damalige Benennung drückt ziemlich genau das Wesen dieses Konstruktes aus: mit „Transkaukasien" wurden in Russland pauschal die Länder bezeichnet, die zum Imperium gehörten und hinter dem Kamm des Großen Kaukasus lagen. Im Süden der Region gab es – und gibt es – keine natürliche geografische Grenze. Eine regionale Gemeinsamkeit wurde bis zum Anschluss an Russland weder von den Bewohnern der Region selbst noch von externen Beobachtern wahrgenommen. In den fast 200 Jahren seiner Zugehörigkeit zum Russischen Imperium – und zur UdSSR – wurde Transkaukasien als eine eigene Region vornehmlich von außen und erst allmählich auch von innen begriffen. Die Region verschmäht heute die „russo-zentrische" Bezeichnung und nahm den neuen, neutralen Namen „Südkaukasus" an. Nach dem Zusammenbruch der UdSSR entstanden auf dem Territorium des Südkaukasus drei international anerkannte Staaten, zwischen denen zwar erhebliche Konflikte existieren, die sich aber dennoch als Teile einer einheitlichen Region wahrnehmen; sie haben viele gemeinsame Züge und teilen eine ganze Reihe miteinander verknüpfter Probleme. In gewisser Hinsicht tragen diese Konflikte zur Vereinigung der Region bei, ganz abgesehen davon, dass die Wahrnehmung von außen die Eigenwahrnehmung beeinflusst. Dennoch standen die letzten Jahrzehnte nicht im Zeichen der Integration der Region; stattdessen sind sie durch eine stürmische Entwicklung nationalpolitischer Identitäten gekennzeichnet.

1.1 „Nation-Building"

Die ethno-politische Situation im Südkaukasus lässt sich durch Begriffe wie Aufbau von Nationalstaaten, ethnische Konsolidierung von Nationen und Transformation von Ethno-Nationalismus in Prozessen des Staatsaufbaus beschreiben.

Die Länder des Südkaukasus befinden sich in einer wichtigen Phase, die sie durchmachen müssen, um einen stabilen Staat aufzubauen, um ihre Konflikte beizulegen und um sich zu vereinigen. Das ist die Phase der nationalen Selbstfindung. Erst wenn in den jungen Ländern der Region die Bildung authentischer politischer Systeme abgeschlossen ist, die der politischen Kultur der betreffenden Nation entsprechen, wird man von einer nachhaltigen Entwicklung und der Aufrechterhaltung innerer Stabilität sprechen können. Und erst dann kann von einer Beilegung der Konflikte, von der Zusammenarbeit der Staaten der Region untereinander und mit der Außenwelt die Rede sein.

Die ersten Früchte dieses Prozesses sind bereits sichtbar. Im Gegensatz zur Situation Anfang der 90er Jahre des 20. Jahrhunderts – dem deprimierenden Bild ethnischer

Konflikte, wirtschaftlicher Krisen und allgemeinen Verfalls – ist schon heute ein viel optimistischeres Bild sichtbar. In allen drei südkaukasischen Ländern existiert nicht nur eine relative militärische Stabilität; es werden seitens der Regierungen aller drei Länder auch reale Schritte auf dem Wege zur Wiederbelebung der Wirtschaft unternommen. Dieser Prozess hat nicht nur den Kaukasus erfasst; die politische und teilweise auch die wirtschaftliche Stabilisierung sind objektive Prozesse, die für fast alle GUS-Länder kennzeichnend sind. Nach und nach werden politische Institutionen und vertikale Strukturen staatlicher Macht geschaffen. Die Regierungen sehen – entweder selbst oder unter dem Druck internationaler Finanzorganisationen – die Notwendigkeit wirtschaftlicher Reformen ein. Eine strenge Haushalts- und Finanzpolitik trägt früher oder später Früchte. Die jeweiligen Wirtschaften beginnen, sich an die Desintegration des einheitlichen sowjetischen Wirtschaftsraumes zu gewöhnen. Die Marktwirtschaft schafft neue Verhältnisse nach ihren eigenen Gesetzen, und diese Verhältnisse stimmen nicht mit denen der Zentralverwaltungswirtschaft überein.

Die Prozesse der Nationenbildung in den verschiedenen Teilen der ehemaligen UdSSR sowie in den verschiedenen Ländern des Kaukasus erweisen sich als außerordentlich vielfältig. Es ist anzunehmen, dass eine derartige Vielfalt gesetzmäßig durch die Unterschiede zwischen den nationalen Traditionen, den politischen Kulturen sowie durch die ethnokulturellen Besonderheiten der jeweiligen Länder bedingt ist. Selbstverständlich zeigte sich der nivellierende Einfluss des sowjetischen politischen Systems auch darin, dass viele Probleme allen postsowjetischen Staaten gemeinsam waren, jedoch sollte diese Gemeinsamkeit nicht überschätzt werden. Es stellt sich heraus, dass sich Estland zum Beispiel im Zuge der Transformation seiner politischen Kultur und Praxis immer mehr Nordeuropa angleicht, wie Tadschikistan seinem Nachbarland Afghanistan – viel mehr jedenfalls als sich Estland und Tadschikistan einander annähern. Selbst benachbarte südkaukasische Länder wie Georgien und Aserbaidschan gehen bei der Gestaltung ihrer politischen Systeme gänzlich verschiedene Wege. Das politische System Aserbaidschans gleicht in gewisser Hinsicht eher der liberalen Variante eines zentralasiatischen politischen Systems als dem der benachbarten kaukasischen Länder Georgien und Armenien.

Das sowjetische Imperium, das nicht nur eine totalitäre, sondern auch eine geschlossene Gesellschaft war, riss die von ihm einverleibten historisch-kulturellen Gebiete aus dem geografischen und kulturellen Umfeld heraus, zu dem sie gehörten, bevor sie vom russischen Imperium – und später von der UdSSR – annektiert wurden. Die Republiken glichen sich einander an; die wirtschaftlichen und humanitären Beziehungen über die Grenzen der UdSSR hinaus wurden vom Zentrum strengstens reglementiert. Die Spezialisierung der Regionen entsprach nicht ihrer geopolitischen Lage. Dass z.B. der Kaukasus Teil eines Größeren Nahen Ostens ist, und dass das Baltikum zu Nordeuropa gehört, kam entweder überhaupt nicht zum Ausdruck, und wenn doch, dann nur in den Bereichen wie Kultur, Religion etc., die nicht völlig vom Regime kontrolliert wurden. Aber auch hier waren Varianten möglich, wie z.B. die Einführung neuer Schriften, der erzwungene Austausch der ethnischen und kulturellen Identität (Moldawien, Tadschikistan, Aserbaidschan). Mit den Nachbarländern Handel zu treiben oder etwa mit Verwandten zu verkehren – sei es in Schweden oder im Iran – war für einen Letten wie für einen Aserbaidschaner gleichermaßen unmöglich.

Auch der Südkaukasus wurde aus der Region, deren Teil er war, herausgerissen. Der Kaukasus, der seit uralten Zeiten die Rolle eines Verkehrsknotenpunktes gespielt hat, verwandelte sich in eine Sackgasse, denn die südlich gelegenen Länder waren weder Teil der UdSSR, noch gehörten sie dem „sozialistischen Lager" an. Die Situation war absurd: Im Südkaukasus sprachen mehr Menschen beispielsweise Französisch als Persisch. Dadurch entstand die Illusion, einer anderen geopolitischen Wirklichkeit anzugehören als der, zu der diese Territorien eigentlich gehörten.

Nach dem Zusammenbruch der UdSSR fiel auch die Mauer, die den Südkaukasus von den Nachbarn trennte. Das führte zu seiner Einbindung in eine Makroregion. Natürlich handelt es sich noch um eine Tendenz, die sich gerade erst abzeichnet. Eine Wiederherstellung der regionalen Identität ist ein komplizierter, manchmal auch schmerzhafter Prozess, aber die Anzeichen sind offensichtlich: Angefangen von dem Projekt einer Eisenbahn von Georgien in die Türkei bis zur Aktivität europäischer Banken in Armenien, oder auch die Unterrichtung der türkischen Sprache an einigen Schulen in Baku. Es gibt erste, wenn auch noch schwache Anzeichen dafür, dass der Südkaukasus aus der Isolierung der sowjetischen Zeiten heraustritt. Jedenfalls ist die in Russland populäre Vorstellung von einem „nahen" und einem „fernen" Ausland, in dessen Rahmen Belarus für Georgien „nahes", die Türkei aber „fernes" Ausland ist, ein auslaufendes Modell, das 15 Jahre nach dem Zusammenbruch der UdSSR keinen Sinn mehr macht.

1.2 Strukturen

Äußerliche Merkmale der postsowjetischen Gemeinsamkeit waren nach dem Zusammenbruch der UdSSR zweifellos die vom sowjetischen Staat vererbten Systeme der vertikalen Machtstrukturen. Als diese vertikalen Strukturen geschaffen wurden, wurden die Republiken realiter von Komitees der KPdSU aus Moskau gesteuert. Deswegen waren die Verfassungen der einzelnen Sowjetrepubliken, aber auch die Verfassung der UdSSR selbst, Attrappen und entsprachen keineswegs den Anforderungen an Funktionalität. Gleich nach der Erlangung der Unabhängigkeit stellte sich heraus, dass diese Dysfunktionalität den Aufbau der neuen unabhängigen Staaten behinderte. Kennzeichnend für alle Republiken waren ein riesiges, aber handlungsunfähiges Parlament sowie eine ebenso riesengroße, kaum zu steuernde Struktur der Exekutive in den Regionen.

Inzwischen ist das Problem der Schaffung von mehr oder weniger handlungsfähigen (oder jedenfalls nicht besonders „schädlichen") legislativen Organen und Regierungsstrukturen in allen Ländern des Südkaukasus gelöst. Gelöst wurde es auf eine für das jeweilige Land adäquate Art und Weise, sei es durch die „Rosenrevolution" von 2003 in Georgien, sei es mit der Machtübernahme durch Kriegsveteranen, wie Mitte der 90er Jahre in Armenien.

Zudem kann angenommen werden, dass es sich oft nicht um die Neuschaffung, sondern um die Wiederherstellung von politischen Organismen handelt, die für diese Gesellschaften charakteristisch waren, und die sich auf die eine oder andere Weise unter der Sowjetmacht erhalten haben, ungeachtet der sichtlichen Einförmigkeit der politischen Strukturen. Dieses Thema erfordert eine gesonderte Forschung, aber es ist offensichtlich, dass in der Sowjetunion, trotz des äußerlich strengen, unitarischen Systems politischer Macht, die Bezirksausschüsse der KPdSU, die Gemeinderäte, die KGB-Verwaltungen u.a. in den verschiedenen Regionen mit unterschiedlichem Inhalt gefüllt waren. In den zentralasiatischen Republiken stellten die Parteiausschüsse und Dorfräte für die politische Kultur dieser Völker typische Strukturen einer feudalen Verwaltung dar, mit einem komplizierten System zur Repräsentation der verschiedenen territorialen Sippen und Volksgruppen. Im Südkaukasus dagegen waren sie eher ein offizieller Deckmantel für quasibourgeoise Eliten, die unter den Bedingungen der UdSSR einen semikriminellen Charakter hatten, da das sowjetische Recht jedes Privatgeschäft als Verbrechen qualifizierte. Nach dem Zusammenbruch der UdSSR wurden in einigen Regionen solche Besonderheiten überhaupt nicht in neue Institutionen umgewandelt. Sie änderten lediglich ihre äußerlichen Merkmale und ihre ideologische Camouflage; in Wirklichkeit änderte sich nicht einmal das Personal.

1.3 Demokratie

Schon in den ersten Jahren der Unabhängigkeit offenbarte sich in den postsowjetischen Ländern die Tatsache, dass das komplizierte System von ‚Checks and Balances', das in westlichen Ländern besteht, keine Selbstverständlichkeit ist. Es ist das Ergebnis einer langen Entwicklung der politischen Kultur, an deren Ende die repräsentative Demokratie und die Zivilgesellschaft stehen. Formale Attribute der Demokratie gibt es in allen postsowjetischen Ländern, angefangen von Litauen bis Usbekistan. In vielen Fällen lassen sich die entstandenen politischen Systeme als „Imitationsdemokratien" bezeichnen. Was da entstand, ist häufig nur die Form, die noch mit Inhalt zu füllen ist.

In den südkaukasischen Staaten wurde das Problem der Bildung mehr oder weniger demokratischer politischer Systeme durch zwei Umstände erschwert. Zum einen ist es das absolute Fehlen demokratischer Traditionen. Das Territorium des Südkaukasus ging Anfang des 19. Jahrhunderts in das russische Imperium ein. Dem Südkaukasus wurde keinerlei, nicht einmal eine beschränkte Selbstverwaltung gewährt, wie sie z.B. das Großfürstentum Finnland oder das Polnische Königreich genossen. Auch vor seiner Einverleibung in das Russische Reich gab es im Südkaukasus keine repräsentative Demokratie. Georgien war vor der russischen Eroberung eine Monarchie; Armenien und Aserbaidschan gehörten zu Persien, das damals eine absolute Monarchie war – ohne auch nur Ansätze von Parlamentarismus. Und schließlich führten auch die Jahrzehnte, in denen der Südkaukasus zur UdSSR gehörte, nicht zur Schaffung irgendwelcher demokratischer Institutionen und Vorstellungen über Bürgerrechte; im Gegenteil, die Bevölkerung gewöhnte sich an eine zentralistische Regierung, an vertikale Strukturen und an ein strenges ideologisches Diktat.

Zum anderen erwies sich im Südkaukasus das Fehlen jeglicher nationalstaatlicher Tradition als ein wichtiger Umstand, der einen Staatsaufbau erschwerte. Abgesehen von dem Misserfolg eigener Staatlichkeit in den Jahren 1918 bis 1921, die sich wegen der Kürze dieser Phase auf die Herausbildung einer politischen Kultur der betreffenden Völker nicht auswirken konnte, war Georgien das einzige Land, das in der Neuzeit über einen eigenen Staat verfügte. Jedoch hatte Georgien seine Unabhängigkeit bereits vor fast 200 Jahren verloren. Das letzte armenische Königreich existierte vor ungefähr 700 Jahren, und das auch nicht auf dem Territorium des heutigen Armenien. Einen aserbaidschanischen Nationalstaat hat es überhaupt nie gegeben.

Dementsprechend ist die heutige Entwicklungsetappe der Gesellschaften im Südkaukasus mit der Entstehungszeit der Nationalstaaten in Europa zwischen dem 17. und 19. Jahrhundert zu vergleichen. Direkte Analogien lassen sich natürlich kaum ziehen, aber Parallelen sind durchaus zu beobachten. In Europa ging es ab dem 15. Jahrhundert zunächst einmal um den Aufbau eines zentralistischen staatlichen Systems, um die Transformation der Staaten zum Autoritarismus und erst dann – parallel zur Entwicklung der Marktwirtschaft – um die Implantation demokratischer Elemente. Unglücklicherweise müssen postsowjetische Staaten gleichzeitig und innerhalb einer kurzen historischen Zeit den Staat aufbauen, die Marktwirtschaft einführen, politische Institutionen gründen, authentische Modelle der politischen Kultur finden, ja sogar die Mentalität der Bevölkerung ändern, die daran gewöhnt war, in einem Imperium zu leben. Anders als die baltischen Länder, in denen politische Systeme wiederhergestellt werden, an die sich noch heute lebende Menschen erinnern können, befindet sich der Südkaukasus im Vergleich mit anderen Staaten des postsowjetischen Raums durchaus nicht in einer besseren Lage. In Zentralasien z.B. existieren Traditionen der politischen Kultur aus der Zeit vor der Gründung der UdSSR, die für den Mittleren Osten charakteristisch sind – das Emirat von Buchara und das Chanat von Chiwa.

Der Kaukasus stieß im Prozess des postsowjetischen Aufbaus auf eine ganze Reihe spezifischer Probleme. Eines der Probleme hängt damit zusammen, dass die sowjetischen Machtstrukturen in den Kaukasusländern infolge der anti-sowjetischen Revolutionen Ende der 80er, Anfang der 90er Jahre des 20. Jahrhunderts fast vollständig demontiert wurden. Dadurch unterscheidet sich der Kaukasus wesentlich sowohl von Zentralasien als auch von Russland. Die politischen Systeme der zentralasiatischen Republiken haben sich in der postsowjetischen Zeit nicht wesentlich geändert, zumal es in Zentralasien – Tadschikistan ausgenommen – keine postsowjetischen Revolutionen gegeben hat; der Übergang zur Unabhängigkeit vollzog sich auf dem Papier und nicht auf der Straße. Ethnozentrische Regime bildeten sich in diesen Ländern schon zu Sowjetzeiten; sie gingen fließend in die neue geopolitische Epoche über. In manchen Bereichen der Wirtschaft wurde der Übergang von der Planwirtschaft zur Marktwirtschaft überhaupt noch nicht eingeleitet.

Was Russland anbetrifft, so gestaltet sich dort der Prozess der Transformation von der sowjetischen Nation zur russischen mit denselben Schwierigkeiten, die auch die anderen ehemaligen Sowjetrepubliken erleben. Während die Völker des Kaukasus ihren kolonialen Komplex, das Bewusstsein politischer Abhängigkeit und Unselbständigkeit bewältigen müssen, steht die Bevölkerung Russlands vor der Notwendigkeit, ihren imperialen Komplex, ihren hegemonialen Anspruch zu überwinden. Im Unterschied zu den südkaukasischen Ländern muss der Prozess des Staatsaufbaus und der Bildung von staatlichen Institutionen in Russland nicht bei Null beginnen. Zumindest hatte Russland nicht das Problem, ein eigenes Außenministerium, eine Armee, eine Polizei, ein Finanzsystem etc. aufbauen zu müssen. Es geht eher um die „Schrumpfung" des zu Sowjetzeiten bestehenden Staates auf das Maß der neuen Grenzen sowie um einen Wechsel des ideologischen „Milieus" und des Wirtschaftssystems. Im Südkaukasus dagegen hat es viele Institutionen überhaupt nicht gegeben; und im Falle Aserbaidschans konnte selbst die Bezeichnung der Nationalsprache erst nach langen politischen Diskussionen gefunden werden.

Nach der Erlangung der Unabhängigkeit machten die südkaukasischen Länder mehrere Phasen der Selbstfindung durch. In der ersten Phase wurden einfach nur die Staaten gebildet, und das Spektrum der Möglichkeiten war für jeden von ihnen sehr groß. Georgien hätte bei einem unglücklichen Zusammentreffen äußerer und innerer Umstände völlig in seine Teile zerfallen können. Aserbaidschan hätte einen noch größeren Teil seines Territoriums verlieren und Armenien hätte gänzlich von der Landkarte verschwinden können. Das alles hätte die geopolitische Konstellation in der Region stark beeinflusst. Aber mit der Zeit hat sich die Situation mehr oder weniger stabilisiert. Die Staaten erhielten ein Gesicht und ihr Handlungsspielraum wurde eingeschränkt. Spielregeln etablierten sich.

In der zweiten Phase entstanden so genannte „Orientierungsmodelle". Nationale Interessen wurden auf der Basis ziemlich primitiv verstandener Gesetzmäßigkeiten der „Realpolitik" definiert: Kleinere Staaten sollten sich an irgendeiner äußeren Macht orientieren. Die Staaten des Südkaukasus begannen, sich als Vorposten der einen oder anderen ausländischen Macht in der Region zu verstehen, sei es der Türkei, Russlands oder „des Westens". Dabei erwiesen sich die „Partner" als unwillig, darauf einzugehen. Die Orientierung am „Westen" war irreal, weil diese „Schutzmacht" kein Subjekt des Völkerrechts ist („der Westen" und die „islamische Welt" sind politisch vage Begriffe). Leider haben viele Politologen, auch im Westen, diese Mythen ernst genommen. Und die Stereotypen, wonach einige Staaten pro-russisch sind, andere hingegen pro-westlich und wieder andere fundamentalistisch, wurden von den Kaukasiern selbst leichtsinnigerweise in Umlauf gebracht.

Alle diese Begriffe sind so gut wie ohne Bedeutung. So kann in Bezug auf ethnopolitische Konflikte eher Russland als „pro-armenisch" oder „pro-aserbaidschanisch" bezeichnet werden als Armenien bzw. Aserbaidschan als pro- bzw. anti-russisch. Des

Weiteren kann die „Pro-Westlichkeit" der Kaukasusländer eher eine geopolitische Orientierung bedeuten – und nicht die Wahl westlicher Werte, wie dies im Westen oft missverstanden wird. Auch bedeutet eine pro-westliche Position nicht unbedingt eine hohe Wertschätzung der Demokratie, wie auch der Islam nicht mit Radikalismus gleich gesetzt werden darf. Beispiele dafür gibt es zahlreiche. Nach der „Rosenrevolution" in Georgien gewann *Saakaschwili* die Präsidentschaftswahlen mit einem „turkmenischen" Ergebnis von 97 %. Im Laufe der demokratischen Reformen wurde die georgische Verfassung nach der Rosenrevolution auf verfassungswidrige Weise geändert. Die Freiheit der Medien wurde eher eingeschränkt als erweitert. Das Gleiche gilt auch für den Volksentscheid in Armenien, mit dem die Verfassung demokratisiert wurde; er wurde von der Regierung in absolut undemokratischer Weise durchgesetzt.

1.4 Politische Systeme

Einige Merkmale der politischen Systeme der Länder des Südkaukasus weisen Ähnlichkeit auf, vor allem das Schema der vertikalen Struktur der staatlichen Macht. Zu diesem System, das manchmal als „Eineinhalb-Parteien-System" bezeichnet wird, gehört unbedingt die so genannte „Partei der Macht". Es handelt sich hierbei häufig um eine informelle Vereinigung von Menschen und Strukturen, die einen realen Zugang zur Macht haben. Die offiziellen politischen Parteien, die „an der Macht" sind, können realiter lediglich die „Kader" der mittleren Ebene bzw. die Funktionäre der Gewerkschaften stellen. Man kann davon ausgehen, dass sich die so genannten politischen Parteien, die beim Zusammenbruch der UdSSR breite politische Fronten mit höchst amorphen Strukturen bildeten, nicht in Parteien westlichen Typs verwandeln können, wenn sie nicht bereits beim Zerfall der UdSSR eine Rolle als „Mauerbrecher" und als Struktur zur Formierung einer neuen politischen Elite gespielt haben. Heutzutage ist die reale Macht in den Ländern des Südkaukasus im Staatsapparat und in der militärischen und wirtschaftlichen Elite sowie in den regionalen Eliten konzentriert. Diese Prozesse sind nicht originell, sie haben Analogien in allen GUS-Ländern. In Russland sind es der Energiekomplex oder die Armee, die viel einflussreichere „politische Parteien" darstellen als z.B. die Partei „Jabloko".

Die eigentliche politische Opposition hat in allen drei südkaukasischen Ländern wenig Einfluss auf die reale Politik, weil sie weniger die Interessen sozialer Gruppen und der Elite zum Ausdruck bringen als vielmehr die in der Gesellschaft existierenden ideellen Meinungsverschiedenheiten. Die realen Interessen werden von verschiedenen Gruppierungen (in der Presse manchmal als „Clans" bezeichnet) innerhalb der Partei der Macht vertreten. Diese akkumulieren, im Unterschied zu den formalen Parteien, die Interessen verschiedener Geschäftsgruppen, die wegen der Unterentwicklung des Marktes eng mit Gruppierungen im Staatsapparat verflochten sind. Möglicherweise stellen diese Gruppen Ansätze zur Bildung künftiger politischer Parteien dar; auf jeden Fall ist ihr Potenzial in dieser Hinsicht viel höher als das der Oppositionsparteien, die eher Klubs von Intellektuellen bzw. marginalisierte Gruppen sind.

Aber die politischen Systeme der Länder des Südkaukasus weisen auch erhebliche Unterschiede auf, die durch die Unterschiede der politischen Kultur, der Geschichte und der Mentalität der Völker bedingt sind. Dieses Thema bedarf noch eingehender Forschung, doch sind die Unterschiede zwischen den politischen Modellen möglicherweise die Projektion der tiefgehenden kulturellen Unterschiede zwischen den in der Region lebenden Völkern auf die moderne politische Realität.

Aserbaidschan ist ein klassisches Beispiel für die Machtergreifung einer Klanstruktur. Das Rotationssystem der Eliten basiert auf dem territorialen bzw. verwandtschaftlichen Prinzip, wodurch sich das politische System dieses südkaukasischen Landes den politischen Systemen der mit ihm verwandten Völker Zentralasiens annähert. Es ist das einzige Land im Südkaukasus, in dem die Macht vom Vater auf den Sohn überging. Das Parlament und die politische Opposition sind reine Fassade, denn die reale Macht hat nichts mit der öffentlichen Politik zu tun. Dieses System hat Tradition in diesem Lande und ist charakteristisch für die lokale politische Kultur; diese bestand inoffiziell auch in der sowjetischen Zeit. Die politische Macht erscheint in diesem System ziemlich stabil, insbesondere unter Berücksichtigung der Wirtschaft des Landes, die sich auf die Einnahmen aus der Erdölförderung stützt. Die Hauptaufgabe der Elite besteht nicht darin, Einkommen zu erarbeiten, sondern die Erdöleinnahmen innerhalb der betreffenden Gruppe der Elite zu halten und zu verteilen. Jedenfalls erlaubt die Elite den Oppositionsparteien nicht, sich große Hoffnungen darauf zu machen, auf einem nichtdynastischen bzw. nichtrevolutionären Wege an die Macht kommen zu können. Das behindert die politische Entwicklung des Landes. Es wurde ein strenges System geschaffen, das eine personelle Besetzung von Regierungsämtern anhand von Qualifikation, Ausbildung, Fähigkeiten etc. nicht zulässt. Wenn man davon ausgeht, dass reale Veränderungen nur innerhalb der Partei der Macht möglich sind, dann ist das politische System in Aserbaidschan eher modernisierungsresistent. Doch verfügt Aserbaidschan über eine ziemlich gut entwickelte soziale Struktur; mehrfach in der postsowjetischen Geschichte bewies das Land seine Fähigkeit zu einschneidenden Veränderungen.

Die armenische politische Elite setzt sich aus einem ziemlich engen Kreis von Menschen zusammen, die bereits während der Revolution 1988–1990 und während des Karabach-Krieges 1991–1994 an die Macht gekommen sind. Auf der mittleren Ebene des Regierungsapparates hat sich eine Gesellschaftsschicht etabliert, die in gewissem Sinne eine politische Kaste bildet; diese ist allerdings flexibel genug, um neue Mitglieder aufzunehmen. Das Fehlen einer eigenstaatlichen Tradition in Verbindung mit dem drastischen Absinken des Lebensstandards führte Anfang der 90er Jahre zu einer Verelendung und zu einer Radikalisierung der Bevölkerung. Mit dem Ende des Karabach-Krieges endete auch die Solidarisierung der Gesellschaft um die Regierung. In Armenien ist eine Entfremdung zwischen der Regierung und dem Volk, und hier insbesondere den Intellektuellen, zu beobachten. Eine Auseinandersetzung mit der Regierung nimmt fast immer radikale Formen an. Zwar ist die Zahl der Demonstrationen ziemlich hoch, doch hat die politische Opposition keinen realen Einfluss auf die Prozesse der staatlichen Verwaltung. So besteht eine Spannung zwischen den real agierenden demokratischen Institutionen (Mehrparteiensystem, Pressefreiheit etc.) und dem oligarchischen System der politischen Macht. Diese Spannung schwächt die interne Legitimität der Regierung, was die „Partei der Macht" nicht daran hindert, die gesellschaftliche Meinung bei Bedarf zu manipulieren, z.B. während der Wahlen.

Georgien ist im Vergleich mit seinen praktisch monoethnischen Nachbarn ein multikulturelles Land. Dies gilt in vollem Umfang auch für die politische Kultur: Georgien lässt sich in verschiedene ethno-territoriale Gebiete mit offensichtlichen Unterschieden in der politischen Kultur der Bevölkerung unterteilen. Die blutigen ethnopolitischen Konflikte, die das Land erschüttert haben, sind Ausdruck der kulturellen Unterschiede, die im Rahmen des georgischen Staates existieren. In Georgien ist es der radikalen Opposition gelungen, an die Macht zu kommen; das Regime von *Gamsachurdia* machte Unversöhnlichkeit und die Suche nach Feinden zum Kern seiner Innen- und Außenpolitik. Der Radikalismus und die nationalistische Rhetorik haben, zusammen mit dem Mangel an Professionalität, Georgien praktisch in den Bürgerkrieg geführt. Der Regierung von *Schewardnadse* ist es zwar gelungen, die Situation zu stabilisieren, doch das Problem der Ineffektivität der Regierung, der Korruption sowie der Schwäche der Zentralmacht haben zu einer weiteren Revolution geführt – der „Rosenrevolution". Durch diese wurden die Probleme der Zentralisierung (nicht der Demokratisierung, wie im Ausland vielfach gemeint) des Staates gelöst. Die Eliten haben sich konsolidiert, die Opposition verlor die Möglichkeit, die Politik real zu beeinflussen, wie es unter der schwächeren Regierung *Schewardnadses* noch möglich war: „Georgien wurde zu Armenien", wie man im Kaukasus im Spaß sagt. Die sozialen Probleme sind immer noch groß, aber die eindeutig pro-westliche Politik des Präsidenten *Saakaschwili* generiert einige Ressourcen, die eine weitere Entwicklung erlauben. Georgien hat die Möglichkeit, seine geographische Lage zwischen dem Schwarzen Meer und dem Kaspischen Meer als Brückenfunktion zu seinem Vorteil zu nutzen.

Doch scheint sich in Georgien ein lateinamerikanischer Typus der Macht-Rotation herauszubilden, bei dem die Macht auf dem Wege ständiger Umstürze und Revolutionen wechselt. Eine derartige Lage entsteht als Ergebnis aus der Kombination von zwei Faktoren, nämlich des traditionellen politischen Radikalismus einerseits und der Schwäche des Staates andererseits. Streng genommen wechselte die Macht im postsowjetischen Georgien nicht ein einziges Mal auf nicht-revolutionäre Weise; nach Revolutionen wurde der Machtwechsel dann durch Wahlen legitimiert, in denen der jeweilige Sieger – *Gamsachurdia, Schewardnadse, Saakaschwili* – jedes Mal über 80 Prozent der Stimmen erhielt. Dieses Phänomen wird im Westen gewöhnlich, und zwar völlig zu unrecht, so behandelt, als strebe das Land nach Demokratie und nach seiner Eingliederung in die westliche Welt, weil in Georgien die neuen Führer jedes Mal auf einer Woge schriller pro-westlicher und anti-russischer Rhetorik an die Macht kommen. Eine solche Rhetorik ist ein weiteres Merkmal für die Instabilität des Staates, der es nötig hat, sich Legitimität außerhalb des Landes zu suchen.

Natürlich gibt es das Problem der Legitimierung der Macht auch in Aserbaidschan und in Armenien, und das über Georgien Gesagte gilt auch für diese Länder. Der Machtwechsel vollzieht sich in diesen Ländern nicht so sehr durch Wahlen, sondern durch Absprachen innerhalb der Elite. Die Wahlen dienen nicht der Willensäußerung des Volkes, sondern dazu, das Ergebnis der Übereinkunft durch die Wähler zu legitimieren.

In Aserbaidschan wurde die Entwicklung der beiden Faktoren, die auch in diesem Land zu einem georgischen Szenario hätten führen können – also die Radikalisierung der Massen und die Schwäche des Staates – durch Traditionen des Mittleren Ostens verhindert, die sich unter den Bedingungen der UdSSR erhalten hatten. Diese Traditionen machten in Aserbaidschan nach der Erlangung der Unabhängigkeit eine dynastische Machtübergabe möglich, die in Armenien und Georgien völlig undenkbar wäre. Gerade wegen dieses Legitimationstyps gelang es Aserbaidschan in all diesen Jahren, sowohl eine übermäßige Schwächung des Staates als auch eine Radikalisierung der Massen zu vermeiden.

In Armenien führten der Sieg in Karabach und der Erfolg der wirtschaftlichen Reformen zu einer Konsolidierung der Eliten, dank derer es Armenien gelingt, einer Diffusion der Macht wie in Georgien zu entgehen. Bei dem vergleichsweise starken und konsolidierten Staat erweist sich der Radikalismus – obwohl er durchaus existiert und in all den Jahren der Unabhängigkeit existiert hat – als zu schwach, um auf die reale Politik einwirken zu können.

In Georgien kam es wegen der Zersplitterung der Eliten, und wegen des völligen Fehlens auch von archaischen Mechanismen zur Festigung der Macht, zu einem gewissen kumulativen Effekt all jener Schwierigkeiten der Legitimierung, die es auch in den anderen Ländern des Südkaukasus gibt. Paradoxerweise gilt diese Schwäche im Westen häufig als Stärke, d.h., als Ausdruck einer demokratischen Grundeinstellung in diesem Lande. Die Ironie der Situation ist offensichtlich. Das hindert jedoch andere Länder der Region nicht daran, die erhöhte Aufmerksamkeit des Westens, derer sich Georgien erfreut, auch zu nutzen.

1.5 Auswärtige Mächte im Südkaukasus

Die Bedeutung Russlands in der Region ist ein äußerst wichtiges Thema, das leider häufiger zum Objekt ideologischer Diskussionen als zum Gegenstand wissenschaftlicher Forschung gemacht wird. Trotz des Ungleichgewichts der russischen Außenpolitik ist der Einfluss Russlands auf die Kaukasusregion nicht zu überschätzen. Unter den regionalen Großmächten – die Türkei, der Iran, aber auch die USA, die kraft ihrer Besonderheit eine regionale Großmacht an jedem beliebigen Ort der Welt sind – ist Russland eine der wichtigsten, wenn nicht die wichtigste auswärtige Macht im

Südkaukasus. Die ehemalige Kolonialmacht verfügt über große Möglichkeiten der Einflussnahme auf die dortigen Staaten. Diese Möglichkeiten sind objektiv und existieren ungeachtet der gegenwärtigen Politik der russischen Regierung. Russische Streitkräfte sind immer noch in zwei von drei Staaten der Region stationiert – in Armenien und in Georgien. Ethnische Slawen machen einen erheblichen Anteil an der Bevölkerung in zwei Ländern des Südkaukasus aus – in Aserbaidschan und in Georgien. Ganz besonders groß ist die wirtschaftliche Einflussnahme der ehemaligen Kolonialmacht auf die Länder, die früher Bestandteile eines einheitlichen Wirtschaftsraumes waren. Am klarsten kommt dies in der Energieabhängigkeit der Kaukasusländer von Russland zum Ausdruck, das über große Vorräte an Energieträgern verfügt; nicht von ungefähr wird die GUS häufig im Scherz „Energieunion" genannt.

Doch der russische Einfluss auf den Südkaukasus nimmt – im Vergleich zum Einfluss anderer auswärtiger Mächte – tendenziell ab. Im Gegensatz zu der in politischen Kreisen Russlands weit verbreiteten Meinung ist der Hauptvektor der politischen und wirtschaftlichen Prozesse – jedenfalls im Südkaukasus – nicht die Reintegration, sondern die Desintegration. Im Vergleich mit anderen Regionen der GUS verlaufen die Prozesse der wirtschaftlichen Distanzierung von Russland im Kaukasus augenfälliger. Die ethno-politischen Konflikte führten in der Region zu Blockaden. Wegen der äußerst schlechten Beziehungen zu Russland gelangt auf dem Landweg keine Fracht mehr aus Russland nach Georgien. Armenien ist durch Georgien von Russland getrennt. Aserbaidschan begann die Blockade Armeniens bereits 1990, noch vor dem Zusammenbruch der UdSSR.

Die Energiekrise, die auch eine Folge der Kriege und Blockaden ist, führte zum Zusammenbruch der Industrie sowjetischen Typs (jedenfalls in Georgien und Armenien), die früher in den einheitlichen sowjetischen Wirtschaftsverbund eingegliedert war. Die Entwicklung der reformierten Wirtschaft der Länder der Region, in der sich die Beziehungen nach den Gesetzen des Marktes und nicht nach einem zentralen Plan gestalten, fördert die Distanzierung von dem schwer zugänglichen Russland.

Deshalb nimmt der Druck Russlands auf die Länder der Region zunehmend einen nicht-wirtschaftlichen Charakter an. Ein Druckmittel sind vor allem die ethno-politischen Konflikte, die die Länder der Region von Waffen- und Energielieferungen abhängig machen. Die weit verbreitete Meinung über die Existenz einer großen Anzahl ausländischer – nicht sowjetischer – Waffen in der Region ist angesichts der Armut der Länder des Südlichen Kaukasus unbegründet. Die Konflikte erlauben es Russland – sogar in ihrem eingefrorenen Zustand –, politischen Druck auszuüben. Russische Friedenstruppen, zum Beispiel, sind in Abchasien und in Südossetien gerade wegen der ethnischen Konflikte stationiert. Die Verlegung einer direkten Pipeline von den kaspischen Förderstätten in die Türkei ist wegen des ungelösten Karabach-Konflikts nicht möglich. Die unmittelbare militärpolitische Einflussnahme Russlands auf Armenien, Georgien und Aserbaidschan wird anhalten, ganz unabhängig von der realen wirtschaftlichen Einbindung der ehemaligen Metropole in den regionalen Markt. Russland wird sich aber zunehmend mit anderen regionalen Mächten arrangieren müssen.

Es ist schwer vorstellbar, dass sich der Vektor der russischen Kaukasuspolitik radikal ändert; Russlands Einfluss in der Region ist objektiv und hängt im Grunde von langfristigen Faktoren ab. Es ist anzunehmen, dass sich die Ereignisse nach dem bisherigen Szenario abspielen werden: Abnahme des russischen Einflusses im Südkaukasus und allmähliche Herausbildung eines neuen Gleichgewichts der Kräfte in der Region, in welchem Russland jedoch eine wichtige Position behält.

In der neuen polyzentrischen Wirklichkeit wird Georgien wahrscheinlich auch weiterhin seine pro-westliche Haltung demonstrieren und sich von Russland distanzieren. Die georgische Einstellung wird als ein Mittel verstanden, die Aufmerksamkeit des Westens auf sich zu lenken.

Nach der letzten Anhebung der Gaspreise auf europäisches Niveau hat Russland realiter keine Möglichkeiten mehr, auf dieses Land Einfluss zu nehmen. Aserbaidschan wird weiterhin sein Erdöl als Mittel einsetzen, um für den Westen attraktiv zu bleiben, und gleichzeitig versuchen, seine Beziehungen zu Russland nicht zu verderben. Die naiven Versuche, die inneren ethno-politischen Konflikte von außen zu lösen, werden früher oder später aufhören, was zu der Suche nach einem realen Gleichgewicht der inneren und der äußeren Kräfte in der Region führen wird.

Armenien seinerseits wird auch weiterhin – zumindest in den diesbezüglichen Verhandlungen – seine pro-russische Orientierung in den für das Land nicht lebenswichtigen Fragen betonen, sowohl mit Blick auf die Integration in die GUS als auch hinsichtlich der Erweiterung der NATO und globaler Fragen. Armenien wird wohl kaum seine rigorose Politik in den für das Land entscheidenden Fragen (vor allem bezüglich Karabach) ändern, selbst wenn Russland seine Position radikal ändern würde; Armenien wird langsam und Schritt für Schritt den europäischen Vektor seiner Politik weiter verfolgen.

Sobald der Einfluss Moskaus aufhört, den politischen und wirtschaftlichen Raum des Südkaukasus hundertprozentig auszufüllen, entsteht Raum für Rivalität zwischen den anderen Ländern der Region. Dabei geht es vor allem um die beiden regionalen Großmächte Türkei und Iran. In dieser Hinsicht erfolgt eine Rückkehr zu der traditionellen Situation, wie sie vor Beginn des 19. Jahrhunderts existierte; dieses Modell galt für einen Zeitraum von ungefähr 1 000 Jahren. Berücksichtigt man Byzanz als geopolitischen Vorgänger der Türkei, so sind es zweitausend Jahre.

Die Türkei wird als Mitglied der NATO und als säkularer Staat im Nahen Osten, aber auch im Westen selbst, traditionell als Vorposten des Westens in der moslemischen Welt und als Gegengewicht zum fundamentalistischen Iran wahrgenommen. Dieses Image erhielt die Türkei durch die unnachgiebige anti-iranische Position der USA, die auf die Zeit *Khomeinis* zurückgeht. Unabhängig vom realen Gehalt dieser Vorstellungen wird die Rivalität zwischen diesen beiden Ländern als Kampf zwischen

Demokratie und Obskurantismus wahrgenommen. Doch ist auf Basis dieser Konzeption ein Ausgleich der Kräfte in dieser Region real kaum vorstellbar.

Die Politik Aserbaidschans änderte sich in den letzten Jahren mehrfach unter dem Einfluss von inneren und äußeren Faktoren. Jedoch hat sich die globale Orientierung des Landes seit dem Zeitpunkt, als *Eltschibej* an die Macht kam, fast überhaupt nicht geändert. Die Regierungen von Vater und Sohn *Alijew* verfolgten grundsätzlich die gleiche Politik, nur geschickter und subtiler. Diese Politik besteht in der Distanzierung von Russland und in dem gleichzeitigen Versuch, das regionale System der Einflussnahme und Gegengewichte zu verändern. Das hauptsächliche Instrument dieser aserbaidschanischen Politik ist das Erdöl, genauer gesagt, eine Reihe von „Superkontrakten" im Rahmen des sogenannten „Jahrhundertprojektes". Zudem spielt der Platz eine Rolle, den Aserbaidschan versucht, in dem sich formierenden geopolitischen System im südwestlichen Asien einzunehmen. Aserbaidschan ist bestrebt, für die südlichen Staaten der ehemaligen UdSSR eine Brücke zur Türkei zu schlagen, so wie die Türkei für Aserbaidschan eine Brücke zum Westen ist. Ihren Ausdruck finden diese Tendenzen in den Versuchen, globale Transportkorridore Zentralasien–Aserbaidschan–Türkei zu schaffen – unter Umgehung von Russland und des Iran. Gemeint ist die bereits fertig gestellte Pipeline Baku–Tbilissi–Ceyhan (BTC) und die noch zu bauende Pipeline von Schach-Denis nach Erserum.

Das zweite Paradoxon in der Orientierung der Länder der Region besteht darin, dass der Iran beste Beziehungen zum christlichen Armenien unterhält, das seinerseits in Konflikt mit dem moslemischen Aserbaidschan steht. In der Sache ist dies natürlich keineswegs paradox. Armenien wurde durch den Krieg und die Blockade zwischen Aserbaidschan und der mit diesem Land befreundeten Türkei eingeklemmt. Der Iran wurde für Armenien zu einem natürlichen Fenster zur Außenwelt. Etwa seit 1994 wurden einerseits die ersten Verbindungen zum Iran hergestellt (der Bau einer Brücke über den Grenzfluss Arax sowie der Beginn des Baus einer Straße aus der Mitte Armeniens bis zur Grenze). Andererseits wurden Lieferungen aus Russland auf dem Luftweg zu teuer, weshalb der Anteil der Importe aus dem Iran und über den Iran ein überproportional hohes Gewicht in der Importstruktur Armeniens gewann. Eine wichtige Rolle spielen auch politische Erwägungen. Angesichts der betont „protürkischen" Orientierung Aserbaidschans, die sich schon unter Präsident *Eltschibej* bildete, sowie der eigenen, 15 Millionen Menschen starken aserbaidschanischen Bevölkerung, die kompakt in „Südaserbaidschan" im Iran lebt, ist Teheran überhaupt nicht an einem Anwachsen der Macht Aserbaidschans interessiert. Und dies umso weniger, als es in Aserbaidschan politische Kräfte gibt, die für eine Wiedervereinigung mit dem südlichen (iranischen) Aserbaidschan eintreten. Darin liegt der Grund, weshalb der Iran beste Beziehungen zu Armenien, dem Rivalen Aserbaidschans unterhält, auch wenn dies nicht an die große Glocke gehängt wird. Diese Politik – gute Beziehungen zum Iran, keine schlechten Beziehungen zu Europa und normale Beziehungen zu Russland – wird in Armenien selbst als „Komplementarismus" bezeichnet. Streng genommen ist Armenien nicht an einem monopolaren Südkaukasus interessiert. Eine Situation, in welcher in der Region das militärpolitische Gleichgewicht sowohl zwischen den südkaukasischen Staaten selbst als auch zwischen den wichtigen äußeren Mächten erhalten bleibt, passt Armenien und räumt dem Land einen gewissen Handlungsspielraum ein.

Anders verhält es sich in Georgien. Der Versuch, sich von Russland zu distanzieren, bedingt unweigerlich die Suche nach alternativen Partnern. Georgien ist fast noch mehr als Aserbaidschan selbst an Trassen für Rohrleitungen und Eisenbahnlinien interessiert, die über sein Territorium vom Kaspischen zum Schwarzen Meer führen. Es zeigt sich, dass der Faktor Erdöl eher eine geopolitische als eine wirtschaftliche Bedeutung hat. Die gesicherten Erdölvorkommen des kaspischen Schelfs sind erheblich geringer als die Westsibiriens oder des Persischen Golfs. Aber die Pipeline per se wird von den aserbaidschanischen und georgischen Eliten als reales Mittel verstanden, die Länder der Region aus der einseitigen Abhängigkeit von Russland zu lösen. Jedenfalls wird Georgien als das pro-westlichste Land in der Region wahrgenommen; dabei verstehen die georgischen Eliten ihre pro-westliche Haltung als gleichbedeutend mit einer anti-russischen Position.

Bedauerlicherweise dominieren schematisierte Vorstellungen von der regionalen Politik nicht nur in den Diensträumen der Außenministerien der jungen Staaten, sondern auch im Westen, und zwar nicht nur in der Türkei, sondern auch im „klassischen" Westen, vor allem in den Vereinigten Staaten. Entgegen weit verbreiteten Vorstellungen zeigt die Erfahrung anderer Länder, dass Erdöl und Prosperität per se nicht zum Frieden führen. Es ist eher umgekehrt. Unter friedlichen Umständen ist ein Ölboom möglich. Für einen solchen Boom bedarf es eines echten Friedens und nicht einer Situation, die der gegenwärtigen gleicht – d.h. kein Frieden, sondern nur „kein Krieg". Eine Situation, in welcher in der Region reiche und anerkannte Länder wie Aserbaidschan und Georgien mit armen und nicht anerkannten wie Karabach und Abchasien nebeneinander existieren, eine „zufriedene" Türkei mit einem „unzufriedenen" Russland oder einem ebenso „unzufriedenen" Iran, eine solche Situation wird es entweder nie geben oder sie wird gewaltsam geändert. Nur ein globales Gleichgewicht aller inneren und äußeren Kräfte kann einen realen Frieden in der Region bewirken. Die Suche nach diesem Gleichgewicht ist ein langer und mühsamer Prozess. Wahrscheinlich kann eine stärkere diplomatische und politische Präsenz europäischer Länder und Organisationen in der Region eher als der Einfluss einer einzelnen Macht dazu beitragen, ein solches Gleichgewicht herzustellen. Von der Situation, in der die Wörter „Westen", „Türkei" und „USA" als Synonyme erscheinen, wünscht man sich, dass sie lediglich eine Kinderkrankheit vor dem Eintritt des Südkaukasus in die Weltgemeinschaft ist. Ein klares Bewusstsein der nationalen Interessen in den Eliten der drei Länder, die Bewältigung des Abhängigkeitskomplexes, öffnet die Region für die verschiedenen auswärtigen Kräfte. Sie führt unvermeidlich zu ihrer Einbindung in die Makroregion sowie zur Wiederherstellung ihrer Funktion als Verkehrsknoten, durch die sich die Region auszeichnet; um dies zu erkennen, genügt nur ein Blick auf die Karte.

Staatliche Stabilität und wirtschaftliche Reformen können ihrerseits allmählich zur Bildung einer Mittelschicht führen, die sich ihrer eigenen Interessen bewusst ist.

Dies ist besonders wichtig für eine so konfliktträchtige Region wie den Kaukasus. Wenn sich die Gesellschaft des hohen Preises einer Destabilisierung bewusst wird, dann entsteht ein temporäres Zeitfenster für die Bildung einer vom Totalitarismus befreiten Existenz. Es ist der Tatsache Rechnung zu tragen, dass die Jahre der Krise, des Aufbaus staatlicher Strukturen und der Konflikte die Länder des Südkaukasus dermaßen verändert haben, dass eine Rückkehr zur Vergangenheit nicht möglich ist, selbst wenn die Eliten und die Bevölkerung dies wünschten.

Das betrifft gleichermaßen die Bereiche Politik, Wirtschaft und Geopolitik. Die Sowjetunion ist verschwunden. Zusammen mit ihr verschwand auch das System der Zentralverwaltungswirtschaft, in das die ehemaligen Sowjetrepubliken des Südlichen Kaukasus rigoros integriert waren. Deswegen ist eine Wiederbelebung der Wirtschaft durch die Restauration der alten Methoden nicht möglich, sondern nur durch die Suche nach neuen Existenzformen. Eine Wirtschaft sowjetischen Typs mit einer hypertrophierten Schwerindustrie und einem riesigen militärindustriellen Komplex lässt sich im Rahmen solch kleiner Staaten nicht wiederherstellen. Infolgedessen gibt es für die Länder des Südkaukasus keine Alternative zur Öffnung ihrer Wirtschaften, sowohl gegenüber der Region als auch gegenüber der ganzen Welt. Indem sich die Gesellschaften und die Eliten dieser Staaten dieser Tatsache bewusst werden, finden sie zur Identität ihrer Länder. Und nur auf dieser Basis kann dann die Einsicht in die Notwendigkeit regionaler Zusammenarbeit wachsen.

2. Die Rolle der ethno-politischen Kriege im Prozess des „Nation-Building"

Seit nunmehr fast eineinhalb Jahrzehnten sind die drei ethno-politischen Konflikte im Südkaukasus „eingefroren". Die fortwährenden Bemühungen um ihre Beilegung dauern seitdem unter Beteiligung der internationalen Gemeinschaft, von Regional- und Weltmächten sowie friedensschaffender Strukturen an. Die Zuspitzungen der Konflikte, die sich von Zeit zu Zeit ereignen, führten zwar nicht zu einer Wiederaufnahme des Krieges, jedoch wird der Diskurs über die Möglichkeit einer gewaltsamen (d.h. kriegerischen) Lösung der Konflikte fortgesetzt und nimmt in den letzten Jahren sogar zu. Das in den Konflikten erreichte Gleichgewicht, in dessen Folge es gelang, die Konflikte einzufrieren, ist mit den Jahren nicht stabiler geworden. Es ist offensichtlich, dass trotz aller Energie und trotz aller Mittel, die zur Beilegung der Konflikte aufgewendet werden, das Unvermögen, diese zu beenden, nicht nur mit der Inkompetenz und dem bösen Willen der Politiker verbunden ist, sondern auch mit einigen Gesetzmäßigkeiten bei der Entstehung und in der Entwicklung dieser Konflikte. Diese sind – ebenso wenig wie die Inkompetenz und der mangelnde Wille der Politiker – nicht zufällig.

Es fällt auf, dass die ethno-politischen Konflikte im Südkaukasus – und in der ehemaligen UdSSR insgesamt – viele gemeinsame Züge aufweisen, durch die sie sich von solchen Konflikten im „humanistischen" Westen, zum Beispiel von dem nordirischen oder dem baskischen Konflikt in Europa, unterscheiden. Ethnische Säuberungen, Vertreibungen, die Bildung territorialer Zonen außerhalb staatlicher Kontrolle, die Schaffung paralleler Legitimitäten u.a. sind für die Konflikte in Europa ganz und gar nicht charakteristisch. Es wäre also logisch anzunehmen, dass die Ähnlichkeit der postsowjetischen Konflikte untereinander in bedeutendem Maße mit den politischen, ethnischen, sozialen und wirtschaftlichen Besonderheiten der Sowjetunion und dem Prozess ihrer Desintegration verbunden ist. Die Ursprünge eines jeden Konfliktes sind aber zweifellos einzigartig, und in diesem Sinne kann man nur über ihre typologische Zugehörigkeit sprechen (Konflikte um Territorium, Grenzen, Status und andere). Jedoch weisen sie in ihrer Entwicklung in bemerkenswerter Weise Züge auf, die sie mit allen fortgeschrittenen Konflikten im postsowjetischen Raum gemeinsam haben. Es drängt sich die Schlussfolgerung auf, dass sich in den postsowjetischen Übergangsgesellschaften von Bosnien bis Berg-Karabach[1] die ethnischen Gruppen in ähnlicher Art und Weise verhalten. Die südkaukasischen Konflikte kann man in diesem Kontext als Fallstudie behandeln: Konzentriert auf ein kleines Territorium unterscheiden sie sich deutlich in ihrem Wesen, ihrer Vorgeschichte und in der Kultur der ethnischen Subjekte; gleichzeitig aber weisen sie auch eine ganze Reihe von gemeinsamen Besonderheiten in ihren Abläufen auf. Diese können gerade wegen der anfänglichen Verschiedenartigkeit als Gesetzmäßigkeiten betrachtet werden.

Für das Verständnis der gegenwärtigen Konfliktsituationen ist es unerlässlich, zunächst den Weg ihrer Entstehung nachzuzeichnen. Ausgehend von ihren Wurzeln, sowohl der jüngsten sowjetischen als auch der weiter zurückliegenden Vergangenheit (in einigen Konflikten Jahrhunderte), weisen alle drei Konflikte im Südkaukasus – der karabachsche (oder armenisch-aserbaidschanische), der abchasische (oder abchasisch-georgische) und der südossetische (oder georgisch-ossetische) – in ihren vergangenen heißen und in den gegenwärtigen „eingefrorenen" Phasen eine ähnliche Gestalt auf.

2.1 Die Entstehung der ethno-politischen Konflikte

Die zunehmende Schwächung der Sowjetunion, das Aufkommen und die Verstärkung zentrifugaler Tendenzen und schließlich ihr Zerfall riefen in einigen multiethnischen Republiken der UdSSR, insbesondere im Südkaukasus, desintegrierende,

---

[1] Hier sind nur Konflikte gemeint, die aus einer latenten Phase hervorgegangen und einen bestimmten Weg der Politisierung gegangen sind, d.h. die zu ethno-politischen Konflikten im eigentlichen Sinne wurden.

sezessionistische Bewegungen hervor. Im größten Ausmaß betraf dies Aserbaidschan und Georgien. Die Umstände der Entstehung und der weiteren Entwicklung der ethno-politischen Konflikte in diesen Ländern sind praktisch gleich.

Unmittelbar nach Beginn der Demokratisierungsprozesse und der Perestrojka, als die, wenn auch nur eingeschränkte, Möglichkeit entstand, offen politische Forderungen zu stellen, Klubs und Vereinigungen zu gründen, ohne harte Repressalien befürchten zu müssen, entstanden in der UdSSR die Keime der zukünftigen Nationalbewegungen. Besonders markant zeigte sich dies im multiethnischen Kaukasus.

Ende der 80er Jahre keimte in Georgien eine Massenbewegung auf, welche sich die vollständige Unabhängigkeit des Landes zum Ziel gesetzt hatte. An die Spitze dieser Bewegung setzen sich Dissidenten, die aus dem Untergrund kamen, und die bis dahin nur in den engsten Kreisen der national-patriotisch gesinnten Intelligenz bekannt waren.

Ungefähr zur selben Zeit entstanden in Aserbaidschan und Armenien Massenbewegungen, die von Anfang an in hohem Maße durch den sich zu dieser Zeit zuspitzenden Konflikt um Karabach angeheizt wurden. Es ist bemerkenswert, dass sogar in den multiethnischen Ländern Aserbaidschan und Georgien (dagegen war Armenien schon in sowjetischer Zeit ein monoethnisches Land) die Unabhängigkeitsbewegungen fast ausschließlich von den ethnischen Aserbaidschanern bzw. Georgiern Zulauf bekamen. Es wurde vollkommen offensichtlich, dass das sowjetische Projekt der Gründung einer Staatsnation der „sowjetischen Völker" gescheitert war, und dass die sowjetischen Bürger ihre ethnischen Identitäten bewahrt hatten. Darüber hinaus waren die Ethnien der ehemaligen UdSSR, darunter auch die des Kaukasus, nicht zur Bildung von „Nationen von Staatsbürgern" bereit. Während sich vermutlich die Völker der Bambaren und Fulbani zwar als ethnische Gruppen, aber dennoch der malischen Nationalität zugehörig begreifen können, ist die Vorstellung, dass sich ein Angehöriger der aserbaidschanischen Minderheit in Armenien als Armenier begreift, in der postsowjetischen politischen Realität kaum denkbar.

Dementsprechend waren die Projekte sowohl des armenischen als auch des georgischen und des aserbaidschanischen Staates von Beginn an ethnische Projekte, bei denen keine Rücksicht auf die multiethnische Zusammensetzung von zweien dieser Länder genommen wurde. Die logische Fortsetzung dieser Entwicklung war die ethnische Abgrenzung nicht nur auf der Ebene der drei ehemaligen Unionsrepubliken, die bald darauf die internationale Anerkennung als unabhängige Staaten erhielten, sondern auch auf der Ebene der autonomen Gebiete, die eine solche Anerkennung nicht erhielten. Es war nicht möglich, den wachsenden Nationalismus und die Prozesse der ethnischen Abgrenzung in den Grenzen der Unionsrepubliken zu halten, einfach deshalb, weil eine solche Einschränkung von der Bevölkerung nicht für legitim gehalten wurde.

Ausschlaggebend dafür ist die Tatsache, dass wir es im Falle des Kaukasus mit zusammengewürfelten Nationen zu tun haben, von denen viele eine lange Geschichte, eine entwickelte Kultur, ein ausgeprägtes ethnisches Selbstbewusstsein und eine Erinnerung an ehemals eigenständige Staaten haben; und dies, obwohl die ethnischen Identitäten siebzig Jahre lang dem sowjetischen Experiment unterworfen wurden, das mit der Negierung ethnischer Identitäten und mit der Schaffung neuer ethnischer Grenzen verbunden war. Die Bolschewiki, die sich an die klassische Theorie und Idee der Weltrevolution hielten, maßen ethnischen Fragen kaum Bedeutung bei. Gleichwohl wurden aber die Autonomen Gebiete in der UdSSR auf der Grundlage ethnischer Merkmale gegründet. Diese Entscheidung war allerdings politisch motiviert, weil es den Bolschewiki in der Gründungsphase der UdSSR als unabdingbar erschien, ethnische Randgebiete auf ihre Seite zu ziehen. Die Prinzipien, nach denen bei der Bildung der territorialen Einheiten der vier verschiedenen Ebenen – Unions- oder autonome Republik, autonome Oblasti oder Okruga – die Grenzen gezogen und die Benennungen ausgewählt wurden, waren weitgehend zufällig. Weder die Größe noch das Vorherrschen einer ethnischen Mehrheit oder die Bevölkerungsdichte einer Ethnie in dem einen oder anderen Territorium waren ein klares Kriterium für die Einteilung.[2]

Unterdessen haben in den vergangenen zehn Jahren diese willkürlich gezogenen Grenzen in den Augen der Bevölkerung dennoch eine gewisse Legitimität erlangt. Nicht zufällig haben sich alle Konflikte im Kaukasus ausgerechnet in den autono-

---

[2] So hatten alle Unionsrepubliken, wie auch einige Autonome Gebiete, eine Außengrenze. Das industrielle Tatarstan mit vier Millionen Einwohnern war eine autonome Republik, während Estland mit 1,5 Millionen Einwohnern eine Unionsrepublik war. Bei dem Chanty-Mansijskij Autonomen Okrug handelt es sich um ein Territorium von der Größe Frankreichs (523 000 Quadratkilometer), auf dem die Chanten und Mensen ungefähr 1,5 % der Bevölkerung ausmachen. In dem Jüdischen Autonomen Oblast leben – und lebten auch in der Vergangenheit – keine Juden. Den Turk-Mescheten und den Gagausen aber wurde die Bildung eigener administrativer Einheiten verweigert. Einige Völker waren geteilt und lebten in zwei oder mehreren administrativen Einheiten verschiedener Ebenen; andere wurden zusammengelegt. Es gab zwei Ossetien, ein nördliches und ein südliches; das erste ist eine Autonome Republik in Russland, das zweite eine Autonome Oblast in Georgien. Die Adygejer erhielten drei autonome Gebiete mit jeweils einem anderen Status und mit unterschiedlichen Benennungen. Dabei wurden in zwei von ihnen (Kabardino-Balkarien und Karatschai-Tscherkessien) die Adygejer nach einem unverständlichen Prinzip mit einem weiteren Volk zusammengelegt, das durch diese Trennung ebenfalls in zwei Teile mit unterschiedlichen Benennungen gespalten wurde (nämlich Karatschai und Balkarien). In der Zeit der UdSSR änderten einige Republiken ihren Status: Kirgistan zum Beispiel wurde aus einem autonomen Okrug zunächst eine autonome Republik und danach eine Unionsrepublik. Die autonome Republik Karakalpakien wurde von Kasachstan an Usbekistan abgegeben. Die Republik Karelien änderte ihren autonomen Status in einen Unionsstatus um und danach erneut in einen autonomen, wobei sie in diesem Prozess ihre Titularbezeichnung änderte und für einige Zeit karelo-finnisch war. Die Republik der Wolgadeutschen wurde in einem bestimmten Moment ganz abgeschafft. Und zuletzt gibt es Beispiele für Autonome Gebiete ohne Titularvolk, so die Autonomie von Georgiern in Georgien-Adscharien und von Aserbaidschanern in Aserbaidschan-Nachitschewan.

men Gebieten entwickelt, obwohl ethnische Widersprüche bei Weitem nicht nur in ihnen entstanden. Im Kaukasus gibt es Regionen innerhalb territorialer Einheiten, die überwiegend von einer Ethnie besiedelt sind, denen aber eine andere Ethnie den Namen gab (zum Beispiel in Georgien die Aserbaidschaner in den Rajonen Marneul, Dmanissk und Bolnissi oder die Armenier in Dschawachetien); in diesen Gebieten gab es keine bewaffneten ethnopolitischen Konflikte.

Als der Prozess der Abgrenzung in die Aufteilung der Union in unabhängige Staaten mündete, erwies sich für viele Einwohner dieser Gebiete der Gedanke daran, dass dieser Prozess nun ausgerechnet an den Grenzen der Unionsrepubliken aufhören sollte, als unverständlich. Die in der Verfassung der UdSSR verankerte Festlegung, dass nur Unionsrepubliken das Recht auf Selbstverwaltung besaßen, hatte im Moment ihres Zerfalls in den Augen der früheren Sowjetbürger keine Legitimität mehr, um so weniger, als dieses Dokument auch in der sowjetischen Zeit nur einen rein dekorativen Charakter hatte. Diese fehlende Legitimität erhielt eine prinzipielle Bedeutung, als während des Prozesses der ethnischen Abgrenzung von der Bevölkerung die Bereitschaft erwartet wurde, für „gerechte Grenzen" zu leiden und zu kämpfen. Gerechtigkeit war aber in den Augen der Menschen bei weitem mehr mit der Ethnizität als mit dem administrativen Status der Grenzen verbunden. Entsprechend ging die Abgrenzung weiter.

Sowohl in den Autonomen Republiken als auch in den Unionsrepubliken verwandelten sich die chaotischen und unorganisierten Nationalbewegungen zügig in politische Parteien und Organisationen. Charismatische Führer aus den Kreisen der nationalen Intelligenz schwangen sich zu Sprechern ihrer ethnischen Landsleute auf; in einigen Fällen stammten sie von jenseits der Grenzen des betreffenden autonomen Gebietes (zum Beispiel *Zorij Balajan* in Karabach, *Oleg Teziev* in Südossetien, *Wladislaw Ardzinba* in Abchasien). Nur dass für die „autonomen Nationen" der „Feind" schon längst nicht mehr Moskau als Symbol des sowjetischen Imperiums war, sondern die dem Rang nach „höheren" Nationen, die von Moskau die Unabhängigkeit forderten. Der Aufbau der Nationalstaaten bedeutete für die ethnischen Minderheiten den Verlust des zuvor von Moskau konzedierten Status. Dementsprechend wurden die ethnischen Bewegungen in den autonomen Gebieten von ihren Anhängern als Schutz gegen den Ethno-Nationalismus in den Nachfolgestaaten der Unionsrepubliken verstanden. Alle Widersprüche waren praktisch von Anfang an interethnisch. Diese Widersprüche, die in der sowjetischen Zeit latent waren, begannen sich in offene Konflikte zu verwandeln. Die Forderungen erlangten politischen Charakter; es begann ein Prozess der Politisierung der Ethnie. Die nationale Intelligenz, die schon begann, sich in eine Ethnokratie zu verwandeln, begründete die bereits in vorsowjetischer Zeit existierenden Ideologien der ethnischen Bewegungen neu oder revitalisierte sie, und vervollkommnete die Organisationsstruktur der Protoethnokratien. In einigen Fällen, in ethnisch homogenen Rajonen, wurden von ihnen dazu die sowjetischen oder kommunistischen Parteistrukturen benutzt. Die geschwächte sowjetische Macht, die ihre repressiven Kapazitäten verloren hatte, konnte den Prozess der Privatisierung des staatlichen Apparates nicht wesentlich bremsen.

Auch das Recht auf Gewalt wurde dabei privatisiert. Interethnische Zusammenstöße zwischen den – damals noch verstreut lebenden – Vertretern der miteinander in Konflikt stehenden Nationen führten zu der Gründung von Truppen zur Selbstverteidigung – aber auch für offensive Operationen. In einigen Fällen entstanden militärische Einheiten politischer Parteien und Organisationen.

Die weitere Schwächung des Regimes in Moskau sowie das Anwachsen der Unabhängigkeitsbewegungen in den Unionsrepubliken verstärkten die militärische Komponente der politischen Bewegungen innerhalb der autonomen Gebiete. Die Militarisierung förderte auch die Aggressivität der politischen Rhetorik der Nationalisten in den Unionsrepubliken. Die autonomen Gebiete begannen, nach Verbündeten jenseits der Grenzen ihrer Territorien zu suchen. Der Verbündete konnte im Westen, in Russland oder in der islamischen Welt gefunden werden. In einigen Fällen fand die Suche Anklang; so konnte zum Beispiel Abchasien die Unterstützung der Konföderation der Bergvölker des Kaukasus gewinnen, die zu jener Zeit eine starke integrative Organisation der Völker des Nordkaukasus war, von denen ein Teil mit den Abchasiern verwandt ist. Südossetien erhielt Unterstützung von Russland.[3] Die zwischenethnischen Zusammenstöße verwandelten sich allmählich in Kriege, die Deportationen und ethnische Säuberungen nach sich zogen.

Die dabei geschaffenen, ethnisch homogenen Territorien brauchten sowohl ein militärisches als auch ein politisches und wirtschaftliches Systemmanagement. Vor allem das sich verkomplizierende technische und organisatorische Niveau der Kampfhandlungen erforderte eine einheitliche Kommandostruktur, ein System zur Mobilisierung der kampffähigen Bevölkerung, eine Struktur (damals noch eine halblegale) für den Ankauf von Waffen, Übungslager für die militärische Ausbildung und die Gewinnung von Spezialisten, in erster Linie aus den Reihen der früheren sowjetischen Armee u.a.m. Dies alles bedurfte seinerseits einer wirtschaftlichen Absicherung. Unter den Bedingungen eines zerfallenden Staates mussten die Territorien eine einheitliche Wirtschaftsverwaltung organisieren und die Industrie und Landwirtschaft an

---

[3] In den Massenmedien und in der Politik sowohl der früheren UdSSR als auch des Westens wird häufig die These vertreten, dass die nationalen Konflikte von Moskau inspiriert und gelenkt werden. Zweifellos appellierten im Fall aller drei südkaukasischen Konflikte die Konfliktparteien an Russland (Karabach auch an Armenien) und versuchten, mit russischer Hilfe ein Gegengewicht zu dem gegnerischen Staat zu finden. Dabei machten sie sich die polyzentrale Realität in der russischen Politik – wie auch in den Beziehungen der früheren Sowjetrepubliken untereinander – zu Nutze. Unter Ausnutzung der Konfrontation der verschiedenen Machtstrukturen auf der föderalen Ebene gelang es beiden Konfliktseiten, Hilfe zu erlangen, und bei weitem nicht nur ideologische. Jedoch wurden die Grundlagen der Konflikte sehr viel früher gelegt. Als ein Beweis dafür kann die Karte der ethnischen Konflikte im Kaukasus in der vorangegangenen Periode des Zerfalls des Imperiums in den Jahren 1918–1921 dienen, die sich genau mit der Karte zu Beginn der neunziger Jahre deckt.

die neuen Kriegsbedingungen anpassen. Notwendig war auch eine innere und äußere Propaganda, die Repräsentation im Ausland, die juristische Ausgestaltung der neuen Realität und die Legitimation der sich herausbildenden Ordnung – auch in den Augen der eigenen Bevölkerung.

Diese dringenden Erfordernisse führten zur Bildung von bestimmten Einheiten (entities)[4], die in unterschiedlichem Maße die oben aufgezählten Staatsfunktionen erfüllten. Diesen Weg ging Berg-Karabach weiter als alle anderen; in diesem Sezessionsgebiet unterscheidet sich ein solcher nicht anerkannter Staat von gewöhnlichen Staatsgebilden nur in einem Punkt: der politischen Nichtanerkennung. In der nicht anerkannten Republik Berg-Karabach existiert ein „nach innen legitimiertes" Regime, d.h. es wurden ein Referendum über die Unabhängigkeit abgehalten und eine Verfassung angenommen, Parlamentswahlen abgehalten und ein Präsident gewählt. Natürlich gilt es zu berücksichtigen, dass an diesen Maßnahmen zur Legitimierung dieses Staates die aserbaidschanische Bevölkerung, die im Verlaufe des Krieges vollständig deportiert wurde, nicht teilnahm. Eine reale Macht kontrolliert das gesamte Territorium; es wurde eine reguläre Armee aufgebaut, und die Existenz getrennt operierender militärischer Einheiten liegt lange zurück. Die Polizei und der Grenzdienst arbeiten normal, es existiert eine soziale Sphäre, Pensionen werden ausgezahlt, das Bildungssystem und Krankenhäuser funktionieren, Banken sind in Betrieb und der Transport funktioniert. Am wenigsten vorangekommen in dem Prozess der Bildung eines Quasi-Staates ist Südossetien. Aufgrund verschiedener Ursachen – dazu gehören die geringe Bevölkerungszahl auf dem südossetischen Territorium und die offensichtliche wirtschaftliche Unselbständigkeit sowie die Tatsache, dass im Verlauf des Krieges die Georgier nicht vollständig deportiert wurden – bildete sich der nicht anerkannte südossetische Staat in geringerem Maße aus als Abchasien und die Republik Berg-Karabach. Jedoch weist auch er einige gemeinsame Züge auf: Es existiert ein Territorium, dass de facto nicht von dem georgischen Staat, sondern von dem nicht anerkannten südossetischen Staat kontrolliert wird.

Zu Regierungschefs der sich formierenden Staaten – sowohl der anerkannten wie auch der nicht anerkannten – wurden die charismatischen Anführer der ersten Welle der Nationalbewegungen. Manchmal rückten aus den Reihen der Militärkommandeure und der Wirtschaftsführer auch neue, für die Gestaltung der neuen Periode gut geeignete Personen auf. Gegen Ende des Jahres 1991, zu der Zeit des offiziellen Zerfalls der UdSSR, wurden im Südkaukasus aus den ethnischen ethno-politische Konflikte. Es entstanden bereits ethnokratische Regime, und es entwickelten sich

---

[4] In Abhängigkeit von der politischen Position und den Umständen werden diese Gebilde nicht anerkannte, selbsternannte, de facto-, Quasi- oder sogar Mini-Staaten genannt. Es ist charakteristisch, dass fast alle Benennungen das Wort „Staat" beinhalten, weil eine gewisse Gemeinsamkeit dieser Erscheinungen mit Staaten selbst den Gegnern einer solchen Art der Benennung offensichtlich ist. Im Gegensatz dazu werden weder die ETA noch die IRA jemals als Staaten bezeichnet.

staatliche Strukturen sowohl in den ehemaligen Unionsrepubliken wie auch in den früheren autonomen Gebieten. Im Fall von Berg-Karabach und Südossetien wurden die autonomen Gebiete aus der Sicht beider Konfliktseiten zu „ehemaligen": Die autonomen Gebiete erklärten ihre Unabhängigkeit; im Gegenzug hoben Aserbaidschan und Georgien den autonomen Status dieser Gebiete auf. Der Kampf wurde nicht mehr zwischen ethnischen Armeniern und Aserbeidschanern, ethnischen Georgiern und Abchasen geführt, sondern zwischen den entsprechenden protostaatlichen Gebilden; in diesem Kontext ist es nicht besonders wichtig, dass die einen internationale Anerkennung erhielten und die anderen nicht. Gekämpft wurde einerseits um die Erhaltung der territorialen Integrität, andererseits um die Besetzung dieser Territorien und um internationale Anerkennung.

Es ist offensichtlich, dass eine der Konfliktquellen die Übergangsperiode selbst und der Zerfall der UdSSR war. Die Nationalbewegungen beförderten diesen Zerfall in bedeutendem Maße, und der immer schwächer werdende und zerfallende Staat erlaubte es ihnen, sich in der beschriebenen Form zu entwickeln. In den Staaten, die demokratische Traditionen und Institutionen, aber auch in den Augen eines Großteils der Bevölkerung legitimierte politische Systeme haben, entwickelten sich Konflikte mit einer ähnlichen Ausgangslage vollkommen anders. Ein typischer Weg für die Entwicklung ethnischer Konflikte in westlichen Ländern ist die Degenerierung nationalistischer Bewegungen zu terroristischen Organisationen des Typs IRA in Ulster oder der ETA im Baskenland, die zweifellos von einem bestimmten Teil der Bevölkerung (anders würden sie sich nicht so lange halten können) unterstützt werden. Gleichwohl entwickelte sich hier nichts den ethnischen Säuberungen Vergleichbares oder die Bildung „unabhängiger Territorien" u.a.m., weil dies unter den Bedingungen eines starken Staates, der von dem Großteil der Bevölkerung legitimiert ist, einfach nicht möglich ist.

2.2 Gemeinsamkeiten und Besonderheiten der Konflikte

Um zu verstehen, was geschehen ist, ist es offensichtlich außerordentlich wichtig, zwischen den Gesetzmäßigkeiten der Entfaltung der Konflikte einerseits und der Bildung von nicht anerkannten Staaten zu unterscheiden. Die Geschichte der drei südkaukasischen Konflikte soll hier nicht im Detail dargelegt werden; dennoch ist es von Nutzen, die Aufmerksamkeit auf den Entwicklungsverlauf der Ereignisse eines jeden Konfliktes – von der heißen Phase bis hin zum Übergang in den gegenwärtigen „eingefrorenen" Zustand – kurz nachzuzeichnen. Der Konflikt um Berg-Karabach ist seiner Art nach modellhaft für die postsowjetischen Konflikte, weil in ihm viele Merkmale, die in den übrigen Konflikten in unterschiedlichem Maße ebenfalls vorhanden sind, am klarsten zutage treten. Entsprechend wird dem (armenisch-aserbaidschanischen) Konflikt um Berg-Karabach in diesem Abschnitt mehr Platz eingeräumt. Die notwendigerweise skizzenhafte Darstellung ermöglicht es, die allen Konflikten gemeinsamen Charakteristika, die für die Existenz von Gesetzmäßigkeiten in ihrer Entwicklung sprechen, anschaulich darzustellen.

2.3 Die heiße Phase

Berg-Karabach

Die Berg-Karabachsche Autonome Oblast (Abkürzung NKAO) wurde am 7. Juli 1923 gegründet. In den Jahren 1918 bis 1920 war Berg-Karabach Streitobjekt zwischen Aserbaidschan und Armenien, die damals für kurze Zeit ihre Unabhängigkeit erlangten. Nach der Errichtung der sowjetischen Macht in Armenien im November 1920 erklärte das revolutionäre Komitee Aserbaidschans in einer speziellen Deklaration, dass es freiwillig auf die umstrittenen Gebiete (darunter war auch Berg-Karabach) zugunsten des Sowjetischen Armenien verzichtet. Doch schon am 5. Juli 1921 wurde Karabach auf Beschluss des Kaukasischen Büros des ZK der RKP(b) an Aserbaidschan übergeben. Dieser Akt äußerster Willkür (im Jahre 1921 waren 94,4 % der Bevölkerung Karabachs armenisch) diente und dient der armenischen Propaganda als grundlegendes Motiv – neben der „seit jeher bestehenden" Zugehörigkeit des historischen Bodens der Arzach (Karabach) zu Armenien. Die Willkürlichkeit der Grenzziehungen springt ins Auge, insbesondere die Tatsache, dass die NKAO durch einen 12 Kilometer breiten Korridor von Armenien getrennt wurde – ganz zu schweigen davon, dass die Grenzziehungen schon im Prinzip illegitim waren, da diese Entscheidungen von Partei- und nicht von Staatsorganen getroffen wurden. Dies veranschaulicht ein weiteres Mal die Tatsache, dass die Bolschewiki am Vorabend der „Weltrevolution" den inneren Grenzen wenig Bedeutung beimaßen und sie ad hoc gemäß den damaligen politischen Überlegungen zogen. Diese künstlich gezogenen Grenzen konnten erst dann detonieren – und sie detonierten in der Tat –, als sie sich von formalen, administrativen Grenzen in zwischenstaatliche verwandelten.

Trotz dieser Willkür wuchs mit der Zeit der Einfluss der territorial-staatlichen Teilung auf die ethno-demographischen Entwicklungsprozesse. Das Zahlenverhältnis von Armeniern zu Aserbaidschanern veränderte sich zu Gunsten der Letzteren.[5] Die aserbaidschanische Landbevölkerung hielt im Gegensatz zur armenischen ihre hohe Geburtenrate weitestgehend aufrecht, was zur Vergrößerung der absoluten und relativen Anzahl der Aserbaidschaner in dieser Oblast führte. Außerdem wurden negative interethnische Stereotypen bewahrt; mit der allmählichen Transformation des mili-

---

[5] Zusammensetzung der Bevölkerung der NKAO nach Nationalitäten. Ergebnisse der Volkszählung, in Tausend

	1939	*1959*	*1970*	*1979*
Gesamtbevölkerung	150,8	130,4	150,3	162,2
Armenier	132,8	110,1	121,1	123,1
Aserbaidschaner	14,1	18,1	27,2	37,3
Russen	3,2	1,8	1,3	1,3
Andere	0,7	0,5	0,7	0,6

tanten Marxismus als Staatsideologie und infolge des dosiert zugelassenen Nationalismus verringerte sich für die Armenier in Karabach die Möglichkeit des Erwerbs von Bildung und des Erhalts prestigeträchtiger Arbeitsplätze. Dies hatte den allmählichen Wegzug von Armeniern aus Karabach und die Aufrechterhaltung von zwischenethnischen Spannungen zur Folge.

Anfang der 60er Jahre trafen im ZK der KPdSU, im Ministerrat der UdSSR und im Obersten Sowjet der UdSSR ständig Briefe ein mit der Bitte, die NKAO aus dem Bestand Aserbaidschans in den Bestand Armeniens zu transferieren. Eine besonders große Anzahl an Unterschriften (45 000) wurde für einen dieser Briefe im Jahr 1965 gesammelt. Im Jahre 1987 folgten eine Unterschriftensammlung und der Appell von Wissenschaftlern und Vertretern aus dem Kulturbereich an die Regierung der UdSSR. Die Perestrojka und die damit verbundenen Demokratisierungsprozesse riefen in Karabach die Hoffnung auf eine Lösung zu Gunsten eines Zusammenschlusses der NKAO mit Armenien hervor. Gerade die Perestrojka ermöglichte die weitere Entwicklung der Ereignisse: Das Gefühl der Erlaubtheit ermöglichte eine halblegale Unterschriftensammlung, die aktiv zur Bildung der öffentlichen Meinung in Karabach beitrug. Charakteristisch für die frühe Phase der Ereignisse in Karabach war die Nutzung bereits existierender staatlicher sowjetischer Institutionen und von Organisationen der Partei für die Bildung der Kerne der Volksbewegung. Beispielsweise wurde in den Betrieben von Berg-Karabach am 8. Februar 1988 eine Versammlung durchgeführt, die einen Beschluss über die „Wiedervereinigung der NKAO mit der Armenischen SSR" annahm. Am 12. und 13. Februar fanden in allen Regionen der NKAO Demonstrationen statt, auf denen die „Deklaration über die Wiedervereinigung der NKAO mit dem Sowjetischen Armenien" angenommen wurde. In allen Regionen wurden „partei-wirtschaftliche Aktivisten-Versammlungen" abgehalten, die den gleichen Beschluss annahmen. Am 16. Februar schickten vier der fünf Bezirkskomitees (die Bevölkerung des fünften, des Schuschinskij-Rajons Berg-Karabachs, war überwiegend aserbaidschanisch) Telegramme an das ZK der KPdSU mit der Bitte, eine Kommission zur Lösung der Fragen vor Ort zu entsenden. Am 18. Februar begann eine Demonstration auf dem Hauptplatz Stepanakerts mit vielen Tausend Teilnehmern. Am 19. und 20. Februar wurden in den Rajonen Sitzungen der Volksdeputiertenräte der NKAO abgehalten. Es wurde ein Beschluss über die Wiedervereinigung der NKAO mit der Armenischen SSR verabschiedet. Am 20. Februar 1988 nahm auch die Tagung des Oblastrats ein Beschluss über die Wiedervereinigung an. An den Demonstrationen in Stepanakert und in den Rajon-Zentren nahm praktisch die ganze armenische Bevölkerung teil. Am 21. Februar trafen in der Oblast die Anwärter auf die Mitgliedschaft im Politbüro des ZK, *Razumowskij* und *Demitschew* ein. Der Beschluss des ZK der KPdSU „Über die Ereignisse in Berg-Kachabach" wurde bekanntgegeben. Am 22. Februar begann ein oblastweiter Streik.

Eine klare Periodisierung der Ereignisse in Berg-Karabach, die sich von 1988 an ereigneten, ist ziemlich schwierig. Es ist nicht möglich, den „Krieg der Gesetze", die Bildung bewaffneter Einheiten oder die Schaffung des Staates Berg-Karabach zeitlich voneinander zu trennen; alle diese Prozesse verliefen unter den Bedingungen einer geschwächten Zentralmacht gleichzeitig, so dass es nur möglich ist, einige entscheidende Etappen hervorzuheben wie beispielsweise den Ausbruch des Krieges im Mai 1992, die Entstehung des militärischen Gleichgewichts oder den Waffenstillstand im Mai 1994.

Vom 27. bis 29. Februar 1988 kam es in der Stadt Sumgait in Aserbaidschan zum ersten Mal zu Pogromen an ethnischen Armeniern, bei denen offiziellen Angaben zufolge 26, nach Berichten von Bürgerrechtsorganisationen jedoch mehr als 80 Armenier getötet wurden.

Zusammen mit dem Beginn der gewaltsamen Aktionen setzte sich der „Krieg der Gesetze" fort. Am 24. März nahm das Präsidium des Obersten Sowjets der UdSSR einen Beschluss an, der die Möglichkeit einer Veränderung der staatlichen Zugehörigkeit der NKAO grundsätzlich ablehnte. Am 15. Juni fasste der Oberste Sowjet der Armenischen SSR unter dem wachsenden Druck des oppositionellen „Karabach Komitees" den Beschluss, den Antrag des Sowjets der NKAO auf Wiedervereinigung mit Armenien anzunehmen. Der Oberste Sowjet der Aserbaidschanischen SSR dagegen lehnte den Antrag des Sowjets der NKAO am 17. Juni ab. Am 12. Juli traf der Sowjet der NKAO eigenständig die Entscheidung über den Austritt der NKAO aus dem Bestand Aserbaidschans und deren Wiedervereinigung mit Armenien.

Das Präsidium des Obersten Sowjets der UdSSR bestätigte jedoch am 18. Juli den Beschluss des ZK der KPdSU über die Erhaltung der staatlichen Zugehörigkeit Berg-Karabachs.

Im November 1988 begann die massenhafte Abwanderung von Armeniern aus Aserbaidschan und von Aserbaidschanern aus Armenien; sie endete erst im Januar 1990, als die gesamte armenische Bevölkerung Aserbaidschans und die gesamte aserbaidschanische Bevölkerung Armeniens ihre Republiken verlassen hatten. Im November 1988 kam es zu den ersten Blockaden Armeniens; auf aserbaidschanischer Seite wurde der Eisenbahnverkehr Armeniens mit dem Zentrum der UdSSR, der über aserbaidschanisches Territorium führte, blockiert.

Per Dekret des Präsidiums des Obersten Sowjets der UdSSR wurde die Verwaltung Berg-Karabachs einem Komitee für die außerordentliche Verwaltung der NKAO übertragen. Die Vollmachten des Sowjets der NKAO und ihres Exekutivkomitees wurden ausgesetzt. Es wurden die realen Bedingungen für die Liquidierung aller legitimen Machtorgane geschaffen und mit der Bildung von neuen Organen begonnen.

Am 28. November 1989 fasste der Oberste Sowjet der UdSSR den Beschluss über die Auflösung des Komitees für die außerordentliche Verwaltung der NAKO. Einige Tage später, am 1. Dezember 1989, wurde auf einer gemeinsamen Tagung des Obersten Sowjets Armeniens und der Nationalversammlung der NKAO die Wiedervereinigung Berg-Karabachs mit Armenien verkündet. Am 6. Dezember wurde durch ein Dekret des Präsidiums des Obersten Sowjets der Aserbaidschanischen SSR das „Republikanische Organisationskomitee für die NKAO" („republikanisch" bezogen auf Aserbaidschanische Sozialistische Republik) gegründet, zu dessen Chef *Poljanitsch-*

ko, der zweite Sekretär des ZK der KP der SSR Aserbaidschan, ernannt wurde. Dieses Komitee löste faktisch die Autonomie Berg-Karabachs auf.

Der Januar 1990 stand im Zeichen der Vertiefung der Krise in der Sowjetrepublik Aserbaidschan. Die Bildung bewaffneter Einheiten, die Machtergreifung in einigen Rajonen, die Zerstörung von Grenzanlagen an der Grenze zum Iran, die von der Volksfront Aserbaidschans organisiert wurden, verschärften die zwischenethnische Konfrontation an den Grenzen mit Armenien und Berg-Karabach, aber auch in den von Armeniern dicht besiedelten Rajonen innerhalb Aserbaidschans. Am 13. Januar begannen massenhafte Pogrome an ethnischen Armeniern in Baku. Am 12. Januar begannen in dem Rajon des Dorfes Eraschawan an der Grenze zwischen Armenien und Aserbaidschan sowie in den an die NKAO angrenzenden armenisch besiedelten Rajonen Schaumjanowsk und Chanlarsk in Aserbaidschan erste bewaffnete Zusammenstöße. Die einflussreichste politische Kraft Armeniens – die Armenische Gesamtnationale Bewegung –, die bis dahin die armenische Sache mit Mitteln des politischen Kampfes unterstützte, rief die armenische Bevölkerung zur Selbstverteidigung auf und verkündete die Formierung militärischer Einheiten unter ihrer Führung.

Am 2. September 1991 wurde auf der gemeinsamen Sitzung des Sowjets der NKAO und des Sowjets des Saumjanowskij Rajons die Republik Berg-Karabach ausgerufen – in den Grenzen des früheren Territoriums der NKAO und des angrenzenden Schaumjanowkij Rajons. Am 26. November verabschiedete der Oberste Sowjet Aserbaidschans das Gesetz über die Aufhebung der Autonomie Berg-Karabachs. Dies war die letzte Handlung im „Krieg der Gesetze". In der neuen Verfassung Aserbaidschans von 1995 ist eine Autonomie Berg-Karabachs nicht vorgesehen.

Am 10. Dezember 1991 wurde in Karabach ein Referendum über den Status der Republik Berg-Karabach abgehalten. Einen aserbaidschanischen Bevölkerungsanteil gab es zu dieser Zeit nicht mehr in Karabach; 99 % derjenigen, die an der Abstimmung teilnahmen, sprachen sich für die Unabhängigkeit der Republik Berg-Karabach aus.

Ab Januar 1992 wurden in dem Krieg um Karabach Massenvernichtungswaffen eingesetzt – Raketen vom Typ BM-21 „Grad". Am 9. Mai nahm die karabachsche Armee Schuschu ein, setzte ihre Offensive bis zum 14. Mai in westlicher Richtung fort, eroberte dabei das Zentrum des Rajons Latschin und öffnete damit einen Korridor nach Armenien. Am 6. Juli 1992 verabschiedete der Oberste Sowjet der Republik Berg-Karabach das Gesetz über die staatliche Unabhängigkeit.

Der karabachsche nicht anerkannte Staat, der sich aus einzelnen gesellschaftlichen Bewegungen und aus vereinzelten Kampfeinheiten der karabachschen Armee bildete, nahm bis zum Mai 1992 mit der Einnahme von Schuschi durch die karabachschen Truppen und der darauf folgenden Wendung des Krieges zugunsten von Karabach Gestalt an. Auf die Eroberung des Latschinskij Korridors zwischen Karabach und Armenien folgte die Einnahme fast des gesamten Territoriums Berg-Karabachs und danach auch die Besetzung der angrenzenden Rajone Aserbaidschans durch Armenier.

Die Wende im Krieg war die Folge eines latenten Prozesses, der sich von Beginn des Konflikts an vollzog. Die kommunistische Führung Asserbaidschans unter der Leitung von *Ajaz Mutalibow* hatte bis zum Putsch im August 1991 die Möglichkeit, die sowjetische Armee für Angriffe in Kampfhandlungen einzusetzen. Karabach war gezwungen, den militärischen Aufbau mit allen Mitteln voranzutreiben. Die Emissäre aus Karabach kauften illegal Maschinenpistolen und Munition; damit bewaffnet agierten die karabachschen Truppen gemäß der klassischen Taktik des Partisanenkrieges. Nach vier Jahren hatte Karabach eine gut organisierte, erfahrene und kampffähige Armee. Aserbaidschan konnte diesen Weg, auch nach dem Sturz von *Mutalibow*, nicht mehr gehen. Erstens war die Volksfront militärisch inkompetent, zweitens – was noch wichtiger ist – unterschied sich die Ausgangslage in diesem Konflikt in Aserbaidschan wesentlich von der in Karabach.

Karabach kämpfte bis 1992 schon nicht mehr für die abstrakte Idee der Selbstbestimmung, sondern um das physische Überleben. Deshalb war Karabach sowohl im militärischen wie auch im politischen Sinne höchst zentralisiert. Eine starke Armee gilt bis heute als einziger Garant für die Existenz des Landes. Der Krieg zog die Vertreibung der Bevölkerung nach sich, so dass in den Gebieten, die von der armenischen Armee besetzt wurden, kein einziger ethnischer Aserbaidschaner mehr wohnt; das Gleiche gilt für die aserbaidschanisch kontrollierten Gebiete, in denen es keine armenische Bevölkerung mehr gibt. Für Aserbaidschan war der Krieg in Karabach nur ein, wenn auch sehr wichtiger Aspekt der Herausbildung einer nationalen und staatlichen Identität. Für Berg-Karabach ging es in diesem Krieg um die Unabhängigkeit. Deshalb wurde der Aufbau von militärischen Kapazitäten in Berg-Karabach bei weitem effektiver vorangetrieben als in Aserbaidschan, so dass weder die zahlenmäßige Überlegenheit noch die wirtschaftlichen Vorteile noch die viel bessere Ausrüstung zu einem militärischen Erfolg Aserbaidschans führten.

Bis zum Mai 1994, dem Beginn des bis heute andauernden Waffenstillstands, eroberte die karabachsche Armee nicht nur das ganze Territorium zwischen Karabach und Armenien, d.h. die Rajone Latschinskij und Kelbadscharskij in Aserbaidschan, sondern auch vier südlich von Karabach in Richtung der iranischen Grenze gelegenen Rajone Fisulinskij, Sangelanskij, Dschebrailskij, Kubatlinskij und den östlich von Karabach gelegenen Rajon Agdamskij. Die Eroberungen hatten einen sehr speziellen Charakter: Die aserbaidschanischen Truppen und die aserbaidschanische Bevölkerung wurden vertrieben; die eingenommenen Territorien werden von der karabachschen Armee kontrolliert, aber nicht besiedelt. Sie wurden faktisch in einen neutralen Gürtel um Karabach herum verwandelt. Die Beendigung des Krieges war nicht das Ergebnis friedensstiftender Bemühungen, von welcher Seite auch immer, sondern die Folge des militärischen Gleichgewichts, das sich in der Region herausbildete. Für Karabach gab es deshalb nichts mehr, wofür es hätte weiterkämpfen sollen; es errichtete aus militärischer Sicht optimale Grenzen und befestigte diese ausreichend. Aserbaidschan war zu diesem Zeitpunkt nicht in der Lage, das Problem militärisch zu lösen, zum Teil auch gerade wegen der starken Befestigung dieser militärisch „optimalen" Grenzen.

Abchasien

Die Ausgangssituation in Abchasien wies wesentliche Unterschiede zu Karabach auf. Das betraf vor allem das ethnodemographische Bild, d.h. die Bevölkerungszusammensetzung des Gebietes. Im Unterschied zu den karabachschen Armeniern bildeten die Abchasier bis zum Zerfall der UdSSR eine unbedeutende Bevölkerungsminderheit der Republik. Um die Besonderheiten des Konfliktes zu verstehen, ist dieses demographische Problem zentral. Nach der Unterwerfung des Kaukasus durch das Russische Imperium wurde ein bedeutender Teil der Abchasier (die so genannten Muchadschiren) in der Mitte des vergangenen Jahrhunderts in die Türkei umgesiedelt. Später wurde das Territorium Abchasiens aktiv mit Vertretern unterschiedlicher Ethnien besiedelt, ja, in der sowjetischen Zeit betrieb man sogar eine gelenkte Umsiedlungspolitik. Die nicht-abchasische Bevölkerung wuchs, wodurch sich nach und nach die Anzahl der Abchasier verringerte, so dass sie Ende der 80er Jahre nur circa 17 % der Bevölkerung Abchasiens ausmachten.

Auf dem Höhepunkt der Politik der Perestrojka in der UdSSR im März 1989 wandte sich der Kongress des abchasischen Volkes an den Obersten Sowjet der UdSSR und an das ZK der KPdSU mit der Bitte um „Rückgabe" des Status einer (vertraglichen) Unionsrepublik an Abchasien, der in der Realität niemals existierte, und wodurch Abchasien ein Subjekt des Unionsvertrages geworden wäre, was faktisch die Beseitigung der vertikalen Beziehungen zu Georgien zur Folge gehabt hätte. Nach den Vorstellungen *Gorbatschows* sollte jedoch der Unionsvertrag erneuert werden. Das Anliegen als solches stellt in der Geschichte Abchasiens wie auch in der gesamten Phase der demokratischen Reformen in der UdSSR keinen Präzedenzfall dar. Die Auflösung der Demonstration der Befürworter eines georgischen Nationalstaates in Tbilissi im April 1989 hatte Opfer unter der friedlichen Bevölkerung gefordert; sie demonstrierte die Schwäche und die Inkonsequenz der demokratischen Bestrebungen der sowjetischen Führung. Danach ging in Tbilissi die Macht faktisch, ab Oktober 1990 auch juristisch, in die Hände einer der radikalsten nationalistischen Gruppierungen unter der Führung von *Zwiad Gamsachurdia* über. Die Idee der nationalen Wiedergeburt, die diese sich auf ihre Fahnen geschrieben hatte, zog einen großen Teil der georgischen Bevölkerung und praktisch die gesamte Intelligenz auf die Seite der Zwiadisten, deren Anführer mit ihrer demokratischen Phraseologie und durch ihren Kampf gegen das „Imperium" die Sympathien sogar einer Reihe von demokratischen Persönlichkeiten Russlands und anderer Staaten gewannen.

Die grundlegenden Ideen der Anhänger *Gamsachurdias* waren im Kern diejenigen des Blocks (von Parteien und Bewegungen) „Runder Tisch – Freies Georgien", nämlich die Befreiung Georgiens von der Herrschaft der UdSSR, die Errichtung eines unitarischen Staates und die Sicherstellung wirtschaftlicher Unterstützung aus dem Westen.

Im Juli 1989 kam es in der Hauptstadt Abchasiens – Suchumi – zum ersten bewaffneten Zusammenstoß zwischen Anhängern *Gamsachurdias* und Aktivisten des abchasischen Volksforums „Aidgylara". Der formale Anlass hierzu war der Beschluss der Behörden in Tbilissi, die Universität von Suchumi in einen abchasischen und einen georgischen Teil zu untergliedern. Infolge der dreitägigen Kämpfe kamen mehr als 30 Menschen ums Leben.

Die grundlegenden Tendenzen des politischen Konflikts traten deutlich zutage; sie entwickelten sich weiter bis hin zu einem echten Krieg. Erstens schienen sich die Befürchtungen der Führung der (autonomen abchasischen) Republik, die von der nichtgeorgischen Bevölkerung Abchasiens unterstützt wurde, zu bestätigen, dass Abchasien in einem unabhängigen Georgien die Souveränität verlieren würde, die Abchasien laut Verfassung der UdSSR, der Georgischen SSR und der Abchasischen ASSR, wenn auch nur in eingeschränkter Form, hatte. Zweitens erhielt die Bewegung des abchasischen Volks umfangreiche Unterstützung von den autonomen Gebieten des russischen Nordkaukasus und von der kurz zuvor gegründeten Versammlung (später Konföderation) der Bergvölker des Kaukasus. Drittens wurde die unversöhnliche Haltung beider Seiten offenkundig, obwohl damals der Vorsitzende des Obersten Sowjets der Georgischen SSR noch von der Absicht seiner Regierung sprach, die Autonomie Abchasiens zu bewahren. Die Führung der UdSSR konnte auf die Veränderung der Situation kaum Einfluss nehmen und beschränkte sich im Wesentlichen auf die Verabschiedung von Deklarationen.

Der erste Abschnitt der abchasisch-georgischen Konfrontation stand unter dem Zeichen des „Krieges der Gesetze". Er dauerte ungefähr bis Mitte August 1992 und führte zur Verschärfung der rechtlichen Widersprüche, die durch gesetzeswidrige Akte in Suchumi und Tbilissi hervorgerufen wurden. Im Endergebnis kehrte Georgien zur gleichen Zeit zur Verfassung der unabhängigen Republik Georgien aus dem Jahr 1921 zurück, woraufhin Abchasien eine Variante eines konföderalen Aufbaus vorschlug und versuchte, den Abschluss eines faktisch zwischenstaatlichen Vertrages mit Georgien zu erreichen.

Der im März 1992 in Georgien an die Macht gekommene *Eduard Schewardnadze* beschloss jedoch, den rechtlichen Knoten zu durchschlagen; am 14. August 1992 schickte er ein bedeutendes Kontingent georgischer Truppen nach Abchasien. Die zweite Etappe des Konflikts ist gekennzeichnet durch erbitterte Kriegshandlungen, die über eineinhalb Jahre lang anhielten. Für eine kurze Zeit beherrschen die georgischen Truppen einen großen Teil des abchasischen Territoriums inklusive der Hauptstadt Suchumi. Nicht nur gesellschaftliche Organisationen der nordkaukasischen autonomen Gebiete, sondern auch deren offizielle Führung erklärten ihre Unterstützung für den Kampf des abchasischen Volkes[6], und aus Tschetschenien, Ka-

---

[6] Die Adygejer, Karbardiner, Tscherkessen, (die Bezeichnung „Tscherkessen" wurde in der westlichen und der vorrevolutionären russischen Literatur verwendet) sind praktisch ein Volk mit einer gemeinsamen Sprache, die sich selbst als Adyger bezeichnen. In der politischen Rhetorik werden die Abchasier häufig zu den Adygern gerechnet. Dies ist jedoch aus wissenschaftlicher Sicht nicht richtig, doch sind diese Völker miteinander eng ver-

bardynien, Adygien und Ossetien strömte eine Flut von bewaffneten Freiwilligen herbei, die unter dem Banner der Konföderation der Völker des Kaukasus kämpften.[7] Unter diesen Bedingungen wurden am 3. September 1992 auf Drängen von Präsident *Jelzin* in Moskau trilaterale Verhandlungen zwischen *Schewardnadse*, *Jelzin* und dem Vorsitzenden des abchasischen Parlaments, *Wladislaw Ardzinboj*, geführt. An diesen Verhandlungen nahmen auch die Führer der nordkaukasischen Republiken Russlands teil. Im Endergebnis wurde eine Deklaration unterzeichnet, die einen Waffenstillstand und die Verlegung der georgischen Truppen bis an die nördlichen Randgebiete Suchumis beinhaltete, obwohl die Abchasier auf deren vollständigen Abzug und auf der Rückgabe des gesamten Territoriums Abchasiens bestanden hatten. Jedoch wurde die Umsetzung der Vereinbarung nicht erreicht: Die Abchasier, die einerseits die inneren Widersprüche zwischen der Haltung des Präsidenten *Jelzin* und der Stimmung im Obersten Sowjet Russlands, der auf der vollen Unterstützung der abchasischen Seite bestand, und andererseits die offensichtliche Schwäche der georgischen Streitkräfte ausnutzten, verletzten den Waffenstillstand; nach einigen Monaten konnten sie auf Grund der zunehmenden Unterstützung durch nordkaukasische Freiwillige und (russische) Kosaken militärische Operationen in großem Maßstab unternehmen.

Chronologisch endete die zweite Etappe des Konfliktes, wiederum auf Initiative Russlands, mit der Unterzeichnung eines Abkommens im September 1993 in Sotschi, in dem ein Waffenstillstand und die Trennung der kämpfenden Seiten verein-

---

wandt. Nach der Revolution erhielten die Adyger innerhalb Russlands drei unterschiedlich benannte autonome Gebiete, die einen unterschiedlichen Status hatten; dabei wurden die Adyger in zwei der autonomen Gebiete (Karbadino-Balkarien und Karatschewo-Tscherkessien) nach einem unverständlichen Prinzip mit einem weiteren Volk vereinigt, das ebenfalls in zwei Teile geteilt und ebenfalls unterschiedlich benannt wurde (Balkaren und Karatschewzen).

[7] Die Zahl der auf abchasischer Seite kämpfenden Personen, die keine gebürtigen Abchasier waren, erreichte maximal 1 500 bis 2 000, darunter circa 600 Tschetschenen, 400 Karbadinier, 200 Osseten (sowohl aus Süd- als auch aus Nordossetien), 200 Adygejer sowie Lesginen, Awarzen, Lakzen und Vertreter der kaukasischen Diaspora im Ausland – nicht mehr als 200 zusammen genommen. Außerdem bestätigten verschiedene Kosakenorganisationen und verschiedene ihrer Vertreter (zum Beispiel die Kubanskaja kasatschja rada) die Teilnahme an den Kämpfen auf der Seite der Abchasen. Deren Zahl betrug kaum mehr als 300 Personen. Gemäß den oben genannten Zahlen war die Anzahl der Nordkaukasier, die in Abchasien kämpften, für die ethno-politischen Konflikte in der ehemaligen UdSSR ziemlich hoch. Außerdem waren die nordkaukasischen Einheiten dank ihrer Diszipliniertheit und Organisiertheit den georgischen Truppen bei Weitem überlegen. Zur selben Zeit bestand die Zahl der georgischen Truppen aus der regulären Armee von nur circa 8 000 Mann, den „Mchedrioni"-Einheiten mit circa 2 000 Mann, die von der Regierung *Gamsachurdia* nur schwach kontrolliert wurden, und aus circa 1 500 swanischen (Swanen – eine der Subethnien Georgiens) Freiwilligen. Ferner nahm in den Kampfhandlungen auf georgischer Seite auch eine geringe Anzahl von Freiwilligen aus der Ukraine teil.

bart wurde, der ebenfalls nicht hielt. Unter dem Vorwand, dass die Georgier den Zeitplan des Abzugs ihrer Einheiten nicht einhielten, wurde der Waffenstillstand von abchasischer Seite erneut gebrochen und mit dem Sturm auf die Hauptstadt Suchumi begonnen. Nach erbitterten, einundzwanzig Tage andauernden Gefechten war Suchumi eingenommen; hunderttausende Georgier flohen aus diesem Gebiet.

Die dritte Phase des Konflikts war die kürzeste und erbittertste. Sie dauerte vom 16. bis zum 30. September. Nach der Eroberung Suchumis wurde innerhalb von wenigen Tagen praktisch ganz Abchasien von den Abchasiern eingenommen. Nach Angaben des Obersten Sowjets Abchasiens wurden in den Kämpfen, die weniger als einen Monat dauerten, ungefähr 10 000 Menschen getötet. Georgischen Quellen zufolge wurden mehr als 200 000 Menschen, hauptsächlich ethnische Georgier, zu Flüchtlingen. Am 26. November 1994 proklamierte Abchasien seine staatliche Unabhängigkeit.

Es kam zu keinerlei juristischen Konsequenzen, doch kontrollieren die abchasischen Behörden weiterhin praktisch das gesamte Territorium Abchasiens. Das demographische Problem besteht nach wie vor, denn die ethnische abchasische Bevölkerung ist zu klein, um das gesamte Territorium zu besiedeln (nach verschiedenen Angaben leben derzeit nur 55 000 bis 75 000 Abchasier in Abchasien). Die geringe Besiedlung hindert die abchasische Administration daran, die vollkommene Kontrolle über das Territorium zu erlangen, und so leben im Osten Abchasiens nach wie vor Georgier mit einem undefinierten politischen Status. Dies führt von Zeit zu Zeit zum Aufflammen lokaler Konflikte, die sich, trotz der entstandenen ernsthaften humanitären Probleme, noch nicht zu einem neuen vollwertigen Krieg zwischen Georgien und Abchasien entwickelt haben.

Südossetien

Ein weiteres Beispiel für einen bewaffneten ethno-politischen Konflikt an der Grenze zwischen dem südlichen und dem nördlichen Kaukasus ist der ossetisch-georgische Konflikt in Südossetien. Die Osseten sind, wie auch die Abchasier, ein nordkaukasisches Volk. Die Bevölkerung des Nordossetischen Autonomen Gebietes, das zu Russland gehört und an Südossetien angrenzt, ist ossetisch. Die Osseten bilden die Bevölkerungsmehrheit Südossetiens (ca. 68 %); allerdings lebte die Mehrheit der georgischen Osseten außerhalb Südossetiens.

Die Ursachen des Konflikts liegen auch hier in dem national-territorialen Aufbau der UdSSR: die Gebiete, die von der ossetischen Ethnie bewohnt wurden, waren in zwei administrative Einheiten aufgeteilt, nämlich Nord-Ossetien in der RSFSR und Süd-Ossetien als Bestandteil Georgiens. Während die Nordosseten im Jahr 1934 den Status einer Autonomen Republik erhielten, gestand man den Südosseten lediglich den Status einer Autonomen Oblast zu. Auf diese Weise wurde von außen eine Situation geschaffen, in welcher die Rechte der Osseten in Georgien eingeschränkter waren als die der Osseten in Russland, was jedoch in der Realität der Sowjetunion, die faktisch ein unitarischer Staat war, kaum Bedeutung hatte.

Ab dem Herbst des Jahres 1989 war die Südossetische Autonome Oblast eines der angespanntesten Krisengebiete innerhalb des gesamten Territoriums der UdSSR. Der Konflikt hatte sich von Anfang an sehr zugespitzt, und eine große Anzahl von Menschen wurde in ihn hineingezogen. Es genügt hier zu erwähnen, dass im Herbst 1989 annähernd 20 000 Menschen unter Führung von *Gamsachurdia* an dem ersten „Friedensmarsch" georgischer „Informeller" auf die Hauptstadt Südossetiens, Tschinwali, teilnahmen. Auf Verlangen der Behörden Südossetiens wurden zum Schutz der Bevölkerung der Stadt Einheiten der Inlandsstreitkräfte des Innenministeriums der UdSSR eingesetzt. Sie konnten jedoch die Eroberung der Hauptstadt Südossetiens im Januar 1990 durch Einheiten georgischer Milizionäre, die faktisch *Gamsachurdia* unterstellt waren, nicht verhindern; mehr als 30 Einwohner wurden getötet.

Von diesem Moment an bis zum Juni 1992 waren Tschinwali und die Zufahrtsstraßen zur Stadt Schauplätze bewaffneter Auseinandersetzungen. Auf Seiten Südossetiens nahmen an diesen bewaffneten Auseinandersetzungen Angehörige verschiedener Selbstschutzeinheiten sowie Freiwillige aus Nordossetien teil; auf georgischer Seite kämpften bewaffnete Freiwillige und, nach dem Amtsantritt *Gamsachurdias*, Einheiten der regulären georgischen Armee und Polizei, die damals gerade erst gebildet worden waren, und die sich kaum von den „informellen" Truppen unterschieden.

In der ersten Etappe der Kriegshandlungen (Januar 1990 bis November 1991) wurden von beiden Seiten im Wesentlichen Methoden der Blockade von Dörfern, Straßen und der Kommunikation in Südossetien angewandt. Das Ergebnis dieser Taktik waren entvölkerte ländliche Rajone in Südossetien, weil Tausende Osseten nach Nordossetien flohen und ca. 100 Ortschaften zerstört wurden. Dabei kamen ca. 300 Menschen ums Leben. Was die unmittelbare Beteiligung von Freiwilligen aus dem Nord-Kaukasus betrifft, so waren dies praktisch nur Nordosseten; ihre Anzahl war nie größer als 200 Mann.

Im März 1991 traf sich der Vorsitzende des Obersten Sowjets der RSFSR, *Boris Jelzin*, in der georgischen Kreisstadt Kasbegi mit dem Vorsitzenden des Obersten Sowjets Georgiens, *Zwiad Gamsachurdia*, und unterschrieb eine Vereinbarung über einen Waffenstillstand in Südossetien, der aber nicht eingehalten wurde.

Im Januar 1992 wurde der georgische Präsident *Gamsachurdia* durch einen Militärputsch gestürzt. Mit der Machtübernahme durch *Eduard Schewardnadse* im März desselben Jahres begann die zweite Etappe der südossetischen Krise, in der die georgische Seite einen direkten militärischen Sieg durch die Eroberung Tschinwalis zu erringen versuchte. Innerhalb dieser dreimonatigen Kämpfe in Tschinwali kamen drei Mal mehr Zivilisten ums Leben als während der Auseinandersetzungen der vorangegangenen zwei Jahre. Dies führte zu einem Aufstand in Nordossetien, wo Munitionslager der russischen Armee erobert und weitere freiwillige Einheiten aufgestellt wurden. Der Oberste Sowjet Russlands verabschiedete eine Erklärung, in der die Vertreibung der Südosseten aus Georgien als Genozid bezeichnet wurde. Die georgische Seite wurde vor einer Intervention der russischen Seite gewarnt: Der Konflikt wird „nicht nur als eine bloße interne Angelegenheit Georgiens" wahrgenommen, „da er direkt die staatlichen Interessen Russlands berührt".

Am 24. Juni 1992 fanden in Sotschi auf Initiative des Präsidenten *Jelzin* Blitzverhandlungen unter Teilnahme von Russland, Georgien, Süd- und Nordossetien statt, die mit der Unterzeichnung eines Waffenstillstands endeten, der bis heute in Kraft ist. Jedoch wurden, wie auch in Abchasien, die Ursachen des Konfliktes nicht beseitigt; die Frage des Status Südossetiens ist nach wie vor ungeklärt, und auch das Schicksal zehntausender ossetinischer Flüchtlinge aus Georgien war bisher noch nicht Gegenstand von Diskussionen. Praktisch unmittelbar nach der „Regelung" der Situation in Südossetien wurde in den Gebieten, in denen Kampfhandlungen stattgefunden hatten, ein gemischtes, dreiseitiges (Russland, Georgien, Ossetien) Kontingent von Friedenstruppen eingesetzt.

2.4 Die Phase des „Einfrierens" und das Scheitern der Konfliktregelung

Während der heißen Phase der Konflikte, d.h. im Grunde genommen während des Krieges, hatten die geographischen Besonderheiten, die Bevölkerungszahlen, das Relief des Geländes, das Verhältnis der Ethnien untereinander etc. eine besondere Spezifik des Kriegsverlaufs zur Folge. So waren z.B. im Flachland Panzergefechte möglich (so in Karabach oder in Abchasien), in den Bergen aber nicht (in Ossetien). Das Fehlen einer „Reserve" innerhalb der eigenen Bevölkerung machte es notwendig, Freiwillige aus dem Ausland zu den Kämpfen hinzuzuziehen (wie in Abchasien). Die Existenz eines Verbündeten im Hinterland (Armenien für Karabach und Nordossetien für Südossetien) ermöglichte die Verlagerung der Führungsstäbe außerhalb der Reichweite des Gegners. In diesem Sinne führten die unterschiedlichen Gegebenheiten zu einem verschiedenartigen Charakter des Verlaufs der Konflikte.

Nach Beendigung der Kriege, als die Konflikte „eingefroren" wurden, zeigte sich, dass sowohl die Entwicklung der Konflikte als auch die daraus entstandenen, nicht anerkannten Staaten sehr ähnlich waren. Natürlich spielen geographische und demographische Faktoren eine Rolle, aber dennoch war die Richtung der Entwicklung praktisch identisch.

Erstens: In allen drei Fällen wurden die Konflikte nicht beigelegt, woran alle Seiten Schuld haben – sowohl die anerkannten als auch die nicht anerkannten Staaten. In allen drei Fällen waren die Beteiligten nicht zu Kompromissen bereit; die Verhandlungen beschränken sich faktisch schon lange auf Imitationen und leere Gespräche, von denen sich keine der Seiten ernsthaft etwas erhofft. In zwei Fällen, in dem abchasischen und in dem südossetischen, wurden die Verhandlungen erfolglos ausgesetzt. Streng genommen existiert zwischen den Konfliktparteien kein Raum für Kompromisse. Das Maß an Zugeständnissen, das von den Seiten für eine Beilegung gefordert wird, macht dies unmöglich.

Dabei lässt sich kaum sagen, dass diese Situation die Folge eines politischen Zerfalls in den Ländern ist, die am Verhandlungstisch sitzen. In Georgien wurde die Entwicklung in der Nachkriegszeit maßgeblich durch die Rosenrevolution geprägt; in allen Ländern, in den anerkannten und den nicht anerkannten, wurden Präsidenten gewählt. In den anerkannten Ländern wurden die Verfassungen geändert (in Armenien und Georgien), und in den nicht anerkannten Gebilden (Karabach und Abchasien) Verfassungen angenommen. Die geopolitische Orientierung hat sich grundlegend geändert; die Länder dieser Region wurden Mitglieder internationaler Organisationen, doch die Beilegung der Konflikte wird nicht in Betracht gezogen. Mehr noch, Georgien strebt in die NATO, und wie es scheint, betrachtet die georgische Elite den Beitritt zur NATO als einen Prozess, der auch ohne die Beilegung der Konflikte möglich ist.

Ebenfalls kein Interesse an der Beilegung der Konflikte haben anscheinend diejenigen Seiten, die daran am meisten interessiert sein sollten – die nicht anerkannten Regierungen selbst. Besonders deutlich wird dies in den Fällen Nagorno-Karabach und Abchasien, deren relative militärische Sicherheit es zulässt, den Aufbau von staatlichen Institutionen – Kopien der Institutionen anerkannter Staaten – weiter zu verfolgen. Die Wirtschaften dieser Gebilde passen sich der Realität an; die wirtschaftliche Stagnation bzw. die Verlangsamung der wirtschaftlichen Entwicklung, die aus dem Status der Nicht-Anerkennung resultieren, werden zur Gewohnheit.

Die Eliten gewöhnen sich an diese Existenzbedingungen und lernen sogar, daraus Nutzen zu ziehen. Auf raffinierte Weise werden die Interessen der verschiedenen externen Länder, darunter auch der großen Mächte – sowie die Widersprüche zwischen ihnen – ausbalanciert; dieses geschickte Verhalten wird zu einer Überlebensmethode, und dies sogar zu einer ziemlich erfolgreichen. Die Tradition des Überlebens unter ungeklärten Bedingungen verfestigt sich bzw. wird zur Normalität. Beliebige Anstrengungen, die von außen unternommen werden, stoßen auf Widerstand. Es ist bereits eine Generation junger Menschen herangewachsen, für die der „Feind" eine absolut abstrakte Vorstellung ist, weil sie noch niemals einen Vertreter dieses „Feindes" gesehen haben. Die kulturelle Vielfalt und die Vielsprachigkeit, einst ein Charakteristikum dieser Regionen, verschwindet.

In allen Konfliktregionen verlaufen diese Prozesse fast einheitlich. Dem liegt zweifelsfrei eine Gesetzmäßigkeit zu Grunde. Eine Art, diese Gesetzmäßigkeit zu erklären, ist die, dass das eigentliche Ziel der autonomen Nationen nicht die Bildung unabhängiger Staaten ist. Streng genommen sind zwei der drei Konflikte im Grunde nicht sezessionistisch, sondern irredentistisch. Südossetien konnte sich nicht an Nord-Ossetien anschließen, und der Anschluss Karabachs an Armenien war gezwungenermaßen ebenso unmöglich. Wenn es in den beiden Konflikten keine „äußeren" Umstände gegeben hätte, dann wäre – entsprechend der Konfliktlogik – der Anschluss Karabachs an Armenien und die Vereinigung Südossetiens mit Nordossetien und damit der Anschluss an Russland ohne Probleme möglich gewesen. Deshalb kann man vermuten, dass das wahre Konfliktziel die Abgrenzung der Ethnien war. Seitens der „kleineren Ethnien" war es das Bestreben, sich vor Assimilation und Ungleichbehandlung zu schützen, seitens der „großen" das Bestreben, monoethnische Staaten herzustellen. Man kann sagen, dass dies Aserbaidschan und Armenien gänzlich gelungen ist, denn diese beiden Staaten sind praktisch monoethnisch. (Im Fall von Aserbaidschan gilt dies für das Territorium, das von der aserbaidschanischen Regierung kontrolliert wird, also Karabach ausgenommen.)

Paradoxerweise kann man diesen Prozess als einen Prozess der Bildung von Nationalstaaten europäischen Typs bezeichnen, der wegen der „Eiszeit" im sowjetischen Imperium des 20. Jahrhunderts mit zwei Jahrhunderten Verspätung erfolgt. Nach dieser Vorstellung tauten die Konflikte Anfang der 90er Jahre auf, nachdem sie vom Totalitarismus befreit waren, der sie daran gehindert hatte, sich zu entwickeln – und nicht umgekehrt. Wenn dem so ist, dann erweisen sich die Konflikte nicht als zufällige Begleiterscheinung, sondern als zentraler Bestandteil des Aufbaus einer politischen Identität, und in diesem Fall ist es nur natürlich, dass sie nicht beigelegt werden können. Die äußeren Impulse sind zu schwach, um das zentrale Paradigma der Entstehung von Nationen zu verändern. Damit diese Impulse wahrgenommen werden können (einzelne Personen und Vertreter der Zivilgesellschaft im Südkaukasus sprechen natürlich schon darüber), müsste sich das Paradigma, nach welchem sich die Entwicklung politischer Nationen auf ethnischen Grundlagen vollzieht, selbst ändern. Und verändern müssten sich nicht nur die Worte, sondern auch die Taten. Aber dies kann nicht innerhalb von 15 Jahren erfolgen.

Folgerichtig vollzieht sich de facto nun das, was de jure nicht möglich ist: Karabach besitzt im politischen Sinne eine gewisse Selbstständigkeit (ein eigenes Parlament, einen eigenen Präsidenten, eine eigene Verfassung), in der wirtschaftlichen Realität erweist es sich aber als Teil Armeniens. Die Währung, das Bankenwesen und der Markt sind in Karabach und Armenien einheitlich.

Südossetien ist finanziell, aber auch in der Sphäre politischer Entscheidungen praktisch vollständig von Russland abhängig. Die Sozialausgaben, die Finanzierung von Bildungseinrichtungen, die Versorgung mit Strom und Waffen wird vollständig von Russland gewährleistet, was sich natürlich auch in dem wachsenden politischen Einfluss Russlands widerspiegelt. Zumindest besitzt praktisch jeder ossetische Einwohner Südossetiens einen russischen Pass. Die Führer dieser nicht anerkannten Republik haben wiederholt betont, dass sie den Anschluss an Russland wünschen, um dadurch die „Teilung des ossetischen Volkes" zu beseitigen.

Abchasien zeigt eine gewisse Zwischenvariante der Entwicklung. Abchasien ist wirtschaftlich stark von Russland abhängig und wird zweifellos auch politisch von Russland unterstützt. Durch die Ausnutzung der georgisch-russischen Widersprüche kann Abchasien überleben; es exportiert seine Produkte (größtenteils landwirtschaftliche Erzeugnisse) nach Russland und stellt seine Kurorte russischen Bürgern zur Verfügung. Die Abhängigkeit Abchasiens ist jedoch nicht so ausgeprägt und die staatliche Unterstützung nicht so offensichtlich wie im Falle Ossetiens.

Mit Blick auf die Konfliktregelung sind diese Unterschiede jedoch überhaupt nicht von Bedeutung. Niemand aus der Führung der nicht anerkannten, aber auch der anerkannten Staaten ist bereit, die Konflikte beizulegen. Weder die Bevölkerung noch die Eliten haben der Führung dafür einen „Blankoscheck" ausgestellt. Sie haben allerdings deren Zustimmung für etwas völlig anderes, nämlich für die Nutzung aller äußeren Umstände (sei es Russland, wie im Falle Ossetiens, oder das Potential der Kurorte, wie im Falle Abchasiens, oder die Unterstützung durch die Diaspora, wie im Falle der Armenier Karabachs), um politische Nationen auf ethnischer Grundlage zu errichten.

Als ein ausgezeichnetes Anschauungsbeispiel hierfür kann die Geschichte des Rücktritts des ersten Präsidenten Armeniens, *Lewon Ter-Petrosjan*, im Jahre 1998 dienen. Der Präsident, Führer der Revolution und der karabachschen Bewegung in Armenien, unter dem die erste Verfassung der Republik angenommen wurde, schlug vor, ernsthafte Zugeständnisse an Aserbaidschan zu machen, um den Konflikt beizulegen, da dieser seiner Meinung nach die Entwicklung Armeniens behinderte. Er wurde deshalb umgehend von seiner eigenen Umgebung zum Rücktritt gezwungen und beendete daraufhin seine politische Karriere. Das Bild vom Führer der armenischen Nationalbewegung passte nicht zum Image des „Kompromisslers", der bereit war, in der karabachschen Frage Zugeständnisse zu machen. Die Initiative kostete den Präsidenten sein Amt, und sein Fall diente den Politikern des ganzen Südkaukasus als eindringliche Warnung: Man kann nicht gegen die Erwartungen der Massen vorgehen, da man dadurch seinen Posten verliert und zum Verräter erklärt wird. *Michail Saakaschwili*, der mit seiner demokratischen Rhetorik im Jahre 2003 in Georgien auf der Welle der „Rosenrevolution" an die Macht kam, zog sich sogleich den Mantel des Vereinigers der georgischen Lande an, schaffte praktisch die Autonomie Adschariens ab und schlug hinsichtlich der abchasischen und ossetischen Konflikte eine harte Linie ein.

In allen drei anerkannten Staaten des Südkaukasus bleiben die eingefrorenen Konflikte bis heute ein wichtiger oder sogar einer der wichtigsten Bestandteile der politischen Identitäten. In den nicht anerkannten Ländern steht die Konfrontation mit dem „Feind" im Zentrum der Identitäten. In der Terminologie des Nahen Ostens gesprochen, sind Karabach oder Abchasien nicht der Sinai, der – wenn auch mit großer Mühe – zurückgegeben werden konnte, sondern Jerusalem: Jedes Gespräch bezüglich einer eventuellen Übergabe dieser Stadt wird von allen Seiten als Gotteslästerung wahrgenommen.

2.5 Das Völkerrecht und die Konflikte im Südkaukasus

Da die Konfliktparteien nicht gewillt sind, die Konflikte beizulegen, lagen die Bemühungen um deren Regulierung von Anfang an auf den Schultern von Drittmächten, Nachbarn und Weltmächten sowie der Weltgemeinschaft insgesamt. Aber auch die intensiven und zielgerichteten Bemühungen einflussreicher Staaten und angesehener Organisationen führten zu keinem Ergebnis; im besten Fall erreichten sie, dass die Konflikte eingefroren und die Kampfhandlungen eingestellt wurden. Es gelang ihnen nicht, den toten Punkt in den Verhandlungen zu überwinden. Wo liegen die Gründe dafür?

Eine der Antworten auf diese Frage ist die, dass sich die rechtlichen Realitäten des heutigen Europas, wo sich die „modernen" Konflikte und die Mechanismen zu ihrer Beilegung entwickelt haben, fundamental von den sowjetischen Realitäten unterscheiden, in denen sich die Grundlagen für die Entstehung der Konflikte im Südkaukasus bildeten. Die administrativ-territoriale Teilung dieser Territorien wurde in der Zeit der UdSSR vorgenommen; zur selben Zeit bildeten sich die Auffassungen der Bevölkerung über die Legitimität dieser Grenzen, des Rechts, der Ansprüche u.a.m. Alle Versuche zur Beilegung der Konflikte, die nach dem Zerfall der UdSSR unternommen wurden, erfolgten im Grunde bereits im Kontext des gegenwärtigen Völkerrechts – also nach dessen Postulaten über Legitimität. Eine der Ursachen dafür, dass diese Konflikte entstehen konnten, aber nicht beigelegt werden können, ist die Diskrepanz zwischen den für ähnliche Fälle vorgesehenen Mechanismen und Instrumenten des Völkerrechts und den Realitäten, unter denen sich die Konflikte im Südkaukasus bildeten und entwickelten.

Im Völkerrecht sind zwei grundlegende Prinzipien verankert, die auf die Konflikte des südkaukasischen Typs angewendet werden können: das Recht auf nationale Selbstbestimmung und das Recht auf Souveränität und territoriale Integrität selbstständiger Staaten.[8] Wegen der Existenz dieser beiden Prinzipien ist es auf der Grundlage des gegenwärtigen Rechts schwierig, den Urheber eines ethno-politischen sezessionistischen Konflikts für schuldig zu befinden. Deshalb greift das in der UN-Charta verankerte Prinzip des „Zwangs zum Frieden" nicht, und wenn der Widerstand gegen eine Beilegung in den Konfliktzonen selbst ausreichend groß ist, dann sind die Bestrebungen, die Konflikte auf dem Weg von Verhandlungen und Konzessionen beizulegen, zum Scheitern verurteilt.

Zweifellos ist das Prinzip der Selbstbestimmung der Nationen nur schwer erfüllbar und trägt eher deklarativen Charakter. Es ist nicht festgelegt, was unter „Nation" und was unter „Selbstbestimmung" zu verstehen ist. Außerdem rechnet man üblicherweise damit, dass Versuche, dieses Prinzip anzuwenden, eine lawinenartige Neubestimmung der Grenzen, Chaos und Blutvergießen verheißen. In der Praxis hat die

---

[8] Siehe die Erklärung über die Gewährung der Unabhängigkeit an koloniale Länder und Völker, die von der Generalversammlung der UNO im Jahre 1960 angenommen wurde. Artikel 1: Alle Völker haben das Recht auf Selbstbestimmung. Kraft dieses Rechts entscheiden sie frei über ihren politischen Status und gestalten in Freiheit ihre wirtschaftliche, soziale und kulturelle Entwicklung. [...] Artikel 6: Jeder Versuch der teilweisen oder gänzlichen Zerschlagung der nationalen Einheit oder der territorialen Integrität eines Staates ist unvereinbar mit den Zielen und Prinzipien der Charta der Vereinten Nationen. General Assembly Resolution 1514(XV) vom 14. Dezember 1960. <http://www.un.org/documents/index/html>; <http://www.un.org/documents/ga/res/15/ares15.htm>; <http://daccessdds.un.org/doc/RESOLUTION/GEN/NRO/152/88/IMG/NRO15288>.

Weltgemeinschaft bis heute de facto nicht ein einziges Mal[9] Forderungen, die nur mit diesem Prinzip begründet wurden, unterstützt. Die Wahrung des Prinzips der nationalen Selbstbestimmung würde in Afrika, wo die Bildung von Nationen noch nicht abgeschlossen ist, und wo die Grenzen absolut willkürlich gezogen wurden, offensichtlich die Destabilisierung eines ganzen Kontinents hervorrufen. Deshalb wird in der Praxis das Prinzip der Unverletzlichkeit der Grenzen angewendet. Es ist richtig, ohne hier die Details zu vertiefen, dass es auch in Afrika nicht gelungen ist, Stabilität herzustellen: Berechnungen besagen, dass allein in den ersten Jahren nach der Unabhängigkeit Afrikas in 18 von 52 Staaten sezessionistische Bewegungen entstanden; es ist hier nicht die Rede von lokalen zwischennationalen Zusammenstößen, sondern von einem Prozess, der Jahrzehnte andauerte und Millionen Opfer gekostet hat.

Einer der Gründe für die Schwierigkeiten bei der Beilegung ähnlicher Konflikte besteht darin, dass die Prinzipien, die dem europäischen und globalen Sicherheitssystem zu Grunde liegen, einen konkreten geographischen und historischen Ausgangspunkt haben. Im Jahre 1945 entwarfen die Teilnehmer der Anti-Hitler-Koalition in Potsdam die Nachkriegsordnung Europas und teilten es in Einflusssphären auf. Für das weitere Fortbestehen Europas unter den neuen Bedingungen waren Regelungen unbedingt notwendig. Die wesentlichste davon war die Annahme des Prinzips der Unveränderlichkeit der Nachkriegsgrenzen. Diesem Prinzip lag eine Vereinbarung über die westlichen Grenzen Polens und die stillschweigende Übereinkunft (trotz einiger Vorbehalte u.a. der USA, Großbritanniens und Frankreichs) über die Annexion der baltischen Staaten und der östlichen Teile Polens (der heutigen Westukraine und des westlichen Teils von Belarus) und Bessarabiens (das gegenwärtige Moldawien und ein Teil der Ukraine) durch die Sowjetunion zu Grunde. Deutschlands Schicksal wurde ziemlich schnell und einfach entschieden; die bekannten Ereignisse in den Jahren 1946–1949, die zur Sowjetisierung der östlichen Besatzungszone und zur Bildung zweier deutscher Staaten mit einer gegensätzlichen Orientierung im Herzen Europas führten, waren in Potsdam faktisch vorprogrammiert worden. Die Frage der Grenzen der deutschen Staaten verschärfte in der Phase des sogenannten Kalten Krieges für einige Zeit die Beziehungen zwischen dem „Osten" und „Wes-

---

[9] Es gab jedoch nach dem zweiten Weltkrieg Beispiele für die Anerkennung zerfallener Staaten durch die Weltgemeinschaft: Mali und Senegal, Singapur und Malaysia, Syrien und Ägypten. In den Vorkriegsjahren trennte sich Irland vom Vereinigten Königreich (1937), Norwegen von Schweden (1905), Island von Dänemark (1941). In allen oben angeführten Fällen erfolgte die Teilung im gegenseitigen Einverständnis. Jedoch gibt es auch Beispiele für die Erlangung der Unabhängigkeit von Staaten, die der Unverletzbarkeit der territorialen Integrität widersprechen: Bangladesch und Eritrea. Die tatsächliche Aufnahme des griechischen Teils von Zypern in die EU ist bereits eine halbe Anerkennung innerhalb des europäischen Territoriums. Es kommt in der einen oder anderen Form zur Anerkennung des Kosovo, das gleichfalls die Erosionssymptome aufweist, die man in den Konfliktregionen konzentriert beobachtet.

ten", jedoch wurde durch das Potsdamer Abkommen das militärische Gleichgewicht garantiert, und die Erstarkung des sozialistischen Blocks in den Jahren 1956–1970 erfolgte im Rahmen dieser Parität. Eine Verletzung der Grenzen hätte dramatische Konsequenzen nach sich gezogen. Die Frage der Rechtmäßigkeit der anderen europäischen Grenzen wurde nicht ernsthaft diskutiert.

In den Dokumenten des Abkommens von Helsinki über Sicherheit und Zusammenarbeit in Europa aus dem Jahr 1975 wurde die Existenz eines militärisch-strategischen und politischen Gleichgewichts auf dem Kontinent und die Unverletzlichkeit der europäischen Grenzen bekräftigt. Reale Garanten der Parität waren die einander gegenüberstehenden militärischen Blöcke NATO und Warschauer Pakt.

Auf diese Art und Weise wurde das Prinzip der Unverletzlichkeit der Grenzen für eine konkrete Situation und für einen bestimmten Zeitraum formuliert, nämlich für das bipolare Nachkriegseuropa. Die Veränderungen, die sich in Europa und in der Welt in der zweiten Hälfte der 80er Jahre und Anfang der 90er Jahre ereigneten, trugen zur Zerstörung eines der Elemente des internationalen Sicherheitssystems bei, was die Vereinbarung über die OSZE zur Folge hatte: Der Warschauer Pakt hörte auf zu existieren. Dies hatte eine Reihe außergewöhnlich wichtiger Konsequenzen. Die Bipolarität in Europa bzw. in der Welt, welche die politische Basis des Sicherheitssystems gewesen war, verschwand. Mit dem Verschwinden der Konfrontation war der „Osten" kein monolithischer Block mehr. Im Osten wurde die Existenz von Strukturen offenkundig, die bis dahin vom Totalitarismus grausam unterdrückt worden waren; die Unterschiede zwischen Bosnien und Montenegro, zwischen Moldawien und Kasachstan waren, so schien es, vollkommen nivelliert. Jedoch wurde der „Osten" mit dem Fall der Berliner Mauer, die Symbol- und Schnittstelle zugleich war, mit all seinen Schwierigkeiten ein Teil der übrigen Welt, und seine Probleme, die langsam zu Tage traten, erwiesen sich auch für andere Länder und Regionen notgedrungen als aktuell.

Tatsächlich musste das Prinzip der territorialen Integrität bei der de jure-Anerkennung der unabhängigen Staaten, die sich auf dem Territorium der ehemaligen Sowjetunion gebildet hatten, verletzt werden. Der lawinenartige Verlauf desintegrierender Prozesse traf nicht nur die ehemalige UdSSR, sondern auch andere multiethnische Gebilde, z.B. Jugoslawien und die Tschechoslowakei; weder diese Länder noch die Sowjetunion waren bis dahin von der restlichen Welt jemals als echte föderale Staaten wahrgenommen worden.

Heutzutage besteht das Hauptproblem darin, dass das Sicherheitssystem, das auf die westliche Gesellschaftsstruktur mit ihren stabilen Nationalstaaten ausgerichtet ist und in ihr mit einigen Ausnahmen (im Baskenland, in Korsika und in Nordirland) auch funktioniert, auf die Struktur des „Ostens" übertragen wird, die sich als grundlegend anders erwies, und zwar nicht nur geographisch, sondern auch bezüglich des Entwicklungsstandes. Die östliche Struktur entspricht der Epoche in der westeuropäischen Geschichte, in der sich die Nationalstaaten bildeten, d.h. im 17. bis zum 19. Jahrhundert. Die südkaukasischen Konflikte sind kein isoliertes Phänomen; sie sind eine spezielle

Form der Abgrenzung beim Aufbau nationaler Strukturen. Faktisch sind sie kaukasische Varianten von Elsass und Lothringen, die aufgrund der langen Konservierung ethnischer Probleme im Rahmen zunächst des Russischen Reiches und danach der UdSSR zeitlich verzögert wurden. Streng genommen unterscheidet sich der Konflikt zwischen Armenien und Aserbaidschan um Karabach im Großen und Ganzen nicht von dem Konflikt zwischen Deutschland und Frankreich wegen des Elsass im 18. und 19. Jahrhundert. Aber die strittigen Grenzen in Europa wurden schließlich in den Augen der Bevölkerung als Ergebnis einer Reihe von Kriegen, die noch zwischen mittelalterlichen Dynastien geführt wurden, legitimiert. Eigentlich entstand die Idee des Nationalstaates entweder nach dem Prozess der territorialen Abgrenzung (in Westeuropa) oder im Verlaufe dieses Prozesses (in Zentraleuropa). Das Völkerrecht bildete sich als Instrument für die Beilegung bzw. Verhinderung von Territorialkonflikten heraus, die in unterschiedlichem Maße zwischen den Nationalstaaten entstanden. Dieselben Instrumente funktionieren jedoch schlecht, wenn die Konflikte in der vorausgehenden Etappe entstehen – nämlich in der Etappe der Staatsgründungen. Letzteres ist im Falle von Armenien und Aserbaidschan besonders wichtig, da für sie der Karabach-Konflikt konstitutiv für den Aufbau des Staates war.

Die Probleme, die für die Epoche der Entstehung von Nationalstaaten ganz natürlich sind, werden im gegenwärtigen postkommunistischen Osten durch drei zusätzliche Faktoren verstärkt. Da ist erstens die lange Konservierung, welche die latenten Konflikte mit dreifacher Kraft entflammen lässt. Zweitens sind das Fehlen demokratischer Traditionen und der durch den Sozialismus erzeugte moralische Zustand der Gesellschaft und der Bürger ursächlich dafür, dass Widersprüche vergleichsweise schnell zu massenhafter Gewalt und zu Blutvergießen führen – und zwar unter Verwendung der modernen Waffen, die als Erbe der UdSSR zurückgeblieben sind. Drittens wurden die potentiellen Konflikte von dem kommunistischen Regime nicht nur konserviert, sondern durch willkürliche Grenzziehung und durch Umsiedlung von Völkern weiter verstärkt und vermehrt – und zwar dadurch, dass die einen Völker in ein Abhängigkeitsverhältnis von anderen Völkern gebracht wurden. Status und Grenzen wurden nicht nur beliebig bestimmt, sondern auch beliebig verändert; es änderten sich auch die offiziellen Benennungen der Nationen. Die sowjetische Macht hielt dies nicht für wesentlich; durch territoriale Teilung manipulierte sie die Völker entsprechend politischer Notwendigkeiten oder aus Willkür.[10] Da die UdSSR

---

[10] Ein amüsantes Beispiel für den Voluntarismus bei der Festlegung der Grenzen zwischen den Unionsrepubliken ist die Festlegung der Grenze zwischen der RSFSR und der Ukrainischen SSR. Bei einem Treffen mit Repräsentanten der ukrainischen Kultur im Jahre 1935 sprach *Stalin* über die Schwierigkeiten solcher Grenzziehungen. „Natürlich hat es keine ernsthafte Bedeutung, ob einer der Landkreise zur Ukraine oder zur RSFSR gehört. Bei uns wird jedes Mal, wenn eine solche Frage auftritt, geschrien: Und was ist mit den Millionen Russen in der Ukraine, die unterdrückt werden, denen nicht erlaubt wird, sich ihrer Muttersprache zu bedienen, die mit Gewalt ukrainisiert werden, u.s.w. (Gelächter).

bis zum Beginn des Jahres 1992 von der Weltgemeinschaft für einen unitarischen Staat gehalten wurde (die Mitgliedschaft der Ukrainischen und Belarussischen SSR in der UNO wurde von allen als ein notwendiges Zugeständnis der Gründerstaaten dieser internationalen Organisation an die Sowjetunion angesehen), erhob sich die Frage nach der Rechtmäßigkeit oder Unrechtmäßigkeit der Grenzen einfach nicht. Die Tatsache, dass der Zerfall der UdSSR gerade entlang dieser, zu seiner Zeit voluntaristisch gezogenen Grenzen verlief, hat schließlich zu jener Krise geführt, deren Folgen bis heute andauern.

Es ist nicht damit zu rechnen, dass im Verlauf solch globaler Prozesse, wie der Zerfall von Imperien, für die Lösung all der damit unvermeidlich einhergehenden Konflikte ein einziger Nenner gefunden werden kann. Offensichtlich muss die Weltgemeinschaft andere, kompliziertere und kontextabhängige Prinzipien, oder eine Synthese von Prinzipien, dafür entwickeln, damit solche Prozesse im 21. Jahrhundert in zivilisierterer Form ablaufen als in der Periode des Hundertjährigen oder des Dreißigjährigen Krieges in Europa.

In den letzten Jahrzehnten war die Weltgemeinschaft mit Situationen konfrontiert, in denen sie gezwungen war, gegen das Prinzip der Unverletzlichkeit der Grenzen zu verstoßen. Das Ergebnis des dreißig Jahre dauernden, grausamen Krieges in Eritrea war die Anerkennung der staatlichen Unabhängigkeit dieses Landes, die auf dem Prinzip der nationalen Selbstbestimmung basierte. Die offensichtliche Unmöglichkeit einer Koexistenz von Kosovo-Albanern und Serben in einem gemeinsamen Serbien lässt erwarten, dass die Weltgemeinschaft früher oder später gezwungen sein wird, einer juristischen Formalisierung der Realität zuzustimmen: der Teilung dieses künstlichen Staates in zwei Nationalstaaten. Wenn dies geschieht (und de facto geschieht es schon), wird damit ein neuer Präzedenzfall z.B. für den abchasischen oder zypriotischen Konflikt geschaffen. Die Lage der Armenier in Karabach und der Türken auf Zypern ist identisch mit der Situation der Albaner im Kosovo; sie und andere werden sich nicht der „Suzeränität" eines anderen Staates unterordnen, und es ist äußerst unklar, wie man sie mit friedlichen Mitteln dazu bringen kann. Eine militärische Lösung wird nicht nur dadurch erschwert, dass in den Konflikten ein Kräftegleichgewicht entsteht, sondern auch durch die Tatsache, dass im 21. Jahrhundert an der Peripherie Europas von der Weltgemeinschaft große Anstrengungen unternommen werden, um Genoziden und ethnischen Säuberungen vorzubeugen.

Da Mechanismen zur Lösung dieser Art von Konflikten fehlen, greifen die beteiligten Parteien bei einer Verschärfung ihres Konfliktes auf das einzige ihnen verblie-

---

Diese Frage ist eine rein praktische. Sie stellte sich uns ein, zwei Mal. Wir haben sie verschoben – Grenzen ändern sich sehr häufig. ... Ich weiß nicht, ob die Bevölkerung dieser Gouvernements (gemeint waren die Oblasti Kurskaja und Woroneschskaja sowie ein Teil des Kuban – A. I.) der Ukraine beitreten will? (Stimmen: sie will) Wir haben Informationen darüber, dass sie nicht will ...".

bene Mittel zurück: den Krieg. Die Konflikte im Südkaukasus können schon nicht mehr durch Änderungen im Völkerrecht beigelegt werden. Die Ergebnisse beliebiger Referenden, denen Jahre der Deportationen und Pogrome vorangingen, sind im Voraus bekannt. Sie hängen nur von der Zusammensetzung der Wählerschaft ab; und die Wähler stimmen geschlossen entsprechend ihrer Volkszugehörigkeit. Eine Beilegung des Konflikts kann in dieser Phase nur noch durch Verhandlungen zwischen den beteiligten Konfliktparteien erreicht werden, die dazu gegenwärtig jedoch nicht bereit sind.

2.6 Schlussfolgerung

In allen drei analysierten Konfliktzonen gelang es den sowjetischen, russischen, aserbaidschanischen, armenischen, georgischen und örtlichen Führungen nicht, die Konflikte hinsichtlich des Territoriums und des Status der unterschiedlichen staatlichen Gebilde beizulegen. Trotz aller Bemühungen führten die Konfrontationen zu bewaffneten Auseinandersetzungen. Diese verliefen überall außerordentlich blutig und hatten eine hohe Zahl an Opfern, große Zerstörungen sowie Ströme von Flüchtlingen zur Folge. In allen beschriebenen Konflikten führten die Interventionen internationaler Organisationen und die Bemühungen anderer Staaten zu nichts. Die Folgen des Konflikts – die Zerstörung der Wirtschaft und der gesellschaftlichen Beziehungen – werden auf lange Sicht nicht in der gebotenen Weise beseitigt werden können. Die Ursachen der Konflikte sind nach wie vor ebenfalls nicht behoben. Alle drei Konflikte verliefen in offener Form und entwickeln sich in verborgener Form in der einen oder anderen Region fort.

Es ist offensichtlich, dass dies kein Zufall ist; darüber hinaus liegt die Ursache der Konflikte nicht nur im Zerfall der Sowjetunion. Der sowjetische Totalitarismus konnte die Konflikte zwischen den verschiedenen Ethnien in multiethnischen Regionen, die bereits in der Zeit des Zerfalls des russischen Imperiums existierten, nur unterdrücken und einfrieren – und zwar, wie klar wurde, nur einfrieren, aber nicht beilegen. Darüber hinaus zeigte sich, dass die Konflikte sich unter der sowjetischen Herrschaft weiter entwickelt haben und nur mit repressiven Methoden unterdrückt werden konnten.

Die Entwicklung der Ethno-Nationalismen wurde verstärkt durch die Entwicklung der „Klasse" der Intellektuellen der entsprechenden Ethnien und vertiefte den „verschachtelten Charakter" der administrativen Unterteilung. Die Politisierung der Ethnizität war jedoch unausweichlich angesichts der Schwäche der Staatsmacht. Da entwickelte Traditionen demokratischer Regierungsformen nicht existierten, war der Übergang der Konflikte in eine heiße Phase ähnlich unausweichlich. In Territorien mit einer komplizierten Zusammensetzung der Bevölkerung, in denen gleichzeitig mehrere Ansprüche auf ein und dasselbe Territorium bestanden (der Kaukasus ist eine der kompliziertesten Regionen dieser Art in der Welt), ist es an sich nicht verwunderlich, dass Konflikte entstanden, eher schon, dass so wenige von ihnen entstanden.

Ähnliche Prozesse ereignen sich häufig in Phasen der Dekolonisierung; den kaukasischen Konflikten aber verlieh ein besonderer Umstand die Härte, die diese charakterisiert. Gemeint ist der Umstand, dass die Völker, um die es hier geht, nicht eine Bevölkerung bilden, aus der man – auf der Grundlage gemeinsamer Elemente der Kultur, der Sprache, der Symbole u.a.m. – eine politische Nation hätte bilden können, wie dies zum Beispiel in einigen Ländern Afrikas oder Südostasiens geschehen ist. Die kaukasischen Völker sind vollwertige Ethnonationen mit entwickelten (unterschiedlichen) Kulturen und einem ausgeprägten ethnischen Selbstbewusstsein – häufig gepaart mit Ethnophobie; und sie hegen vielfach Vorstellungen von einem ausschließlichen Recht auf Territorium und Geschichte.

Genauso unrealistisch wäre es zu erwarten, dass sich sofort nach dem Zusammenbruch der UdSSR und der kommunistischen Ideologie auf diesem Territorium Projekte zur Bildung von zivilgeschäftlichen politischen Nationen entwickeln würden. Es handelt sich um Gesellschaften, in denen allein die Ethnizität die Basis für den Aufbau eines Staates bilden konnte, und in denen in der Bevölkerung keinerlei andere Gemeinsamkeiten während der sowjetischen Periode entstanden sind. Die ethnischen Projekte überlagerten einander. Der Kreis erwies sich als geschlossen. Die Ethnisierung der Politik und die Politisierung der Ethnizität führten unausweichlich zu Konflikten. Es scheint, dass die ethnische Abgrenzung die eigentliche (nicht artikulierte und häufig unbewusste) Ursache für den zeitgenössischen Irredentismus und die kontemporäre Reconquista im Südkaukasus ist. Im Falle von zwei der drei Staaten im Südkaukasus (Armenien und Aserbaidschan) waren die Konflikte die Konsolidierungsbasis für die Bildung politischer Identitäten. Mehr noch: In allen Konflikten wurden die Armeen vor den Staaten gegründet. Die Erfahrungen aus den Jahren der heißen Phasen der Konflikte zeigen, dass Pogrome, Deportationen und Kampfhandlungen die Unterschiede innerhalb einer Ethnie, die für ihre Selbstbestimmung kämpft, verschwinden ließen, die Bereitschaft zum Krieg förderten und ein wichtiger Beweggrund dafür waren, dass die Bevölkerung geschlossen hinter ihren Führern stand.

Dies alles ist natürlich kein Schuldspruch. Die Konflikte bleiben ungelöst, weil es innerhalb der Gesellschaften einen außergewöhnlich großen Widerstand gegen ihre Beilegung gibt. Doch schreitet die Entwicklung der Gesellschaften voran, und stellenweise gibt es sowohl Anzeichen für eine beginnende De-Ethnisierung des Staates als auch für Annäherungsversuche an das gegenwärtige Europa und seine Normen. Nach alldem zu urteilen, können solche Prozesse nicht schnell ablaufen, handelt es sich doch um Prozesse der Nationenbildung; Konflikte sind nur eine der diversen Manifestationen dieses Prozesses.

Bibliographie

B. Arutjuhjan, Sobytija v Nagornom Karabache, Bände 1–4, Jerewan 1990–1994 (Verlag Gitutjun der Nationalen Akademie der Wissenschaften der Republik Armenien).

R. Awakow, A. Lisowa (Hrsg.), Russland und Transkaukasien in der modernen Welt, Institut für Weltwirtschaft und internationale Beziehungen der Russischen Akademie der Wissenschaften, Moskau 2002.

G. Bordjugow, P. Gobbl (Hrsg.), Meschnazionalnye otnoschenija v Rossii i SNG, Moskowski Zentr Carnegie, Moskau 1995.

Center for International Development and Conflictology, Maryland University: Etnopolititscheskie konflikti w Sakawkase: ich istoki i puti reschenija; College Park, Maryland, 1997.

H.-G. Ehrhart, A. Kreikemeyer, A. Sagorski (Hrsg.), Crisis Management in the CIS: Wither Russia?, Baden-Baden 1995.

H.-G. Ehrhart, A. Kreikemeyer, A. Sagorski (Hrsg.), The Former Soviet Union and European Security: Between Integration and Re-Nationalization, Baden-Baden 1993.

C. Fairbanks, The Postcommunist Wars, in: Journal of Democracy (Washington D.C.), Nr. 4, Oktober 1995.

S. Goldenberg, Pride of Small Nations. The Caucasus and Post-Soviet Disorder, London and New Jersey 1994.

A. Golz, Mirotwortscheskie operazii – sredstwo realisazii nazionalnych interesow Rossii, in: Rossija: novye parametry besopasnosti, Moskowski Zentr Carnegie, Moskau 1995.

T. Gurr, Peoples Against States: Ethnopolitical Conflicts and the Changing World System, in: International Studies Quarterly, Nr. 38, Cambridge 1994.

T. Gurr, J. Goldstone, Comparisons and Policy Implications, in: J. Goldstone, T. Gurr, F. Moshiri, (Hrsg.), Revolutions of the Late J., Twentieth Century, San Francisco 1991; (Westview Press).

M. Halperin, D. Scheffer, P. Small, Self-Determination in the New World Order. Carnegie Endowment for International Peace, Washington, D.C., 1992.

S. Ilhan, Geopolitical Development and the Turkish World, in: Eurasian Studies, Ankara 1995.

G. Kiselewa (Hrsg.), Naselenie SSSR w 80-e gody; Akademie der Wissenschaften der UdSSR, Moskau 1991.

B. Koppiters (Hrsg.), Strittige Grenzen im Kaukasus, Moskau 1996.

R. Lapidoth, Autonomy: Potential and Limitations, in: International Journal on Group Rights, Dordrecht (Niederlande) 1993 (Kluwer Academic Publishers).

A. Malaschenko, B. Koppiters, D. Trenin (Hrsg.), Etnitscheskie i regionalnye konflikty w Ewrasii; Band 1: Zentralnaja Asija i Kawkas; Moskau 1997 (Verlag Wes Mir).

J. Maresca, War in the Caucasus: a Proposal for Settlement in the Conflict over Nagorno-Karabakh, Washington D.C., 1995.

A. Sagorski, Haupttendenzen der Entwicklung der Gemeinschaft Unabhängiger Staaten, in: Ehemalige UdSSR-Länder und die europäische Sicherheit, Moskau 1994.

Winfried Schneider-Deters (Friedrich-Ebert-Stiftung) (Hrsg.), Juschni Kawkas: nestabilni region samoroschenych konfliktow; Materialy meždunarodnoj konferencii po Kavkazy Fonda Fridricha Èberta, Berlin, 26.–27. 11.2001; Tiflis 2002.

V. Schorochow, Bakinskaja neft i politika, in: „Swobodnaja mysl'", Nr. 8; Moskau 1995.

S. Soljan, OBSE i regionalnye konflikty, Jerewan 1994 (Tesaket – News and Analytics from Armenia).

B. Tscherbakow u. a., Nazionalnye konflikty i problema beschenzew, Bände 1 und 2, Moskau 1991; Akademija Nauk SSSR, Institut sociologii.

A. Umnow, Russland in Mittelasien und im Kaukasus: Mythen, Probleme, Lösungen, in: Der Nahe Osten und die Gegenwart" (Forschungsinstitut Israel und Naher Osten), Moskau 1996.

A. Wasserman, R. Ginat, National, Territorial or Regional Conflict? The Case of Nagorno-Karabakh, in: Studies in Conflict and Terrorism, Volume 17, Großbritannien 1994.

A. N. Yamskov, Ethnic conflict in the Transcaucasus, in: Theory and Society, Dordrecht (Niederlande) 1991 (Kluwer Academic Publishers).

K. Young, Dialektika kulturnowo pljuralisma: konzepzija i realnost, in: „Etnitschnost i wlast w politetnitschnych gosudarstwach; Moskau 1993 (Verlag Nauka).

Zentr kawkasskich issledowani, Moskowskoe predstawitelstwo Fonda Fridricha Eberta, Severnyi Kawkas – Sakawkase: problemy stabilnosti i perspektivy raswitija. (Materialy meschdunarodnoi konferenzii 24.–26.10.1997, Sotschi), Moskau 1997.

Siebenter Teil

Zentralasien in der Weltpolitik

Eine russische Sicht

Inhaltsverzeichnis

1. **Einleitung** — 573

2. **Besonderheiten in den Entwicklungen der modernen zentralasiatischen Gesellschaften** — 573

    2.1 Die demographische Dimension der postsowjetischen Entwicklung — 573

    Bevölkerungsdynamik — 574
    Urbanisierungsdynamik — 575
    Die Dynamik der ethnischen Veränderungen — 576

    2.2 Die wirtschaftliche Dimension der postsowjetischen Entwicklung — 578

    Binnenwirtschaftliche Tendenzen — 578
    Außenwirtschaftliche Orientierungen — 579

    2.3 Innenpolitische Konsolidierung der zentralasiatischen Länder — 581

    Die politischen Systeme Zentralasiens — 581
    Traditionalismus und Modernität im politischen Leben — 582
    Elektorale Probleme der zentralasiatischen Region — 583

3. **Zentralasien im Kontext der internationalen Beziehungen** — 584

    3.1 Internationale Problematik der zentralasiatischen Energieressourcen — 585

    Wirtschaftliche Integration in Zentralasien: Die Energiewirtschaft — 587
    Die Eurasische Wirtschaftsgemeinschaft — 588
    Die Schanghai Organisation für Zusammenarbeit — 588

    3.2 Multilaterale Zusammenarbeit im postsowjetischen Format — 590

    Der Vertrag über Kollektive Sicherheit — 590
    Die Eurasische Wirtschaftsgemeinschaft und die Entwicklungen in Zentralasien — 593

    3.3 Zentralasien im „Ost"-„West"-Kontext — 594

4. **Fazit: Zentralasien als Realität** — 597

1. Einleitung

Dem GUS-Gipfeltreffen vom Januar 1993 in Alma-Ata zufolge umfasst die zentralasiatische Region Kasachstan, Kirgistan, Tadschikistan, Turkmenistan und Usbekistan. Ihre Gesamtfläche beträgt cirka 4 Mrd. km², die Bevölkerung zählt über 50 Mio. Menschen, darunter etwa 5 Mio. ethnische Russen. Über 15 Jahre hinweg erwies sich Zentralasien als Feld vielfältiger Zusammenarbeit, aber auch aktiver Konkurrenz verschiedener transnationaler Kräfte. Die Besonderheiten des in dieser Region sich formierenden Systems der internationalen Beziehungen beeinflussen immer stärker nicht nur die Lage in den fünf zentralasiatischen Ländern, sondern auch bei ihren nächsten Nachbarn. Die Rohstoffreserven, vor allem Erdgas und Erdöl,[1] eine Reihe großer Wirtschaftprojekte unter Teilnahme leitender Industrieländer und Finanzinstitute, der Charakter des Zusammenwirkens der neuen unabhängigen Staaten mit Russland, China und den USA – all dies lässt den Schluss zu, dass die zentralasiatische Region in überschaubarer Zukunft eine bedeutende Rolle in den globalen Entwicklungen spielen wird. Zugleich muss betont werden, dass sich alle Formen und Arten des außenpolitischen Zusammenwirkens in Zentralasien unter unmittelbarer und souveräner Teilnahme der neuen unabhängigen Staaten entwickeln. Die Hebel der Entscheidungen liegen in den Händen ihrer Führungen. Diese bestimmen die strategische Perspektive der Regionalentwicklung und gestalten die Rolle ihrer Länder in der sich globalisierenden Welt mit.

2. Besonderheiten in den Entwicklungen der modernen zentralasiatischen Gesellschaften

2.1 Die demographische Dimension der postsowjetischen Entwicklung

Die Konsolidierung einer postsowjetischen Identität findet im Kontext tiefgreifender demographischer Veränderungen in den zentralasiatischen Ländern statt. Zu den wichtigsten Faktoren zählen die Dynamik der Bevölkerungsentwicklung, die Urbanisierung und die ethnische Zusammensetzung der Bevölkerung. Diese Faktoren be-

---

[1] In den kommenden Jahrzehnten kann Zentralasien zu einem der wichtigsten Teilnehmer des Weltenergiemarkts werden. Die bereits geförderten Öl- und Gasmengen Kasachstans betragen 2,2 Mrd. Tonnen bzw. 2,5 Mrd. m³. Die Gasreserven in Turkmenistan werden um 3 Mrd. m³ geschätzt, in Usbekistan um 2 Mrd. m³. Die prognostizierten Reserven Kasachstans im kaspischen Schelf und im Aral-Meeresbecken können mehr als 13 Mrd. Tonnen Öl und 6 Mrd. m³ Gas, Turkmenistans 6,3 Mrd. Tonnen bzw. 15,5 Mrd. m³, Usbekistans 0,3 Mrd. Tonnen bzw. 2 Mrd. m³ betragen. Siehe dazu auch den Beitrag von *Peter W. Schulze* in diesem Buch.

einflussen wesentlich die Entwicklungsperspektiven der zentralasiatischen Übergangsgesellschaften und bestimmen in vielen Fällen die Möglichkeiten qualitativer Änderungen ihrer sozialen Lage.

Bevölkerungsdynamik

Das letzte Viertel des 20. Jahrhunderts war in allen zentralasiatischen Republiken bis auf Kasachstan durch hohe Wachstumsraten der Bevölkerung gekennzeichnet (2,2 bis fast 3 Prozent jährlich). Zurzeit verlangsamt sich der natürliche Zuwachs teilweise (z.B. in Usbekistan). Dennoch spricht das Gesamtbild dafür, dass es beim Modell der erweiterten Reproduktion des Humanpotenzials bleibt, wobei gleichzeitig der Anteil der Erwerbstätigen zurückgeht.

Wenn die nationalen Wirtschaftssysteme der zentralasiatischen Staaten in den nächsten Jahren keinen qualitativen Durchbruch erreichen, werden sich die mit der wachsenden Arbeitslosigkeit verbundenen Gefahren verstärken. Unabhängigen Prognosen zufolge wird die Bevölkerungszahl im Jahr 2050 in Kasachstan bei 15 Mio. liegen, sich in anderen zentralasiatischen Ländern dagegen wesentlich erhöhen: in Kirgistan auf 8,3 Mio., in Tadschikistan auf 10,9 Mio., in Turkmenistan auf 7,4 Mio. und in Usbekistan auf 38,4 Mio.[2] Um diesem Bevölkerungszuwachs einen Lebensunterhalt auf dem heutigen Niveau des gesellschaftlichen Konsums zu gewährleisten, wird mindestens eine Verdoppelung des Inlandsproduktes notwendig werden. Um dennoch das Ziel einer stabilen Entwicklung zu erreichen und Risiken der politischen Instabilität zu vermeiden, muss diese Verdoppelung in fünf, spätestens sieben Jahren stattfinden. Nur dann können die arbeitsfähigen Bevölkerungsteile eine Verbesserung der Lebensbedingungen erwarten und ihre Fähigkeiten im Rahmen der eigenen Länder realisieren. Bisher aber wird die Lage in Zentralasien durch massenhafte Arbeitsmigration geprägt, die unseren Schätzungen zufolge 10 bis 30 Prozent der Arbeitsfähigen betrifft. Eine deutliche Verminderung ist in den nächsten Jahren kaum zu erwarten.[3]

Bevölkerungszahl* (Mio.)				
Land	1970–1979		1990–2003	
Kasachstan	13	14,6	16,4	15,1
Kirgistan	2,9	3,5	4,4	5
Tadschikistan	2,9	3,8	5,4	6,6
Turkmenistan	2,1	2,7	3,8	6,3
Usbekistan	11,7	15,3	20,6	–

---

[2] Quelle: DEMOSKOP 211–212/29.8.–11.9.2005.
[3] Detaillierter dazu siehe *K. Borišpolec/A. Babadžnov*, Migracionnye Riski stran Central'noj Azii (Migrationsrisiken der Länder Zentralasiens), Wissenschaftliche Berichte des MGIMO 2(22), Moskau 2007.

Bevölkerungswachstum (Prozent)			
Land	1970–1979	1979–1990	1990–2003
Kasachstan	+12	+12	-0,9
Kirgistan	+20	+26	+14
Tadschikistan	+30	+42	+22
Turkmenistan	+29	+41	+66
Usbekistan	+31	+35	–

Urbanisierungsdynamik

In Kirgistan, Tadschikistan, Turkmenistan und Usbekistan überwiegt die Landbevölkerung. Seit den letzten Jahrzehnten des 20. Jahrhunderts sank der Anteil der Stadtbevölkerung. Der Trend hält bis heute an. In Kasachstan vermindern sich beide Gruppen, die Land- und die Stadtbevölkerung. In Kirgistan und Tadschikistan wohnen immer weniger Menschen in Städten bei gleichzeitig deutlichem Zuwachs der Landbevölkerung (13,8 bzw. 23,4 Prozent in den 90er Jahren).[4]

Im Ganzen unterstreicht der Bevölkerungszuwachs hauptsächlich bei den Dorfbewohnern den Verlust des in Sowjetzeiten errungenen industriell-agrarischen Status. Deswegen erweist sich als dringendste Aufgabe für die Mehrheit der zentralasiatischen Staaten, einen wachsenden Teil der nationalen Reserven auf den Aufschwung des Agrarsektors zu richten. Sonst werden in vier bis fünf Jahren unter den arbeitsfähigen Menschen solche ohne oder mit geringem Qualifikationsniveau dominieren. Ihre Arbeit bleibt in jedem Wirtschaftssektor unrentabel, und zwar auch außerhalb des nationalen Arbeitsmarktes.

---

[4] Quellen: Naselenie SSSR (Die Bevölkerung der UdSSR), Moskau 1980; Strany mira 2005 (statističeskij sbornik) (Die Länder der Welt 2005/Statistischer Sammelband), Moskau 2006.

Urbanisierungsdynamik

Land				
	Stadtbevölkerung 1979	Landbevölkerung 1979	Stadtbevölkerung 2004	Landbevölkerung 2004
Kasachstan	14684		15403	
	54	46	56	54
Kirgistan	3529		5208	
	39	61	34	66
Tadschikistan	3801		6298	
	35	65	25	75
Turkmenistan	2759		4940	
	48	52	45	55
Usbekistan	15391		26479	
	41	59	37	63

Die Dynamik der ethnischen Veränderungen

In den ersten Jahren nach dem Zerfall der Sowjetunion wurden die zentralasiatischen Länder dank des Migrationsaustauschs innerhalb der GUS ethnisch zunehmend homogen. Am stärksten wurde die ethnische Struktur durch Auswanderung der russischsprachigen Bürger beeinflusst. In den Jahren 1989 bis 2000 siedelten 3 Mio. Russen nach Russland um. Besonders intensiv war die Auswanderung aus Tadschikistan. Über 50 Prozent der Russen haben das Land verlassen. In diesem Jahrzehnt nahm die Auswanderung der Russen (und der russischsprachigen Bürger) ab. Das heißt jedoch nicht, dass das Emigrationspotenzial ethnischer Russen, besonders unter den jungen Menschen, erschöpft wäre.[5] Die Ergebnisse der Volkszählungen Ende der 90er Jahre in Kasachstan und Kirgistan sowie Schätzungen der Lage in anderen zentralasiatischen Ländern bieten kein eindeutiges Bild der gesellschaftlichen Entwicklungen im Zusammenhang mit der Wandlung der ethnischen Struktur.

Die wesentliche Reduzierung der russischen und russischsprachigen Bevölkerung lässt keinen Zweifel daran, dass die Vertreter der Titularnationen in Zukunft eine

---

[5] Každyj desjatyj žitel' Kazachstana chočet ujechat' v Rossiju (Jeder zehnter Einwohner Kasachstans will nach Russland auswandern), unter http://www/regnum/ru/news/724705.html 19.10.2006; Kasachstanu stoit ožidat' ottoka opredeljonnoj časti russkojasyčnogo naselenija, nužny otvetnye mery (Kasachstan soll mit dem Abzug eines bestimmten Teils der russischsprachigen Bevölkerung rechnen, Gegenmaßnahmen sind nötig), unter http://www.regnum.ru/news/671529.html.

stabile Mehrheit der Emigranten aus Zentralasien bilden werden. Jedoch verbleibt eine große Zahl der russischsprachigen Einwohner in Zentralasien. Ein mutmaßlicher neuer massenhafter „Exodus" dieser Bevölkerungsgruppe würde die Gestaltung der regionalen politischen Systeme als *monoethnische Systeme* beschleunigen. Unter den Bedingungen der traditionellen subethnischen Teilung der Titularbevölkerung werden diese Systeme für ihre Legitimation zwangsläufig nationalistische Rhetorik benutzen – mit allen Risiken, die aus den Erfahrungen anderer Entwicklungsregionen bekannt sind. Deswegen erweisen sich die Monitoringdaten zur Lage der russischsprachigen Bevölkerung als wichtiger Indikator für regionale Sicherheit in Zentralasien.

Schon heute haben in manchen Staaten Zentralasiens Tendenzen zur Monoethnisierung ernste negative Folgen. Die wahrscheinlich wichtigste unter ihnen ist die Abnahme qualifizierter Arbeitskräfte sowie die Stärkung der nationalistischen und traditionalistischen Stimmungen unter einzelnen Gruppen der Titularbevölkerung. Wie wiederholt bemerkt, wurde gerade der übertriebene Akzent auf die Wiederherstellung der sozialen Traditionen in zentralasiatischen Ländern zum Faktor der Verdrängung der russischsprachigen Bevölkerung aus der Region. Die Ideen der nationalen Traditionen der Gesellschaftsordnung prägen auf praktisch allen Machtebenen die Verwaltungssysteme, so dass sich die Berufung in die kommunalen Verwaltungsorgane ohne elektorale Teilnahme der Bevölkerung vollzieht.[6]

Der Rückgriff auf viele traditionelle Verwaltungsformen und die „Ethnisierung" der Politik sind in Zentralasien eine vollendete Tatsache. Zurzeit findet aber eine massenhafte Auswanderung der Titularbevölkerung nicht nur aus den Städten, sondern auch aus den Dörfern statt. In einer solchen Situation kann die „Traditionalisierung" und die „Ethnisierung" mittel- und langfristig kaum als adäquat für die soziale Stabilisierung betrachtet werden. Anders formuliert: Die postsowjetischen demographischen Veränderungen in zentralasiatischen Ländern verhindern die qualitative Verbesserung der Arbeitsressourcen, und obwohl dieser Faktor in jedem einzelnen Fall unterschiedlich wirkt – objektiv gesehen bildet er zusätzliche Schwierigkeiten auf dem Weg zur Modernisierung.

Insgesamt demonstriert die demographische Lage in den zentralasiatischen Ländern, wie kompliziert die Aufgaben des Übergangs zu einer stabilen Entwicklung sind und wie stark ihre Lösung vom Reformtempo der nationalen Wirtschaft abhängt. Bisher konnte keines der zentralasiatischen Länder die wachsende Erwerbslosigkeit überwinden; nur Kasachstan gelang es, sie erheblich zu begrenzen. Die Auswanderung

---

[6] O. *Brussina*. Sovremennye etnopolitičeskie processy i migracionnaja situacija v Central'noj Azii (Die gegenwärtigen ethnopolitischen Prozesse und die Migrationssituation in Zentralasien), unter http://www.carnegie.ru/ru/print/36293-print.htm.

kann nur kurzfristig Probleme der demographischen Überlastung reduzieren, objektiv schafft sie jedoch viele Risiken auf Landes- wie auf der internationalen Ebene.[7]

2.2 Die wirtschaftliche Dimension der postsowjetischen Entwicklung

Binnenwirtschaftliche Tendenzen

Die Unbeständigkeit der Wirtschaftsentwicklung ist zum großen Teil damit verbunden, dass Wirtschaftswachstum auf dem Export von Mineralrohstoffen und Landwirtschaftsgütern basiert und durch keine bemerkenswerten positiven Änderungen in anderen Industriebereichen gestützt wird. Bisher gelang es den zentralasiatischen Staaten nicht, trotz gewisser positiver Veränderungen, den übermäßigen Anteil an Kleinhandel und Dienstleistungen in der Wirtschaft sowie die Entindustrialisierungstendenzen zu überwinden. Im Ganzen haben die zentralasiatischen Staaten trotz Bewältigung der schlimmsten Folgen der wirtschaftlichen Rückschläge das Produktionsniveau von Anfang der 90er Jahre noch nicht wieder erreicht. Gleichwohl wecken die Indizes der Landwirtschafts- und Lebensmittelproduktion von 1994 bis 2004, die eine relative Entschärfung der wirtschaftlichen Lage in der Region widerspiegeln, einen gewissen Optimismus.

Der dynamische Zuwachs des Bruttoinlandprodukts, der Mitte dieses Jahrzehnts begann und mit geringeren Schwankungen 2006/2007 andauerte, bildet bis heute keine solide Grundlage für eine stabile Entwicklung. Die Konsolidierung der Eigentumslage der zentralasiatischen Eliten – und zwar nicht nur in dem relativ gut dastehenden Kasachstan, sondern selbst in dem in regionalem Vergleich problembeladenen Tadschikistan – verweist darauf, dass die apokalyptischen Folgen der Bürgerkonflikte überwunden sind. Dennoch bleibt die Lebensqualität der breiten Bevölkerungsschichten in Zentralasien weit unter dem Niveau sogar der bescheidenen Werte in anderen postsowjetischen Regionen.

Ein wichtiges Hindernis auf dem Weg zur Steigerung des Lebensniveaus bildet die fortdauernde Begrenztheit der inneren Investitionsressourcen und die Abhängigkeit von äußeren Finanzquellen. Im Vergleich zum Ende der 90er Jahre ist das Niveau der Binnenakkumulation nur in Kasachstan gestiegen. In anderen zentralasiatischen Ländern ist es gesunken, wobei die Dynamik des absoluten Umfangs der Investitionen beim Grundkapital instabil bleibt. Zum großen Teil erklärt sich dies aus der Abhängigkeit des Investitionsprozesses vom Zufluss ausländischer Investitionen, die um das Jahr 2005 den überwiegenden Teil des Grundkapitalzuflusses in die Wirtschaften der zentralasiatischen Länder bildeten.[8] Die ausländischen Investitionen in

---

[7] Detaillierter dazu siehe *K. Borišpolec/A. Babadžnov*, a.a.O.
[8] Im Jahr 2003 betrug der Umfang der Investitionen in das Grundkapital in Kasachstan 56 Prozent, in Kirgistan 51 Prozent, in Usbekistan um 88 Prozent des Niveaus von 1991.

den zentralasiatischen Ländern nahmen in den letzten Jahren wesentlich zu, was besonders deutlich in Tadschikistan zu beobachten ist. Doch der Hauptanteil des Fremdkapitals fließt nach Kasachstan – etwa 4,3 Mrd. US Dollar von insgesamt rund 5 Mrd. US Dollar (2004). Kasachstan als der attraktivste Partner für Auslandsinvestoren ist in hohem Maße daran interessiert, seine führende Rolle zu wahren. Dennoch ist der ausländische Anteil am Gesamtvolumen der Investitionen in das Grundkapital in anderen zentralasiatischen Ländern auch bedeutend.[9]

In diesem Kontext muss auf die Belebung der Investitionszusammenarbeit Russlands mit den zentralasiatischen Ländern verwiesen werden. Eine Reihe bedeutender Infrastrukturprojekte sowie vielversprechende Projekte in der verarbeitenden Industrie und im Hochtechnologie-Bereich werden ausgearbeitet. Auch ist der Gegenstrom an Investitionen aus Zentralasien, und hier besonders aus Kasachstan, nach Russland intensiver geworden. Die positiven Änderungen in der Zusammenarbeit hängen zum großen Teil mit dem wachsenden Interesse russischer Großunternehmen wie Gazprom, RAO „UES Russlands" und LUKoil sowie auch mittlerer Unternehmen zusammen, die an den Privatisierungsprozessen in den zentralasiatischen Ländern teilnehmen.

Das zurzeit erreichte Niveau der Einbeziehung ausländischen Kapitals in die nationalen Wirtschaftssysteme aller zentralasiatischen Länder spiegelt die Teilnahme der Region an der internationalen Arbeitsteilung wider. Zugleich demonstriert dies aber auch das große Interesse der regionalen Akteure an der Entwicklung von wirtschaftlichen Partnerschaften in verschiedenen Regionen der Welt sowie ihre Abhängigkeit von der aktiven Attraktion ausländischer Wirtschaftsressourcen. Jedoch zeigt das Übergewicht des nationalen Kapitals jedes Landes an seinem Grundindustriefonds, dass große Reserven für die Finanzierung wirtschaftlicher Modernisierungsprojekte im Rahmen der zentralasiatischen Wirtschaftssysteme vorhanden sind.

Außenwirtschaftliche Orientierungen

Die Möglichkeiten der zentralasiatischen Länder, ausländische Wirtschaftsressourcen anzuziehen, sind stark von ihrer Teilnahme am Welthandel abhängig. Die „Offenheit" im Außenhandel der Länder Zentralasiens ist sehr hoch. Angesichts der Tatsache, dass die „Öffnung" vor dem Hintergrund einer niedrigen Konkurrenzfähigkeit der Mehrheit der Produkte stattfindet, verweist der Grad an Offenheit aber auch auf die Gefahr einer Verankerung der zentralasiatischen Länder in der Roh-

---

[9] Vgl. *M. M. Narinskij (Hrsg.),* Rossija i strany Central'noj Azii. Vzaimodejstvie na rubeže tysjačeletij (Russland und die Länder Zentralasiens. Zusammenwirken um die Jahrtausendwende), Moskau 2006, S.33.
Der Gesamtanteil ausländischer Investitionen am Grundkapital betrug Mitte dieses Jahrzehnts etwa 22 Prozent in Kasachstan, 30 Prozent in Kirgistan, 18 Prozent in Tadschikistan, 29 Prozent in Usbekistan.

stoffperipherie der Weltwirtschaft. Auf jeden Fall veranlasst die wachsende Abhängigkeit von äußeren Ressourcenzuflüssen die zentralasiatischen Länder, das Volumen ihres Außenhandels zu steigern. Zu Beginn des laufenden Jahrzehnts wurde dieser Prozess intensiver als zuvor. Im Laufe der letzten fünf bis sieben Jahre betrug der Zuwachs des Außenhandels in Vergleich zum Ende der 90er Jahre über 30 Prozent in Kasachstan, um 20 Prozent in Kirgistan, 15 Prozent in Tadschikistan, 24 Prozent in Turkmenistan und ungefähr 20 Prozent in Usbekistan. Damit überstieg er in allen zentralasiatischen Ländern das Durchschnittstempo des Wachstums ihres Bruttoinlandprodukts.[10]

Vor diesem Hintergrund spielen die Entwicklungen in der außenwirtschaftlichen Sphäre für die zentralasiatischen Länder eine immer größere Rolle. Gleichwohl reagiert die Wirtschaftsentwicklung immer empfindlicher auf die von außen kommenden Impulse. Neben den Konjunkturschwankungen auf dem Weltmarkt zählen zu solchen Impulsen auch soziale Faktoren, insbesondere die Vertiefung des Zusammenhangs zwischen den Interessen von Teilen der nationalen Eliten und den Interessen der Außenhandelspartner an der Entwicklung konkreter Richtungen.

Im Vergleich zum Anfang der 90er Jahre erfuhr die Struktur dieser Partnerschaft wesentliche Änderungen. Meist orientierten sich die Außenhandelsströme auf Ziele außerhalb der GUS. Dennoch bleibt die russische Richtung „die wichtigste Basis" des Außenhandelspotenzials der zentralasiatischen Länder. Der während der 90er Jahre stark reduzierte bilaterale Handel hat sich Anfang dieses Jahrzehnts in den meisten Fällen stabilisiert; zur Zeit steigt er deutlich mit Blick auf Kasachstan und Kirgistan, gemäßigt auch in Turkmenistan. In den letzten Jahren blieb die Rolle des russischen Vektors im Außenhandel der zentralasiatischen Länder stabil. Der Anteil Russlands beträgt im Export und Import 15 bzw. 39 Prozent (Kasachstan), 17 bzw. 25 (Kirgistan), 37 bzw. 16 (Tadschikistan), 41 bzw. 14 (Turkmenistan), 18 bzw. 37 Prozent (Usbekistan). Damit belegt Russland zumeist den ersten Platz als Handelspartner der zentralasiatischen Länder.[11]

Die demographischen und wirtschaftlichen Daten der Staaten Zentralasiens verweisen auf wachsende Tendenzen ihrer ungleichmäßigen Entwicklung nach dem Zerfall der Sowjetunion, in erster Linie aufgrund der wirtschaftlichen Erfolge Kasachstans. Jedoch sind die Vorstellungen über eine wesentliche Differenzierung des Lebensni-

---

[10] Quellen: Statistische Handbücher des Zwischenstaatlichen Statistischen Komitees der GUS: Sodružestvo Nezavisimych Gosudarstv v 2002 godu. Statističeskij spravočnik (Die Gemeinschaft Unabhängiger Staaten im Jahr 2002. Statistisches Handbuch), Moskau 2003; Sodružestvo Nezavisimych Gosudarstv v 2004 godu. Statističeskij spravočnik (Die Gemeinschaft Unabhängiger Staate im Jahr 2004. Statistisches Handbuch), Moskau 2005.

[11] Quellen: Statistische Handbücher des Zwischenstaatlichen Statistischen Komitee der GUS von 2002 und 2004, a.a.O. Rossijskij statističeskij ježegodnik 2005 (Das Russische Statistische Jahrbuch 2005), Föderalsamt für Statistik, Moskau 2006.

veaus auf regionaler Ebene übertrieben. Die sozialwirtschaftlichen Strukturen aller Länder der Region befinden sich in einem instabilen Gleichgewicht, das auch auf politischer Ebene Wirkung zeigt.

2.3 Innenpolitische Konsolidierung der zentralasiatischen Länder

Die errungene nationale Souveränität und die Entstehung der postsowjetischen Staatlichkeit wurden zu einer ernsten Probe für die zentralasiatischen Länder. In den vergangenen Jahren näherten sich ihre Gesellschaftssysteme mehrfach der kritischen Linie, und die Krisentendenzen in der sozialen und politischen Sphäre sind trotz des Optimismus der offiziellen Erklärungen noch nicht endgültig überwunden. Dennoch widerlegt die Lage in der Region insgesamt apokalyptische Prognosen, wie sie seit Anfang der 90er Jahre regelmäßig präsentiert wurden.

Die politischen Systeme Zentralasiens

Die zentralasiatischen politischen Systeme entwickelten sich nach 1991 auf demokratisch-konstitutioneller Grundlage. In Blick auf die Gewaltenteilung sind die Staaten der Region präsidiale Republiken mit deutlicher Dominanz der Exekutive über die anderen Machtzweige. Besonders stark ausgeprägt ist solche Dominanz in Turkmenistan, das unter *Sarpamurad Nijasow* oft einer Monarchie gleichgestellt wurde. Eine gewisse Ausnahme stellt Kirgistan dar, wo nach dem Rücktritt von *Askar Akajew* 2006 tatsächlich ein Übergang zur parlamentarischen Republik stattfand. Dennoch erwies sich das parlamentarische Modell als instabil, und nach den Anfang 2007 verabschiedeten Verfassungsänderungen sind die Kompetenzen des kirgisischen Präsidenten wieder erweitert worden. Die dramatische und in ihren Ergebnissen ambivalente Erfahrung der institutionellen Veränderungen in Kirgistan verweisen gleichwohl auf breitere Tendenzen, die den Rahmen eines Landes überschreiten.

In den letzten Jahren wurden in den zentralasiatischen Staaten Schritte unternommen, um die Rolle der Legislative zu stärken. So kommt in Usbekistan eine besondere Bedeutung den in der Geschichte dieses Landes ersten Wahlen zum Zweikammerparlament Ende 2004 zu. Ein Streben, sich von der superpräsidialen Regierungsform zu verabschieden, zeigt der kasachische Präsident *Nursultan Nasarbajew*. Die Reformstrategie, die unter seiner Leitung seit 2005 durchgesetzt wird, ist auf den schrittweisen Übergang des Landes zu einer präsidentrial-parlamentarischen Republik und zur Stärkung der Rolle der Gerichte orientiert. Eine eigenartige Änderung der Machtbalance zwischen Exekutive und Legislative nahm *Nijasow* in den Jahren 2003/2004 vor. Dabei wurden im Rahmen des turkmenischen politischen Systems, das durch die präzedenzlos umfangreichen Kompetenzen des Oberhaupts der Exekutive gekennzeichnet ist, neue Gesetzgebungsakte verabschiedet, die die Besonderheiten der turkmenischen Parlamentswahlen bestimmen. Auf ihrer Grundlage wird das landesweite Muster der Wahlkampagne mit Wahlen auf der lokalen Ebene kombiniert. Das Besondere besteht dabei darin, dass die Kontakte zwischen Wählern und

Abgeordneten gestärkt werden, gleichwohl aber die Möglichkeit besteht, dass die gesamtnationale Strategie durch das Parlament beeinflusst wird (obwohl die Intention eines solchen Einflusses im Einparteiensystem vorhersagbar ist).

Dank der Teilreform der Legislative sieht die Entwicklung der zentralasiatischen politischen Systeme heute vielfältiger aus als Ende 90er Jahre. Doch werden die Voraussetzungen der Diversifizierung der Verwaltungsmodelle in der näheren Zukunft durch eine Reihe gemeinsamer Momente begrenzt. Erstens sind die zentralasiatischen politischen Systeme durch die Trägheit der regierenden Eliten geprägt, deren Zusammensetzung – mit Ausnahme des vom Bürgerkrieg geplagten Tadschikistan – keine gründlichen Veränderungen erfuhr. Zweitens sind die Amtsfristen aller zentralasiatischen Führer mehrfach verlängert worden, und obwohl ihr Status in allgemeinen Wahlen bestätigt wurde, kennzeichnen überall autoritäre Züge ihren Regierungsstil. Drittens verfügt die Opposition trotz zahlreicher innenpolitischer Widersprüche über keinen bedeutenden Einfluss und bleibt zersplittert. Viertens haben die politischen Veränderungen und die sogenannten „Farbenrevolutionen" in der Ukraine und Georgien das Verhalten der regierenden Kreise in gewissem Maße geprägt. Dennoch lassen sich im Ganzen keine Voraussetzungen für einen grundlegenden Regimewechsel durch Massenproteste ausmachen; lediglich die kirgisische Gesellschaft lehnte die Ergebnisse der allgemeinen Wahlen ab. Fünftens setzte in der Perspektive des Rücktritts der ersten Generation der postsowjetischen Führung in allen zentralasiatischen Ländern eine Rotation der regierenden Kreise ein; sie wird zwar oft von öffentlichen Konflikten begleitet, mündet jedoch nicht in eine breite Konfrontation.

Traditionalismus und Modernität im politischen Leben

Die politischen Entwicklungen in Zentralasien und die Konsolidierung der neuen Staatlichkeit werden auch durch traditionsbedingte Faktoren beeinflusst. Eine besondere Rolle spielt dabei der Clancharakter der Eliten[12], die sich nicht nach politischer Zugehörigkeit, sondern nach einem verzweigten System persönlicher Beziehungen unterscheiden. In der zentralasiatischen Region ist es kennzeichnend nicht nur für die Fragmentierung der Eliten, sondern auch anderer sozialer Schichten und beeinflusst ganz wesentlich die modernen Formen des gesellschaftlichen Lebens. Die Zahl der modernen Verwaltungskader ist ausreichend groß. Unter den Bedin-

---

[12] Siehe dazu *K. P. Borišpolec*, Klany i političeskaja vlast' (Clans und die politische Macht), in: Asija i Afrika segodnja 2/1991; *S. Birjukov*. Elity-klijentely kak ključevoj faktor političeskogo razvitija central'noaziatskich gosudarstv (Klienteleliten als Schlüsselfaktor der politischen Entwicklung der zentralasiatischen Staaten), Russkij žurnal, unter http://centrasia.org/newsA.php4?st=1048023480; *Jana Zdorovej*. Elity Central'noj Azii (Eliten Zentralasiens), unter http://www.russ.ru/layout/set/print//politics/docs/elity_central_ noj_azii; *K. Collins*, The Logic of Clan Politics: Evidence from the Central Asian Trajectories, in: World Politics (Baltimore) 2/2004, S.224–238.

gungen des unterentwickelten Marktes sind die gesellschaftlichen Verbindungen so gering, dass die gesamtnationalen Interessengruppen nur undeutliche Konturen aufweisen. Deswegen gehören solche auf den ersten Blick unvergleichbare Phänomene wie die schmerzhaften Versuche, die Trennlinien aus der Zeit des tadschikischen Bürgerkrieges durch Karriereförderung von Vertretern der südlichen Regionen zu überwinden, ebenso in dieselbe Kategorie wie der exotische *Turkmenbaschi-Kult* oder das Fiasko des politischen Manövrierens des ehemaligen Präsidenten *Akajew*. All dies sind Beispiele für relativ erfolgreiche und für gescheiterte Bemühungen zur Schaffung einer Massenbasis für das politische Regime, ohne die eine Entwicklung kaum möglich ist.

Anders gesagt, Prozesse der politischen Konsolidierung der zentralasiatischen Gesellschaften lassen sich nicht von der Konsolidierung der informellen gesellschaftlichen Beziehungen und der verschiedenen Varianten ihrer Umgruppierung trennen, wobei die Benennung der Verwaltungskader die „Regionalwurzeln" der Kandidaten zu berücksichtigen hätte. Leider verstehen viele Politiker in und außerhalb Zentralasiens diese Verhältnisse zu vereinfacht als „Nullsummespiel".

Elektorale Probleme der zentralasiatischen Region

Seit Anfang dieses Jahrzehnts kritisiert die OSZE regelmäßig die zentralasiatischen Führungen und wirft ihnen vor, Aktivitäten nur von Regime-kontrollierter Opposition zuzulassen und die Unterstützung des eigenen Kurses durch die Massen vorzutäuschen. Dennoch kann dieses Problem auch anders betrachtet werden – vom Standpunkt der Perspektiven politischer Stabilität in der Region. Vor allem sollten die heute vorhandenen widersprüchlichen Einschätzungen nicht zu Kampagnen absoluter Kritik dienen, sondern in einem verantwortungsvollen Meinungsumtausch zum Thema „neue Staatlichkeit auf dem Weg zur stabilen Entwicklung" vorgetragen werden.

Weit verbreitet ist die Meinung, dass die Wahlen den regionalen Führungen eine Chance bieten, Anklagen wegen mangelnder Demokratie zu leugnen und weiter Gewinn aus ausländischen Investitionen zu ziehen. Indes scheint auch eine gegenteilige Meinung Geltung beanspruchen zu können. Sie besagt: Gerade die amtierenden Führer der neuen unabhängigen Staaten sind an der Entwicklung des Wahlsystems als Indikator für die Einschätzung der gesellschaftlichen Wirklichkeit unmittelbar interessiert. Denn bisher hat sich die Opposition in den zentralasiatischen Ländern trotz radikaler Rhetorik und aktiver Sympathie vieler ausländischer Organisationen kaum als konstruktiver Opponent der Regierungen erwiesen. Ihren Führungen fehlt die Kombination von Kompetenz und Charisma, die notwendig ist, um die Kluft zwischen Wort und Tat zu überwinden. Unter Berücksichtigung der schweren sozialen Probleme in der Region sowie insbesondere der Gefahr des Terrorismus und des illegalen Drogenhandels ist die Warnung der traditionellen und neuen Oppositionellen vor den „unberechenbaren Folgen" zweifellos berechtigt. Dennoch drohen keine Gefahren einer politischen Explosion. Zwar setzt sich die Akkumulation von „humanem Sprengstoff" in der Region weiter fort. Gleichwohl geschieht dies dank der Souveränisierung auf dezentraler Ebene, mit verschiedenen Geschwindigkeiten und in verschiedenen Formen. Vor diesem Hintergrund sollten die Wahlen nicht nur als Ergebnis einer gewissen politischen Entwicklung, sondern auch als Ansätze für eine neue Etappe konstruktiver Zusammenarbeit angesehen werden.

Die Perioden der Jahre 2006 und Anfang 2007 waren von einer spürbaren Stabilisierung der Lage in Zentralasien gekennzeichnet. Jedoch verbleiben die Staaten der Region in einer Zone hoher gesellschaftlicher und politischer Risiken. Nicht nur neue, sondern auch neuste Herausforderungen sind entstanden. Dazu gehören die drastische Steigerung des illegalen Drogentransits, der illegalen Migration, des Zerfalls der sozialen Infrastruktur sowie die Widersprüche, die aus der materiellen Differenzierung der Bevölkerung erwachsen. Die Parlaments- und Präsidentschaftswahlen, die in zentralasiatischen Staaten 2004 bis 2006 stattfanden, haben eine Reihe scharfer Probleme erfolgreich gelöst. Dennoch bleiben die politische Konkurrenz in den regierenden Kreisen und die ständigen Bemühungen aktuell, die soziale Verantwortung der Machtorgane zu steigern.

3. Zentralasien im Kontext der internationalen Beziehungen

Die von manchen Politikwissenschaftlern geteilte Meinung, Zentralasien sei keine einheitliche Region, sondern ein sowjetischer Mythos, schließt die Vorstellung von einer geopolitischen Teilung in Einflusssphären ein.[13] Das Teilungsszenario für Zentralasien widerspricht jedoch in jeder Variante nicht nur den globalen und regionalen Sicherheitsinteressen, sondern ist auch völlig unrealistisch. *Diese Region hat sich noch vor der Sowjetzeit gebildet.* Obwohl sich die nationalen Identitäten unterscheiden, ist die Zivilisationsgemeinschaft stark ausgeprägt und bildet eine Grundlage für ähnliche Vorstellungen: im Blick auf die Probleme des sozialen und politischen Lebens ebenso wie auf die Wahrnehmung der Außenwelt und des eigenen Platzes in den globalen Entwicklungen.

Die Länder Zentralasiens gestalten ihre Politik unter Berücksichtigung der Position ihrer unmittelbaren Nachbarn und sind sich der Gemeinsamkeit ihrer Interessen bewusst. Darüber hinaus existiert in der Region eine lebenswichtige Infrastruktur, deren integrative Rolle mit der weiteren Entwicklung der Wirtschaft und der Kommunikationen immer größer wird. Die Herausforderungen der selbständigen Entwicklung sind so ernst, dass alle zentralasiatischen Staaten ohne enge Zusammenarbeit zu

---

[13] Vgl. *Vincent de Kytspotter*, The „Very Great Game": The U.S. New Frontier in Central Asia. A research paper presented to the Geneva Centre for Security Policy 2004, unter http://www.gcsp.ch/e/training/lTC/2003-04/deKytspotter-Paper.pdf.

ihrer Bewältigung nicht fähig sind. Ihre wichtigsten internationalen Partner kombinieren das bilaterale und das regionale Vorgehen, wobei das *regionale Prinzip dominiert*. So gesehen ist die Schwächung der binnenregionalen Partnerschaft mittelfristig kaum wahrscheinlich. Obwohl durch korporative Interessen lokaler Eliten zentrifugale Tendenzen nicht auszuschließen sind, ist eher eine Stärkung der Integrationsprozesse zu erwarten, wobei Energiefragen eine immer wichtigere Rolle spielen.

3.1 Internationale Problematik der zentralasiatischen Energieressourcen

Zu den zentralen Problemen der internationalen Politik in Bezug auf die zentralasiatischen Energieressourcen gehören: die Regulierung des völkerrechtlichen Regimes des Kaspischen Meeres, die eng mit der Einschätzung der Vorkommen verbunden ist; die Transportrouten für die Energieträger, die oft vom Standpunkt der Geopolitik aus betrachtet werden; die Integrationsprozesse im süd-östlichen Segment des postsowjetischen Raums. Die „kaspische Frage" bleibt wegen der Positionen des Iran und Turkmenistans offen, obwohl sich gewisse Ansätze zu einer möglichen Lösung abzeichnen. Für das Problem der Diversifizierung der Transportwege zentralasiatischer Energieträger zum Weltmarkt wurde bisher keine eindeutige Lösung gefunden. Man kann von zwei Hauptrichtungen der Öllieferungen sprechen: der westlichen (europäischen) und der östlichen, die manchmal ungerechtfertigt verengend als „chinesische" bezeichnet wird. In ersten Fall konkurrieren insbesondere die „nördlichen" Ölpipelines, die durch das russische Territorium führen, und die „westlichen", die es umgehen. Die östliche Richtung, bei der der chinesische Vektor eine besondere Rolle spielt, ist genau gesehen fast genauso diversifiziert wie die westliche.

Das Bild der schon vorhandenen, der sich in Bau befindlichen und der erst in Projektform existierenden Infrastruktur des Energietransports ist unter der Einwirkung des Gasfaktors noch komplizierter geworden. Ähnlich wie in der Frage des Transports des zentralasiatischen (kasachischen) Öls genießt das Projekt der Transkaspischen Gaspipeline (TKG) über den kaspischen Seeboden in Richtung Aserbaidschan und Türkei die aktive Unterstützung der EU und der USA. Jedoch bleibt seine Perspektive ziemlich unklar. Die widersprüchlichen Interessen bei diesem Projekt beschränken sich nicht auf die Gegenüberstellung des westlichen Konzepts der Energielieferungssicherheit und des russischen Konzepts der komplexen Energiesicherheit. Deswegen ist das zentralasiatische Gas zumindest kurzfristig zum Faktor nicht nur der russischen, sondern der europäischen Politik geworden. Die regelmäßigen Verhandlungen zwischen russischen und zentralasiatischen Partnern zu dieser Frage betrachten manche Experten als fast kritisch für die russische Position in den regionalen Entwicklungen.

Historisch bedingt führt der größte Teil des zentralasiatischen Energieexports nach Westen über russisches Territorium. Die alternativen Pipelines sind sehr teure Projekte, die jedoch keine Lösung des „russischen Energieproblems" für die EU bieten. Bei den wachsenden Energieexporten werden durch diese Pipelines zusätzliche

Mengen an Energieträgern transportiert, die durch russische Routen gelieferte Menge wird dadurch nicht geringer. Die Rentabilität der *Pipeline BTC/Baku–Tbilissi–Ceyhan* bleibt fragwürdig, weil sie direkt davon abhängt, ob das kasachische Öl auf diesem Wege transportiert wird. Die Gaspipeline über den kaspischen Meerboden ist nicht weniger problematisch. Russlands Anteil an den europäischen Gasimporten entspricht ca. 30 Prozent. Vielleicht wird dieser Anteil sinken, weil der Gasverbrauch in Europa wächst, Russland aber wahrscheinlich nicht in der Lage sein wird, seine Lieferungen entsprechend zu steigern. Die Ostsee-Gaspipeline befreit Russland von Transitgebühren; die transkaspische Gaspipeline dagegen erhöht die Zahl der Länder, die Transitgebühren für den Export des zentralasiatischen Gases kassieren werden.

Die Ergebnisse von *Putins* Besuch in Kasachstan und Turkmenistan im Frühjahr 2007 und die Unterzeichnung der trilateralen Deklaration über den Bau einer Gaspipeline entlang dem kaspischen Ufer sowie der Deklaration über Entwicklung des Gastransports in Zentralasien unter Beteiligung Usbekistans scheinen auf den ersten Blick die Konkurrenz um die Energietransportrouten beendet zu haben. Die Präsidenten von Russland, Kasachstan und Turkmenistan einigten sich darauf, bis 2009 eine neue Gaspipeline auf russischem Territorium zu verlegen – eine Gaspipeline, die entlang dem kaspischen Ufer verläuft, mit einer jährlichen Kapazität von 10 Mrd. m^3 ausgestattet ist und ab 2010 ihre Kapazität auf bis zu 30 Mrd. m^3 steigern könnte. Die neue Pipeline wird durch alle drei Länder verlaufen und Gas aus dem kaspischen Schelf Turkmenistans transportieren, das ab 2008 gefördert werden soll. Darüber hinaus haben sich Kasachstan, Russland und Turkmenistan darauf verständigt, die alte Pipeline Zentralasien–Zentrum zu modernisieren. Das ist für die Sicherung des russisch-turkmenischen Gasvertrags nötig, der bis 2028 in Kraft bleibt. Wenn Russland heute etwa 40 Mrd. m^3 Gas aus Turkmenistan bezieht, so kann sich diese Zahl nach der Modernisierung der Pipeline verdoppeln.

Gleichwohl sehen die Führungen von Kasachstan, Turkmenistan und Usbekistan weder wirtschaftliche noch politische Gründe, um profitable Vorschläge anderer Partner abzulehnen. Turkmenistans Präsident *Gurbanguly Berdymuchammedow* hat bereits erklärt, dass die transkaspische Pipeline damit keinesfalls ad acta gelegt ist und dass die turkmenischen Gasressourcen für sämtliche Projekte ausreichen.[14] Berücksichtigt man die Ergebnisse des Treffens der Präsidenten von Ukraine, Polen, Georgien, Aserbaidschan und Litauen von Mitte Mai 2007, auf dem der Beginn der Realisierung der Ölpipeline Odessa-Gdansk beschlossen wurde, ohne freilich den garantierten Umfang des durchfließenden Öls zu bestimmen, so bestätigt die Erklärung des turkmenischen Präsidenten die Tatsache, dass die Frage der Transportrou-

---

[14] Siehe D. Dokučajev. Triumf ili ustupka? Čego real'no dobilsja *Putin* v Kasachstane i Turkmenii (Triumph oder Konzession? Was hat *Putin* tatsächlich in Kasachstan und Turkmenien erreicht), unter http://www.centrasia.ru/newsA.php4?st=1180517280.

ten möglichst schnell auf der Ebene marktwirtschaftlicher Zusammenarbeit und frei von geopolitischen Stereotypen beantwortet werden muss.

Wirtschaftliche Integration in Zentralasien: Die Energiewirtschaft

Die wirtschaftliche Integration ist eines der schwierigsten Probleme der Region. Die Führungen der zentralasiatischen Region sind sich zwar der Vorteile der Integration bewusst und unterstützen verbal die Entwicklung der multilateralen politischen und wirtschaftlichen Beziehungen; dennoch geben sie bilateralen Kontakten den deutlichen Vorzug. Dafür gibt es mehrere Gründe. So unterscheiden sich die Länder Zentralasiens bei einer relativen Ähnlichkeit der gesellschaftlichen und wirtschaftlichen Systeme in Bezug auf das Ressourcen- und Bevölkerungspotenzial. Bisher ist es ihnen nicht gelungen, die Zoll- und Steuerpolitik zu koordinieren. Es fehlen Konzepte und Programme zum Schutz gemeinsamer Interessen im Rohstoff- und Energieträgerexport; Maßnahmen zur Steigerung der Konkurrenzfähigkeit sind nicht ausgearbeitet worden. Die wachsenden Probleme der Nutzung der Wasser-, Energie- und Verkehrinfrastruktur wurden nicht entschieden. Ein Hindernis auf dem Weg der regionalen Integration war und bleibt die mangelnde Koordinierung der Exportpolitik, die zwischen den zentralasiatischen Ländern zur Konkurrenz auf den Märkten von Drittländern führt. Gebremst wird der Integrationsprozess auch durch Unterschiede im Tempo der Wirtschaftsreformen und durch einseitige Entscheidungen, die Interessen von Partnern schaden.

Wie schon erwähnt, bildet einen wichtigen Faktor der Integration die Bereitschaft von zwei führenden Staaten der Region – Kasachstan und Usbekistan – zur Zusammenarbeit. Bemerkenswert ist die Annäherung der außenpolitischen Strategie Usbekistans mit der russischen nach der drastischen Verschlechterung der Beziehungen zwischen Taschkent und Washington infolge der Vorkommnisse in Andijan.[15] Tatsächlich hat sich die usbekische Führung bereit gezeigt, einen aktiven Dialog nicht nur mit Russland, sondern auch mit dessen engstem zentralasiatischen Verbündeten – Kasachstan – zu führen. Als Ergebnis des Zusammentreffens von *Karimow* und *Nasarbajew* im September 2006 wurde eine Reihe von Abkommen in den Bereichen Wirtschaft und Sicherheit unterzeichnet.[16] Jedoch ist die Perspektive einer stabilen Grundlage für regionale Integration nicht sicher: Auch heute zeigt sich Usbekistan im Bezug auf die Schaffung von Integrationsstrukturen innerhalb der GUS eher zurückhaltend.

Dennoch machen die Führungen der zentralasiatischen Länder, die keineswegs die Rolle einer Rohstoffperipherie übernehmen wollen, größere Schritte in Richtung regionaler Integration. So fand im Herbst 2006 in Astana das erste Gipfeltreffen der Präsidenten der Länder Zentralasiens statt, wobei Pläne bekannt wurden, eine *Union*

---

[15] http://www.asiainfonri.ru/rusdoc/15274.htm.
[16] Ebenda.

der zentralasiatischen Staaten zu gründen.[17] Sieht man von solchen neuen Initiativen ab, so existieren unter Teilnahme zentralasiatischer Länder in Zentralasien bereits regionale Integrationsgemeinschaften mit großen Potenzialen, auch im Energiesektor, wobei insbesondere die *Eurasische Wirtschaftsgemeinschaft (EurAsWG)* und die *Schanghai Organisation für Zusammenarbeit* (SOZ) zu nennen sind.

Die Eurasische Wirtschaftsgemeinschaft

Die Eurasische Wirtschaftsgemeinschaft, ein Rechtsnachfolger der 1995 in Minsk gegründeten Zollunion, wurde im Jahr 2000 ins Leben gerufen. Der Beitritt Usbekistans 2006 hat ihren Einfluss und ihre Perspektiven wesentlich erweitert. Die Anwesenheit des ukrainischen Ministerpräsidenten an einem informellen EurAsWG-Gipfel 2006 hat zu ihrer weiteren Stärkung beigetragen.

Gegründet wurde die EurAsWG mit dem zentralen Ziel, einen einheitlichen Energieraum auf dem Territorium der Mitgliedsstaaten zu schaffen. Heute konzentrieren sich die Aktivitäten der EurAsWG auf den Energiesektor mit der Aufgabe, einen gemeinsamen Energiemarkt zu schaffen. Zusammen verfügen die EurAsWG-Staaten über verschiedene bedeutende Ressourcen der Primärenergie, die jedoch nicht gleichmäßig verteilt sind. Deswegen erfordert die Integration in dem Brennstoff-Energiesektor eine Diversifizierung der Energieindustrie und der Projektkoordinierung bei der Nutzung von Kohlewasserstoffen und anderen Naturressourcen, in erster Linie der hydroenergetischen.

Hierauf sind die Abkommen orientiert, die das Zusammenwirken von Energiesystemen der EurAsWG-Mitgliedsstaaten regulieren. So wird ihre Brennstoff-Energiebalance gemeinsam ausgearbeitet, werden die Bedingungen für die Informationsbasis des gemeinsamen Energiemarkts definiert. Zurzeit wird ein Abkommen über die Entwicklung des Pipelinetransports der EurAsWG-Mitgliedsstaaten entworfen. Auf dem EurAsWG-Gipfel in Sotschi 2006 wurde die Aufgabe gestellt, ein Konzept des gemeinsamen Energiemarktes auszuarbeiten. Somit hat die Konsolidierung des Energiewirtschaftspotenzials im Rahmen der EurAsWG gute Perspektiven.

Die Schanghai Organisation für Zusammenarbeit

Qualitativ gesehen, können die Aktivitäten der SOZ in zwei Etappen geteilt werden: die regionale (zentralasiatische) von 1996 bis 2004 und die weltpolitische seit 2004 bis zur Gegenwart. Heute erweist sich die Organisation ihrer Charta zufolge als ein Mechanismus vielfältiger Zusammenarbeit der Mitgliedsstaaten zugunsten der Friedenssicherung, der Sicherheit und der Stabilität in der Region, der Förderung vom Bau einer neuen demokratischen, gerechten und vernünftigen internationalen Poli-

---

[17] S. Salimov. *Nazarbajev sozdajot ešče odin sojuz* (*Nasarbajew* gründet noch eine Union), in: Nezavisimaja gazeta (Moskau), 11.9.2006.

tik- und Wirtschaftsordnung.[18] Von besonderer Bedeutung für die wirtschaftliche Zusammenarbeit in Zentralasien, darunter auch für die Förderung des Integrationspotenzials der postsowjetischen Staaten, waren das Programm und der Aktionsplan zur multilateralen Zusammenarbeit in Industrie- und Handel (2003). Im Rahmen der SOZ wurden unabhängige Finanzmechanismen gegründet, darunter eine Bankenunion, sowie die gegenseitige Kreditierung. Auf der Grundlage von Initiativen wie dem Projekt eines Transportkorridors von Schanghai bis St. Petersburg baut die SOZ eine *einheitliche Infrastruktur Eurasiens*. Sie dient der Reduzierung äußerer wirtschaftlicher und politischer Risiken und ergänzt das von der EU und den USA geförderte Projekt eines Transportkorridors von Europa nach Asien (TRACECA, Transport Corridor Europe Caucasus Asia).

Neben traditionellen Themen wie Sicherheit sowie wirtschaftliche und humanitäre Zusammenarbeit spielen eine immer größere Rolle verschiedene Kooperationsformen im Energiebereich – eines der aussichtsreichsten Aspekte im Zusammenwirken der SOZ-Mitgliedsstaaten. Hierbei wird erwogen, einen sogenannten „*SOZ-Energieklub*" zu gründen. Ganz allgemein handelt es sich um vier Dimensionen des erwähnten Konzepts: a) die globale Dimension, b) die regional-eurasische Dimension (Russland, China und die vier Länder Zentralasiens), c) die subregionale-zentralasiatische Dimension (Kasachstan, Tadschikistan, Usbekistan, Kirgistan), und d) die nationale Dimension (Entwicklung von sechs nationalen Energiemodellen der Mitgliedsstaaten).[19] Es gibt große potenzielle Vorteile bei der Realisierung des Konzepts in allen vier Richtungen, obwohl das regionale und das subregionale Format besonders vielversprechend zu sein scheinen. Dennoch darf auch die globale Dimension im Hinblick auf die Länder mit Beobachterstatus nicht vergessen werden: Iran als großer Energieexporteur, Indien als großer Energieimporteur sowie Pakistan und die Mongolei.

Ein Vorteil des *SOZ-Energieklubs* läge darin, dass er, anders als die OPEC, Energieproduzenten, Transitländer und Konsumenten vereint, so dass auch die Interessen der Transitländer berücksichtigt werden. Jedoch kann dieses Projekt kaum in seiner hypothetischen Form oder gar in all seinen Dimensionen des Energiezusammenwirkens realisiert werden. Das Konzept des Energieklubs zeigt Anklänge an die Idee eines sogenannten „*Gaskartells*" nach dem Muster der OPEC – einem Feld, auf dem sich Iran, Katar und Russland einigen könnten, die zusammen rund 57 Prozent der Weltgasressourcen besitzen. Als potenzielle Teilnehmer werden auch Algerien und Libyen genannt. Die Möglichkeit, dass die zentralasiatischen Länder an dieser Organisation teilnehmen, ist nicht auszuschließen. Das größte Hindernis auf dem Weg

---

[18] Charta der Schanghai Organisation für Zusammenarbeit. Siehe die offizielle Webseite unter http://www.sectsco.org/news.
[19] S. G. *Luzjanin*. Energetičeskoe prostranstvo ŠOS (Energieraum SOZ). Siehe die offizielle Webseite des MGIMO unter http://mgimo.ru/.

zur Gründung des Gaskartells bildet die Tatsache, dass ein Gasweltmarkt heutzutage nicht existiert. Der Gashandel wird über Gaspipelines auf der Basis langfristiger Kontrakte durchgeführt. In diesem Zusammenhang „beunruhigend" wirken nicht die Ideen der Koordinierung der größten Energieproduzenten, sondern die Bestrebungen westlicher Länder, eine Art Einheitsfront der Energiekonsumenten dagegen zu organisieren.

Die Resonanz auf die Idee der Energieunion unter Teilnahme der zentralasiatischen Staaten kann mit den widersprüchlichen Vorstellungen über die Energiesicherheit und ihre Gewährleistung durch die Exporteure, Transporteure und Importeure erklärt werden. Dennoch könnten die Interessenkonflikte in der Energiesphäre, wenn nicht ganz aufgehoben, so doch zumindest deutlich entschärft werden. Verwirklicht werden könnte dies durch die gemeinsame Anerkennung der Tatsache, dass die Sicherheit als eine übergreifende Kategorie gelten muss, die durch die Zusammenarbeit nicht nur in Rohstofffragen gewährleistet wird. Dazu zählen die Beseitigung der militärischen Gefahr, die wirtschaftliche Entwicklung und humanitäre Fragen.

Die mit der Einbeziehung der zentralasiatischen Energieressourcen in den internationalen Raum entstehenden Probleme sind durch die traditionellen geopolitischen Faktoren sowie durch die wirtschaftlichen Herausforderungen des sich globalisierenden Marktes geprägt. Dabei muss betont werden: Der Wettbewerb, der unter den Bedingungen von Vernetzungen im Zeitalter der Globalisierung entsteht, unterscheidet sich naturgemäß von geopolitischen Szenarien, denn das Ziel eines jeden Teilnehmers besteht darin, ständig seine Entwicklungsmöglichkeiten zu verbessern und dabei die Identität der Partner zu bewahren. Die Motivation zu gemeinsamer Zusammenarbeit überwiegt in diesem Fall das einseitige Gewinnstreben und fördert Konsens.

3.2 Multilaterale Zusammenarbeit im postsowjetischen Format

Die multilaterale Zusammenarbeit der zentralasiatischen Länder im postsowjetischen Format macht es möglich, den internationalen regionalen Raum zu konsolidieren, und stärkt das Potenzial einer eigenständigen multivektoralen Außenpolitik der neuen unabhängigen Staaten.

Der Vertrag über Kollektive Sicherheit

Die Organisation des *Vertrages über Kollektive Sicherheit* (OVKS) wurde 2002 gegründet. Dies erfolgte im Kontext der Anpassung der gemeinsamen Verteidigungspolitik der GUS-Staaten an die neuen Herausforderungen, die zu Beginn des laufenden Jahrzehnts entstanden. Heute sind Armenien, Belarus, Kasachstan, Kirgistan, Russland, Tadschikistan und Usbekistan Mitglieder der OVKS. Hauptrichtung ihrer Aktivitäten ist die Bekämpfung neuer Bedrohungen und Herausforderungen in Form von Extremismus, Terrorismus, illegale Migration, Drogenhandel. Gleichwohl bestehen Pläne, in zentralasiatischer Richtung eine regionale Truppengruppierung unter Teilnahme Russlands mit dem Ziel zu formieren, jedwede konventionelle Aggression abzuwehren. Die kollektiven schnellen Einsatzkräfte mit 12 Bataillonen veranstalten jährlich Kommandostabsübungen „Rubesch" („Linie"). In Kant (Kirgistan) existiert ein russischer Luftstützpunkt. Auch die militärtechnische Zusammenarbeit wird fortgesetzt. Seit 2004 bekommen die zentralasiatischen OVKS-Mitgliedsstaaten Waffen und Militärtechnik aus Russland zu russischen Binnenpreisen. Von großer Bedeutung für die Entwicklung der militärischen Zusammenarbeit ist das Abkommen vom Juni 2005, worin für alle OVKS-Mitgliedsstaaten finanzielle Begünstigungen bei der Ausbildung der Militärkader in russischen militärischen Hochschuleinrichtungen vorgesehen sind.

Die Organisation steigert auch ihr Friedenssicherungspotenzial. Nach dem Konzept der OVKS können seine Friedenssicherungskräfte nur unter UN-Flagge und nach entsprechenden Resolutionen des UN-Sicherheitsrats eingesetzt werden, und zwar sowohl auf dem Territorium der Mitgliedsstaaten als auch außerhalb. Um nichtmilitärische Bedrohungen zu bekämpfen, wird die Schaffung kollektiver Notstandkräfte geplant, die auf den nationalen Territorien stationiert sind und für die Bekämpfung von Katastrophen und Notstandssituationen eingesetzt werden können. In den letzten Jahren wird immer höhere Priorität der Bekämpfung der „neuen" Bedrohungen beigemessen. Insbesondere agiert seit 2004 im Rahmen der OVKS der Koordinierungsrat der Leiter von Kompetenzgremien für die Bekämpfung der Drogengefahr in den Mitgliedsstaaten. Seit 2003 werden jährlich operativ-prophylaktische Operationen „Kanal" durchgeführt mit dem Zweck, die Kanäle des Drogenschmuggels in den Mitgliedsstaaten zu unterbinden. In erster Linie geht es darum, den Drogentransit Afghanistan-Zentralasien-Russland-Ost- und Westeuropa zu unterbinden.

Die steigende Bedeutung der OVKS für die Sicherheit in Zentralasien wird durch die erneuerte Mitgliedschaft Usbekistans in Juni 2006 bestätigt, die vor dem Hintergrund des Rückzugs des amerikanischen Militärkontingents aus dem Stützpunkt in Chanbad erfolgte. Ein Grund für die Rückkehr Taschkents in die OVKS kann mit der Erwartung verbunden sein, dass die Organisation Usbekistan im Fall einer Wiederholung von Revolten der radikalen Opposition zur Hilfe kommt. Jedoch gibt es keine eindeutige Antwort auf diese Frage. Rechtlich gesehen ist die OVKS vor allem eine Organisation für kollektive Verteidigung gegen Angriffe von außen. Sie beabsichtigt nicht, sich in die inneren Angelegenheiten der Mitgliedsstaaten einzumischen. Dazu erklärte OVKS-Generalsekretär *Nikolaj Bordjuscha* unter Bezug auf die Vorkommnisse in Kirgistan und Usbekistan: „Eine innenpolitische Krise ist die innere Angelegenheit eines jedes Staates und kein Angriff von außen. Sie ist in der Tat eine Fortsetzung des politischen Kampfes. Jeder Staat muss mit solchen Problemen eigenständig zurechtkommen."[20] Folglich wurden die Streitkräfte der OVKS weder in Andijan noch während der kirgisischen Vorkommnisse eingesetzt.

Dennoch nimmt die OVKS-Führung Rücksicht auf die innerstaatlichen Sicherheitsrisiken in der Region. So werden die Szenarien der Kommandostabsübungen regelmäßig korrigiert. War das Szenario vor drei Jahre auf die Bekämpfung eines terroristischen Angriffs von außen orientiert, so wird heute die Möglichkeit einkalkuliert, dass ein Teil der Bevölkerung ausländische Terroristen unterstützt. Die Rolle von in der Region anwesenden NATO-Streitkräften, die – wie angenommen – einen Regimewechsel nicht behindern würden, ist ebenfalls berücksichtigt worden. Während die technischen Möglichkeiten der Vorbeugung eines Regimewechsels mit militärischen Mitteln im Rahmen der OVKS eingeübt wird, bleiben manche wichtige Fragen offen. Zum Beispiel es nicht klar, in welcher Form die entsprechenden Entscheidungen im Fall einer ernsten Destabilisierung getroffen werden könnten. Ungewiss bleibt, wie sich die Zusammenarbeit im Rahmen der OVKS gestaltet, wenn das regionale Eindringen von NATO und USA, deren kritische Stellung gegenüber der postsowjetischen Zusammenarbeit in Fragen Sicherheit bekannt ist, weiter wächst. Auf jedem Fall bemüht sich die OVKS zielstrebig um ein Zusammenwirken mit der NATO. Anfang Juni 2004, vor dem NATO-Gipfel in Istanbul, schickte OVKS Generalsekretär *Bordjuscha* einen offiziellen Brief an den NATO-Generalsekretär mit dem Vorschlag, eine Zusammenarbeit zwischen beiden Organisationen aufzunehmen, stieß bei der Allianz jedoch auf keine positive Reaktion. Die NATO ignoriert die multilateralen Sicherheitsstrukturen im postsowjetischen Raum und bleibt lieber bei der bilateralen Zusammenarbeit im Rahmen des Programms „Partnership for Peace".

Im Blick auf eine mögliche Zusammenarbeit mit der NATO in Zentralasien dürfen die uneindeutigen Folgen der Antiterror-Operation in Afghanistan für die Sicherheitslage in der Region nicht unbeachtet bleiben. Nach dem Sturz des *Taliban-Regimes* hat der Drogenschmuggel aus Afghanistan über Zentralasien nach Russland und weiter nach Ost- und Westeuropa stark zugenommen. Die NATO-Kräfte sind nicht in der Lage, die Situation unter Kontrolle zu halten. In diesem Fall könnte das Zusammenwirkung von NATO und OVKS zur Effizienz der Bekämpfung des Drogenhandels beitragen. Die russische Seite legte mehrfach entsprechende Vorschläge im Auftrag der OVKS vor, hat bisher jedoch keine Antwort erhalten. Dennoch wird die „Antidrogenrichtung" heute als die führende in der Zusammenarbeit der OVKS-Mitgliedsstaaten mit anderen Ländern betrachtet. Dazu bemerkte OVKS-Generalsekretär *Bordjuscha* kürzlich in einem Interview, die Organisation arbeite bei der Bekämpfung des Drogenschmuggels mit Iran zusammen, und jeder Staat, sogar die

---

[20] *Bordjuža:* sily ODKB vo vnutrennich delach izpol'zovat'sy ne budut *(Bordjscha*: OVKS-Kräfte werden nicht in inneren Angelegenheiten eingesetzt), RIA Novosti, 24.5.2005, unter http://www.rian.ru/politics/cis/20050524/40407220.html.

USA, könne eine Mitgliedschaft beantragen, weil die OVKS eine offene Organisation sei.[21] Als Beispiel für die Zusammenarbeit der OVKS mit anderen internationalen Organisationen in Zentralasien sei das Zusammenwirken mit SOZ genannt. Darüber hinaus gibt es Arbeitskontakte zwischen dem GUS-Antiterrorzentrum in Bischkek und der regionalen Antiterrorstruktur der SOZ; geplant sind unter dem Titel „Friedensmission Linie-2007" gemeinsame Übungen der beiden Organisationen.

So gesehen enthält die Mission der OVKS zwei Hauptkomponenten: erstens das strategische Zusammenwirkung im Rahmen einer defensiven Militärallianz, und zweitens die Bekämpfung der neuen Herausforderungen und Bedrohungen. In Zukunft wird die Rolle der OVKS in Zentralasien dadurch bestimmt, wie sich die Balance zwischen diesen beiden Komponenten vervollkommnet und wie sich die Zusammenarbeit bei der internationalen Sicherheit mit anderen regionalen und außerregionalen Akteuren entwickelt.

Die Eurasische Wirtschaftsgemeinschaft und die Entwicklungen in Zentralasien

Die regionale Entwicklung Zentralasiens ist in vieler Hinsicht durch die Integrationszusammenarbeit im Rahmen der EurAsWG bestimmt. Diese Zusammenarbeit spielt eine wesentliche Rolle bei der Restitution der nationalen Wirtschaftssysteme der zentralasiatischen Länder und bei der Steigerung ihrer Konkurrenzfähigkeit auf dem Weltmarkt. Heute wie in den 90er Jahre gilt Russland als Kern der regionalen Wirtschaftsintegration. Die auf Beseitigung von Barrieren im gegenseitigen Handel gerichteten Bemühungen und andere Formen der Integrationszusammenarbeit finden hauptsächlich im Rahmen der Stärkung von bilateralen Wirtschaftsbeziehungen zwischen den zentralasiatischen Ländern und Russland statt, während sich die Tendenzen des binnenregionalen Zusammenwirkens langsamer entwickeln. Relativ wenig einbezogen in die Integrationsprozesse bleibt Belarus. Sein Anteil am Außenhandel der zentralasiatischen Länder ist gering.

Unterdessen wird das Potenzial des russischen Integrationskerns ungleichmäßig realisiert. Den Großteil der bilateralen Wirtschaftsbeziehungen bildet die russisch-kasachische Wirtschaftskooperation. Kasachstan ist nicht nur der größte Handelspartner Russlands in Zentralasien, sondern nimmt erfolgreich am Wachstum der gegenseitigen Investitionen teil und führt die Modernisierung von Kooperationskontakten der großen Industrieunternehmen beider Länder durch.[22] Auf binnenregionaler Ebene spielt Kasachstan darüber hinaus eine tragende Rolle beim Aufbau integrationsbezogener Kooperation: Das Land ist der größte regionale Importeur und

---

[21] *I. Safronov.* „Rubež-2005". Na primere Kirgizii vojennych SNG obučajut kontrrevolucionnoj bor'be („Rubesch-2005". Am Beispiel Kirgistans werden die GUS-Soldaten im konterrevolutionären Kampf unterrichtet), in: Kommersant (Moskau), 5.4.2005.
[22] http://www.vz.ru/news/2007/5/14/82215.html. Siehe dazu: *Peter W. Schulze* in diesem Band.

Exporteur in Zentralasien. Dennoch ist das Saldo in der Handelsbilanz Kasachstans und der anderen zentralasiatischen Länder auf regionaler Ebene negativ. Die Exportfähigkeit aller zentralasiatischen Länder ist damit viel geringer als die Importbedürfnisse ihrer Wirtschaftssysteme.

Einer der zentralen Faktoren, die die Integration der zentralasiatischen Länder behindern, ist die Ähnlichkeit ihrer nationalen Wirtschaftssysteme: Sie werden dominiert von solchen Branchen, bei denen die Rohmaterialen ein niedriges Bearbeitungsniveau aufweisen. Daher konkurrieren die Produkte zentralasiatischer Hersteller auf dem zentralasiatischen Binnenmarkt miteinander. So entstehen Tendenzen, auf dem Weg des binnenregionalen Handels Hindernisse zu errichten. Hieraus erklären sich viele Widersprüche zwischen den Mitgliedsstaaten bei der Aufhebung von Wirtschaftsbarrieren in der Gemeinschaft sowie Bemühungen, Exporte und Importe außerhalb der EurAsWG zu diversifizieren, insbesondere im Rahmen des EU-Markts.

Die vielseitige wirtschaftliche Zusammenarbeit der zentralasiatischen Länder im EurAsWG-Rahmen hat bisher das Niveau einer vollwertigen Integration nicht erreicht. Die Teilnahme der Gemeinschaft an den regionalen Prozessen ist zum großen Teil durch Einebnung der besonders scharfen Differenzen beim Zusammenwirken der regionalen Partner bestimmt. Extrem schwierig ist es, die konfliktträchtigen Fragen der Nutzung von zentralasiatischen Wasserreserven zu regulieren. Noch komplizierter werden die für Marktwirtschaft typischen Diskrepanzen zwischen „Lieferanten" (Tadschikistan und Kirgistan) und „Konsumenten" (Usbekistan, Kasachstan und Turkmenistan) infolge der veralteten Wassernutzungssysteme in der Landwirtschaft, der Umweltkatastrophe im Blick auf den Aralsee und der prognostizierten Abnahme der Wasserressourcen. Deswegen muss die seit 2006 im EurAsWG-Rahmen aktivierte multilaterale Koordinierung im Bereich Wassernutzung nicht nur eine Reihe konkreter Probleme lösen, sondern der regionalen Entwicklung neue Impulse geben.

3.3 Zentralasien im „Ost"-„West"-Kontext

Die Beziehungen zwischen zwei Akteuren, die in Zentralasien aktiv sind, der SOZ und der NATO, erwecken besonderes Interesse. In der Tat geht es um die Perspektive einer Umgestaltung des geopolitischen Pluralismus, der um die Jahrtausendwende in Zentralasien entstand, in ein organisches System des breiten internationalen Zusammenwirkens unter der souveränen Teilnahme der neuen unabhängigen Staaten dieser Region.

Die Realisierung der Potenziale von SOZ und NATO als Akteure in Zentralasien ist eng mit den widersprüchlichen Tendenzen der Entwicklung zentralasiatischer Länder verflochten. Dabei ist die heutige Lage der beiden multilateralen Strukturen unter vielen Aspekten ähnlich. Erstens hat jede von ihnen ihre eigenen Erfahrungen und Ziele, die so oder so auf die Energieressourcen gerichtet sind. Bemerkenswerterweise wurde beiden bei der Entwicklung ihrer jeweiligen multilateralen Strategie wiederholt die Spaltung vorausgesagt. Das zeugt von einer hohen Kompliziertheit multilateraler politischer Koordinierung unter zentralasiatischen Bedingungen. Die Spaltungsvoraussagen treffen nicht ein, genauso wenig wie die Prognose einer „chinesischen Besetzung" Zentralasiens oder die Erwartung, dass die regionalen Sicherheitsprobleme durch eine einzige Organisation gelöst werden könnten. Hinzu kommt: Beide Organisationen und ihre Mitglieder sehen sich einer immer komplizierteren Konfiguration der Energieproblematik und der Diskrepanz bei den Ölinteressen gegenüber. Als eigenständige Spieler in Energiefragen treten in den letzten Jahren Gruppen des nationalen zentralasiatischen Kapitals auf, die die Unterstützung der nationalen Eliten genießen (d.h. unter Kontrolle der Mitglieder der Präsidentenfamilien stehen). Dabei stellt sich den Konkurrenten die Frage, wie man mit solch einem Partner umgeht.

Noch vor wenigen Jahren war Russland praktisch der einziger Sicherheitsgarant in Zentralasien, während die westlichen Transnationalen Konzerne/TNK eine außergewöhnlich große Rolle in den Wirtschaftsprojekten spielten. Jetzt sieht die Rollenverteilung anders aus. Immer mehr Investitionen in Zentralasien kommen aus Russland und China, während die NATO zum Faktor der Bekämpfung militärischer Bedrohungen aus dem afghanischen Territorium wurde. Gleichwohl sind die SOZ-Mitgliedsstaaten wie die NATO-Führung enttäuscht über die mangelnde Fähigkeit der TNK, in Zentralasien Bedingungen für die rationale Nutzung der Ölprofite zu schaffen. Schließlich stehen beide Organisationen vor Schwierigkeiten in Bezug auf die wachsende Widersprüchlichkeit der Lage in Afghanistan. Es gibt kaum reale Voraussetzungen für eine Normalisierung der Lage und eine Einbeziehung dieses Landes in die regionale Zusammenarbeit. Daher bleibt Afghanistan für seine Nachbarn eine Quelle von hohen sozialen Risiken sowie von Gefahren des Terrors und des Drogenschmuggels. Deswegen gestalten die zentralasiatischen Länder ihre Beziehungen zu Afghanistan lieber bilateral und sehr vorsichtig. In diesem Sinne fehlt sowohl der NATO als auch der SOZ eine umfassende Strategie zur Lösung des afghanischen Problems. Schon heute finden in dem „Korridor", der vom Iran durch den Norden Afghanistans nach Pakistan und weiter nach Indien verläuft, aktive Prozesse informeller Selbstorganisierung der Bevölkerung statt, die sich weiter in den Süden des postsowjetischen Zentralasien ausweiten. Anders ausgedrückt: Im schwer zugänglichen Teil des eurasischen Kontinents kann eine neue „graue Zone" entstehen, die kein moderner Staat real zu kontrollieren in der Lage wäre.

Für NATO und SOZ wären bei der derzeitigen Lage in Zentralasien zwei Möglichkeiten vorstellbar. Entweder erfüllt jede Organisation ihre Aufgaben selbständig weiter und verbessert und erweitert die praktischen Formen ihrer Tätigkeit. Jedoch ist ein solches Szenario nicht problemlos: Die innenpolitische Instabilität in zentralasiatischen Ländern kann das konstruktive Potenzial jeder der multilateralen Organisationen blockieren, eine spontane Reaktion auf Konflikte provozieren und damit die für den internationalen Status postsowjetischer Länder notwendige Machtbalance zerstören. Oder beide Organisationen koordinieren ihre Bemühungen bei der Bekämpfung des Terrorismus. Die Perspektiven des Zusammenwirkens von SOZ und

NATO erhielten Anfang 2005 gewisse Impulse. Auf dem russisch-amerikanischen Gipfeltreffen in Bratislava machte Präsident *Putin* darauf aufmerksam, dass es Organisationen wie SOZ und OVKS gibt, von denen sich letztere zur Zusammenarbeit mit der NATO besonders im Bereich von Antiterror- und Antidrogenaktivitäten bereit zeige. Auf einer Pressekonferenz in Februar 2005 äußerte sich auch der russische Außenminister *Lawrow* in dem Sinne, dass er eine Zusammenarbeit zwischen NATO und SOZ sowie zwischen USA und SOZ bei der Bekämpfung der Terror- und Drogengefahr für möglich hält.[23]

Nicht nur die politischen, sondern auch die wichtigen wirtschaftlichen Interessen machen die Zusammenarbeit im Rahmen von SOZ und NATO wünschenswert. Auch nach mehrheitlicher Meinung deutscher Experten darf Zentralasien kein Spielplatz politischer Konkurrenz sein; vielmehr sollte ihr riesiges Wirtschafts- und Ressourcenpotenzial Chancen für Zusammenarbeit zwischen Russland, China, USA und EU bieten. Auf dem Taschkenter SOZ-Gipfeltreffen von 2004 erklärten die Vertreter der Internationalen Bank für Wiederaufbau und Entwicklung, Europa wäre bereit, im Falle einer engen Integration der Region in Zentralasien zu investieren. Daher finden die Bankiers das Gerede über ein mögliches Gegeneinander von SOZ und NATO kontraproduktiv. Eine neue „Shanghai Mauer" würde zu einem unüberwindlichen Hindernis für Finanzströme und zur Bremse wirtschaftlicher Entwicklung.

Natürlich ist der Weg zur Zusammenarbeit solch unterschiedlicher Strukturen nicht einfach. Zu den traditionellen Faktoren, die es schwierig machen, ein neues Vertrauensniveau zu erreichen, zählen bürokratische Hindernisse und die Wahrnehmungsstereotypen, die zusätzlich durch korporative Interessen gefördert werden. Hinzu kommen als neue negative Faktoren die Trägheit der regierenden Kreise Zentralasiens sowie das niedrige Niveau der sozialen Verantwortung eines Großteils der lokalen Eliten, die sich dank der Unterstützung durch anerkannte internationale Akteure sicher fühlen. Und letztlich gibt es bisher keine Antwort auf die Frage, wie der islamistische Extremismus in der Region bekämpft werden kann. Außer gewagten Vorschlägen, die gemäßigten Islamisten in die Macht einzubeziehen, gab es bislang keine frischen Lösungsansätze. Die Koordinierung der Politik von SOZ und NATO ist nicht nur zur Konfliktvermeidung nötig, sondern auch deshalb, um die Effizienz der jeweiligen Struktur in ihrem Kompetenzfeld zu steigern. Mittelfristig geht es nicht um eine strategische Mitverwaltung in der Region, sondern um einen allmählichen Übergang von einer begrenzten Partnerschaft (Zielkoordinierung und Vertrauensmaßnahmen) zu einem vielfältigen, auf das gemeinsame Sicherheitsregime in Zentralasien orientierten Zusammenwirken.

---

[23] RIA Novosti, unter http://w ww.c-asia.org/index.php?cont=long&id=6090&year=2005&todav=25&month=02.

4. Fazit: Zentralasien als Realität

Um die Mitte des laufenden Jahrzehnts sind in Zentralasien mehrere Formate internationaler Zusammenarbeit entstanden, die bilaterale wie multilaterale Beziehungen der regionalen und außerregionalen Partner einschließen. Sie stützen sich auf unterschiedliche Sicherheitsmodelle, von denen sich viele noch in der Entstehungsphase befinden und folglich vorübergehend funktional nicht voll belastbar sind oder immer wieder miteinander konkurrieren. Die stufenweise Überwindung dieser Konkurrenz wird eine zentrale Aufgabe der nächsten Zukunft sein.

Die Lage in der Region ist durch positive wie negative Momente geprägt, die die internationale Zusammenarbeit in allen Formaten beeinflussen. Zu den positiven Momenten gehört:

- Alle Länder machen Fortschritte beim Aufbau ihrer nationalen Staatlichkeit;
- Die Gefahr des Dominoeffekts bei bilateralen oder inneren Konflikten nahm ab, und selbst die Wahrscheinlichkeit, dass zwischenstaatliche Konflikte ausbrechen können, ist relativ gering geworden;
- Ansätze von Wirtschaftswachstum machen sich bemerkbar;
- Bei einer Reihe grenzübergreifender Projekte zeichnen sich Partnerschaftsverbindungen ab.

Zu den negativen Momenten zählt:

- Die mangelnde soziale Verantwortung der regierenden Kreise und das Fehlen effizienter Programme, die die Entwicklung der Gesellschaft beschleunigen könnten;
- Das Wirtschaftswachstum stützt sich hauptsächlich auf Energieressourcen und den Dienstleistungsbereich, die Bevölkerung wird differenziert und polarisiert;
- Unverändert bleibt die Abhängigkeit von den äußeren Kräften und von dem System des sogenannten „Grantkapitalismus", d.h. der Stützung wirtschaftlicher Entwicklung durch externe Förderung und Kredite.
- Neue Herausforderungen sind entstanden, die die zentralasiatischen Länder nicht mit eigenen Kräften bekämpfen können. Sie sind daher gezwungen, den geopolitischen Pluralismus und die oft miteinander konkurrierenden Interessen der äußeren Akteure zu berücksichtigen.

Die Bilanz der postsowjetischen Entwicklung Zentralasiens kann daher nicht allzu optimistisch stimmen. Unabhängig vom Grad des Autoritarismus oder der demokratischen Prägung der Machtstrukturen mangelt es den zentralasiatischen Gesellschaften deutlich an Entwicklungsanreizen. Heute spielen beim Entstehen solcher Anreize die Beziehungen zu Russland und die Integrationsprozesse des postsowjetischen

Formats die bedeutendste Rolle. Zugleich ist die verstärkte konstruktive Teilnahme anderer Akteure im regionalen Zusammenwirken mehr als wünschenswert. Die zentralasiatische Region darf nicht als eine Pufferzone des internationalen Raums, sondern sollte als ein vollwertiges Verbindungsglied zwischen allen seinen Strukturen und Richtungen angesehen werden.

Achter Teil

Zentralasien

**Kampf um Macht, Energie und Menschenrechte:
Eine deutsche Sicht**

Inhaltsverzeichnis

1. **Rahmenbedingungen – „Autoritäre Modernisierung"**   603
   - 1.1   Schicksalsgemeinschaft Zentralasien   603
   - 1.2   Kampf gegen den Terror   604
   - 1.3   Zwischen Öffnung und Isolation   604
   - 1.4   Suche nach der Identität   607
2. **Die Politik Deutschlands – „Stabilität an vorderster Stelle"**   608
3. **Handlungsoptionen – Die Attraktivität des „europäischen Modells"**   610

1. Rahmenbedingungen – „Autoritäre Modernisierung"

Mit der Auflösung der Sowjetunion im Jahre 1991 erlangten die Republiken Kasachstan, Kirgistan, Tadschikistan, Turkmenistan und Usbekistan ihre Unabhängigkeit. Die von den Sowjets in den zwanziger Jahren des letzten Jahrhunderts gezogenen Grenzen blieben fast unberührt. Trotz historischer Gemeinsamkeiten werden weder Afghanistan noch die chinesische Westprovinz Xinjiang im politischen Verständnis der Region Zentralasien zugerechnet.

Alle fünf Republiken der Region taumelten in die Unabhängigkeit. Sie kam mehr als unverhofftes Geschenk denn als Resultat politischer Aufstände oder Willensbekundungen unzufriedener Bürger. Denn aus der Hauptstadt des sowjetischen Imperiums erfolgten Zahlungen an die zentralasiatische Peripherie, die eine fast europäische Infrastruktur ermöglichten. Im Gegenzug wurde die rohstoffreiche Region ausgebeutet, Baumwolle, Gold und Uran, sowie kontaminiert, Nuklearversuche im kasachischen Semipalatinsk, radioaktiver Müll im kirgisischen Mailuu-Suu und Austrocknung des Aralsees in Usbekistan. Die Bevölkerung nahm das zum großen Teil mit Gleichgültigkeit auf.

1.1 Schicksalsgemeinschaft Zentralasien

Die erste Etappe der Unabhängigkeit bis zum Jahr 2001 fand in der Region ohne großes Interesse ausländischer Staaten statt. Russland war mit sich selbst beschäftigt, die USA mit der Neuordnung der Welt und Europa mit dem Ende der Teilung. Kaum ein Land lenkte seine Aufmerksamkeit auf die Tätigkeit der fünf Regierungen, die mit Ausnahme Kirgistans zunächst von ehemaligen kommunistischen Parteiführern geleitet wurden. Gleichwohl finden sich die Gründe der unterschiedlichen Entwicklung der fünf Staaten in dieser Periode.

Zentralasien ist eine Schicksalsgemeinschaft, gleichzeitig geschaffen durch den Befehl der Räteregierung in den zwanziger Jahren des vergangenen Jahrhunderts. Die Region ist freilich keine Wirtschafts-, schon gar keine Wertegemeinschaft. Jede Regierung verfolgt ihre eigenen Interessen, zumeist ohne Rücksicht auf die Region. Jedoch eint sie eine knapp siebzigjährige gemeinsame Geschichte und damit eine Infrastruktur, die regional und nicht national geschaffen wurde. Dazu sind vornehmlich die Wasserressourcen zu rechnen, aber auch die Energieversorgung sowie die Handelswege. Alle zentralasiatischen Republiken sind Binnenländer, Usbekistan, neben Liechtenstein, das weltweit einzige doppelte Binnenland.

Sowohl der turkmenische Präsident *Saparmurad Nijazow* als auch sein usbekischer Amtskollege *Islam Karimow* vermieden eine Schocktherapie. Das schien zu Beginn erfolgreich zu sein, wurden doch soziale Proteste und Unruhen wie in Russland vermieden. Tadschikistan versank derweil im Bürgerkrieg. Präsident *Emomali Rachmonow* konnte erst nach 1997 mit dem Wandel beginnen. Am erfolgreichsten gingen die Länder Kasachstan und Kirgistan die Reformen an. Kasachstan, dem neuntgrößten Land der Welt, half dabei der Rohstoff Erdöl, der um das Kaspische

Meer zu finden ist. Präsident *Nursultan Nasarbajew* ließ den Unternehmern viele Freiräume, die sie nutzten. Und Kirgistan hatte mit *Askar Akajew* einen Präsidenten, der unerwartet schnell mit dem Umbau des Staates begann.

1.2 Kampf gegen den Terror

Dann rissen der Terroranschlag vom 11. September 2001 und der anschließende Krieg in Afghanistan die Länder Zentralasiens ins grelle Licht der internationalen Presse. Es begann die zweite Phase der Unabhängigkeit. Plötzlich erhielten die Anrainerstaaten strategische Bedeutung im Kampf gegen den Terror. Die USA schickte Truppen nach Usbekistan und Kirgistan, und im Rahmen der International Security Assistance Force (ISAF) stationierte die deutsche Bundeswehr etwa 300 Soldaten in der südusbekischen Stadt Termiz. Der US-amerikanische Präsident *George Bush* empfing *Islam Karimow* 2002 in Washington im Weißen Haus.

Für einen kurzen Moment schien es, als ob es eine Chance gebe, einige der Missverständnisse zwischen Orient und Okzident in Zentralasien aus dem Wege zu räumen: Westliche Demokratie bedeutet Chaos, islamische Staaten sind nicht zur Demokratie fähig.

Die Zeit des gegenseitigen Vertrauens hielt nicht lange an. Als die Schlagzeilen der bunten Revolutionen in Georgien und in der Ukraine Zentralasien erreichten, schlug die Stimmung schlagartig um. Während das Regime in Turkmenistan unter dem auf Lebenszeit gewählten Präsidenten *Nijazow*, der sich *Turkmenbaschi* nannte, Vater aller Turkmenen, innenpolitisch eine Diktatur und außenpolitisch die Neutralität gewählt hatte, fühlte sich vor allem die Regierung in Usbekistan unter Präsident *Islam Karimow* verraten. Wie konnten die USA auf der einen Seite eine strategische Partnerschaft mit einem militärischen Stützpunkt in Usbekistan anstreben und auf der andern Seite mithilfe von NGOs sein Regime stürzen wollen?

Auch in Kasachstan, Kirgistan und Tadschikistan nahm die Kritik an der Doppelstrategie der USA zu und wurde verallgemeinert zu einer Fundamentalkritik am Westen. Als der politische Wandel stagnierte, erreichte die Welle der Revolutionen das kleine Kirgistan. Im März 2005 fegte der Bürgerprotest gegen gefälschte Parlamentswahlen den kirgisischen Präsidenten *Akajew* fort. Er verließ das Land fluchtartig in Richtung Russland.

1.3 Zwischen Öffnung und Isolation

Das Jahr 2005 nach Bischkek und Andijan symbolisiert so den Beginn des dritten Zeitabschnitts seit der Unabhängigkeit der zentralasiatischen Staaten. Denn die Ereignisse in Andijan haben nicht nur die Politik Usbekistans beeinflusst, sondern die der ganzen Region. Der vorläufig letzte Abschnitt der noch jungen Geschichte Zentralasiens ist gekennzeichnet von einem Vertrauensverlust in den Westen, dem eine doppelte Moral vorgeworfen wird.

Die Niederschlagung in Andijan wird von den Regierungen in der Region als Ende der bunten Revolutionen gewertet, also positiv. Zwei Monate danach unterzeichneten sie im Juli bei einem Treffen der *Schanghaier Organisation für Zusammenarbeit (SOZ)* in der kasachischen Hauptstadt Astana eine Resolution, in der alle ausländischen Staaten aufgefordert wurden, ihre Militärbasen in Zentralasien zu schließen.

Das war wenig verwunderlich, sind doch neben den Republiken Kasachstan, Kirgistan, Tadschikistan und Usbekistan die beiden Großmächte Russland und China Mitglieder. Sie bewerteten die amerikanische Truppenpräsenz als negativ, ja als zunehmendes Sicherheitsrisiko. Zudem bedürfe Afghanistan, so eine weitere Begründung, keiner weiteren militärischen Unterstützung in dem Ausmaß, dass Truppen in Zentralasien stationiert sein müssten. All das erinnert an das Große Spiel („Great Game") des ausgehenden 19. Jahrhunderts, als Russland und England um Einfluss in Zentralasien stritten. Mit zwei großen Unterschieden: Heute beteiligen sich die USA, China und die EU daran und, viel entscheidender, die Länder der Region sind souverän.

Von den Sanktionen waren neben den USA (Basen in Usbekistan und Kirgistan) auch Russland (Basen in Kirgistan und Tadschikistan) und das ISAF-Kontingent unter deutscher Führung (Usbekistan) betroffen. Tatsächlich richtete es sich jedoch nur gegen die USA. Als Folge des usbekischen Ultimatums zog Washington die etwa 1000 Soldaten bis Ende Dezember 2005 aus dem Land ab. Es verblieben die Truppen in Kirgistan.

So hat vor allem Usbekistan eine außenpolitische kopernikanische Wende vollzogen. Nach Jahren des kritischen Umgangs mit Russland und der kurzen strategischen Partnerschaft mit den USA wandte sich die Führung in Taschkent nach den Ereignissen in Andijan und der heftigen Kritik aus den USA und Europa wieder gen Moskau. Und Präsident *Karimow* wurde im Kreml mit offenen Armen empfangen. Die anderen Länder der Region verhielten sich abwartend und achten genau auf eine Ausbalancierung des russischen Einflusses.

Galt der erste russische Präsident *Boris Jelzin* als der Zerstörer des russischen Imperiums, will sein Nachfolger *Wladimir Putin* als Gründer eines neuen mächtigen Russlands in die Geschichte eingehen. Um das zu verwirklichen, kann er sich von den Republiken der ehemaligen Sowjetunion neben Belarus nur noch Zentralasien zuwenden.

In vorauseilendem Gehorsam hatte der kirgisische Oppositionspolitiker *Kurmanbek Bakiew* sich schon vor der Tulpenrevolution Rückendeckung für einen möglichen Regierungswechsel bei *Putin* geholt. Auch dem tadschikischen Präsidenten *Rachmonow* sind die Hände gebunden. Etwa ein Sechstel der sechs Millionen Bürger arbeitet im Moskowiter Reich und erwirtschaftet eine Summe, mit der das Land am Hindukusch am Leben gehalten wird.

Derweil reiste *Putin* zu Beginn der vergangenen Jahre stets nach Kasachstan, um sich mit dem kasachischen Präsidenten *Nasarbajew* zu treffen. Und auch der *Turk-*

menbaschi wusste, obwohl er seine russischen Partner oftmals brüskierte, dass er seinen Rohstoffreichtum nur über das russische Röhrensystem nach Europa leiten konnte. Sein Nachfolger wird es ähnlich sehen[1].

Gerade Russland unter Präsident *Putin* ist es, kritisiert das amerikanische Magazin Foreign Affairs, das sich vehement gegen Modelle der westlichen Demokratie wehrt.[2] Und das strahlt aus. So verschärften nicht nur Russland, sondern fast alle Länder Zentralasiens die Gesetzgebung gegenüber den NGOs. Dahinter steckt ein tiefes Misstrauen der postsowjetischen Eliten gegen Initiativen aus der Bürgergesellschaft, die vom Staat nicht mehr zu kontrollieren sind. Es ist der Versuch, die Zivilgesellschaft zu bürokratisieren. Bei dem Antagonismus zwischen zunehmender Macht der Eliten und machtloser Bevölkerung wächst die Gefahr der Instabilität.

Und das, obwohl die Länder bei ihrem Wandel auf eine aktive Zivilgesellschaft angewiesen sind, um die Schwächen des Staates zu kompensieren. Die Zivilgesellschaft könnte zudem den Elitenwandel beschleunigen und dem Staat neue, dringend notwendige Energie in Form von Reformen zuführen. Doch noch immer beschert Systemloyalität wesentlich mehr Gewinn als Kompetenz. Das behindert die Modernisierung.

Die Länder der Region besitzen gut ausgearbeitete Verfassungen, in denen alle Ingredienzien eines demokratischen und modernen Staates vorhanden sind: unabhängige Gerichtsbarkeit, Achtung der Menschenrechte, kontrollierende Parlamente, freie Wahlen, unabhängige Presse und Gleichheit zwischen Mann und Frau. Während Bürgerrechtler von inhaltslosen Fassaden sprechen, sind die Regierungen stolz auf „autoritäre Modernisierung"[3], auf gelenkte Demokratie und auf einen eigenen, östlichen Ansatz zur Einführung der Demokratie.

Denn westliche Gesellschaften, so der Vorwurf, seien individualistisch, östliche Gesellschaften dagegen kollektivistisch ausgerichtet. Dabei stellt sich die Frage, was sich tatsächlich hinter diesen Termini versteckt. Wer entscheidet denn, wann eine politische Elite den bisweilen unerträglichen Druck auf die Bevölkerung aufhebt? Welche Gründe sollte es für die Elite geben, gewonnene Pfründe abzugeben? Eine öffentliche Diskussion fehlt, denn die Medien zensieren sich auf politischen Druck hin selbst.

Auch nach einer starken, konstruktiven Opposition schaut man sich vergeblich um. Zu eng ist der vom Staat vorgegebene Rahmen und zu unbekannt das Konzept einer konstruktiven Opposition. In das Parlament gelangen derweil ausgewählte Politiker,

---

[1] Siehe dazu den Beitrag von *Peter W. Schulze* in diesem Buch.
[2] *Thomas Carothers*, Backlash against Democracy Promotion, in: Foreign Affairs (Washington), März 2006, S. 56.
[3] *Sultan Akimbekov*, Zastojnyj Moment (Bremsendes Moment), Kontinent (Almaty) 22/2005, S. 17–19.

die Kritik, wenn überhaupt, nur in feinen Dosen üben. Eigentlich müsste die außerparlamentarische Opposition an Bedeutung gewinnen. Doch gegen sie geht der Staat mit aller Macht vor. Es gilt die *Putin'sche* Diktatur des Gesetzes. Von Recht ist nicht die Rede.

Derweil scheint sich vor allem in Tadschikistan und Usbekistan, aber auch in den südlichen Gebieten Kasachstans und Kirgistans eine islamische Bewegung zu bilden, die in Opposition zum säkularen Staat steht. Als Reaktion dramatisieren die Regierungen der allesamt säkularen Staaten eine Bedrohung, die nach Meinung von Experten ohne Zweifel vorhanden ist. Doch rechtfertigt sie das brutale Vorgehen der Sicherheitsdienste gegen mutmaßliche Islamisten? *Human Rights Watch (HRW)* spricht von der Zeugung eigener Feinde.

1.4 Suche nach der Identität

Die dritte Phase der Entwicklung Zentralasiens ist innenpolitisch davon geprägt, dass die Regierungen eher reagieren als agieren – auf politische Schwierigkeiten, wirtschaftliche Probleme und Fragen der Identität. Die größte Herausforderung ist der Machtwechsel eines Regierungsoberhauptes nach rechtsstaatlichen Vorgaben, zu dem es bisher in Zentralasien nicht gekommen ist. Zu sehr hängt die politische Stabilität vom Präsidenten ab, denn die staatlichen Systeme sind schwach, ihre Mitarbeiter oftmals schlecht ausgebildet und lokale Klanstrukturen nur schwer auszubalancieren.

So wie einst werden in einigen Republiken Zentralasiens noch immer einige widerspenstige Journalisten unter Druck gesetzt, unliebsame Initiativen der Zivilgesellschaft kujoniert und Gerichtsverfahren durch so genannte Telefongesetze entschieden – Richter reagieren auf Telefonanrufe einer hochrangigen Behörde. Nach der Rangliste der amerikanischen Organisation *Freedom House* gelten die Länder Zentralasiens als „nicht frei".

Der Umkehrschluss freilich, wonach es den Bürgern der Region schlichtweg schlechter geht, ist problematisch. Nach einer Umfrage der Weltbank in Washington sind fünf Prozent der Zentralasiaten sehr zufrieden, 51 Prozent recht zufrieden[4]. Wie ist diese relative Zufriedenheit oder, genauer formuliert, das sich Abfinden zu erklären, das ja im Widerspruch zur schwierigen Menschenrechtslage und den teilweise völlig überforderten Sozialsystemen steht?

Zum einen damit, dass für die überwiegende Mehrheit der Bürger der Faktor Stabilität eine herausragende Rolle einnimmt. Nach den zum Teil traumatischen Verlusten von Ersparnissen und Sicherheit nach dem Zusammenbruch der Sowjetunion erwartet die Bevölkerung von radikalen Reformen wenig Fortschritt. Umso mehr unter-

---

[4] *UNDP*, Central Asia Human Development Report, Bratislava 2005, S. 44.

stützt sie die graduellen Veränderungen im Bereich Bildung und Wirtschaft. Auch wird die Unabhängigkeit von Russland gerade von der jüngeren Bevölkerung geschätzt. Und die macht in Zentralasien zum Teil über 50 Prozent aus[5].

Zum anderen werden Verstöße gegen Menschenrechte nicht immer als solche wahrgenommen oder als von Gott gegeben hingenommen. Dass der Staat die Bürger an Entscheidungen beteiligt, erwarten sie schon gar nicht mehr. Mit Schikanen muss man sich arrangieren, jedoch nicht bei wirtschaftlichen Problemen. Dort ist das Ungerechtigkeitsgefühl wesentlich stärker ausgeprägt. Sie lösen Demonstrationen aus. Gleichwohl wird der Mangel an sozialen Leistungen des Staates durch die Kraft der Familien abgepolstert. Deshalb können es sich einige Staaten noch immer leisten, die sozialen Sicherungssysteme sträflich zu vernachlässigen.

Was eint denn da noch die Bürger nach dem Zusammenbruch der Sowjetunion, als die Idee des Kommunismus aufhörte, als Bindemittel zu dienen? Zunächst einmal sind es die lokalen Identitäten, die einen Bürger als Teil einer Stadt oder eines Gebietes ausweisen. Die Identifikation mit einem Land findet weit weniger Zuspruch in der Bevölkerung. Auch aus diesem Grund sind die Staaten auf prosperierende Volkswirtschaften angewiesen. Dabei unterscheiden sich die zentralasiatischen Wirtschaften deutlich voneinander.

Während Kasachstan seit Jahren ein robustes Wirtschaftswachstum von knapp zehn Prozent vorweisen kann, Usbekistan sich seit 2004 dem annähert und Turkmenistan aufgrund der riesigen Gasvorkommen ebenfalls zulegt, mühen sich die kleinen Länder Kirgistan und Tadschikistan. Sie legen wirtschaftlich zwar zu, aber auf niedrigem Niveau. Beide Länder besitzen ein Bruttosozialprodukt von jeweils etwa 2,3 Milliarden US Dollar. Das entspricht dem Jahresprofit des amerikanischen Weltkonzerns *Exxon Mobil*. Kein Wunder, dass die Arbeitsmigration der zentralasiatischen Bevölkerung in reichere Länder inzwischen mehrere Millionen beträgt. Betroffen ist vor allem Russland. Derweil boomt Kasachstan und wird als „Cockpit" und „Lokomotive" Zentralasiens bezeichnet.

2. Die Politik Deutschlands – „Stabilität an vorderster Stelle"

Die Bundesrepublik Deutschland begann sich in Zentralasien sehr schnell nach der Unabhängigkeit zu engagieren. Die erste Periode war gekennzeichnet durch eine Dankbarkeit Deutschlands gegenüber der ehemaligen Sowjetunion für die Unterstützung bei der Wiedervereinigung. Die 15 souveränen Nachfolgerepubliken sollten auf ihrem schweren Weg des Wandels von deutschen und europäischen Erfahrungen

---

[5] Ebenda, S. 42.

und Werten profitieren. Deshalb die ungewöhnlich hohe Dichte von deutschen Diplomaten in Zentralasien.

Mit dem Beginn des Kampfes gegen den Terror, der mit dem Krieg in Afghanistan Ende 2001 begann, wurden die Ziele der deutschen Außenpolitik in Zentralasien sehr viel konkreter. Deutschland entsandte Soldaten nach Usbekistan, um das ISAF-Kontingent in Afghanistan logistisch zu unterstützen. In dem Zentralasienkonzept der Bundesregierung vom März 2002[6], das bis heute gilt, heißt es dazu, dass es „einer Neuausrichtung unserer politischen Prioritäten" bedarf.

Dazu zählte in erster Linie der „Kampf gegen den Terror", Festigung „demokratischer Strukturen", „Bekämpfung der Armut", „sozial- und umweltverträgliche Entwicklung der Wirtschaft" und „Nichtverbreitung von Massenvernichtungswaffen". Der damalige deutsche Verteidigungsministers *Peter Struck* spitzte es zu: „Die europäische Sicherheit wird am Hindukusch verteidigt."

Und damit auch in Zentralasien. Einen rechtslosen Raum in einem Land, den extremistische Gruppen für sich in Anspruch nehmen können, um von dort aus Terroranschläge vorzubereiten, sollte es nicht mehr geben. Denn das würde, so eine weitere Leitlinie des Zentralasienkonzepts, die „Sicherung des ungehinderten Energietransfers" erschweren, wenn nicht unmöglich machen.

In diesen Punkten erhielt die deutsche Politik Unterstützung durch die EU. In ihrem *Strategiepapier 2002–2006* führt sie drei Arbeitslinien auf[7], die sich mit Sicherheit, mit der Verminderung von politischen und sozialen Spannungen und mit Handel und Energieversorgung beschäftigen sollen: „Als ein großer Energiekonsument wird sich die EU für die Entwicklung der kaspischen Energieressourcen sowie für sichere Transitrouten interessieren, um eine Diversifizierung der Versorgung zu garantieren."

Bisher fehlte es in Deutschland und Europa an einem politischen Instrumentarium, sich diesem Ziel anzunähern. Erst im Mai 2006 machte sich ein EU-Kommissar auf den Weg nach Zentralasien. Der Lette *Andris Piebalgs* sprach in Kasachstan über Diversifizierung des EU-Rohstoffbedarfs, um die Abhängigkeit von Russland zu reduzieren. Im Dezember unterzeichneten Astana und Brüssel ein gemeinsames Energieabkommen.

Die politische Ausgangslage ist kompliziert. Gerade Russland und China haben ein großes Interesse an den Rohstoffen Zentralasiens. Das sollte Deutschland jedoch nicht daran hindern, sich Zentralasien zu widmen und neue Lösungen zu finden. Denn Berlin hat in der Region einen nicht zu unterschätzenden Vorteil: seinen her-

---

[6] Zentralasienkonzept der Bundesregierung vom 18. März 2002, Berlin 2002.
[7] Strategy Paper 2002–2006 & Indicative Programme 2002–2004 for Central Asia, Brüssel, 10 October 2002.

vorragenden Ruf. Deutschland gilt als verlässlicher Partner, der ohne geopolitische Ambitionen agiert.

Jedoch haben die *bunten Revolutionen* den Zugang eingeschränkt. Das Misstrauen gegenüber dem Westen hat in der dritten Phase seit der Unabhängigkeit zugenommen. Die Sicherheitslage in Afghanistan verschlechtert sich. Pläne, die Rohstoffe Zentralasiens über Afghanistan und den Iran nach Europa zu transportieren, sind politisch unrealistisch. Die deutsche Bundesregierung hat beschlossen, während ihrer EU-Ratspräsidentschaft im ersten Halbjahr 2007 Zentralasien vorrangig zu behandeln und ein neues EU-Konzept zu schreiben[8].

Dabei ist es Deutschland gelungen, Usbekistan wieder in einen Dialog einzubinden. Auf Initiative Berlins wurden die 2005 verhängten Sanktionen gegen das Land nach einem Jahr entschärft. Grund war die Bereitschaft Taschkents, im Dezember 2006 eine internationale Expertengruppe einreisen zu lassen, die sich in Gesprächen und durch Einsehung von Dokumenten mit den Ereignissen in Andijan befassen konnte.

3. Handlungsoptionen – Die Attraktivität des „europäischen Modells"

Wie bereits erwähnt hatte sich die deutsche Politik entschieden, während ihrer EU-Ratspräsidentschaft Zentralasien zu einem außenpolitischen Schwerpunkt zu erheben. Schwerpunkte der Zentralasien-Konzeption wurden 2006 in zweiseitigen Gesprächen erörtert. Dazu könnten neben Sicherheit und Stabilität, Wirtschafts- und Energieinteressen sowie Rechtsstaatlichkeit auch die Förderung der regionalen Zusammenarbeit, eine Initiative zur Verbesserung der Ausbildung sowie die Intensivierung des politischen Dialogs auf höchster Ebene zählen.

In einem weiteren Schritt werden die Instrumente der Umsetzung von Interessen präzise zu benennen sein. Zentralasien ist keine stabile Region. Das bezeugen die

---

[8] Dazu hielt Staatsminister im Auswärtigen Amt *Gernot Erler* in Berlin im Mai 2006 eine programmatische Rede: „Das Ziel Stabilität steht an vorderster Stelle." Es ist im europäischen Interesse, „ein friedliches, stabiles Umfeld zu schaffen". Weitere Schwerpunkte seien die „schrittweise Verwirklichung von Demokratie und Rechtsstaat" und „die Energiesicherheit Deutschlands und der EU", denn dabei „gewinnen die Länder Zentralasiens immer mehr an Bedeutung". Doch zunächst, so Staatsminister *Erler*, „müssen Ziele und Interessen beider Seiten identifiziert werden". Und dann werde entschieden, wie sich daraus Realpolitik entwickeln kann. Zitiert nach dem Text der Rede vom 18. Mai 2006 auf der Website www.gernot-erler.de. Die gut ein Jahr später unter der deutschen Ratspräsidentschaft ausgearbeitete Zentralasienstrategie der EU findet sich im Dokumentenanhang dieses Buches.

Länder Kirgistan, nach der bunten Revolution, und die unklare Zukunft von Turkmenistan, nach dem Tod des Alleinherrschers *Nijazow*. Zusätzlich steht Deutschland vor der schwierigen Aufgabe, neben der eigenen und der der EU noch die Strategien von drei großen Mächten ins Kalkül mit einzubeziehen.

Sowohl die USA als auch Russland zerren an der Region, doch mit gegensätzlichen Interessen. Während Russland die Republiken als Energiequellen nutzen möchte, um die eigenen südlichen Regionen direkt und die europäischen Nachbarn indirekt mit Energie zu versorgen, planen die USA die Annäherung von Zentralasien und Südasien. So nennt sich auch die neue Abteilung im Außenministerium. Ziel Washingtons ist es, Zentralasien nach Süden hin zu öffnen, dorthin Energieressourcen zu liefern und Afghanistan zu stabilisieren. Die zentralasiatischen Staaten orientieren sich im Augenblick nach Norden. Trotz aller Kritik an Moskau erkennen sie, dass nur das russische Pipeline-Netz funktioniert. Auch ist das Misstrauen gegenüber Afghanistan groß. Und die USA haben an Einfluss in Zentralasien verloren, so dass sie kaum Instrumente haben, um für den südlichen Energieexport Überzeugungsarbeit zu leisten. Gleichzeitig wächst die Präsenz Chinas.

Die Initiative hat Kasachstan ergriffen. Was noch vor wenigen Jahren als absurde Idee verworfen worden wäre, erscheint nun als ein realistisches Anliegen: Mitgliedsstaat Kasachstan will 2009 den OSZE-Vorsitz übernehmen. Auch das EU-Nachbarschafts-Programm visiert Astana an. Das Land lockt damit, ein verlässlicher, alternativer Energieversorger für Europa zu werden. Kritische Stimmen, vor allem Großbritannien und die USA, verweisen auf den großen Nachholbedarf des Landes im Bereich Demokratie, Rechtsstaatlichkeit und Pressefreiheit.

Doch gerade hier liegt eine Chance der deutschen Politik, die Staatsminister *Erler* so formulierte: „Indem Kasachstan diese Rolle annimmt, demonstriert es den Willen, Verantwortung zu übernehmen und sich für die Instrumente und acquis der OSZE einzusetzen." Und gab dann der Hoffnung Ausdruck, dass „eine kasachische OSZE-Präsidentschaft Einfluss innerhalb der Region"[9] haben könnte.

Eine kasachische Präsidentschaft der OSZE könnte eine Win-win-Situation bedeuten. Beide Seiten ziehen einen Gewinn aus der neuen politischen Lage. Und es besteht berechtigte Hoffnung, dass diese auch in die Region ausstrahlt. Zentralasiatische Reformer benötigen den Westen nicht als Verteidiger gegen autoritäre Regime (das ist ihre eigene Angelegenheit) oder als Sponsoren (zu viel ausländische Unterstützung ist schädlich für das Image), sondern als beispielhaftes Orientierungsmodell. In diesem Sinn wirken auch die Partnerschafts- und Kooperationsabkommen der EU.[10]

---

[9] *Gernot Erler*, Germany and OSCE Reform, CORE Working Paper, Hamburg 2006, S. 11.
[10] Die EU hat mit allen Ländern der Region Partnerschaftsabkommen unterzeichnet. In Kraft getreten sind sie seit dem 1. Juli 1999 in Kasachstan, Kirgistan und Usbekistan.

Die Handlungsoptionen der deutschen Außenpolitik in Zentralasien sind dabei mannigfaltig. Indem Kasachstan aus eigener Initiative die OSZE auf begrenzte Zeit leiten will, werden die Anforderungen dafür weniger als Diktat gesehen. Darauf muss die OSZE auch den größten Wert legen. Ebenso darauf, dass eines der Länder der Region nicht bevorzugt behandelt, sondern als Teil Zentralasiens betrachtet wird.

Gerade Deutschland und die EU sollten auf die Vorteile einer regionalen Kooperation hinweisen. Im Jahre 2006 haben die Kontakte der Republiken untereinander auf höchster Ebene zugenommen. Sie sind Mitglieder der aktiven regionalen Bündnisse wie *Schanghai Organisation für Zusammenarbeit, Euroasiatische Wirtschaftsgemeinschaft* und des *Zentralasiatischen regionalen Wirtschaftskooperationsforums*. Nur regional lassen sich Probleme wie Wasserverteilung, Drogenhandel, Sicherheit, Umwelt und Transport lösen. Dafür sind Gespräche zwischen den regionalen Bündnissen notwendig.

Gleichzeitig sollten Kontakte zu China und Russland hergestellt werden, um über gemeinsame Interessen in Zentralasien zu reden. Zentralasien sollte nicht als Endregion für europäische Politik betrachtet werden, sondern als Brücke zwischen Europa und Asien. Dafür bietet sich die SOZ an, in dem die beiden Länder neben den zentralasiatischen Republiken Mitglieder sind. Das schließt jedoch nicht aus, dass Deutschland, nicht zuletzt wegen der Präsenz in jeder Republik, sich auch länderspezifischen Problemen zuwendet.[11] Denn neben den Gemeinsamkeiten, die bisher mehr als störend denn als einigend empfunden werden, unterscheiden sich die Länder doch erheblich. Nach den vergangenen Jahren des gegenseitigen Misstrauens ist es an der Zeit, Interessen deutlich zu formulieren. Das gilt für Deutschland, Europa und Zentralasien. Von europäischer Seite muss vermittelt werden, dass Berlin und Brüssel an einem souveränen, starken und demokratischen Zentralasien interessiert sind. Dafür bedarf es eines langfristigen Engagements Europas, wie es der Sonderbeauftragte der EU, Botschafter *Pierre Morel*, forderte.[12]

Die Hauptstädte an der Seidenstraße müssen vermitteln, dass sie tatsächlich Reformen und Modernisierung vorantreiben wollen. Dem Wunsch der Regierungen, Stabilität auch auf Kosten der Menschenrechte durchzusetzen, ist von europäischer Seite ein deutliches Nein entgegenzusetzen. Die Länder der Region scheinen sich einem entscheidenden Punkt zu nähern, da die Gesamtregion sukzessive in Weltmarktbedingungen integriert wird. In diesem Zusammenhang muss den Regierungen klar werden, dass sie zwar in Abhängigkeit und Isolation als politische Systeme überleben können, sich damit aber gegen Wohlstand und letztlich auch gegen politische Stabilität aussprechen. Umso mehr bedarf es einer außenpolitischen Partnerschaft,

---

[11] Vergleiche *Crisis Group*, Central Asia: What Role For The European Union?, Bishkek/Brussels 2006, S. 11.
[12] Vortrag von *Pierre Morel* auf der FES-Konferenz „Die Zukunft der regionalen Kooperation: Zentralasien im Jahr 2020" am 12. Dezember 2006 in Berlin.

die nicht dazu dient, Staaten allein ihre Mängel vorzuhalten und zu demütigen, sondern an zukünftigen Schritten zum Wohle des Landes zu beteiligen. Wirtschaftliche Kooperation sollte durch rechtsstaatliche Reformen begleitet werden. Dazu sind mittelfristig gut ausgebildete junge Menschen notwendig. Und die wiederum schaffen zivile Initiativen. Diese eindimensionale Kettenreaktion ist leider besonders anfällig für Unwägbarkeiten. Im Falle einer Isolierung ist eine politische Eiszeit in Zentralasien sehr wahrscheinlich. Das könnte auch den Wiederaufbau Afghanistans gefährden. Hoffnungen auf einen politischen Frühling entlang der gesamten Seidenstraße sind unter den jetzigen Umständen wenig realistisch. Aber solche Entwicklungen sind nicht prinzipiell ausgeschlossen. So investieren einige Länder durchaus in die Bildung, die Zivilgesellschaft ist erwünscht, wenn auch oftmals unter staatlicher Kontrolle, und die Mentalität weist in einigen Ländern in Richtung Öffnung, nicht Abschottung.

So ist der Wille der Regierungen ein starker Faktor, von dem viel abhängt. Er wird beeinflusst von gut ausgebildeten Bürgern, von einer guten sozialen Lage und von einer zur Offenheit bereiten Mentalität. Werden sie gestärkt, nimmt der politische Reformwillen zu. Die Zivilgesellschaft, die direkt einen nur geringen Einfluss hat, muss deshalb auf die drei genannten Faktoren einwirken, um deren Wirkungsbereich zu vergrößern und sich selbst zu stärken.

Europa hat in seiner Geschichte sehr schmerzvoll erfahren, dass Stabilitäten, die von oben verordnet werden, schnell im Chaos enden. Dieser Ausgang ist in einigen Ländern Zentralasiens bisher nicht auszuschließen.

Anhang

Tagung des Rates
(Allgemeine Angelegenheiten und Außenbeziehungen) am 18./19. Juni 2007[*]

STÄRKUNG DER EUROPÄISCHEN NACHBARSCHAFTSPOLITIK FORTSCHRITTSBERICHT DES VORSITZES

Entsprechend den Vorgaben des Rates vom 11. Dezember 2006 wird mit diesem Bericht ein Überblick über die Punkte, über die politisches Einvernehmen erzielt wurde, und über die in den letzten Monaten auf diesem Gebiet erreichten Fortschritte gegeben; ferner werden weitere praktische Maßnahmen herausgestellt, die für einen erfolgreichen Ausbau der Europäischen Nachbarschaftspolitik erforderlich sind.

1. Strategische Ziele und Grundsätze

Die Europäische Nachbarschaftspolitik (ENP) bleibt eine zentrale Priorität der EU-Außenpolitik. Die Förderung von Stabilität, Rechtsstaatlichkeit, Menschenrechten, besserer Staatsführung und Wirtschaftsmodernisierung bei unseren Nachbarn ist eindeutig ein geopolitisches Erfordernis und von entscheidender Bedeutung, wenn wir unseren strategischen Zielen nachkommen, den Herausforderungen, denen wir uns gegenübersehen, gerecht werden und die Früchte engerer politischer und wirtschaftlicher Beziehungen ernten wollen. In den ersten beiden Anwendungsjahren hat die ENP bereits zu beachtenswerten Ergebnissen geführt, insbesondere indem den Partnern bei der Ausarbeitung eines detaillierten Reformprogramms Hilfestellung geleistet und die EU-Unterstützung aufgestockt und wirksamer gestaltet wurde. Doch angesichts der gewaltigen Herausforderungen, die noch vor uns liegen, müssen wir den beträchtlichen Modernisierungsschub, der von Europa ausgeht, noch wirksamer kanalisieren. Politische Instabilität und schlechte Staatsführung in unseren Nachbarländern könnten auch Auswirkungen auf die EU haben. Gleichzeitig stehen unsere Sicherheit und unser Wohlstand zunehmend unter dem Einfluss von Faktoren wie beispielsweise den Gefahren für Europas Energiesicherheit, Umweltrisiken und der wachsenden illegalen Zuwanderung. Die EU muss diese Fragen gemeinsam mit den ENP-Partnern entschlossener angehen und sich mit einem festen Kreis befreundeter Länder umgeben.

Die ENP bietet unseren Partnern bereits privilegierte Beziehungen für die Durchführung von Reformen. Nun ist es an der Zeit, dieses Angebot noch attraktiver, wirk-

---

[*] Europ. Nachbarschaftspolitik: http://www.diplo.de/diplo/de/Europa/Aussenpolitik/Regionalabkommen/Nachbarschaftspolitik-ERJuni07.pdf.

samer und glaubwürdiger zu machen. Es liegt in unserem gegenseitigen Interesse, unseren Nachbarn Hilfestellung zu leisten, damit sie bei der Modernisierung vorankommen, und über die Grenzen der EU hinaus einen von Stabilität und gemeinsamen Werten geprägten Raum zu schaffen. Mit der Stärkung der ENP wird also eine Politik im Dienste der Sicherheit und des Wohlstands der europäischen Bürger betrieben. Die Mitgliedstaaten sind sich erstens darin einig, dass der ENP beim außenpolitischen Handeln der EU zentrale Priorität zukommt und dass die politischen und praktischen Verpflichtungen gegenüber unseren Partnern demnach verstärkt werden sollten. Zweitens besteht auch Einvernehmen darüber, dass die verstärkte Nachbarschaftspolitik einen einheitlichen, integrativen und kohärenten politischen Rahmen bildet. Das Angebot vertiefter Beziehungen und das verbesserte ENP-Instrumentarium gelten für sämtliche Partnerländer, wobei insgesamt auf ein ausgewogenes Verhältnis zwischen dem östlichen und dem südlichen Raum zu achten ist. Diese fortlaufende Kohärenz ist zum Vorteil aller EU-Mitgliedstaaten. Die politischen Rahmenvorgaben der ENP müssen jedoch hinreichend flexibel bleiben, damit den unterschiedlichen Kapazitäten, Bedürfnissen und Leistungsfähigkeiten der einzelnen Partner Rechnung getragen werden kann. Wie ehrgeizig die Ziele unserer bilateralen Partnerschaften jeweils sind und in welchem Umfang die EU Unterstützung leistet, wird natürlich weiterhin davon abhängen, welche Leistungen die Partner vorweisen können und inwieweit sie in wirksamer und erkennbarer Weise auf dem Reformweg vorankommen, insbesondere was die jeweiligen ENP-Aktionspläne angeht, die weiterhin zentrale Instrumente bleiben. Im selben Sinne sollte die EU-Unterstützung noch stärker auf die Bedürfnisse der Partner und ihre Prioritäten nach Maßgabe der Aktionspläne zugeschnitten werden. Ein drittes zu wahrendes Kernprinzip der ENP besteht darin, dass diese weiterhin vom EU-Erweiterungsprozess und der entsprechenden Politik zu trennen ist. Unabhängig von der Perspektive eines Beitritts zur EU ist die Mitwirkung an der ENP für sich genommen bereits von entscheidender Bedeutung für die Förderung der innerstaatlichen Transformationsprozesse im Interesse der Bürger unserer Partnerländer. Unbeschadet der einschlägigen Bestimmungen des EU-Vertrags bleibt die ENP von der Frage der EU-Mitgliedschaft getrennt; sie präjudiziert nicht mögliche künftige Entwicklungen der Beziehungen der Partnerländer zur EU.

2. Bisherige Fortschritte

In den letzten sechs Monaten ist es der EU bereits gelungen, eine Reihe substanzieller, politisch sichtbarer Maßnahmen umzusetzen; eine gute, solide Grundlage bildeten dabei die Vorschläge, die die Kommission in ihrer Mitteilung vom Dezember unterbreitet hatte. Es haben mehrere Verhandlungsrunden über ein verbessertes Abkommen mit der Ukraine stattgefunden. Dieses Abkommen wäre sozusagen als „Vorzeigeprojekt" für den Ausbau der ENP anzusehen. Bestimmte Aspekte davon können als Muster für Vereinbarungen mit anderen Partnern dienen und die Glaubwürdigkeit und Dauerhaftigkeit des Engagements der Union unterstreichen, da die Aufnahme von Gesprächen zeigt, dass die Umsetzung der in den Aktionsplänen festgelegten Prioritäten belohnt wird. Außerdem wurden Arbeiten aufgenommen, um zu einem „fortgeschrittenen Status" für Marokko zu gelangen. Detaillierte ENP-Aktionspläne für Libanon und Ägypten sowie für Armenien, Aserbaidschan und Georgien befinden sich in der Durchführung und dienen als wichtige Bausteine für die innerstaatlichen Reformprogramme dieser Partnerländer. Zum gleichen Zweck hat die Kommission ein Non-Paper zu Belarus ausgearbeitet, das eine nützliche Grundlage darstellen könnte, sobald ein demokratischer Wandel in diesem Land es möglich macht, auf eine umfassende Mitwirkung im Rahmen der ENP hinzuarbeiten. Ferner werden die Tätigkeiten im Rahmen von Partnerschaften und die TAIEX-Aktivitäten mit den ENP-Ländern durch eine Ausweitung des Tätigkeitsbereichs ausgebaut; damit wird beim Aufbau moderner Verwaltungen geholfen, die in der Lage sind, die einschlägigen Teile des EU-Besitzstands zur Umsetzung zu bringen. Die Fortschritte bei den Reformen werden allgemein regelmäßig überwacht und einer Bewertung unterzogen, und die Partner werden ermutigt, ihre eigenen internen Überwachungssysteme auszubauen. Im so wichtigen Energiebereich haben wir ebenfalls begonnen, unsere Beziehungen zu den Partnern zu intensivieren, unter anderem im Rahmen des Energieaktionsplans, auf den sich der Europäische Rat auf seiner Tagung im März verständigt hat. Auf einer Ministerkonferenz im April in Berlin hat die Agenda für Energieeffizienz und erneuerbare Energie die Unterstützung der Partner gefunden. Die Umsetzung der Energie-Vereinbarung mit der Ukraine und Aserbaidschan ist vorangekommen, und Algerien hat eine strategische Energiepartnerschaft angeboten.

Die Gespräche über die vollständige Einbeziehung der Ukraine und Moldaus in die südosteuropäische Energiegemeinschaft, bei der die beiden Länder derzeit einen Beobachterstatus besitzen, wurden fortgeführt. Damit dieses Ziel erreicht werden kann, müssen die genannten Partnerländer noch weitere Fortschritte erzielen, die eine EU-Mission beurteilen wird. Was die Infrastrukturen anlangt, so hat der Rat auf seiner Tagung vom 7. Juni das Vorhaben begrüßt, die transeuropäischen Verkehrsnetze auf unsere Nachbarn im Süden und Osten auszudehnen, eine Maßnahme von erheblicher Bedeutung unter wirtschaftlichen und Infrastrukturgesichtspunkten. Im selben Sinne ist das neue integrierte Konzept für die Meerespolitik der Union von besonderer Bedeutung für unsere Partner im Mittelmeer- und im Schwarzmeerraum. Zur besseren Migrationssteuerung und Bekämpfung illegaler Zuwanderung hat die Kommission eine Mitteilung über die Anwendung des Gesamtansatzes zur Migration auf die östlichen und südöstlichen Nachbarregionen der Europäischen Union vorgelegt, die Vorschläge für einen Ausbau des Dialogs und der Zusammenarbeit auf diesem entscheidenden Gebiet enthält. Die ersten Ergebnisse der Anwendung des Gesamtansatzes auf Afrika und den Mittelmeerraum sind ermutigend und legen es nahe, ausgehend von diesen Vorschlägen den Ansatz auch auf unsere östlichen und südöstlichen Nachbarn anzuwenden. Im Besonderen wird die EU ihre Abstimmung mit den Partnern bei der Bekämpfung der illegalen Zuwanderung verbessern und sich noch stärker um den Aufbau von Kapazitäten bemühen. Im Einklang mit dem gemeinsamen Konzept der EU für Visumerleichterungen haben wir die Verhandlungen mit der Ukraine und Moldau über Visumerleichterungs- bzw. Rückübernahmeabkommen abgeschlossen, die nun zügig umgesetzt werden müssen; damit hat die Union konkret gezeigt, dass sie gegenüber ihren Partnern aufgeschlossen ist. Wir werden auch über Visumerleichterungen für bestimmte Personenkreise aus unseren östlichen Partnerländern sprechen, insbesondere wenn es um die Teilnahme an Veranstaltungen in Zusammenhang mit der ENP geht; dabei werden wir auf ähnlichen Maßnahmen aufbauen, die seit 2003 für bestimmte Personenkreise aus den der Europa-Mittelmeer-Partnerschaft angehörenden Ländern gelten. Alle diese Maßnahmen sind Teil der umfassenderen Fortschritte in den Beziehungen zu den ENP-Ländern im Bereich Justiz und Inneres, auch was die Terrorismusbekämpfung zusammen mit unseren Partnern im Süden angeht.

Um Reformen im Regelungs- und Verwaltungsbereich und den institutionellen Aufbau weiter zu fördern und zu unterstützen, hat die EU den Weg dafür geebnet, dass den ENP-Ländern schrittweise die Beteiligung an den Agenturen und Programmen der Gemeinschaft ermöglicht wird. Eine gezielte Beteiligung an diesen Einrichtungen und Programmen wird als Katalysator für Reformen und für eine Annäherung an die Politiken und Rechtsvorschriften der EU wirken. Der Rat hat diesem Ansatz am 5. März zugestimmt. Die Kommission wird nun anhand von Verhandlungsrichtlinien des Rates die entsprechenden Zusatzprotokolle aushandeln. Nach Billigung durch den Rat wird sie auf Einzelfallbasis weiter Gespräche über die Beteiligung der Partner an Gemeinschaftsagenturen führen, damit hierfür internationale Übereinkünfte geschlossen werden können. Israel, Marokko und die Ukraine werden wohl die ersten Partnerländer sein, denen diese Maßnahmen zugute kommen. Im Lauf der letzten sechs Monate haben einige Veranstaltungen stattgefunden, die zur Umsetzung der im Jahr 2005 auf dem Gipfeltreffen in Barcelona eingegangenen Verpflichtungen beitragen sollen. Die Konferenz der für Hochschule und Forschung zuständigen Minister mit unseren Partnern aus dem Mittelmeerraum am 18. Juni in Kairo und das erste Jugendparlament im Rahmen der Europa-Mittelmeerpartnerschaft im Mai und im Juni in Berlin sind hier wichtige Meilensteine. Des Weiteren wurde im März eine Konferenz über Beschäftigung und Sozialdialog im Europa-Mittelmeerraum abgehalten, mit der die zivilgesellschaftliche Dimension gestärkt werden sollte; gleichzeitig wurde durch die Beratungen von Arbeitsgruppen über Migration, Terrorismusbekämpfung und Energie die Zusammenarbeit in diesen entscheidenden Politikbereichen vertieft. Auch die parlamentarische Dimension der ENP sollte gestärkt werden, um für unsere Partner eine besondere Hebelwirkung in den Bereichen Demokratisierung und Aufbau von Institutionen zu erzielen. Zu diesem Zweck hat der Vorsitz Sondierungsgespräche mit Mitgliedern des Europäischen Parlaments über einen möglichen Beitrag des Parlaments geführt; dieser könnte beispielsweise darin bestehen, bei interparlamentarischen Treffen verstärkt den Schwerpunkt auf ENP-Fragen zu legen und zur Weitergabe demokratischen Know-hows „Parlamentspartnerschaften" einzurichten.

Eine unmittelbare politische Verbesserung stellt der Beschluss dar, die südkaukasischen Länder jeweils von Fall zu Fall aufzufordern, sich Erklärungen, Demarchen und Stellungnahmen der EU zu GASP-Fragen anzuschließen. Eine ähnliche Möglichkeit sollte für die EU-Partner im Mittelmeerraum angestrebt werden. Für die Wirkung wie für das Öffentlichkeitsprofil unserer Politik ist es von entscheidender Bedeutung, dass diese Dynamik aufrechterhalten bleibt und die im Lauf der letzten sechs Monate eingeleiteten Maßnahmen weiter präzisiert und umgesetzt werden.

3. Stärkung der ENP mit Blick auf die Zukunft

Unter Berücksichtigung der genannten Grundsätze und der bisherigen Fortschritte wird die EU auf dem bislang Erreichten weiter aufbauen und bei der verstärkten Europäischen Nachbarschaftspolitik auf die folgenden Kernpunkte abstellen: Hauptziel einer verstärkten Nachbarschaftspolitik ist es, den Partnern stärkere Anreize für Fortschritte auf dem Reformpfad zu bieten und so die Anstrengungen zu würdigen, die sie hierfür aufbringen müssen. Ein verbesserter Zugang zu unserem Binnenmarkt unter Berücksichtigung seiner Auswirkungen auf die interne europäische Politik ist hierbei ein wesentlicher Anreiz und muss daher im Zentrum der verstärkten ENP stehen. Dies würde nicht nur zu stärkeren Handelsflüssen führen, sondern auch zu besseren geschäftlichen Rahmenbedingungen in den Partnerländern, und wäre damit ein wichtiger Katalysator für allgemeine Reformen, was wiederum der politischen Stabilität zuträglich wäre. Eine verstärkte wirtschaftliche Integration liegt demnach im eigenen Interesse der Union. Daher wird derzeit die Frage eines verbesserten Marktzugangs für unsere Partner geprüft. Dabei sollte der Schwerpunkt insbesondere auf die komparativen Vorteile der Partner gelegt werden, und diese sollten somit gegebenenfalls eine gewisse asymmetrische Begünstigung erfahren. Umgekehrt müssen die Partner ihre Wirtschaft weiter öffnen und ausgewählte Teile des EU-Besitzstands übernehmen. Durch eine solche Konvergenz im Regelungsbereich, der in den ENP-Aktionsplänen gegebenenfalls Vorrang eingeräumt werden könnte, wird der Rechtsrahmen der Partnerländer gestärkt und bieten sich ihnen zugleich bessere Möglichkeiten für den Handel mit der EU.

Die zentrale Plattform für eine solche verstärkte wirtschaftliche Integration bilden bilaterale Abkommen über einen weit reichenden Freihandel. Die Verhandlungen über solche Abkommen können aufgenommen werden, wenn die Partnerländer der WTO beigetreten sind. Das verbesserte Abkommen mit der Ukraine, das auch ein solides und umfassendes Freihandelsabkommen umfasst, könnte hierbei als Modell dienen, obgleich es natürlich vom Ehrgeiz und jeweiligen Entwicklungsstand der einzelnen Länder abhängt, wie solche Abkommen aussehen werden, die somit den leistungsorientierten und differenzierenden Ansatz der verstärkten ENP widerspiegeln. Da Moldau nach einer aktuellen Durchführbarkeitsstudie noch nicht so weit ist, dass zwischen diesem Land und der EU eine Freihandelszone geschaffen werden könnte, sollten Moldau zunächst autonome Zollpräferenzen gewährt werden und die entsprechenden Arbeiten zum Abschluss gebracht werden. In Kürze werden auch die Durchführbarkeitsstudien zu Freihandelszonen zwischen der EU und Armenien sowie Georgien den Mitgliedstaaten zur Diskussion vorgelegt. Die laufenden Verhandlungen mit unseren ENP-Partnern im Mittelmeerraum über den Handel mit Dienstleistungen, das Niederlassungsrecht, landwirtschaftliche Erzeugnisse, landwirtschaftliche Verarbeitungserzeugnisse und verarbeitete Fischereierzeugnisse werden mit Engagement fortgeführt. Schließlich wird auch ein umfassender und tiefgehender intraregionaler Freihandel zwischen den ENP-Ländern stärker gefördert werden, da dies ein wichtiges Instrument für deren Integration und Stabilisierung darstellt. Ein zweiter entscheidender Punkt beim Ausbau der ENP ist es, das finanzielle Gewicht der Union bestmöglich zu nutzen. Die erhöhte finanzielle Förderung, die den Partnern im Rahmen des neuen Europäischen Nachbarschafts- und Partnerschaftsinstruments (ENPI) gewährt wird, ist bereits ein Zeichen für das verstärkte Engagement der Union. Um noch stärker zu Reformen zu ermutigen, hat die Kommission die Einrichtung einer gut ausgestatteten Governance-Fazilität mit objektiven und transparenten Vergabekriterien in die Wege geleitet. Ferner sind die Arbeiten zur Schaffung eines Nachbarschafts-Investmentfonds vorangekommen, mit dem die Wirkung der budgetären Hebel der EU verbessert und die Zusammenlegung der Ressourcen der wichtigsten Geber gefördert werden soll und der zugleich mit den bestehenden Finanzinstrumenten, insbesondere der Investitions- und Partnerschaftsfazilität Europa-Mittelmeer (FEMIP), in vollem Umfang vereinbar sein müsste.

Drittens sollen – abgesehen von besseren Reformanreizen in Form einer erheblich weiter reichenden wirtschaftlichen Integration und wirksamerer finanzieller Anreize – im Rahmen der verstärkten ENP sektorübergreifende Themen mehr in den Vordergrund gerückt und damit die überwiegend auf bilateraler Ebene stattfindenden Gespräche mit einzelnen Ländern durch multilaterale Verhandlungen ergänzt werden. Diese thematische Dimension wird hauptsächlich auf der Zusammenarbeit aufbauen, die in vielen Bereichen – von Fragen der Staatsführung und der Rechtsstaatlichkeit über Justiz und innere Sicherheit bis hin zur Wirtschaftskooperation oder Verkehrs-, Energie- und Umweltfragen – bereits besteht, und diese Zusammenarbeit mit neuem Leben erfüllen. Besondere Bedeutung kommt dabei einer verstärkten regionalen Zusammenarbeit beim Grenzschutz und bei der Bewältigung der Migration sowie bei Energiefragen zu; die Ausdehnung der Verkehrs- und Energienetze der EU auf ihre Nachbarländer soll fortgesetzt werden. Im Hinblick auf die thematische Dimension und die wirtschaftliche Integration empfiehlt sich insbesondere ein verstärkter Rückgriff auf TAIEX und Partnerschaftsinstrumente, beispielsweise die Vernetzung von Partnerschaftsprojekten in den Partnerländern, sowie eine Öffnung der Gemeinschaftsagenturen und -programme für ENP-Länder, da die Partner auf diese Weise von vorbildlichen Verfahrensweisen lernen und ihre Erfahrungen besser austauschen können. Außerdem ist dieser Ausbau der sektorübergreifenden Zusammenarbeit kein Selbstzweck, sondern wichtiger Bestandteil der politischen Vertrauensbildung. Generell werden von einer verstärkten ENP Anstöße sowohl für eine engere politische Zusammenarbeit mit den ENP-Partnerländern als auch für eine engere politische Zusammenarbeit dieser Länder untereinander ausgehen. Vor allem wird die ENP einen deutlicheren Beitrag zur Lösung von Konflikten in unserer Nachbarschaft leisten, indem sie ein Klima schafft, das den Dialog fördert, und bei den Bemühungen um eine Lösung regionaler oder multilateraler Konflikte eine aktivere Rolle übernimmt, über die von Fall zu Fall zu entscheiden ist. Den laufenden Grenzschutzeinsätzen der EU – der EUBAM in der Ukraine/Republik Moldau und in Rafah, dem Grenzschutz-Unterstützungsteam des EU-Sonderbeauftragten in Georgien und der Polizeimission der Europäischen Union für die Palästinensischen Gebiete (EUPOL COPPS) – wird in dieser Hinsicht auch weiterhin große Bedeutung zukommen. Außerdem kann eine verstärkte ENP nicht richtig funktionieren, wenn die Bürger der EU und der Partnerländer nicht besser in sie einbezogen werden. Die Eigenverantwortung der Regierungen ist wichtig, reicht aber alleine nicht aus, um eine bessere Staatsführung zu gewährleisten. Damit die ENP insgesamt erfolgreich ist, muss ihre zivilgesellschaftliche Dimension unbedingt gestärkt werden. Dies soll in Form eines intensiveren – insbesondere interkulturellen und interreligiösen – Dialogs mit der Zivilgesellschaft in den Partnerländern, einer besseren Information über ENP-Fragen seitens der Einrichtungen EU und der Mitgliedstaaten, auch vor Ort, und vor allem in Form einer verstärkten Unterstützung der zivilgesellschaftlichen Dimension durch die EU geschehen.

Diese Unterstützung wird den verstärkten Aufbau von Kapazitäten im Rahmen der EU-Hilfsprogramme sowie den Ausbau der gemeinsamen Bildungs- und Ausbildungsmaßnahmen mit den ENP-Partnern umfassen; insbesondere sollen im Rahmen des Erasmus-Mundus-Programms ab 2007/2008 mehr Stipendien für Studenten aus den ENP-Ländern bereitgestellt werden. Im Mittelmeerraum hat der Barcelona-Prozess bereits dazu beigetragen, die Zusammenarbeit mit Vertretern der Zivilgesellschaft und die Zusammenarbeit dieser Vertreter untereinander voranzubringen. Nicht zuletzt sollte die EU den Bürgern unserer Partnerländer die rechtmäßige Einreise noch weiter erleichtern und dabei an die Maßnahmen anknüpfen, die gemäß dem gemeinsamen Konzept für Visumerleichterungen von 2005 in den letzten Monaten ergriffen wurden. Fortschritte bei der Mobilität sind ein wichtiger Faktor, die Wirksamkeit der ENP zu steigern.

4. Weiteres Vorgehen

Es besteht Einvernehmen, dass die EU die ENP erheblich vertiefen muss, um die Entwicklung und die Reformen in ihrer Nachbarschaft zu unterstützen und ihre Beziehungen zu ihren Partnerländern auszubauen. So müssen wir unseren Partnern ausgehend von unserem gemeinsamen politischen Engagement insbesondere in den Bereichen Demokratie, Staatsführung und Rechtsstaatlichkeit sowie Wirtschaft und Finanzen attraktivere und konkrete Anreize bieten. Daher sollten wir diese positive

Konditionalität ausbauen und das im Vorausgehenden dargelegte Instrumentarium voll einsetzen, vor allem in Anbetracht der hohen Kosten, die langfristig auf uns zukommen könnten, wenn wir unsere Nachbarländer nicht unterstützen. Auf dieser Grundlage wird die EU, insbesondere die nächsten Vorsitze und die Europäische Kommission, die diesbezüglichen Beratungen in den zuständigen Gremien vorantreiben. Die Kommission wird ersucht, die einschlägigen Vorschläge und die erforderlichen Verhandlungsrichtlinien rechtzeitig zu unterbreiten. Generell sollten die Mitgliedstaaten und die Gemeinschaft ihre Maßnahmen in den Nachbarländern enger abstimmen, indem sie die Koordinierung und den Informationsaustausch in den Hauptstädten und vor Ort verbessern.

Gleichzeitig steht fest, dass die ENP ein Angebot ist, dass auf Partnerschaft beruht. Sie ist weder ein abstraktes Konzept noch ein auferlegter Rahmen, sondern vielmehr eine Politik der Anreize und Hilfen. Unsere Partnerländer sollten daher weiterhin ihre politische Entschlossenheit unter Beweis stellen und die Umsetzung ihrer Reformprogramme aus eigenem Antrieb voranbringen. Wir müssen dafür sorgen, dass vor Ort in den Partnerländern mehr Verantwortung übernommen wird und die Partnerländer sich die verstärkte Europäische Nachbarschaftspolitik wirklich zu eigen machen. Dies ist der Schlüssel zum Erfolg der ENP. Die Europäische Union wird daher ihren Dialog mit den Partnern intensivieren, um die Einzelheiten der verstärkten ENP zu erörtern, und die Reformanstrengungen vor Ort mehr unterstützen. Die Erfahrungen, die im Rahmen des Barcelona-Prozesses gemacht wurden, sollten in dieser Hinsicht voll genutzt werden, und der Barcelona-Prozess und die verstärkte ENP sollten einander auch in Zukunft ergänzen. Die ENP ist nach wie vor ein entscheidendes Instrument der EU-Außenpolitik. Damit ihr Potenzial voll ausgeschöpft werden kann, muss ihr Instrumentarium effizienter werden. Nur wenn die EU selbst offen und engagiert ist, kann sie dazu beitragen, dass in ihren Nachbarländern offene Gesellschaften entstehen, welche die Demokratie, die Rechtsstaatlichkeit und die Menschenrechte uneingeschränkt achten. Die Fortsetzung dieses politischen Engagements ist entscheidende Voraussetzung dafür, dass wir für die Bürger unserer Partnerländer wie auch für die EU-Bürger Fortschritte erzielen.

5. Schwarzmeersynergie-Initiative

Der benachbarte Schwarzmeerraum hat für die EU große strategische Bedeutung, da sich die Entwicklungen dort unmittelbar auf sie auswirken. Nach dem Beitritt der beiden Schwarzmeeranrainerstaaten Bulgarien und Rumänien hat die EU ein noch größeres Interesse daran, die Stabilität und den Wohlstand in der Region zu fördern. Daher bedarf es nunmehr eines größeren, kohärenten und komplementären Engagements der EU im Schwarzmeerraum, insbesondere im Rahmen der verstärkten ENP. Ein größeres Engagement der EU in der Region erscheint umso wichtiger, als alle Staaten des Schwarzmeerraumes bereits ihr besonderes Interesse an einer intensiveren Zusammenarbeit mit der Union bekundet haben. Überdies stellt es ein natürliches Bindeglied zur EU-Strategie für Zentralasien dar.

Die Schwarzmeersynergie-Initiative wird zu einer engeren Zusammenarbeit zwischen den Ländern der Region führen und die Beziehungen der EU zum Schwarzmeerraum auf allen Ebenen vertiefen. Sie wird sich auf eine praktische, ergebnisorientierte Zusammenarbeit in Sektoren mit grenzüberschreitender Bedeutung konzentrieren, in denen durch eine engere Kooperation Synergien und ein effizienterer Einsatz unserer Ressourcen erzielt werden können. Im Zentrum dieses regionalen Konzepts stehen die Bereiche Energie, Umwelt, Verkehr, Telekommunikation, Wissenschaft und Technologie, Freiheit, Sicherheit und Recht, Demokratie, Förderung der Menschenrechte, Achtung des Völkerrechts und Zusammenarbeit mit der Zivilgesellschaft. Von einer engeren regionalen Zusammenarbeit sind nicht nur wirtschaftliche Vorteile zu erwarten; vielmehr kann sie auch zur politischen Vertrauensbildung in der Region beitragen. Dies könnte dazu führen, dass die Spannungen allmählich abgebaut werden und Bedingungen entstehen, in denen sich die festgefahrenen Konflikte leichter lösen lassen. Bei dieser verstärkten Zusammenarbeit im und mit dem Schwarzmeerraum kann sich die EU auf die Erfahrungen stützen, die sie im Rahmen des Barcelona-Prozesses erworben hat; zudem sollte sie die Erkenntnisse heranziehen, die sie im Rahmen der Nördlichen Dimension und anderen regionalen Kooperationsgremien, wie dem Ostseerat, gewonnen hat.

Die verstärkte Zusammenarbeit der EU mit dem Schwarzmeerraum sollte niemanden ausschließen, sondern alle Länder der Region, d.h. die Anrainerstaaten Bulgarien, Rumänien, Georgien, Ukraine, Russland und Türkei sowie die östlichen ENP-Partnerländer Armenien, Aserbaidschan und die Republik Moldau einschließen. In diesem Sinne ist die EU bereit, mit allen regionalen Körperschaften und Initiativen zusammenzuarbeiten, um mit Hilfe von konkreten Projekten greifbare Ergebnisse zu erzielen. Ein möglicher Partner ist die Organisation für wirtschaftliche Zusammenarbeit im Schwarzmeerraum (BSEC) – ein institutionalisiertes Forum, das alle Länder der Region einschließt. Daneben wird es wesentlich auf eine flexible Geometrie ankommen, denn um Fortschritte bei der regionalen Zusammenarbeit zu erzielen, müssen nicht immer unbedingt alle Staaten des Schwarzmeerraums beteiligt sein; umgekehrt kann eine enge Abstimmung mit anderen Initiativen in den Nachbarregionen, etwa in der Donauregion, von Nutzen sein. Für die Durchführung konkreter Maßnahmen ist zudem die Beteiligung internationaler Finanzierungsinstitutionen erforderlich.

In dem Bestreben, die regionale Zusammenarbeit in den verschiedenen Bereichen zu verstärken, haben der Vorsitz und die Kommission in ihrer Mitteilung zur Schwarzmeersynergie-Initiative vom 11. April 2007 eine Reihe von kurz- und mittelfristigen Maßnahmen vorgeschlagen. In ihrer Mitteilung vom 16. Mai 2007 zur Anwendung des Gesamtansatzes zur Migration auf die östlichen und südöstlichen Nachbarregionen der Europäischen Union hat die Kommission empfohlen, die Einrichtung einer regionalen Kooperationsplattform zu Migrationsfragen zu prüfen, an der alle einschlägigen interessierten Kreise aus der EU und der Region teilnehmen können. Unter den nächsten Vorsitzen sollen diese Pläne konkretisiert und in enger Zusammenarbeit mit der Kommission, den Partnerländern sowie den regionalen Körperschaften und Initiativen umgesetzt werden. Wie der Rat in seinen Schlussfolgerungen vom 14. Mai 2007 empfohlen hat, sollte im ersten Halbjahr 2008 eine Bewertung der bisherigen Fortschritte bei der Konzipierung und Umsetzung der Schwarzmeersynergie-Initiative der EU vorgenommen werden; diese Bewertung sollte als Grundlage für die weiteren Beratungen des Rates über sein Engagement in der gesamten Region dienen.

EU 2007.DE

Die EU und Zentralasien: Strategie für eine neue Partnerschaft[*]

I. Einleitung: Die EU und Zentralasien

Zentralasien ist seit Jahrhunderten ein Bindeglied zwischen Europa und Asien. Die Region liegt an einer strategisch wichtigen Schnittstelle zwischen den beiden Kontinenten. Die zentralasiatischen Staaten Kasachstan, Kirgisistan, Tadschikistan, Turkmenistan und Usbekistan haben seit der Unabhängigkeit im Zuge des politischen und wirtschaftlichen Wandels entscheidende Entwicklungen vollzogen. Sie haben Eigenstaatlichkeit erlangt und das multiethnische Verständnis und die Kommunikation zwischen den Religionen bewahrt. Mit ihrem Beitritt zur OSZE haben sie sich zu den Werten, Normen und Verpflichtungen dieser Organisation bekannt, und sie haben sich durch die Unterzeichnung der Millenniumserklärung der Vereinten Nationen ehrgeizige Ziele gesetzt.

Mit Anbruch des 21. Jahrhunderts ist die Zeit für eine neue Partnerschaft zwischen der EU und den zentralasiatischen Staaten in einer globalisierten Welt gekommen.

Das gemeinsame Ziel, durch friedliche Interaktion Stabilität und Wohlstand herbeizuführen, macht Europa und Zentralasien zu Partnern für eine intensivierte Zusammenarbeit. Das entschlossene Eintreten der EU für ihre östlichen Nachbarn im Rahmen der Europäischen Nachbarschaftspolitik wird auch eine weitere Annäherung zwischen Europa und Zentralasien sowohl bei der politischen Zusammenarbeit als auch hinsichtlich der wirtschaftlichen Entwicklung bewirken.

Der Aufbau und die Konsolidierung stabiler, gerechter und offener Gesellschaften, die sich an internationale Standards halten, ist die Grundvoraussetzung dafür, dass die Partnerschaft zwischen der Europäischen Union und den zentralasiatischen Staaten zur vollen Entfaltung gelangen kann. Verantwortungsvolle Staatsführung, Rechtsstaatlichkeit, Menschenrechte, Demokratisierung sowie allgemeine und berufliche Bildung sind Schlüsselbereiche, in denen die EU ihre Erfahrung und Sachkenntnis teilen möchte. Die EU kann Beratung in der Frage anbieten, wie durch regionale Integration politische Stabilität und Wohlstand herbeigeführt werden können. Auch kann sie die aus dem politischen und wirtschaftlichen Umbruch in Mittel-

---

[*] Zentralasien-Dokument: http://www.auswaertiges-amt.de/diplo/de/Europa/Aussenpolitik/Regionalabkommen/Zentralasien-Strategie-Text-D.pdf

und Osteuropa geschöpfte Erfahrung weitergeben. Dank ihrer reichen Traditionen und des seit Jahrhunderten gepflegten Austauschs können die EU und Zentralasien aktiv zum Dialog zwischen Zivilisationen beitragen.

Viele der Herausforderungen, vor denen die globalisierte Welt steht, betreffen Europa und Zentralasien gleichermaßen und erfordern eine gemeinsame Reaktion. Die EU muss in Fragen der Sicherheit und der regionalen Wirtschaftsentwicklung mit jedem der zentralasiatischen Staaten eng zusammenarbeiten, wobei jeweils die geografische Lage, insbesondere im Verhältnis zu Afghanistan, Pakistan und Iran, berücksichtigt werden muss. Dies gebietet sich unter anderem bei den Entwicklungen in den Bereichen Grenzschutz, Migration und Bekämpfung der organisierten Kriminalität und des internationalen Terrorismus sowie des Handels mit Menschen, Drogen und Waffen.

Die Abhängigkeit der EU von externen Energiequellen und die Notwendigkeit einer Politik der diversifizierten Energieversorgung eröffnen weitere Perspektiven für eine Zusammenarbeit zwischen der EU und Zentralasien. Die Bemühungen der EU um die Stärkung lokaler Energiemärkte werden dazu beitragen, die Investitionsbedingungen zu verbessern, die Energieproduktion und -effizienz in Zentralasien zu steigern und die Energieversorgung und -verteilung in der Region zu diversifizieren.

Über diese Strategie und das Hilfsprogramm der Kommission für den Zeitraum 2007 bis 2013 definiert die EU die Prioritäten für ihre Zusammenarbeit mit den einzelnen zentralasiatischen Staaten je nach deren spezifischen Bedürfnissen, Anforderungen und Leistungen, unter anderem in den Bereichen Menschenrechte, verantwortungsvolle Staatsführung, Demokratie und soziale Entwicklung. Die EU beabsichtigt, den Anteil der Mittel, die aus dem EU-Haushalt 2007–2013 im Rahmen der neuen Außenhilfeinstrumente der EU für die Unterstützung der zentralasiatischen Staaten bereitgestellt werden, zu verdoppeln.

Die EU-Mitgliedstaaten sind bereit, auf der Grundlage und in Ergänzung des Hilfsprogramms der Kommission Möglichkeiten zu prüfen für spezifische bilaterale Partnerschaften und Partnerschaftsprogramme mit einzelnen zentralasiatischen Staaten sowie für Programme mit regionaler Dimension auf der Grundlage einer angemessenen und koordinierten Bedarfsanalyse. Die Mitgliedstaaten werden die Gemeinschaftsprogramme unterstützen, um zu einer kohärenteren und greifbareren EU-Politik in der Region beizutragen.

Zur Behandlung von Fragen von besonderer Bedeutung wird die EU im Rahmen dieser Strategie

- einen regelmäßigen politischen Dialog auf Außenministerebene ins Leben rufen;
- eine „Europäische Bildungsinitiative" einleiten und die zentralasiatischen Staaten beim Aufbau einer „E-Seidenstraße" unterstützen;
- eine „Rechtsstaatlichkeitsinitiative der EU" einleiten;

- einen regelmäßigen, ergebnisorientierten Menschenrechtsdialog mit jedem einzelnen zentralasiatischen Staat ins Leben rufen;
- mit den zentralasiatischen Staaten einen regelmäßigen Dialog über Energiefragen führen.

Bei der Umsetzung der Ziele dieser Strategie wird sich die EU von den Grundsätzen des gleichberechtigten Dialogs, der Transparenz und der Ergebnisorientiertheit leiten lassen. Sie wird auch eine enge Zusammenarbeit mit allen Nachbarstaaten Zentralasiens anstreben.

II. Die strategischen Interessen der EU: Sicherheit und Stabilität

Die EU hat ein ausgeprägtes Interesse daran, dass in Zentralasien Frieden, Demokratie und wirtschaftlicher Wohlstand herrschen. Das Ziel der EU-Strategie besteht daher darin, gemeinsam mit den zentralasiatischen Staaten aktiv auf diese Ziele hinzuarbeiten und auch einen Beitrag zur Wahrung von Frieden und Wohlstand in den Nachbarstaaten leisten.

Die Strategie baut auf den Fortschritten auf, die die zentralasiatischen Staaten seit Erlangung der Unabhängigkeit bereits selbst erzielt haben. Sie trägt den Gemeinsamkeiten zwischen diesen Staaten wie auch den spezifischen nationalen Gegebenheiten und Anforderungen Rechnung.

Ferner stützt sich die Strategie auf die Ergebnisse, die mit der Umsetzung der verschiedenen Partnerschafts- und Kooperationsabkommen, der Hilfsprogramme der EU und anderer Initiativen der EU zur Unterstützung der zentralasiatischen Staaten erzielt wurden.

Die gemeinsamen Interessen der EU und der Staaten Zentralasiens bilden die Grundlage der Strategie. Die Abstimmung der Erwartungen der zentralasiatischen Partner auf die der EU wird sich als Prozess von beiderseitigem Nutzen und zur gegenseitigen Stärkung vollziehen.

Der EU ist sehr an Sicherheit und Stabilität sowie an der Achtung der Menschenrechte und der Rechtsstaatlichkeit in den zentralasiatischen Staaten gelegen, da

- strategische, politische und wirtschaftliche Entwicklungen sowie die zunehmenden transregionalen Herausforderungen in Zentralasien direkt oder indirekt auch die Interessen der EU berühren;
- mit der EU-Erweiterung, der Einbeziehung des Südkaukasus in die Europäische Nachbarschaftspolitik und die Schwarzmeersynergie-Initiative Zentralasien und die EU näher zusammenrücken;
- die zentralasiatischen Staaten mit ihren beträchtlichen Energieressourcen und der von der ihnen angestrebten Diversifizierung bei den Handelspart-

nern und Versorgungswegen zur Deckung des Bedarfs der EU an Energiesicherheit und Energieversorgung beitragen können.

Die EU ist davon überzeugt, dass ein verstärktes Eintreten der zentralasiatischen Staaten für Völkerrecht, Rechtsstaatlichkeit, Menschenrechte und demokratische Werte sowie Marktwirtschaft zur Förderung von Sicherheit und Stabilität in der Region beitragen und deren Staaten zu verlässlichen Partnern der EU mit gemeinsamen Interessen und Zielsetzungen machen wird.

III. Instrumente

Zur Intensivierung der Zusammenarbeit mit den zentralasiatischen Staaten wird die EU unter Einsatz des ganzen Spektrums der GASP-Instrumente das Potenzial der Partnerschafts- und Kooperationsabkommen, der Programme der Kommission und der Mitgliedstaaten, von Kooperationsrahmen wie der Baku-Initiative sowie des politischen Dialogs voll ausschöpfen. Die Zusammenarbeit mit den VN, insbesondere der ECE, der OSZE, der Venedig-Kommission des Europarates, der NATO, internationalen Finanzinstituten und anderen regionalen Organisationen und Foren wird verstärkt. Der EU-Sonderbeauftragte, die Botschaften der EU-Mitgliedstaaten und die Delegationen der Europäischen Kommission sollten sich um eine intensivere Zusammenarbeit mit der OSZE bemühen. Darüber hinaus strebt die EU gemeinsam mit den zentralasiatischen Staaten neue Formen der Zusammenarbeit an, wie z.B. einen regelmäßigen bilateralen Menschenrechtsdialog.

Der EU-Sonderbeauftragte und die Kommission sowie die Mitgliedstaaten spielen bei der Umsetzung dieser Strategie eine wichtige Rolle. Der EU-Sonderbeauftragte sollte im Namen des Hohen Vertreters und im Einklang mit seinem Mandat gemeinsam mit der Kommission und dem Vorsitz und unbeschadet der Zuständigkeiten der Gemeinschaft die Umsetzung überwachen, Empfehlungen aussprechen und den zuständigen Ratsgremien regelmäßig Bericht erstatten.

Partnerschaften und der Austausch von Personal zwischen Verwaltungen oder Unternehmen der EU und Zentralasiens bilden einen wichtigen Teil der Zusammenarbeit EU-Zentralasien mit dem Ziel, auf EU-Ebene bewährte Praktiken im Zusammenhang mit den Rechtsvorschriften der Gemeinschaft einzuführen. Diese Politik wird auf der Grundlage der gewonnenen Erfahrung ausgebaut.

Initiativen zur Gründung von öffentlich-privaten Partnerschaften sowie bilaterale Instrumente und Programme der Mitgliedstaaten können eine wichtige Rolle für ein verstärktes Engagement der EU in Zentralasien spielen.

Die Interaktion mit internationalen Finanzinstituten, darunter der Weltbank und der Europäischen Bank für Wiederaufbau und Entwicklung (EBWE), wird verstärkt. Die Europäische Investitionsbank (EIB) sollte eine wichtige Rolle dabei spielen, in Zentralasien Projekte im Interesse der EU zu finanzieren.

IV. Bilaterale und regionale Zusammenarbeit

Die EU-Strategie zielt auf eine ausgewogene bilaterale und regionale Herangehensweise ab. Die EU wird ihre politischen Konzepte für Zentralasien auf die unterschiedlichen Bedürfnisse und die jeweilige Leistung der einzelnen Staaten der Region abstimmen. Die EU wird die regionale Zusammenarbeit der zentralasiatischen Staaten untereinander sowie zwischen diesen Staaten und anderen Regionen fördern.

Besondere Bedeutung kommt der bilateralen Zusammenarbeit zu. Diese wird so intensiviert, dass angemessen auf die von jedem einzelnen der fünf zentralasiatischen Staaten vorgebrachten Vorschläge eingegangen werden kann. Die bilaterale Zusammenarbeit gebietet sich insbesondere in Bereichen wie Menschenrechte, wirtschaftliche Diversifizierung und Energie sowie in anderen sektoralen Fragen, darunter Jugend und Bildung. An der Intensität dieser Zusammenarbeit wird sich das Eintreten jedes einzelnen Staates für Übergang und Reform ablesen lassen.

Ein regionaler Ansatz bietet sich an, um gemeinsame regionale Herausforderungen anzugehen, so z.B. in den Bereichen organisierte Kriminalität, Handel mit Menschen, Drogen und Waffen, Terrorismus und Nichtverbreitung, interkultureller Dialog, Energie, Umweltverschmutzung, Wasserwirtschaft, Migration sowie Grenzschutz und Verkehrsinfrastruktur. Diesbezüglich wird die EU mit internationalen Finanzinstituten sowie multilateralen und regionalen Organisationen und Institutionen zusammenarbeiten.

Die EU ist bereit, einen offenen und konstruktiven Dialog mit regionalen Organisationen in Zentralasien aufzunehmen und regelmäßige Ad-hoc-Kontrakte zu pflegen, unter anderem mit der Eurasischen Wirtschaftsgemeinschaft (EURASEC), der Shanghaier Organisation für Zusammenarbeit (SCO), der Konferenz über Zusammenwirken und vertrauensbildende Maßnahmen in Asien (CICA), der Organisation des kollektiven Sicherheitspakts (CSTO), CAREC (Central Asia Regional Economic Cooperation) und CARICC (Central Asia Regional Information Coordination Centre).

V. Ein verstärktes EU-Konzept

Menschenrechte, Rechtsstaatlichkeit, verantwortungsvolle Staatsführung und Demokratisierung

Der Aufbau eines stabilen politischen Rahmens und funktionierender Wirtschaftsstrukturen setzt Rechtsstaatlichkeit, die Achtung der Menschenrechte, eine verantwortungsvolle Staatsführung sowie transparente und demokratische politische Strukturen voraus.

Die EU und ihre Mitgliedstaaten werden sich verstärkt für den Schutz der Menschenrechte und für die Schaffung und den Ausbau einer unabhängigen Justiz einsetzen, um so einen nachhaltigen Beitrag zur Schaffung von Strukturen zu leisten, die auf Rechtsstaatlichkeit und internationalen Menschenrechtsstandards beruhen. Es wird auch in geeigneter Form eine justizielle Zusammenarbeit zwischen den zentralasiatischen Staaten und den EU-Mitgliedstaaten stattfinden. Die EU wird auf diesem Gebiet eng mit der OSZE, dem Europarat, den Vereinten Nationen und dem Hohen Kommissar der Vereinten Nationen für Menschenrechte zusammenarbeiten.

Die EU führt mit einer Reihe von Staaten Menschenrechtsdialoge. Diese Dialoge gehören zu den außenpolitischen Instrumenten der EU. Menschenrechtsdialoge sind wesentlicher Bestandteil der Gesamtstrategie der EU zur Förderung der Achtung der Menschenrechte und Grundfreiheiten sowie von nachhaltiger Entwicklung, Frieden und Stabilität.

Vor diesem Hintergrund wird die EU auf der Grundlage ihrer einschlägigen Leitlinien mit jedem zentralasiatischen Staat in geeigneten Foren Menschenrechtsfragen erörtern, unter anderem im Rahmen eines strukturierten, regelmäßigen und ergebnisorientierten Menschenrechtsdialogs. Form und Modalitäten dieses Dialogs werden zu einem späteren Zeitpunkt von Fall zu Fall festgelegt.

Die Menschenrechtsdialoge mit den einzelnen zentralasiatischen Staaten sollten unter anderem darauf abzielen,

- Fragen von beiderseitigem Interesse zu erörtern und die Zusammenarbeit auf dem Gebiet der Menschenrechte zu verstärken, unter anderem innerhalb multilateraler Foren wie den Vereinten Nationen und der OSZE;
- die Anliegen der EU in Bezug auf die Menschenrechtslage in den jeweiligen Staaten aufzuzeigen, Informationen zusammenzutragen und Initiativen zur Verbesserung der jeweiligen Menschenrechtslage einzuleiten.

Darüber hinaus tragen Menschenrechtsdialoge dazu bei, praktische Maßnahmen zur Erreichung der Menschenrechtsziele auf nationaler Ebene zu fördern, insbesondere durch finanzielle und technische Zusammenarbeit und spezifische Projekte, die im Rahmen des Europäischen Instruments für Demokratie und Menschenrechte finanziert werden.

Die EU wird auf die Anregungen der zentralasiatischen Staaten eingehen und die Zusammenarbeit in Fragen der Rechtsstaatlichkeit, verantwortungsvollen Staatsführung und Korruptionsbekämpfung weiter intensivieren. Zu diesem Zweck wird die EU eine Initiative für Rechtsstaatlichkeit erarbeiten, in deren Rahmen die von jedem Staat aufgezeigten prioritären Bereiche behandelt werden. Die EU-Mitgliedstaaten und die Kommission werden ihre Projekte sorgfältig aufeinander abstimmen. Im Rahmen der Initiative für Rechtsstaatlichkeit wird die EU die zentralasiatischen Staaten in Kernfragen der Rechtsreform, einschließlich der Reform der Justiz, und bei der Ausarbeitung wirksamer Rechtsvorschriften, beispielsweise in den Bereichen Verwaltungs- und Handelsrecht, unterstützen.

Im Interesse einer Konsolidierung des Friedens und der internationalen Gerichtsbarkeit sind die EU und ihre Mitgliedstaaten bereit, den zentralasiatischen Staaten ihre Erfahrungen zu vermitteln, was die für einen Beitritt zum Römischen Statut des Internationalen Strafgerichtshofs erforderlichen rechtlichen Anpassungen und die Bekämpfung des internationalen Verbrechens nach völkerrechtlichen Grundsätzen betrifft.

Die EU und ihre Mitgliedstaaten streben Folgendes an:
- eine angemessene Mittelausstattung für die Initiative für Rechtsstaatlichkeit;
- die kurz- oder auch langfristige Entsendung von Rechts- und Verwaltungsexperten in zentralasiatische Staaten;
- Bereitstellung von Fortbildungsmöglichkeiten für Experten aus den zentralasiatischen Staaten;
- Unterstützung der transparenten Umsetzung der Rechtsreform;
- Ermöglichung des internationalen Austauschs durch die Veranstaltung und finanzielle Unterstützung spezialisierter Konferenzen;
- Erleichterung der Zusammenarbeit zentralasiatischer Staaten mit der Venedig-Kommission des Europarates;
- Förderung der Umsetzung der IAO-Normen und -Übereinkommen für menschenwürdige Arbeit;
- enge Abstimmung mit den laufenden Tätigkeiten der Feldmissionen der OSZE, dem Büro für demokratische Institutionen und Menschenrechte (BDIMR) sowie den Vereinten Nationen und deren Hohem Kommissar für Menschenrechte;
- Bereitstellung technischer Hilfe und enge Zusammenarbeit im Hinblick auf die legislativen und verfassungsrechtlichen Anpassungen, die für einen Beitritt zum Römischen Statut und dessen Umsetzung erforderlich sind.

Die Aufgabe, eine Menschenrechtskultur zu unterhalten und Demokratie in den Dienst der Bürger zu stellen, erfordert die aktive Mitwirkung der Zivilgesellschaft. Eine entwickelte und aktive Zivilgesellschaft und unabhängige Medien sind unabdingbare Voraussetzungen für die Entwicklung einer pluralistischen Gesellschaft. Die EU wird mit den zentralasiatischen Staaten auf dieses Ziel hinarbeiten und einen intensiven Austausch mit der Zivilgesellschaft fördern.

Die EU wird ihre Ziele der Förderung und des Schutzes der Menschenrechte weltweit, so auch in den zentralasiatischen Staaten, auch im Rahmen internationaler Gremien wie der Generalversammlung oder dem Menschenrechtsrat verfolgen. Die EU ist bereit, gemeinsam mit den zentralasiatischen Staaten im Rahmen dieser internationalen Foren auf das gemeinsame Ziel hinzuarbeiten.

In die Zukunft investieren: Jugend und Bildung

Die Zukunft Zentralasiens wird von seiner Jugend gestaltet. Die Mehrheit der Bevölkerung Zentralasiens ist unter 25 Jahre alt, was ein enormes Entwicklungspotenzial in sich birgt. Zur Erschließung dieses Potenzials für die junge Generation bedarf es eines soliden Bildungsangebots.

Die EU und ihre Mitgliedstaaten werden daher eine europäische Bildungsinitiative für Zentralasien ins Leben rufen, um einen Beitrag zur Anpassung der Bildungssysteme der zentralasiatischen Staaten an die Erfordernisse der globalisierten Welt zu leisten. Die EU ist bereit, mit wichtigen internationalen Partnern und Gebern bei der Unterstützung von Bildungsprogrammen und -institutionen zusammenzuarbeiten.

Im Rahmen der europäischen Bildungsinitiative werden die EU und ihre Mitgliedstaaten insbesondere in folgenden Bereichen Unterstützung leisten:

- Grundschulbildung;
- höhere Schulbildung;
- berufliche Aus- und Weiterbildung;
- Zusammenarbeit im Hochschulbereich, akademischer und Studentenaustausch, z.B. im Rahmen des neuen Programms Erasmus Mundus und des TEMPUS-Programms sowie auf bilateraler Ebene.

Die EU wird die Entwicklung regionaler Bildungszentren fördern und eng mit der OSZE-Akademie in Bischkek zusammenarbeiten. Die EU ist bereit, in der Region Institute für Europäische Studien zu eröffnen und Studenten aus zentralasiatischen Staaten Stipendien für Studien an europäischen Universitäten zu gewähren.

Die EU wird auch die weiteren Tätigkeiten der Europäischen Stiftung für Berufsbildung im Bereich der allgemeinen und beruflichen Bildung in Zentralasien unterstützen.

Die EU ist ferner bereit, den Anschluss der zentralasiatischen Staaten an das E-Netz der EU durch den Aufbau einer „E-Seidenstraße" zu unterstützen und Fernstudien zu fördern. Es ist unser Ziel, Zentralasien in globale Internet-gestützte Kommunikationsnetze einzubinden und Studenten, Lehrkräften, Akademikern und Wissenschaftlern aus Zentralasien die Teilnahme an modernen Formen des lebenslangen Lernens zu ermöglichen.

Förderung von Wirtschaftsentwicklung, Handel und Investitionen

Die EU unterstützt die Beseitigung von Handelshemmnissen zwischen den zentralasiatischen Staaten und setzt sich weiterhin dafür ein, dass die vier zentralasiatischen Staaten, die noch nicht Mitglieder der WTO sind, der WTO unter handelspolitisch tragbaren Bedingungen und in voller Übereinstimmung mit den WTO-Anforderungen beitreten können. Der WTO-Beitritt ist der Schlüssel zu einer weiter reichenden Reform und Diversifizierung der Wirtschaft und einer besseren Integration der Staaten in das internationale Handels- und Wirtschaftssystem. Die EU wird die Schaffung der rechtlichen und institutionellen Rahmenbedingungen für ein verbessertes Unternehmens- und Investitionsumfeld fördern und sich weiterhin für die wirtschaftliche Diversifizierung einsetzen. Die EU wird die Zusammenarbeit mit den zentralasiatischen Staaten fortsetzen, um den Zugang der Erzeugnisse der Region zu den EU-Märkten zu verbessern. Diesbezüglich bietet das neue Allgemeine Präferenzsystem der EU (APS – 2006/2015) den bislang besten Präferenzrahmen für eine Förderung der Ausfuhren und der wirtschaftlichen Diversifizierung in diesen Ländern. Gleichzeitig stellt das System für diese Länder einen Anreiz für die Diversifizierung ihrer Wirtschaften auf der Grundlage der von der EU gewährten Vergünstigungen beim Marktzugang dar.

Im Rahmen von INOGATE (Baku-Initiative) und TRACECA (über die Initiative zur Verteidigungsfähigkeit (DCI) und das Europäische Nachbarschafts- und Partnerschaftsinstrument (ENPI) finanziertes Programm) wird die EU die Entwicklung und den Ausbau der regionalen Infrastruktur in den Bereichen Verkehr, Energie und Handel fördern, um – nicht zuletzt durch eine verbesserte regionale Zusammenarbeit – das wirtschaftliche Potenzial Zentralasiens besser zu nutzen. Als wichtiger Handelskorridor zwischen Süd- und Ostasien und Europa kann Zentralasien von der Zunahme des Handels profitieren.

Die EU wird sich weiterhin für die Entwicklung marktwirtschaftlicher Strukturen in Zentralasien einsetzen. In diesem Zusammenhang wird die EU im Rahmen einer öffentlich-privaten Partnerschaft mit interessierten EU-Unternehmen zur Förderung der Marktwirtschaft zusammenarbeiten. Sie wird den zentralasiatischen Partnern Ausbildungs- und Hilfsprogramme anbieten und die Staaten der Region in ihren Bestrebungen und konkreten Bemühungen um den Aufbau marktwirtschaftlicher Strukturen unterstützen.

Die EU wird

- die weitere Integration Zentralasiens in das Welthandels- und Weltwirtschaftssystem, insbesondere durch den WTO-Beitrittsprozess und schließlich die WTO-Mitgliedschaft, unterstützen;

- die wirtschaftliche Diversifizierung im Hinblick auf eine nachhaltige Entwicklung fördern, und zwar durch eine Stärkung des vor Ort vorhandenen Potenzials (Wissenschaft und Technologie, Innovation, Fremdenverkehr), die Förderung von KMU und den Ausbau der Basisinfrastruktur (Straße, Schiene, Telekommunikation, Informationstechnologie);

- tief greifende Reformen im Finanzsektor unterstützen, die in den meisten Ländern insbesondere im Bank- und Mikrokreditsektor vonnöten sind; diesbezüglich müssen sich die zentralasiatischen Staaten vorrangig um eine Verbesserung des Bankenrechts und seiner Durchsetzung sowie der Bankenaufsicht, die Steigerung des Wettbewerbs zwischen den Banken und die Erleichterung des Zugangs ausländischer Banken bemühen;

- weitere Möglichkeiten sondieren, um die zentralasiatischen Staaten besser in die Lage zu versetzen, das bestehende APS zu nutzen und den regionalen Handel zu fördern;

- die erforderlichen Systeme entwickeln – auch im Hinblick auf die Rechtsangleichung an den EU-Besitzstand –, um den Zugang zentralasiatischer Erzeugnisse zum EU-Markt zu verbessern;

- weiterhin die Bemühungen der zentralasiatischen Staaten um eine vollständige Umsetzung der Handels- und Wirtschaftsbestimmungen der Partnerschafts- und Kooperationsabkommen unterstützen;

- die handelsbezogene technische Hilfe und strategische Beratung ausweiten, um die Schaffung des rechtlichen und institutionellen Rahmens zu erleichtern, der eine Verbesserung der unternehmerischer Rahmenbedingungen bewirken und Anreize für ausländische Direktinvestitionen schaffen kann;

- die Länder der Region bei der Ausarbeitung von Strategien zur Verbesserung ihrer Kreditfähigkeit unterstützen, damit sie für künftige Darlehensprogramme in Frage kommen;

- die Länder der Region dabei unterstützen, ihre Zollverfahren an die von der Weltzollorganisation festgelegten vorgegebenen Praktiken anzugleichen;

- Initiativen zur Weitergabe von Know-how und zum Aufbau von Kapazitäten unterstützen.

Ausbau der Energie- und Verkehrsverbindungen

Die EU und Zentralasien haben größtes Interesse an der Stärkung der Energiesicherheit als einem wichtigen Aspekt der globalen Sicherheit. Es besteht gemeinsames Interesse an einer Diversifizierung der Exportwege, der Nachfrage- und Lieferstrukturen und der Energieträger.

Neben Erdöl, Erdgas und Elektrizität stellt die Wasserwirtschaft einen entscheidenden Aspekt der Zusammenarbeit mit Zentralasien im Energiesektor dar. Die Stromerzeugung durch Wasserkraft und die Stromverteilung sind maßgeblich für die Förderung von Stabilität und Wohlstand in Zentralasien und darüber hinaus, u.a. in Afghanistan und Pakistan. Ihr Potenzial wurde nicht ausreichend genutzt.

Die Erschließung von Erdöl- und Erdgasressourcen hat die Rolle der zentralasiatischen Staaten als Energieerzeuger und Transitländer deutlich gestärkt. Die zunehmende Ausbeutung der Öl- und Gasvorkommen wird zu einer besseren Belieferung der Weltmärkte beitragen und eine Diversifizierung bewirken. Erdgaslieferungen aus der Region sind für die EU von besonderer Wichtigkeit.

Daher können in den nächsten Jahren die Grundlagen für eine auf gemeinsamen Interessen und Gegenseitigkeit beruhende langfristige Partnerschaft geschaffen werden. Für die Nutzung der Energieressourcen der zentralasiatischen Staaten sind erhebliche und anhaltende Investitionen sowie umfassende Strategien erforderlich, die alle Komponenten ihrer Energiesektoren erfassen und den Zugang zu den am weitesten entwickelten Märkten erleichtern. Die EU ist ihrerseits bereit, in Zusammenarbeit mit anderen interessierten Partnern alle Optionen für die Erschließung und Beförderung dieser Ressourcen zu prüfen. Ein marktorientierter Ansatz für Investitionen und Beschaffung sowie transparente, stabile und nicht diskriminierende rechtliche Rahmenbedingungen garantieren die besten Preise für alle Energieträger und mehr Möglichkeiten für alle Akteure.

Vor diesem Hintergrund wird die EU einen verstärkten regelmäßigen Dialog mit den zentralasiatischen Staaten im Rahmen der Baku-Initiative[1] führen. Die Tätigkeit der EU wird ferner auf der Energiecharta und bilateralen Vereinbarungen zu Energiefragen beruhen.

Die EU wird die Erkundung neuer Öl-, Gas- und Wasserkraftressourcen und die Modernisierung der bestehenden Energieinfrastruktur unterstützen. Um die Sicherheit ihrer Energieversorgung zu erhöhen, wird die EU außerdem die Entwicklung zusätzlicher Pipeline-Verbindungen und Energietransportnetze unterstützen. Sie wird auch zu regionaler Energiesicherheit und Zusammenarbeit beitragen und die Exportmärkte für zentralasiatische Erzeuger erweitern. Die EU wird den zentralasiatischen Ländern politische Unterstützung und Hilfe bei der Entwicklung eines neuen Energietransportkorridors Kaspisches Meer/Schwarzes Meer-EU gewähren.

Die EU wird die Errichtung eines integrierten zentralasiatischen Energiemarktes fördern und öffentlich-private Partnerschaften, die EU-Investitionen begünstigen, unterstützen. Ausgehend von den in der Baku-Initiative festgelegten Zielen wird die EU ihre Zusammenarbeit mit den zentralasiatischen Staaten insbesondere auf folgende Schwerpunkte ausrichten:

- Konvergenz der Energiemärkte auf der Grundlage der Grundsätze für den Energiebinnenmarkt der EU unter Berücksichtigung der Besonderheiten der Partnerländer;

- Stärkung der Energiesicherheit, indem Fragen betreffend Energieeinfuhren und ausfuhren, Lieferungen, die Diversifizierung, die Energiedurchleitung und die Energienachfrage behandelt werden;

- Transparenz und Aufbau von Kapazitäten in den Bereichen Statistik und Ordnungspolitik im Energiesektor;

---

[1] Energiezusammenarbeit zwischen der EU, den Anrainerstaaten des Schwarzen und des Kaspischen Meeres und ihren Nachbarländern, die auf der Konferenz der Energieminister im November 2004 in Baku eingeleitet wurde.

- Förderung und Ausbau der technologischen Zusammenarbeit zwischen der EU und den zentralasiatischen Staaten im Energiesektor;
- Unterstützung einer nachhaltigen Entwicklung des Energiesektors, u.a. durch die Entwicklung der Energieeffizienz, erneuerbare Energieträger und Nachfragesteuerung;
- Anreize für Investitionen in Energievorhaben von gemeinsamem und regionalem Interesse;
- Unterstützung für die Sanierung der vorhandenen Pipelines und den Bau neuer Pipelines und Energietransportnetze innerhalb der Region und nach Europa;
- Unterstützung der Ausarbeitung umfassender Aktionsprogramme, mit denen Energieeinsparungen, Energieeffizienz und erneuerbare Energieträger gefördert werden sollen, um insbesondere die Verpflichtungen im Rahmen des Kyoto-Protokolls zu erfüllen;
- Unterstützung der Initiative für einen globalen Fonds für Energieeffizienz und erneuerbare Energie;
- Ermutigung der Länder, ähnliche Initiativen zu ergreifen, wie sie die EU im Aktionsplan für eine Energiepolitik für Europa (Europäischer Rat vom März 2007) vorgesehen hat;

Darüber hinaus wird die EU weiter die Initiative für die Transparenz in der Rohstoffwirtschaft in Zentralasien fördern, um so zu nachhaltiger Entwicklung und Armutsbekämpfung beizutragen.

Umweltverträglichkeit und Wasser

Eine der größten Herausforderungen für die Welt im 21. Jahrhundert wird ein gerechter Zugang zu den Wasserressourcen sein. Die meisten großen Umweltprobleme in Zentralasien betreffen die Zuteilung und die Nutzung der Wasserressourcen sowie den Schutz ihrer Qualität. Für eine Region, die durch grenzüberschreitende Flüsse, Seen und Meere verbunden ist, ist ein regionaler Ansatz für den Schutz dieser Ressourcen von entscheidender Bedeutung. Damit verbunden ist die Notwendigkeit einer besseren Waldbewirtschaftung. Ebenso bedarf es einer integrierten Wasserwirtschaftspolitik (Solidarität zwischen Oberliegern und Unterliegern).

Für die EU ist die Zusammenarbeit auf dem Gebiet der Wasserpolitik von besonderem Interesse, vor allem damit die Millenniums-Entwicklungsziele für sauberes Trinkwasser und eine effiziente Abwasserentsorgung bis 2015 erreicht werden können.

Gleichzeitig kann die Förderung der Zusammenarbeit im Bereich der Wasserwirtschaft zu regionaler Sicherheit und Stabilität und wirtschaftlicher Entwicklung beitragen.

Im Frühjahr 2006 wurde der Umweltdialog EU-Zentralasien eingeleitet; er wird die Grundlage für gemeinsame Kooperationsbemühungen bilden.

Große Bedeutung wird auch Umweltbelangen beigemessen, die die Gewinnung und den Transport von Energieressourcen sowie die Anfälligkeit für Klimaänderungen und Naturkatastrophen betreffen. Fragen des Umweltschutzes sollten im regionalen Dialog auf allen Ebenen Berücksichtigung finden.

Daher wird die EU folgende Maßnahmen treffen:

- Unterstützung für die Umsetzung der EECCA-Komponente (Osteuropa, Kaukasus, Zentralasien) der EU-Wasserinitiative (EUWI-EECCA) für die Trinkwasserversorgung, die Abwasserentsorgung und eine integrierte Bewirtschaftung der Wasserressourcen;

- Förderung der grenzüberschreitenden Bewirtschaftung von Wassereinzugsgebieten und der regionalen Zusammenarbeit im Rahmen des Umweltübereinkommens für das Kaspische Meer;

- spezielle Unterstützung für die integrierte Bewirtschaftung grenzüberschreitender Oberflächen- und Grundwasserressourcen, einschließlich der Einführung von Techniken für eine effizientere Wassernutzung (Bewässerung und andere Techniken);

- Ausbau der Zusammenarbeit zur Schaffung geeigneter Rahmen, um die Finanzierung von Wasserinfrastrukturprojekten zu erleichtern, u. a. durch die Gewinnung internationaler Finanzinvestitionen und Fonds in öffentlich-privater Partnerschaft;

- Unterstützung des Aufbaus regionaler Kapazitäten für die integrierte Wasserwirtschaft und die Stromerzeugung durch Wasserkraft;

- Zusammenarbeit mit den zentralasiatischen Ländern beim Klimaschutz, einschließlich Unterstützung bei der Einführung und weiteren Umsetzung der Mechanismen des Kyoto-Protokolls auf regionaler Ebene;

- Zusammenarbeit mit den zentralasiatischen Ländern bei der Bekämpfung der Desertifikation und Erhaltung der biologischen Vielfalt, auch durch Unterstützung bei der Umsetzung der VN-Übereinkommen über die biologische Vielfalt und die Bekämpfung der Desertifikation;

- Verbesserung der nachhaltigen Bewirtschaftung der Wälder und anderer Naturressourcen Zentralasiens durch Unterstützung für die regionalen Aspekte der indikativen Maßnahmen im Rahmen der Ministerkonferenz für Rechtsdurchsetzung und Politikgestaltung im Forstsektor (FLEG);

- Steigerung des Bewusstseins für Umweltbelange und Bildung zivilgesellschaftlicher Strukturen im Umweltbereich, auch im Rahmen einer Zusammenarbeit mit dem Regionalen Umweltzentrum für Zentralasien (CAREC).

Vor dem Hintergrund der vorgenannten Prioritäten wird die EU auch den folgenden damit zusammenhängenden Aspekten Aufmerksamkeit widmen:

- Unterstützung der zentralasiatischen Staaten bei der Konzipierung von Maßnahmen zur Vermeidung und Verminderung der Umweltverschmutzung;
- Verbesserung der Fähigkeiten in Zentralasien in Bezug auf die Vorsorge für und die Bewertung von Naturkatastrophen;
- Intensivierung der Zusammenarbeit mit der EnvSec-Initiative.

Bewältigung gemeinsamer Bedrohungen und Herausforderungen

Mit einer modernen Form des Grenzschutzes, der offene und sichere Grenzen schafft, könnten Handel und Austausch in der Region erleichtert und ein Beitrag zur Bekämpfung regionaler Kriminalität, insbesondere im Bereich des internationalen Drogenhandels, geleistet werden.

Die Unterstützung bei der Bekämpfung der organisierten Kriminalität wird eine der Prioritäten der EU in der Region sein und auf die Verminderung nichtkonventioneller Bedrohungen abstellen.

Eine der größten globalen Herausforderungen des 21. Jahrhunderts ist die Migration. Die positiven wie negativen Auswirkungen der Migration machen sich in allen Staaten bemerkbar, so auch in Zentralasien. Die EU bemüht sich im Rahmen ihres Gesamtansatzes zur Migrationsfrage um eine Intensivierung des Dialogs und der Zusammenarbeit in Migrationsfragen mit Transit-, Herkunfts- und Zielregionen. Als Teil ihres Gesamtansatzes schlägt die EU vor, mit den östlichen und südöstlichen Nachbarregionen einen intensiven Dialog über die Migration einzuleiten.

Die EU wird ihre Unterstützung für die Entwicklung eines modernen Grenzschutzes in Zentralasien, auch an den Grenzen zu Afghanistan, verstärken. Die Zusammenarbeit zwischen Afghanistan und seinen Nachbarn sollte intensiviert werden. Über das BOMCA-Programm wird die EU einen multilateralen und regionalen Ansatz anstreben.

Die EU wird die Tätigkeiten im Rahmen des BOMCA-Programms ausweiten und Synergien mit den laufenden Projekten zur Reform der Zolldienste anstreben. Sie wird eine bessere Koordinierung anstreben und die Möglichkeiten für eine enge Zusammenarbeit zwischen der BOMCA-Initiative, der OSZE und anderen Grenzprojekten von Mitgliedstaaten und Drittstaaten sondieren.

Die EU wird

- sich weiterhin für die Einführung der Grundsätze des integrierten Grenzschutzes bei den Grenzschutzdiensten und anderen beteiligten Stellen einsetzen;

- sich mit bestimmten Grenzübergangsstellen befassen;
- organisatorische Hilfe bei der Umwandlung des Grenzschutzes von einem Pflichtdienst in einen berufsmäßigen Dienst leisten, den Übergang von einem rein militärischen System zu einer eher wie die Polizei organisierten Strafverfolgungsbehörde unterstützen und die Bemühungen um eine Stärkung der Kontrollmechanismen fördern;
- eine stärkere Einbeziehung der Zolldienste fördern, um den Handel zu erleichtern;
- die Anpassung des Rechtsrahmens an die aktuellen völkerrechtlichen Grundsätze für die Bekämpfung der organisierten Kriminalität anstreben (z.B. Anpassung an das VN-Übereinkommen gegen die grenzüberschreitende organisierte Kriminalität und seine Protokolle), wobei der Schwerpunkt auf die illegale Zuwanderung, den Menschenhandel und die Verhütung und Bekämpfung des Handels mit Drogen und Drogenausgangsstoffen gelegt wird; die institutionellen Kapazitäten der Strafvollzugsbehörden verbessern und die regionale Zusammenarbeit bei der Bekämpfung der grenzüberschreitenden organisierten Kriminalität intensivieren.

Gleichzeitig wird die EU den interessierten zentralasiatischen Staaten weiterhin anbieten, sie – auf nationaler wie auch auf regionaler Ebene – dabei zu unterstützen, ihre Migrationspolitik ausgewogener zu gestalten, wozu gehört, funktionierende Systeme für einen Ausgleich von Arbeitskräftenachfrage und -angebot einzurichten, die Integration legaler Zuwanderer zu erleichtern und Asylbewerbern und Flüchtlingen sowie anderen Risikogruppen internationalen Schutz zu gewähren.

Die EU wird sich verstärkt für die Bekämpfung der Korruption, des Drogenhandels, des Menschenhandels, der illegalen Verbringung von Waffen nach und aus Afghanistan sowie der organisierten Kriminalität in Zentralasien einsetzen. Sie wird die Zusammenarbeit mit den zentralasiatischen Staaten bei der Bekämpfung des internationalen Terrorismus intensivieren. Die EU wird die Drogenbekämpfung durch eine spezifische Präsenz der EU in Duschanbe untermauern. Sie wird die zügige Einrichtung des regionalen Anti-Drogen-Zentrums (CARICC) in Almaty unterstützen und die Zusammenarbeit mit dem Büro der Vereinten Nationen für Drogen- und Verbrechensbekämpfung (UNODC) intensivieren – auch im Hinblick auf das Aufspüren chemischer Ausgangsstoffe für die Heroinproduktion. Die Kooperation mit China und der Shanghaier Organisation für Zusammenarbeit auf dem Gebiet des illegalen Drogenhandels wird verstärkt.

Das Ferghana-Tal veranschaulicht am besten die Herausforderungen und möglichen Perspektiven für Zentralasien. Die EU ist daher bereit, die zentralasiatischen Staaten, die gemeinsame Grenzen im Ferghana-Tal haben, bei Projekten zu unterstützen, mit denen Stabilität, Wohlstand und nachhaltige Entwicklung in dieser Region herbeigeführt werden sollen. Besondere Aufmerksamkeit wird die EU den Programmen widmen, die Fragen des Grenzschutzes, des intraregionalen Handels und des freien Waren- und Personenverkehrs betreffen.

Brücken bauen: Der interkulturelle Dialog

Die Vielfalt der Religionen und jahrhundertealte Traditionen von Frieden und Toleranz sind ein kostbares Erbe in Zentralasien. Eine gemäßigte und tolerante islamische Weltsicht, die das in der Verfassung verankerte säkulare Prinzip achtet, ist eines der Merkmale, die die Länder Zentralasiens auszeichnen. Die EU hat großen Respekt vor der friedlichen multiethnischen und multikulturellen Koexistenz verschiedener Glaubensrichtungen in Zentralasien.

Hieran anknüpfend wird sich die EU für den Dialog innerhalb der Zivilgesellschaft und die Achtung der Religionsfreiheit einsetzen.

VI. Die EU und Zentralasien in der Zukunft

Diese Strategie der EU für Zentralasien bildet den umfassenden Rahmen für die Politik der EU in der Region Zentralasien. Die EU ist der Ansicht, dass ein kontinuierlicher Dialog und eine kontinuierliche Zusammenarbeit mit den fünf zentralasiatischen Staaten für beide Seiten von Interesse ist; dabei gilt es, ihre Unterschiede zu respektieren und eine engere Zusammenarbeit zwischen ihnen bei regionalen Themen zu fördern.

Die EU ist bereit, in erheblichem Maße zu Sicherheit, Stabilität und Wohlstand in Zentralasien beizutragen. Zu diesem Zweck wird die EU in allen fünf Ländern Zentralasiens Delegationen der Kommission eröffnen. Die Mitgliedstaaten werden die Erweiterung des Netzes der Botschaften in Zentralasien prüfen.

Die EU wird für Kohärenz zwischen dieser Strategie für Zentralasien und anderen regionalen Initiativen der EU wie der Schwarzmeersynergie-Initiativesorgen. Sie wird den Handel und die Zusammenarbeit innerhalb der Region unterstützen. Sie wird auch eine aktive Einbeziehung/Partizipation Zentralasiens in der WTO unterstützen, um eine bessere Integration dieser Länder in den Welthandel und das Wirtschaftssystem sicherzustellen.

Mit dieser Strategie lädt die EU Zentralasien ein, einen verstärkten politischen Dialog mit regelmäßigen Treffen der Außenminister mit der EU-Troika einzurichten. Die EU wird jährliche Treffen mit ihren Missionsleitern in der Region abhalten.

Entsprechend den Prinzipien dieser Strategie wird die EU gemeinsam mit jedem der zentralasiatischen Länder individuelle Konzepte für die Umsetzung der Strategie entwickeln, die den speziellen Bedürfnissen und der Leistungsfähigkeit des jeweiligen Landes Rechnung tragen, und dies auf der Grundlage bestehender und künftiger Abkommen wie beispielsweise PKA.

Die Fortschritte bei der Umsetzung der Strategie werden im Juni 2008 und anschließend mindestens alle zwei Jahre vom Rat überprüft.

Regionale Hilfsstrategie der EG für Zentralasien (2007–2013)

Die Regionale Hilfsstrategie der EG für Zentralasien (2007–2013) ist als Instrument zur Unterstützung eines verstärkten politischen Dialogs mit den Staaten Zentralasiens auf regionaler und nationaler Ebene und zur Verwirklichung der oben festgelegten Ziele konzipiert. Entsprechend diesem größeren Engagement der EU in der Region werden die Haushaltsmittel für die EG-Hilfe für Zentralasien im Rahmen der neuen Finanziellen Vorausschau 2007–2013 erheblich – nämlich insgesamt auf 750 Mio. Euro – angehoben, wobei die im Rahmen des Instruments für die Entwicklungszusammenarbeit pro Jahr für die Region durchschnittlich zugewiesenen Mittel von 58 Mio. Euro im Jahr 2007 auf 139 Mio. Euro im Jahr 2013 ansteigen werden.

Der Großteil der EG-Hilfe für Zentralasien – 70 % – wird unter Berücksichtigung der politischen Agenda der einzelnen zentralasiatischen Staaten und ihrer unterschiedlichen politischen und sozialen Gegebenheiten in die bilateralen Hilfsprogramme fließen.

Angesichts der Tatsache, dass mehr als 50 % der Landbevölkerung unter der Armutsgrenze leben, bleibt die Armutsbekämpfung durch Reformen des Sozialwesens und Programme zur Steigerung des Lebensstandards insbesondere in ländlichen Gegenden, darunter Bildungsprogramme, für die bilaterale Hilfe der EG weiterhin oberste Priorität. Den Orientierungsrahmen für derartige Programme bildet die Umsetzung von Strategiepapieren für die Armutsbekämpfung oder ähnlicher Strategiepapiere, denen die Regierungen der zentralasiatischen Staaten sich verpflichtet haben. Den zweiten Schwerpunkt der bilateralen Hilfe wird die Förderung einer verantwortungsvollen Staatsführung und der Demokratisierung sowie die Stärkung der öffentlichen Institutionen kombiniert mit Investitionen in zentralen Bereichen und handelspolitischen Reformen bilden. Der Inhalt der Programme wird gemeinsam mit den Regierungen festgelegt und auf die speziellen Bedürfnisse des jeweiligen Landes zugeschnitten.

Angesichts ihrer Bedeutung für die nachhaltige Entwicklung Zentralasiens werden 30 % der Mittel für die Unterstützung einer engeren zwischenstaatlichen Zusammenarbeit sowohl innerhalb Zentralasiens als auch zwischen Zentralasien, dem Südkaukasus und der EU – insbesondere in den Bereichen Energie, Verkehr, Umwelt und Bildung – verwendet. In diesen Bereichen bildet die Angleichung der Prioritäten für die regionale Zusammenarbeit und der Programme für Zentralasien an die regionale Strategie der EU für ihre östlichen Nachbarn den Kern der künftigen Unterstützungspolitik.

Dank einer engen Abstimmung der Ausrichtung der regionalen Zusammenarbeit zwischen der EU und Zentralasien mit der Ausrichtung der regionalen Programme im Rahmen des Europäischen Nachbarschafts- und Partnerschaftsinstruments (ENPI) werden die zentralasiatischen Staaten effektiv von den entsprechenden zwischenstaatlichen Energie-, Verkehrs-, Umwelt- und Bildungsinitiativen und den verstärkten Programmen im Rahmen des ENPI-Ost profitieren können und dies wird ihrer Anbindung an Osteuropa und ihrem Zugang zu globalen Märkten zugute kommen.

Abkürzungsverzeichnis

ABM	Anti Ballistic Missile
AKSE	Angepasster Vertrag über Konventionelle Streitkräfte in Europa
AMD	Anti Missile Defense
APS	Allgemeines Präferenzsystem
ASEAN	Association of South East Asian Nations
BBC	British Broadcasting Corporation
BDIMR	Büro für demokratische Institutionen und Menschenrechte (ODIHR) der OSZE in Warschau
BIP	Bruttoinlandsprodukt
BJuT	Block *Julija Tymoschenko*
BMD	Ballistic Missile Defense
BOMCA-Programm	EU Border Management Programme for Central Asia
BSEC / BSECO	Black Sea Economic Cooperation Organisation
BP	British Petroleum
BRIC-Staaten	Brasilien, Russland, Indien, China
BTC	Baku–Tbilissi–Ceyhan
CACO	Central Asian Cooperation Organisation
CAREC	Regionales Umweltzentrum für Zentralasien
CEPS	Centre for European Policy Studies, Brüssel
CIS-EMO	Commonwealth of Independent States – Election Monitoring Organisation
CNPC	China National Petroleum Corporation
COCOM	Coordinating Committee
CPC	Caspian Pipeline Consortium
DCI	Defence Capacity Intiative (Initiative zur Verteidigungsfähigkeit)
DGAP	Deutsche Gesellschaft für Auswärtige Politik
DWR	Partei „Demokratische Wahl Russlands"
EAEC	Eurasian Economic Community

EBWE	Europäische Bank für Wiederaufbau und Entwicklung
EBRD	European Bank for Reconstruction and Development
ECE	United Nations Economic Commission for Europe
ECOSOC	Wirtschafts- und Sozialrat der Vereinten Nationen
EECCA-Komponente	Eastern Europe, Caucasus, Central Asia (Osteuropa, Kaukasus, Zentralasien)-Komponente
EFTA	European Free Trade Association
EG	Europäische Gemeinschaft
EGB	Europäischer Gewerkschaftsbund
EHU	European Humanitarian University
EIB	Europäische Investitionsbank, Luxemburg
EK	Europäische Kommission
ENP	Europäische Nachbarschaftspolitik
ENPI	Europäisches Nachbarschafts- und Partnerschaftsinstrument
EnvSec	Environment and Security Initiative
EP	Europäisches Parlament
ESVP	Europäische Sicherheits- und Verteidigungspolitik
ETA	Euskadi Ta Askatasuna (baskisch für „Baskenland und seine Freiheit")
EU	Europäische Union
EUBAM	European Union Border Assistance Mission
EuGH	Europäischer Gerichtshof
EurAsWG / EURASEC	Eurasische Wirtschaftsgemeinschaft
EUROSTAT	Statistisches Amt der EU
EUSR	EU Special Representative
EUUBC	EU Ukraine Business Council
EUWI	EU-Wasserinitiative
EVP	Europäische Volkspartei
EWSA	Europäischer Wirtschafts- und Sozialausschuss
EWR	Einheitlicher Wirtschaftsraum
FAZ	Frankfurter Allgemeine Zeitung

FEMIP	Facility for Euro-Mediterranean Investment and Partnership (Investitions- und Partnerschaftsfazilität Europa-Mittelmeer)
FES	Friedrich-Ebert-Stiftung
FR	Frankfurter Rundschau
FSB	Russischer Inlandgeheimdienst (Nachfolgeorganisation des KGB)
GASP	Gemeinsame Außen- und Sicherheitspolitik
GECF	Gas Exporting Countries Forum
GKO	Schulverschreibungen der Russischen Föderation
GLONASS	Global Navigation Satellite System
GUAM	Georgien, Ukraine, Aserbaidschan, Moldau
GUS	Gemeinschaft Unabhängiger Staaten (SNG / Sodruschestwo Nesawisimych Gosudarstw)
GUUAM	Kooperationsallianz zwischen Georgien, Ukraine, Usbekistan, Aserbaidschan, Moldau
HRW	Human Rights Watch
IAO / ILO / BIT	Internationale Arbeitsorganisation International Labour Organisation Bureau International du Travail
IBB	Internationales Bildungs- und Begegnungswerk Dortmund
IBB „Johannes Rau"	Internationale Bildungs- und Begegnungsstätte „Johannes Rau" Minsk
IBFG / ICFTU / CISL	Internationaler Bund Freier Gewerkschaften International Confederation of Free Trade Unions Confédération des Syndicats Libres
ICBM	Intercontinental Ballistic Missile
IEOM	International Election Observation Mission
IHK	Industrie- und Handelskammer
INF	Intermediate Nuclear Forces
INOGATE	Interstate Oil and Gas Transport to Europe
INTERREG	Gemeinschaftsinitiative der EU zur Förderung der Regionen in Europa
IOE	International Organisation of Employers Internationale Arbeitgebervereinigung

IRA	Irish Republican Army
ISAF	Internationale Schutztruppe Afghanistan
ISD	Industrie-Union Donbass
IWF / IMF / FMI	Internationaler Währungsfonds International Monetary Fund Fonds Monétaire International
KAS	Konrad-Adenauer-Stiftung
KGB	Komitet Gosudarstvennogo Besopasnosti (Russischer Staatsgeheimdienst, Komitee für Staatssicherheit, UdSSR und bis heute Belarus)
KGB	Russischer Staatsgeheimdienst
KMU	Kleine und Mittlere Unternehmen
KP	Kommunistische Partei
KPdSU	Kommunistische Partei der Sowjetunion
KPM	Kommunistische Partei Moldaus
KPRF	Kommunistische Partei der Russischen Föderation
KPU	Komunistytschna partija Ukrajini (Kommunistische Partei der Ukraine)
KRO	Kongress der russischen Gemeinden
KSE/CFE	Konventionelle Streitkräfte in Europa
KSZE	Konferenz für Sicherheit und Zusammenarbeit in Europa
LDPR	Liberal-Demokratische Partei Russlands
LNG	Flüssiggas, Liquified Natural Gas
MASSRE	Moldauische Autonome Sozialistische Sowjet Republik
MdEP	Mitglied des Europäischen Parlaments
MGIMO	Staatliches Moskauer Institut für Internationale Beziehungen
MID	Außenministerium der Russischen Föderation
MOEL	Mittel- und Osteuropäische Länder
MSSR	Moldauische Sozialistische Sowjetrepublik
NAK	Nazionalna Akzionerna Kompanija, Nationale Aktien-Gesellschaft (in der Ukraine)
NDR	Partei „Unser Haus Russland"
NEGP	Nord Europäische Gaspipeline

NGO / NRO	Non Governmental Organisations Nichtregierungsorganisationen
NKAO	Nagorno-Karabachskaja Awtonomnaja Oblast
NMD	National Missile Defense
NU	Nascha Ukrajina (Unsere Ukraine, Partei des Präsidenten *Viktor Juschtschenko*)
NU-NS	Nascha Ukrajina – Narodna Samooborona (Unsere Ukraine – Selbstverteidigung des Volkes, Wahlblock zur Unterstützung der Politik des Präsidenten *Juschtschenko*)
NZZ	Neue Züricher Zeitung
ODHIR	Office for Democratic Institutions and Human Rights
ODKB	Organisazija dogowora kollektivnoj besopasnosti (Organisation des Vertrages für kollektive Sicherheit)
ODIHR	Office of Democratic Institutions and Human Rights
OECD	Organisation for Economic Co-operation and Development (Organisation für wirtschaftliche Zusammenarbeit und Entwicklung)
OEF	Operation Enduring Freedom
ONGC	Oil & Natural Gas Corporation
OPEC	Organisation of Petroleum Exporting Countries
OSZE	Organisation für Sicherheit und Zusammenarbeit in Europa
OVKS	Organisation des Vertrages über Kollektive Sicherheit
PA	Präsidial-Administration (in den östlichen Nachbarländern der EU)
PACE	Parliamentary Assembly of the Council of Europe
PHARE	Poland and Hungary Aid for Reconstruction of the Economy (Förderprogramm für die mitteleuropäischen Beitrittsländer)
PKA	Partnerschafts- und Kooperationsabkommen der EU
PMR	Pridnestrovskaja Moldavskaja Respublika (völkerrechtlich nicht anerkannte Transnistrische Moldauische Republik, siehe TMR)

PMR	Pridnestrovskaja Moldavskaja Respublika (völkerrechtlich nicht anerkannte Republik in Transnistrien im Osten Moldaus)
PPPU	Partija Promyslowziw i Pidpryjemziw Ukrajiny, Partei der Industriellen und Unternehmer der Ukraine
PR	Partija Regioniw, Partei der Regionen (des Premierministers der Ukraine, *Viktor Janukowytsch*)
PRP	Partija reform i porjadok (Partei Reformen und Ordnung, Ukraine)
PSA	Production-Sharing-Agreement
RNBOU	Rada nacional'noï bespeki i oboroni Ukraïni (Nationaler Sicherheits- und Verteidigungsrat der Ukraine)
RF	Russische Föderation
RKP(b)	Rossijskaja Kommunistitscheskaja Partija (bolschewikow) / Russische Kommunistische Partei (der Bolschewiken)
RSFSR	Russische Sozialistische Föderative Sowjetrepublik
RSPP	Union der Russischen Industriellen und Unternehmer
SBU	Sluschba Bespeki Ukrajini (Sicherheitsdienst der Ukraine)
SCO	Shanghai Cooperation Organisation
SDI	Strategic Defense Initiative
SDPU	Vereinigte Sozialdemokratische Partei der Ukraine (Oligarchenpartei, die nicht in der SPE aufgenommen ist)
SDPU(o)	Sozial-demokratytschna partija Ukrajiny (obednana), (Sozial-Demokratische Partei der Ukraine (vereinigte) – eine pseudo-sozialdemokratische Partei)
SEP	South European Pipeline
SOZ	Schanghai Organisation für Zusammenarbeit
SPE	Sozialdemokratische Partei Europas
SPS	Union der Rechten Kräfte
SPU	Sozialistytschna partija Ukrajiny (Sozialistische Partei der Ukraine)
SWG	Schwarzmeer-Wirtschafts-Gemeinschaft
SWP	Stiftung Wissenschaft und Politik Berlin
SZ	Süddeutsche Zeitung

TACIS	Technical Assistance for the Community of Independent States (Förderprogramm der EU für die Länder der ehem. UdSSR)
TEMPUS	Trans-European Mobility Partnership Scheme for University Studies
TAIEX	Technische Beratungs- und Unterstützungsagentur der EU
TMR	Transnistrische Moldauische Republik (siehe PMR)
TNK	Transnationale Konzerne
TRACECA	Transport Corridor Europe-Caucasus-Asia
UdSSR	Union der Sozialistischen Sowjetrepubliken
UAH	UA (Ukraine) Hryvnja; ISO-Code der Währungseinheit der Ukraine
UNO	United Nations Organisation
UNODC	Büro der Vereinten Nationen für Drogen- und Verbrechensbekämpfung
US / USA	United States of America (Vereinigte Staaten)
VN	Vereinte Nationen
WHO / WTO	Welthandelsorganisation World Trade Organisation
YES	Yalta European Strategy
ZK	Zentralkomitee
ZWK	Zentralna Wybortscha Komisija (Zentrale Wahlkommission, Ukraine)

Autoren

Ksenia P. Borichpolets ist Professorin im Department für Weltpolitik und Direktorin des Zentrums für postsowjetische Studien des MGIMO, des Moskauer Instituts für Internationale Beziehungen.

Sie unterrichtet Politische Wissenschaft, Theorie der internationalen Politik und hat sich auf Fragen des Nationalismus spezialisiert. Von ihren zahlreichen Publikationen können hier erwähnt werden: „Politische Zukunft von Russland unter Berücksichtigung der modernen Entwicklungen. Nationalismus, Multikulturalismus und Ethnizität, Bern 1996; Ein Beitrag über „politische Clans" in: Politology, Encyclopedia, Moskau 1999; Soviet space in etnopolitic dimension, Vestnik MGU, 1998, Ser.18. N. 3; Russian economic interests in neighbor regions, Moskau 2000; Central Asia and Transkaukasia. Russia and China in the Modern Word. MGIMO, Moscow 2000 und und andere mehr wie Elections in Central Asian States: Political Rivalry in a Transitional Society. Central Asia and the Caucasus, in: Journal of Social and Political Studies, Nr. 1 (37) 2006.

Alexander Iskandaryan ist derzeit Direktor des Caucasus Media Institute in Eriwan, Armenien, wo er auch an der dortigen Universität Sozialwissenschaften unter besonderer Berücksichtigung der politischen Situation im Kaukasus unterrichtet. Vordem war Iskandaryan in Moskau wissenschaftlich tätig und leitete dort das Moscow Center for Caucasus Studies. Seine wissenschaftlichen Schwerpunkte, die er in zahlreichen Publikationen abhandelte, sind: Theorien des Übergangs, Demokratieentwicklung und ethno-politischen Konflikte.

1. Armenien und die Türkei: Geographisch verbunden – durch die Geschichte getrennt. In: Wenn man die Armenienfrage diskutiert ... – Heinrich-Böll-Stiftung, Istanbul 2006 (auf Deutsch und Türkisch).
2. The Caucasus after Revolutions in Color. In: Caucasus Yearbook. – CMI, Yerevan 2006 (in Russisch).
3. Wahl Armeniens. In: Diaspora, Öl und Rosen. Zur innenpolitischen Entwicklung in Armenien, Aserbaidschan und Georgien. – Heinrich-Böll-Stiftung, Berlin 2005 (in Deutsch).

Reinhard J. Krumm, geboren 1962; Studium (1984–1989) der osteuropäischen Geschichtswissenschaft an der Universität Hamburg. Studium der russischen Sprache in St. Petersburg (1987), der hebräischen Sprache in Tel Aviv (1988); Promotion über die Geschichte des Stalinismus am Beispiel des Schriftstellers Isaak Babel an der Universität Regensburg (2003); Journalist für Newsweek in New York (1989–1991), für ITAR-TASS in Russland (1991–1992), für den Tagesspiegel in Russland (1992–1994), für dpa als Baltikum-Korrespondent in Riga (1994–1996), für den Spiegel zunächst als Russland-Korrespondent in Moskau (1996–1998), dann als Osteuropa-Redakteur in Hamburg (1998–2002); Leiter des Regionalbüros der Friedrich-Ebert-Stiftung für Zentralasien mit Sitz in Taschkent (2003–2007), derzeit Leiter des FES-Büros in Russland. Lehrtätigkeit an Universitäten in Zentralasien und Russland seit 2004; Publikationen zu Zentralasien: Reinhard Krumm (Hrsg.): Zentralasien, eine Innenansicht, in deutscher und russischer Sprache, Bischkek 2007; Reinhard Krumm: Zentralasien zwischen mächtigem Staat und zarter Demokratie, in: Deutsche Gesellschaft für Auswärtige Politik, Jahrbuch 2003/2004, Berlin 2006.

Dr. Ernst Piehl, geboren 1943 in Konin (Polen), 1964–69 Studium der Politischen Wissenschaften, mit Abschluss als Diplom-Politologe und Promotion als Dr. rer.pol. in Berlin.

1969–75 wissenschaftlicher Referent beim Deutschen Gewerkschaftsbund und von 1980–84 politischer Sekretär beim Europäischen Gewerkschaftsbund in Brüssel. 1984–1994 Direktor des Europäischen Zentrums der Beruflichen Bildung (CEDEFOP) der EU in Berlin, dort danach Leiter des Informationsbüros des Europäischen Parlaments für die östlichen Bundesländer Deutschland einschließlich Berlin. Von 1996–2001 Verantwortlicher für das Demokratieprogramm (PHARE und TACIS) der Europäischen Kommission für die mittel- und osteuropäischen Länder. Seit 2002 im Vorruhestand: Expertisen und Beratungen für europäische Institutionen und für die Friedrich-Ebert-Stiftung sowie ehrenamtliche Tätigkeiten in der Europäischen Bewegung.

Schwerpunktthemen in den Veröffentlichungen sind sowohl wirtschafts- und sozialpolitische Entwicklungen in Deutschland und in Europa als auch die Außenbeziehungen der EU mit besonderem Augenmerk auf die Länder Mittel- und Osteuropas.

Winfried Schneider-Deters, geboren 1938 in Karlsruhe. Studium der Wirtschaftswissenschaften an der Universität Heidelberg; Abschluss als Diplom-Volkswirt.

1975–1977 „Integrierter Experte" (Exportprojekte, Projektplanung) in der „Corporacion Andina de Fomento/CAF" (Entwicklungsbank des „Anden-Paktes") in Caracas, Venezuela. 1977–1983 Leiter des Instituto Latinoamericano de Investigaciones Sociales/ILDIS; Repräsentant und Koordinator der Regionalprojekte der Friedrich-Ebert-Stiftung mit Sitz in Caracas, Venezuela. 1984–1990 Aufbau und Leitung des Kooperationsbüros Korea/FESKOR der Friedrich-Ebert-Stiftung, Seoul, Republik Korea (Süd). Aufbau der ersten Niederlassung der Friedrich-Ebert-Stiftung in der DDR (bis Oktober 1990) und Leitung des „Büros Leipzig" 1990–1995. Aufbau und Leitung des „Kooperationsbüros Ukraine" der Friedrich-Ebert-Stiftung mit Sitz in Kiew von 1996–2000. Von 2001–2003 Leiter des Regional-Projektes „Zentral-Asien und Kaukasus" der Friedrich-Ebert-Stiftung mit nationalen Kooperationsbüros in Georgien, Armenien, Aserbaidschan, Kasachstan, Usbekistan, Kirgisien und Tadschikistan. Erfahrungen mit TACIS-Programmen der EU.

Deutschsprachige Veröffentlichungen über politische Entwicklungen in der Ukraine in der Zeitschrift der Deutschen Gesellschaft für Osteuropakunde – OSTEUROPA.

Peter W. Schulze, geboren 1942; Studium (1965–1968) der Politischen Wissenschaft und Geschichte an der FU Berlin, London School of Economics and Political Science, London/UK und der Stanford University, CAL/USA; Promotion über Herrschaftsanalyse des Stalinismus, 1974 an der FU Berlin; Habilitation 1984 über Die amerikanischen Automobilarbeiter im New Deal an der FU Berlin; zahlreiche Publikationen zur Außen- und Innenpolitik der Sowjetunion sowie des postsowjetischen Neuen Russlands; Lehrtätigkeit an der FU Berlin und der UC Berkeley im Zeitraum 1971–1981 und 1984–87; langjähriger Leiter des Moskauer Büros der Friedrich-Ebert-Stiftung, derzeit seit 2003 Privatdozent und der Georg August Universität Göttingen für Vergleichende Herrschaftslehre und Studien der postsowjetischen Transformation.

Heinz Timmermann, geboren 1938. 1969 bis 2000 Bundesinstitut für ostwissenschaftliche und internationale Studien in Köln, zuletzt als Leiter der Abteilung Sowjetunion/Russland und GUS. 2001 bis 2003 Deutsches Institut für Internationale Politik und Sicherheit der Stiftung Wissenschaft und Politik in Berlin, u.a. als Leiter der Forschungsgruppe Russland und Neue Unabhängige Staaten; seither Freier Mitarbeiter des Instituts. Zwischendurch u.a.: Redenschreiber für Willy Brandt im Bundeskanzleramt (1971), Mitarbeiter im Planungsstab des Auswärtigen Amts (1998), Mitglied der Historischen Kommission beim Parteivorstand der SPD mit Akzent auf Russland und Osteuropa (1997 bis 2007). Mitglied im Vorstand des Bundesverbandes Deutscher West-Ost-Gesellschaften (Berlin) und im Kuratorium des Internationalen Bildungs- und Begegnungswerks (Dortmund).

Forschungsschwerpunkte zuletzt: Innenpolitik und internationale Beziehungen Russlands, insbesondere die deutsche und europäische Richtung; westliche GUS aus europäischer und russischer Sicht; Belarus: Innenpolitische Entwicklungen und Außenbeziehungen; Perspektiven Kaliningrads.

Ausgewählte Literatur seit 2002: Die deutsch-russischen Beziehungen im europäischen Kontext, in: Internationale Politik und Gesellschaft (Bonn) 1/2007; Die Verarbeitung des Endes des Sowjetimperiums im heutigen russischen Bewußtsein, in: Franz-Josef Jelich/Bernd Faulenbach (Hrsg.), „Transformationen" der Erinnerungskulturen in Europa nach 1989, Essen 2006; Die Beziehungen Deutschland-Belarus im europäischen Kontext, Dortmund 2006; Osobyj slučaj Belorussii, in: Rossija v Global'noj Politike (Moskau) 2/2006; Alte Großmacht mit neuen Ambitionen – Russland, in: Informationen zur Politischen Bildung (Bonn) 291/2006; Der Moskauer EU-Russland-Gipfel. Hintergründe, Ergebnisse und Perspektiven, in: russlandanalysen (Bremen) 66/2005; Von Visionen zu Aktionen. Die Zukunft der europäisch-russischen Zusammenarbeit, Bonn 2004; Buduščee evropejsko-rossijskich otnošenij, in: Politika (Moskau) 3/2004; Kaliningrad kak pilotnyj region dlja formirovanija partnerstva meždu ES i Rossijej, Moskau 2002.

Ingolf Pernice (Hrsg.)
Europa-Visionen

Das Walther-Hallstein-Institut an der Humboldt-Universität zu Berlin veranstaltet seit 1998 eine auf Europa bezogene Reihe von Vorträgen amtierender, ehemaliger oder künftiger Staats- und Regierungschefs bzw. Präsidenten europäischer bzw. internationaler Institutionen. Den Anfang machte Helmut Schmidt. Es folgten Reden unter anderem von den Präsidenten Italiens, Irlands und Polens. Die 12 Reden bieten reichlich Stoff für Einblicke in ein Stück Zeitgeschichte Europas und leisten einen wichtigen Beitrag zur politischen Debatte über die europäische Integration. Sie spiegeln nicht nur Erfahrungen und politische Forderungen des jeweiligen Referenten wider, sondern es sind auch Reaktionen einer politischen Elite auf die jeweiligen europa- und weltpolitischen Ereignisse der Jahre 2000 bis 2007 – von der Schwäche des Euro über die Neuorientierung der Sicherheitskonzepte in der Folge des 11. September 2001 über die kontroverse Einstellung zum Irak-Krieg bis hin zu den Gefahren des Klimawandels.

2007, 224 S., kart., 29,– Euro, 978-3-8305-1456-5

Rudolf Hrbek (Hrsg.)
Die zehn neuen EU-Mitgliedstaaten – Spezifika und Profile

Seit dem 1. Mai 2004 gehören der EU zehn neue Mitgliedstaaten an. Jeder von ihnen bringt seine Geschichte, einschließlich der eigenen geschichtlichen Erinnerung, sowie besondere Merkmale, Eigenheiten, Potentiale und Probleme mit; jeder knüpft an die Mitgliedschaft bestimmte Erwartungen und hat seine Vorstellungen vom Charakter und der Entwicklung der EU, nicht zuletzt auch davon, was er als neues Mitglied in den Verbund einbringen kann. Die Vielfalt der EU ist mit der Erweiterung größer geworden. Zur Union gehört, diese Vielfalt anzuerkennen. Die Beiträge dieses Bandes, die aus einer an der Universität Tübingen durchgeführten Ringvorlesung hervorgegangen sind, haben das Ziel, zum besseren Verständnis der zehn neuen Mitgliedstaaten beizutragen. Jeder Beitrag (Autoren sind meist Persönlichkeiten aus den betreffenden Staaten) behandelt einen für das jeweilige Land typischen oder besonders interessanten Aspekt.

2006, 144 S., kart., 19,80 Euro, 978-3-8305-1152-6

BWV • BERLINER WISSENSCHAFTS-VERLAG
Axel-Springer-Str. 54 a • 10117 Berlin • Tel. 030 / 841770-0 • Fax 030 / 841770-21
E-Mail: bwv@bwv-verlag.de • Internet: http://www.bwv-verlag.de

Andreas Haratsch, Peter Schiffauer (Hrsg.)
Grundrechtsschutz in der Europäischen Union
Beide Autoren verdeutlichen aus unterschiedlichen Warten, dass das seit dem Ende des Zweiten Weltkrieges gewachsene System des europäischen Grundrechtsschutzes keineswegs statisch ist, sondern – derzeit vielleicht deutlicher als in früheren Jahren – einem steten und notwendigen Wandlungs- und Anpassungsprozess unterliegt. Die Bestrebungen, den Grundrechten, die durch die Rechtsprechung des Europäischen Gerichtshofs im Europäischen Gemeinschaftsrecht verankert worden sind, eine rechtlich verbindliche Form zu verleihen, stellen nur scheinbar einen konsolidierenden Endpunkt der europäischen Grundrechtsentwicklung dar.

2007, 62 S., kart., 19,– Euro, 978-3-8305-1468-8

Irina Mohr
Grundrechte und Öffentlichkeit in Europa
Eine Untersuchung zur Genese der Grundrechtscharta der Europäischen Union und ihrer Öffentlichkeitskonzeption

Anhand der für Öffentlichkeit relevanten Grundrechtsartikel wird der Diskussionsprozess zwischen den Mitgliedern des Konvents zur Erarbeitung der Charta der Grundrechte der Europäischen Union untersucht. Wissenschaftliche Grundlage dieser Untersuchung ist ein systemtheoretisch geprägter Blick auf die politische Öffentlichkeit. Angesichts der hier konstatierten verzerrenden Einflüsse des Wirtschaftssystems auf politische Kommunikation wird die Charta der Grundrechte der EU auch bezüglich der notwendigen Hürden gegen eine Ökonomisierung von Öffentlichkeit auf den Prüfstand gestellt.

2007, 374 S., kart., 44,– Euro, 978-3-8305-1332-2

Christian Filzwieser, Barbara Liebminger
Dublin II-Verordnung
Das Europäische Asylzuständigkeitssystem

Welcher Rechtsschutz besteht gegen Menschenrechtsverletzungen in Vollzug der Verordnung? Wie vertragen sich nationale Verfahrensbestimmungen mit den europarechtlichen Vorgaben? Welche Auslegungspunkte sind zwischen den Mitgliedstaaten strittig? Auf alle diese Fragen gehen die Autoren dieses Kommentars im Detail ein. Ein neuer Abschnitt beschäftigt sich exemplarisch mit den österreichischen Vollzugserfahrungen. Die in den letzten Jahren ergangenen Urteile der Gerichte in den Mitgliedstaaten wie auch die Entwicklungen auf europäischer Ebene sind berücksichtigt.

2. überarb. Aufl., 2007, 310 S., kart., 44,80 Euro, 978-3-8305-1268-4

BWV • BERLINER WISSENSCHAFTS-VERLAG
Axel-Springer-Str. 54 a • 10117 Berlin • Tel. 030 / 841770-0 • Fax 030 / 841770-21
E-Mail: bwv@bwv-verlag.de • Internet: http://www.bwv-verlag.de